# 教育技术协同创新与多元发展

徐福荫　黄慕雄　主编

北京邮电大学出版社
·北京·

## 内 容 简 介

2012教育技术国际学术会议(ETIF2012)在广州华南师范大学召开，会议主题为“教育技术协同创新与多元发展”，围绕主题，以“信息化环境下教育技术学科与专业协同创新研究，教育信息化新技术、新媒体、新理论研究，教学系统设计的理论与模式研究，数字化学习资源建设与共享研究，数字教育电视与教育信息传播研究，数字化学习技术与环境研究，数字技术支持的协作学习研究，信息化教师专业发展研究，智慧校园建设与应用研究，现代远程教育理论与实践研究”十个专题，展开研讨与学术交流。

**图书在版编目(CIP)数据**

教育技术协同创新与多元发展 / 徐福荫，黄慕雄主编. --北京:北京邮电大学出版社，2013.1
ISBN 978-7-5635-3328-2

Ⅰ. ①教… Ⅱ. ①徐…②黄… Ⅲ. ①教育技术学—研究—中国
Ⅳ. ①G40-057

中国版本图书馆CIP数据核字(2012)第283022号

**书　　名**：教育技术协同创新与多元发展
**主　　编**：徐福荫　黄慕雄
**责任编辑**：陈岚岚
**出版发行**：北京邮电大学出版社
**社　　址**：北京市海淀区西土城路10号(邮编:100876)
**发 行 部**：电话：010-62282185　传真：010-62283578
**E-mail**：publish@bupt.edu.cn
**经　　销**：各地新华书店
**印　　刷**：北京联兴华印刷厂
**开　　本**：889 mm×1 194 mm　1/16
**印　　张**：38.5
**字　　数**：1 270千字
**版　　次**：2013年1月第1版　2013年1月第1次印刷

ISBN 978-7-5635-3328-2　　　　定　价：186.00元

**·如有印装质量问题，请与北京邮电大学出版社发行部联系·**

# 前　言

教育技术学是当代教育科学与信息技术科学相结合的交叉学科，是支持教育信息化的基础理论与应用学科，是当代教育改革与发展的突破口与制高点。教育技术学科不但要推进自身学科发展，而且还要支持其他学科发展。《教育信息化十年发展规划》在“教育信息化可持续发展能力建设行动”中提出：“推进可持续发展能力建设是教育信息化科学发展的关键举措。提升教育技术能力，推广应用教育信息化标准，建立教育信息化技术支持和战略研究体系，培养教育信息化后备人才，促进教育信息化的快速、可持续发展。实施教育技术能力培训。制订和完善教师教育技术能力标准，开发面向各级各类教师的教育技术培训系列教材和在线课程，实行学科教师、管理人员和技术人员的教育技术培训。制订信息化环境下的学生学习能力标准，开发信息化环境下的学生学习能力培养相关课程。建设教育技术能力在线培训平台和网上学习指导交流社区。到2015年，建立12个国家级培训基地，健全32个省级培训基地，形成以基地为中心，辐射全国范围的教育技术能力培训体系”。教育技术学科专业又进入了一个重要发展时期，迎来了新的机遇与挑战。

为了促进高等学校教育技术学科专业建设，教育部高等学校教育技术学专业教学指导委员会自2001年起每年主办一次教育技术国际论坛暨院长、系主任联席会议，展示海内外教育技术领域的新理念、新技术、新成果，相互交流学习。2010年该论坛更名为“教育技术国际学术会议”。2012教育技术国际学术会议（ETIF2012），由教育部高等学校教育技术学专业教学指导委员会与华南师范大学教育信息技术学院共同主办，于2012年12月22日至23日，在美丽的花城广州召开。

本次会议围绕着“教育技术协同创新与多元发展”的主题，展开研讨与学术交流。提出在新的历史时期，以协同创新理念为指导，突破人才培养的机制壁垒，有机融合校内资源和校外创新力量，积极推进教育技术学科专业与国内高校、研究机构、政府教育信息化部门、地方中小学校、IT企业、国外高校的合作，创建高素质专业人才培养的协同创新平台，相互拉动、整体加强、共同发展，从而提升我国教育技术学科专业的核心竞争力，加快教育信息化进程，促进教育公平均衡发展，构建终身学习体系和学习型社会。

本次会议共收到国内外投稿论文242篇，经本次会议学术委员会认真审阅，共录用104篇，编排为“信息化环境下教育技术学科与专业协同创新研究，教育信息化新技术、新媒体、新理论研究，教学系统设计的理论与模式研究，数字化学习资源建设与共享研究，数字教育电视与教育信息传播研究，数字化学习技术与环境研究，数字技术支持的协作学习研究，信息化教师专业发展研究，智慧校园建设与应用研究，现代远程教育理论与实践研究”十个专题展开，由北京邮电大学出版社出版。

北京邮电大学出版社陈岚岚编辑对论文集的出版给予很大支持，徐福荫教授、黄慕雄教授、谢幼如教授对论文专题的拟定和审阅，胡小勇教授、陈斌教授、沉姗芸副教授、郑云翔副教授等对论文的预审，华南师范大学教育信息技术学院的黄平江老师、胡晓玲老师和梁洁、王惠、李丽娟、崔慧通等研究生对论文的征集、网站宣传和会务联络做了大量工作，在此一并表示感谢。

**徐福荫　黄慕雄**

**2012年12月**

# 目　　录

## 专题一　信息化环境下教育技术学科与专业协同创新研究



## 专题二　教育信息化新技术、新媒体、新理论研究

## 专题三　教学系统设计的理论与模式研究



## 专题四　数字化学习资源建设与共享研究



## 专题五　数字教育电视与教育信息传播研究

## 专题六 数字化学习技术与环境研究



## 专题七 数字技术支持的协作学习研究



## 专题八 信息化教师专业发展研究



## 专题九 智慧校园建设与应用研究

## 专题十　现代远程教育理论与实践研究

# 专题一

## 信息化环境下教育技术学科与专业协同创新研究

# 优化高职院校教育技术专业课程体系建设探析

白书平，王伍增
（石家庄陆军指挥学院，河北石家庄，050084）

**摘　要**：人才培养主要是围绕着课程教学过程展开的，课程设置是否得当、课程质量的高低，是教学质量高低的决定性因素，直接关系到人才培养目标的实现。高职院校教育技术专业课程体系建设首先应建立与社会就业岗位密切相关的职业化课程体系，不断充实信息技术发展的新理论、新知识、新技法，加大理论深度和科技含量，体现教学内容的综合性、前沿性和应用性。其次，要结合教育技术专业特点和学生未来任职岗位实践，加大实践性课程比例。三要设置一些研究性课程，让学生自己选择研究方向，在教师指导下开展学术研究，将理论学习与实践研究相结合。因此，必须从目标、原则、对策措施和管理四个方面优化高职院校教育技术专业课程体系建设。

**关键词**：职业教育；教育技术；课程体系

# The Research of the Refinement of Course System Construction in Terms of the Educational Technology Major in Professional Education Academy

**Abstract**: The talent training is always along with the development process of the academic curriculum. Whether the curriculum is set up reasonably, the quality of the courses themselves are the essentials of the overall level of the professional education; and these elements are directly relevant to the realization of the ultimate training purpose of talents. All the academies of the kind should establish their own positional curriculum system based on the entire relevant professional backup, keep updating about the new informational theories, knowledge and the techniques to enlarge the depth of the system as well as the Hi-tech content in order to create a comprehensive, creative and applicable positional curriculum. Secondly, the academies are recommended to combine the curriculum with the characteristic of education technology and the responsibility of specific position of their students to enhance the ratio of practical exercise out of the usual education. Finally, the academies can setup more research-based course compared to the taught-based ones to let the students to choose their own direction of career. With the help and the illumination of the lecturer, all the students should be able to finally combine the academic theories with the practical daily tasks. So optimizing the construction of curriculum system must be from target, principle, measure and management.

**Keywords**: professional education; educational technology; curriculum system

课程体系建设是院校教学工作的基础建设，抓好课程体系建设是深化教学改革、提高教学质量的重大举措。高等职业教育院校教育技术专业人才培养目标能否实现，关键取决于能否依据院校人才培养的新需求，遵循教育原则，构建完善的课程体系，优化课程结构，更新课程内容。

## 一、课程体系建设目标的确立

### （一）课程体系建设目标确立的依据

**1. 岗位任职需求**

高职院校教育技术专业的课程设置，必须紧贴学生预期任职岗位，充分考虑学生岗位工作需求，最大限度地追求课程设置与岗位工作需求的统一性。

**2. 劳动者素质结构要求变化需求**

高职院校教育技术专业的课程内容，必须紧贴信息化条件下生产活动对劳动者素质结构要求的变化和人才培养的需要，最大限度地缩小学习内容与任职岗位需求间的差距，追求工训一致。

**3. 职业教育理念要求**

高职院校教育技术专业课程体系，必须体现“能力本位”的教育理念，充分考虑任职岗位要求和能力生成与提高的规律，突出实践性课程与实践性教学方式方法设计，突出学生的主体地位。

**4. 时代发展要求**

高职院校教育技术专业课程体系建设，必须紧贴时代发展要求，充分考虑课程体系的开放性，使先进的思想、理论和技术及时纳入课程体系，融于教学内容之中。

### （二）课程体系建设目标

根据对高职院校教育技术专业课程体系建设目标确立依据的分析，结合当前高职院校教育技术专业课程体系现状，可以把未来一个时期内高职院校教育技术专业课程体系建设目标确立为：主动适应信息技术发展对劳动者素质结构要求变化的需求，以提高课程质量与学生基本能力为中心，以课程体系优化、教学内容改革为主线，以实践教学方式方法创新为重点，以教学手段的现代化、信息化为依托，紧贴任职岗位、紧贴经济建设、紧贴技术设备、紧贴社会需求培育核心课程、优质课程和精品课程，全面提升课程内在品质，形成结构优化、内容先进、开放灵活的课程体系，为培养实践能力强、综合素质高的创新型教育技术人才打下良好基础。

## 二、课程体系建设的原则

### （一）针对性原则

针对性原则即直接针对学生预任岗位工作实际需求设置课程、选择教学内容，把最实用、最适用、最管用的知识传授给学生，满足岗位任职对其知识、经验和能力素质的要求。

### （二）先进性原则

先进性原则即要紧跟信息技术发展前沿设置课程、选择教学内容，把新知识、新技术、新设备、新技能、新训法等新技术变革的最新成果及时纳入教学内容。

### （三）综合性原则

综合性原则即要以复合型人才标准和系统论思想设置课程、组织教学内容，构建知识域宽、可选性强的开放式课程体系；建设内容充实、可组性强的综合性主干课程体系。

### （四）实践性原则

实践性原则即按实践第一的标准选择课程内容、设计教学过程，着眼岗位工作实际，切实把有利于提高学生任职能力的实践性应用知识突出出来，保证学生学后管用、能用、顶用。

### （五）开放性原则

开放性原则即用发展的观点和自适应的思想构建课程体系，优化教学内容，按照模块设置、滚动发展的思路构建课程体系，强化课程体系造血功能，增强课程体系的自我调适、自主更新能力。

## 三、优化课程体系建设的对策措施

### （一）以问题为中心构建课程结构

课程结构是课程各要素相互联系、相互作用和组合的方式，是课程体系相对稳定的“骨架”和相对稳定的联系方式。对职业教育而言，课程结构必须跳出按学科专业逻辑思路构建的思维定势，以岗位任职需要解决的问题为中心设置课程。在课程选择上，要以提高学生任职能力为重点，把学生岗位任职所涉及的各种问题作为课程主线，按任职需求选择知识，重组知识体系；要强调课程的针对性、实践性、综合性和开放性，以课题课程、综合课程、实践课程为主；要注重课程设计的整体性，实现各种课程的优化组合。问题中心课程结构可分阶梯式、模块式、分段式三种主要形式。

**1. 阶梯式课程结构**

阶梯式课程结构的总体设计是以社会职业活动为核心，遵循“夯实任职基础、突出任职能力培养、加强任职发展潜能开发”的总体要求，依据课程对培养目标实现所发挥作用的层次不同，按照“基础－>业务－>扩展”三个层次，把课程编成基础性单元、业务性单元和扩展性单元三个梯次，根据每一单元的目标，开设若干个专题，然后根据每一专题的目标选择若干课程，以单元为单位，按专题组织教学，如图 1 所示。这种课程结构具有三方面的优点：一是以岗位任职实践活动为核心，突出了职业教育“能力本位”这一理念。二是通过调整不同课程单元的组合，可以及时调整专业方向，满足教育技术专业各级各类职业教育培训需要，并能够保持自身相对的完整性与稳定性。三是由于其具有开放性，便于组合，可以方便灵活地根据产业结构调整、学生任职岗位以及市场经济运行机制，动态调整教学内容。

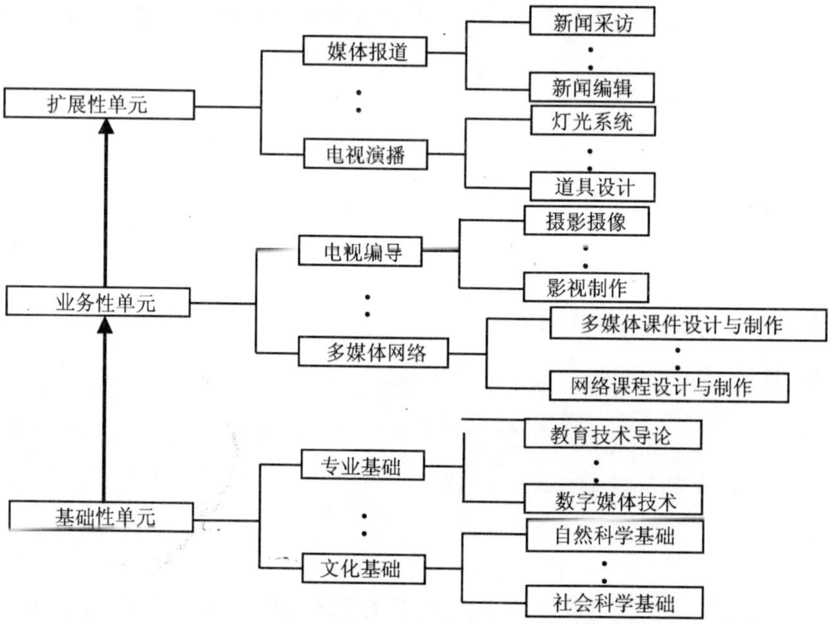


图 1　高职院校教育技术专业阶梯式课程结构示意图

**2. 模块式课程结构**

模块式课程结构的总体设计是遵循“按需施训”的原则，将学生岗位任职需解决的若干问题，按类型或属性区分为几个模块，根据每一模块的目标设置若干课题性课程，以课题为单位组织专题式教学。其优点是按“实践逻辑”构建课程和教学体系，跳出了按学科知识逻辑设置课程的思维定势，课程和教学内容更新速度快，针对性强。比如，对网络课程设计与制作这一问题来说，可按网络课程基本理论、网络课程设计、网络课程制作和网络课程应用四个模块来构建课程体系，如图 2 所示。

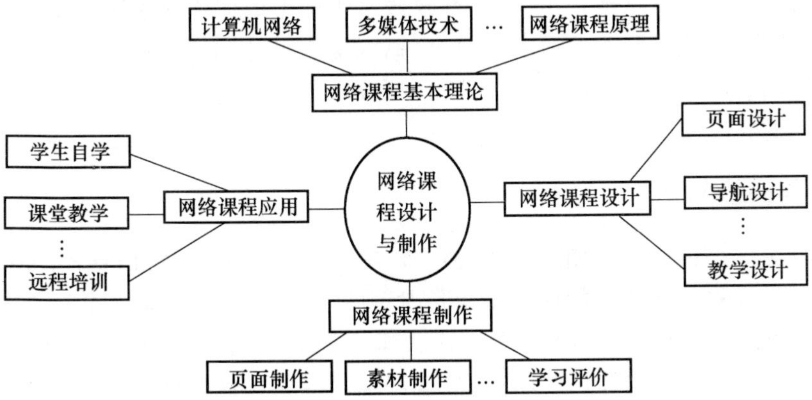


图 2　“网络课程设计与制作”模块式课程结构示意图

**3. 分段式课程结构**

分段式课程结构的总体设计就是按照学生任职能力形成和提高的规律，将课程分为理论学习和实践应用两个阶段。理论学习为第一阶段，主要学习与岗位任职有关的专业基础知识课程，旨在夯实任职能力形成所需的专业基础知识平台。实践应用为第二阶段，围绕生成或提高岗位任职能力，围绕社会发展和工作实践需要解决的重大现实问题进行研讨，着力培养和提高学生的实践能力和创新能力。这种课程结构的优点是学生能够运用第一阶段学习的理论知识，指导第二阶段的实践应用，并在实践应用中使理论认知得到升华。

### （二）升级和优化教学内容

高职院校教育技术专业课程教学内容的升级和优化，可采取关键任职能力定位法。关键任职能力定位法就是通过对学生岗位任职能力进行分析，找出核心能力，以此为主线来定位课程教学内容的升级和优化，把关键任职能力所需的知识与经验作为教学内容的重点。具体方法步骤是：第一，确定关键任职能力。虽然任职岗位对学生能力的要求是多方面的，但有些能力属于一般要求，是一般任职能力，而有些能力则处于支配地位，是关键任职能力。确定关键任职能力就是要在任职岗位对学生所要求的多方面能力中，经过系统分析、科学分类，从中提炼出关键任职能力。第二，分解关键任职能力。着眼学生现有知识能力素质和岗位工作实际，遵循任职能力生成规律，并充分考虑信息化条件下学生创新能力的形成与培养，对关键任职能力进行充分论证，分析支撑关键任职能力的知识、能力和素质构成。然后运用自顶向下，逐步细化的方法，把关键任职能力逐步分解、细化为一个个具体能力。第三，选择关键任职能力教学内容。将分解关键任职能力得到的各具体能力进一步分解细化为若干具体要素，以要素为核心，设置研究问题，从解决实际问题出发，选择教学内容，实现对教学内容的升级和优化，形成符合关键任职能力培养需要的教学内容体系。

## 四、加强课程体系建设管理

### （一）严格按人才培养方案规范课程体系建设，保持课程体系与人才培养目标的一致性

高职院校教育技术专业课程体系必须始终追求与人才培养目标的一致性，坚持“人才培养需要什么课程，就建设什么课程”，紧密联系社会发展实际，符合市场经济需要，力求课程体系的合理性、科学性，使课程体系既符合时代要求，又能随着时代的发展而发展。

## （二）要严格课程标准、课程教学设计和课程日志建设

院校主管领导和主管部门要履职尽责，加强对课程体系建设的管理与指导，严把课程标准建设关。教研室要充分发挥对课程建设的组织领导作用，实行教研室领导下的课程建设项目负责制，制定课程建设目标、指导思想、原则、步骤、措施以及条件需求等内容，抓好课程设计、教材、讲义、教学计划、教学日志建设。专家、教授要切实发挥在课程标准开发、课程规划制定、教材选编以及教学设计中的学术领导作用，严格把好课程条件建设质量关。

## （三）完善课程评价机制

采取定性评价与定量评价相结合的方法，明确评价内容，科学确立评价指标体系，突出对课程体系、课程管理、条件保障、建设成效、教学内容、教学方法等内容的评价；要建立自我评价、学生评价、部系评价、院校评价、国家评价相配套的多级评价模式，充分发挥教师、学生的主体性作用，专家教授、系室和各级管理部门的监督、导向和调控作用；要强化过程性评价，及时发现课程建设过程中各个环节存在的问题；要重视课程建设成效评价，通过对课程教学过程的考察，从发展的角度去判断课程实施与教学活动是否满足学生任职需求和未来发展需要，以及满足的程度如何。

### 参考文献

[1] 屠恒章.军事职业教育论[M].北京：军事科学出版社，2007.165.
[2] 中国军事教育学会.军队院校职业教育研究[C].北京：海潮出版社，2005.161.
[3] 崔亚峰.向职业教育转型理论认知与实践探索[M].北京：海潮出版社，2007.45.
[4] 史伟光.转型中的军事职业教育[M].北京：军事谊文出版社，2008.89.

### 作者简介

白书平，1966年生，男，汉族，河北省新乐市人，讲师，博士学位，研究方向：军校教育；教育技术。

# 运用信息技术优化任职教育课程的实例分析

李红，张涛，张巍

（石家庄陆军指挥学院军事训练系，河北石家庄，050084）

**摘　要**：运用现代信息技术全面优化课程教学，其衡量标准是学习效果，即学员在知识、能力、素质方面所获得的改善与发展。因此，需要将课程的目标进行分解，分别观察信息技术对于学员在知识积累、能力培养、素质提高三个层面上的作用机制。多种信息技术的应用和融入使教学结构发生变化，教学的组织方式可以根据任职教育课程的需要来选择。在教学内容组织上，概念地图符合人的思维原理以及解决问题的过程，可以用于课程内容的重新结构。基于校园网建设的信息资源库至少应将资源内容划分为基本层、提高层和拓展层三个层次，以结合不同的教学策略，满足学员多层次的学习需要。学习过程中可以采取基于信息资源和工具的“任务驱动法”教学，有针对性地应用信息技术工具。

**关键词**：信息技术；课程教学；实例分析

# An Example Analyzing of Optimizing Professional Education Curriculum By Employing Modern IT

**Abstract**: Optimizing curriculum teaching by employing modern IT, the criteria for measurement is the performance of learning, i. e. the improvement and development attained by the trainees in acquiring knowledge, competence, and quality. For this reason, the objective of curriculum teaching needs to be subdivided so as to observe respectively the mechanisms of impact of IT on the trainees' accumulation of knowledge, capability development and quality cultivation. As multiple information technologies are applied and integrated into it, the teaching structures undergo changes and the way of organizing teaching can be chosen according to the needs of the curriculum of professional education. In organizing the teaching contents, concept map, which accords with human thinking principle and problem solving process, and can be used for the restructuring of the teaching contents. The database of information resources based on the campus network should be divided at least into three levels: the basic level, the advanced level and the expanded level. This will serve the purpose of catering to different teaching strategies and meeting the trainees' diversified needs for learning. In the process of learning, the “task-driven method” based on information resources and tools can be adopted so that these tools are used appropriately. Practice shows that the more the instructors participate, the more active the trainees use information resources and tools, and better results can be achieved.

**Keywords**: information technology; curriculum teaching; example analyzing

军事教育技术专业“4＋1”培训班的教学对象是地方大学毕业的国防生，在走上军事教育技术工作岗位之前，需要进行为期一年的军事素质养成和专业技能培训。《军事电视制作基础》是一门重要的任职岗位专业课程，针对学员必须具备的能力模块-电视制作，加强学员的理论知识的综合运用能力和动手操作能力。

与军事教育技术本科生课程相比，课程目标、课程内容体系、课程实施方法都有明显不同。从教学过程和规律出发，结合技术效能的发挥机理，有效地将信息技术嵌入到任职教育课程的各个要素中，对于提高教学效果有重要意义。

## 一、《军事电视制作基础》课程目标的确立与分解

### （一）课程目标的确立

我军院校和部队现代化教学训练环境已经比较完善，视听设备已经从模拟化走向数字化、系统化，电视教学的基础设施也逐步完善，电子教材在教育训练中起到了十分重要的作用。随着我军基地化训练实践的深入，很多基地和集团军都建立了不同规模的电视传输系统，将演习场地中各部分的现场情景实时传送到导调人员面前的监视器上，对整个演习现场进行全方位实时监控，同时还可以将演习过程记录下来，以便分析和总结经验。因此掌握视音频系统原理和使用维护是完成教育技术保障工作必须具备的基本能力之一，同时，视音频采集和处理技术也是电视教材制作、多媒体教材制作、网络资源建设与管理等工作所必须的基础。因此，本课程的基本目的就是让学员全面掌握视音频信号采集、处理、传输、显示环节上的技术原理和设备使用，并通过实践操作提高技术和设备应用的灵活性、创造性。

### （二）课程目标的分解

《军事电视制作基础》课程针对学员在知识掌握、能力增长和素质提高三个方面的分目标列于表 1 中。

表 1

| 课程教学分目标 | | |
|---|---|---|
| 知识掌握 | 设备原理 | 掌握电声技术与声频设备、摄像机、视音频记录技术与设备、视频处理设备、视频显示设备等原理 |
| | 系统连接 | 掌握音频系统组成与连接，视频系统组成与连接，信号转换与传输 |
| 能力增长 | 基本使用 | 掌握声音采录与制作方法，摄、录、编设备及软件操作 |
| | 操作流程 | 能够连接调试视音频信号系统，掌握视音频节目制作的全流程操作技能 |
| | 调试维护 | 熟练完成设备基本保养，初步具备基本故障诊断与排除技能 |
| 素质提高 | 自我意识、角色意识 | 发挥个人特长与兴趣爱好，提高未来工作的期待与热情，加强对视音频保障工作的作用地位的认知 |
| | 知识与能力迁移 | 运用本领域知识应用于其他业务学习的意识与方法、善于与多媒体或网络资源开发人员合作 |
| | 工作灵活性、合作意识 | 能够完成工作统筹、协调、分工合作，具备团队意识与合作精神，具备敏锐的观察力及进行视音频记录与表达的意识 |

尽管对课程目标做了划分，但仍是概括性和总体性的，为实现表中所列学员在知识、能力、素质三方面的提高，需要组织相应的教学内容予以支持。

## 二、课程教学内容的取舍与编排

教学内容组织的方法很多，传统上习惯于循着学科知识的体系，采取自上而下的树形结构。任职教育班次的学员已有一定的知识基础，同时课时的限制也不允许按照严密的学科知识体系来安排教学，并且这种结构只注重知识的纵向结构，不便于知识的横向联系，因此，在任职教育课程中应采用新的知识组织方法。概念地图给我们提供了一种有效的工具，它是将某一知识领域内的知识元素按其内在关联建立起来的一种可视化语义网络，反映了知识结构或思维结构。当然，概念地图也不是唯一的工具，但它给我们展现了知识的全面联系，符合人在头脑中组织和调动知识的模式。我们通过两个示意图可以比较一下纵向结构的

知识结构和以概念地图思想建立起来的知识结构。

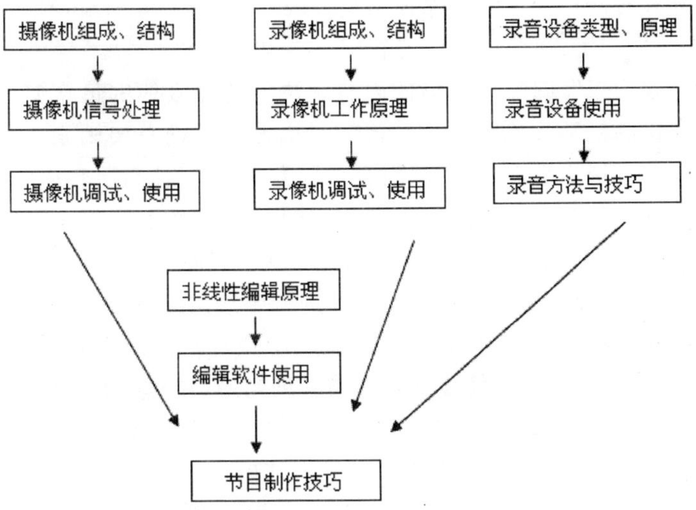


图 1　纵向安排的教学内容顺序

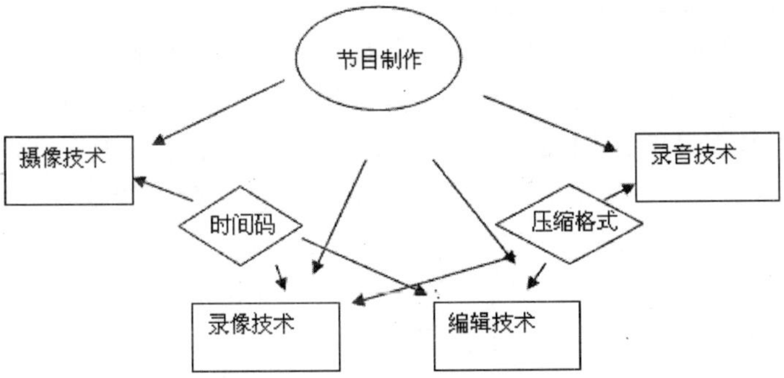


图 2　按概念地图思想组织的教学内容(局部)

图 1 是按照纵向结构安排的教学顺序,先将各种技术和设备的结构、原理、使用等知识逐层展开,全部掌握后再学习节目制作的方法和技巧。这种方法的好处是能够全面而系统地掌握各种设备的原理、使用,不足之处在于学员需要经过较长时间体会,从原理掌握到设备操作需经历一段较长时间的实习、练习过程。图 2 是在任职课程教学中使用的知识安排顺序。以节目制作作为中心任务,首先分析节目制作的流程,让学员全面了解支持它所必须的基础知识和能力,包括摄像技术、录像技术等,姑且把它们称为模块。围绕每个模块又包含了很多相关知识,其中有很多相通的知识点,在教学中运用这些概念和知识,将不同类型的设备联系起来学习。比如,时间码是编辑技术中非常重要的核心概念,在学习时,将摄像机中的视频帧、录像机中的 CTL 信号、编辑软件中的精确编辑及帧变换等知识内容联系在了一起,学员很快掌握了时间码的概念,同时对摄像机、录像机、编辑机(软件)的工作方式等都有了更加深入的理解。总结表明,学员对设备连接的理解和掌握仅需 1 学时,而在以往本科教学中这部分需要专门安排 4 学时。

虽然图中只是教学内容分解的一个很小的局部,但可以体会到,概念地图思想指导下的教学内容分解与组织,体现了知识之间的内在、多重关联,符合人的思维原理以及解决问题的过程(因为当我们面临问题或任务时,会立即调取记忆库,将所需信息搜集到一起,动用思维和智慧能力去寻找解决途径)。按此方法,还可以支持多媒体教材制作、网络课程设计,管理学习资源中的知识,建立更加符合认知规律的知识链接结构。

## 三、信息化学习资源建设与应用

一年制培训班学员的知识基础有一定差距,在集中教学过程中一些学员能够适应教学内容和进程的需要;还有部分专业基础较好的学员希望有更新更广阔的学习资料;也有部分专业背景不十分接近的学员,相关基础知识薄弱,需要在课外时间加强自学以弥补不足。因此,学习资源建设应满足学员的多种需求,坚持针对性、层次性和开放性。

现代传媒理论主张“内容为王”,即媒体传播的内容是决定传播效能的最重要因素,学习资源建设同样如此。选择学员需要的、对提高教学效果帮助大的内容是资源建设的首要因素。因此,基于学院园区网环境,以军队院校网络教学支持系统为平台,将资源内容划分为基本层、提高层和拓展层实施建设。

在基本层中,将教学计划中的全部教材内容电子化,建设“虚拟教室”,提供网络教材、电子教案等多种类型的学习资料,供学员按照个人需要自学。虚拟教室学习效果的取得,一方面依靠学员学习的心向和需求,另一方面需要教员的计划、指导和监督。因此在课程进行中教员须及时查看学员的在线学习记录,通过网上答疑功能提供指导,同时发挥在校学习的优势,在课堂上或课后随时进行重点辅导。以教学中的经验看,与学员面对面讨论交流的过程中,能够发现学习中的各种问题,在集中教学中择其典型进行深入剖析和讲授、讨论,使课程的学习更加深入和完善。

在提高层中,补充高于课程标准的内容,辅助知识能力基础较好的学员深入学习或进行专题研究。在“虚拟教室”中应用“自定义功能”模块,设计“深入学习”栏目,配置相应资源。用好提高层资源,对于激发学员的求知欲、促进学员之间的竞赛与协作学习,进而提高课程的整体教学效果有很大的作用。学员的学习动力,不仅来自于自身的需求、教员的督促,也来自于学习集体。基础较好的学员学习和讨论深层次的技术和艺术问题,可以营造深入钻研、孜孜以求的学习氛围,展示课程内容的学科内涵、最新发展,激发他人的求知欲和竞争意识,带动群体共同进步。提高层内容的学习也需要教员的关注、指导。课程教学过程中,教员关注并参与到学员的学习和探讨当中,进行适时的鼓励、引导,势必给学员带来良性的促进作用。提高层内容的学习中,很重要的因素是建立一个平等、民主、充满探索和批判精神的学习气氛,所以在组织本部分学习时,应重点发挥教学论坛功能,通过教学问题的提出和研讨,及时发现思维的火花,指导学员收集、整理、上载学习资源,激发参与热情,在深入学习的同时提高信息素质,锻炼多方面的能力,优化和丰富教学资源。

拓展层学习资源的形式和内容可以相对灵活,不受学科体系的限制,但必须体现对课程学习的支撑和提升作用,同时具有较高的智慧价值。内容上要突出“精”和“深”,最好包含学科的各个流派、多种观点,例如本学科的最新动态、历史沿革、学术争鸣、与其他学科交叉的研究领域发展等等。这部分资源虽然可以交由学员自行学习和浏览,无须对学习结果提出明确标准,但应用中也必须结合与学员的交流,才能发挥其作用。除了在课堂教学、课外辅导中应安排一定的时间和精力与学员共同学习和讨论外,还可借助论坛、实时交互工具等手段,创设立体化、无边界的学习环境和氛围,培养学员深入探索的学习态度。

## 四、教学方法策略与信息工具运用

由于课程教学的基本目标在于学员任职能力的生成与发展。发展能力或潜力的主要因素在于学员的自我认知和评价、对于职业中的工作方法和学习方法的把握、有意识地独立学习和完善自我的动机和态度。在课程教学中引导学员加深对自身气质性格特点、知识结构特点、优势与不足、未来职业发展趋势的认识,树立主动学习、终身学习的意识和习惯,是诱导和积累学员发展潜力的有效途径。本班次的教学对象尚无初次任职经历,有些学员在本科阶段的知识基础与任职需求距离较大,对未来岗位状况缺乏清晰概念,时有畏难情绪。因此,鼓励学员树立“职业意识”和学习信心,是帮助他们迈好任职第一步的关键。

论及任职教育的有关著述中,都强调学员的角色进入、问题研究和参与实践,其目的是培养学员的认识、感悟和理解能力,发挥学员思维、判断和鉴别的主体性,培养学员参与、自控和实践能力。在课程教学中,应通过范例教学、角色扮演、分组实践等方法,努力将教学过程“导演”为“任职预演”过程,逐步掌握工作计划方法、组织协调方法、协同合作方法,促进知识向能力的转化。《军事电视制作基础》作为技术课程,容易形成原理学习枯燥、设备技术操作与艺术创作体验相脱离的局面,因此采取了“任务驱动式”教学,每 3—4 名学员作为一个制片组,创作一部完整并符合一定技术和创作规范的电视短片。教学实践证明,虽然学员还没有学过电视编导类课程,但有很高的创作热情、更加自由的想象空间。通过“任务驱动法”教学,学员把握了电视节目创作的基本步骤和规律，在摄、录、采、编、配音中，通过解决技术或设备方面的问题，巩固了基本原理的掌握，建立了技术设备的系统意识。在完成任务过程中，学员提前熟悉了电视制片组的人员分工、组织协调，分别担任撰稿、导演、摄像、编辑、美工、道具乃至演员，为后续课程打下了很好的基础。

行为体验是获得经验，获取新知的重要途径。同时也是受教育者在学习活动中，把认知与情感很好地统一起来的学习方式。在《军事电视制作基础》课程中，理论教学和操作实践同时展开。在操作中，以关键原理和概念作为知识学习的"脚手架"，运用信息技术和工具，促进知识向能力的转化。仍以前面提到的"时间码"概念为例，作为陈述性知识，其表述十分简单。教学中在学习网站上组织了时间码主题讨论，要求学员在学习内容中收集时间码的显示位置、显示形式，做成数码图片进行对比，结果学员在摄像机液晶屏、寻像器屏幕、编辑软件界面、画面监视器上找到了多种时间码，还通过互联网找到了时间码发生器、时间码嵌入软件等相关知识，理解了时间码与录像带运行、编辑点选择、画面顺序中的意义，学会了通过监控时间码准确操作设备和软件。

## 五、教学实施与评价

在传统教学活动的各个环节中，(教员)备课、课堂讲授、(学员)记笔记、课堂讨论、复习记忆、考试答卷等构成了单一的线性模式，知识主要由教员向学员单向流动，虽然有图书馆等辅助信息来源，但由于信息处理能力和效率的限制，学习过程基本以知识的占有和记忆、复述为主，难以做到知识信息的广泛联系与融合运用，这一点已远不适应人才培养的需求。随着信息资源和工具的不断融入，学习过程逐步从教员向学员传授知识、促进思考和记忆，转化为将学员组织为学习集体，共同解决问题、完成任务、促进知识建构和自我反思、锻炼任职能力的过程。基于信息化条件的教学与传统教学进程的对比列于表 2。

**表 2 基于信息资源与工具的教学与传统教学进程对比**

| 未使用信息资源和工具 | | 使用信息资源和工具 | |
|---|---|---|---|
| 教员 | 学员 | 教员 | 学员 |
| 收集资料、备课 | 预习 | 定义教学问题和任务，整理媒体素材，检索网上资料 | 检索资料，任务分析，预备知识准备 |
| 课堂讲授 | 听讲、记笔记 | 课堂教学，布置任务，指导资源检索策略 | 任务分工，确定信息搜索策略 |
| 组织发言、讨论 | 小组或集体讨论 | 维护、补充信息资源 | 个人或协作查找和获取信息 |
| 布置作业，指导、答疑 | 完成作业、复习 | 组织任务小组，监控、指导任务进程 | 综合并利用信息，个人或协作完成任务 |
| 拟制考题 | 考试 | 组织交流，帮助总结与反思 | 展示和交流任务成果，反思问题解决过程 |

传统的教学评价方式中基本上以考卷为唯一的评价工具，或者以教员的平时印象作为辅助。试卷具有较强的可操作性，但缺乏全面性，不仅难以对学员的知识、能力、素质进行全面评价，而且难以度量非智力因素的发展；教员印象虽然可以反映学员除智力因素之外的情感、态度、价值观等非智力因素的发展程度，但标准难以量化并带有强烈的主观色彩。因此，传统教学评价的科学性与任职能力培养需求相差甚远，需要发展多元化的评价工具和方法。

基于信息化条件的教学中，评价目标从单纯检验学员对知识的掌握，发展为通过评价促使学员规范和调整自己的学习行为，评价主体应呈现出多元性特点，即教员评价、学员互评、自我评价相结合，因此评价工具和标准还可以与学员共同商讨制定。评价工具应包含试卷、量规、电子学档、学习契约、评估表单等。笔者认为，使用量规式评价具有比较准确、全面的效果，同时可操作性较强。同时评价应当也是面向过程的，突出量规的目标导向作用。用于评价"整合"的量规，其评价对象应包括教员、学员、资源三个方面，评价内容涵盖教学与学习活动的全过程。基本结构如表 3 所示。

**表 3　整合的评价量规(部分)**

| | | 优 | 良 | 一般 |
|---|---|---|---|---|
| 教员评价 | 占有信息化资源的质和量 | | | |
| | 技术的应用是否合理 | | | |
| | 教学的组织实施情况 | | | |
| | 教学交流情况 | | | |
| 学员评价 | 知识预备情况 | | | |
| | 信息收集与利用情况 | | | |
| | 解决问题与完成任务的策略是否得当 | | | |
| | 问题解决情况 | | | |
| | 任务成果展示情况 | | | |
| 资源评价 | 内容来源可靠性，内容的有用性 | | | |
| | 主体内容及相关资源的丰富性、完整性 | | | |
| | 界面的友好性，检索的方便性 | | | |
| | 管理技术的先进性 | | | |

总之，使信息技术有效融入课程教学，提高教学的质量效益，发展学员的创新能力和发展潜力，是军校任职教育课程建设的方向。也正是信息技术的运用，课程教学的各个层面都发生了变化。如何针对不同专题和类型的任职教育课程，优化课程教学的因素和环节，打造任职教育的特色课程、精品课程，是军事教育工作者的不懈追求。

## 参考文献


[1] 吴刚平．课程资源的理论构想[J]．教育研究，2001(9)．

[2] 刘梅，王宏．信息技术环境下信息技术环境下提高学生课堂参与性的策略研究[J]．教学研究，2009(6)．

[3] 钟柏昌，李艺．信息技术与课程整合的两个研究视角[J]．江苏广播电视大学学报，2009(6)

[4] 史伟光．转型中的军事任职教育[M]．北京：军事谊文出版社，2008．


## 作者简介

李红，1967 年生，女，汉族，江苏苏州人，军事学博士，研究方向：数字媒体理论与实践和军事传媒理论。

# 和谐教育观及其教育技术学本科专业人才培养

徐林

（商丘师范学院教育科学学院，河南商丘，476000）

**摘 要**：和谐教育思想在古今中外教育史上有着深厚的思想渊源，并对当前我国高等教育改革起着重要的影响。结合当前我国教育技术学本科专业的培养现状，提出了几点基于和谐教育观的人才培养建议，将和谐教育思想贯彻于教育技术本科人才培养体系中，是本文主要探讨的问题。

**关键词**：和谐教育观；教育技术学；本科专业；人才培养

# Harmony Education and Undergraduate Education Technology Professionals Majors

**Abstract**: Harmony in the history of educational thought in the ancient and modern education has deep ideological roots and the current reform of higher education plays an important influence. With the current Undergraduate Educational Technology Training Situation, made several personnel based on harmony Education Training Strategy, the implementation of educational thought Harmony undergraduate training in educational technology system, the issue is discussed in this paper.

**Keywords**: harmony education perspective; educational technology subject; undergraduate; talent training

经过几十年的发展，我国教育技术取得了令人叹为观止的成就，如教育技术学研究方法日趋成熟，研究对象趋于一致，已形成了自己独特的研究范式和学术共同体。[1]教育技术蓬勃发展的同时也暴露出许多问题，截止到 2012 年 4 月，全国教育技术学本科专业从 2008 年的 224 所减少到 173 所。[2]专业数量的萎缩，院系的合并，就业率的下滑等问题的出现，给教育技术界带来了很大的震动。联合国教科文组织在《教育——财富蕴藏其中》报告中明确指出，现代教育最重要的特征是“和谐”，现代化的教育应该是和谐的教育，可持续发展的教育。[3]因此探讨如何将和谐教育思想融合于教育技术学本科人才培养中，无疑具有重要的理论价值和现实意义。

## 一、和谐教育的涵义

我国和谐教育的历史源远流长，早在 2500 年前的孔子就提出过“和为贵”的思想，并用于教育中。到了近代，蔡元培的“五育并举”、陶行知的“手脑结合”等主张，都寓有和谐发展的教育思想。和谐教育是以促进人的和谐发展从而造就其和谐个性为目的的教育。其志趣在于实现人的“和谐发展”，即人的各种素质得到协调发展；其目的在于把教育过程中的各种要素优化组合，获得整体效应，提高教育教学质量，培养和谐发展的人才，或通过体、德、智、美诸育使受教育者养成“身心既美且善”的人等。[4]和谐教育认为，从教育过程的角度看，影响教育质量和效益的基本矛盾，是学校教育教学活动与学生身心发展的不适应。由于这个基本矛盾长期以来未能很好地解决，因而引发了教育实效性低等矛盾的产生。和谐教育立足于这个基本矛盾，在教育教学过程中着力追求教育与学生发展的和谐，即追求学校整体的教育教学活动与学生身心发展的和谐性。[5]总之，不同时代，不同教育家、思想家赋予和谐教育的内涵也不尽相同。我们认为，和谐教育是一种倡导全面和谐发展的教育思想观，是个体在人格上真与美统一，在能力上做人与做事协调统一，在秉赋上德、智、体、美得到全面发展的教育。

## 二、教育技术学本科人才培养和谐教育理念的缺失

教育技术学作为自然科学与社会科学的交叉学科，是一门具有自然科学属性的社会科学，这就要求教育技术专业人才必须文理兼备，和谐全面。然而目前我国教育技术人才培养模式中严重缺乏和谐理念。人才培养模式是指在现代教育理论、教育思想指导下，按照特定的培养目标和人才规格，以相对稳定的教学内容、课程体系、管理制度、评估方式实施人才教育的过程的总和。从和谐教育的视角去看人才培养模式，就是看本科培养方案在文字表述和实际内容中能否很好地体现出和谐教育思想。从字面表述来看，目前我国教育技术本科培养方案指导思想、培养目标中，尚未发现有有直接提出和谐教育的文字表述。从内容来看，多数培养方案很少体现有和谐精神的教育意识和观念。这不能不说明目前我国教育技术本科人才培养模式中严重缺乏和谐教育理念。

### （一）培养目标方面

原国家教委高等教育司颁布的《普通高等学校本科专业目录和专业介绍》（以下简称《介绍》）中，教育技术学专业属于教育学的二级专业，其培养目标表述为：本专业培养能够在新技术教育领域从事教学媒体和教学系统的设计、开发、运用、管理和评价的教育技术学科高级专门人才，包括各级师范院校和中等学校教育技术学课程教师以及各级电教馆、高校和普教的教育技术人员。随着高等教育由“精英教育”向“大众教育”的转变，该培养目标已较难满足社会需求，主要表现在：

**1. 目标趋同**

由于我国长期受到计划体制的影响，在办学模式上，“千校一面”现象在地方院校中尤为严重，表现在同类院校人才培养方案相互复制，其培养目标几乎一致。其次，人才培养方案沿袭现象仍未改观，地方院校沿袭重点院校的情况依然严重。另外，不同类型学校同样存在培养目标趋同现象，如综合类院校与师范类院校、部属院校与地方院校培养目标并未很好的区分开。其结果严重阻碍了专业的可持续发展，造成了毕业生难以适应社会发展的需要。

**2. 定位不明**

定位不明问题是教育技术学专业的诟病。教育技术学专业培养的人才长期以来存在着“广”而不“专”的问题，主要表现在专业缺乏“不可替代性”，人才培养规格类似“万金油”等，从而导致毕业生所具备的知识能力结构与社会要求有明显差距。[6]培养目标定位不明是导致毕业生就业困难，社会认知度低的直接原因之一。

### （二）培养规格方面

《介绍》中对培养规格的描述为：毕业生应获得以下几方面的知识和能力：掌握教育技术学科的基本理论和基本知识；掌握教学系统分析、设计、管理、评价的方法和技术；具有媒体（幻灯投影、电视电声教材、计算机课件）制作的基本能力；熟悉国家关于教育、教育技术方面的方针、政策、法规；了解教育技术学理论前沿、应用前景、发展动态；掌握文献检索、资料查询的基本方法，具有一定的科学研究和实际工作能力。培养目标决定培养规格，从现行培养规格中我们总结出几点问题。

**1. 重技能、轻人文**

众所周知，我国教育技术的前身是电化教育，创办初期多数是开办在理工科院、系下的。而我国理工科类培养方案对人才培养规格的要求普遍是从知识、技能等方面提出的，对人文素养却较少提及。这就造成了教育技术学专业人才培养规格中过于重视知识技能的传授，而忽视了人文素质的培养。

**2. 重守成、轻创新**

他山之石可以攻玉。作为交叉学科，教育技术学自身是通过不断吸收其他学科的精髓而发展起来的，这就要求我们培养的人才应该是一个全面的、具有高度创新意识的人。但目前人才培养规格中过于注重学生知识的继承性教育，而忽视学生的能动性学习，更不重视学生的探索精神和创新能力的培养。因此，现行培养规格体系是很难造就具备创新意识的人才也就不难疑问了。

**3. 重共性、轻个性**

培养规格中因材施教未得到很好体现。表现在对不同学生要求是统一的，目标中往往只强调学生的知识和专业技能的培养，面对学生的全面和谐的身心发展等却很少顾及。这样培养出来的人才只能成为"工具"，而不会成为有独立思想和见解的"人"。

### （三）课程设置方面

课程是培养目标的体现，是人才培养的具体实施途径。调查发现，我国教育技术本科专业课程设置方面还存在一些不尽如人意的地方：

**1. 专业课比重过大**

教育技术学专业的基础知识结构主要包含三大部分：一是教育理论基础，二是技术基础，三是艺术基础。[7]目前教育技术专业课程设置结构比例普遍缺乏科学性，表现在专业课比重过大、课程开设功利化现象严重，片面强调课程的实用性、工具性，对旨在培养学生树立正确的世界观，人生观和审美观的人文素养课却开设较少。

**2. 核心课程计划不合理**

教学设计能力应是教育技术学专业学生的"看家本事"，但就本科生来说，这种能力几乎很少能体现出来。究其原因是现行课程设置没能发挥出教学设计课的核心作用。据调查，大部分高校的"教学设计"课程只安排一个学期。由于缺乏实践教学计划，该课程教学往往停留在理论层面上，学生缺乏对教学设计的深入理解，结果使这门课成了"纸上谈兵""空中楼阁"，失去了该门课的意义。诸如此类现象也反映在在其他核心课程设置中。

## 三、基于和谐教育观的教育技术本科人才培养建议

管中窥豹，可见一斑。在我国教育技术本科专业现行培养体系中，大都不同程度地存在着和谐教育理念的缺失。如何在培养方案中贯彻和谐教育观，使之渗透和谐教育的理念，以培养复合型、创新性的人才。笔者结合自身实际提出以下几点建议。

### （一）指导思想：以人为本

以人为本是和谐教育思想的精髓所在。以人为本的和谐教育要求和谐人格、和谐个性的全面发展。培养的人才不仅掌握有丰富的专业知识、技能，还应具有强烈的社会责任心，社会使命感和正确的世界观、人生观。因此，我们在制定人才培养方案时，应坚持以人的全面协调发展为基础，树立社会需要和个人发展相协调的和谐教育思想观。培养目标应立足于以学生为根本，以学习为中心，培养具有一专多能、广博精深的具有创新型、复合型教育学科类人才定位。

### （二）培养目标：和而不同

"和而不同"是和谐的本质特征。和，即兼收并蓄，以包容的气度使不同事物相融合、协调统一；同，就是消除对立、取消差异、和谐归一。和而不同，就是将不同因素、多种要素，以协作的精神、共同的意愿为导向，通过合作、互助、融合做到各展其长、各尽其力、各得其所，以达到和谐的境界。"和而不同"是和谐教育区别于其他教育观念的本质属性。它认可学习者发展的多样化、尊重学习者的个性化。一方面要求教学有教无类，使一个人整体得到全面发展，另一方面又要求因材施教，充分发挥人的个性天赋和特长。和谐教育主张

育人为本，其所育之人是全面和谐发展的人，即学生在人格上真与美统一，在处事上德与能均衡，在秉赋上德、智、体、美得到全面开发和增进。

教育技术不是教育和技术的简单相加，而是教育、技术两大领域的有机结合的统一整体。如今教育技术正在步入以多媒体和网络为主体的新阶段，不仅技术含量大大提高，而且人文背景迅速扩展，这对教育技术工作者的素质是极其严峻的挑战，大多数人看到了前者，却往往看不到后者。因而在人才的培养上，往往只重视其技术水平，而忽视其人文修养，这种短视的人才观若不尽快纠正，对教育技术事业今后的发展将会带来极其严重的危害。因此，高校应按照自身特点结合方向来制定人才培养目标。其次，按照高校层次的不同，其培养目标定位应不同。重点院校应以培养理论性人才为主，兼顾实用性人才；地方院校应以培养实用性人才为主，兼顾理论性人才。[8]具体实施时如学分安排、课程的学时应保证多数学生合格的基础上，给学有余力、学有专长的学生提供更高层次，更为广阔的个性化发展空间，让学生各得其所，各展其长，各有其用。

### （三）培养途径：和谐归一

和谐教育认为，教育必须重视教学内容的和谐。在人文学科中应加强科学知识的培养，在自然学科中应注重人文知识的渗透。要实现教育内容的和谐，还应确保教育内容在人文、科学、技能方面的和谐关系。应构建有特色的多元整合型课程，这种课程既能摆脱传统课程观的消极影响，又可避免单一“本位论”的片面观点，辩证地对课程三要素：知识、技能、态度统筹兼顾，追求价值的多元化，达到育人的全面性。

作为交叉学科，教育技术学自身是通过不断吸收其他学科的精髓而发展起来的，这就要求我们培养的人才应该是一个全面的、具有高度创新意识的人。因此，在课程设置中要坚定不移的遵循人的全面发展这一宗旨，对现行课程进行灵活调整，优化重组。首先应做到三个“有利于”原则：一是有利于学科发展最新方向；二是有利于学生设计能力的提高；三是有利于实践能力的培养。在实施过程中，应采取灵活丰富的课堂形式，将研究性学习、探究性学习贯彻于整个课堂教学中，将知识继承性教育转变为能动性教育。除此之外，还应加强学生素质拓展训练。如在教学实践中实施本科生导师制，通过让学生主持参与导师的科研项目以提高自身的实践能力和科研能力；和谐教育强调教育绝不能脱离社会、脱离生活。通过组织学生参加各种社会调查，提高学生的社会责任感和团队合作精神，使学生身心品质得到全面提升。只有通过课程结构、知识结构的全面优化，才能培养出广博精深、全面和谐发展的人。

## 参考文献


[1] 汪基德.关于提升教育技术学为一级学科的论证与思考[J].电化教育研究，2010，(6)：7-8

[2] 杨改学.教育技术学学科发展——路在何方[R].兰州：西北师范大学现代远程教育研究所，2012，4

[3] 联合国教科文组织.教育——财富蕴藏其中[R].北京：教育科学出版社，1996

[4] 顾明远主编.教育大辞典[M].上海：上海教育出版社，2002，62

[5] 张全新.和谐教育论[D].济南：山东师范大学，2009

[6] 许之民.高师院校教育技术学专业本科人才培养现状与思考[J].教育技术导刊，2010，(5)：64-65

[7] 桑新民.现代教育技术学基础理论创新研究[J].中国电化教育，2003，(9)：26-36

[8] 王锋等.地方师范院校教育技术学专业应用型人才培养的思考[J].电化教育研究，2009，(8)：51-52


## 作者简介

徐林，1979年生，男，河南商丘人，硕士研究生，研究方向为教育技术学基本理论，现代远程教育。

# 基于后现代课程论的《教育技术学研究方法》课程教学改革研究

余红，李洁

（华南师范大学教育信息技术学院，广东广州，510631）

**摘 要**：人才培养是高校最基本的职能和最根本的任务。本文论述了高校教育技术学研究方法课程教学中存在的问题，阐述并分析了当前课程教学改革的理论依据和改革思路，从目标体系、课程内容结构、课程网络教学支撑环境和评价手段等方面对《教育技术学研究方法》课程的系统设计进行了详细阐述，经过三年的教学研究和实践逐步形成了基于后现代课程论的《教育技术学研究方法》课程教学模式，本实践与研究希望能为创新教育技术专业人才培养模式积累经验。

**关键词**：高校人才培养；后现代课程论；教育技术学研究方法；项目学习

# The Education Technology Research Method Teaching Reform Based on the Post-Modern Perspective on Curriculum Theory

**Abstract**: Cultivate talents is the most basic function and the most fundamental tasks of the universities. At first, this paper discussed the existing problems in educational technology research methods teaching, then we described and analyzed the theoretical basis and reform ideas of the current teaching reform, and we elaborated the system design of the course from the target system, the course structure, course teaching support environment and evaluation means. After three years of teaching and research, and based on the post-modern perspective on curriculum theory and project based learning method, we construct a new type of "education technology research method" teaching mode, and we hoping to provides some practical experience for innovative educational technology professional talents training model.

**Keywords**: talents training of the universities; post-modern perspective on curriculum theory; education technology research method; project based learning

## 一、研究概述

创新人才培养模式是当前高等教育教学改革的方向和目标。21 世纪以来，知识经济和经济全球一体化的出现，对高校人才培养提出了更为严峻的挑战。"高等学校本科教学质量与教学改革工程"针对以往教育过分强调知识的传授，而忽视能力的培养和综合素质提高的情况，提出加强对学生的能力培养，通过改变现有人才培养模式，开展自主学习、研究性学习和对实践教学改革，提高学生的学习和研究兴趣……[1]。

教育技术学专业培养的是面向教育信息化建设所需要的复合应用型人才。《教育技术学研究方法》课程是教育技术学专业学生开启教育技术研究之门的钥匙，为学生日后在信息化教育教学中开展研究工作打下理论和方法的基础，所以该课程在教育技术专业的课程体系中一直处于核心地位。然而，在多年的一线教学过程中我们发现，传统的以教师为中心、以课堂为中心、以书本知识为中心的教学模式使得学生对学习缺乏热情，缺乏对教师所讲内容进一步的消化吸收、再创造，以及缺乏怀疑精神，导致学生缺乏实践操作能力、自主创新能力以及团队合作意识。[2]因此，步入信息时代的《教育技术学研究方法》课程教学强烈呼唤充分利用新的理念和技术来开展合理、深刻、全面的教学改革。

## 二、《教育技术学研究方法》课程改革的理论依据与改革思路

**1. 知识观、学习观、课程观、教学观的改变**

21世纪整个世界从工业社会步入知识社会，走向了一个高度发达的信息化时代，这个时代的显著特点就是变化和革新。在这种时代背景下，建构主义观点对学习与教学产生的影响越来越引人注目。[3]建构主义的知识观、学习观、课程观、教学观成为课程与教学改革的重要理论依据。

建构主义的知识观强调知识的建构性、社会性、情境性、复杂性和内隐性。在建构主义看来，在某种程度上知识（knowledge）与其说是个名词，不如说是个动词（knowing）——知识是一个不断认知和建构的过程。

从建构主义的知识观出发建构主义的学习观强调学习的积极性、建构性、累积性、目标指引性、诊断性与反思性、探究性、情境性、社会性以及问题定向的学习、基于案例的学习、内在驱动的学习等。

建构主义对知识与学习的重新认识必然导致课程观念与课程设计原则的更新。[4]建构主义的课程观主张用产生于真实背景中的问题启动学生的思维，由此支撑并鼓励学生解决问题的学习、基于案例的学习、拓展性的学习与基于项目的学习；它努力为学生进行探索和建构知识提供大量认知工具，以拓展学习时空，增强学习能力；它通过设计各种类型的问题，不断开拓学生的思维、创新与实践的空间，以支持学生在学习与生活中的成功；它还充分利用超媒体和超文本以方便各种类型信息的嵌入、利用、更新从而提供跨学科、跨时空、面向真实世界的链接。

在更新知识观、学习观与课程观的基础上，建构主义的教学观强调通过设计一项重大任务或问题以支撑学习者积极的学习活动；设计真实、复杂、具有挑战性的开放的学习环境与问题情境，诱发、驱动并支撑学习者的探索、思考与问题解决活动；提供机会并支持学习者同时对学习的内容和过程进行反思与调控。

**2. 课程改革的思路：后现代课程论与项目学习**

美国路易思安那州立大学教授多尔（Doll）在其《后现代课程观》一书中提出的后现代课程理论，[5]为当前高校课程改革提供了一个清晰的思路。以往存在经验课程论的课程本质观认为，课程是学生的“生活经验”，是个体“履历经验”的重组，学生对课程的学习是依照自我的生活经验来理解课程所提供的文本。而后现代课程论试图构建一种新的知识观、课程观与师生观。后现代主义课程应该是建构性和非线性的，建构主义的课程是透过参与者的行为和相互作用而形成，不是那种预先设定的课程。

这种理论为我们的课程改革提供了理论基础，在课程教学中应体现学习者知识体系的自主建构、更多地让学习者参与学习和活动、体现学习者的对话与反思。根据后现代课程论，高校课程教学在课程深度、意义的层次上是丰富的，由学习者自主建构知识体系，因此课程具有适量的不确定性与异常性，同时建立一定的模块网络，体现知识模块间的联系，由学习者在参与学习活动中得到生动的学习经验，并与其它学习者对话，对学习进行反思。其次，承认学科知识和“经验”或“体验”的不确定性，认为课程是一种社会性建构。这张扬了学习者的主体性，有利于学生的创造性和个性的发展。再次，课程目标追求对学科知识的不断建构与超越，同时不断丰富和修正个体自身的体验，将“解放兴趣”视为课程的终极目的，使师生从追求课程的“工具价值”目标束缚中解放出来。最后，这种课程理论反映了人们力图消弭主体与客体、思维与存在、自然与社会等种种二元对立的努力。

此外，我们发现项目学习作为信息时代一种重要的学习方式倍受重视，它与当前新的知识观、学习观、课程观、教学观十分契合。首先，项目学习有多个目标，获得理论知识只是项目学习的目标之一，更重要的

目标就在于培养学生的各种能力，同时还强调与他人合作；其次，项目学习强调学生的学习结果，更重视学生的学习过程，在对学生的评价中，对学习过程的评价是很重要的一部分，而且这种评价贯穿于学习的整个过程；最后，项目学习以学生为中心，强调学生在教师的帮助下主动地建构知识，突出学生在学习过程中的主体性。[6]

综上可知，后现代课程论、项目研究、教学改革三者的理念非常相近，都是突出以学生为主体，强调学生在学习过程中的自主学习、协作学习，并以培养学生的实践操作能力、自主创新能力以及团队合作意识为目的。因此，在《教育技术学研究方法》课程教学实践中，我们开展了基于后现代课程论及项目学习开展更为合理、深刻和全面的教学改革（如图 1）。

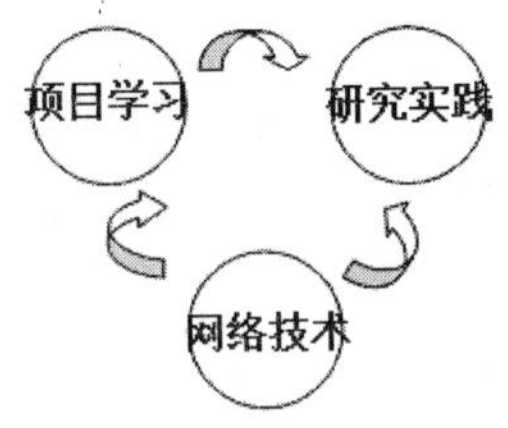


图 1　《教育技术学研究方法》课程改革思路

## 三、《教育技术学研究方法》课程改革的系统设计

**1. 构建新的本科课程目标体系**

《教育技术学研究方法》课程一直是教育技术专业核心课程，对指导本科生完成毕业论文、开展教育技术研究与实践和解决实际问题，都具有重要作用。但是，目前我国高校的《教育技术学研究方法》课程只有教学目标，缺少学生学习与发展目标。学生的学习不是为了获得一些零散的知识碎片，而是为了应对现实生活中的复杂任务或问题。因此，我们根据教育技术学专业本科生培养目标和知识社会的需求，构建了本课程教学的整体性学习目标体系：通过本课程的学习，学生能够了解和掌握做科研的知识、方法和技术，具备从事教育技术领域科学研究的基本能力；能够根据特定的研究需求选择合适的研究方法开展研究工作，解决实际问题（如参与科研项目）；能独立完成一次真实的科研任务（如毕业论文）。

**2. 重组本科课程内容结构**

《教育技术学研究方法》课程以项目为依托，让学生在开展项目实践的过程中，理解教育技术学研究方法应用的操作程序，学会在不同的情境中使用研究方法。在该课程教学中，教学内容有：研究的设计、一般研究方法的应用、专门研究方法的应用、数据的收集与处理、撰写研究结果。在实践过程中，为了帮助学生对本门课的内容和方法有更深刻的理解，能够真正提高学生的科研能力和创新能力，我们重新整合教材和网络资源，将教学内容项目化，所设计的项目为：研究选题与方案的制定、研究方法的应用（如开展一项调查研究、设计一个评价指标体系）、研究报告（论文）的撰写。教学内容将研究方法与项目实践进行结合，强调多种研究方法在项目情境中的综合应用。

**3. 创建本科课程教学支撑环境**

在课程教学实践中，我们以 Web2.0 理念为指导创建了《教育技术学研究方法》课程网络教学平台（如图 2），支持本科课程学习。网络教学平台中的资源不仅包括本课程教材的主要内容，更多地提供了拓展资源；提供了丰富多样的研究案例和简单实用的技术工具，帮助学生学习理解，方便教师课程教学。这些资源在学生学习过程中可以动态更新，以便学生能在适当的时候学习专业知识、拓宽专业视野，强化科研意识，提高科研能力。

此外，在完成项目实践的过程中，学生可以通过讨论板与同组成员以及教师相互交流（如图 3），找出开展项目实践的思路，共同解决遇到的问题。

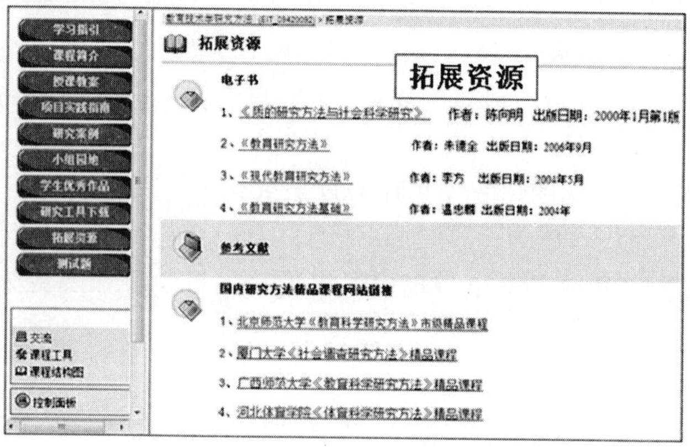


图 2　网络教学平台中的配套资源

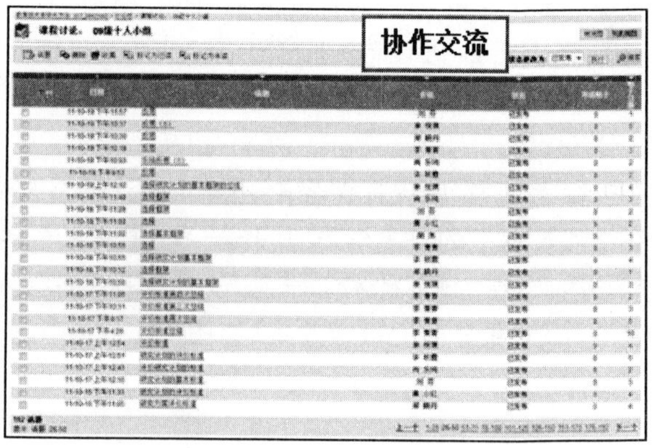


图 3　网络教学平台中项目实践的协作交流情况

**4. 改革评价手段**

在本课程的学习实践中，学生知识和能力的提高内隐到整个项目学习活动过程中，如，学生在完成任务过程中主动地搜集资料、实际调查，这些能够培养学生主动学习的能力，学生在制作作品时与其他学生交流心得、解决问题能够培养学生与他人交流协作的能力等等，这些都是无法量化的。项目学习一般以学生自评、互评、教师评价为多元评价方式，具体的评价可以使用评价量规，但是这些达不到对学生在学习过程中的全方位评价。经过教学实践，我们制定面向学生学习能力和学习过程的多维度评价方式。通过网络教学平台，以项目小组为单位，每个学生将自己的学习资料、作业、学习反思和体会发布在小组的讨论板上，小组成员之间、同学和教师之间可以互评。

## 四、《教育技术学研究方法》课程教学模式研究

在理论研究的基础上，本研究通过三轮教学试验行动研究，构建基于后现代课程论和项目学习的《教育技术学研究方法》课程教学模式。行动研究是以华南师范大学教育信息技术学院教育技术学专业 2007、2008、2009 级三届本科生为对象。

**1. 第一轮行动研究的设计与实施**

本轮行动研究的目标是基于后现代课程论和项目学习理念分析、设计和构建《教育技术学研究方法》课程的教学目标及教学内容体系，改变了以往围绕研究方法学习的课程教学体系。研究步骤包括计划、准备、行动、观察和反思 5 个环节。

计划：基于后现代课程论和项目学习，分析、建构该课程的教学目标及教学内容体系，设计教学方案，构建网络教学支撑环境，编制"学生教学评价调查问卷"。教学方案的具体内容包括：教学内容分析、学习者特征分析、教学目标、教学支撑环境、项目学习的组织策略和方法、教学过程和结构、教学评价等。

准备：组织师生相互认识并建立"个人—小组—班级"的学习共同体；组织学生学习项目学习，掌握项目学习的技能；学生掌握网络教学平台使用的技能；师生通过讨论提出解决教学过程中潜在问题的方法。

行动：按照教学方案，教师组织学生对教学内容开展学习。

观察：教师观察整个实施过程，跟踪学生在网络教学平台中的活动情况。

反思：课题组成员对课堂观察记录、讨论区、学生作品和学生调查问卷进行详细的讨论与分析，反思与总结试验过程中存在的问题并提出相应的改进建议，最终构建出适合该课程的教学目标体系和教学内容结构。

**2. 第二、三轮行动研究的设计与实施**

第二轮行动研究的目标是改革《教育技术学研究方法》课程实践教学，形成了围绕项目研究实践而展开课程学习的教学模式，从而完善了基于后现代课程论和项目学习的该课程教学模式的建构。第三轮行动研究的目标是通过进一步试验探究网络交互学习对项目研究的有效促进，丰富基于后现代课程论和项目学习

的《教育技术学研究方法》课程教学模式中网络互动的实施策略，深化和丰富了基于后现代课程论和项目学习的《教育技术学研究方法》课程教学模式。研究步骤大致与前两轮研究的进程相同。

**3. 行动研究的结果**

经过3年的教学实践和探索，借鉴后现代课程论和基于项目的学习方式，我们构建出了信息技术化环境下适合《教育技术学研究方法》课程的新型教学模式（图4），即该课程教学总体上分为准备阶段、实施阶段、评价阶段和反思阶段。

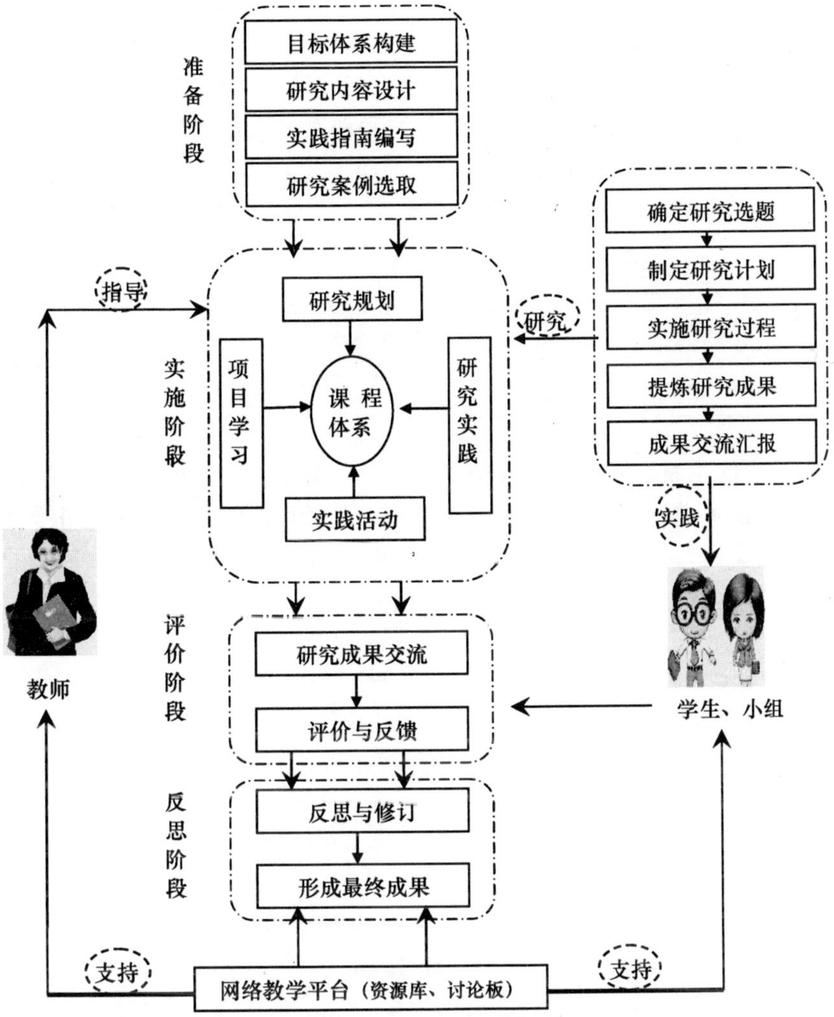


图4　《教育技术学研究方法》课程教学模式

在《教育技术学研究方法》课程的准备阶段，教师根据研究结果设计教学目标和内容，并编写课程研究实践指南、选择合适的研究案例；在课程的实施阶段，学生自己亲身参与实践活动，从确定项目的研究选题、制定项目的研究计划、开展项目的研究过程到总结项目的研究成果，整个过程都体现了本课程教学和学习的探究性、实践性。教师的角色是指导者，首先将学生进行了分组，并让学生在学习小组开展学习、完成项目研究任务。特别是在项目活动的探究过程中，学生将自己的想法和遇到的问题与项目小组的合作伙伴一起探讨、一起研究，网络教学平台在其中也起到重大的支持作用，使得学生顺利解决每个问题，共同完成科研项目、总结研究成果。在“教育技术学研究方法”课程教学的评价与反思阶段，教师就要求各个项目学习小组将本小组研究实践过程中的思路、策略和研究成果展示给其他小组，所有的学习小组和教师共同给予评价及反馈意见。最后各个项目学习小组根据教师和同学的反馈情况进行反思和修正，形成最终研究成果。

# 五、研究效果与结论

本课程积极进行教学改革，基于后现代课程论和项目学习理念构建了新的《教育技术学研究方法》课程教学模式。通过课程教学实施，学生的考试成绩和研究实践能力都得到明显提高。首先，从2008级和2009级本科生的考试成绩的对比来看(表1)，2009级学生成绩优秀和中等以上所占比例明显提高，而成绩不及格的学生降为零。对学生的考试答卷考核分析发现，学生实验研究和行动研究能力明显提高；其次，从学生的研究项目成果上来看，学生能根据实际需要和当前研究热点很好地确定研究选题，能综合应用2—3种研究方法开展研究项目；另外，从对学生的访谈情况来看，学生们一致认为该门课程的教学能将抽象的理论方法阐述得“深入浅出”，而且实践性强，对指导完成毕业论文和课题研究很有帮助。

**表1　2008级与2009级本科生考试成绩对比分析**

| 项目 / 比例 / 年级 | 90—100（优秀） | 80—89（良好） | 70—79（中等） | 60—69（及格） | <60（不及格） |
|---|---|---|---|---|---|
| 2008级 | 1.55% | 27.13% | 43.41% | 23.26% | 4.65% |
| 2009级 | 8.51% | 25.53% | 46.81% | 19.15% | 0.00% |

本研究在网络新技术的不断发展以及项目学习在教学中的不断应用的背景下，将后现代课程理念和项目学习融入到本科《教育技术学研究方法》课程教学中，促进学生的自主学习和协作学习能力，经过三年的课程教学改革，创建新型课程教学模式，促进教学改革，提高了学生分析问题、解决问题的能力。

## 参考文献


[1] 用“质量工程”引导带点本科教改.[EB/OL][2012-10-06]. http://www.moe.edu.cn/edoas/website18/level3.jsp?tablename=217&infoid=25440

[2] 张进良.信息化环境中“教育技术学研究方法”课程改革探索[J].现代教育技术，2008，(1)：53-56.

[3] 高文.面向素质教育、基于信息技术的课程与教学改革[J].上海教育，2001，(1)：42-46.

[4] 高文.面向素质教育、基于信息技术的课程与教学改革[J].上海教育，2001，(1)：42-46.

[5] (美)小威廉姆 E.多尔著，王红宇译.后现代课程观[M].教育科学出版社，2000.

[6] 乌区彤.基于项目的学习在信息技术教学中的应用[J].中国电化教育，2009，(06)：95-98.


## 作者简介


余红，1969年生，女，汉族，广东省梅州市人，副教授，硕士生导师，研究方向：教学设计理论与应用。

# 国内教育技术学科建设成效对比分析系统*

郑云翔，张燕芬，黄景修，黄思娜
（华南师范大学教育信息技术学院，广东广州，510631）

**摘　要**：教育部每隔3年的学科评估和一些流行的学科、大学排行榜只提供一个排名数字或分数，缺乏学科建设成效明细，不能作纵向和横向对比，对本学科建设的指导作用十分有限。通过搭建基于Web的、一体化的教育技术学科建设成效对比分析系统，提供本学科国内知名学校之间一个直观的、可视化的数据收集和建设成效数据对比分析平台，动态生成直观的统计图表，有利于全面深入掌握本学科当前发展形势，促进兄弟院校之间良性竞争和相互借鉴，提供各高校科研管理部门、发展规划处、学科建设领导小组等决策支持，以促进教育技术学科向着良性的、更科学的方向发展，因此对本学科建设具有重要意义和价值。

**关键词**：教育技术；学科建设；成效对比分析

# Discipline Construction Effectiveness Comparison and Analysis System for Domestic Educational Technology

**Abstract**: Neither results of disciplinary assessment made by the Ministry of Education every 3 years nor those of some popular ranking lists offer referential, specific instructions for discipline construction. The reason is that only a final ranking or score is announced, without any detail of discipline construction item, as a result it is impossible to make longitudinal or horizontal comparison. By way of building a Web-based, integrative discipline construction effectiveness comparison and analysis system for Educational Technology with dynamically-generated visualized statistical diagram, this paper succeeds in providing administrators of Educational Technology in domestic universities with a visualized data collection and comparison platform. It helps to get an overall, thorough insight into the current status of our discipline and boost healthy competition and cross reference among peer universities. Furthermore, it gives fundamental decision support for managers in scientific research management department, development planning office and discipline construction leading group, which contributes to steering a more favorable, scientific developing direction of Educational Technology.

**Keywords**: educational technology; discipline construction; effectiveness comparison and analysis

## 一、引言

学科建设是高校竞争力中最基础和最重要的核心部分，有研究把学科建设水平称为高校的“核心竞争力”。因此，加强学科建设已成为构筑高校核心竞争力的必由之路，学科的发展对学校的发展有着至关重要的作用[1-4]。

在信息技术日新月异的今天，各高校发展势头非常迅猛，要提高本学科的竞争力，除了常规的学科建设工作以外，还必须对本学科的国内外形势有一个全面的了解和把握[5]，正所谓“知己知彼百战百胜”。一方

* 本文得到2012-2013年度华南师范大学学生课外科研重点课题（编号12JXKC02）资助。

面，虽然教育部每3年都进行全国范围内的学科评估工作，其中包括不少关于学科、专业的排名数据，但是对相关高校学科建设的指导作用十分有限，其主要原因如下：(1)学校排名、学科排名等只有一个数字[6]，缺乏明细，不能作纵向和横向对比，比如与兄弟学院进行对比借鉴和学习，进行查漏补缺，也不能查看近几年的发展动态或明细清单。(2)教育部的官方评估每3年一次，时间跨度长，学科带头人和管理者希望实时了解、掌握情况，以有针对性地开展学科建设工作。(3)有关学科建设成效的数据庞大零散，且不断更新，单靠人工手动统计和整理难以维护。另一方面，目前国内高校都有自身开发或从校外企业(例如北京易普拉格科技有限公司)定做的科研业绩数据管理系统，此类系统以信息管理为中心，除了能够实现科研业绩数据的收录、管理等基本功能外，还具有一定的数据统计功能[7]。但所用数据均来自校内，没有公开出来，也没有收集其他院校同一学科的相应数据，无法进行成果横向对比、分析。而一些专门的评价系统或评价体系例如武书连、网大、中国校友会大学排行榜等[8-10]，收集各高校的相关数据，经过自己特定的评价分析标准处理，最后公布排名。它们主要提供对学校或一级学科的综合测评，使用的数据范围比较大，范畴比较广，涉及学校的各方面数据。但没有具体到二级学科，缺乏对数据的个性化分析，无法提供可供二级学科发展所需的信息。

当前，国内外开始引入一些文献计量学指标来对比和评价科研活动[11-13]。其中，基本科学指标(ESI)数据库是由世界上著名的学术信息出版机构推出的衡量科学研究绩效、跟踪科学发展趋势的基本分析评价工具。目前已经得到比较广泛的认知和应用[14,15]，美国、法国、德国、澳大利亚、日本、东京、韩国、新加坡、香港等国家和地区纷纷利用ESI对本国大学、研究机构的研究绩效或学科领域发展态势作了对比分析和评价。国内已经有机构开始利用它客观评价其学科研究特点和学术影响力，并为世界一流大学的建设提出建议。然而，此类工具的评价标准存在如下问题：(1)存在语言障碍，不方便国内使用。很多人指出美国ISI收录的绝大部分是英文期刊和论文，语言成为我国期刊和论文被美国ISI收录的主要障碍，在一定程度上会影响其统计数据。(2)对比和分析角度与国内不同，可用性不高。例如，在学科分布上，有很多学者指出，美国ISI收录的期刊论文学科分布极不平衡，收录我国期刊论文更是如此。(3)ESI主要关注学术论文，对学科建设其他成效指标的考虑不足。除ESI之外，还有大型数据分析软件SPSS、SAS、BMDP，此类软件系统提供高级数据统计对比，不提供个性化的学科建设成效数据分析。

综上所述，目前针对国内高等学校教育技术学科建设成效数据进行对比分析的研究不多，各高校相关数据也相对封闭，专门的评价系统或对比工具无法提供细粒度、灵活、个性化的对比分析功能，难以有效支持本学科建设的各种需要。本文正是针对上述迫切需要，从学科建设中具有高显示度的指标条目出发，以国内教育技术学为例收集近5年(2007～2011)北京师范大学、华南师范大学、华东师范大学、华中师范大学和南京师范大学等5所国内知名高校教育技术学科在科研队伍、科研项目、学术论文、科研机构等取得的建设成效数据，搭建基于Web的、一体化的学科建设成效对比分析系统，提供本学科不同学校之间一个直观的、可视化的数据收集和建设成效数据对比平台，对高等学校教育技术学科建设具有重要意义和价值，有利于提高学科的整体实力和竞争力，促进教育技术学科向着良性的、更科学的方向发展。具体地：

(1) 有利于实时、全面、深入掌握本学科的国内发展形势，达到“知己知彼”；

(2) 通过对学科建设中具有高显示度的指标进行对比分析，可以有针对性地分析自身发展优势与存在问题；

(3) 可动态生成直观的统计图表，为各高校科研管理部门、发展规划处、学科建设领导小组等的工作决策和下一步措施提供客观依据和决策支持，以更好地指导学科建设工作，增强学科核心竞争力；

(4) 可支持对各项指标进行更深层次的分析和比较，挖掘更多宝贵数据。

## 二、系统功能结构

从学科建设中具有高显示度的指标出发(先选定科研队伍、科研项目、学术论文、科研平台4项关键指标)，确定教育技术学科国内的代表性院校(即北京师范大学、华中师范大学、华南师范大学、华东师范大学、南京师范大学等5所高校)，收集这些高校在上述4项指标中取得的高端成果(省部级以上)。在此基础上搭建基于 Web 的、一体化的学科建设成效对比分析系统，为相关管理者提供实时的学科发展状况信息和按需动态对比分析。

本系统的功能划分成基础信息、队伍建设、科研项目、学术论文、平台机构、统计对比 6 大部分，其中基础信息用于管理与建设成效相关的基础数据，如各高校单位信息、科研人员的学位职称信息、项目来源信息等；队伍建设、科研项目、学术论文、平台机构分别是本系统确定的 4 大对比指标，这几个功能模块用于对这些指标的原始数据进行管理；统计对比模块则用于对这 4 大指标进行灵活、个性化的对比分析。图 1 给出了本系统的功能结构图。

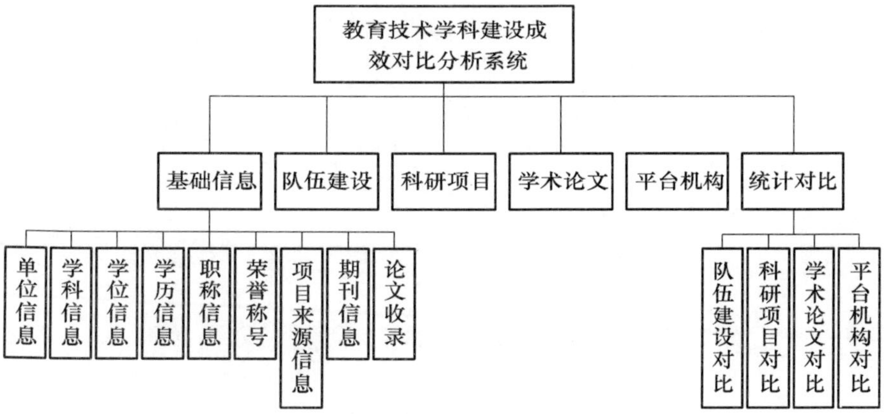


图 1　系统功能结构图

## 三、系统关键设计

### 1. 体系架构

采用 B/S 体系结构，便于各管理者共享、查询。同时，利用 Server 中的后台数据库对相关成效数据进行集中式统一管理，有效克服数据复制、副本等带来的不一致性。最后，客户端应用程序精简到一个普通的浏览器 Browser，免去为不同客户不同环境进行系统安装、升级、部署等工作。实际开发中选用了 Visual Studio2008 中的 ASP. NET 来作为实现语言和平台。

### 2. 数据模型

定义了学历、学位、职称、荣誉称号、单位、学科、期刊、论文收录、项目来源（纵向）、教师、科研项目、学术论文、科研机构等实体，形成如图 2 所示的实体关系图。

在数据建模的过程中考虑到要提供用户多样化、细粒度、灵活的对比和统计，因此各指标属性在设计时进行了较彻底的分解。例如学术论文有多个完成作者，为了便于分第一、第二完成单位进行统计分析，把论文与作者的之间的设计成多对多关联，类似的还有关于论文检索收录的考虑，等等。因此得到的数据模型很容易支持后续的各种动态对比，其可扩展性较高。

### 3. 利用 Ajax 和 TreeView 实现无限级树的动态维护

对于单位信息、对比学科、项目来源这些无限级的、可扩展的具有“树”型特征的数据，运用了 ASP. NET 的 TreeView 控件，动态绑定树中的各节点。为了扩展 TreeView 控件，直接从数据库中读取、修改数据，需要：(1)在数据库中建立一个专门存放递归性数据库的表。主要有节点编号、节点名称、父节点编号组成，其中父节点为“0”代表该节点不存在父节点，即该节点为根节点。然后利用递归的搜索机制，对表中的各节点搜索其父节点，并进行节点名称拼接，层层上推，直到父节点为 0。(2)修改 TreeView 的实现，利用鼠标右键菜单对树进行编辑（添加、修改、删除），使用 Ajax 动态载入树节点，实现对树的各种编辑维护的无闪动刷新。(3)修改 TreeView 的实现机制，允许在树为空（没有根节点）的情况下添加根节点，也允许有多个平级并列的根节点。

### 4. 对比结果在 Web 页面的可视化图形生成

对比指标的各项关键属性均作为用户对比的选择项，让用户在页面上按需动态设定对比条件，然后连

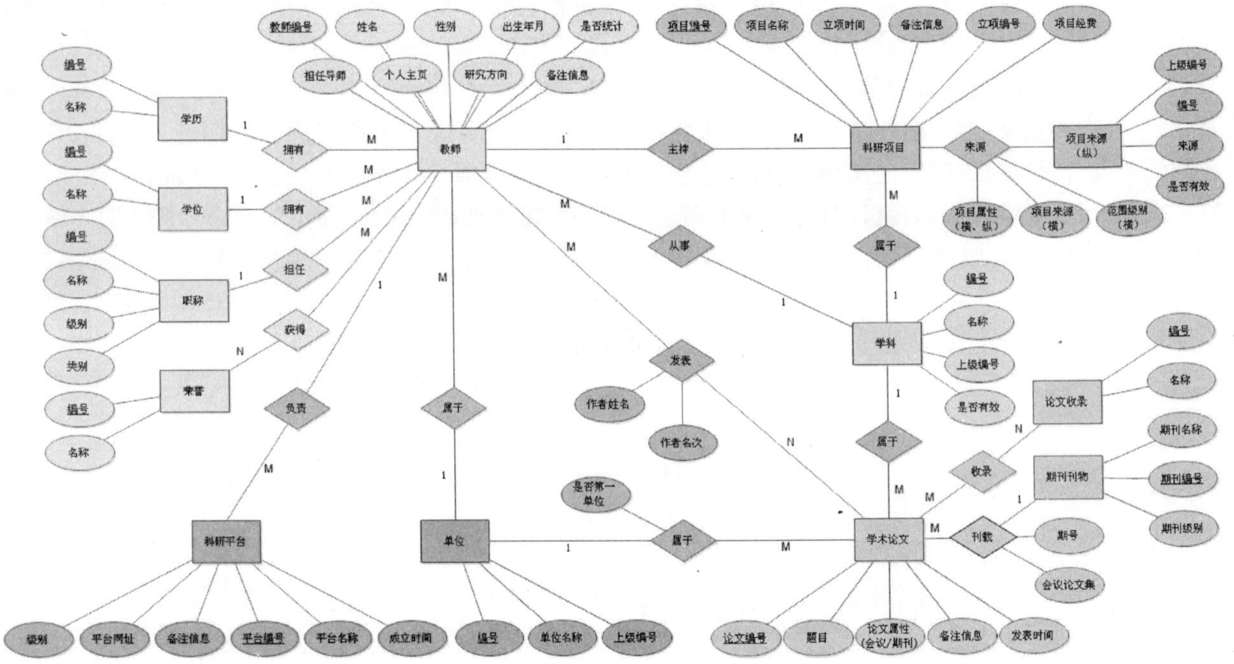


图 2　实体关系图

接数据库，执行存储过程。将得到的结果放入 DataTable 对象中，进过 DataTable 对象的一系列筛选、合并等过程，最后将 DataTable 对象中的数据绑定到 GridView 控件和 Chart 控件中，生成各式各样的统计图形（柱状图、饼状图、折线图等），实现对比结果在 Web 页面的可视化图形生成。其过程大致如图 3 所示。

## 四、系统实现与效果分析

### 1. 系统实现

本系统在开发过程中严格按照软件工程标准来进行，经过需求定义和确认、系统概要设计和详细设计、编码开发、单元测试、集成测试等一系列步骤，实现了基于 B/S 架构的教育技术学科建设成效对比分析系统，完成了近 5 年国内 5 所知名高校 4 大成效指标数据的录入和管理，并能针对实际应用需要对这些成效数据进行各种灵活、个性化对比分析。出于篇幅考虑，仅列出系统实现的部分截图。图 4～图 12 展现了本系统基础信息维护（职称信息、项目来源信息）、科研项目、科研人员对比、学术论文对比功能的具体实现。

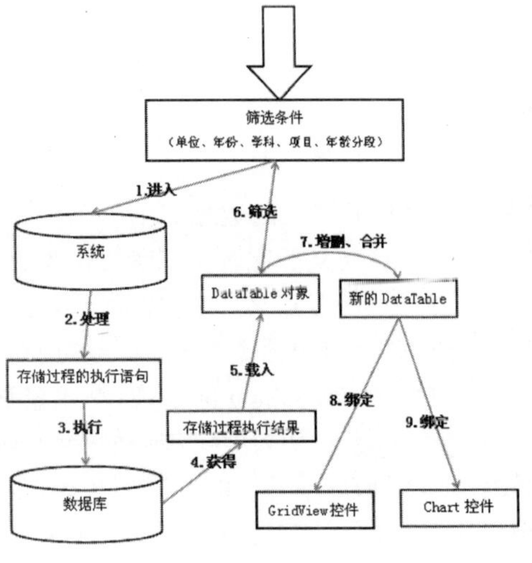


图 3　对比功能的过程设计

图 4　基础信息维护——职称信息列表

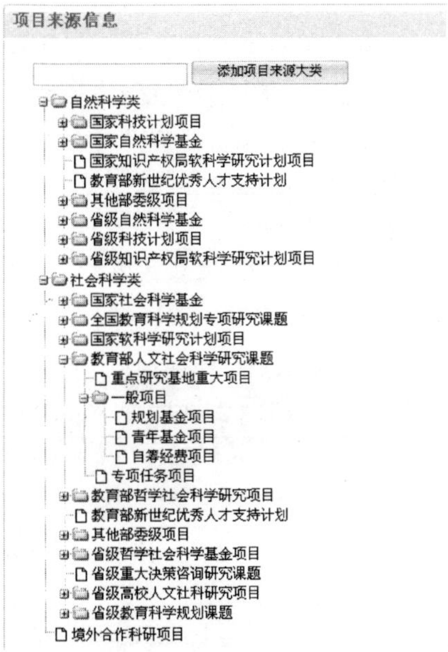


图 5　基础信息维护——项目来源信息

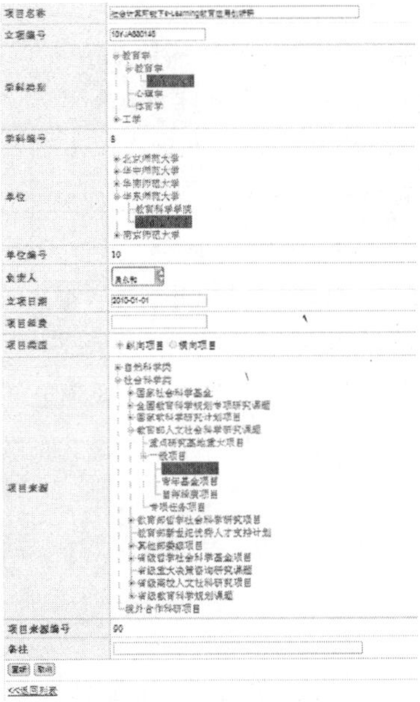

图 6　编辑科研项目信息

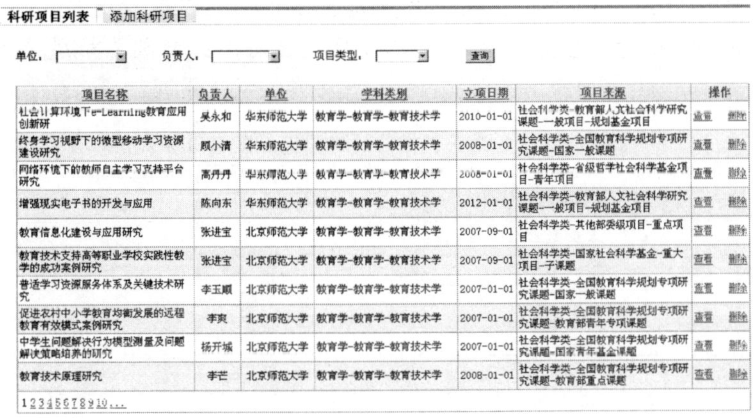

科研项目列表　添加科研项目

单位：　负责人：　项目类型：　查询

| 项目名称 | 负责人 | 单位 | 学科类别 | 立项日期 | 项目来源 | 操作 |
|---|---|---|---|---|---|---|
| 社会计算环境下e-Learning教育应用创新研 | 吴永和 | 华东师范大学 | 教育学-教育学-教育技术学 | 2010-01-01 | 社会科学类-教育部人文社会科学研究课题--一般项目-规划基金项目 | 查看　删除 |
| 终身学习视野下的微型移动学习资源建设研究 | 顾小清 | 华东师范大学 | 教育学-教育学-教育技术学 | 2008-01-01 | 社会科学类-全国教育科学规划专项研究课题-国家一般课题 | 查看　删除 |
| 网络环境下的教师自主学习支持平台研究 | 高丹丹 | 华东师范大学 | 教育学-教育学-教育技术学 | 2008-01-01 | 社会科学类-省级哲学社会科学基金项目-青年项目 | 查看　删除 |
| 增强现实电子书的开发与应用 | 陈向东 | 华东师范大学 | 教育学-教育学-教育技术学 | 2012-01-01 | 社会科学类-教育部人文社会科学研究课题--一般项目-规划基金项目 | 查看　删除 |
| 教育信息化建设与应用研究 | 张进宝 | 北京师范大学 | 教育学-教育学-教育技术学 | 2007-09-01 | 社会科学类-其他部委级项目-重点项目 | 查看　删除 |
| 教育技术支持高等职业学校实践性教学的成功案例研究 | 张进宝 | 北京师范大学 | 教育学-教育学-教育技术学 | 2007-09-01 | 社会科学类-国家社会科学基金-重大项目-子课题 | 查看　删除 |
| 普适学习资源服务体系及关键技术研究 | 李玉顺 | 北京师范大学 | 教育学-教育学-教育技术学 | 2007-01-01 | 社会科学类-全国教育科学规划专项研究课题-国家一般课题 | 查看　删除 |
| 促进农村中小学教育均衡发展的远程教育有效模式案例研究 | 李爽 | 北京师范大学 | 教育学-教育学-教育技术学 | 2007-01-01 | 社会科学类-全国教育科学规划专项研究课题-教育部青年专项课题 | 查看　删除 |
| 中学生问题解决行为模型测量及问题解决策略培养的研究 | 杨开城 | 北京师范大学 | 教育学-教育学-教育技术学 | 2007-01-01 | 社会科学类-全国教育科学规划专项研究课题-国家青年基金课题 | 查看　删除 |
| 教育技术原理研究 | 李芒 | 北京师范大学 | 教育学-教育学-教育技术学 | 2008-01-01 | 社会科学类-全国教育科学规划专项研究课题-教育部重点课题 | 查看　删除 |

1 2 3 4 5 6 7 8 9 10 ...

图 7　科研项目列表

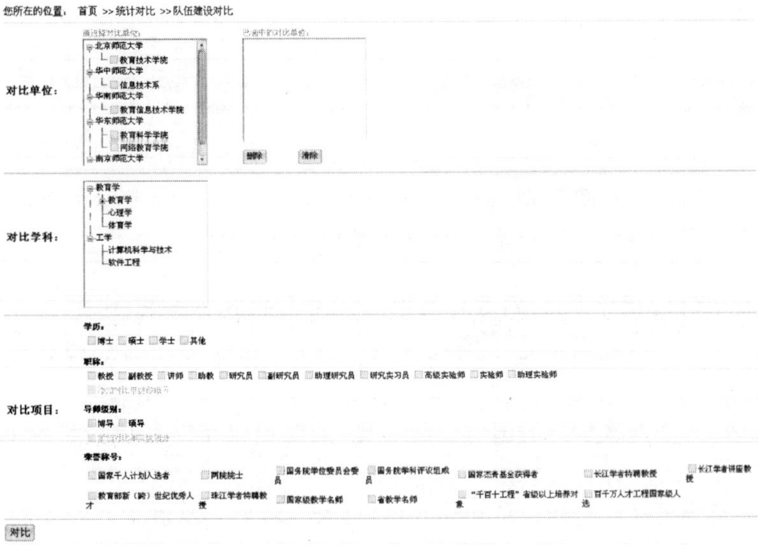


图 8　科研人员对比

教育技术学(学科) 各校在职教师情况对比表

| 对比单位 | 学位 | | 职称 | | 导师级别 | |
|---|---|---|---|---|---|---|
| | 博士 | 硕士 | 教授 | 副教授 | 博导 | 硕导 |
| 北京师范大学 教育技术学院 | 40 | 1 | 11 | 12 | 12 | 21 |
| 华中师范大学 信息技术系 | 25 | 19 | 14 | 15 | 6 | 22 |
| 华南师范大学 教育信息技术学院 | 28 | 10 | 17 | 15 | 11 | 18 |
| 华东师范大学 教育科学学院 | 17 | 2 | 4 | 13 | 4 | 11 |
| 南京师范大学 教育科学学院 | 17 | 10 | 8 | 10 | 3 | 12 |

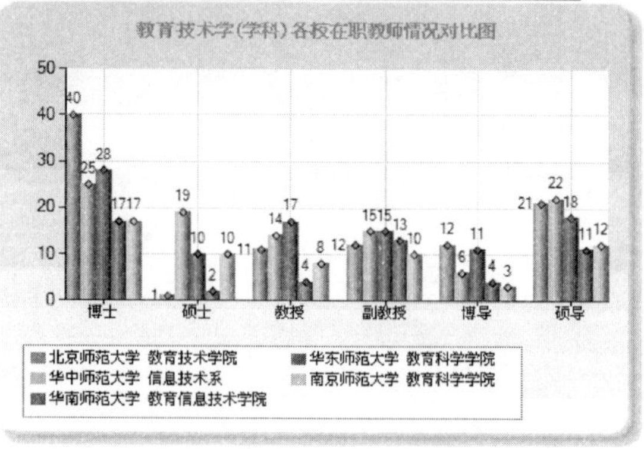


图 9　科研人员对比表和对比图

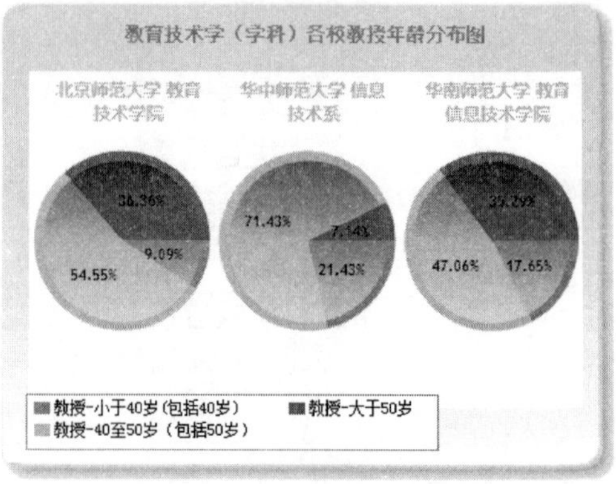


图 10　按年龄段的对比饼状图

2007—2011年 教育技术学(学科) 各校期刊论文刊登情况对比表

| 对比单位 | 教育研究 | 电化教育研究 | 中国电化教育 | 开放教育研究 | 总计 |
|---|---|---|---|---|---|
| 北京师范大学 教育技术学院 | 2 | 46 | 60 | 49 | 157 |
| 华中师范大学 信息技术系 | 1 | 11 | 16 | 6 | 34 |
| 华南师范大学 教育信息技术学院 | 3 | 76 | 60 | 25 | 164 |
| 华东师范大学 教育科学学院 | 0 | 32 | 24 | 18 | 74 |
| 南京师范大学 教育科学学院 | 2 | 30 | 5 | 10 | 47 |

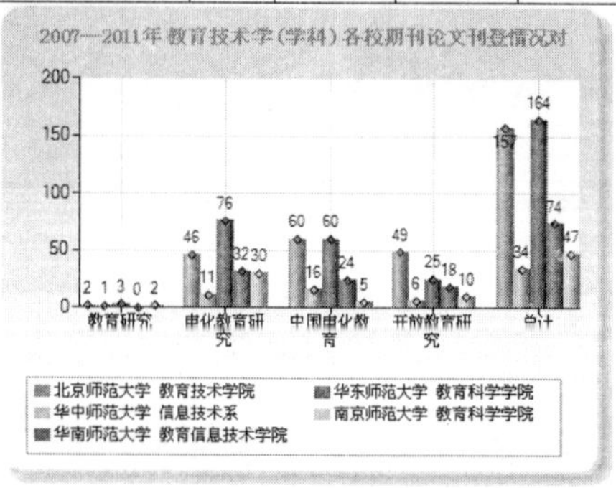


图 11　横向对比表和对比图

2007—2011年 教育技术学(学科) 各校论文历年电化教育研究(刊登/收录)对比表

| 对比单位 | 2007 | 2008 | 2009 | 2010 | 2011 |
|---|---|---|---|---|---|
| 北京师范大学 教育技术学院 | 12 | 8 | 8 | 10 | 8 |
| 华中师范大学 信息技术系 | 3 | 2 | 2 | 0 | 4 |
| 华南师范大学 教育信息技术学院 | 15 | 13 | 13 | 21 | 14 |
| 华东师范大学 教育科学学院 | 5 | 7 | 6 | 6 | 8 |
| 南京师范大学 教育科学学院 | 5 | 5 | 7 | 7 | 6 |

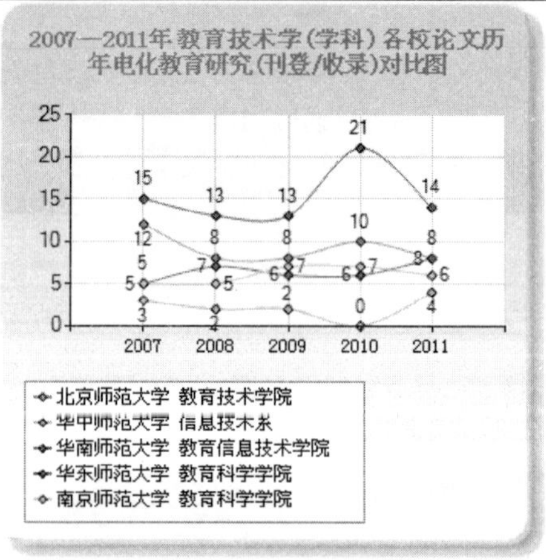


图 12　纵向对比表和对比图

**2. 效果分析**

本文在教育信息化方针的指导下，针对教育技术学科建设的迫切需求，建立了高效、动态的学科建设成效对比分析系统，所录入的原始数据都是全国范围内公开的，保证了准确性和可靠性，取得较好的成果。包括：

（1）能实时、全面、深入掌握本学科的国内发展形势，同时提供了对各成效指标的细粒度、灵活、个性化对比分析功能；

（2）能有效促进兄弟院校之间良性竞争和相互借鉴，对学科发展具有重要意义和价值；

（3）B/S结构支持多用户实时访问，同时实现了数据高度共享，充分利用现代化教育资源实现低碳环保、无纸化办公的理念；

(4) 能以教育技术学为示例辐射、覆盖到其它学科，有利于形成学科之间统一的对比标准体系，从而促进高等学校各学科快速健康发展，提高学科的整体实力和竞争力；

(5) 应用信息化手段实现学科管理的革命性创新，应用前景广泛，能为学科管理部门、教育管理部门、政府相关管理部门以及社会相关咨询部门提供应用示范和借鉴，推广应用价值高。

## 五、结束语

现有评价系统、评价体系或排行榜对教育技术二级学科建设的指导作用十分有限，本文通过搭建基于Web的、一体化的教育技术学科建设成效对比分析系统，提供本学科国内知名学校之间一个直观的、可视化的数据收集和建设成效数据对比分析平台，动态生成直观的统计图表，有利于全面深入掌握本学科当前发展形势，促进兄弟院校之间良性竞争和相互借鉴，提供各高校科研管理部门、发展规划处、学科建设领导小组等决策支持，因此对本学科建设具有重要意义和价值。后续工作包括完成其他成效指标(如学术著作、专利等)的开发，以及提供更多对学科发展有价值的对比分析功能(如年度变化曲线、同比增幅等)。

### 参考文献

[1] 陈传鸿、陈甬军. 切实加强学科建设构筑高校核心竞争力[J]. 学位与研究生教育，2003，(3)：4-7.

[2] 吴雷、隗德民、周艳. 高校学科建设中的竞争情报研究[J]. 山西财经大学学报(高等教育版)，2010，13(4)：39-40.

[3] 吴雷、隗德民、周艳. 高校学科建设竞争情报系统功能与构建[J]. 现代情报，2011，31(1)：16-20.

[4] 陈静、罗军. "比较"的学科意识与21世纪新型人才培养[J]. 江西教育科研，2007，(12)：17-18.

[5] 秦炜炜，徐福荫. 中美教育技术学专业发展对比研究[J]. 开放教育研究，2008，14(3).

[6] 殷丛丛、张艺瀛. 大学学科排名对我国学科建设的启示[J]. 高教研究与实践，2011，30(3)：54-57.

[7] 韩慧敏. 教育技术学专业评估支持系统的设计与开发[D]. 上海：华东师范大学，2010.

[8] 武书连大学排行榜[DB/OL]. http://edu.qq.com/zt2011/2011dxph/.

[9] 网大中国大学排行榜[DB/OL]. http://www.netbig.com.

[10] 中国校友会大学排行榜[DB/OL]. http://www.cuaa.net.

[11] 王雅芬，贾丽娜. 国内外高校科研评价方式的比较研究[J]. 评价与管理，2005，(1).

[12] 陈淑云. 工信部直属高校与清华北大论文对比计量分析——基于ESI数据库[J]. 北京航空航天大学学报(社会科学版)，2011，24(1).

[13] 陈淑云，杜慰纯，秦小燕. 中美"常春藤"高校学科对比分析——基于高水平论文的计量学分析[J]. 图书情报工作，2011，55(8).

[14] 熊璐. 美国《基本科学指标数据库》的研究与应用[D]. 武汉：武汉大学，2005.

[15] 郑确辉. 论《基本科学指标》参照下的我国高水平大学科研竞争力[J]. 科技管理研究，2009(12).

### 作者简介

郑云翔，1979年生，男，汉族，广东省广州市人，副教授，博士，研究方向：教育软件工程、e-Learning等。

# 基于创新推广理论的地方高校混合式教学推广实践研究
## ——以北京联合大学旅游学院为例

王丽，齐晶

（北京联合大学旅游学院，北京，100101）

**摘　要**：混合式教学作为一种信息技术与高等教育深度融合的教学方式，对提高地方高校教学质量有着积极意义。本研究以北京联合大学旅游学院为例，开展了混合式教学创新推广的实践研究，并提出在获知、说服、决策、实施和确认五个阶段要有相应的推广策略和推广活动设计；校院领导、教务处处长和教研室主任作为部门领导和意见领袖对创新推广的速度和效果起着重要作用，要保证意见领袖首先采纳混合式教学方式；在推广中做好教师对混合式教学采纳比例的统计，为下一步工作提供数据参考和决策依据。本实践研究为其他地方高校开展混合式教学推广提供了参考依据。

**关键词**：混合式教学；创新推广；地方性高校

# Practical Research of Blending Learning Diffusion in Local Universities Based on Diffusion of Innovation Theory
## —The Case of Tourism Institute of Beijing Union Universities

Wang Li, Qi Jing

(Tourism Institute of Beijing Union Universities, Beijing, 100101)

**Abstract**: Blending Learning (teaching) as a deep integration of higher education and information technology has a positive significance to improve teaching quality of local University. This study intent to focus on the practical research of blending learning diffusion at Tourism Institute of Beijing Union Universities, and submit that there should have corresponding diffusion strategies and diffusion activities in the five diffusion decision stages included knowledge, persuasion, decision, implementation and confirmation. The institute leaders, the dean's office of the commissioner and the director of the teaching and research section, as sector leaders and opinion leaders play an important role on the speed and effects of innovation diffusion, first to ensure that opinion leaders to adopt blending learning. Statistics of proportion of blending learning adopted, provided reference and decision-making based on data for the next steps. This practical research provided a reference to other local universities to promote blending learning.

**Keywords**: blending learning; diffusion of innovation; local universities

## 引言

随着教育信息化的不断发展，各类网络教学平台已经在高等院校中普遍应用，但目前主要应用于学校办公自动化、教务管理、学生成绩学籍管理等层面，在实际教学过程中的深层应用还较少。另一方面，我国高等教育质量还有待提高，特别是地方高校如何培养高质量人才以及如何培养创新性人才，都是当前的热点问题。教育部的《教育信息化十年发展规划(2011-2020年)》提出要将“信息技术与高等教育深度融合”，并提出这是高等教育改革创新和提高质量的有效途径。本文正是基于此背景，在高等教育教学实践中开展了混合式教学推广的实践研究，力求寻找一条适应于高校混合式教学的创新推广之路。

## 一、混合式教学在高校应用现状

混合式学习(教学)是将传统课堂面对面教学与基于信息技术的网络教学相结合的一种教学。混合式学习强调把传统学习方式的优势和数字化学习的优势结合起来，既要发挥教师引导、启发、监控教学过程的主导作用，又要充分体现学生作为学习过程主体的主动性、积极性与创造性[1]，使二者优势互补，获得最佳的学习效果。混合式教学的推广有助于促进高校信息技术与课程更深层次整合，推动教学改革，解决现有高等学校的教学组织形式带来的弊端。[2]

**1. 混合式教学在高等教育中研究和应用现状**

北京师范大学何克抗教授在第七届全球华人计算机教育应用大会首次提出“混合式学习”后，“混合式学习”和“混合式教学”受到教育技术界普遍响应，近年来，混合式教学的研究主要有以下几个方面：

(1) 混合式教学模式研究，主要有余胜泉、路秋丽(2005)等人提出了网络环境下混合式教学的过程模式[2]；武爱红、李艳丽(2008)对高校中的混合式教学模式进行了初步探索[3]；马萌、何克抗(2008)将JITT(适时教学)概念引入混合式教学过程中[4]；黄荣怀、马丁等人(2009)提出了混合式学习课程及其活动的设计框架，并给出相关课程设计实例[5]；林枋、林楠(2009)利用系统科学反馈基模分析理论，分析混合式教学模式下教师、学生、教学平台、硬件间相互制约的关系，构造了网络教学的反馈基模[6]；史玉新、樊旭(2010)基于建导方法构建了混合式教学模式，分为“前期分析设计、网上学习、面授讨论和评价”四个阶段，并对各阶段的具体任务、教师角色和建导方法应用进行了分析[7]。(2) 课程中的混合式教学实践研究。其中教育技术专业课程的应用最多，如北师大教育技术专业研究生的“协作学习”课程进行混合式学习策略探索(刘黄玲子等，2005)[8]；在“现代教育技术”公共课(赖晓云，2007)[9]、“现代远程教育”课程(周跃良，2007)[10]和北京大学“教育技术学基础”(郭文革，2009)[11]进行混合式教学探索；计算机类课程的应用主要有在大学计算机基础课程中运用混合式教学(曾芳，袁媛，2010)[12]，在北京大学“文科计算机基础”和“网络实用技术”课程运用混合式教学法(钱丽艳，2010)[13]，在“网上支付与电子银行”中运用混合式教学(张仙等人，2011)等；英语类课程的应用有“大学英语”课程(赵丽娟，2004)[14]、“大学英语写作”课程(孟彦莉，2011)[15]和英语师范生多元识读能力培养(吕文澎，侯晓蕾，2012)[16]中的混合式教学应用等。可见，混合式教学的应用主要集中在教育技术专业课程、计算机类课程和英语类课程三个方面，在更广泛的专业和课程中应用还不够普遍。

(3) 混合式教学的接受度研究。教师是影响混合式教学在高校中推广效果的关键因素之一，杨文婷、何伏刚(2008)分析了混合式教学对教师提出的新要求[17]，路兴、赵国栋等人(2011)以北大教学网为例，从技术特点、教师特点、课程特点、主观规范和服务品质特这五个维度，以认知有用性、认知易用性为中间变量，提出了影响北大教师接受混合式学习的各种因素，并对混合式学习的推广与应用提出了若干建议[18]。

**2. 混合式教学在地方高校应用推广**

地方性高校往往承担了当地较大规模的学生数量，而学生兴趣、学习态度等方面差异性较大，学生自主性不够强等特点，混合式教学的推广有助于学校教学质量和效率。

混合式教学虽然在部分高校课程中得到了应用，但是应用范围还不够广，应用程度还不够深。在地方高校中，虽然Blackboard、Moodle或其他自主开发的教学平台已投入使用，但是现状往往是注册用户多、注册课程多、使用率不高，与课程课堂教学整合程度不够深。

地方高校需要推广混合式教学模式，推广需要理论的支持。创新扩散理论自上世纪90年代开始引入我国，目前已逐渐引起教育技术界的广泛关注，它对混合式教学的推广应用有着重要的指导价值。

## 二、创新推广理论与教育技术应用

### （一）创新推广理论

1903 年法国社会学家塔尔德(Gabrie Tarde)首次提出模仿定律与创新被采纳的 S 形曲线，创新推广理论一直不断发展。直到著名的传播学家罗杰斯(Everett M. Rogers)的著作《创新推广》(Diffusion of Innovation)出版发行。罗杰斯在书中将创新推广定以为某个创新通过一定的渠道，经过一定的时间在某个社会系统中传播的过程。创新推广理论的主要观点如下：

**1. 创新的推广决策过程，包括五个阶段**

获知(Knowledge)——接触创新并略知其如何运作

说服(Persuasion)——有关创新的态度形成

决策(Decision)——确定采用或拒绝一项创新活动

实施(Implementation)——投入创新的运用

确认(Confirmation)——强化或撤回关于创新的决定

**2. 被采用的创新的特征**

相对优越性——一项创新优越于它所取代的旧观念的程度；

兼容性——一项创新与现有价值观、以往经验、预期采用者的需求同存的程度；

复杂性——一项创新理解和运用的难度；

可实验性——一项创新在有限基础上可被试验的程度；

可观察性——创新结果能为他人看见的程度。

**3. 变革代表(change agents)**

变革代表是一种职业人士，他们试图朝他们认为有利的方向影响人们的采用决定。变革代表通常比其试图影响的个人有着更好的教育背景和社会地位，他们常常起用地方意见领袖来协助某项创新的推广，或者阻止被视为有害创新的采用。

**4. 创新被采纳的 S 形曲线**

一个新思想被采用的速度通常遵循以时间为横轴、以数量为纵轴的 S 形曲线。当社会体系中观念领导者采用一个新思想后，S 形曲线会出现飞快上升（用户数在 10%-25%之间是一个关键）；而个体则可以依据其创新接受倾向被予以分类（满足常态分布），分别为：创新接受倾向最高的“创新者”（Innovator）、“早期接受者”（Early Adopter）、“早期大众”（Early Ma-jority）、“晚期大众”（Late Majority）以及创新接受倾向最低的“落后者”（Laggardε）。

### （二）教育技术领域的创新推广理论

美国 AECT 协会的教育技术 1994 定义描述了教育技术的五个重要范畴：设计、开发、应用、管理和评价。其中创新推广就是“应用”范畴的重要组成部分。教育技术领域的创新推广理论发展主要有以下观点：

Surry (2002) 提出的 RIPPLES 模型，包括 7 个因素：资源（Resources)、基础设施（Infrastructure)、人员(People)、政策(Policies)、学习(Learning)、评价(Evaluation)、支持(Support)。在 RIPPLES 模型中，各个因素相互影响，共同促进或阻碍推广的成功。

Hall 和 Hord (1987)提出的基于采纳的关切模型(CBAM— Concerns Based Adoption Model)，这个模型给出了用户的关切态度、使用水平和创新者的干预策略等内容来帮助我们在实践中发现用户、分析用户、建立与用户的良好关系。

Ely (1990)提出了教育技术创新推广的落实策略包括：技能和知识、资源可用性、时间可用性、报酬或奖励、参与、承诺和领导力。

Shca、Pickctt 和 SauLi (2005)应用罗杰斯的理论解释影响教师将信息技术整合到课程教学过程的因素有：课程中的交互水平、技术支持、前期的积极经验、大学部门和课程内容性质。

### （三）创新推广理论在教育技术领域应用现状

近十年来，教育技术领域日益关注创新推广理论的应用，目前主要应用于教育信息化、教师信息素养培养、信息技术与课程整合三个方面。例如，宫淑红和焦建利（2002）将创新推广理论引入对教师的信息素养培养中[19]；陈仕品和张剑平（2008）从创新推广理论视角提出了教师教育信息化的实施策略[20]；林雯等人（2009）借鉴创新推广理论，在广西教育技术应用推广中构建并应用了“四主”运作模式[21]；赵海霞（2009）以暨南大学为例，基于创新推广理论开展了高校教学信息化实践研究，分析影响高校教学信息化的关键因素，探求创新推广策略[22]；彭伟国等人（2009）依据创新推广理论，分析了信息技术与课程整合实践中存在的问题和困难，并得到了一些促进信息技术与课程深层整合的启示[23]；李五洲（2012）从创新推广理论的视角分析了影响高校网络教学平台的推广主要因素[24]。

## 三、混合式教学创新推广实践研究

创新推广的研究对教育技术学科知识结构的完善、专业人员素质的提升，以及国家对教育技术投入与产出的平衡等多方面都有着重大意义[25]。同样，创新推广理论对混合式教学的推广也有着重要的指导意义。北京联合大学旅游学院（以下简称“学院”）基于创新推广理论，进行了混合式教学的创新推广实践。

### （一）混合式教学的创新推广阶段

依据罗杰斯的创新推广决策过程的五个阶段，本实践活动分为以下五个阶段：

1. 获知阶段：学院通过发布“关于鼓励开展混合式教学的原则意见”，让教师们对混合式学习形成初步认识；接下来，开展“Bb 网络学堂如何与传统课堂进行有效整合”和“Bb 网络学堂使用技巧”等内容的培训，让老师们初步了解混合式教学的一些方法、技巧和模式。

2. 说服阶段：学院教务部门组织集体教研活动，邀请混合式教学开展较好的教师进行经验介绍，突出介绍如何将 Bb 网络学堂和课堂教学有机整合，如何提高教学效率，如何激发学生学习兴趣等，使教师形成混合式教学更具有优越性的认识，愿意去学习使用 Bb 网络学堂并结合传统课堂授课开展混合式教学。

3. 决策阶段：在 2011 年以前，学院教师主要靠个人对混合式教学的接受程度自主决定是否利用 Bb 网络学堂开展混合式教学，这段时间混合式教学开展比率比较低；2012 年上半年，学院开展了“全院 Bb 网络学堂建设活动暨利用混合式教学提升教学品质系列活动”，要求全体教师的课程都要利用 Bb 网络学堂开展混合式教学，期末对课程进行检查验收。该活动的开展促使学院绝大部分教师都决定开展混合式教学。

4. 实施阶段：活动开展过程中，学院教师们在一个学期内利用 Bb 网络学堂与传统课堂相结合，开展混合式教学实践；学院教务部门和学校网络中心提供教学方法、技巧、网络技术等方面的支持，即时解答老师们的问题和疑惑，对老师取得的阶段性成果充分肯定并激励进一步实施。

5. 确认阶段：一方面是来自学生的反馈确认，通过开展混合式教学，拓宽了学生与教师的交流渠道，激发了学生们的学习兴趣；一方面是来自教师的自身反馈确认，教师通过混合式教学的开展，提高了教学效率；另外，是来自学院教学部门的反馈确认，对 Bb 网络学堂建设和混合式教学开展效果优秀的个人和教研室予以表彰和奖励。通过以上三方面的反馈，使教师最终确认了开展混合式教学决定的正确性和有效性，并决定继续进行混合式教学。

经过一学期的集中活动推广，混合式教学推广取得了较好成绩。该学期共 197 门课程中，混合式教学开展与网络学堂资源建设基本合格的课程有 142 门，占 72%。11 个教研室中全部合格的教研室达到 4 个，占 36.4%。

表1　各教研室混合式教学开展与网络学堂资源建设情况统计

| 序号 | 教研室名称 | 本学期开课门数 | 合格门数 | 合格比例 |
|---|---|---|---|---|
| 1 | 管理学教研室 | 41 | 25 | 61% |
| 2 | 旅游管理教研室 | 21 | 9 | 43% |
| 3 | 经济学教研室 | 12 | 6 | 50% |
| 4 | 会展经济与管理 | 5 | 5 | 100% |
| 5 | 专业英语教研室 | 28 | 20 | 71% |
| 6 | 大学英语教研室 | 7 | 7 | 100% |
| 7 | 日韩法教研室 | 36 | 36 | 100% |
| 8 | 酒店管理教研室 | 14 | 11 | 79% |
| 9 | 餐饮管理教研室 | 16 | 8 | 50% |
| 10 | 文化素质教研室 | 14 | 12 | 86% |
| 11 | 创业教育教研室 | 3 | 3 | 100% |
|  | 合计 | 197 | 142 | 72% |

## （二）变革代表对混合式教学推广的积极影响

变革代表，或者意见领袖是创新推广中非常重要的因素。杨朝凤（2006）的研究表明，创新推广速度不是单调的，是一个先升后降的过程，最后收敛于领导者的采用速度；领导者一直在创新推广中起着举足轻重的作用[26]。

从本次北京联合大学旅游学院开展的混合式教学推广实践来看，学院领导、教务处处长和各教研室主任起到了重要作用。首先，学院领导和教务处处长多次出席了关于混合式教学经验交流的集体教研活动，并在活动中明确肯定了混合式教学和Bb网络学堂的建设与应用效果，并鼓励所有老师进行尝试。其次，"关于鼓励开展混合式教学的原则意见"和激励办法的出台，体现了学院领导对此创新推广的接受程度。最后，教研室主任们对混合式教学采用的引领和表率作用，带动了各教研室老师全面开展混合式教学和建设Bb网络学堂。从结果来看，在混合式教学推广中取得了较好成绩的教研室，其教研室主任都是混合式教学采用效果好的老师。也就是说，混合式教学推广效果与教研室主任对混合式教学采用情况密切相关，与教研室主任的年龄和职称没有显著关系。

## （三）混合式教学被采纳的"S"曲线

本研究分别在混合式教学创新推广活动的初期（3月）、中期（5月）和末期（7月）进行全面课程检查，统计各教研室在三个阶段对课程采用混合式教学的比例，并按照最终采用比例分为高采用率组和低采用率组。

### 1. 高采用率组的"S"曲线

本研究将最终采用率达到85%以上的教研室定为高采用率组，共五个教研室，他们三个阶段的采用比例如图1所示，这一组的创新采用过程基本印证了创新推广的"S"曲线，主要特点有前期实验阶段较短，很快进入推广和采纳阶段。这些组的教研室主任都是混合式教学采用效果好的老师，他们昨天意见领袖促使本组织提高了采纳混合式教学的速度。

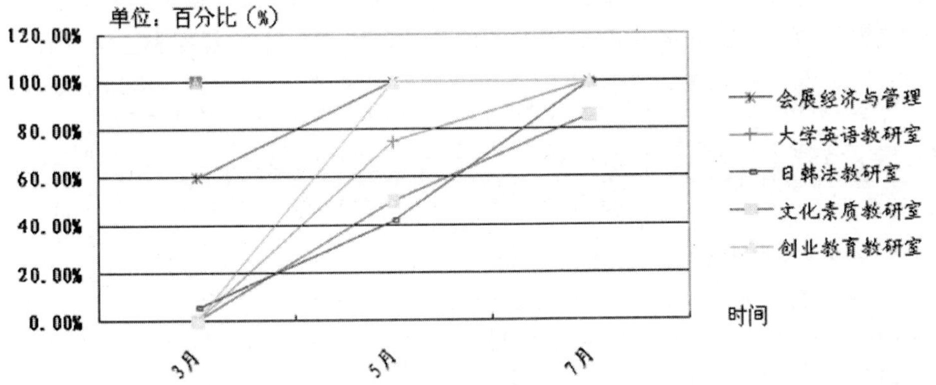


图 1 混合式教学推广的“S”曲线图(高采用率组)

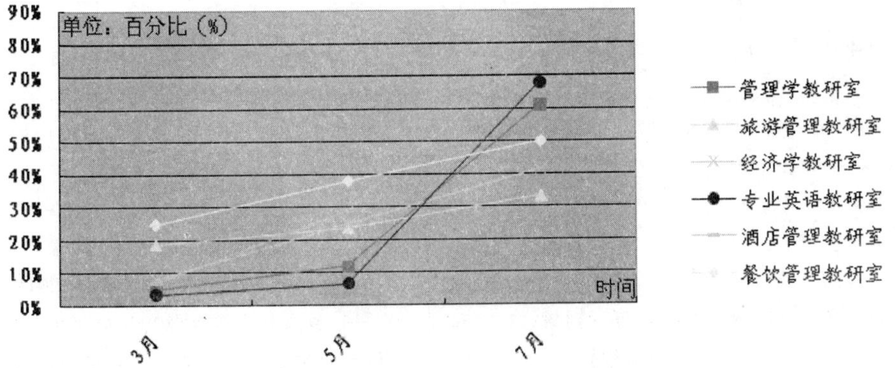


图 2 混合式教学推广的“S”曲线图(低采用率组)

**2. 低采用率组的“S”曲线**

本研究将最终采用率达到 85%以下的教研室定为低采用率组，共六个教研室，他们三个阶段的采用比例如图 2 所示，这一组的创新采用过程也印证了创新推广的“S”曲线的前期阶段，主要特点有前期实验阶段较长，采用比例达到 25%-30%之后(7 月份)出现拐点，进入快速推广和采纳阶段。可见，要在一个高校中推广混合式教学，必须使高校中一定数量的人采纳这种教学方式，当采纳比例达到 25%之后，就会进入快速推广阶段。

## 五、小结

综上所述，混合式教学的创新推广过程必须注意：在获知、说服、决策、实施和确认五个决策阶段都要有相应的推广策略和推广活动设计，如组织培训、出台相关政策、开展教研活动、提供技术支持、激励措施保证等；院校领导、教务处处长和教研室主任作为部门领导和意见领袖对创新推广的速度和效果起着非常重要的作用，最好保证意见领袖首先采纳混合式教学方式；在推广中做好教师对混合式教学采纳比例的统计，为下一步工作提供数据参考和决策依据。

**参 考 文 献**

[1] 何克抗. 从 Blending Learning 看教育技术理论的新发展_上_[J]. 电化教育研究 2004 (3):5-10.

[2] 余胜泉，路秋丽，陈声健. 网络环境下的混合式教学_一种新的教学模式[J]. 中国大学教育，2005 (10):50-56.

[3] 武爱红，李艳丽. 高校课程混合式教学模式初探[J]. 邯郸学院学报，2008-13(3):90-92，

[4] 马萌. 何克抗. JiTT_BlendingLearning 理念下的信息化教学模式[J]. 中国教育信息化，2008(21):81-84.

[5] 黄荣怀，马 丁，郑兰琴，张海森. 基于混合式学习的课程设计理论[J]. 电化教育研究，2009(1):9-11.

[6] 林枋，林楠. 基于 SD 的混合式教学模式质量改善研究[J]. 教育与职业，2009(36):69-71.

[7] 史玉新，樊旭. 基于建导方法的混合式教学模式设计[J]. 中国电化教育，2010(7):29-32.

[8] 刘黄玲子，黄荣怀，朱伶俐，郑兰琴．一项混合式教学的行动研究[J]．学位与研究生教育，2005 (11)：9-13.
[9] 赖晓云，焦中明．网络环境下混合式教学的探索与实施_高校_现代教育技术_公共课教学改革案例[J]．远程教育杂志，2007(10)：57-59.
[10] 周跃良，唐小娟．利用混合式学习改革高校教学的策略[J]．电化教育研究，2007(11)：56-60.
[11] 郭文革．北京大学“教育技术学基础”混合式教学模式探索[J]．电化教育研究，2009(8)：59-63.
[12] 曾芳，袁媛．基于 Moodle 的《大学计算机基础》混合式教学模式的探讨[J]．电脑知识与技术，2010-6(3)：166-167.
[13] 钱丽艳．基于 Blackboard 平台的北大教学网在不同规模课程中的应用与实践[J]．计算机教育，2010(2)：94-97.
[14] 赵丽娟．从大学英语教学透视 BlendedLearning[J]． 电化教育研究，2004(11)：47-51.
[15] 孟彦莉．基于混合式教学的大学英语写作自我效能感培养研究[J]．电化教育研究，2011(5)：96-101.
[16] 吕文澎，侯晓蕾．基于混合学习理论的英语专业师范生多元识读能力培养的实践研究_以西北师范大学英语专[J]．电化教育研究，2012(5)：91-97.
[17] 杨文婷，何伏刚．混合式教学中教师技能的新要求[J]．中国远程教育，2008(6)：63-66.
[18] 路兴，赵国栋，原帅，李志刚．高校教师的“混合式学习”接受度及其影响因素研究_以北大教学网为例[J]．远程教育杂志，2011(2)：62-69.
[19] 宫淑红，焦建利．创新推广理论与信息时代教师的信息素养[J]．教育发展研究，2002(7)：64-67.
[20] 陈仕品，张剑平．基于创新推广理论的高校教学信息化实践研究[J]．现代教育技术，2008(4)：58-61.
[21] 林雯，胡华进，杨满福．从创新扩散的角度看高校教育技术推广应用_论广西高校教育技术推广的“四主”模式[J]．现代教育技术，2009(9)：10-13.
[22] 赵海霞．创新推广理论指导下的信息技术与高校课程整合[J]．高等理科教育，2009(6)：57-60.
[23] 彭伟国，张文兰，蔡丽．以创新推广理论突围信息技术与课程整合的高原期[J]．现代教育技术，2009(7)：19-22.
[24] 李五洲．浅谈高校网络教学平台的推广_基于创新推广理论的视角[J]． 中国教育技术装备，2012(5)：23-26.
[25} 刘　博，刘美凤，张霞．教育技术视野下创新推广的理念变迁[J]．中国电化教育，2007(2)：9-14.
[26] 杨朝峰．基于领导者_追随者混合结构模型的创新扩散实证研究[J]．中国软科学，2006(9)：82-86.
[27] Ely, D. (1990). Conditions that Facilitate the Implementation of Educational Technology Innovations. Journal of Research onComputing in Education, 23 (2), 298-305.
[28] Hall, G. , & Hord, S. (1987). Change in Schools: Facilitating the Process, Albany, NY: SUNY
[29] Rogers, E. (1995). Diffusion of Innovation (4thEd. ), New York: Free Press.
[30] Shea, P. , Pickett, A. , & SauLi, C. (2005). Increasing Access to Higher Education: A Study of the Diffusion of Online Teachingamong 913 College Faculty. The International Review of Research in Open and Distance Learning, 6 (2), retrieved May 2, 2010,from, http://www. irrodl. org/index. php/irrodl/article/view/238.
[31] Surry, D. (2002). A Model for Integrating Instructional Technology into Higher Education. Paper presented at the annual meetingof the American Educational Research Association, retrieved May 20, 2010, from, http://iphase. org/papers/aera021. pdf.

## 作者简介

王丽，1980 年生，女，汉族，北京市人，硕士学位，研究方向：网络教育应用。

# 专题二

## 教育信息化新技术、新媒体、新理论研究

# 新课改·新课堂·新跨越

何克抗

（北京师范大学现代教育技术研究所，北京，100875）

**摘　要**：本文首先结合我们对 2001 和 2011 年度发布的“语文”和“英语”两个学科新、旧两轮课程标准的学习与思考，谈谈我们关于当前新课程改革的新思路与新做法的认识；在此基础上，进一步论述如何通过“信息技术与教育的深度融合”来改变传统的课堂教学结构；从而最终找到能够显著提高中小学的学科教学质量与学生综合素质（即实现基础教育在质量提升方面“跨越式发展”）的有效途径与方法。

**关键词**：新课程改革；语文课程标准；英语课程标准；信息技术与教育的深度融合；课堂教学结构；跨越式发展

# The New Curriculum Reform · The New Classrom · The New Leap Forward

## 一、引言

为培养现代社会公民应当具有的良好人文素养、科学素养、创新精神、合作意识和开放的视野，我国从 2001 年开始，在基础教育领域实施了新课程改革。这一轮新课改涉及基础教育领域的课程设置、教学内容、教学资源、教学模式与教学方法等方方面面，为了使这一轮新课改能朝着健康、正确的方向持续发展，我国教育部专门颁布了基础教育领域的国家课程标准（2001 年版）；语文和英语两个学科的新课程标准正是其中最核心的内容之一[1][2]。经过整整十年的实践探索，应该说，新课改已经取得比较显著的成效——不仅课程设置、教学内容、教学资源有很大变革与发展（例如，开设了一批新课程，出版了一大批符合新课标的新教材，建设了包括 DVD 光盘、优秀视频教学案例、基于 Web 的学科专题网站等各种各样的教学资源）；而且使教师们的课堂教学模式与方法也开始发生根本性变化，给人印象较深的就是新课改所倡导的“自主、合作、探究”这种全新的教与学方式，已经逐渐深入人心。与此同时，经过多年的试验与探索也发现，新课改总的方向是正确的，但也还存在一些需要改进之处。为此，经过多方面征询意见以后，我国教育部又在 2011 年颁布了新一轮基础教育领域的国家课程标准（2011 年版）[3][4]，以指导新课改的持续、深入发展。

由于近年来，我们在中西部偏远、贫困地区开展的教学改革试验研究，主要是围绕“语文”和“英语”两个学科进行，因而对这两个学科有较深入的了解。下面先结合我们对 2001 和 2011 年度发布的“语文”和“英语”这两个学科新、旧两轮课程标准的学习与思考，谈谈我们关于当前新课程改革的新思路与新做法的认识；在此基础上，进一步论述如何通过“信息技术与教育的深度融合”来改变传统的课堂教学结构；从而最终找到能够显著提高中小学的学科教学质量与学生综合素质（即实现基础教育在质量提升方面“跨越式发展”）的有效途径与方法——这也正是本文要以“新课改·新课堂·新跨越”作为标题的宗旨及目的所在（为了简洁，在后面的阐述中，我们将把 2001 年度和 2011 年度的两轮新、旧课程标准，分别简称之为“01 版”标准和“11 版”标准）。

## 二、当前新课程改革的新思路与新做法

通过对语文、英语两科“11 版”和“01 版”新旧两种课程标准的学习与思考，我们觉得其中给人留下印象

最深、让人最受启发、最受教益的新思路与新做法有以下几点：

### （一）"11 版"语文课标特别强调"三维课标"的统领作用

"11 版"语文新课程标准对包含"知识与技能，过程与方法，情感态度与价值观"等三个维度的"三维课标"的强调与关注，可以从"11 版"语文课标的两处重要表述中看出来：

一是，在"11 版"语文课标中，把"01 版"原本只是作为第二条课程设计思路的、包含"知识与能力、过程与方法、情感态度与价值观"等三个维度的"三维课标"，从"课程设计思路"一节中移出——而改放到后面的"课程目标与内容"一节中，并作为整门课程的总体目标。这样一来，既可以使"三维课标"这一条"设计思路"与随后的"课程目标与内容"部分更紧密地结合在一起，从而使课程总目标与课程内容之间的关系更为明确而清晰；又可以突出体现"三维课标"对课程内容设计与选取的关键性指导作用，从而使"三维课标"在整个新课程标准中的统领与指导地位得到进一步的加强。

二是，在"11 版"语文课标中，把"01 版"第二大部分原来的标题"课程目标"，改为"课程目标与内容"。之所以要做这样的修改，就是为了强调作为整门课程的总体目标（即"三维课标"），对于该课程的内容设计与选取具有至关重要的统率与指导作用。例如，在"11 版"语文课标关于"课程的总体目标与内容"一节中，给出了由"总体目标"所决定的如下十个方面的课程内容：

(1) 在语文学习过程中，培养爱国主义、集体主义、社会主义思想道德和健康的审美情趣，发展个性，培养创新精神和合作精神，逐步形成积极的人生态度和正确的世界观、价值观。

(2) 认识中华文化的丰厚博大，汲取民族文化智慧。关心当代文化生活，尊重多样文化，吸收人类优秀文化的营养，提高文化品位。

(3) 培育热爱祖国语言文字的情感，增强学习语文的自信心，养成良好的语文学习习惯，初步掌握学习语文的基本方法。

(4) 在发展语言能力的同时，发展思维能力，学习科学的思想方法，逐步养成实事求是、崇尚真知的科学态度。

(5) 能主动进行探究性学习，激发想象力和创造潜能，在实践中学习和运用语文。

(6) 学会汉语拼音。能说普通话。认识 3500 个左右常用汉字。能正确工整地书写汉字，并有一定的速度。

(7) 具有独立阅读的能力，学会运用多种阅读方法。有较为丰富的积累和良好的语感，注重情感体验，发展感受和理解的能力。能阅读日常的书报杂志，能初步鉴赏文学作品，丰富自己的精神世界。能借助工具书阅读浅易文言文。背诵优秀诗文 240 篇（段）。九年课外阅读总量应在 400 万字以上。

(8) 能具体明确、文从字顺地表达自己的见闻、体验和想法。能根据需要，运用常见的表达方式写作，发展书面语言运用能力。

(9) 具有日常口语交际的基本能力，学会倾听、表达与交流，初步学会运用口头语言文明地进行人际沟通和社会交往。

(10) 学会使用常用的语文工具书。初步具备搜集和处理信息的能力，积极尝试运用新技术和多种媒体学习语文。

由上述十个方面的课程内容不难看出：

第(1)、(2)两项内容显然属于"情感态度与价值观"维度；

第(3)、(4)两项内容既属于"情感态度与价值观"维度，也涉及"过程与方法"维度；

第(6)、(8)、(9)、三项属于"知识与能力"维度；

第(5)、(7)、(10) 三项则属于"知识与能力"维度，但同时也涉及"过程与方法"维度。

可见，"三维课标"，对于整个语文课程的内容设计与选取，确实具有关键性的统领与指导作用。

### （二）"11 版"语文课标首次对"社会主义核心价值体系"作了全面而准确的阐述

在"三维课标"中，"知识与能力、过程与方法"这两维涉及认知类教学目标，"情感态度与价值观"这一维则涉及情感类的教学目标(即涉及为人处事、人际关系、人生态度、人格特质……等“如何做人”的根本问题),因而对学生身心的健康发展有更大的作用与影响。但是多年来,特别是2001年开始实施新课改以来,在教育领域(尤其是在基础教育领域),对于“情感态度与价值观”这一维涉及情感类的教学目标应该如何来认识与贯彻,广大教师并不很清楚;其原因在于:对“价值观”的内涵应如何全面理解,教师们(包括许多学者在内)还不是很明确。

特别是近年来,崇洋媚外之风盛行,西方资本主义“以自我为中心”的价值观大行其道,加上金钱和物质的诱惑,使社会主义时代曾为广大青少年所崇尚的正确理想、抱负,逐渐被抛弃。

青少年应该树立什么样的价值观?要不要树立社会主义的价值观?社会主义的核心价值体系到底是什么?这些本来是不成问题的问题,现在却成了大问题。多年来,在教育界对于应该树立什么样的价值观?以及社会主义的核心价值体系到底是什么?一直缺乏全面、深入的阐述(在“01版”的各学科新课程标准中,都把这个重大而关键的问题忽略了);直至“11版”的语文新课标发表,这种状况才开始发生改变——这是值得欣慰的。

在“01版”语文课标关于“课程基本理念”的解析中,虽然明确提出了应该“注意教学内容的价值取向”,但是,对“价值取向”的内容未作具体说明,因而广大教师对这一要求只有笼统、浮浅的认识;这就不仅影响教师对语文教育特点的理解,而且会直接影响到三维课标中,对“情感、态度、价值观”这一维教学目标的有效贯彻。针对“01版”语文课标的这一缺陷,“11版”语文新课标在关于“课程基本理念”的解析中,紧接应该“注意教学内容的价值取向”这一句话之后,补充了一段有关“社会主义核心价值体系”的重要论述——“要继承和发扬中华优秀文化传统和革命传统,体现社会主义核心价值体系的引领作用,突出中国特色社会主义共同理想,弘扬以爱国主义为核心的民族精神和以改革创新为核心的时代精神,树立社会主义荣辱观,培养良好思想道德风尚,同时也要尊重学生在语文学习过程中的独特体验。”

这段话的重要意义在于,对教学内容的价值取向作出了清晰而透彻的阐述——就是要体现社会主义核心价值体系;而对“社会主义核心价值体系”则明确指出应当包括以下五个方面的内容:

(1) 中国特色社会主义的共同理想;

(2) 以爱国主义为核心的民族精神;

(3) 以改革创新为核心的时代精神;

(4) 社会主义荣辱观;

(5) 良好的思想道德风尚。

可见,这一论述不仅清晰地阐明了“什么是社会主义的核心价值体系?”还对“我国青少年的情感、态度、价值观到底应该如何来培养(或应该从哪几方面去培养)?”作出了明确的回答——如上所述,应从突出、弘扬、树立、和培养上述五个方面去努力贯彻;从而解决了长期以来一直困扰我国基础教育的、至为困难的两个关键问题:即“什么是社会主义的核心价值体系?”以及“如何培养青少年自觉树立这种核心价值体系?”这样两个关键问题。使原来比较笼统、抽象又难以把握的有关“情感、态度、价值观”教学目标的贯彻与实施过程,变成广大教师具有明确针对性与可操作性的日常教学活动与教学工作。这就清楚地表明,“11版”语文新课标关于“社会主义核心价值体系”的重要论述,对于广大教师正确地贯彻实施三维课标(尤其是有效实施“情感、态度、价值观”这一维教学目标)具有何等重要的意义与作用。

### (三) 在“11版”语文课标中“主导——主体相结合”的教育思想得到较好的体现与贯彻

在“01版”语文课程标准中,已经提出“学生是语文学习的主人”以及“教师是学习活动的组织者和引导者”的观点,但尚未真正形成“主导——主体”相结合的教育思想,更未能在课程实施中积极倡导这种教育思想,从而造成建构主义的、片面的“以学生为中心”教育思想在一些地区和学校广泛流行。为了克服这一缺陷,“11版”语文新课标在“实施建议”部分,对“01版”语文课标所提出的第一项教学建议——“充分发挥师生双方在教学中的主动性和创造性”,作了较大的修改和补充;这种修改、补充体现在三个方面:

(1) 在此项建议的一开头就点明,学生是学习过程的主体;但教师是学习活动的组织者和引导者,即教师对学生的学习活动应在“组织和引导”方面起主导作用;

(2) 为了能较突出地体现学生的主体地位,“11版”语文新课标强调语文教学应从以下三个方向对学生多加关注与引导——

① 激发学生的学习兴趣,培养学生自主学习的意识和习惯;

② 引导学生掌握语文学习的方法,为学生创设有利于自主、合作、探究的学习环境;

③ 尊重学生的个体差异,鼓励学生选择适合自己的学习方式。

(3) 为了能较充分地发挥教师的主导作用,“11版”语文新课标要求语文教师应从以下五种途径去努力与提高——

① 首先应树立适应社会发展和学生需求的语文教育观念;

② 要注重吸收新知识,不断提高自身的综合素养;

③ 应认真钻研教材,正确理解、把握教材内容,创造性地使用教材;

④ 要积极开发、合理利用课程资源,灵活运用多种教学策略和现代教育技术,努力探索网络环境下新的教学方式;

⑤ 精心设计和组织教学活动,重视启发式、讨论式教学,启迪学生智慧,提高语文教学质量。

通过以上的修改、补充可以看出,“主导——主体相结合”的教育思想,在“11版”语文新课标中已得到较好的体现与贯彻。

### (四)“11版”英语课标特别重视和倡导语言学习的“实践性和应用性”

多年来,我们国家的英语教学,从小学、中学到大学,前后花了十多年时间,最终培养出的大多数学生仍是“聋子英语”、“哑巴英语”。其失败的最根本原因就是英语教学的指导思想是过分强调“词语讲解”和“语法分析”,并且偏重读、写而忽视听、说训练(不论是课堂教学、平时练习或是考试测验皆是如此)。在“01版”的英语课程标准中,曾明确提出“学生要掌握一定的英语基础知识和听、说、读、写技能,形成一定的综合语言运用能力”,对上述错误的英语教学指导思想虽有一定的冲击,但由于“01版”英语课标比较强调形成“综合语言运用能力”——包括在小学阶段也如此强调(而不是像“11版”英语新课标那样,着重倡导培养学生具有“用英语与他人交流的能力”),因此“01版”对上述错误偏向的冲击力并不大,从而使“聋子英语”、“哑巴英语”现象一直未能发生改变。

为了克服这种缺陷,“11版”英语新课标在关于英语课程“基本理念”的表述中,特别提出要“重视语言学习的实践性和应用性”(这是“01版”英语课程标准未曾强调的)。

“11版”英语新课标指出:重视语言学习的实践性和应用性,就是要让学生“在语境中接触、体验和理解真实语言,并在此基础上学习和运用语言。英语课程提倡采用既强调语言学习过程又有利于提高学生学习成效的语言教学途径和方法,尽可能多地为学生创造在真实语境中运用语言的机会。鼓励学生在教师的指导下,通过体验、实践、参与、探究和合作等方式,发现语言规律,逐步掌握语言知识和技能,不断调整情感态度,形成有效的学习策略,发展自主学习能力。”

可见,重视和倡导“语言学习的实践性和应用性”,其核心就是要“尽可能多地为学生创造在真实语境中运用语言的机会”,也就是像“11版”英语新课标在开头关于英语课程的“性质与任务”中所表述的那样——要形成“用英语与他人交流的能力”。我们相信,在这种全新英语教学思想的指引下,我国今后基础教育领域的英语教学面貌及效果将会有较大的改观。

## 三、通过IT与教育的深度融合根本变革传统课堂教学结构

今年3月13日,我国教育部发布了“关于印发《教育信息化十年发展规划(2011—2020年)》的通知”[5]。该通知指出:“以教育信息化带动教育现代化,是我国教育事业发展的战略选择。制定和实施《规划》,……对于提高教育质量、促进教育公平、构建学习型社会和人力资源强国具有重大意义。”

从全球范围来看,当前教育信息化进程,已从强调“软、硬件基础设施建设”的初始阶段,进入到强调应用、尤其是“教学过程中应用”的深入发展阶段。在这一阶段正在蓬勃展开之际,发布与实施我国的《教育信

息化十年发展规划》，可谓正当其时。该《规划》由“序言、第一部分（总体战略）、第二部分（发展任务）、第三部分（行动计划）、第四部分（保障措施）、以及实施”等六个模块组成。

“序言”的开篇，首先强调人类社会自进入二十一世纪以来，“信息技术已渗透到经济发展和社会生活的各个方面，人们的生产方式、生活方式以及学习方式正在发生深刻的变化，全民教育、优质教育、个性化学习和终身学习已成为信息时代教育发展的重要特征。”在此基础上，“序言”直接引用了《国家中长期教育改革和发展规划纲要（2010—2020年）》中首次提出的重大命题——“信息技术对教育发展具有革命性影响，必须予以高度重视”[6]，作为统领本《规划》制定与实施的总纲。

在“序言”的开篇之后，是“序言”的核心内容——对“教育信息化意义”和“实现教育信息化途径与方法”的概述。

教育信息化的意义——是要“以教育信息化带动教育现代化，破解制约我国教育发展的难题，促进教育的变革与创新”，所以是“实现我国教育现代化宏伟目标不可或缺的动力与支撑”。这种动力与支撑体现在三个方面：

（1）可实现优质教育资源广泛共享，从而促进教育公平；

（2）能有效提高教育质量和建设学习型社会；

（3）能在创新教育模式和培养具有国际竞争力的创新人才方面具有独特的重要作用。

实现教育信息化的途径与方法——途径与方法则是指，要充分利用和发挥现代信息技术优势，实现信息技术与教育的深度融合（事实上，这也正是能够让信息技术对教育发展真正产生出革命性影响的途径与方法）。信息技术应与教育“深度融合”，这是本《规划》首次提出的全新观念（在《规划》全文中，“深度融合”的提法曾先后出现达10次以上，可见其具有异乎寻常的重要性）。

众所周知，国际上为实现教育信息化的目标（即通过教育信息化带动教育现代化，以达到促进各级各类教育变革与创新的目标），传统的方法是实施“信息技术与课程整合”（也称“信息技术与学科教学整合”）。现在我国的《教育信息化十年发展规划》放弃这一传统观念与做法，而提出信息技术应与教育“深度融合”的全新观念，并认为这才是实现上述教育信息化目标的有效途径与方法。其根据何在？这只有从“信息技术与教育深度融合”的内涵、实质去探寻，才有可能弄明白。

为此，我们需要先来考察信息技术与教育“深度融合”观念与做法提出的背景，它与传统的信息技术与课程“整合”观念与做法有哪些不同？在此基础上，我们方可顺理成章地理解和把握“信息技术与教育深度融合”的确切内涵。

大家知道，人类社会自20世纪九十年代开始进入信息时代以来，随着以多媒体计算机与网络通信为标志的信息技术日益广泛地应用于人们的工作、学习与生活的方方面面，并在经济、军事、医疗等领域显著地提高了生产力，从而在这些领域产生了重大的革命性影响。但令人遗憾的是，在信息技术应用于其他领域或部门（尤其是在工商企业部门）取得显著成效的同时，信息技术在教育领域的应用却成效不显——大多数仍是只停留在手段、方法的应用，对于教育生产力的提升（即大批创新人材的培养），信息技术似乎成了可有可无、锦上添花的东西（而非必不可少的因素，更谈不上对教育发展产生革命性影响）。原因在哪里呢？自九十年代以来，国际上曾有许多专家学者对此进行过研究与探讨，但绝大多数不得要领，或是无功而还。只有2010年11月发布的《美国2010国家教育技术计划》（“Transforming American Education：Learning Powered by Technology——National Educational Technology Plan 2010”，下面把这一计划简称之为NETP），通过认真回顾和总结近30年来企业部门应用技术的经验与教训，并与教育领域应用技术的现状做对比，才发现问题的症结所在，从而得出以下结论[7]：

“教育部门可以从企业部门学习的经验是，如果想要看到教育生产力的显著提高，就需要进行由技术支持的重大结构性变革（fundamental structural changes），而不是渐进式的修修补补（evolutionary tinkering）”（下面我们把NETP作出的这个结论，简称之为“教育系统结构性变革”命题）。

从国际范围来看，迄今为止，以美国为代表的西方学者，对于信息技术在教育领域的应用（或“信息技术与学科教学的整合”），历来都是只从改变“教与学环境”或改变“教与学方式”的角度（顶多也只是同时从改变“教与学环境”和“教与学方式”的角度）去阐述信息技术在教育领域的意义与作用（或者去定义“信息技术与课程整合"的内涵、实质),因而都未能抓住问题的本质与关键。只有NETP通过回顾和总结近30年来企业部门应用信息技术的经验与教训,并与教育领域应用技术的现状做对比,才最终认识到,信息技术在教育领域的应用之所以成效不显(或者说,信息技术对教育发展未能真正产生出革命性影响),其问题是出在:教育系统没有实现由信息技术支持的重大结构性变革(只是将信息技术应用于改进教学手段、方法这类"渐进式的修修补补"上,或者是只关注了如何运用技术去改善"教与学环境"或"教与学方式";总之,都没有触及到教育系统的结构性变革。

这正是《教育信息化十年发展规划(2011－2020年)》放弃传统的"信息技术与课程整合"(即"信息技术与学科教学整合")的观念与做法,而倡导信息技术应与教育"深度融合"的全新观念与做法的特定背景——希望找到一种新的、能真正实现教育信息化目标的有效途径方法,以解决长期以来信息技术在教育领域的应用、一直成效不显(即信息技术对教育发展未能真正产生出革命性影响)的问题。

了解这一特定背景以后,我们再来看看"深度融合"的观念与做法,和传统"整合"观念与做法到底有哪些不同?

既然用"深度融合"的观念与做法取代"整合"观念与做法的目的是想要找到一种真正有效的、实现教育信息化的途径与方法——也就是能真正触及到教育系统结构性变革(而不是只用于改进教学手段、方法这类"渐进式修修补补")的途径与方法,可见"深度融合"观念与做法和传统"整合"观念与做法的根本区别就在于:前者能实现教育系统的结构性变革,而后者未能做到。那么,教育系统的结构性变革又是指什么呢?我们先来看看下面的简单逻辑推理:

由于课堂教学是学校教育的主阵地(事实上,这也是除远程教育以外,各级各类教育的主阵地),所以,"课堂教学"应该是"学校教育"的最主要内容;

既然"课堂教学"是"学校教育"的最主要内容,那么"课堂教学结构"自然就应当是"学校教育系统的主要结构";

既然"课堂教学结构"是"学校教育系统的主要结构",那么,实现了"课堂教学结构的变革" 自然就等同于实现了学校教育系统最主要的"结构性变革"——这应当是合乎逻辑的结论。

上述简单逻辑推理表明,"学校教育系统结构性变革"的确切内涵就是要实现课堂教学结构的根本变革。

那么,"课堂教学结构的变革"又是指什么呢?在我们多年以前提出的"信息技术与课程深层次整合理论"中,曾为"深层次整合"给出下面的定义[8]:

所谓信息技术与课程深层次整合,《就是通过将信息技术有效地融合于各学科的教学过程来营造一种信息化教学环境,实现一种既能充分发挥教师主导作用又能突出体现学生主体地位的以"自主、探究、合作"为特征的新型教与学方式,从而把学生的主动性、积极性、创造性较充分地发挥出来,使传统的课堂教学结构发生根本变革——由教师为中心的教学结构转变为"主导—主体相结合"的教学结构。》

这一定义包含三个基本属性:营造信息化教学环境、实现新型教与学方式、变革传统的课堂教学结构。这三个基本属性并非平行、并列的——营造信息化教学环境是信息技术与课程深层次整合的基本内容(所谓信息化教学环境是指能够支持真实的情境创设、启发思考、信息获取、资源共享、多重交互、自主探究、协作学习等多方面要求的教与学方式的新型教学环境);实现以"自主、探究、合作"为特征的新型教与学方式是深层次整合要达到的具体目标;变革传统的课堂教学结构则是深层次整合要达到的最终目标。

而教学结构的变革不是抽象的、空洞的,它要实际体现在课堂教学系统四个要素(即教师、学生、教学内容和教学媒体等四个要素[9])的地位和作用的改变上(所谓课堂教学结构就是教师、学生、教学内容和教学媒体这四个要素相互联系、相互作用的具体体现),这样,才能使创新人才培养的目标真正落到实处。

多年来国内外信息技术教育应用的实践与经验告诉我们:信息技术应用于教育、教学过程,若不紧紧抓住"改变传统课堂教学结构和建构新型课堂教学结构"这个中心,是不会有成效的,是要付出代价的,更不可能对教育发展产生出革命性影响。这是一条铁的定律,也是教育信息化领域最重要的一条规律。"要让每一位教育工作者都能自觉地认识并运用这一规律"正是《教育信息化十年发展规划》之所以提出、并倡导"信息技术要与教育深度融合"这一全新观念与做法的基本出发点,也是"信息技术与教育深度融合"的本质与确切内涵所在。

## 四、实现基础教育在质量提升方面的跨越式发展

在对“学校教育系统结构性变革”的确切内涵(就是要实现“课堂教学结构的根本变革”)有了正确的认识与理解以后,即可顺理成章地找到实现“学校教育系统结构性变革”的途径与方法(也就是使信息技术能够对教育发展真正产生出革命性影响的途径与方法),这种途径与方法就是:变革课堂教学结构,并在此基础上实现教育质量提升方面的跨越式发展——事实上,贯彻实施这一途径与方法的过程,正是信息技术与教育深度融合的具体过程。

下面我们将从三个方面对这一途径方法的贯彻、实施加以说明。

### (一)课堂教学结构变革的具体内容

既然“学校教育系统结构性变革”的确切内涵就是要实现“课堂教学结构的根本变革”,那么,课堂教学结构变革的具体内容又是什么呢?

如上所述,所谓课堂教学结构就是课堂教学系统的四个要素(即教师、学生、教学内容和教学媒体这四个要素)相互联系、相互作用的具体体现。可见,教学结构的变革不是抽象的、空洞的,它应具体体现在课堂教学系统上述四个要素地位和作用的改变上,也就是:

教师要由课堂教学的主宰和知识的灌输者,转变为课堂教学的组织者、指导者;学生建构意义的帮助者、促进者,学生良好情操的培育者;

学生要由知识灌输的对象和外部刺激的被动接受者,转变为信息加工的主体、知识意义的主动建构者,和情感体验与培育的主体;

教学内容要由只是依赖一本教材,转变为以教材为主、并有丰富的信息化教学资源(例如学科专题网站、资源库、案例、光盘等)相配合;

教学媒体要由只是辅助教师突破重点、难点的形象化教学工具,转变为既是辅助教的工具,又是促进学生自主学习的认知工具、协作交流工具与情感体验与内化的工具。

### (二)跨越式教学中采用的“教学模式”

要想将上述课堂教学结构的变革(即课堂教学系统四个要素地位、作用的改变)真正落到实处,只有通过任课教师在课堂教学中设计并实施相关的教学模式才有可能;我们跨越式试验研究课题,在不同学科中均强调应采用能体现跨越式理念的特定“教学模式”,正是因为这些“模式”是为了能在不同学科教学中、实现课堂教学结构的根本变革而精心设计的。

**1. 小学语文学科的跨越式“教学模式”**

教学模式可按多种不同方式分类。若是从教学过程的时间安排看,语文学科的跨越式“教学模式”可看作是由两个阶段组成的“2-1-1”模式(但是若从所包含的教学环节来划分,则可称之为“识、读、写三位一体”教学模式),其实施要领是:

① 前20分钟左右主要通过发挥教师主导作用——以达到课文教学目标的基本要求;

② 后20分钟左右主要通过促进学生自主学习、自主探究——以巩固、深化、拓展对课文教学目标的要求;这后20分钟的前一半(10分钟左右)又主要是“扩展阅读”,后一半(也是10分钟左右)则主要是“写话练习”(对于认知目标,可以深化对当前所学知识技能的理解与掌握;对于情感目标,则可以促进学生完成对情感、态度、价值观的感悟、体验与内化,有助于培养学生的良好思想品德及综合素质)。

**2. 英语学科的跨越式“教学模式”**

若是从教学过程的时间安排看,英语学科的跨越式“教学模式”可看作是由三个阶段组成的“1-1-1”模式(但是若从所包含的教学环节来划分,则可称之为“言语交际为中心”的教学模式),其实施要领是:

①“教师引导的师生对话”

在低年段的英语教学模式下,教师引导的师生对话要同时完成“授新课”(不论教新单词还是教新句型

均应采用这种方式）和为学生俩俩对话“做示范”这两项任务，而不是只完成“授新课”这一项任务。要使师生对话内容做到生动、丰富、活泼，能激发起学生的学习兴趣，其关键是要求教师在教学过程中能够把握住三个要点：“新知与旧知相结合”；“语言与生活情境相结合”；“教学内容要分层次、有递进”。

② “邻座学生的俩俩对话”

邻座俩俩对话有最大的参与度，能把提高学生口语交际能力的要求落到实处；但是对于小学低年段英语水平为零起点的学生来说，在课堂上“说什么”以及“怎么说”，是个大难题，这就要靠“教师引导的师生对话”来做示范，并且“邻座俩俩对话”必须与“教师引导的师生对话”密切配合才有可能解决这个难题。

③ “扩展听读”

应从两个方面落实这一环节：一是要提供生动有趣并与课文密切配合的听力材料，而且每篇课文都要至少配合 4～5 篇（即听读材料要有数量和质量的保证）；二是要通过教学设计保证课上有较充裕的时间让学生能听完这些材料。

**3. 数学学科的跨越式“教学模式”**

若是从教学过程所包含的教学环节来划分，数学学科的跨越式“教学模式”可看作是由五个环节组成的“教师主导下的探究”模式，其实施要领是：

① 创设情境

教师创设与当前学习主题密切相关的真实情境，以激发学生的学习兴趣，并把全班学生的注意力吸引到当前的学习主题上来。

② 启发思考

教师提出与当前学习主题密切相关、并能引起学生深入思考的问题（这些问题可以是新授知识的体现，也可以是用于拓展、迁移当前所学知识）。

③ 自主（或小组）探究

由学生运用认知工具对教师提出的问题进行自主（或小组）探究；不同的学科所用认知工具类型也不相同（探究内容可以是新授知识，也可以是拓展、迁移的知识）。

④ 协作交流

在小组之间或在全班范围进行协作交流（协作交流内容可以是新授知识，也可以是拓展、迁移的知识）。

⑤ 总结提高

在个人总结和小组总结基础上，教师加以补充与升华；使学生的认识由感性上升到理性，由浅层认知达到深层认知。

仔细分析上述不同学科的跨越式教学模式，不难看出，尽管实施的具体环节、操作方式有所不同，但都非常关注并力图实现课堂教学系统四个要素（教师、学生、教学内容和教学媒体）地位与作用的改变，也就是要努力实现课堂教学结构的根本变革。

### （三）通过信息化教学创新理论、模式、方法及教学资源的有效运用实现各级各类教育在质量提升方面的跨越式发展

要根本改变传统的课堂教学结构，除了要有一整套有效的教学模式与教学方法以外，还需要开发出丰富的教学资源，并在信息化教学创新理论指导下将这套教学模式、方法与教学资源，通过系统的教师培训，使之切实运用于课堂教学过程。只有这几个方面的要求都达到了，才有可能真正改变传统的课堂教学结构，从而实现各级各类教育在质量提升方面的跨越式发展。

自进入 21 世纪以来，我们在全国范围的 20 多个中小学教改试验区（其中多半是在中西部偏远、贫困的农村地区）开展了旨在大幅提高各学科教学质量与学生综合素质的“基础教育跨越式发展创新试验研究”；经过整整 12 年的实践、探索，现已取得显著成效，从而在国内外产生愈来愈大的影响。

事实上，这种能实现基础教育质量大幅提升目标（也就是能够让信息技术对教育发展真正产生出“革命性影响”）的“跨越式发展”创新试验，就是在信息化教学创新理论（也称“跨越式教学理论”）的指引下，通过根本变革课堂教学结构的途径与方法来实现的。

## 五、结语

多年来“跨越式发展”创新试验研究的结果与实际产生的效益证明：

只要在信息化教学创新理论(也称“跨越式教学理论”)的指导下，通过跨越式教学模式、及相关教学资源的有效运用，使传统课堂教学结构发生根本性变革，就完全有可能在师资、生源、设施及其他办学条件较差(甚至很差)的农村地区、薄弱地区，确保农村中小学实现学科教学质量与学生综合素质的显著提升，使农村的孩子也能享受到和城里名校一样的良好教育，从而在教育起点不太公平的前提条件下，实现教育结果的相对公平——这正是“跨越式发展”创新试验研究的根本宗旨、始终追求的目标，以及这项试验研究的重大意义所在。

### 参考文献

[1] 中华人民共和国教育部制定，语文课程标准(2001年版).

[2] 中华人民共和国教育部制定，英语课程标准(2001年版).

[3] 中华人民共和国教育部制定，义务教育语文课程标准(2011年版).

[4] 中华人民共和国教育部制定，义务教育英语课程标准(2011年版).

[5] 教育部关于印发《教育信息化十年发展规划(2011－2020年)》的通知，教技[2012]5号.

[6] 教育部.国家中长期教育改革和发展规划纲要，(2010～2020).

[7] 何克抗.关于美国2010国家教育技术计划的学习与思考[J].电化教育研究，2011，(4)：8-23.

[8] 何克抗.信息技术与课程深层次整合的理论与方法[J].电化教育研究，2005(1).

[9] 顾明远.教育技术学与二十一世纪的教育[J].中国电化教育，1995，(8)：38-41.

### 作者简介

何克抗，1937年8月生，男，广东省大埔人，北京师范大学教授、博导，长期从事教育技术理论与应用研究。

# 物联网环境下基于理解的小学科学实验教学案例分析

韩少勋，陈明选

（江南大学人文学院，江苏无锡，214122）

**摘 要**：如今物联网技术的触角已经深入到社会的各个领域，对物联网技术教育应用的探索也已起步。研究从物联网的定义出发，阐释了我们所处的物联网环境及物联网技术支撑下的教育环境，以小学科学率先引进物联网技术为前提，结合目前小学科学实验教学过程中出现的理论与实践上的问题，对物联网环境下以理解为目标的小学科学教学案例—鸽蛋孵化实验进行具体分析，深入探讨物联网技术在教育中浅层次上的应用及其对教育理论指导教学的辅助作用，最后提出物联网技术应用于教育应注意的几个问题：遵循学生发展规律；依据先进教育理念指导；与已有的校园网相结合。

**关键词**：物联网；理解；小学科学；实验教学

# Of Things Environment Based on the Understanding of Elementary School Science Experiment Teaching Cases

**Abstract**: The Internet of Things technology now deep into all areas of society, to explore educational applications of the Internet of Things technology has also taken off. Research starting from the definition of things, explained the educational environment we live in the Internet of Things environment physical networking technology support, the first elementary school science introduction of Things technology, combined with the theory of primary school science experiment in the teaching process with practical aspects of the problem, understood to be the target of Things technology environment elementary school science teaching case-pigeon eggs hatching experiment specific analysis, in-depth Things technology education shallow on its teaching the theory of education auxiliary role, Finally, the Internet of Things technology in education should pay attention to several issues: follow the laws of student Development; guidance based on the advanced educational concepts; combined with existing digital environment.

**Keywords**: internet of things; understanding; elementary school science; experimental teaching

随着物联网技术的兴起及在其它行业中的应用，越来越引起教育技术工作者们的关注，能否把物联网技术引入教育并为教育服务，成为摆在大家面前亟待解决的问题。面对纷繁复杂的教学理念，该如何利用新技术支持我们的理念，反过来提高新技术的利用效率，也需要我们深入思考。

## 一、物联网环境

### 1. 物联网

物联网(The Internet Of Things，简称IOT)，强调“any things connection”，与互联网本质上相同但形式各异，是互联网从人向物延伸而形成的新一代网络。具体来讲，是指在真实物理环境中部署具有一定感知的芯片(可编码、扫描、读写)，通过接入网络设施实现信息传输和实时处理，方便相关物体的自动识别、定位跟踪、远程遥控、资源共享等。这些利用传感设备采集到的物品信息经过云计算技术对其进行智能处理之后，实现人与人、人与物、物与物之间的有效沟通和管理。[1]

**2. 物联网环境**

我们知道,互联网实现了人与人之间的对话与交互,而物联网则正在实现人与物、物与物之间的对话与交互。物联网打破了传统思维,过去一直是将物理设施与互联网设施分开。而在物联网时代,所有的设施、芯片、电缆将整合为统一的基础设施,我们就在物联网上开展活动。目前物联网用途广泛,涉及交通、环保、家居、医疗等多个领域,将极大改变我们的生活、工作和学习环境。

**3. 基于物联网的教育环境**

作为一个新的信息化教育领域,对物联网在教育中的研究还处于起步阶段。新课改提出"充分发挥信息技术的优势,倡导以探究为主的学习方式"。同时移动学习、智能学习理念的发展,移动学习工具、无线传感技术的兴起,都预示着其在教育领域有着巨大的应用潜力。[2]物联网基于传感器和电子标签技术,能够在课堂教学、课外学习和教育管理方面提供支持:丰富教学资源,改善学习方式,提高管理效率,优化教育环境。

## 二、物联网环境下基于理解的小学科学教学

传统的小学科学教学以知识的传授为主,教师只是把课本上的知识生硬地填给学生,而缺少学生自己对知识的理解,结果暂时识记住了所谓的知识,根本谈不上理解。而新技术却常被用作灌输的手段或浅层次上的认知工具,本该生动活泼充满乐趣的课堂变得枯燥乏味,学生也便失去了最初的兴趣。

**1. 小学科学教学存在的主要问题**

目前小学科学教学主要存在过于注重活动的结果,忽视真实的过程,过多地渲染结果而忽视实实在在的过程,是非常可惜的。其次学生主体作用发挥不足,学生才是教学施加影响的对象,是直接参与者,但受传统应试教育的影响,学生参与兴趣并不浓。此外科学教学的特点应是实践性和操作性,最令学生感兴趣的教学活动方式应是"动手做"。因此科学教学需要特定的教学环境。[3]况且传统的实验教学有其局限性,仅靠一些传统方法难以完成实验,还可能存在安全性方面的问题。

**2. 应积极倡导"以理解为目标"的理解性教学**

在这种情况下,基于理解的教学设计理念为我们打开了另一片天地。关于"理解"的内涵,一是一种心理表征的建构及逐渐发展的过程;二是包含着解释、推断、证实等实作能力的不断生成过程。[4]"为理解而教"所体现的是一种新的教学价值追求,无论是课堂教学还是课外活动,知识传授还是情感陶冶,都可遵循其基本要求。[5]以"理解为目标"的教学设计,要求学生由外部刺激的被动接受者转变为积极理解者,成为信息加工的主体,鼓励学生采用适合自己的方法学习。同时教师在教学设计时应把对教学目标、内容的理解转化为促进学生理解的方法。[6]

**3. 物联网技术为理解性教学提供教学环境支持**

小学科学借助物联网技术能够构建一种着重理解的、适合学生主动探究的学习与教学环境。而且基于物联网技术的理解性活动,学生在心理上容易接受。师生可以远程实时控制实验设备,获得实时数据,不必置身于有限制或有安全隐患的场所就能达到实验效果。有兴趣的学生也不必在教师指导下,就能随时掌握实验最新数据及进展,自己独立完成。物联网技术还为理解性教学提供了多元化的教学手段,课堂可以搬到课外,书本上的知识可以活起来,不必局限于教室狭小的空间而让学生真正走近自然。

## 三、小学科学教学案例——鸽蛋孵化实验分析

无锡市率先将物联网应用到小学科学,建立了以物联网技术为支撑的数字农植园,学生在里面能够获知动植物生长的奥秘。而鸽蛋孵化实验是让学生在经历一系列探究活动的基础上,体验科学探究的快乐。

### (一)实验总体目标

通过该实验让学生在物联网环境下利用观察、收集资料、完成观察日志、撰写研究报告等培养学生观察事物、资料整理、合作探究、交流沟通等能力;在亲身体验的过程中掌握鸽子配对技术和自然孵化技术,理解生命的起源与进化。

## （二）基于理解的教学设计分析

**1. 教学目标的确定**

为了实现实验总体目标，在项目的不同阶段设置了层级递进的三个理解性目标。

（1）初级目标：组织学生前往图书馆查阅资料，让学生初步了解鸽蛋孵化知识，对此应有自己的感性认识。

（2）中级目标：利用电脑孵化箱孵化鸽蛋，了解照蛋、控温、控湿、翻蛋、出雏技术；通过饲养雏鸽掌握鸽子配对技术和自然孵化知识。然后进行物联网平台下的对比实验，掌握温度、湿度、光照等因素对鸽蛋孵化的影响。

（3）高级目标：在前两个层级的基础上，学生独立完成研究报告，深刻理解生命的起源进化。培养学生积极向上的情感，懂得与自然和谐相处。

**2. 学习者特征分析**

本项目的对象是五年级学生，他们对周围事物有着强烈的好奇心和探究欲，喜欢通过动手操作具体形象的事物来进行学习，乐于接受听觉、视觉等多种刺激并存的活动，但还需教师给予一定的帮助和指导。

**3. 教学策略分析**

该项目以学生自主合作探究为主，把更多时间留给学生带着问题开展个性化学习，以达到对科学知识的消化吸收。构建的物联网探究平台能够为他们开展个性化学习提供支持，因此在教学上以合作探究、激励评价、讨论式等更自由的教学法为主。

**4. 教学工具分析**

物联网技术作为该项目的重要角色，为实验的观测、拍照、实时记录数据提供支撑，如图一。孵化箱前端的温控设备和摄像设备，能够随时修正孵化环境，实时记录影像资料，如图二、图三所示；后台采用 Web Service 编程技术，逻辑层和数据层分离，采用组件签名和动态部署技术，提高速度和成功率；[7]

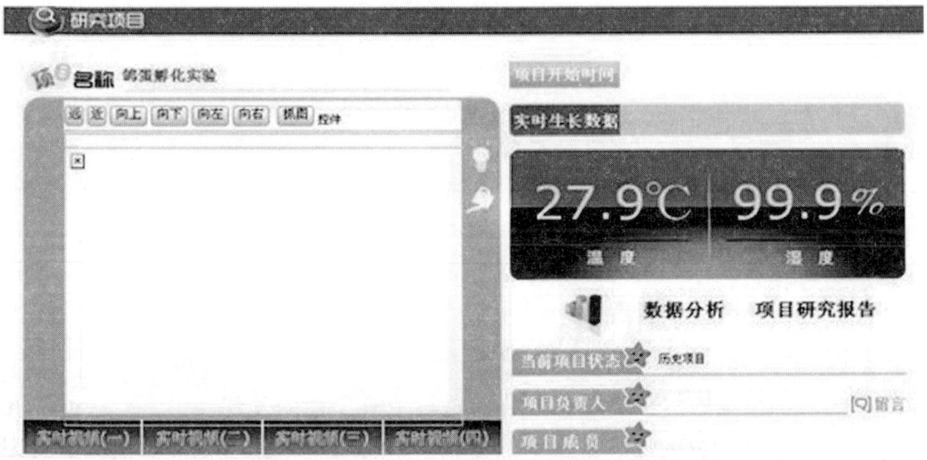


图一　实时数据观测窗口

图二　连接有温度传感器和湿度传感器

图三　连接物联网终端的摄像机下的鸽蛋

5. **教学过程分析**

（1）活动概念图

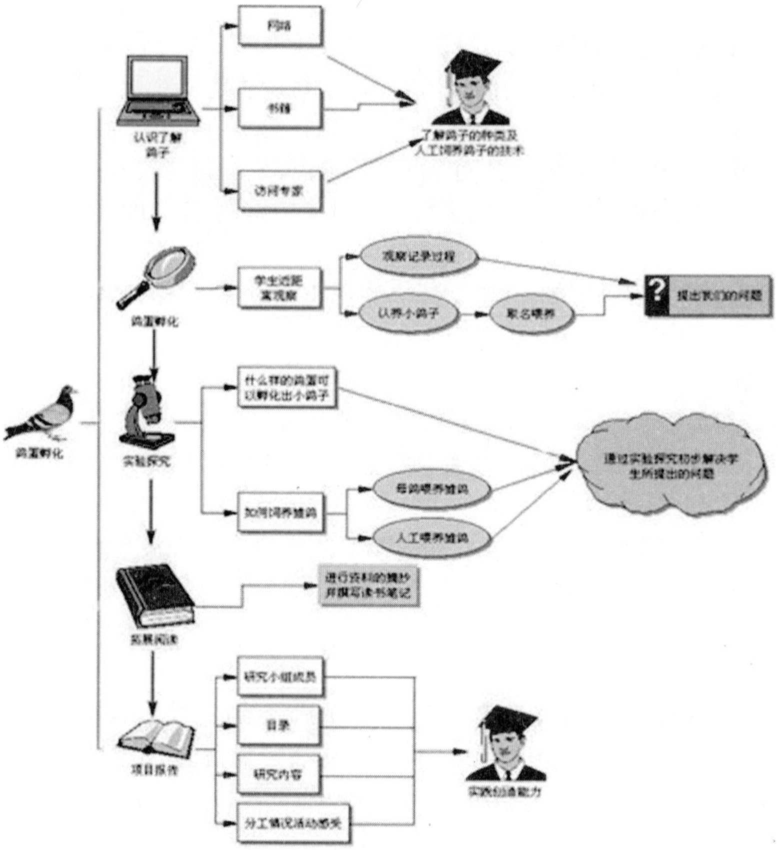


图四　活动概念图

活动概念图让学生对实验流程有一个整体的把握，有助于对实验步骤的理解。

（2）认识鸽子，了解鸽子

① 报纸、杂志、网络：让学生从报纸、杂志及网络收集有关鸽子的资料，并整理汇编，为实验做好准备。

② 请教专家：了解饲养鸽子的技术。通过此过程，有助于学生对鸽蛋孵化的浅层次认识。

（3）学生亲历鸽蛋孵化过程

① 走进农家寻找适合孵化的鸽蛋。

② 远程监控孵化箱孵蛋：a、观察鸽蛋的孵化过程；b、观察鸽子的生活环境。

③ 我的发现：利用观测终端窗口观察鸽蛋孵化的过程中有怎样的发现。

④ 观察日志：学生在观察鸽蛋孵化的过程中填写观察记录表，撰写观察日志，把自己的发现和问题记录下来。

（4）实验探究

① 将孵化出来的雏鸽分为2种喂养方式：一给母鸽喂养，二人工喂养；

② 给母鸽喂养的在放入鸽舍，将鸽粪涂抹在雏鸽身上；

③ 人工喂养的鸽子，学生做好认养工作，晚上带回去喂养。

（5）活动总结

① 汇报交流：小组之间交流、师生通过博客、QQ等进行远程交流，分享研究成果。

② 合作完成研究作品：确定作品形式，做好任务分工，完成作品。

## （三）实验教学总结与反思

此次鸽蛋孵化实验总的来说是很成功的，大多数同学都表现得很积极，能和小组伙伴一起探究，在他们眼中简单的鸽子饲养随着活动的深入变得有趣。如果让学生仅从书本了解科学知识是不够的，还需走进真实的世界。此类实验还很多，如草莓的无土栽培，感知水的内心等等。从这些并不起眼的实验入手，探索物联网技术教育应用不失为是一种有效的途径。

## 四、物联网技术应用于教育要注意的几个问题

### 1. 应遵循学生的发展规律

物联网技术应用于教育的必要前提应是遵循学生发展规律。在小学科学中合理运用物联网技术，将使教学内容变得生动形象，可以促进学生自己动手动脑，从而积极思考自觉接受新知识，并对所学知识保持更深刻持久的理解。智慧校园建设也理应从学生的身心发展出发。教育的发展归根到底是学生的发展，技术变革教育，也是在变革新技术环境下的人。任何新的技术应用于教育都不能不顾或超越学生的接受与适应能力。

### 2. 应依据教育理念的指导

教学理念是教学活动的先导和指南，物联网技术应用于教育不可能脱离教育教学理念而独立存在。物联网具有快速感知、及时反馈、智能处理等显著特点，对塑造全新的教育环境起着不可估量的作用，但若利用不当也会产生不利影响。缺少教学理念指导的技术，再先进也终究不能发挥其优越性。比如一味在教育领域推进物联网技术的存在，而不考虑以怎样的方式使其投入到各个环节，就会是一匹无辕之马，徒劳而无效。

### 3. 应以现有的校园网为基础

从互联网发展而来的物联网应因校制宜，利用已有的校园网设施，减少不必要的人力物力，为物联网走进教育提供保障。从当前的学校实际来看，校校通大幅度提高了我国教育信息化水平。如果将物联传感设备并与之有效整合，将打破校园网仅局限于人与人、校与校之间相互信息传递，二者有效融合产生的教育价值将不可估量。将来我们的教学环境将更智能高效化，同时我们的课堂也将更亲近自然，教学资源也将能实时感知。

基于理解的教学也同样需要先进的技术工具做支撑，探讨新技术环境下先进教学理念对教学的指导，其意义重大。新技术推动着先进理念下的教育教学，也会产生更多的新理念。正如互联网已经在深刻改变着我们这个时代的教育，物联网也将把我们的教育推向更高的层次，带来另一个变革。

### 参考文献

[1] 蒋林涛.互联网与物联网[J].电信工程技术与标准化，2010(2).
[2] 贺志强，庄君明.物联网在教育中的应用及发展趋势[J].现代远程教育研究，2011(2)：77.
[3] 赖肖冰. 小学科学教学现状及其影响因素研究[J]. 教学与管理，2010，(6)：61-62.)
[4] 吕林海，王爱芬.理解性学习与教学的思想源起与内涵论争[J]. 教育理论与实践，2008，28(3)：53-57.
[5] 王健，陈明选.理解性教学设计的基本模式[J].教育评论，2007(5)：60 63.
[6] 陈明选.论网络环境中着重理解的教学设计[J].电化教育研究，2004，(12)：49-51.
[7] 陆侃，王永康，姜新功.物联网技术在感知生长中的设计与实现[J].中国科技博览，2010(34)：620.

### 作者简介

韩少勋，1985 年生，男，汉族，河南宝丰人，硕士研究生，研究方向：信息化教育。

# 交互式电子白板课堂教学应用评述

何绮娜
（华南师范大学教育信息技术学院，广东广州，510631）

**摘　要**：随着交互式电子白板在课堂教学中的不断渗透，对于交互式电子白板在课堂教学使用的探讨也成了信息化教学的一个重要研究热点。本综述在明确交互式白板涵义的基础上，对目前交互式电子白板在课堂教学的应用现状进行述评，通过总结国内外经验、从交互式电子白板在课堂教学设计、应用策略以及效果的角度分析其优势，进一步分析电子白板在课堂教学中应用的趋势以及需要深入研究的问题，以为交互式电子白板更好地为课堂教学服务提供研究方向。

**关键词**：交互式电子白板；课堂教学；应用现状

# A Research Review on the Application of Interactive Whiteboard in Classroom Teaching

**Abstract**：With the rapid development of the interactive whiteboard (IWB) in teaching，the research about the usage of IWB in classroom teaching has become a hot spot of informational tutoring. Based on the concept of IWB，it focuses on the application of IWB in classroom teaching nowadays. Then it summarizes the advantage of IWB in classroom teaching according to those domestic and foreign experiences and analyses the problem of IWB that need to be continued study in the future so that the conclusion of the article can sustain the research for improving classroom teaching quality with IWB.

**Keywords**：interactive whiteboard；classroom teaching；application

## 一、交互式电子白板的概述

交互式电子白板(Interactive Whiteboard)实质是一个"大尺寸交互显示界面(Large Interactive Display Surfaces )，它将电子白板与PC连接，由投影机将影像投影到电子白板屏幕上。利用手指或者感应笔直接通过白板屏幕进行文件访问、网页浏览、无痕书写、注解标记等操作，所有操作过程都可随时保存、编辑管理、打印和通过网络发送。交互式电子白板是一个融合了计算机技术、微电子技术与通信技术的计算机输入输出设备。交互式电子白板系统由交互白板(包含感应笔)、投影系统以及配有白板软件的计算机系统构成。

## 二、国内交互式电子白板的课堂教学应用研究

### (一) 国内交互式电子白板的发展特征与趋势

本文以电子白板、交互白板、交互式电子白板教学应用等关键词，分别对中国期刊全文数据库、中国优

秀硕士学位论文全文数据库、中国博士学位论文全文数据库等进行了检索，国内关于交互式电子白板的研究有 700 篇以上。

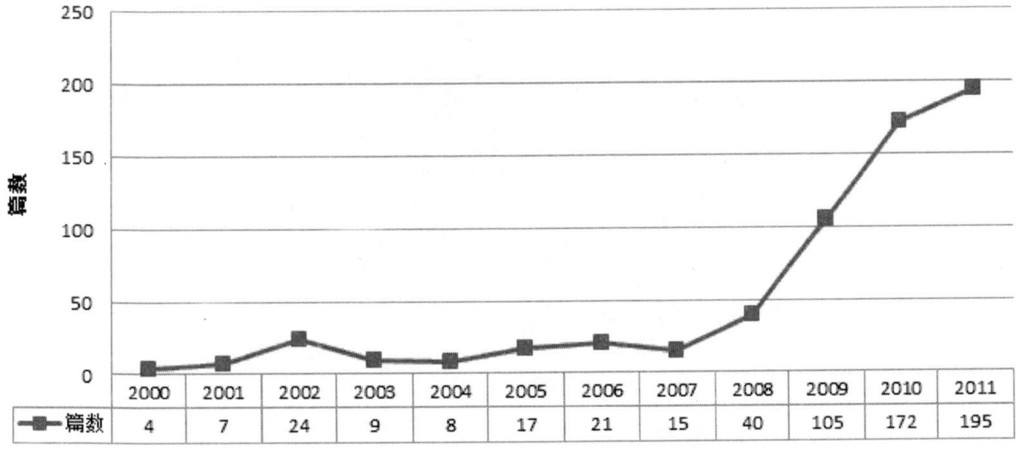


图 1 国内交互式电子白板的研究走势图

本文从 2000 年作为样本节点，对 2000 年—2011 年的有关交互式电子白板在我国的研究作了统计。从趋势图可以看出，2008 年开始的相关研究论文数量以平均每年 45 篇的增长速度大幅度上升。由此可见，对电子白板的研究逐渐成为国内教育领域的一个研究热点。中英合作交互白板实验研究的总结报告中也肯定了交互白板在中国中小学系统中具有极强的适应性，应用前景非常广阔，特别对于中小学小班课堂教学更是如此。

## (二) 国内交互式电子白板课堂教学应用的研究热点

通过内容分析，将该项研究成果的类型分为以下几种类型(图 2)。

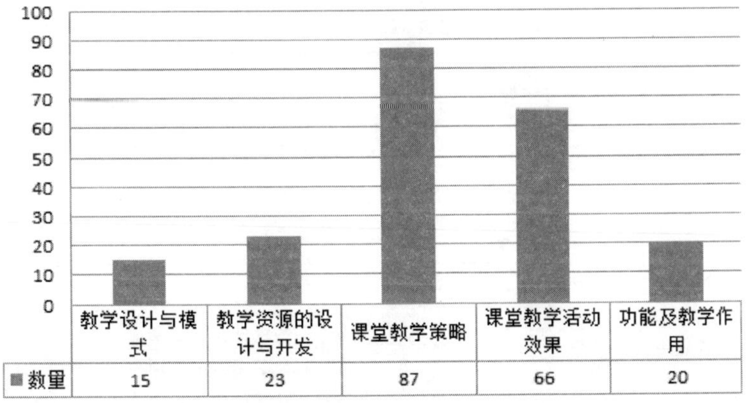


图 2 交互式电子白板课堂教学应用研究的内容分析

从图 2 来看，国内关于交互式电子白板的研究对于课堂教学的应用有明显的关注倾向。由此看来，交互式电子白板在课堂上的应用已经进入了一个规模化的阶段，并形成了对其应用过程的研究氛围。然而无论从数量和应用实践性方面来说，笔者以为还有值得深入探究。正如李新宇[1]指出，目前交互白板应用层次的第三层即白板的交互功能的充分发挥，能充分体现以学生为中心，鼓励学生参与课堂教学，成为课堂中的主人，不只是被动的听和看的教学理念，但这一层次在目前实践中还有待提高。

从内容分析当中，发现中小学课堂教学中应用交互白板的论文主要是综合性地概述了交互白板的功能及对教学的作用。这类论文在相关论文中占了约 70%的比例，内容较多围绕交互白板在增进教学互动，提升教学效率，引导思维创新等方面的积极作用展开。其次，一些论文中也提及了白板教学资源库建设，白板自身的功能系统，以及教师培训操作等方面还不够完善。还有部分论文重点强调基于电子白板的课堂教学、教学资源和教学模式上的新变化与设计等。从上图内容也可以看出，电子白板的课堂教学应用涉及到了其教学设计与模式、教学资源的设计与开发，课堂教学策略及课堂教学活动开展及效果等方面。

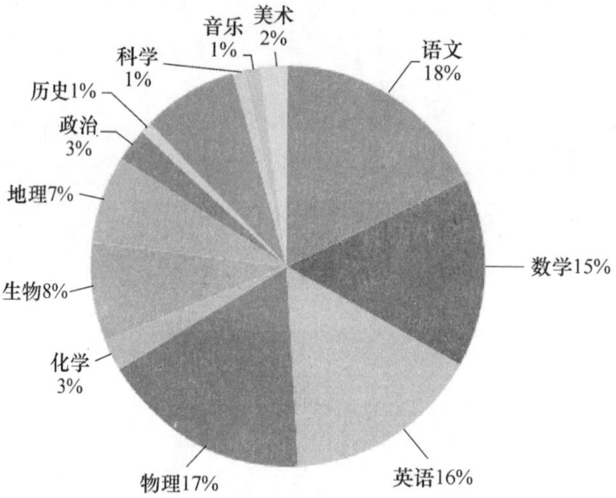


图3　按学科类别进行研究划分

根据学科来进行研究划分，发现语文、英语、数学和物理学科占据了绝大多数的比例。主要是结合本学科的特点或是以某节课为例，讲述交互白板在使用过程中的利弊状况。但是其他学科如化学、生物、政治、历史、地理等关于交互白板教学的文章却很少。

下面我们就从这几方面进行课堂教学应用现状以及存在问题的综述研究。

## （三）国内交互式电子白板在课堂教学的应用现状

### 1. 基于交互式电子白板的课堂教学设计与模式分析

多位专家从教学设计的角度分析交互式电子白板的教学应用，如表1所示：

**表1　专家从教学设计角度对交互式电子白板教学应用的观点**

| 专家 | 分析角度 | 观点 |
|---|---|---|
| 丁兴富 | 课堂教学工作模式 | 交互白板在中小学课堂教学中的3种工作模式：<br>1. 应用计算机界面工作模式<br>2. 计算界面注释模式<br>3. 活动挂图模式 |
| 李新宇 | 实践应用层次 | 三个应用层次：<br>1. 等同于已有的传统课堂教学功能<br>2. 交互白板特有教学功能的应用<br>3. 交互白板交互功能的充分发挥。 |
| 咸汝平等人 | 教学功能 | 指出交互白板在教学功能上的特性决定了教师在进行教学设计时，要注重对教学资源与交互活动的设计。 |

从教学设计的角度讲，各位专家的观点虽然不尽相同，但是反映出了一个共同关注点就是在教学设计中体现出交互白板的优势。

根据日常课堂教学设计的特点和内涵，丁兴富教授曾在一个实验研究[2]的论文提出应用交互白板的教学设计主要有以下7个步骤：(1)确定设计理念及理论依据；(2)设计学习目标；(3)分析学生；(4)分析学习内容；(5)设计环境与资源；(6)设计学习活动；(7)设计教学评价。在课堂教学中应用交互白板可以适用于多种教学模式，如讲授模式、讨论学习模式、探索学习模式和协作学习模式等。

### 2. 基于交互式电子白板的课堂教学策略分析

在白板环境中，交互活动的设计包括人—机活动设计与人—人活动设计。其中，人—机活动设计指教师对于教师或学生利用感应笔在白板上或通过白板对计算机进行一系列操作的设计；人一人活动设计指教师对于课堂上师生之间和生生之间的交互活动进行设计。笔者在分析电子白板的课堂教学策略时，尝试从课堂教学的各环节为切入点进行归纳分析：

导入环节的策略应用：教师通过机书写、调色等功能，呈现出代表各种颜色的单词，不断地给学生视觉冲击，强化记忆，同时使学生感受学习的乐趣。借助了电子白板的资源库拖放、重组、存储、手绘等功能，巧妙地实现教学导入过程的组织。

教学互动环节的策略应用：师生可以通过操作学习对象直观地演示问题发生的过程与本质，形成与教学内容之间的互动；也可以通过模仿操作或表达观点，提高学生的参与水平。同时，教师可以更清晰地展示多层次的课堂教学实施步骤，使学生经历问题解决的过程，增加师生之间更多的课堂对话和讨论。师生与媒介的操作交互，最终发展发展学生的认知策略和高层次的思维技巧。

教学评价环节的策略应用：电子白板为教学评价提供了新的信息化途径，其附带有投票器、手写板等辅助设备，形成了适用于课堂教学评估、反馈和互动三位一体的课堂即时反馈系统。教师借助统计分析软件能及时获得学生的信息反馈，进而调整教学方法，开展动态性和生成性的学习活动。

教学小结环节的策略应用：电子白板能及时记录课堂过程，随时形成课堂动态资源。并可随时被调用到知识回顾与建构。这对新知识、新经验的形成提供了支持，改变了学生的认知方式，促进了教学过程和思维过程的显性化。

除了以教学环节为划分基准外，还有研究以课堂活动的各元素为划分基准，提出体现交互特点的课堂教学在运用交互式电子白板时，可以有以下五种策略：①多种媒体混合、创设丰富与生动的情境策略；②教师、学生与资源两两交互式互动，深度“对话”策略；③资源分库整理、有序储存，调用过程可视化策略；④资源“再生”，感悟动态教学策略；⑤内化、外化并进的知识构建策略[3]。

**3. 基于交互式电子白板的课堂教学资源分析**

在交互白板环境中，对教学资源的设计可以分为对白板软件内置资源的设计和对本机中或网络上其他可利用资源的开发与设计。白板系统为每个学科准备了大量的学科素材，但不是现成的、固定的课件，教师必须根据自己特定的教学设计和目标，应用资源库中的素材形成自己的教案，其开放式的框架也为教师自主开发或校本开发资源提供了强大的支持。白板技术使教师应用资源库中的资源自我生成数字化教案的过程变得非常方便。而且教师不仅可以用白板授课，同时也是备课的好帮手。教师可以把整个白板上的教学过程储存在自己的文件夹中，成为学科教学的电子档案和课程资源，成为今后授课、总结和反思等促进专业发展的资源基础。

**4. 基于交互式电子白板的课堂教学效果分析**

根据教学设计“教学活动与效果以学生为出发点”的观念，从课堂组织以及学生的知识能力培养分析其应用效果。

**课堂组织方面：**

(1) 白板技术将传统的黑板、投影仪、电脑整合形成统一的教学平台，大大提高课堂教学效率。

(2) 白板的软件设计使教师的教学更加方便、生动、有趣。

(3) 白板提供了极大的资源储存空间，便于教师对教学资源、教学过程的积累和反思，便于教学经验的总结和整理。

**学生知识能力提升方面：**

(1) 师生与媒介的操作交互，最终发展为师生间的人际交互、认知交互，发展学生的认知策略和高层次的思维技巧。

(2) 多元及时的评价手段对学生的学习情况作反馈促进其高级思维能力以及促进其学习方式的调整。

综合国内绝大多数研究认为交互白板对课堂教学起到了促进作用，特别是能够激发学生的学习动机，提高学生学习的兴趣。但是对关于如何将交互式电子白板技术与课堂教学进行充分整合，如何在教学中充分发挥交互式电子白板的特殊功能促进师生良好互动等方面的研究则比较少，这是目前应用比较薄弱，也是最能体现交互式电子白板特色的方面。因此有必要加强交互式电子白板在促进课堂师生互动行为中的研究，以便充分体现新课程改革对激发学生学习的积极性和主动性的要求。

## 三、国际教育信息化下交互式电子白板的发展分析

对交互式电子白板的课堂应用研究在国外起步较早，尤其在加拿大、美国、英国和澳大利亚等国，目前在课堂教学中的使用已经具备相当规模。

在交互电子白板引入的初期，Latane(2002)等人主要研究了交互电子白板对课堂交互的影响，肯定了交互白板对增加课堂交互性的优势；Smith，Hardman 和 Higgins(2006)等人从交互电子白板课堂的教学潜力出发通过观察实验探讨了交互电子白板对教学时间和呈现过程中的优势；Cathy Lewin，Bridget Somekh 和 Stephen Steadman(2008)从改变教师教学方法的角度探讨了如何更好地利用交互电子白板进行教学，并促进学生学习，他指出需要调整自己的教学方法以挖掘电子白板的功能，根据教学目标设计白板的用途。除了对教学方法的研究，Lopez(2009)、Lewin、Somekh and Steadman(2008)、Sevindik(2009)、Martin(2007)、Marzano(2009)等人还从白板应用的效果以及白板对学生学习成绩的影响等方面对交互电子白板在教学中的应用做了深入研究；Bruce Troff 和 Rose Tirotta(2009)专门研究了交互电子白板对小学生数学成绩和学习动机的影响。他们指出交互电子白板下的教学活动可以提高学生上课的参与度、注意力的集中程度以及学生的学习动机，在一定程度上对教学效果和学生成绩起到优化的作用等等。

国外的相关研究结果，大都提出如下观点：互动白板可以为课堂提供多样的内容表征方式，满足不同学生的学习风格；提高学生的参与程度；增强学生的学习动机和注意力水平；有助于复习和记忆效果的保持；提高学生的成绩；在特殊教育领域有极大的应用价值。教师们认为白板教学能让他们更好的管理课堂，增强课堂交互，提高教学效率[4]。老师和学生都表示使用电子白板的课堂节奏较快，课堂显的更连贯[5]。总之，白板对于课堂教学的支持作用被普遍肯定。

## 四、我国交互式电子白板课堂教学应用存在的问题

### （一）交互式电子白板配套教学资源未能很好地支持交互教学

从上述研究当中可看出，交互式电子白板目前的关注点主要投放在课堂教学应用上。而随着教学教育的发展以及课程改革的不断深入都要求优秀教学资源的支持。但目前教学资源建设的现状日益不能满足一线教师在此方面的需求，这一问题的解决迫在眉睫。为了保证电子白板使用的有效性，还需要为其开发相关的配套资源如设计每一学科的电子教材等。因而开发适用于交互式电子白板的教学资源也需要成为各学科教师和研究人员的主要任务。

### （二）教师对交互式电子白板以学生为中心的教学设计领悟依然不深

新时期教学改革倡导在教学过程中充分发挥学生的主动性，但许多教师对如何运用交互式电子白板以学生为中心促成学生有效学习的发生的教学设计以及策略要领都尚在摸索阶段，没有形成有效的固定模式。

### （三）交互式电子白板的研究欠缺对课堂交互行为的深入分析

交互性是电子白板的一个特点及优势，作用于师生交互与人机交互。但对于几乎电子白板的研究以目前电子白板的广泛应用的程度来看，对于课堂交互行为的关注，其比例甚少。目前对于课堂交互行为的研究，数量虽少，但是其方法值得借鉴。如赵建华在《基于交互式电子白板的课堂教学过程分析》阐述对课堂实录的质性分析，利用扎根理论，对课堂交互行为进行通过观察，编码[6]，分析后为交互式电子白板的课堂教学策略提供较为科学的理论依据。遗憾的是没有进行更为广泛的学科应用研究。

### （四）交互式电子白板在各学段、各学科的应用研究欠平衡

电子白板作为一项新的教育技术，要使交互式电子白板对课程学习起到最大化的价值，需要以各学段

以及各学科的充分全面了的研究成果作为支撑。但目前大多文献篇幅较短，不是对交互白板的性能或功能进行概括性的总结就是以某节课为例讲述其上课心得[7]。因此，目前对于交互白板在教育教学中应用的研究做到全面系统的非常少。其二，交互白板在不同学科中应用的研究比例非常不平衡由于各学科的内容有异，电子白板所能发挥的作用也会产生差异，其教学的应用策略也不能张冠李戴。

## 五、研究结论

在本文对目前交互式电子白板在课堂教学的应用现状进行述评。通过总结国内外经验分析了交互式电子白板在课堂教学应用中的优势：①改进教师课堂教学呈现的方式；②提高学生的学习动机及课堂师生互动；③增进教学资源的建设；④提高学生的信息技术素养等；⑤促进学生的及时反思和调整学习状态；⑥提高教学管理效率；⑦交互式电子白板能整合到不同学科的教学中去。

通过进一步分析电子白板在教学中应用的趋势以及需要深入研究的问题，以下问题值得继续关注：①交互式电子白板配套教学资源未能很好地支持交互教学；②教师对交互式电子白板以学生为中心的教学设计领悟依然不深，没有很好地注重交互性的开发；③交互式电子白板的研究欠缺对课堂交互行为的深入分析；④交互式电子白板在各学段、各学科的应用研究欠平衡。希望本研究能为交互式电子白板更好地为课堂教学服务提供研究方向。

### 参考文献

[1] 李新宇.课堂教学中交互白板的应用层次分析[J].中国电化教育，2005(3)：51.

[2] 胡文兰.关于交互式电子白板在我国中小学课堂教学中应用的研究综述[J].考试周刊，2011(35)：30.

[3] 王伶俐.基于交互式电子白板的高中物理课堂教学策略初探[D].武汉：华中帅范大学硕士论文，2011.

[4] 顾小清，欧阳芳，于承敏.基于交互白板的互动课堂：课堂教学的理想选择[J].中小学信息技术教育，2006(3)：40-43.

[5] 胡文兰.关于交互式电子白板在我国中小学课堂教学中应用的研究综述[J].考试周刊，2011(35)：22..

[6] 赵建华，周秋怡.基于交互式电子白板的课堂教学过程分析[J].中国电化教育，2011(01)：92-96. [7] 舒娜，刘菁.电子白板下的教学交互行为研究[J].中国现代教育装备，2010(6)：33.

[7] 丁兴富，李敬东.从黑板到交互白板的历史进程——对信息技术与课堂教学整合前景的展望[J].中国电化教育，2005(2)：25-26.

### 作者简介

何绮娜，1988年生，女，广东省江门市人，在读研究生，研究方向：教育电视。

# 中美“翻转课堂”比较及其思考

金陵
（苏州市电化教育馆，江苏苏州，215000）

**摘　要：** 文以萨尔曼·汗“翻转课堂”实验和美国林地公园高中、中国重庆江津聚奎中学和江苏省木渎高级中学的“翻转课堂”实验为蓝本，通过教学结构、教学方式、教学环境、教学理念等方面的比较分析，提出适合我国中小学实验操作的自主学习“翻转课堂”和协作探究“翻转课堂”两种渐次提升的实验模型，初步阐述了开展两种“翻转课堂”实验的要求，并就“翻转课堂”实验中涉及到的教师影响力的重要性，以及电教事业面临的机遇和挑战提出了自己的见解，对于课程改革中的教学结构、教学方式、教学环境和教学理念等方面的创新变革，具有现实意义。

**关键词：** 翻转课堂；中美比较；实践模式；教师影响力；发展机遇

# On the Thinking of the Comparison on the Flipped Classroom Between China and the USA

**Abstract**: In this paper, The authors studied the case on flipped classroom to presided over Salman Khan, and the case in Woodland Park High School, Chongqing Jukui Middle School, and Jiangsu Mudu High School. Through the analysis of the similarities and differences in the teaching structure, teaching methods, teaching environments and teaching ideas between China and the United States on the flipped classroom, put forward two models of the self－learning and Collaborative inquiry. This is a progressive development. To elaborated requirements on the flipped classroom, suggest that the importance of concerned about the influence of teachers, and opportunities and challenges faced by the Educational Technology department. It is practical significance for innovation and change in the curriculum reform.

**Keywords**: flip the classroom; Sino-US comparison; practice mode; the influence over of teachers; development opportunities

自从萨尔曼·汗在TED作了《用视频再造教育》的精彩演讲之后，有关“翻转课堂”的各种模式及其反响的译文，源源不断出现在教育类网站和报刊杂志上。有意思的是，当国内外兴起“翻转课堂”热之前，早在上世纪八十年代，我国基础教育界已经出现过类似于今天“翻转课堂”的教学实验。将今昔、中美“翻转课堂”教改实验做一个比照分析，对于深化基础教育课程改革具有现实意义。

## 一、美国“翻转课堂”实验

### （一）萨尔曼·汗“翻转课堂”实验

孟加拉裔美国人萨尔曼·汗最初因为帮助表亲纳迪亚学习数学，开始在YouTube上传视频。萨尔曼·

汗的教学视频里看不到他本人，只有虚拟黑板、彩笔、光标和同步会话配音。纳迪亚说更喜欢“自动版的表亲”，因为可以随意地让“萨尔曼·汗”暂停、重复和快进，而不必担心浪费他的时间。透过调侃的表象，萨尔曼·汗发现其中的意义深远。首先，网络视频让学习者有一个自定进度的学习，即按照自己的节奏、速度或方式学习，能够有效提升学习绩效。其次，上传的教学视频“将一直保持活力”，适用于网络上所有的学习者。

于是，新的学习方式浮出水面：学习者在家里通过教学视频学习新知识新概念，在课堂里做作业、交流、讨论、做实验。教师依托技术支持，在学习管理平台上或课堂里，密切关注学生学习情况，需要的时候会及时介入，针对性给学生个性化的指导，不用“一个版本”针对所有对象地讲课。萨尔曼·汗的探索颠覆了传统课堂的教学结构，使“翻转课堂”的价值突显出来。

在传统教学模式环境中，学生反复经历听课、家庭作业、听课、家庭作业……考试，无论得70分还是80分，得90分还是95分，课程都将进入下一个主题。即使得到95分的学生，也还有5分的困惑没解决。在原有的困惑没有解决的情况下，建立下一个概念将增加学生的困惑。那种只管要学生快速向前，而不管他们面临的“瑞士奶酪式的保证通过原有基础继续建构的间隙(Swiss cheese gaps that kept building throughout their foundation)”的传统教学模式，其效果适得其反。

“翻转课堂”创造了人性化学习方式。通过观看教学视频，可以有一个自定进度的学习，如果忘记了较长时间之前学习的内容，可以通过观看视频获得重温，从而有效解决了忽视“瑞士奶酪式”的间隙、“一个版本”针对所有对象讲课造成的问题。萨尔曼·汗发现，那些在某个或某些概念上多用一点额外时间的孩子，一旦理解了概念，就会很快进步。因此，“翻转课堂”广受学生、家长和教师的欢迎。

其次，“翻转课堂”发展了自主学习的能力。“翻转课堂”把传统课堂先教后练的基本格局改造成先学后练，把知识的传递安排在课前，把知识的内化安排到课内，改变了课堂教学结构(参见“教学结构变化比较图”)，其结果发展了学生安排学习的能力、思维认知和解决问题的能力，丰富了学习过程中的情感体验。

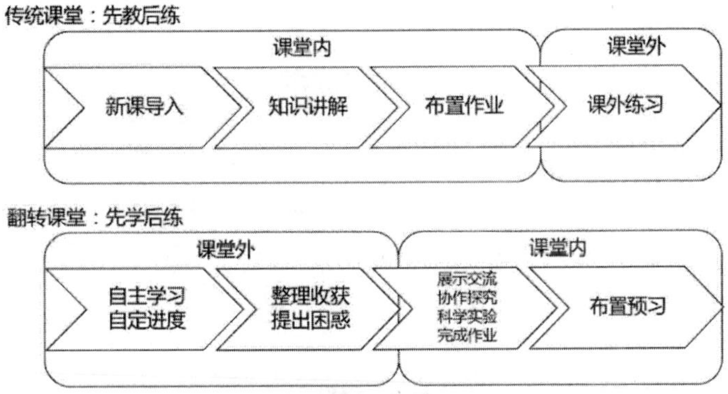


**教学结构变化比较图**

其三，“翻转课堂”凸显教育技术在教育现代化进程中的重要性。萨尔曼·汗制作教学视频供学生在线学习，学生的作业也是在线的。教师通过学习管理平台(a live dashboard)了解每一位学生的学习状况，在学生最需要帮助的时候介入指导。因此，整个教学环境发生了历史性的重大变化。离开计算机网络通讯技术，根本谈不上一对一人性化指导。教育现代化的核心是人的现代化，“翻转课堂”把学生掌握知识的作业过程转变为课堂上交流学习成果、从事科学实验、项目协作探究、完成课堂作业的过程，从教学目标分类与国家课程标准的关联来看，实现了从低级思维学习到高智慧学习的重大转变，这一转变正是培养创新型人才的关键所在。

### (二) 美国林地高中“翻转课堂”实验

美国科罗拉多州林地公园高中的乔纳森·伯格曼和亚伦·萨姆斯，也从制作教学视频开始“翻转课堂”实验。两人在长期教学生涯中观察到：学生真正需要教师的时候，是他们在做功课遇到困惑、需要单个帮助的时候。学生并不需要教师在教室里传递信息，完全可以自己学习课程内容。

于是，他们预先录制自己的讲课，让学生把观看视频作为家庭作业的一部分，在学习课程之前的晚上，在家里通过网络或U盘、DVD观看教学视频，称为“预点播(Pre-Vodcasting)模型”。学生可以根据自己的理解程度，反复观看教学视频和PPT，可以多次暂停，倒带，做笔记或阅读。然后利用课堂教学的时间进行深入的科学实验或完成作业，教师在学生需要时给予个性化指导，帮助学生弄清楚有困惑的概念。实验对比显示，学生的考试成绩不断提高，学生和家长的反馈非常肯定。尽管他们没有提出“翻转课堂”的术语，但被媒体冠以“翻转课堂”报道之后，很快遍及美国和全球。

## 二、中国“翻转课堂”实验

### （一）重庆江津聚奎中学“翻转课堂”实验

重庆江津聚奎中学随机选取两个实验班，在语文、数学、英语、物理、化学、政治、历史、地理等8门学科开展“翻转课堂”实验。问卷调查显示：82.9%的学生比较喜欢或非常喜欢，88%的学生提高了学习积极性，88.9%的学生增强了学习信心，88%的学生认为知识要点更易理解，99.6%的学生认为帮助自己做好笔记，63%的学生认为作业完成质量更好，17%的学生认为增加了学业负担；100%的教师接受这种教学模式，并表示愿意在下学期继续实验。参加实验的教师在问卷调查中也表达了他们的疑虑，主要涉及硬件设施问题、教学问题、管理问题和学科建设问题。

### （二）江苏省木渎高级中学“问题导向”自主学习模式实验

20世纪80年代，江苏省木渎高级中学创造了一种今天叫做“问题导向”的自主学习教改模式，具有“翻转课堂”的意义。这项实验要求教师在备上一节课时，设计下一节课学生自学的任务，预习任务必须明确，即今天所谓任务驱动、问题导向。在下一节课上课前，教师需要了解学生预习情况，以便在课堂教学中因势利导。还要设计拓展教学深度的问题或案例。在上课的时候，需要控制学习进度，确保时间集中在深度拓展方面。如下图所示：

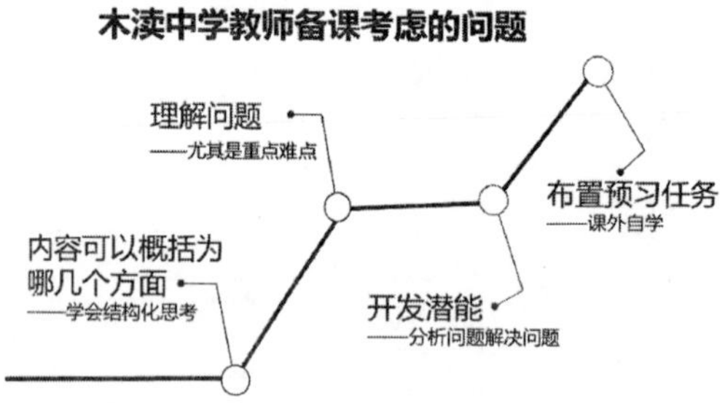


实验要求学生通过预习学会提纲挈领、层层抽象，结构化思考，自主解决重点、难点和热点问题，逐步培养今天所说的探究精神和解决问题的能力。

在课堂教学活动中，教师根据学生预习情况分配学生交流学习成果的任务，既使之享受成就，又有利于互相启发、触类旁通。教师聆听学生发言，把握其思维脉络，学会智慧指导。尤其是把时间集中在深度拓展上，发展学生分析问题和解决问题的能力，教学质量不愁得不到提高。

## 三、中美“翻转课堂”比较

不难看出，当年木渎中学的“问题导向”自主学习模式与今天发源于美国的“翻转课堂”有着惊人的相同之处。试作比较：

### （一）教学结构比较

中美“翻转课堂”在教学结构上基本一致。重庆聚奎中学和江苏省木渎高级中学都把知识学习前移到课堂教学之前。在课堂上，学生汇报自学成果，师生深度发掘教学内涵。详见下图：

可见，即使处在没有网络的20世纪80年代，中小学教改创新照样启动。只要基于“学生为中心”理念，勇于实践，创新就成为必然成果，无论提“翻转”还是不提“翻转”。

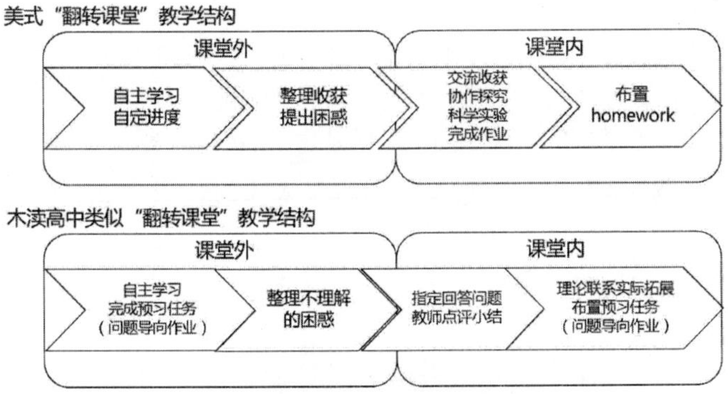


中美“翻转课堂”教学结构比较图

## （二）教学方式比较

美国“翻转课堂”采取建构式教学方式，萨尔曼·汗制作的教学视频牢牢抓住视觉感应与思维关联的特性，以点、线移动配合声音引导思维，先观察后发现，形成新的认知结构，同时渗透着趣味、学科思维方法和哲学思考。课前让学生在网上观看视频，可以根据个人实际暂停、重复和快进，有利于填平“瑞士式奶酪”鸿沟，夯实知识基础。然后到课堂上做实验、做作业、相互交流，还有教师在一旁适时给予一对一个性化帮助，是“学生为中心”的学习方式。

重庆江津聚奎中学在实施“翻转课堂”中把教师讲授时间从 45 分钟降到 15 分钟，保证把时间交给学生自主学习。但是，教师在作业平台上布置的作业仅限于选择、填空和判断三种题型，离深度学习的要求还相去甚远，需要在实践中不断提升教师的认识水平和操作水平。

木渎高中的实验采取教师布置预习作业的方式，课堂交流随机挑选学生发言，深度发掘则采用讲授为主的多种教学方法，本质上属于“教师为中心”的传统教学方式范畴，但是产生了“学生为中心”教学方式的萌芽，面临着在改造与创新中重生的抉择。

## （三）教学环境比较

美国的“翻转课堂”具有鲜明的技术特征。萨尔曼·汗和林地公园高中的“翻转课堂”范本都采用了上课前观看教学视频的方式，借助于移动通讯和平板电脑技术，可以在家里、课堂里随时随地“泛在”展开。

萨尔曼·汗把课程制作、学生在家学习和到教室作业，以及让教师通过学习管理平台监控学生学习进度，根据需要介入学生学习，予以个性化的帮助指导等等，统统纳入技术范畴，使整个学习过程充满智能化的技术色彩。

林地公园高中则鼓励学生在课堂学习时自带数字化学习设备，以便在完成既定任务的基础上可以随时开始个性化学习，并且把熟练运用信息技术的学生（tech-savvy students）视为“翻转课堂”教学模式的必要前提。

我国重庆江津聚奎中学“翻转课堂”，基于网络和移动技术，采取制作教学视频的办法，试图将源于美国的教学结构、教学方式的变革与本校实际相结合。江苏省木渎高级中学的实验产生于上世纪 80 年代，早于美国 20 多年，当时没有计算机网络通讯技术和数字化教学资源，完全处于传统教学环境之中。但是，类似“翻转课堂”的教改实验偏偏在这样的背景下发生了，这很值得我们思考与发掘其现实意义。

## （四）教学理念比较

美国“翻转课堂”技术表征下贯穿“以学生为中心”的现代教育理念。其核心理念有二：一是“让每个学生按照自己的步骤学习”，这是提升学习绩效的最根本保证，揭示出网络环境下课堂学习的一般本质。二是互动的人性化指导。教师通过在教室里巡查或者学习管理平台监控，适时地给予学生个性化指导。当两个核心理念相互配套转化为方法论时，就形成“以学生为中心”的人性化课堂。由于“翻转课堂”顺应世界教育改革发展潮流，又得到创新无限的技术支持，一旦问世便风行全美乃至全球。

中国的"翻转课堂"，无论是重庆江津聚奎中学还是江苏省木渎高级中学，都体现"以学生为中心"的教学理念。但差异客观存在。主要表现为没有摆脱应试教育的桎梏。当年木渎高级中学的类似"翻转课堂"的教改实验，其直接目的也是为了高考，只是采取了重视培养能力的教学策略，并没有产生自主学习、协作学习、探究学习实验的自觉行为，更没有上升到培养创新型人才的认识高度。随着时过境迁，几乎销声匿迹。

## 四、创新适合学校实验的"翻转课堂"模式

中美"翻转课堂"实验为基础教育课程改革提供了可资借鉴的原则与方法。中小学校可以开展自主学习"翻转课堂"和协作探究"翻转课堂"两种渐次提升的实验方式。

### (一) 自主学习"翻转课堂"模式

该模式强调任务驱动，问题导向，要求学生根据预习任务学会结构化思考，由浅入深逐步形成自主解决问题的能力；要求教师学会制作和上传教学视频，善于运用专题学习网站，善于组织交流学习成果，善于在聆听中发现学生思维脉络，学会智慧指导学生，并且在课堂上对需要帮助的学生作一对一的个性化指导。该模式容易上手，使初涉"翻转学习"(Flipped Learning)的师生快速发现其优越性。

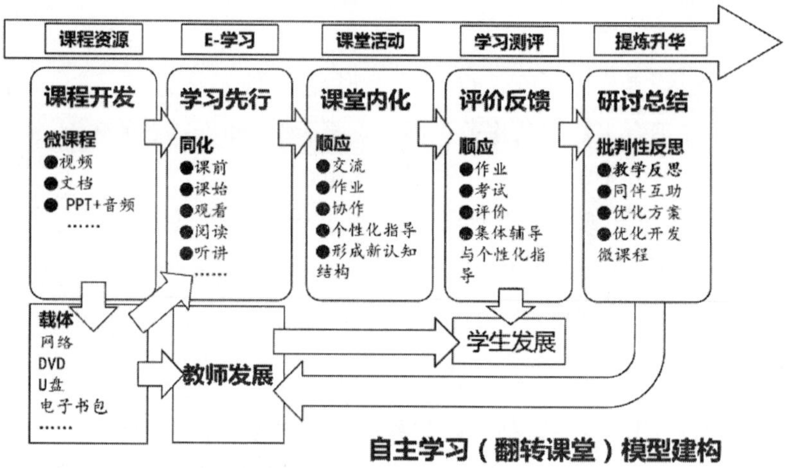


自主学习（翻转课堂）模型建构

### (二) 协作探究"翻转课堂"模式

该模式同样强调任务驱动、问题导向，是一种基于项目的学习。要求学生能选择探究课题和研究方式，或根据课题或情境选择研究方式；通过小组观察、记录、数据分析等手段从事意义建构；学会平等讨论问题，发展交往能力；在思想碰撞、迁移、联想中激发智慧；形成解决问题的信念、方法和毅力；并通过展示，深化学习成果，享受成就。要求教师善于策划协作探究的主题；善于指导而不是直接要学生怎么做；善于观察、总结、组织交流讨论；善于激励学生探究热情。

协作探究（翻转课堂）模型建构

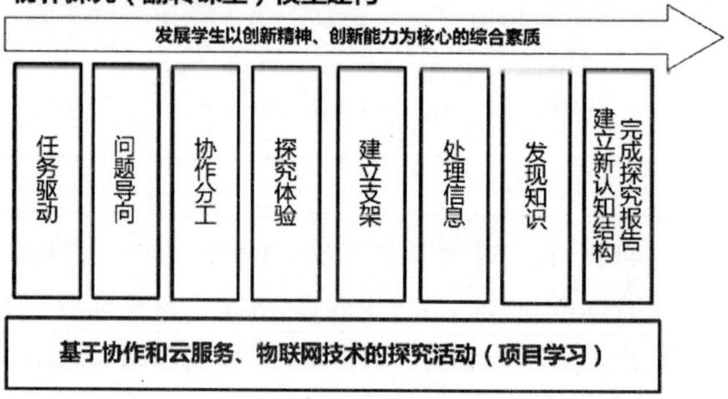

这种模式尤其适合小学科学和中学理、化、生等学科学习，但是需要专家指导。

## 五、比较引发思考

### （一）重视“翻转课堂”实验中的教师影响力

“翻转课堂”实验成功与教师影响力有关。观察教学视频可以发现，萨尔曼·汗是一位非常出色的讲师，通晓可视化教学的技巧，他的教学简明易懂，渗透着趣味、方法和哲理。可汗学院（Khan Academy）只有他一个讲师，制作的教学视频超过3000个，吸引了全美乃至全球超过1亿6千万人次观看。查询其学习背景，发现他拥有麻省理工学院数学理学士、电子工程及计算机科学理学士，电子工程及计算机科学硕士，以及哈佛大学工商管理硕士等多个名校学位。可以说，萨尔曼·汗开启了最聪明的人从事教育事业的新时代。

另一位“翻转课堂”先驱者乔纳森·伯格曼也是优秀教师，曾获得2002年美国总统数学和科学教学卓越奖（Presidential Award for Excellence for Math and Science Teaching），2010年入围科罗拉多州年度教师半决赛（Semi-Finalist for Colorado Teacher of the Year），还担任伊利诺伊州约瑟夫·西尔斯学校的领先技术负责人（Lead Technology Facilitator）。他和亚伦·萨姆斯的“翻转课堂”实验的成功恐怕与此不无相关。

我国中小学开展“翻转课堂”实验必然考验教师影响力。将萨尔曼·汗的教学视频与我国黄冈名师公开课作比较，可以看到黄冈名师视频中有许多干扰观看者学习的因素。全国各地学校不乏黄冈名师公开课中的教师，如果没有网络环境下可视化教学特点的悟性，学其形式匆匆上场，“翻转课堂”很有可能翻不出多好的效果。

因此，“翻转课堂”实验需要遴选教学基本功好、有心理学悟性、通晓网络环境下可视化教学特点、善于运用教育技术的教师担纲，同时迫切需要加快“翻转课堂”师资培训，提升教师综合素养。

### （二）电教系统面临新的发展机遇与挑战

萨尔曼·汗“翻转课堂”实验和林地公园高中“翻转课堂”实验都采用视频作为课前学习资源，一个“用视频再造教育”的新时代转瞬之间就来到了，这给电教发展带来新的机遇与挑战。认真研究微课程制作规律，各尽所能，百花齐放，积极开发以视频为主要格式的教学资源，就能壮大事业，站立信息化教育潮头，引领教育现代化。反之，将被课程改革实践抛在后面，丧失引领教育现代化的重要地位。

### 参考文献

[1] 金陵. Khan在TED的演讲和与比尔·盖茨的对话[EB/OL]. http://blog.sina.com.cn/s/blog_6b87f20601011vo4.html,2012-08-05/2112-10-05

[2] Jonathan Bergmann and Aaron Sams. Why Flipped Classrooms Are Here to Stay,[EB/OL]. http://www.edweek.org/tm/articles/2012/06/12/fp_bergmann_sams.html,2012-06-12/2112-10-13

[3] 黎加厚. 新教学目标分类学概论[M]. 上海：上海教育出版社，2010. 194-200

[4] 李敬川，王中林，张渝江. 让课改的阳光照进教育的现实[J]. 中小学信息技术教育，2012，(3)：16-18

[5] 金陵. 构建适合学校应用的“翻转课堂”教学模型[EB/OL]. http://blog.sina.com.cn/s/blog_6b87f20601011mcp.html,2012-07-25/2112-10-15

### 作者简介

金陵，1953年生，法学士，研究方向：教育信息化、教育技术应用、信息化教学、网络环境下的教师专业发展等。

# 国外移动学习研究的关键词
## ——基于分词聚类分析

金振威，刘伟
（东北师范大学计算机科学与信息技术学院，吉林长春，130117）

**摘　要：**文章以 Scopus 数据库收录的以"Mobile Learning"为关键词检索到的 1373 篇文章中的 5987 个关键词为研究对象，使用 BibExcel 进行关键词统计，用 SPSS17.0 进行聚类分析，研究 21 个高频关键词之间的关系，发现国外移动学习研究的研究热点，以期为国内的相关研究提供借鉴。

**关键词：**国外；移动学习；BibExcel；关键词；分词聚类分析

# The Keywords of Foreign Researches About Mobile Learning
## ——Based on Co-word Clustered Analysis

**Abstract**: The paper gives a statistical analysis of 5987 keywords in 1373 articles of Scopus which is searched by the keyword "mobile learning". Then use BibExcel to separate the keywords and SPSS 17.0 to take the cluster analysis, in order to present the relationship among the keywords. The paper discovered the hot points of foreign researches about mobile learning, to take example for our researches about mobile learning.

**Keywords**: foreign; mobile learning; BibExcel; keywords; Co-word Clustered Analysis

## 一、引言

移动学习（Mobile Learning 或 M-Learning）指学习者在自己需要学习的任何时间、任何地点通过移动设备（如手机、具有无线通信模块的 PDA 等）和无线通信网络获取学习资源，与他人进行交流和协作，实现个人与社会知识建构的过程[1]。自 20 世纪 70 年代发明手机以来，教育学者对移动技术的教育应用就进行了大量的研究，从哈佛大学医学院首次使用手机进行教学到苹果的 iTunes U 公开课频道，从短信技术到增强现实技术，移动技术正深刻地影响着我们的学习。近几年来，以苹果的 iOS 系统和谷歌的 Android 系统为代表的智能便携设备已经成为变革教育的又一大力量，移动学习、泛在学习等概念正随着移动技术的发展逐渐为人们所接受。国内对于移动学习的研究从 2000 年丁兴富翻译 Keegan 的"从远程学习到电子学习再到移动学习[2]"开始，到如今已有 12 年了。国外研究移动学习的时间比中国略长，并取得了一定的研究成果。通过对国外移动学习研究关键词的聚类分析，了解国外移动学习的研究热点和研究趋势，以供国内研究者借鉴。

## 二、数据来源

Scopus 是全世界最大的摘要和引文数据库，涵盖了 4,000 个出版商的 15000 种科学、技术及医学方面的期刊。因为其60%的内容来自于美国以外的国家，故Scopus的检索结果能较好反映世界范围内的研究现状。在Scopus上以“mobile learning”为关键词，搜索2002年至2012年10月8日的文章，共检索到相关论文1373篇，利用文献分析软件BibExcel进行关键词统计，得到5987个关键词，平均每篇文章4.4个。对5987个关键词进行统计，共有不同的关键词3727个，排除掉“Learning”、“Mobile”、“Education”等对反映主题无意义的词，得到高频关键词21个，具体见表1。

**表1　国外移动学习研究高频关键词**

| 序号 | 关键词 | 词频 | 序号 | 关键词 | 词频 |
|---|---|---|---|---|---|
| 1 | Mobile learning | 265 | 12 | Distance learning | 28 |
| 2 | Mobile robot | 112 | 13 | Q-learning | 25 |
| 3 | Reinforcement learning | 105 | 14 | Ubiquitous learning | 25 |
| 4 | E-learning | 48 | 15 | Collaborative learning | 22 |
| 5 | Neural network | 47 | 16 | Mobile agent | 20 |
| 6 | Machine learning | 46 | 17 | Ubiquitous Computing | 19 |
| 7 | Mobile phone | 41 | 18 | Mobile computing | 18 |
| 8 | Mobile technology | 31 | 19 | Learning Automata | 16 |
| 9 | Mobile robotic | 30 | 20 | PDA | 15 |
| 10 | Navigation | 29 | 21 | Obstacle avoidance | 15 |
| 11 | Mobile device | 28 | | | |

## 三、数据分析

### （一）构造共词矩阵

对21个高频关键词进行两两配对，统计两个关键词在1373篇文献中出现的频次。共词矩阵是一种对称矩阵，两个关键词出现在同一文献中则在共词矩阵相应位置加1，最后得到21x21的共词矩阵，如表2所示。

**表2　国外移动学习研究高频关键词共词矩阵(部分)**

| | 1 | 2 | 3 | 4 | 5 | 6 | 7 | 8 | 9 | 10 |
|---|---|---|---|---|---|---|---|---|---|---|
| 1 | 265 | 0 | 0 | 33 | 0 | 0 | 13 | 13 | 0 | 0 |
| 2 | 0 | 112 | 42 | 1 | 28 | 9 | 0 | 0 | 1 | 27 |
| 3 | 0 | 42 | 105 | 0 | 13 | 1 | 0 | 0 | 4 | 11 |
| 4 | 33 | 1 | 0 | 48 | 0 | 0 | 1 | 3 | 0 | 0 |
| 5 | 0 | 28 | 13 | 0 | 47 | 2 | 0 | 0 | 3 | 2 |
| 6 | 0 | 9 | 1 | 0 | 2 | 46 | 2 | 0 | 0 | 2 |
| 7 | 13 | 0 | 0 | 1 | 0 | 2 | 41 | 1 | 0 | 0 |
| 8 | 13 | 0 | 0 | 3 | 0 | 0 | 1 | 31 | 0 | 0 |
| 9 | 0 | 1 | 4 | 0 | 3 | 0 | 0 | 0 | 30 | 0 |
| 10 | 0 | 27 | 11 | 0 | 2 | 2 | 0 | 0 | 0 | 29 |

### （二）构造相异矩阵

共词矩阵不能直接用于SPSS的聚类分析，需对共词矩阵进行转换。首先利用Ochiia系数将共词矩阵转换为相关矩阵。再利用1减去相关矩阵得到相异矩阵，数值越小代表两个关键词相关度越强[3]。相异矩阵如表3所示。

表 3　国外移动学习研究高频关键词相异矩阵(部分)

| | 1 | 2 | 3 | 4 | 5 | 6 | 7 | 8 | 9 | 10 |
|---|---|---|---|---|---|---|---|---|---|---|
| 1 | 0.0000 | 1.0000 | 1.0000 | 0.7074 | 1.0000 | 1.0000 | 0.8753 | 0.8566 | 1.0000 | 1.0000 |
| 2 | 1.0000 | 0.0000 | 0.6127 | 0.9864 | 0.6141 | 0.8746 | 1.0000 | 1.0000 | 0.9827 | 0.5262 |
| 3 | 1.0000 | 0.6127 | 0.0000 | 1.0000 | 0.8149 | 0.9856 | 1.0000 | 1.0000 | 0.9287 | 0.8007 |
| 4 | 0.7074 | 0.9864 | 1.0000 | 0.0000 | 1.0000 | 1.0000 | 0.9775 | 0.9222 | 1.0000 | 1.0000 |
| 5 | 1.0000 | 0.6141 | 0.8149 | 1.0000 | 0.0000 | 0.9570 | 1.0000 | 1.0000 | 0.9201 | 0.9458 |
| 6 | 1.0000 | 0.8746 | 0.9856 | 1.0000 | 0.9570 | 0.0000 | 0.9539 | 1.0000 | 1.0000 | 0.9452 |
| 7 | 0.8753 | 1.0000 | 1.0000 | 0.9775 | 1.0000 | 0.9539 | 0.0000 | 0.9720 | 1.0000 | 1.0000 |
| 8 | 0.8566 | 1.0000 | 1.0000 | 0.9222 | 1.0000 | 1.0000 | 0.9720 | 0.0000 | 1.0000 | 1.0000 |
| 9 | 1.0000 | 0.9827 | 0.9287 | 1.0000 | 0.9201 | 1.0000 | 1.0000 | 1.0000 | 0.0000 | 1.0000 |
| 10 | 1.0000 | 0.5262 | 0.8007 | 1.0000 | 0.9458 | 0.9542 | 1.0000 | 1.0000 | 1.0000 | 0.0000 |

## (三)利用 SPSS 进行聚类分析

聚类分析是一种建立分类的多元统计分析方法,它能够将一批样本(或变量)数据根据其诸多特征,按照在性质上的亲疏程度在没有先验知识的情况下进行自动分类,产生多个分类结果[4]。将表 3 所示的表格导入到 SPSS,使用“层次聚类(Hierarchical Cluster)”进行分析。选择“组间链接(Between-groups linkage)”,即个体与小类中每个个体距离的平均值,生成国外移动学习研究关键词的凝聚状态表[5],如表 4 所示。

表 4　层次聚类分析的凝聚状态表

| Stage | Cluster1 | Cluster2 | Coefficient | Cluster1 | Cluster2 | Next Stage |
|---|---|---|---|---|---|---|
| 1 | 2 | 10 | .721 | 0 | 0 | 3 |
| 2 | 1 | 4 | 1.100 | 0 | 0 | 4 |
| 3 | 2 | 3 | 1.115 | 1 | 0 | 8 |
| 4 | 1 | 12 | 1.320 | 2 | 0 | 11 |
| 5 | 15 | 17 | 1.347 | 0 | 0 | 10 |
| 6 | 5 | 21 | 1.359 | 0 | 0 | 8 |
| 7 | 6 | 18 | 1.450 | 0 | 0 | 16 |
| 8 | 2 | 5 | 1.473 | 3 | 6 | 12 |
| 9 | 8 | 20 | 1.497 | 0 | 0 | 13 |
| 10 | 14 | 15 | 1.589 | 0 | 5 | 17 |
| 11 | 1 | 11 | 1.633 | 4 | 0 | 13 |
| 12 | 2 | 13 | 1.715 | 8 | 0 | 20 |
| 13 | 1 | 8 | 1.777 | 11 | 9 | 14 |
| 14 | 1 | 7 | 1.820 | 13 | 0 | 17 |
| 15 | 9 | 19 | 1.830 | 0 | 0 | 19 |
| 16 | 6 | 16 | 1.843 | 7 | 0 | 18 |
| 17 | 1 | 14 | 1.921 | 14 | 10 | 18 |
| 18 | 1 | 6 | 2.054 | 17 | 16 | 19 |
| 19 | 1 | 9 | 2.118 | 18 | 15 | 20 |
| 20 | 1 | 2 | 1.315 | 19 | 12 | 0 |

在凝聚状态表表 4 中,第一列表示聚类分析的第几步;第二、三列表示本步聚类中哪两个样本或小类聚成一类;第四列是个体距离或小类距离;第五、六列表示本步聚类中参与聚类的是个体还是小类,0 表示样

本，非零表示由第几步聚类生成的小类参与本步聚类；第七列表示本步聚类的结果将在以下第几步中用到[6]。从表4中可以看出，首先可以将2(Mobile robot)和10(Navigation)归为一类，然后可以将stage3中的3(Reinforcement learning)也添加到此类中。同样，1(Mobile learning)和4(E-learning)也可归为一类。

## 四、研究结论

移动学习是近些年教育技术学科的研究热点之一，从国外移动学习研究关键词的分词聚类分析中，我们可以看到国外移动学习研究主要有以下研究热点：

1. 移动设备支持的移动学习实现。移动通讯技术是实现移动学习的基础，国外研究者将移动设备(智能手机、PDA)和移动技术(3G网络、移动计算)同移动学习相结合，探究正式和非正式学习情况下移动技术在教育中的应用。他们的研究更加侧重于移动学习应用的实证研究，用实证数据说明移动技术在教育中的应用方法和应用模式，以及移动技术教育应用的效果。

2. 移动机器人与强化学习。随着移动技术的不断发展，移动设备变得越来越智能化，苹果iOS5中已经加入了语音识别与对话功能，国内的科大讯飞也致力于手机智能语音的开发。智能化的移动机器人有助于促进移动学习的自主化、自动化，通过智能语音识别、智能位置识别提供智能化的学习导航服务，提高学生学习兴趣，实现强化学习。

3. 移动环境下的E-learning。国外对于E-learning的研究时间较长，研究成果也较为丰富，通过移动学习与E-learning的相互结合，将E-learning的基本理论、课程设计方法、多媒体理论、评价方法等研究成果应用于移动学习，实现移动学习在基础教育、高等教育及企业培训领域中的有效应用，培养创新型人才。

4. 移动学习环境下的协作学习。社会建构主义理论认为知识是学生在社会交往中自主建构的，国外学者尤为重视移动学习环境下的协作学习设计。通过对移动交互系统和移动交互学习环境的研究，实现移动学习环境下的协作学习。并以案例的形式，对协作学习的实现方法和教学效果进行分析，促进移动学习的发展[7]。

5. 移动学习环境下的远程教育。远程与开放教育在近十年中随着互联网技术的飞速发展正逐渐变革着我们的教育。移动学习同远程教育相结合，通过对远程教育中移动通讯技术的应用、对移动交互系统的设计、对社会媒体的应用、移动教学设计的研究，来发现一种移动学习在远程教育中应用的新模式，促进远程教育的发展。

6. 泛在学习与泛在计算。泛在学习作为一种支持人们在任何时间、任何地点进行学习的学习形式，其本质特征决定其同移动学习是密不可分的。通过对无线通讯技术的应用研究、泛在学习模式研究、云计算与增强现实技术在泛在学习中的应用、移动设备支持的泛在学习研究，泛在学习与泛在计算正成为移动学习研究的一个新的方向和热点。

7. 神经网络与机器学习。这个应该是计算机领域的研究内容。国外学者将移动机器人同学习自动化结合，利用神经网络算法，探究智能化的机器学习，实现移动学习资源的自动更新与升级，以促进移动学习的自主化和自动化。

## 五、结束语

移动学习研究是一个新兴的教育技术研究领域，国内对于移动学习的研究历史并不长，并且多数文章为理论研究和模式构建，对于移动学习在教学实践中的应用研究则较少。本文利用共词聚类分析方法对国外移动学习研究的关键词进行分析。共词聚类分析不仅能够对论文的关键词进行统计，同时能够发现各个关键词之间存在的关系，并利用量化方法来对关键词进行聚类，进而分析出国外移动学习研究的研究热点。从本次研究数据中可以看出，国外移动学习的研究方向和国内是类似的，但从文章内容来看，国外更加注重移动技术在教学中的应用，且多为实证研究，有大量的数据支持，故中国的移动学习研究应更加重视移动技术在教学实践的应用。我国移动学习的理论研究已经较为成熟，应更多地进行应用与推广研究。

本文选取的 Scopus 数据库是全球最大的摘要和引文数据库，但是其仍然存在收录不够完整、检索不够准确等问题，因此，我们的数据分析难免存在一些缺漏。在以后的研究中，我们应借鉴国外的研究经验，做符合中国国情的移动学习实证研究。

## 参考文献

[1] 余胜泉.从知识传递到认知建构、再到情境认知：三代移动学习的发展与展望[J].中国电化教育，2007，(6)：7-18.
[2] Desmond Keegan.从远程学习到电子学习再到移动学习[J].开放教育研究，2000，(5)：6-10.
[3] 郑华川，于晓欧，辛颜.利用共词聚类分析探讨抗原 CD44 研究现状[J].中华医学图书情报杂志，2002，(2)：1-3.
[4] 薛薇.基于 SPSS 的数据分析(第二版)[M].北京：中国人民大学出版社，2011.
[5][6] 李长玲，翟雪梅.我国情报学硕士学位论文的共词聚类分析[J].情报科学，2008，(3)：73-76.
[7] Cheon. J，Lee. S，Crooks. S. M，Song. J. An investigation of mobile learning readiness in higher education based on the theory of planned behavior[J]. Computers and Education，59，(3)：1054-1064.
[8] 李卢一，郑燕林.泛在学习环境的概念模型[J].中国电化教育，2006，(12)：9-12.
[9] 刘豫钧，鬲淑芳.移动学习——国外研究现状之综述[J].现代教育技术，2004，(3)：12.
[10] 孙立会，赵蔚，杨欣，孙大春.我国教育技术学硕士学位论文的共词聚类分析[J].2009，(11)：60-62.
[11] 吴琳.近十年我国高等教育学学位论文研究热点分析[D].大连：大连理工大学，2011.
[12] 王佑镁.基于共词聚类的我国中小学信息技术教育研究热点分析[J].中国电化教育，2012，(5)：15-19.

## 作者简介

金振威，1990 年生，男，浙江温州人，硕士研究生，研究方向为网络个性化学习、计算机教育应用。

# 走入“深度融合”，注重课堂教学有效性*

李敏娇，汪颖
（江苏师范大学教育研究院，江苏徐州，221116）

**摘　要**：从“信息技术与课程整合”到“信息技术与教育深度融合”，我国的教育信息化探索已经历十多年历程。这期间，信息技术带给教学的成效是值得肯定的，这也使我们深信信息技术与课程融合是我国教育信息化发展的必然趋势与途径。但与此同时，信息技术与课程融合暴露出的一些问题也值得反思。文章从“融合”入手，先对有关融合概念作了探索与界定，接着剖析了现今融合存在的几个误区，最后提出了走入深度融合的相应措施。呼吁教师教学应避免假象融合、异化融合，倡导有效融合，追求融合的深度与效益，注重课堂教学的实效性，提高教学的效果与质量。

**关键词**：融合；深度融合；课堂教学；有效性

# Walking into “Deep Integration” and Focusing on the Effectiveness of Classroom Teaching

**Abstract**: From “integration of information technology and curriculum” to “deep integration of information technology and education”, the exploration of educational informatization in our country has gone through more than a decade of development. During this period, information technology is worthy of recognition to bring effective teaching, and this also allows us to believe that integration of information technology and curriculum is the inevitable trend and ways of development of Chinese educational informatization. At the same time, some problems exposed by the integration of information technology and curriculum is also worthy of reflection. The article first made the exploration and definition of integration concept start from the “integration”. Then analyzed the several errors of modern integration and finally put forward to the corresponding measures of deep integration, in order to call upon teachers to avoid superficial integration and alienation integration. The article ultimately advocated effective integration, the pursuit of the depth and effectiveness of the integration, and pay attention to the actual effect of classroom teaching to improve the teaching effect and quality.

**Keywords**: integration; deep integration; classroom teaching; effectiveness

随着计算机、网络技术的迅猛发展，我们已经进入了信息化的知识经济时代。信息化时代所赋予的特征使得信息技术在社会各个领域的作用日益突显，对我们的思维与生活方式产生了翻天覆地的影响，进而对学生学习与教师教学提出了更高要求。然而在现实的实践教学过程中，技术应用并没有取得良好的预期效果，如教学过程中的认知主体问题，教师的教学素质问题以及信息技术环境下的网络道德素养问题等。

* 本文为教育部人文社会科学研究青年基金项目《农远工程多层合作教师培训模式实证研究》的阶段性研究成果。（项目编号：10YJC880116）

因此置身于信息时代,实现信息技术与课程融合的提出是重要的也是必要的。

早在2001年,国家教育部颁发的《基础教育课程改革纲要》就明确指出"大力推进信息技术在教学过程中的普遍应用,促进信息技术与学科课程的整合。"[1]然而取得的效果却差强人意。教育信息化经过10多年探索,在信息技术对教育的影响上有了更高认识,《国家中长期教育改革和发展规划纲要(2010—2020)》指出"信息技术对教育发展具有革命性影响,必须予以高度重视。"[2]此后,在2011年教育部发布了《教育信息化十年发展规划》,并强调教育信息化的基本特征是信息技术与教育深度融合。"融合"一词在《规划》中反复出现,首先从思想和工作方针上高度重视,要"探索现代信息技术与教育的全面深度融合,以信息化引领教育理念和教育模式的创新,充分发挥教育信息化在教育改革和发展中的支撑与引领作用。"[3]由国家政策的相继发布可见,实现信息技术与课程融合意义深远、责任重大。下面,笔者将从融合的微观层面(信息技术与课程教学的融合层面)上谈谈自己的见解,以期为中国教育信息化改革,为教师课程教学提供一点启示。

## 一、有关融合概念的探索

要谈融合就免不了谈整合,归根结底,信息技术与课程融合是由信息技术与课程整合延伸出来的一种教育思想与理念。"融合",传承了整合的内涵。就其实质上讲,我们可以将融合的本质归为整合,但是就深度上、纵深意义上而言,融合比整合更为深刻。

南京师范大学副校长吴康宁教授,在全国教育技术学博士生论坛上,形象地说明了信息技术与课堂教学关系的四种类型:塞入式(貌合神离)、加入式(若即若离)、嵌入式(紧密结合)、融入式(水乳交融)。[4]笔者以吴康宁教授阐述的信息技术与课堂教学关系的四种类型为依据,将信息技术与课堂教学融合的形式分为三种状态:假象融合、异化融合和有效融合。

1. 假象融合。亦称表象融合,指教师在课堂教学过程中单纯为了追求教学的信息化,而使用各种现代化信息技术手段进行一系列教育、教学工作。这种融合忽视了信息化教育的本质目的,阻碍了教育生产力的提高,使得信息技术仍停留在塞入式、加入式层次,它将体现现代化信息技术看作是教育、教学的重心,是一种为了技术而技术的融合形式。在现实课堂教学中给学生造成了课堂氛围沉闷,知识学习乏味等不良影响,易使学生产生厌学情绪。

2. 异化融合。亦称过度融合,指教师在课堂教学过程中为提高教学质量,片面追求信息化教育成效,不顾学生身心发展规律、学习接受能力而过度使用各种信息技术手段进行教育、教学工作。这种融合的初衷是美好的,希望利用新技术、新媒体促进教育的发展,提高课堂教学质量与学生的学习效果,它与信息化教育本质是相符的,但在融合过程中,由于力度掌握不当容易将传统式教学的"人灌"变成"电灌",教学成效见微。给学生带来的最坏影响是知识点不易消化、吸收,课堂教学节奏加快,往往一节课下来学生谜团重重。久而久之,学生易产生挫败感,学习缺少自信。

3. 有效融合。亦称恰当融合,指教师在课堂教学过程中为提高教学效果、教学效率、教学效益,在恰当时机以适当方式使用各种信息技术手段进行教育、教学工作。这种融合既注重了现代教育技术的本质,也考虑了技术在教学中所扮演的角色,同时符合学生学习思维方式,身心发展规律特点,这正是信息技术与教育深度融合所希望达到的理想效果。在有效融合的课堂上,学生的积极性被充分调动,学习主动性加强,课堂气氛活跃,课堂教学的实效得到保障。

中国的教育信息化经过多年努力所取得的成果是有目共睹的,尤其是信息技术与课程的融合。不可否认,学生的信息素养逐步提高,学生在信息时代的思维方式、学习能力和实践创新能力都有转变。但就深度融合的总体目标而言目前还存在差距。假象融合、异化融合现象在现今课堂教学中还比较顽固,要实现深度融合,还需要更全面理解深度融合的内涵,不断寻找信息技术与课程融合的策略,推动教育信息化的向前发展。

## 二、目前"融合"存在的误区

信息技术与课程深度融合存在的误区,一言以蔽之,融合的深度认识不足。以至于在教学实践中,信息技术对于课堂教学的促进作用不能充分展现，学生在信息时代学习不能体会信息技术的乐趣，反而倍感技术的沉重负荷。经过理论探索与自身学习实践经历，信息技术与课程融合存在的误区主要体现在如下几个方面：

### (一) 对融合的认识肤浅

思想是行动的先导和动力，思想认识深度不够，行动落实就会缺乏力度，陷入形式化、盲目化的片面融合。将信息技术与课程融合的层次简单地定位于结合状态的假象融合现象屡见不鲜。在一些课堂中，教师虽然有意识地将多媒体技术、电子白板技术及一些学习系统平台应用于实际教学，但对信息技术环境下教学活动各要素缺乏系统的科学性整合，最终书本知识被原汁原味演绎成所谓的多媒体课件，这种融合观指导下的课堂实效是可想而知的。固然，十多年的信息化探索造就了一批思想意识上从整合转变为融合的教师，但实际融合时又往往会陷入融合时机不对、融合方法不当的尴尬局面，这也使得课堂质量得不到应有的保障。

### (二) 对人的重视不够

信息技术与课堂教学融合，其根本目的是为了培养出能够适应信息化社会发展的创新型人才。毋庸置疑，教学是以人的全面发展为出发点和归宿的。[5]但实际教学中，教师过多地关注于信息技术与书本知识的有效融合，试图以最优化的工具展示教学内容，从而提高学习者的学习效果。然而在追求这一过程中却恰恰忽略了教学的主体分析，即学习者才是教学过程的直接受体，这就是在现有的信息技术环境下教师进行教学时常发生的误区之一，对人的重视不够，不能在学习者特征分析的基础上来设计教学，选择教学媒体，这就严重影响了学习者积极性、主动性以及师生之间的情感交流，不利于激发学习者学习兴趣，也难以培养学习者的数字化学习能力和创新型思维。

### (三) 技术异化、错误资源观的潜在影响

技术是一把“双刃剑”，将信息技术与课堂教学相融合就必定存在技术异化的问题，处理不好，将影响课堂教学的整体发展。在课堂教学中，教师由于受自身教育观、技术观及实践能力的限制，对信息技术使用方法不当，滥用、误用现象随处可见。这就使教师无形之中禁锢在技术的枷锁中，难以发挥出信息技术应有的潜力，使教学陷入危机。将信息技术融合于课堂教学的过程中，另一个危机源于教师对教学资源的错误使用上，认为只要竭尽全力为学生提供丰富多彩的信息资源，学生就将学有所成。殊不知有些资源的华而不实、不可操作性易使学生在学习中迷失方向，最终偏离教学目标。

### (四) 教学设计欠佳，教师专业发展不足

教学设计作为信息技术与课堂教学融合的核心手段，其科学性和有效性直接影响融合的质量。但目前大部分教师都缺乏正确的教学设计理论指导，更不要说将其融合于技术应用在教学实践中。教学设计是教师教学过程中的一种再创造能力，如何将教学内容、媒体技术、学习者三者之间有效的联系起来，依赖于教师的专业技能和综合素质。可就目前技术融入课堂教学的程度来讲，教师专业能力可见一般，教师专业发展不足也严重影响了信息技术与课堂教学的融合力度，因此从教学设计和教师发展两个维度来看，也能窥视出现有的融合确实存在很大程度上的不足。纵使信息技术再高、教学环境再良好，若是缺少了教学设计和教师教学的支持，实现最优化的教学效果也只是纸上谈兵。

## 三、走入“深度融合”的策略

### (一) 树立全面的融合观，保证深度中有实效

打破“融合”片面、僵化的思想认识，树立全面的融合观，这是走入深度融合的第一步。教师只有深刻理解融合的内涵，才能在教学中发挥信息技术应有的教学潜能。随着数字化校园建设、云计算技术、虚拟仿真技术兴起，各种新技术为教学注入新活力。信息技术已不是一种外在要素，它作为课堂教学改革中最活跃

要素，正与教学深入融合成为了教学系统内部要素。[6]

信息技术与教学融合(如图1)，是信息技术与教学之间的创造性互动过程，教学推动技术中教学潜能的发展，技术支持且优化教育，从而达到变革教学方法和教学结构的目的。它不是简单的将技术与教学结合，它强调的是信息技术与教学的互动融合。一方面，信息技术从教学的外部融入内部，作为促进学生数字化时代自主学习的认知工具、创设信息化教学环境的主力及情感激励的催化剂，实现信息技术教学价值的最大开发；另一方面，教育信息化时代呼唤教学方式、教学设计的现代化，课程开发、教学过程自然而然地从内部要求融入信息技术元素，使课堂教学结构与教学方法变革、创新。正是在信息技术与教学的不断互动融合中，达到深度融合的最佳状态，收获课堂教学的最大成效。

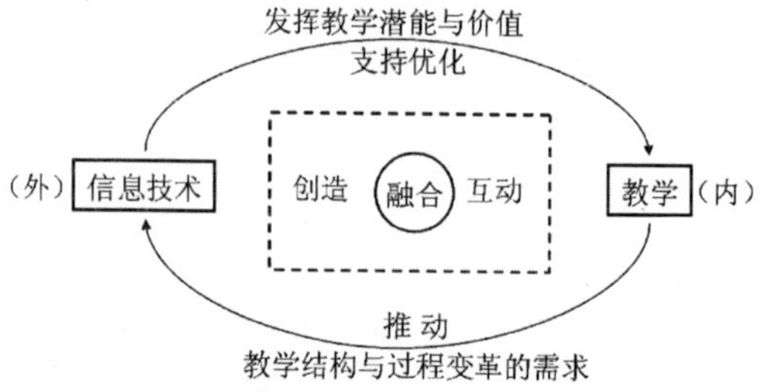


图1 信息技术与教学的融合

## (二) 树立“以人为本”的教学观，保证学生的认知主体地位

教育是培养人的活动，教育中的技术要服从、服务于人的发展这一宗旨，这是技术的教育价值之所在。[7]在教学过程中，技术工具的选取要以学习者的需要为前提，教师应在充分做好学习者分析的基础上，选择适当的媒体来展示教学内容。不仅如此，在教学实践中，还要加强师生之间的沟通交流，充分发挥学习者在学习过程中的主体地位，有效的设计出媒体技术与学习者之间的交互效果，充分的调动好学习者在学习过程中的积极性。使学生通过自主学习、探究学习、协作学习等方式进行自我知识体系建构，强调对知识的理解、掌握，目的是学会学习。教师课堂教学时要真正做到以人为本，让学习者时刻感受到师生之间的平等、信任、和谐，形成积极的人生态度和正确的情感价值观。

## (三) 正确处理技术与教学的关系，注重课堂生成性资源的应用

技术与教学的关系问题是教育技术发展进程中一直探讨的热点问题，也是信息技术与课堂教学融合不可回避的问题。俗话说：“水能载舟，亦能覆舟”，教师将技术融入教学的过程中，一定要找准信息技术与教学的最佳融合点与融合方式，使信息技术在情境创设、实验模拟等教学关键点上发挥出应有价值，促进学生的全面发展，培养学生在信息技术社会的变革、创新能力。

走入信息技术与课堂教学的深度融合，除了要理性对待技术与教学的关系，还要注重教学资源的合理应用。教学资源的选取上务必处理好数量与质量、教育性与技术性的关系，满足不同层次学生的需求。同时，注重对生成性资源的有效利用(如图2)。生成性资源是指在教学现实中，课堂上所涌现出的新的亮点，在师生以及生生教与学互动中所产生的观念、问题和困惑等教学资源。[8]从教学的意义上讲，用好课堂中出现的生成性资源比提供大量不实际的开放性资源意义更大。

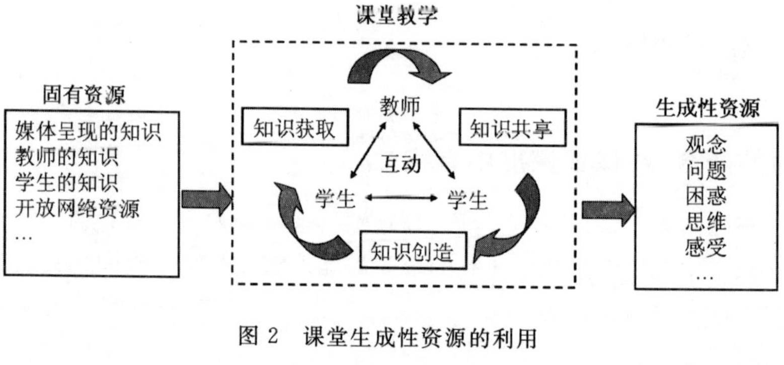


图2 课堂生成性资源的利用

### （四）优化信息化环境下教学设计，加快信息时代教师专业成长

古人云："没有规矩，不成方圆"。教学设计是对教学过程的整体把握与全局规划，有了精心设计，信息技术才能与教学和谐相融。教学设计是运用系统方法，合理利用信息技术手段、资源，有组织地对教学过程各要素安排设置，以实现教学质量的最优化。信息化环境下，教师教学若忽视教学设计，就会导致教学目标不明确、教学重难点模糊不清、学生学习效果不佳等一系列问题。因此，优化信息化环境下的教学设计是必要的。基于我国教育信息化进程，陈明选教授提出了理解性教学设计，认为"只有在理解的基础上才能真正实现知识和信息的整合，才能实现高效学习。"[9]个人认为，基于这个视角的教学设计，值得在倡导信息技术与课程教学深度融合的今天大力推广。

要真正实现信息技术与课堂教学的深度融合，教师是不可或缺的重要因素。教师对信息技术的理解与实践水平，深深影响着融合的质量与教学成效。因此，加强教师技能培训、提高教师的专业素养、转变教师的教学观念与教学方法是必要的。TPACK 是目前教师专业发展的热点问题，T 是技术知识，P 是教学法知识，K 是学科内容知识，TPACK 讲究的就是三类知识的有效融合，他们并不是简单量性相加，而是知识之间的相互融合，相互渗透。这三类知识是未来教师专业发展的重要成分，要在充分掌握知识的基础上，寻求知识的融合与创新，加快信息时代教师队伍专业成长。

## 四、结束语

信息技术对教育模式以及教育方法的改革产生了革命性影响，这已经成为我们每个人的共识，实现信息技术与课堂教学的深度融合是实现课堂教育信息化的必经途径与奋斗目标，任务可谓任重道远。前途是光明的，道路是曲折的，要想实现深度融合，我们每个人都应清醒认识到融合过程中存在的困境与阻碍。要积极转变自己的思想观念，理性分析技术与教学的关系，优化教学设计，促进信息化环境下的教学，培养学生的创新能力、解决问题的能力及数字化学习能力，真正注重课堂教学的实效性。

### 参考文献


[1] 教育部．基础教育课程改革纲要[DB/OL]

http://www.gov.cn/gongbao/content/2002/content_61386.htm，2012-09-20.

[2] 教育部．国家中长期教育改革和发展规划纲要(2010-2020)[DB/OL]

http://www.moe.edu.cn/publicfiles/business/htmlfiles/moe/moe_177/201008/93785.html，2012-09-20.

[3] 教育部．教育信息化十年发展规划[DB/OL]

http://www.moe.edu.cn/publicfiles/business/htmlfiles/moe/s3342/201203/xxgk_133322.html，2012-09-20.

[4] 吕广波．信息技术融入课堂教学的思考与探索[J]．新课程学习，2012，(4)：11-12.

[5] [6] 余剑波．信息技术与教学融合的价值冲突与处理——"麻袋"教改现象分析[J]．中国电化教育，2012，(8)：102-106.

[7] 李美凤．教师与技术的关系再论：技术对教师发展的作用机制[J]．中国电化教育，2012，(1)：7-12.

[8] 徐江峰．例谈信息技术课堂生成性资源的利用[J]．中国电化教育，2012，(4)：116-118.

[9] 陈明选，刘径言．教育信息化进程中教学设计的转型[J]．电化教育研究，2012，(8)：10-16.


### 作者简介

李敏娇，1989 年生，女，汉族，江苏省苏州市人，江苏师范大学教育研究院在读硕士研究生，研究方向：教育技术理论与实践。

# 绩效技术在初中数学教师课堂教学培训中的应用*

李平，郭放，焦宝聪
（首都师范大学教育技术系，北京，100048）

**摘　要**：新课程的实施给课堂教学带来了新变化。数学作为主科，学生能力培养的学科之一，国家已经加强了对中学数学教师的培训工作，但是由于数学学科的高度抽象性和严格性、当前农村初中校存在的“生源水平低”以及数学课堂教学中“学生不爱学，不会学”等问题使得数学教师培训的成效甚微，针对当前培训存在的问题，本研究项目应用绩效技术的方法来分析初中数学教师培训存在的问题，并提出四校联盟采取同课异构的形式，按照教师说课，专家评说课、教师反思，教师上课，专家引领点评的模式对数学教师进行针对性培训的干预措施，促进培训绩效的提高。最后将该模式应用在实际案例中以检验该模式的有效性。

**关键词**：绩效技术；教师培训；同课异构

# The Application of Performance Technology in Math Teachers Classroom Teaching Training in Junior High School

**Abstract**: The implementation of the new curriculum has brought new changes to classroom teaching. The disciplines of mathematics as the main subjects, is one of the disciplines that cultivate the students' ability. The whole country has strengthened the training of middle school math teachers. But due to the highly abstract and rigor of mathematical disciplines. in addition to the existing problems of "students do not love to learn, not learn" in rural junior high schools, the training of mathematics teachers makes little success. The research project applied performance technology to analyze the problems of the junior high school mathematics teacher training, and put forward the intervenes aimed to promote the enhancement of training performance that the research adopt the union of four schools together to take heterogeneous forms with same lessons in accordance with the mode of the teachers lessons, experts comment on the lesson, teachers reflect on what experts comment ,school teachers, experts comments. At last the research used the model in actual cases to test the effectiveness of the model.

**Keywords**: performance technology; teacher training;heterogeneous forms with same lessons

## 一、引言

我国的教师培训，关系教师素质的提高，是基础教育教师队伍建设的内容，也是我国基础教育改革和发展的要求[1]。数学学科作为学生能力培养有效的学科之一，各级教育部门加强了对中学数学教师的培训工作。目前，国内外关于教师培训的研究已形成多种培训模式：（一）“国培计划”是在中小学教师培训中具有

* 基金项目：北京市顺义区教委课题——北京市顺义区初中数学教师课堂教学培训研究。

示范引领作用的高端培训[7]。整个培训模式是种子教师先参加集中面授，然后种子教师任组长与学校的其他教师组成校本研修团队，综合运用交流研讨等多种方式落实培训任务。（二）传统的校本培训（School-Based Teacher Training）是以提高教师教育教学和教育科研能力、促进学校发展为目标，通过教育教学活动来培训学校教师的一种校内在职培训[3]。以教师任职的学校为主体进行的教师继续教育活动[4]。（三）基于网络的培训针对不同区域、不同层次的教师的需求，建立网上培训与校本培训、传统培训相结合的模式[10]，虽然各级教育部门都重视初中数学教师业务水平培训，据调查，从培训的总体效果看，8%的教师认为通过培训收获很大，42%的教师认为收获较大，40%的教师感觉收获不大，10%的教师认为收获很少[2]。数学教师培训的绩效还没达到最佳状态。“绩效技术是一种认识和解决人的绩效问题的系统方法”[5]。本文应用绩效技术的方法来分析初中数学教师培训中存在的问题，并提出相应的干预措施。

## 二、基于绩效技术的专家引领的教师培训模式

本研究首先在人类绩效技术模型的基础上结合现有初中数学课堂教学教师培训的效果，选择设计一种旨在提高初中数学教师课堂教学能力的培训模式，按照绩效分析、原因分析、干预方案的设计与实施、干预方案的实施与变革、绩效评价的流程设计了基于绩效技术的专家引领的初中数学教师课堂教学培训模式的整个过程，如下图1所示：

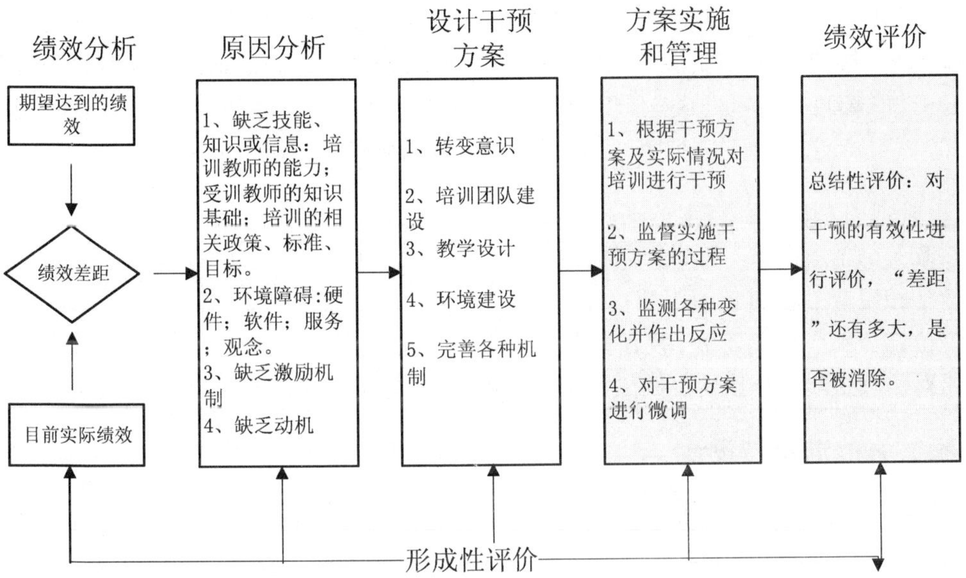


图1　初中数学教师课堂教学培训绩效技术过程模型

### （一）揭示绩效差距

绩效分析的目的是查找揭示绩效差距，首先明确教师课堂教学培训的目标。数学学科作为学生能力培养的学科之一，教师的基本功、业务水平、课改能力以及新的数学教育技术在课堂中的应用水平是任何数学教师都必须具备的专业能力，同时也是教师课堂教学培训的目标。

其次，了解现状和当前的绩效状态和培训效果。就培训模式，培训效果来看，主要有“传递接受”式面对面短期培训、传统校本培训、基于网络的培训。但是校本培训在实际的培训过程中也容易出现重实践轻理论、目标不明确具体等问题[4]，学校得不到系统的外部指导与引领等问题[12][13]。面对面短期培训模式培训时间短、方式单一；培训内容缺乏实践操作性，实效性不强[14][15][16]，还未达到最佳的绩效状态，使得无法真正促进教师反思与提高。

### （二）原因分析

绩效技术专家罗塞特把吉尔伯特、梅格等人的研究加以整理将绩效差距的原因系统地归纳为四类：[5]一

是缺乏技能、知识或信息的原因；二是环境障碍的原因；三是缺乏激励机制的原因；四是缺乏工作动机的原因。本研究基于这个分类并结合实际的调研情况对初中数学教师课堂教学绩效差距产生的原因进行了分析，外部因素从培训组织、激励机制、动机、认知工具、环境障碍等几个方面进行分析，个人内部因素从知识/技能、内在能力等几方面进行剖析，具体的如下图所示：

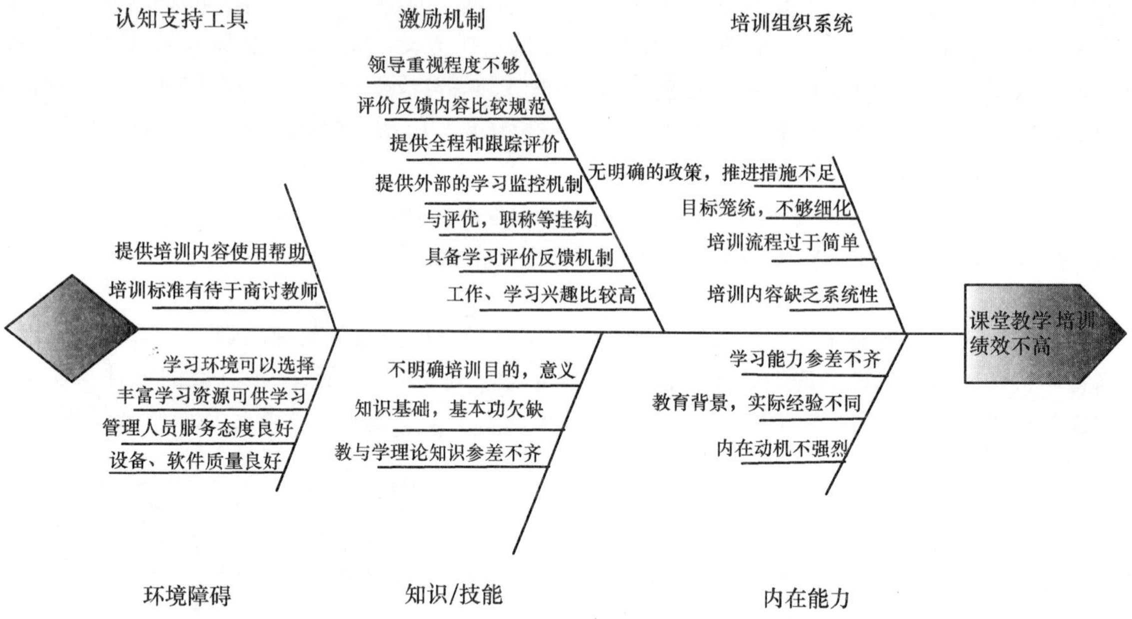


图 2　初中数学教师课堂教学培训原因分析图

通过对以上外部因素和内部因素的分析可以看出，现有的问题在于培训组织系统和教师的知识与技能，主要表现在政策的推进措施不足；培训目标模糊；培训形式、流程过于简单；培训内容缺乏系统性、针对性，与实际的教学相脱节。参训教师不明确培训目的和意义；学习能力水平参差不齐；知识基础基本功欠缺；教与学的理论知识水平参差不齐；教育背景和实际教学经验各不相同。其余的影响因素都比较好，因此，本研究需要对培训重新设计以使得其更加有效深入，能解决实际存在的问题。

## （三）干预方案的选择与设计

根据绩效差距的产生原因，提出相应的干预措施。本研究设计的整个培训模式是以四校联盟采取同课异构的形式，按照教师说课，专家评说课、教师反思，教师上课，专家引领点评的顺序对数学教师进行针对性的培训。所设计的干预方案类别，特征，适用环境等详细信息如表 1 所示：

**表 1　干预方案的类别、特征与适用环境**

| 培训干预方案 | 类别 | 形式 | 优势 | 适用情境 |
|---|---|---|---|---|
| 教师说课 | 研讨型说课 | 以集体备课，同课异构的形式 | 大面积提高老师业务素质和研究能力 | 备课后、上课前对一堂课的教学方案设计的阐述 |
| 专家评说课、教师研讨反思 | 同步实时点评 | 基于专家引领，同伴互助 | 为教师说课中的教法和学法等关键问题提供解决方案供所有教师共同学习提高 | 进行阶段性评价以期得到说课能力水平提高 |
| 教师上课 | 反思后的常态课 | 与学科专家、听课教师共同深入课堂 | 检验教师解决各种课堂生成性问题的能力，同时暴露出一些教学实践性问题和缺陷 | 教师说课研讨反思后的方案在实际的课堂教学中实施的可行性 |
| 专家点评 | 同步实时点评 | 基于专家引领点评、专家讲座、自评、互评 | 突出专家引领，解决课堂上的问题，综合提高深化教师的教育教学水平和教学实践能力 | 理论和实践层面的学习，缩短教师的教学适应期，需要解决教师专业发展中缺乏专家引领的现状 |

**1. 培训形式的选取**

针对传统培训形式的局限和弊端，根据区域基地校实际的教学情况，总体上采取四校联盟同课异构的形式。对于同一节数学课内容，先由四所学校的数学教师根据自己的实际情况，自己的教学风格，自己备课并上课。由于上课教师的不同，这样对于同一节课的上课结构，风格以及所采取的教学策略也各有不同，听课专家与教师通过对比，找出上课教师的优点和不足，然后反思自己上同一课时的过程或者为自己准备上这堂课进行第二次备课。

**2. 培训模式的构建**

在教师说课这一环节，教师从教学目标、教学重点难点、教学方法、教学准备以及教学过程等方面进行说课。具体的在课堂教学目标的设计与阐述上突出强调三维教学目标即从知识与技能，过程与方法，情感态度价值观来说出学生在学习完本次课后应该达到的目标；在课堂教学重点难点上，教师要说出本节课难以掌握的，学生难以理解的，对之后的内容学习起到很重要作用的内容并如何进行详细讲解，重点突破；在教学方法上，教师要说出应该采取何种方法来开展每次课的课堂教学，包括自主探究，讲练结合，合作交流与教师引导相结合等方法；在课堂教学准备上，教师为实际开展课堂教学须做哪些准备，多以 PPT 课件，学案、侧黑板配合进行；在课堂教学过程上，教师说出在每个教学环节教师的活动、学生的活动以及设计意图；

在专家评说课、教师反思这一环节上，针对教师说课这一环节，专家对同课异构教师的说课内容进行点评并给予指导性的建议，然后教师按照专家的点评以及参考听取其他教师的说课内容课后进行反思，并对说课内容进行改进与完善，为上课做好准备；

在教师上课这一环节上，在教师说课、专家评说课和教师对说课内容进行反思的基础上，教师进入到实际的课堂教学环节上了，教师按照专家点评自己反思改进后的说课方案开展实际的教学，此环节也是检验教师说课方案在实际的课堂教学中实施的可行性，也是检验教师解决突出性事件，各种实际教学问题的能力；

在专家引领点评这一环节上，各位数学教师与专家组组成一个研讨小组，专家组对整堂课首先给予引领点评，各位教师也可针对一位或多位教师的上课情况发表自己的观点同时可以吸取成功的地方以指导自己的上课，经历了教师说课，专家评说课，教师反思和教师上课三个环节，不管是理论层面的，还是实际教学层面的问题都将暴露出来，此时专家坚持以实践问题为导向，针对教师的上课情况，肯定值得赞扬的地方，并指出其不足之处给予理论和实践层面的指导，教师若有不懂的疑问也可向专家咨询以期得到突破。

## 三、干预方案的实施与变革及实践案例

本文所设计培训模式的实施过程是执行所设计干预方案的过程。监测变化并做出反应，评估和微观调整干预方案。在开展培训的同时，培训过程中对培训内容、方法等应该根据实际的情况的变化及时调整，对教学过程中出现的生成性的问题要给予及时解决，对参训教师实际落实培训任务的情况及时进行分析并发现可能存在的问题，在对顺义区高丽营第二中学、赵全营中学、马坡中学、北石槽中学四所学校的数学教师进行的项目培训过程中发现，部分参训教师不能按时完成培训任务，这时候就要进行原因分析，在培训结束后还得针对教师的需求给教师提供系统的可持续的支持，然后改进修订之前的培训方案，设计新的培训内容。另外在培训过程中发现，部分参训教师要求出去学习理论知识，所以很有必要实施"走出去，引进来"的学术战略，注重与外校，兄弟院校的校际学术交流，组织参训教师到兄弟院校考察学习，并邀请校外专家到校内组织专门讲座，积极借鉴他们成功的经验与做法，从而改进和完善培训方案。

## 四、绩效评价与实践案例

形成性评价是一个贯穿始终的评价过程，对以上的每个环节进行评价及时发现问题，找出差距进一步改善实施干预方案，不断循环从而使得差距不断缩小。例如，在实际的实施过程中，对差距的分析还不够全面，具体，那么就要找到更具体、更确切的差距，然后对这些差距进行原因分析，从而设计出更合理的干预方案并实施。

总结性的评价对干预的有效性进行评价，即通过设计实施干预方案后“差距”还有多大，是否被消除。若没有消除，则在进一步进行绩效分析，原因分析，设计实施干预方案后，在看差距还有多大，从而不断循环直至差距不断缩小，消除。

本研究在对顺义区四所实验学校的数学教师进行的项目培训过程中，该项目极好的证明了所设计实施的培训方案的有效性和正确性。在具体的设计实施过程中，一方面是评价培训方案的有效性，比如绩效模型中哪一环节步骤在整个系统，过程中起到了关键性的作用，从而为下一次的决策提供参考性的建议。另一方面是对初中数学教师培训效果的评价，具体包括教师的基本功、业务水平、课改能力以及新的数学教育技术在课堂中的应用水平。以上述四个维度来制定相应的评价标准来进行评价。

## 五、案例支持

本研究设计的以某区域四校联盟同课异构的形式，按照教师说课，专家评说课、教师反思，教师上课，专家引领点评的顺序进行针对性教师培训模式已在北京顺义区高丽营第二中学、赵全营中学、马坡中学、北石槽中学四所初中院校的数学教师中实施开展开来，四所学校的数学教师都参与到为期一年的培训中来，整个培训现场如下所示：在教师说课阶段，参与同课异构的教师都发言，在专家评说课，教师反思，研讨环节，以准备下一次的课堂教学实践，各位参加培训教师均积极发言，取得了良好的研修效果，研修现场如下所示：

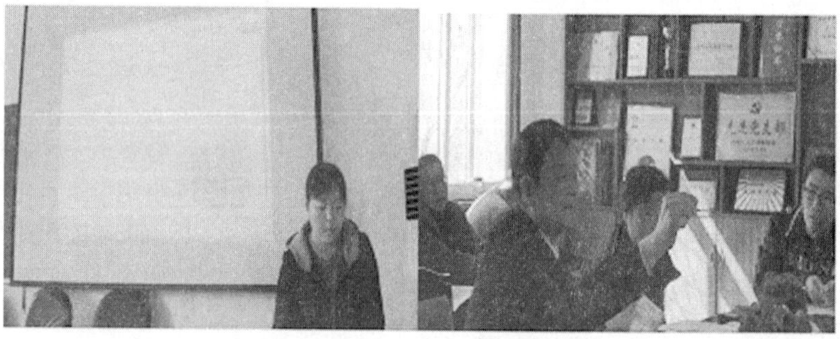

图 3　以上图片为教师说课的培训现场，为所设计干预方案的教师说课，专家评说课现场

在教师上课阶段，参与同课异构的授课教师讲授同一教学内容，学科点评专家与听课教师也深入到课堂教学中，在学科专家点评阶段，数学学科专家与听课教师对本节课进行及时高效点评，现场如下图所示：

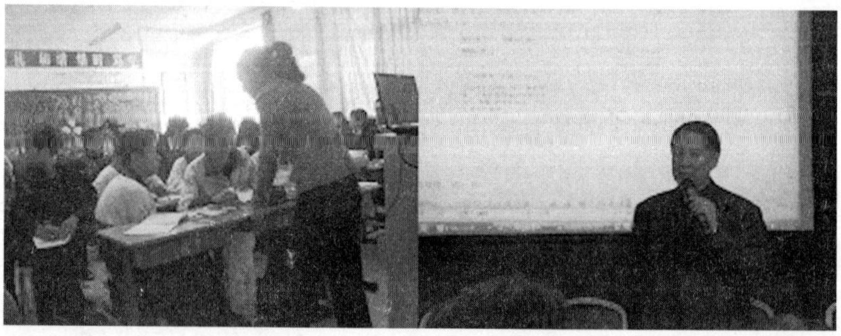

图 4　以上图片为教师上课的培训现场，为所设计干预方案的参训教师上课，专家点评现场

在培训过程中发现，部分参训教师要求出去学习理论知识和借鉴相关经验，所以很有必要实施“走出去，引进来”的学术战略，注重与外校，兄弟院校的校际学术交流，在此基础和背景下，建立了和首都师范大学附属育新中学的校际学术交流活动，此外，所有参训教师，研讨教师对整个干预方案的设计，实施，变革以及培训学习过程做了评价总结，现场如下图所示：

图 5　以上图片为与兄弟院校开展学术交流活动的培训现场，为所设计干预方案的实施与变革

## 六、总结与反思

通过应用绩效技术对培训过程进行分析，为了得到最佳的培训效果，应该设计适合数学这一学科特征并且与当地具体的学情相匹配的培训模式。总之，绩效技术作为系统化解决问题的程序与方法，其指导下的培训强调系统性，培训过程的每一步都应该置于培训的这个大的系统中去考虑，是一种有效的培训设计工具，能为设计与实施培训提供清晰的思路和严谨的操作步骤，避免培训可能出现的随意性和形式化，增强培训方案的科学性和可行性。实践表明，所设计的培训方案是有效的。

### 参考文献


[1] 尹合栋，刁永锋，杨海茹，黄冠．绩效导向初中教师培训模式的研究[J]．现代教育技术，2010，(3)：68.

[2] 邱忠华，蔡平胜．对高师数学骨干教师培训的调查与思考[J]．数学教育学报，2000，(4)：50-53.

[3] 张华．校本培训的背景透视和机制构建[J]．教学与管理，2007，(2)：5-6.

[4] 叶立军．中小学教师校本培训存在的问题及对策[J]．教育探索，2008，(7)：101-102.

[5] 张祖忻．绩效技术概论[M]．上海：上海外语教育出版社，2005：10.

[6] 王波．中小学数学教学生活化、情境化模式研究[J]．教学与管理，2009，(11)：126.

[7] 管培俊．精心筹划精心组织确保"国培计划"顺利实施[J]．中小学教师培训，2010，(2).

[8] 黄佑生．"国培计划"：为教师培训导航[J]．湖南教育，2010，(10)：32-33.

[9] 周婷婷，张莹莹．基于网络的教师培训研究[J]．软件导刊，2010，(10)：150.

[10][11] 李延安．基于网络环境的教师培训模式研究[D]．济南：山东师范大学，2005：24，24.

[12] 石大维，张倍混．混合学习原理在中小学教师培训中的应用研究[J]．软件导刊，2010，(11)：48

[13] 郭绍青．教师信息化教学能力培养策略的个案研究[J]．中国远程教育，2009，(6).

[14] 石大维，张倍混．混合学习原理在中小学教师培训中的应用研究[J]．软件导刊，2010，(11)：48

[15] 尹合栋，刁永锋，杨海茹，黄冠．绩效导向初中教师培训模式的研究[J]．现代教育技术，2010，(3)：69.

[16] 李晓，卓荣庆，林丽芳．西部教师网络培训模式研究[J]．新西部，2009，(20)：185

[17] 张祖忻．从教学设计到绩效技术[J]．中国电化教育，2000，(7)：5.

[18] 林涛，马宁，等．关于绩效技术的模型评述[J]．中国电化教育，2004(11)：11-15.

[19] 温珍玉，雷洋，焦宝聪，等．基于绩效技术的中小学教师教育技术培训探析[J]．现代教育技术，2009，(6).

[20] Rosenberg，Mac J.．Performance Technology：Working the System[J]．Training Magazine，1990，(2)：43-48.

[21] Stolovitch，H. D，&Keeps，E. J. What is Human Performance Technology？ InH. D. Stolovitch&E. J. Keeps(Eds.)．Handbook of Human Performance Technology[M]．San Francisco：JosseyBass. 1999.


### 作者简介


李平，1986 年生，男，湖北武汉人，硕士研究生，研究方向为教育信息化绩效技术、网络教师教育的研究。

# 国内电子书包研究现状及发展趋势

李志国，何彤宇
（江西师范大学传播学院，江西南昌，330022）

**摘　要**：国外有关研究机构的研究报告表明，未来五年电子书包将对学习科学技术发展产生巨大影响。自2000年法国发布第一个电子书包以来，已经有越来越多研究机构从事相关研究。而我国也在此取得了较大进展。目前，我国对电子书包的研究一方面体现在研究主体的多元化，另一方面研究领域的多元化，涉及电子书包软硬件平台开发与设计、标准体系的制定、个人学习环境的构建等，通过对这些研究成果的分析和整理，可以得出我国在相关领域的现状以及发展趋势，有助于电子书包在理论和实践探索中取得更大进展。

**关键词**：电子书包；研究现状；发展趋势

# The Domestic Electronic Schoolbag on the Present Research And the Development Trend

**Abstract**: Foreign research institutes research report shows that Electronic schoolbag to study science and technology development will be a tremendous impact. Since the France issued the first since electronic schoolbag in 2000, there have been more and more research institutions engaged in related research. Our country has also made great progress in this respect China's Electronic schoolbag field study involving electronic hardware and software platform development and design, standard system development, personal learning environment construction and so on. Based on these research results analysis and finishing, we can come to our country in the related fields of status and development trend, contribute to the E-Book Package in exploration of theory and practice to make greater progress.

**Keywords**: e-schoolbag; current conditions; developing tendency

## 一、国内电子书包研究的特点

### 1. 研究主体的多元性

电子书包作为一个新生事物，全球知名机构新媒体联盟发布2010 Horizon报告，预测对未来五年的学习科学技术发展影响巨大的技术之一——电子书技术将在未来2～3年内发展成熟。当前该领域涉及电子、信息、教育等等多个学科，来自社会各个方面的专家学者分别从各自的专业背景出发对其进行分析和研究，出现了研究主体多元化的格局。综合起来，主要包括以下的三支队伍：

首先各大高校从事教育技术、计算机技术相关领域的研究人员和在读硕士、博士研究生。这是电子书包研究的主导力量，涉及教育设计、网络教学、课件制作与软件开发等多个研究领域。研究重点在于电子书包的基础理论、对教育教学的发展及影响等方面。

其次由高校和研究机构自办或与企业联办的研究中心（所）。如华东师范大学教育信息化系统工程研究中心、上海数字化教育装备工程技术研究中心、华中科技大学新闻与信息传播学院电子与网络出版研究所等。除进行理论研究同时，更关注电子书包实践问题的解决。

三是与电子书包相关的出版集团和IT公司的研究部门，这支队伍研究侧重于电子书包项目的管理与实际应用解决方案。前者比如人教集团、广东出版集团等，后者如联想、汉王科技等公司的电子书包事业部等。或者是由多个出版社、公司组成的联盟，如由北方出版传媒集体、台湾碧悠电子工业股份有限公司、北大方正电子有限公司和清华液晶技术工程研究中心等组成的电子书包联盟。

**2. 研究内容的交叉性**

电子书包是一个多学科有机融合的交叉学科，其研究同时涉及教育技术学、信息技术、心理学、计算机软件，甚至新闻出版等多个方面的知识。上述方面对知识储备要求重点随着内容的不同而异，如研究电子书包对传统教学的影响就需要更多的教育学和心理学方面的知识，研究电子书包信息资源的配置开发就需要更多的电子和软件开发知识等等。在实践中这些方面不是孤立存在的，而是相互联系、相互促进的一个整体。

**3. 研究与实践的同步性**

电子书包基础理论研究具有重要意义，比如电子书包的概念、基本模式和功能等，但更多的内容是针对实践问题提出来的，如果电子书包项目规划、电子书包的效益评价、电子书包资源管理、甚至电子书包的安全风险管理等均具有极强的实践性，这是因为电子书包是一个新生事物，电子书包实践需要科研成果作为理论指导，研究成果在实践中得以应用后又经反馈加以总结和完善，所以中国电子书包研究基本是沿着“边实践边研究”的路径进行的。

## 二、国内电子书包研究的主要理论与实践

**1. 从电子书到电子书包**

电子书的概念最早可追溯到1971年麦克·哈特(Michael Hart)所创办的古登堡计划(Project Gutenberg)，其目标是将所有公共版权的图书电子化，人们借助电子阅读器，通过网络自由使用。随着信息技术的不断发展，电子书的定义也经历了三个主要阶段：

第一阶段：具备将文字、图片等等媒体数字化内容存储与显示播放功能的阅读器；

第二阶段：将传统纸质图书数字化，并可借助网络传播；

第三阶段：不仅是数字化的内容，还包括承载设备，接口以及浏览和整合信息的系统。

综上所述，我们可以将电子书包定义为包括文本在内多个数字媒体的集合，通过网络方式参与学习，满足个性化学习的一种便携式数字化工具。而未来的电子书包将具有以下特点：

- 电子书包的多媒体功能有助于提升教学的表现力和学习情境的创建，激发学生的兴趣；
- 电子书包的网络化有助于协作化学习的展开与学习资源的扩展；
- 电子书包的智能化提供智能伙伴，有助于学生学习效率的提高。

**2. 电子书包软硬件平台的设计与实现**

网络技术、通信技术、高密度存储技术、多媒体技术及便携式智能终端的飞跃发展对电子书包的发展起着推动作用，国内许多研究机构做了大量研究和探索。一般来讲，电子书包软硬件平台的设计与开发主要集中在以下领域：

- 嵌入式技术：实现电子书包系统的软硬件平台的构建；
- 仿真技术：表现某些系统(自然、社会)的结构和动态，满足创设教学情境的需要；
- 数据库系统和情报检索技术：细化学科知识和练习之间的相互关系，实现有意义的建构；根据提问从学科数据库中检索出有关信息，通过学生对信息收集和处理之类的智力活动，得出对预设问题的解答；
- 网络技术：构建协作化学习平台，进行合作学习。

当前在电子书包硬件平台开发方面，国内比较有代表性的是华东师范大学教育信息化系统工程研究中心。该机构认为电子书包应该具备储存、记载和阅读信息、资料的电子装置，并能通过互联网参与到虚拟学习社区进行协作化学习等。该中心结合国产龙芯CPU应用推广，通过研究ACE网络通信中间件的特点和

应用优势，给出了基于中间件 ACE 的“龙芯电子书包”系统解决方案。整套系统由运行在龙芯电脑上的客户端、应用程序服务器、数据库服务器、Web 服务器和 FTP 服务器五部分组成，因此该解决方案中如何提高服务器性能是关键。

由于 ACE 作为中间件采用了包括适配层、外包装层、框架层和网络化服务和组件的分层结构，具有可自由使用的、开放源码的、强大的面向对象等方面特点，满足了服务器的设计上层次化、模块化的设计要求，因此提供了系统的可扩展性，保证层与层的分离，同时提高代码的复用性。

此外也有专家针对电子书包价格昂贵等缺陷，提出了基于 ARM-WINCE 的嵌入式电子书包软硬件开发平台的解决方案。利用 S3C2440 微处理，结合 ARM920T 内核的 S3C2440 嵌入式微处理器在高性能和低功耗特性方面的突出性能，可以在嵌入式最小系统的基础上扩展电池充电、音频编解码、LCD 触摸屏等专用功能模块，使得系统具备数据处理速度快、存储能力强等优势，为电子书包真正走入课堂提供良好的开发基础。

**3. 电子书包技术标准体系研究**

来自华东师大的团队在分析了电子课本与电子书包需求情况并确定标准体系框架研究视角给出了电子课本与电子书包体系框架。该研究报告认为，确定标准体系框架研究的视角，首先需要从生态观、融合观和产业观三个方面考虑。

- 生态观：电子课本与电子书包涉及多个领域和对象，需要通过电子书包的生态发展框架模型，以指导整个标准和标准体系的建设；
- 融合观：作为一种新型媒介，电子书包既包含教学特性，还有着数字出版物的特性，研究借鉴数字出版业和数字学习产业已有的技术标准和应用模式，有利于从技术、应用和产业三个方面进行融合；
- 产业观：吸取国外先进经验，如英国 JISC（联合信息系统委员会）发布的关于英国高校电子教科书发展战略与前景的研究报告，确定电子书包体系架构和服务类标准，从而规范、引领、推动相关产业发展和促进电子书包的教育应用创新。

该体系框架由概念框架、系统体系架构、系统层次、结构图、功能建模等部分组成，最后给出了电子课本与电子书包标准体系及标准引用组谱。根据研究，电子书与电子书包标准体系由七个部分组成，①电子课本与电子书包总体标准；②电子课本标准；③学习终端标准；④虚拟学具标准；⑤学习服务标准；⑥服务质量与管理；⑦教育应用规范与推广模式（如下图所示）。

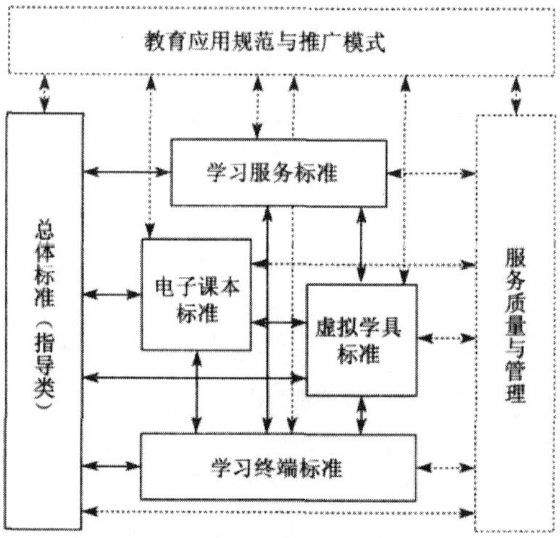


图 1

根据框架图，电子课本与电子书包总体标准是整个标准体系的基础，起着指导作用。电子课本标准规定了学习内容的格式以及内容交互接口，学习终端标准为电子书包规定了软硬件的配置要求，虚拟学具标准规定了在电子书包中可用的学习工具及其接口；学习服务标准规定了在电子课本与电子书包系统中可以使用的服务，任何一个类别的标准都不是孤立的，各部分标准间的关系构成一个有机的整体。

**4. 电子书包与学习环境的构建**

信息技术的发展使得电子书包不再仅仅是一种以阅读为主要功能的电子化存储，又或仅是一种移动的学习终端产品，实际上构建的是一种由学习内容、移动终端和服务平台三者结合的数字化学习环境。这种学习环境可以提供“圆桌式”的教育或基于电子书包的 M-learning 模式，从而培养学生自主学习的能力等。

有鉴于此，祝智庭教授针对提出对于融合阶段的信息化教学形态的观点。他认为学习环境应包括班级差异化教学、小组合作研究型学习、个人兴趣拓展学习和网众社会生成性学习四大模式，因此未来的电子书包的核心设计应该包括：①数字课堂：支持以教师为中心、教师导向主控的教学活动；②协同探究：支持学生间、网络上自发的合作与交流活动；③个人学习：支持学生学习的拓展和兴趣的发展活动。而由于云计算以用户为中心和以任务为中心，其强大智能性可以挖掘和分析任何数据；同时用户易于访问不再受接入地点和方式的限制。这些特点使得在云计算支持下的学习具有无限可能，为解决上述问题提供了很好的解决之道。与云计算结合，电子书包完全可以利用提供资源、工具和服务的云端来构建一种几乎“全能”的个人学习环境。因此专家们认为电子书包的发展其实就是搭建一种以学为中心的技术给养，构建一个云端的个人学习环境。

**5. 电子书包与电子学伴概念**

研究人员发现，在人类的学习活动中，同等水平的伙伴之间的相互激励和帮助是非常重要的，而一个比学生自己水平高的亦师亦友的学习伙伴，更可以对学生学习起到事半功倍的作用。我们称这样的“师/友”为真正的学习伙伴。

陈德怀等专家在 30 多年前就开始了计算机支持的虚拟学习伙伴的研究。祝智庭和郁晓华认为：“电子书包的引入使学生有了一个爱不释手的智能伙伴，这个智能伙伴成为教师与学生个体之间的‘第三者’，许多原本由教师承担的任务被机器分担了或替代了”。

在内涵上，与电子书包仅仅强调学习材料和学习工具的容器——书包的功能不同，学习伙伴更加突出智能性、动态性和交互性。电子书包是一个静态的媒介，而电子学伴是一个动态的伙伴，包括了测试、反馈、交流等功能，能够从教师的角度对学生的学习提出个性化的针对性的建议，并以朋友和伙伴的身份与学生进行交流和沟通。这个系统可以是单纯的软件系统，也可以是硬件和软件的结合体。

有鉴于此，专家们提出了基于高性价比平板电脑的电子学伴模型，并设计了基于这种电子学伴的传统教室数字化方案，并取得了一定进展。可以预期，如何给每个学生提供称职的电子学伴，将是探索电子书包应用和教育信息化的一个重要方向。

## 三、电子书包发展及应用策略

发展电子书包是教育信息化、出版数字化和教育改革创新的必然选择，为了促使电子书包更好的发展，有学者提出了要处理好的八大关系，包括：教育基础设施属性与数字出版物产业属性之间的关系、的教育功能、服务功能与娱乐功能三者之间的关系、的自主性学习模式与现行教学管理和评价模式之间的关系、公益性与商业性之间的关系等，因此需要协调多方面的关系，进行科学、统一、多层次的规划，制定相关的标准和规范。唯有如此，电子书包才能走上可持续的快速发展之路。

### 参考文献

[1] 郁晓华，祝智庭. 电子书包作为云端个人学习环境的设计研究[J]，电化教育研究，2012(17)：69-75.

[2] 吴永和，祝智庭等. 电子课本与电子书包技术标准体系框架的研究[J]，华东师范大学学报(自然科学版)，20122：：70-80.

[3] 贾积有. 高性价比的便携式智能电子学伴及其在传统教室的应用探讨[J]，中国电化教育，2012(3)：120-126.

[4] 陈少华，左美丽等. 电子书包发展中应处理好的八大关系[J]，出版广角，2012(2)：53-55.

[5] 罗威，陈志云等. 基于 ACE 的龙芯电子书包系统服务器设计和实现[J]，计算机应用与软件，2012(3)：135-138.

### 作者简介

李志国，男，1965 年生，江西师范大学传播学院，副教授，硕导，研究方向：新媒体应用与教学。

# 信息技术课生成性教学策略

刘博，李美凤

（沈阳师范大学教育技术学院，辽宁沈阳，110034）

**摘　要**：生成性教学是新课程改革所倡导的理念，也是现代课堂教学发展的一种必然趋势。生成性教学是相对于预设性教学而言的，具有开放性、动态性、创造性和统一性等特征，强调学生的主体性，激发学生的潜能，使学生的个性获得发展。与其他学科相比，信息技术课程内容的操作性强，对学生的参与性要求高，从而更突显了信息技术教学的生成性。信息技术教师要抓住信息技术教学的生成性特征，通过灵活、弹性的教学设计，及时捕捉、积累并充分利用课堂生成性资源，同时发挥信息技术课独有的技术优势、加强过程性评价，使信息技术教学既稳定有序，又不失动态性与灵活性。

**关键词**：信息技术；生成性教学；策略

# The Generative Instruction Strategies of Information Technology Curriculum

**Abstract**: The generative instruction is an idea advocated by the new curriculum reform signaling an inevitable trend of the development of modern classroom teaching. ? Compared with designed instruction, the generative instruction has many characteristics, such as openness, dynamics, creativity and uniformity. The generative instruction, emphasizing the subjectivity of students, stimulates the potential of students so that students' personality can be developed. The content of information technology curriculum is manipulative and the participation of students is highly needed, which has highlighted the generative information technology instruction. Teachers of information technology need to take good advantages of these characteristics so as to deal with the teaching/learning process and pedagogical activities by a flexible instructional design with developmental perspectives. Therefore, information technology instruction can be stable and ordorly, without losing its dynamic and flexibility.

**Keywords**: information technology; generative instruction; strategies

《基础教育课程改革纲要（试行）》明确指出："课堂教学不应当是一个封闭系统，也不应当拘泥于预先设定的固定不变的程序，预设的目标在实施过程中需要开放地纳入直接经验、弹性灵活的成分以及始料未成的经验，要鼓励师生互动中的即兴创造，超越目标预定的要求"。[1]可见，"生成"是新课程提倡的一个重要理念，它是针对传统教学的弊端提出来的。传统教学中教师往往把教学过程看作是"执行教案"，过分强调教学设计的顺利落实，按部就班、机械地执行，无视或排斥教学的生成性。随着新课程理念的逐步深入，生成性教学日益受到学科教师的关注。要真正将生成性教学落实到实处，必须将生成性教学的内涵、特征与具体的学科课程特点结合起来，在教学实践中不断探索，总结出行之有效的生成性教学策略。

## 一、生成性教学的内涵与特征

"生成"在教育教学中有生长和建构的意思。杜威在《民主主义与教育》中提出："教育就是经验的改造或改组"，"教育过程是一个不断改组、不断改造和不断转化的过程"。[2]可以看出，杜威反对被动接受，强调自主建构，这种思想可以看作是生成性教学的雏形。叶澜提出建立动态生成的教学过程观，如她的《让课堂焕发出生命的活力》、《重建课堂教学价值观》等都极力提倡应该把教学过程看作一个开放的动态生成的过程，学生在这个过程中不断发展。[3]基础教育课程改革明确将"一切为了每一个学生的发展"作为最高宗旨和核心理念，而"发展"是一个动态的生成过程，这个过程中的因素和情景无法全部预见，更不可能事先做好全部的计划或安排。因此，学生的发展本身就包含着许多的生成性问题，从而生成性必然是教育、教学过程的内在要求。

关于生成性教学或教学的生成性，很多学者从不同角度进行了界定。如李祎从教学活动的角度提出："所谓教学的生成性，是指在教学活动中会涌现出许多意想不到的信息和问题，教师不能机械地按原计划确定的一种思路进行教学，而是应凭借自身的素质，根据学生学习的情况，把教学中人的、物的、精神的诸多因素有机地结合起来，对之灵活地调控，积极引导教学活动不断更新，生成新的超出原计划的教学流程。"[4]这一界定强调了教学生成对原初计划的调整、更新，强调教师在教学现场对各种因素的灵活调控。

陈旭远从教学设计的角度提出："所谓生成性教学，是在弹性预设的前提下，在教学的展开过程中由教师和学生根据不同的教学情境，共同构建教学活动的过程。"[5]这里强调了教学过程中随着师生互动的展开而生成，也就是说，教学生成不是教师一个人所能完成的，它需要教师和学生在交往互动中共同建构。此外，该定义还指出了教学生成对情境的依赖性，何处生成、怎样生成、生成什么，都取决于具体的教学情境。

罗祖兵从生成性思维的角度指出："生成性教学是一种需要规则但在适当的时候又敢于放弃规则的教学；是一种遵循规律但又不局限于规律的教学；是一种关注学生也关注教师的教学。生成性教学的旨意在于通过充分发挥教师在教学过程中的能动性、创造性让学生获得生动活泼的个性发展。"[6]这种描述揭示了生成性教学所包含的一系列辩证统一关系，特别是规则与创新、预设与生成的辩证统一、教与学的辩证统一。

从不同角度考察，生成性教学表现出不同的特征或要求。但是，总地来说，生成性教学强调教师在教学过程中不是按部就班地执行教案，而是依据一定的教学情境和学生的具体情况，并结合教学过程中的诸多因素，创造一个能够使师生充分发挥他们的能动性和创造性的自由的空间，可以说生成性教学具有开放性、动态性、创造性和统一性。

### （一）开放性

生成性教学强调学生是生命体，强调教学的动态变化，关注生成的价值。因此，生成性教学的内在本质决定了它是一个开放性的教学过程。其一，开放性的学生观。学生在学习过程中是不断成长的，具有无限潜能，所以教师要用开放性的眼光来看待学生，尊重学生作为学习主体的主体性和自主权，尊重学生的个性特征、创新思维，努力将学生的学习潜能转化为现实的学习能力。其二，开放性的教学内容。教师要灵活理解课程标准，适当引入书本以外的知识，通过多种渠道、多种途径拓展学生的知识面，将课外与课内有机衔接，铃声止而学习不止。其三，开放性的评级方式。评价的内容要不能只强调知识技能的习得，而忽略学习过程和方法的体验，要重视学生在教学过程中的表现，将学习过程与学习结果结合起来，作为评价的依据。

### （二）动态性

动态性是生成性教学的显著特征。叶澜教授在她的《新基础教育》中提出："从教师设想、计划的教育到实际进行的过程，从教到学再到学生发展过程的本身就是一个动态转化和生成的过程。"[7]可见，生成性教学是一种动态的生成过程，不能机械地按照事先计划好的教学设计进行教学，而是要根据学生的学习情况，由教师灵活地调整教学流程。同时，教师要及时捕捉那些无法预见的教学因素、教学情景等信息，利用可生成的资源开展教学，使课堂处在动态和不断生成的过程中，以满足学生自主学习的要求。

### （三）创造性

生成性教学强调以学生为中心，关注学生的个性特征，重视学生的创造性思维，使学生能够充分地发挥自己的潜能，并得到全面的发展。换言之，生成性教学的创造性表现在师生或生生互动过程中，教师或学生带着自己的知识经验、兴趣和灵感即兴创造，这是教学过程中最宝贵的生成性资源。因此，在生成性教学中，教师要关注学生作为生命体的教育特性，尊重学生的个性发展，并从教学目标、教学内容、教学进程、教学方法、教学情境等多方面为学生的能动性、创造性和差异性提供可持续发展的空间，从而达到并超越预设的教学目标，促进学生的个性化发展。

### （四）统一性

生成性教学强调预设与生成的统一，预设是生成的基础，生成是预设的超越和发展。一方面，课前教师必须要深入钻研课标、教材，准确把握学生的情况，并做好充分的教学资源准备，对教学活动也要有一定的计划和安排。另一方面，教学不是简单的知识传递的过程，而是教师和学生共同成长的历程，充满生机，复杂多变。教师不能一味沉浸在自我陶醉中，将学生视为完成教学活动的道具，而是依据具体的教学情境和学生的学习情况适当地调整教学活动。没有充分的教学设计，教师就不能做到胸有成竹，更不可能灵活应对教学过程中的随机事件，对教学过程做出灵活有效的调整。因此，教学生成是对教学预设的实现、补充和超越，而现实中的教学过程必然是二者有效的统一。

## 二、信息技术课程的生成性特征

生成性教学在当前基础教育课程改革中备受重视，而身处新课改激流中的信息技术课程自然也不例外。信息技术课程以培养学生的信息素养为根本目标，使学生在经历和体验一系列信息活动、解决信息问题的过程中，即通过对信息技术课程的学习，不断使学生具有提高获取信息、传输、处理和应用信息的能力，逐步培养学生良好的信息素养。同时，我们应该看到，学生的信息素养水平与他所能从事的信息活动是相辅相成的，这就要求教师要用动态、变化、生成而不是静止、僵化、一成不变的观点来关注信息技术教学，关注信息技术教学的生成性。此外，信息技术课程的课程目标、课程内容、学习方式及评价方式等各方面的独特性，都给这门课程赋予了更浓重的生成性特征。

### （一）课程目标方面

信息技术课程以培养学生的信息素养为根本目标，使学生在经历和体验一系列信息活动、解决信息问题的过程中，不断提高获取信息、传输、处理和应用信息的能力，提高信息意识和伦理道德观。因此，信息素养的形成与提高离不开信息活动。而信息技术课程的过程与方法维度的目标特别强调学生对信息活动的亲身参与，通过确定信息需求，搜集、筛选信息，并利用信息解决问题，表达思想，只有经历这个过程，信息素养才能提高。信息活动对于信息技术课程的重要价值也在于此。以信息活动为主要载体，这就决定了信息技术教学鲜明的生成性，也这就要求教师要用动态的、变化的而不是静止的、僵化的眼光来看待信息技术教学，关注信息技术教学的生成性。

### （二）课程内容方面

信息技术课程内容主要取材于大众层面的信息技术。现代信息技术飞速发展，同时向社会生活各领域广泛渗透，使得一些原本属于专业层面的信息技术不断大众化，大众层面的信息技术的不断沉淀为信息技术课程内容提供了源头活水。而信息技术教材的更新速度显然跟不上知识的更新速度。有些教材之外的甚至连学科教师都不为所知的新技术、新方法，某些学生却已经知晓，经由学生的经验带入课程，成为课堂教学中生成性资源的重要部分。这正是信息时代"后喻文化"的特征，只是这种特征在信息技术课程方面表现得更加突出。因此，教师要基于课程大纲的基础上，结合学生的特点和知识积累来确定课程内容，从而满足学生的需要，使信息技术课程内容更加丰富。

### （三）学习方式方面

信息技术课程的实践性突出，强调学生的动手操作能力。因此，信息技术的学习是个性化、多渠道的，如信息技术课程教学中常用的“演示—模仿教学法”、“范例教学法”、“任务驱动法”以及“主题活动法”等。而学生的家庭背景的差异，尤其是在生活和学习中接触、应用各种信息技术的机会和经验的差异，以及性别、个性特征等都会对信息技术学习产生不同程度的影响。这就要求教师要根据学生的具体情况，针对性地开展教学和个别指导，提高每个学生的信息能力。同时，在教学过程中随时会出现预设之外的新问题、新情况，出现经验与认识的差距，思路与方法的不同，或者在思想相互碰撞与情感相互感染过程中产生的生成性资源等，这些生成性资源取材于学生自身，真实而最贴近学生实际，因此，也是最为宝贵的课程资源。

### （四）课程评价方面

也正是由于学生起点水平的差异表现明显，信息技术课程评价也不能搞“一刀切”，而是设定多层次的评价标准，适应不同水平的学生学习情况，使所有学生都有所发展。此外，相对于其它学科，信息技术的课程评价更强调过程性评价和表现性评价，其中“作品评价”是比较常用的评价方式。学生作品及对作品的展示与表达，都是课堂教学过程中生成的。因此，教学评价的标准要多元化，评价标准不能单一化，关注学生的发展，对于不同的学生，要使用不同的评价标准，即对一些学习成绩好和信息技术操作水平较高的学生要提高评价标准，对一些学习成绩差和信息技术操作水平较差的学生要适当降低评价标准。

## 三、信息技术课生成性教学的实施策略

生成性教学是信息技术课程的内在要求，那么，要如何在教学中落实生成性呢？我们尝试从生成性教学的内涵与信息技术课程的特征两方面的结合，对信息技术课程的生成性教学策略进行一些探索。此外，在这方面，一些优秀教师也进行了实践尝试，并总结出了一些行之有效的经验。

### （一）灵活、弹性的进行教学设计

教学设计并不排斥教学生成，而是预设与生成实现同构、共建并融为一体的教学设计。任何学科都需要对课堂教学进行充分的预设，良好的预设是保证课堂质量的基础要求，保证教学活动有序进行，并为生成提供方向和机会。叶澜教授指出：“一个真正关注人的发展的教学设计，会为师生在教学过程中发挥创造性提供条件；会关注学生的个体差异（不仅是认知的）和为每个学生提供主动积极活动的保证；会促使课堂中多向、多种类型信息交流的产生和对及时反馈提出要求。”[8]可见，生成是课堂教学设计中必不可少的重要组成部分。

因此，信息技术课堂生成性教学的教学设计要为动态生成而设计，要尽可能全面地考虑到课堂教学中可能会出现的情况，并设计其对策，真正融入到互动的课堂中。当然，课堂教学并不是师生的即兴创造的过程，要把握好一定的尺度，要弹性化的将预设与生成有效的自然的融合在一起，才能在教学实践中有效贯彻好新课程的基本理念。例如，“信息搜索”一课时，教师考虑到学生在利用网络收集信息方面可能存在较大差异：家里有电脑并经常上网的学生对搜索引擎和关键字并不陌生，而平时很少接触电脑的学生对此可能知之甚少。因此，在教学设计方案中，教师准备了两套预案：一是如果学生对网络搜索还都比较陌生，缺乏经验，有必要由教师先简单介绍搜索引擎、关键字等，并通过例子来演示通过关键字搜索信息的方法；二是如果已经有大部分学生具备了基本经验，就跳过讲授环节，将目标稍加提高为“如何准确搜索信息”，并以任务驱动，采取组内合作、组间竞争的学习方式，将学习的权利让给学生，提高学生的动手能力和归纳能力。这种具有弹性的教学设计，为教学实施过程中可能出现的不同情况保留了较大调控空间，是教学过程生成的重要保障。

### （二）及时捕捉，并充分利用课堂生成性资源

信息技术课程的学习目标大多表现为通过具体的技术作品（如文档、多媒体演示文稿、动画、网站/页）来解决实际问题、表达信息和想法、交流思想和感受等。在实践中的各类问题或任务往往具有很高的复杂性和很强的不可预知性，需要学生激活、调用、组合自己学到的有关知识和技术来解决问题。可以说，信息

技术课程具有很强的临时生成性，学生在实践过程中所获得的体验、感悟、见解和困惑等都将可能成为宝贵的生成性资源。

然而，课堂的活力来自于学生的动态发展，教师必须紧紧抓住课堂教学中“动态生成”的因素，并合理利用它们，才能使之成为学生知识、能力、情感的催化剂，才能促进更多的生成。教师在课堂教学中最容易错过和忽略的莫过于学生的错误和课堂中的不和谐的“杂音”，但这些都属于学生自我互动后的一些外在表现，如果能适时、巧妙的加以利用，很可能“化腐朽为神奇”，变成可利用的生成性资源。例如，在“制作贺卡”一课中，教师引导学生利用“填充颜色”中的“图案”来制作贺卡底纹，巡视时却发现有同学利用了“渐变”作贺卡底纹。于是特别地让这位学生讲解了自己的制作过程，眩目的渐变色激发了所有学生的热情，大家都开拓思路，有的同学甚至克服了路径选取的难度，找来了美丽的图片做底纹。可见如果教师强制规定学生只能用所教的方法来制作贺卡，或者太过详细地明确制作任务，或者忽视学生的创新，那么损失的不止是学生一次漂亮的作业，更会让他们的积极性和创造性受到严重伤。所以教师在课堂上要注意及时捕捉、积累课堂生成性资源、并充分利用这些宝贵的生成性资源，对促进信息技术教学的生动展开、推进新课程实施生命教学的进程具有重要意义。

## （三）发挥技术优势，加强过程性评价

“过程性评价是一种在课堂实施过程中对学生的学习进行评价的方式，它采取目标与过程并重的价值取向，对学习的动机效果、过程以及与学习密切相关的非智力因素进行全面的评价。”[9]过程性评价是教师调整教学过程的重要依据，也是教学有效生成的前提。由于学生在学习活动中的具体表现会产生大量数据，传统手段下无法收集、记录这些庞杂的数据，所以这是制约过程性评价的重要瓶颈。而信息技术课程通常是在计算机网络教室上课，相对其他学科教师，信息技术教师对各种信息技术工具更为熟悉，具有技术上的优势。

因此，教师在信息技术课本身具备的一定技术支持基础上，结合常见的信息技术评价工具如学习契约、量规、范例展示、电子档案袋和概念地图等，不仅可以加强一节课的评价与反馈，还可以把过程评价贯穿于整个学期的教学，因此信息技术教师应该充分将技术这一特有的资源应用于教学实践中。例如，广东南海实验中学把一学期的信息技术课划分成三个阶段，第1～6周学习使用FrontPage制作历史网站，第1～12周学习使用Flash制作网页动画，第13～18周运用所学知识制作历史、地理网站，每一阶段都通过作品点评平台让学生评价与反思，为下一阶段学习做好准备，并将每个阶段的资料记录在学生的电子档案袋里，同时要求学生不断对其成长记录作品进行评估。具体做法是每个学生至少点评三个来自不同班级的作品，写上值得学习的地方和意见对自己的作品进行修订，如果发觉评价者平静不认真，可以向老师申诉，通过同学间的互相监督，可以考核学生的学习态度。经过一段时间，让同样的学生再次评价作品，考察创作者的作品是否有进一步的改进，并再次给予评价建议，这样又可以考察创作者的工作态度。这样的评价与反馈是跨越时空的，同学互评，更让学生不得不认真对待……所有这些，没有技术支持是难以实现的。在整个评价与反馈过程中，学生是真正的参与者，而教师只是起组织和指导作用。

## 参考文献

[1] 教育部关于印发《基础教育课程改革纲要（试行）》的通知
http://www.moe.gov.cn/publicfiles/business/htmlfiles/moe/moe_711/201001/xxgk_78380.html
[2] 约翰·杜威.《民主主义与教育》[M].王承绪，译.北京：人民教育出版社，2001.87.
[3] 叶澜.让课堂焕发出生命活力[J].教育研究，1997.5；叶澜.重建课堂教学过程观[J].教育研究，2002(10)：24-50.
[4] 李祎.《数学教学生成论》[M].北京：高等教育出版社，2008.13.
[5] 陈旭远.论生成性教学[J].福建教育，2004(7)：29.
[6] 罗祖兵.生成性教学的基本理念与其实践诉求[J].高等教育研究，2006(8)：24-50.
[7] 叶澜.《“新基础教育”探索性研究报告集》[M].上海：三联书店，1999.29.
[8] 芳东菊.初中信息技术课生成性教学的实践研究 [D]，广西师范大学，2010(3).17.
[9] 高凌飚.关于过程性评价的思考[J].课程·教材·教法，2004：69.

## 作者简介

刘博，1987年生，女，满族，辽宁省开原市人，硕士研究生，研究方向：教育技术理论、教师教育、信息技术与学科教学。

# 基于电子书包的主题探究教学模式研究*

刘涛，冯智慧

（华南师范大学教育信息技术学院，广东广州，510631）

**摘　要**：本文在大量文献研究的基础上，梳理了对近年来备受关注的电子书包相关的研究。通过实地调研对目前主流电子书包平台的功能进行了分析和总结，探讨了利用电子书包进行主题探究教学的可行性。通过对应用电子书包教学的课堂进行分析，从电子书包的教学功能、主题探究教学的理念、教师活动以及学生活动四个维度出发，构建了基于电子书包的主题探究教学模式，总结了该模式教学环节中需要注意的问题与参考的策略，并且分析了该模式的构成要素以及各要素之间的关系，从教学目标、教学内容、教学过程以及教学评价四个方面总结了该教学模式具有的特征，同时提出了后续研究展望。

**关键词**：电子书包；主题探究；教学模式

# Based on the Theme of the Electronic Schoolbag Inquiry Teaching Mode

**Abstract**: Based on studied a large number of recent year's documents, The related research has been paid much attention to the electronic schoolbag. Through the investigation on the mainstream electronic schoolbag the function of the platform were analyzed and summarized, this paper discusses the use of electronic schoolbag are subject to explore the feasibility of teaching. Through analysis the application of electronic schoolbag teaching classroom, based on four dimensions : the electronic schoolbag teaching function, subject inquiry teaching idea, teacher activities and students' activities, we constructed an teaching mode :based on the theme of the electronic schoolbag inquiry teaching mode, this paper summarizes the pattern teaching link issues need to be paid attention to and the reference strategy, and analyzes the model of elements and the relationship between the elements from four aspects :the teaching aim, teaching content, teaching process and teaching evaluation ,this paper also summarized the teaching model's characteristics ,and at the same time put forward the future research prospec

**Keywords**: electronic schoolbag; theme exploration; the mode of Teaching

《国家中长期教育改革和发展规划纲要(2010—2020年)》中明确提出要“强化信息技术应用。提高教师应用信息技术水平，更新教学观念，改进教学方法，提高教学效果。鼓励学生利用信息手段主动学习、自主学习，增强运用信息技术分析解决问题的能力。”《教育信息化十年发展规划(2011—2020年)》中也明确指出“教育信息化对于教育变革的促进作用有待进一步发挥。推进教育信息化仍然是一项紧迫而艰巨的任务。”可见在国家层面上十分重视信息技术手段在教育中的应用，并且鼓励利用信息技术手段革新教学方式和教

* 本文属于华南师范大学学生课外科研项目《基于电子书包的教学应用模式研究》阶段性成果，课题编号为(12JXGA02)。

学理念。其次,随着课程改革的不断推进,对教师教学方式的要求越来越高,为了打破传统的教学理念、方法及手段急需对现有的教学进行改革。为此需要新的技术媒体的支撑。因此出现了电子书包应用研究的新热潮。

# 一、电子书包简介

## (一)电子书包的发展历程

迄今为止电子书包的发展已经有十余年的时间,电子书包最早于 1999 年出现于新加坡的德明中学[1],2010 年新加坡教育部、国家电脑局和两家科技公司合作开发了一款电子书包,并在中小学校园大规模使用;法国于 2000 年开始对电子书包进行研究,其成果比较丰富;马来西亚教育部于 2001 年在吉隆坡及其周边地区 200 所中小学实验性推广电子书包,开始对其进行研究;美国在 2008 年就已经利用电子书包成功进行导学的案例。

我国对电子书包的研究起步比较早,并紧随世界的发展趋势,取得了一些成果。对电子书包的初步研究可以追溯到 2000 年教育部发布的《关于在中小学实施"校校通"工程的通知》,在"校校通"工程中必备的工具之一就是电子书包,最早关于电子书包的产品是北京伯通科技有限公司研发生产的"绿色电子书包"[2]。经过十多年的发展,电子书包的发展越来越完善,同时推出许多新的产品如"汉王电子书包"等。电子书包的一些技术规范也在持续跟进,并将于 2012 年 6 月份公布[3]。

## (二)电子书包的概念

国内对电子书包的界定还没有一个统一的概念,比较有代表性的观点主要有以下两种:一是从数字出版领域的视角可以将电子书包看作是一种数字资源包,这种数字资源包是电子书按照科学的结构整合而成的,包含学生学习需要的教材、教辅工具书等[4];另外从产品角度来讲,电子书包是一款致力于提高中国教育信息化,针对中小学提高学校和家庭的配合效率的产品,除了包含家、校沟通的功能外,还包括更多教育信息化的功能[5]。国外对电子书包理解为:电子书包是一个个人的数字资源库,你可以在里面放置图片,视频,音乐,文本文件和其他数字资料,供其在校内、校外使用[6]。

## (三)国内电子书包研究趋势分析

笔者通过在万方数据知识服务平台、中国期刊网进行检索后发现,在 2002 年至 2012 年期间,有关于电子书包的文章万方数据平台共有 136 篇,中国期刊网共有 115 篇,其分布走势如下图 1 所示:

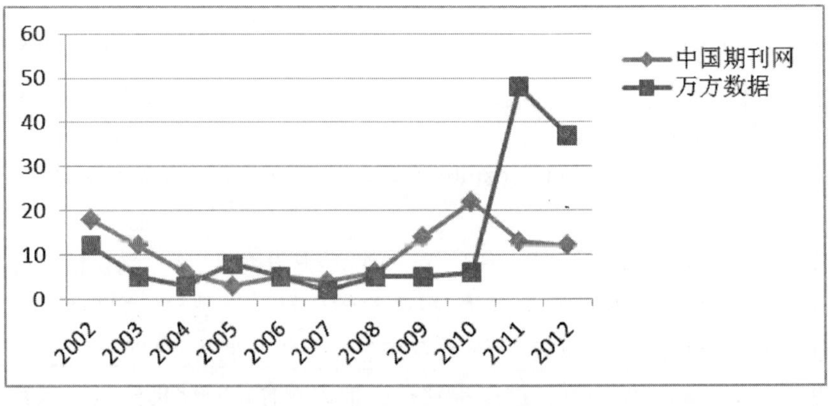


图 1 两个数据库相关文献统计数据走势图

从上图中可以看出,近年来对电子书包的研究呈现一个比较明显的递增趋势。笔者根据在万方数据知识服务平台的知识脉络搜索功能,对电子书、e-book、电子教材、电子图书、电子纸五个关键词的研究趋势进行了比较(如图 2 所示)。从中发现 2000 年开始,电子媒体逐渐昌盛,以电子图书为首的电子教材开始被国内学者关注。近十年来,每年都有一定数量的关于电子教材、电子图书的研究,然而对于电子书包的研究呈现急剧的增长,这些说明电子书包已经成为多数学者研究的关注焦点,具有一定的研究价值。

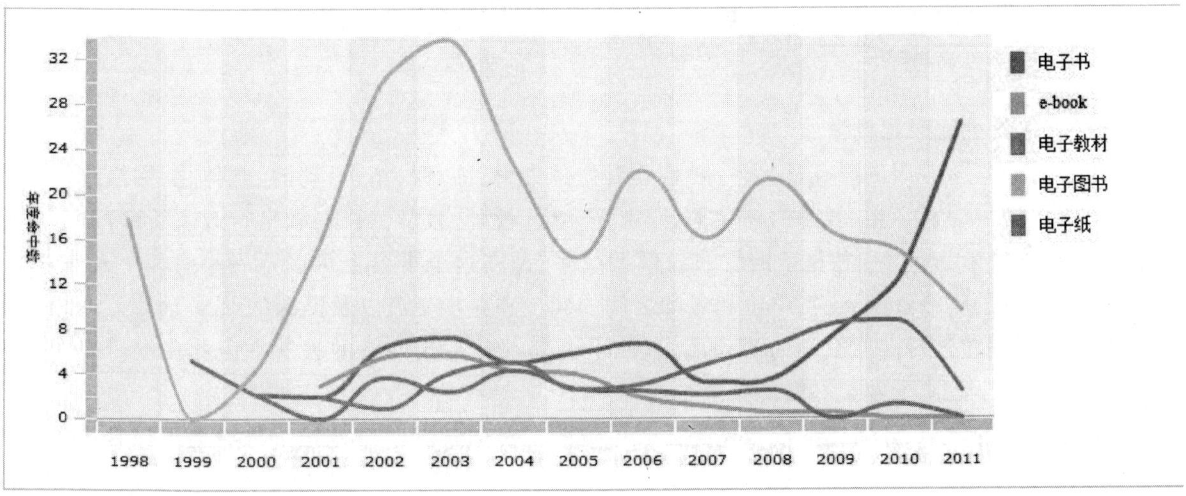


图 2　关键词走势图

# 二、电子书包与主题探究教学

## (一) 电子书包教学功能简介

### 1. 电子书包的功能结构

对于电子书包的功能结构的研究,在国内比较有影响的观点是祝智庭教授提出的电子书包功能结构模型,该模型在综合了国内外对电子书包的功能框架的基础之上,分析了国内外关于电子书包功能结构建模的经验,从全局的角度出发,将终端、内容和服务三者的功能进行有机关联和融合。该模型的核心是电子书;从媒体角度上来讲电子书包在学习终端方面会加强虚拟学具的理性配置与个性化应用,在服务平台方面要深化个性化交互;同时电子书包在教学内容与资源方面,需要介入第三方的服务平台,例如 e-Publishing 和 e-Learning 等[7]。

国外对于电子书包的功能结构方面的研究,比较有代表性的观点是从服务平台的视角出发,将电子书包看作是一个虚拟的协同工作空间。对于这样的协同工作空间需要从两方面着手去进行构建:一是,教与学的过程对协作活动的需求分析。教与学的过程中需要考虑到各种不同的因素,如教育文化和实践、不同的学科、不同学校、不同的学习情境等,由此可以看出协作活动必须能够满足多样性的需求。教师在设置教学活动时,必须考虑教学目标,教学情境,教学活动顺序,交互方式、干预方式以及时间等制约因素,对于教学活动涉及的内容、材料、工具和软件等也需要考虑。另外,教师还需要为学习者分配任务和角色,通过评价对教学活动进行修改和完善[8]。二是,基于电子书包的参与模式架构。主要是设计如何利用虚拟的代理软件工具实现协作活动,以及异步交流等功能[9]。

### 2. 电子书包的教学功能

在了解电子书包的功能结构的基础之上,笔者对目前广州南海应用电子书包进行课堂教学的学校进行了调研。同时对其所使用的电子书包进行了充分的体验。并对其他品牌的电子书包进行了调研,在此基础之上笔者对目前电子书包具有的教学功能总结如下:

- 为教师的教学和学生的学习提供丰富的教、学的资源。
- 完善的师生交互平台,可以实现师生之间、生生之间的交流互动,开展多种形式的协作学习。

- 强大的知识管理系统，可以对教学知识进行结构化的管理。
- 可以记录跟踪学生的学习过程，对学生的学习效果进行过程性评价。
- 完善的班级管理系统，可以对班级教学进行合理的安排和规划。
- 可以为不同层次不同水平的学习者提供学习指导和帮助，实现个性化教学。

### （二）主题探究教学

#### 1. 电子书包与主题探究教学

对于电子书包教学应用的研究，国内一般将其看作是集学、练、评、拓、活动的、立体化、网络化便携式的"电子课堂"。电子书包是学生、教师的互动平台，也是学生、教师、教学、科研、教育行政主管部门、家庭的交流平台[10]。国外对其定位为一种基于网络的教学系统平台，在这个平台上可以开展小组和个人探究活动，可以获得各种所需的学习资源，支持学生和老师之间的同步和异步交流以及资源的共享等[11]。通过调研证实，目前利用电子书包进行课堂教学的活动形式，几乎全部都是基于网络的教学。为此在本研究中笔者将电子书包的课堂教学定位于基于网络的教学。

对于基于网络的教学，其研究的成果还是比较可观的。美国学者萨奇曼在布鲁纳提出探究式学习的基础之上，提出了基于 Internet 的探究式学习策略。探究式学习策略主要包括以下六个步骤：(1)选择课题；(2)解释探究的程序；(3)搜集相关的资料；(4)形成理论，描述因果关系；(5)说明规则，解释理论；(6)分析探究过程[12]。随着网络的发展，Internet 的广泛应用出现了 WebQuest 教学模式，这种教学模式是以任务为驱动，主要用来发展学生的高阶思维能力，同时十分重视学生之间的合作学习。该模式的教学过程主要包括：引言、任务、资源、过程描述、评价、总结等六个步骤[13]。上述两种教学模式策略都是以主题或者任务贯穿于整个教学的，其基本思想还是主题探究教学，只是借助的工具和手段有所不同。电子书包作为一种基于网络的学习平台，其具有的教学功能完全可以为开展基于网络的学习提供支撑。而且在调研中发现，目前还没有利用电子书包开展主题探究教学的案例。在提倡素质教育、发展学生高阶思维能力的前提下，有必要将电子书包与主题探究进行有机结合，充分发挥其应用的教学价值。

#### 2. 主题探究教学理念

对于主题探究教学可以从两个方面来进行理念的阐述，即主题探究学和主题探究教[14]。主题探究学也可以成为研究性学习，其是在发现学习和有意义学习的基础之上提出来的，以学生自主探究为主的学习方式，其形式主要有专题式学习和任务式学习等；主题探究教主要是相对于传统的教学来讲，其主旨是为了转变学生原有的学习方式，发挥学生的潜能，使学习过程更多地成为学生发现问题、分析问题、解决问题的过程。它具有三个明显的特征：问题性，主题探究教学是围绕问题展开的，其核心是问题，问题的质量是主题探究教学成败的关键；过程性，探究式学习强调学习的过程性，重视对学习过程的评价；开放性，主题探究教学是一种开放性的学习，学习目标整体化开发化，学习过程个性化，学习评价多元化。

## 三、基于电子书包的主题探究教学模式

### （一）基于电子书包的主题探究教学模式

基于电子书包的主题探究教学模式基本理念是：教师利用电子书包网络教学平台，依据学生的认知特点和规律，根据教学内容的需要设计进行探究的主题或者任务，学生围绕该主题或者任务，通过自主学习、协作学习等学习方式，进行自主探究、协作探究；在整个教学的过程中，学生成为积极主动的学习者，教师成为辅助者、指导者的角色；电子书包平台在学生的整个学习进程当中会根据学生、教师的不同的需求提供相应的服务，例如，为学生提供必要的学习材料、学习资源以及交流讨论的平台，为教师提供监控学生学习效果的手段等等；整个学习过程注重对学生学习过程的评价。在本研究中将基于电子书包的主题探究教学模式定义为：学习者围绕学习主题，运用电子书包，通过搜索和利用相关资源，进行探究学习，并最终实现问题

的解决以及形成学习成果。其目的是培养学习者解决问题能力、探究等能力，从而提升学科素养与信息素养。

## （二）基于电子书包的主题探究教学模式流程图

### 1. 模式流程图

本研究中对基于电子书包的主题探究教学模式是从平台功能、主题探究教学理念、学生学习活动以及教师教学活动四个维度出发，以教师教的活动和学生学的活动为主线进行模式的构建，在整个教学模式中主要侧重于教师教的活动，该模式的流程图如下图 3 所示：

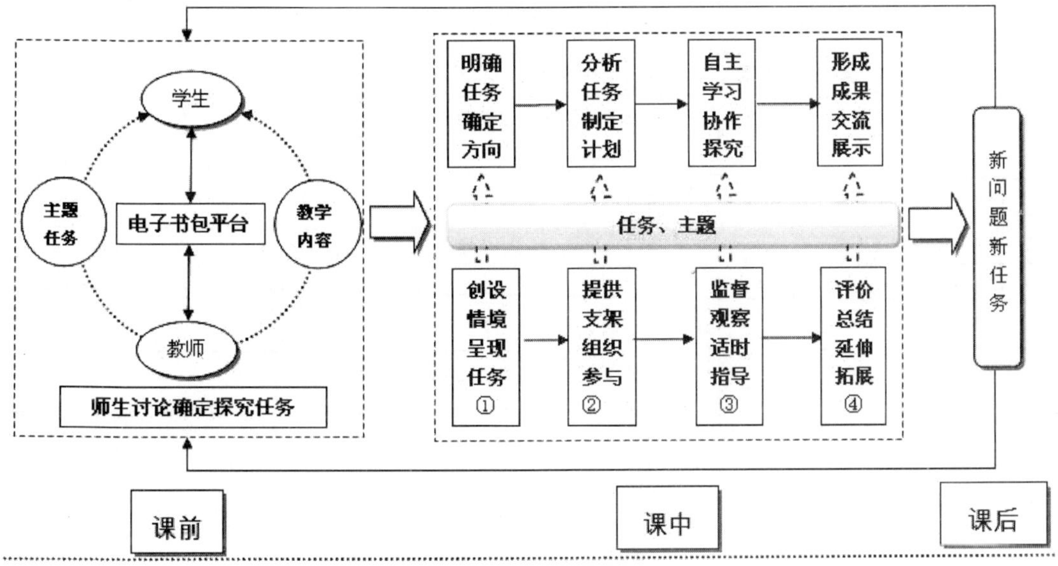


图 3　基于电子书包的主题探究教学模式流程图

从上图中可以看出，该教学模式可以按照课前、课中、课后分为三个阶段，其中课前阶段教师与学生主要是通过电子书包平台，根据教学的内容确定探究的任务或主题；课中阶段主要就是围绕学习主题或任务进行教和学；课后阶段主要是对课中阶段出现的新问题或者新任务进行探讨。

### 2. 教学步骤详解

基于电子书包的主题探究教学模式，其核心就是在课中阶段围绕主题或任务进行学习探究，为此本研究着重对此阶段的教师的教学步骤进行了详细的设计，在本阶段其教学过程主要包括四个步骤：①创设情境，呈现任务。教师要根据所呈现的任务或主题的需要，利用现有的设备为学生呈现该学习主题或学习任务的情境；学生要对任务或主题进行分析，找准学习的方向。②提供支架，组织参与。教师要根据学生的实际发展水平，提供帮助学生进行探究的引导性材料，同时对学生进行分组；学生要在教师提供的材料的基础上，进行分组并拟定自己的学习探究计划。③监督观察，适时指导。教师要实时对学生的探究过程进行监控，及时发现学生面临的问题，并进行指导；学生主要就是进行自主探究或者协作探究活动。④评价总结，延伸拓展。教师要对学生的探究结果进行总结，对整个的探究过程进行评价，同时也要为学生提供知识拓展材料或者问题；学生主要是要将自己或者小组的探究结果进行整理并汇报分享。

针对整个教学模式中容易出现问题的教学环节，笔者在进行大量的文献研读以及实际调研的基础之上，针对任务设计、主题讨论、小组探究以及作品评议等教学环节中教师可能会出现的问题，进行了总结并提出了相应的解决策略，如表 1 所示：

表 1　教学环节中的问题与对策

| 教学环节 | 易出现的问题 | 对应的解决策略 |
|---|---|---|
| 任务设计 | 任务的可操作性不强 | 将教学内容转化为探究性的任务 |
| | 盲目使用任务驱动 | 根据教学内容合理设计任务 |
| | 任务杂乱无层次性 | ①根据学生的认知水平，针对性的设计不同层次的学习任务；<br>②设计任务时要有挑战性，任务与任务之间也要有一定的联系，如：前一个任务是后一个任务完成的基础。 |
| | 任务的设计不能激发学生学习兴趣 | 任务设计从学生兴趣入手，能够解决实际问题 |
| 主题讨论 | 问题设计单一，局限于教材 | 问题要具有开放性，联系生活实际 |
| | 良构问题居多，缺乏劣构问题 | 设计多维性的问题 |
| | 问题偏难或偏容易 | 问题处于学生的最近发展区 |
| | 讨论形式单一 | 同桌讨论、小组讨论、组间讨论 |
| | 缺乏对讨论活动的组织管理 | 制定讨论分组的规则；提供讨论问题的提纲制定评价的规则 |
| | 学生参与程度不高 | 变更讨论方式，可采用“趋同”或“求异”方式组织讨论； |
| 小组探究 | 未留足学生自主学习的时间和空间 | 根据学生认知水平和问题的难易程度，合理安排学生自主学习的时间，同时教师不要过多的介入到学生的自主学习过程中去。 |
| | 学生进行自主学习或者合作探究时，方法死板不灵活 | ①鼓励学生大胆尝试解决问题；<br>②从观念方法的角度激活学生的思维，帮助学生③选择解决问题的思维策略和模式；<br>④启发联想活跃思维。 |
| | 忽略教师的监控、指导作用 | ①随时关注学生的学习动态，掌握学生的思维动态，并进行综合分析。<br>②列出学生自学提纲 |
| 作品评议 | 片面强调形式，忽视核心内容 | 制定评价量规，坚持形式与内容并重 |
| | 评价手段单一、评价片面化 | 采用多元评价方法（自评、互评、展评），注重学生主体地位的发挥 |
| | 评价缺乏有效指导 | 发布评价量规，指导规范评价 |
| | 言词不当，损伤学生自尊心和自信心 | 本着激励学生的原则，委婉评价学生 |

# 四、基于电子书包的主题探究教学模式特征分析

## （一）基于电子书包的主题探究教学模式要素分析

从上述关于基于电子书包的主题探究教学的概念、流程图以及教学步骤中，可以看出该教学模式的核心要素有三部分：即主题或者任务、资源以及学习成果。主题或者任务，即教师根据学习的内容和学生的水平设计的，供学生进行探究的问题；资源，即为达到期望的结果教师为学生提供的引导性材料以及进行主题探究时需要用到的相关材料；学习成果，即学生围绕探究的问题而形成的可视化的成果。三个要素之间存在着如下图 4 所示的关系：

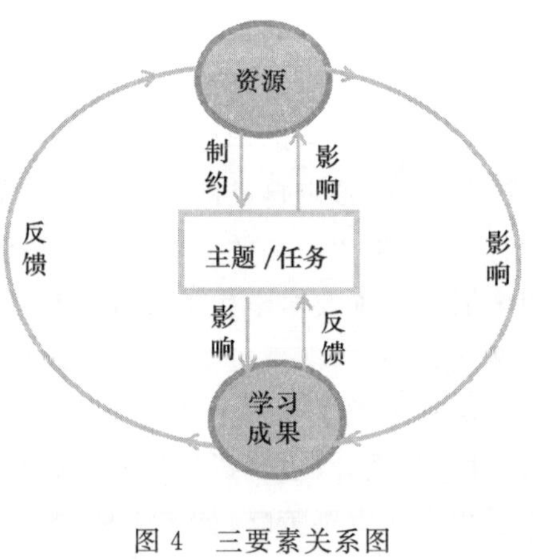


图 4　三要素关系图

由上图可以看出，首先在三要素中主题或者任务处于核心地位，主题或者任务的质量直接影响资源的组织以及学生的学习成果，同时现有的资源和可以获得的资源也会制约教师对主题或任务的设计，学习的学习效果可以对教师设计的主题或任务的水平提供反馈；其次，现有的以及可以获得的资源会直接影响到学生的学习，同时学

生的学习成果也可以检测教师提供的资源的质量和水平。

### （二）基于电子书包的主题探究教学模式特征分析

每一种教学模式，一旦成型之后都会有它特定的属性，即该模式所具有的一些特征。何克抗教授[15]曾对 WebQuest 教学模式的特征，从其主题的设计、教学活动以及模式的可操作性等方面进行了分析，基于电子书包的主题探究教学模式，是在基于网络的探究教学模式的基础之上进行构建的，其在继承基于网络的探究教学模式应有的特征之外，在教学目标、教学过程、教学内容以及教学评价等方面也具有自己的特色，如下表 2 所示：

表 2　基于电子书包的主题探究教学模式特征分析

| 分析角度 | 特征 |
|---|---|
| 教学目标 | 以解决实际问题为出发点，培养学习者问题解决能力 |
| 教学过程 | 学习过程中强调面向主题的自主探究与协作探究 |
| 教学内容 | 延伸拓展学科知识，实现多学科知识整合应用 |
| 教学评价 | 依托平台呈现学习成果，实现师生评价交流 |

## 五、研究总结

通过上述论述，在本研究中主要是对目前兴起的新的教学媒体电子书包进行了探讨，并通过实际调研从基于网络的教学视角出发，构建了基于电子书包的主题探究教学模式，同时对其进行了分析。在信息技术快速发展的今天，电子书包在课堂中进行大范围的推广应用已经触手可及，为此本研究在推进电子书包的应用方面有着十分重要的现实意义。当然本研究所构建的教学模式还缺乏实际的验证，这将是后续研究工作的重点。

### 参考文献

[1] 周器. 手提"电子书包"轻松上学[J]. 前线，1999，(12)：63.

[2] 向晋榜. 电子书包的现状与发展中面临的问题[J]. 中国教育信息化，2011，(06)：60-65.

[3] 钱东明，管珏琪，郭玮. 电子书包终端规范设计研究[J]. 华东师范大学学报，2012，(02)：91-98.

[4] 高志丽. 电子书包将成为学习的主要工具[J]. 出版参考，2010 (3).

[5][11] 刘颖. 电子书包已然十年[J]. 教育，2010 (08).

[6] Christina Brodersen, Bent G. Christensen, Kaj Gronb? k, Christian Dindler, Ole Sejer Iversen. eBag-the digital school bag[J]. Research and Practice in Technology Enhanced Learning, 2006 (1): 3-29.

[7] 祝智庭，郁晓华. 电子书包的系统及其功能建模[J]. 电化教育研究，2011(04)：24-27.

[8] Martel, C. , Vignollet, L. : An educational web environment based on the metaphor of the electronic schoolbag. In: Proceedings of ARIADNE workshop 2002, Lyon, France (2002). AI & Society, 2006(20): 403-419.

[9] G. Chabert , J. Ch. Marty , B. Caron , T. Carron L. Vignollet , C. Ferraris. The Electronic Schoolbag, a CSCW workspace: presentation and evaluation[J]. Open Forum Paper, 2006(20): 403-419.

[10] 张迪梅. "电子书包"的发展现状及推进策略[J]. 中国电化教育，2011(09)：87-89.

[12] 钟志贤. 信息化教学模式—理论构建与实践例说[M]. 北京：教育科学出版社，2003.

[13] 何克抗，林君芬，张文兰. 教学系统设计[M]. 北京：高等教育出版社，2005.

[14] 李燕. 主题探究教学模式在初中信息技术教学中的应用[D]. 山东，山东师范大学，2011：16-17.

[15] 何克抗，曹晓明. 信息技术与课程整合的教学模式研究之五——"WebQuest"教学模式[J]. 现代教育技术，2008 (11)：5-12.

### 作者简介

刘涛，1987 年生，男，汉族，河北省保定市人，硕士研究生，研究方向：教育电视，信息化教育。

# TPACK 视野下的媒体选择研究

龙美霖
（华南师范大学教育信息技术学院，广东广州，510631）

**摘　要**：信息技术与课程的深度融合，使教学发生了日新月异的变化，教师整合技术的能力受到了广泛的关注。本文通过分析整合技术的学科教学法知识（Technological Pedagogical ContentKnowledge，TPACK）的内涵，从 TPACK 的角度分析了教学媒体与学科知识、教学媒体与教学法的互动联系，重新审视了教学媒体的设计与选择，得出教学媒体的选择必须综合考虑学科内容与教学法的结论。并通过一个优秀课例进行个案分析，分析了课例中教师是如何将学科内容知识、教学法知识与媒体的选择相结合，从而取得了良好的课堂效果。最后，探讨了 TPACK 给媒体选择带来的启示，指出教师具备高水平的整合技术的学科教学法知识是对新时代教师的要求。

**关键词**：TPACK；媒体选择；技术

# Selection of Education Media From TPACK Perspective

**Abstract**: The depth of information technology and curriculum integration makes the teaching change, and the ability of integration technology for teachers is widespread concern. This paper analyses the connotation of Technological Pedagogical Content Knowledge (TPACK), interactive contact of education media and content, education media and pedagogical from TPACK, re-examine the design of instructional media, and comes to the conclusion that when select media, the content and pedagogical must be taken into account. And it chooses a case to analyses how combine the three of content, pedagogical and instructional media for good classroom. Finally, it explore the revelation which the TPACK effects to the selection of media, and also points out that the new age need the teachers who are equipped with a high level of TPACK

**Keywords**: TPACK; selection of media; technology

随着科学技术的飞速发展，信息技术得到了广泛的应用，使人们的认知方式不断地发生改变。而信息技术与课程的深度融合，也使教学发生了日新月异的变化。越来越多的专家学者关注着这种技术给教学带来的变革，新课程改革、提高教师整合技术的能力、提升教师的信息素养等已成为研究的热点。

在 Shulman (1986) 提出的教师学科教学知识(PCK)的基础上，Mishra 和 Koehler (2005) 提出了整合技术的学科教学法知识(TPACK)。Mishra 和 Koehler 认为 TPACK 是教师对技术知识、教学法知识(教学和学生学习)和学科内容知识三者间复杂的互联和互动关系，是教师使用技术进行优质教学的基础，需要教师创造性地将技术、教学法和学科内容三种关键知识整合起来，而超越三者的新兴知识形态。[3]

在教学中，能将技术、教学法与学科内容创造性地融合是新时代教师素养的需求。现代教学媒体的选择涉及到技术方面的知识，能恰当地选择媒体是获得良好的课堂效果的基础，同时也是 TPACK 所应具备的知识之一。本文分析了 TPACK 的内涵以及 TPACK 视角下的媒体选择，并通过课例进行分析解读，以期对我国教师在整合信息技术课上选择媒体提供必要的启示。

## 一、TPACK:整合技术的学科教学法知识

1986年,Shulman提出了PCK概念,PCK指的是教师学科教学知识,它是将学科知识与一般的教学法结合起来。Shulman认为PCK是学科教师专业知识中最核心、最重要的知识,对有效教学具有支配的作用。其核心理念是使学科内容转化成学生较容易理解和接受的知识,使教学获得最大的效果。

TPACK是由PCK发展而来的。随着技术融入教学,Mishra和Koehler认为PCK已不能满足时代的要求,于是在PCK的基础上加入了技术的维度,形成了TPACK(整合技术的学科教学知识)框架,如图1所示。

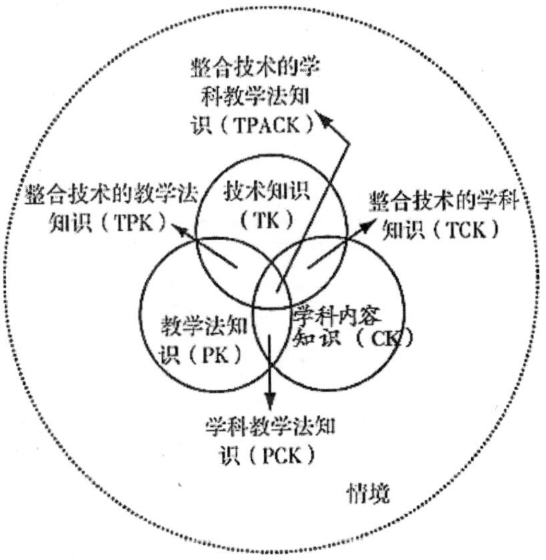


图1 Mishra &Koehler提出的TPACK框架

TPACK框架共有七种主要内容成分,包括教学法知识(PK)、学科内容知识(CK)、技术知识(TK),学科教学法知识(PCK),以及三种新产生的知识:整合技术的学科知识(TCK),整合技术的教学法知识(TPK),整合技术的学科教学知识(TPACK)。

新加入的技术知识(TK),指的是关于物化形态技术的知识,包括传统技术(如黑板、粉笔、教科书、投影器等)和数字技术(如计算机、网络等)。[3]技术知识(TK)与学科知识内容(PCK)相互作用,产生整合技术的学科知识(TCK)。技术与内容的相互作用包括三个方面:一是根据特定内容选择、设计恰当的技术,如广泛应用于数学、物理和化学教学的几何画板软件;二是利用技术所提供的更多的可能性改变学科内容的表征形式,拓展特定学科内容的来源与类型,如利用网络获取学科最新研究成果,利用动画模拟难得一见的物理现象或过程;三是特定学科对技术发展的影响,如数学学科本身的发展促进了计算机技术的发展,而Mishra和Koehler界定的TCK并不包含此内容。[3]技术知识(TK)与教学法知识(PK)相互作用则产生了整合技术的教学法知识(TPK),它是适用于普遍化教学情境的技术知识。TPK包括技术的功能可供性与限制性的知识,技术如何影响教师的教学策略和学生的学习,以及教师的教学和学生的学习如何影响技术的知识。[3]

CK、PK、TK紧密联系,相互作用,在三者的互动联系下,形成了一个复杂的综合性知识框架——TPACK框架。曾有人把CK比作基石,决定了PK、TK的运用;把PK比作桥梁,促进知识的传递;而把TK比作表现工具,帮助教师表达知识。框架中的整合技术的教学法知识(TPACK),是一种高度综合的复杂知识,这种知识可以指导教师如何利用技术进行有效的教学,也是区分专家教师与一般教师的重要依据。

为了有效地进行技术整合,教师需要具备对使用技术表征概念的认识;需要具备以建构主义的方式使用技术教授内容的教学技术;需要知道什么使概念难学或易学,而又如何借助技术调整学生面临的问题;需要知道学生已有的知识和知识观,以及如何使用技术在已有知识的基础上发展新的认识论或者强化已有的认识论(Mishra&Koehler,2006)。

## 二、从 TPACK 角度看媒体选择

整合技术的学科教学法知识，这种技术，在教学中用的最多的无外乎媒体技术，即教学媒体。TPACK关注的正是如何利用这种媒体技术，改变学科内容的表征方式，提升教师的教学策略，从而使“教”更加便利，使传达的知识内容更加容易被学生理解和接受。然而 TPACK 注重的不仅仅是技术一方面，还注重与知识内容和教学法三者的互动融合。因而在选择媒体技术时，一定要考虑与知识内容和教学法的融合。

### （一）教学媒体与学科内容知识

学科内容知识(CK)，包含两层含义：一是指教师要教和学生要学的具体学科知识，如核心事实、概念、理论和方法，组织联系观点的解释框架和证明规则；第二层含义则是指教师对于知识本质的理解和对不同学科领域的探究。[3]教学媒体融入后，教师要懂得如何根据特定的学科内容选择和设计恰当的媒体，利用媒体改变学科内容的表征方式。

根据学科内容知识的含义，教师必须首先熟悉所要教授学生的具体学科的知识，而且能把握各知识点的难易程度(把握学科内容的重难点)，知晓各知识点的联系，并清楚如何借助媒体技术有效地传达这些知识内容。

在教师熟悉学科内容之后，选择设计教学媒体之前，还要分析学习者的特征和确定教学目标。只有了解学习者的特征后，才能清楚何种信息表征适合学习者，学习者已有哪些知识技能，学习者学习新的学科内容时可能会遇到什么样的困难或问题等。分析学习者的特征之后，就能进一步确定教学目标了，这一步很重要。因为教学目标阐明了教学所要传递的信息、解决的问题、建立的概念、教会的技能、改变的态度、建立的价值标准等方面的目标。同时，教学目标的确立也体现了教师是否准确地把握了学科内容知识及其重难点，这也是检验学生是否学会新知识内容的评估标准。这时候，选择设计的媒体要与学习者特征及学习目标相适应。

教学媒体作为一种媒体用于教学传播活动，学科内容知识是否能获得有效的传播，在设计教学媒体时还要考虑几条传播的效果原理：共同经验原理、抽象层次原理、重复作用原理、信息来源原理以及最优价值原理，这些都是我们熟知的媒体选择所要遵循的原理。

### （二）教学媒体与教学法知识

教学法知识，通常是为所有学科所共享的一般教学法，是教师对教学实践、过程、程序、策略以及教与学的方法的认识，也包括关于教学目标、教学评价以及对学习过程的知识。[4]教学媒体的加入，需要教师理解教学媒体与教学法知识之间是如何相互影响的。

新的教学媒体，不仅强化了原有的教学方法，还可能会产生一种更为有效的教学方法，反之亦然，教师采用的教学方法也会对媒体的选择和设计产生一定的影响。例如，计算机的出现与应用，开拓了多媒体教学的新领域。手机的出现产生了一种新的学习方式——移动学习，为了便利移动学习，教师将资源设计成模块的形式，方便学习者利用手机进行学习。又如，电子书包的出现，使书本电子化，学习资源更加集中，而且教学内容可以随身携带，方便学习者进行学习，这也为教师的教学带来了新的尝试。

当前在教学实践中运用的教学方法很多，我国教育家们将它归纳为九种，即“讲授法、谈话法、读书指导法、练习法、演示法、实验法、实习作业法、讨论法、研究法”等。用于这九种教学法的教学媒体，应该按照教学的特点和要求进行选择设计。[1]例如讲授法的教学媒体，由于只是用口头进行讲授，有些用口头语言难以讲清的内容则很难让学生理解，这时对于这些难以讲清的内容，选择能形象、直观表达的媒体辅助教师的讲授将能达到很好的教学效果。

不同的教学媒体表现出不同的教学功能和特性，不同的教学媒体也可能适用于不同的教学方法。在实际教学中，教师很少单独运用一种特定的教学方法，往往是从一种转向另一种，或者综合运用这些教学方法。那么教师需要考虑选用哪些媒体，可以使教学法的运用达到最优化，获得最好的教学效果。

### (三) 整合媒体技术的学科教学法知识

通过以上分析可知,教学媒体与学科内容知识,教学媒体与教学法知识,它们两两之间相互影响,相互作用,在选择教学媒体时不仅要结合学科内容和教学法,更要考虑这三者之间的互动联系。在评价一堂课所选用的媒体是否恰当时,可以综合考虑教学媒体、学科内容及教学法这三者是否恰当地结合一起,这也可以成为评估一节课能否取得良好效果的依据。

## 三、个案分析

下面笔者以小学的一节美术课为例,立足媒体选择这一研究领域,以整合技术的学科教学法知识(TPACK)为视角,通过对这节美术课的视频分析,探讨其媒体选择的优劣。

### (一) 课例选用媒体简析

这节课例是小学二年级的一节美术课,课题名称为《美丽的花园》,这是一节信息技术与课程整合的课例,选择这节课的原因是它体现了教师很高的 TPACK 水平,可供广大教师学习。

这节课的教学过程分为五个部分:课堂引入、新课学习、学生创作、作品展评以及课后延伸,其中新课学习又分为五个部分:感受、探究、想象、游戏、欣赏(具体见图 2:教学流程简图)。通过课例的视频录像或教学流程简图的分析发现,该课主要选用了四种教学媒体:课件(集动画、图片、文字和声音)、板书、引导性图片及学生作品图片。

在课堂引入部分,教师采用的是故事引入的教学方法,在选择媒体上,运用了二年级小朋友喜欢的动画和图片媒体,吸引了学生的注意,激发了学生的学习兴趣。

新课学习部分,我们会发现教师会交替使用课件和板书这两种媒体进行教学。在感受阶段,教师播放了一组图片,教学生欣赏这些图片,然后运用板书进行总结这些图片的特点。在探究阶段,教师则先用动画媒体让学生“猜花的形状和颜色”,再通过板书进行总结。想象阶段,又通过播放一组图片,让学生联想图片中的花和生活中熟悉的物体,接着通过板书进行概括总结。为了给学生创作作品奠定一定的基础,教师在接下来的一个阶段,先让小组合作进行了一个小练习,这里用到了一种媒体——画纸,画纸上已画有各自图形,要求学生在图形上加画花瓣。最后,教师利用课件向学生展示了一组优秀的习作,开阔学生的视野。

在学生创作部分,教师给学生播放了纯音乐,营造一种轻松愉悦的氛围,使学生静心地创作作品。

作品展评阶段则利用了学生自己创作的作品,师生进行点评,互相学习。

### (二) 课例的媒体选择评析

这是一节成功的课例,曾获得 2011 年全国教学比赛一等奖。那么它的成功之处在哪里呢? 下面我们通过 TPACK 视角来对这个课例进行评析。

首先,通过分析课例的录像,可以了解到该课例的学习内容主要有认识花的形状和颜色,描述花的形状和颜色,以及花的形状与生活物体的联想,课例的学习目标则是通过学会认识、描述花的形状和颜色,最终能画出有创意的花的作品。显然,教师对这节课的知识内容非常熟悉,而且对重难点把握得很到位,能恰当地选择媒体来改变信息的表征,激发了学生的想象力,层层深入,加强学生的理解。

此外,分析教师选用的媒体,符合传播的效果原理。教师利用现成的硬件媒体,以及容易获取的网上素材,因而教师选用媒体要付出的代价较低,而教师所获得的教学效果却非常好,所以这堂课的媒体选择符合最优价值原理。教师利用课件获得了师生的共同经验,比如在讲解各种形状的花时,通过多媒体课件呈现的动画和图片,使这些形状的花与生活中的物品或生物发生联系,让学生更容易理解大自然花的千变万化与神奇。在新课学习的前三个阶段,通过课件与板书的交叉使用,具体与抽象相结合,具体多于抽象,符合小学生的认知规律。在整个课堂中,教师利用多媒体展现了大自然中花的图片,以及各种画,从不同角度、不同侧面表现了花的特性,增强学生的理解与记忆。

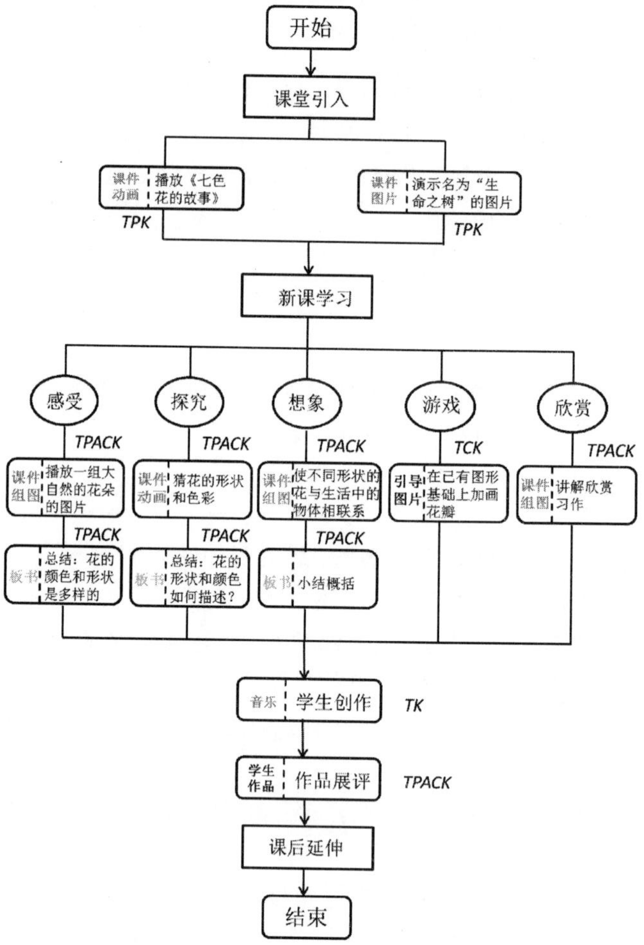


图 2 《美丽的花园》教学流程简图

从上面的分析可以看出，教师恰当运用媒体传递教学内容，化抽象为具体，化难为易，获得良好的课堂学习效果，因而这个教师将媒体与学科知识很好地结合到了一起，他整合技术的学科知识(TCK)很高。

教师教学过程中运用情境创设和游戏导学等多种教学方法，巧妙地运用多媒体作为媒介，让学生观察、探究花的形状和颜色之美，引导学生以生活常见的物体进行想象创作，画出“特别的花”。最后，学生创作的作品很有创意，因而教师教学法与媒体的结合运用也是非常成功的，他整合技术的教学法知识(TPK)也很高。

综上所述，该课的教师能很好地把教学媒体这种技术融入到了学科内容知识和教学法知识中，特别是在新课学习部分(具体见图 2，该图呈现了各部分教师的 TPACK 的成分)，教师很好地将教学媒体的知识与学科内容知识、教学法知识互相联系，在教学媒体的协助下，使这节课的各知识点连接自然，课程进行很流畅，获得了很好的教学效果，体现了这个教师高水平的整合技术的教学法知识(TPACK)。

## 四、启示

整合技术的学科教学法知识为信息技术与课程整合提供了新的思路和新的视角，同时也给予一线教师如何选择媒体进行教学以一定的启示。

首先，教师在选择媒体之前，一定要了解教学对象的特点，熟悉教学内容，并在此基础上确定好教学目标。其次，在选择媒体时，要全面考虑是所选用的媒体用于传递教学内容时是否能达到最优化，考虑所选用的媒体是否适合所选用的教学方法。最后，教师必须不断提高自己 TPACK 水平，掌握如何将媒体技术融入学科知识和教学法中，并能快速适应新媒体的出现。

## 参考文献


[1] 李运林，徐福荫. 教学媒体的理论与实践[M]. 北京：北京师范大学出版社，2003.

[2] 李美凤，李艺. TPCK_整合技术的教师专业知识新框架[J]. 黑龙江高教研究，2008(4)：74-77.

[3] 张育桂. 小学数学教师整合技术的学科教学知识(TPACK)研究[D]. 信阳：信阳师范学院，2011.

[4] 郭桂周，于海波，孟昭辉. 整合技术的科学教学法知识_TPASK_基本内涵与提升策略[J]. 现代远距离教育，2012(1)：69-75.

[5] KOEHLER P, MISHRA M. Technological pedagogical content knowledge a framework for teacher knowledge[J]. Theteachers College Record, 2006, 108(6): 1017-1054.

[6] SCHMIDT D A, BARAN E, THOMPSON A D, et al. Technological pedagogical content knowledge (tpack)_the development, validity and reliability of TPACK-deep a technological[J]. Journal of Research on Technology in Education, 2009, 42(2): 123-149.


## 作者简介

龙美霖，1989年生，女，汉族，广西省钦州市人，在读研究生，研究方向：远程教育；中小学教育。

# “翻转式课堂”在数字化校园中的实践初探

罗莉莉

（天津市和平区教育信息化管理中心，天津，300041）

**摘　要**：近来，关于“翻转式课堂”的讨论在互联网上炒得不亦乐乎。特别是国外一些学者、专家和教师已经将此概念应用到教学过程中，取得了不错的教学效果。但我国教育界对于此方面的研究才刚刚起步，研究文献更是寥寥无几。在这样的情况下，对于国外原著的参阅、翻译甚至与我国教育现状的结合探讨就显得颇具意义。通过参考国内外大量卓越且成功的实践案例，在从事基础教育信息化工作的过程中，以深入了解辖区中小学校的数字化校园情况为基础，提出“翻转式课堂”的应用设想。希望通过切实有效的教学模式的融合应用，进一步发挥数字化校园的优势，从而达到更好的教育效果。

**关键词**：翻转式课堂；学习活动；学习环境

# The Practice of “The Flipped Classroom” in the Digital Campus

**Abstract**: Recently, the discussion of “The Flipped Classroom” is very popular on the Internet. Especially some foreign scholars, experts and teachers have applied this concept to the teaching process and received good effects. But the research is just beginning in the educational field of our country. The reference is scarcely enough. In this condition, it is very meaningful to read and translate foreign original works and combine with the Chinese educational situation. By reference to a large number of domestic and international excellence and successful practice cases, proposing the application plan of “The Flipped Classroom” which is based on a thorough understanding of the digital campus of area schools in the process of basic educational information works. Hope that we could give further play to the advantages of digital campus through the effective integration of teaching mode to get better educational effects.

**Keywords**: the flipped classroom; learning activities; learning environment

## 一、概念及由来

翻转式课堂(The Flipped Classroom)改变了传统的教学方式，简单来说就是将教学传递过程放在课堂之外，而把“作业”环节转移到课堂中来。在翻转式课堂中，学生在家完成知识的建构，而课堂则变成了师生之间和生生之间互动的场所。

翻转式课堂是一个有趣的概念，它与目前绝大多数的课堂教学方式相反，颠覆了传统课堂的授课模式。在翻转式课堂中，学生在课外观看提前录制好的课程视频，而课上时间教师则用来指导学生进行知识的运用、小组协作、解答问题、个性化学习和讨论。

翻转式课堂这一概念最早出现于2000年美国迈阿密大学教授Maureen J. Lage，Glenn J. Platt和Michael Treglia发表的一篇论文。他们在论文中提到，有足够的证据显示，教师的教学模式和学生的学习方式之间的“错位”，使得学生的学习效果下降，学习兴趣缺失。传统而单一的讲座式教学方法不能很好地适应学生多种多样的学习类型。在这样的情况下，他们大胆地在经济学入门这一课程中采用翻转式教学模式，取得了很好的效果。虽然这种初探取得了成功，但他们并没有提出翻转式课堂这个明确的概念[1]。

同年，J. Wesley Baker在第十一届大学教学国际会议上发表了同是关于翻转式课堂探讨的论文“The classroom flip: using web course management tools to become the guide by the side”[2]。

随着互联网的发展和普及，翻转式课堂教学逐渐在美国流行起来。2007年，美国科罗拉多州林地公园高中的化学教师乔纳森·伯尔曼和亚伦·萨姆斯在课堂中正式采用翻转课堂式教学模式，并推动这个模式在美国中小学教育中运用。这种模式是在教师帮助学生掌握困难概念的背景下应运而生的。这两位化学教师注意到学生们在课堂上听讲时能够坐得住，但是回家完成作业却成了问题。当学生们遇到问题的时候，教师并不能在他们身边及时给予指导和帮助。另外，课程的设置是基于整个一学期的知识结构的安排，如果学生们不能很好地掌握前期的知识作为铺垫，那么在学期末肯定难以取得好的学习效果和成绩。由此，这两位教师大胆尝试了一种新的教学方法：教师给学生们呈现提前录制好的课程视频，学生们可以以任意次数观看视频。在观看的过程中，可以随时暂停、回放视频录像。学生们亲自投入到学习的过程中，而课堂则成为他们完成作业、请教问题或得到个性化指导的地方。学生们可以以小组协作或者一对一的方式进行学习，确保组内所有成员都能够牢牢掌握重要概念。经过这样的教学后，两位教师注意到一个可喜的变化，那就是在期末考核中，用这种方法取得的教学效果远比传统方式的效果好得多。这种变革了的教学模式还可以应用在其它任何学科：数学、科学、外语等等[3]，具有普遍的推广价值。

2011年，在“英特尔一对一数字化学习年会”上，英特尔全球教育总监Brian Gonzalez发表了题为《教育变革——全球趋势和经验》的主题演讲。对于新的教育模式，Brian Gonzalez表示：“未来有个很大的趋势，我们把它称之为——颠倒的教室。”这一概念其实就是翻转式课堂的另一种表述。“颠倒的教室，是指教育者赋予学生更多的自由，把知识传授的过程放在教室外，让大家选择最适合自己的方式接受新知识；而把知识内化的过程放在教室内，以便同学之间、同学和老师之间有更多的沟通和交流。”“（传统课堂）知识内化的过程都是被放在教室外的，那个时候没有老师和家长在场。但如果把这两个过程颠倒过来，学习成效就会有一个很大的提高”[4]。时至今日，翻转式课堂已经得到了越来越强烈的关注。

## 二、理论架构

在详细分析了翻转式课堂的教学方式后，我们很容易从中找到建构主义的影子。有研究人员认为，翻转式课堂的理论基础就是建构主义理论。但笔者对此却有不同的观点。根据翻转式课堂的概念，这一观点的提出确实充分考虑到学生学习的主观能动性，侧重于帮助学生进行知识意义的主动建构，而绝非填鸭式的被动学习。对于教师角色的转变，翻转式课堂也提供了使教师由知识的传授者向意义建构的辅助指导者的角色转变的机会与要求。同时，这一概念同样依赖于建构主义对学习环境四大要素的规定：情境、协作、交互和意义建构，使学生在创设好的情境中，用贯穿学习始终的协作方式，通过与小组成员的交互，达到意义建构的目的。这些条件完全符合建构主义的基本理论。即便如此，笔者依然不认同翻转式课堂的理论基础是建构主义理论的一个重要原因，就是翻转式课堂这一概念，在吸纳了建构主义理论优势的同时，还回避了建构主义显而易见的劣势。而这一点，终究成为建构主义不能作为或者不能完全作为翻转式课堂的理论基础的重要依据。

首先，翻转式课堂没有忽略教师的主导作用。在翻转式课堂中，教师仍然是学习活动的主要指导者，教师只是将对课堂知识学习的指导变为对课后作业和反馈的指导。顺序变化，但指导者的本质角色并没有发生改变。

其次，翻转式课堂没有忽视师生间的情感交流。教师对学生有针对性的答疑解惑拉近了师生之间的距离，让教与学的主体在互动中逐渐增进了情感交流，加深了师生间亲密的感情。

最后，翻转式课堂不会因学生学习的自由度过大，而导致学习偏离教学目标。由于教学内容是教师预先设定好的，也就是说，在教师创建的特定的情境中，学生们的学习内容是有主线作为支撑的。学生们可以查找与知识相关的课外信息，但在回到课堂后，作业和问题的布置还是将学习重点拉回到教学目标上。

由此可见，翻转式课堂的理论基础并不能完全归结于建构主义。而随着互联网的普及和计算机技术在教育领域的广泛应用，翻转式课堂这一模式变得越来越可行和现实。根据国外学者对此方面的相关研究，教育技术和学习活动是翻转式课堂模式的重要组成部分，这两者正以重要的方式影响着学生的学习环境[5](如图所示)：

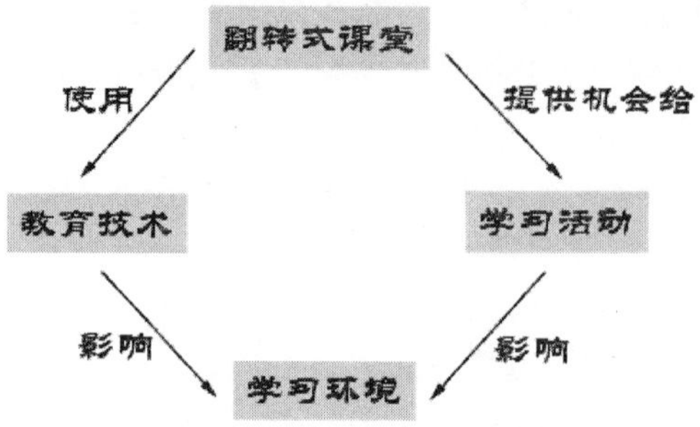


图 1　翻转式课堂理论架构图

由上图我们可以看出，翻转式课堂教学需要依赖于教育技术的发展，它能够为学习活动提供合适的机会，而教育技术和学习活动能够影响学生的学习环境。

## 三、实践案例

事实上，翻转式课堂在国内外已经有过很多相关的实践。

美国高地村小学的尝试会让很多人眼前一亮。在二年级，许多教师就在尝试翻转式课堂教学；各年级都鼓励学生带技术入课堂，包括电子书、平板电脑和智能手机。在学校的"星巴克教室"，传统教室中一排排整齐的课桌不见了，空间充满的是圆桌、舒适的沙发和软垫椅子，以及一排电脑终端。这种新风格的课堂是德州路易斯维尔学区努力建立面向 21 世纪的学习环境的一部分。以科技为中心的战略似乎得到了回报，学生们更喜欢在这宽松的环境中学习，他们的表现也越来越好。

如果有一所学校能展示翻转式课堂真正的成功的话，柯林顿戴尔高中算一个。学生在家看教师录制的 5～7 分钟的讲解视频，记下遇到的问题；在课堂上，教师会重讲多数学生有疑惑的概念，并用大部分时间来辅导学生练习，对学生的作业给予及时反馈。学校还解决了部分学生在家上不了网这个问题，课前课后分别提供校园电脑一个小时的访问，或在特殊情况下，允许他们使用智能手机观看视频。在实施翻转式课堂教学　年后，学生们的学业成绩大幅度提高。165 名新生中，只有 19%的学生英语不及格，而原来一直都在 50%以上；数学课上也看到了类似的结果，不及格率从 44%降至 13%。学生们的挫败感减少、自信心增强，违纪的事件也大幅下降。曾经，这所底特律的郊区学校是本区声誉最差的学校之一，现在正发生着巨大变化。

而加州河畔联合学区的翻转式课堂最大的特点是采用了基于 iPad 的数字化互动教材。这套用于试验的互动教材由专门的教材公司开发，里面融合了丰富的媒体材料，包括文本、图片、3D 动画和视频等，还结合了笔记、交流与分享功能。互动教材更节省教师的时间，更吸引学生沉浸其中。据统计结果显示：使用互动教材的学生中有 78%的人获得了"优秀"或"良好"的排名，而使用传统纸质教材的学生只有 58%获得了相似排名[6]。

相对于国外在基础教育中做的翻转式课堂的实践与努力，我国在此方面的研究还处于一个起步阶段，目前的应用多集中在高等教育阶段。在我国，很多高校的研究生课程已经或多或少地引用了这样的教学模式。课前导师会布置下一节课需要讨论的观点和话题，以分组的方式，学生们在课下分头寻找相关的学习资料，自学其中的理论知识，总结个人的学习记录，带着问题返回课堂，接受导师的指点，并在与同学们的激烈讨论中获得新知。

即便如此，在目前的情况下，我国也有个别基础教育学校在这方面做出了尝试，北京的十一学校就是其中一个典型的代表。

原为中央军委子弟学校的北京十一学校是一所“深化基础教育学校办学体制改革”试验项目学校。校长李希贵自辞官任教以来，从教育教学到学校管理，大刀阔斧搞改革，以不凡的成绩赢得了越来越多的掌声和关注。2008 年是学校的课堂成长年，校长李希贵提出了这样一句口号：“课堂是学生学习的地方，不是教师展示的地方”。传统行政概念上的班级变得十分模糊，教室的功能逐渐弱化，13 个行政班的学生被分散到 28 个功能教室上课，老师们的办公桌也直接设置在这些功能教室里。这种模式就是所谓的“走班制”，每个学生都有自己独特的课表，这更接近于大学的上课方式[7]。

在实际教学过程中，十一学校的教师们紧跟学校的发展思路，逐渐找到了“不讲课”的门道：教师指导学生课前深入阅读，完成学习计划书；给学生提供教学大纲及教学目标，让他们自己整理笔记；准备好尽可能多的文字和实验材料，让学生自己投入学习过程……以前，无论教师的课讲得多好，学生可以选择听或者不听；现在不行，所有的知识都需要学生自主学习和在动手的过程中掌握，容不得半点虚假和懈怠。课堂真正成为学生展示自己的地方，学生爱上了学习，爱上了探究知识的过程，成绩也在不知不觉中得到提高[8]。这种翻转式课堂的实践在我国的基础教育学校中同样取得了很好的教学效果。

## 四、应用设想

翻转式课堂的实现离不开教育技术的发展，而现实情况是，我们目前的基础教育学校基本上都配有现代化的教学设备，一些学校甚至和英特尔等知名 IT 公司合作，在移动终端、电子书包、云计算等多个领域进行了有益的尝试，在这些方面的应用逐步形成气候。结合翻转式课堂这一概念，笔者大胆地设想，利用这些现代化的教育技术，变革传统的教学方式，将试验效果良好的翻转式课堂带进传统课堂，大力发展素质教育，培养出既能得高分又能全面发展的优秀学生。具体设想如下：

首先，在课外学习阶段，教师根据教学目标提前布置好学生回家后需要学习的内容，呈现与之相关的学习材料、教学视频等资料。学生根据这些内容自主进行课外学习，及时做好笔记，详细记录下自己的困惑和问题。对于能自己解决的问题，鼓励学生通过上网查阅资料、向他人询问等方式自己解决；对于不能解决的问题，作为第二天上课时的学习重点。若教师呈现的资料不足以满足学生的需求，学生可自行从学校网上资源库或开放平台上查找自己需要的内容。

其次，在课内学习阶段，学生带着自己整理的关于当日学习内容的笔记，来到学校接受老师的指导。由于学习具有很强的目的性，重点突出，一方面老师可以针对性、个性化的解决每一个学生的问题，另一方面也可以大大改善传统课堂学生上课走神、吸收率不高的情况。在这一过程中，可以采用小组协作讨论的方式，让学生之间“互通有无”，在解决问题的同时，加强师生、生生间的互动交流，提高学生的协作能力。

从整体上来说，翻转式课堂通过现代化的技术手段，将知识传授的过程放在课下，而将知识内化的过程放在课上，由老师带领、指导学生协作完成。在一些现代化设备先进的学校，学生可以带着移动终端或者电子书包，将此作为课下学习和课上讨论的工具，既节省了时间、空间，又减轻了学生的负担，从这个意义上来说，也十分符合目前教育界推进的素质教育改革。

当然，对于翻转式课堂的探讨还停留在起步阶段，在具体操作过程中，我们还要进一步斟酌方案的可行性，提前规避盲目进行课程改革带来的激进影响。相信随着教育技术的发展和新的教育理念的融合，我们的学生会在更轻松的氛围中更好地学习，我们的教育也会朝着更健康的方向阔步前进！

### 参考文献

[1] Lage, M. J., Platt, G. J. and Treglia, M.. Inverting the classroom: A gateway to creating an inclusive learning environment [J]. The Journal of Economic Education, 2000, winter(1):30-43.

[2] 百度百科. 翻转课堂式教学[EB/OL]. http://baike.baidu.com/view/8270771.htm, 2012-4-26.

[3] Mondi Benigni. Reverse Classroom-changing your course delivery in exchange for mastery[EB/OL]. http://blogs.cofc.edu/tlt/2010/10/20/reverse-classroom-%E2%80%93-changing-your-course-delivery-in-exchange-for-mastery/, 2010-10-20.

[4] 中国教育新闻网. 未来的课堂:颠倒的教室[EB/OL]. http://www.jyb.cn/ad/news/ 201110/t20111010_456993.html, 2011-10-10.
[5] Tina Barseghian. The Flipped Class Defined[EB/OL]. http://blogs.kqed.org/mind shift/2011/09/ the-flipped-classroom-defined/, 2011-9-8.
[6] 杨刚,杨文正,陈立. 十大“翻转课堂”精彩案例[J]. 中小学信息技术教育, 2012(3):11-13.
[7] 南方周末. 十一学校教改“+、-”法[EB/OL]. http://www.infzm.com/content/76752, 2012-6-9.
[8] 中国教育报. “四两拨千斤”的教改探路者[EB/OL]. http://paper.jyb.cn/zgjyb/html/2011- 10/08/content_53445.htm, 2011-10-8.

## 作 者 简 介

罗莉莉,1985年生,女,汉族,天津市人,初级职称,硕士学位,研究方向:远程教育及其网络技术研究。

# 基于设计的研究范式在中学机器人教学中的应用研究*

秦健，邢迎春，吴忠旭
（陕西师范大学新闻与传播学院，陕西西安，710062）

**摘 要**：基于设计的研究是迭代设计过程中针对教育实践的一种研究，是理解教育改革如何在实践中运作的重要方法论。设计研究很好地结合了设计和研究，旨在解决教育研究所面临的理论与实践相分离的问题。目前中学机器人的教育价值已逐步凸显，但缺少有效的理论指导，从而极大地制约着机器人课堂教学的开展。为此，文章借鉴基于设计的研究方法，以问题缘起、分析设计、教学实施、评价反思为逻辑主线，阐述以乐高积木为基础的蝎子机器人的教学设计、实施和评价反馈，最后提出对中学机器人教学的建议。在中学机器人课程中运用基于设计的研究，可以不断优化教学过程，从而提升教学效果。

**关键词**：基于设计的研究；蝎子机器人；中学机器人教学

## The Implantation of Design—Based Research in the "Robot Education of Middle School"

**Abstract**: Design—Based Research is a research that researches the practice of education in the process of circulation design, it is an important methodology that comprehend how to put the revolution of education in practice. DBR can solve the problem of the separation of the theory and practice in education truly, which combine design and research perfectly. With the value of middle school robot education has been recognized by different sectors of the society, the lack of effective theoretical guidance restricts the robot education greatly. So this passage is benefit from the Design—Based Research, expounding the experiment design、educational implement、evaluate and feedback of the spike which based on Lego Block, the give advices on the robot education of middle school. The use of Design—Based Research in high school robotics courses can not only optimize the teaching process, but enhance the teaching effect.

**Keywords**: the design-based research; the spike; robot education of middle school

## 引言

基于设计的研究也被称为“设计性实验”(Design Experiment)、设计性研究(Design Research)、发展研究(Development Study)、开发研究(Developmental Research)和形成性干预(Formative Intervention)等。自1992年被学者布朗(Ann Brown)和柯林斯(Alan Collins)所提出，倡导一种“教育中的设计科学”。它以真实情境为基础，为解决实践问题而生，是一门具有创新意义的教育研究范式。在教学实践中，基于设计的

* 基金项目：陕西省教育科学“十二五”规划2012年度课题：陕西省通用技术课程区域推进策略研究(SGH12283)；陕西师范大学2012年勤助科研创新基金项目：机器人高中通用技术课程教学的有效性研究——以乐高为例(QZZD12019)；陕西师范大学2012年实验技术研究项目：基于高中技术类课程的机器人教育实验项目的开发(SYJS20122)。

研究包含四个阶段：分析、设计、实施和评价，这四个阶段迭代循环执行[1]。

由于相关研究者来自不同的领域，当前有关基于设计的研究的涵义解读也是见仁见智。美国有研究者认为，基于设计的研究是一系列方法的集合[2]；它的研究对象是特定环境中的学习过程，研究目的是“通过对一个简单学习环境进行细致深入的研究，以发展新理论、产品和可以在其他学校或者班级实施的实践纲领”[3]；我国有研究者认为，基于设计的研究是一种探究学习的方法论，旨在设计一些人工制品（如软件、工具、学习环境）作为一种教学干预或革新（Innovation）应用于教育实践，以影响自然情境之中的学习与教学并对其做出阐释，在此基础上产生新的理论支持持续的教育革新，促进教育实践和理论的同步发展[4]；它很好地结合了设计和研究，兼顾了技术和理论[5]，是教育理论与实践创新的持续动力[6]，真正克服了包括教育技术在内的教育研究所面临的理论与实践相分离的问题[7]。

本文旨在以蝎子机器人的搭建案例为基础，以实验的设计、教学实施、评价反馈作为设计研究的主线，对 DBR 在中学机器人教学实践中的运用作深入的探索与反思，最后提出对中学机器人教学的建议。

## 一、问题来源

自 2003 年颁布的《普通高中技术课程标准（实验）》将“人工智能初步”及“简易机器人制作”列为信息技术课程和通用技术课程的选修课后，国家一直没有对机器人课程做进一步的完善和修改，学校开展机器人教育缺少明确的课程大纲指导，极大地制约着机器人课堂教学的开展。为了推进中学机器人教育的发展，同时发挥部属师范大学对中学课程的引领作用。陕西师范大学技术教育与创新实验室与陕西省西安市长安区第一中学联合开展为期两个月的科技进校活动，此次活动以机器人基础为主题，主要分析和讲解乐高机器人的搭建和编程。教学对象为陕西省西安市长安区第一中学高一年级的学生，学生是通过自身兴趣选修的机器人课程。

在开始教学之前，我们通过问卷对学生的机器人基础进行了调查，发现此次活动之前学生对机器人了解情况为：15％使用过、70％听说过、15％的学生表示不了解。由此可见，学生关于机器人方面的基础知识比较薄弱，学习起点较低。

## 二、分析与设计

### （一）问题分析

蝎子机器人是用乐高积木搭建制作的一款机器人，它通过模拟蝎子的造型来实现“行走—遇障碍物停止—发出声音—用尾巴防御—听到声音　继续行走”的任务，分为搭建和编程。本次活动主要侧重基础知识的掌握和程序式思维能力的培养。

### （二）教学方案设计

中学机器人教学在培养学生动手操作技能的基础上，挖掘学生的学习潜能，培养学生科研精神和创新意识。所以本次活动在学习新知的同时，以任务驱动的方式来巩固和测试学生掌握知识的情况. 课程总时长为两节课时间（每节课 45 分钟），具体时间视学生的实际情况而定。学习活动设计实施过程见下表 1。

表1　学习活动的具体实施过程

| 学习过程 | 任务及要求 | 教学支持 |
|---|---|---|
| 复习旧知 | 要求学生理解触动传感器、超声波传感器、声音传感器、马达和NXT的作用，并会使用 | 教师结合触动传感器、超声波传感器、声音传感器、马达和NXT这些教学实体，引导学生回顾其作用及使用方法 |
| 提出活动任务 | 学生明确活动的目标和要求，即对蝎子机器人进行搭建和编程，使其完成“行走—遇障碍物停止—发出声音—用尾巴防御—听到声音—继续行走”的任务 | 教师于课堂中提出任务框架、任务要求及评价方法 |
| 学习新课 | 学习相关模块、知识点及搭建编程思路。要求学生理解并学会使用NXT 2.0 Programming软件，并对搭建的蝎子机器人进行编程 | 学生结合NXT 2.0 Programming软件，对机器人编程做进一步了解 |
| 成立探究小组 | 学生讨论任务、分解任务并分组 | 随机分组 |
| 自主探究、协作学习 | 学生按照计划实施分工，完成作品任务，编程、测试和修改完善，同时展开组间竞赛 | 教师观察学生活动的开展，对学生遇到的问题给予时的指导 |
| 展示及评价 | 提交作品并由小组代表进行现场成果展示，老师和学生共同对每个小组做出评价 | 教师组织评价活动的开展，并指出学生作品的优缺点 |
| 反思及完善 | 学生针对作品展示中出现的问题，结合教师和同学的建议，再次完善作品 | 教师组织并指导，学生参与 |

## 三、教学实施

### （一）第一次循环设计

通过课前调查问卷得知学生的基础知识普遍较弱，所以第一轮设计中的小组协作探究活动，按照团队成员杨毅同学提出的“教师给出搭建图和编程手册—学生按部就班制作—展示评价”过程进行。第一轮循环设计进行完后，通过访谈发现学生普遍表示“在组装机器人时，只是按照图纸拼了一遍，并没有留下太深刻的印象”“可以自行进行组装，多提供可以改装的小配件，做些学习任务。”“我建议下次制作时，先给20分钟自由制作的时间，然后再按照图纸做，这样或许更有效。”

### （二）第二次循环设计

基于第一次循环的访谈结果，我们对下一轮的设计做了适当调整，将小组协作探究改为“教师给出搭建图和编程手册—学生按部就班制作—展示评价并改造”。尤其在改造阶段，学生的学习积极性极大提高。在蝎子机器人的制作活动中，很多学生按照教师给的搭建图进行搭建，结果搭建的作品出现行走困难的问题。通过分析得出由于搭建图中的NXT和现有的NXT结构的不同，使蝎子机器人的前脚和后脚不能着地。最后将前脚的1*9单弯厚连杆换成1*11.5双弯厚连杆，将后脚的1*7单弯厚连杆换成1*9单弯厚连杆。

### （三）第三次循环设计

为了深入挖掘学生的创造力，我们又实施了第三次循环设计。首先给出任务，即搭建一个蝎子机器人并使其实现“行走—遇障碍物停止—发出声音—用尾巴防御—听到声音—继续行走”的功能，任务的完成尽量体现创新，学生可以通过查阅书籍和网络搜索的方式进行资料搜集。通过小组讨论和分工合作，学生搭建出形状各异的作品。

## 四、评价反馈

课程结束后，我们通过访谈和问卷调查了解学生对此课程教学情况的反应和建议。旨在发现学习活动中存在的问题、解决问题并完善设计。评价方法包括问卷调查、教师对实施过程的观察和记录、教师与学生之间非正式的谈话和讨论。

## （一）评价结果

调查问卷主要内容涉及学生对待机器人课程学习的态度、对课程知识的掌握程度、学习机器人课程的影响因素和主要困难等。教师观察记录集中在学生课堂反应和小组协作学习方面；访谈内容主要是学生在学习过程中存在的问题及意见。

在学生对课程教学安排的态度的问题中，85％的学生认可教师对机器人课程的教学安排，15％的学生对教学安排持中立态度，表明我们的课程实施方案仍然存在改进的空间；学习过程中影响学生学习效果的因素分析，其中33％的学生认为练习的时间太少；25％的学生认为教学软硬件太少；42％的学生认为学习资源不足。同时，部分学生在机器人的编程上也有一定的困难。

蝎子机器人（见图1）要实现“行走—遇障碍物停止—发出声音—用尾巴防御—听到声音—继续行走”的任务，编程的具体步骤如下（见图2）：

1. 通过超声波传感器检测是否遇到障碍物，如果没有遇到障碍物则蝎子机器人“行走”（路径①），利用B、C马达（即带动蝎子脚部的马达）运动，即选择移动模块，选择默认端口B、C，根据需要调整马达功率，将持续时间改为“无限制”。机器人将一直运行直到进入下一模块。该模块使机器人向前运行（图标ⅰ）；

图1　蝎子机器人

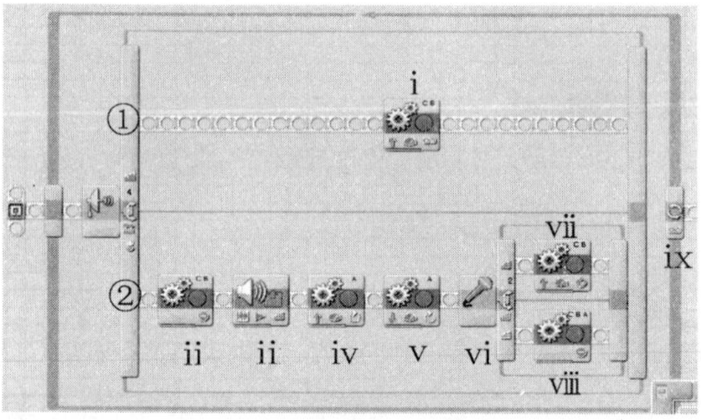


图2　蝎子机器人的编程程序图

2. 如果超声波传感器检测到障碍物时（此处设定当障碍物距离小于20厘米时触发超声波传感器，也可根据具体情境自己调整）即路径②：

“遇到障碍物停止”，B、C马达停止（图标ⅱ）；

“发出声音”即使用声音模块来设定蝎子机器人的声音（此处设定为spike，可根据需要自主设定。图标ⅲ）；

“用尾巴防御”即带动蝎子机器人尾部的A马达先向前运动（攻击），再向后运动（收回）。故选择移动模块，设定端口为A端口，同时设定持续时间；防御步骤结束后障碍物移开（模拟人收到蝎子攻击离开）（图标ⅳ、ⅴ）。

“听到声音”（图标ⅵ）即当声音大于40分贝的时候（声音条件的大小可根据场地环境情况自由调整）触发下一步程序（图标ⅶ），否则停止（图标ⅷ）；

3. “继续行走”可采用循环模块来使程序不断循环（图标ⅸ）

## （二）评价启示

活动理论（Activity Theory）是一种把活动系统作为分析单位的社会文化分析模式，是分析和理解人类活动的一般性概念框架（乔纳森，2000），是研究不同形式人为活动的哲学和跨学科理论框架[8]。该理论框架不仅可以被应用于描述和分析各种人类活动，更重要的是创新和变革活动[9]。活动理论指导下的学习环境的设计确保以学生为中心即体现学生主体性，体现学习者的个性特征。我们在蝎子机器人的制作活动的设计研究中，选择活动理论作为探究式学习活动分析和设计的理论框架。

机器人教育不仅仅要把机器人当作学习对象，而是要将其作为提高学生综合能力的工具，成为培养学生创新精神和实践能力的有效载体和重要途径。要真正体现其功能和价值，教学方式必须进行相应的调整与创新。以活动理论为支撑的中学机器人教学，通过小组合作强调学生的积极参与，将动脑与动手相结合以学生亲历学习、制作、评价、改进等过程为基础，进而获得知识与技能、过程与方法、情感态度与价值观的发展，同时也进一步验证了活动理论。

## 五、对中学机器人教学的几点建议

### （一）不断优化教学设计

教学设计是一堂课的主干，应该根据不同的教学内容和学生水平，采用灵活多样的教学方法，进行合理的教学设计。笔者采用任务驱动教学法、利用小组协作学习开展实践教学。由于学生对基础知识的掌握不够，所以侧重基础知识的掌握，并根据评价结果优化学习活动设计。

同时，机器人课程的教学设计应以学习者为中心，以问题探究真实任务为主导，以自主学习、合作学习等形式展开学习活动。如选定活动主题，以任务驱动学生自主探究，可以随着学生水平的提高，适当的增加学习难度，以培养学生的发散性思维；教师、学生以及小组成员之间相互交流，进行评价与学习反思，这是一个知识动态生成的过程。

### （二）改进学习支持

通过问卷调查可以看出，在全国中小学机器人大赛和全国中小学电脑制作活动发展的如火如荼的今天，一部分学生甚至还没接触过机器人。所以在进行机器人教学时，教师应该结合学生的初始能力、实验课程的内容和学习条件来制定和调整教学计划。在蝎子机器人的制作过程中，部分小组制作的机器人尾部不能按程序要求运动，其原因是在搭建时将原本的光销（灰销）换成了摩擦销（黑销）。而摩擦销的摩擦力远远大于光销，致使尾部难以运动，因此，在此处将摩擦销和光销的功能差异进行了强调。

就学习资源而言，机器人教学是一个动态生成的过程，教师应该在教学中不断融合新的学习资源供学生参考，新的设计作品会为学生的创造提供不竭的动力；其次，以小组协作学习为主的机器人教学，需要更多的教师指导和同学帮助。为此，每个小组选出小组长，随时反馈学生在学习中出现的问题。同时，对于学生的问题，教师应给与及时的答复，解决学习问题给学生带来的焦虑、挫折感，引导协作研究学习活动顺利进行。

### （三）培养学生分析问题解决问题的能力

机器人教育使中小学生较早地接触到科技新知识，并接受动手动脑方面的训练。它既需要各种软硬件方面知识，还需要良好的动手能力。就乐高机器人而言，学生需要掌握触动传感器、超声波传感器、声音传感器、光电传感器、NXT 和马达等的功能和使用方法，同时还需要学会使用 NXT Programming 软件进行编程。通过动手制作培养学生的发现问题解决问题的能力。

在蝎子机器人的编程中，有的小组的蝎子机器人的尾部摆动范围过大，致使触动传感器会碰撞地面，可能造成触动传感器损坏的现象。通过分析，大家将 A 马达的摆动幅度调整到了 50 度，不但避免了仪器的损坏而且达到了防御的目的。

### （四）重视活动中介对学习活动的支持作用

中学机器人教学与许多课程一样，需要许多知识储备和良好的数学、物理学知识。如果单纯的讲解各个器件的功能和使用方法，难免使课堂显得单调乏味。所以，在机器人课程中，教师应该适当的添加教学活动，在激发学生兴趣的基础上，巩固本节知识。笔者认为比较有效的方法就是结合课堂知识点的制作活动，提出任务让学生分组搭建和编程，最后展示作品并分享制作心得。这样不仅能让学生认识自己作品的优缺点，而且可以提高学生的自我效能感。

## 结语

基于设计的研究以设计作为探究的手段，强调实际教学问题的解决，注重理论、情境和设计相结合。在我国机器人教学良莠不齐的背景下，基于设计的研究范式为中学机器人教学提供了理论指导。通过分析、设计、实施和评价四个阶段迭代循环，不断提高学生分析问题、解决问题的能力。

### 参考文献

[1] Said Hadjerrouitht. A Blended Learning Model in Java Programming: A Design-Based Research Approach[DB/OL]. http://studweb. north. londonmet. ac. uk/～chalkp /res/Boyle-et-el-2003. pdf.

[2] Barab,S,Squire,K. Design-Based Research: Putting a Stake in the Ground [J]. Journal of Learning Sciences,2004,13(1):1-14.

[3] Sasha Barab. Design-Based Research: A Methodological Toolkit for the Learning Scientist [A]. Sawyer,R. K(Ed.), The Cambridge Handbook of the Learning Sciences [C]. New York: Cambridge University Press,2006. 153-171.

[4] 杨南昌. 基于设计的研究：正在兴起的学习研究新范式[J]. 中国电化教育，2007，(5)：7.

[5] 焦建利. 基于设计的研究——教育技术学研究的新取向[J]. 现代教育技术，2008，(5)：5-11.

[6] 王文静，谢秋葵. 基于设计的研究：教育理论与实践创新的持续动力[J]. 教育理论与实践，2008，(11)：7-11.

[7] 解素敏. 基于设计的研究范式在教育游戏研究中的应用[C]. 信息技术环境构建与环境应用论文集，陕西师范大学知识媒体研究所，2009.

[8] Kari Kuutti. Activity theory as a potential framework for human-computer interaction research[C]//Nardi B. context and consciousness: Activity theory and human-computer interaction. Cambridge, MA: MIT Press, 1996:25.

[9] Lantolf J P, Thorne S L. Sociocultural Theory and the Genesis of Second Language Development [M]. New York: Oxford, 2006:210.

### 作者简介

秦健，1962 年生，女，江苏人，副教授，硕士，研究方向：人工智能与机器人，通用技术。

# 英语实例语法检查器的设计与实现*

王全斌，吴敏

（中国科学技术大学现代教育技术中心，安徽合肥，230026）

**摘　要**：该文以C++为编程工具，设计实现了基于实例的高效率英语语法检查器。通过对实例采用特殊的命名机制并预先对实例集进行排序，检查器在匹配过程中可以运用二分查找技术，大大地降低了完成匹配的时间复杂度。实验表明这种检查器达到了预期的设计目标，能更高效地检查语法错误。

**关键词**：实例；语法检查；设计；实现

# Design and Implementation of Instance-based English Grammar Checker

**Abstract**: In this paper, we design and implement a high efficiency English grammar checker using C++ as programming tool. By applying special naming mechanism to instance and pre-sorting the set of instances, the designed checker can use a binary search technique during the matching process, which significantly reduces the time complexity for matching. Experiments show that the checker achieved the desired design goals, and it can check grammar errors with high efficiency.

**Keywords**: instance; grammar check; design; implementation

## 引言

在英语教学中，写作作为语言输出的一种重要练习方式日益得到了广大师生的重视。通常，学生的习作中存在着大量的语法错误，人工批改这些错误费时费力，若计算机能准确高效地识别其中的语法错误，将会给教学提供很大的便利。

现有的语法检查系统所实现的方法多数是基于规则和基于统计的方法，整体效果尚可，但它们一般无法准确地指出错误的位置及详细信息，更不能提供详细的修改意见。基于实例的语法检查器能够克服上述缺点，同时，它还具有易于扩展的优点。

本文旨在设计并实现一个高效的英语语法检查器，帮助师生纠正在英语写作练习中出现的语法错误。

## 一、实例语法检查概述

所谓实例是通过单词串来表现出英语的语法规则，但是，采用最基本的实例模式会产生的一个巨大问题就是实例数量无限扩大，使实例匹配效率极低。例如，对于下面的实例：

advise me gone , advise her gone , advise them gone , advise Tom gone,

advise me held , advise her held , advise them held , advise Lily held……

可以看出，仅 advise 的这一种错误用法就不胜枚举，如果采用这样的实例表示方法，实例规模是无限大

* 所属项目：英语作文自动评分（中国科学技术大学现代教育中心实验室研究项目）。

的。而我们注意到上面的实例可以概括为 advise PRP|NNP VBD|VBN，这就是负实例模式，其中 PRP 表示人称代词，NNP 表示单数名词，VBD 表示动词的过去式，VBN 表示动词的过去分词。也就是前述负模式表示 advise 后接人称代词或单数名词，再接动词过去式或过去分词，当然这一实例还可以继续扩展以便匹配更多的此类错误。采用这种负实例模式表示语法的最大好处就是它可以大幅降低实例数量，提高语法检查的效率。

事实上，即使采用这种负模式，实例规模仍然很大。针对这一问题，本文尝试实现的语法检查器将实例以特殊的方式命名，然后通过二分查找技术来实现实例的匹配，这样大大的提高了检查器的效率。同时，该检查器可以运用大量经过详细标注的中国学习者的习作样本来分析提取实例，使它可以把握中国学习者易犯语法错误的同时，识别出中式英语等一些习惯用法上的错误。

## 二、实例语法检查的设计

实例语法检查的设计核心内容包括两个方面：第一，实例的表示及存储方式。实例的表示首先要求能高效地实现匹配，其次要看起来比较明确清晰，此外还要易于扩展。因此，设计合适的实例存储方式极其重要；第二，设计检查器的核心类，这其中包括对输入字符串的处理流程、实例文件的读入和存储方式及实例的匹配策略。

**1. 实例文件的表示与存储**

检查器所用的实例使用 XML 文件形式进行存储，前述的 advise PRP|NNP VBN|VBD 的实例表示如下：

```
<instance id="1" name="advise">
  <match>
   <token inflected="yes">advise</token>
   <token reg="yes" postag="yes">PRP|NNP</token>
   <token reg="yes" postag="yes">VBN|VBD</token>
  </match>
  <advice> The usage of 'advise' is not right, it is used like this ...
  </advice>
  <example>
  He advised me to wait for the next bus.
  </example>
</instance>
```

该实例中，id 属性是自增长的，作为标识该实例的依据，name 属性值设置稍复杂，由第一个 token 标签的内容和数个下划线组成，这样设计目的是提高匹配的效率；advice 标签指出该错误的详细信息及建议；example 标签的作用是针对该错误举例说明正确的用法；match 标签表示是实例匹配的依据，各 token 标签则是表示相应的匹配单词，其中 token 标签中的 inflected 属性表示是否允许匹配该单词的所有曲折形式，reg 表示该 token 匹配时是否允许正则表达式匹配，postag 表示该 token 匹配时匹配的是否为单词的 pos 标签。

除了上述例子中涉及到的属性，token 还有一些其他高级属性来匹配更复杂的实例。例如，skip 属性允许本 token 匹配成功后跳过数个单词匹配下一个 token，token 中可以嵌套 exception 标签来处理通用实例中的一些例外情况，二者配合起来使用往往可以将一些复杂错误实例化。

实例集主要通过两种方式获取，其一是从按照特定规则进行过详细标注的语料库中自动生成，其二，对于大部分混合型复杂错误，采取人工方式将其进行实例化。所有这些实例以一个 XML 文件的形式存储，在构造检查器类的时候，会预先将该文件读入内存，并按它们的 name 属性进行分类排序。

**2. 检查器中核心类的设计**

语法检查器中包括 5 个核心类，具体设计及相互引用关系如图 1 所示（图中仅列出了各类中的核心属性和方法，且参数表较长函数的参数表省略未写）。Word 类是单词的模型，包括单词字符串、pos 标签及词干三个属性；Sentence类中包括单词串、是否进行过语法检查及检查结果等属性，语法检查时的传入参数即为该类的实例；Token类是以XML实例文件中token的模型来建立的类，是实现单词匹配功能的基本类；Instance类表示一个完整的实例，其中实现了句子与该实例匹配的方法；MatchedInstance类是当所要检查句子与实例集产生匹配时记录匹配信息所用的模型；Checker类是检查器的核心类，其中保存了实例集及各类实例的数量，另外，它还提供了对实例集进行排序及对句子进行语法检查（包括传统匹配方式和二分查找方式）等核心方法。

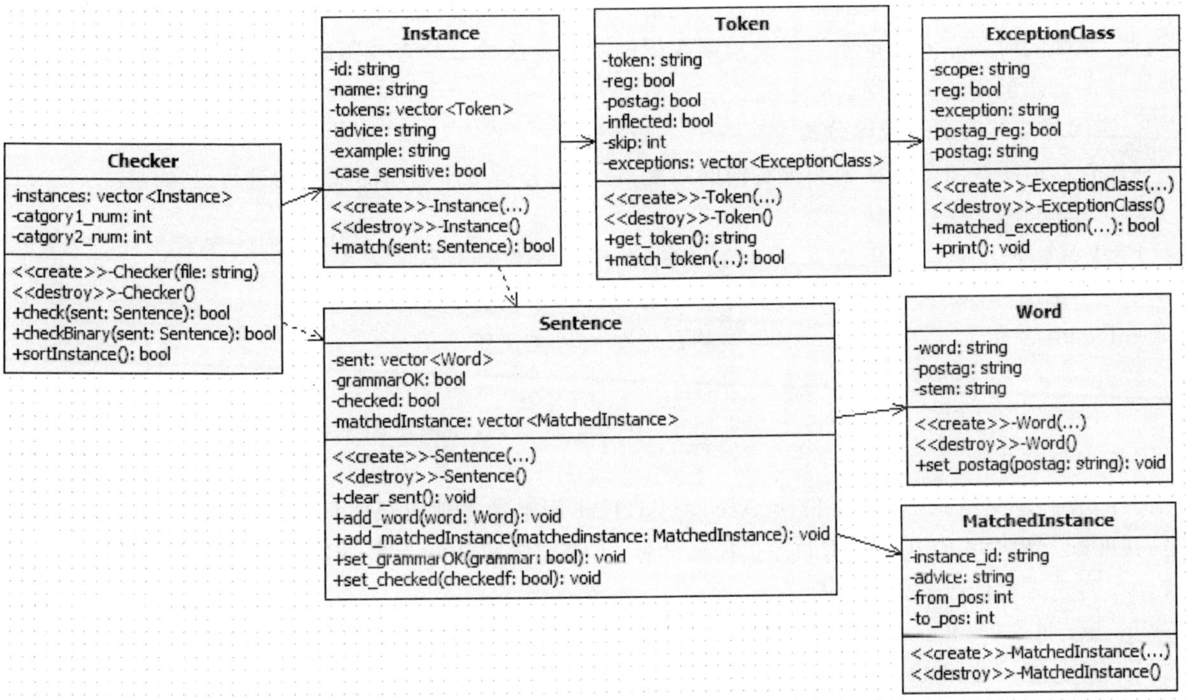


图1　语法检查器中核心类的类图

## 三、语法检查的流程及匹配策略

### 1. 语法检查实现的流程

语法检查中，输入为一段文本，输出为与该段文本匹配的实例信息。进行语法检查前，首先要通过Checker类的构造函数读取XML文件建立Checker类的一个实例，此处运用了C++的Boost库作为工具。具体的语法检查步骤实现如下：

（1）对输入文本进行分句、分词。

（2）对各句进行pos标注及词干分析，建立并完善句子模型Sentence的属性信息以方便进行实例匹配。

（3）通过调用检查器实例的check(Sentence& sent)方法，将输入句子与实例之间进行匹配，并将匹配信息记录到sent中。

### 2. 实例的命名策略

虽然负实例模式已经极大程度上减小了实例的规模，但是在实际应用中其数量仍然很大，使用传统的逐个匹配方法将使得匹配的时间随着实例规模及输入句长的增大呈大幅度上升的趋势。作者尝试对本检查器采用两种策略来改善其效率：首先，我们运用自然语言处理中的线图分析法，这样只需对输入文本进行一遍完整扫描即可实现匹配；其次，对实例的name属性进行特殊设置是提高匹配效率的另一关键手段。由于实际匹配时大部分时间都耗费在第一个token的匹配上，因此提高第一个token的匹配效率是减少匹配时间的关键。

本检查器将name属性按照实例中第一个token标签的reg及postag值不同分为三类：第一类是第一

个 token 标签属性 reg = "yes",此时 name 属性值为两个下划线后面加上 token 的属性值(例如 name="__a|an");第二类是不含 reg 属性且 postag = "yes",此时 name 属性值为单个下划线后加 token 的属性值(例如 name="_VBD"),第三类是标签中既不包含 reg 属性也不包含 postag 属性,此时 name 值直接为 token 的属性值(如前述实例 name="advise")。

采用上述的规则进行命名,在读入实例时预先对实例按照 name 属性进行排序。在检查时,由于第二类和第三类 name 中不含有正则表达式,都可以通过二分查找进行检索匹配,第三类错误则通过传统的逐个匹配方法进行检索。通过对实例的整理研究发现第一类和第二类的实例极少,大部分的实例都集中在第三类中,因此,匹配的时间主要决定于第三类错误实例的匹配。这种二分查找策略与传统的逐个查找方法相比,大大的降低了匹配需要的时间。

**3. 匹配算法的实现及效率分析**

本检查器运用线图分析法来实现实例的匹配,首先对分析中所运用的弧结构进行定义:

```
Struct Arcc{
  bool active;           //是否为活动弧,如不是,说明该弧已匹配成功
  int begin;             //与目标字符串匹配的开始位置
  int end;               //与目标字符串匹配的结束位置
  Instance instance;     //匹配的实例
     int token_index;    //匹配到实例中 tokens 的位置,如果匹配完毕,则将 active 置//为 false;
};
```

另外,我们定义结构 typedef list<Arcc> ArcList 用来动态地记录匹配信息。采用 list 容器的主要原因是:在匹配过程中我们基本采用顺序扫描活动弧,不需要随机访问元素,但需要频繁地添加新弧或删除无用弧,list 对这方面的操作效率较高。

Checker 类中的 checkBinary 为二分匹配算法,原型为 bool checkBinary(Sentence &sent)。另外,检查器实例中两变量 catgory1_num、catgory2_num,分别记录了实例类别一与类别二的数量,通过它们可以将实例集分为三块。

具体匹配算法描述如下:

1、定义空链表 ArcList arcli,初始化 words = sent. words;

2、for i = 0 to words. size() do :

2.1 尝试用 words[i]扩展 arcli 中的所有活动弧(active=false),若成功,则更新弧信息,若不成功,从 arcli 中删除该弧。

2.2 对第二类错误全集以 name 属性为依据进行二分查找,找出与 words[i]相匹配的实例,并添加到 arcli 中。

2.3 对第三类错误全集仍以 name 属性为依据进行二分查找,找出匹配的实例加入到 arcli 中。

2.4 对 arcli 中的所有弧进行扫描,若已成功结束匹配,则标记为非活动弧(active=true)。

3、扫描 arcli,其中所有非活动弧中的匹配信息属于匹配结果的一部分,用来更新 sent 的匹配信息。

4、对第一类错误进行逐个匹配,若有匹配,将匹配信息加入到 sent 中。

假设匹配时句子的长度为 n,实例集中实例的个数为 m,传统的匹配需要用两层循环来扫描句子进行逐个匹配,时间复杂度为 $O(m*n^2)$;本检查器只需要对句子进行一次扫描,另外,前面已述匹配的效率主要决定于第三类错误的匹配时间,故本匹配算法的时间复杂度为 $O(n*\log m)$,理论上匹配时间远低于传统的匹配算法,但是本算法需要额外的开销,因此在实例数量较少时效果未必优于传统的匹配算法。

## 四、实验结果

对于输入句子"The doctor advised me taken a complete rest.",结果如图 2 所示。

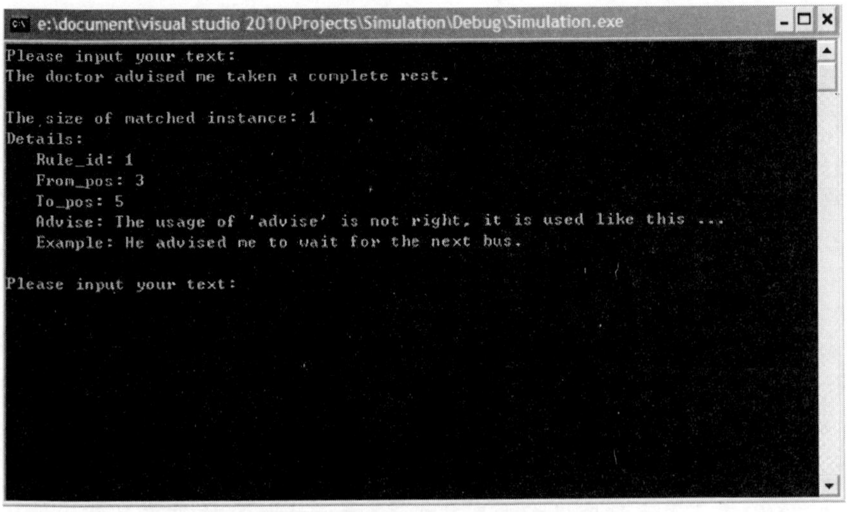


图 2　对输入句子进行检查后的结果

由于实例集中包含有前述实例，所以输入句子存在相应的匹配。从匹配结果可以看出，对于该输入句子有一个实例匹配成功，详细信息说明了匹配的位置为句子的第三个到第五个单词，并且给出了建议和例子。

之后，在测试句子中随机选择100个作为测试集，针对不同规模的实例集对该测试集分别统计逐个匹配法与二分匹配法所用的时间如表1所示。

**表1　测试集句子在两种匹配方法下所用时间随实例规模变化表**

| 实例规模 | 10 | 100 | 500 | 1000 | 2000 |
|---|---|---|---|---|---|
| 传统匹配(ms) | 89 | 452 | 1969 | 3681 | 6815 |
| 二分匹配(ms) | 140 | 265 | 281 | 297 | 312 |

从实验结果可以看出，当实例规模较小时，由于维护弧结构所具有的额外开销，二分匹配与传统匹配比并未体现出明显的优势，但随着实例规模的逐渐增大，二分匹配的高效性体现得越来越明显。

## 五、结论

基于实例的语法检查不仅可以更针对地检测出传统的语法错误，还可以检查出一些用法上的错误，而且与其他检查方法相比它能给出更精确的错误位置和错误信息，更有效地帮助学习者提高英语水平。另外，本检查器对实例采用了特殊的命名机制，在匹配时核心部分采用二分查找技术，这使得我们的语法检查器更加高效。

### 参考文献

[1] 谢坤武.基于实例的语法检查研究[J].湖北民族学院学报，2009(3)：40-43

[2] 茅海.英语语法自动检错系统的设计与实现[M].中国科学院计算技术研究所硕士论文，1997(5)

[3] Daniel Naber. Diplomarbeit. Technische Fakultät, Universität Bielefeld. A Rule-Based Style and Grammar Checker [EB/OL]. http://www.danielnaber.de/languagetool/download/style_and_grammar_checker.pdf，2003-08-28/2012/10/09

### 作者简介

王全斌，1988年生，男，汉族，吉林松原人，硕士，研究方向：自然语言处理方向。

# 教育信息化研究热点与发展趋势的词频分析

胡小勇，张聪
（华南师范大学教育信息技术学院，广东广州，510631）

**摘　要**：文章旨在采用词频分析法，选取2001年至2011年期间我国教育技术领域核心期刊中关于“教育信息化”的研究性论文作为研究样本，对论文中的关键词和摘要中的主题词进行统计分析，研究教育信息化发展的现状热点及趋势走向。通过分析得出我国教育信息化的研究热点是：基础教育、高等教育、教师发展、教育资源和信息技术等在教学实践中和教育技术推广应用中的实际问题。我国教育信息化的发展趋势是：基础教育和高等教育的信息化实践应用水平日益提高，对区域教育的优质教育资源的均衡发展越来越重视，对教师和学生能力的培养越来越关注，并按照“十二五”规划，实行教育信息化改革，实现教育信息化更高、更快、更和谐发展。在文章的最后针对研究结果提出反思。

**关键词**：教育信息化；研究热点；发展趋势；词频分析

# Word Frequency Analysis for The Hotspots and Trends of Educational Informatization

Hu Xiaoyong, Zhang Cong
(College of Educational Information Technology, South China Normal University,
Guangdong Guangzhou, 510631)

**Abstract**: This research aims to study the hotspots and development trend of educational informatization by selecting research papers, whose titles contain the words about educational informatization, in the core journal of Chinese educational technology from 2001 to 2011 and making a statistical analysis of their keywords and subject terms of abstracts using a method of word frequency analysis. Analysis indicates that the hotspots of Chinese educational informatization are the practical problems that basic education, higher education, teacher professional development, educational resources and information technology face in the practice of teaching and the application and extension of educational technology. And trends of educational informatization are the improvement of the level of basic education, higher education in informationalized practical application and the increasing emphasis on the balanced development of the quality educational resources of the regional education, and the more focus on the cultivation of teachers and students' ability. It will carry out the informational reform to achieve better, faster, and more harmonious development of informational education according to the "Twelfth Five-year" plan. And finally proposed the reflection to the research results.

**Keywords**: educational informatization; hotspots; trends; analysis of word frequency

## 一、研究背景

百年大计，教育为本。社会的发展离不开教育，社会的信息化离不开教育的信息化，教育信息化是整个社会信息化的基石。教育信息化旨在融入信息技术的理念、采用信息技术的手段、利用信息技术的资源，全方位开展信息化的教育，使人们掌握信息社会的技能，适应信息时代的生活。因此，教育信息化成为世界各国在社会信息化发展过程中最关注的一个领域，成为整个社会信息化发展必然的趋势。

目前，国内外对教育信息化的研究正如火如荼地进行，教育领域的学者为教育信息化的研究投入了大量的精力。就我国情况而言，进入21世纪以来，国家对教育信息化高度重视，大力开展教育信息化的研究与实践，在"十二五规划"中更是对教育信息化的建设提出了具体的发展目标和设想。鉴此，本研究依据我国教育信息化研究的发展历程，以"教育＋信息化"作为题名检索词，检索中国期刊全文数据库(CNKI)中教育技术六本核心期刊《电化教育研究》《中国电化教育》《中国远程教育》《现代教育技术》《现代远距离教育》《开放教育研究》中从2001年至2011年收录的相关研究性论文共有3145篇，按照年份统计其数量发展情况，如图1所示：

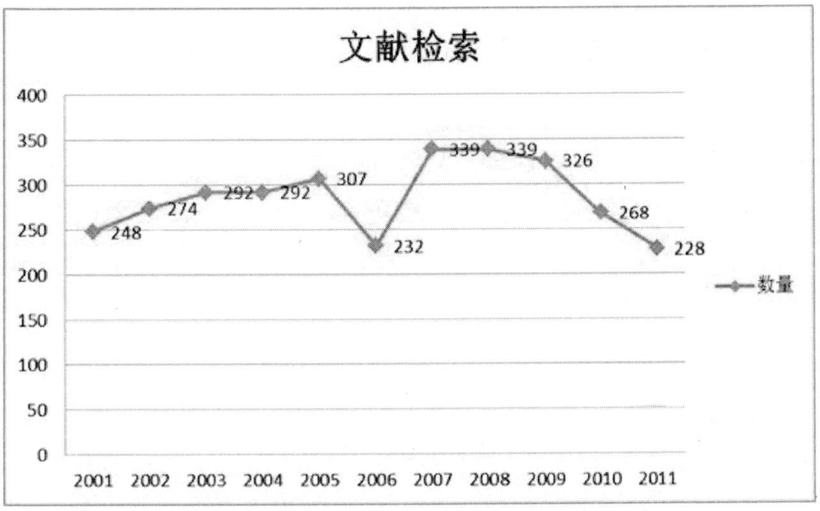


图1　2001年—2011年CNKI中教育信息化研究性论文数量发展情况

由此可见，在进入信息时代后，教育领域的专家学者们对教育信息化保持着较大程度的关注，相关研究成果越来越丰富，这将对我国教育事业的发展起到重要的推动作用。

本研究旨在采用文献计量学的词频分析法，对上述来源于CNKI中教育技术六本核心期刊近11年来关于"教育信息化"的研究性论文进行统计分析，以期通过实证的方式呈现近十多年来教育信息化研究的重点、热点变迁以及发展趋势，为教育信息化的发展提供精确的量化信息，为今后相关研究提供参考依据。

## 二、研究方法和过程

### (一) 研究方法

词频分析法，是指利用能够揭示或表达文献核心内容的关键词或主题词在某一研究领域文献中出现的频次高低来确定该领域研究热点和发展动向的文献计量学方法[6]。由于一篇文章的关键词或主题词是文章内容的高度概括和提炼，因此某一关键词或主题词在其所在领域的文献中反复出现，则可反映出该词多表征的研究主题是该领域的研究热点。另外，统计关键词或主题词的频次在一定时间范围内的变化则有助于探寻该领域研究的发展趋势。

### (二) 研究过程

#### 1. 样本选取

本研究选取我国教育技术领域的六本国家级核心期刊《电化教育研究》《中国电化教育》《中国远程教育》《现代教育技术》《现代远距离教育》《开放教育研究》作为样本来源，在中国期刊全文数据库(CNKI)中收集了从2001年到2011年具有题名检索词“教育+信息化”的研究性论文共3145篇(不包括期刊中的首语、消息、广告、通知、动态、会议纪要等)。

**2. 获取关键词和主题词**

将每篇论文中的关键词记录下来,同时,利用ROST CM6(ROST Content Mining System Version 6.0内容挖掘系统)对文章的摘要进行分析,生成高频词表,挑选位置排在前十名的词语作为摘要中的主题词。

**3. 关键词和主题词处理**

(1) 合并同义词

考虑到不同的作者可能采用不同的术语表达同一概念,本研究对获取的关键词和主题词进行了合并同义词处理,如将“中小学教育”与“基础教育”合并为“基础教育”等。

(2) 概括同类词

为了方便术语的分类和频数的统计,使其能够集中反映某一方面的主题内容,本研究对属于同一类别或同一主题的术语进行概括处理,如将“国际”、“发达国家”、“西方国家”、“韩国”、“美国”和“英国”等词概括为“国外”等。

**4. 术语的统计和计算**

将经过处理的术语进行“并集”运算,得到该论文中待统计分析的术语集合。按以上步骤将各年份的样本文献进行关键词和主题词统计,如果术语出现的频数较少,则说明该术语所代表的研究方向或研究方法不能代表一种趋势。因此本研究将出现频数大于等于8次的术语作为本研究的研究对象,对于出现频数少于8次的术语,本研究不予考虑。计算术语增长的方法很多[7],由于样本论文历年的总数存在差异,采用的术语增长的计算步骤如下:

(1) 用当年某一术语的频数除以当年所有术语的总频数,得到的数记为f1;

(2) 用上一年该术语的频数除以上一年所有术语的总频数,得到的数记为f2;

(3) 用f1除以f2减去1再乘以100%,得到术语在当年比重的增长情况,具体计算公式$F=(f1\div f2-1)\times 100\%$,若该术语在上一年中没有出现,则增长比重等于当年出现的频数乘以100%。

**5. 术语分类**

一般情况下,频数始终居高的术语往往代表着某一学科研究发展中的重点,而频数变化较大的高频词则能够反映出学科研究热点的变迁。因此,本研究进一步根据频数的变化趋势将术语分为三类:A. 频数始终居高的术语;B. 呈现增长趋势的术语;C. 呈现下降趋势的术语。此外,本文作者还根据各术语的内容和特性,统计另外一类术语D. 具有代表性的术语,有助于开展更深入的研究。

## 三、研究结果

### (一) 基本情况

2001年到2011年,我国教育技术领域的六本国家级核心期刊《电化教育研究》《中国电化教育》《中国远程教育》《现代教育技术》《现代远距离教育》《中国教育信息化》的研究性论文数量、关键词和主题词个数(同义词合并后)和高频词(出现频数大于等于8的术语)数量如表1所示。

**表1 2001年—2011年六种期刊文献的各年度术语频数统计**

| 年份 | 2001 | 2002 | 2003 | 2004 | 2005 | 2006 | 2007 | 2008 | 2009 | 2010 | 2011 |
|---|---|---|---|---|---|---|---|---|---|---|---|
| 文献数量 | 248 | 274 | 292 | 292 | 307 | 232 | 339 | 339 | 326 | 268 | 228 |
| 关键词/主题词频数合计 | 1921 | 2042 | 2145 | 2236 | 2114 | 1533 | 2153 | 2701 | 2492 | 2018 | 1501 |
| 高频词数目 | 14 | 16 | 19 | 22 | 20 | 14 | 23 | 29 | 25 | 21 | 19 |

### (二) 频数始终居高的术语

计算术语频数的平均值,并选取平均频数过 8 次的术语作为平均频数居高的术语,这些术语及其在各年度的频数情况如表 2 所示。统计结果表明,近 11 年来,基础教育、教育资源、教师、高等教育、信息技术均是专家学者研究我国教育信息化发展的重点内容。

表 2　2001 年—2011 年六种期刊文献中频数始终居高的术语统计

| | 2001 | 2002 | 2003 | 2004 | 2005 | 2006 | 2007 | 2008 | 2009 | 2010 | 2011 | 平均频数 |
|---|---|---|---|---|---|---|---|---|---|---|---|---|
| 基础教育 | 52 | 72 | 75 | 83 | 91 | 94 | 99 | 93 | 88 | 84 | 81 | 82.9 |
| 教育资源 | 20 | 55 | 42 | 47 | 81 | 94 | 93 | 83 | 94 | 98 | 93 | 72.7 |
| 教师 | 40 | 69 | 45 | 49 | 75 | 85 | 77 | 69 | 60 | 83 | 57 | 64.5 |
| 高等教育 | 10 | 16 | 32 | 54 | 53 | 67 | 68 | 72 | 75 | 77 | 77 | 54.6 |
| 信息技术 | 34 | 50 | 37 | 25 | 72 | 35 | 64 | 59 | 38 | 17 | 9 | 40.0 |

### (三) 呈增长趋势的术语

在某一年首次出现并且以后出现的频数逐年上升的术语或者在历年中出现的平均比率总体呈上升趋势的术语,其整体发展趋势是上升的,说明了这些术语是近期的研究热点。2001 年到 2011 年频数比率呈现增长趋势的术语及其相应的比重增长率如表 3、表 4 所示。

表 3　呈增长趋势的术语各年度频数统计

| | 2001 | 2002 | 2003 | 2004 | 2005 | 2006 | 2007 | 2008 | 2009 | 2010 | 2011 |
|---|---|---|---|---|---|---|---|---|---|---|---|
| 基础教育 | 52 | 72 | 75 | 83 | 91 | 94 | 99 | 93 | 88 | 84 | 81 |
| 高等教育 | 10 | 16 | 32 | 54 | 53 | 67 | 68 | 72 | 75 | 77 | 77 |
| 教育资源 | 20 | 55 | 42 | 47 | 81 | 94 | 93 | 83 | 94 | 98 | 93 |
| 贫困地区 | 14 | 19 | 30 | 41 | 32 | 34 | 54 | 66 | 75 | 79 | 73 |

表 4　呈增长趋势的术语各年度比重增长率

| | 2002 增 | 2003 增 | 2004 增 | 2005 增 | 2006 增 | 2007 增 | 2008 增 | 2009 增 | 2010 增 | 2011 增 |
|---|---|---|---|---|---|---|---|---|---|---|
| 基础教育 | 30.3% | −0.8% | 6.2% | 16.0% | 42.4% | −25.1% | −25.1% | 2.6% | 17.9% | 29.6% |
| 高等教育 | 50.5% | 90.4% | 61.9% | 3.8% | 74.3% | −27.7% | −15.6% | 12.9% | 26.8% | 34.4% |
| 教育资源 | 158.7% | −27.3% | 7.4% | 82.3% | 60.0% | −29.6% | −28.9% | 22.8% | 28.7% | 27.6% |
| 贫困地区 | 27.7% | 50.3% | 31.1% | −17.4% | 46.5% | 13.1% | −2.6% | 23.2% | 30.1% | 24.2% |

### (四) 呈下降趋势的术语

呈现下降趋势的术语及其各年度的比重增长率如表 5、表 6 所示,术语"网络"和"数字校园"在近 11 年来呈现逐渐下降的趋势,且幅度较大。

表 5　呈下降趋势的术语各年度频数统计

| | 2001 | 2002 | 2003 | 2004 | 2005 | 2006 | 2007 | 2008 | 2009 | 2010 | 2011 |
|---|---|---|---|---|---|---|---|---|---|---|---|
| 网络 | 76 | 71 | 60 | 54 | 60 | 50 | 42 | 30 | 31 | 11 | 9 |
| 数字校园 | 82 | 83 | 83 | 72 | 62 | 61 | 50 | 43 | 25 | 19 | 10 |

表 6　呈下降趋势的术语各年度比重增长率

| | 2002 增 | 2003 增 | 2004 增 | 2005 增 | 2006 增 | 2007 增 | 2008 增 | 2009 增 | 2010 增 | 2011 增 |
|---|---|---|---|---|---|---|---|---|---|---|
| 网络 | −12.1% | −19.6% | −13.7% | 17.5% | 14.9% | −40.2% | −43.1% | 12.0% | −56.2% | 10.0% |
| 数字校园 | −4.8% | −4.8% | −16.8% | −8.9% | 35.7% | −41.6% | −31.4% | −37.0% | −6.1% | −29.2% |

# 四、讨论

## (一) 平均频数最高的术语“基础教育”——教育信息化研究的核心

“基础教育”是近 11 年来平均频数最高的术语，且频数与其他术语的差异明显，从一定层面可以反映出“基础教育”是近 11 年来教育信息化领域研究的核心，推进基础教育的信息化建设成为教育领域的专家学者共同关注的焦点。

将与术语“基础教育”在同一篇论文中的其他术语进行整理，利用 ROST CM6 的社会网络和语义网络分析功能，对“基础教育”的研究内容进行进一步的具体分析，生成的可视化网络图如图 2 所示，从中可以直接地看出“基础教育”和其他术语之间的连接关系。

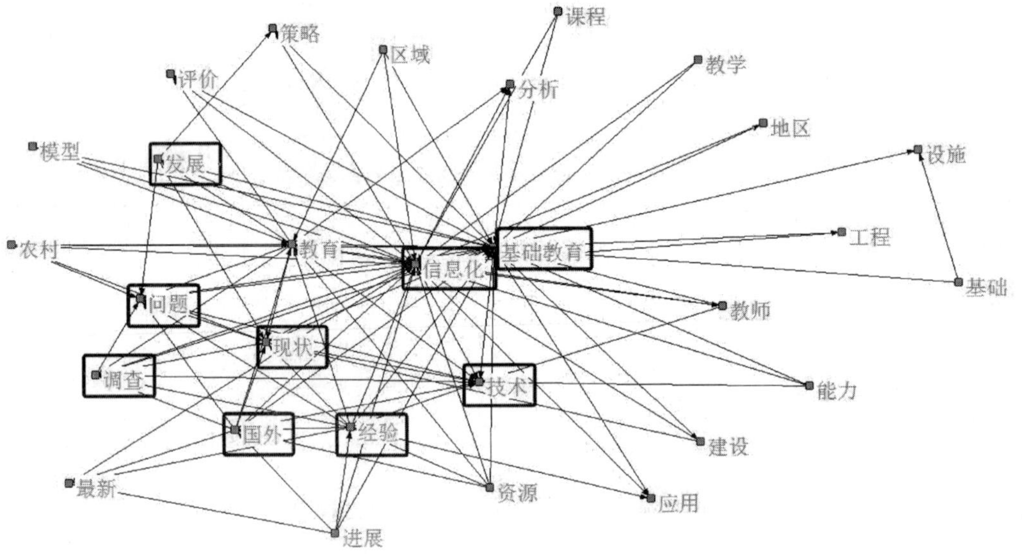


图 2　“基础教育”和其他术语的整体网络图

首先，通过对网络图的中心性分析，可以明显看出“基础教育”处于中心地位。其次，对网络图进行凝聚子群分析，找出与“基础教育”关系密切的术语。从图 2 中可以筛选出与“基础教育”联系紧密且能够代表基础教育信息化研究领域某方面主题的术语，分别是：信息化、技术、现状、问题、国外、经验、调查、发展等，总结出在“基础教育信息化”研究中主要的研究热点主要包括：(1)国外基础教育信息化的最新进展及优秀经验技术；(2)我国基础教育信息化的现状问题；(3)我国基础教育信息化的可持续发展。

## (二) 呈现增长趋势的术语——近期的研究热点

表 3、表 4 的统计可以看出“基础教育”不仅是平均频数最高的术语，也是近 11 年来平均频数始终在高基数水平上呈现增长趋势的术语。自从我国开展教育信息化建设以来，“基础教育”就日益引起社会各界的广泛关注，教育部在 2007 年以前(包括 2007 年)每年都颁布实施关于“基础教育信息化”的相关政策。同时，这也从一个侧面反映出随着教育信息化的发展，人们在基础教育领域发现的研究问题日益增多，相关的研究也越深入。

术语“高等教育”是近 11 年来频数增长幅度最明显的术语之一。高等教育领域的信息化建设是我国教育信息化建设重要组成部分，而且是教育信息化建设的排头兵和试验点，起着引领教育信息化发展的作用，因此，高等教育的信息化研究越来越受到专家学者的关注。

“教育资源”是教育开展过程中的关键因素之一，是研究教育教学的重点。在教育信息化发展中，教育资源扮演者举足轻重的角色，教育资源从传统教育到信息化教育过渡的进程中，从内容到形式都发生了最显著的变化。

本研究中“贫困地区”是一个概括性的术语，其含义包括农村、西部地区、落后山区等经济不发达、教育信息化水平较为落后的地区。我国区域间教育信息化发展水平存在明显差距，且长时间得不到解决，这是我国社会和谐发展的障碍。因此，对“贫困地区”教育信息化发展的关注将越来越多，这也是今后广大教育工作者亟需解决的重大难题。

### （三）呈现下降趋势的术语——曾经的研究热点

本研究中的“网络”这一术语，主要是指代网络硬件设施的建设，包括网络设备和仪器等的普及，不包括软件方面的，如网络课程、网络课件资源等。网络建设是教育信息化的重要组成部分，是教育信息化发展的基本条件，网络设备的普及是完成教育信息化建设的第一步。因此，在前期阶段对网络的关注更多，过了一定的时间，网络设施建设达到一定的水平，相关的关注也就渐渐淡出。在网络硬件实施普及完备之后，就要进入其他软件领域的研究。

数字校园的建设与校园网的建设是相通的，数字校园建设在校园网等硬件设施建设完成后，还要进行相关的配套软件开发，使校园网正常有效投入应用。因此，术语“数字校园”与“网络”同理，在完成硬件设施的建设之后，要进入更为关键的软件配套资源的建设和应用领域的研究。

## 五、结论与反思

### （一）研究结论

**1. 教育信息化研究热点**

通过对近11年来我国教育技术学领域六种核心期刊的研究性论文中关键词和主题词的词频统计分析得出，基础教育、高等教育、教师发展、教育资源和信息技术等在教学实践中和教育技术推广应用中的实际问题一直受到专家学者的关注，对区域教育的均衡发展也越来越重视。

**2. 教育信息化研究发展趋势**

“基础教育”和“高等教育”这两大教育的重要基地领域会一直受到专家学者的密切关注，基础教育是整个教育事业的基础，高等教育是教育信息化发展的排头兵和实验基地。在今后，对基础教育的研究将会结合新技术新媒体，并普遍推广到实践应用层面；对高等教育的研究则会密切联系更新的技术、更科学的手段。在区域教育研究中会更加注重优质教育资源的均衡配置，更加关注资源共享的方式和技术。对教师专业发展要求将越来越严格；对学生的学习地位和能力培养将越来越重视。按照“十二五”规划，实行教育信息化深层次改革，实现更高、更快、更和谐发展。

### （二）我国教育信息化研究及其发展的反思

根据近11年来“教育信息化”相关研究论文的研究领域和研究切入点，可以发现我国教育信息化研究已取得了一定的进展和成果。我国教育信息化的研究热点实现从硬软件设施到教育应用的合理发展和转变，并且具有区域均衡发展的意识。但同时也表现出在这一研究领域中存在的一些问题：研究主题分散难聚焦；多集中于泛谈理论层面；对实际问题研究不深；重学校教育轻社会教育；重教师发展轻学生地位等。

教育信息化的发展是一个系统复杂的过程，涉及到的各领域各环节，加之我国教育信息化的发展还处于初期探索阶段，在研究中存在不成熟的现象和问题也是合理的，关键在于怎样消除这些不成熟的现象以及解决存在问题。

## 参 考 文 献

[1] 洪明. 欧美国家教育信息化的现状与趋势[J]. 比较教育研究,2002(7):17-20.
[2][3] 李文英,张立新. 世界教育信息化的变革及发展趋势[J]. 外国教育研究,2007(10):71-75.
[4] 孙晓梅,耿庆军. 我国教育信息化建设的现状分析与对策研究[J]. 科技情报开发与经济,2010(24):91-93.
[5] 李华. 高等教育信息化发展中的几个热点问题研究[J]. 电化教育研究,2008(5):19-22.
[6] 马费成,张勤. 国内外知识管理研究热点——基于词频的统计分析[J]. 情报学报,2006(2):163-171.
[7] 化柏林. 图书情报学核心期刊论文关键词计量分析研究(下)[J]. 情报科学,2007(8):1176-1179.
[8] 胡小勇. 区域教育信息化可持续发展研究[M]. 北京师范大学出版社,2011:31-39.
[9] 胡小勇. 教育信息化政策执行偏差分析与对策研究[J]. 中国电化教育,2011,05: 35-39.
[10] 南国农. 教育信息化建设的几个理论和实际问题[J]. 电化教育研究, 2002(11-12): 3-6.
[11] 何克抗. 迎接教育信息化发展新阶段的挑战[J]. 中国电化教育,2006,08:5-11.
[12] 祝智庭."教育信息化带动教育现代化"的文化诠释[J]. 中小学信息技术教育,2007(5):20-22.
[13] Technology Enhances Learning in Science [DB/OL]. http://telscenter.org/.
[14] M. D Roblyer. Integrating Educational Technology into Teaching [DB/OL]. http://wps.prenhall.com/cher_roblyer_integratin_3/.
[15] Ceoforum on education technology [DB/OL]. http://www.ceoforum.org.
[16] National Educational Technology Standards for Teachers[DB/OL]. http://www.cnets.org.
[17] Becta(2005) Harnessing Technology-Transforming Learning and Children's Services. http://www.dfes.gov.uk/publications/e-strategy/ docs/e-strategy.pdf

## 作 者 简 介

胡小勇,1978 年生,男,汉族,江西奉新人,教授,博士,硕导,研究方向:信息化教育;信息化教师专业发展等。

# 新素养语言教学理论视域下的大学英语教学改革新思路

张婷婷

（广东外语外贸大学国际商务英语学院，广东广州，510420）

**摘　要**：在社会建构主义、多模态理论、布鲁姆教育目标分类（修订版）的理论框架下探讨 new literacy（新素养）语言教学理论如何把读写基本素养与新素养进行整合，以实现学生在学习活动参与度、语言实际应用能力、创造能力上的提高，而最终为大学英语教学改革以及教学目标而服务。

**关键词**：新素养；web 2.0；英语教学；大学；改革

# New Literacy：An Innovation Pathway to College English Teaching Reform at Universities

Zhang Tingting

(Guangdong University of Foreign Studies，School of English for International Business，Guangzhou，510420)

**Abstract**：This paper discusses how Web 2.0 technologies can be adopted in English language teaching at tertiary educational level，with a new literacy consideration，through a novel combination of theories of English language teaching (ELT) and information communication technology. The research，based on literature review and in-depth discussion，will deliver improved knowledge of the use of new literacies in language classroom，as well as the integration of foundational literacy and new literacies，and make contribution to the further development of theories of e-learning in a new literacy perspective which leads to the enhancement in student participation in learning activities，their enhanced real-life literacy and the ability to create and ultimately the reform in college English education.

**Keywords**：new literacy；web 2.0；english language teaching；tertiary education；reform

## 一、引言

新科技、新媒体的涌现促使我们对许多传统概念重新定义与再思考。其中，“literacy”就是一个很好的例子，辞典将之解释为读写能力——能读会写，是长久以来划分“文盲”与“非文盲”的一项主要标准，也是我国英语教学在基础教育阶段的重要目标。但现在，学界对“literacy”有了新的诠释。虽然“new literacy”（直译为“新素养”）的定义至今仍未统一，但新素养的具体形式例如谷歌搜索引擎、博客与微博、维基工具、社交网站（如 Facebook、校内网）和播客（podcast）等却被 M 世代（multi-tasking generation，译为“多任务处理一代”）每天乐此不疲地实践着。这些 Web 2.0 技术已经改变了我们信息获取的行为与过程，因此势必对学习的产生深远的影响，促使教育界在这一背景下对教学各环节，包括教学目标、教学内容、教学模式、教学手段等再思考。

大学的教育目标是为社会和各行各业培养专业人才，但目前大学教育却不能真正使学生走近生活，从语言文字教学就可见一斑。《第30次中国互联网络发展状况统计报告》显示，截至2012年6月底，中国网民数量达到5.38亿，互联网普及率为39.9%；手机网民规模达到3.88亿，手机首次超越台式电脑成为第一大上网终端。毫无疑问，信息技术的革新对我们的检索和吸收信息的行为产生了巨大影响——在后印刷时代，纸质文本已不再是最突出传播媒介[1]，根据2011年一项调查结果，数字阅读在我国已然成为全民阅读的方式之一，其中96.7%的受访者曾经“通过数字渠道进行阅读”，包括网络、移动电子终端等，而近七成(65.1%)受访者更是“经常进行数字阅读”，习惯数字阅读和传统阅读的受访者数量大体相当。由此可推断，我国有大量学生以数字方式进行读写。同时，可以预见，像2005年美国一项调查结果所指——美国青少年花在在线阅读的时间比花在印刷书籍阅读还要多[2]——在不久将来我国大学生也必然会顺势发展。

然而，学者们却为“儿童的日常生活世界使用的语言文字与学校等教育系统传授的语言文字知识的距离越来越大”[3]而感到忧心忡忡。在印刷传播媒介的时代里，表达方式主要是读与写，但在数字时代，“阅读”的内涵在不断进化，文本可以演化为PowerPoint演示文稿、网页、数字电影等非语言文本，表达方式也与时俱进。而这些正是他们日后生活和工作依赖的主要文本形式。因此，语言教师应加紧探索如何从把新素养有效地与传统课堂语言教学整合，以便找到以创造性的方式激发学生语言潜力的突破点，培养学生的语言文字素养。而这种迫切性在我国的大学英语教学里也同样存在。

教育部2004年出台的《大学英语课程教学要求(试行)》指出，大学英语的教学目标是培养学生英语的综合应用能力，特别是听说能力，使他们今后工作和社会交往中能用英语有效地进行口头和书面的信息交流，同时增强其自主学习能力，提高综合文化素养，以适应我国经济的发展和国际交流的需要。这一目标这对大学生的语言文字素养乃至综合素养的培养都提出的很高的要求。而本文将介绍new literacy(新素养)语言教学理论，并在社会建构主义、多模态理论、布鲁姆教育目标分类(修订版)的理论框架下探讨将其如何为大学英语教学改革以及为实现上述目标服务。

## 二、素养与新素养

### (一)素养与新素养的关系

“素养”，英文为literacy，在现代语境中，literacy通常指读写能力，我国学界往往把它翻译为“素养”，也叫“素质”，指决定一个人行为习惯和思维方式的内在特质。但从广义上说，中外学界中还用“literacy”指向“技能和知识”，如计算机素养(computer literacy)和理财素养(financial literacy)。综合来说，素养是一个人能做什么(技能、知识)、想做什么(角色定位、自我认知)和会怎么做(价值观、品质、动机)的内在特质的组合。但科技变革促使我们必须以历史的、动态的和开放的态度来看补充、丰富“素养”这一概念，new literacy(新素养)一词由之应运而生。

回顾历史可知，要表达意思基本上靠“识字(literacy)”。然而，在数字时代，“识字”的含义显然不断被扩展。学生在学习、生活和工作中都不得不依赖大量的信息和通信技术(ICT)、计算机、网络和数字化工具。学生要进行在线阅读，他要通过点击链接浏览页面，可能还要进行搜索、下载、保存文件。如果对这些技能一窍不通，即便他掌握了一些基本读写技巧，也与文盲无异。因此，new literacy(新素养)的内涵应从先从其与literacy(读写能力)的动态关系去把握。就字面意义言，literacy和new literacy应是承传关系——literacy指的是在纸质媒介世界中，人需要与读懂印刷文本而应具备的读写能力，属于基础素养的范畴；而new literacy对应的是在新媒介(即数字媒介)世界中，人需要读懂新文本而应具备的读写能力，而在新时代的视域中，这种能力应该属于信息时代人的基础素养的范畴。其次，new literacy还具有操作定义，“素养”是指长期积淀下来的习惯、素养，是一种内在品质，其重点在于对新媒介的态度，观察和思考问题的科学性以及批判精神；相应地，new literacy既具有工具性，指对新媒介工具的实用技能，也指通过新媒介获得知识、技能时需具备非抽象的批判精神和科学的思维习惯。因此，literacy衍生了new literacy，而又受到后者的制约：从技能层面而言，学生需要具备基本读写技能，才可进一步掌握更高层次的、为新媒介所要求的读写技能，与广阔的世界沟通，因此literacy是new literacy的前提条件，没有读写技能这样的基础素养，新素养只是空中楼阁；同时，从素质层面而言，如果没有对新媒介的科学认识和批判精神这些新素养的体内沉淀，那么读写基础素养极有可能在信息纷繁复杂的网络世界退行性发展，一言以蔽之，在信息社会，没有新素养，读写能力不可能健康全面地发展，不可能最终走向应用实践，更谈不上综合素质的提高。

### （二）新素养的定义

新素养的定义离不开以网站、网络、ICT（信息交流工具）、数字化工具为核心的新媒体。新素养的内涵是与新媒体一样与时俱进的，根据 Leu，Kinzer，Coiro，and Cammack 的定义，新素养是[4]：

包括能成功地使用和适应日新月异、不断对我们现有世界的所有领域、我们的个人和职业生活产生影响的信息与通信技术和环境的技能、战略和素质。这些新素养使我们能够利用互联网和其他信息通信技术挖掘重要的问题，检索信息，批判地评鉴信息，综合信息来解决问题，然后把解决方案传达给他人。

新素养是一种身份识别。身份是根据特有词汇、话语和其他符号来识别的，反之亦然。同样，新素养就是一种供我们使用、辨认和交流身份信息的社会语言[5]。例如，播客可通过创办属于他们自己的网络广播节目吸引潜在观众，以分享他们的生活、学习、专业知识等。他们逐渐发现自己在虚拟世界里的身份可为他们赢得新的身份标签，而这是他们喜欢的身份，例如是被标签为教育工作者、舆论领袖和 DJ 等。同样，社交网络根据专业、宗教信仰、教育背景等把人团结为小群体。通过徽标、头像、术语、表情等使用，借助数字工具和社交网络，人们标识出自己的身份。新素养工具赋予人们通过创造性的数字工具来建立身份识别。

与此同时，新素养也是一种社交实践[6]，对读写学习产生显著的影响。众所周知，读写能力不仅是从课堂教学活动所得，日常社会的交流等都时刻在教育学生如何去感受、采取行动和思考。新素养也采取同样方式对学生进行潜移默化，使其他用户在使用特定媒介时不自觉地以某种的方式进行社交，用户在无意识的情况下已经通过社交活动构成了新的社会语言。Barton 认为，“人有着不同的技能，他们利用这些技能去关联起不同的生活领域。”[7]。因此，很多新素养工具创造了社会联系和社会互动的机会，为探究式学习和协作学习这些长期为教师倡导的学习模式提供了平台。

然而，当把新素养放在英语教学的背景下讨论，那就是个相当棘手。尤其是如果英语教师不仅仅旨在给学生传授词汇语法知识，而是希望使他们语言学习与生活接轨产生现实意义，那么就需要对教学进行改革——把新素养的培养融合到教学活动之中，并规划到教学目标之内。

### （三）Web 2.0 技术和新素养

据说 Web 2.0 是由 Tim O'Reilly 在 2005 年 Web2.0 年会上提出的，Web 2.0 作为网络平台，通过网络应用促进网络上人与人间的信息交换和协同合作，其模式更加以用户为中心。典型的 Web 2.0 范例站点包括：网络社区、网络应用程序、社交网站、博客、Wiki 等等。

Web 2.0 的工具呈现以下特点：变“可读”为“可写”的网页，文本、音频和图像在其中占主导，而且原创内容百花齐放[17]；其次，交流方式从变“一对多”为“多对多”交流[8]；再次，就是内容公开化，活动社会化。Web 2.0 技术在语言教学领域有着潜在的利用价值。web 2.0 工具催生了新的“文本”，它不仅汇集了从文本、图像、动画、视频到播客等形式的海量的真实的学习材料，还促使学生迈上创作之路——即便是没有网页编辑知识的学生也可以就某个主题的内容进行改编、修订，甚至创作，而创作正是语言文字使用的最高层次。其次，Web 2.0 工具扩大协作探究的可能性，创造共享资源、学习成果的机会。

## 三、理论框架

### （一）社会建构主义视角

新素养教学理论研究立足于社会建构主义的视角。社会建构主义强调读写学习应作为一系列社会实践活动，融合于日常生活之中，以及与日常文本的交互作用之中[0]。社会建构主义学者认为，教师应该在他们共有的空间内尽可能开展父母与孩子之间、师生之间有意义的互动和对话，在对话和合作中学习。针对读写教学活动，设计的原则是强调交互性、创设具体情景（与学生家庭和社区的社会实践相关联），富于协作性以便学生与他人合作创造新观点，这一切都有利于学生们展示现有的知识，并按照他们自己方式走向学习读写之路。基于社会建构主义理论，Anderson 等人强调，从事新素养教学实践的教师，应该更加善于指导学生，此举可促进学生主动学习[10]。所谓"主动学习"，学者们主张小班教学和倡导师生间互动，共建认知、创造和交流的意义，促使共同理解的发展。社会建构主义观点为新素养教学理论走入大学英语课堂提供了理论铺垫。一方面，新素养可提高读写素养。相对于传统的死板的印刷文本，新素养工具能够提供丰富的多媒体素材，真实完整地呈现语言场景、情景。学生可以在新素养的帮助下进入特定的问题情境，进行独立探索，让他们为自己的学习角色定位、自主地根据学习目标、学习方式来选择学习材料[11]；与此同时，教师应鼓励学生实践协作学习，进行小组协商、讨论，通过集体思想争鸣，达到对所学概念比较全面、正确的理解，即最终完成对所学知识的意义建构。因此，另一方面，新素养不仅促进技能的获得，更促使内在素质的沉淀，因为新素养教育过程就是观念、态度、价值观、个性和社会关系形成的过程[12]。新素养语言教学理论对学生提出了更高的要求，促进其在思想和行动上的全面发展，而最终推动读写技能的学习与提高。

## （二）多模态理论视角

多模态化教学理论，主张利用网络、图片、角色扮演等多种渠道、多种教手段来调动学生的多种感官协同运作参与语言学习，要求老师参与教与学的互动。多模态理论强调新素养教学实践的四个主要方面：选材、制定、设计和生产。在数字时代，文本寄身于崭新的形式：图片、动画、音频、音乐、声效、甚至还有戏剧、舞蹈等艺术形式。"选材"是指利用文本产生多种组合进而产生参与者之间的互动；"制定"指的是如何把视觉元素糅合；而"设计"是该理论认为最重要的一环，指如何充分利用现有资源去创造意义。"生产"阶段是基于每个元素的独特性质的认识而创造出符合预期目标的成果。在多模态理论指导下，新素养教学理论在英语课堂的实践中的应侧重设计和生产这两个环节。在以往的教学实践中，教师设计一个活动，然后向学生发出生产出该成果的指示。然而，多模态理论要求教师在把活动设计阶段更加深思熟虑，主张让学生参与到教学活动设计过程中。过去，学生只可在生产环节中发挥作用，但新素养工具的蓬勃出现鼓励民主、平等的交流关系，而不少学生在使用这些工具时的确显示出比他们的导师更大的优势[13]。因此，学生在教学设计环节有了更大的话语权，有助于实现师生协作共同设计教学活动，有利于学生更积极、更深入地投入到学习中去。

## （三）布鲁姆最新教学目标分类学视角

布鲁姆最新目标分类学是指针对 1956 年版《教育目标分类学》一书的 2001 修订版。在修订版中，教育目标按两个维度分类。一个维度是知识内容，知识被分为 4 类：事实性知识、概念性知识、程序性知识和元认知知识，另一个维度是认知历程，每一类知识的掌握都分为 6 级水平，包括低层次思维能力三项——记忆、理解、运用，和高层次思维能力三项——分析、评价和创造。在修订版中，"评价"之上加入了"创造"，凸显了一些重要观点，其中最引人注目的是新的智育目标观和能力观的确立[14]。从新的理论框架我们可以推论，智育目标就是广义知识掌握的不同水平——最低的智育目标是知识的记忆水平，最高的智育目标是知识的运用达到了创造水平。"尽管在我们的框架中我们不得不只讨论认知过程，而不讨论与之相应的知识类型，但是复杂的过程从来不会作为结果而教授。要成为'结果'，它们必须与某种类型的知识相结合形成一个目标。[15]"创造是语言教学的最高目标，也是语言运用的最高水平，而新素养语言教学理论与布鲁姆最新教学目标相适配。微博、wiki、博客一个个富有生命力的革命性工具为"创造"这一教学目标提供了操作简易的平台，学生借助新素养工具随时随地、随心所欲地运用英语、创造英语新文本，可以最大程度激发创造力。此外，布鲁姆最新教学分类目标还折射出新的能力观。修订版的认知目标分类学中未出现能力这个术语。据此可以推论，作为智育目标的能力就是学生所掌握的不同认知过程水平的知识。也就是说，能力不在知识掌握之外，而寓于知识掌握之中[16]。传统教学论把知识、技能、能力分列为割裂的目标，但修订版给教师以启示，能力的培养寓知识的习得于一体，语言能力的获得与新素养的培养与形成携手发展。因此，新素养教学理论对于指导我国当前的大学英语教学改革具有重要的实践意义。

## 四、结语

新素养语言教学理论也带来值得思考的问题，学生在生活中长时间浸泡在新素养工具中，他们在数字工具的支持下读写，交流，获取信息，分析、评鉴信息，并可能创造出更适用于工作和生活的新语法、新体裁、新写作形式，可以预见这一切都将挑战、威胁现有的知识体系。因此，新素养教学实践也迫使英语教师去思考在这样的背景之下，我们的课堂教育应该教什么，如何引导学生。在这方面，我国的香港和台湾地区已经率先在各层次的学校的英语教学中开始了大胆创新尝试，值得我国教师借鉴。

鉴于读写素养和新素养都在信息时代都是同等重要，教师关注的重点不应该错放在二者之间的区别，而是多思考其交叉部分，使学生的课堂学习与实际应用联通。新素养教学理论的引入，有利于提高学生在学习活动参与度、语言实际应用能力、创造能力甚至是个人综合素质，与大学英语教改的目标不谋而合，因此新素养教学理论值得在实践中进一步探索。

### 参考文献

[1] Reinking, D. Synthesizing technological transformations of literacy in a post-typographic world. In D. Reinking, M. C. McKenna, L. D. Labbo, & R. D. Kieffer (Eds.), Handbook of literacy and technology: Transformations in a post-typographic world (pp. xi-xxx) [M]. Mahwah, NJ: Erlbaum. 1998.

[2] Leu, D., O'Byrne, W. I., Zawilinski, L., McVerry, J. G., & Everett-Cacopardo, H. Comments on Greenhow, Robelia, and Hughes: Expanding the new literacies conversation. [J] Educational Researcher, vol. 4: 264-269. 2009.

[3] Buckingham, D. Beyond Technology: Children's Learning in the Age of Digital Culture. [M] Cambridge: Polity Press (Wiley). 2007.

[4] Leu, D., Kinzer, C., Coiro, J., et al Toward a theory of new literacies emerging from the Internet and other communication technologies. [OL] Retrieved May, 12th from http://www.readingonline.org/newliteracies/lit_index.asp? HREF=/newliteracies/leu 2004.

[5] Gee. J. P. Situated language and learning: A critique of traditional schooling. [M] London: Routledge. 2004.

[6] Gee, J. P. Reading as situated language: A sociocognitive perspective [J] Journal of Adolescent & Adult Literacy, 44 (3): 714 - 725. 2001.

[7] [9] [12] Barton, D., & Hamilton, M. Literacy practices. In D. Barton, M. Hamilton & R. Ivani(Eds.), Situated literacies: Reading and writing in context. pp. 7-15. [M] London: Routledge. 2000.

[8] Gruber, T. Where the Social Web Meets the Semantic Web. [OL]Retrieved May, 10th from: http://tomgruber.org/writing/social-web-meets-semantic-web.pdf 2006.

[10] Anderson, R. S., Grant M. M & Speck, B. W. Technology for literacy: A resource fork-8 teacher. [M] Upper Saddle River, NJ: Pearson. 2008.

[11] Yang, Lianrui & K. Wilson Second language classroom reading: a social constructivist approach [J] The Reading Matrix, Vol. 6 (3). 2006.

[13] Hampel, R. Rethinking task design for the digital age: A framework for language teaching and learning in a synchronous online environment [J] ReCALL 18 (1): 105 - 121. 2006.

[14] [16] 斯考隆. 教师备课指南—有效教学设计[M] 中国轻工业出版社，2009.

[15] Anderson, L. W. & Krathwohl, D. R., et al (Eds.). A Taxonomy for Learning, Teaching, and Assessing: A Revision of Bloom's Taxonomy of Educational Objectives. [M] Allyn & Bacon. Boston, MA. 2001.

### 作者简介

张婷婷，1980 年生，女，出生地广州，讲师，硕士，研究方向为计算机辅助语言教学。

# 利用电子教育平台实现高校个性化人才培养的探讨

衷尔豪，郑学瑜，杨慧娟
（南海东软信息技术职业学院，广东佛山，528225）

**摘　要**：个性化人才培养从古至今就是社会和学生所希望的人才培养模式。但是在我国的高等院校中，面对个性和自身发展能力有很大差别的大学生群体，长期以来采用的是基本不变的集中教学模式和教学计划。这种模式不利于各高校学生的个性化发展，还可能造成各种资源浪费。随着科学技术的不断进步，实现高校个性化人才培养已经具备了软件和硬件基础。这篇论文对高校个性化培养学生的需求和意义进行了分析，并讨论了电子教育平台在个性化培养高校学生中的作用和优势。在此基础上论述了高校个性化人才培养电子教育平台的设计与实现，最后对该电子教育平台的运行流程和维护给出了说明。

**关键词**：个性化；电子教育平台；人才培养

# The Exploration For Using E-education Platform to Realize Personalized Talent Training in Colleges and Universities

Zhong Erhao, Zheng Xueyu, Yang Huijuan
(Neusoft Institute of Information Technology, Nanhai, Foshan, Guangdong, 528225)

**Abstract**: The society and students have been hoping personalized talent training model since ancient times. But in our country's colleges and universities, for these students with very different personality and self-development ability, have essentially used the analogous centralized teaching mode and teaching programs for a long time. This mode is not conducive to the development of the personality of the students, and may also cause a variety of waste of resources. With the continuous progress of science and technology, personalized talent training in colleges and universities has obtained the basis of software and hardware. This paper analyzes the needs and significance of personalized talent training in colleges and universities, and discusses the role and benefits of e-education platform for personalized training the students. On the basis this paper expounds the design and implementation of the e-education platform in personalized talent training, and finally, explains the operational process and maintenance of the e-education platform.

**Keywords**: personalized; e-education platform; talent training

## 一、引言

个性化人才培养从古至今就是社会和学生所希望的人才培养模式，“因材施教”很早在国内外的教育界就已经形成了共识[1]。但是在我国的高等院校中，面对个性和自身发展能力有很大差别的大学生群体，长期采用的是基本不变的集中教学人才培养模式（近年来虽然有所改革，但没有根本的变化）。这种模式主要包括以下几个方面的内容：

(1)高校根据招生计划和专业要求制定各专业的人才培养方案和学习内容;(2)学生入校后,转专业学习的机会不多;(3)学生学习以教学班为单位进行,由主讲教师负责,以集中授课为主,考核也在特定时间集中进行;(4)各高校的教学基本按程序进行。无论学生的实际情况如何、学习进度的快慢、学生是否有兴趣,当前的教学程序都很难更改;(5)各高校的学生按专业进行培养,和学生毕业后的就业没有必然的联系。

上述集中教学人才培养模式的主要问题是不利于学生的个性化发展,还可能造成各种资源浪费(例如学习效率、教学资源和学生的学习时间)。认真分析其原因,我们可以发现这主要是个性化教学的成本引起的。在集中教学的模式下,一位教师可以承担多名学生的教学工作,但如果在传统环境下实行个性化教学模式,那么一位教师仅能承担少数学生的教学工作(例如指导研究生)。因此在传统的环境下个性化人才培养只能在有限程度(即图 1 的 P 点)上实现(例如有限转专业、学分制、选修课,等等),如图 1 所示。

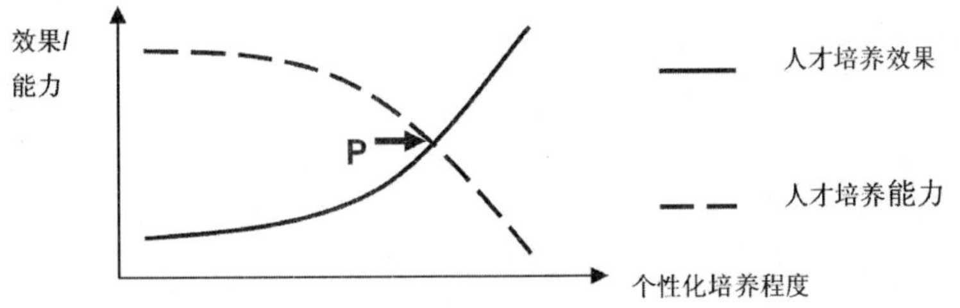


图 1　传统环境下个性化人才培养的效果和能力关系图

目前高校的个性化人才培养出现了越来越大的市场需求。首先,高校的学生毕业后大部分都要进入就业环节。这就要求学生在学习时不但要考虑自己的兴趣爱好,还要考虑人力资源市场的需求。在这种情况下,学习对自身发展有用的知识就成为其必然的选择。其次,学生在高校学习需要付出较大的成本(包括时间和经济上的付出)。对有能力的学生来说,完全可以提前结束当前的学业;而对于有困难的学生来说,需要有选择地在一段时间内学习对他们有用的知识。上述情况学生都希望能够利用个性化教学来解决他们的问题。

随着现代科技的飞速发展,实现高校个性化人才培养目前已经具备了软件和硬件基础。电子教育平台的功能、稳定性和性价比日趋完善。它极大地扩充了教育的时间和空间,我们完全可以利用电子教育平台来进行高校的个性化人才培养。以下就来具体分析。

## 二、电子教育平台在高校个性化人才培养中的作用和优势

高校个性化人才培养的目标应该是让每一位学生能利用学校的资源学到有用和感兴趣的专业知识,使每一位学生能通过学习提高自身的素质和价值,从而也体现学校的价值。其具体做法为:(1)能根据学生的爱好和能力安排其所学的专业和课程;(2)能根据学生的学习基础和能力调整教学进度;(3)能根据学生实际的学习能力和已学的专业内容尽早调整学习的方向和课程;(4)能根据学生的学习情况进行标准化专业测试。只要能够通过,就可以承认其专业水平。

在传统条件下,高校因为资源所限,很难实现真正的个性化人才培养。但利用电子教育平台正好能够实现上述目标并具有优势。

首先,低成本和高效率是电子教育平台的基本属性之一。电子教育平台的运行成本很低,但效果却不低。因为通过个性化电子教育平台培养学生,学生属于主动学习。电子教育平台可以通过多媒体工具向学生介绍专业知识(教师的任务就是帮助学生突破教学中的重点和难点),其中在宏观、微观方面模拟、视觉、听觉的效果是普通课堂教学所无法做到的。而且随着科技的发展,电子教育平台的构建和运行成本呈快速下降的趋势。

第二,电子教育平台具有时间和空间不受任何限制的优势。学生通过电子教育平台进行个性化学习和交流,完全没有时间和空间的限制。学生可以根据自身的情况灵活安排学习时间,利用平台与同学交流和讨论所学的专业知识,请求专业教师解答疑难问题。因此,电子教育平台是高校个性化人才培养的可靠基

础和保障。

第三，为了保证学生能够了解最新的专业知识和人力资源动态，高校需要有和相关专业的研究、应用机构随时沟通的便捷渠道，以便将最新的相关信息介绍给学生。而电子教育平台正好可以提供这方面的功能。

因此，利用电子教育平台实现高校的个性化人才培养具有重要的意义。目前高校已经可以利用成熟的电子商务技术建立高性价比的个性化电子教育平台。以下就来讨论。

## 三、高校个性化电子教育平台系统的设计与实现

目前，构建高速和大容量电子商务平台的技术已经日趋完善。电子商务平台中的多媒体介绍、客户服务、互动、知识讲解、身份认定、安全保护等技术和功能均可移植或引进到电子教育平台中来。因此，我们可以利用电子商务平台的构建技术来构建电子教育平台。

高校个性化电子教育平台可以融合电子商务平台通行的 B2B、B2C 和 C2C 标准进行构建[2]，并加以优化和安全升级，使该平台同时具有各种个性化教育和交流的功能，以满足各类学生个性化学习的需要，作为个性化人才培养及相关各种服务的支撑。

高校个性化电子教育平台可以由多个服务器(多个专业教学服务器、管理服务器和备份服务器)、海量存储设备、输入、输出设备和对外接口通过内部局域网连接而成，可以通过网络、移动终端等电子工具与学生和教师相连接。并配有容错系统使平台能够安全运行。以上构建平台的技术目前已经成熟[3]，实现时各高校可以根据具体情况自建或外包。

高校个性化电子教育平台具体的系统结构如图 2 所示。该平台由个性化电子教学系统、教师备课系统、标准化专业考核系统、教务管理系统和学生呼叫中心组成。其中的个性化电子教学系统由一组服务器联网组成，每个专业可配置一台服务器，完成个性化教学任务；教师备课系统专为教师备课所用，教师根据教务安排编写专业教学内容和练习，通过教务审核后上传个性化电子教学系统供学生学习和练习；标准化专业考核系统与个性化电子教学系统连接，当个性化电子教学系统认为某学生已经达到了专业要求时，就可以通知标准化专业考核系统为该学生提供考核，其中的试题库由教务部门组织专业带头人和专家编制；教务管理系统管理个性化电子教育平台的运行，并在管理和调度相应的教学资源；学生呼叫中心可快速连接各种网络终端和移动终端，学生能通过学生呼叫中心进入个性化电子教学系统学习，也可以向教务管理系统反映各种有关的问题。

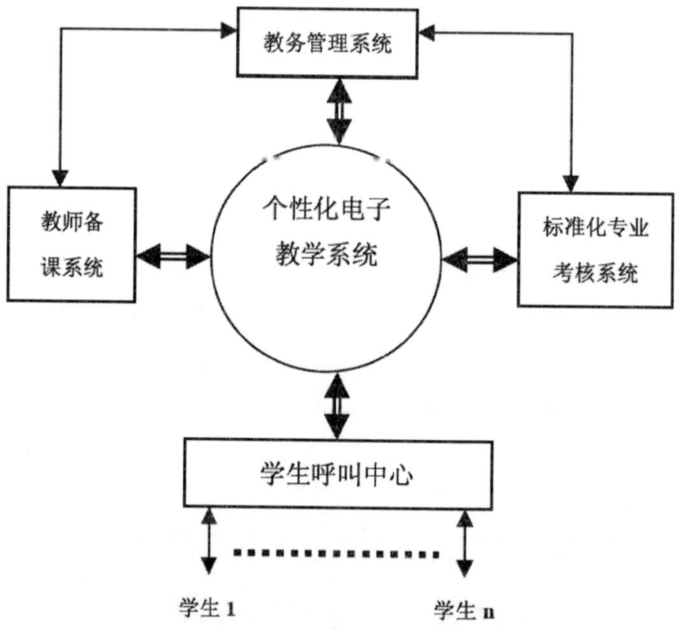


图 2　高校个性化电子教育平台的总体结构

高校个性化电子教育平台的基础和重点是个性化的教学流程，下面就来具体讨论。

## 四、高校个性化电子教育平台教学流程的设计与实现

高校个性化电子教育平台在实现个性化人才培养时，需要通过各种工具（例如多媒体、动画等）向学生演示和讲解专业理论和技术知识，并使学生能在平台上完成相应的练习和复习[4]。这种需求可以通过专门设计的教学流程来完成。

个性化教学流程的设计思路是：利用电子工具的优势（例如使用超链接），在教学专业知识时，学生可以随时查找和复习相关的预备知识和学习方法。其具体设计如图 3 所示。

在图 3 所示的流程中，个性化教学系统可随机生成相关专业内容的练习题供学生作答。如果学生答题的正确率能超过一定的标准，系统就可以认定学生达到了既定的课程要求，允许学生进入下一阶段学习。这样的好处是能够保证教学质量。

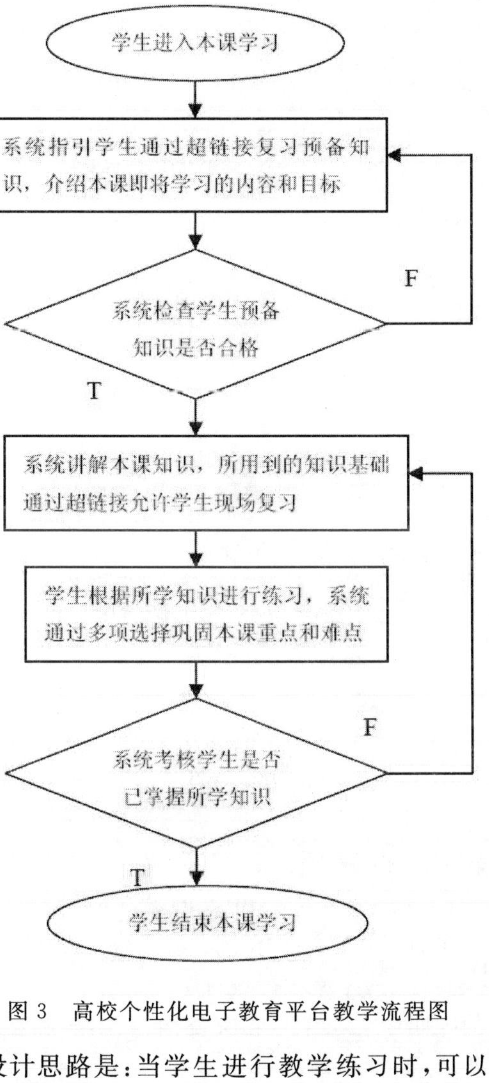


图 3　高校个性化电子教育平台教学流程图

学生个性化教学练习流程的设计思路是：当学生进行教学练习时，可以在练习题的解答过程中设置多项选择、分支或路径引导学生逐步得到正确答案，同时通过超链接使学生可以随时了解练习所需的各种知识和方法。其具体设计如图 4 所示。

在图 4 所示的流程中，个性化教学系统在练习前指引学生复习预备知识（学生经过测试可直接进入练习），如果学生答题正确率超过了规定的标准就可以通过，否则就要补充相关的知识。对答题有困难的学生，系统可以引导学生根据解题思路通过选择、分支或路径逐步获得答案，然后重新练习。这样能兼顾不同能力学生的需要，但不降低教学目标和效果。

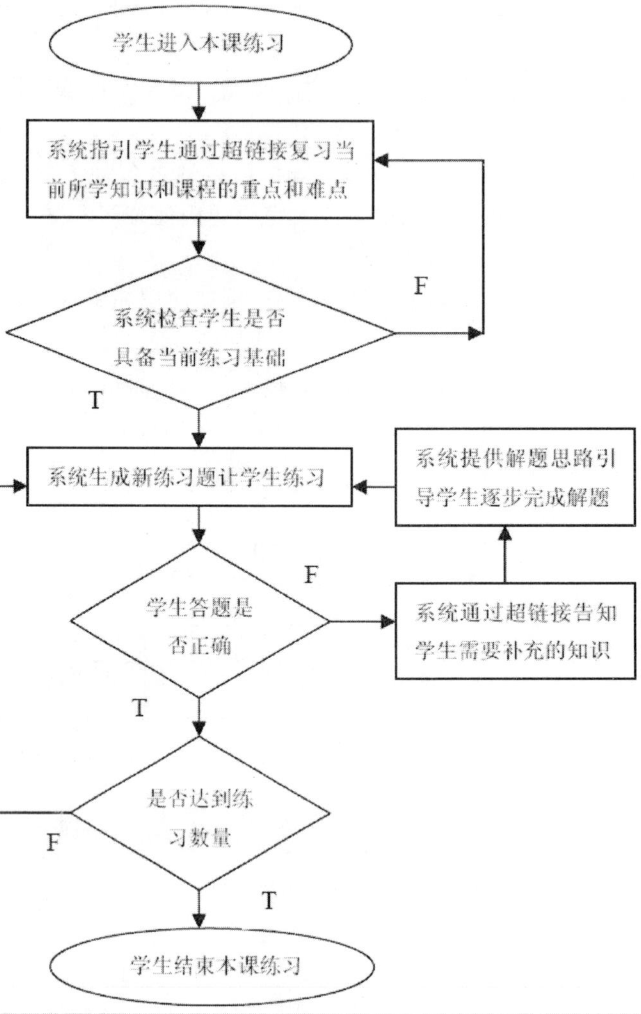


图 4　高校个性化电子教育平台学生教学练习流程图

以上所设计的电子教育平台教学和学生练习流程在构建平台时可以作为一个标准嵌入平台的应用软件包中。各专业可以参照此标准编制相应的应用软件模块。在平台运行后，可根据具体情况不断优化这些流程。

个性化电子教育平台在构建好以后，需要进行软件和硬件方面的功能、安全和可靠性测试。测试通过后还要试运行一段时间，才能正式使用。下面来讨论其运行的流程和维护。

## 五、高校个性化电子教育平台运行的流程和维护

高校个性化电子教育平台的有效运行为个性化人才培养提供了可靠的平台。学生在此平台上可以自主选择感兴趣的专业进行个性化学习。具体流程可设计如下：

(1)学校工作人员通过平台的呼叫中心与学生和家长沟通，引导和帮助学生与家长清楚了解自身情况、各专业要求、发展方向和就业趋势，以便学生能够选择最适合自己并感兴趣的专业；(2)平台通过有趣和有用的教学内容充分发挥学生自身的学习能力和积极性，以学生个性化自学为主。教师主要的任务是组织传授本课程的学习方法，讲解重点、难点并答疑；(3)通过标准化专业考核系统对学生进行标准化考核。只要学生能够达到教学要求，考核系统就允许通过，并在规定学时内可多次考核；(4)优化学校的人才培养计划，在平台上适当细分各专业的课程内容和课程学习时间，学生只要能够修完相关专业所要求的课程并经系统考核通过，就可以发放相应的毕业证书；(5)对于发展较快的学科，除基本理论外，平台提交给学生学习的是通过与相关机构联网获得的该专业最新的科技发展和应用成果；(6)平台可以进行订单式人才培养，由企业

给出培养需求，平台按企业需求开设相应的专业课程（不降低专业要求），学生通过平台考核（标准由企业制定）后可直接进入该企业就业。

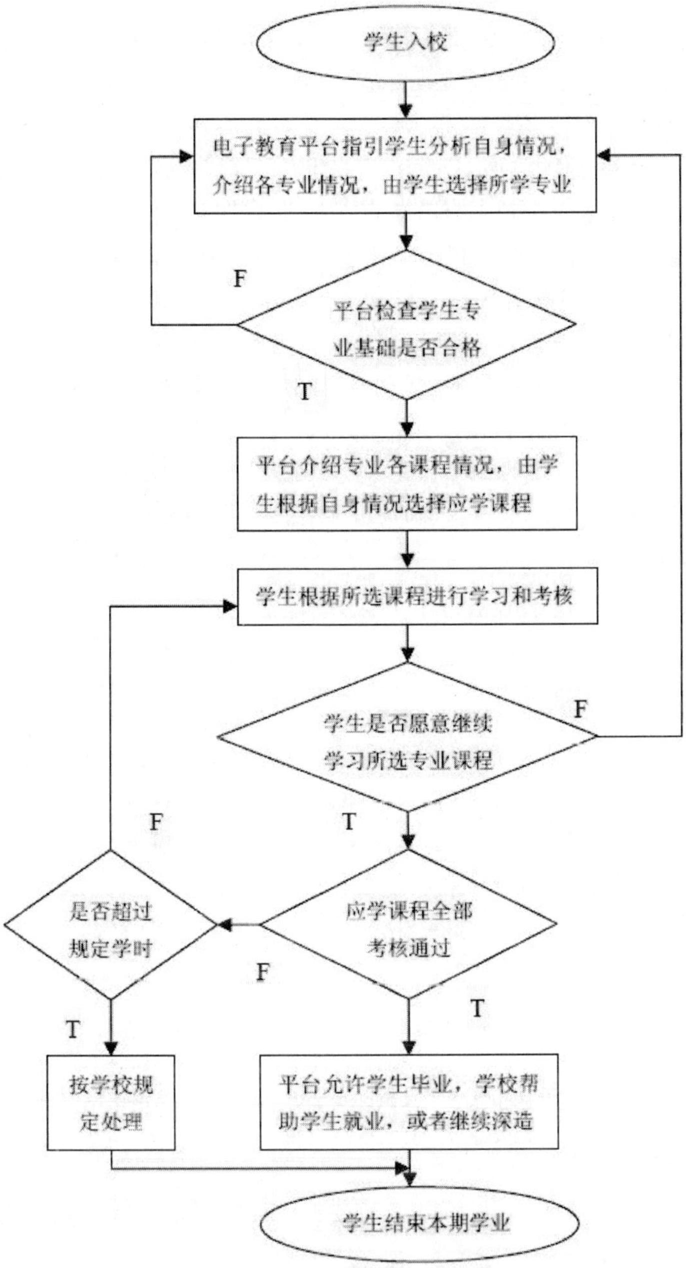


图 5　学生个性化学习流程图

学生专业教学由学生选择学习专业课程和教师辅导组成，教学和考核分开。学生入学后，可以在平台上选择学习的专业和课程。学生选择好后，即可登录教务管理系统办理相关手续，之后就可以进入专业课程学习（有条件还可以选择教师）。课程教师可以利用教师备课系统上传教学内容（包括参考书、教学视频和练习等）供学生学习，随时了解学生的学习情况和要求，必要时向教务管理系统申请资源组织学生讲解重点、难点、答疑和个性化辅导。并指引已达到标准的学生进入标准化专业考核系统进行考核（对教师的考核是在规定的时间内经其教学通过考核学生的人数和成绩）。标准化专业考核系统由教务管理系统管理（课程教师不参与学生的考核），由教务管理系统直接登记考核成绩。学生全部通过所选课程的考核即可毕业。如果学生需要转专业学习，就要联系相关的指导教师，重新选择专业和课程继续学习，已经通过的相关课程可以计入已学成课程。学生的个性化学习流程如图 5 所示。从图 5 可以看出，个性化电子教育平台的有效运行可以大大提高学生学习的主动性、积极性和学习效率，也能大大提高教师的教学积极性，并能节约大量资源。

各高校因为人才培养目标不尽相同,个性化人才培养的流程和方法在具体实施时可能相差较大,但其基本思路和原理不变。

高校个性化人才培养电子教育平台的有效运行和维护需要以下方面的支持:

(1) 管理部门:管理部门需要根据实际情况对电子教育平台进行资源的管理和调度,随时听取教师和学生的意见进行改进,并不断投入必要的资源对平台进行优化和升级。各高校的管理部门还需要相互协调相关项目的开发,在多媒体教材和教学方法方面实现资源共享,以节约资源和共同提高。

(2) 教师:个性化人才培养电子教育平台有效运行最为关键的部分是专业教学内容和教学方法,而这些内容和方法需要教师根据自己的教学水平和经验来编制。这就要求教师非常了解学生和专业。如何根据学生的实际情况编制出效果良好的教学内容和学习方法,是需要广大教师研究和解决的一项重要课题。

(3) 学生:学生在进入平台学习后,需要不断评价自身的学习效果,根据平台的提示补充或加强自身的专业知识。如果发现平台的个性化教育内容、效果、流程、方法和技术实现存在问题,就要和平台管理部门联系并反映问题,使平台在运行中不断优化和完善。

(4) 平台维护部门:在电子教育平台投入运行后,维护部门需要随时监控平台的运行情况,实时备份重要的数据,以保证平台的稳定运行。当平台出现异常情况(例如突发大流量冲击)时,需要启动应急预案。如果有发生各种灾害的可能,平台维护部门可在公告后暂停系统运行一段时间,以确保平台的整体安全。

## 六、结论

利用电子教育平台实现高等院校个性化人才培养具有很高的社会效益和经济价值。虽然相关的软件、硬件和环境已经成熟,但高校要在这方面进行大规模投入仍然有较大的风险,因此需要对此进行合理的系统分析和设计。建议各高校先局部试行,成功后再逐步推广。

本文所设计的高校个性化人才培养电子教育平台是根据目前大部分高校的实际情况来设计的。随着科技和高等教育的发展,今后可能会出现更好的个性化电子教育平台。这就需要各高校根据实际情况不断对已有的个性化电子教育平台进行升级和完善,让社会、学生和家长都能够得到他们所需要的培养价值,使学校和学生都能够可持续发展。

### 参考文献

[1] 刘献君.高等学校个性化教育探索[J].高等教育研究,2011,(03):1-9.
[2] 李朝辉.C2C电子商务平台设计与实现[J].信息技术,2012,(02):27－29＋32.
[3] 姚尧,欧建强.基于Web服务的电子商务平台的设计[J].信息与电脑(理论版),2011,(08):33＋35.
[4] 孙建华.高职教育的个性化教学与教学设计[J].天津职业院校联合学报,2007,(04):68-70.

### 作者简介

衷尔豪,1954年出生,男,汉族,江西省吉安市人,硕士学位,研究方向:金融和管理创新。

# 新媒体时代大学生阅读习惯调查分析

周美英
（华南师范大学教育信息技术学院，广东广州，510631）

**摘　要**：新媒体时代，信息与传播技术的发展使得受众的阅读习惯发生了重大改变。大学生群体作为新媒体冲击下的排头兵，同时也是阅读群体中的重要组成部分，研究新媒体对大学生阅读习惯的影响以及未来的发展趋势，对探讨传媒运营方式有一定的启示意义。新媒体时代浅阅读逐渐成为大学生阅读的主流，阅读文本泛化，极大地满足了大学生阅读休闲化的信息需求。新媒体技术的支撑，使得阅读移动化、阅读过程互动化，大学生阅读需求的个性化特征更加显著。

**关键词**：新媒体；大学生；阅读习惯

# A Survey And Analysis on College Students' Reading Habits in New Media Age

Zhou meiying
(South China Normal University, Guangzhou,510631)

**Abstract**: In new media age, audiences' reading habits have been made great change due to the development of information and communication technology. As the vanguard of the new media age, college students are also important part of reading groups. It is great significance to study the impacts of new media to college students' reading habits and their development trends. Shallow reading, a mainstream way of reading, greatly meets college students' leisure and? information needs. With the development of technology, the way of college students' reading becomes mobile 、interactive and individuality.

**Keywords**: new media; college students; reading habits

## 引言

随着互联网信息技术的不断发展，网络和手机媒体频繁更迭，人类进入了以网络和手机为代表的新媒体时代，这是传媒业的又一次飞跃，在人类传播史上具有里程碑的意义。新媒体改变着社会的传播生态、受众的媒介使用行为及心理需求，使传媒市场的传播格局被重新划分，媒体的发展进入了新一轮的竞合。

新媒体引发了受众对媒介的接受行为以及心理需求的变化，现代科技的发达促发受众对自由平等交流、社交需求提出更高要求，个性化需求和对话语权的需求在网络时代也更加凸显。随着移动网络技术的发展和移动终端功能的增强，人类对网络和手机等新媒体的使用日臻广泛和频繁，新媒体已经成为越来越多的人进行阅读的重要方式，并逐渐开始扮演传播信息和文化娱乐的新角色。

本文选取大学生群体作为研究对象，以问卷调查的形式研究其在新媒体时代下的阅读行为的改变与发展方向，探讨“受众的需求及媒介接受行为的变化”，提炼出新媒体的应对战略主题，希望对新媒体运营和发展能够起到抛砖引玉之效果。

## 一、调查情况简述

### (一) 调查目的

为了深入了解大学生受众的阅读习惯,分析出当前大学生阅读取向上所存在的问题,藉以考察大学生阅读人群在新媒体时代影响下阅读方式的变化以及选择,提炼出新媒体的应对战略主题。调查的方式主要是问卷调查,其次为访谈法。

### (二) 调查对象

本次问卷调查的对象主要选取广州市华南师范大学在校大学生,被调查者为具有阅读习惯的人群主体且具有一定的阅读能力并且养成了自己的阅读习惯,这一部分人也恰恰是最熟悉新媒体,最愿意和新媒体接触的人群,因此,本次调查对研究新媒体时代受众阅读的习惯具有一定的意义和参考价值。本次调查共发放问卷 50 份,收回问卷 48 份,问卷有效率 94%。

### (三) 调查方法

随机对华南师范大学 50 名学生,采用填写问卷调查表,不记名的调查方法进行随机调查。本次调查问卷题目自行设计,分为基本信息和问卷内容两个部分,问卷内容共设计题目 20 道,其中 19 道选择题(包括单选和多选),一道开放式问答题。

### (四) 调查内容

此次问卷调查主要对象为广州市在校大学生,是面向传播过程的受众一学生的调查。为较全面的了解阅读习惯的改变以及未来的发展趋势,在问卷设计过程中,选取传媒心理学的相关理论,问卷主要从以下方面考虑:

(1) 认知层面。新媒体时代,大学生是否有阅读习惯并且使用何种工具进行。

(2) 态度层面。新媒体时代,大学生对待电子阅读和传统纸质阅读的态度是什么,电子阅读与传统阅读的优缺点。

(3) 行为层面。阅读大学生受众阅读的动机和兴趣是什么;使用何种工具进行阅读;主要阅读的内容是哪些。

## 二、调查结果

本次调查发放问卷 50 份,收回问卷 48 份,问卷有效率达 94%。本次问卷调查选择华南师范大学在校学生 50 名为调查对象,其中男性 24 人,女性 26 人。下面是问卷调查中几个主要问题的统计结果及分析。

### (一) 大学生阅读时间分布

调查结果显示,96%的被试者具有一定的阅读习惯,近乎八成的大学生平时经常进行阅读。平均每天进行阅读在 1 个小时以内的占 30%,阅读时间在 1 至 2 个小时的超过了 49%,其余阅读时间在 2 至 3 个小时或者 3 个小时以上只有 21%。而且从阅读的时间段来说,64%的人选择在晚间或深夜进行阅读,10%的人选择吃完午饭后阅读,其余 26%的人选择在早或下午。如图 1 所示。

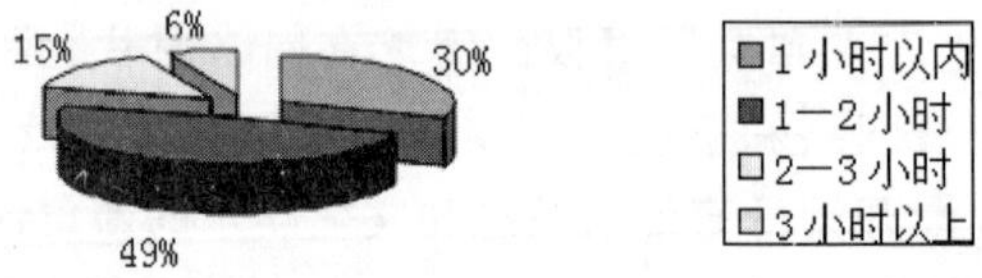


图 1 大学生阅读时间分布图

## （二）大学生阅读媒介选择调查

大学生选择何种媒介获取信息，考虑到媒介融合现象，选项报纸、书籍、手机、电视、网络几种媒介可多选。调查结果显示：85％的人偏爱用互联网阅读自己感兴趣和需要的内容，利用手机媒体进行阅读的受众居第二位，达到68％，其次是报纸、书籍，而电视则位列榜末（宿舍没有电视），可以看出现在大学生每次进行阅读时转换媒介和文本的次数特别的多，而且利用新媒体的受众占绝大多数，传统媒介的支持率急剧下滑，看来电子媒介的发展给传统纸媒的冲击和影响已经很显著。调查统计如图2所示。

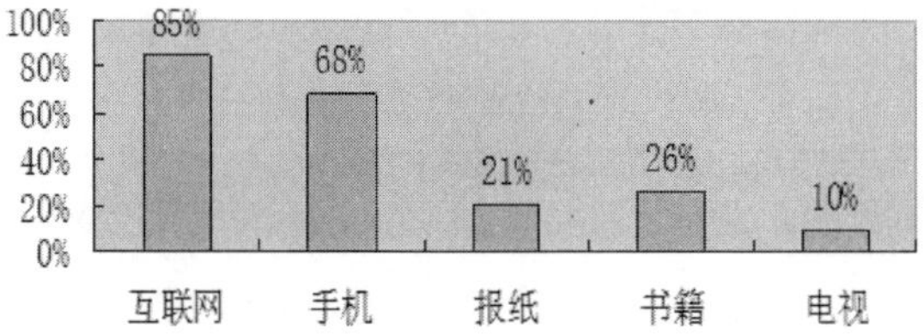


图2　大学生阅读媒介选择

在新媒体时代，目前流行的网络阅读主要方式主要有电子书、博客、微博三类。调查结果显示：第一，75％的大学生会使用电脑或手机阅读电子报刊杂志，只有8％的人从不接触电子书，显然电子书已经成为大学生常用的阅读载体。第二，除了6％的学生没有博客或微博且从不阅读网上的博客或微博外，64％的被试拥有自己的博客或微博且时常更新，其余的不经常更新但会去阅读博客或新博。可以看出在新媒体时代，大学生受众在选择阅读方式上明显偏向电子阅读，这与相对传统的纸质阅读，电子阅读有方便携带经济节约等优点息息相关。

## （三）大学生对待电子阅读和传统纸质阅读的态度

大学生对电子阅读和传统纸质阅读抱以何种态度呢？81％的大学生对利用新媒体阅读持认可的态度，只有少数人持较消极或怀疑态度。对于网络、手机等新媒体的出现，89％的学生认为它们影响了自己以及身边的人们的阅读习惯，仅有6％的人持反正态度，其余人表示说不清楚是否被影响。在回答"您认为电子阅读的优点是什么"这一题时，备选选项前四位的分别为：方便携带（85％）、信息丰富（74％）、报道及时翔实（60％）、注意与读者互动，富有活力（51％），可以看出电子阅读确实有着无法比拟的优势。但同时对于电子阅读的缺点，81％的大学生认为电子阅读权威性差，理性不足，深度性欠缺，30％的人认为电子媒体阅读更容易疲劳，屏幕辐射对眼睛有影响。而这些问题在传统纸质阅读中很好的弥补了这一点。

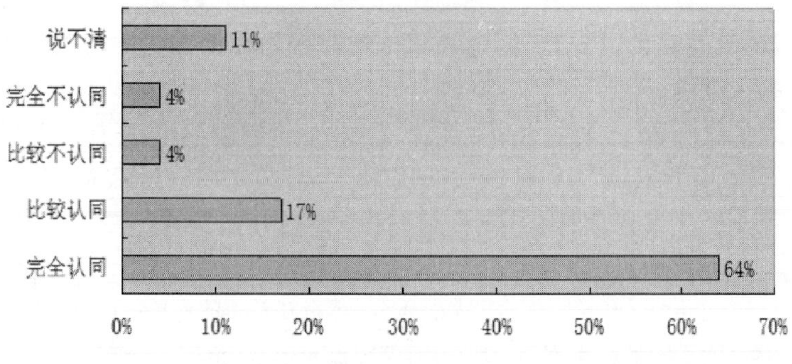


图3　新媒体阅读态度分析图

## （四）大学生阅读动机与目的

关于大学生阅读兴趣和动机，64％的学生是为了提高自身知识和能力，希望从学习中获得满足感，43％的学生表示精神压力大，通过阅读来缓解，消遣娱乐，还有绝大多数人是为了获得自己所需要的信息如电影资讯，可以看出大学生在不断充实自己、提升个人能力以适应将来社会。

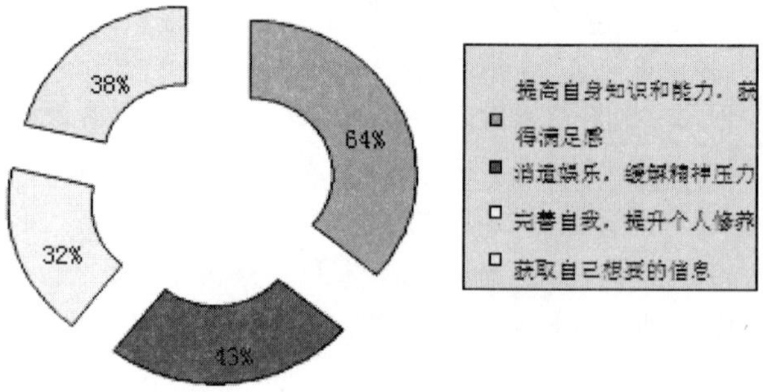


图 4　大学生阅读动机与目的

### （五）大学生阅读内容选择

了解了大学生阅读动机与目的后，对于大学生阅读内容的选择，居于前四位分别的是休闲娱乐信息（57%）、时政新闻（47%）、小说文艺作品（34%）、学术相关（23%），可以得出将近六成大学生以娱乐休闲资讯为主要阅读内容（平时高等教育比较正规，学习紧张压力较大），同时对于时事动态、国家政策等以专业领域的资讯也是大学生首选内容。从以上数据看来，大学生阅读内容的习惯主要是接受娱乐休闲的信息，但了解新闻信息，把握学术前沿对他们来说也是相当有必要的。

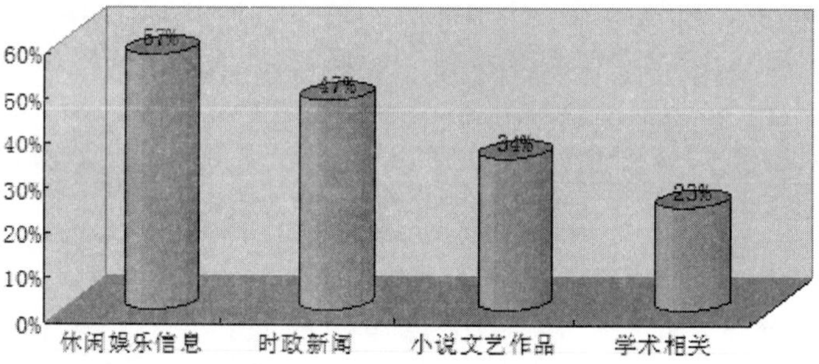


图 5　大学生阅读内容选择

## 三、基本结论

互联网成为大学生选择阅读的主要途径之一，而且比列仍有上升趋势，报纸、书籍等传统媒体的地位呈现少量下滑，由于学生宿舍没有提供电视，选择电视阅读比例最小。手机、微博等新媒体阅读方式在人们阅读生活中接受认可程度越来越高。

基于新媒体的开放式信息存取，使得泛阅读、浅阅读、多元化阅读逐渐成为大学生阅读的主流。网络和手机媒体催生了搜索式阅读、标题式阅读和跳跃式阅读，著名通读本、普及本、精简本、口袋本的盛行，财经、励志类图书以股市语言行文以及书店中通俗读物多居排行榜前列的现象，都说明浏览式泛阅读成为趋势。此外，大学生的阅读需求已不仅仅包括获取信息、知识、接受教育，同时还要求提供休闲和娱乐。互联网和手机媒体等新媒体在大学校园也达到了普及，这就促进了多元化阅读方式的形成。

对于新老阅读方式的态度，大多数大学生基本接受新型的电子阅读方式，对于其带来的新的阅读方式和阅读习惯，都持比较欢迎的态度。由于经济、技术的发展和媒体的移动化，使得阅读移动化。由于包括移动互联网和手机在内的新媒体实现了信息的海量存储，并具备便携性特点，在强大的用户基础上，移动阅读在人们阅读生活中的位置将会越来越重要，并渐趋主流，成为人们的阅读常态。可以说，移动阅读将是人们的“一种新的生存状态”。

## 四、大学生阅读习惯改变下新媒体的运营及传播对策

### （一）新媒体时代受众阅读习惯的发展趋势

**1. 传统媒体阅读习惯有向新媒体阅读习惯发展**

新媒体技术的迅猛发展，给人们的生活带来了翻天覆地的变化，大学生阅读的方式和习惯也随之悄悄发生改变。面对新媒体发出的巨大挑战，传统媒体竞争激烈，发展日益严峻，为了争取相应的市场份额和阅读群体，传统媒体逐渐向新媒体发展。面对新媒体的冲击，现在传统媒体的盈利模式也不得不寻求突破，比如传统媒体现在跟网络、手机结合，提供付费网上阅读、下载服务等等。随着受众阅读方式，选择的媒介的转移，受众在进行阅读时的习惯也从原来的报刊书籍转向用网络、手机等新方式进行阅读。

**2. 新媒体和传统媒体相互融合，开创共存的阅读模式**

"对于我国的媒体行业来说，新媒体和传统媒体两种媒介进行资源整合，形成优势互补，这是未来媒体行业的发展趋势，现在这两种媒体已经开始融合并进行了一定程度的探索。"例如现在报刊和杂志已经与手机短信相结合，对于那些忙于赶路的上班族、学生族而言满足了他们渴望得到信息资源的愿望，提供了一种快乐便捷的阅读享受。

### （二）针对新媒体时代大学生阅读习惯的媒介运营及传播对策

**1. 运用跨媒体，整合传播**

喻国明教授说，"媒介依靠自身单打独斗的时代已经成为过去时，而媒介间的资源、业务及品牌的关联与整合将成为未来发展的主旋律"，他强调新媒体与传统媒体之间、新媒体与新媒体之间的融合必然成为未来发展的主要方向。跨媒体传播不仅包含相同信息在不同媒体之间的传播与整合，还指不同媒体之间的合作、互动与发展，它迎合了传媒一体化与合作化的倾向。新媒体和传统媒体本身具备不同的优劣，两者相互融合，可以更好的满足不同年龄、不同文化程度、不同职业的受众多元化、多选择的进行阅读。

网络媒体需借助传统媒体的采编力量，与传统媒体进行采写方面的合作，既节省人力物力也可避免版权纠纷，而传统媒体借助网络的迅捷传播也可得到更广泛和更大范围的推广，这于双方均有利。

**2. 尊重受众，满足个性需求**

每个人都希望自己是与众不同的，从受众个性化心理出发，提供个性化的内容、信息服务与特色服务满足受众的阅读需求，这是新媒体的必修课。

突出特色，才能在众多媒体中脱颖而出。以手机媒体为例：手机是一种很个性化的媒体，现阶段手机媒体的盈利途径除了降低资费、提供灵活的订阅方式之外，还可以提供各种附加服务、特色服务，形成较好服务体系，为新媒体开发更广阔的潜在市场。报刊是手机运营商最早的合作对象，如《扬子晚报》提供的"扬子随身看"，用户短时间内就超过40万。大学生是手机一族的最大群体，推行特色服务首先要瞄准有效客户，进行精确的受众定位后，就可根据大学生爱张扬、追求新鲜和刺激的消费特征进行服务营销，还可通过赞助各大高校文艺活动，走近学校社团等形式，大规模开展校园营销，提高在大学生中的影响力，扩大用户规模。

**3. 新媒体利用技术支撑，搭建阅读互动平台**

在新媒体环境下，数字化符号的运作、多种传播符号的综合使用以及诸如在线聊天室、BBS讨论组、公告栏等虚拟空间符号的创设，把越来越多的人推人到一个数字化的虚拟空间中。身处这样一个新媒体的传播语境，人们的生存方式和接受心理都受到了前所未有的冲击，新媒体的交互性使得人们对信息的需求和传受心理发生了变化，数字阅读的互动性大大增强，并呈现出平行式交流的特点。

网络和手机等新媒体中的超文本，使得读者可以以非直线的、跳跃式的方式随意阅读，可以在任何一个地方开始，在任何一个地方停止或无穷无尽地链接下去，使作者和读者之间的界线被模糊化。所以在新媒体创造的阅读空间里，应该以交流而不是独自的心灵感受为阅读目的，应做到与传统阅读中作者与读者之间的对话方式迥然相异。

**4. 更新理念，塑造新媒体品牌**

凤凰卫视行政总裁刘长乐指出："品牌与文化是相互依存、共生共荣的天然关系。品牌的竞争实质是通过品牌所倡导或体现的文化来影响或迎合公众的意识形态、价值观念和生活习惯。"媒体理念是媒体品牌形象的核心构成要素之一，是整个媒体在生产制作、媒体传播、经营管理中所坚持的基本信念，这是塑造媒体形象的核心内容。

新媒体的蓬勃发展虽然给我们的阅读带来了许多方便之处，而且符合了受众阅读时视觉、听觉等感官上的多种需求，但是传统媒体在长期的积累、调整和发展过程中，形成了新媒体无法比拟的品牌优势。所以新媒体既要根据自身内容的特点，又要把握受众阅读习惯和接受信息的特点，制定相应的品牌发展战略，通过对市场的调查和受众阅读的喜好和习惯，创造出属于自己的，与众不同的版面内容，尽可能多的吸引不同年龄、不同地区、不同文化程度的受众，打造出自己的新特色品牌。同时还必须进行形式多样、内容丰富的推广活动，扩大自身品牌的影响力。

## 结语

进入 21 世纪，随着移动网络技术的发展和移动终端功能的增强，人类对网络和手机等新媒体的使用日臻广泛和频繁，新媒体已经成为越来越多的人进行阅读的重要方式，并逐渐开始扮演传播信息和文化娱乐的新角色。新的时代背景下，受众面貌焕然一新，无论是受众角色、受众接受信息的方式、受众的生活方式，还是受众的各种心理需求都发生了很大的变化。如何研究这些变化并把握好它，是经营和驾驭好新媒体、管理和发展好这个新兴产业的重要课题。本文以大学生的阅读习惯改变为切入点，研究新媒体未来的营运与传播对策，希望为探析和考察新媒体的发展提供些许意义。

### 参考文献


[1] 王正鹏. 报纸突围：数字时代传统媒体变身记[M]. 中山大学出版社，2011

[2] 蒋宏，徐剑. 新媒体导论[M]. 上海交通大学出版社，2006 年 4 月版

[3] 石长顺. 数字视听新媒体：从概念到商用[M]. 河南社会科学，2007 年 3 月

[4] 唐佳希. 移动互联新媒体的阅读特点以及编辑应关注的几个问题[J]. 中国编辑，2011. 2

[5] 邓香莲. 解析新媒体环境对阅读的影响[J]. 编辑之友. 传媒，2011(5)

[6] 易艳馨. 新媒体适应受众变化对策研究[J]. 广西师范大学硕士学位论文，2011

[7] 朱俊融. 新媒体时代受众阅读习惯研究[J]. 南京艺术学院硕士学位论文，2011

[8] 喻国明."去碎片化"：传媒经营的新趋势[J]. 视听界，2005

[9] 程天飞. 浅谈新媒体与传统媒体的融合发展[J]. 新闻传播，2009. 11


### 作者简介

周美英，1987 年生，女，湖南娄底人，硕士研究生，主要研究方向：传播基础理论。

# 信息化环境大学生基于智能手机的移动学习研究
# ——以江西师范大学学生为例

周婷，胡三华，喻玲玲

（江西师范大学传播学院，江西南昌，330022）

**摘 要**：随着信息技术的飞速发展及智能手机的广泛应用，大学生在移动学习上的硬件条件日趋完善。采用问卷调查的方法，对江西师范大学持有智能手机的学生进行移动学习方面的调查、分析，旨在了解大学生智能手机使用现状、移动学习行为倾向与态度，并对调查结果进行归纳总结，提出三点建议：1. 提高网速、丰富网络学习资源；2. 完善软件、构建网络学习平台；3. 统筹规划、促进高校师生交流。以期对移动学习平台和学习资源的开发提供一定参考。

**关键词**：信息化环境；智能手机；大学生；移动学习

# Research on Mobile-learning of University Students Based on Smartphone During the Informational Environment——Taking Jiangxi Normal University Students For Example

ZhouTing , HuSanhua, YuLingling

(College of communication in Jiangxi Normal University, NanChang of Jiangxi Province 330022)

**Abstract**: With the rapid development of information technology and the wide application of smart phones, the conditions of university students on mobile-learning hardware is maturing. In this paper, through questionnaires, we investigate and analyze the m-learning aspects of Jiangxi Normal University students holding a smart phone, aimed at understanding the smartphone status, the orientation and attitudes of m-learning behavior of college students, after summarizing and analyzing the survey results, putting forward three proposals: Firstly, to increase network speed, rich learning resources of network. Secondly, to improve the software and build e-learning platform. Thirdly, to overall planning resources and promote the exchange of university teachers or students. Hoping to provide a reference for the development of m-learning platform and learning resources.

**Keywords**: informational environment; smartphone; university students; mobile learning

信息技术高度普及，信息化环境迫切需求学习，学习成为人们日常生活和工作中必不可少的一部分。

据 IHS iSuppli 公司研究分析，2012 年中国手机供应商的智能手机出货量将达到 1.014 亿部，比 2011 年的 5200 万部劲增 94%，几乎是 2009 年 1020 万部的 10 倍。近年来，移动技术的广泛应用推动了移动学习的发展，而智能手机的出现和推广使得移动学习得以随时随地实现，因此使用智能手机进行移动学习的优势非常明显。

# 一、智能手机和移动学习

## （一）什么是智能手机

智能手机，是指像个人电脑一样，具有独立的操作系统，可以由用户自行安装软件、游戏等第三方服务商提供的程序，通过此类程序来不断对手机的功能进行扩充，并可以通过移动通讯网络来实现无线网络接入的一类手机的总称[1]。

智能手机最大的特点即具有开放式的操作系统。可安装更多的应用程序，使智能手机的功能得到无限扩展，如安装电子词典、office 软件、游戏等。它还具有人性化的一面，可根据个人需要扩展手机的功能。智能手机以其可携带性、对多媒体的支持、无线通信和信息处理能力强等优势成为移动学习无线终端的首选。

## （二）移动学习的定义

关于移动学习的准确定义，目前国内外教育领域并没有达成共识。不同专家学者各抒己见，从不同的角度理解和诠释移动学习。其中比较有代表性的是 Alexzander Dye 等人在题为《Mobile Education-a glance at the future》的文章中对移动学习做出的定义：移动学习是一种在移动计算设备帮助下的能够在任何时间任何地点发生的学习，移动学习所使用的移动计算设备必须能够有效的呈现学习内容并且提供教师与学习者之间的双向交流[2]。

Knowledge Planet 公司认知系统部主任 Clark Quinn 从技术的角度对移动学习的定义是：移动学习是移动计算与数字学习的结合，它包括随时随地的学习资源、强大的搜索能力、丰富的交互性，对有效学习的强力支持和基于绩效的评价。它是通过诸如 PDA、个人数字助理或移动电话等信息设备所进行的数字学习[3]。

北京大学现代教育技术中心移动教育实验室给移动学习做出如下定义：移动教育（Mobile Education）是指依托目前比较成熟的无线移动网络、国际互联网以及多媒体技术，学生和教师通过使用移动设备（如手机，MP3，MP4 等）来更为方便灵活的实现交互式教学活动[4]。

综合上述，移动学习的定义及内涵包括：①移动学习是基于一些便携式移动设备进行的数字学习；②移动学习依赖于移动通讯技术实现教育内容与教育服务信息的传输；③移动学习中教与学活动的交互性是通过移动计算技术实现的[5]。

# 二、研究现状

目前，由于中国移动、联通、电信等运营商对智能手机的推广，纯粹花钱购买千元上下的智能手机也随处可见，大学生智能手机持有率不断提高，这就使得其移动学习使用率不断升高。在这样的环境下，大学生移动学习现状的改变在很大程度上影响着移动学习体系的构建。

近十年移动学习理论研究，按时间可划分为两个阶段。(1)前期（2000－2004 年）：主要是对移动学习的初步探索，包括移动学习作为新学习方式的定义、本质、理论基础及对远程教育的影响等；(2)后期（2005－2009 年）：注重移动学习资源的开发及实际应用，同时也开始研究移动学习活动设计、应用绩效等更多内容[6]。无论是移动学习资源的开发还是移动学习活动的设计都离不开对学习者移动学习现状的研究。

国内移动学习的研究大都集中在 3G 手机上，如：基于 3G 手机移动学习平台的研究（贾国祥，2010）、基于 3G 技术的移动学习模式（梁钊）、基于 3G 手机的大学生移动学习平台设计框架（王芳芳，2010）等，而有关智能手机的移动学习研究较少。

国内对移动学习的研究还存在着学习系统不稳定、操作性较差、课程学习资源匮乏等诸多问题，这说明移动学习有着较为广阔的研究发展空间[7]。大学生对于移动学习的硬件条件日益完善，使得他们自发地进行移动学习的几率提高。在高等教育改革日趋深化的今天，基于智能手机的大学生移动学习是一个新的课题。

## 三、研究过程与方法

### （一）调查研究

**1. 研究对象**

江西师范大学拥有智能手机的在校大学生，其中以一、二、三年级为主，专业类别涉及国际贸易专业、计算机科学与技术、教育技术学、材料化学、化学教育、文化产业管理、金融学、工商管理、汉语言文学等。

**2. 对象问卷发放和回收**

本次调查采用问卷调查的方式，在思想道德与法律修养、马克思哲学理论等公共课程中，利用课余时间发放问卷，调查过程中采取定额抽样法。共发放问卷200份，回收问卷192份，有效问卷183份，有效率为95.3%，其中调查对象为拥有智能手机的问卷数为150份，占总有效问卷比例为81.97%，本文主要研究调查对象为拥有智能手机的问卷。

### （二）调查内容

调查问卷主要分为以下几个部分：

(1) 基本信息：如性别、专业、年级，手机品牌与型号；

(2) 大学生智能手机使用现状。包括常用手机功能，上网时主要从事活动、浏览网页倾向以及大学生对当前手机上可使用资源的态度；

(3) 大学生对移动学习的认识、倾向调查。大学生认为移动学习是否可行，什么时候愿意采用移动学习，愿意花费多少时间在移动学习上，对移动学习的态度，以及手机移动学习方式的倾向；

(4) 影响大学生手机移动学习因素。从大学生角度挖掘影响手机移动学习的因素；

## 四、调查结果与分析

### （一）大学生智能手机使用现状

**1. 手机功能的应用**

2010年7月，中国互联网发展状况统计报告指出：截止2010年6月底，中国手机网民规模为2.77亿，较2009年底增加4 334万人[8]。调查发现，大学生最常使用的手机功能是上网，占调查总人数的100%，即调查中每个拥有智能手机的大学生都会使用上网的这项功能；其次是听音乐和使用移动QQ或飞信等聊天工具，分别占调查总人数的73.33%和68%；除日程表功能占8%外，其余像阅读文本、玩游戏、摄影/照相等功能也分别占52.67%、42%、51.67%这样的高使用率；而使用软件学习也达到了29.33%的比例，可见智能手机能够安装应用程序这一功能使得像Quick Office、Adobe PDF、Flash播放器、词典等办公软件得到充分利用。

**2. 手机上网主要从事的活动**

本次调查中，上网时浏览网页人数为146人，占总调查人数的97.33%；用聊天软件与同学交流人数为115人，占总调查人数的76.67%；手机上网时下载资料占36.67%，这一比例较以往有关基于非智能手机上网时的比例有显著提高，一方面是手机功能的提升，另一方面，网络上学习资源也不断庞大；另外读写博客、看多媒体、玩游戏所占比例分别为15.33%、21.33%、20%；调查中，有三人表示手机上网时，主要用来工作和查询邮件。

**3. 使用手机浏览网页**

大学生在浏览网页时主要以休闲娱乐网页和新闻信息网页为主，其分别所占比例为77.33%和48.67%，而学习网页和专业信息网页所占比例较小，分别为11.33%和15.33%。可见大学生浏览网页主要还是为了满足自我的娱乐，学习较少，这也从另一方面反映了目前学习网页和专业信息网页资源的缺乏。

**4. 手机上可使用资源的情况**

40%的大学生表示手机上可使用资源比较多，但是寻找起来很费劲；47.33%的大学生表示资源虽然多，但是娱乐的居多；认为有益于身心发展的种类很多的大学生占24.67%；而4%的大学生认为手机上可以使用的资源总体比较少。

由此，手机的发展使其具备更多的附加功能，如音频、视频、办公软件、电子书、电子词典等，这也使得手机对MP3、MP4等其他手持式可移动学习产品的替代作用增强，不过大部分大学生运用智能手机仍是为了满足自我的娱乐和休闲(如听音乐、拍照、玩游戏)，而学习网页和专业信息网页等资源在数量上和种类上都有待提高。

## (二) 大学生对移动学习的认识、倾向

**1. 大学生认为移动学习是否可行**

如表1，有61.33%和24.67%的大学生认为移动学习可以考虑和只能是辅助学习的手段，分别有7名和6名大学生认为移动学习根本不可行和也许有天会成为主要的学习方式，12%的大学生认为移动学习有很大的发展空间。可见，大学生对移动学习持积极态度，对移动学习并不是很反感。

**表1 认为移动学习是否可行**

| | 人数 | 比例 |
|---|---|---|
| 根本不可行 | 7 | 4.67% |
| 可以考虑 | 92 | 61.33% |
| 只能是辅助学习手段 | 37 | 24.67% |
| 有很大的发展空间 | 18 | 12% |
| 也许有天会成为主要的学习方式 | 6 | 4% |

**2. 大学生什么时候采用移动学习**

对于什么时候采用移动学习，63.33%的大学生在有一个问题亟待解决的时候，移动学习是他们的首要选择，大部分大学生在无聊的时候、急着交作业却在外地无法上网的时候或等车等人的时候才会采用移动学习。调查中只有5人在距离原因不能听到某位知名教授的课程时会采用移动学习。可见，人们主要在闲暇或情况比较特殊等环境下，才会运用移动学习。

**3. 进行移动学习的时间**

在调查大学生愿意花多长时间在移动学习上时，45%的大学生愿意花30分钟左右，其次是10分钟左右，占22%。由此可看出，大学生喜欢将移动学习作为非正式学习的一种方式，人们在零散的时间下，学习的时间一般不会持续太长。

**4. 大学生对移动学习的态度**

58.67%的学生认为移动学习使学习更方便、随时随地，40.67%的学生认为手机移动学习学习更自主、选择性更强，有36%和34.67%的大学生表示手机移动学习在学习时学习目标更明确、强化和促进了日常学习效果，有10.67%的人认为手机移动学习可以及时反馈和评价，分别有13.33%和12%的大学生认为手机移动学习没什么效果甚至降低了学习效果。由此可见，大部分学生对移动学习的理解还处在感性方面，只是停留在利用散碎时间或打发空闲时间的不自觉而自发的情形下，没有经历被引导，强化了动机地进行移动学习。

**5. 智能手机移动学习方式的倾向**

对于手机移动学习方式的绝大部分大学生没有偏向，无论是上网登录论坛、博客、移动QQ及邮件还是登录特定的移动学习网站，或是把资源下载到手机上，所占比例也都不相上下，只有6.67%的大学生倾向于发短信到手机。

表 2　手机移动学习方式的倾向

| | 人数 | 比例 |
|---|---|---|
| 发短信到手机 | 10 | 6.67% |
| 上网登录论坛、博客、移动 QQ 及邮件等 | 68 | 45.33% |
| 登录特定的移动学习网站 | 52 | 34.67% |
| 把资源下载到手机上 | 49 | 32.67% |

### （三）影响大学生手机移动学习的重要因素

移动学习的效果与移动学习的可用性是成正比的，而目前移动学习的可用性是指移动设备的可用性、学习资源的可用性及传输方式的可用性[9]。调查中发现，对大学生手机移动学习影响最大的三个因素是“网速太慢”、“电池容量太小了”、“很多网页用手机登陆显示不全”，其分别所占比例为 68.67%、61.33%和 48%。“屏幕太小，看着不舒服”和“操作不方便”这两项因素所占比例分别为 24%、21.33%。20.67%和 23.33%的大学生认为缺乏学习课程和免费资源太少影响着手机移动学习。分别有 12 个大学生认为消费太贵和容易迷航是影响大学生手机移动学习的重要因素，所占比例为 8%。

2009 年 7 月，Nielsen Norman 集团对移动版本网站进行了一次可用性研究，研究人员在 6 种不同手机上测试了 20 个不同的网站，研究结果仍然让人失望。项目主要负责人 Jakob Nielsen 认为：现在的移动网站和上世纪 90 年代的网站水平差不多[10]。

## 五、研究结论及建议

### （一）提高网速、丰富网络学习资源

在移动学习中，网速是一个很大的制约因素，如今随着智能手机的推广和 3G 的普及，利用手机上网的速度已经得到了很大的提高。然而调查中，有 68.67%的人认为网速慢是制约手机移动学习的主要因素。

诺基亚和爱立信等公司都曾开发过关于电子商务和 3G 等内容的网络课程[11]。但是目前市面上的网络学习资源仍然匮乏，即使有，也很少被大学生关注，这也是为什么普遍大学生认为可使用资源比较多，但是寻找起来很费劲或资源虽然多，但是娱乐的居多。网络学习资源有待丰富，不仅仅是在可下载的免费资源方面，像学习网页、专业信息网页等网络资源也需要不断更新。

### （二）完善软件、构建网络学习平台

智能手机虽是以资源丰富著名，但其资源大部分都是手机游戏和电子书，开发商大多注重手机的娱乐性，而真正帮助学生进行移动学习的学习资源却是寥寥无几，这是移动学习无法在智能手机上面广泛应用的软件因素。

调查中 29.33%的大学生运用手机上的软件进行移动学习，目前移动学习中比较成熟的学习软件比较少，大多局限在英语方面，公共的移动学习工具中大学生喜欢使用移动 QQ、邮件进行移动学习。像最新出台的 Quick Office、Adobe PDF 等软件虽大受欢迎，但使用起来还是远远没有在电脑上操作那么便捷。智能手机软件集文本、图片、音频、视频于一体，如何在保证它功能多样性的前提下提高这些软件的操作便捷性是关键。

调查中 48%的大学生认为“很多网页用手机登陆显示不全”是影响手机移动学习的主要因素。众多网站都出现了移动版本，如校内、谷歌等。但专题性的移动学习网站比较少，大部分学生还是通过百度、谷歌等搜索软件进行零碎的学习。并且大部分网络学习类网站则仍停留在原来的版本，以致这些网站在智能手机登陆的情况下只能显示一部分或显示的页面杂乱。

## (三)统筹规划、促进师生交流

调查中,有56%的大学生以前没有听说过移动学习,而且移动学习也仅仅是局限于大学生的自主学习,与老师的交流很少,可见移动学习虽然被大学生广泛运用,但是并没有一个非常明确的定位。作为学校,可以尝试在校内建设移动学习平台,统筹规划学习资源,这样不仅有利于大学生自主学习,同时,在师生共同参与的情况下,也有利于师生间的交互。

## 参考文献

[1] 鲁丽岚.基于3G智能手机的移动学习系统化设计模式构建[J].软件导刊.2011,(12):61.
[2] 陈伟超.国内移动学习研究现状及发展建议[J].中国电力教育.2009,(4):16.
[3] 颜丽华,李兴保,陈艳.移动学习中学习共同体的设计与实现[J].信息技术.2009,(8):142-145.
[4] 王建华,李晶,张珑.移动学习理论与实践[M].北京:科学出版社.2002.
[5] 李晓盼,罗江华.3G手机在M-Learning中的应用分析[J].软件导刊.2011,(4):49-51.
[6] 傅健,杨雪.国内移动学习理论研究与实践十年瞰览[J].中国电化教育.2009,(7):36-40.
[7] 任海峰,赵君.移动学习国内外研究现状分析[J].成人教育.2010,(1):95-96.
[8] 张浩,杨凌霞,陈盼.大学生移动学习现状调查与分析[J].软件导刊.2010,(1):48-50.
[9] 张钰梅,袁婷,王学明.大学生移动学习现状调查研究——以银川大学学生为例[J].中国教育技术装备.2011,(18):29-31.
[10] JAKOB NIELSEN. Mobile usability[EB/OL]. http//www.useit.com/alerbox/mobile-usability.html, 2009-08-12.
[11] 叶成林,徐福荫,许骏.移动学习研究综述[J].电化教育研究.2004,(3):12-18.

## 作者简介

周婷,1990年生,女,汉,江西抚州,硕士研究生,现代教育技术。

# Web-LSNPE 在大学英语混合学习中的应用效果研究

李冠杰，梁玲敏，邓小芳
（华南师范大学教育信息技术学院，广东广州，510631）

**摘　要**：本研究以华南师范大学为案例，通过问卷调查与访谈的方法对基于“新理念英语学习大厅”（Web-based Learning System for New Perspective English，Web-LSNPE）的混合学习应用效果进行研究。得出学生对新理念英语学习大厅在混合学习中的应用整体满意度较高；英语学习大厅的功能对混合学习的应用效果的影响较大；教师的重视程度对“新理念英语学习大厅”在混合学习的应用效果有较大影响三个结论。为“新理念英语学习大厅”在混合学习的应用效果有效提升，提出如下建议：根据学生的需求，完善“新理念英语学习大厅”的功能；对授课教师进行必要的培训和支持服务，提高他们对“新理念英语学习大厅”应用于英语混合学习中的重视程度。

**关键词**：新理念英语学习大厅；混合学习；应用效果

# The Application Effect of Web-LSNPE in Blended Learning Model in College English

Li Guanjie, Liang Lingmin, Deng Xiaofang
(School of Educational Information Technology, South China Normal University, 510631)

**Abstract**: This paper, taking the south china normal university as an example, surveyed the application effect of Web-based Learning System for New Perspective English(Web-LSNPE) in English blended learning model. It concluded that mostly students are satisfied with the blended learning model, the function of platform takes the biggest role in the application effect, and teachers' attention has great influence on the effect. Therefore we proposed two suggestions: firstly, improving the functions of the platform according students' needs; secondly, improviding trainning and support to teachers, in order to enhance their emphasis on the blended learning.

**Keywords**: web-based learning system for new perspective english; blended learning; application effect

## 一、引言

进入21世纪以后，尤其是从2001年国外E-Learning进入低潮以后，国际教育技术界开始总结近十年网络教育实践经验，在此基础上，利用混合学习(Blended Learning)原有的基本内涵并赋予它一种全新的含义。

何克抗教授指出：所谓Blended Learning，就是要把传统学习方式的优势和E-Learning的优势结合起来，既要发挥教师引导、启发、监控教学过程的主导作用，又要充分体现学生作为学习过程主体的主动性、积极性与创造性[1]。混合学习的核心思想是根据不同问题、要求，采用不同方式解决问题，在教学上就是要采用不同的媒体与信息传递方式进行学习，而且这种解决问题的方式要求付出的代价最小，取得的效益最大[2]。

柯蒂斯·邦克[3] 在《世界是开放的》中预测了混合学习未来发展的趋势，认为混合学习的模式和方法将会越来越多样化，会在很大程度上促进个性化的学习。

伴随着中国高校数字化校园建设的不断发展，混合学习也成为国内高校教学改革的重要内容。调查数据[4] 显示，目前超过60%的中国高校已经开始使用课程管理系统，作为支持校内全日制学生的混合式教学的技术平台。大力推广混合式教学模式，鼓励教师利用网上教学平台进行辅助教学。以信息化环境为依托的混合学习是教学方法和模式创新发展的趋势。

## 二、问题提出

**1. “新理念英语学习大厅”简介**

“新理念英语学习大厅”(Web-LSNPE，V5.0 版)是以教育部颁布的《大学英语课程教学要求》为依据，配套外教社《大学英语》课程设计开发的网络教学系统。本系统在严格遵循现代外语教学理念、充分运用先进信息技术的基础上，注重为学生创设自主式学习环境、强调个性化教学，全面培养学生的英语综合应用能力。系统首页如图 1 所示：

图 1 Web-LSNPE 系统首页

学生学习客户端主要有课程学习、课外资源和辅助功能三个功能模块。课程学习包括《大学英语》四个分册的学习内容和学习资源，课外资源包括平台自带的课外资源和教师上传的课外资源；辅助功能包括新闻公告、教学评价、师生面对面、我来做作业、老师答疑等功能。

**2. 研究问题**

由于“网络一代”和“数字原生族”对即时通讯技术、协作学习和在线学习环境的强烈渴望，迫使教师不得不采用更有效的教学方法。因此，“这些网络时代学生所希望的学习方式与目前高校所提供的教学方式两者之间存在着很大反差——甚至在混合式课程中也不例外”[5]。

华南师范大学的本科英语都是采用课堂面授＋网络自主学习这种新型的混合教学模式，这种教学模式实际应用效果如何？学生对于这种新型教学模式的态度如何？这都是值得深入研究的问题。总结 Web-LSNPE 在混合学习中应用的经验，对于 Web-LSNPE 的有效应用具有重要价值，对混合学习模式在整个本科教学中的推广和应用也具有一定的借鉴意义。

## 三、大学英语混合学习研究现状

**1. 英语混合学习中的教学策略**

高卓[6] 对混合学习在大学英语教学中应用的一般情况、学习平台的使用以及混合学习应用效果等进行分析和讨论。研究发现，在教学交互、教学内容方面及教学时空方面，混合学习方式要优于传统教学与网络教学。混合学习可以提高学生的知识接受程度、学习内容满意度和学生的交互水平。谢芸和刘春艳[7]通过理论论证和教学实践，证明教师在多媒体大学英语教学中的作用是非常重要的，在自主学习过程中，教师与学生之间要有畅通的沟通渠道，上课时学生可随时提问。

**2. 英语混合学习的支持平台**

高翔[8]提出利用个人博客辅助大学英语写作的混合学习模式，利用博客辅助英语教学是在教师指导下的自主学习，而非完全放任的自主学习。凌茜和马武林[9]从理论上探讨了基于 Web2.0 平台的大学英语混合学习方式，重点阐述了 Web2.0 平台对在线学习的支持。

**3. 英语混合学习的效果验证**

王懿[10]研究发现混合学习模式对提高英语写作水平有促进作用；学生的英语写作学习动机明显增强，尤其是内在动机得到显著提高，学生对混合学习满意度较高。马武林和张晓鹏[11]通过实证研究探讨了大学英语混合式学习模式，研究发现大学英语混合式学习模式可以解决课堂教学容量有限与学生个性化需求之间的矛盾，有效提高大学英语教学质量。

## 四、数据收集与应用效果分析

**1. Web-LSNPE 在本科公共英语教学中的应用**

华南师范大学的本科公共英语教学采用的是课堂教学和网络自主学习相结合的混合教学模式。本科生每周有两次英语课，一次是传统的课堂面授课，一次是利用 Web-LSNPE 进行自主学习。这种课堂面授＋网络自主学习的混合学习方式在华南师范大学本科生中的应用已经比较成熟，这也为本研究的顺利开展提供了条件。在本研究中，主要通过问卷调查和访谈来了解基于 Web-LSNPE 的英语混合学习模式效果。

**2. 问卷设计与调查实施**

本研究中的英语混合学习模式是基于 Web-LSNPE 的自主学习加上课堂面授的形式，自主学习网络平台的资源和功能对混合学习模式效果具有重大影响，因此本研究针对 Web-LSNPE 在大学英语混合学习中的应用效果设计了调查问卷，旨在了解 Web-LSNPE 在大学英语混合学习中的应用和同学们对该混合学习模式的满意度。

在相关文献研究的基础上，结合 Web-LSNPE 的各个功能模块和该平台在华南师范大学本科英语教学中的应用情况，围绕学生特点、学习大厅的功能模块、英语混合学习模式的应用效果及学生对混合学习整体满意度这四个维度进行问卷的设计，其中：学生特点包括学生对平台的实际操作水平、学习动机和自我效能感；学习大厅的功能包括平台提供的各项功能；英语混合学习模式的应用效果主要是从学生的学习兴趣、学习效率等方面进行调查；整体满意度是依据学生对该混合学习模式的态度倾向性，从侧面判断混合模式的应用效果。细化每个维度之后，我们编制出了问卷初稿，问卷采用的李克特量表的形式，每道题目有很同意、同意、一般、不同意和很不同意五个选项。我们随机选取了华南师范大学 10 名大二的学生进行了调查问卷的试测，针对学生反映的问题对初稿进行了修改，形成了问卷的终稿。

在制定好调查问卷之后，我们在问卷星平台（http://www.sojump.com/）发布了问卷，调查对象是华南师范大学的在读本科生，最终收到的有效问卷是 49 份。

**3. 访谈**

在进行问卷调查的同时，我们选择了 6 位同学进行了访谈，访谈的内容主要包括：教师是如何使用 Web-LSNPE 来开展教学的；教师在开展混合教学过程中会采取什么样的激励措施；学生是如何利用 Web-LSNPE 平台进行混合学习的；学生对教师的评价和对平台上各个功能模块的评价；学生对平台更好地应用于英语混合学习中所提的建议。

**4. 数据统计与分析**

（1）问卷数据统计与分析

本次研究共收到 49 份有效问卷，各年级学生分布如图 2 所示。其中 59％的为大一学生，他们刚接触这个英语学习大厅，因此有着更深刻和清晰的体会。学生的网络使用能力统计如图 3 所示，从图中我们可以得出 95%的学生具有良好的网络使用能力，这为他们有效利用英语学习大厅打下良好的基础。

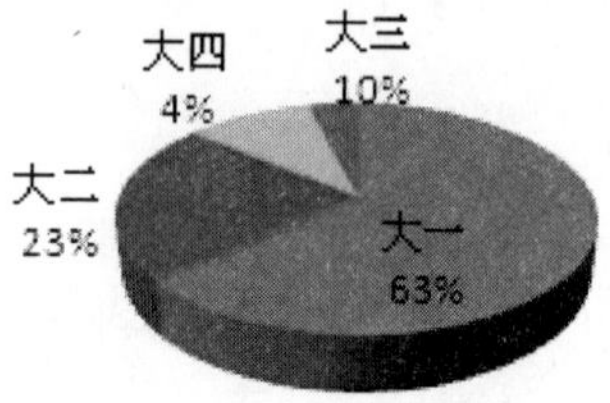


图 2　学生年级分布统计图

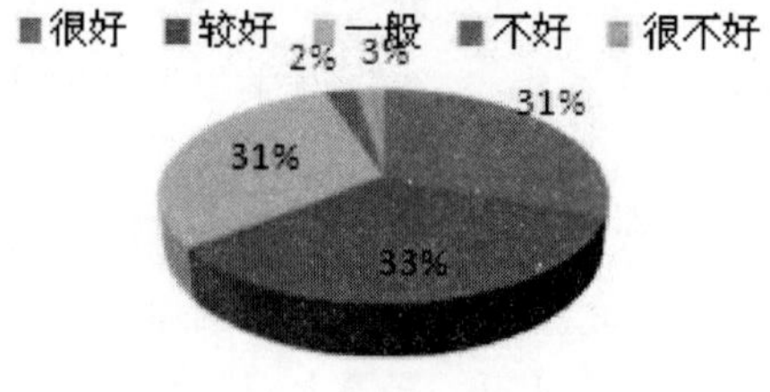


图 3　学生网络使用能力统计图

《Web-LSNPE 在大学英语混合学习中的应用效果调查问卷》的内容分成四个维度，如表 1 所示。在问卷的数据分析中，我们对每个选项赋值，从很同意开始，到很不同意依次赋值为 5 分、4 分、3 分、2 分、1 分。

**表 1　调查问卷题目分布表**

| 题项 | 调查内容 |
|---|---|
| a1－a4 | 学生的网络使用能力、学习动机和自我效能感等学生特征 |
| a5－a16 | 英语学习大厅的各个功能模块 |
| a17－a22 | 英语混合学习模式的应用效果 |
| a23－a24 | 学生对混合学习的整体满意度 |

a5－a16 项调查的是学生对英语学习大厅各个功能的满意度，a17－a22 项调查的是学生对英语混合学习的满意度。对 a5－a16 和 a17－a22 的信度进行分析，Alpha 值分别为 0.875 和 0.933，可见本次问卷各个维度内部的可靠性都很高。

在 a5－a16 项中进行描述性统计分析，结果如图 4 所示，各项的均值在 2.80－4.00 之间，可以看出各项之间得分相差较大，a13 项和 a14 的得分较高，可见“TEXT 中的单词提示功能”和“NEW WORDS 中的生词学习功能”是最受学生喜欢的。而 a7 项和 a8 项的得分较低，可见老师和学生较少使用“教师答疑功能”和“学习讨论功能”。

| | N | 极小值 | 极大值 | 均值 | 标准差 |
|---|---|---|---|---|---|
| a5 | 49 | 1 | 5 | 3.22 | .985 |
| a6 | 49 | 1 | 5 | 3.59 | .977 |
| a7 | 49 | 1 | 5 | 2.82 | 1.093 |
| a8 | 49 | 1 | 5 | 2.80 | 1.118 |
| a9 | 49 | 1 | 5 | 3.27 | 1.221 |
| a10 | 49 | 2 | 5 | 3.27 | .884 |
| a11 | 49 | 1 | 5 | 3.29 | .866 |
| a12 | 49 | 1 | 5 | 3.57 | .890 |
| a13 | 49 | 2 | 5 | 4.00 | .791 |
| a14 | 49 | 2 | 5 | 3.94 | .899 |
| a15 | 49 | 1 | 5 | 3.65 | .948 |
| a16 | 49 | 1 | 5 | 3.67 | .899 |
| 有效的 N（列表状态） | 49 | | | | |

图 4　平台功能调查描述性统计结果

在 a17—a22 项进行描述性统计分析，结果如图 5 所示，各项的均值在 2.98—3.53 之间，可见学生对英语混合学习模式还是比较满意的。a18 项均值最高，学生最认同的是该大学英语混合学习模式提高了英语听力。

**描述统计量**

| | N | 极小值 | 极大值 | 均值 | 标准差 |
|---|---|---|---|---|---|
| a17 | 49 | 1 | 5 | 3.35 | .879 |
| a18 | 49 | 1 | 5 | 3.53 | .892 |
| a19 | 49 | 1 | 5 | 3.16 | .921 |
| a20 | 49 | 1 | 5 | 3.27 | .930 |
| a21 | 49 | 1 | 5 | 2.98 | .924 |
| a22 | 49 | 1 | 5 | 3.33 | .966 |
| 有效的 N（列表状态） | 49 | | | | |

图 5　混合学习效果调查描述性统计结果

a23 调查的是学生对学习大厅功能的满意度，而 a24 调查的是学生对该英语混合学习整体的满意度，从表 2 中，我们可以得出学生对学习大厅的功能整体满意度为 72.97%，对该英语混合学习模式的整体满意度为 86.49%。

**表 2　学生对 Web-LSNPE 的功能满意度调查统计结果**

| 题目 | 很同意 | 同意 | 一般 | 不同意 | 很不同意 |
|---|---|---|---|---|---|
| a23 我对 Web-LSNPE 的功能十分满意 | 5(13.51%) | 11(29.73%) | 11(29.73%) | 9(24.32%) | 1(2.7%) |
| a24 我对英语混合学习模式十分满意 | 4(10.81%) | 16(43.24%) | 12(32.43%) | 4(10.81%) | 1(2.7%) |

为了检验这两者的相关性，在 SPSS 中进行双变量相关性分析如图 6 所示。由图 6 可知，“学习大厅功能”与“混合学习模式”二者之间相关性达到显著水平，其 Pearson 相关系数为 0.817。这表明英语学习大厅功能很大程度影响了英语混合学习的效果。

**相关性**

| | | a23 | a24 |
|---|---|---|---|
| a23 | Pearson 相关性 | 1 | .817** |
| | 显著性（双侧） | | .000 |
| | N | 49 | 49 |
| a24 | Pearson 相关性 | .817** | 1 |
| | 显著性（双侧） | .000 | |
| | N | 49 | 49 |

**. 在 .01 水平（双侧）上显著相关。

图 6　学习大厅功能与混合学习模式相关性分析

**相关性**

| | | a23 | a2 |
|---|---|---|---|
| a23 | Pearson 相关性 | 1 | .585** |
| | 显著性（双侧） | | .000 |
| | N | 49 | 49 |
| a2 | Pearson 相关性 | .585** | 1 |
| | 显著性（双侧） | .000 | |
| | N | 49 | 49 |

**. 在 .01 水平（双侧）上显著相关。

图 7　学生使用意愿与平台功能满意度相关性分析

a2(我很愿意使用学习大厅平台学习英语)与a23(我对学习大厅的功能十分满意)表示的是学生意愿与功能满意度,对两者进行相关分析,结果如图7所示,Pearson相关系数为0.585,呈显著相关。说明学生对学习大厅功能的满意度在一定程度上影响了学生是否愿意使用学习大厅平台学习英语。

a3(我认为混合学习的模式能够促进英语学习)与a24(我对英语混合学习模式十分满意)表示的是学生期望与实际满意度,利用SPSS对调查数据进行描述性统计,两者的均值为3.78和3.43,学生对混合学习的期望比实际满意度得分要高,说明学生对混合学习的期望较高,认为混合学习模式能够促进英语的学习,但是实际上采用的英语混合学习却没有取得意想中的效果,影响了学生对混合学习的满意度。对两者进行相关分析,结果如图8所示,Pearson相关系数为0.503,呈显著相关。说明学生对混合学习的期待与学生对英语混合学习的满意度之间有一定的相关性。

**相关性**

| | | a3 | a24 |
|---|---|---|---|
| a3 | Pearson 相关性 | 1 | .503** |
| | 显著性(双侧) | | .000 |
| | N | 49 | 49 |
| a24 | Pearson 相关性 | .503** | 1 |
| | 显著性(双侧) | .000 | |
| | N | 49 | 49 |

**. 在 .01 水平(双侧)上显著相关。

图8　学生期望与混合学习满意度相关性分析结果

(2) 访谈内容的分析

我们将6名学生的访谈内容和问卷开放题的答案从教师使用方式、激励措施、学生使用方式、学生对平台的评价、学生对教师的评价、学生的建议六个维度来进行整理和分析。

通过分析访谈的内容,我们得出以下结论:

① 教师主要是将英语学习大厅应用到听说教程的学习中,应用的方式是让学生进行自主学习;

② 教师在使用英语学习大厅的过程中,较少采用激励措施,通常做法是要求学生完成12个单元的听说教程的学习,而不强制每个单元都进行测试,只记录最高的两次测试成绩折算为最终成绩;

③ 学生登录到英语学习大厅,一般都是使用听力和口语练习模块,以自学为主,另外,还会使用综合教程模块中的生词学习功能,并且浏览教师上传的一些拓展资源;

④ 学生对学习大厅平台整体上是满意的,但是也提出平台存在的一些不足:不稳定、资源更新不及时、讨论功能不明显等;

⑤ 学生认为教师不够重视学习大厅的使用,影响了英语学习大厅的使用效果;

⑥ 为了发挥英语学习大厅的功能,获得更好的混合学习效果,学生从教师和平台两个角度提出了一些建议:教师应该重视学习大厅的使用,及时更新拓展资源;平台开发者应该进一步美化界面、加强讨论功能,内容的设计更能符合学习者个性化的需求。

## 五、研究结论与建议

混合学习模式的关键在于将课堂面授与自主学习有效整合,需要发挥教师主导和学生主体作用。从本次研究的问卷数据和访谈内容的分析结果,我们得出了如下的研究结论:

(1) 该混合学习模式在学生中的满意度较高,Web-LSNPE在英语混合学习中的应用得到了学生的认可。通过数据分析来,学生对Web-LSNPE功能的整体满意度为72.97%,对该学习大厅在混合学习中的应用的整体满意度为86.49%。

(2) 英语学习大厅的功能对混合学习的应用效果的影响较大。通过相关因素的分析，得出学生对使用英语学习大厅的意愿和期望、学习大厅的功能都与混合学习的应用效果显著相关，而且学习大厅的功能与混合学习的应用效果的相关性大于学生对使用英语学习大厅的意愿和期望。

(3) 教师的重视程度对 Web-LSNPE 在混合学习的应用效果有较大影响。从访谈内容的分析结果来看，教师的重视程度(包括激励措施、拓展资源的上传、平台资源的及时更新等)对学生的学习动机、学习态度有很大影响，从访谈中我们也可以看出在学习大厅的自主学习模块中，很多资源是重复性的，因此学生用的最多的功能只是口语练习和听力练习。教师答疑功能和学生讨论区是最少使用的两个功能，教师在该英语混合学习模式中没有发挥有效的引导作用，很多同学都表达了“希望老师重视”的愿望。

针对以上的研究结论，为了使 Web-LSNPE 在混合学习的应用效果有效提升，我们提出如下建议：

(1) 根据学生的需求，完善 Web-LSNPE 的功能。应该进一步美化界面、加强讨论功能，内容的设计更能符合学习者个性化的需求，增强学习大厅的稳定性。

(2) 对授课教师进行必要的培训和支持服务，提高他们对 Web-LSNPE 应用于英语混合学习中的重视程度。只有这样，教师才能充分利用 Web-LSNPE，为学生提供实时、丰富的课程资源，保持与学生的良好互动，保证混合学习取得良好效果。

## 参考文献


[1] 何克抗. 从 Blending Learning 看教育技术理论的发展(上)[J]. 中国电化教育，2004，(3)：7-8.

[2] 李克东、赵建华. 混合学习的原理与应用模式[J]. 电化教育研究，2004，(7)：1-6.

[3] 柯蒂斯·J·邦克著，焦建利主译. 世界是开放的[M]. 华东师范大学出版社. 2011，43.

[4] 赵国栋. 教育信息化国际比较研究[M]. 南京：江苏教育出版社，2008.

[5] Alavi, M. and Dufner, D. (2005). Technology-mediated collaborative learning: a research perspective. In earning Together Online: Research on Asynchronous Learning Networks, edited by S. R. Hiltz and R. Goldman, pp. 191-213. Mahwah, NJ: Lawrence Erlbaum Associates.

[6] 高卓. 混合学习在大学英语教学应用中的效果分析[J]. 现代远程教育研究. 2007(4).

[7] 谢芸. 刘春艳. 混合学习在大学英语教学中的应用研究[J]. 赤峰学院学报. 2010(5) .

[8] 高翔. 个人博客辅助大学英语写作的混合学习模式探索. [J]. 正德学院学报. 2010(12).

[9] 凌茜，马武林. 基于 web2.0 平台的大学英语混合式学习探究[J]. 电化教育研究，2009(6).

[10] 王懿. 混合学习对大学英语写作水平的影响[J]. 开放教育研究，2011(2).

[11] 马武林，张晓鹏. 大学英语混合式学习模式研究与实践[J]. 外语电化教学. 2011(5).


## 作者简介

李冠杰，1986 年生，男，汉族，河南淮阳人，在读硕士，研究方向为教学设计理论与应用。

# 基于CPS的高校理工科学生创造力培养教学模式设计研究

陈凤斌

（福建师范大学教育学院，福建福州，350108）

**摘　要：**创造性问题解决(CPS)模式被公认为是一种有效的创造性思维训练方法。文章针对高校理工科学生创造力培养存在的问题和要求，提出一个基于创造性问题解决的教学模式，该教学模式由理解问题、实践行动、总结交流三个阶段和若干环节构成，旨在提高学习者的创造性思考能力和创新设计和应用能力。运用该教学模式在《人工智能与机器人制作》课程开展为期二年的研究，研究结果验证了该模式能较好地解决课程理论学习和实践应用脱节的问题，又能兼顾课程目标与学情特点，开放地、创造性地开展差别化教学，提高学生创造力，促进学生全面进步。

**关键词：**CPS；创造力；教学模式；人工智能与机器人制作

# A Study on the Teaching Mode Design Research Based CPS About College Students Majoring in Science or Engineering Creativity Culture

Chen fengbin

(College of Education; Fujian Normal University, Fuzhou 350108, China)

**Abstract**: Creative problem solving (CPS) model is recognized as an effective training methods of creative thinking. In this paper, We studied the problems and requirements about college students majoring in science or engineering creativity culture. Proposed a teaching model based on creative problem solving. The Model composed of three stages and a plurality of links, such as understanding the problem, mode of practice, summed up the exchange . Aims to improve the learners' creative thinking ability and the innovation ability of design and application. Finally , Applied the model Carrying out two years of practical application on artificial intelligence and robotics course. Research shows that the model can Better Solve the problem of theoretical study and practical applications of touch, take into account the course goals and learning situation, Open and creative way to carry out differentiated teaching to enhance students' creativity, to promote the all-round progress of the students.

**Keywords**: CPS; creativity; teaching model; artificial intelligence and robotics

## 一、前言

《国家中长期教育改革和发展规划纲要》提出“全面提高高等教育质量，提高人才培养质量。”高等教育要培养创新人才,必须加强课程体系的设计与课程内容的开发。当前《人工智能与机器人制作》课程已进入很多高校理工科创新课程体系,成为高校培养和提高学生创新思维、创新设计与应用能力的重要课程平台。

传统的高校机器人课程教学,普遍存在重视知识的传授,轻视技能的培养,重视理论教学、轻视实践环节的问题。而一些基于课程设计或竞赛活动导向的教学模式,又倾向于实践技能和制作过程的训练,忽视知识的建构与更新,忽视技术思想和方法的学习。创造力培养必需以宽厚扎实的知识为基础,重视创造意识的锻炼、培养广泛联系实际解决问题的能力,以及和他人协调、沟通交往的能力。自 20 世纪 70 年代开始,逐步发展并完善起来的创造性问题解决(CPS)模式被公认为是一种有效的创造性思维训练方法,国内外许多研究结果也证实了在教学活动中运用 CPS 模式可提升学生的创造力。

## 二、基于 CPS 的教学模式设计

### (一) CPS 的理论发展与内涵

创造性问题解决(Creative Problem Solving)简称 CPS,是 Osborn 于 1953 年在其所著的《应用想象力》一书中提出的。1966 年美国学者 Parnes[3]针对问题解决之历程提出创造性问题解决模式,他将创造性问题解决模式划分为:发现事实、发现问题、发现构想、发现解决方案、和接受所发现的解决方案五个阶段。1985 年,Isaksen & Treffinger 结合在商界和教育界的运用经验,将 Parnes 的 CPS 模式由五阶段改为六阶段,新增发现挑战阶段。1994 年 Treffinger、Isaksen & Dorval[4]在大量实践研究基础上,提出了循环式的 CPS 模式,将创造性问题解决分成三种成分六个阶段(如图 1 所示)。

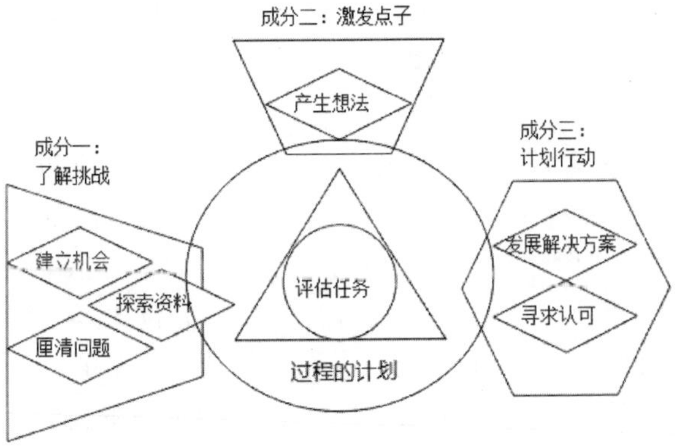


图 1 循环式 CPS 模式(Treffinger、Isaksen & Dorval,2000 年)

无论是 Parnes 的线性 CPS 模式还是 Treffinger 等人的循环式的 CPS 模式,两者有着共同点,那就是利用多阶段方式循序达到创意解决问题的目的。CPS 模式不仅提供一个解决问题的策略,而且更关心创造性解决问题的心智过程。CPS 模式每个阶段都包含扩散式思维和聚敛式思维过程,为创造力的发展提供一套有效的方法或步骤,它适用于个人的学习,也适用于团体的学习。CPS 模式应用因任务不同,情景不同、使用者的不同而有所区别。正如 Treffinger 所强调,应用 CPS 模式不要拘泥于固定的步骤,也不一定要把所有的步骤都囊括在内。我们可以根据不同的问题情境,从不同的 CPS 阶段寻找切入点,也可以使用其中的一部分分阶段来解决问题,并注意随时评估任务与计划的可行性。

### (二) 基于 CPS 的教学模式构建

基于 CPS 理论和教学设计基本要求,笔者提出一个基于 CPS 的教学模式(见图 2)。该模式有选择地运用 CPS 策略和步骤;以问题为中心组织教学内容,以发展解决问题方案为目标导向,改进理论教学和实践教学的形式,改进教学组织过程,倡导主动学习、探究学习和合作交流;鼓励学生用自己的方式思考和解决问题。该模式分为三个阶段七个环节,具体说明如下:

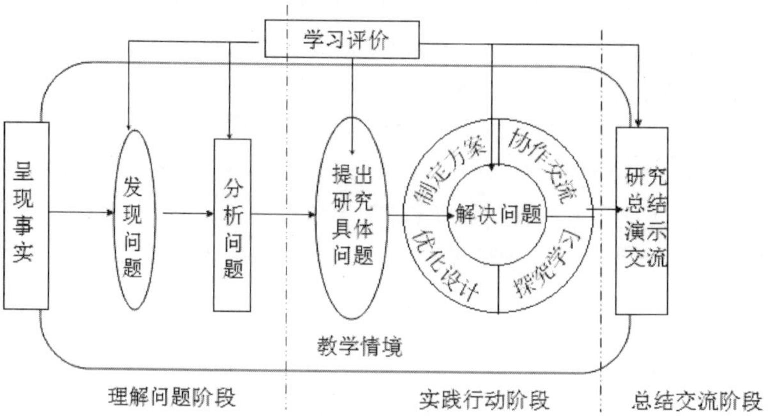


图 2 基于 CPS 的教学模式流程图

**1. 基本流程与环节安排**

创造性问题解决能力主要体现在创造性思考能力，创新设计与应用制作能力等方面。从教学可操作性原则出发，我们把教学过程分为理解问题 、实践行动和总结交流三个阶段。其中理解问题阶段包括事实呈现、发现问题和分析问题三个环节，采用线性 CPS 模式；实践行动阶段包含方案设计、试验制作，测试评估、优化设计等多个环节，采用循环式的 CPS 模式。总结交流是创造性问题解决心智历程的最后一个环节，也是教学过程的重要组成部分。此外，我们通过学习评价环节，把上述教学过程有机联系起来。

**2. 主要环节的任务设计**

(1) 呈现事实：是问题情境创建的主要手段之一。其主要任务是选择切合课程目的、贴近生活经验和实际，同时兼顾教学对象的知识基础、兴趣爱好的案例事实，构造一个有利于学习者去发现问题的学习情境，激起探究学习的欲望。

(2) 发现问题：重在培养学生发散性思维。学生结合自己已有的知识和经验，从不同的角度感觉、印象、观察、描述所呈现的事实或事实中的数据。运用发散性思维，提出各种问题和子问题，为下一步的自主学习、探究学习提供问题来源。同时也营造了一个多学科交融应用的学习情境。

(3) 分析问题：主要任务是对所提出的各种问题进行归类和分析，弄清问题的焦点所在，然后通过讨论、教授和自主探究学习等方式，全面深入学习并掌握该问题系统所涉及的知识、技能、原理及方法过程。

(4) 提出目标问题：该环节是创造性思考阶段走向实践行动阶段的桥梁。主要任务是先具体分析解决问题已具备的客观条件，对现有的问题系统进行二度聚焦分析，寻找那些具有可行性又有创新性的问题作为下阶段实践探究的具体问题。

(4) 解决问题：学习者在一定的实践情境下，综合应用上一阶段习得的知识和技能，以及技术思想和方法 ，通过制定方案，评估方案、试验制作，优化设计等实践活动达到解决问题的目的。

(5) 总结交流的作用有三：1、通过总结回顾问题求解的全过程，使自己问题求解的思路和解决问题所需要的知识以及相关的技术方法关联起来，促进融会贯通；2、提供反思机会，加深对习得的知识、技能理解，使其转化为智慧技能和新的认知图式，促进成功经验逐步向更高层次发展；3、通过成果展示获得学习的成就感，增强进一步学习的动力。

(6) 教学情境：教学情境作用于教学的各个阶段，我们应该根据实际需要，创建一个有利于思考，有助于激发点子，发现问题的学习情境；一个能够对实践制作提供设备、技术知识 技能支持的实践情境；以及一个勇于展示自己，享受学习乐趣的交流情境。

**3. 学习评价策略**

学习评价不仅具有甄别学习成果的使命，同时也是教师管理课堂、调控学习进程，落实教学目标，实现问题解决导向的重要手段。Treffinger 强调指出在执行循环式 CPS 过程中，要时时评估任务及计划的可行性，借此促进学习者聚敛思维，调整行动过程，实现目标导向。在基于创造性问题解决的教学模式中，学生是学习的主体，但也要重视教师的主导作用。因此学习评价重在建立一个面向教学全过程的多元化评价体系，将学习评价贯穿于教学的各个阶段各个环节中。在评价内容上，应当以教学目标为依据，全面关注学生在学习过程中的知、情、行、意等方面的改变，关注学生知识与技能获取的过程，关注学生灵活运用知识与技能的情况。在评价主体上，可推行教师评价，以及教师指导下的小组自评、同学互评等形式。在评价方式上，本着对学生个性发展和创造精神培养有利的原则，做到灵活多样。将过程性评价和生成性评价相结合，注重学生的自我反思，注重评价结果的及时反馈。

## 三、基于 CPS 的教学模式的实践应用

《人工智能与机器人制作》具有多学科交叉、实践性强、综合性强的特点。教学过程中存在大量师生共知和未知的开放性问题，因此适合采用基于创造性问题解决的模式来开展教学。

### （一）教学过程的设计

机器人教育与制作涉及到多种学科知识，多项技能和多种技术思想与方法。因此，实际教学中首先应该分析课程目标；然后将教学内容分解、重组，形成系列的主题任务，每个主题任务映射几个中心问题和若干子问题；最后，对于每个既定的主题任务，按照上述的教学模式开展教学设计与实践教学，从而达到学习相关知识，锻炼技能，提高设计与制作能力目的。

下面以课程中主题任务之一"灭火机器人的制作"为例，进一步阐述应用基于创造性问题解决的教学模式进行教学设计的过程，具体设计过程见表一。

表一　基于 CPS 模式的灭火机器人制作的教学设计

| 阶段 | 环节 | 主要内容和实施过程 | 主要教学方法 |
|---|---|---|---|
| 理解问题 | 呈现事实 | ① 机器人实物——提供直观、感性的认识；<br>② 灭火机器人虚拟软件——准确理解灭火的原理及运动过程；<br>③ 灭火机器人竞赛视频——提供真实情境，展示更多细节； | 演示法 |
| | 发现问题 | ① 引导学生从避障运动过程，火源检测方法、灭火机理，路劲规划策略等层面去观察、感受、描述、质疑事实案例中的现象和数据；<br>② 鼓励学生各抒己见，将自己的想法以问题的形式反映出来，形成问题系统。 | 头脑风暴法 |
| | 分析问题 | ① 对发现的问题进行归纳：分成基本概念、基础知识、基本原理与过程、技术设计与应用、技术思想与方法几类；<br>② 学生自主学习相关教材或通过主题网站获取答案；<br>③ 学生运用 VJC 模拟软件对火焰检测，壁障运动等关键性的问题进行验证；<br>④ 教师结合案例讲授一些抽象的概念和前沿的技术。 | 讨论、讲授和探究学习 |
| 实践行动 | 提出目标问题 | 教师指导各小组正确分析问题和已具备的客观条件，选定要解决的现实问题：<br>例如：如何搜索和定位火源？如何遍历房间？如何在最短的时间内走出房间迷宫？以及如何提高壁障运动的速度和灵敏度？ | 小组讨论 |
| | 解决问题 | 分小组开展实践制作活动：<br>① 各研究小组开展方案设计、试验制作，测试评估、优化设计等实践过程；<br>② 教师参与各个小组的实践活动中，提供评价反馈意见，提供部分技术支持；<br>③ 教师适时点评试验中出现的各种共性问题，组织小组进行联合技术攻关。 | 讨论、协作学习、试验 |
| 总结交流 | 演示与汇报 | ① 各小组演示机器人，并进行现场讲解，其他小组参与观摩和评议；<br>② 研究小组提交研究报告。研究报告内容包括研究主题及制作的具体步骤，以及试验过程存在问题及其解决方案。<br>③ 讲评研究报告，提出改进的意见与建议。 | 演示、讲评 |

### （二）教学情境设计

在灭火机器人主题教学过程中，我们根据不同阶段的学习需求，在情境设计上有所区别，有所突出。其

一，在理解问题阶段，我们设计提供简易灭火机器人实物和多个国际灭火机器人竞赛视频，增加学生对灭火机器人的感性认识；此外，为方便开展混合学习，我们开通了网络，提供各类专题网站链接和电子教材支持。其二、在实践情境创建方面，我们也做了充分的考虑，保证每组都有一套机器人基础配件、功能模组和零配件，以及配套的制作工具；此外为尽可能减少学生在编程过程的困惑感与挫折感，我们设置了开发版和仿真版两套软件，从而降低编程难度，提高编程效率。其三、为满足实际调试和演示需要，我们特定搭建了一套标准的灭火房间场地。

### (三) 学习评价的实施

如上所述，学习评价不仅具有诊断学习和激发学习动力的作用，而且也是教师管理课堂、调控学习进程，落实教学目标的具体手段之一。因此在实践教学中，我们把学习评价贯穿于教学的各个环节，并且根据不同的任务，选用不同的策略和方法，具体实施过程见图 3。

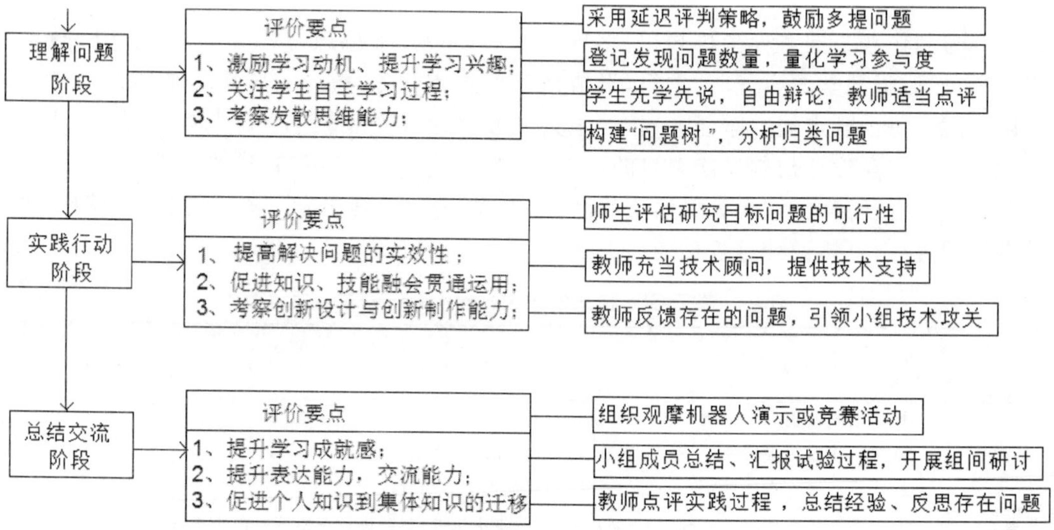


图 3　学习评价实施过程

## 四、实践应用效果评价

笔者应用基于 CPS 的教学模式，改革《人工智能与机器人制作》课程教学，先后两年对教育技术专业 2008 级和 2009 级学生开展教学实践。通过观察分析学生在课堂中的学习行为、学习态度和实践制作过程，以及评审学生研究报告和实践作品，来检验该教学模式对于提高学生创造力的实效性。

### (一) 创造性思考能力分析

发现问题和分析问题是创造性思考能力的重要特征，为此，我们对两个年级的学生在六个主题任务学习过程中的发现问题情况，以及分析、求解问题的方式进行统计，结果汇总见表二。

**表二　发现问题与问题解决方式分析表**

| 班级(人数) | 人均提出问题数(个/学期) | 问题解决方式 | | | |
|---|---|---|---|---|---|
| | | 自主解答 | 协作解答 | 教师解答 | 遗留的问题 |
| 2008 级(25 人) | 12.2 | 43.2% | 21.4% | 25% | 10.4% |
| 2009 级(22 人) | 15.5 | 48.5% | 24.5% | 21.5% | 5.5% |

两个年级的学生人均提出问题数量高达 12 次以上，这说明该教学方式能够调动起学生的学习兴趣，学

习中学生乐于质疑，积极思考，大胆提出各种问题。另外我们注意到，将近45%的问题，学生能够通过自主学习得到解答，22%的问题也能够在小组协作交流过程中得到解答，这充分说明基于创造性问题解决的教学模式能够提供一个有效自主建构知识的学习平台，有助于锻炼学生的思考能力。

## （二）实践制作能力分析

创造性的成果是创造力的集中体现。我们对两个年级同学的实践作品，分别从选题、构思、整体设计、制作技巧以及测试效果等方面进行评审，各项指标的优良率数据汇总见图4。从图中我们可以看到这两个年级同学的实践作品各项指标优良率都超过80%，说明同学们较好地领悟了实践制作的方法与过程，做到了综合运用所学的知识与技能，解决实际问题，表现出具有较强的设计与制作能力。其中，制作技巧环节优良率最高，说明该教学模式能提供一个技术实践的广阔空间，同学们的创新制作能力得到充分发挥。

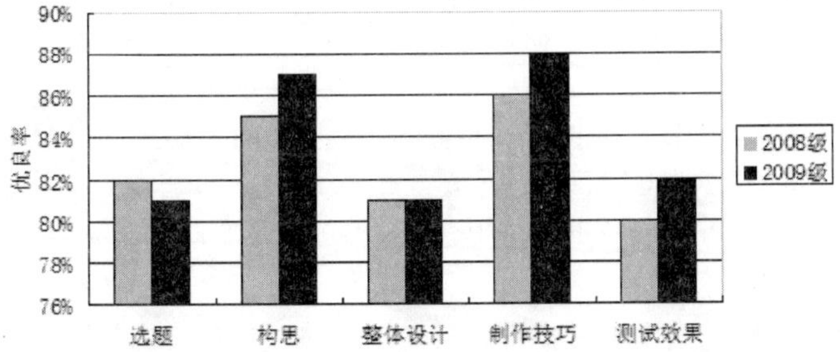


图4　灭火机器人实践作品优良率

## （三）教学模式认同度调查分析

为进一步了解学生学习认知水平、技能掌握与使用情况、以及对该教学模式的认同感。我们在完成全部教学之后开展一次问卷调查，问卷设计参照台湾国立师范大学曾义智所用的调查量表[11]，并在此基础上做些修改。参与调查的学生有47名，有效问卷47份，其中14名男生，33名女生。问卷调查结果统计见表三。

**表三　课程教学情况调查分析表**

| 题目 | 非常同意（%） | 同意（%） | 一般（%） | 不同意（%） |
|---|---|---|---|---|
| 1、我认为学习和设计机器人是一项比较有趣的教学活动 | 42.5% | 51.2% | 6.3% | 0 |
| 2、我能够理解智能机器人的基本组成结构和基本工作原理 | 35.1% | 55.4% | 6.3% | 2.1% |
| 3、通过发现问题，解答问题，我学到了很多相关学科知识 | 34% | 42.6% | 21.3% | 4.2% |
| 4、我掌握了简易机器人制作的基本技能和方法 | 21.3% | 46.8% | 27.7% | 4.2% |
| 5、通过设计与制作机器人，我的实践能力得到很大提高 | 14.9% | 42.6% | 36.2% | 6.3% |
| 6、通过课程学习，我的自学能力得到提高 | 21.3% | 42.6% | 29.8% | 6.3% |
| 7、我能勇敢的说出自己的想法和观点 | 31.9% | 36.1% | 29.8% | 2.1% |
| 8、我觉得小组协作探究学习很有乐趣 | 21.3% | 53.2% | 21.3% | 4.2% |
| 9、成功完成任务后，我觉得很有成就感，学习更有信心了 | 63.8% | 36.2% | 0 | 0 |
| 10、我赞同先学后教，做中学 | 31.9% | 42.6% | 21.3% | 4.2% |
| 11、我希望以后的课堂中能够增加这样的教学活动 | 42.5% | 49.1% | 8.4% | 0 |

从调查结果来看，90%的同学理解了智能机器人的基本组成结构和基本工作原理，96%的同学能够掌握简易机器人制作的基本技能和方法，70%以上的同学认为自己的创新思维能力、自学能力、实践制作能力和学习自信心得到提升。这说明该教学模式能较好地满足不同认知发展水平的学生学习需求，初步达到人工智能与机器人的课程目标。此外，92%以上的同学都认为学习与制作机器人是一项有趣的教学活动，希望在今后的课堂中增加这样的教学活动，这充分说明该教学模式得到同学们的广泛认同。

## 五、总结

基于CPS的课程教学模式应用和发展了问题解决的基本流程，建构了一个自主建构知识，提高解决问题能力的学习平台，较好地解决了理论学习和实践应用脱节的问题。此外该模式又能兼顾课程目标与学情特点，开放地、创造性地开展差别化教学，促进学生全面进步。教学实践应用也验证了应用该模式能够提高学生的创造性思考能力和实践制作能力，这对开展同类课程的实践教学具有借鉴意义。

### 参考文献

[1] 教育部. 国家中长期教育改革和发展规划纲要 .2010-7.

[2] 张存鹰. 关于高职院校实现机器人教学的探索与实践[J]. 价值工程，2011，(12)：198.

[3] Parnes, S. J.. Creative Behavior Guidebook [M]. State University of New York Colloege at Buffalo, Chales Scribner's Sons, 1967, 78.

[4] Treffinger, D. J. , Isaksen, S. G.. Creative Problem Solving-And Introduction [M]. Buffalo: Center for Creative Learning Inc. , 1992, 2. 56.

[5] Stanish, B. , Fberle, B.. Be A Problem-Solver: A Resource Book for Teaching Creative Problem-solving[M]. Waco, TX: Prufrock Press, 1997, 24.

[6] Isaksen, S. G. , Dorval, K. B. , & Treffinger, D. J. Creative Approaches to Problem Solving[M]. Second Edition, 2000, 56.

[7] 袁维新. 国外创造性问题解决模型研究[J]. 外国教育研究，2010，(7)：6～10.

[8] 陈爱芯. 课堂教学中学生创新精神与问题解决能力的培养[J]. 山东教育科研，2001，(1)：30～32.

[9] 王后雄，孙建明. CPS 模型及其在化学问题解决中的应用[J]. 化学教学，2012，(4)：13～16.

[10] 汤伟君，邱美虹. 创造性问题解决(CPS) 模型的沿革与应用[J]. 科学教育月刊，1999，(223)：2～20.

[11] 曾义智. 用机器人于程序设计教学一实体机器人与模拟软体使用成效比较[D]. 台湾：台湾国立师范大学硕士论文，2007

[12] 战 强，王东月.《机器人学》课程教学改革探讨[J]. 北京航空航天大学学报，2010，(2)：117～120.

[13] 张 辉，冯晓宁等.《机器人技术》课程实践教学研究—基于项目任务的教学法[J]. 包头职业技术学院学报，2010，(2)：69～71.

#### 作者简介

陈凤斌，1975年生，男，福建福州人，讲师，硕士，研究方向：信息技术教育。

# 国内教育游戏的研究现状与发展策略

彭丽丽，孙艺，邓怀丽，肖新莲
（华南师范大学教育信息技术学院，广东广州，510631）

**摘　要**：文章采用内容分析法，针对《中国电化教育》、《电化教育研究》和《远程教育杂志》这三个教育技术领域权威期刊中有关教育游戏的文章，从设计、开发、应用和评价四个维度进行分类、统计和分析。根据统计分析结果，分析国内教育游戏研究的现状，结合文献调研，归纳出国内教育游戏研究中表层、深层和本质的问题，并从教育游戏的设计、开发、应用和评价四个方面提出了相应的发展策略，以期促进国内教育游戏的发展。

**关键词**：教育游戏；现状分析；发展策略

# The Current Situation and Development Strategy about Educational Games in China

Lili Peng, Yi Sun, Huaili Deng, Xinlian Xiao
(School of Educational Information Technology, South China Normal University, 510631)

**Abstract**: Using content analysis method, we classify, Statistics and analyze the articles about the educational games of three journals: the China Educational Technology, E-education Research and Distance Education magazine in the domain of educational technology, basing on five dimensions: design, development, application, management and evaluation. According to the results of statistical analysis to understand the current situation of the domestic educational games, adding to the literature research, summarized the existing problems in the domestic educational games research and the development strategies, in order to promote the development of domestic educational games.

**Keywords**: educational games; current situation; development strategies

## 一、引言

教育游戏是指能够培养游戏使用者的知识、技能、智力、情感、态度、价值观，并具有一定教育意义的计算机游戏类软件。近年来，教育游戏逐渐成为了教育信息化研究的热点之一，它将教学内容和游戏有效地结合，并应用于教育教学，可以有效激发和维持学习者的学习动机，使学习者快速融入学习氛围，激起学习者学习新知的兴趣，为课堂教学注入了新鲜的活力，为提高教学质量提供了新的教学手段，也为践行新课程改革所倡导的教育理念提供了一种新的途径。但从目前国内学者对教育游戏的研究现状来看，虽然教育游戏已被运用于教育教学领域，但一个不争的事实是教育游戏并没有普及到课堂教学中，即使使用了，教学与教育游戏也难以很好地结合在一起。

## 二、研究过程与数据分析

### （一）研究方法

本文主要采用的是内容分析法和文献调研法，通过对教育技术学中三个权威期刊六年来有关教育游戏的研究进行分析整理，得出其研究现状、存在的问题及其发展策略。

### （二）样本选取

在中国知网中，选定《中国电化教育》、《电化教育研究》和《远程教育杂志》三份期刊，以“教育游戏”为“题名”搜索2006年到2011的相关文献，剔除不相关文献，对42篇文献进行分析，其文献篇数分布情况如表1所示，本研究的分析单元为“篇”。

**表1 “教育游戏”内容分析研究样本分布情况**

| 期刊 \ 年份 | 2006 | 2007 | 2008 | 2009 | 2010 | 2011 | 小计 | 比例(%) |
|---|---|---|---|---|---|---|---|---|
| 中国电化教育 | 2 | 0 | 3 | 8 | 2 | 3 | 18 | 42.86 |
| 电化教育研究 | 2 | 2 | 3 | 2 | 5 | 7 | 21 | 50.00 |
| 远程教育杂志 | 0 | 1 | 1 | 0 | 1 | 0 | 3 | 7.14 |
| 小计 | 4 | 3 | 7 | 10 | 8 | 10 | 42 | 100.00 |

由表1可得图1：

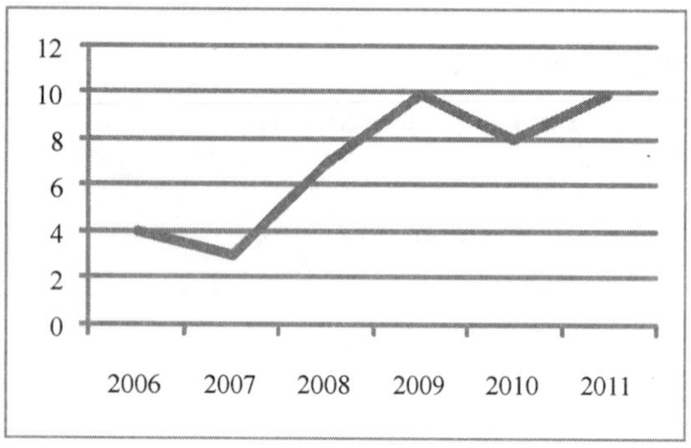


图1 “教育游戏”年度数量统计

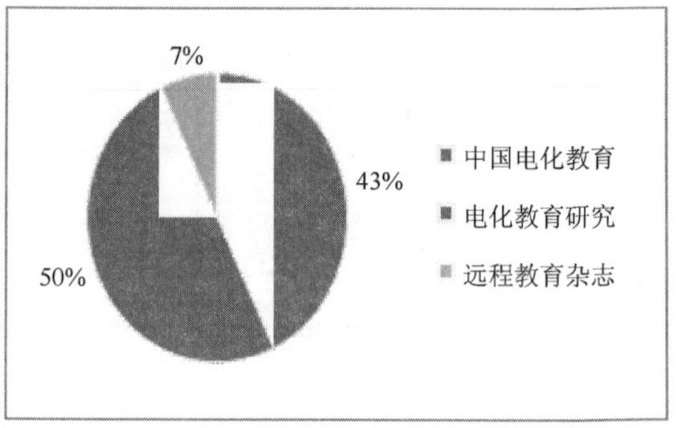


图2 “教育游戏”期刊分布图

由图1可知，近年来，学者们对教育游戏的关注度越来越高。教育游戏的虚拟性、匿名性、及时反馈、任务驱动、知识性以及趣味性，和能激发学生的学习动机、能为学生提供体验性的特点，使它正在成为教育信息化应用的热点。在三类期刊中的分布如图2所示。

由图2可知，六年多来三本期刊中，电化教育研究对教育游戏的关注度最高，远程教育杂志对教育游戏的关注度最低。

### （三）类目的设计

本研究在张刚要和马德俊的论文——《教育游戏的现状分析与发展研究》中类目设计模型的基础上[3]，提出了以下分析类目，如图3所示。该类目从教育游戏的设计、开发、应用和评价四个维度进行构建，由四个一级类目和14个二级类目组成。

### （四）评判记录与信度分析

按照研究采用的类目表格，按分析单元（篇），由评判员系统地判断并记录各类目中出现的篇数。由于

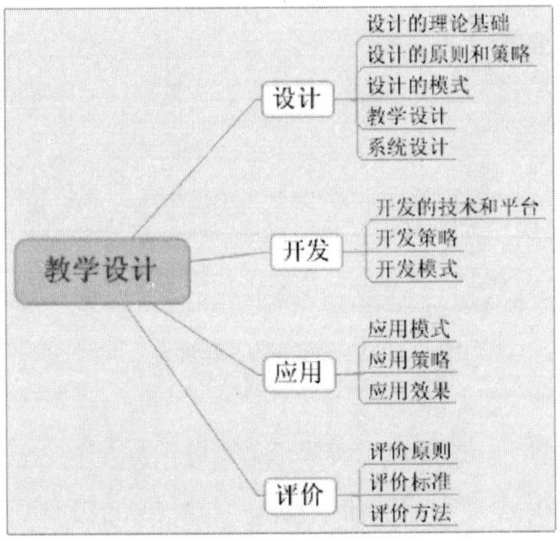


图 3 教育游戏内容分析类目

个人主观因素的影响，评判的误差还是有可能存在的。因此，我们设立了三对组评判员对这些文章进行了判定分类。两人作为内容分析的主评判员，经过讨论共同确定判定的类型，两人作为助理评判员，她们各自独立确定判定的类型。

根据内容分析的信度公式[3]：

$$R=\frac{n\times k}{1+(n-1)\times k}$$

其中，$R$ 为信度，$n$ 为评判员数，$k$ 为两个评判员之间的相互同意度，其值为：

$$k=\frac{2M}{N_1+N_2}$$

其中，$M$ 为两者完全同意的栏目，$N_1$ 为第一评判员所分析的栏目数，$N_2$ 为第二评判员所分析的栏目数。

据以上公式，计算出本研究的评判信度 $R=0.91$（具体计算过程省略），大于 0.90，则可以把主评判员的评判结果作为内容分析的结果。

### （五）研究现状的数据分析

根据以上分析类目表，对本研究的 42 篇文章进行了归类分析，其结果见表 2。

**表 2 教育游戏内容分析结果**

| 一级类目 | 二级类目 | 2006 | 2007 | 2008 | 2009 | 2010 | 2011 | 小计 | 比例(%) | 合计 | 比例(%) |
|---|---|---|---|---|---|---|---|---|---|---|---|
| | 设计的理论基础 | 2 | | 1 | 1 | | 1 | 5 | 11.91 | | |
| | 设计的原则和策略 | | 2 | 2 | | 2 | 5 | 11 | 26.19 | | |
| 设计 | 设计的模式 | 1 | | | 3 | | 2 | 6 | 14.29 | 24 | 57.14 |
| | 教学设计 | | | | | | 1 | 1 | 2.38 | | |
| | 系统设计 | | | | 1 | | | 1 | 2.38 | | |
| | 开发的技术或平台 | | | | 1 | | 2 | 3 | 7.14 | | |
| 开发 | 开发策略 | 1 | | | | 2 | | 3 | 7.14 | 6 | 14.29 |
| | 开发模式 | | | | | | | | 0.00 | | |
| | 应用模式 | | | 1 | 1 | 1 | | 3 | 7.14 | | |
| 应用 | 应用策略 | | 1 | | 2 | | | 3 | 7.14 | 11 | 26.19 |
| | 应用效果 | | | 1 | 2 | 2 | | 5 | 14.29 | | |
| | 评价原则 | | | | | | 1 | | 1 | 1 | |
| 评价 | 评价标准 | | | | | | | | 0.00 | 0 | 2.38 |
| | 评价方法 | | | | | | | | 0.00 | 0 | |

在表 2 的基础上，以类目做为维度进行统计分析可以得到图 4。

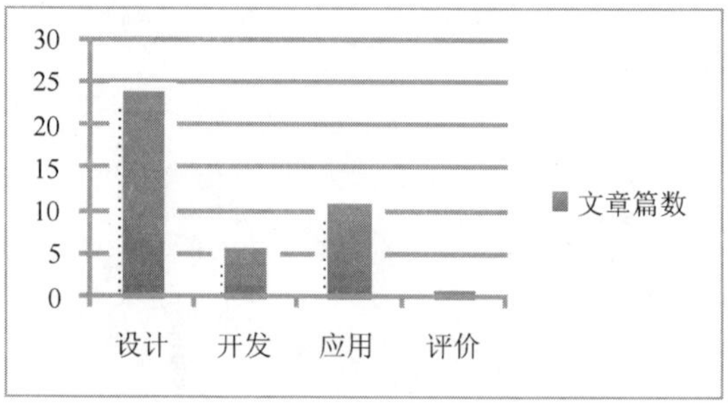


图 4　教育游戏相关文章分类统计

调查显示，目前国内对教育游戏的研究主要集中在教育游戏的设计、开发和应用方面，其评价研究较少。

教育游戏的设计研究，所占比例为 57.14%，在整个教育游戏的研究中占了最大的比例，这表明目前国内教育游戏的设计研究已逐渐趋于成熟。然而，关于教育游戏的设计研究，文献显示，大部分集中于教育游戏设计的理论基础、原则、策略和模式的研究，尤其是其原则和策略的研究，占了 26.19%；对于其教学设计和系统设计的研究鲜有提及。

教育游戏的开发研究，所占比例为 28.57%，且都集中在开发技术、平台和开发策略的研究，未能形成有效的教育游戏开发模式，笔者认为，这是由于实现教育游戏的“教育性”和“游戏性”平衡存在很大的困难。教育游戏缺少“游戏性”就无法吸引学生，缺少“教育性”不能符合传统的考试标准，因此不可能被教师或教育局采用。

教育游戏的应用研究，所占比例为 14.29%，相对于其设计和开发的研究，教育游戏的应用研究较少。目前国内对其应用研究逐步趋向于其应用效果的研究。

教育游戏的评价研究，所占比例为 2.38%，只有少量文章对其进行了探讨。笔者认为，这是由教育游戏的研究还处于初期造成的。虽然设计和开发了教学游戏，积极主动应用的却不多。应用的不足导致了其评价的相对滞后。随着研究者对教育游戏优势的认识越来越深，应用越来越多，其评价的研究也将逐年增加。同时，教育游戏的评价研究有助于指导教育游戏的设计、开发和应用。

对于以上国内教育游戏研究现状的分析，笔者认为，这与教育游戏在国内研究简短的历史有关。电子类教育游戏最早起源于上个世纪 80 年代初，当时美国学者 Bowman 研究电视游戏与教育教学的整合，随后又有学者 Driskell 等人对游戏的教育功能以及游戏在教育中的运用作了一些研究。在我国，对教育游戏研究和认识的历史不长，作为一个新的事物，因而这个阶段的研究主要集中在教育游戏的设计、开发和应用。

## 三、国内教育游戏研究中存在问题

在上述的内容分析中，本文是从设计、开发、应用和评价这五个方面来分析我们有关“教育游戏”的研究现状。基于以上分析，结合文献综述法，本文归纳出国内教育游戏研究的表层问题、深层问题和本质问题。

### （一）表层问题

基于内容分析，我们认为教育游戏不能普遍使用，其表层问题主要体现在时间、技术和观念的转变上。时间上的问题主要体现在教师方面。在运用游戏进行教学时，教师需要花费大量的时间来学习游戏的使用方法，考虑如何通过游戏的学习达到教学目的，准备幻灯片，组织反思以及总结，这些对于大部分教师来说是很困难的。对于技术性强的教学游戏，教师自己本身都很难熟练地操作游戏，又该如何组织学生学习，如何激发学生的学习兴趣，如何评估学生的学习效果。在观念上，教师很难改变传统的教学模式。对于学生而言，已经习惯了传统的学习方法，他们不知道该如何利用游戏进行学习[8]。

### （二）深层问题

在学习动机方面，教学游戏存在以下两个问题。一、游戏确实激发了大部分同学的学习动机，可是我们也注意到它也并没有激发所有同学的学习动机[9]。二、游戏激发的动机更多地体现在游戏中，而不是在听课、写游戏日记和总结报告中,即使学生喜欢这次游戏化学习活动,也并不意味着他能够喜欢该学科的其他学习活动。在学习成效方面,激发学习动机只是手段,提高学习成效才是教育游戏的最终目的。

### (三)本质问题

"教游难融"问题是教育游戏研究中存在的本质问题。在偏教育性方面,通过对游戏和教育概念的仔细辨析,研究者逐渐意识到,或许教育与游戏在本质特征上的差异就是它本质的困难和障碍。根据 Huizinga 等人对游戏的定义[9],教育游戏的设计和开发过程中,为了实现教育的目标忽视了其游戏性。在偏游戏性方面,教学的真正目的在于授之以"渔"。然而,目前教育游戏的设计和开发很少突出体现这一真正目的。有些游戏偏重游戏性,而忽视了其教育性。

## 四、国内教育游戏的发展策略

目前教育游戏首先要解决的问题是提高教育游戏的质量,将教学性和游戏性有效的结合[13]。通过以上的数据分析和文献调研,结合文献,笔者从设计和开发、应用、评价四个方面提出了教育游戏的发展策略。

### (一)教育游戏设计策略

从多数游戏玩家的立场来看,他们希望在游戏中能有众多的角色任务,让他们在紧张、刺激和充满悬念的游戏气氛中体验到酣畅淋漓的快感、成就感和满足感。同理,学习者对教育游戏的期望也是如此。在教育游戏中,任务是核心。教育游戏的任务设计应考虑以下三点:(1)采用链状任务设计,融合不同学科知识,培养多元智能;(2)情景化任务设计,提高学生探究的积极性;(3)减轻学生的认知负荷,增强游戏任务的可亲度[15]。笔者认为教育游戏的任务不能直接呈现在学习者面前,需要"打扮"一个个小任务,每个小任务负载一个知识点。任务要转换为问题情境,创设需要解决问题的一个或若干情景,让学生根据具体的情景去领悟、建构知识,给予学生持续性的体验和成就感。

### (二)教育游戏开发策略

**1. 调整开发人员,让一线教师参与开发过程**

尚俊杰等人指出将教育游戏应用于课堂的主要障碍是教师很难快速判断哪些游戏适合教学使用和缺少时间去熟悉游戏不能更好的发挥它的用处[12]。而网页设计、程序开发人员普遍缺乏教育理念,而一线教育工作者又缺乏对教育游戏制作和游戏编程的了解[14]。基于此,笔者认为教育游戏的开发需要教师的参与。一方面教师是课堂教学的实施者,他们熟悉课程内容、学生特点以及教学目标,有教师参与开发的教学游戏能将教学内容融合到游戏中,更加体现教育性的特点。另一方面,教师在设计教育游戏时会考虑到自身的因素,如易操作、易交互等特点,其他教师在使用时更加得心应手,教育游戏的效果也就更容易体现。

**2. 独立开发教育游戏的平台**

由于教育游戏开发的技术门槛比较高,一般只有技术实力比较强的研究机构才会自主开发教育游戏。希腊比雷埃夫斯大学的 Maria Virvou 等人在研究教育游戏的教学效果等问题的项目中自主开发了一款名为 VR-ENGAGE 的教育游戏[13]。奥尔卓软件开发自主开发了一套计算机教学软件制作平台《快乐教师》等。笔者认为国内的教育游戏要想提高核心竞争力必须要研发自己的独立的教育游戏开发平台,拥有自己的核心技术、开发适合中国学习者并具有中华名族文化特点的教育游戏。随着技术的发展,我国将会出现越来越多的独立的教育游戏平台。

### (三)教育游戏的应用策略

**1. 将"轻游戏"引进课堂**

虽然,目前的研究大多把游戏作为课堂教学的辅助手段,由教师或研究人员精心挑选适合课程内容的游戏,帮助学生理解和记忆学习内容。但目前真正适用于课堂教学的游戏并不多见,学校也很难选择将游戏完全整合到课堂当中。Kirriemuir 和 McFarlane 的研究也表明,将游戏直接应用到课堂中是有障碍的,提出"运用主流游戏的清淡版本('lite' versions)"于课堂的思想,尚俊杰等人为解决教育性与游戏性的平衡问题提出"轻游戏”的概念，提出了轻游戏走进课堂的可能性和必要性[9][12]。由于轻游戏好玩但是不上瘾、游戏应用轻、以学生为主导等特点非常适合目前中国教育游戏市场。所以，笔者建议轻游戏作为进入课堂的首选。

**2. 倡导基于移动设备的教育游戏的应用**

由于移动学习的兴起和技术的发展，基于手机和 Ipad 等移动设备载体的教育游戏大受青睐，例如基于 j2me 平台开发的“常识问答”游戏、基于 BREW 平台开发的“纸牌”游戏、和基于 Kjava 平台开发的众多的手机教育游戏，纵观 iPhone、iPad 和 Android 平台最受欢迎的游戏，我们可以看出它们以简单的故事情节、愉快可爱的界面、持续的奖励等特点使使用者百玩不厌。移动设备的教育游戏将在国内有很大的市场和发展潜力。

### （四）教育游戏的评价策略

实验证明，如果只是简单的使用游戏，并不能确保学生掌握相应的内容和培养相关的能力，所以在教育游戏进行中或结束后，进行不断的反思、评价、总结非常必要。目前国内主要采用准实验、调查法对教育游戏进行评价。近年来，一些学者已经开始着手进行实验性研究，比如尚俊杰等人对《农村狂想曲》《唐伯虎点秋香》等进行的实验性研究[14]。也有学者指出可以借鉴传统的对教学的评价对教育游戏进行评价，从教学性、娱乐性、技术性、艺术性、体验性、远期性六个方面对教育游戏进行综合性的评价，但是没有提出具体的评价指标。国外比较显著的是英国教师评价教育媒体组织（TEEM，Teachers Evaluating Educational Multimedia）的调查报告《游戏的教育应用》中通过让参加实验的教师应用并评价市场上已有的部分教育游戏，提出了教师对教育游戏的评价框架即 TEEM Teacher Evaluation Framework。对于教育游戏的评价，我们可以在借鉴国外评价模型和指标的基础上，适当的应用到教育游戏的评价体系之中。另外，也要创新地开发自己的模型，这样才能为国内教育游戏的发展提供指导。

## 五、结语

通过内容分析和文献调研，可以看出教育游戏已经成为教育技术界研究的热点问题，并且可以预见，为了适应丰富多彩的学科教学、更好地激发学生的学习动机，教育游戏的研究在今后还将继续成为热点。将教育游戏的教育性和游戏性有效结合起来以提高教学游戏的教学质量是目前国内教育游戏拭待解决的问题。只有解决了这一问题，才能实现真正意义上的让学生在游戏中快乐学习。

### 参考文献

[1] 魏婷，李艺. 国内外教育游戏设计研究综述[J]. 远程教育杂志，2009，(3)：67-70.
[2] 阳嵘莎，杨改学，田健. 教育游戏期刊论文内容的分析研究[J]. 远程教育杂志，2010.
[3] 张刚要. 马德俊. 教育游戏的现状分析与发展研究[J]. 电化教育研究，2008，(2)：68-72.
[4] 谢幼如，李克东. 教育技术学研究方法基础[M]. 北京：高等教育出版社，2006.
[5] Bowman. R. F. A Pac-Man. Theory of Motivation-Tactical Implications for classroom Instruction [J]. Educational Technology，1982，(9)，14-17.
[6] Driskell，J. E. &Dwyer. D. J. Microcomputer Videogame Based raining[J]. Educational Technology，1984，(2)：11-15.
[7] 张纲要，马德俊. 教育游戏的现状与发展研究[J]. 电化教育研究，2008，(02)：4.
[8] 曹熙斌，杨方琦. 教育游戏在“信息技术”课中的应用[J]. 中国电化教育，2009，(11).
[9] 尚俊杰，庄绍勇，蒋宇. 教育游戏面临的三层困难和障碍[J]. 电化教育研究，2011，(05).
[10] 范宁，左靖，钱玲. 教育游戏中兴趣体验的激发与维持策略[J]. 中国电化教育，2011，(08).
[11] 尚俊杰，李芳乐，李浩文. “轻游戏”：教育游戏的希望和未来[J]. 电化教育研究，2005，(01).
[12] 尚俊杰，蒋宇. 发达地区中小学校长教育游戏应用意见调查[J]. 中国电化教育，2010，(8).
[13] 陶侃. 教育游戏发展中的“吸收裂痕”与缓解策略[J]. 中国电化教育，2009(2).
[14] 杨丽，姚晓兰. 教育游戏中“教游相融”的设计策略研究[J]. 中国电化教育，2011，(6).

### 作者简介

彭丽丽，1987 年生，女，江西吉安，在读硕士，研究方向为教学设计理论与应用。

# 基于 CSSCI 的教育技术领域研究动态可视化分析

李丽娟，张瑞芳
（华南师范大学教育信息技术学院，广东广州，510631）

**摘　要**：文章首先以 CSSCI 的期刊数据库为统计来源，下载了教育技术领域核心期刊在 2006—2012 年刊登的所有文献。然后运用文献计量学的术语词频分析法，借助 CiteSpaceⅡ提供的复杂混合网络的可视化方法，通过比较分析得出了七年来教育技术学领域的若干研究重点，包括远程教育、信息技术、教育技术、教育信息化、网络教育、教学设计、网络课程等，其中对网络教学、教师专业化发展、知识管理等的关注有明显增长的趋势，而对建构主义等纯理论知识的关注正在逐步降温。最终得出的结论是教育技术领域的研究视野更加宽阔、研究热点更加深化，更加重视学习活动的支持与设计。

**关键词**：教育技术；研究动态；可视化分析

# Visualization Study on the Research Dynamic of Educational Technology Based on CSSCI

**Abstract**: Firstly, this article downloads all literatures in the educational technology core journals between 2006 and 2012 based on the CSSCI periodical database. Then, with the aid of CitespaceⅡ provided complex mixed network visualization methods, this article uses the word frequency analysis(literature metrology terms) and analyzes the seven years' research focus in the field of educational technology, including remote education, information technology, educational technology, educational informationization, network education, teaching design, network course, etc. Among of which, the network teaching, teachers' professional development, knowledge management attention have obvious growth tendency, and for the construction of a socialist and pure theoretical knowledge attention is gradually cooling down. Finally, this article comes to the conclusion that the educational technology research in the field of vision is more wide, research hot spots are deepening and pays more attention to learning activities support and design.

**Keywords**: educational technology; research dynamic; visualization study

## 一、引言

探索和分析学科知识领域的研究热点，可以使研究者及时准确地把握和跟踪学科知识领域的研究重点，掌握研究的最新演化动态，预测学科知识领域的发展方向和进一步研究问题等[1]。探寻教育技术领域的研究动态一直是教育技术工作者普遍关心的问题，它对指导我国教育技术领域理论与实践研究具有重要的理论和现实意义。

本文作者在中国期刊网上，以"词频＋分析＋统计"等为主题检索词，查阅 1979 年至 2012 年间各种论文集、期刊等，共有 78 篇论文文献，其中针对教育技术领域的研究论文数量很少，而且大多都是针对某个具体的研究领域。例如刘菁、董菁等，应用 CiteSpaceⅡ这一工具，对 1998—2009 年间所有“移动学习”来源文献进行可视化分析，并在一定程度上预测了“移动学习”的演进、前沿及研究热点[2]。还有一些文章虽然运用了词频分析法或 CiteSpaceⅡ软件针对教育技术领域研究动态进行了探讨，但样本数量选取有限，数据检索范围偏小，不足以全面反映教育技术领域的研究动态。例如马玉慧、周越等，应用词频分析法，对 2002—2008 年间我国教育技术领域文献的关键词进行统计分析，仅选取了《电化教育研究》、《中国电化教育》、《中国远程教育》三种期刊杂志，样本数量有限，而且对近四年的研究热点未作分析[3]。

针对上述情况，本文选取了 2006—2012 年我国教育技术学的所有核心期刊共计 10563 篇文章，运用词频分析法和 CiteSpaceⅡ软件量化呈现了我国教育技术学领域近七年来研究重点和热点的变迁。

## 二、研究方法

词频分析是一种诞生于情报学和图书馆学领域的研究方法，文献计量学的产生和发展为其提供了理论依据和应用范例。所谓词频分析法，是指利用能够揭示或表达文献核心内容的关键词或主题词在某一研究领域文献中出现的频次高低来确定该领域研究热点和发展动向的文献计量学方法[4]。由于一篇文章的关键词或主题词是文章内容的高度概括和提炼，因此某一关键词或主题词在其所在领域的文献中反复出现，则可反映出该词多表征的研究主题是该领域的研究热点。另外，统计关键词或主题词的频次在一定时间范围内的变化则有助于探寻该领域研究的发展趋势。

CiteSpaceⅡ是一种属于科学知识图谱的引文分析软件工具，它是由美国德雷克赛尔大学信息科学与技术学院的陈超美博士开发，基于 Java 编程语言的信息可视化软件，该软件能够帮助研究者明确专家、机构、出版物等关键词及其之间的内部联系，展现科学研究领域的动态变化。

本文主要以 CSSCI 的期刊数据库为统计来源，下载了教育技术领域核心期刊在 2006～2012 年刊登的所有研究性文章。然后运用文献计量学的术语词频分析方法，借助 CiteSpaceⅡ软件提供的复杂混合网络的可视化方法，总结得出近七年来教育技术学领域的若干研究重点，并进行简要分析。

## 三、数据统计

### (一)选取样本

#### 1. 样本来源期刊的选取

本文采用的数据来源于 CSSCI(中文社会科学引文索引)数据库，由于 CSSCI 大约每两年对来源期刊进行一次规划与调整，因此选取样本前先进行来源期刊的选取，如表 1 所示。

**表 1　2006—2013 年 CSSCI 来源期刊**

| 年份 | 来源期刊 |
|---|---|
| 2006—2007 年 | 《电化教育研究》《中国电化教育》《开放教育研究》《教育信息化》《外语电化教学》《现代教育技术》《现代远距离教育》《中国远程教育》 |
| 2008—2009 年 | 《电化教育研究》《中国电化教育》《开放教育研究》《现代教育技术》《现代远距离教育》《远程教育杂志》 |
| 2010—2011 年 | 《电化教育研究》《中国电化教育》《开放教育研究》《现代教育技术》《现代远距离教育》《远程教育杂志》 |
| 2012—2013 年 | 《电化教育研究》《中国电化教育》《开放教育研究》《现代教育技术》《现代远距离教育》《远程教育杂志》 |

#### 2. 期刊论文的下载

基于以上分析，本文以 CSSCI 为数据库，以表 1 中的期刊杂志为参照，下载了 2006 年 1 月到 2012 年 10 月所有文章，然后对所有数据进行了整理，剔除了不适合本研究的文章，包括期刊中的首语、消息、广告、通知、动态、会议纪要等，最终得到共计 10563 个样本。然后将文献资料按年份进行归类，其中每年的样本数量如图 1 所示。

图 1　每年样本数量

由此可见，国内教育技术核心期刊中的研究性论文的数量在 2007 年出现了较大幅度的上升，可见国家宏观政策对教育技术领域的影响。由于 2008 年 CSSCI 对教育技术领域的来源期刊做了较大幅度的调整，因此在 2008 年关于教育技术领域的文章出现了大幅度下降。2009 年至 2012 年的核心期刊文章又出现了下降，近 7 年来的年均数量接近 1500 篇。

### （二）获取关键词并合并同义词

关键词在一篇文章中所占的篇幅不大，个数不多，但却是文章的核心与精髓，能够反映文献的主题，所以统计关键词的频次以及它在一定时间范围内的变化能够探寻该领域的研究热点和发展趋势。基于以上观点，本文在下载期刊文献时着重关键词数据的收集，利用 CitespaceⅡ提供的编码和格式转换的功能将数据进行转换，然后针对关键词运用 CitespaceⅡ进行关键词共现分析。

考虑到不同的作者可能采用不同的术语表达同一概念，本文作者对关键词进行了合并同义词处理，如将“远程教育”、“远程开放教育”、“开放教育”与“现代远程教育”合并为“远程教育”，“教育信息化”与“信息化教育”合并为“教育信息化”，“教师培训”与“教师专业发展”合并为“教师专业发展”等。

## 四、统计分析

### （一）统计高频关键词，确定研究重点

本文使用 CiteSpacⅡ信息可视化软件，对检索的文献数据进行信息可视化分析。其中设置时间分区(Time Slicing)为 1 年，以关键词(keyword)为节点(Note Types)，文献的共引系数(c，cc. ccv)的分别为(2，3，20)、(3，3，20)和(3，3，20)，选定路径搜索 Pathfinder 算法，得出的分析结果记录了共引网络在各个时间段的节点、连线情况，如表 2 所示。

**表 2　文献共引网络数据运行结果统计**

| 1 年时间段 | c | cc | ccv | 节点数量 | 连线数量 |
|---|---|---|---|---|---|
| 2006 | 2 | 3 | 0.2 | 932 | 2085 |
| 2007 | 2 | 3 | 0.2 | 986 | 1841 |
| 2008 | 3 | 3 | 0.2 | 333 | 335 |
| 2009 | 3 | 3 | 0.2 | 318 | 224 |
| 2010 | 4 | 3 | 0.2 | 226 | 139 |
| 2011 | 4 | 3 | 0.2 | 163 | 100 |
| 2012 | 4 | 3 | 0.2 | 84 | 62 |
| 合计 | | | | 3042 | 4806 |

从表 2 我们可以看出，节点数量与连线数量与每年发表的期刊数量基本相一致，能够大概反映出教育技术领域研究的重点与发展的趋势。

然后利用 CiteSpaceⅡ可视化软件，统计出出现频次较多的关键词(如表 3 所示)，并得出教育技术领域

文献被引网络时间序列图谱(如图 2 所示)。关键词是文章内容的高度概括和提炼,从关键词出现次数的多少我们就能够分析得出近七年教育技术学领域的研究重点。

**表 3　关键词词频排列表**

| 序号 | 关键词 | 频次 | 序号 | 关键词 | 频次 |
|---|---|---|---|---|---|
| 1 | 远程教育 | 668 | 10 | 教育技术学 | 146 |
| 2 | 信息技术 | 420 | 11 | 移动学习 | 143 |
| 3 | 教育技术 | 362 | 12 | 网络教学 | 114 |
| 4 | 教育信息化 | 308 | 13 | 应用 | 111 |
| 5 | 网络教育 | 281 | 14 | 自主学习 | 109 |
| 6 | 教学设计 | 266 | 15 | 多媒体 | 105 |
| 7 | 网络课程 | 222 | 16 | 信息技术与课程整合 | 105 |
| 8 | 教学模式 | 185 | 17 | 信息素养 | 104 |
| 9 | 教师专业发展 | 174 | 18 | 网络环境 | 104 |

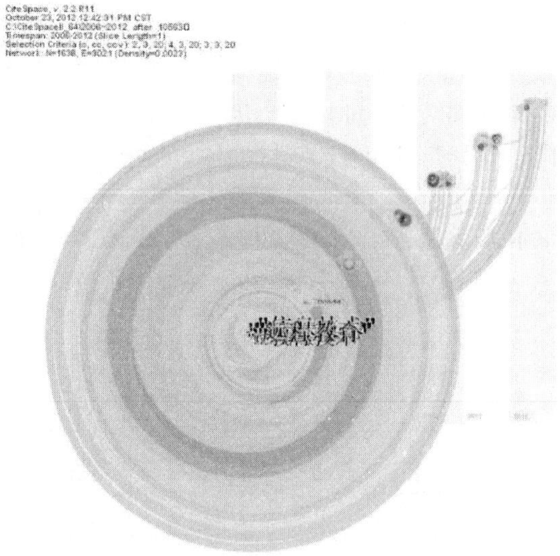


图 2　教育技术领域文献被引网络时间序列图谱

在表 3 中,本文着重列举了词频在 100 以上的关键词,由此可见,近七年教育技术学领域研究的重点主要包括:远程教育、信息技术、教育技术、教育信息化、网络教育、教学设计、网络课程等。

结合图 2 的"教育技术领域文献被引网络时间序列图谱",我们可以得出教育技术学领域的研究重点在 2006 年就已经基本成熟,2007—2012 年这六年研究重点基本没有多大变化。远程教育、信息技术、教育技术等一直是教育技术领域研究的重要方面,未来的教育技术领域将是理论与实践并进。从 2007—2012 这六年每年新增的关键词中可以看出,我国教育技术领域的研究并没有停留在技术层面,而在逐渐转向关注技术在教学、培训中的应用模式、实施策略以及人的研究上。其中会有许多研究者尝试将新技术应用于实践,形成了新的教学模式、教学方法,并归纳和总结了大量的宝贵经验,为促进我国教育信息化和教育改革的发展提供了坚实的理论基础和有益的实践指导。

## (二)统计关键节点,确定研究热点与趋势

关键节点文献是共引网络中连接 2 个以上聚类群组、具有中介作用的节点。一般的,关键节点的点度中心性较高,在整个网络中所起到的"桥梁"作用最大。从知识理论的角度看,关键节点文献通常是在该领域中提出重大理论或是创新概念的文献,也是最容易引起新的研究前沿热点的关键文献[5]。利用 CiteSpace Ⅱ可视化软件,本文对数据进行分析得到教育技术领域研究热点的图谱,如图 3 所示。

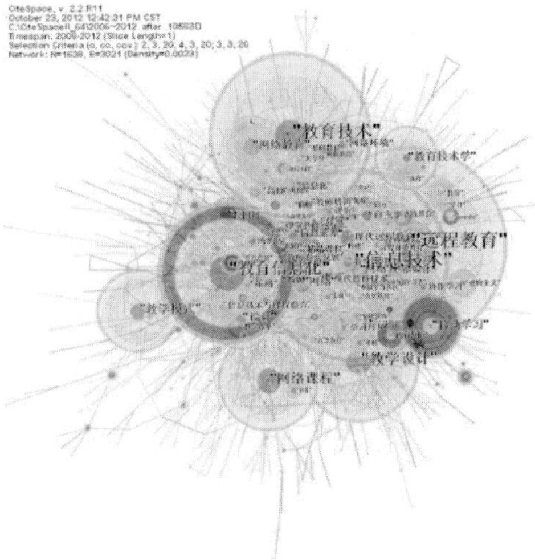


图 3　教育技术学领域研究热点知识图谱

图谱中年环的大小表示频次，内部不同年轮的颜色表示相应年份；外部年轮为红色的年环表示具有高点度中心性的关键节点。点度中心性是测量某一节点被其他节点之间最短路径穿过的程度指标[6]。基于以上理论，本文对关键词的点度中心性进行了排序，如表 4 所示。

**表 4　关键词点度中心性排列表**

| 序号 | 关键词 | 点度中心性 | 序号 | 关键词 | 点度中心性 |
|---|---|---|---|---|---|
| 1 | 学习者 | 0.27 | 6 | 教育信息化 | 0.15 |
| 2 | 学习活动 | 0.25 | 7 | 移动学习 | 0.11 |
| 3 | 学习内容 | 0.25 | 8 | 教育资源 | 0.11 |
| 4 | 学习环境 | 0.23 | 9 | 教学策略 | 0.09 |
| 5 | 虚拟学习社区 | 0.19 | 10 | 行动研究 | 0.07 |

由表 4 可知，教育技术领域研究的热点主要是围绕如何促进学生学习展开的。以前我们强调教学活动的设计，事实上就是教的活动的设计，而从表 4 重我们可以看出未来教育技术领域将更强调学习者学习过程和活动的设计。因此，学习者的学习过程和活动的设计将更加灵活和弹性化，教师在学习过程中的指导者角色将更为突出，学习过程的支持研究将变得更为重要，教学设计不再是一个技术简单应用的问题而是技术与教学的融合问题。

另外，本文针对点度中心性较低的几个关键词作了进一步分析，如图 4、图 5 所示[7]。从图 4、图 5 可以看出，建构主义、教育技术等纯理论性的研究在逐渐减少，而针对各种理论应用于教育、教学的研究逐渐增多。教育技术作为理论和实践并重的交叉学科，与理论研究相关的关键词词频很高，如信息技术、教育技术等等。但教育技术是一门远没有发展成熟的学科，教育技术需要根据实践的开展来发展理论研究。

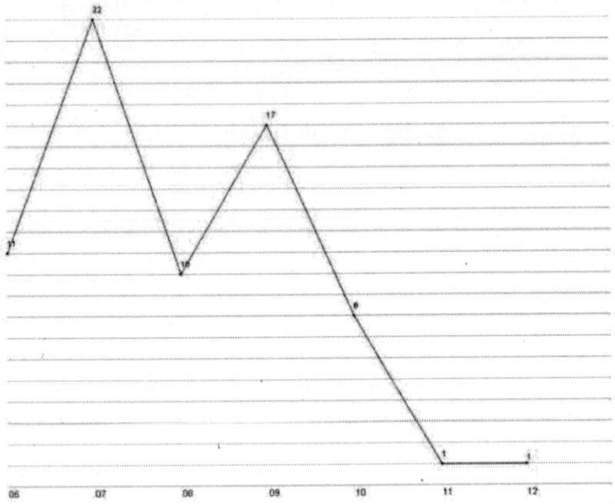


图 4　建构主义

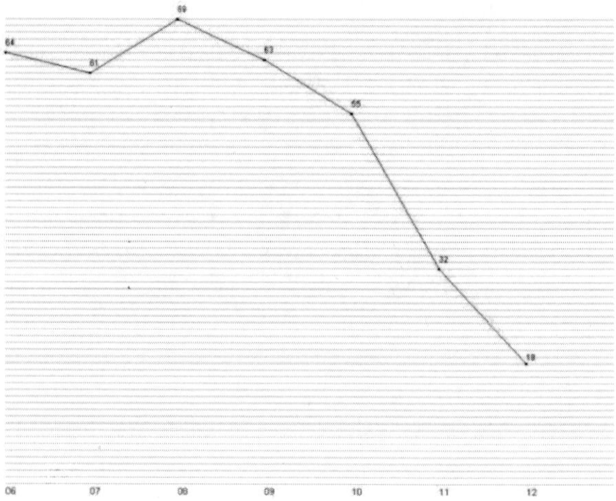


图 5　教育技术

## 五、研究结论

本文在统计了教育技术领域核心期刊在2006～2012年刊登的所有文献的基础上，运用词频分析法，借助CiteSpaceⅡ提供的可视化方法，通过比较分析得出了七年来教育技术学领域的若干研究重点，包括远程教育、信息技术、教育技术、教育信息化、网络教育、教学设计、网络课程等，其中对网络教学、教师专业化发展、知识管理等的关注有明显增长的趋势，而对建构主义等纯理论知识的关注正在逐步降温。通过进一步分析发现，教育技术领域的研究视野更加宽阔、研究热点更加深化，教育技术学作为交叉学科的特点将越来越突出，研究热点将更加重视学习活动的支持与设计。

### 参考文献

[1] 侯剑华，刘则渊. 纳米技术研究前沿及其演化的可视化分析[J]. 科学学与科学技术管理，2009(5)：23-30.
[2] 刘菁，董菁，韩骏. 基于科学知识图谱的国内移动学习演进与前沿热点分析[J]. 中国电化教育，2012(2)：126-130.
[3] 马玉慧，周越，郭炯. 2002—2008年我国教育技术研究的重点及其演进：基于词频统计的分析和讨论[J]. 中国电化教，2009(6)：14-17.
[4] 何克抗. 我国教育信息化理论研究新进展[J]. 中国电化教育，2011，01：1-19.
[5] Chen C. Searching for intellectual turning points：Progressive knowledge domain visualization [J]. Proceedings of the National Academy of Sciences of the United States of America (PNAS) ，2004：5303-5310.
[6] 陈超美. CiteSpace II：科学文献中新趋势与新动态的识别与可视化[J]. 情报学报，2009，28，(3)：401-421.
[7] Chen，C. CiteSpace II：Detecting and visualizing emerging trends and transient patterns in scientific literature [J]. Journal of theAmerican Society for Information Science and Technology，2006，57(3)，359-377.

### 作者简介

李丽娟，1989年生，女，汉族，山东省潍坊人，硕士研究生，研究方向为信息化教育。

# 专题三

## 教学系统设计的理论与模式研究

# 学业成绩分布的研究

胡又农[1]，赵锦红[2]

（1. 首都师范大学教育技术系，北京，100048；2. 北京师范大学信息科学学院，北京，100875）

**摘　要**：十三项影响学业成绩的因素中，有三项具有随机的特点，另外十项具有非随机特点（人为可以控制）。研究学业成绩分布的状态，主要目的是更多地从中挖掘出人为因素所起的作用，并对这些作用进行分析，以此制定出相应的教学策略，从而达到提高教学水平的目标。

**关键词**：学业成绩；分布；教育测量

# Exploring the Distribution of Academic Achievement

**Abstract**: 13 factors affect the distribution of academic achievement, there are three random characteristics, the other ten non-random characteristics (human factors) which can be controlled by man-made. Exploring the distribution of academic achievement, the main purpose is more to dig out the role of human factors and human factors analysis, develop the corresponding teaching strategies, in order to improve the teaching level.

**Keywords**: academic achievement; distribution; educational measurement

## 一、前言

在统计学研究中，已经发现很多各式各样的分布，如：正态分布（normal distribution）、均匀分布（uniform distribution）、波松分布（Poisson distribution）等等。这些分布都和它们所描述的随机事件密切有关，分布可以描述随机事件的统计特性，具有规律的特点。在数学上用分布函数或者分布密度函数来描述分布。

正态分布概念是由德国的数学家和天文学家（Moiré）于1733年首次提出的，但由于德国数学家高斯（Gauss）率先将其应用于天文学家研究，故正态分布又叫高斯分布。

理查德·赫恩斯坦（Richard J. Herrnstein 1930.05.20－1994.09.13，美国比较心理学家）和默瑞（Charles Murray）合著《正态曲线》一书而闻名，在该书中他们指出人们的智力呈正态分布。在1963年，美国人卡罗尔（Carroll）提出，对同一学生群体，在相同的教学和学习环境下，客观真实的考试成绩服从正态分布规律[1]。

有了理论的支持，“正态分布”开始在我们的学业成绩考评中逐渐占据了统治地位，管理部门要求教师要按照“正态分布”来制定试题设计和成绩评定的方针，以符合“正态分布”的情况来衡量试题设计及成绩评定是否合理与科学[2]。

但是，用是否符合正态分布来衡量教学效果的方法在近些年来已经受到不少教育工作者的质疑[3][4][5]。

美国当代著名的心理学家、教育学家布卢姆（B·S·Bloom，1913－1999）曾经指出，“正态曲线并不是什么神圣的东西，它不过是最适用于偶然与随机活动的分布而已。”我国著名教育理论家和实践家陈一百（1909－1993）指出，“教育测量领域中，除了基于机遇因素作用的误差分布和样组分布趋于正态或接近正态分布具有必然性外，有关各种智能品质的总体属性亦即本身属性，其分布是否遵循正态规律，由于缺乏测量单位，则始终是无法加以论证的问题”[1]。

作者根据自己近20年的教学经验，及部分同事同行的教学情况的统计和分析，也发现学业成绩分布并非“正态分布”一种，而影响学业成绩分布的因素也绝非“试题设计和成绩评定”那么简单。产生不同类型学业成绩分布的原因是什么？学业成绩分布能说明哪些教学问题呢？这些问题一直萦绕在我们的脑子里，有了问题便要去探索。

## 二、研究方法及流程

### （一）研究对象

学校：3所师范大学，其中1所是部重点，1所是一本、1所是二本。

学生：师范大学的物理及教育技术专业本科生。

教学内容：电子信息类课程。

教师：作者本人，作者所在教研室的部分同事，其他师范院校的同行。

师范大学的物理及教育技术专业大多都开设电子信息相关的课程，有的电子信息类的课程还是物理及教育技术专业的必修课。因此，物理及教育技术专业的学生上电子信息类的课程有一定的强制性，也就是说，不管学生是否喜欢电子信息类的课程，学生们都必须学。

物理及教育技术专业的学生，他们的专业方向不是电子信息，因此在这些学生们中有对电子信息类课程有一定爱好的，但也不乏没有兴趣爱好的，甚至有个别学生说出了“痛恨”二字。这样的学生群体，为我们研究学生专业倾向及学习态度对成绩分布的影响提供了方便。

对不同院校的老师和学生参与研究，为对比学校的教学理念，教学管理，学生水平，教资水平，学习环境及条件提供了方便。

### （二）影响学业成绩因素的研究

我们这里所说的学业成绩是个综合成绩，主要包括期中、期末及部分阶段测验考试的成绩，也包括非考试类的平时成绩。虽然“一考定终身”已经饱受诟病，但考试仍然是目前最常用的教育评价方法，一般情况下我们仍然是把考试成绩和教学效果画等号的。因此，在学业成绩中，考试成绩仍占很大比重。那么，影响学业成绩的诸多因素有那些呢？为此，我们做了“影响学业成绩因素的研究”工作，我们的研究工作中采取了：文献分析法、问卷法、访谈法及数据统计及分析等研究方法，力图全面挖掘影响学业成绩的诸多因素。经过研究，我们得到如下阶段性结论：

1、影响学业成绩的主要因素有：教学及考试内容，教师因素，学生因素及其他因素等4方面13项组成，具体如图1所示。

2、13项影响学业成绩的因素中，具有随机特点、不可人为控制的因素只有3项，它们是：教师的教学能力及专业能力，学生的学习能力及智力情况、学生考试的临场状态。其他10项因素可以被人为干预，不具备随机特点。

### （三）教师因素影响学业成绩分布的研究

鉴于高等院校教学管理的特点，专业课教学基本不允许出现平行班、两位老师同时教1门课的情况。这样的管理方式给我们开展“教师因素影响学业成绩分布的研究”工作带来了不便。为此我们选择了一种变通的方法，即：针对同系的同一门课，在教学要求和考试标准不变的情况下，第1年：A教师上X届，第2年：B教师上X+1届，第3年：A教师上X+2届......

连续几届的学生必定会有差异的，但是针对一个学校的某个院或系来说，各届学生之间的差异要远小于跨校或跨系之间学生的差异。虽然这样的变通方法有些不严谨，但我们的研究条件限制我们不得不如此。在研究教师因素影响学业成绩分布的工作中我们采取了：问卷法、教学实验法等研究方法。经过研究，我们得到如下阶段性结论：

1. 教师的教学能力及专业能力对学业成绩分布的影响不显著。

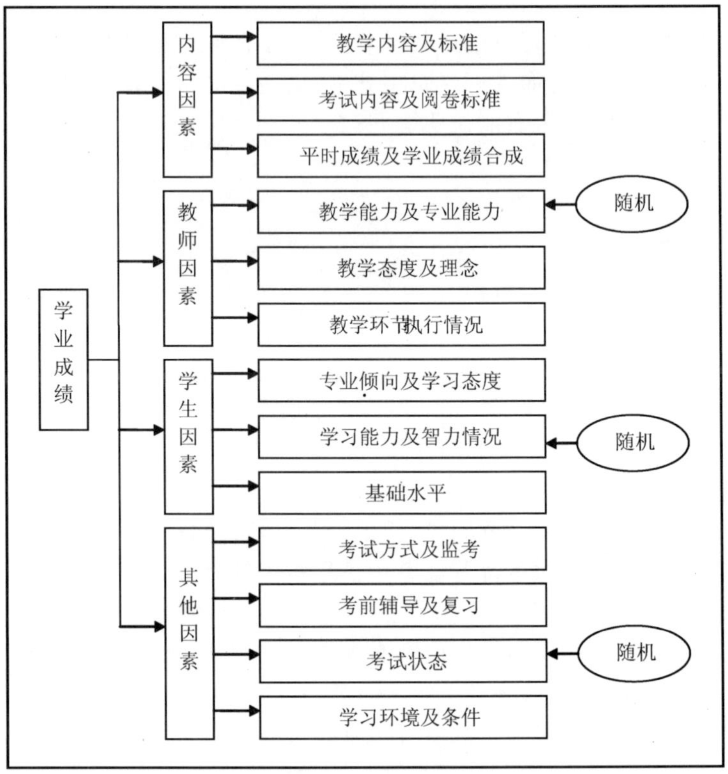


图 1　影响考试成绩的诸多因素

2. 教师的教学态度及理念对学业成绩分布的影响显著。

上述结论表明,参与我们研究工作的教师之间差异并不大,都有充足的能力完成本科生的教学工作。但教师对教学工作的态度及理念的差异较大,会影响到学业成绩分布的状态。

### (四) 学生因素影响学业成绩分布的研究

本研究主要研究对象是学生因素,在教师和教学内容相同的情况下,我们分别研究了:“不同校一同系”,“同校一同系”,“同校一不同系”三类情况。在做学生专业倾向调查时,我们采用了问卷法、访谈法、参加专业活动及成果的数据统计法等研究方法。经过研究,我们得到如下阶段性结论:

1. 学生的基础水平是影响学业成绩分布的主要因素。
2. 同班级学生的专业倾向及学习态度是影响学业成绩分布的主要因素。
3. 同班级学生的学习能力及智力情况对学业成绩分布的影响相对不大。

由于在高考时已经对学生进行了区分,因此在任何学校任何系的 1 个班里,学生的学习能力及智力差异虽然存在,但并不显著。但校与校之间的学生能力及智力、学生的基础水平的差异是很大的。

同班级学生之间的专业倾向有明显的差异,对课程的爱好程度势必影响到学生的学习态度,从而影响到学生对课程的投入和学生期望的学习标准,最终表现在其学业成绩上。例如:有强烈爱好的学生会花大精力投入学习,参加专业活动和竞赛等;而爱好不强的学生大多以能够通过考试为学习目标,有的甚至逃课去干其他事情。如此情况,出现明显的学业成绩差异是完全可以理解的了。

### (五) 其他因素影响学业成绩分布的研究

在其他因素影响学业成绩分布的研究工作中,我们开展了以下 5 方面的研究:①试卷及阅卷影响学业成绩分布的研究,②考前辅导影响学业成绩分布的研究,③考试状态影响学业成绩的研究,④学业成绩合成算法影响学业成绩分布的研究,⑤学习环境及条件影响学业成绩的研究。在这 5 项研究工作中①、②、③已经有不少文献[6][7]。为此,我们把工作重点放在了④和⑤上。针对④,我们完全使用数学工具开展研究,用我们的历史数据进行模拟分析和计算,使之达到我们所希望的分布。对于⑤,我们重点研究了实验对学生学业成绩的影响。经过研究,我们得到如下阶段性结论:

1. 考试试卷和阅卷标准可以明显影响到学业成绩分布。

2. 考前辅导可以明显影响到学业成绩分布。

3. 学生的考试状态能够影响到个别学生的成绩,但对整个班级的学业成绩分布影响不大。

4. 学业成绩合成算法可以明显影响到学业成绩分布。

5. 学习环境及条件可以影响到学业成绩分布,但对同校同班级来说,学习环境及条件是基本统一的,因此其影响力不大。

## 三、研究结论

综合以上各阶段研究结果,我们得到以下4点结论:

1. 学业成绩分布是由多个因素决定的,这些因素中既有人为不可控制的随机因素,也有人为可以控制的非随机因素。

2. 三种随机因素对学业成绩分布的影响都不明显。

3. 学业成绩分布是教学情况的综合反映,是各种因素综合作用的最后效果,但仅根据学业成绩分布这一种数据是无法对某个具体因素进行评价的。例如:假如我们只知道 $x+y+z=6$,那么我们是不可能得到x、y、z的唯一解答的。

4. 由于影响学业成绩分布的因素众多,因此完全可以通过一些手段来改变学业成绩分布,例如:调整考试内容及标准,调整阅卷标准,调整总成绩合成的数学计算方法,有针对地进行考前辅导及预习等。但这些操作是否能提高教学效果,是值得商榷的。

## 四、讨论的问题

### (一) 怎样的学业成绩分布才是完美的?

如果我们把成绩分为高中低三部分,我便可以得到如图2所示的7种分布。那么哪种状态才是“完美”的呢?

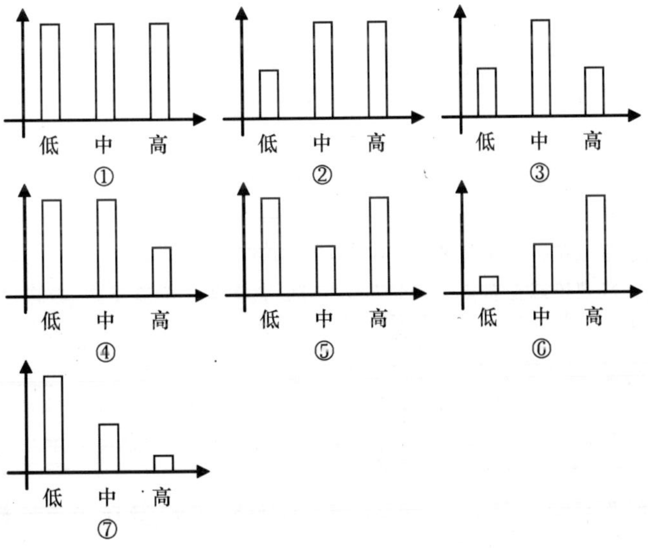


图2　各种学业成绩分布

什么是完美?实在很难回答。完美不完美是相对的概念,主要是看我们需要什么了。例如:“高少低多”的成绩分布⑦,如果出现在选拔类考试的结果中,那便是我们所希望得到的,也就是所谓完美的,因为我们需要的是找出“尖子”;但⑦出现在达标类考试的结果中,那就是我们所不希望的,意味着大部分学生不达标。在达标类考试的结果中,我们希望的结果是“高多低少”的⑥。

我们的研究发现,排除教师因素及试题设计和成绩评定等因素的影响,学生专业倾向和学习态度是影响学业成绩分布的主要因素。在我们的研究工作中发现,"两边多中间少"的⑤出现的情况较多。出现这样的情况表明学生间的专业倾向有明显差异,这个结论也印证了文献[8]所阐述的内容。目前高校专业课教学中尚做不到"爱好和学习"的一致,培养学生对专业的爱好也非一朝一夕的事情,如果在专业课中大量出现"两边高中间低"的⑤,说明有为数不少的学生不喜欢这个专业,专业负责人需要对专业培养工作做认真审视了。

"两边少中间多"的③类似正态分布,是目前教育管理部门所希望看到的[9]。但文献[10]表明这样的分布之中隐藏了很多不好的现象,如:应试而学、学习阻抗心理、压抑学习动机等等。如果在专业课教学中出现了结果③,则说明教学工作已经出现了严重问题,需要改进调整了。

### (二)增加随机性还是减少随机性?

分布和随机事件密切有关,分布体现出相应随机事件的某些规律性。规律之所以称为规律,是因为其必然性,是不以人的意志所改变的。但是,我们的研究发现,学业成绩分布是可以人为干预的,干预的能力甚至可以达到为所欲为的程度!

影响成绩分布的因素中有随机型的和非随机型的,如果要做到无论人如何干预都保证成绩分布不变,则要求随机型因素起主要影响作用,并充分抑制那些非随机型因素的作用,即抑制人的作用,这样随机事件的规律就能体现出来了。

但是,我们的教学活动是一种有目的的活动,绝非随机的。在教学活动中,我们不仅不应扩大随机因素对我们的影响,反而应该通过种种努力和方法,极力避免随机因素给我们带来的影响,这样才能保证我们的教学质量。例如:通过对教师的选拔和培养,弥补教师教学能力及专业能力不一致给教学工作带来的影响;通过对学生的选拔和专业分类,针对学生的特点采取因材施教等方法,保证每一位学生能够获得更多的收益,以实现对学生的培养目标;通过对学生进行心理辅导和训练,消除学生各种不良心理因素的负面影响,使学生们能够顺利完成考试等等。这一切的努力都是在极力避免随机因素给我们带来的影响。

为此,我们在研究学业成绩分布情况时,应更多地从中挖掘出人为因素所产生的作用,并对这些作用进行分析,以此制定出相应的教学策略,从而达到提高教学水平的目标。如果强行要求教师和学生努力的结果"符合"随机事件规律,那么教师和学生努力的意义何在呢?

## 参考文献


[1] 孙荣平,王秦辉. 高校考试成绩正态检验的新思路. 黑龙江高教研究[J]. 2006(10).

[2] 王少湘,林永柏. 对学业成绩正态分布律的质疑. 东北师大学报·哲学社会科学版[J]. 1992(6).

[3] 饶乐三. 学生的成绩是正态分布的吗?. 江苏高教[J]. 1992(1).

[4] 朱方鸣. 正态分布与教学成效辨析. 教育与职业[J]. 1996(10).

[5] 岳武陵. 对考试结果要用正态分布评价的思考. 科技咨询导报[J]. 2007(22).

[6] 裴丽,李觉先. 考试成绩服从正态分布的条件. 辽宁大学学报[J]. 2008(4).

[7] 丁梦扬,蒋波. 关于测验成绩正态分布与偏态分布的思考. 常熟理工学院学报(教育科学)[J]. 2008.

[8] 许树声,叶斐斐,李文婧. 学生成绩正态分布的研究. 化工教育[J]. 2009(4).

[9] 蒋波. 正态分布的使用误区及影响因素. 浙江教育科学[J]. 2006(4).

[10] 李晴,李门楼. 对考试成绩正态分布绝对化的理性思考. 黑龙江高教研究[J]. 2008(12).


## 作者简介

胡又农,1964年生,男,硕士,副教授,首都师范大学教育技术系,研究方向为教育、教育技术、教育装备。

# 基于数字化课程资源的“学习单”设计探索

杨艳艳
（上海师范大学数理学院，上海，200234）

**摘　要**：随着信息技术的发展，数字化资源已经被广泛地应用于当代课程与教学领域之中。学生的学习方式、学习环境、学习型态都发生了改变，学生的个性化学习需求迫使教学结构必须变革。该文以新课程教学理念为指导，通过探索数字化环境下新教学结构中基于数字化课程资源的“学习单”设计，创设了“基于数字化课程资源的学习单设计框架”。该框架包含：预习（自学）指导、预习（自学）小测、问题档案、课堂活动、拓展学习资源以及其他学科特色模块等，各个模块的设计是相互联系，互为一体。同时构想了“未来基于智能学习分析系统网络学习平台体系框架”，从而探讨课堂教学结构变革的新途径。

**关键词**：数字化课程；学习单；翻转课堂；学习分析

# The Design And Exploration of Worksheet Based on E-learning Curriculum Resources

**Abstract**: With the development of information technology, the digital resources have been widely used in the field of contemporary curriculum and teaching. The students' learning styles, learning environment and learning patterns have all changed. The students' needs of individualized learning forces the Teaching Structure to change. Guided by new curriculum theories, The author builds a theoretical model of worksheet based on digital curriculum resources by exploring the designing of worksheet in E-learning environment. This model contains the following modules: Self-learning Guide, Self-learning Test, Question document, Classroom Activities, Expand learning resources, and the other module of the discipline characteristic etc. In the meantime The author builds a E-learning Platform Model based on Intelligent learning analysis system so that research the new way of the Teaching Structure.

**Keywords**: e-learning curriculum; worksheet; the flipped classroom; learning analysis

## 一、背景

随着信息技术的发展，数字化资源已经被广泛地应用于当代课程与教学领域之中。学生的学习方式多种多样，学习环境不断延伸，学习内容丰富多彩，教学结构由原来的教师、学生、教学内容构成的封闭系统变成了由网络、校外专家、校内教师所组成的新型教学结构，形成了一个教材多媒体化、资源全球化、教学个性化、学习自主化、活动合作化的新型教育形态。不仅教育信息全球传播，而且最大限度的实现了全球资源共享。不再只是局限在学校校园之中，而是延伸到数字化世界中。

中小学的学校教育资源建设方面，越来越多的数字化资源如雨后春笋般出现。在这样的信息化环境下，原有的课堂教学结构越来越不适应现代人才的培养目标，不能够满足学生的个性化需求。教育部在2001年颁布的《基础教育课程改革纲要（试行）》文件中明确指出：“教师在教学过程中应与学生积极互动……充分发挥信息技术的优势，为学生的学习和发展提供丰富多彩的教育环境和有力的学习工具……积极开发并合理利用校内外各种课程资源[1]。"如何利用现代信息技术变革课堂教学结构满足学生的个性化学习需求,成为当今学校教育面临的一种重要问题。

对于一线教师而言,"翻转课堂"的模式(如图1)较之于传统课堂(如图2)成为一种新型教学结构形式。"翻转课堂"教学模型具有交互式、探究式和合作式自主学习的特点,是基于数字化课程资源的教学结构形式。这种教学模式在教学结构、课堂活动、技术应用、教师角色、学生角色和教学评价方面都发生了变化,如表1所示。但是这种新的教学结构到底该如何实施?该如何让学生适应新教学结构呢?本文中介绍一种新教学结构中基于数字化课程资源的"学习单"设计思路,期待对一线教师有所启发!

图1　翻转课堂教学结构(先学后教)

图2　传统课堂教学结构(先教后练)

**表1　传统课堂教学与翻转课堂教学模式对比**

| 课堂要素 | 传统课堂教学 | 翻转课堂教学 |
|---|---|---|
| 教学结构 | 课堂教授+课后作业 | 课前自学+课堂研讨 |
| 课堂活动 | 知识讲解传授 | 问题探究、疑难点辅导 |
| 技术应用 | 信息展示 | 自主学习、交流协作 |
| 教师角色 | 知识传授者+课堂管理者 | 指导者+助学者 |
| 学生角色 | 被动接受知识 | 主动学习者 |
| 教学评价 | 传统纸笔考试 | 多元化评价 |

## 二、学习单的定义和功能

### 1. 学习单的定义

学习单,最初来自于非正式学习活动,具体来说是场馆教育活动中。它是参观者进行参观的指导材料,特别是针对家庭参观者和教师学生团体参观者而设计的参观学习活动指南,是一种自我学习的辅助教材或参观的引导工具。欧美国家各种场馆中被普遍使用,通常称为"学习单"(Worksheet)。文献资料显示,学习单也越来越成为场馆教育和学校教育合作的有效工具。我国学者也开展了一些实验研究,各种研究报告充分显示了学习单在场馆教育活动中发挥的重要作用。

从校外教育转移到课堂教学,课堂教学是一种正式的学习活动。在各种学习设备、学习资源、学习平台出现之前,教师是课堂的引导者。但是,如今面对纷纷而来的学习资源,面对信息化环境对于现有教学提出的挑战,面对第三次工业革命的到来,面对学生个性化学习的需求越来越强烈,我们的课堂教学该如何进行?我们的课堂教学结构是否需要变革?很多学者都在探索。如果说场馆学习活动是一种自主性学习,那么在数字化教育资源下的课堂教学活动是否也可以尝试学生自学呢?课堂转变为以学习者自主学习为中心,那么教师的引导作用该如何发挥呢?新教学结构中基于数字化课程资源的"学习单设计"成为一种可行的尝试方式。

基于数字化课程资源的课程学习指导材料称之为"学习单",那么学习单就定义为指导学习者进行课程学习的导学地图。需要说明的是学习单不是简单的习题测试,不是学习内容的转载或者缩编,不是单一的测验、回家作业、或者习题内容，学习单不是问卷。该学习单的设计是基于数字化课程资源设计的，数字化课程资源可以是教师录制的课程内容学习视频，可以是学习文档，也可以是网络学习资源等等。

**2. 学习单的功能**

首先，学习单在教学结构中引导学生围绕数字化课程资源和教材进行自学。“翻转课堂”的教学结构对于学生来说还是比较陌生的，他们可能已经习惯了教师课堂讲解，课后做练习的形式。因此，如果教师开始尝试基于数字化课程资源的学习形式，就需要提供一个引导学生进行自学的学习单，学生在自学时便不会觉得手足无措。

其次，学习单是连接课前自学与课堂研讨学习的纽带。数字化课程资源开发之后，学生可以根据指导展开自学，自学之后如果没有学习单中的预习小测，学生将无法知道自己是否已经掌握数字化课程资源中的内容，教师也无法知道学生是否已经掌握了课程知识。课堂研讨主题也无法紧密的围绕学生的自学情况展开。

最后，学习单是目前满足学生个性化学习需求的一种形式。学习单中的拓展性学习资源可以为不同学习速度的学生设计相应的学习资源。这些学习资源可以充分利用现有的网络资源，如类似 Brianpop(http://www.brainpop.cn/)这样的课程资源网站等；也可以根据学生的情况，教师自主设计探究活动、针对特定问题设计问题解决方案等。

另外，学习单的引导作用是在培养学生的学习习惯，是一种学习支架，是自学和协作学习的伴侣。当然学习单的内容设计最终决定着它的功能，版式设计可能会引起学生的兴趣和好奇心。这些功能有待进一步实验验证。

## 三、学习单的设计框架

根据基于数字化课程的“翻转课堂”教学模式，设计出了基于数字化课程资源的学习单设计框架(图 3)，该框架中呈现出了一份完整的关于基础知识技能教学类“学习单”设计建议包含的模块：预习(自学)指导、预习(自学)小测、问题档案、课堂活动、拓展学习资源以及其他。各个模块在设计是相互联系，互为一体的。这里需要指出的是，教师可以把不同的模块设计成单页形式，在没有网络平台的情况下，教师可以充分利用现有技术手段实现个模块，也可以设计成单页发放给学生使用。其中课堂活动环节包含的教学策略、教学活动设计以及活动中需要的各种材料表格，需要学生填写的，也都可以设计出来发放给学生使用。下面详细说明各个模块的设计目的和设计建议。

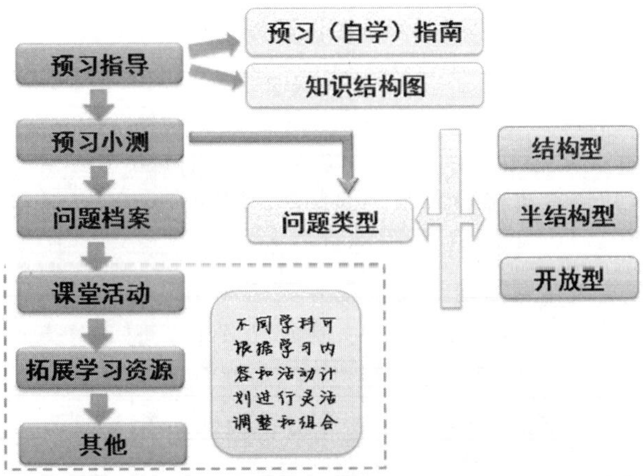


图 3　基于数字化课程资源的学习单设计框架

### (一) 预习指导

预习指导的目的是告诉学生如何自主学习及本课时知识结构。该模块包含两个分支，首先是预习(自学)指南，初始实验阶段建议列出学习指南，因为数字化课程资源形式多样，有的教师选择网络中已经有的视频资源、文本资源，有的教师是自己创作视频教学录像、课件及内容测试等等，形式不一的资源，学生很可能一开始并不知道该如何自学这些材料。后续阶段可根据学生使用的情况，去掉该模块，前提是学生已经熟练掌握了数字化课程资源的使用技能；其次是知识结构图，建议以图示的形式呈现，如：数学第六册《分数的加减法》章节的知识结构(图 4)。

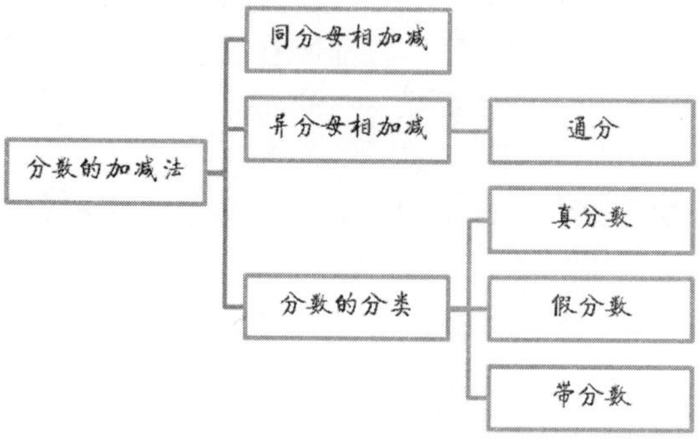


图 4　数学第六册《分数的加减法》的知识结构

## （二）预习小测

预习小测的目的是教师了解学生的预习情况，同时给学生自学提供及时反馈；该模块的设计，首先是预习小测题目类型，分为三种，结构型(问题全部是有固定答案的，可以设计成选择填空等题目形式)、开放型(问题全部是没有固定答案，可以是学生的设计方案、问题解决方案，读后感，小作品等等)；半结构型(结构型与开放型的结合)。具体预习小测的题目类型选择，教师可以根据学科特点以及课时内容与课时目标决定。

其次，预习小测的实现方式，在没有配套数字化课程平台之前，教师可以使用问卷星、微博、甚至可以是做在课程视频中来展开，当然也可以设计出电子稿文档发送给学生或者打印出来发放给学生使用。

## （三）问题档案

问题档案的设计目的是记录学生预习中产生的问题，为教师组织课堂研讨提供依据。问题档案既可以明确记录学生产生疑问的地方，又能够给教师组织学生课堂研讨提供讨论话题。一个学生有问题，另一位学生恰好有方法可以解决这个问题，那么课堂中学生与学生之间不断探讨互动，建立信任和团队精神，会让课堂活跃而又有质量。当然，如果学习内容较为简单，学生没有问题，课堂探讨该如何做呢？因此学生在记录问题档案的同时，教师也应在上课之前预设问题或者任务，以便课堂能够顺利展开。

## （四）课堂活动

课堂活动的组织是基于数字化课程学习资源的教学结构中非常重要的一个环节，在这个环节中包含：问题探讨与解决(教师根据不同情况可预设问题)、课堂练习强化知识运用以及根据学科特色安排特别的一些活动，如动手做试验、表演节目等。该环节的内容可以不出现在学习单中，也可以根据活动需求决定是否设计一些支架列入到学习单，课堂开展活动时便于学生灵活使用。

课堂活动的组织并不是一件容易的事情。首先，教师预设问题时需注意与课程目标相结合。可以是一些内容性问题，如：数学中《分数相加减》章节，就可以列出：同分母分数相加减的规律是什么？异分母分数相加减的规律是什么？如何区分分数的不同类别？等等。也可以根据课标中关于学生能力要求的方面的提出挑战性问题。如：分数的加减在生活中的应用意义等。

其次，课堂活动的组织策略。课堂组织活动策略有很多，常见的有 JIGSAW 协作学习法、演讲一讨论法、Think-Pair-Share 合作讨论策略、卡片教学法、成长树记录袋、SQ4R 学习法(图 5)，PQRST 阅读法(图 6)、S. M. A. R. T. 学习法等。教师要根据课堂活动安排灵活选择。

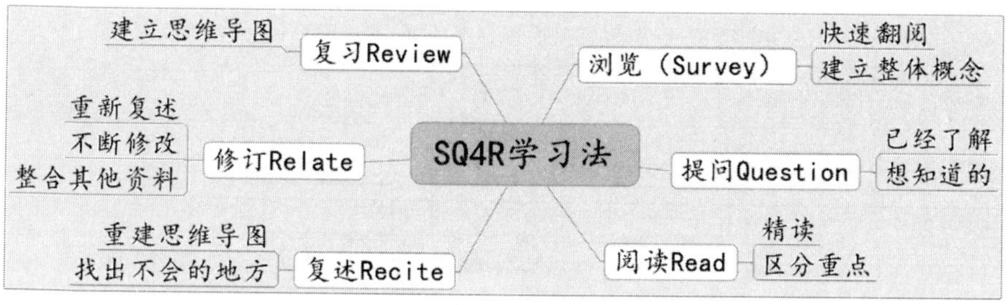


图 5　SQ4R 学习法

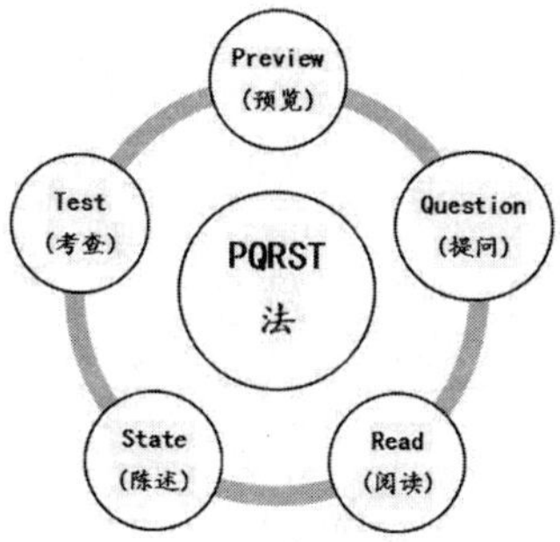


图 6　PQRST 阅读法

另外课堂研讨过程中建议教师可以组织学生采用手绘思维导图的方式(如图 7、图 8)。利用思维导图，学生能够比较清晰地呈现自己的思维过程或者结果。思维导图的绘制也便于学生随时记录自己对于问题的理解程度，同时也可以作为小组或个人展示发言的脚本。

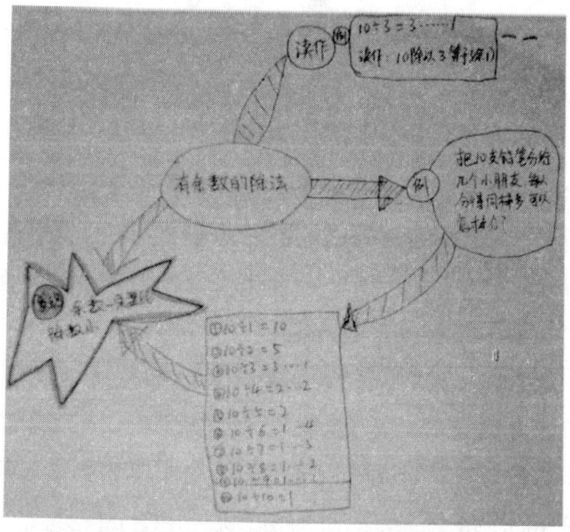

图 7　“有余数的除法”思维导图

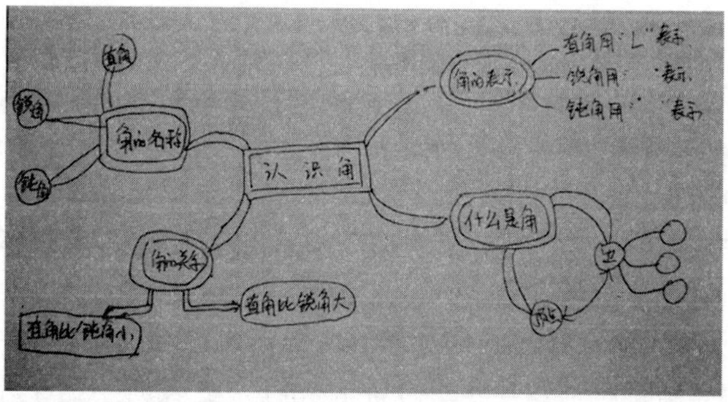


图 8　“认识角”思维导图

最后，需要指出的是，除了软硬件设备外，高互动课堂的课桌椅的摆放与传统课堂也有不同的地方。传统课堂一般是秧田式(如图 9)，方便教师集体讲授，很少有互动的物理空间。而高互动课堂的桌椅要方便学生根据学习需要进行随机、适时的组合，可以是小组学习式，也可以是对话研讨式，还可以是交互辩论式。课堂物理空间的安排，凸显人性化设计，能够灵活搬动方便拼装。

下面列举几种课堂座位编排方式，如图 10 所示。不同的座位编排方式具有不同的特点，既有各自明显的优越性，也有应用上的局限性。很显然，在实践中不存在对于所有班级、所有学习状况和所有的教师、学生来说都很理想的座位安排方式。关键的问题是在真正进行课堂教学时，教师要根据内容活动的设计灵活进行选择，也可以根据不同的教学阶段进行灵活变动。灵活运用各种不同的座位编排模式，使座位编排与教学活动的性质及参加人员的需要协调一致，使教学活动在相应的座位模式下获得最大效益。

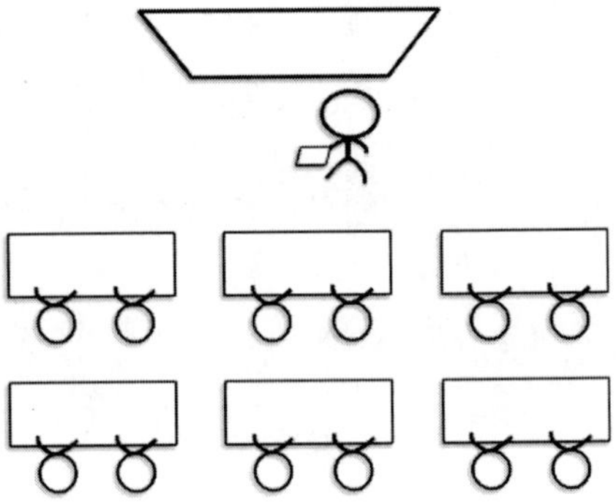

图 9　秧田式座位设计

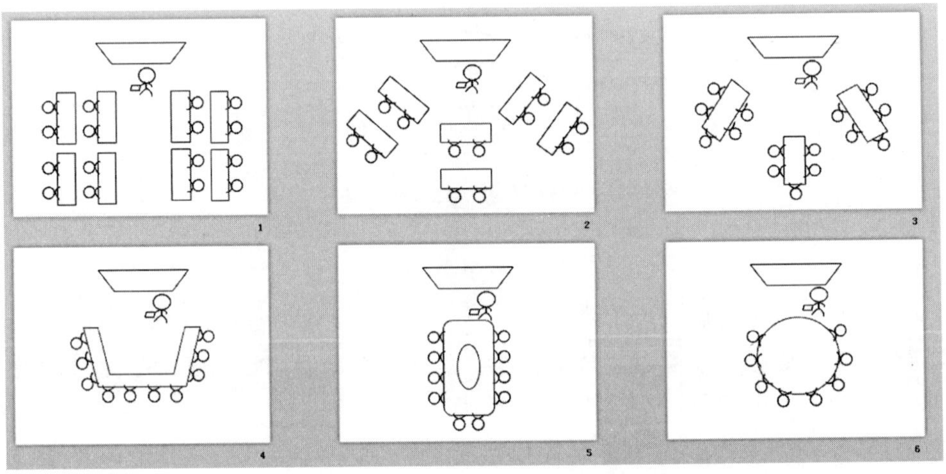

图 10　多样的课堂座位形式

## (五) 拓展学习资源

该模块的目的是尽量能够满足学生的不同进度要求，提供给不同学习速度的学习者拓展学习使用。这部分要有教师自主把控，根据对于学生学习情况的了解，分层为不同进度的学生设计扩展性学习资源，特别是对于学习有困难的学生和学习速度特别快的学生。

## (六) 其他

这个模块教师可以根据课程内容、时间、学习需要以及学科特色等合理安排，满足学科特色要求。例如：给学生推荐一些学习资源、电影，或者动手做个小实验，甚至可以带领学生到特定场馆进行参观学习等等。

总之，该学习单设计框架各个模块紧密联系，互为一体。在实践应用中还需不断设计改进。目前，该框架在一次区级教师培训中得到了应用，教师提交的案例正在分析评价之中，期待更多的一线教师尝试使用，同时也期待得到更多的设计建议。

# 四、未来“学习单”应用设想

随着技术的进步，未来的课堂将是智能反馈系统参与的高效互动课堂，不仅仅是人与人之间的，还包括人与技术、环境、资源等方面的高效互动。智能学习分析系统，人手一个终端，基于一定的平台，可以全员参与，可以得到及时的反馈和引导控制，并实时测评记录过程。这样的课堂环境中，学生与学生之间的互动，学生与教师之间的互动，教师与教师之间的互动将形成一个网络学习互动体系。这时，学习单的设计也将整合在网络平台之中，如图 11 所示，学习单所包含的模块整合在一个完整的网络平台中，并且是基于一定的学习分析系统，呈现学习指导、数字化课程资源、知识结构图、学习小测、问题反馈、拓展学习资源、主题论坛以及其他等等。智能分析系统可以根据学习者的进度智能推送学习内容，教师则更加方便快捷的从平台中得到学生的学习状况，做出相应的指导和帮助。

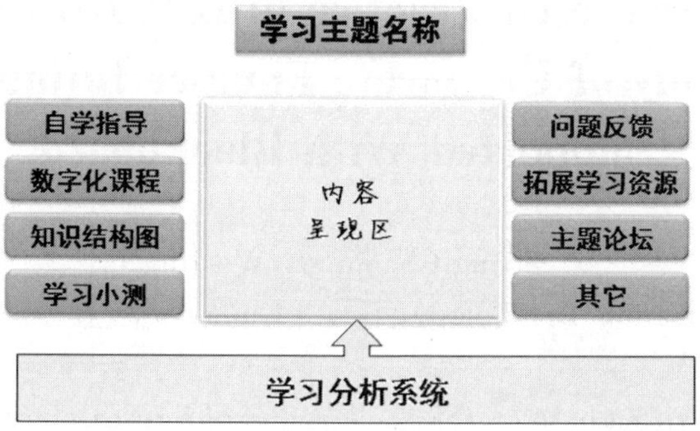


图 11　未来基于智能学习分析系统网络平台体系预设

未来的教育要求我们关注教育公平，关注学生个性化发展，关注学生必须具备的创意与创新、沟通与协作、批判性思维、信息化公民素养、研究与获取信息、决策与解决问题、科技理论与应用六大能力[2]，而信息技术与学习科学这两大杠杆相互作用，合力推动学习观念和学习方式变革已经成为潮流和趋势[3]。学校教育的核心阵地在课堂，只有课堂开始变革，未来教育教学的变革才能真正开始。

## 参 考 文 献

[1] 基础教育课程改革纲要(试行). http://www.edu.cn/20010926/3002911.shtml

[2] 杨宗凯.教育信息化十年发展展望[J].中国教育信息化，2011，(9)：14 15.

[3] 桑新民.教育信息化新阶段科学发展的战略思考[J].中国教育信息化，2011，(9)：16-17.

## 作 者 简 介

杨艳艳，1987 年生，女，汉族，河南省平顶山市人，硕士研究生，研究方向：学习科学与信息化教学设计。

# Learner-centered Practice in Blended Learning: A Case Study of Corporate Finance Bilingual Course Supported With Blackboard

Zhang Chenjingzi, Wu Jing
(School of Educational Information Technology, South China Normal University, Guangzhou, 510631)

**Abstract**: This paper is written base on the background of a research conducted by Guangdong university educational technology center which named Guangdong university network teaching platform, resources construction and application status research. One of the aims in the research is to find out the outstanding teaching reform cases in blended learning. And in this paper, the authors carried out a case study which is one of the excellent cases we've found during the research mentioned above. It is a good example of blended learning supported with Blackboard in the school of economy in Jinan University, and the course' name is corporate finance. In this blended learning case, learner-centered theory and practice was used and the teaching result is good enough to surprise all of us when we are inquiring in Jinan University. By analyzing the model in the course and interviewing the teachers and students in the class, the authors found out the factors which contributed in the course. It was just because that in the course the students were hosts, they feel they are respected by teachers, they as learners were the center of the class, the course can really be taught so successfully. This result can provide a good reference for the future research.

**Keywords**: learner-centered; blended learning; case study

## 1. INTRODUCTION

A. *Introduction of research background*

From 29, March 2012 to 30, April 2012, we were in the research group conducted by Guangdong university educational technology center which named Guangdong university network teaching platform, resources construction and application status research and found a lot of outstanding teaching reform cases in blended learning. This case corporate finance bilingual course supported with Blackboard in the school of economy in Jinan University is a typical example which made the students the hosts in their blended study.

B. *Introduction of corporate finance bilingual course*

Corporate finance is a bilingual course for fulltime undergraduate students in school of economics, Jinan University. It is a required course for financial specialized professional students, at the same time, it is an elective course for other professional specialized students, for example, the students majored double degree. Now, the teachers are preparing to open the course to the public who want to learn the knowledge about corporate finance. Through studying corporate finance courses, students can master the basic concepts, principles, methods and analysis techniques of corporate finance, all these will lay a solid foundation for the future to further study or work. And there are 350 students per school year who study in the course.

For the course itself, there are two characteristics following:

1) Use the latest original textbook, develop students' global perspective; develop reference book by teachers themselves: In this course the textbook is latest original American materials (Ross, S. A., Westerfield, R. W., Jordan, B Essentials of Corporate Finance, 6th Edition, McGraw-Hill/Irwin, 2008),

so students can followe the international forefront. Teachers use extensive company's financial cases and foreign cases to guide students to grasp the characteristics of corporate finance practice, develop their global perspective. And the reference book was devoloped by the teaching group themselves. (Fig. 1)

2) Use educational technology, emphasis interaction between teachers and students: It is a blended learning course, there are extensive use of multimedia, video, animation, network and other means of educational technology and emphasis on the interaction between teachers and students, these guide students to consciously collaborative learning, practical skills training, independent learning ability and innovation capabilities.

Figure 1. American original textbook & selfdeveloped reference book

**2. LEARNER CENTERED THEORY**

The theory of constructive emphasizes the theory of learner-centered study, they hold the viewpoint that students can construct knowledge by themselves, and students should be the real host of their study. Humanistic theory thinks that inner study and meaningful learning play an important role when students learning.

So in this blended class, teachers make efforts to practice the learner centered theory and have shown fully trust on students' potential capacity when they design the course, this made students in the class as the center, and this also arouse their learning motivation. Finally, this blended practice makes contribute to the good teaching effect and attract a lot of students even the people who are not underground students but are interested in corporate finance.

**3. BLENDED LEARNING PRACTICE**

Blended learning is a popular term appeared recently in the field of educational technology, it is the new ideas and teaching methods people formatted after reflecting on the network learning. The main idea of blended learning is to integrate the face-to-face teaching and e-learning organically in order to change students' learning methods and improve the personnel training performance. With the development of blended learning, the concepts of it developed, it includes: (1) Offline learning and online learning; (2) Autonomous learning and cooperative learning; (3) Structure and non-structure learning content; (4) Process learning and performance evaluation; (5) Different learning support; (6) Different learning environment; (7) Different learning resources /media; (8) Knowledge and practice study. (Fig. 2)

Blackboard is an online learning platform developed by American Blackboard company. The corporate finance bilingual course supported with Blackboard is a blended learning practice mentioned above. In this blended learning, almost all the developed concepts were applied very well. Now the authors will explain the blended practice as following:

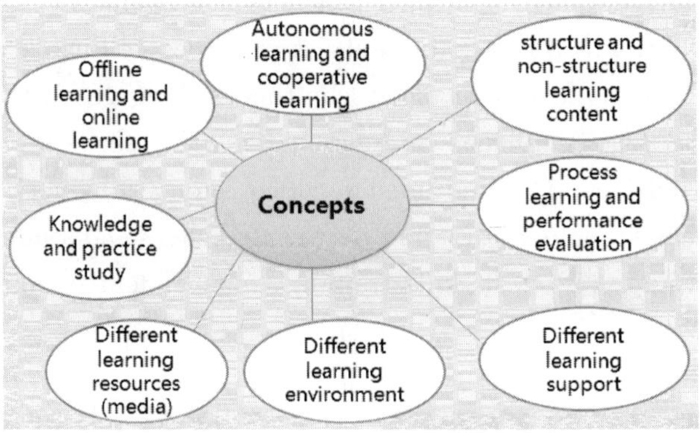


Figure 2.  Concepts developed of blended learning

A. **Offline learning and online learning**

The course blended offline learning and online learning together, offline learning meanings teachers teach theory knowledge to students face to face or students learn knowledge related to the course in traditional ways. Online learning mainly refers to students' study on the Blackboard.

B. **Autonomous learning and cooperative learning**

- Autonomous learning: Teachers arranged questions for students thinking before class or after school on the Blackboard online teaching platform. Also, teachers arranged online test after class, so students need to conduct autonomous learning to finish task.
- Cooperative learning: Students in groups to complete the question named "what's on the web" and case studies behind each section, and then upload their achievement to the platform in the corresponding position. In order to realize the discussion situation, the teachers suggest that each group's discussion process must be presented in the forum on Blackboard. (Fig. 3)

C. **Structure and non-structure learning content**

Structure content means the teaching materials from text book. Non-structure learning content mainly refers to the teaching and learning content. In the video teaching material column, the course designers selected 7 movies which are relative to corporate finance for the students and the course teaching video is also non-structure learning content.

D. **Process learning and performance evaluation**

The evaluation of the blended course combines process learning and performance evaluation, in other words, that's a combination of formative evaluation and summative evaluation. Formative evaluation considers the portfolio assessment and collaborative assessment and each of them take 20%. Portfolio assessment include personal works and self-assessment, online self-learning participation and vitality, assignment score and performance in class, each take 5%.

E. **Different learning support**

The course support different learning methods, and is typical in inquiry learning and experiential teaching. The column "what's on the web" and case study are all good examples of inquiry learning. Through these two researches, students develop their capabilities for acquiring all kinds of data information, like company financial statements, industry data and macroeconomic data. At the same time, through case study, students can comprehensively apply the knowledge learned in the class.

F. **Different learning environment**

Since corporate finance bilingual course supported with Blackboard is a blended course, it suits many different learning environments, no matter the environment is virtual or reality.

G. **Different learning resources /media**

Rich teaching and learning resources is one of the advantages in the blended learning practice. • Teaching resources: There are a lot of teaching resources on the Blackboard teaching platform. For exam-

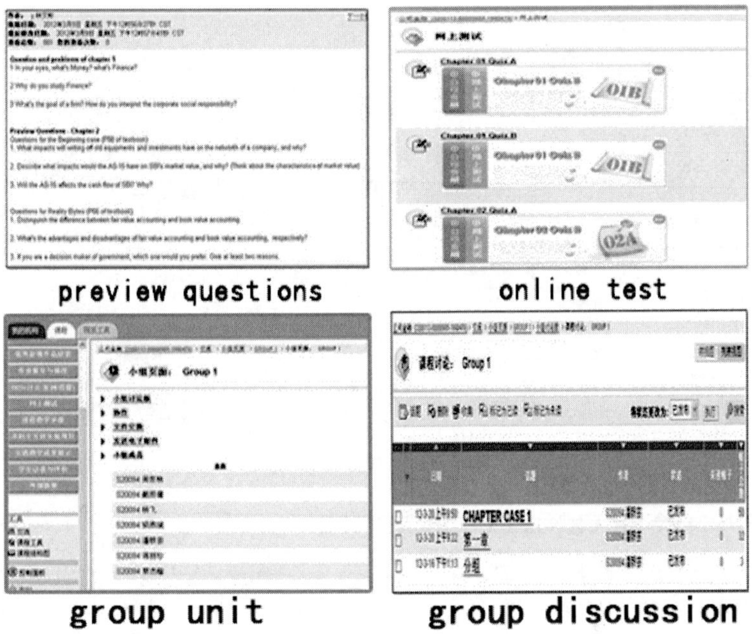


Figure 3.  Concepts developed of blended learning

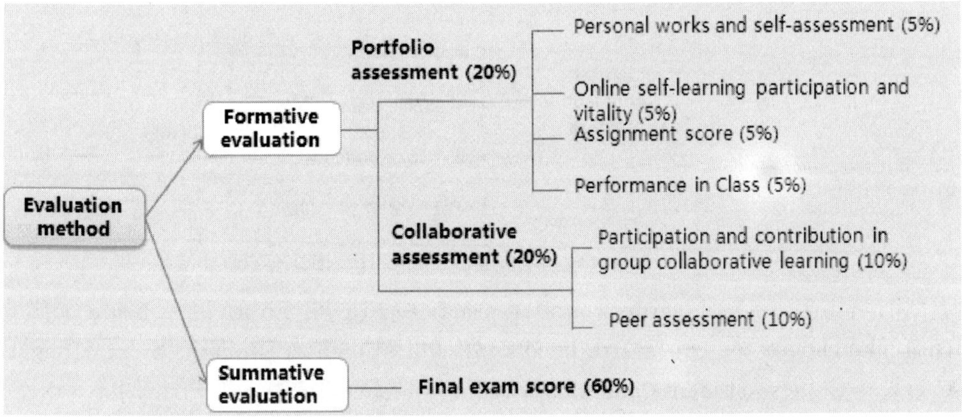


Figure 4.  Formative evaluation and summative evaluation

ple, electronic teaching plan, teaching materials teaching documents, foreign case library, technical term, domestic case library, and the Experiential teaching tool financial calculator. The use of financial calculator is

- Learning resources: the learning resources are also very rich and were developed by the teaching group, like network homework, exercises database and TEST database. In addition, students can get lots of learning materials through the external links.

### H. Knowledge and practice study

The course designer fusion the eight aspects blended together deeply. In the part knowledge teaching, teachers apply autonomous learning and cooperative learning. In the part of practice study, teachers apply inquiry learning and experiential teaching, especially the use of cumulative voting which is the content in section 7 from textbook has given the students the feeling of personal involvement.

In the column of "Excellent achievement presentation", teachers share the teachers' excellent achievement regularly, until now the number of excellent achievement include undergraduate science and technology project work, undergraduate open experimental project works and corporate finance network quality model curriculum native and foreign case base has obtained 26, Fig. 5.

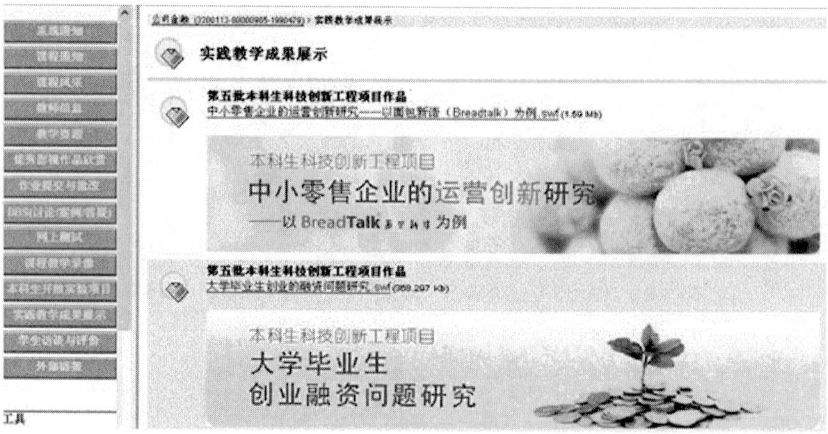


Figure 5. Excellent achievement presentation of practice teaching

## 4. ANALYSIS OF LEARNER CENTERED PRACTICE

After knowing the general teaching flow of corporate finance bilingual course supported with Blackboard, the authors will have an analysis of the course' learner centered practice. We analyze in two as-

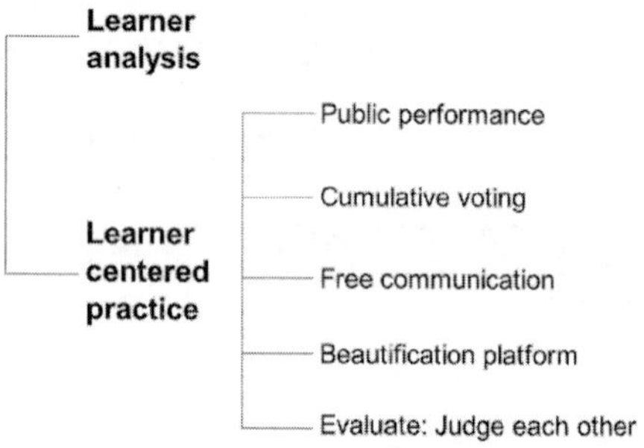


Two aspects of learner centered practice in the course

pects, they are learner analysis and learner centered practice, Fig. 6. First, let's begin with learner analysis. The students who choose the course are local continent students, students from Hong Kong, Macao and Taiwan, overseas Chinese students and also foreign student, TABLE I. They have diverse students' cultural background and different professional basic. This needs a high demand of course content design, teaching process organization and implementation, and it is just because that the student from a variety of sources, give the course designers a need to consider learner centered.

**TABLE I. STUDENTS SOURCE**

| Students Source |
| --- |
| *Local continent students* |
| *Students from Hong Kong, Macao, and Taiwan* |
| *Overseas Chinese students* |
| *Foreign students* |

Second, let's think why the authors consider the good teaching effect comes from the learner centered practice. Form the interview with Professor Cheng who is the main teacher in the course teaching group, we know the answers come from the following five aspects: (1) Public performance, (2) Cumulative voting, (3) Free communication, (4) Beautification platform; (5) Mutual evaluation. These five parts work as a learner centered circulation, Fig. 7, made the students as the host of their study and aroused their study motivation.

### A. Public performance

The notice on the Blackboard acts an important role in the section of public performance. The teachers will public students' performance like the statistic of marks for assignments in every chapter, including quiz, preview and after class questions and problems, what's on the web and chapter case on the platform, if students have any questions in their marks, they can email teachers to raise their questions and evidence (can be screenshots, word file or anything that can prove their argument) before set time. After the set time, the score will be fixed and can't be altered.

This method gives the students chances to know their regular grade, so they will note each other and care about their own performance because of the public measure. So can it develop student' enthusiasm.

B. **Cumulative voting**

This cumulative voting we've mentioned above is part of a teaching experiment, in which students can experience cumulative voting. Cumulative voting is the content of corporate finance, chapter 7, section 2. Compared with straight voting, cumulative voting can permit the participation of minority shareholders. Students can actively participate and learn how the cumulative voting is operated. And on the platform, teachers create many chances for students to experience the cumulative voting, and there are some rules, for example, those who haven't reply to before set time, their class participation score will be reduced by 100 points.

As a result of the use of cumulative voting, students will be interested in participating in the cumulative voting because all of them care about their points.

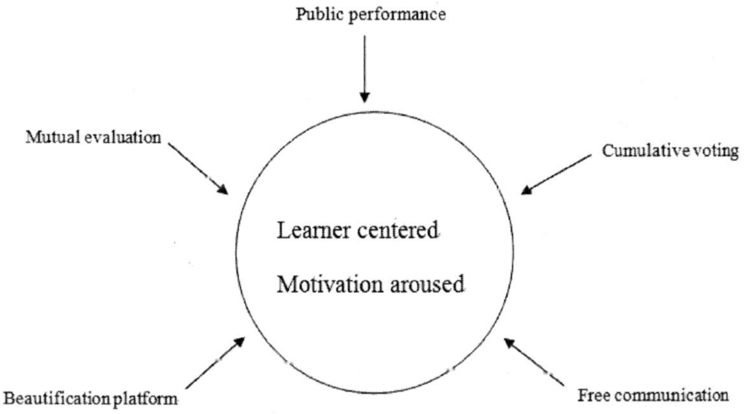


Figure 7. The learner centered circulation in the course

C. **Free communication**

The Free Communication Column has been divided into six topic areas: "current affairs and hot topics", "reading", "movies and entertainments", "travel and photography", "application for postgraduate study, study abroad and employment", and "others". Students post topics in the relevant topic area in the way of replying.

This column guide and encourage students to improve their overall quality and balance development. At the same time, it can encourage students to think more interesting topic deeply, to post and put forward their own ideas. Through real-time discussion and interaction, students exchange their ideas in high enthusiasm. A year's time, the number of posts in free communication column obtained 13844.

D. **Beautification platform**

When we interviewed the main teachers in the course teaching group Professor Cheng, she told us that in the nearly 20 years of teaching career, she thought the most important thing is to make friends with students, make them as the center of class. Because when students think they and teachers are very equal, then they will have common language to communicate. And in the corporate finance course, students love the Blackboard platform very much because they all participated in the beautification platform. The platform is constructed by students and teachers together, and all the pictures on Blackboard were designed by students compulsorily. It is students' platform, it is the students who maintain the platform, it is the students who are the hosts of the blended learning.

E. **Mutual evaluation**

The mutual evaluation not only includes process evaluation and performance evaluation by teachers mentioned above, but also contains the evaluation between the students or groups.

And students' each add mark source can be found in the statistics on Blackboard, Fig. 8. In this way, students' motivation was also aroused and they will think it is fair for everyone's mark because they can find the evidence. So, all students as the hosts of their own and others will supervise each other.

**Statistics of marks(Quiz & assignments 7-9) International School**

| Name | Total Score | Chapter 01 Quiz A | Chapter 01 Quiz B | Chapter 02 Quiz A | Chapter 02 Quiz B | Chapter 03 Quiz A |
|---|---|---|---|---|---|---|
| 温泽 | 713.50 | 30 | | | | 80 |
| GUO JINTAO | 2,324.20 | 90 | 80 | 100 | 100 | 100 |
| 陈耀新 | 2,380.50 | 100 | 50 | 100 | 100 | 100 |
| 黄裳裳 | 2,375.90 | 30 | 100 | 100 | 100 | 100 |
| 黄靖龙 | 525.50 | 60 | | | | |
| 彭奕华 | 2,461.30 | 100 | 100 | 100 | 100 | 100 |
| 陈波儿 | 2,439.50 | 90 | 100 | 100 | 100 | 100 |
| 杨颖敏 | 2,276.90 | 100 | 100 | 100 | 100 | 100 |
| 黄诗婷 | 2,410.50 | 100 | 100 | 100 | 100 | 100 |
| 张晓航 | 2,428.50 | 70 | 100 | 100 | 100 | 100 |
| 张之悦 | 2,450.50 | 100 | 90 | 100 | 100 | 100 |
| 周思姗 | 2,439.50 | 90 | 100 | 100 | 100 | 100 |
| 冯火旺 | 2,440.50 | 100 | 100 | 100 | 90 | 100 |
| 邹卉 | 2,418.50 | 90 | 90 | 100 | 100 | 100 |
| 区嘉彦 | 1,821.30 | 100 | 100 | 100 | 100 | 100 |
| 周展鹏 | 2,458.50 | 100 | 100 | 100 | 100 | 100 |
| 黄荣笑 | 2,444.20 | 90 | 100 | 100 | 100 | 100 |
| 毛柱斌 | 2,189.80 | 100 | 90 | 90 | 100 | 100 |
| 肖琛 | 2,435.20 | 100 | 100 | 100 | 100 | 100 |
| 梁世锐 | 2,330.50 | 80 | 80 | 100 | 100 | 100 |
| 周杨 | 2,259.80 | 90 | 100 | 90 | 90 | 100 |
| 徐文雯 | 2,399.80 | 100 | 90 | 80 | 100 | 100 |
| 傅凤梨 | 2,460.50 | 100 | 100 | 100 | 100 | 100 |

Figure 8. Students each add mark source in International School

## 5. CONCLUSION

After the introduction and analysis of the learner-centered practice of corporate finance bilingual blended course supported with Blackboard, we look back the good effect of the course which students like very much and teachers contribute a lot, and again we think of the learner centered circulation in figure 7, we can make the following conclusions:

Firstly, in the blended learning class, students' enthusiasm plays an important role. To make students be the hosts of the class can improve the teaching effect.

Secondly, the learning environment Blackboard should be constructed by both teachers and students. In that way, students will like the platform embellished by themselves and enhance their learning interests.

Last but not least, teachers design the blended should consider students' role, and the experience from the teachers in corporate finance bilingual courses especially the learning centered circulation is with a certain reference.

## 6. Acknowledgment

This paper is written base on the background of a research conducted by Guangdong university educational technology center which named Guangdong university network teaching platform, resources construction and application status research. So we will give our sincere thanks to Guangdong university educational technology center, and thank you for the teaching group of corporate finance bilingual blended course supported with Blackboard, especially Professor Jing Cheng who received our interview and give us a lot of experiences and suggestions.

## References

[1] Utku K, A blended learning model supported with Web 2.0 technologies. Social and behavioral sciences, 2010, pp. 2794-2801.

[2] Li, K. D. Research method in educational technology. China: Beijing Normal University Press, 2008.

[3] Li, K. D& ZH, J. H. The theory and application mode in blended learning. E-education Research, 2004, pp. 1-6.

[4] Margaret G, Pat Young, Lesley L, Pam M, How 'blended' is blended learning? : Students' perceptions of issues around the integration of online and face-to-face learning in a continuing professional development (CPD) health care context. Nurse Education Today, 2011, 31, pp. 887-891.

[5] Siobhan Smyth, Catherine Houghton, Students' experiences of blended learning across a range of postgraduate programs, Nurse Education Today, 2012, 32, pp. 464-468.

[6] Kamolbhan, O. , & Julian, M. A guide to establishing hybrid learning courses: Employing Information technology to create a new learning experience, and a case study. Internet and Higher Education, 2006, 9, pp. 287-301.

[7] Ke, Q. C. Evaluation method of Blended learning: a case study of the primary and middle school teachers' education in technical ability training course. China Educational Technology, 2008, 259, pp. 16-19.

[8] Huang, R. H. , Ma, D. , Zheng, L. Q. & Zhang, H. S. Towards a Design Theory of Blended Learning Curriculum. E-education Research, 2009, 189, pp. 9-14.

[9] Kathy L. Schuh. Learner-centered principles in teacher-centered practices? Teaching and Teacher Education 2004, 20 pp. 833-846.

[10] Masanori Yamada. The role of social presence in learner-centered communicative languagelearning using synchronous computer-mediated communication: Experimental study. Computers & Education, 2009, 52, pp. 820-833.

## 作 者 简 介

Zhang Chenjingzi, 1988, F, Han Chinese, From Ganzhou city, Jiangxi Province, Postgraduate student, Research direction: Future education.

# 基于星策略体系的移动教学系统设计

赵辉，饶凯平

（中南大学现代教育技术中心，湖南长沙，410083）

**摘　要：**针对网络上教学云多而无序特点，提出基于星策略体系的移动教学系统，该系统包含课堂教学和移动终端教学两部分。将课程教学内容分为相对独立的固定单元，据其属性划为不同星系知识云团，星系策略作为导航工具，采用相应星系的知识云进行教学——课堂教学和移动终端教学。为此，开发出移动教学环境，将移动终端与课堂教学有机结合在一起。通过知识星云系结构，将无序的知识云有序化，充分结合了教学实际，以知识星云系结构进行教学便于实现碎片知识学习；提供新型教学环境，将课堂教学与移动教学相结合，使教学模式多样化，交互方式更加灵活，便于实现教学模式改革。

**关键词：**移动学习；云服务；星策略

## 一、移动学习与星策略

移动终端的普及和3G网络技术的迅猛发展带动了移动学习研究的发展，人们对移动学习的研究走过了知识传递，认知构建、情境认知等不同阶段[1]，学习模式也从最初的短信，多媒体，浏览链接，发展到现在将云服务和智能终端结合的崭新模式。学习者可利用移动终端，根据自身的学习需求，学习兴趣爱好，在任意时间任意地点进行学习，不受时间和空间的限制，如在生活、社交及工作等场合以移动终端设备接受知识。但是，移动学习的教学特点也恰恰成为了它与传统课堂教学接合时的难点。

教育云服务给移动学习带来了很多方便。通过云计算提供的任何基于web的应用或服务都称为云服务。云服务能够根据用户的位置、时间、偏好等信息，将网络中的各种资源调动起来，提供方便快捷的个性化服务。其核心思想是将大任务划分成若干体积小且无序的子程序，再利用云基础架构进行大量分布式处理，从技术上讲，云服务利用开放的标准，从不同终端获得数据，并利用web技术提供数据共享，对外提供服务。在教学中，可将教育信息资源转化为云服务，整合全世界最丰富的教育信息资源，利用云服务可更加方便地实施教学活动，进行教学管理与评价等等，形成了新的教学模式，并且这一切实现起来都很廉价。

由于云端整合的资源信息量巨大，并且云的排列是无顺序的，而学生的课程学习却是有序的，利用云服务进行教学时，学生容易在巨大的信息云中迷失。为了将云服务更好地运用在移动教学中，需建立完整的策略体系，将教育云进行二次信息加工，使其在教学中发挥更加出色的效果。

考虑到上述问题，提出基于星策略的移动学习。星策略体系指针对移动学习的片段的特点和学习过程的有序特点，以课时为基准，把教学设计转换为对知识云的星系设计，将知识云按星系重构、分类、引用或推送，使其符合移动教学规律。学生在星系学习中按照自己的需求就近快速获取知识星云，再根据星系的导航关联扩展相关知识，使学生在星策略的指导下，更明确、更具针对性、更高效率地利用云服务进行学习。

## 二、星策略体系理论

星策略体系包含三部分：星系设计，星系教学策略以及移动教学模型设计。星系设计是指将教学过程中涉及的内容按照教学规律重构成为知识星系，使这些星系资源符合移动教学需求。星系教学策略指将云端资源与知识星系联系起来，建立不同内部结构的星云体系，帮助学生有针对性的利用云服务进行学习。移动教学模型设计则是研究如何将设计好的星云体系，具体地运用在教学活动当中形成学习模型，对学生进行学习行为跟踪辅导并形成学习评价，反馈验证资源的合理性以便进一步对星云体系优化。

在课程教学当中，课程由若干大的篇章组成，每个篇章又由若干小节组成，小节中包含了很多细小的知识点，将这些知识点所组成的知识结构称为知识星系。在星系学习中，将不可再分的知识单元对应的服务云称为知识星云，根据教学内容，知识星云隶属不同的星系，根据知识星云之间的纵向及横向关联进行重构，将关联存储在关联集合中，形成一系列星系内部聚合度大，星系间耦合性小的教学知识星系，各星系对应服务云，进行移动学习时以知识星云为单元进行学习，学习者可根据需要方便地获取服务云。

分析各个知识星云，以知识对象为依据将其分类，可分为恒星云，行星云，卫星云，流星云四类知识星云。

知识恒星云：教学当中的原始知识，可以理解为知识的主干部分，包括基本概念，定义，公式等基础性知识。知识恒星云的体积往往很大，因为可能包含不可分离的图片动画或者视频资源，不利于在移动终端上显示。

知识行星云：以恒星知识云为中心，为了证明恒星知识类别中的某个概念所进行的推导、运算，举的示例，相关的图片，视频等多媒体资源，针对该概念设计的课后练习题，以及为了验证该概念所做的实验等等。知识行星云主要是起到辅助讲解知识恒星云的作用，在课程内容允许的情况可以代替知识恒星云在移动终端上展示。

知识卫星云：以行星知识云为中心，围绕恒星云和行星云所展开的知识。包括基础概念的引申，在进行某个推导的过程中需引用的已有结论，示例或练习题的同类变式，或者在验证实验的基础上做的进一步探究实验等。知识卫星云体积小，非常适合进行移动学习。

知识流星云：不以其他任何知识为中心，无法将其归纳到具体的某个知识概念中的知识，包括学习的方法，经验，综合性较强的例题或者练习题，做实验时的统一注意事项等。

分类完成后进行知识重构形成知识星系。知识重构将原先严格的章节顺序知识转化为星型拓扑结构的星系知识。首先将知识恒星云按照原课程顺序排列，再根据知识恒星云的关联集合，获取与该知识恒星云相关联的知识行星云，形成以知识恒星云为中心的星云系。同样的，知识行星云也具有与其关联的知识卫星云，构成以行星云为中心的知识星系，而知识流星云以学习心得，学习总结等内容为主，可以出现在任何星系中。这样便将课程重构成为嵌套的星状拓扑结构星系。课堂教学中可将课程内容以星系的形式呈现出来，而在移动学习时可以知识星云的形式呈现出来，更符合移动学习的教学特点。知识星系的示意图如图 1 所示。

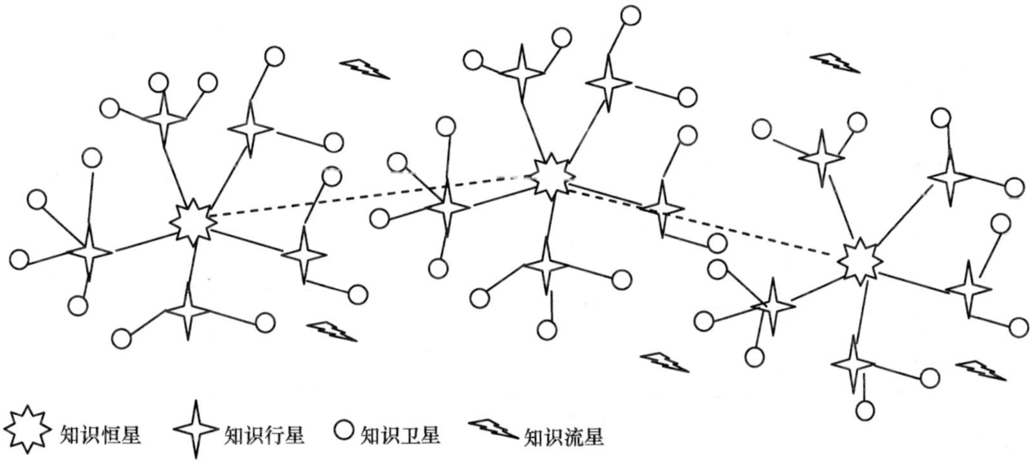


图 1　典型的知识星系

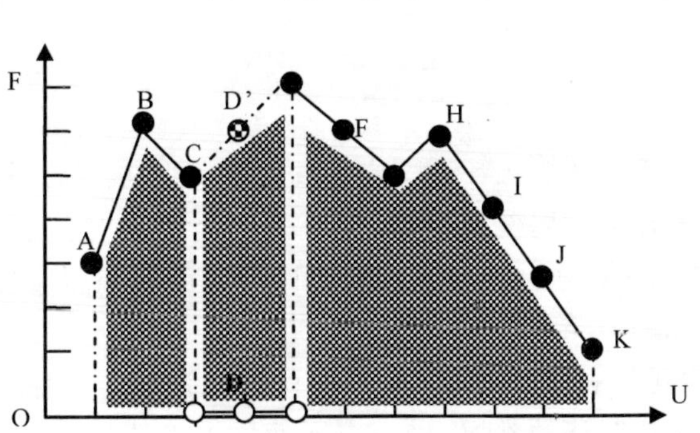


图 2　学习过程函数图

函数图形具有的应用意义有如下几点：

(1) 学习过程中缺课情况。存在断点(如图 2 中的 D 点)，证明存在缺课情况，追溯 D 点的数据中的 n 值，即可得出学生在哪一节课存在缺课情况。得出缺课情况之后，系统应及时的对此情况进行决策，修复图中的断点。修复策略是第一时间将该情况发送通知到该课程的任课教师，同时控制学生的学习进度，避免其进入下一阶段的课程学习，并且通过系统通知或者短信的方式通知学生补上缺的课，补上之后需提交缺课原因，通过教师审核之后，系统才能对补上的课进行学习质量评价。断点 D 补全之后为 D'，补齐与其他点之间的线性过渡函数后，如图 2 所示。系统在学生补齐课程后解开控制，让学习过程继续下去。

(2) 学习过程的变化趋势。对于不存在断点的其他各段函数，因为均在(Ui－1，Ui]内连续，并且每一点的左极限与右极限相等，所以可以对其求一阶导数，判断单调性来得出学习情况，如果一阶导数在区间(Ui－1，Ui]内恒为正，则函数在区间(Ui－1，Ui]单调递增，学习质量在这一定义域内呈上升趋势，如 A 点到 B 点，若恒为负，则呈下降趋势，如 H 到 I 点。

(3) 学习状态的转折点。如果在某一点的一阶导数为 0，且在左邻域内一阶导数大于 0，而右邻域内小于 0，则这一点为极大值点(如图 2 中的 B 点)，反之为极小值点(如图 2 中的 G 点)。在这一点学生的学习状态开始出现转折性变化，由上升趋势转为下降趋势或者下降趋势转为上升趋势，这时系统需要追溯该点中数据的详细值，分析情况出现的原因，并作出相应决策。

(4) 整门课程的总体效果。函数反映的是随着知识点个数的增加，学生的学习质量的变化过程，因为在定义域内各段函数均是可积的，所以对函数 F 在 U 上进行一重积分可以拆分成对若干个区间内的分段函数分别积分再求和。

$$\int \frac{\sum_{i=1}^{n} Ui}{L(1+e^{-Q/W})} \mathrm{dU} = \int_{J1}^{U2} (\mathrm{F}(\mathrm{U}_2) - \mathrm{F}(\mathrm{U}_1)/\mathrm{U}_2 - \mathrm{U}_1) * \mathrm{UdU} + \cdots\cdots \int_{Ji-1}^{Ui} (\mathrm{F}(\mathrm{U}_i) - \mathrm{F}(\mathrm{U}_{i-1})/\mathrm{U}_i - \mathrm{U}_{i-1}) * \mathrm{UdU}$$

$$+ \int_{Jn-1}^{Un} (\mathrm{F}(\mathrm{U}_n) - \mathrm{F}(\mathrm{U}_{n-1})/\mathrm{U}_n - \mathrm{U}_{n-1}) * \mathrm{UdU}$$

积分出的值其物理意义为图 2 中的阴影部分面积，即 F 在 U 轴下的所围成的面积之和，我们将这块面积称为星系学习效果评价值。可见若每一点的 F 值越大，则阴影部分的面积总合则越大，该知识星云学习的总体效果越好，反之则效果越差，在此得出面积值也可作为学生成绩评估的一个参考。

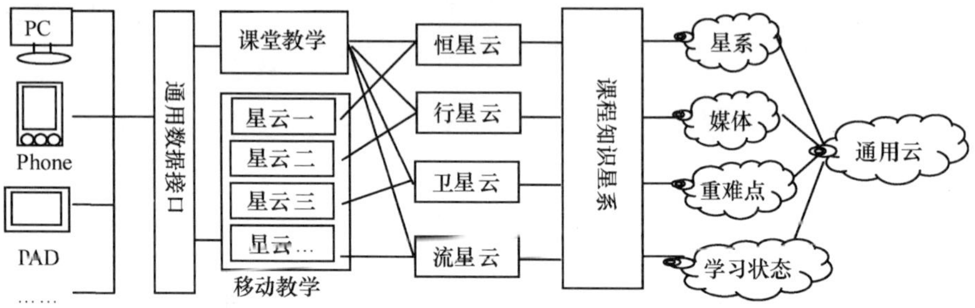


图 3　系统设计原理示意图

## 三、系统结构设计

系统设计和实现分五个层，分别为教育服务云层，知识星系层，课程展现层，通用数据接口层和用户应用层。

在教育服务云层，将通用云加上云属性，将通用云分为四个类别的云系，使用户可以根据不同的需求，从知识星系，媒体类型，重难点随机推送和自身学习状态四个方面来利用服务云进行学习，而不是在巨大的教学服务云中频繁的搜索。

教学服务云层的云系属性划分依赖于知识星系层的课程知识星系设计，将课程的知识打散并重构成知识星系，一方面使课程更加适合进行移动学习，另一方面使学习者能够根据星系策略为指导更加有针对性的运用教学服务云。每一个知识星系都有相应云系的服务云为其服务，反过来说每一种服务云都隶属于相应的云系，形成星云结构更好的为学习者服务。

在课程展现层中，课程依据知识星系层的星策略确定适宜的教学模式后，在教学过程中，以知识星云为最小教学单元，根据其所属知识星系与其他星云建立联系。在课堂教学时，将课程以知识星系的形式呈现出来，形成完整连贯结构缜密的课程，而在移动教学时，则将课程以独立知识星云的形式展现在移动终端，适应了移动教学的片段，精简，非正式的特点，并且利用云服务使每一个知识点的学习更加详尽、有针对性，同时降低了移动终端的数据处理性能上的要求。

在通用数据接口层，把所有的课程数据通过 web service 技术对外提供调用接口，并且支持多种格式的数据，包括超文本，XML，Json 等格式供用户应用层的终端应用程序调用，保证了课程数据在不同终端上的一致性，并且为其他系统调用和二次开发提供便利。

在用户应用层，分别设计不同终端的应用程序版本，在 PC 客户端上采用 B/S 的形式访问系统，在移动终端上根据用户的设备系统差异，开发了 IOS、Symbian、Windows Mobile、Windows Phone、Android 和 BlackBerry OS 等六个主流智能操作系统的终端应用程序，使系统的访问形式不受操作系统的限制。

总之系统设计以知识星系为核心，依据知识星系为策略将服务云层和课件展示层紧密联系起来，使学生在访问课程内容时，感觉到云服务已经融入其中，而不用另外去通过教学服务云资源库进行统一检索，大大提高了用户的学习体验。

## 四、系统应用方式

1. 学生选择课程班级，注册相应的移动课程，审核通过后可以进入班级主页查看课程相关信息，包括课程公告与通知，课程大纲与教学目标，课程课时进度与教学，课程资料与作业，测试与成绩等等。

2. 教师在课程公告通知中发布的通知会在第一时间内推送到订阅了课程通知的用户终端上，以便用户及时了解课程动态。学生在课程开始之前浏览课程大纲与教学目标，明确目标后学习才不至于盲目。

3. 课时进度与教学是学生学习的主要途径，分为课堂教学和移动教学两部分，课堂教学与移动教学的进度是同步的，系统以日程表形式显示课程当前教学进度，点击进入课程学习。课堂教学的内容为星云体系的整合形态，以教师讲解为主，学生可在 web 上复习并通过星系云团中不同云系属性的云资源进行扩展学习，而在移动教学中为星云体系的分离状态，学生根据各类知识星云自主学习，除进行云团扩展学习之外，还需完成教师制定的移动任务。

4. 课程资料与作业采用云盘的形式，只需教师将课程资料和作业放入云盘中，学生即可立即同步相关数据，完成作业后也存入云盘中，使师生方便地在各个终端上获取资料和作业。

5. 测试主要针对在移动知识星云学习过程中检验片段式学习效果，在学生进行了知识星云学习和测试后，系统将获取学生的网络学习行为数据形成个人学习数据云，一方面作为教师制定移动任务的参考，另一方面作为最终成绩评价的依据。

## 五、总结

移动学习与云服务有着广阔的前景与独特魅力，必然在学习产业上有所作为，这将也是教育研究领域的新热点。本文在移动学习的基础上，提出了星策略体系，设计了星策略移动学习系统，与云服务相融合，既能协助课堂教学，又有移动教学的自主内容，充分发挥了正式与非正式学习各自的特长，兼顾了正式学习的系统性和非正式学习的灵活性，使得学习者们都能将学习发挥极致。

### 参考文献

[1] 余胜泉．从知识传递到认知建构、再到情景认知[J]．中国电化教育，2007.6:7-17.

[2] 黄荣怀，SALOMMA．移动学习：理论·现状·趋势[M]．北京：科学出版社，2008:132.

[3] 顾小清，顾凤佳．微型学习策略：设计移动学习[J]．中国电化教育，2008.3:17.

### 作者简介

赵辉，1957 年生，男，长沙人，副教授，硕士生导师，硕士，主要研究方向：网络资源设计。

# 信息技术环境下C程序设计课的研究性学习探索

郑瑞

（陕西理工学院教育科学学院，陕西汉中，723000）

**摘　要**：高校程序设计课程的教学主要是以学科教学为主的教学模式，这在一定程度上局限学生的创新意识，抹杀学生探究问题、解决问题的创新能力。在课程教学中大力开展实施研究性学习，视为高校教育改革的着入点。目前在课程教学中融入研究性学习的运作，还没有一个完善的理论框架，也没有固定的教学模式。基于以上原因，作者结合《C程序设计》课程的教学经验，主动探索基于学科教学的研究性学习教学模式。

**关键词**：研究性学习；信息技术；C程序设计

# Research Study to Explore The C Programming Course in The IT Environment

**Abstract**: College programming courses teaching mainly pedagogical content-based teaching model, limited to students' sense of innovation to a certain extent, be denied the students to explore issues, solve the problem of innovation capability. Vigorously in the teaching of research study, as higher education reform into the point. Into the operation of the research study, teaching is not a sound theoretical framework, there is no fixed mode of teaching. For the above reasons, the authors combined teaching experience of the "C Programming" course, take the initiative to explore the discipline-based teaching, learning teaching model.

**Keywords**: the research study; information technology; C programming

随着信息技术的飞速发展，信息技术在教育中的应用已从应用阶段过渡到整合阶段，目前信息技术与课程整合是基础教育课程改革与教育技术专业最重要的研究课题之一。信息技术与课程整合本质上是基于信息技术的课程研究理论和实践，是指信息技术同课程体系、课程内容、课程资源和课程运作融为一体，并对课程的各个方面产生变革作用，从而促进课程系统的变革。[1]

研究性学习课程采用的是新型的教学模式，开展这种教学模式需要大量的信息资源、无限的互动空间和新型的管理评价手段。现代信息技术的特点：拥有丰富的网络资源；提供各种信息处理工具以及实时、非实时的互动手段，这些可为研究性学习课程的顺利实施提供技术支持。在全国范围广泛开展研究性学习课程的背景下，信息技术与研究性学习整合的探究也逐步成为教育技术界的热点问题。[2]

在计算机知识剧增的形势下，过去的计算机教育模式和教育方法已不能适应社会和教育的要求。因此，教师不仅要把知识传授给学生，更要提高学生自主学习和科学研究的能力。程序设计课程的知识技术的更新周期越来越短，知识的无穷性与人精力的有限性之间的矛盾，是我们的教育系统必须面对的现实，即加快教育改革的步伐，让我们的课程体系与社会发展和科学研究结合起来。[3]在这种背景之下，本人结合教学工作提出信息技术环境下高校程序设计课研究性学习实践的课题。

## 一、开展研究性学习是《C 程序设计》课程教学目标的要求

《C 程序设计》课程作为高校程序设计基础课，其教学目标是培养创新精神、研究能力和实践能力。传统教学模式：讲授—演示—操作，是以教师的传授、演示为主，学生是被动地接受、简单的复制操作。以上教学模式不能充分体现计算机课程实践性强的特点，在一定程度上限制学生的创造能力和实践能力。研究性学习引入到计算机课程教学中，以“独立选题—设计方案—协作探究—总结评价”的教学模式来改变传统的计算机教学模式，创设动态和开放的学习环境，为学生提供多样的获取知识的途径，充分体现学生的学习自主性，将培养学生的创新意识和创新能力普及到计算机课程的教学中。[4]

## 二、高校程序设计基础课的教学现状

由于 C 语言简单易学的特点，目前我国大多数高校选择《C 程序设计》作为非计算机专业学生学习程序设计的首选。程序设计课程一直采用传统教学模式，即以计算机语言的语句系统为主展开教学，具体讲解语句、算法等基本内容，学生的学习是围绕着与语句有关的习题。

当前程序设计基础课教学现状的问题有：注重理论知识，忽略实践知识。只是重视理论知识的传授，而较少考虑培养能力。弱化知识、技能的实践运用，学生获得知识、增长技能和提高素质的渠道单一。[5]注重教师的主导作用，忽视学生的主体地位，削弱了学生主动探究的主体作用。

## 三、《C 程序设计》研究性学习方案的实施

本次研究性学习方案的实施目的是考查研究性学习教学模式对学生学习态度、学习方式和研究性学习对实现目标程度的影响；考查研究性学习教学模式对学生学习策略的影响；检验 C 程序设计课程中研究性学习教学模式实施的效果。[6]

高校低年级学生无科研经验，为保证研究性学习顺利开展，让学生能够恰当选题、正确书写开题报告、合理建组、有效获的研究资料并准确表述研究成果，在开展研究性学习之前，充分利用信息技术，创设一定的问题情境，激发学生对某些专题的兴趣。具体内容包括：科研知识、科研选题、文献检索与查阅、课题论证、科研方法及其实施环节、课题研究和项目设计；提供网上交流空间，安排学生讨论，指导学生提出问题；根据学生的学习兴趣，组建研究小组；引导学生将感兴趣的问题转向研究课题，以确保研究课题的研究价值和可行性。[7]

利用信息技术开展《C 程序设计》研究性学习，创建《C 程序设计》学习网络课程。

### （一）指导学生确定选题

经过酝酿，上报题目。通过师生齐心协力，经过筛选最终确定以下六个题目，见表 3-1。

**表 3-1　课题名称表**

| 题号 | 课题名 |
|---|---|
| A | 数据排序 |
| B | 数据筛选 |
| C | 成绩管理系统 |
| D | 研究生初试录取 |
| E | 数的进制转换 |
| F | 商品销售统计 |

### （二）协助学生成立研究小组

根据学生选题，导师协助学生成立研究小组。学生可自由结合成组。协助学生成立研究小组时，会出现这些问题：选择某课题的学生太多时，补充与该课题类似的题目，再成立对应的小组；不到 3 个学生选择某题目，其他学生不愿加入其中，教师劝导他（们）加盟相似内容的组别。最终，成立了《数据排序》、《数据筛选》、《成绩管理系统》、《研究生初试录取》、《数的进制转换》和《商品销售统计》六个专题小组。

### （三）《C 程序设计》教学案例的实施

案例 1　课堂教学环节中的研究性学习案例

**1. 教学内容：总分与平均分**

(1) 教学目标：掌握数据类型、循环结构案子程序设计中的应用；

(2) 教学形式：以班级为单位集体授课，以小组为单位进行探讨；

(3) 教学方法：指导法、讨论法、演示法；

① for 语句的一般形式：

for(表达式 1;表达式 2;表达式 3) 语句

　　for(变量赋初值;循环继续条件;循环变量增值) 语句

② for 语句的执行过程：

　　求解表达式 1;

　　求解表达式 2，若其值非 0，执行语句，然后求解表达式 3；否则结束循环；

　　执行 for 语句的下一个语句。

③ 二维数组的定义

数据类型 数组名[行常量表达式][列常量表达式]；

数组元素在内存中的排列顺序为“按行存放”，即先顺序存放第一行的元素，再存放第二行，以此类推；可以把二维数组看作是一种特殊的一维数组：它的元素又是一个一维数组。

④ 二维数组的引用

数组名[行下标表达式][列下标表达式]

“行下标表达式”和“列下标表达式”，都应是整型表达式或符号常量；

“行下标表达式”和“列下标表达式”的值，都应在已定义数组大小的范围内；

对基本数据类型的变量所能进行的操作，也适合于相同数据类型的二维数组元素。

程序如下：

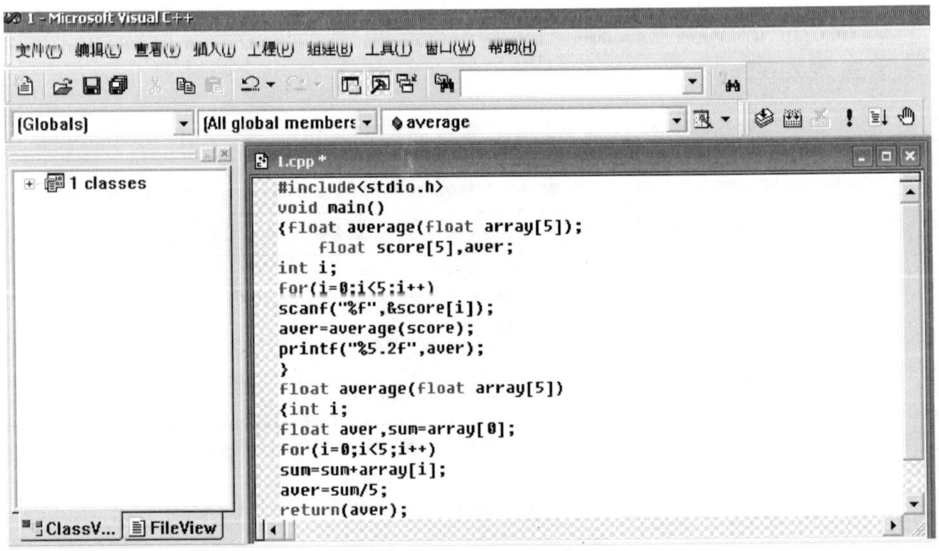


图 3-1　循环结构程序

在围绕教学内容进行教学过程中，学生会提出如图所示的常见问题：

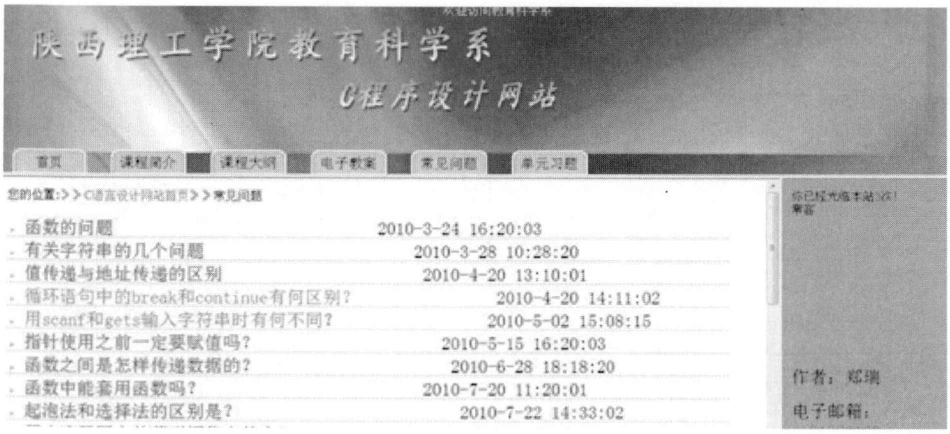


图 3-2　常见问题

案例 2　实验教学环节中的研究性学习案例

教学内容：排序

(1) 教学目标：掌握循环、数组在程序设计中的应用；

(2) 教学形式：以班级为单位集体授课，以小组为单位进行讨论；

(3) 教学方法：问题发现法、指导法、例题教学法；

通过博客展示排序中的起泡法：

●起泡法

```
#include<stdio.h>
void main()
{int a[6];
int i,j,t;
for(i=0;i<6;i++)
scanf( "%d ",&[i]);
for(j=0;j<5;j++)
for(i=0;i<5-j;i++)
if(a[i]>a[i+1])
{t=a[i];
a[i]=a[i+1];
a[i+1]=t;
}
for(i=0;i<6;i++)
printf( "%5d ",a[i]);
}
```

图 3-3　起泡法

图 3-4　运行结果

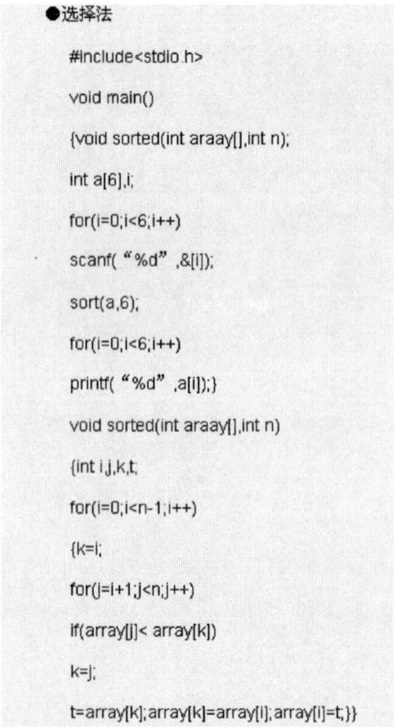


图 3-5 选择法

图 3-6 运行结果

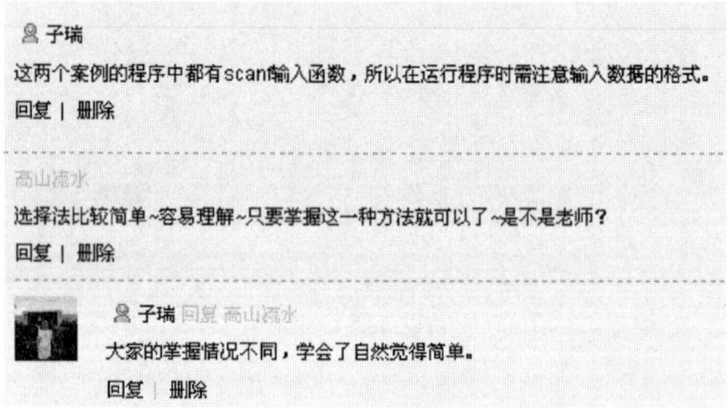


图 3-7 注意事项

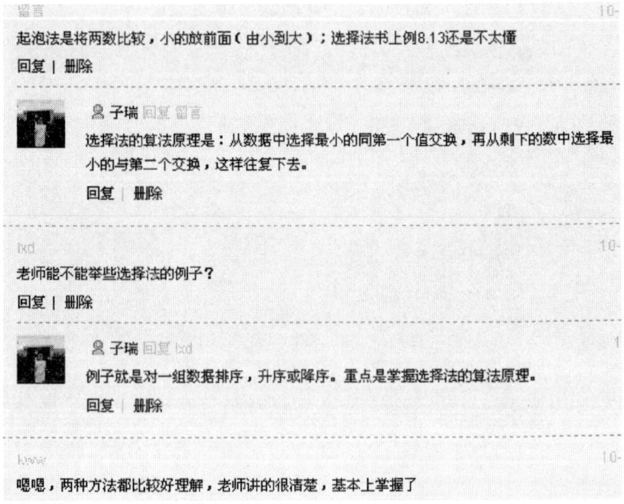


图 3-8 师生互动

经过前面的学习研究，学生已掌握《C 程序设计》的理论知识。如何判断程序的正确性呢？那就是运行程序。运行 C 程序的基本步骤是：保存、编译、连接、运行以及观察结果。这些操作步骤是线性关系（一步接着一步），不能跳跃操作。

（4）开题报告与小组方案的评审

2010 年 3 月—2010 年 7 月对小组的研究方案和开题报告进行评审，参见表 3-2。

**表 3-2　《C 程序设计》研究方案及开题报告评审表**

| | | | |
|---|---|---|---|
| 课题名称 | 班级总分、平均分 | | |
| 课题负责人 | 赵美子 | 指导老师 | 郑瑞 |
| 课题组成员 | 赵美子　王飞飞　程桂波　雷锐　李美霞 | | |
| 设计方案的评审 | | | |
| 课题价值 | 价值大　一般√　不大 | 开展进度 | 合适√　一般　不合适 |
| 课题的意义 | 好　较好√　一般 | 选题的可行性 | 好√　一般　较差 |
| 研究方法 | 合适√　一般　不合适 | 研究思路 | 清晰　一般√　模糊 |
| 组员分工 | 明确√　一般　不明确 | 预期结果 | 合理√　一般　不合理 |
| 方案成绩：A. 100　B. 90　C. 80 √　D. 70　E. 60 | | | |
| 开题报告的评审 | | | |
| 描述的准确性 | 准确√　一般　较差 | 思路的清晰性 | 清晰　一般√　较差 |
| 语言的顺畅性 | 流利　一般√　较差 | 时间的合理性 | 合理√　一般　较差 |
| B. 问题的解答 | | | |
| 回答的能力 | 强　较强√　一般 | 小组的协作 | 好　较好√　一般 |
| 答案正确率 | 高　较高√　一般 | 时间的安排 | 合理√　一般　较差 |
| 开题报告的成绩：A. 100　B. 90　C. 80√　D. 70　E. 60 | | | |

（5）学生展示研究成果并答辩

经过之前的辛勤付出，终于等到分享成果的时刻。虽然个别研究成果并不理想，但是学生还是会在研究学习中有所收获。为了让学生之间互相借鉴学习，让学生的成果得到其他同学、教师的认可，举办研究成果展示会和答辩会，并对学生成果进行评审。在此过程中邀请学生代表、院系领导和社会有关人士参加。将会对学生产生激励作用，也会对学生的成果给出更全面的检验，为今后的研究性学习提供更多启发性的宝贵意见。[8]

**5.《C 程序设计》研究性学习实践结果**

在实验研究过程中，为探讨研究性学习教学模式对学生学习兴趣、学习积极性、程序设计能力、科研能力、认知策略等方面的影响以及研究性学习教学模式实施的效果，特在 2009—2010 学年第二学期对陕西理工学院 091、092 这两个班（091 为平行班、092 为实验班）中的 092 班的 25 个学生进行了问卷调查和实验研究。

实验班在开课前两周采用多媒体教学手段，在学生经过两周 C 程序设计的学习后对实验班进行一次问卷调查，在这门课结束时再进行一次后测。

**表 3-3　问卷调查**

| |
|---|
| ① 基本信息 |
| ② 你认为当代大学生开展研究性学习的意义何在？ |
| ③ 在选题时有哪些被选课题，最终为何选择这个课题？ |
| ④ 你们进行组员分工是出于什么考虑的？ |
| ⑤ 请简述你们研究时的大致方法 |
| ⑥ 研究过程进行最顺利的环节？ |
| ⑦ 研究过程最大的困难是？如何克服的？ |
| ⑧ 你从研究性学习中获得了什么？ |

调查结果表明 092 的学生在情感方面、探究能力方面、学习策略方面均与传统学科教学 091 的学生有明显的差异。（以 SPSS15.0 软件包进行统计分析；表 3-4 采取 x2 检验，表 3-5、表 3-6 采用 t 检验，$p<0.05$ 或 $p<0.01$ 为具有统计学意义）

### 1. 情感方面

在情感方面有较大变化的是学习态度、学习积极性和学习自主性。通过调查发现学生在这几个方面的情况如下：

**表 3-4　情感方面统计表**

| 测试指标 | 班级 | 非常好 | 较好 | 一般 | 不好 | 优良率% | $x^2$ | p 值 |
|---|---|---|---|---|---|---|---|---|
| 学习态度 | 091 | 5 | 7 | 9 | 4 | 0.48 | 7.44 | P<0.01 |
| | 092 | 9 | 13 | 3 | 0 | 0.88 | | |
| 学习积极性 | 091 | 2 | 9 | 10 | 4 | 0.44 | 4.08 | P<0.05 |
| | 092 | 6 | 13 | 5 | 1 | 0.76 | | |
| 学习自主性 | 091 | 0 | 8 | 10 | 7 | 0.32 | 5.12 | P<0.05 |
| | 092 | 3 | 14 | 6 | 2 | 0.68 | | |

自由度 V=1，α=0.05 ，p 值=3.84；自由度 V=1，α=0.01 ，p 值=6.63

通过表 3-4 的数据统计我们可以看出，实验班学生的学习态度、学习积极性和学习自主性都比平行班高，其中平行班学习态度非常好学生的只有 5 人，学习态度不好的学生共有 4 人，而实验班学习态度非常好学生的有 9 人，学习态度不好的人数为 0；在学习积极性方面，平行班学生的学习积极性较好的只有 9 人，而实验班较好的学生有 13 人，学习积极性不好的人数为 0；在学习自主性方面，平行班学生的学习自主性较好的有 8 人，而实验班学生的学习自主性较好的人数为 14 人，占多数。092 实验班相比 091 平行班在学习态度、积极性和自主性方面均有统计学意义，说明通过采用研究性学习方式可以大大改善学生的学习态度、积极性及自主性。

### 2. 能力方面

能力培养是本研究性学习最重要的目标，主要表现在科研、实践和创新三个方面。

**表 3-5　能力方面统计表(学生人数所占比例)**

| 二级指标 | 三级指标 | 平均分(百分制) | | t 值 | p 值 |
|---|---|---|---|---|---|
| | | 091 | 092 | | |
| 科研能力 | 命题能力 | 80.15±2.21 | 89.26±5.76 | 7.28 | P<0.01 |
| | 文献检索 | 83.51±3.32 | 90.14±5.54 | 5.13 | P<0.01 |
| | 科研方法 | 79.23±2.89 | 88.52±4.31 | 8.95 | P<0.01 |
| | 研讨能力 | 82.15±1.65 | 91.23±6.38 | 6.89 | P<0.01 |
| | 程序设计能力 | 82.25±3.13 | 92.75±4.30 | 10.09 | P<0.01 |
| | 上机编程调试能力 | 83.12±4.34 | 92.86±3.24 | 8.99 | P<0.01 |
| 解决问题能力 | 经常提出新问题 | 80.34±2.44 | 89.13±6.27 | 6.53 | P<0.01 |
| | 解决问题的能力 | 82.18±3.78 | 91.46±5.45 | 6.63 | P<0.01 |
| 创新精神 | 创新的意识与思维 | 79.82±5.47 | 86.49±3.51 | 5.14 | P<0.01 |
| | 创新能力 | 78.64±4.39 | 90.31±4.89 | 9.00 | P<0.01 |

自由度 v=48，α=0.05 t 值=1.679；自由度 v=48，α=0.01 t 值=2.405

通过表 3-5 的数据统计我们可以看出 092 实验班相比 091 平行班在科研能力、解决问题能力及创新精神等方面的三级指标命题能力、文献检索、科研方法、研讨能力、程序设计能力、上机编程调试能力、提出问题及解决问题能力、创新的意识与思维等方面均有统计学意义，说明通过采用研究性学习方式可以大大提高学生的科研能力、解决问题能力及创新精神。

### 3. 学习策略方面

学生在学习策略方面主要体现为调控策略、资源策略和交流策略方面有较明显的区别。

**表 3-6　学习策略方面统计表**

| 评价参数 | 平均值 | | t 值 | p 值 |
|---|---|---|---|---|
| | 091 | 091 | | |
| 单位时间内正确完成独立编程数(个) | 1.86±0.24 | 4.09±0.21 | 35.01 | P<0.01 |
| 学习程序设计课有明确的目标(项) | 2.69±0.37 | 4.26±0.91 | 7.99 | P<0.01 |
| 常通过网络查找相关的资料(份) | 2.23±0.55 | 4.71±0.28 | 20.09 | P<0.01 |
| 能与教师/同学交流学习程序设计的体会、经验(条) | 3.02±0.43 | 5.25±0.67 | 6.27 | P<0.01 |
| 能积极主动地参与教学讨论与小组活动(次) | 2.56±0.56 | 5.96±1.11 | 13.68 | P<0.01 |

自由度 v=48，$\alpha$=0.05 t 值=1.679；自由度 v=48，$\alpha$=0.01 t 值=2.405

通过表 3-5 的数据统计我们可以看出 092 实验班相比 091 平行班在单位时间内正确完成独立编程数、学习程序设计课有明确的目标、常通过网络查找相关的资料、能与教师/同学交流学习程序设计的体会、经验及能积极主动地参与教学讨论与小组活动等方面均有统计学意义，说明通过采用研究性学习方式使得学生在学习策略方面如调控策略和资源策略、交流策略方面得到较大幅度提高。

## 四、结论

程序设计课程理论课采用的教学方式多是“课件＋多媒体”，即“讲解＋演示”，实验课堂即上机练习，这种形式使很多学生不能很好的理解课堂上所讲容，上机练习时往往不知所措，出现理论课和实验课脱节的现象比较严重。

本文在查阅相关文献资料的基础上，设计了《C 程序设计》课程研究性学习的教学流程，然后对其进行实践，选取陕西理工学院教育科学系教育技术专业 09 级 1、2 班作为被试，对高校《C 程序设计》课程开展研究性学习做出实践方面的探索。

总结以上实践过程可以得到以下结论：

(1) 研究性学习利于学生的共同进步。从两个班学生在情感方面、探究能力方面、学习策略方面的统计数据上看，研究性学习有利于学生的共同进步，避免出现两极分化。

(2) 研究性学习利于提高学生的学习积极性和人际交往。研究性学习主要以小组学习为主，学生共同完成一个课题，这种学习方法与以往的课程教学有很大不同，学生的学习积极性得到提高。

(3) 开展研究性学习利于学生掌握与运用科学研究方法：每个小组通过科学研究过程，掌握相应的科学研究方法。具体来讲，课题的界定、课题的研究以及课题成果的形成，都要求学生主动的去发现问题，分析问题，通过合适的科研方法去解决问题。

(4) 在高校课程教学过程中进行研究性学习是合理的尝试，如何将研究性学习更好地融入到《C 程序设计》课程中，调动学生的学习积极性，培养学生实践能力和科研能力还需进一步研究与运行。[9]

### 参考文献

[1][2][3] 陈莉. 信息技术支持环境下的研究性学习[D]. 江西：江西师范大学，2003
[4][8] 边海容.《高校 C 程序设计课研究性学习的设计与实践》[D]. 江西：江西师范大学，2005
[5] 大力推进研究性教学，努力培养高质量人才. http://202.115,21.136/wcbpj/html/20066690751.hint,2006.7
[6][11] 苗玥. 研究性学习在高师程序设计基础课中的应用研究[D]. 浙江：浙江师范大学，2006
[7] 李兆锋. 基于网络的研究性学科课程探究[D]. 上海：华东师范大学，2007
[9] 李靖.《信息技术教育学研究性学习的设计与实践》[D]. 内蒙古：内蒙古师范大学，2008

### 作者简介

郑瑞，1981 年生，女，汉族，陕西省汉中市，讲师，教师，硕士，研究方向：教育技术学。

# 基于项目教学的《计算机辅助教育》网络课程的设计与实现*

莫云峰,岑岗,林雪芬
(浙江科技学院,浙江杭州,310023)

**摘　要**:文章在分析《计算机辅助教育》课程特点的基础上,阐述了项目教学和网络课程具有三个一致性,即教学设计理论的一致性,实施载体的一致性,教学目标的一致性,明确了实施的可行性,提出了"以网络课程为平台,以项目教学为驱动"的教学设计思路,将课程内容中理论与实践二部分知识进行有机结合,同时提出了网络课程实施的四种策略。经过对教育技术学专业学生四年的教学实践后发现,以建构主义学习理论为基础的项目教学方法,学生不仅对计算机辅助教育课程中的教学模式,教学方式等理论内容有了深入的理解,而且通过项目实践,培养了协作能力和应用能力。

**关键词**:项目教学;网络课程;教学设计

# Design and Implement of "Computer Aided Education" Network Course Based on Project Instruction

Yunfeng Mo,Gang Cen,Xuefen Lin
(Zhejiang University of Science and Technology, Hangzhou Zhejiang Province, 310023)

**Abstract**: Describing three consistencies of project instruction and network course including instruction design theory, implement carrier and instruction goal, this paper explicates implement feasibility based on the analysis of "computer aided education" course characteristics. An instruction design idea of "network curriculum as a platform, project instruction as a drive" as well as four strategies for network course implement have been put forward in order to combining content theory and practice organically. After four years practice of professional students of educational technology, it has been found that students not only have a deep understanding about instruction mode and method of "Computer Aided Education" course, but also cultivate cooperation ability and application ability through project practice.

**Keywords**: project instruction; network course; instruction design

教育技术是应用现代信息技术,对学习资源和学习过程进行设计、开发、利用、管理和评价的理论与实践[1],包括教育技术学的理论基础、媒体与教学、教学资源的开发与应用、教学过程的理论与实践、教学设计与开发、远程教学技术、教学评价技术等内容。以信息技术为核心的教育技术实践能力的培养,是我国绝大多数高校对教育技术应用型人才培养的基本目标,也是高校教育技术工作者在教学过程中不断探索和研究的重要课题。

《计算机辅助教育》是教育技术学专业的一门重要的专业课程,课程教学内容注重理论探究,也强调实践能力的应用。课程知识体系较宽,涵盖整个教育技术学专业相关课程。在本课程有限的教学时间内覆盖所有理论知识的同时,强化实践能力的提升是课程教学的难点。为解决这一难点,本课程在教学过程中提出了"以网络课程为平台,以项目教学为驱动"的教学设计思路,通过《计算机辅助教育》网络课程的设计,实现教育技术学专业学生实践应用能力的提高。

* 基金项目:本文系浙江省教育厅科研项目"精品课程建设与网络课程平台构建的研究与实践"的研究成果(项目编号:20061479)。

## 一、《计算辅助教育》课程特点

《计算机辅助教育》课程是面向本科学生介绍计算机辅助教育研究的理论、方法、环境和手段，让学生掌握在计算机辅助教学环境中适合不同对象学习的各种教学模式和教学策略、课件设计与制作的方法、教学信息数据库及其管理以及了解计算机辅助教学中的教学法研究、教育管理和教育评价等理论基础知识。课程以理论教学为主要教学形式，以教育技术实践能力培养为主要目标，主要表现出以下特点。

### （一）实践教学环节少，无法保证实践能力的培养

计算机辅助教育的教学内容涉及理论和实践二部分，理论教学所占学时多，主要介绍教学模式、教学策略、教学方式、教育管理和教学评价等。实践教学涉及的内容主要以工具和程序语言的介绍。以教育技术观念指导实践应用，促进教育教学效果的最优化是在教学过程中，对学生实践能力培养的一种要求，学生在有限的实践教学时间内，实践能力提高有困难，很难将理论和实践部分进行有机整合，理解计算机辅助教育的思想。

### （二）教学内容范围广，实践教学内容不能面面俱到

计算机辅助教育是一个与高新技术发展有着紧密联系的多学科交叉性研究的领域。目前课程内容体系中涉及课件制作工具的使用，网络课程开发技术，人机教学环境设计，数据库管理等。这些知识内容不仅涉及范围广，也受技术的更新而变化很快。在课程教学中很难通过任课老师将多项知识技能传授给学生。

### （三）教师教学设计指导性不足、评价困难

计算机辅助教育由于以理论授课为主，教师往往通过布置教学设计报告和完成实例的方式作为检查学生学习的情况，由于实践能力的欠缺，检查和指导学生完成教学设计和实例设计的质量就难以保证，教师往往是将检查的结果进行通报和总结，让学生自行修改，但不能继续跟踪结果，所以学生教学设计的水平难以得到提高。

计算机辅助教育课程具有较强的实践性与应用性，课程教学以培养学生掌握计算机辅助教育的基本理论，学会课件设计的基本方法，并能参与开发实用的多媒体计算机辅助教学(CAI)课件为中心。针对提到的上述课程现状，笔者在授课过程中将课程内容分解为多项学习任务，以项目教学方法将教学内容和实践内容进行紧密结合，将人才培养的时间扩大到大学四年，以计算辅助教育课程为核心，将课程内容以网络课程的形式进行组织，将相关课程组合实施人才培养的方案。因此，计算机辅助教育课程引入项目教学法能帮助学生提高综合实战能力、生成新知识的能力、独立学习的能力和团队合作的品质。

## 二、项目教学在网络课程中实施的可行性

项目教学，也称之为基于项目的教学。它以学科的概念和原理为中心，以制作作品并将作品推销给客户为目的，在真实世界中借助多种资源开展探究活动，并在一定时间内解决一系列相互关联着的问题的一种新型的探究性教学模式[2]。它是一套能使教师指导学生对真实世界主题进行深入研究的课程活动，具体表现为构想、验证、完善、制造出某种东西[3]。该方法旨在将学生融入有意义的任务完成的过程中，让学生自主地、积极地进行知识建构，以现实的、学生生成的知识和培养起来的能力为最高成就目标。

网络课程是通过网络实施的以自主学习为主的课程，是为实现某学科领域的课程目标而设计的网络学习环境中教学内容和教学环境的总和。其教学内容是根据一定的教学目标、教学策略，以知识的逻辑结构和学生的认知规律为基础进行组织和构建的知识体系。《计算辅助教育》网络课程中体现项目教学的思想，体现在以下几个方面：

### （一）教学设计理论的一致性

网络课程的设计与开发是以建构主义学习理论、以“学”为中心的教学设计理论为基础的。认真分析学生情况、学习需求以及教学中可能存在的问题，根据课程的特点和教学目标，选择相应的教学资源、教学策

略和教学活动,使教学效果达到最优化。项目教学让学生自主地、积极地进行知识建构,以现实的、学生生成的知识和培养起来的能力为最高成就目标,这种以任务驱动构建的教学环境,与网络课程的教学设计理论一致。

### (二)实施载体的一致性

目前网络课程通用的载体形式就是网站平台,网站平台采用B/S结构,使用浏览器实现了学生与老师,学生与学生,学生与教学资源的互动。网站平台不仅能构建以“学”为中心的教学设计理论,同时为创建项目教学的“任务驱动”环境,为学生和教师提供了互动灵活的项目教学平台。

### (三)教学目标的一致性

项目教学的目的是在教学中把课程理论与实践教学有机地结合起来,充分发掘学生的创造潜能,提高学生解决实际问题的综合能力。网络课程是对基于项目的《计算机辅助教育》网络课程的教学设计和教学策略的一次实践。它强调以教学资源和教学过程的项目开发应用为目标,突出实践能力和工程能力的培养,同时注重网络课程的实际应用价值。因而二者在教学目标上具有一致性。

## 三、项目教学在网络课程中的实施策略

### (一)体现项目教学的开放型

开放型项目教学以网络课程为载体,其开放性体现在学生自主选择学习主题、学习伙伴、指导教师和学习环境等。开放型教学模式并不是一种在课堂内实施的教学活动,它不受教学培养计划的限制,但围绕着培养目标,以完成项目任务的形式开展教学,鼓励创新性、发散性思维。它以丰富学生的知识内涵、培养学生相互间的协作精神、提高学生的科技创新能力为终极目标[4]。

### (二)重视课程组的有机结合

《计算机辅助教育》课程内容宽泛,其主要内容涉及课件设计与制作、WEB程序设计、图形图像处理、动画制作等相关技术。在《计算机辅助教育》课程教学中仅能对这些技术做一些简介或验证性的实验,很难让学生深入学习。网络课程在建设过程中,应将相关课程知识体系整体布局,形成一个完整的课程群。

### (三)体现项目管理的有效性

网络课程作为项目的组织平台,应充分体现其管理的有效性,如对于教师参与指导的项目教学,工作任务过程决定项目教学内容,又由项目教学内容决定课堂教学安排。为了能够在课堂中较好地实施项目教学法,首先要确定好每一个项目内容,将教学软件开发的实际工作过程、工作任务和真实场景引入到教学中来,并以学生胜任工作任务为核心形成学习项目或课题,并为完成每个项目准备好所需要的材料,包括素材资料、完成工作任务所需的技术方案、布置仿真学习环境、打印学习成果评价表等等,如图1所示。

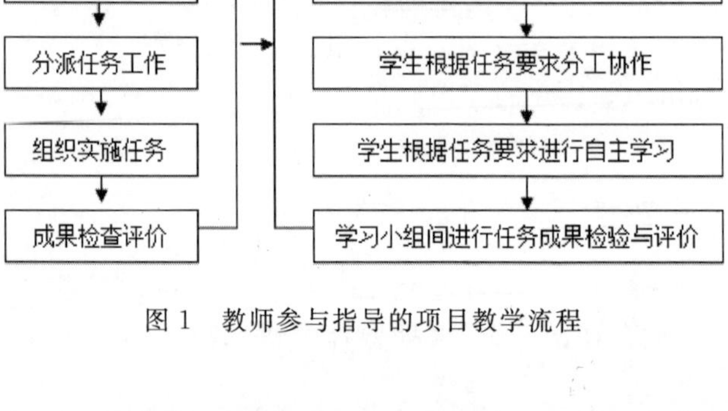


图1 教师参与指导的项目教学流程

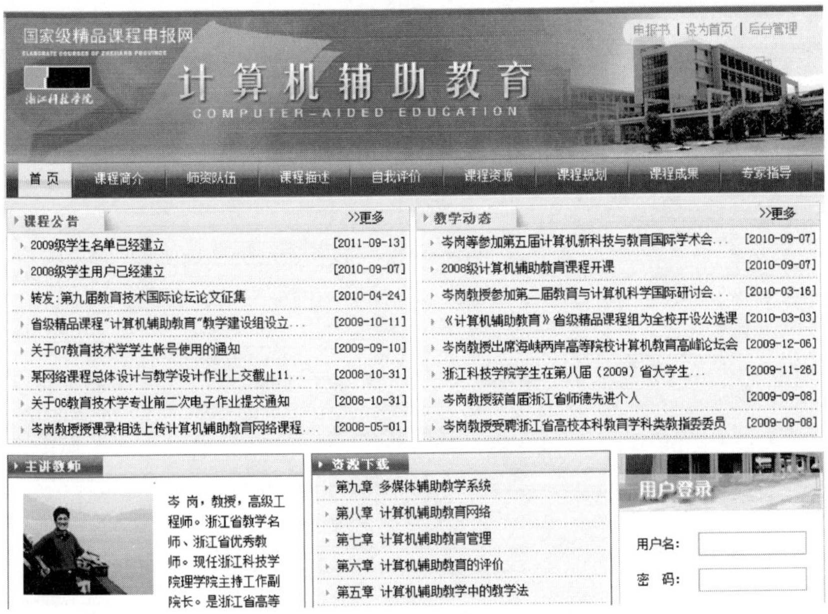


图 2　计算机辅助教育网络课程

### （四）加强课程教学时间的延续性

《计算机辅助教育》作为教育技术学专业的核心课程，对教育技术学专业人才培养有着重要的作用。课程从阐述计算机辅助教育的发展开始，介绍教学策略，教学设计，教学模式等理论知识，并且在理论知识体系的引导下，以网络课程为平台，以项目教学为驱动，使学生掌握相关新媒体技术，最后，还需要用教育技术的管理和评价方法，对项目实施的过程和结果进行综合评定。整个课程的教学内容从大学一年级开始，涉及本科四年。因为利用网络课程在进行项目实践时，相关课程需要保持知识内容的延续性。

## 五、教学总结

浙江省精品课程《计算机辅助教育》自立项建设以来，以网络课程为平台，以项目教学为驱动，对教育技术学专业学生进行了四年的学习跟踪，学生通过参加开放型项目，申报学术科技项目，参加各类学科竞赛，最后获取荣誉和成绩（竞赛获奖、撰写论文和发明专利等）几个步骤取得了较大的教学效果，对高等院校探索应用型人才培养有着积极的作用。

### 参考文献

[1] 桑新民，郑旭东，塔·里奇. 范领域发展 引领专业建设——关于教育技术定义研究历史与趋势的对话[J]. 电化教育研究，2010(3)

[2] 刘景福，钟志贤. 基于项目的学习（PBL）模式研究[J]. 外国教育研究，2002(11)：18-22.

[3] 夏惠贤. 多元智力理论与项目学习[J]. 全球教育展望，2002(9)：20-26.

[4] 岑岗，林雪芬. 开放型项目教学的研究与实践[J]. 浙江科技学院学报第 22 卷第 5 期，2010(10):375-380.

### 作者简介

莫云峰，1977 年生，男，汉族，浙江省杭州市人，硕士学位，研究方向：计算辅助教育。

# 专题四

## 数字化学习资源建设与共享研究

# 教师教育网络课程平台的设计与实现

白浩，马阳
（陕西师范大学远程教育学院，陕西西安，710062）

**摘　要**：学习型社会对教师教育提出了新的要求，要求教师教育要朝着终身化、个性化和一体化的方向发展，基于这一发展趋势提出了教师教育网络课程平台的设计新思路，详细阐述了教师教育网络课程平台的主要功能和实现技术，其主要功能包括课程管理、在线学习、资源管理、活动管理、学习答疑、学习评价、用户管理和系统管理，在技术实现方面采用前、后端分离的方式，实现了 Nginx＋Squid＋IIS 的处理链。建成后的课程平台支持批量化、个性化的在线制作网络课程，大大提升了网络课程制作的效率；基于社会化网络的学习系统大大提升了用户的学习体验，使教师终身学习成为可能；可扩展的 API 接口大大提升了系统的扩展性和开放性，使系统整体性能大大提升。该系统对网络学院和远程教育机构建立新型的课程平台具有重要借鉴意义。

**关键词**：教师教育；网络课程；学习系统；学习型社会

# Design and Implementation of Online Course Platform Base On Teacher Education

**Abstract**: Learning society to put forward new requirements for teachers' Education, Requirements of teacher education towards lifelong, individualization and integration of the direction of development. Based on the trend of this one development proposed teachers education network course platform design of new ideas. Elaborated the teacher education network course platform, the main functions and Realization Technology, and main features include curriculum management, online learning, resource management, event management, learning question answering, learning evaluation, user management and system management. In the technical aspects of the realization used before, back end separation way, the implementation of Nginx+Squid+IIS processing chain. The course platform completed supports batch, personalized online production network course, greatly enhance the production efficiency of network course; based on social network learning system greatly enhance the user experience of learning, so teachers' life-long learning possible; extensible API interface can greatly improve the system scalability and openness, the overall system performance is greatly improved. The system of the network and distance education institutions to establish new curriculum platform has important significance.

**Keywords**: teacher education; online course; LMS; learning society

古语有云："学高为师，身正为范"。"师范"一直是用来形象形容教师的职能和职业特征。然而，随着信息化时代的发展和终身教育思想的深入，"师范教育"的职前培训已经不能满足新时代的要求，取而代之的是"教师教育"。教师教育是对教师培养和培训的统称，是在终身教育思想指导下，按照教师专业发展的不同阶段，对教师实施之前培养、入职培训和在职研修等连续的、可发展的、一体化的教育过程。因此，在终身教育思想的指导下,如何利用信息技术促进教师的专业发展已经成为当前学术界研究的热点话题。本文在分析教师教育特点的基础上,尝试利用网络技术探索教师教育网络课程平台的架构,以期加速教师教育信息化的稳步发展,同时为网络环境下的教师教育提供参考和方向引导。

## 一、学习型社会对教师教育的新要求

### (一)学习型社会要求教师教育终身化

传统的师范教育是一种静态的、封闭的教师教育观,它没有意识到教师职业的持续发展,其对教师的地位比较低,只关注教师的之前教育培养。通过一次性的职前培养使教师获得终身所需的职业态度、知识结构和能力,忽视了职后继续教育的重要在教师专业成长中的重要性。这种传统的教育观念无法适应以知识大爆炸为主要特征的信息时代,忽视了终身教育对教师成长的重要性。在学习型社会,教师已经成为终身教育的主体,教师教育需要为教师提供满足其专业发展各个阶段生存和发展的各方面教育服务,从而使教师在个人素质和专业素质方面得到最大的发展[1]。终身教育理念中对个体职业持续向上发展的要求,决定了教师专业持续性和教师教育连续性发展的特质。随着时代的发展,社会对教师素质的要求在不断提高,教师职业的专业性亦需要不断增强。

### (二)学习型社会要求教师教育个性化

传统的师范教育强调教育的"强制性"和"统一规范性",教学计划的设置主要以社会对教师角色的资格要求为参照的,重视学科基础知识和教育学相关知识和技能的学习和培养。这种过分强调教育的社会化功能忽视了教师个体的学习需求和个性特点,导致培养出来的教师缺乏持续的专业发展,不能应对信息社会的社会需求对教师的要求,使得教师的专业发展之路没有凸显个性化,不能快速成为优秀的专家型教师。虽然目前的教师继续教育受到了应有的重视,但在教师职后培训过程中存在严重的实用主义,以教师达到某一标准为目的,在职后培训过程中,忽略了教师的个性特征,缺乏对教师的个性化指导。为了迎合新时代对教师的要求,在终身教育理念指导下的教师教育不仅应该考虑社会对教师教育的要求,也必须考虑教师个体成长发展的特殊规律,形成符合社会需求的个性化学习需要的教师教育模式,满足不同教师在专业成长中的需求。

### (三)学习型社会要求教师教育一体化

在终身教育思想的指导下,教师的终身学习、终身教育必须满足全体教师的各种学习需求,使全体教师充分发挥自己的能力,促进社会自身的可持续发展。终身教育思想在强调教师教育的全体性、自主性和终身性的同时,要求把各种形态和类型的教育整合起来,使全体教师成为优秀的学习型组织者,将教师的学习和发展与社会的发展紧密联系起来,促进教师和社会的、同步、和谐发展[2]。

传统的封闭型师范教师重视教师的职前培养,忽视教师的入职教育和职后教育,导致了教师教育连续性和同一性的割裂,不利用教师和社会的可持续发展。在终身教育思想的指导下,教师教育应该是一个开放的、动态的发展体系,对教师实行一生的专业发展培养,为教师发展各阶段提供终身教育服务,实现职前、入职、在职教育各阶段的连接,尤其重视教师职后进修与发展。

## 二、教师教育网络课程平台的设计思路

根据终身教育思想对教师教育的要求和教师教育信息化的发展,我们以陕西师范大学教师教育为依托,为教师教育设计了一个新的运行环境——教师教育网络课程平台,该平台主要有四个用途:一、为以免费师范生为主体的远程教育硕士提供网络学习资源和服务,使它将是成为远程教育硕士完成学业的主要途径;二、为校内本科生辅助学习提供学习资源和服务,成为陕西师范大学本科生的"第二课堂";三、作为远程

教师培训的主要阵地，为中西部乃至全国范围内中小学教师培训开发相应的课程；四、为全社会范围内学习者提供免费开放的学习资源。教师教育网络课程平台的设计思路包括以下几个方面：

### (一) 一体化的网络课程

教师教育网络课程平台不应只是单一的资源组合，而应该将资源与教学结合起来，支持教师教育职前、职后的各种教学活动，包括学习资源、学习评价、学习监控、学习工具和支持服务[3]。学习者不仅可以在线学习教师教育网络课程平台中的课程内容，还可以在线参与相应的学习活动，与教师进行互动、在线完成作业和测试。

### (二) 网络课程的个性制作

目前的网络课程平台都是以某一门课程为基础，仅能建设一门网络课程，这样的网络课程平台制作模式不仅浪费时间，同时也不系统。对于教师教育网络课程平台的设计，在遵循网络课程制作的特点的基础上，形成了一整套制作网络课程的结构化模式，教师可以根据自己课程的特点，在教师教育网络课程平台中制作课程[4]。为了体现不同课程的特色，系统同时也开发了其他的功能和不同类型的课程版式模板，教师可以通过添加其他功能、设置模板制作出个性化的网络课程。

### (三) 多元化的课程模式

教师教育课程平台的应用主体是有以免费师范生教育硕士和远程本科学历教育学生，这两类人群接受的都是教师教育，但由于其培养目标和人才层次已经发生了巨大的变化，在课程学习模式上也存在必然的差异[5]。本科生的课程以知识讲授为主，辅助一些必要的学习活动，教育硕士的学习则是由大量的活动来组成的，辅助以知识讲授。教师教育网络课程平台的设计综合考虑了平台用户的特征，选用多元化的课程模式，支持知识讲授、专题研究、探究学习、案例学习等不同模式课程的创建和管理，满足不同群体学生的需求[6]。

### (四) 社会化学习网络

美国著名社会心理学家米尔格兰姆(Stanley Milgram)于20世纪60年代最先提出了六度分割理论：在人际脉络中，要结识任何一位陌生的朋友，这中间最多只要通过六个朋友就能达到目的。按照六度分隔理论，每个个体的社交圈都在不断放大，最后成为一个大型网络[7]。后来有人根据这种理论，创立了面向社会性网络的互联网服务，通过“熟人的熟人”来进行网络社交拓展，形成了社会化网络服务(SNS)。教师教育网络平台借鉴六度分割理论和SNS思想，构建虚拟的学习圈子，使学习者在教师教育网络平台中建立人际关系，营造更加真实的学习氛围，增强用户的归属感。

### (五) 课程的标准化封装

教师教育网络课程平台遵循统一的技术指标，生成标准化课程网站，使该课程能够在其他课程平台上无障碍运行，如Blackboard、Modle和Saky平台等。

### (六) 可扩展的API接口

在教师教育网络课程平台中，考虑到教师教育也需要相应的教务管理，因此该平台必须实现与学校、学院教学教务平台的无缝衔接，实现专业信息、课程信息、考核评价等教学教务方面的内容与教师教育教学信息的通信。教师教育网络课程平台的设计以模块为组成部分，每个模块预留API接口，数据之间的通信通过API接口来实现[8]。

## 三、教师教育网络课程平台的功能设计

根据学习型社会对教师教育的要求和用户特点，教师教育网络课程平台的基本功能模块包括：课程管

理、在线学习、资源管理、活动管理、学习答疑、学习评价、用户管理和系统管理8个模块,根据不同的权限将用户分为管理员、教师和学生三类用户,共65项操作,如图1所示。

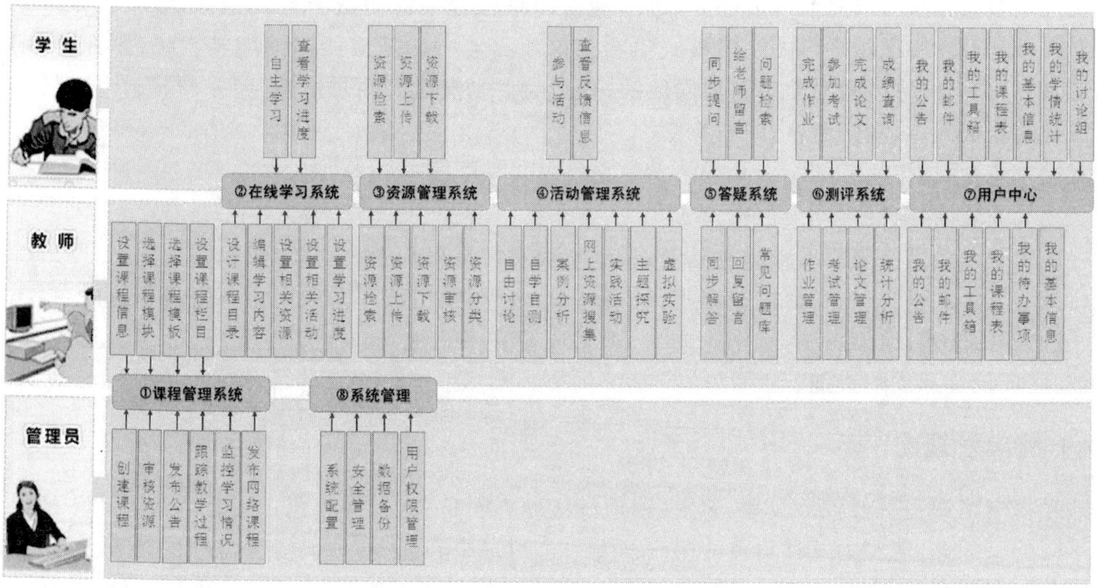


图1　教师教育网络课程平台功能

## (一) 课程管理

课程管理是指系统管理人员对教师教育网络课程平台中课程进行相应的操作,其管理人员包括管理员和教师两类用户,管理员的主要操作包括创建课程、审核资源、发布公告、跟踪学习过程、监控学习情况、发布网络课程,教师的主要操作包括设置课程信息、选择课程模块、选择课程模版、设置课程栏目。

## (二) 在线学习

教师教育网络课程平台的最大特色就是支持在线学习,在线学习模块的功能设计是否科学、功能是否完善决定了学习的效果。完整的在线学习模块不仅是资源展示平台,更是集资源与服务、自学与协作、理论与实践、学习与评价为一体的立体化学习平台。该模块的用户类型以教师和学生为主,教师的主要操作包括设计课程目录、编辑学习内容、设置相关资源、设置相关活动、设置学习进度,学生操作包括自主学习和查看学习进度。

## (三) 资源管理

资源是网络课程的主要组成部分,是知识内容的重要辅助。在教师教育网络课程平台资源设计方面,注重多种形式的媒体资源的设计,给学习者提供直观、形象的感官体验,促进学习者对知识点的理解和掌握。教师教育网络课程平台的资源管理用户主要有教师和学生,教师的主要操作包括资源检索、资源上传、资源下载、资源审核、资源分类,学生的主要操作包括资源检索、资源上传、资源下载。

## (四) 活动管理

根据现代教学理论,网络课程中的知识以活动为主。学习活动的有助于调动学习者学习的积极性,也能体现网络学习中学习者的主体地位。因此,教师要提升网络教学的质量,要根据不同的学习目标和知识内容,设置合适的学习活动,安排特定的学习任务、明确相应的步骤,监督学习者参与活动,并对活动实施情况提供反馈意见。教师教育网络课程平台的活动管理用户主要有教师和学生,教师的主要操作有自由讨论、自学自测、案例分析、网上资源搜集、实践活动、主题探究、虚拟实验,学生的主要操作有参与活动、查看反馈信息。

### (五) 学习答疑

交互是网络课程平台的重要组成部分,也是衡量网络课程平台质量的重要指标,增进教师与学生之间的交流。教师教育网络课程平台的答疑模式借鉴当前业界流行的开放式互助问答系统,如百度知道、新浪的爱问,其用户也是由有教师和学生两类构成的,教师的主要操作有同步解答、回复留言、常见问题,学生的主要操作有同步提问、给老师留言、问题检索。

### (六) 学习评价

学习评价是衡量网络教学质量的重要形式,是一般网络课程的主要功能之一。教师教育网络课程平台的学习评价形式形式多样,主要形式有作业、论文和考试。教师在课程平台中主要进行作业的布置、批阅和统计,考试试卷的组卷、组织考试,对作业成绩、论文成绩和考试成绩进行统计分析,学生主要是完成作业、参加考试、完成论文和成绩查询。

### (七) 用户管理

教师教育网络课程平台包括教师、学生、管理员三种不同角色,每种角色在平台应用过程中所要实现的功能是不同的。因此,需要为每种角色的用户开发一个用户中心,以便他们能够方便的管理自己的课程、处理各种任务。学生个人中心包括所学课程的列表、待处理的任务、学习工具箱、个人信息管理、学习痕迹管理、学习组群管理等。

### (八) 系统管理

系统管理主要对教师教育网络课程平台进行系统配置、安全管理、数据备份、用户权限的管理。

## 四、教师教育网络课程平台实现的关键技术

### (一) 平台的系统架构

根据教师教育网络课程平台的设计思想和用户群体,该平台由课程内容网页聚合而成,具有大用户、高并发、高交互、高性能的特征,其架构从逻辑上分为两部分;前端的 Web 系统和后端的应用系统,如图 2 所示。

前端 Web 系统的主要作用是达到不同应用的服务器共享、避免单点故障、集中管理、统一配置,当某些应用访问量升高时,通过增加服务器节点达到整个服务器集群的性能提高,同时使它应用也会受益。在技术上采用 Nginx 和 Squid 软件组合方式来实现,以消除瓶颈,实现负载均衡,反向代理和静态缓存[9]。

后端应用系统承担课程管理平台的业务处理、资源检索、内容提供服务,是教师教育网络课程平台的核心应用系统,由 IIS Web 服务器、应用服务器、数据库服务器、文件服务器、图片服务器、视频服务器或其集群构成,使得访问以前端 Web 负载均衡→反向代理服务/静态缓存→后端 IIS Web 服务→应用服务→数据服务顺序进行,通过前端的负载均衡、反向代理和静态缓存来减轻后端的压力,提高系统性能。

### (二) 平台的开发方案

为了增加教师教育网络课程平台的使用范围,该系统选用基于 Internet 的浏览器环境,支持包括 IE 6.0 及以上版本,Firefox 3.6 及以上版本,Google Chrome 4.0 及以上版木的浏览器。依照教师教育网络课程平台的系统架构和逻辑结果,选用的开发工具为 Microsoft Visual Studio 2010,在版本控制及开发过程管理方面选用 Team Foundation Server 2010 工具,开发框架模式如表 1 所示。

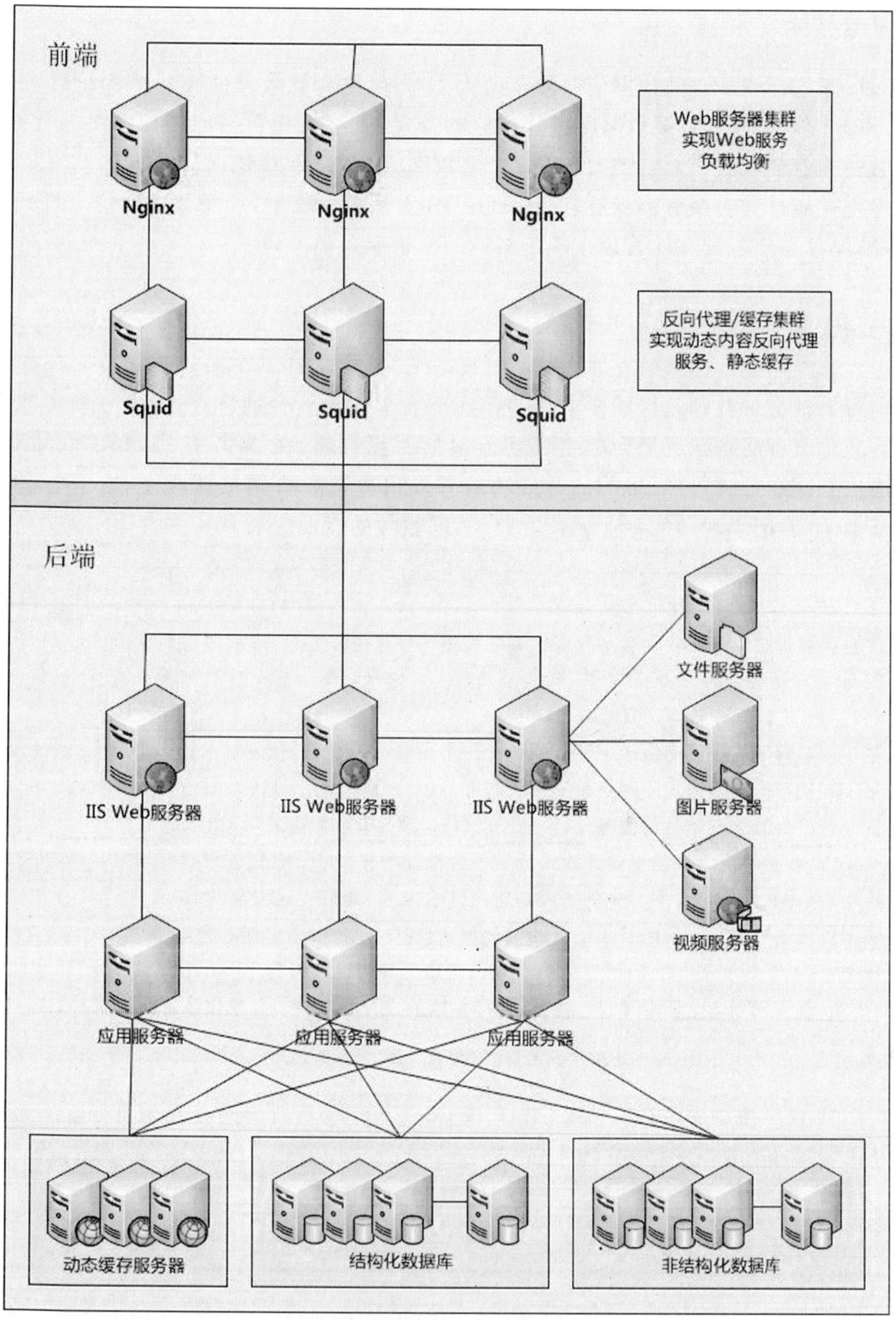


图 2　教师教育网络课程平台架构

**表 1　教师教育网络课程平台开发框架模式**

| 结构层次名称 | 开发框架模式 |
|---|---|
| 表现层 | ASP. NET Web Form 和 ASP. NET MVC 混合模式<br>Microsoft Silver light 模式 |
| 业务逻辑层<br>服务层 | 生成解决方案的类库，供表现层或外部系统调用 |
| 数据访问层 | ADO. NET Entity Framework |

### （三）数据库技术

教师教育网络课程管理平台的数据信息涉及两大类型库：结构化数据库和非结构化数据[10]。结构化数据库采用 SQL Server 2008 R2 关系数据库进行存储和管理，非结构化数据库使用非关系数据库，即文档数据库 Mongo DB 进行存储和管理，将大量的非结构化数据诸如图形/图像、文件、视频、音频、动画等文件的索引和实际物理路径通过索引服务器保存在 Mongo DB 文档数据库中，而具体的图形/图像、文件、视频、音频、动画等文件则保存在分布式文件管理系统下对应的文件服务器节点上。

## 五、总结与展望

本文根据学习型社会对教师教育的要求和陕西师范大学教师教育的特点，提出了教师教育网络课程平台的设计思路。教师教育网络课程平台的主要功能包括课程管理、在线学习、资源管理、活动管理、学习答疑、学习评价、用户管理和系统管理，目前已经成功的开发出教师教育网络课程平台，下一步的工作将研究和开发教师成长电子袋，记录教师的专业成长之路，实现教师的专业成长。

### 参考文献

[1] 谢海燕.终身教育理念背景下我国教师教育体系的构想与创建[J].上海：华东师范大学，2005.

[2] 康晓伟.21 世纪全球教师教育：发展趋势、问题及其解决策略——第一届全球教师教育峰会“如何在 21 世纪培养教师”会议综述[J].比较教育研究，2012(4)：87-90.

[3] 汪东丽.基于内容管理系统的网络教学平台的设计与实现[D].黑龙江：黑龙江大学，2009.

[4] 刘海英.基于知识建构教学范式的网络教学平台研究与设计[D].山东：山东科技大学，2009.

[5] 李雪.终身学习平台的学习工具集服务设计与开发[D].上海：华东师范大学，2010.

[6] 王山军.基于 Web 的经济管理类专业开放式教学平台设计与开发[J].电化教育研究，2010(4)：86-89.

[7] 邱瑛.Web2.0 技术在网络教学平台中的研究与应用[D].北京：北京交通大学，2010.

[8] 王文学.中国邮政远程教育培训网教学平台的设计与实现[D].北京：北京邮电大学 2008.

[9] 郭丽娜，任剑锋.基于 Silver light 的可视化协作知识建构工具的设计与实现[J].电化教育研究，2012(4)：72-75.

[10] 李焱，党小超.基于 Web2.0 CMS 的教学网站管理系统的设计与实现[J].电化教育研究，2009(6)：82-84.

### 作者简介

白浩，1979 年生，男，汉族，新疆省博乐市，助理工程师，硕士研究生，研究方向：教育技术；教师专业发展；新技术在教育中的应用；社会化网络。

# 教育技术学专业作品资源共享平台研究

蔡文璇

（北京大学教育学院，北京，100871）

**摘 要：**建立开放灵活的教育资源公共服务平台，打造基于互联网的专业作品资源共享平台，是教育资源共建共享机制的必备条件，也是教育信息化进程的重要措施。《教育信息化十年发展规划（2011—2020年）》明确提出优质数字教育资源建设与共享行动的要求，各级部门需建立以网络资源为核心的教育资源与公共服务体系。在分析总结专业作品资源共享平台建设现状的基础上，以华南师范大学教育技术学专业为切入点，通过文献研究、调查研究和快速原型法进行专业作品资源共享平台的研究，给出该平台的功能体系结构，验证并进一步完善专业作品资源共享平台的设计原则与策略，为构建教育资源共建共享机制做出进一步探索。

**关键词：**教育技术；资源；设计；开发；共享

# The Platform Research for Professional Resource Sharing in Educational Technology

**Abstract**: It is a prerequisite to build a sharing mechanism of educational resources and an important measure of the process of education information that establish an open and flexible public service platform of educational resources and a professional quality resource site based on Internet. The Planning for The Ten-Year Development of Education Informatization had put forward the construction and shared action of high-quality digital educational resources, and make departments to establish a educational resources and public service system. Then analysis and summarizes the design principles and strategies of our professional work resource sharing platform, and make the the discipline of Educational Technology in South China Normal University as the starting point, through literatur research and rapid prototyping the professional work resource sharing platform, the show the functional architecture of the platform, to refine the design principles and strategies of the professional work of resource sharing platform, then make for further explore to build the educational resources sharing mechanism.

**Keywords**: educational technology; design; development; sharing

随着计算机技术，多媒体网络技术的发展与普及，教育信息化成为一种必然趋势。中共中央办公厅、国务院办公厅印发的《2006—2020年国家信息化发展战略》提出了总体发展规划：继续加强基础设施建设，完善国家教育信息化平台，推进多层次，多功能资源开发、整合共享机制的形成。建设国家级资源库，通过对资源的整合加工，基本实现标准化和开放共享，初步建成国家教育资源库，开发、引进各级各类教育和培训资源，形成资源开发整合和共享机制。2012年3月教育部发布《教育信息化十年发展规划（2011—2020年）》指出现阶段的挑战，数字教育资源共建共享的有效机制尚未形成，优质教育资源尤其匮乏等，并明确提出优质数字教育资源建设与共享行动，各级部门建立以网络资源为核心的教育资源与公共服务体系。

教育技术学是一门交叉学科，也是一门实用性很强的学科，教育技术学科的建设，是我国培养教育信息化高层次专门人才的基地，是国家教育信息化的重要组成部分。在《教育技术学本科专业规范》(讨论稿)中明确提出了教育技术能力，能够对信息技术环境下的教学过程和教学资源进行设计、开发、运用、管理和评价，强调了实践动手能力的专业技能要求。主要包括媒体设计开发技术、网络技术、教学设计能力、教学软件开发技术等。建立一个专业性强，紧靠学科发展的专业作品资源共享平台不仅能起到教学辅助性效果，而且可以建立起自主学习、研究性学习以及协作学习的新型模式，还能采集相关学科信息，应用于专业发展的教育研究中，以便教育技术学专业的全面发展。

# 一、国内外文献综述

## (一) 国内专业资源平台的设计与开发现状

《国家中长期教育改革和发展规划纲要(2010－2020 年)》明确指出，在加快教育信息化进程中要“加强优质教育资源开发与应用；加强网络教学资源体系建设；引进国际优质数字化教学资源，开发网络学习课程，建立开放灵活教育资源公共服务平台，促进优质教育资源普及共享”。随着国家政策的推动和各级单位的实践，目前已取得阶段性成果。由西安交通大学、浙江大学、西藏大学等共同开发的面向西部新型教育资源共享体系，以强大的计算机网络技术作为支撑与媒介，实现教学资源的共享[1]。此外，国内教学资源网站在不断改善数字化学习的教学模式的基础上，引进 Web2.0、Moodle 等进行资源网建设，以教育信息生态系统的视角来研究与规划教育资源的建设，以发展的视角构建教学资源的解决方案，从注重硬件开发、资源管理向知识管理的理念过渡[2]。但由于国内教育资源网站建设起步较晚，当前国内资源网站仍存在不可忽视的问题。本研究通过“中国期刊网”及相关学科资源网站进行分析总结，得出以下几点：

**1. 专业资源平台内容设计方面**

(1) 资源简单堆砌，缺乏有效的资源管理

随着国家政策的鼓励与实施，大量的教学资源网站纷纷建立起来，然而基于网络的作品资源被数字化后直接堆砌网站的现象普遍，学科资源多而杂。何克抗教授指出，有效内容缺乏是其中重要的一点。由于专业作品资源建设工作的支持度不高，过程形式化，网站资源没有“权威性”，针对性差，优质性受质疑。此外，目前许多网站没有依据学科专业的特色对资源进行分门别类，有效进行资源存储管理，导致搜索数据难，知识结构混乱，不利于网站的管理与长远发展[3]。

(2) 重资源建设，缺乏有效的活动设计

目前为响应落实资源网站的教育信息化投入了大量的资源平台建设，但是专业作品资源网站本质上作为学习的平台，没有投入相应的教学设计元素。网络学习需要相应引导性的教学活动，以促进学生学习的自主建构与自主探究能力。目前的学科专业作品资源网站缺乏相应的教学活动设计，网站沦落为单一的“信息化”网络教学资源库。

**2. 专业资源平台功能设计方面**

(1) 更新速度低效，缺乏交互活动

随着学科专业的不断前进，教学计划与专业战略也随之调整与适应，因此专业资源网站建设也是一个动态延续的过程。目前国内多数学习辅助类型网站大多数采用静态网页进行研发，不便于网站资源的更新与管理，无法保障资源的优质性。随着信息化的发展，Web2.0 的交互体验已成为发展趋势，其中倡导的交互体验要求学习型网站必须以学生为中心进行在线教学活动设计，学生也可以参与到网站资源的丰富与管理中。互联网已经出现了许多 Web2.0 的工具，如 Blog、Wiki、iGoogle 等，如土豆视频分享网站、虾米音乐分享网站以及豆瓣读书分享网站等。目前大多专业资源平台还停留在 Web1.0 的状态，网站重视资源数目而忽略人性化、个性化的交互设计，没有设计好网络活动，缺乏优秀资源的引导性信息交流。致使学习者对优质资源的认识不深入，停留于被动的学习模式中，知识的学习表面化，学习效果收益低。

(2) 缺乏有效的交流与评价体系

基于学科的优秀教学网站作为网络辅助型学习活动平台，学生能与优秀的作品进行交流，得到学习指导。目前多数学习网站没有利用好网络平台实现数字化电子交流与沟通，极少数平台使用 BBS、Blog 和留言板进行评论等功能，网站被当做学习资源的“网络硬盘”。专业作品资源网应该以学生为本，提供学习反馈平台，让学生参与到专业作品资源的建设与管理中，提高学生学习能动性与自主探究能力。

**3. 专业资源平台共享机制方面**

(1) 资源共建共享受传统教育观念的制约

为了国家对教育资源建设的号召，学校纷纷建立起校本资源平台，通过打造本校资源平台树立学校的形象、打造自身的品牌。传统教育观念认为，共享与开放本校资源将降低学校竞争力，优质资源的外流将不利于重点专业的优势发展，因此出现学校各自设计开发教学资源与平台，优质资源只在校内甚至是专业内共享。这种封闭式的资源建设形式容易使专业发展处于“信息孤岛”状态，优质资源“出不去、进不来”，不利于学科专业的长期发展，同时也影响了我国教育资源共建共享的健康发展。

(2) 缺乏技术规范和合理的制度安排

《教育资源建设技术规范》(CELTS—41)对资源建设提出了明确要求，以实现数字化学习资源的全国性共享操作。但随着数字化学习的发展，各高校的教育资源平台自成体系，并没有完全按照《教育资源建设技术规范》的规定来执行，各自按照自己的理解进行资源开发和分类，缺乏统一的技术规范，各个平台之间不具兼容性，造成资源的重复开发与共享障碍。此外，在政策上缺乏相关的引导和支持，高校各自形成一套校内共享机制，没有形成统一合理的资源共建共享机制，阻碍了高校教育资源平台共建共享的健康发展[4]。

### (二) 国外资源平台现状

国外的网络教育相比国内比较成熟，目前国外已有较为优秀的学科专业资源网站，并且提出相应的优化策略。其中较为成功的典范是美国教育资源网站 GEM(The Gate Way To Education Material)，它通过构建教育资源网站整合各方资源，联合众多文化、教育机构等进行资源的共享。这种资源网站建设的特点是规范性与开放性，以主题性资源为主，以学科性资源为辅，以学习者为中心进行资源管理，使资源网站在面向群体用户提供综合性服务的同学，也可以给个体学习者提供个性化的服务。

本研究通过对相应的文献与网站个案进行研究分析，整理得出以下两方面特点。首先，重视网站的内容设计，资源管理有效便捷。国外的资源网站注重用户体验的研究与设计，从学习者的角度出发，选取作品资源与资源管理方案，利用数据库技术进行资源有效的管理，便于学习者检索与查看。项目经验丰富，已经实现综合性服务和个体化服务并重的服务体系。其次，采用动态网站设计与研发，在线教学活动丰富。通过数据库技术实现用户管理、资源管理以及搜索功能。高度信息化使得资源的流通更加便捷，为教学资源网站的建设提供客观条件。此外，国外学科专业教学网站采取基于 Web2.0 的网站设计理念，提供多种丰富的在线教学活动，增强学习者与网站、资源间的互动。同时，重视学习者的反馈与评价，让网站从开发到管理与维护都围绕学习者这个主体展开，使网站真正落实到实际用处。

## 二、教育技术学专业作品资源共享平台实践

建设专业作品资源共享平台能够促进信息化环境下个性化自主学习模式、协作学习和混合学习的开展，必须以生为本，紧靠学科专业的培养计划以及社会需求进行统一规划建设。专业作品资源平台的建设在高等教育信息化建设中起着重要的作用。本研究以教育技术学专业为例，建构教育技术学专业作品资源共享平台。

平台主要采用三层 B/S 架构进行设计与开发。B/S 结构即浏览器和服务器结构，这是对 C/S 结构的一种变化或者改进的结构。它简化了客户端电脑载荷，减轻了系统维护与升级的成本和工作量，降低了用户的总体成本。作为资源共享管理系统，本系统采用分布式管理，即将资源分散存储在资源制作与开发单位，并且对已有的学科资源加以改造和整合，形成物理存储分布、逻辑功能集中的分布式资源系统，同时保证对用户透明。体系结构图 1 所示：

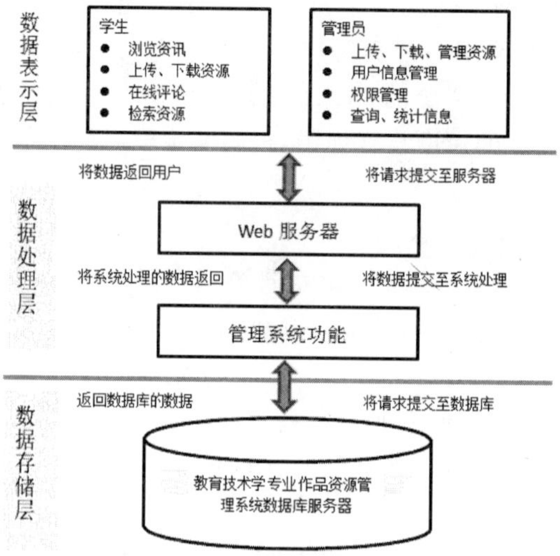


图 1　教育技术学专业作品资源平台的系统架构图

其中，数据表示层为网站客户端显示及其与系统的接口，用户通过浏览器与系统进行会话，执行相应的程序流程。作为数据表示层，系统的数据最终以多种形式呈现，用户若需要对话则需先向服务端发送请求，进行相应的用户注册或者登录进行验证，登录成功后则系统接收请求并且通过网络传输协议执行相关的功能程序。在数据处理层中，Web 服务器接收来自表示层用户的请求后进行解析，若失败则返回信息提示，否则将数据提交至系统数据库进行相应的处理，从数据存储层返回的结果通过此层最终反馈给用户。数据存储层中有本系统的所有数据，它连接各高校的优质资源数据库进行统一整合，集成专业作品资源平台。接收来自处理层的请求后采用结构化查询语言进行数据库操作，提交查询结果给处理层。

本研究面向华南师范大学教育信息技术学院教育技术学专业的全体学生，发放问卷 359 份，收回有效问卷 313 份，回收率为 87.19%，并且在参考教育技术学专业本科生的专业培养方案后最终得出以下主要栏目：课件作品、网络课程、平面设计、教学方案、毕业论文、教学录屏以及数字影音。通过设计与开发教育技术学专业作品资源网站，提供给学生一个自主学习、研究性学习平台，同时通过与作品资源面对面，零距离接触作者的创作思维，专家点评等实现一体化教学资源共享平台，平台首页如图 3 所示。

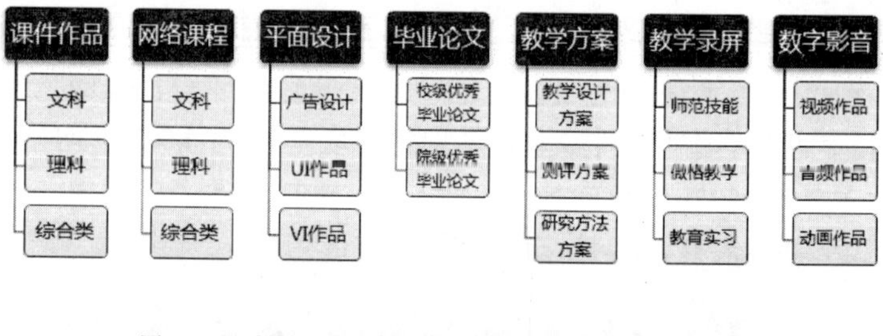


图 2　教育技术学专业作品资源网站内容结构图

图 3　教育技术学专业作品资源网站首页图

## 三、专业作品资源共享平台的思考与展望

### （一）建立起开放共享的教育资源理念

开放共享的教育资源建设理念是共建共享的基础。在资源共享平台中，教师和学生都都在提供资源的同时也可以阅读并下载其它优质资源。随着专业的发展，资源平台需要不断的补充和更新，建立共建共享资源平台可以实现高效管理，节约成本。建设共建共享的优质教育资源平台，在高校专业发展中达到“互惠互赢”的效果，从本校具体情况出发，结合网络平台办出健康有效的特色教育。同时，高校、教师和学生可以以资源平台作为沟通交流的工具，通过网络环境分享教学经验、学习心得等，构建一个数字化学习分享平台。

### （二）加快教育资源共建共享的政策导向

目前，国家对教育资源共建共享的资源机制提出相关要求，但只有少数的高校做出尝试，并且局限于校内。全国性的高校教育资源共建共享机制需要政策的支持和推动，政府应在提出“共建共享”口号的同时，总体部署，详细规划，逐步实施，为各高校的资源共享制定统一战略，在行动上引导高校共建共享的健康发展。此外，通过制定和完善相关制度来保障资源共享的有效实施，如统一制定技术规范、加强作品知识产权保护、建立共享机制等。

### （三）完善数字化学习资源平台的建设

首先，随着资源的不断积累与更新，资源网站将需要人性化的高级搜索满足用户的需求与网站的发展要求。高级搜索能够快速定位有效资源，提高搜索效率，在专业作品资源网站中高级搜索将在学习者需求分析与专业作品资源特征两者间得到平衡。其次，在资源获取、分享、整合的过程中参与教学活动，形成学习者的在线学习交流平台，通过知识不断积累与再更新，资源存储的组织与完善，逐步形成面向专业发展的个人知识管理体系。再次，随着信息化的发展趋势，Web2.0 的思想成为主导，专业作品资源网站在以生为本的基础上引入用户体验研究与实践，注重交互设计，增强网站的友好度和易用性。最后，建立和开放资源平台扩展接口，链接各高校，逐步建立起共建共享的优质教育资源联盟。

### 参考文献


［1］何克抗．我国数字化学习资源建设的现状及其对策［J］．电化教育研究，2009，(10)：5-9．

［2］胡小勇，付道明，林晗，黄文诗．国内外基础教育信息资源建设与应用现状述评［J］．教育信息技术，2009，(3)：52-55．

［3］周静，赵志靖．关于专题学习网站建设的几点理性思考［J］．中国电化教育，2006，(8)：73-76．

［4］吴向东．学习情境导向的信息化课程资源建设［J］．中国电化教育，2008，(7)：51-55．

［5］史文崇，肖娟．网络教育资源共享的形势、障碍与关键问题［J］．远程教育杂志，2007，(3)．

［6］Richard E. What is shared? A framework for understanding shared innovation within communities［J］. Education Tech Research Dev, 2009, 57:315 - 332.

［7］Veal R, Bennett E. The Virtual Library Liaison: A Case Study at an Online University［J］. Journal of Library Administration, 2009, 49(1): 161-170.


### 作者简介

蔡文璇，1989 年生，女，汉族，广东省潮州市，硕士研究生，研究方向：教学资源建设。

# 移动应用商城中泛在学习资源供给探析*

陈琳琳，吴琼
（西南民族大学电气信息工程学院，四川成都，610000）

**摘　要**：泛在学习日益盛行，传统上由专家生产的教育资源数量有限，更新极慢，并且往往处于封闭系统中，显然已不能满足泛在学习者迅速增长的对学习资源的需求，而通过各移动应用商城平台他们可以方便地获取大量优质的泛在学习资源，这种现象值得去关注移动应用商城中学习资源的现状与未来。文章讨论了移动应用商城在供给学习资源方面具有的易于推广获取、数量庞大、质量不断优化、交流共享方便以及有助于促进学习型社会形成等优势；也指出了可能存在资源异化、科学严谨性不足、虚假评价、消费不透明等消极影响，进一步引发对新形势下学习资源建设与应用方面的思考，最后对怎样支持和引导泛在学习资源在移动应用商城中的发展提出了建议。

**关键词**：移动应用商城；泛在学习；学习资源；U-learning

# Analysis into Ubiquitous Learning Resources Supplied By Mobile Application Stores

**Abstract**: With the current expansion of U-Learning, it is obvious that the limited educational resources updated slowly in conventional closed system cannot satisfy the increasing need of learners. Conversely, the learners can easily get access to large quantities and high-quality U-Learning resources from mobile application stores, which is a phenomenon worthy of our attention to the status quo and prospect of learning resources on mobile application stores. This thesis analyzes advantages of mobile application stores, such as great feasibility, massive capacity, continuously optimized quality, contribution to the formation of a learning society, as well as convenience for sharing and communication, and so on; in addition, the thesis points out there may be some negative effects, such as distorted resource , scientific inadequacy, unreliable evaluation, deception on consumers, and so on, which will trigger our further consideration of the construction and application of learning resources under the current situation. Finally the proposals to support and guide the ubiquitous learning resources in mobile application stores are offered.

**Keywords**: mobile application store; ubiquitous learning; learning resources; U-Learning

## 一、引言

从师徒相授到学校教育，再到将要形成的学习型社会；从掌握生存技能到终身提升生命质量等等，学习

* 本文由西南民族大学中央高校基本科研业务费专项资金（项目编号：12NZYQN07）支助及四川省教育厅科研项目基金资助（项目编号：11ZB070）。

内涵和外延发生了巨大变化，人类学习总体将走向全民化、终身化。如今，新兴移动终端(智能手机、平板电脑、电子阅读器等)的普及，使任何人都可以随时随地进行的学习——泛在学习日益盛行，它在学习方式上及时地匹配了人类终身教育和学习型社会形成的需要。由于传统学习资源往往处于封闭系统中，并且资源多陈旧死板，缺乏互动性，并不适合有随时随地学习、情境性认知、个性化学习和广泛交流共享等需求的泛在学习者；而移动应用商城中丰富多样的应用程序让用户有极大的选择自由，泛在学习者可以从大量学习类应用中选择适合自己需要的软件和资源，加上移动应用商城还具有进入平台简单、消费交易安全便捷，反馈交流渠道公开畅通，资源更新快等优势，从而受到泛在学习者的普遍欢迎，目前，移动应用商城是他们获取学习资源的重要场所。

## 二、泛在学习与移动应用商城简介

百度百科对泛在学习(U－Learning)的定义：是指无时无刻的沟通，无处不在的学习，是一种任何人可以在任何地方、任何时刻获取所需的任何信息的方式。[1]可见，泛在学习的参与者可能是未上学小孩、在校学生，在职人员，退休老人等，数量庞大且多元化的学习对象相应地产生了对学习资源海量和多样化需求；同时，随时随地的学习对学习资源获取的便捷性和交流的广泛性提出了更高的要求；而且，泛在学习的高时效性对资源的质量和更新需求也前所未有。广义上讲泛在学习所需资源无处不在，但与泛在学习者主要使用的移动终端设备相匹配的学习资源主要集中于移动应用商城这类平台。

移动应用商城是由苹果公司于 2008 推出 AppStore 而开创的一种全新的移动应用平台模式，应用开发者在商城发布产品，并通过用户下载或插入广告获取收益，广大手机及其它移动终端用户则通过应用商城选择所需应用。具体来讲，我们手机、平板电脑等移动设备上常用的一些游戏、社交、生活出行、教育类等应用软件等属于应用，而我们获取这些应用的平台如苹果 AppStore、亚马逊 Appstore、Google Play、中国移动的 Mobile Market 和中国联通的沃商店等都属于移动应用商城平台。它所提供的应用增加了用户对其硬件产品或服务的粘附，并提升用户对他们的产品或服务的体验，另一方面，也带给用户在生活、工作和学习上的诸多方便与满足。学习类应用仅是各移动应用商城的应用类别之一，但多个应用商城的应用数量统计显示，图书和教育类应用仅次于游戏、娱乐，这说明移动应用开发者非常重视泛在学习需求非常强劲持久这一发展趋势。

## 三、移动应用商城在学习资源供给方面的优势

相对于传统的教育资源平台，学习资源在移动应用商城的优势是由其平台特点决定的，具体的优势分析如下。

### (一) 移动应用商城的使用便利条件对用户产生巨大吸引力

关于用户信息行为分析相关的诸多研究——比如技术接受模型(TAM)和技术采纳与利用整合理论(UTAUT)，都认为易用性是用户接受或是拒绝某信息技术或系统的关键因素之一。移动应用商城面向各种年龄阶层和技术水平参差不齐的广大群众，因此竭力降低平台的使用门槛，比如在手机上预置应用商城的客户端，为用户提供安全可靠的应用，提供大量免费产品，即使是付费，应用交易都很简单，等等这一切为用户方便着想的措施粘连了大量的用户，用户一旦有过使用经验，便会因为良好的体验而成为商城的长期用户。泛在学习者长期困于在网络上海量的资源中花费大量时间和精力去寻找自己需要的东西，移动应用商城集中提供资源并方便易用，极大减轻了学习者的额外负担，能把主要精力放在学习活动本身上。

### (二) 广泛的社会影响力使学习资源具有天然的推广优势

我国工信部 12 年 8 月份统计数据显示，移动用户已达 10.7 亿人，其中 3G 用户接近 2 亿人。[2]因此，应用需求相应也很大，移动应用商城便因提供大量应用而知名度高，具有广泛的社会影响力。余胜泉先生认

为,未来的泛在学习不仅要实现通讯、资源层面的共享,还要实现人际层面、社会认知层面的共享。[3]移动应用商城的资源由于曝光率高,移动终端又是天生的社交工具,好的应用符合是金子就会闪光的规则,任何顺应大众需求的产品(当然包括跟学习相关的应用与资源)无需大力宣传就很容易得到推广和认可,这是移动应用商城最显著的优势之一。

### (三)移动应用平台上的学习类应用有助促进学习型社会形成

人总是不知不觉地受他人的影响,在当今这个通讯十分发达的时代,即使相互不认识的人也可能受到彼此的影响,这种影响甚至会传播得又远又具有冲击力,以致形成一种潮流趋势。曾经在多个移动应用平台上长时间居下载榜首的一款小游戏——愤怒的小鸟,除了游戏本身的优点外,应用者相互影响也是成就它火爆流行的重要因素,因为看见了身边有人玩,听到多人谈论它,自己开始玩,又吸引身边别的朋友玩,这样相互影响便传播开来。《引爆流行》的作者 Malcolm Gladwell 提出流行爆发三原则:一是个别人物法则;二是附着力因素法则;三是环境威力法则。[4]移动应用形成的潮流也可以用其解释,以泛在学习者为例,开始个别学习者象种子一样活跃于移动应用平台,由于这个平台的人气旺盛,为扩大相互影响提供了一个很好的环境,用户开始可能是缓慢增长,达到一定数量便引起爆发式增长,即成为一种社会化潮流——泛在学习成为大多数人的选择和习惯。

### (四)移动应用商城的产品数量增长快并可实现资源自动进化与优化,可满足日益盛行的泛在学习需要

#### 1. 移动应用商城中应用数量急剧增长使泛在学习者有更多选择

移动应用商城提供应用发布和下载平台,应用开发者通过用户付费下载或插入广告获取收益,由于中间环节只有应用商城,使开发者可以获得较高比例分成,从而大大刺激了开发者的热情,并涌现大量的从业者,直接效果就是移动应用商城的产品急剧增长,适用于泛在学习的资源也不例外。以苹果移动应用商城为例,2008 年刚推出 App Store 时应用共 500 个,而 12 年 10 月,苹果 CEO 库克称苹果 App Store 目前应用数已经超过了 70 万,并仍在快速增长,目前应用下载的总次数刚刚突破 350 亿次。[5]而这仅是受苹果产品所限的应用平台的数据,事实上,安卓操作系统的移动终端数量更多,相应地适用于安卓系统的应用也最多,更不用说还有别的操作系统应用也为数不少。应用数量激增让用户感觉有许多选择,但量的增长只是带来暂时繁荣,真正重要的是质量不断优化,因为只有高质量的学习类应用才能让学习者持续使用这类应用。

#### 2. 移动商城应用开发与使用机制能促进资源质量进化与优化

移动应用商城中的产品质量提高一方面得益于市场竞争,为保证产品的生存期延长以获取更多收益,开发者必须不断优化产品,从而实现资源的自动进化;另一方面,使用者公开评价,开发者获取反馈信息方便快捷,有利于开发者明确怎样提高产品质量;加之,与封闭系统主要由专家生产教育资料相比,移动商城中学习资源开发者身份各异,他们往往拥有不同的文化背景,不同的社会阅历与实践经验,价值观也不尽相同,为不同目的而生产资源,多样化的生产主体最终造就生态丰富的学习资源,这些资源往往不局限于狭义教学和学科领域,学科交叉、知识综合、启发多元智能,与社会生产生活联系更紧密。

#### 3. 移动应用商城利于学习资源持续建设与发展

苏小兵、祝智庭(2012)指出,教学资源交易或共享的问题就是一个如何实现资源有效配置的问题,其核心就是建立一种有效的资源配置机制以实现资源交易或共享的有效性和持续性。也就是说如何在资源建设者、资源使用者和资金提供者(可能与使用者相一致)三者之间形成一个利益(个人利益或公共利益)平衡,使三者都有内在的动力去推动这种交易或共享的持续发展。[6]而在移动应用商城中,因为中间环节减少,使资源开发者能获取更多利益,同时使用者也可少为中间环节买单,这样,利益分配也更简单,生产消费环节更顺畅,移动应用商城中所有产品包括学习类应用涉及的各方都容易达成利益平衡,从而可持续推动平台中学习资源数量与质量增长,使泛在学习者通过应用商城使用学习资源尤如走进产品丰富的超级市场,完全可以为自己量身设计的个性化学习获取一切所需之物。

## 四、移动应用商城环境对泛在学习资源可能存在的消极影响

虽然移动应用商城为泛在学习者提供了很多有利之处，但它的不足之处也让我们警惕，以下便是目前已经表现出来的几类典型问题。

### （一）商业化平台可能带来学习资源异化

移动应用商城作为一商业化平台，活跃于其上的应用开发者绝大多数都是逐利者，为了产品更具有吸引力，可能会故意曲解趣味性，比如使学习资源过度娱乐化和游戏化，恶搞历史人物，故意颠倒是非黑白产生黑色幽默等。为了让人轻松愉快地学习而智慧地设计内容是一件很好的事，但这个度要把握好，否则就是得不偿失了，传递的游戏上瘾成分比知识多，引导有悖社会常理的价值观等等，这种潜在危害是非常值得警惕的。

### （二）开发者水平影响学习资源的科学与严谨

目前移动应用的开发者一般是小团队或个人，在内容校对上往往专业知识或素养不足，这对使用这些应用的中小学生来说可能会有接受错误知识的风险，甚至有损培养他们对科学文化知识的严谨态度。最常见的便是电子读物里大量的错别字，英文视频教程中错误的翻译等等，这些对有辨别力的成人来说可能影响不大，自已校正便能正确理解原意，但对基础知识还不稳固的中小学生来说就是混淆视听了。这种不严谨的行为不但影响知识正确与否，其态度也会使学生耳濡目染，形成不良的学术态度。

### （三）虚假的资源评价干扰用户选择

用户对使用过的应用进行客观评价，这可以让其他用户先行了解该产品，作为是否选择的参考，也可以为开发者提供反馈信息。这本是一件很好的事，但当前移动应用的评价还有待改进，我们常见到不少明显不客观的评价，有些出自竞争对手的攻击，有些出自不负责任的使用者发泄个人情绪，有些则是开发者自吹自擂，这些损害了资源评价原本的目的，干扰了用户选择，这需要用户提高辨别力。

### （四）消费不透明现象让使用者望而怯步

目前移动应用商城中有不少免费的应用，中间可能会插入广告之类，还有许多产品是付费消费的，如果明码实价，公平交易也是无可厚非的。但是，如果引诱用户掉进付费陷阱，则会伤害用户对付费应用的热情。如果应用属于一次性付费完成交易，这种消费属于比较透明的，还有更多的应用往往是免费下载客户端后，使用时需付费获取资源内容，并且不是一次性付费，而是把资源分成若干块，迫使用户在使用中多次付费，这样积累下来费用很高，只是化整为零了，让用户感觉被引诱欺骗了。另外，资源下载使用还有流量费，这个往往也让人在不知情中花费很多，如果不使用 WIFI，按中国移动套餐外 GPRS 计费，看一段 100M 的音视频教程，流量费会高达 1000 元人民币。有人认为中国用户只愿意为移动终端等硬件设备花大钱，不愿意为应用程序花小钱，这也许目前缺乏透明诚信的商业环境有关。

## 五、结论

要满足泛在学习者对资源开放易得、量多质高、个性化定制、不断更新优化、方便互动参与和广泛交流共享等多样化的需求，仅仅依靠传统上专家生产资源模式已远远不够，我们关注的目光、资金、人力可以更多投放入移动应用商城中的学习资源开发。总体上来说，移动应用商城为泛在学习资源提供了很好的生态环境，但是也存在缺陷，政府与公益机构或可通过投入资金等手段对资源发展方向进行引导。调动群体智慧积极在公共应用平台上为学习资源建设展示创造力，从而打开以往资源建设的瓶颈，同时，使资源建设的目标、对象不再仅仅是面向学校和学生，引导人的学习由阶段走向终身，由学校走向全社会，使资源建设的

投入让更广泛的民众受益，这将是顺应人类学习的大趋势。

## 参考文献


[1] dongmanketang. 泛在学习定义. [EB/OL]. http://baike.baidu.com/view/2226339.htm. 2012-06-29/2012-10-11.

[2] 运行监测协调局. 2012 年 8 月通信业主要指标完成情况(二)[EB/OL]. http://www.miit.gov.cn/n11293472/n11293832/n11294132/n12858447/14828939.html，2012-09-21/2012-10-25.

[3] 余胜泉，陈敏. 泛在学习资源建设的特征与趋势——以学习元资源模型为例[J]. 现代远程教育研究，2011，(6)：15-22.

[4] (美)格拉德威尔著，钱清等译. 引爆流行[M]. 北京：中信出版社. 2002. 4-4.

[5] 网易科技报道. 苹果 App Store 应用数超过 70 万. [EB/OL]. http://tech.163.com/12/1024/01/8EHUOUOG000915BD.html，2012-10-24/2012-10-25.

[6] 苏小兵、祝智庭. 数字化教学资源的需求和供给模式研究——公共产品的视角[J]. 中国电化教育，2012，(8)：78-82.


## 作者简介

陈琳琳，1974 年生，女，四川广元人，讲师，硕士，研究方向：教育软件设计与开发。

# 不同页面布局的网络视频课程学习眼动实验研究

刁永锋[1]，刘明春[2]，陈仕品[1]

（1. 西华师范大学教育学院，四川南充，637009；2. 四川天一学院信息技术部，四川成都，610400）

**摘　要**：本文采用眼动实验采集网络视频学习者的学习行为数据，测验其学习结果，分析所得实验数据，利用信息加工理论和认知负荷理论分析不同页面布局的网络视频课程学习者的学习行为特点，比较页面布局对学习者学习行为和学习结果的影响，为网络视频课程的设计开发和网络教学设计提供参考，为远程学习者的在线学习提供建议。

**关键词**：网络视频课程；学习行为；眼动实验

# Study on Different Page Layout of Online Video Courses Learning Behavior in the Eye Tracker Test

**Abstract**: This paper has captured the learner's learning behavior by eye movement tracking technique, and analysis the differences between learners' learning behavior and learning effect in network programs that composed of different page layout of online video courses, they have provided references for the development of network courses and design of network teaching, and they also have provided recommendations for online learning of learners.

**Keywords**: online video learning; learning behavior; eye tracker test

## 一、引言

近年来，全球知名高校纷纷发布网络视频公开课程，在全世界范围掀起了网络视频学习的热潮。国内高校视频精品课程建设也在飞速发展，上百所高校建有视频公开课程。网络视频学习正在成为更多人选择的在线学习方式。然而，利用网络视频进行在线学习，不是简单地在线观看现实的课堂教学实录，基于网络的教学也不能照搬传统的教学模式。发展适合远程学习者的网络教学正是教育技术学研究的热点问题。教学的前提是教学设计，学习行为的分析是教学设计的前提，网络教学也是如此。采集和分析网络视频学习行为数据，研究网络视频学习行为特征已经迫在眉睫。

从学习者的角度对比各种视频学习网站，最大的区别在于视频学习网站的页面呈现方式。由于网络教学环境中的远程学习者具有高度的学习自主性，视频课程的页面布局直接影响着远程学习者的学习行为和学习结果。因此，采集和分析不同页面布局的网络课程中学习者的学习行为，对于网络视频课程的开发与设计具有重要的意义，对于学习者的在线学习具有一定的指导作用。

采集和研究远程学习者的学习行为是当前研究的难题。当前，国内外研究者对网络学习与网络学习行为的研究取得了一定的研究成果，但鲜有对网络视频学习行为的深入研究。笔者在中国学术期刊网络出版总库、中国博士学位论文全文数据库、中国优秀硕士学位论文全文数据库中，以“视频学习”为检索词进行

"题名＋关键词＋主题"的精确匹配检索，共有57条相关记录，然后分别以"行为"、"学习行为"、"网络学习行为"作为检索词，在上述检索结果中进行二次检索，没有检索到与之匹配的论文；以"网络学习行为"为检索词进行"题名＋关键词＋主题"的精确匹配检索，共有112条相关记录，然后以"视频"为检索词进行二次精确匹配检索，也未能检索到有匹配的论文。

本研究采用眼动实验，采集和分析远程学习者的眼动数据，研究远程学习者的眼动规律，以此分析学习者在不同页面布局的网络视频课程中学习行为的差异，探究页面布局对学习者的影响，为网络视频教学平台和网络视频课程建设提供参考，为网络教学设计提供现实依据，帮助远程学习者形成良好的学习习惯。

## 二、相关理论与技术

本研究采用认知心理学的信息加工理论和认知负荷理论，采用的技术为眼动追踪技术。

### 2.1 信息加工理论

学习的信息加工理论，是用信息加工的术语和原则，模拟与说明人的内部心理活动和学习的认知过程。它将人看作是一个信息加工的系统，任何感觉的输入、概念、表象、事实或知识都可以看作是信息，对这些信息的输入、编码、储存、提取、译码、输入等过程就是信息加工。[2]在网络视频学习过程中，学习者获取需要的信息后，通过个体内部已有知识对新输入的信息进行加工，实现对信息的编码、储存、重构及再生。在这一过程中，学习者形成对信息的独特理解，同时也培养了学习者的思维能力。

### 2.2 认知负荷理论

认知负荷是为完成某项任务而在工作记忆上所进行的心智活动所需的全部心智能量[1]。认知负荷理论研究者把认知负荷分为三类：内在认知负荷、外在认知负荷和关联认知负荷。由于元素间交互形成的负荷称为内部认知负荷，它取决于所要学习的材料的本质与学习者的专业知识之间的交互，教学设计者不能对它产生直接的影响，是一种基本负荷，一般较难改变。外在认知负荷又称为无效认知负荷，它主要是由设计不当的教学引起的，干扰学习者的学习，是认知负荷理论关注的重点。关联认知负荷是指不是必须投入但有利于知识建构的认知负荷，它也与教学设计有关。认知负荷的总量是由三种认知负荷累加的[3]。

### 2.3 眼动追踪技术

人类的信息加工很大程度都依赖于视觉，所以，对于眼球运动的研究被认为是视觉信息加工研究中最有效的手段。研究显示，人的基本眼动分为：注视、眼跳和追随运动。大量研究表明，人眼对某事物的注视时间、注视刺激和瞳孔变化与该事物的重要性和个体对该事物的兴趣密切相关，通过眼动追踪技术所测得的注视时间和注视点分布情况，可了解到有关个体兴趣和态度等方面的很多信息。根据眼动的三种运动方式，利用眼动仪进行心理学研究常用的测试参数包括：注视点轨迹图、注视点热点图、注视持续时间、眼跳距离（或称幅度）、瞳孔大小（主要指面积或直径）和眨眼次数、丢失时间等。

## 三、实验设计

### 3.1 实验目的

本实验对单视频页面、二分屏页面、三分屏页面三种不同页面构成的网络视频课程，选用相同的学习内容，观察眼动情况的区别，考查其学习行为和学习结果是否有显著差异，旨在为远程学习者的在线学习提供建议以及为网络视频课程的设计和开发提供参考。实验主要研究三个方面的问题：①学习者在视频学习过程中的注意力分配如何；②学习者的测验成绩有无显著差异；③学习者的认知负荷有无差异。

## 3.2　实验对象

本实验选取大学本科三年级学生共 30 名，其中男生 11 人，女生 19 人。要求所有被试按男女比例随机分为 3 组，每组 10 人。要求被试视力或矫正视力正常、听力正常无智力或阅读方面的异常且为自愿参加。

## 3.3　实验变量

(1) 自变量：本实验的自变量为 1 个，即网络课程的内容呈现方式，它涉及三种种方式：二分屏视频页面、单视频页面、三分屏页面。这里主要针对常见的三种形式进行研究，暂未考虑其他的页面呈现方式。

(2) 因变量：①眼动监测数据：使用眼动仪检测被试学习过程中的眼动变化相关参数。②保持测验成绩：采用纸笔测验的形式检测学习者所记住的内容的数量(工作记忆)。③迁移测验成绩：采用纸笔测验的形式，要求完成 3 个需要理解视频内容概念的单选题和 1 个需要对所学概念进行深度加工的简答题，以此来检测学习者对所学知识的运用程度。④认知负荷：本实验结合实际情况，采用了 5 点式主观量表来测量学习者的认知负荷。同时根据实验各阶段的任务不同，将实验分为网络学习、保持测验和迁移测验三个阶段，分别用 1 个单选题要求学习者报告其认知负荷。

## 3.4　实验假设

假设学习者对不同页面布局的视频学习的学习效果没有区别。

## 3.5　实验材料

本实验采用了华中师范大学庞维国教授的国家级精品课程《学习心理学》第一节《什么是学习》作为实验材料的学习内容。

图 1　单视频页面

图 2　二分屏页面

单视频页面：视频显示在网页页面中央，左右无其它信息，课程相关信息显示在视频上方，视频下方是讨论区。(见图 1)

二分屏页面：视频现实在页面左侧，占屏幕的大部分宽度，视频右边显示课程相关信息，页面下方是讨论区。(见图 2)

三分频页面：一种比较流行的网络课程页面，视频以小窗口显示在页面左上角，左下角显示课程相关信息，页面右侧显示课程 PPT。(见图 3)所有视频内容均有字幕且清晰可见。

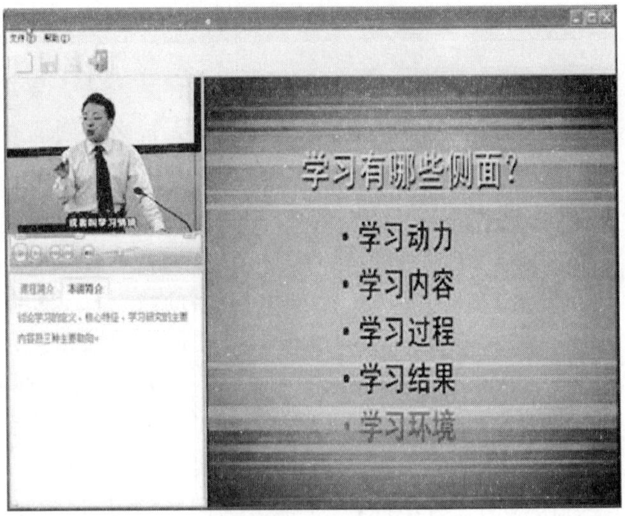


图3　三分屏页面

### 3.6　实验设备与环境

本实验所用实验设备为 Tobii T120 眼动仪，它集成于 17 英寸的 TFT 显示器中，无可见或移动式的“追踪装置”，不会影响被测者。

本实验在西南大学心理学院的眼动实验室进行，实验过程中所有被试采用同一台眼动仪和同一台计算机逐个进行实验，并保持系统稳定和网络畅通。

### 3.7　实验过程

① 对被试进行前测，保证所有被试相对于实验内容拥有相同的知识水平(即实验被试对实验内容不熟悉)。

② 挑选符合条件的被试，并按男女比例随机分组。

③ 被试进入实验室熟悉环境，并学习实验要求和注意事项。

④ 对被试者进行眼校准，校准后保持正确姿势。被试试用测试材料，进入实验状态。

⑤ 正式实验：被试开始学习视频材料，时间 30 分钟。主试记录被试眼动信息。

⑥ 视频学习完成后，主试立刻关闭视频页面。被试完成测试题。

⑦ 下一名被试重复步骤③到步骤⑥，直至实验完成。

## 四、实验结果及数据分析

实验结束后，提取实验结果中的注视热点图、注视次数、注视时间、丢失时间等数据，从阅读热区、均值、标准差、标准误、方差、单因素方差等方面分析学习者的学习行为差异；对被试的测试成绩进行统计分析，从均值、标准差、方差等方面分析学习者的学习结果和认知负荷。

### 4.1　注视热点图

实验结束后，截取视频中一帧画面作为分析材料，得到三种不同页面布局的网络视频课程的注视热点图如下：

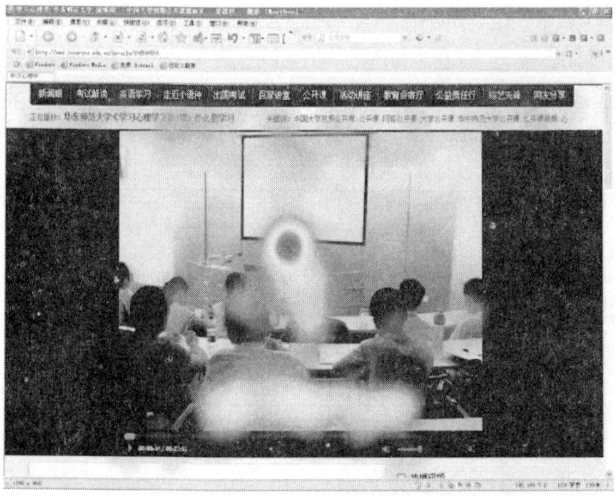

图 4　单视频页面注视热点图

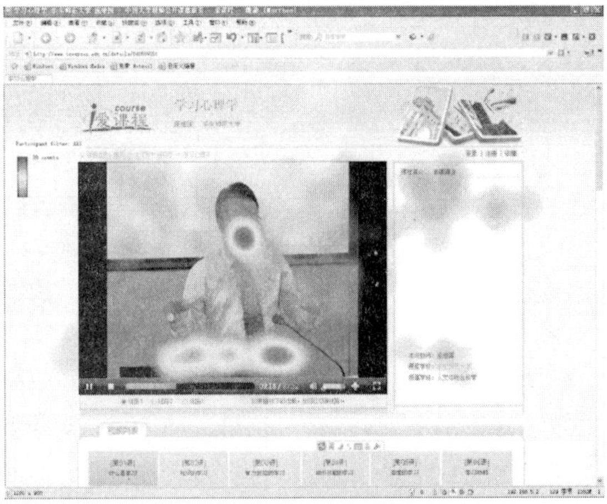

图 5　二分屏页面注视热点图

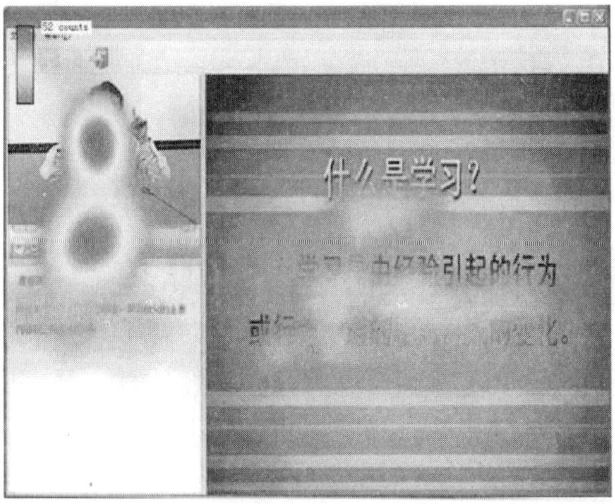


图 6　三分屏页面注视热点图

从三张注视热点图可以发现,红色的热点区域均出现在视频区,且集中在人物的面部区域和字幕区域,这一点在三种布局的页面上是一致的。这说明在有视频出现的页面上,视频比其它材料更容易吸引学习者的注意力。而学习者同时观察字幕和人物的面部,并配合同步的声音来获取准确的学习内容。

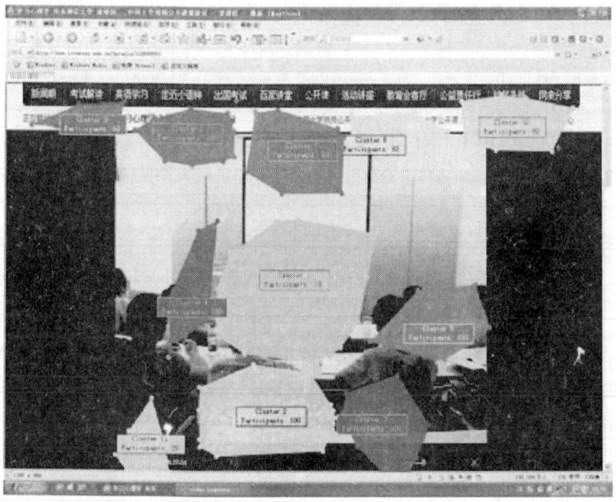

图 7　单视频页面兴趣区

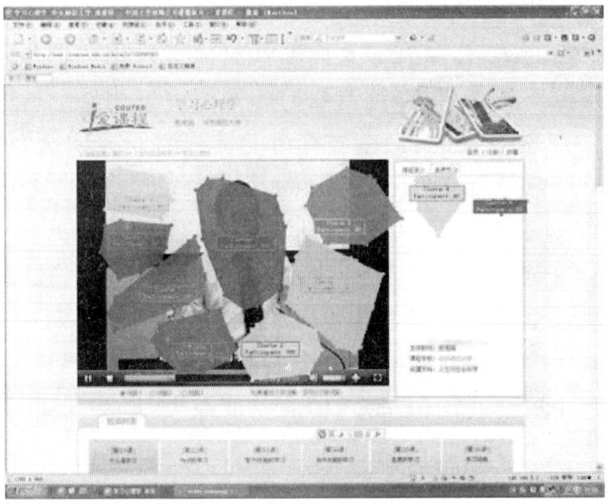

图 8　二分屏页面兴趣区

通过 TobiiStudio 软件提供的阅读兴趣区,能直观地看到三种不同页面布局下学习者视线聚集的区域。单视频页面下的学习者只关注视频内容,很少注意到页面上的其它信息(如图 7);二分屏页面下的学习者在关注视频内容的同时,也关注了视频右方的课程信息(如图 8);三分屏页面下的学习者在关注视频内容的同时,相对较多地关注了文字区域(PPT)的内容(如图 9)。

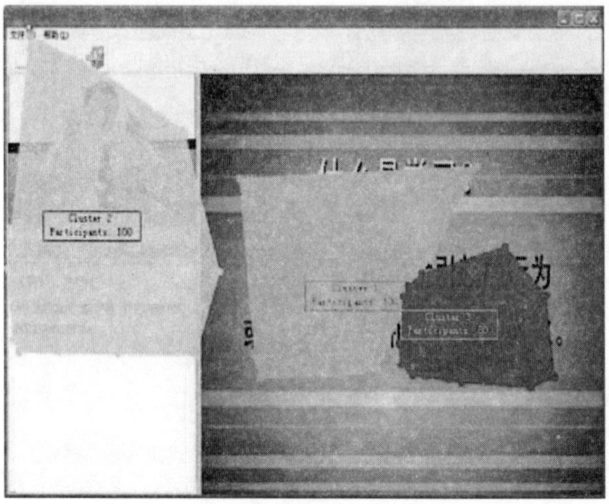

图 5-9　三分屏页面兴趣区

## 4.2　注视时间、注视次数、丢失时间

眼动仪所附带的 TobiiStudio 数据分析软件只能对眼动仪监测的数据作简单的记录和描述,不能详细分析,所以在实验后,必须将实验数据输入 SPSS 进行进一步的深入分析。得到三种布局的页面上的眼动数据如下:

**表 1　注视次数,注视时间和丢失时间(毫秒)**

| | 单视频组 | | 二分屏组 | | 三分屏组 | |
|---|---|---|---|---|---|---|
| | 均值 | 标准差 | 均值 | 标准差 | 均值 | 标准差 |
| 注视次数 | 2979.00 | 291.600 | 3448.20 | 299.794 | 3059.40 | 236.925 |
| 注视时间 | 648241.60 | 43322.090 | 582866.80 | 23226.478 | 558070.20 | 49665.222 |
| 丢失时间 | 367.53940 | 36.954159 | 377.58460 | 83.311694 | 432.00200 | 86.249722 |

从该组数据,可以看出:

① 注视次数均值:二分屏组(3448.20)>三分屏组(3059.40)>单视频组(2979.00)。注视次数也反映着眼跳的次数,单视频页面因其页面信息相对较少,眼跳的次数也比其它两组要少;但二分屏组的平均注视次数比三分屏组多,这与我们的预测恰好相反,必须配合注视时间和丢失时间一起研究。

② 注视时间:三个实验组的注视时间有明显的不同:单视频页面组的平均注视时间(648241.60ms)远远超过二分屏组和三分屏组,三分屏组最低。

③ 丢失时间:单视频组(367.53940ms)<二分屏组(377.58460ms)<三分屏组(432.002ms)。

综合三种数据,可以发现,单视频组注视次数均值最少,但注视时间均值最长,丢失时间均值最短,说明单视频组的学习者平均单次注视的时间长,注意力相对其它两组更集中。这一点,单视频组的丢失时间均值的标准差在三个实验组中最低,也可以佐证。注视时间长,也可以说明学习者的信息加工更深入。三分屏的注视时间均值最短,标准差值最大,说明同组学习者间的差异大,且注意力相对不够集中。

## 4.3　测验成绩

实验结束后,对三组实验被试的测试试卷进行分析,发现 2 份测试试卷成绩数据异常,因而剔除。将剩下的 28 份被试成绩数据输入 SPSS19.0 进行统计分析,所得数据如表 2、表 3、表 4 所示。

表 2　测验成绩平均值分析

| | 单视频页面组 | | 二分屏页面组 | | 三分屏页面组 | |
|---|---|---|---|---|---|---|
| | 均值 | 标准差 | 均值 | 标准差 | 均值 | 标准差 |
| 学习过程负荷 | 2.00 | 0.000 | 1.60 | 0.548 | 2.80 | 0.447 |
| 保持测验负荷 | 2.40 | 0.837 | 2.20 | 1.095 | 2.80 | 0.548 |
| 迁移测验负荷 | 2.00 | 0.447 | 2.20 | 0.447 | 3.00 | 1.000 |
| 保持测验成绩 | 7.40 | 0.707 | 7.00 | 1.095 | 6.00 | 2.000 |
| 迁移测验成绩 | 3.80 | 0.837 | 3.80 | 1.095 | 3.60 | 1.140 |

表 5-3 中的 df 表示自由度，F 表示组方差值，显著性(sig)指的是差异显著性的检验值，该值一般与 0.05 或 0.01 比较，若小于 0.05 或者 0.01 则表示差异显著。

表 3　测试成绩单因素方差分析

| | 平方和 | df | 均方 | F | 显著性 |
|---|---|---|---|---|---|
| 学习过程负荷 | 3.733 | 2 | 1.867 | 11.200 | 0.002 |
| 保持测验负荷 | 0.933 | 2 | 0.467 | 0.636 | 0.546 |
| 迁移测验负荷 | 1.733 | 2 | 0.867 | 1.857 | 0.198 |
| 保持测验成绩 | 4.133 | 2 | 2.067 | 1.088 | 0.368 |
| 迁移测验成绩 | 0.133 | 2 | 0.067 | 0.062 | 0.940 |

表 4　测试成绩性别差异分析

| 性别 | | 学习过程负荷 | 保持测验负荷 | 迁移测验负荷 | 保持测验成绩 | 迁移测验成绩 |
|---|---|---|---|---|---|---|
| 女 | 均值 | 2.00 | 2.56 | 2.67 | 6.78 | 3.78 |
| | 标准差 | 0.707 | 0.726 | 0.707 | 0.833 | 0.667 |
| 男 | 均值 | 2.33 | 2.33 | 2.67 | 6.67 | 3.67 |
| | 标准差 | 0.516 | 1.033 | 0.816 | 2.066 | 1.366 |

从该组数据中可以发现：

① 保持测验成绩均值：单视频组(7.40)＞二分屏组(7.0)＞三分屏组(6.0)

② 迁移测验成绩均值：单视频组与二分屏组相当，略大于三分屏组

③ 学习过程负荷：二分屏组(1.6)＜单视频组(2.0)＜三分屏组(2.8)

④ 保持测验负荷：二分屏组(2.2)＜单视频组(2.4)＜三分屏组(2.8)

⑤ 迁移测验负荷：单视频组(2.0)＜二分屏组(2.2)＜三分屏组(3.0)

通过测试成绩性别差异分析，女生和男生的成绩非常接近，无明显差异。说明性别不是影响测验成绩的主要因素。通过测试成绩单因素方差分析发现，三个实验组的学习过程负荷有明显差异(sig.＝0.002＜0.05)，而其它数据无统计学意义上的显著差异。

## 五、研究结果及建议

### 5.1　基本结论

综合以上实验结果，可以得出一下几点结论：

① 在有视频的网络课程页面上，学习者的注意力容易被视频吸引，而忽略页面上的其它内容。学习者一般比较关注的是视频中的人物面部和与视频声音同步显示的文字。

② 单视频的页面因为信息量相对较少,学习者在学习的过程中更容易集中注意力,对呈现的信息能作更深入的加工,达到更好的学习效果。

③ 在实际运用过程中比较常见的三分屏页面并不一定是最适合学习者自主学习的,在以上实验结果中,三分屏视频页面组的多项数据证明了这一点,这也与国内相似实验得出的结论不谋而合[5]。

④ 从认知负荷的角度来看,二分屏视频页面的认知负荷是最低的;但从测验成绩的角度来看,单视频页面的测验成绩是最好的。

## 5.2 存在的问题

由于客观条件,本实验的被试样本容量偏小,实验材料单一,因此实验结论存在一定局限性。本实验的全部过程都在实验室里进行,这与现实的网络学习环境有一定差异,学习者在实验条件下和在自由学习条件下有不同的学习状态,这会影响到本实验结论的普适性。由于在实验过程中,每个被试的学习时间有限,所以在实验过程中无一人查看或参与视频页面中的讨论。因此本实验无法检测被试的交互行为。

## 5.3 启示与建议

① 网络学习需要发挥学习者的主动性、自主性,于是我们需要用更好的学习材料和媒体来吸引学习者的注意力,激发学习者学习的主动性。但主动学习是建立在学习者对自己学习行为能够进行有效控制的基础上的。通过三个实验组的实验对比,我们发现,学习者的注意力极容易被视频吸引,而忽略其它页面内容。因此,在网络课程的设计和开发中,应当谨慎利用和处理视频页面。

② 在网络教学视频的设计过程中,应当注意学习者的学习负荷,页面中不宜放置过多信息,页面设计应当简洁,呈现必要的信息即可。所以三分屏页面结构并不是网络视频学习的最佳选择,因为三分屏页面需要学习者在同一时间内处理来自于不同的信息源的信息,学习者的注视点要不断地在几个区域里切换,增加了学习者的认知负荷。所以,对于学习者来说,在选择网络视频课程的时候,应当根据实际情况尽量选择布局简洁、信息来源单一的页面,布局复杂,信息量大的"大而全"的页面会增加学习负担,影响学习结果。

③ 对网络视频学习行为的研究需要加强实证性的研究,在信息技术日新月异的今天,网络视频课程也不断出现新的形式,然而这些新的形式可能并未经过实践的验证,所带来的结果未必能促进学习者的学习,因此需要大量的实证研究来支持网络视频课程的教与学。

### 参考文献

[1] 张剑平,陈仕品.网络学习及其适应性学习支持系统研究[M].北京:科学出版社,2010.
[2] 徐碧波.信息加工理论与加涅的学习观[J]. 外国教育动态. 1988(01).
[3] 庞维国.认知负荷理论及其教学涵义[J].当代教育科学,2011(12).
[4] 李克东.教育技术学研究方法[M]. 北京:北京师范大学出版社,2003.4.
[5] 徐沾.心理实验室中眼动仪的原理与应用[J].实验室科学,2009(28).
[6] 蒋成凤,魏志慧,师书恩.网络学习障碍分析与研究综述[J].中国远程教育,2003,(11).
[7] 孙革.网络学习者学习行为的研究状况及分析[J].中国教育信息化,2010,(15).
[8] Patricio Garcia. Using Bayesian Networks to Detect Students' Learning Styles in a Web-based education system. ASAI 2005. Rosario: 29-30.

### 作者简介

刁永锋,1963年生,男,四川省南充市人,教授,硕士研究生导师,主要研究方向:网络教育应用。

# 关联数据与学习资源共享初探
## ——以学习元为例

丁国柱
（北京师范大学教育技术学院，北京，100875）

**摘　要**：关联数据是语义网上一种使用URIs和RDF来暴露、共享和连接各种数据、信息和知识的最佳实践，基于关联数据可以把学习资源和外部数据网络链接起来。介绍关联数据定义、设计原则及其发展现状，将学习资源发布成关联数据的7个步骤；通过学习元平台实例验证关联数据在学习资源共享上的应用。

**关键词**：关联数据；学习资源共享；学习元

## Linked Data And Educational Resources Sharing

**Abstract**: Linked Data as "a term used to describe a recommended best practice for exposing, sharing, and connecting pieces of data, information, and knowledge on the Semantic Web using URIs and RDF". Linked Data associated with the learning resources and external data networks can be linked together. Introduced the relational data definition, design principles and their development status, learning resources released seven steps into the associated data; verify Linked Data on the sharing of learning resources through Learning Celll platform.

**Keywords**: linked data; learning resources sharing; learning cell

2012年3月教育部发布的《教育信息化十年发展规划》(2011－2020年)明确提出要建立建立优质数字教育资源和共建共享环境，本文探讨利用关联数据来实现学习资源共享的可能性，将学习元数据发布成关联数据，并为其他应用程序使用来说明关联数据在学习资源共享上的应用。

## 一、关联数据及其发展现状

### （一）关联数据定义及其设计原则

关联数据是由被誉为Web之父的Tim Berners-Lee在2006年撰写《Linked Data design issues》[1]一文中提出的，在该文中作者提出了关联数据的目标：通过关联数据使得机器或人能够通过自己的部分数据来访问和处理网络上的其他数据。维基百科把关联数据定义为："在语义网上一种使用URIs和RDF来暴露、共享和连接各种数据、信息和知识的最佳实践"[2]。根据定义，我们可以发现关联数据的几个要点：

1. 处理的对象是结构化数据，即如果要发布关联数据，首先要分析数据是否已经结构化处理。

2. 共享的内容包括了各种数据、信息和知识。

3. 数据通过RDF来描述，数据有语义，使得其包含的信息不但能为人类处理，也能被计算机自动识别和处理，这是语义网的一个重要特点。

4. 在 RDF 数据中还包括了 URI，这一特点使得数据能够相互链接起来，形成一个巨大的数据网络。

5. 通过 URI 链接起来的数据网络能降低数据整合困难，可以根据需要查询相关数据，即能提供更复杂的查询，将有可能改变现有的搜索引擎工作方式。

6. 关联数据的核心就是语义网。

### （二）关联数据发展现状

1998 年后 W3C 组织一直致力于语义网标准的建立，如 RDF、OWL、SPARQL 等等，这些标准正是关联数据得以迅速壮大的基础；2007 年 LOD 成立后，关联数据发展进入了快车道，linkeddata. org 的 DataSet 在 2007 年 5 月有 12 个，到 2011 年 9 月，已经迅速增加到了 295 个，如图 1 所示；2007 年 10 月有超过 20 亿个 RDF 三元组，相互关联的 RDF 连接超过 200 万个，而到 2011 年 9 月，RDF 三元组已经飙涨至 310 亿个，相互关联的 RDF 数量已经有 504 万个，数据包括了地理信息、生命科学数据、百科词条媒体、出版、政府信息、图形图像、应用程序、交叉知识等[4]。

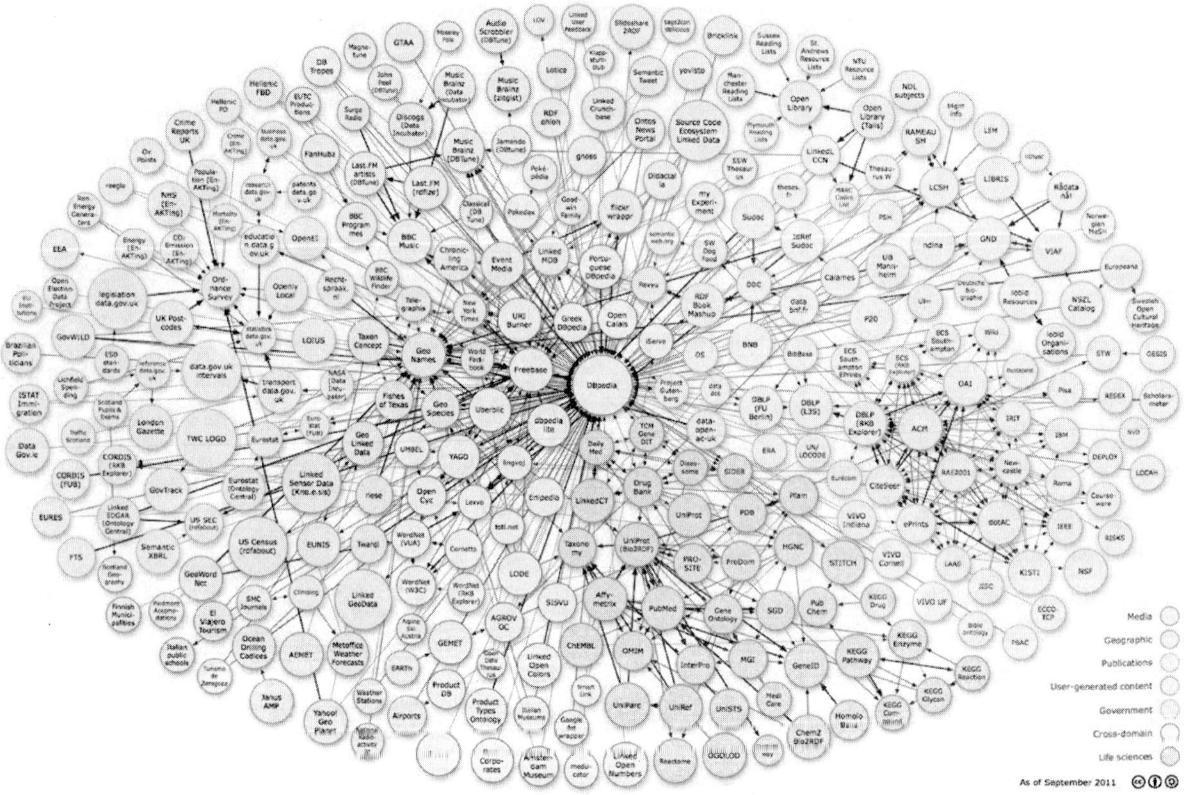


图 1　2011 年 9 月 LOD 云中的 Data Sets

## 二、学习资源关联数据的发布方法

参考 Tom Heath 等人撰写的《How to Publish Linked Data on the Web》[5]，发布流程大致可以分成如下几个步骤：

（一）将每一个学习资源看成是一个实体，并用 URI 来表示该实体。例如如下一个 URI：http://www.book.com/id/10046/ 表示一本书名为《Programming the Semantic Web》的信息，该信息在关系型数据库储存如表 1 所示，其中 PublisherID 通过外键和表 2 关联。我们可以使用该 URI 作为 RDF 中的 Subject。

**表 1　《Programming the Semantic Web》数据库记录信息**

| ISBN | Title | Author | PublisherID | ReleasedDate |
|---|---|---|---|---|
| 978-0-596-15381-6 | Programming the Semantic Web | *Toby Segaran* | 1 | 2009 年 7 月 |

**表 2　PublisherID 信息**

| PublisherID | PublisherName |
|---|---|
| 1 | O'Reilly Media |

## （二）找出该实体对应的属性

根据表 4-1 我们可以清晰地看到 http://www.book.com/id/10046/对应的属性有：ISBN、title、author、publisherID、ReleasedDate。如图 2 所示。

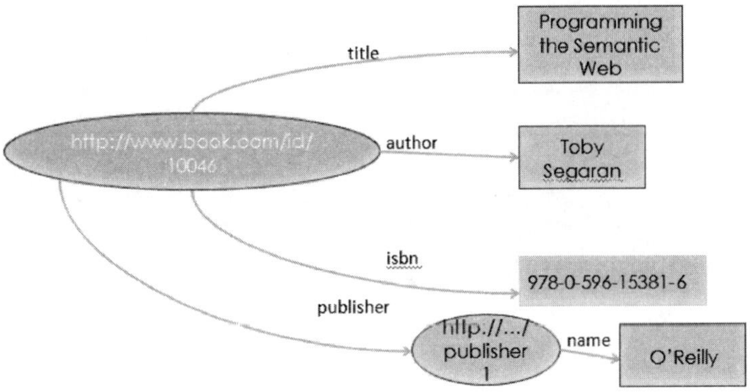


图 2　实体对应的属性图示

## （三）用适当的词汇(Vocabularies)描述属性

根据数据的领域可以发现并使用现有的词汇（Vocabularies）。本例子中数据定义在出版业领域，可以通过 Falcons Concept Search、SchemaWeb. info、Talis Schema-Cache 等搜索查找适合的词汇。图 3 是利用 Falcons 搜索关键词 book 的结果。

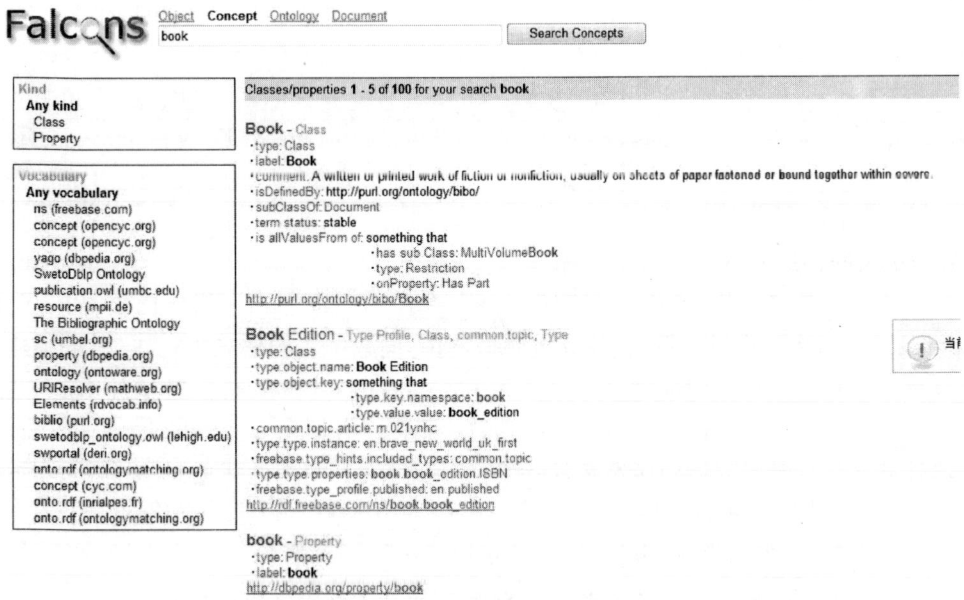


图 3　用 Falcons Concept Search 搜索 book 实体

如实在没有可用的词汇，则可以通过工具 Protégé，Neologism，OpenVocab 等工具来自定义，严格按照实际需要，至少生成一个以上的 RDFS 或者 OWL 文件，将其发布在网络上就可以使用了。

### （四）为数据页面添加其他元数据

为了让计算机能更加容易理解数据页面内容，方法是在文件里加入一些如 dc：date、dc：publisher、dc：license、foaf：primaryTopic、foaf：topic 等信息；用 rdfs：label、rdf：type 等为文件中提到的其他实体加入一些信息，方便计算机理解其他实体的语义。至此，关联数据的主要工作已经完成，我们可以利用 JENA、Sesame 等语义网中间件将其生成 RDF 文件或者将其保存进三元组数据库。

### （五）为学习资源网站建立网址地图

此举为方便网络爬虫找到 data dumps 和 endpoints，新建一个 sitemap. xml 文件描述数据集标签、关联数据前缀等信息。如图 4 所示。

```
<?xml version="1.0" encoding="UTF-8"?>
<urlset>
    <sc:dataset>
        <sc:datasetLable>
            学习元学习资源共享
        </sc:datasetLable>
        <sc:linkedDataPrefix>
            http://www.lcell.bnu.edu.cn
        </sc:linkedDataPrefix>
        <sc:dataDumpLocation>
            http://www.lcell.bnu.edu.cn/linkeddataDump.nt.gz
        </sc:dataDumpLocation>
        <sc:sparqlEndpointLocation>
            http://www.lcell.bnu.edu.cn/sqarql
        </sc:sparqlEndpointLocation>
        <changefreq>daily</changefreq>
    </sc:dataset>
</urlset>
```

图 4　sitemap. xml 内容示例

### （六）与其他数据集关联

这是关联数据最精彩的部分，通过机器自动关联算法或者手工关联将数据链接到其他 Data Sets，实际上就是实现了 From web of document to web of data，使得数据从互联网上的单一个体成长为网络数据中的一部分。链接到其他 Data Sets 可以通过 RDF 中的 Predicate 来实现，比方本例中的书籍《Programming the Semantic Web》和 amazon 上 http:// amazon. com/Programming -Semantic-Web-Toby-Segaran /dp/0596153813 所表达的信息一致，就可以用断言 owl：sameAs 将 2 者关联起来；该书的 publisher 为 O'Reilly Media 可以用断言 rdfs：seeAlso 来访问其主页 http：//oreilly. com/；作者 Toby Segaran 主页可以断言 foaf：homepage 来修饰（http：//talks. webstock. org. nz/-speakers/toby-segaran/），他现在生活在 San Francisco，可以通过 foaf：based_near 标示地理信息等等。

与其他数据集关联常用的自动关联算法有：

1. 字符串匹配。这是常见的一种算法，用于在字符串 A 和字符串 B 之间的比较，如要求机器自动关联相关信息，就可以通过网络爬虫抓起数据，并分析数据，将不同数据源的信息进行匹配，从中建立关联。

2. 共有关键字匹配。网络上的部分信息是为大家所共有的，比方书籍信息里的 ISBN 是全球唯一的，通过 ISBN 能够查到其他 Data Sets 中同一本书的信息。

3. 基于属性的匹配。某些实体的属性是唯一的，如地理信息，每个地区的经纬度都是不变的，利用经纬度信息也可以实现不同数据之间的关联。

4. 其他自动关联算法，如白海燕、朱礼军的《关联数据的自动关联构建研究》就介绍了三种自动关联构建的方法——基于实体的文本映射、基于图相似度的映射和基于规则的关联构建等[6]。

手工关联则可通过人们手动操作的方式对信息进行关联。主要有如下几种方式：

1. 使用标签。如豆瓣网上的标签、QQ 用户标签等将一些内容或者用户类聚在一起。

2. 手工方式建立关联，如北京师范大学教育技术学院在研的项目《学习元》就可以通过手工方式将不同学习元进行关联[7]；图片分享网站 flickr 可以通过手工圈定的方式在图片中划出一个区域进行标记从而实现和其他图片的关联。

## 三、学习元资源共享模型初步实现

学习元是由余胜泉教授提出的一种适合泛在学习和非正式学习，具有可重用特性支持学习过程信息采集和学习认知网络共享，可实现自我进化发展的微型化、智能性的数字化学习资源[8]。在学习元平台中采用关联数据有如下几个好处：

1. 共享优质外部数据，目前 LOD 云中含有大量的知识信息，当用户创建学习元的时候，系统自动根据相关信息和 LOD 云中的数据进行关联，如此便将学习元与外部数据关联起来。

2. 利用关联数据可以完成学习元的知识库系统，将来学习元要建立自动应答系统，用户可以提交自己的问题，系统要实现自动回答的话就依赖于外部大量的知识信息，利用 LOD 可以极大地完善学习元的知识库。

3. 可以将自己的学习资源共享出来，形成一个学习资源之间的关系网，使得学习者可以从一个资源出发，发现其他相关资源。

4. 可以使得学习元信息独立于数据库，数据转存后，外部程序检索学习元时无须再访问学习元系统，而只需自行解析数据转存文件，就可获取到学习元的相关信息。

### （一）学习元资源共享模型

学习元的资源共享模型是将自己已有的资源通过语义化标注，生成三元组信息，然后所有资源的三元组信息以数据转存(Data Dump)的方式向外发布，由此其他应用程序可以直接调用学习元资源信息，共享模型思路的如图 5 所示。

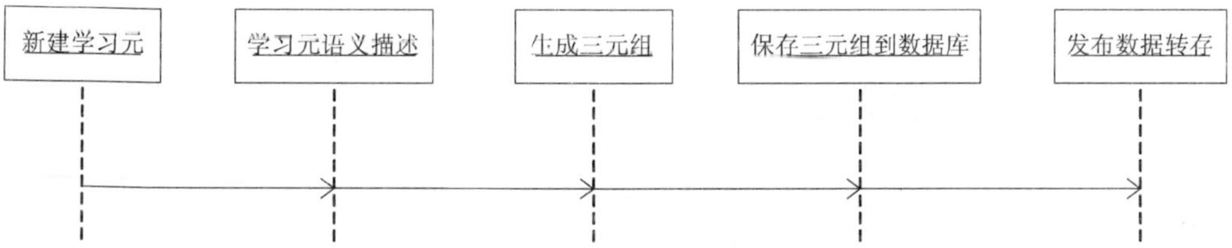


图 5　学习元语义信息共享模型

### （二）学习元语义描述

学习元里所有的语义都是知识对象的子类，如 java 中所有的类都是 Object 的子类一样，每一个子类都拥有知识对象的属性，新建的子类除了可以拥有知识对象的属性外，管理员或者经过管理员验证的子类还可以拥有其他属性。图 6 是学习元中的语义信息。用户可以通过自定义将学习元与这些语义信息关联，系统通过第二节中提到的如何发布关联数据方法将学习元语义信息用三元组方式保存到 allegrograph 数据库中。

### （三）学习元与 LOD 云中的其他数据集关联

LOD 云中有大量的数据，但和学习资源相关的数据比较少，可以用关联的数据多是一些百科类的信息，我们将学习元某些信息与 Dbpedia 里的数据集进行关联。其实现思路如下：

1. 将 Dbpedia 里的数据集下载到本地计算机，如本论中用到的是 short_abstracts_zh.nt，包含了 wikipedia 里所有中文概念集。

类名称：　状态：全部　查询　添加类

| 选择 | 类名称 | 父类名称 | 创建者 | 创建时间 | 学科类别 | 审核状态 | 操作 |
|---|---|---|---|---|---|---|---|
| □ | 传输方式 | 事实 | teacher | 2009-04-27 13:40 | 系统 | 系统已通过 | 编辑 删除 |
| □ | 进程类 | 事实 | teacher | 2009-04-27 13:10 | 系统 | 系统已通过 | 编辑 删除 |
| □ | 开源软件 | 软件 | stu9 | 2009-04-24 22:50 | 系统 | 系统已通过 | 编辑 删除 |
| □ | 开源协议 | 事实 | stu9 | 2009-04-24 22:47 | 系统 | 系统已通过 | 编辑 删除 |
| □ | 程序设计语言 | 概念 | stu9 | 2009-04-24 22:47 | 系统 | 系统已通过 | 编辑 删除 |
| □ | 学习管理系统 | 软件 | stu9 | 2009-04-24 22:45 | 系统 | 系统已通过 | 编辑 删除 |
| □ | 软件 | 概念 | stu9 | 2009-04-24 22:45 | 系统 | 系统已通过 | 编辑 删除 |
| □ | 小说 | 概念 | teacher | 2009-04-15 10:09 | 系统 | 系统已通过 | 编辑 删除 |
| □ | 作家 | 概念 | teacher | 2009-04-15 10:08 | 系统 | 系统已通过 | 编辑 删除 |
| □ | 事实 | 知识对象 | teacher | 2009-03-29 12:46 | 系统 | 系统已通过 | 编辑 删除 |

Total number is 5105, from 5091 to 5100　First page | Previous page | Next page | Last page 510/511 Page 510 GO

审核通过　置为待审核　审核否决　全选　删除　添加　返回

图 6　学习元语义信息

2. 将 short_abstracts_zh. nt 转存到 allegrograph 数据库中。

3. 当用户新建一个学习元的时候，通过自然语言处理获取其关键信息，如一个用户发布“计算机应用”的学科知识，系统将利用 JENA 查询 Dbpedia 所有与“计算机”、“计算机应用”相关的概念集，然后通过关联算法将学习元与 Dbpedia 的数据进行关联。

4. 将新的关联信息保存成三元组。

### （四）将学习元语义信息以数据转存的方式发布

将 allegrograph 中学习元的所有三元组数据以 ttl、nt、nq 等格式转存出来。如图 7 中的程序就是将保存在数据库中的三元组信息导出成 Expert_system2. nt 文件，并在站点的 sitemap. xml 中描述这个信息。

```
OntModel model = exportRDF.getModelFromDB(con, "system");
//model.cr
FileOutputStream fout;
try {
    fout = new FileOutputStream(
            "C:\\export\\Expert_system2.nt");
     model.write(fout,"N-TRIPLE");
         } catch (FileNotFoundException e) {
        // TODO Auto-generated catch block
        e.printStackTrace();
}
finally{
     System.out.println("finished!");
}

}
```

图 7　将三元组信息转存成 Expert_system2. nt

### （五）其他应用程序调用学习元资源

其他应用程序可以通过网络爬虫或者手工等方式获得 Expert_system2. nt 文件，并用程序实现语义检索，将数据解析出来就可以了，结果展示如图 8 所示。

## 四、总结与后续展望

当前学习元平台中对每个学习元的语义化标注还不是很全面，当我们建立好学科知识本体后，学习元的语义信息标注将更清晰，而且复用性将更高，学科知识本体可以被其他教育资源系统引用，如此可以逐步实现教育资源的标准化。通过实验表明理由关联数据来实现教育资源共享是可行的，随着国家教育云计算中心的完善，所有的资源提供者同时也可以成为资源的利用者，利用关联数据能够将我国大部分教育资源联系起来，而且可以进一步对资源进行整理，突出优质资源，促进优质资源的共享。

检索结果:

| 序号 | 学习元 | 描述 | 类型 |
|---|---|---|---|
| 1 | 11月跨越式教案 | 11月跨越式教案 | 知识对象 |
| 2 | 21团中学二年级英语跨越式5月活动教案和课件 | 21团中学二年级英语跨越式5月活动教案和课件 | 知识对象 |
| 3 | 21团中学王团芝《玲玲的画》教案和课件 | 21团中学王团芝《玲玲的画》教案和课件 | 知识对象 |
| 4 | 21张建芳《两只小狮子》教案、课件 | 21张建芳《两只小狮子》教案、课件 | 知识对象 |
| 5 | 5月份教案unit 5第一课时 | 5月份教案unit 5第一课时 | 知识对象 |
| 6 | PEP 3B Unit 6 At the Zoo.教案 | PEP 3B Unit 6 At the Zoo.教案 | 知识对象 |
| 7 | PEP小学英语三年级上册第五单元教案 | PEP小学英语三年级上册第五单元教案 | 知识对象 |
| 8 | unit4 Do you like pears的教案和课件 | unit4 Do you like pears的教案和课件 | 知识对象 |
| 9 | 《 古诗两首 》共享教案 | 《 古诗两首 》共享教案 | 知识对象 |
| 10 | 《老王》教案 | 《老王》教案 | 知识对象 |
| 11 | 《荷叶圆圆》教案 | 《荷叶圆圆》教案 | 知识对象 |
| 12 | 三年级语文下册第五单元教案 | 三年级语文下册第五单元教案 | 知识对象 |
| 13 | 二十一团中学陈苏凤《玲玲的画》教案 | 二十一团中学陈苏凤《玲玲的画》教案 | 知识对象 |
| 14 | 二语下第16课电子教案 | 二语下第16课电子教案 | 知识对象 |
| 15 | 人教版 二年级 下 册 第 七 单元 《 寓言两则 》共享教案 | 人教版 二年级 下 册 第 七 单元 《 寓言两则 》共享教案 | 知识对象 |
| 16 | 人教版 二年级 下册 第四单元《 单元整理 》教案 | 人教版 二年级 下册 第四单元《 单元整理 》教案 | 知识对象 |
| 17 | 人教版三年级教案 | 人教版三年级教案 | 知识对象 |

图 8　学习元三元组语义检索结果

## 参 考 文 献


[1] Tim Berners-Lee. Linked Data [EB/OL] . http://www. w3. org/ DesignIssues/Linked,2012-08-21.

[2] Wikipedia. Linked Data [EB/OL] . http://en. wikipedia. org/wiki/Linked_data,2012-08-23.

[3] Bizer, Christian; Heath, Tom; Berners-Lee, Tim. How to Publish Linked Data on the Web [EB/OL]. http://sites. wiwiss. fu-berlin. de/suhl/bizer/pub/LinkedDataTutorial. 2012-8-24.

[4] LOD. The Linking Open Data cloud diagram [EB/OL]. http://richard. cyganiak. de/2007/10/lod. 2012-8-24.

[5] Bizer, Christian; Heath, Tom; Berners-Lee, Tim. How to Publish Linked Data on the Web [EB/OL]. http://sites. wiwiss. fu-berlin. de/suhl/bizer/pub/LinkedDataTutorial. 2012-8-24.

[6] 白海燕,朱礼军. 关联数据的自动关联构建研究. 现代图书情报技术[J]. 2010(02):44-49.

[7] 程罡,余胜泉,杨现民. "学习元"运行环境的设计与实现. 开放教育研究[J]. 2009(04):27-36.

[8] 余胜泉,杨现民,程罡. 泛在学习环境中的学习资源设计与共享——"学习元"的理念与结构. 开放教育研究[J],2009(01):47-53.


## 作 者 简 介


丁国柱,1982 年生,男,汉族,广东省广州市人,博士研究生,研究方向:语义网教育应用。

# 基于数字化教学资源的创造性思维有效教学模式研究——以科学课程为例*

高晓晶，张军征
（山西大同大学教育科学与技术学院，山西大同，037009）

**摘　要**：新课程指出科学课程课堂中学生应以自主探究学习方式为主，强调师生互动性，而数字化教学资源为这种教学理念提供了发展的平台。本文着重分析了创造性思维教学模式的构建，使学生借助数字化教学资源在科学课程学习中有效的交流互动和探究实验，彼此讨论研究，汇集集体智慧，达到协同学习的效果。具体教学设计可分为三个环节：课前激发兴趣，创设科学探究情境；课中注重科学探究过程，培养创新精神；课后激励性评价，体验创新乐趣。构建该模式的目的是激发学生创新意识，训练学生创新思维，培养学生创新能力。

**关键词**：数字化教学资源；创造性思维；教学模式；科学课程

# The Study of the Effective Construction of a Teaching Pattern of Creative Thinking Based on the Digital Instructional Resources—Taking the science curriculum for example

**Abstract**: New Curriculum states that in the classes of Junior high school science learners should be guided as self-exploration learning style and emphasize on the Interaction between teachers and students. While digital instructional resource offers a developing platform for this teaching concept. This article focuses on the construction of a teaching pattern of creative thinking, so that students with the help of digital instructional resources in the science curriculum interact effectively and explore the experimental study and discuss with each other, bring together the collective wisdom, to achieve the effect of collaborative learning. Specific instructional design can be divided into three components: to stimulate interest in the class, the creation of scientific inquiry situations; lesson focus on the process of scientific inquiry and creative spirit; after-school incentive evaluation and experience the innovation and fun. Its purpose is to arouse students creative consciousness, cultivate students' creative thinking and develop students' creative abilities.

**Keywords**: digital instructional resource; creative thinking; teaching pattern; science curriculum

随着科学的不断进步，科学所带来的各种益处逐渐被人们看到并接受。科学教学的内容涉及到天文、地理、物理、化学、生物、卫生、环境保护等各方面的科学知识，涉及到古代的、现代的各项先进科学技术和重大发明创造，这些都有利于对学生进行创造教学。在科学教学中，通过各种途径激发学生的创新思维，增强

* 项目来源：山西省教育科学“十二五”规划课题——基于校本资源的农村小学科学探究活动的有效教学方式的研究。（编号：GH-11077）

学生的创新意识，发展学生动手实践能力，是学校教育培养创造性人才的必然要求。创新意识是一个人的重要发展意识，科学课程是对学生进行科学启蒙教育的重要基础学科，是培养和发展学生开拓创新能力的重要途径，也是激发学生创新意识的重要课程内容。科学课程教学过程中学生应以自主探究学习方式为主，强调师生互动性，而数字化教学资源为这种教学理念提供了发展的平台

## 一、数字化教学资源的定义

教学资源是指一切可以支持教师的“教”和学生的“学”的教学材料，教学环境以及教学支持系统。当学习进入数字化时代，支持教师的“教”与学生的“学”的教学材料、教学环境以及教学支持系统都向数字化变迁。数字化教学资源是运用数字化技术和信息化技术将传统的教学资源（文字、图像、语音、视频等内容）进行处理，将这些内容以数字信号的形式传输于因特网的多媒体教学信息之中。数字化教学资源是教学媒体数字化的产物，它一般具有共享性、互动性、无限性、智能性和协作性等特点。数字化教学资源的来源分为设计的资源、利用的资源和集成的资源。设计的资源有电子阅览室，图书馆等，利用的资源有电子百科，网上教育信息资源等，集成的资源有学科教学专题网站，交互性学习系统等。

## 二、培养学生创新思维的重要性

创新思维能力是指学生重新组织已有的知识经验，提出新的方案或程序，并创造出新的成果的思维能力。创新思维和创新能力的培养是素质教育能力培养的最高目标，创新思维是一切思想的火花，创新能力是科学发展的动力。没有创新，社会就不能发展。创新思维和创新能力的培养是一个人综合素质的培养，创新思维和创新能力的突出标志是有意义并且新颖而独特。创新并不神秘，人人都有创新的潜能。心理学家皮亚杰指出：“教育的首要目标在于培养有创新能力的人，而不是重复前人所做过的事情。”培养学生的创新思维和创新能力，是当今教育界正在探索的课题，培养学生的创新思维和创新能力，是要充分调动学生学习的积极性和主动性，真正发挥学生的主体作用，让学生“多参与”、“多思考”、“多独立见解”，这体现了现代教学论学生为主体的教育思想。

## 三、科学课程有效教学的要求

首先，有效教学的设计要符合科学课的学科特点，符合学生的学习特点。科学课的学习不仅是要交给学生知识，还要培养学生的探究能力及将所学知识运用到实际生活中的能力。同时，学生能够进行具体逻辑推理，但需要实际经验或借助具体形象的支持，所以有效教学的设计要符合这两个方面。

其次，有效教学要整合现有资源，关注教学效益。教学效益是有效教学追求的目标，而衡量有效还是无效，标准就是学生是否获得了进步与发展，要实现这些发展所耗费的人力、物力、财力和以往相比有无减少或者是否已经是最优方案了。

最后，有效教学要面向全体学生，调动所有学生的主体参与意识。真正的有效教学必须调动所有学生的主体参与意识，尤其是科学课，如果要让学生最大程度的得到发展，就必须让学生全面参与进来，进行探究，只有教师与学生统一于教与学的整个过程，才能提高课堂的教学效果，进而促进学生的发展。

## 四、基于数字化教学资源的创造性思维教学模式的构建

科学课程是在原自然课的基础上，以培养学生的科学素养为核心，引导学生进行科学探究，达到培养学生创造能力为日的的课程。创造性思维教学模式是针对科学课程的特点，并根据学生的认知规律设计的一种教学模式。这种教学模式在注重思维、注重实效、注重生成的基础上以学生活动和师生互动为中心，调动学生的各个器官，利用各种数字化教学资源，激发学生的兴趣并引导学生自己发现问题，思考形成假设，进

行探究实验，得出结论，并进行共享评价，让学生亲自参与到整个学习活动或实验中。模式图如图 1 所示。

**1. 课前激发兴趣，创设科学探究情境**

教师首先运用图片、动画、视频等数字化教学资源展示相关内容，激发学生的兴趣，引导学生提取已有的相关知识和经验。通过讲故事、做游戏等方式巧妙设疑，创设自由探究的情境，唤起学生的好奇心，点燃学生的探究欲望，调动学生的学习积极性。

**2. 课中注重科学探究过程，培养创新精神**

新的课程标准强调，科学学习要以学生活动为中心，以探究为核心，以过程为重心。学生运用知识在教师设置的一定教学情境中去创造性的提问，做出假设。学生在对这些问题进行创新思考的基础上，提出若干方案。学生可以借助多媒体教学课件、虚拟现实等数字化教学资源进行探究实验。在探究活动中进行验证，在探究过程中产生新的创意。在教学过程中，教师要善于转变教学行为，认真把握课程标准的理念，灵活处理教学内容，让学生亲身经历“提出问题——猜想设计——实验验证——整理思考——表达交流——回顾反思”的科学探究过程，切实让学生自己去发现、探究并解决问题，在动手实践、分析思考、感知体验的过程中发展科学探究能力。

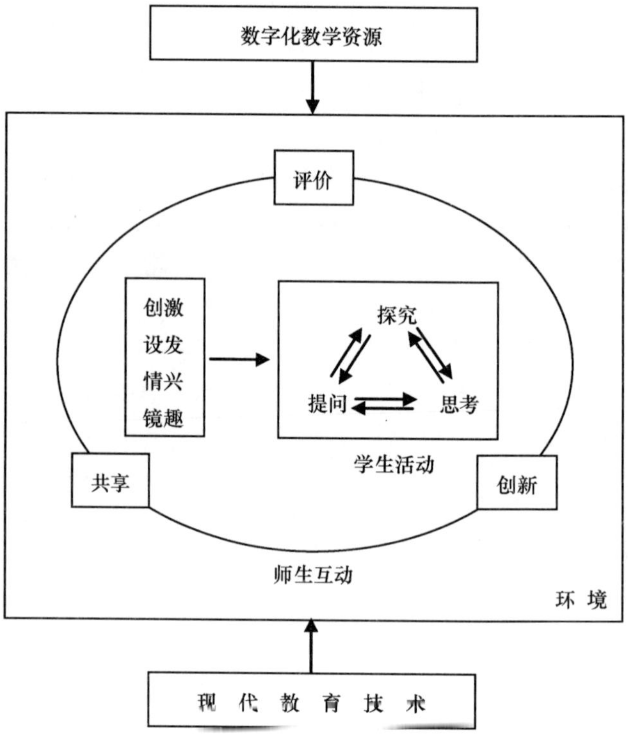


图 1　创造性教学模式

**3. 课后激励性评价，体验创新乐趣**

教师对这些方案或新的创意进行评价，选取较恰当的方案，让学生自己阐述自己的观点，和大家一起分享自己的创新体验。要重视对富有创造性的作品给予热情的肯定，对学生小组合作、学习态度和创新方法等多方面进行评价。教师的肯定不仅使学生对此活动印象深刻，有极大的满足和喜悦，而且还能在无形中鼓励学生以更大的热情投入到下一次创新活动中，从而下一次的创新兴趣又被激发出来了。

整个教学过程都要借助一定的现代教育技术、多媒体教学技术、网络教学技术，把它们作为教育和教学的基础平台，来提高学生活动、师生互动层中创新要素的效率，并在优美、民主、合作的环境下实现。

## 五、需要注意的问题

创造性思维教学模式强调创新的知识底蕴，强调教育技术及数字化教学资源，强调创新的外在环境都是创新思维不可或缺的条件。创新思维教学模式适合学生个性和思维发展，使学生不仅对学习感兴趣，而且能把学习作为一件充满乐趣的事情来做，保证了学生创新思维能力、解决问题能力、生存与发展能力培养的效果，让学生在轻松愉快中学习，在无拘无束中思考，在脑力激荡中创新。这在某种意义上推动了教学革新，改变了传统教学模式，充实了教学模式理论。但在实际运用过程中，应该注意以下问题：

**1. 硬件与教学资源条件**

数字化环境下科学课程的教学设计与实施对硬件与教学资源要求比较高。学生在校期间能有比较充分的时间学习到充足的针对科学课程的数字化教学资源，学校应该具备多媒体教室或计算机网络教室，能进行网络环境下学生间的协同学习及探究实验。

**2. 教师和学生需要具备相应的能力**

数字化环境下科学课程教学能够顺利实施的另一主要因素是教师和学生具有较高的能力和素质。教师要具有很好的教学掌控能力，有以学生为主体开展协同探究的教学设计与应用能力，具备利用教育信息技术整合教学要素、教学资源的能力等等。学生们应该具有较好的协同合作学习能力，具备良好的信息技术应用能力以及科学探究能力，有较好的主体参与和协同意识等等。

**3. 探究实验过程中强调动手操作**

动手操作是智力结构的五大要素之一。在科学课程教学过程中，教师要努力创造条件让学生动手操作，并在参与操作实践的过程中思考、发现和创造。实践探索的过程是创新总识不断强化的过程。科学课程教学，以动手为重要的途径，能更加有效地培养学生的创新意识。具体在教学活动组织过程中，教师要从学生的生活实际和心理需求出发，通过多种途径用科学的方法去激发和培养学生的创新意识，引导他们积极、主动地参与学习过程。

## 参 考 文 献

[1] 陈龙安. 创造性思维与教学[M]. 北京：中国轻工业出版社，1999.

[2] 章苏静. 数字化教学资源管理[M]. 北京：科学出版社，2008：12.

[3] 冉兰香. 重视探究性实验教学培养学生创新能力[J]. 教育科研. 2010，5：17.

[4] 刘萱. 数字化环境下小学综合课程中的协同学习[J]. 中国电化教育. 2011，4：109-110.

## 作 者 简 介

高晓晶，1981 年生，女，山西省大同市人。讲师，硕士研究生，主要从事数字化学习理论与技术的教学与研究。

# 在线环境中的学习者探究能力培养研究综述

胡晓黎[1]，何绮娜[2]

（1. 浙江金华第一中学，浙江金华 321015；2. 华南师范大学教育信息技术学院，广东广州，510631）

**摘　要**：随着信息技术和网络技术的飞速发展，在线学习已被越来越多的教育研究者和学习者所接受。而如何在在线环境下培养学习者的探究能力，成为教育研究者共同关注的话题。通过参考大量文献，对现有的国内外在线环境下的学习者探究能力培养的现状及水平进行分析，总结出在线环境下的学习探究能力培养的策略，包括选择合适的探究问题，创设良好的学习情境，提供良好的技术环境，设计丰富的学习资源，设计科学合理的学习评价，注重教师指导性活动的设计等。望此研究，可为后期的研究开展提供可借鉴的理论与方法。

**关键词**：在线环境；探究能力；策略研究

# A Literature Review of the Studies on the Training of Learner's Inqury Ability in Online Environment

**Abstract**: With the rapid development of information technology and network technology, online learning has been embraced by the growing number of educational researchers and learners. Nowadays, exploring the ways to train learners' inquiry ability in the online environment has become a common topic among the educational researchers. With referencing a large number of documents, the author had given an analysis of the level and the status of training learners' inquiry ability in the online environment at home and abroad. The paper has summarized the strategies of traing learners' inquiry ability in online environment , which includes: choose the appropriate inqury problem, create a good learning situation, provide a great technology environment, design learning-based, design scientific and rational evaluation of learning, design the instructional activities for tutors. It will be greatful if the paper can provide the effective theories and methods for the latter research.

**Keywords**: online environment; inquiry competence; strategy

## 一、相关概念界定

### （一）探究能力

凡是直接影响人的科学探究活动效率，促使科学探究活动顺利完成的个性心理特征就做探究能力[1]。

### （二）在线环境下的探究性学习

在线环境下探究性学习是指教师通过信息化教学设计，利用因特网资源为学生创建一个良好的学习环境，让学生在预定的学习目标和评价标准的牵引下，围绕着特定的主题内容，以自主或小组协作探究方式有效地展开学习活动，从而完成真实的任务或者解决实际问题，并在对学习效果的反思和评价中活的知识与发展智能，达成学习目标[2]。

## 二、研究历程

### （一）国外研究历程

探究性学习在国外得到了较深入的研究，各发达国家也把探究学习纳入到新一轮的课程改革之中。

**表 1　国外关于“探究”研究情况**

| 人物 | 主要事迹 |
|---|---|
| 加拿大多伦多大学斯卡德玛利亚（M. Scardamalia） | 创设了“计算机支持的目的性学习环境”（简称 CSILE），后改进为“知识构建共同体”（Knowledge-Building Community），旨在利用网络来支持跨课堂的协作性知识建构[3] |
| 加州大学伯克莱分校 M. C. Linn 等人 | 设计了基于网络的“知识整合环境”（简称 KIE），旨在帮助学生利用来自互联网的证据资料进行科学探究，形成对科学概念和原理的整合性理解[4] |
| Joh Kahl 等人 | 进行了协作可视化学习（简称 Clovis）的研究，让学生合作利用网上数据库和可视化工具来进行科学探究[5] |
| 道奇（B. Dodge） | 提出了“网络问题探究”（WebQuest）模式 |
| 迈克·艾森堡（Mike Eisenberg）和鲍勃·伯克维茨（Bob Berkowitz） | 提出了“Big6 信息问题解决模式”（Big6 Model Of Information Problem—Solving），属于“问题解决”式探究学习 |

国外的这些研究对国内研究者和一线教师开展的网络学习方式研究与实践有很大的作用。而且，国外在线学习课程设计中师生交互性好、提倡小组学习、重视问题情境的创设、注重反思归纳等。以上都充分体现了国外在设计在线学习课程时，对情境创设和对在线学习者探究能力的培养的重视，值得国内研究者和一线教师借鉴。

### （二）国内研究历程

探究学习在我国的研究尚处于初始阶段。1999 年，我国正式启动了基础教育课程改革，旨在进行学习方式的改革，改变传统的学习方式，提倡探究式的学习方式。到 2001 年，我国出台了新的《义务教育科学课程标准》和义务教育理科各科的课程标准，强调科学探究是一种重要而有效的学习方式，将科学探究作为义务教育科学课程重要学习内容。

**表 2　国内关于“探究”研究情况**

| 人物 | 主要事迹 |
|---|---|
| 钟启泉 | 在《探究学习与理科教学》一文中较系统的介绍国外探究性学习，为国内探究性学习的研究奠定了基础 |
| 徐学福 | 介绍了探究教学理论的发展及其对我国探究教学的启示，从理论上分析了目前我国教育界对探究性学习的认识偏差 |
| 靳玉乐 | 从心理学、教与学的角度论述了探究教学的理论基础，对探究教学的类型、特点和条件进行了周密的分析，对探究教学的模式进行了详尽的解说，还进一步指出了在探究教学的实施中教师与学生的地位、应注意的问题、评估的办法，可以说对探究教学进行了较为系统的阐述 |
| 任长松 | 从多样化的学习方式、多样化的科目、多样化的设计模式、个别差异、探究式学习的开展条件等角度提出了探究学习的 18 条原则 |

从这些研究可以看出，我国探究教学的内容多集中在对探究性学习的笼统介绍和实验经验的总结上。在研究中，偏重于教师如何进行探究教学，而忽视了学生如何进行探究学习，对于学生探究能力的培养方面则是少之又少。

## 三、影响在线学习者探究能力的因素解析

### （一）目标期望与价值导向

社会通过分配和奖惩来体现国家、社会、政府对人们特别是对学习者的学习的引导。在家庭和学校中，家长和教师对学习者的期望对学习者的学习目标有较大的影响。一般来说，外部期望值越高（有限制的高），学习者的学习动力就大；外部期望的内容和学习者兴趣相吻合，有助于学习者主动学习。

### （二）外部所提供的信息刺激

外部环境中许多因素是作为一种信息刺激，作为学习的对象，而对学习者的学习产生影响。在线环境中，由于缺乏人为的监控，各种干扰因素对学习者的学习产生影响。健康的、科学的学习环境有利于学习者主动进行知识建构，从而影响学习者探究能力的发展。

### （三）对在线学习者的指导

在线环境中，学习者经常会碰到许多困难，特别是对抽象的概念往往难以理解。此时，教师提供学习的指导是有利于学习的。在此过程中，指导方法也是非常重要的，如果指导过度，学习者缺乏独立思考、探究、学习的机会，也会影响学习效果。衡量在线环境中学习效果的标准，不但要看对知识的掌握和学习能力的发展情况，还要看探究能力的发展情况。

### （四）对学习的评价和反馈

在线环境中，教学注重对学习者态度、意义建构过程的评价，旨在真正了解学习者的学习过程，做出评价和反馈，提出提示和建议。及时、积极的评价与反馈，有利于在线学习者对知识的掌握，激发学习者的学习的积极性和兴趣，使学习者产生自信心和主动学习的意愿。

## 四、在线环境中学习者探究能力培养策略研究

### （一）选择合适的探究问题

问题是探究的源头，但不是任何问题都能引起学习者的探究动机，只有在对问题的答案或解决问题的新途径、新方法产生困惑时才能产生探究欲望，并进入积极的探究状态[6]。

探究问题应尽可能是真实的、有意义的。对产生于学生经验的真实问题的探究式科学教学的核心策略[7]。

探究问题应符合网络特点。在线学习课程设计时，要考虑该项活动在网络上的可行性，要选择能充分体现网络优势的问题进行探究。

问题的难度适当。太简单的问题，学习者无需探究即可完成，对探究能力的培养毫无意义；而太难的问题，学习者会认为问题高深，解决问题望尘莫及，从而导致学习者失去探究的兴趣。探究问题应处于学习者的认知发展区，使学习者拥有的认知结构或经验能够理解问题中的部分事实和现象。

探究问题能引起学习者的探究兴趣。南斯拉夫教学论专家弗·鲍良克说："情绪调节者学生对教学的态度和积极性。"在线课程设计中，问题的提出应从学习者的实际出发，与学习者的实际相结合。

### （二）创设良好的学习情境

学习者学习的积极性和主动性往往来自于解决心中的疑惑，满足自己的好奇心。在先课程设计时，要利用学习者的好奇心，有意识地创设情境，激发学习者的探究欲望和兴趣，从而培养学习者的探究能力。

创设生活情境，激发学生主动思维。从学习者熟悉的生活和生产实践的案例入手，让学习者认识知识来源于生活，激发学习者进一步挖掘生活的求知欲。紧密联系学习者的生活世界，力图将学习者从课本的条条框框中解放出来，细致入微渗透生活观念，积极引导学习者走进生活，借助生活世界，拓展学习者的思维空间，引导学习者学会探究。

创设认知冲突情境，引发学生探究欲望。矛盾和思维是最好的教具，矛盾的魅力在于把人吸引住。在线学习课程设计时，设置认知冲突情境，让学习者在前后矛盾的强烈冲突中由“无疑”而“生疑”，很大程度地激发学习者探究的欲望[8]。

### （三）提供良好的技术环境

如果需要把学习者培养成为终身学习社会中的自主学习者，就必须为其设计和创设能够提供相应支持的学习环境[9]。

提供以学生为主体的技术支持环境。在线课程学习过程中，主题往往是由学习者自己确定的，在这样相对自由的学习环境中，教师应激励学习者自我负责，培养学习者的责任感、主体意识和探究能力。同时，应注重网络学习社区的设计。在线学习者在社区中收集大量探究性资料，通过交流、互动，使学习者形成与社区共存共荣的态度。

提供适应时代和社会需求的技术支持环境。技术支持环境应该是共同生存、具有多元文化氛围的。提供与不同文化背景的学习者共同作业的情境，引导学习者体验多元文化共存社会的模式以及不同文化之间碰撞的技术支持环境。

提供有利于网络探究式学习的技术支持环境。在线学习课程中，应为学习者搭建主动发表意见与探究成果的舞台；更需要学生利用信息技术将各种素材或学习成果整合起来，与他人分享。从而使得学习者自评学习成果，有用成就感和自我效能感。

### （四）设计丰富的学习资源

在线环境下学习者进行的学习是一种基于资源的学习。基于资源的学习目标是为学习者提供各种机会，使他们在获得基本知识的同时，形成独立的学习技能和探究能力。这种学习模式中，没有将现成的答案呈现给学习者，而是为学习者提供一种非良构的学习环境，学习者在这样的学习环境中，进行资源的筛选、分析、综合，解决问题，达到对知识的深层建构，并在此过程中形成探究能力。

学习资源的设计以学习者为中心。学习资源的设计应有助于是学习者成为学习问题的发现者和探究者、协作活动的参与者、学习问题的解决者、知识的意义建构者[10]。在线学习课程中，最好能选择交互性强的媒体资源来呈现学习信息，通过生活化、拟人化、活泼化的互动交互方式来呈现内容。

深度挖掘互联网资源。在线学习课程中，可提供一些优秀网站作为网络资源给学习者。

提供足够的支架。在资源设计中，要考虑不同水平学习者的特点，为学习者搭建脚手架，帮助学习者从较低的认知水平向较高的认知水平发展。通过脚手架的搭建，激发学习者达到任务所要的目标兴趣，指引学习者朝着预定的目标付出努力。

### （五）设计科学合理的学习评价

在线学习课程中，学习评价的设计是检查和促进教与学，促进学习的健康发展。在线学习课程的评价设计应该是多元化的、可行的、全面的。评价的主题与对象以学习者为主，注重学习者参与评价，注重评价学习者的学习过程。

### (六) 注重教师指导性活动的设计

在线学习课程中,学习者的学习方式主要是"以学习者为中心",强调学习者的主体地位,以及学习的个性化和个别化。但是由于在线学习的组织方式自由、灵活,信息量大,高度共享,学习者容易出现缺乏自觉性、知识迷航等情况,此时,有效的教师指导显得非常必要。教师的指导性活动有利于促进学习者的学习。在线学习课程中,教师应调动学习者的自主性、主动性和创造性,促进学习者对知识的意义建构过程。

在线学习中很重要的特点就是具有较高程度地交互和参与活动,这就意味着教师要与学习者共同参与设计、进行学习活动。如果指导者经常在讨论平台发布消息或通过 E-mail 给学习者评论,会增加学习者对课程的参与度和学习兴趣[11]。反馈的及时性有利于学习者改正错误,对学习有重大意义。同时,教师在在线学习中,应引导学生如何去探究,帮助学习者提取有意义的信息或形成概念。

## 五、结语

综上述评,在线学习课程的中,设计者要注重创设情境,挑起矛盾,营造良好的学习环境,促使学习者积极探究,在学习者研讨时教师进行起到穿针引线的作用,使知识的建构不断深入,层层递进,直至达到学习目标。而在目前的在线学习课程中,多在表面上下功夫,而忽略了真正的探究能力培养,希望通过在线环境下学习者探究能力培养策略的完善,激发在线学习者的探究意识,提升在线学习者的探究能力。

### 参考文献

[1] 高登营.影响探究能力的内部因素及其验证[D].山东师范大学,2005,(4).

[2] 钟和军.网络主题探究学习的时间与思考[DB/OL].中小学信息技术教育网,http://www.nrcce.com.

[3] 何克抗,郑永柏.教学系统设计[M].北京:北京师范大学出版社,2002.

[4] 赵志群.网络化学习中教师指导性活动的设计[J].远程教育,2002,(3).

[5] 徐学福."研究性学习"之我见[J].课程·教材·教法,2001,(6).

[6][10] 迟增晓.网络环境下探究性学习的设计与应用研究[D].山东师范大学,2004,(4).

[7] National Research Council. The National Science Education Standards. National Academy Press. 1996.

[8] 丘铁军.谈学生探究能力的激发[J].教育研究,2010,(1).

[9] 李芒,李仲秋,黄建荣.网络探究是学习的心里学习环境设计[J].中国电化教育,2003,(7).

[11] DavidW. Brooks, DianeE. Nolan, SusanM. Gallagher. Web-Teaehing——A Guide for Designing Interaetive Teaehing for the World Wide Web「M」. Kiuwer Aeademie/Plenum Publishers, New York, 2001.

[12] Dvaid H. Jonassen. Toward a Design Theory of Problem Solving[J]. ETR&D. Vol. 48, No4, 2000.

[13] M. Pedaste, H-A. Pentjarv, T. Sarapuu. DevelοPing Studento' Problem-Solving Skills by Web-based simulation[C]. In e-lcarning in Science and Environmental Education. Tartu, Estonia. 2003.

### 作者简介

胡晓黎,1989 年生,女,浙江省金华市,中学教师,学士学位,研究方向为信息技术教育。

# 基于副本管理的可伸缩教育资源云存储服务研究

金煜良，柯清超
（华南师范大学教育信息技术学院，广东广州，510631）

**摘　要：** 随着信息技术的不断提升，教育信息化程度的不断提高，教育资源数据量呈现出爆炸性增长的趋势，正面临着海量异构、共享程度低、大规模并发访问等挑战性难题。云存储服务具有高可伸缩性及大容量存储等特点，给海量教育资源管理与应用带来了新的契机。为解决教育资源在教学应用中会出现规律性大规模并发访问的问题，从教育资源访问的时间聚集性特点出发，提出副本管理模型，设计并实现副本管理策略，根据用户访问量增减而动态调整副本，实现教育资源服务的可伸缩，为教育资源用户规律性大规模并发访问提供解决方案。经过测试，显示系统具有良好的可伸缩性，访问性能明显提高。

**关键词：** 副本管理；教育资源；可伸缩；云存储服务

# ApplyingReplica Managementto Providing Scalable Educational Resources Cloud Storage Service

**Abstract**: With the development of information technology and the enhancement of educational informationization, educational resourceshave shown the explosive growth tendency. Meanwhile it is facing challenging problemlike difficulty of managing massive data, low level of resource sharingand regularly-large-scale concurrent accesses. Cloud storage service has the characteristics of high scalability and massive storage, and it provides an important opportunity for the management and applications of large-scale educational resources. At present, regularly large-scale concurrent accesses to educational resources is the main hard-solved issue. In order to solve the problem, this paper puts forward a replica management model, designs and implements the replica management strategy based on temporal clustering of accessing educational resources. It can adjust the replica dynamically by theincrease and decrease in quantity of user visiting and provide scalable educational resources cloud storage service. This paper may provide a solution for the problem of regularly large-scale concurrent accesses to educational resources. Experimental results indicate that the system has good scalability and higher access performance.

**Keywords**: replica management; educational resources; scalable; cloud storage service

教育资源是教育信息化的重要内容，随着教育信息化进程的深入和数字化资源应用的日益广泛，教育资源呈现出强交互性、多态性、个性化等特点，但同时教育资源服务也面临着资源海量异构、服务低效、规律性大规模并发访问等挑战性难题。而云存储服务具有高可伸缩性、高可靠性及大容量存储等特点，给海量教育资源管理与应用带来了新的契机。

云存储使用分布式文件系统与虚拟化技术将网络中大量设备集合起来向用户提供海量的信息存储，打破了传统的存储模式。目前有不少提供云存储的系统，以其扩展性强、性价比高、容错性好等优势得到了业界的广泛认同，虽然从某些程度上能够解决教育资源服务的部分问题，然而存储机制的优化、存储服务质量提高和通用技术的教育领域适应性问题都急待解决。显然，众多问题之中，面向教育资源的海量存储优化是重中之重。

## 一、国内外研究现状分析

目前对于海量数据云存储的研究一直是热点问题，主流 IT 公司掌握着该领域的关键技术。Google 公司提出一个可扩展的分布式文件系统 GFS[1]，主要用于对大型的、分布式的数据进行访问和应用。而 GFS 的开源实现则是 Apache 组织的 HDFS[2]。Amazon 公司构建了简单的数据存储服务 S3[3]，能够提供可靠的、快速的和廉价的数据存储服务。国内华为公司推出的 DBank，金山公司的金山快盘等也能为用户提供小容量云存储服务。然而主流的 IT 公司技术保密，且对于教育领域的研究较少，不能很好地满足需求。

对于服务的伸缩性研究，TokunoK 等设计了一个似然性的软件服务可用性模型，其主要目标是分析可靠性增长与服务可伸缩性间的关系，但未能考虑其他因素[4]。黄昌勤曾以计算网格调度模型 $D^3SM$ 为基础，设计了专门部件来处理计算服务不确定性，同时给出 3 种应用级的处理对策，但尚未深入研究服务整体可伸缩性因素[5]。显然，上述研究或仅关注传统服务的不确定性、可靠性，且基本局限于业务级可伸缩性相关问题及其对策。

在云存储系统的副本管理研究方面，Wang Y 等[6]对分布式系统中的数据副本技术提出了间接副本算法，可减少副本重复存储的开销，使存储系统的持久性和安全性提高。吉林大学的黑继伟[7]提出了基于分布式并行文件系统 HDFS 的副本管理模型，该模型对 HDFS 中的副本进行动态管理，优化了系统的性能。电子科技大学的杨曙锋[8]基于 Linux 系统研究的分布式并行文件系统 DPFS，可用于智能管理分布式并行服务器中的副本。王彩亮提出了基于灰预测的数据副本选择策略[9]，根据存储节点的历史信息预测副本响应时间，为用户选择最优副本提供依据，以提高云端用户的 QOS。然而，现阶段的研究缺乏领域针对性，结合教育资源的访问特点来优化云存储系统的研究还比较少。

综上所述，目前云存储服务是当前的热点研究对象，其重要性毋庸置疑。而国内外对海量资源、功能服务的研究重点是满足通用性需求，在保障资源服务的可伸缩性(含服务稳定性及其因环境因素改变而改变的适应性)方面研究较少，而结合教育资源访问特点提高云存储效率的研究尚处于起步阶段。因此，本文抓住教育资源访问的时间聚集性，研究教育资源云存储系统中的副本管理策略，完成教育资源服务的可伸缩，提高领域资源云存储服务效率，对于促进云存储在教育信息化过程中的应用效果，推动教育信息化的深入发展，将具有重要意义。

## 二、教育资源访问的时间聚集性

教育资源访问的时间聚集性是指教育资源会集中服务于相同的学习群组，或者时间上具有相似性的用户，这样的群组或用户获取相同教育资源的可能性会很高，因为群组在学习过程中，各个体成员无论是否围绕一个主题或者知识点进行，他们的资源访问行为在时间上都具有很高的相似度。也就是说，对某教育资源应用而言，一般获取相同或者相似资源的人群在同一个时间段内重复访问该资源的机率表现得相对较高。

教育资源访问的时间聚集性是研究副本管理的重要条件，本文通过记录教育资源用户的访问行为来获取教育资源访问的时间聚集性。为此，本文设计了历史访问记录表 Log＝＜LogTime，UserName，FileID，FileName，NodeID＞来获取。

## 三、副本管理模型

本文结合前期构建的教育资源云存储系统模型[10]，综合考虑云存储的优势及用户应用需求，提出了图 1 所示的副本管理模型。

副本管理模型由上至下依次分为四层：应用层、管理层、执行层和物理层。

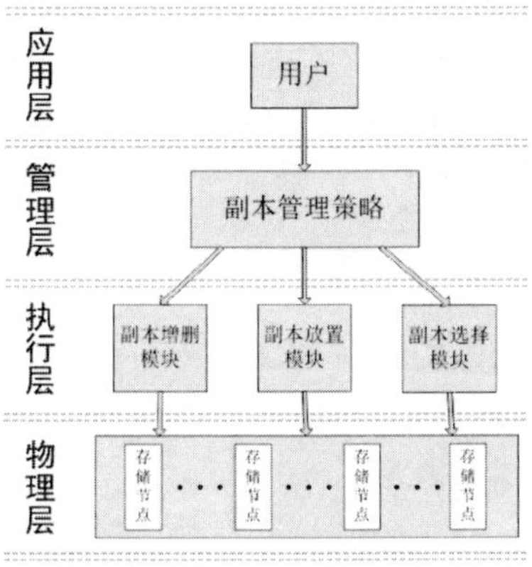


图 1 副本管理模型

(1) 应用层包含系统的应用及用户的访问应用；

(2) 管理层是副本管理策略，负责监控和管理下一层的模块；

(3) 执行层包含在合适时机动态创建和删除副本的副本增删模块，选择合适节点存储副本以平衡系统负载的副本放置模块，推送最优副本以提高系统访问性能的副本选择模块；

(4) 物理层则由各个物理存储节点组成。

## 四、副本管理策略设计

本文的副本管理策略是采用主动调平的方式将文件的主副本以及在合适时机创建的从副本放置在最佳位置，并在用户访问时为其推送最优副本，在合适的时机将冗余的副本删除，整体监控副本从创建、放置到删除的生命周期。副本管理策略通过副本增删模块、副本放置模块、副本选择模块共三个模块来执行，以此维护系统负载均衡，保证系统运行的稳定性，提高系统访问性能。

### （一）副本增删模块

副本增删模块的作用是在合适的时机动态创建及删除资源从副本，此处的从副本指除文件第一个写的主副本以外的其他文件副本。副本何时创建及删除将会影响系统的稳定性，因此副本创建及删除时机是本模块要解决的重点问题。

本文基于教育资源访问的时间聚集性提出一种动态副本创建方式，即通过统计历史访问记录获取教育资源访问的时间聚集性从而得出副本创建的合适时机。通过统计某个资源前一时间周期 $T_1$ 内的访问记录来判断它是否为热点资源，若是则对其创建副本。这不仅能提高准确性，且使副本创建具有可预见性。令 M 为阀值，假设对当前时间之前的时间周期 $T_1$ 内的历史记录进行分析，某热点资源创建副本的步骤如下：

(1) 对其访问记录依时间先后倒序排列；

(2) 取前一时间周期 $T_1$ 的访问记录；

(3) 判断其访问次数是否超过阀值 M，若是则创建从副本，若否则等下次访问时再判断。（对于副本创建个数，本文综合考虑了负载均衡和条件的限制，暂为热点资源动态创建一个从副本。）

动态创建副本后会导致系统中同个资源存在多个副本，而资源访问热度一般有一定的周期，若过了访问热度周期而长时间不使用副本，会导致存储空间的浪费，甚至由于管理代价的提高而降低系统性能。因此，动态删除冗余的副本将有利于提高系统的性能和维护系统的稳定性。本文采用基于历史访问记录的副本删除方式，即若一个资源除了主副本以外还有从副本，在时间周期 $T_2$ 之内，该资源从副本的访问次数小于一个阀值 L，则删除该资源的从副本。

### （二）副本放置模块

副本放置模块主要负责主副本的放置以及从副本的放置，而选择不同的副本放置位置将会对系统的访问性能及负载平衡产生重大影响，因此选择合适的存储节点放置副本是本模块要解决的主要问题。

本文提出一种主动调平的放置方式，它的本质就是在副本创建开始时充分考虑负载平衡的问题，主动将副本放置在负载最轻的位置，尽可能消除负载不平衡的潜在风险，根据节点的存储能力以及访问压力来判断最佳位置，从而避免了创建的副本在整个存储系统内的任意放置。副本的放置分为主副本的放置及从副本的放置。

**1. 主副本的放置**

主副本即为文件上传时存储在系统中的第一个数据块副本，创建时根据节点的存储能力来选择副本放置的最佳位置，而节点的存储能力可通过剩余的存储空间来衡量。因此通过比较得出剩余空间最大的存储节点，将主副本放置其中，具体流程如图 2 所示。

**2. 从副本的放置**

出于平衡负载以及提高系统访问性能的考虑，动态创建的从副本放置位置的选择也要和主副本的放置一样考虑负载平衡的问题，不同的是，在选择合适节点时，从副本的放置除了像主副本的放置一样需考虑节点的存储能力外，还需考虑存储节点的访问压力，以平衡节点的访问热度，进一步提高系统的稳定性。

选择从副本放置的最佳位置有两个参数指标：①节点在时间周期 $T_3$ 内的访问次数；②节点当前的剩余存储空间。节点在时间周期 $T_3$ 内的访问次数可通过历史访问记录统计获得，节点当前的剩余存储空间获得方式与主副本放置时的一致。设第 i 个存储节点在时间周期 $T_3$ 内的访问次数为 $N_i$，当前剩余存储空间为 $R_i$，本文给出判断最佳位置的计算公式为：

$$Q=\frac{k_1 N_i}{k_2 R_i}$$

其中 $k_1$、$k_2$ 为常数系数，分别表示相应的权重值，根据系统实际情况的不同，对服务标准的侧重点不同可以取不同的值。除存储主副本的节点以外，计算其余存储节点的 $Q$ 值，选择 $Q$ 值最小的存储节点放置从副本，具体的流程如图 3 所示。

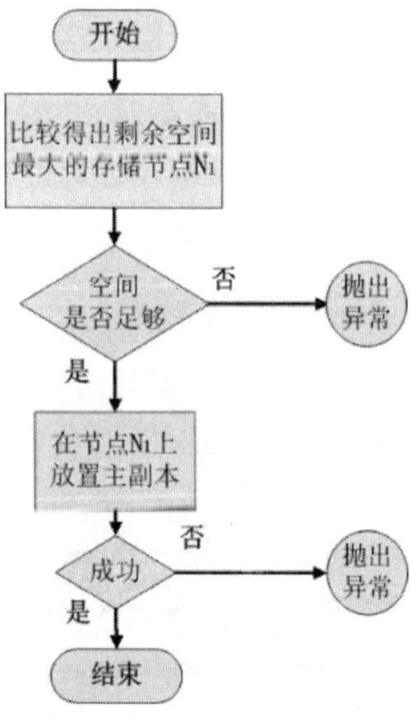


图 2　主副本放置流程图

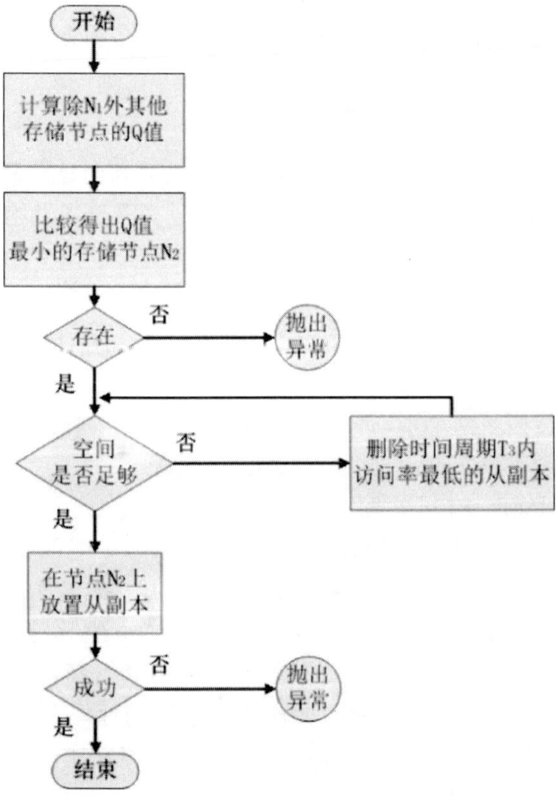


图 3　从副本放置流程

### （三）副本选择模块

某热点教育资源成功创建从副本之后，则系统中存放着该资源的多个副本，采用合适的副本选择方法，将最优副本推送给用户，将有利于降低访问延迟，提高系统的访问性能。因此如何选择最优副本是本模块需要解决的主要问题。用户访问时，通过浏览器向 web 服务器端发送请求，web 服务器端建立 DFSClient 连接与云存储系统进行通讯，再将资源通过 web 服务器端返回给用户，具体流程如图 4 所示。

根据图 4 的用户访问简化模型，本文提出根据当前网络环境来选择最优副本的方法，主要思想是：在用户访问时通过调用 web 服务器端的 Ping 命令，分别 Ping 放置副本的存储节点，判断得出返回时间最小的存储节点即为存放最优副本的节点，选择最优副本的具体流程如图 5 所示。

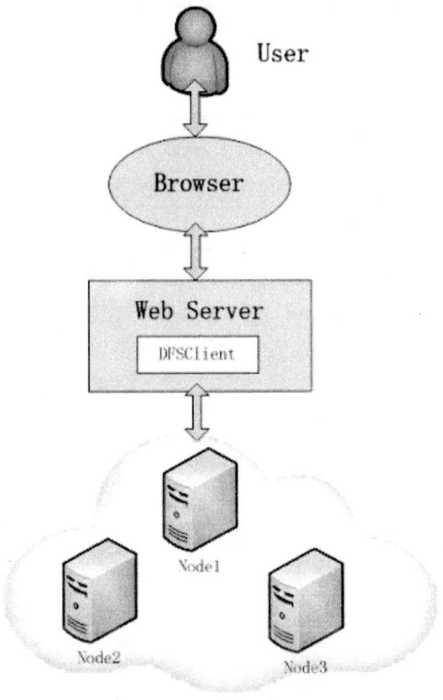


图 4　用户访问简化模型

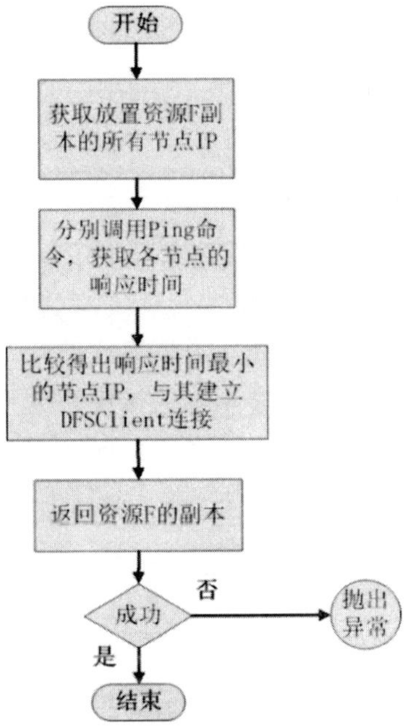


图 5　最优副本的选择流程

## 五、系统实现和可伸缩性测试

### （一）系统实现

教育资源云存储系统使用服务器虚拟出 3 个存储节点，每个节点包含一台 Namenode（名称节点）和一台 Datanode（数据节点），基于 Ubuntu Linux 环境搭建 Hadoop 平台；另外通过搭建 Tomcat＋MyEclipse＋Mysql 的开发环境，运行 web 服务。如图 6 所示，我们封装底层存储，通过 web 方式来存储和管理资源，使用户操作教育资源云存储系统与操作传统资源管理系统一样，该系统为用户提供了资源上传下载、共享评价等管理功能。另外还实现了节点存储情况动态反馈功能，为管理员动态呈现副本管理策略，展现可伸缩性的教育资源服务，如图 7 所示。

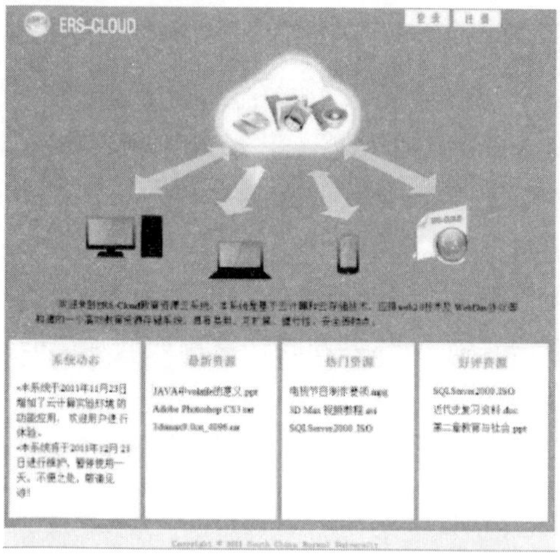


图 6　可伸缩教育资源云存储服务系统

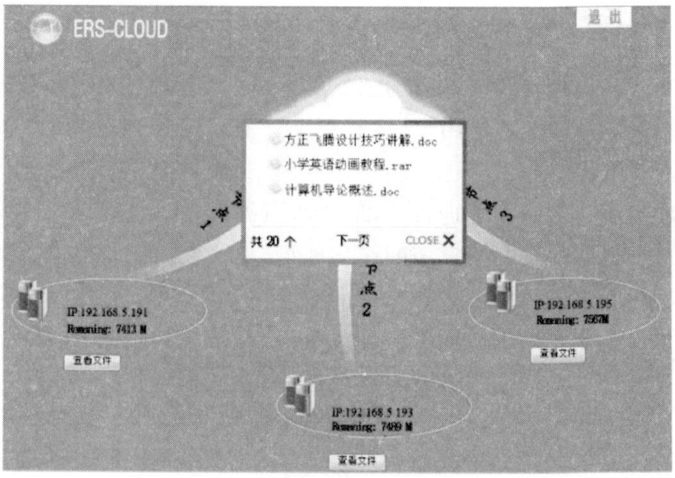


图 7　节点存储情况动态反馈

## （二）可伸缩性测试

实验 1:测试系统分别使用和未使用副本管理策略的响应时间。实验数据为 64M,实验任务为统计各个用户分别在使用和未使用副本管理策略的情况下对同个资源的访问时间。副本增删模块设置副本访问阀值为 1 小时之内 3 次,以此来模拟规律性并发访问,若当前时间至之前 1 小时内访问次数超过 3 次则自动创建副本,以后的访问则通过副本选择模块为用户推送最优副本。实验步骤为:(1)未使用副本管理策略,执行实验任务 5 次,并统计每次的响应时间,如图 8 所示;(2)使用副本管理策略,执行实验任务 10 次,并统计每次的响应时间,如图 9 所示。

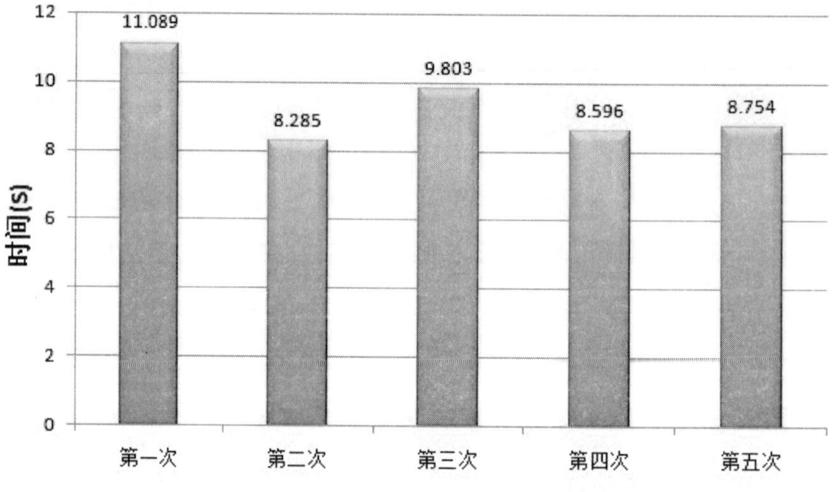


图 8　未使用副本管理策略时系统响应时间图

如上两图所示,当未使用副本管理策略时,执行 5 次任务的平均时间为 9.305 秒。使用后,执行前三次任务时系统中只有一个主副本,平均时间为 9.286 秒,与未使用时相差较小,而执行后七次任务时有最优副本推送,平均时间为 8.436 秒,执行速度加快。

实验 2:测试系统对不同大小的文件分别使用和未使用副本管理策略的响应时间。实验数据分别为 64M、128M、256M,实验任务与实验 1 相同,当测试完 64M 的文件后将系统恢复到测试前的状态再测试 128M 的文件,以此类推,保证测试前的系统状态是一致的。结果如图 10 所示。

如上图所示,当文件大小分别为 64M、128M、256M 时,未使用副本管理策略执行 5 次任务的平均时间与使用副本管理策略执行后 7 次任务的平均时间相差分别为 0.869 秒、1.767 秒、2.700 秒,可见执行速度随文件增大而提高得更加明显。

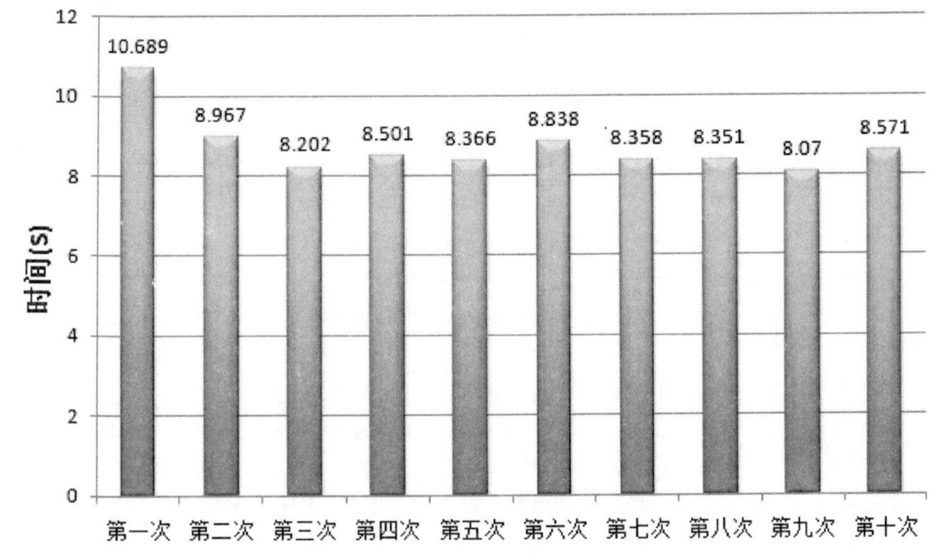


图 9　使用副本管理策略时系统响应时间图

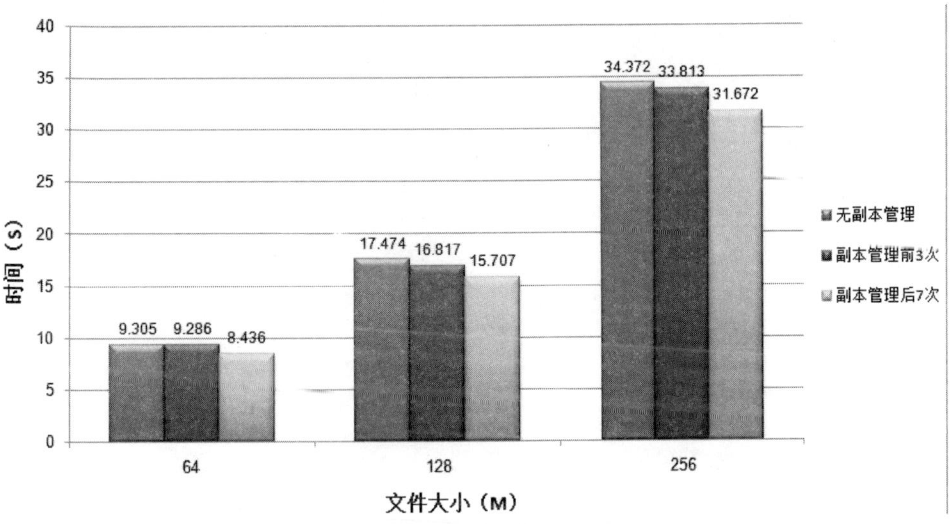


图 10　不同大小文件使用及未使用副本管理策略时系统响应时间图

实验结果:使用副本管理策略时,当文件访问次数未超过访问阀值时,系统性能未发生改变。当文件访问次数超过访问阀值时,系统能根据当前访问需求以及负载变化动态调整副本,提供可伸缩的服务,且随着文件的增大,使用副本管理策略时系统性能的提高更加明显。

## 六、结论与展望

教育信息化的深入使教育资源呈爆炸性增长,解决教育资源的海量存储和智能应用成为业界重要且具挑战的研究课题。本文通过教育资源云存储服务的研究表明:(1)抓住教育资源访问的时间聚集性,采用教育资源副本管理模型,实现可伸缩的教育资源云存储服务具有可行性;(2)副本管理的基本策略包括副本增删、放置、选择模块,其中副本的动态放置与最优副本的选择对实现伸缩性管理是关键;(3)小规模的测试表明,通过副本管理策略能明显提高教育资源云存储系统的访问性能。

然而,由于云存储技术还不成熟,同时,面向教育资源的存储支持服务也极其有限,显然,本研究还存在众多不完善之处,下一步将完善的工作有:综合考虑教育资源访问的主题性与空间聚集性,实现功能更完善的动态副本管理策略;在此基础上进行大规模的应用测试,实现教育资源云存储的高效管理和智能服务。

## 参考文献

[1] GhemawatS,Gobioff H,Leung ST. Thegooglefilesystem[J]. ACM SIGOPS Operating Systems Review, 2003,37(5): 29-43.

[2] HDFS Architecture Guide[EB/OL]. http://hadoop. apache. org/common/docs/current/hdfs_design. html, 2012-02-14.

[3] Robinson D. Amazon Web Services Made Simple: Learn how Amazon EC2, S3, SimpleDB and SQS Web Services enables you to reach business goals faster[M]. London: Emereo Pty Ltd,2008.

[4] TokunoK,YamadaS. User-perceived software service availability modeling with reliability growth[J]. Service Availability,2008,75 - 89.

[5] 黄昌勤. 计算网格中任务管理的若干问题研究[D]. 杭州:浙江大学,2005.

[6] WangY,LiS. Research and performance evaluation of data replication technology indistributed storage systems[J]. Computers & Mathematics with Applications, 2006,51(11): 1625-1632.

[7] 黑继伟. 基于分布式并行文件系统 HDFS 的副本管理模型[D]. 长春:吉林大学,2010.

[8] 杨曙锋. 分布式并行文件系统的副本管理策略[D]. 成都:电子科技大学,2003.

[9] 王彩亮. 云存储环境下数据副本管理策略研究[D]. 云南:云南大学,2011.

[10] 金煜良,贺湘辉,李源等. 基于云计算的教育资源存储系统研究[J]. 华南师范大学学报(自然科学版),2011,(B06): 96-100.

## 作者简介

金煜良,1989 年生,男,汉族,广东省汕头市人,12 级硕士研究生,研究方向为现代教育技术。

# 基于微博的碎片化学习资源设计研究

施秋萍，王振国

（华南师范大学教育信息技术学院，广东广州，510631）

**摘 要**：随着互联网技术的快速发展及移动终端的普及，人们开始重视碎片时间的存在以及它所能带来的无限机会和可能。在微博盛行的网络时代，更是为碎片化学习提供快速有效的学习方式。碎片时间的特征决定了其微型化，碎片化学习需提供可快速访问的学习资源。微博不但提供一种生活娱乐方式，且在教育中发挥着重要的作用。基于微博对碎片化学习资源进行设计研究，将会促进两者的结合。

**关键字**：碎片时间；微博；碎片化学习；学习资源

# The Design and Reserch of Fragmented Learning Resources Based on Microblog

**Abstract**: With the rapid development of Internet technology and the popularity of the mobile terminal, the people began to pay attention to the presence of the fragment time, and the unlimited opportunities and possibilities. Microblog is prevalent, provide the fast and effective way for fragment learning. The characteristics of fragment time determine its miniaturization, the fragment learnin need learning resources which can quick access to . Microblog is not only a way of entertainment, and play an important role in education. The design and research of fragment learning resources based on the microblog will promote a combination of both.

**Keywords**: fragment time; microblog; fragment learning; learning resources

随着“愤怒的小鸟”、“植物大战僵尸”等风靡游戏的盛行，碎片时间的概念被划归出来。所谓的碎片时间，即指日常工作生活中闲散的，零碎的时间，这些时间不是很长，如等车、排队、等人等情况所用的时间，这些时间不适宜做比较有深度的事情，一般用来手机阅读，玩游戏等[1]。碎片化学习是指通过对学习内容或者学习时间进行分割，使学员对学习内容进行碎片化的学习方式[2]。DCCI互联网数据中心的数据显示：2010年末，我国互联网电脑网民规模已达到4.69亿，手机网民数量已达到3.26亿。预计到2013年，中国手机网民将达7.20亿，手机网民占中国人口比例将达52.9%，首次超越电脑网民。由于移动互联网的迅猛发展、iphone等移动终端的推广，以及社交网络、博客、微博等的流行，使得人们开始重视碎片时间的存在以及它所能带来的无限机会和可能。当前各大商家企业为挖掘碎片时间带来的价值，不断推出解决方案争取满足用户的个性化需求，可见碎片时间是移动互联网的机会所在[3]，同时移动互联网为碎片学习提供了基础与保障条件。

## 一、碎片化学习及其学习资源设计研究概述

随着移动互联网的快速发展，碎片时间所引起的影响受到了人们的关注，这些零碎的时间甚至已经成为一些应用的主流。媒介种类日益增多，互联网、数据库等各种新技术的运用和发展，以及大众个体需求越来越细化，也

使得现在大众传媒市场正在瓦解成一个个“碎片”市场，可以说现在的人们已经进入了一个碎片化的时代。[4]。

### （一）碎片时间及碎片学习

基于碎片时间的概念分析，发现碎片时间具有随机性、间断性、随意性、个体差异性等特征，且根据不同用户及不同的行为，碎片时间也被划分为不同的类型[5]。丰富的即时通信应用软件及专门针对各款智能手机开发的即时通信客户端，都很大程度地满足了用户在上下班途中等逐渐增多的零散时间内想要与他人联系的愿望。有限的课堂学习是不够的，碎片学习是课堂学习的一种延伸。一个针对日本大学生移动终端使用情况及移动学习对学生有无帮助的研究结果显示，利用碎片时间学习对学生的学习效果是有影响的。

### （二）学习资源的设计研究

当前针对于碎片时间进行学习资源设计的很少，而多数都是将碎片化学习看成移动学习与微学习来进行资源的设计。方海光与李玉顺等人以 EML(Educational Modeling Language)应用特征为基础，对移动学习资源进行特征分析，提出了移动学习资源对象单元建构模型[6]。郑燕林与李卢一等人基于 SECI 模型（Socialization、Externalization、Combination、Internalization）视角研究设计移动学习资源，认为移动学习资源设计的重点在于其“知识性”设计、“情境化”设计，“人性化”设计及“交互性”设计，不但需内含了对个人知识管理的支持，也需蕴含了对集体智慧的挖掘与利用[7]。曾健结合成人学习的特点，在微型学习策略指导下提出基于课程知识点的片段式学习资源的设计，每个知识点基本控制在 5 到 10 分钟的范围内，每个知识点相对独立，知识点之间隐含着一定的连贯性[8]。冉利龙结合移动学习及移动学习者的特征，设计基于播放的片段式学习资源，基于 flash lite 技术环境开发移动学习课件[9]。王寒冰从开放大学资源与泛在学习资源的特点研究入手，强调学生的自主学习，认为呈现给学习者的并不是学习内容，而是消息的提醒，尊重学习者对课程的认知程度与自我价值表现，注重交互活动的开展[10]。欧盟项目“从数字化学习到移动学习”研究得出课程内容和结构设计原则包括：简单性原则，避免大量的信息；避免有下划线的文本出现，以免和超链接混淆；提供下拉列表方便信息输入；一致性原则（连接始终保持在同一位置）；始终保持与主页保持连接；每一页上使用标题导航；使用简明扼要的格式——标题和总结；使用短小的句子[11]。

## 二、微博的教育应用概述

微博是微型博客(MicroBlog)的简称，是一个基于用户关系的信息分享、传播、以及获取平台，用户可以通过 WEB、WAP 以及各种客户端组件个人社区，以 140 个字左右的文字更新信息，并实现即时分享，具有短小性、实时性、互动性的特点[12]。微博良好的技术支持可以保证其应用于移动学习具有有效性，学习者在社交学习活动中所产生的信息，基本上是属于碎片性质的，碎片越多，整合的要求也就越强烈，可帮助学生积累资料促进知识结构的改变[13]。当前微博在教育中的应用主要有以下几个方面：

### （一）有效的学习交流工具

1. 促进师生交流：师生之间互相关注形成一个关系网络，可以随时随地的用文字、多媒体等方式，将教案设计、学习疑惑、研究成果等通过微博发表，促进彼此之间交流互动，在迁移默化中汲取知识。

2. 支持协作学习、促进集体智慧的产生：基于微博学习者可以组成协作团队，充分发挥各个学习者的潜能，促进认知过程的重建，提高学习者思维的活跃性。微博不仅可作为学习者协作学习的工具，提高学习者之间协作的能力，而且能记录学习者自身认知的途径。学习者可通过微博来反馈在学习中遇到的问题与观察到的现象。

3. 支持移动学习、终身学习：只要有手机，通过短信、彩信、WAP 就可以随时随地阅读微博、发表微博，还可随时和同伴与专家交流，实现时时学习，时时思考，为碎片化学习提供了强有力的条件。学习和思考的信息还可以长期存储下来，形成自己的个性化资源库，只要有帐号登录，就可以随时随地访问。

### （二）有效的管理工具

1. 促进班级管理：教师可关注所有的学生，建立实时联系的师生关系。通过学生的学习心得、生活感悟、心情日志等了解学生的基本情况，可进行个性化的辅导与指导，实现个性化的班级管理。

2. 促进教师、学生、家长的互通：微博创建了一种全新的社会关系沟通渠道，即时性、碎片化、聚合性的传播特征带来了信息社会的一场微革命[14]。微博支持信息的公开与半公开，教师、学生、家长之间可以通过微博来沟通，不仅可进行 1 对 1 的交流，还可进行多对一或一对多的交流。

综上所述，很多研究学者都认为移动学习资源都需微型化，设计都需相对简单，适合于零碎时间的，不易受外界干扰。微博在教育中发挥了重要的作用，基于微博开展学习活动已是一种趋势。微博自身的功能与特点很适合开展碎片化学习，学习最主要的是学习资源的设计，目前几乎没有基于微博应用研究设计碎片化学习资源。本文基于微博研究设计碎片学习资源，更好地促进微博与碎片化学习资源的结合。

## 三、研究思路与内容

温伯格把微内容定义为“小组块、松散链接，一直处于动态重组中的信息单元”；里纳认为微内容具有“聚、敛、自包容、不可再分、结构化、可获取、随处可见”等内在特点。碎片化学习讲究短、快、精。本研究认为碎片化学习的学习资源属于微内容的范畴，设计遵守微型学习理论。微型学习是一种可利用移动通信技术实现双向交流的学习方式，可以实现任何时间、任何地点的学习。微型媒体所承载的微型学习内容，是以实用短小的内容组块来呈现学习内容并组织学习活动，满足一个或几个相互关联学习对象[15]。强调在有限的时间内学习相对短小的、松散连接的、自包含的知识内容或模块，常以但不限于移动终端作为载体，如便携式移动设备、手机、PDA 等手持设备。为此，需要以微型的媒体来呈现微型的内容，以多种移动终端来承载微型课程，并以移动通信工具实现微型学习的互动通信。

当前是微博盛行的网络时代，其中以新浪微博和腾讯微博为代表。每一条微博的字数限制在 140 个字之内是微博的特色。这源于一条短信的字数就是 140 个英文字母，采用短信形成一种最简洁的互联网和手机的交互，它的关节点就是手机的参与。很多研究学者在研究微博在教育中如何应用当前研究设计学习资源的研究学者都开始重视学资源的简单化，但是都只是理念上提出来，但是没有做到像微博一样，一个学习对象字数之类的限制条件。基于微型学习理论，本研究结合碎片化学习的特点以及微博的应用特点来设计碎片化学习资源。

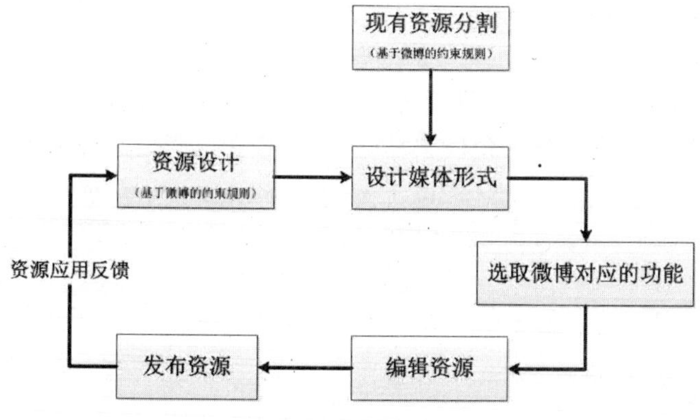


图 1　基于微博设计学习资源的整体思路流程

### （一）微博的输入框功能对应的学习资源设计功能

以新浪微博为例，发一条微博不但有文本输入框（限制于 140 个字），而且还以表情、图片、视频、音乐、话题、投票等作辅助。这样就可以编辑有声有色的数字化、立体化的微博。此功能特色对于设计碎片化学习资源很有优势，既可不改变用户对微博的使用习惯，又可设计立体化的学习资源，将碎片学习嵌入其中。碎片化学习属于教育学习的范畴，基于微博输入框的功能特点设计碎片学习资源，需将微博的功能特点相应转变且应用到教育中。本研究中微博的功能特色与教育的应用对应如图 3 所示。

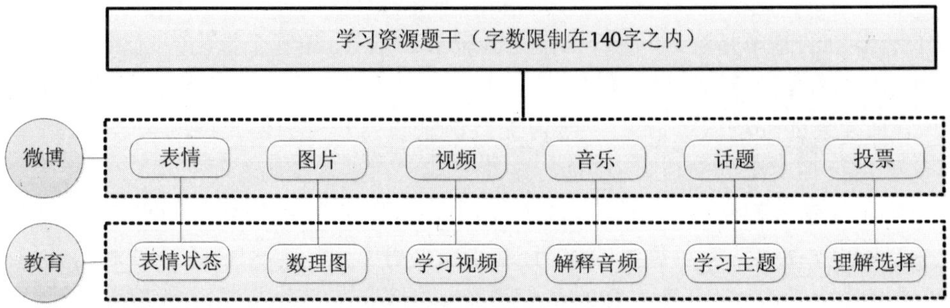


图 2　微博输入框功能对应的教育资源设计的功能

不同的用户有不同的用户习惯，微博输入框的表情、图片、视频、音乐、话题、投票等功能的使用也是因人而异。本研究在设计碎片化学习资源的时候，将微博的相关功能作了相应的对应。学习资源既指学习内容，又指考核内容。

## （二）具体的学习资源样例设计

在日常的生活中，表情多数是用来表达心情状态等。在教育中，表情不但可以表示某种状态，还可作为一个知识点的呈现方式。如图 4 所示，结合表情图片就可以形象直观的将英语中的各种笑表达出来，如果没有表情图片的形式，这个知识点的呈现就变成了纯文本，学习者学习起来就会有枯燥的感觉。加上表情图片之后，知识点的呈现使得知识点在有限的时间内更容易地被学习者理解和接受，更有利于促进碎片化学习。

图 4　基于表情设计的“笑”的英语学习资源

1. 图片的应用多数都是共享漂亮的风景或人物图。在设计数理学科学习资源的时候往往会遇到公式输入识别与学科工具的具体使用问题，微博虽不提供这样的一种功能，本研究主要是利用图片附件的形式上传数理图来辅助数理学科的相关资源设计。如图五所示，这是一道数学练习题，题干直接用微博输入框输入，图即是通过图片附件的形式上传。学习者可对图片做“收起”、“查看大图”、“向左转”、“向右转”等的操作。这有助于学习者选择辅助图合适的角度去理解，一定程度上满足个性化学习。

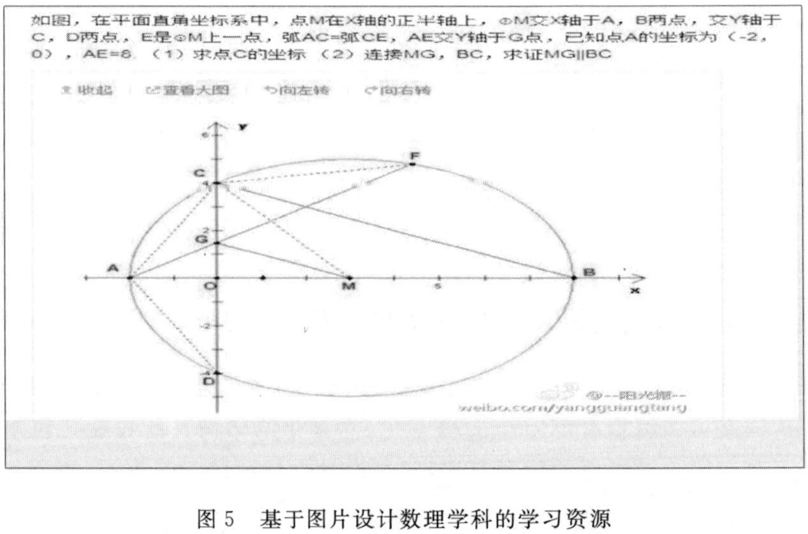


图 5　基于图片设计数理学科的学习资源

2. 视频是一种比较形象直观的动态多媒体形式，在本研究中，这个视频主要是辅助操作性知识点的学习微视频，时间一般限制在 3 分钟之内。本研究设计学习资源的时候，不是呈现学习视频资源的网址，而是直接上传学习视频，更能提高学习者获取知识的即时性，且视频与题干显示在同一页面，提高学习的方便性。图六为关于设置段落首行缩进的文本描述与操作视频：

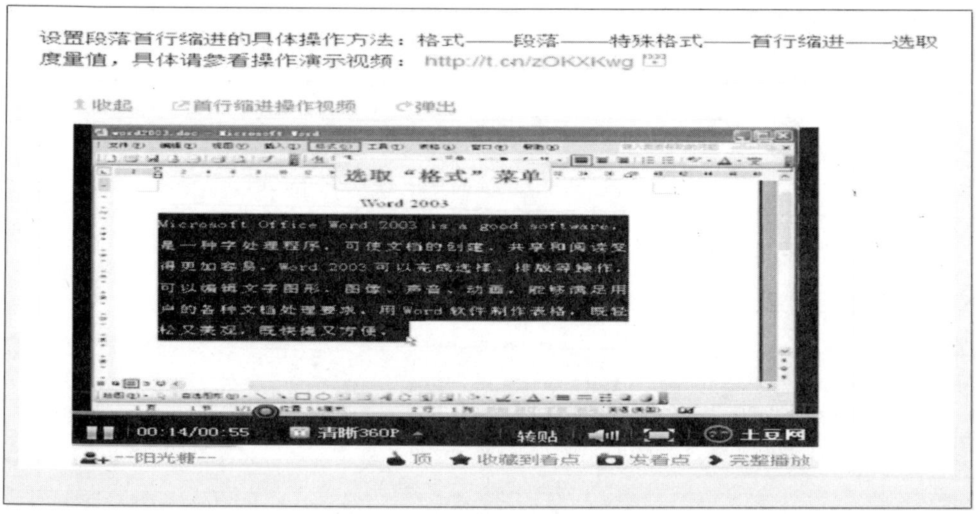


图 6　基于视频设计的学习资源

3. 音乐，在教育中的应用主要是给学习点提供音频解释。有些知识点录制成视频不合适，用图片的形式去展示又需一些引导和解释，纯粹文本解释学习者又会觉得枯燥，而且纯文本展示会显得内容较多。本研究认为将一些知识的解说录制成音频，让学习者可在挤公交的时候进行“广播式”学习，也是基于微博的有效应用。

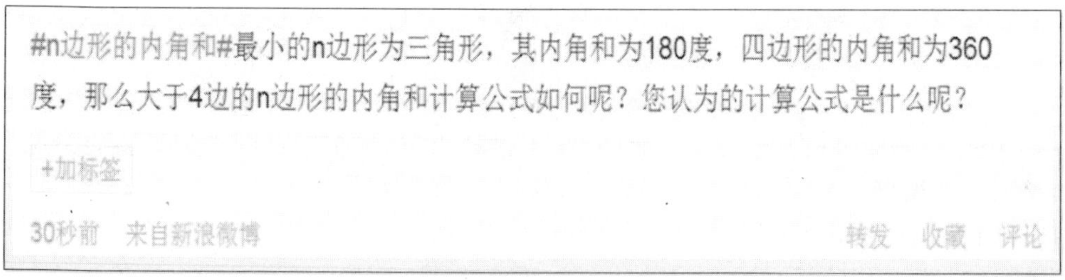


图 7　基于话题设计的学习资源

4. 话题，在微博中大家经常会围绕着某一主题进行集体讨论。在学习资源的设计中，话题不再是一个讨论主题，而是知识组织的一个中心点。比如在学习探讨＃n 边形的内角和＃这一主题时（如图 7 所示），学习者可以不基于提供的资源而围绕主题进行探讨思考发言。

5. 投票等同于教育应用中的选择功能。图八是基于投票功能设计的“当”一词多义理解的学习资源。教师通过数据的统计就会了解到学生的学习情况。文言文的学习通常都比较沉闷，基于微博的这种形式命题会给学习者带来一种新鲜感。

## （三）学习资源设计总结

基于微博的功能设计学习资源简单又方便，设计的学习资源本身就是一种微型学习资源。选择不同的功能设计出不同学科的学习资源，且可设计出立体化学习资源。当前网络社会下，使用微博已是一种习惯，基于习惯来学习可减轻学生的学习负担，在潜移默化中让学生学到知识。以这种方式设计开发学习资源，一方面有效地结合了多媒体技术，促进教育信息化；另一方面扩大了学习资源的使用规模，只有要网络，学习者就可以通过网络获取学习资源。通过微博的收藏功能，学习者还可收藏对自己有用的学习资源，形成自己的个性化资源库，促进学生的自主学习与个性化学习。

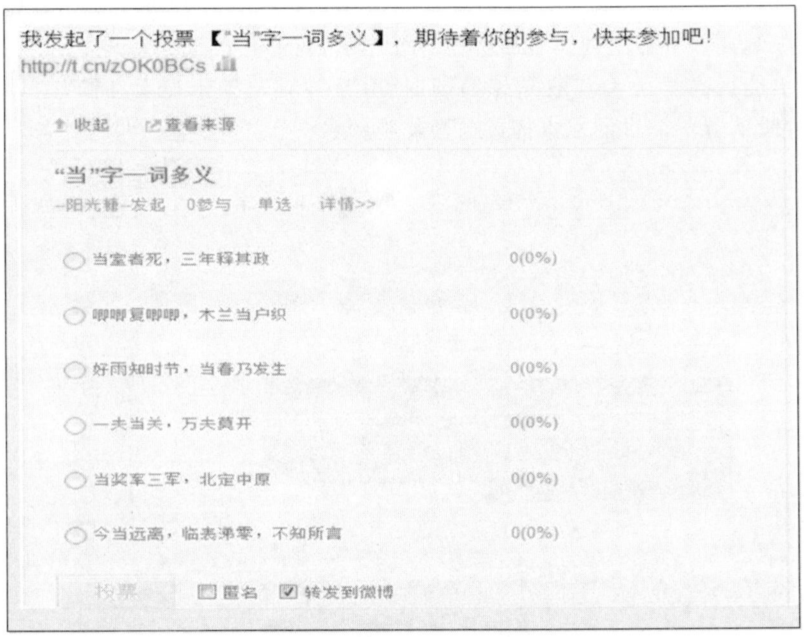


图 8　基于投票功能设计的学习资源

## 四、研究结论

基于微博的功能特色可设计出适合碎片化学习的数字化、立体化学习资源与测评资源。在不改变用户使用微博习惯的情况下，将这些学习资源无缝的整合到微博中，使得碎片化学习切实可行。这些学习资源以微博的形式发布，满足碎片学习的随机性、零散性等特性，学习者不用被定势的去学习教师固定提供的资源，而是根据自己的情况去关注相关的学习资源。碎片化学习的一个重要的特点就是长尾效应，长尾效应说明碎片化学习依然很重视个性化。文章前面也提到，由于用户的不同，时间安排及生活习惯的不同，碎片时间是不同的。基于微博设计碎片学习资源，使得学习很轻松，虽每次学到的知识较少，但碎片时间得到了有效的利用，无形中知识得到了积累。

## 五、结语

课堂上学生真正意义上的个性化学习程度是较低的，因为碎片时间的特性使得碎片学习有着情境性的特点，更有利于促进个性化学习。每个职场人都会有这样的感受：就算你把工作和生活安排得再怎么井然有序，但难免还是会在无意中多出一些预计之外的"时间碎片"，在工作或者生活中，经常会出现因为某种原因使自己预定好的行动或者计划出现短暂的空白期。基于微博平台设计与发布学习资源，淡化了教育的距离与界限。碎片学习应该是一种全民的学习，在后续的研究中应重视基于微博的碎片化学习如何更好地促进全民教育。

### 参考文献

[1] 碎片时间. http://baike.baidu.com/view/5912837.htm

[2] 碎片化学习. http://baike.baidu.com/view/5078479.htm

[3] 许翠萍. 移动互联网抓住时间碎片[J]. 通讯世界，2009(11)：22

[4] 高海霞. 碎片化时代的营销"聚"模式[J]. 企业研究，2010(19)：15-17

[5] 王君珺. 闫强. 碎片时间的应用现状与发展趋势分析[J]. 北京邮电大学学报(社会科学版)，2011(2)：47-52

[6] 方海光，李玉顺，吴淑萍. 基于 EML 构建移动学习资源对象单元的研究[J]. 现代教育技术，2009(12)：75-79

[7] 郑燕林，李卢一，王以宁. SECI 模型视角下移动学习资源设计研究[J]. 远程教育杂志，2010(03)：20-23

[8] 曾健.基于课程知识点的移动学习资源设计研究[J].教育前沿,2009(11):16-17

[9] 冉利龙.基于 flash lite 的片段式移动学习资源设计研究[J].湖北广播电视大学学报,2010(11):119-120

[10] 王寒冰.开放大学微型数字化资源建设浅谈[J].广州广播电视大学学报,2011(6):36-41

[11] 顾凤佳,李舒愫,顾小清.微型学习现状调查与分析[J].开放教育研究,2008(3):94-99

[12] Mobile Learning Explorations at the Standford Learning Lab: A newsletter for Standford academic community[EB/OL]. <http://acomp. stanford. edu/acpubs/SOC/Back_Issues/SOC55/#3.>

[13] 吴荣荣.微博:教育信息化的有效工具[J].信息技术教学与研究,2010,(39):158-160

[14] 李红艳.浅析微博在教育中的应用[J].中国教育信息化,2011(2):65-67

[15] Rob Koper and Jocelyn Manderved,"Educational modeling language: modeling reusable, interoperable, rich and personalised units of learning", British Journal of Educational Technology, Vol 35 No 5 2004,537-551

## 作者简介

施秋萍,1987 年生,女,汉族,广西钦州市人,硕士研究生,研究方向:计算机网络与教育应用。

# 教育视频资源网应用个案调研及TED-Ed的建设启示

汪晓凤

（北京师范大学现代教育技术研究所，北京，100875）

**摘　要**：视频作为教育资源中的一种重要形式，越来越受到人们的重视和关注。研究通过对国内教育视频资源网站建设现状的调查，从视频内容的设计、技术平台的支持和视频活动设计对当前教育视频资源网站应用中存在的普遍问题进行了分析。其次，通过对“跨越式优秀综合课例网”的应用现状进行个案调研，详细了解教师在使用该网站的频率及满意度，观看优秀课例资源网的原因，网站存在的障碍、希望得到的支持和视频资源应用范畴的意愿四个方面的情况。最后通过对“TED-Ed项目”的剖析和借鉴，从视频内容符合学习者认知风格和特点、视频深度交互和个性化课程的动态生成三个方面希望对当前国内教育视频资源网站建设提供参考和意见。

**关键词**：教育视频资源网；应用现状；个案调查；TED-Ed

# Educational Video Resource Website Application Case Investigation and TED-Ed Construction Revelation

**Abstract**: Video which is an important educational resource gets more and more attention and concern. Through the analysis of practical construction for domestic educational video resource website, the study found some common questions come from the video content design, platform support and video activity design. Secondly, through the case investigation of “Kuayueshi Video Resource Website”, we knew some detailed situations in four parts: the website application frequency and satisfaction, the reason of watching resources, the obstacles existing in the website, the wanted support and the will for application. At last, through the analysis and reference of “The TED-Ed Project”, the study obtained some opinions from the video content conformed to the learners’ cognitive style and features, deep interaction based on video and personalized course construction which can provide some references for constructing the current domestic education video resources website.

**Keywords**: educational video resource website; application situation; case investigation; TED-Ed

随着Web2.0时代的到来，信息技术将全面渗透教育的各个环节，彻底变革现行教育。教育信息资源的承载形式和利用方式也将发生重大的变革。2000年教育部起草的《教育资源建设技术规范》中提出：教学资源建设是教育信息化的基础，教学资源建设势在必行。规范中还对教育资源建设的范围进行了界定，包括：媒体素材、题库、试卷素材、课件与网络课件、案例和文献资料，其中媒体素材类教学资源的建设是教学资源建设中极为重要的一部分[1]。此外，2012年3月发布的《教育信息化十年发展规划（2010－2020）》中提出实施优质数字教育资源建设与共享是推进教育信息化的基础工程和关键环节[2]。由此可见，教育视频资源的建设是当前资源建设的核心内容之一。

教学视频资源是直接用于教师与学生的教与学活动的所有视频资源统称。有研究者将教学视频资源划分为学习资源和教辅资源两大类。学习资源主要是指为视频教学、网络教学等提供的系列课堂教学实况的视频资源,主要用于学习者自主学习;教辅资源主要指为教师的课堂教学和实验、实践教学等过程中提供助教作用的视频资源,它是教师讲授知识不可缺少的一种形式[3]。其中,本文探讨的是作为学习资源的教育视频资源网站。

## 一、国内教育视频资源网站应用现状

熊才平教授认为:信息技术将引领教育信息资源配置模式的变革;教育信息资源建设从“校校建信息资源库”到“区域内共建共享、区域间共享交换”,教育信息资源利用从静态的“单一获取”到动态的“利用、建设”;信息资源使用者从单一的信息资源用户转变成既是信息资源使用者又是信息资源建设者双重身份,并提出网络信息资源动态发展利用模型[4]。笔者分别从视频资源内容、视频平台应用和视频活动设计方面对当前教育视频资源网的建设和应用进行了研究。

有研究在对“国家基础教育资源网”进行调研发现,视频内容播放时间较长(短则几十分钟,长则达一个小时以上),视频容量较大(小则几十兆,大则上百兆),用户资源下载困难、使用不便,直接影响教师应用资源的积极性[5]。如何对这些容量大、时间长的资源进行优化、加工和重组,成为了一个亟待解决的问题。针对此问题,有学者提出将视频按照学科知识点或时间点进行切片处理;将视频格式转变为支持在线播放的以 Flash 流媒体为主的格式;运用分布式的资源组织模式等方式来解决该问题。同时,佛山市教育局提出“微课”的概念[6]。东北师范大学专家提出微型学习视频的可操作性方法,即对学习内容按照“问、教、测、引”的编排形式进行组织[7]。此外,当前视频资源网站的站内检索系统存在不足、视频交互体验不强、资源应用方式单一等的问题。有研究提出以研究智慧型检索系统为目标,研究和设计了一个智慧型站内检索系统[8];提出了结构化与索引、逻辑切片和资源整合的在线视频交互技术,有助于提升使用者与学习内容、学习者间、学习者与教师的交互体验[9];提出在教研中运用视频的四种创新模式:了实时讨论式的视频会议教研、基于视频资源库的教研、缩小地域教育差异的互助式教研和案例分析式的网络视频教研[10]。在视频活动设计方面:有学者提出利用活动系统设计方法,依据协作知识建构理念,构建了基于视频播客的教师专业发展模式[11]。有学者针对名师课例视频资源提出赏析教师技能教学的四个环节:形学、口学、神学和身学[12]。“教育宽频”(中国教师研修网中的视频网站)中的“案例式培训课程体验”模块以视频案例故事的形式呈现较有争议性的主题或问题,并通过“对话班主任”、“对话专家”、“综合评析”的形式深入探讨该主题,并得出解决问题的方案。围绕该主题,平台还提供“拓展案例”、“相关文献”、“作业”及“互动园地”让用户在案例体验之后有个升华和拓展,为深入掌握解决该类问题的方法提供参考。

## 二、“跨越式优秀综合课例网”应用现状调查

“基础教育跨越式发展创新试验”(以下简称“跨越式试验”)作为一项国家级课题,自 2000 年 9 月探索至今,已走过 12 个年头。为了深化课题教师对课题理念、模式、方法、策略的理解和掌握,课题组设计并开发了“跨越式优秀课例资源网”,将历年优秀课题教师录制的教学视频录像及相关配套资源制作成“综合课例”上传到该网站中,供教师观摩学习。平台应用至今,已有的资源无法满足学习者的需求,为进一步探索适合本课题需求的教育视频资源活动和平台,笔者对“跨越式优秀课例资源网”的应用情况进行了问卷调查。

### (一)调查的实施

本次调研于 2012 年 7 月 20 日在“跨越式试验”年会中以发放纸质问卷的形式开展,共发放问卷 140 份,回收 125 份,有效问卷 117 份,回收有效率 93.6%。117 位被调查对象分别来自 19 个课题试验区的小学学科教师、初中学科教师和教研员,涉及发达地区(广州越秀、广州荔湾、深圳南山、深圳福田、北京昌平和北京石景山)和欠发达地区(广州番禺、广东大浦、甘肃陇南成县、甘肃宕昌、新疆库尔勒、安徽肥西、河北邢台、河北丰宁、河北青龙、河北涿鹿、宁夏永宁、云南屏边和黑龙江兰西)。调查的基本内容涵盖四个方面:1)教师

使用该网站的频率及满意度;2)观看优秀课例资源网的原因;3)网站存在的障碍和希望得到的支持;4)视频资源应用范畴的意愿调查。

## (二)调查结果统计与分析

从调查结果中,根据教师参与课题时间和教龄分为不同的类型,详细的人员分布见图1,2。发达地区与欠发达地区教师之间所占比例约为1:1.66(44:73);小学教师与初中教师所占比例约为5.88:1(100:17)。

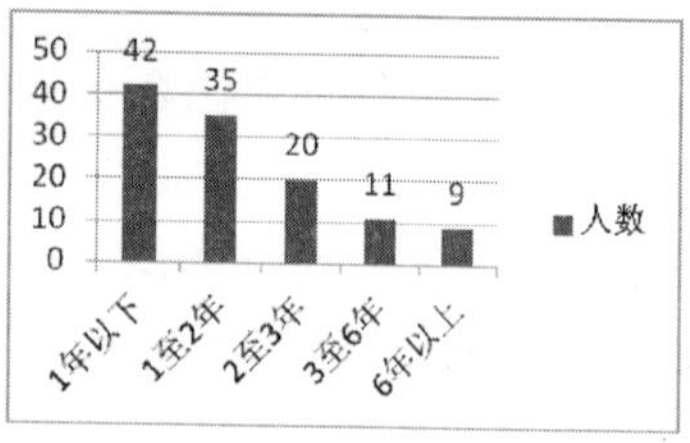


图1　教师参与课题时间分布图

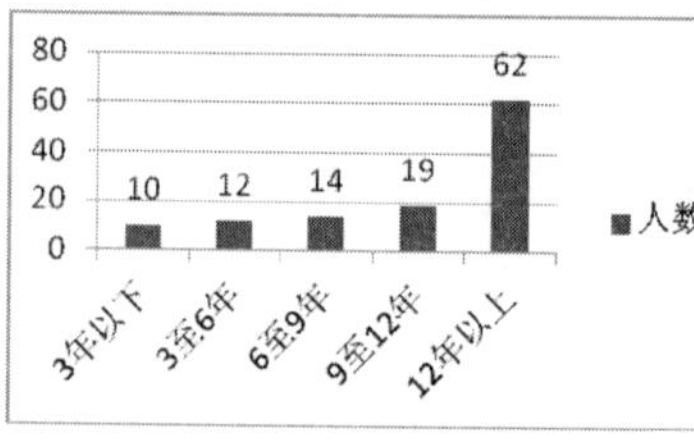


图2　教师的教龄分布图

### 1. 课例资源网的使用频率及满意度

从问卷调查情况上看,有高达68.4%的教师每月至少上综合课例网站中学习一次。但用户对综合课例网站中内容的满意程度只有1.7%的用户非常满意。在跨越式综合课例中,每一段视频按照教学环节进行切分,时间长度少于20分钟。从调研中发现,在观看课例时有19.7%的教师感到非常集中,大部分教师的注意力处于比较集中的水平(73.5%),还有6.8%的教师处于一般状态。在影响因素调查中,认为影响其注意力的前三项原因依次是:授课教师的教学水平(23.1%)、视频的教学内容(21.7%)和视频的清晰程度(18.1%)。

### 2. 观看优秀课例资源网的原因

从数据中看出,教师观看综合课例的原因前三项依次为学习课题理念、模式(23.9%),观摩名师教学风采(21.1%)和当教学中遇到困惑时(19.0%)。利用单因素方差分析的方法,根据教师参与课题的时间不同,在教学中遇到困惑时而观看课例的情况也是有所差别的。从LSD检验中可得1年(含1)以下与3－6年(含6)之间的显著差异概率P＝0.021(＜0.05),存在显著性差异;1－2年(含2)与3－6年(含6)之间的显著差异概率P＝0.036(＜0.05),存在显著性差异。在结合各组均值比较图中可以得出,参与课题2年及以下的教师比参与课题3－6年(含6)的教师更会在遇到困惑的时候观看课例。

### 3. 网站存在的障碍和希望得到的支持

观看教学视频过程中存在的三个主要障碍为:资源的针对性差与实际教学不太吻合(41.9%)缺乏专家引导(42.7%)和缺乏与内容的互动(20.8%)。在深入了解教师的需求发现,教师最希望得到专家支持和引导的依次是应用效果评价(62.4%)、推荐同类资源(50.4%)、专家理论培训(47.0%)和在线咨询互动(44.4%)。

其中,在对发达地区和欠发达地区教师在综合课例学习网站中存在的障碍做独立样本T检验发现,F＝14.324,显著性概率P＝0.000＜0.05,所以假设方差不相等,显著性概率P＝0.031＜0.05,拒绝零假设H0:$\mu1=\mu2$,因此发达地区与欠发达地区的教师之间在对“视频时间较长、工作繁琐,增加教师工作负担”方面存在显著性差异,见表2。结合表1的描述性分析中发达地区和欠发达地区的均值后得出对于发达地区的教师更加认为视频时间较长是综合课例网站的障碍。

**表1　描述性分析**

| 所属地区 | N | 均值 | 标准差 | 均值的标准误 |
|---|---|---|---|---|
| 发达 | 44 | .43 | .501 | .076 |
| 欠发达 | 73 | .23 | .426 | .050 |

表 2　独立样本 T 检验

| | Levene 检验 | | 均值方程的 t 检验 | | | | | | |
|---|---|---|---|---|---|---|---|---|---|
| | F | Sig. | t | df | Sig.（双侧） | 均值差值 | 标准误差值 | 差分的 95％置信区间 | |
| | | | | | | | | 下限 | 上限 |
| 假设方差相等 | 14.324 | .000 | 2.290 | 115 | .024 | .199 | .087 | .027 | .371 |
| 假设方差不相等 | | | 2.199 | 79.545 | .031 | .199 | .090 | .019 | .379 |

从希望获得推荐的意愿及类型上看，教师对于优秀课例的推荐功能具有较为强烈的期望。99.1％的学习者比较希望或非常希望接受优秀课例的推荐，其中非常希望的达到 55.4％。在教师希望获得推荐的综合课例中，教师最希望获得的课例资源类型依次为同课异构的教学视频（41.1％）、同样优秀的教学视频（26.0％）、同样课型的教学视频（24.7％）。而对于观看同一教师的其他教学视频需求则较少。

**4. 视频资源应用范畴的意愿调查**

在调研教师希望将跨越式课例应用于本试验区的哪些方面时，教师最多选择的是教研（校本、区域内、跨区域）（53.2％）和自身专业发展（24.2％）。其中，在教研方面较为关注在校本教研中的应用，如表 3。

表 3　视频资源应用范畴

| | 响应 | | 个案百分比 |
|---|---|---|---|
| | N | 百分比 | |
| 校本教研 | 64 | 20.6％ | 54.7％ |
| 区域内校际教研 | 51 | 16.5％ | 43.6％ |
| 跨区域校际教研 | 50 | 16.1％ | 42.7％ |
| 移动在线学习 | 24 | 7.7％ | 20.5％ |
| 自身的同课异构 | 46 | 14.8％ | 39.3％ |
| 自身专业发展（观摩反思） | 75 | 24.2％ | 64.1％ |
| 总计 | 310 | 100.0％ | 265.0％ |

综合问卷调研结果可以看出，教师对当前资源的形式、组织和应用提出了众多的意见和挑战。如何在现有资源的基础上，最大限度地发挥优秀资源在教师教育教学中的作用，设计并开发一套适合跨越式试验教师的视频资源组织形式，促进课题教师专业化发展，成为当前亟待解决的问题。

## 三、“TED-Ed”网站的建设启示

从国内教育视频资源网站应用分析及个案调研可以发现，当前国内教育视频资源网站的应用和研究仍处于探索阶段。虽有部分平台关注视频时长、质量、完整性，如佛山的“微课”、中国教师研修网的“教育宽频”。但对于视频的深度交互、多维应用、动态生成等方面仍存在较大的缺失。通过调研国外的网站发现，2011 年 TED（Technology、Entertainment、Design）运营的“TED-Ed 项目”（http://ed.ted.com/）为解决上述问题给予了较好的解答。TED-Ed 尝试将 TED 演讲应用到中小学教学中，其最终目的是希望通过网络视频激发学生学习和探索的兴趣及热情。

### （一）视频内容符合学习者的认知风格和特点

有关注意稳定性的研究表明，学习者的注意力会随着时间的延续而衰减。Jakob Nielsen 等人通过实验发现与面对面环境相比，在线用户更缺乏耐心[13]。结构化、片段化的教学视频将课堂内容以知识点为单位组织，学习者的反思从结果性扩展到过程性，有利于学习者学习活动在反思调控下开展，提高学习活动质量[10]。TED-Ed 网站按特征（Featured）、演讲主题（series）、课程（subject）对视频资源进行分类管理。在内容编排上，网站尽可能地提供动画、视频等丰富有趣的具有探究性的内容让用户在轻松愉快的氛围中学习。

用户可以通过选择题和主观问答题对所学内容进行及时反馈，并通过“深入学习”来对所感兴趣的内容进行深入和拓展。

### (二) 视频的深度交互

在TED-Ed网站中，每个微视频都制作成一个小课程供学习者学习。微视频包含“观看视频(Watch)”、“思考题(Think)”、“深入学习(Big Deeper)”四大模块及其他辅助功能。其中，思考题中包含5道选择题和3道问答题。在选择题中，若用户判断错误时，平台不仅提示错误，还提供视频回放提示(Video Hint)将把学习者引导到视频与该题目内容的对应的视频位置再次观看。这项功能不仅能够较好地实现对视频所学内容的及时反馈，同时也让用户与视频内容之间实现了深度交互。在四大模块中，视频的播放和“思考题”、“深入学习”三个模块之间具有较为一体化的界面承接和用户体验，即用户可以边看视频边进行练习测试等的操作。若用户学习完该视频后，还可以通过“联系制作者(Meet The Creators)”的功能了解到这段动画的讲者和制作者，并能与之进行沟通和交流。

### (三) 个性化课程的动态生成

TED-Ed网站中的视频资源不是一蹴而就，而是动态变化的。为激活和丰富视频资源的内容，2012年TED-Ed在已有版本基础上增加了“Flip”的功能。该功能帮助用户将网站中已有的视频转化为自己课程中的一部分提供了支持和帮助。每位用户都可以成为一名个性化视频课程设计者，并能够通过推荐实现给指定好友进行学习的需求。此外，用户还可通过转载和上传在YouTube中的视频在TED-Ed网站中生成个性化的课程。若课程设计特别优秀，会有可能被收录到“Series”或“Subject”中，供全世界用户学习。此功能的应用不仅丰富了TED-Ed网站中的资源，同时也为用户成为TED-Ed网站中资源的贡献者提供可能，打破了视频资源网仅仅能够学习观摩的局限，为用户的多维应用提供了技术支持。

## 四、总结及展望

教育视频资源网的建设和应用还有很多值得关注和研究的地方。本文通过对视频内容、平台支持和活动设计三个方面进行了较为详细的调研和研究。希望通过“TED-Ed”项目的剖析和借鉴，对国内设计和开发适合的教育视频资源网站带来启示。同时也为进一步提升教育视频资源网站的建设水平和应用发展方向提供新的思路。

### 参考文献


[1] 余胜泉等，《教育资源建设技术规范》(征求意见稿)，2000，http://www.celts.edu.cn.

[2] 教育部，《教育信息化十年发展规划(2010—2020)》http://www.moe.edu.cn/publicfiles/business/htmlfiles/moe/s3342/201203/133322.html.

[3] 陈宗让，李骥平，李晓铭. 教学视频资源在课堂教学中的应用研究[J]. 电化教育研究，2009，(07)：95.

[4] 熊才平，何向阳，吴瑞华. 信息技术对教育发展的革命性影响[J]. 教育研究，2012，(06)：22.

[5] 胡铁生，汪晓东."国家基础教育资源网"现状调查与发展策略研究[J]. 电化教育研究，2012，(03)：40.

[6] 胡铁生."微课"：区域教育信息资源发展的新趋势[J]. 电化教育研究，2011，(10)：62.

[7] 郑军，王以宁，王凯玲，白昱. 微型学习视频的设计研究[J]. 中国电化教育，2012，(04)：21-24.

[8] 谢尊礼，蒋联明. 谈教育资源网基于绩效的管理[J]. 硅谷，2008，(15)：120.

[9] 沈夏林，周跃良. 论开放课程视频的学习交互设计[J]. 电化教育研究，2012，(02)：87.

[10] 黄慕雄，朱婧茹. 教研中视频的创新运用模式[J]. 中国电化教育，2010，(10)：81.

[11] 张伟. 基于活动理论的教师专业发展模式设计[J]. 网络财富，2010，(03)：152.

[12] 龙宝新. 论基于名师教学视频赏析的教师技能教学[J]. 江苏教育研究，2011，(08)：3.

[13] 沈夏林，周跃良. 论开放课程视频的学习交互设计[J]. 电化教育研究，2012，(02)：87.


### 作者简介

汪晓凤，1989年生，女，汉族，福建省三明市人，硕士研究生，研究方向：信息技术与课程整合。

# 非结构化多媒体资源库的云管理设计研究

于姗姗，黄烟波

（中南大学现代教育技术中心，湖南长沙，410083）

**摘　要**：21世纪人类全面进入信息化时代，促进优质教育资源的普及与共享是当今教育改革的趋势所在。Web2.0的热门应用，使得网络上产生了大量零散、无规则、数据信息丰富的非结构化多媒体资源。但由于其自身的异构性，在整合和实际教学应用中难以结合，从而导致资源的忽略和浪费。通过对问题的分析，以开放式教学为理论基础，在对非结构化多媒体资源的特征及应用研究基础上，开发依照媒体五大类划分的资源库平台，通过引入云管理机制对平台的资源进行存储和管理，设计基于“云”的应用程序接口及统一认证中心使用户可以无时无刻、无所不在的进行开放式交流学习。

**关键词**：开放式学习；非结构化多媒体资源；云管理；Web Service接口

# Unstructured Multimedia Resource Library's Clound Management Design Research

**Abstract**: Mankind in the 21st century fully into the information age, and to promote the popularity of high-quality education resources and sharing is the trend of today's education reform. Web2.0 popular applications, making the network on a large number of fragmented, random, unstructured multimedia resource information-rich data. However, due to its heterogeneous nature, difficult to combine integration and practical teaching applications, leading ignored and wasted resources. By the analysis of the problem and the theoretical basis of open teaching, research the characteristics of unstructured multimedia resources and applocation analysis, developed the resources platform in accordance with the five media categories, by introducing clound management mechanism to storage and manage the resources ,design interface and a unified authentication center basedon the application of the "Clound", so that the user can have open exchange learning by antime and anywhere.

**Keywords**: open-learning; unstructured multimedia resources; clound management; web service interface

## 一、研究背景

随着计算机网络技术的快速发展，信息技术已经逐步渗入人们的学习生活中，一个信息化时代全面展开。教育信息化主要从两个大方面实现，一是数字教学资源及资源库建设；二是以数字教学资源为支撑的教学服务平台，提供对资源的访问和辅助性教学服务。非结构化多媒体资源是在Web2.0网络应用模式的驱动下，学习者既是学习资源的使用者，又作为学习资源的贡献者所生成的未经明确设计的资源[1]。这些资源基本都具有联通性、实时共享性、生成性，如果没有有效的利用这些资源，师生头脑中积累的精神资产就没有途径被利用,专业价值无法充分释放[2]。

近年来,云计算强大的数据处理能力已经不仅仅应用在企业,高校中各种资源数据平台也开始将这种服务慢慢渗透。因此,利用网络为核心,以云管理为辅助开发的非结构化多媒体资源库能够在一定程度上缓解矛盾,实现开放的学习理念,有助于资源的可持续发展。

## 二、基于云管理的非结构化多媒体资源平台总体设计

数字化校园建设的逐步完善,带来了互联网上非结构化多媒体资源的迅速增长。要使它们将“教”与“学”这两个过程资源库平台紧密结合,能够达到开放式学习的效果,在平台的功能和模块设计上需要更加周全的考虑。

### (一) 非结构化多媒体资源平台的设计原则

非结构化多媒体资源的整合与管理工作,是将高校开放式学习和资源共享有机的结合在一起。因此,基于以上理念,本文提出了几点设计原则。

**1. 以学习者为中心**

无论是开放式学习还是以往的封闭式学习,学习者始终是学习模式的中心。在平台中,学习者可以获取、创造、推荐、讨论等,在学习的过程中不再是被动,而是直接参与过程,使学习者提前有选择性的建构其意义。

**2. 资源共享度**

将零散的非结构化多媒体资源整合成学习平台的目的就在于能够加强其实时共享性,除“资源孤岛”现象。因此,在资源共享度原则里包含平台提供海量资源的受益者类型多少(即资源共享宽度),也包含资源给予受益者的效果有多大(即资源共享深度),还包含受益者进行资源共享的频率(即资源共享强度)。借鉴 Laursen 和 Salter 对开放度测量的研究[4],提出资源共享度的测度方法,用如图 1 所示的空间图来表示。图中 X 轴代表教师、在校学生、自学者三类受益人群;Y 轴代表五种非结构化多媒体资源;Z 轴代表共享学习的三个阶段。当某种学习者在某个阶段获取到某种资源时,空间图中便形成一个实点,所有实点个数和就是资源共享宽度,即 $\sum_{1}^{45} f_i$ (其中 i=1、2...45)。当学习者进入学习平台时,根据自己设定的目标与平台制定的资源类型、学习阶段和受益人类型三个标准进行匹配核对,每项标准均通过数字量形式表现,一旦计算结果符合资源共享宽度范围时,学习者所需求的任何资源均可以在平台中得以查询。

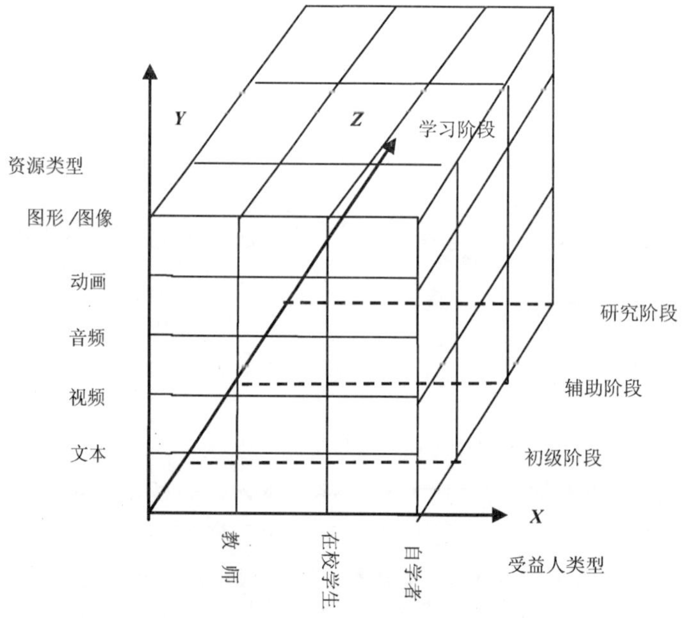


图 1 资源共享度空间图

**3. 可移植性**

开放的资源平台不仅能够独立完成教学辅助任务，同时也能嵌套在各个学科的软件平台之上，充分体现出可移植性。因此，在具体设计时需提供相应的功能扩展接口予以二次开发。

**4. 自生长性**

“云”的无限扩展能够保证资源库平台的实时更新，通过设计自动识别模型使得上传和发布不再简单靠管理员人工操作，而是形成一种自生长状态。

### （二）平台总体设计

在对非结构化多媒体资源库平台进行总体设计时，需要充分考虑系统的功能需求，从教师、学习者、管理员三方用户考虑，采用 B/S 模式开发，按照多媒体资源的教学功能划分。既要突显出 web2.0 中用户既是网站内容的浏览者，也是网站内容的制造者这一交互性思想，还需要利用各种技术将资源库的保密性、权威性、快捷性、实时性和开放性体现出来。如专家系统的推理检索、API 应用程序接口以及无线局域网等等。

## 三、基于云管理的非结构化多媒体资源平台实现

### （一）非结构化多媒体资源的云管理

基于云计算提出的云管理更加注重资源的存储和管理过程，用户终端只需完成界面显示和上网检索等简单数据处理功能，其余大量的数据处理和功能操作均由云计算服务中心完成，开创一种全新的低成本、交互式、易使用的用户操作模式，使用户能够透明访问和安全快速获取数据。在本平台中将资源按照媒体五大类分别是文本、视频、音频、动画和图形/图像进行分片管理，将五个终端服务器视为五多虚拟存储云，云管理流程图如图 2 所示。

工作流程如下：

1. 用户和管理员通过统一身份认证进入系统，平台根据用户模型分析提交其访问要求。

2. 抽取云计算数据中心的资源库中相关文档特征，形成媒体类型特征关键词，然后利用分析得出的特征关键词与五种多媒体资源云关键字进行隶属度匹配分析从而进入到相应的存储云中。

3. 进入不同资源云中的用户可以依据具体需求访问相应功能，一部分用户还可以通过调用 Web Service 接口实现跨平台共享。

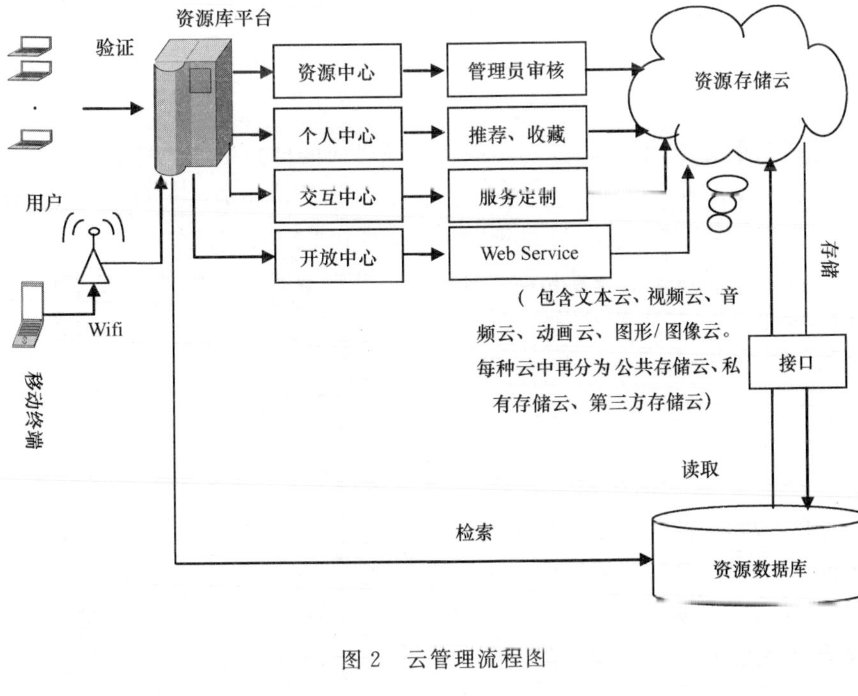


图 2　云管理流程图

另一方面，五种多媒体资源存储云内部的架构是看不见的.为了加强对资源的权威保护和规律管理，每种资源存储云又进一步划分为三种：公共存储云、私有存储云、第三方存储云。云公共存储云上的教学资源是一些开放式或是已达成可供限定区域共享协议的资源；私有存储云上的教学资源由于版权的原因，一般情况下为特定单位内部的师生服务。第三方存储云上的资源一般是各家数据库厂商提供的如文献数据库、课件、视频等商业化教学资源，只允许用户通过应用接口进行付费使用，

### （二）基于"云"的应用程序接口设计

依据"智慧校园"的核心理念：无处不在的网络学习、融合创新的网络科技，以及手机访问业务因其价格便宜、形式新颖、随时随地、方便快捷，获得了广大手机用户的青睐两大方面，本文中基于云管理的资源平台将手机定位于"云"里的一种移动客户端，结合无线局域网技术和应用程序接口使学习者不仅能够随时随地的访问学习，同时还能根据自己的需求访问特殊的资源库，例如私有云等，工作流程图如图3所示。

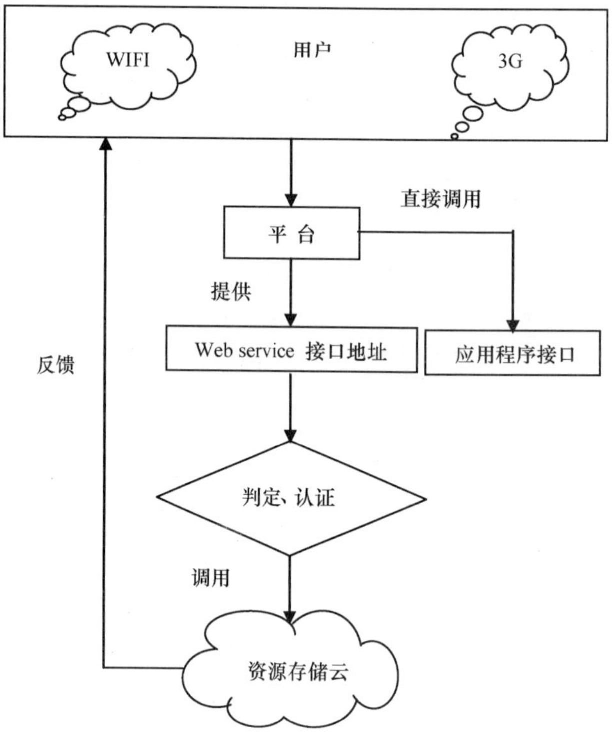


图3 工作流程图

工作流程如下：

1. 移动用户接受到无线或3G信号后经过中国移动或联通的信号接口访问资源平台；

2. 平台将对外开放的web服务提供至注册中心，再由中心发布相应的地址，用户访问服务页面可以选择不同的服务方法。方法通过对输入参数值判断成功后可调用"云"中资源。

3. 当平台内的一部分功能需要依靠外系统的支持时，主要是通过调用外系统开放的API应用程序接口，这些开放的API站点能够为二次开发提供支持。例如第三方存储云中的某些资源实行有偿支付，则直接调用支付宝API接口等。

## 四、结语

在教育信息化的时代，知识的共享更加的重要，如何创造一个真正意义上的"开放式学习"环境是当今教育改革的重点方向，基于云计算的数据管理模式能够更加有效的将分散的非结构化多媒体资源整合和共享，使用户参与教学过程的粘性度增加。应用程序接口的设计使得学习者达到无时无刻、无所不在的弹性学习；同时引入作者微网络的新概念将学习者和作者拉近了虚拟距离，增强交互性。

## 参考文献

[1] 雷绍南. 泛在学习环境下的非结构化网络学习资源共享机制[D]. 河南:河南大学

[2] 王晓丽. 基于网络的中学非结构化教育资源建设探析[J]. 中国教育信息化,2007,(4)

[3] 刘正伟、文中领、张海涛. 云计算和云数据管理技术[J]. 计算机研究与发展,2012,(49)

[4] Laursen K, Salter A. Open for innovation: The role of openness in explaining innovation performance among UKmanufacturing firms [J]. Strategic Management Journal,2006,27(2) :131

[5] 彭正龙、王海花、王晓红. 开放式创新与封闭式创新的比较研究—基于资源共享度[J]. 研究与发展管理,2011,(4)

[6] E_learning 教学平台简介[EB/OL].

http://166.111.92.9/eol2005/homepage/common/intro.html,2009-04-30

[7] 赵辉、陈湘军. 基于 XML&Web Services 的开放型教学资源管理模型的设计与实现[J]. 现代教育技术,2006,(6):77-79

[8] 邹东升. 网络开放式学习的资源整合设计研究[J]. 中国科教创新导刊,2008,(2)

## 作者简介

于姗姗,1987 年生,女,湖南省长沙市人,研究生,硕士,研究方向为教育技术及网络资源开发。

# 一对一环境下小学数学探究性学习资源的设计

郑姝

（江苏师范大学教育科学研究院，江苏徐州，221116）

**摘　要**：随着信息技术的发展，一对一课堂环境的实现为信息技术与小学数学深层次整合的实践提供了良好的环境。本文从学习资源的角度出发，通过文献和问卷调研，分析了目前一对一环境下小学数学学习资源方面存在的问题，并结合美国 Explore learning 互动学习网站案例分析，归纳出探究性学习资源的设计模式，希望能对我国设计和开发一对一课堂环境下的小学数学资源带来启示。

**关键词**：一对一；小学数学；探究性学习资源

# Primary Mathematics Design of Inquiry Learning Resources Under the one-to-one Environment

Zheng Shu

（Jiangsu Normal University，Xu Zhou，221116）

**Abstract**：With the development of information technology，the implementation of the one-to-one classroom environment provides a good environment for the practice of deep integration of IT and Primary Mathematics. Starting from the view of learning resources，this paper analyses the problem of Primary Mathematics learning resources under one-to-one environment and summarized the design pattern of Inquiry learning resources through the analysis of American Explore-learning interactive learning website case ，hoping to lighten the design and development of Primary Mathematics learning resources under one-on-one classroom environment.

**Keywords**：one-to one，primary mathematics；inquiry learning resources

探究性学习，就是根据知识学习的需要，从学科领域或现实生活情境中选择蕴含学科知识的实践性问题或者探究性小课题，在教师的指导下，学生通过认真思考、主动探究和协作交流等探究活动，主动地去获取知识、应用知识、解决问题，从而促进学生更好地达到课标要求以及对知识的深化理解和迁移，培养学生探索精神和创新能力的发展。探究性学习通常包含五个环节(图 1)。

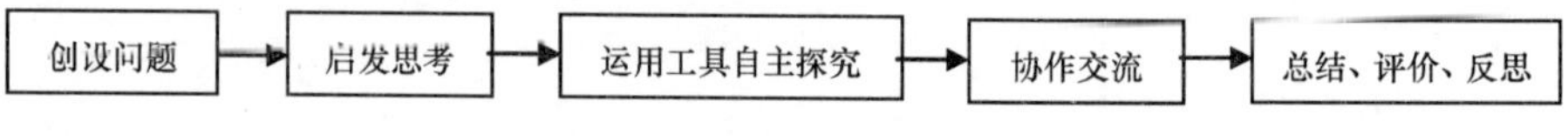


图 1　探究性学习环节

数学学科一直都是探究式学习的主阵地。随着信息技术与小学数学课程深层次整合的发展，信息技术为小学数学课堂上的实验、模拟、猜想等研究数学的方式提供了技术支持。信息技术是数学变得更加现实，它将数学中抽象的难以理解的概念、思维过程、计算等都得到模拟和解决。在课堂教学中不仅改变的了教师教得方式也改变了学生学的方式。使得“做数学”的过程在数学课堂中得以实现。

有效教学是教师通过教学过程的有效性即符合教学规律，成功引起、维持和促进了学生的学习，相对有效地达到了预期教学效果的教学有效教学[1]。而在信息化学习环境中，数字化的学习资源贯穿于整个课堂教学，处于核心地位。由此可见在有效的小学数学课堂教学中，学生是学习的主体，学习资源要能够成功引起、维持和促进学生的学习，学生在教师的引导下，通过学习资源让学生动态的真实的亲历数学知识的发生和形成的过程。

数学中探究式的教学方式要求学习资源要能够支撑探究性学习各大环节，信息技术和小学数学课堂的结合，发挥了巨大的优势，信息技术环境下的小学数学课堂有效教学也迫切需要探究性学习资源的支撑。

## 一、一对一概念界定

全球一对一数字化学习(G1:1)的概念最初是由两位美国学者，密西根大学信息学院教授 Elliot Soloway 和北德克萨斯大学科技与认知系教授、前 ISTE 协会总裁 Cathie Norris 在 2002 年的无线移动泛在技术教育应用年会(WMUTE)上提出的。他们认为现今所谓的“个人电脑”其实名不副实，并未真正做到个人人手一机，学生多半需要在电脑教室里与同学共用一机。[2]而一旦随着终端设备的进一步普及，当学生真正一人拥有一台电脑的时候，就如同一人一只铅笔，一人一本教科书曾经给学习带来的变革一样，一个新的学习时代就会到来。

本文中的一对一课堂环境界定为：课堂上学生一人拥有一台电脑，这样的课堂环境称之为一对一课堂环境。

## 二、小学数学资源的现状调研

### (一) 国内典型小学数学资源调研

笔者就互联网上分别从数学学习软件、数学认知工具、数学学习网站这三个角度选取了目前国内较为典型的小学数学学习资源样例进行分析，调研情况详见下(表 1)：

**表 1　国内典型小学数学资源调研情况表**

| 国内典型小学数学资源调研情况表 | | |
|---|---|---|
| 资源类型 | 资源名称 | 资源调研情况分析 |
| 数学学习软件 | 小学数学伴侣 | 这几款软件主要都是练习和测试，起到训练和复习数学知识的作用。学习者不能运用相应工具和情境进行探索的学习，不能帮助学习者进行数学知识的建构，只是单纯的帮助学习者进程知识的检测和判断。现在大部分的学习软件都是以训练巩固知识为主。 |
| | 海峰学习课件 | |
| | 小学数学练习机 | |
| | 少儿口算王 | |
| | 长风少儿加减法 | |
| 数学认知工具 | MP_Lab | 图形需要手动绘制，不支持外部图形导入，教师制作相应的教学素材不方便，影响了课件开发的效率，这几款软件只能用于图形教学中，大部分软件适合于中学使用，适合小学生使用数学认知工具的很缺乏。 |
| | 几何画板 | |
| | 图形计算器 | |
| | GeoGebra 图形软件 | |
| 数学学习网站 | 小学数学教学网 http://www.xxsx.cn/mainmenu.aspx | 资源网站的上的资源基本都是提供给教师教学使用，例如教学设计方案、教学PPT、练习测试卷、教学视频等。数学互动工具网虽然提供了一些比较好的探究性学习工具的链接，然而覆盖的知识面不全，并且都是链接的国外网站上的资源，并不适用中国课堂教学。 |
| | 数学互动工具 http://hd.pjedu.com/ | |
| | 小学数学教学资源网 http://xs.ruiwen.com/ | |

## (二)一对一课堂环境下小学数学资源情况调查

如前文所述,信息技术与数学课程整合的主阵地是课堂教学。而“学习资源”贯穿小学数学一对一课堂教学。为了更有针对性的了解目前我国一对一环境下小学数学学习资源的应用现状,笔者在进行了网络问卷的调查,之所以选择网络问卷(问卷星平台),是因为目前国内能达到一对一环境下教学条件的学校不多,能在这样的环境下从事教学的数学教师就更少了,所以笔者通过网络旨在能够获取更多的被试,使得问卷的覆盖面更广,搜集更为准确和全面的数据信息。在本次研究中共收到了56份网络问卷。所回收问卷的有效率和回收率均为100%。填写问卷的老师覆盖江苏、北京、上海等12个省份。这些教师们所教授的年级覆盖所有小学年段(1~6年级)。

目前网络课堂上使用的教学资源的形式又是怎样的呢?问卷结果详见图2。

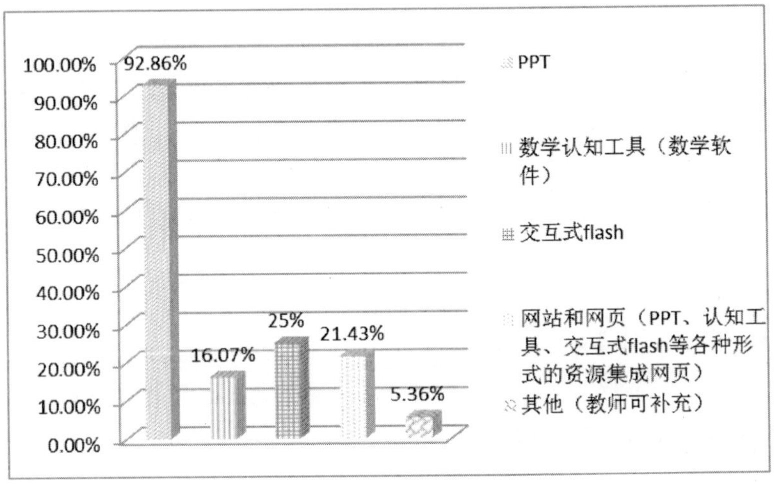


图2 一对一课堂环境中教学资源形式的调查结果

上图中的统计结果显示,网络课堂环境下课堂上使用的资源形式中,“PPT”竟然占了92.86%;其次是“交互式flash”形式,占了25%。以上数据表明,“PPT”形式资源大部分都是讲解演示型的,目前网络课堂中占主导地位的还是以支持教师“教”的讲解演示型(例如PPT)的教学资源为主,而支持学生“动手做”的课堂探究性(例如交互式flash)学习资源很少。同时支持网络课堂上使用的合适的小学数学认知工具也是很缺乏的。

目前支持小学数学网络课堂教学中的“学习资源”有哪些问题?以下是教师们反映的问题的统计结果。(详见图3)

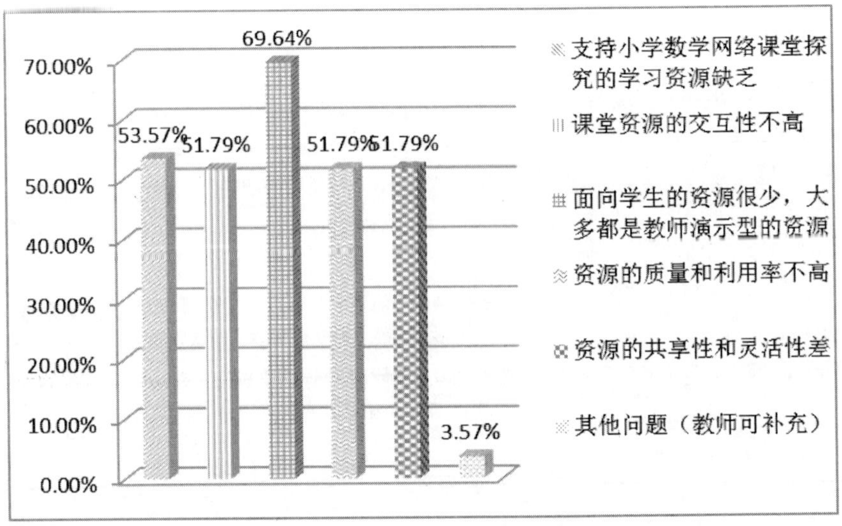


图3 小学数学网络课堂教学中的“学习资源”问题的调查结果

最主要的问题还是集中在面向学生的资源少，大多数资源都是教师演示型的资源。其次便是大对数探究性的学习资源相当缺乏，资源的交互性不高，资源的利用率、共享性、灵活性等问题都存在一定的问题。

## 三、存在的问题分析

新课标指出，现代信息技术要“致力于改变学生的学习方式，使学生乐意并有更多的精力投入到显示的、探索性的数学活动中去”。一对一小学数学课堂教学环境中，学习者的学习主要不是依赖于教师的教授与课本的学习，而是依赖信息化平台和数字化资源，在教师学生之间展开协商讨论，合作学习，学生在课堂上利用学习资源进行学习，从而探究、发现、构建数学知识。由此可见，要想在课堂上实现这种学习方式的转变，就需要提供大量优质的服务于一对一小学数学课堂环境下的学习资源。然而通过以上两个方面的调研，情况却不尽人如意。总结如下：

### （一）面向学生“学”的资源少，面向教师“教”的资源多

选择这项的教师是最多的，占了总人数的69.64%。目前一对一环境下小学数学资源的形式仍然是以PPT为主，PPT主要是以教师讲解式演示为主，并不适合于面向学生使用。资源还是支持教师的“教”为主，很少面向学生的“学”，这不利于体现课堂上学生主体地位，同时也不利于师生之间的互动的关系。

### （二）探究学习资源的缺乏

选择这项的人占据了总人数的53.57%，市面上提供的一些数学学习软件，例如小学数学伴侣、海峰学习课件、小学数学练习机等这些都是训练巩固型的学习资源。还有一些学科认知工具例如MP_Lab、GeoGebra图形软件等，不能全部覆盖数学学科的知识点，此外大多数工具只适合初高中生使用，不适合小学生在课堂上使用。还有一写数学学科网站上提供的大部分还是给教师上课使用的资源，例如教学设计方案、教学PPT、练习测试卷等。探究性学习资源的缺乏造成了学生不能很好的去亲历数学知识获得的过程，不能更深层次的理解和掌握知识，不能很好的促进学生数学思维能力的发展，无法拓展课堂的深度。

### （三）学习资源的质量不高，资源扩展灵活性差

据问卷调查发现课堂上的学习资源74.43%都是教师自己制作，由于教师技术能力，教学能力等各方面的差距，导致学习资源的整体质量参差不齐，大部分资源的制作往往都是教师自己根据教学内容制作，自己制作自己使用，学习资源的共享性和灵活性差，学习资源的交互性不强，往往导致教师花费了巨大的精力和心血，但是在课堂上的使用效果却不好，学生往往都不喜欢此类资源，不能提高小学数学课堂教学的有效性。

## 四、一对一课堂环境下小学数学探究性学习资源的设计

针对以上总结的问题，那么“一对一”课堂环境下小学数学探究性学习资源到底应该如何去设计？笔者就结合Explorelearning互动学习资源网站上的案例资源来具体阐述。

### （一）关于Explorelearning

Explorelearning(www.explorelearing.com)是专业的中小学互动学习网站，也是美国最受欢迎的教育网站之一。该网站提供了一系列非常优秀的互动学习软件，内容涵盖中小学数学和科学学科。该网站上提供的数学互动学习资源与现在我国数学课堂使用的学习资源有很大的区别，它不只是教师“教”的工具，更是学生“学”的工具。它强调学生可自主学习，它主要通过交互的活动，把关注的焦点集中于数学的概念和关系上，使学生借助了可视化的模型来探究概念和关系。把这些数字化资源引入日常的数学课堂教学，使学生的探究活动无论在深度和广度上都能超越局限于具体实验的水平，让探究性学习成为了学生数学学习的基本方式。[3]

## (二) 一对一课堂环境下小学数学探究性学习资源设计模式

笔者体验了 Explorelearning 网上大量的互动学习资源，并且分析了大量资源案例的导学案，归纳总结出数字化互动学习工具进行数学探究学习资源设计的一般模式。详见下图(图 4)。

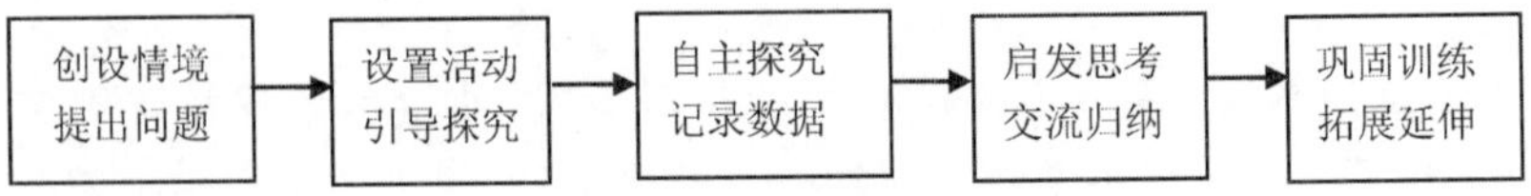


图 4　数字化互动学习工具进行数学探究学习资源设计的一般模式

基于活动的探究过程被称为 5E 模式的自主学习过程，即 Engage(驱动)、Elicit(启发)、Explore(探究)、Explain(解释)、Elaborate(说明)。完整的探究活动可以描述为“利用活动(任务驱动)激发学习注意力和兴趣，通过观察和人机交互，在回顾已有知识的基础上，发现问题、收集和处理信息，尝试对概念或过程给出合理的解释，并在进一步的(通常是在解决实际问题)的应用活动中扩展和强化学生的认知，完成知识的建构”。[4]

**1. 创设情境，提出问题**

该环节则是在学生使用 Gizmo(具体互动工具的统称)探索之前，教师通过创设和学生先验知识有冲突的情景问题，引起学生的认知冲突，从而激起学生的探究欲望。例如“青蛙跳数”这个 Gizmo 是用来探究“整数的加减法”运算的。在开始探究前教师引入一个 Lucy 玩棋盘游戏的情景，并且基于情景设置了两个问题分别是①Lucy 需要向右移动几个方块，才能到到方块 A 的位置？②当她移动到 A 以后，她还要向左移动多少个方块，才能达到方块 B 这个位置？如下图(图 5)。

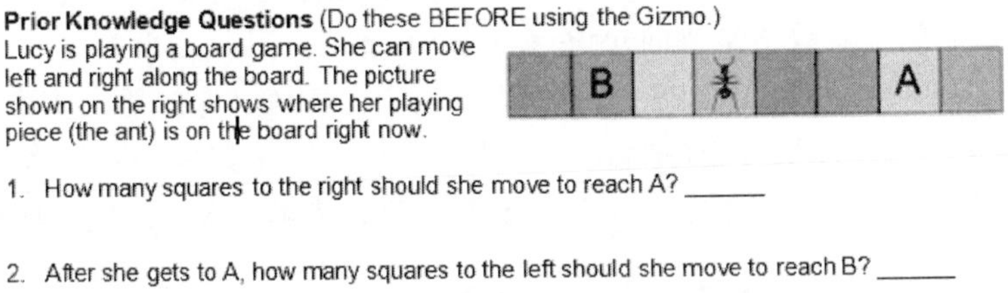


图 5　探究前的导入环节

教师通过以上两个问题来了解学生的先验知识。然后教师便创设了一个青蛙跳数的情景：一个名叫 Fred 的小青蛙，它很饿的寻找它的食物苍蝇，你给 Fred 提供方向，帮助 Fred 抓住苍蝇吗？如下图(图 6)

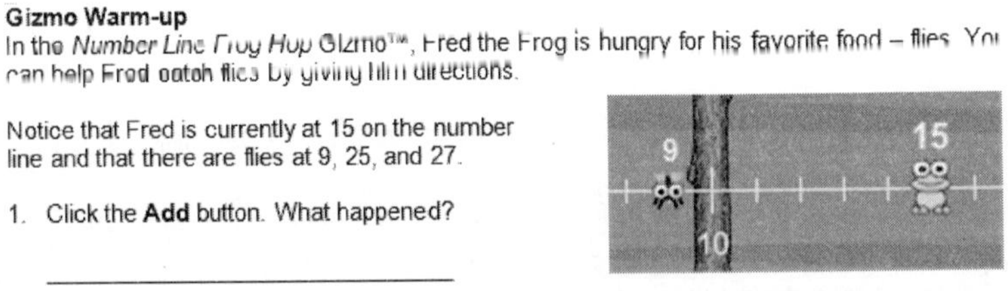


图 6　创设探究情境

在创设的小青蛙抓苍蝇的情景问题下面，还基于这个互动工具设置了 5 个小问题。分别是①点击“Add”按钮，发生了什么？②改变 Fred 的“Jump size”，点击“ Add”按钮，观察 Fred 跳数的变化情况。③点击“ Subtract ”按钮，发生了什么？④如果你能抓住三个苍蝇，别忘记你可以改变“Jump size”的大小。⑤把 Fred 拖到 10 这个位置，点击 “Add fly”按钮，把新加的苍蝇拖到 15 这个位置，这时 Fred 怎样才能抓到苍蝇？

通过上面五个问题的设置，我们不难看出，教师通过创设有趣情景，然后设置 5 个小问题来激发学生的探究欲望，同时将加法与减法这两个抽象的运算概念，通过用数轴的方式来表示，数形结合来帮助学生理解运算符号的意义。

**2. 设置活动，引导探究**

教师基于 Gizmo 学习资源创设相关的探究活动，一般情况下都是创设 3～4 个活动，活动的设计具有一定的层次性，逐步将学生的探究活动引向深入。例如还是以“青蛙跳数”这个 Gizmo 为例。活动设计如下图（图 7）。

| | | |
|---|---|---|
| **Activity A:**<br>**Snack attack** | Get the Gizmo ready:<br>• Click the **Reset** button.<br>• Make sure that the **Jump style** is **Single jump**. | 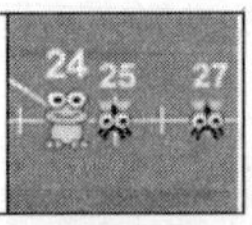 |
| **Activity B:**<br>**Fred gets fed** | Get the Gizmo ready:<br>• Click the **Reset** button.<br>• Make sure that the **Jump style** is **Single jump**. | 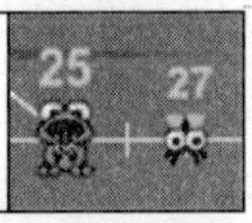 |
| **Activity C:**<br>**Fly fetch** | Get the Gizmo ready:<br>• Click the **Reset** button. | 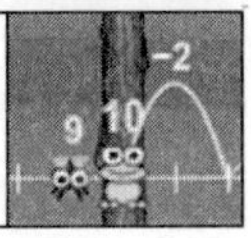 |

图 7　教师设计了两个探究活动

如上图所示，教师布置了三个探究活动，三个活动都是不同的探究情景。活动 A 的情景是帮助 Fred 抓住早中餐的小吃。活动 B 小青蛙 Fred 已经在跳跃，并且准备好更长的跳跃。活动 C 青蛙 Fred 又饿了，请以尽可能少的移动帮助它赶上晚餐。三个探究性的活动情景都不一样，但是都是在青蛙抓苍蝇这么一个大情景下，同时每一个探究活动下都设计了 3～4 个具有不同层次性的小问题，这些小问题都是引导学生在活动的基础上一步步的通过操作 Gizmo 去探究问题的答案。

**3. 自主探究，记录数据**

教师设计探究活动下面的小问题，学生都可以针对这些小问题进行自主探究，在探究的过程中，教师为了方便学生能够自主建构和获得知识，有意识的引导学生去记录探究过程中得到的数据，注重培养学生的搜集、处理、归纳数据的能力。例如“青蛙跳数”这个 Gizmo 中的活动 B 下面的问题 1 和问题 2 都是让学生在操作 Gizmo 的过程中进行数据的记录，详见下图（图 8）。

1. Drag Fred to 1. Set the **Jump size** to 10.

   A. Click **Add** two times. To the right, write the equations for these two jumps. ____________ ____________

   B. Now drag Fred to 2. Click **Add** two times. Write the equations for these two jumps. ____________ ____________

   C. Move Fred to 6. Click **Add** twice and write the equations for these two jumps. ____________ ____________

   D. If Fred starts at 9 and jumps 20 units to the right, where will he land? ____________ Use the Gizmo to check your answer.

2. Drag Fred to 5. Change the **Jump style** to **Tens then ones**. Add a fly and drag it to 17.

   A. Imagine that Fred jumps 10 to the right. Where would he land? ________

   B. After that jump, how far away would he be from the fly at 17? ________

   C. Set the **Jump size** to 12. Click **Add** and watch. Notice that in **Tens then ones** mode Fred's jump happens in two parts. How long are the two parts? ______ and ______

图 8　活动 B 下的问题 1 和问题 2

问题 1 下面教师准备了 ABCD 四个探究问题，问题 2 下有 3 个子问题。通过拖拽 Fred 到不同的位置，设置好跳数的大小，然后观察并且记录下探究的等式方程。问题 2 下面教师准备了 ABC 三个供学生探究的问题。Fred 的位置不变，通过改变“Jump Style”和苍蝇的位置，然后带着教师提供给学生的 3 个子问题去探究工具，记录观察分析数据。

通过以上教师精心设计的任务问题，结合互动工具的探索，分析记录数的数据，学生变能很深的理解加法和减法的运算方式，能够更加准确的理解加数、减数、被减数、和、差等概念。

**4. 启发思考，交流归纳**

教师在整个探究的过程中扮演的都是课堂的组织者和引导者的角色，探究过程并不是毫无目的探究。在整个探究活动的过程中，教师就每个活动下的小问题，对学生记录的数据和观察的结果组织讨论、交流。然后帮助引导学生去归纳总结出探究问题的结论、发现数学知识之间的规律。

**5. 巩固训练，拓展延伸**

在各个活动结束的最后环节，教师总是设计了一些具有挑战性或者开放性的问题，让学生进行深入探究。一方面起到了巩固对先前知识，另一方面帮助学生进行深入思考和探究。学生所学的知识能够在挑战性问题的探究和思考中得到拓展和延伸。例如"小青蛙跳数"这个 Gizmo 中活动 C 问题 5 是富有挑战性的问题，详见下图(图 9)。

5. Challenge: Click **Reset**. Click **Add fly** six times. Without dragging Fred or any of the flies around, see if you can catch all six flies in less than 6 moves.

图 9　活动 C 下的挑战性问题

挑战：单击重置按钮。单击"Add fly(增加苍蝇)"6 次。不拖 Fred 或周围的苍蝇，看你能不能在移动次数不超过 6 次的前提下捉到所有的苍蝇？这个题目和前面的相比，具有一定的开放性和挑战性，能给予学生更大的探索空间。也是便于满足不同学生的能力需求。

通过以上对数字化互动探究学习资源设计的一般模式的各个关节详细分析，不难看出真正意义上的数学探究学习就是一种在"做中学"，"玩中学"的学习方式，充分发挥了教师主导学生主体的作用。数字化学习工具的应用有效促进了学生学习方式的变革，学生通过"自主探究"和"交互学习"在获取信息、处理和运用信息等方面的能力大有提高，真正意义上实现一对一环境下的小学数学课堂的有效教学。

## 五、总结

一对一环境下小学数学课堂与传统小学数学课堂相比，展现了信息技术给数学课堂带来的巨大的优势。信息技术与小学数学课程的深层次整合就是希望现代信息技术现在能够成为学生学习数学和解决问题的强有力工具，能够彻底变革课堂上"教与学"的方式，能够在一对一课堂环境中让学生知识和思维的广度和深度上有所发展，能够真正意义上实现小学数学课堂的深度教学。

目前国内信息技术主要还是应用在教师的"教"的活动中，主要还是充当老师教学的演示或分析的工具，忽略了去开发它在学生主动探究学习中的功能和作用。通过对国外优秀互动资源的借鉴和分析，希望能对我国设计和开发一对一课堂环境下的小学数学资源带来启示，同样也希望能够为信息技术与小学数学深层次整合的探索提供新的思路。

### 参考文献


[1] 余胜泉 袁华莉．探究性主题资源的设计[J]．中小学信息技术教育．2005，(09)

[2] 姚利民．有效教学含义初探[J]．现代大学教育．2004 年第 5 期

[3] Tak-Wai Chan. One- to- one Technology- Enhanced Learning：An Opportunity for Global Research Collaboration[DB/OL]. http://www.g1to1.org, 2008- 03- 12.

[4] 谭国池．数字化学习资源在数学探究性学习中的应用[J]．教育信息技术．2009 年第 11 期

[5] 互动学习-系列软件 explorelearning.（ http://yuezhongmian. blog. sohu. com/176724644. html)


### 作者简介

郑姝，1988 年生，女，江苏常州人，硕士，研究方向为教育技术基本理论与实践。

# 985 高校图书馆数字化学习资源馆藏现状调查与分析*

朱伟丽

（中山大学图书馆，广东广州，510080）

**摘　要：** 高校数字化学习资源建设有自主开发与企业开发两种途径，而企业开发的数字化学习资源产品主要由高校图书馆购买。以 985 高校图书馆为样本，采用网络调查方法，揭示高校图书馆数字化学习资源馆藏现状。总结出几个特点，即外语与考试类资源比重较大；视频与题库类资源居多；未形成核心产品及馆际差异明显且无规律。指出目前高校图书馆数字化学习资源建设存在缺乏理论支持与实践指导，数字化学习资源产品质量与营销有待提升，资源整合有待加强四方面问题。最后，提出明确图书馆在资源建设中的地位，加强图书馆与信息技术部门的合作与注重资源的利用三方面的建议。

**关键词：** 数字化学习资源；资源建设；教育技术中心；高校图书馆

# The Investigation And Analysis of Digital Learning Resources For "985" LibrariesUniversity

Zhu Weili

(Sun Yat-Sen University Libraries, Guangzhou, 510080)

**Abstract:** There are two ways for the construction of digital learning resources in the universities that is self-development and enterprise development. The resources of enterprise development are bought by the university libraries. It takes the "985" University Libraries as a sample and uses network survey methodology to reveal the University Library digital learning resources collection status. It summed up several features, including a larger proportion of foreign language and exam resources; most video and exam resources; not form the core products and interlibrary differences are obvious and erratic. It points out that University Library Digital Learning Resources building there are a lack of theoretical support and practice guidance; product quality and marketing of digital learning resources need to be improved; integration of resources needs to be strengthened. Ultimately it puts forward three suggestions, that is established library's role in the course of resources construction; strengthen cooperation in library and information technology sector; focus on the use of resources.

**Keywords:** digital learning resources; sources construction; education technology center; university libraries

就高等教育而言，数字化学习资源沿着高校开发与企业开发两条轨道发展。在实际建设中，高校内部也形成一种自然的分工，学校自主开发数字化学习资源，通常由教育技术中心或网络中心及教务处推动，而企业开发的数字化学习资源则由高校图书馆以数据库的形式购买。从以往的研究看，关于高校数字化学习资源的建设，研究者将更多的注意力放在自主开发上，对数字化学习资源数据库的购买关注不够。实际上，

* 本文系"中山大学 2011 年医学教育类 CAI 课题"研究成果（项目编号 33）。

无论是学校自主开发，还是图书馆购买，资源的建设都服务于学生数字化学习的需要，在建设与使用过程中理应有一个整体的考量。本文就以985高校图书馆为样本，讨论研究性大学图书馆数字化学习资源建设的现状，以期找出存在的问题及应对之策。

## 一、数字化学习资源的界定

如今，高校图书馆购买的数据库数量众多，即使计数方式不同，规模稍大的图书馆也有近200种左右。对于哪些可称的上是数字化学习资源，有学者认为，数字化教学资源可指：题库、媒体素材、课件、案例、文献资料、信息数据、电子图书、网络课程、工具软件。[1]这一说明简洁直接，但其中“文献资料”对于图书馆而言，有些宽泛。另有学者认为为数字化学习资源有广义与狭义之分，广义的数字化学习资源几乎包含了数字化学习环境中所有的信息和技术；而狭义的数字化学习资源则是指经过数字化处理，依据学习者特征进行编排的，可以在多媒体计算机上或网络环境下运行的、供学习者自主、合作学习的、可以实现共享的多媒体材料。[2]

根据上述两种说法，本文所要调查的图书馆馆藏数字化学习资源是指狭义的学习资源，包括题库、课件、视频、网络课程、学习软件、课程素材等。需要特别说明的是：(1)电子版教学参考书理应视为数字化学习资源，但考虑到上述界定，以及教学参考书数据库的普遍拥有，未列入调查范围。(2个别文献型数据库，带有部分数字化学习资源，如“哲摄线”包括视听资料与课件，但这并不是数据库的主体，故也未列入统计结果。(3) 图书馆购买的多媒体光盘中，往往包括有教学素材，课件等数字化学习资源，但多为零散购入，而且数量较大，不便一一统计，故也未涉及。此外，本研究中的统计包括了图书馆已购入的资源及2012年仍在试用的资源。据此，笔者访问列入985工程的39所高校的图书馆网站，对图书馆网站上列出的全部数据库逐一甄别，以得到该馆数字化学习资源建设的情况。

## 二、985高校图书馆数字化学习资源馆藏现状

### （一）调查结果

根据调查，在这38所高校图书馆网站上，涉及到的数字化学习资源数据库共有75种，购买与试用频次排名前10位的数字化学习资源数据库如下表所示：

**表1　985高校图书馆购买与试用频次排名前10位的数字化学习资源数据库列表**

| 数据库名称 | 知识内容 | 主要资源类型 | 供应商 | 频次 |
|---|---|---|---|---|
| “知识视界”视频教育资源库 | 综合 | 科教视频 | 武汉缘来文化传播有限责任公司 | 28 |
| 新东方多媒体学习库 | 英语、职业认证 | 视频、音频、动画、 | 北京新东方迅程网络科技有限公司 | 28 |
| 爱迪科森“网上报告厅” | 综合 | 科教视频 | 北京爱迪科森公司 | 26 |
| 超星学术视频 | 综合 | 教学视频 | 北京世纪超星公司 | 24 |
| “口语伙伴”交互式外语学习数据库 | 外语 | 网络课件 | 北京爱说吧科技有限公司 | 12 |
| 正保远程教育多媒体资源库 | 会计、外语、法律、职业考试等 | 教学视频 | 正保远程教育 | 12 |
| 环球英语多媒体资源库 | 外语 | 网络课程、题库 | 北京爱迪科森公司 | 11 |
| 银符考试模拟平台 | 外语、计算机、法律、经济、工程、职业资格等 | 题库 | 北京银符信息技术有限公司 | 11 |
| MeTeL(即外文国外高校多媒体教学资源库) | 综合 | 课件、视频 | 国道数据 | 10 |
| VERS维普考试资源系统 | 外语、计算机、职业资格 | 题库、课件 | 维普资讯 | 9 |

985高校图书馆购买或近期试用的数字化学习资源种数差别很大，购买或试用的数字化学习资源种数在10种及10种以上的图书馆列表如下：

**表2　购买或近期试用的数字化学习资源在10种及以上的985高校图书馆列表**

| 图书馆名称 | 购买/试用(种) | 图书馆名称 | 购买/试用(种) |
|---|---|---|---|
| 南开大学图书馆 | 19 | 天津大学图书馆 | 13 |
| 中国科学技术大学图书馆 | 18 | 华中科技大学图书馆 | 12 |
| 电子科技大学图书馆 | 17 | 大连理工大学图书馆 | 12 |
| 兰州大学图书馆 | 15 | 北京航空航天大学图书馆 | 12 |
| 北京师范大学图书馆 | 15 | 华南理工大学图书馆 | 11 |
| 北京大图书馆 | 14 | 中南大学图书馆 | 11 |
| 吉林大学图书馆 | 14 | 国防科学技术大学图书馆 | 11 |
| 重庆大学图书馆 | 14 | 浙江大学图书馆 | 10 |

## (二)现状分析

**1. 外语与考试类数据库比重较大，涉及学科较为广泛。**

从数据库所包含的知识内容来看，纯外语类的数据库有15种，占总数的五分之一；各类考试数据库，包括外语、计算机、司法、经济、工程、职业资格等有17种；外语与考试类数据库总数有32种，约占数据库总数的五分之二强。另外有五分之二为综合性数据库，而且综合性的数据库中80%以上以视频类教育资源为主。此外，涉及的学科还包括医学4种，计算机科学2种，以及管理学、光学、机械电子、数学及教育学科数据库各1种。学科内容分布迎合了大学生学习性信息需求的特点，同时也显示出数字化学习资源数据库的产业发展重点。

**2. 视频与题库类资源居多，同一数据库可包括多种资源类型。**

从数据库所涉及的资源类型来看，包含有视频的数据库为45种左右；各类题库有21种；这两类资源已占数据库总数的近90%。另外，还包括专门的教学素材库8个，其中图片库5个；除此之外，多数数据库表现为网络教学课件。需要说明的，很多数据库的资源类型并不唯一，通常是多种资源类型并存，如同一个数据库中即包括教学视频，同时也包括网络课件，甚至有海量题库。根据调查结果，购买频次超过20次的数据库，全部都以视频为主，说明优质教育视频较受欢迎，产业化前景看好。此外，作为成熟的产品，单纯的题库较为少见，题库与讲解相结合，以及多种类考试题库的整合，是此类数字化学习资源数据库产品较为常见的模式。

**3. 未形成绝对核心的产品，多数产品处于成长阶段。**

不同于图书馆存在部分数据库“每馆必买”的情况，从所有涉及到的数字化学习资源数据库的购买频次来看，频次最多的两个数据库只为28次，即调查中只有约74%的图书馆购买了此数据库。而只被购买了一两次的数据库有41个，即在调查中，75个数据库中有一半以上只有一两个馆购买。总体来看，购买频次的平均值为4.52，标准差为6.01，也就是说，平均算来，每个数据库被38所图书馆中不到5所图书馆购买，而且购买频次的波动非常大。仅从调查结果看，对于数字化学习资源数据库而言，存在几个较受欢迎的产品，但也并没有形成绝对的优势，较多产品的“单用户现象”也说明这一市场中的产品多处于发展过程中。

**4. 馆际差异明显，排序未见规律。**

根据调查结果，各馆之间数字化学习资源的建设现状大不相同，最多的图书馆涉及到19个数据库，而最少的仅为2个，极差达到17。调查中各馆购买的数据库数量的平均值为9.05，标准差为4.68，可以看出各馆之间的差别较大。而且从排序上看，总体排序与各大学之间的排名未见相关性。另外，在2011年中国高校图书馆发展报告中电子资源采购经费排名前5位的图书馆[3]，在数字化学习资源购买的数量排位中，最靠前的是处于第16位的浙江大学图书馆。这也说明高校图书馆数字化学习资源的建设，在各馆的受重视程度不尽相同，这不取决于高校图书馆的地位，而且与经费的多少也关系不大。

## 三、高校图书馆数字化学习资源建设存在的问题

### （一）建设目标缺乏理论支持

在国内高校图书馆的藏书发展政策中，并没有将数字化学习资源提高到与科研资源同等重要的高度。特别是对于研究型大学的图书馆而言，更多的强调与学校的定位相吻合[4]，注重期刊、图书等研究性资源的收藏。而高校图书馆的数字化学习资源建设处于“可选”状态，有的高校图书馆较为重视，如南开大学图书馆自建的国内外名校开放课程学术视频数据库[5]，华南理工大学图书馆的精品课程导航网站[6]都做的有声有色，但更多的高校图书馆不会刻意投入精力。缺乏理论上的支持，导致高校图书馆在数字化学习资源建设中的地位不明确，应有的作用得不到发挥。

### （二）建设过程缺乏实践指导

从调查中可以看出，在数字化学习资源的产业化过程中，确实产生了一定数量的产品，涉及多个学科，特别是外语与各类考试方面的资源，存在更多的选择。但对于这些数字化学习资源产品如何选择，如何评价等，高校图书馆在数字化学习资源的建设过程中缺乏有力的指导。因为以往在学术性数据库购买中的下载量、资源内容来源评价等方面的指标对于数字化学习资源未必适用。在调查中，我们也注意到，38所高校图书馆购买或试用资源总频次为344，但其中有一半以上的资源为正在试用，甚至是反复试用。高校图书馆在数据库的购买上举棋不定，反映出决策过程缺乏必要支持。

### （三）数字化学习资源产品供给有待提升

高校图书馆对于数字化学习资源产品普遍认可度不高，除图书馆的指导思想外，数字化学习资源产品的供给方面也存在问题。调查中涉及到了75种数据库，购买或试用产品最多的高校图书馆也只有19种，占总数的25%，与此同时，大量的数据库只有一两家用户，说明数字化学习资源产品的质量有待提高，多数产品还没有形成打动客户购买的特质。此外，在数字化学习资源产品的营销上还要加强，要注重品牌树立，调查中排名靠前的“新东方”、“超星”等公司的产品较容易得到图书馆界的认可，除其产品本身的特点外，品牌的效应也不容忽视。

### （四）数字化学习资源整合揭示仍显欠缺

在调查过程中我们发现，多数高校图书馆建设的数字化学习资源位于图书馆网站下两层链接之外的“多媒体资源”栏目，显示度很低。而“多媒体资源”的标题更容易让人联想到影视、歌曲等娱乐性资源，因此除非他人推荐，学生自己发现的可能性不大。更重要的是，目前的高校图书馆的数字化学习资源数据库多为“信息孤岛”，没有融入学生的数字化学习环境中去，甚至在图书馆的数据库学科导航中都没有找到合适的位置。如南开大学图书将购入的数字化学习资源归于“其它资源”栏目之下，而且在数据库目录检索中，这类资源也未标引到任何一门学科。[7]

## 四、高校图书馆数字化学习资源建设的几点建议

### （一）明确图书馆在学校数字化学习资源建设中的作用

自主开发与选择购买是数字化学习资源建设的两种途径，高校图书馆作为学校的信息资源中心，面对数字化学习资源产品，承担了选择购买的工作，但资源建设的随意性过大，资源的保障也不够系统全面。无

论是图书馆界还是教育界应明确图书馆在数字化学习资源建设中和作用，把数字化学习资源的采购与系统保障纳入图书馆馆藏发展规划，将数字化学习资源产品在图书馆网站上单独列出，按专业分类，提升到与研究性资源同等重要的地位。与此同时，学校教育技术中心与教务处等相关部门，在规划统筹数字化学习资源建设时，可以邀请图书馆员加入其中，共同构筑校园数字化学习资源保障体系。

### （二）加强图书馆与教育技术部门之间的交流与合作

数字化学习资源的开发与建设是一项教育技术课题，相关的研究与成果也多来自于教育技术领域，图书馆与学校教育技术部门之间应加强交流与合作，以提高学校的数字化学习资源建设与保障水平。首先，在资源建设上，图书馆与教育技术部门的合作可以有更强的说服力，争取到更多的建设经费；其次，在资源评价与选择上，教育技术部门的加入与相关研究成果可以为图书馆在购入资源时提供有力的指导；最后，在资源的利用上，图书馆与教育技术部门的合作，有利于资源的整合揭示，提高资源的利用率，真正让数字化学习资源成为大学生学习的推进剂。

### （三）以利用为中心推动校园数字化学习资源的建设

资源建设的目标是为了利用，以利用为中心开展数字化学习资源的建设，关键是要融入学生的数字化学习环境。从这个意义上说，仅仅在图书馆网站上加强揭示，或是建立校园数字化学习资源导航网站是不够的，要做到学生在哪里，资源就在哪里，比如与学校的教学管理平台相结合，根据数字化学习资源产品的学科内容，嵌入到教学管理平台中去，最大限度的提高资源的显示度。对于教学管理平台如 Blackboard 等与图书馆购买的数据库资源的整合问题，国内初见端倪[8]，图外已全面展开，大致形成技术方法与人工链接两类解决方案，需要我们在借鉴的同时加以创新。总之，只有以利用为中心，以全局性思维开展数字化学习资源的建设，才能打破部门之间的界限，构建实用高效的校园数字化学习环境。

## 参 考 文 献


[1] 苏小兵，祝智庭. 数字化教学资源的需求和供给模式研究———公共产品的视角[J]. 中国电化教育，2012(8)：78-82

[2] 赵庆国，马　超. 基于数字化学习资源的教师校本学习模式研究[J]. 软件导刊，2009(1)：62-64

[3] 王波等. 2011 年中国高校图书馆发展报告[N]. 图书馆报，2012-8-1(A05/32)

[4] 燕今伟. 高校图书馆的藏书发展策略[EB/OL]. http://www.cashl.edu.cn/cms/resupload/00000000000000000003/012/1292492722625_1.pdf，2010-12-02/2012-10-11

[5] 南开大学图书馆国内外名校开放课程学术视频数据库[EB/OL]. http://www.lib.nankai.edu.cn/nav/ind.x.asp，2011-04-11/2008-10-21

[6] 华南理工大学图书馆精品课程导航 [EB/OL]. http://202.38.232.110/shitiku/jingpin.asp，2006-2-31/2012-10-21

[7] 南开大学图书馆数据库导航[EB/OL]. http://www.lib.nankai.edu.cn/nav/index.asp，2009-01-08/2012-10-21

[8] 李晓东，刘素清. 在 Blackboard 中集成图书馆的资源与服务研究[J]. 图书馆杂志，2009(3)：44-46


## 作 者 简 介

朱伟丽，1980 年生，女，汉族，河南漯河市人，馆员职称，硕士，研究方向：信息素质教育。

# 电子教材的交互设计研究

庄萌萌，武法提

（北京师范大学教育学部教育技术学院，北京，100875）

**摘　要**：随着平板电脑的普及，基于平板电脑的电子教材引起了研究者的普遍关注。交互设计是电子教材设计的核心，平板电脑的终端特性为电子教材带来了新型的交互形式。电子教材交互设计包括内容结构设计、内容交互设计、交互界面设计三大要素。内容结构设计一方面要考虑学习者与传统教材的交互习惯，提供一种与传统教材一致的内容结构；另一方面要考虑为学习者提供丰富的学习体验，设计多样化的内容结构。内容交互设计是基于总结出的包含4类33个内容交互类型库，依据以教学目标为导向、符合学科内容特点、适应学习者特征的原则选择相应的内容交互类型。交互界面设计要保证有清晰的导航和一致的交互风格。

**关键词**：电子教材；交互设计；平板电脑

# Interaction Design Study of E-textbook

Zhuang mengmeng, Wu fati

(Faculty of Education, School of Educational technology, Beijing Normal Universit, Beijing 100875, China)

**Abstract**: With the popularity of Tablet PC, Tablet PC-based e-textbook have attracted the attention of researchers. Interaction design is the core of e-textbook design. Tablet PC bring new types of interaction for e-textbook. Interaction Design of e-textbook include three elements of the content structure, content interaction, interface interaction. On the one hand interaction design of content structure should consider learners' habits, provide a kind of structure as same as traditional textbook. On the other hand, we should design a variety of content structure to provide learners with rich learning experiences. Based on the 33 kinds of content interaction type, Interaction design of content select the appropriate type based on the principle of teaching goal-oriented, according with the characteristics of subject content, adapt to the learner characteristics. Interface design should ensure clear navigation and a consistent style.

**Keywords**: e-textbook; interaction design; tablet PC

随着技术的飞速发展，新一代平板电脑开始普及，并以其便携式、智能化、富媒体、强交互的特点，逐渐改变着人们的阅读习惯和学习方式，引起了教育领域学者的普遍关注。目前，电子教材的研究已经陆续展开，一些研究者已经开始尝试将平板电脑作为电子教材的显示终端。然而，这些研究还处在理论意义探讨和宽泛的设计原则层面，缺乏具体的、可操作性的设计和实现方法，尤其是缺少基于平板电脑的电子教材交互设计的探究。

电子教材交互设计的优劣决定着电子教材设计、推广及普及的成败。本文希望在分析电子教材内涵和平板电脑特性的基础上，确定电子教材的交互设计要素，提出相应要素的具体设计方法。

## 一、电子教材的概念界定与平板电脑终端特性

### (一) 电子教材的概念界定

目前,对于电子教材的概念,国内外还没有形成统一的认识。李林[1]等学者认为电子教材是以信息技术、多媒体技术为基础开发的教学系统,强调系统性;学者项国雄[2]、庄科君[3]等将电子教材看做一种以信息技术为工具开发的多媒体教材,分别关注富媒体性和教学性系统性;祝智庭[4]、陈桄[5]等把电子教材理解为一类具有教育功用的特殊电子书,并分别对其功用进行了界定。

综合以上观点,本研究认为电子教材是依据教学原理和教学大纲,以信息技术、多媒体技术为工具开发的,集文字、图片、音频、视频、动画和虚拟现实等多媒体于一体的,具有交互性、共享性、开放性等特性的,能用于教师课堂教学和学习者自主学习的多媒体教学材料。一方面,电子教材要体现教材特性,也就是说要符合教学规律和课程目标,能作为课程教学活动开展和学习者自主学习的工具,因此,电子教材要依据课程范畴中的传统教材用书的内容、以符合学习者阅读教材的习惯进行设计与开发。另一方面,电子教材要突出其富媒体、强交互特性,它依托多媒体技术和智能终端,给学习者带来视觉、听觉、触觉等多感官体验,实现与学习者的双向互动。因此,电子教材要依据先进技术和显示终端的特性进行交互设计。

### (二) 平板电脑终端特性

目前,智能化终端主要有普通台式电脑、笔记本电脑、平板电脑、3G 手机,本研究采用平板电脑作为电子教材显示终端依据如下:

1. 便携性、适用性。平板电脑的屏幕大小多为 9 英寸左右,大小相当于 16 开图书,重为 600-800 克。相较于普通台式电脑和笔记本电脑,平板电脑尺寸小、重量轻,更易于学习者携带。相较于 3G 手机,平板电脑的大小与传统书籍相似,为呈现更多的学习内容和更丰富的交互形式提供了合适的空间。

2. 互动性。平板电脑区别于普通台式电脑和笔记本电脑的最突出特点是采用多点触控屏幕技术,用户通过简单的手势就可实现操作,彻底摆脱了键盘与鼠标的双重枷锁;同时内置智能重力感应、环境光线感应、三轴陀螺仪等感应器,为使用者带来了前所未有的交互体验,更为电子教材的设计提供了自然、丰富的交互形式。

## 二、电子教材的交互设计要素

目前,e-learning 关于学习资源的交互设计已经取得了丰富成果,武法提教授提出了网络课程学习内容交互设计的四个要点:内容结构设计、多媒体呈现设计、内容中的问题设计、内容的可操作性[6]。还有学者从微内容设计、内容交互设计、交互界面设计三个方面对移动学习资源进行交互设计[7]。这些交互研究的成果给本研究奠定了很好的基础,但我们在确定电子教材交互设计要素时,除了借鉴已有成果,还要建立在学习者和学习内容分析的基础上。首先分析学习者,学习者习惯阅读传统纸质教材,他们与传统教材的交互主要是阅读、划重点、记笔记等,而且他们在使用电子教材时因学习目的、学习地点、学习时间不同,会产生不同的学习需求。要满足不同的学习需求,就要对电子教材的版式结构、交互界面进行合理的交互设计。其次进行学习内容分析,电子教材中的内容因学科不同、知识类型不同,其所适合的交互方式也不同。所以在电子教材的交互设计时,需要将不同的学习内容与平板电脑上已有的交互形式相匹配,呈现合理的内容交互形式。

基于已有的研究结果和学习者、学习内容的分析,本研究将电子教材的内容结构、内容交互、交互界面确定为电子教材的三个主要的交互设计要素。

## 三、电子教材各要素的交互设计

电子教材的交互设计要从内容结构、内容交互、交互界面这三个方面进行设计,在设计每个要素时,不

仅要考虑本要素的交互设计，同时要考虑与其他要素相协调，每个要素不能孤立存在。下面逐一介绍各要素的交互设计要求。

## （一）内容结构的设计

电子教材内容结构的交互设计要考虑学习者与传统教材的交互习惯、学习者的学习需求，同时要突出技术变革带来的符合学习者认知发展特点和规律的丰富学习体验。平衡这两方面因素可以采用如下方法进行内容结构的交互设计：

**1. 与传统教材一致的内容结构设计**

传统纸质教材的内容结构是立足于教师的专业科目和教学需要，突出的是教师所教科目的学科内容和逻辑结构，有利于教师完成教学任务。[8]目前，学习者和教师都习惯于与传统纸质教材内容结构的交互，电子教材如果要从根本上取代传统教材的位置，首先要满足现有课堂教学中教师和学习者的习惯，这就需要电子教材提供一种和纸质教材内容结构、编排风格一致的结构。这样不仅能适应学习者现有的阅读风格和阅读习惯，而且这种交互性较低的内容结构便于学习者通读浏览和考试复习。

**2. 多样化的内容结构设计**

以学习者为中心的教学理念，要求教材的立足点是满足学习的学习需要[9]。有研究表明伴随着计算机和互联网成长起来的新一代学生，具有很强的快速信息检索能力，更擅长同时处理多种任务，喜欢寻求新异刺激。[10]为了满足新时代的学习者学习需要，提供给学习者以丰富的学习体验，电子教材内容结构的设计要多样化。例如针对深入理解学习设计富媒体内容结构，可以利用平板电脑丰富的交互形式，结合知识的特点，以符合学习者认知规律的方式呈现，这样不仅对知识内容进行了精细加工，而且丰富的学习体验提高了学习者的学习兴趣；针对移动学习设计微内容结构，电子教材可以作为移动学习终端，移动学习中学习者的注意力集中时间较短，所以在进行移动学习内容结构设计时，要采用微内容结构，学习内容要细分成很小的模块，让学习者能够在5—10分钟完成一个模块的学习；针对以问题为中心的教学设计的问题结构，可以将知识背景设计成问题情境，将知识点贯穿于问题解决的过程中；还可以针对考试设计测试练习结构等等。

以上多种内容结构的设计在传统教材是实现起来十分困难，但是基于平板电脑的电子教材可以轻松做到，其重力感应自动旋转屏幕使电子教材可以在学习者选定的两种内容结构间随时任意转换，这就为多样化的内容结构交互设计提供了充分技术条件。

## （二）内容交互设计

电子教材内容交互设计是根据内容特点和学习目的，抽取出部分内容以多媒体元素和最新的交互技术设计其呈现与交互形式，是电子教材交互设计的核心。电子教材内容交互设计依赖于平板电脑现在已有的交互形式，因此，我们对内容进行交互设计时，首先要对已有交互形式进行调研。

**1. 内容交互类型总结**

在分析了大量平板电脑交互形式的基础上，我们将已有内容交互类型按照讲解演示类、创设情境类、学习支持类、练习测试类进行了分类整理，形成了一个包括4类33个内容交互类型库，如表一：

**表一　内容交互类型库**

| 种类 | 内容交互类型 |
| --- | --- |
| 讲解演示类 | 缩略插图、音频播放、弹出视频、内嵌视频、内外部超链接、课文点读、模拟二维空间、360度旋转模型（空间上全方位展示）、连续变化轴（时间上纵向展示过程）、间断变化轴（时间上纵向展示状态）、非序列展示（二维空间上非序列展示结构）、序列展示（二维空间上序列展示细节） |
| 创设情境类 | 平面全景、重力感应应用、绘制与擦除、光线感应互动、拖拽互动、动作反馈、视线反馈 |
| 学习支持类 | 画板、手写板、演算纸、注释、生词卡、记笔记、划重点、内容搜索 |
| 练习测试类 | 填色板、拼图、选择题、拖拽题、语音识别对话练习、图像识别观察练习 |

每个内容交互类型都包含定位、适用范围、交互方式，我们每类中举一个例子在表二中进行说明。

**表二　交互类型举例**

| 所属类别 | 交互类型名称 | 定位 | 适用范围 | 交互方式 |
|---|---|---|---|---|
| 讲解演示 | 360 度旋转模型 | 空间上全方位展示实物，不留任何死角，适用于观察各种不易观察的或者存在危险的事物。 | 可用于生物微观分子的展示，人和动物器官结构的展示，以及在数学立体几何中的立体图形展示等。 | 手指在区域内随意滑动，模型随之转动，根据手指滑动距离的长短判断模型转动的角度。 |
| 创设情境 | 重力感应应用 | 通过感应 pad 的放置状态进行互动，让学习者感受重力、浮力，还可增强教材的互动性。 | 适用于让学习者感受重力、浮力，如空中、水里等，还可以用于利用重力感应控制物体方向的环境。 | 以小图标进行提示，双手持 pad 变化 pad 放置状态，调整画面中物体的方向和状态。 |
| 学习工具 | 记笔记 | 通过记笔记，学习者对文字内容进一步精细加工和整理，促进学习者对知识的理解，便于学习者日后复习。 | 适用于教材中学习者与文字交互的部分。 | 学习者长按文字部分，会显示做笔记的选项，点击输入笔记内容，记录笔记时间的图标会显示在此内容的页面空白处。 |
| 练习测试 | 图像识别观察练习 | 通过 pad 与实际物体、环境的交互，让学生将书本内容与实际生活联系起来，培养学生观察能力，增强教材的趣味性。 | 可用于各种实物的观察识别，如地理中的北斗七星、生物中的各种植物、化学中的化学仪器等；还可以利用增强现实技术，对已经设定好的图片进行识别。 | 通过摄像头识别图像，做出反应，如解释说明、交互动作等。 |

**2．内容交互类型选择的原则**

现在，我们已经理清了平板电脑上现有交互形式，但是如何根据不同的内容选择合适的内容交互类型也是一件复杂的工作，要考虑学习者特征、学科知识内容等因素，因此，选择内容交互类型是在综合考虑众多因素的基础上做出的谨慎抉择，需遵循以下原则：

（1）以教学目标为导向

教学目标是电子教材交互设计的指导思想，不仅规定着交互的目的，而且指导交互方式的选择。以语言教学为例，让学生掌握某个句子的发音和要求学生能进行情景对话是两种不同的教学目标，前者可以选择交互类型中的音频播放或课文点读的方式，而要想达到后者的目标，可以选择语音识别对话练习。所以交互类型的选择要以教学目标为导向。

（2）符合学科内容特点

不同的学科，内容不同，适用的交互类型不同；即使同一学科，各个部分的内容不同，选择的交互类型也不同。以几何为例，很多立体结构、三维图形，最好通过模型来讲解，能帮助学生更好的了解和认识结构，这时就需要用到 360 度旋转模型；对于历史课程中的历史事件，最好用时间轴对应事件的方式呈现，清晰直观，交互类型中的间断变化轴展示事物在发展过程中几个重要的状态或事件，符合此内容的特点；对于生物学科细胞的分裂、化学学科中化学反应，需要学生观察变化过程，这时可以选择连续变化轴，连续展示事物变化过程。

（3）适应学习者特征

电子教材适用范围很广，从学前到中小学再到大学都可以使用电子教材，然而，不同年龄阶段的学习者认知特征有很大差别。所以我们在选择交互形式时要充分考虑学习者的认知特点。一般来说，学前和小学低年级要选择互动性较强、形象化、直观化的交互形式，以适应他们直观形象的思维模式，这时就可以多采用平面全景、重力感应应用、绘制与擦除、光线感应互动、拖拽互动、动作反馈、视线反馈等交互形式，增强教材的互动性。而中学阶段以后，要着重培养学习者的抽象逻辑思维能力，这时不能太多的加入形象化的互动元素，要重点关注知识的特点进行设计。

### (三)交互界面设计

电子教材的内容结构和内容交互的设计最后都要以界面交互的方式与学习者发生互动，根据平板电脑的特点，交互界面的设计要考虑以下两点：

**1. 导航设计**

电子教材的导航设计，要求层级分明，直观清晰，最好能以缩略图形式等直观展现现在所处位置，层级不要超过三级。此外，还要注意，使用平板电脑时，手作为操作工具有其自身的局限性，人手指尖皮肤与屏幕的接触面积较大，导致点击的准确性精度不高。因此我们应尽量使用常用的多触控手势代替按钮进行操作。[11]

**2. 风格设计**

平板电脑具有高分辨率的显示屏，如 new ipad 配备了高达 2048x1536 像素的 LED 背光 IPS 显示屏，IPS 显示屏具有超宽的可视角度，用户可以从各个角度都可以欣赏到生动清晰的画面。所以我们在设计电子教材时，要选用高质量、高清晰度的素材，颜色搭配和谐具有美感，前后风格一致。不仅要外观一致，交互操作的动作手势要尽量使用常用的多触控手势，要与平板电脑其他应用的风格一致，符合使用者习惯，比如捏手势代表返回。同一类型的交互形式的交互操作方式也要统一，尽量扫清学习者操作的障碍，促使学习者的注意力集中到学习内容上。

## 四、总结和展望

电子教材有非常大的发展前景，为了推动电子教材的推广应用，本文对电子教材的交互设计进行研究，首先界定了电子教材的概念，分析了平板电脑终端特点，将电子教材交互设计的设计要素确定为内容结构设计、内容交互设计、交互界面设计，并对各个要素提出了交互设计的要求。此外在内容交互设计时，总结出现在平板电脑上已有的 33 种交互形式，这些交互形式能满足电子教材内容交互的基本要求，但是还远远不能满足多样化的电子教材制作的实际需求。在后续的工作中，我们还需要设计、搜集更多的交互形式，以实现一个更为系统、完善的内容交互类型库。

### 参考文献

[1] 李林，王冬，覃文圣等．论电子教材取代纸质教材发展趋势的必然性[J]．中国信息界，2011，(5)：42-44.

[2] 项国雄．从传统教材到电子教材[J]．信息技术教育，2005，(5)：8-10.

[3] 庄科君．基于首要教学原理的电子教材的设计研究[J]．现代教育技术，2012.4：21-24

[4] 祝智庭，郁晓华．电子书包系统及其功能建模[J]．电化教育研究，2011(4)：24-27

[5] 陈桄，龚朝花，黄荣怀．电子教材：概念、功能与关键技术问题[J]．开放教育研究 2012.4：28-32

[6] 武法提，石好．网络课程的交互设计及其实现[J]．开放教育研究，2009.2，35-36.

[7] 刘清堂，向丹丹．面向 3G 手机的移动学习资源交互设计与实现[J]．中国电化教育 2011.11：72-75

[8] [9] 黄甫全．当代课程与教学论：新内容体系与教材结构[J]．课程・教材・教法，2006.1：6-14

[10] Small, G. W., & Vorgan, G. (2008). iBrain: Surviving the technological alteration of the modern mind[M]. New York: HarperCollines Publishers.

[11] 韩露，郁晓华．多触控手势的教育应用初探—第二十四届学习、教育和培训中的信息技术国际标准开放论坛论文集[C]．2011，36-43.

### 作者简介

庄萌萌，1988 年生，女，汉族，河北省霸州市人，硕士研究生，研究方向：数字化学习环境与学习资源。

# 基于 iPad 电子教材的设计与开发

付建博，王志军

（天津师范大学教育科学学院，天津，300387）

**摘　要**：电子教材因其多媒体化、教学形式多样化、环保节能等特点而广受关注，全球已有一定数量的电子教材面世。但因阅读终端性能的局限性，电子教材却并未如人所愿被顺利大规模推广使用，阅读终端设备曾一度成为电子教材发展的瓶颈。但这一状况将在以 iPad 为代表的平板电脑时代得到根本改观。iPad 可以作为移动终端呈现电子教材，开发人员利 iBooks Author 和 EPUB 则可巧夺天工，开发出基于用户体验，富媒体，智能化的电子教材。本文介绍了基于 iPad 电子教材的开发技术，开发流程，以及基于新技术可开发的特殊功能。

**关键词**：电子教材；阅读终端；用户体验；智能化

# IPad Based Design And Development of Electronic Teaching Material

**Abstract**: Electronic materials because of its multimedia, teaching forms, environmental protection and energy saving characteristics and wide get attention, there are a certain number of electronic materials available. But because of the reading terminal performance limitations, electronic textbooks are not as people may be smoothly large-scale popularization and use, reading terminal equipment once became the bottleneck of the development of electronic teaching material. But this situation will be represented by iPad tablet computer era have been fundamentally changed. IPad can be used as a mobile terminal displaying electronic materials, developer iBooks Author and EPUB can art beats nature. , developed based on user experience, rich media, intelligent electronic teaching material. This article introduced based on the iPad electronic materials technology development, process development, and based on the new technology development of special function.

**Keywords**: e-textbooks; the reading terminal; user experience; intelligent

## 一、信息时代下的电子教材和 iPad 平板电脑

信息与通信技术的迅速发展推动了社会信息化进程。随着现代信息与通信技术普及到世界的各个角落以及人们工作和生活的各个方面，当然教育也不例外，将信息与通讯技术相结合的产品——电子教材运用于教育领域已经普遍化。而支持电子教材的移动终端设备 Ipad 的问世，如同顺势之风加速了电子教材的发展。

### （一）电子教材的定义及功能

所谓电子教材就是一种遵循学生阅读规律，有利于组织学习活动，符合课程目标要求，按照图书风格编

排的电子书或电子读物。定义涵盖了电子教材的内容安排，逻辑顺序要符合学生的阅读习惯，学习过程中便于开展学习活动，并且教材内容要符合课程标准，教学大纲，教材编写规范等要求。而电子教材的功能主要有结构化呈现，媒体可操作性，笔记功能，作业功能，管理功能等五项功能。结构化呈现即电子教材内容组合可支持非线性，动态性和交互性，且呈现方式不一，打破了传统的文字，静态图画的呈现方式。媒体可操作指学习者可以对电子教材进行操作，获取自己想要的动态的，虚拟的情境现象。笔记功能指电子教材支持随学随记功能，强化学习者长时记忆的学习内容。作业功能要求电子教材支持教师进行远程遥控，并对学生布置课后作业，这一模式摆脱了学习的时间和空间限制。

### （二）Ipad 的发展和功能应用

iPad，是一款苹果公司于 2010 年发布的平板电脑，定位介于苹果的智能手机 iPhone 和笔记本电脑产品之间，通体只有四个按键，与 iPhone 布局一样。另外，iPad 集成了多种电子设备的特性，它集合了笔记本电脑、电子书、有线设备、手机、电子相框等诸多功能：浏览器 iPad 搭载的是 Safari 浏览器，大触摸屏可以方便冲浪，整个页面可以一次呈现，通过手指在屏幕上移动便可进行翻页、滚动，也可对照片进行放大缩小操作，支持网页缩略，使用者的体验更为直观。到目前为止，Ipad 已经相继推出第二代和第三代（全新 iPad）等产品，且销量颇高，很快 ipad 就会如同手机普遍化，成为人们的掌上之物。

综合以上两方面，明显可以看出 iPad 平板电脑的产生解决电子教材的许多问题，使得电子教材的编写智能化，而且很多难以实现的交互通过 iPad 都成为现实，未来的教育将以电子教材为主。

## 二、基于 ipad 电子教材的开发技术

电子教材的开发技术数不胜数，而针对 iPad 平板电脑的电子教材开发技术主要有苹果公司在 2012 年 1 月 20 日发布的 iBooks Author 和 Windows 操作系统下的 EPUB 两款软件。

### （一）iBooks Author 软件的开发优势

**1. Apple 设计的模板**

多款模板中页面设计均包含带有相互匹配的字体、颜色和纹理，让你的电子书有个精彩的开篇。运用文字和图像轻松定制你的电子书、创建新的版式、还能保存自定义模板。使用 Book Navigator 来整理你的电子书，添加封面和目录标签。

**2. 精美的文字和版式**

利用每个模板中的多种文字样式，让你的电子书拥有丰富而统一的外观。可在页面的任何位置添加文字、图形、图表、表格和媒体文件。导入在 Pages 或 Microsoft Word 中编写的章节，然后从当前的模板套用一个精美的版式。点击一下即可将单词加入词汇表，并在任何定义旁边轻松添加照片或 widgets。为你的电子书自动创建纵向视图，让读者可以专心浏览文字。

**3. Multi-Touch widget**

多种 widgets 可供选择，为你的电子书增添 Multi-Touch 互动体验。可在电子书的任何位置添加照片库、章节检视、影片、Keynote 演示文稿、带标注的互动式图像、3D 项目或自定义的 HTML。Widgets 包含用于标题和字幕的占位符，还可自动编号，便于你在主体文字中进行引用。可为任何 widget 添加辅助功能说明，这样视障读者借助 VoiceOver 便可轻松使用。

**4. 导出至 iBookstore 或 iTunes**

使用 iPad 上的 iBooks 来预览你的电子书，看看它的外观和运行效果如何。轻松添加封面、视频介绍、版权页、题辞和前言。只需简单几步，即可将你的电子书提交至 iBookstore，进行销售或提供免费下载。以 iBooks 格式导出你的电子书，在 iTunes 上共享或送与他人。为你的电子书创建 PDF 版本的文件。

### （二）ePub 软件的开发优势

ePub 是一个自由的开放标准，属于一种可以“自动重新编排”的内容；也就是文字内容可以根据阅读设

备的特性，以最适于阅读的方式显示。EPub档案内部使用了XHTML或DTBook（一种由DAISY Consortium提出的XML标准）来展现文字、并以zip压缩格式来包裹档案内容。EPub格式中包含了数位版权管理(DRM)相关功能可供选用。

1. epub中的所有内容基本上都是XML。EPUB文件可使用标准XML工具创建，不需要任何专门或者私有的软件。

2. EPUB内容(eBook的具体内容)基本上都是XHTML 1.1(另一种格式是DTBook，为视力受限者编码书籍的一种标准。

3. 大多数EPUB XML模式都来自现成的、可免费获得的、已发布的规范。最关键的在于EPUB元数据是XML，EPUB内容是XHTML。如果您的文档构建系统产生的结果用于Web或基于XML，那么也可用于生成EPUB。目前，以google、apple为代表，众多公司都以epub作为数字图书的格式。

## 三、基于iPad电子教材设计与开发

### （一）基于iPad电子教材设计开发原则

为确保iPad电子教材充分表达教学内容，结构组织严密，使学生既可以在教师引导下积极的学习又可以独立自主的进行学习，并且顺利完成学习任务。既要达到教学目标的要求，又要激发学生的创新思维，iPad电子教材的设计开发中应遵循教学重难点突出，交互设计合理，内容组织符合思维逻辑，画面色彩和谐，知识拓展丰富。

**1. 教学重难点突出：**

在电子教材设计开发涉及技术问题，传统的教材内容都是通过文字和静态画面和教师细心讲解，而电子教材则可以通过音视频，文字，虚拟情境来实现，而重难点就需要特殊的设计来吸引学生的注意，例如我们可以通过颜色刺激学习者的学习方式，增强对重难点的重视。

**2. 交互设计合理：**

电子教材相比较传统教材的主要优势就是交互功能，在如今社会，学习资源富媒体化，学习模式自主化，学习者注重切身体验，交互功能在这些特殊方面都有应用，因此，交互功能设计要符合人们的操作习惯，比如一些按钮位置的放置，音频播放的速度和声音大小。

**3. 内容组织符合思维逻辑：**

电子教材的呈现方式即可线性也可非线性，但是，在组织内容时必须遵循学习者逻辑思维，即便是病态结构的教学内容进行组织时，也要经过调查分析，制作出符合学习者学习习惯的电子教材。

**4. 画面色彩和谐：**

电子教材在色彩搭配方面，符合多媒体画面语言格式，视觉以缓和为主，尽量确保学习者的视力不受电子教材的画面颜色影响。

**5. 知识拓展丰富：**

培养创新型人才是我国多年来教育的贯彻方针，而创新需要的是创新思维，这就需要在教材中拓展知识，培养知识的拓展能力是创新的前提，电子教材应积极的继承与发展创新拓展知识，并在传统教材的基础上通过技术进行各科知识的创新。

### （二）基于iPad电子教材设计开发流程

为了使教育产品既能高效地支持用户的学习和表现，又能让用户满意，用户中心的设计与开发一般要包含用户研究、情境分析、迭代设计等主要组成要素。电子教材的设计与开发不仅需要明确宏观的工作框架和工作任务，作为一种基于专业知识协同开发的实践活动，还需要包括建构和传递复杂见解的方法。因此基于iPad电子教材的设计开发流程包括需要分析，学习设计，工具选择，媒体开发，作品发布等五个阶段。

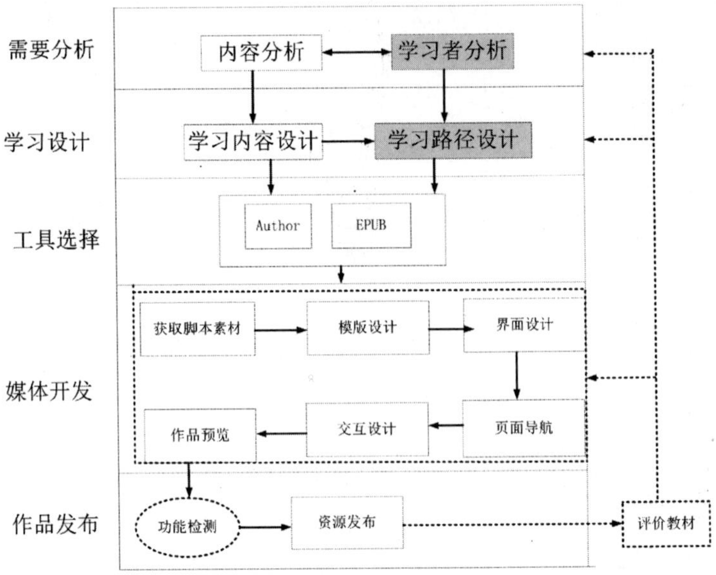


图 1　基于 iPad 电子教材的设计开发流程

**1. 需要分析阶段**

内容分析和学习者分析是并行的工作。内容分析的主要任务是表征课程的能力结构和学习目标，分析课程的核心知识模块及典型知识类型，分析知识模块之间的关系，明确知识对于课程目标实现的重要程度以及学习的难度。学习者分析包括先前经验和能力水平、学习风格、使用情境等三个方面，它们分别作为开发电子教材中，学习路径划定，知识范围界定的数据基础，同时根据学习者特征开发相对应的交互方式和界面风格等。

**2. 学习设计阶段**

学习路径设计的任务是根据课程内容和学习者特征选择学习方式，形成学习路径图，设计学习活动和媒体呈现，促进认知参与和知识建构。良好的学习路径可以有效的指引学习者学习，并且减少在学习过程中的反复，使学习者养成一个良好思维逻辑习惯。

**3. 工具选择阶段**

这个阶段主要是针对 iBooks Author 和 ePub 这两款软件进行选择，前面介绍了两款软件的各自开发优势，让后根据需要分析阶段所获得的数据和学习设计阶段设计的学习路径来决定哪个软件更适合进行开发电子教材，也可以同时开发两个版本的电子教材。

**4. 媒体开发阶段**

媒体开发有脚本的制作和电子教材的编写两大任务，脚本通常来源于传统教材内部，也可以自己制作和教材内容相关的，更加生动的，图文并茂的脚本。电子教材的编写主要涉及教材结构，导航系统和任务操作流程。呈现界面设计主要包含界面组件设计、视觉效果设计、版式设计等。在开发阶段是整个电子教材的制作过程，我们应予以高度重视。

**5. 作品发布阶段**

媒体开发阶段，利用 iBooks Author 或者 ePub 制作好的电子教材，通过 iTunes 同步到 iPad，然后根据之前的设计，对电子教材进行测试，如果达不到预期的要求，再在开发技术端进行修改，ePub 版本的电子教材可以通过 Dreamweaver 进行代码修订，增强了功能的交互性。使得一些难以实现的动态交互可以通过嵌入 JavaScript 达到想要的效果。

## 四、结束语

以 iPad 为代表的平板电脑时代的开启预示着电子教材蓬勃发展时机的成熟，电子教材作为一种优质教学资源，可以很好地融进课堂，丰富教学形式，激发学生的兴趣，开拓学生的视野，丰富学生的知识，拓展学生的思维，使课堂充满活力，提高课堂教学的效率。但是，电子教材在我国大面积推广使用还存在一些问题，如电子教材开发经验不足，iPad平板电脑价格相对较高，部分家庭无力购买，屏幕显示效果仍无法达到纸质图书的阅读舒适度，电子教材因其易传播性而容易遭致盗版等问题仍然阻碍着电子教材的发展，但是，相信这一切不会迎刃而解，教育的领域将会因电子教材绽放光彩！

## 参考文献


[1] 李芳媛，李法敏. 论平板电脑时代的电子教材 [J]. 现代教育技术，2012，(12)：10-12

[2] 罗蓉，邵瑜. 电子教材的设计与开发[J]. 中国电化教育，2006，(229)：68-69

[3] 陈桄，龚朝花，黄荣怀. 电子教材：概念、功能及关键技术问题[J]. 开放教育研究，2012，(18)：20-21

[4] 游泽清. 多媒体画面艺术设计[M]. 北京. 清华大学出版社，2009，144-146

[5] 黄荣怀，张晓英，陈桄，王晓晨，赵姝，龚朝花. 面向信息化学习方式的电子教材设计与开发[J]. 开放教育研究，2012，(3)：34-35

[6] 百度百科. [DB/OL]. http://baike.baidu.com/view/7441006.htm


## 作者简介

付建博，1987年生，男，汉族，河北省邢台市人，硕士研究生，研究方向：远程教育。

# 现代教育技术在保护少数民族文化的应用
## ——以维吾尔族文化为例*

阿孜古丽·买买提,古丽娜·玉素甫
(西北师范大学教育技术学院,兰州,730070)

**摘　要**:伴随着信息化浪潮在全球的兴起,我国各少数民族在经济上有了很大的发展,生活得到了很大的改善,但如果从文化的发展上看,在现代工业社会文化潮流的冲击下,体现民族特色的民族传统文化正大量流失。比如,不少民族的服饰、语言、传统民居、歌唱艺术、民族舞蹈、礼仪习俗等民族文化遗产等。维吾尔族是我国古老的、历史悠久的,新疆境内人口最多的民族。维吾尔文化的特点是传统文化主导型的文化类型,沙漠、绿洲、草地、雪山的自然地理环境决定了本民族的生活方式以及由此形成的观念、习俗也必然带有浓厚的、自然古朴。如何将维吾尔族传统文化与现代化相结合,是一个重要课题,要想不断地进步和发展。现代教育技术以其多媒体展示的集成性、超文本链接的选取性、大容量存储的丰富性、高速传输的便捷性、人机交互的操作性和超时空交流的共享性等鲜明特点,在保护少数民族文化中形成了强大的技术优势,对教育方式、传播方式、学习方式及其他教育活动产生深远的影响。本文主要探讨以维吾尔族文化为例,如何应用现代教育技术的技术优势,解决少数民族文化传承所遭遇的困境问题,提出利用现代教育技术保护少数民族文化,如何引入到教育教学中的一些建议。这对建设社会主义和谐社会,加强民族团结有很大的作用。

**关键词**:现代教育技术;维吾尔族文化;应用;保护

# Modern education technology in the minority cultural heritage and the protection of the action research

**Abstract**: With the development of global informationization tide, China′s ethnic minorities in the economy there has been a great development, life has been greatly improved, but if from cultural development point of view, in the modern industrial society culture under the impact of tide, reflect the national characteristics of the ethnic traditional culture is lost. For example, many national costumes, language, traditional local-style dwelling houses, singing art, folk dance, etiquette custom and so on national cultural heritage, etc. Uyghur is our country ancient, has a long history, the territory of xinjiang's most populous nation. The characteristics of Uighur culture is traditional culture leading cultural type, desert and oasis, grassland, snow mountain natural geographical environment determines the national way of life and the formation of ideas, customs will has a strong, nature of primitive simplicity. How to uygur traditional culture and modernization combined, is an important subject, want to constantly progress and development.

* 基金资助:国家社会科学基金"十一五"规划2010年度教育学青年课题"后义务教育时代中小学教育信息化建设与应用发展研究"(项目编号:CCA100175)。

Modern education technology to the multimedia display integration, hypertext links the selection of sex, large capacity storage richness, high-speed transmission convenience, man-machine interactive operation time and communication such as sharing characteristics, in the protection of ethnic minority culture formed a strong technical advantage, the education mode, mode of transmission, study means and other education activities produce a far-reaching influence. This paper mainly discusses with Uighur culture as an example, how to apply modern education technology advantage, solve the minority cultural heritage and the protection of ethnic minority culture, how to is introduced into the education teaching in some advice. The construction of socialist harmonious society, strengthen national unity have a lot of action.

**Keywords**: modern education technology; Uighur culture; Applications; protection

**引言**：教育是一种特殊的文化现象，是整个人类文化的有机组成部分。但教育具有双重文化属性(传递和深化文化与构成文化本体)，决定了它在社会文化中具有十分特殊的地位。不同国家与民族的文化也使不同国家和民族的教育内容具有一定的倾向性和一定的特色性。教育通过培养人来传承人类积累文化，为特定社会服务，实现个体的社会化，这就决定了教育必须按照社会的要求和人的身心发展规律及特点来选择教育的内容。教育将选择为教育内容的文化刻画在年青一代身上，实现文化的传递和保存。随着现代信息技术的发展，电视、广播、等现代数字媒体以及互联网的逐渐普及，为民族文化的传播和保护创造了条件。长期以来，由于受传统教育观念的影响，现代教育技术在保护少数民族文化中的应用并没有得到广泛深入的开展。现代教育技术的广泛应用是教育现代化的一个重要标志。从一定意义上讲，现代教育技术应用的水平代表和反映着教育现代化的水平。因此，作为保护少数民族文化，亦应高度重视现代教育技术的应用与研究，推动少数民族文化现代化的进程，朝着《《国家“十二五”时期文化发展纲要》》的总目标迈进。

## 一、现代教育技术的概念

现代教育技术是一个新兴的实践和研究领域，是随着科学技术的发展和人们对教育的认识逐渐深入而发展起来的学科。教育、教学过程实质上是信息的产生、选择、存储、传输、转换和分配的过程，而信息技术正是指用于上述一系列过程的各种先进技术的应用，包括微电子技术、多媒体技术、计算机技术、计算机网络技术和远距离通讯技术等方面。把这些技术引入到教育、教学过程中，可以大大提高信息处理的能力，即大大提高教与学的效率。为基础教育改革提供了新的环境和工作平台，为学生提供自主的学习资源、丰富的学习环境和有利的学习工具，促进教育观念、教学思想和教学理念的转变，促进教学方式和学习方式的变革，给课程设计与编制带来新观念、新方法、新技术。

现代教育技术，是指在先进的教育思想和教育理论的指导下，充分利用现代计算机技术和信息媒体技术，以教与学的过程和资源为研究与工作对象，并以优化教与学过程和教与学资源为目标，通过对教与学过程和教与学资源的设计、开发、利用、评价和管理，实现教育教学优化的理论和实践。现代教育技术的研究对象是有关学习过程和学习资源。因此，现代教育技术的性质决定了它在教育教学改革中的地位和作用，同时也表明了研究并应用现代教育技术对推动教育教学改革、实施素质教育和创新人才培养具有特别重要的意义。

教育技术的内容包括设计、开发、利用、管理和评价 5 个部分，它由 5 个要素组成了一个有机整体，每一个要素具体研究如下：

- 设计是指为了达到预定的教学目标，要分析学习者特征，制订教学策略，优化教学信息。
- 开发是指将计算机技术、网络技术、音像技术、电子出版技术用于教育教学过程的开发。
- 利用是指通过运用新技术，保证教育技术手段的不断更新。
- 管理是指对教学系统、教育资源和教育研究计划与项目的管理。
- 评价是指通过形成性评价和总结性评价对教育、教学过程中存在的问题进行分析

## 二、关于民族文化

新疆历史上就是一个多民族地区，除维吾尔族外还有汉、哈萨克、回、柯尔克孜、蒙古等十几个民族。每个民族都有自己独特的文化，尽管它们的形式和内容千差万别，他们都有自己的语言文字、风俗习惯、宗教信仰、传统文化和心理素质，在独特的自然条件中以独特的生产、生活方式创造了辉煌的文化画卷。维吾尔族是新疆境内人口最多的民族。“维吾尔”是维吾尔族的自称，意为“联合”。维吾尔族主要聚居在新疆维吾尔自治区天山以南的喀什、和田一带和阿克苏、库尔勒地区，其余散居在天山以北的乌鲁木齐、伊犁等地，少量居住在湖南桃源、常德以及河南开封、郑州等地。维吾尔族有自已的语言，维吾尔语属阿尔泰语系突厥语族，文字系以阿拉伯字母为基础的拼音文字。建国后，推广使用以拉丁字母为基础的新文字，现两种文字并用。

维吾尔传统文化是维吾尔族群众在社会发展过程中创造的并经世代传承的文明成果，是维吾尔人民群众千百年来在社会生产、生活实践中创造并形成的传统的物质生活、社会生活和精神生活领域内的所有文化事项，是其自身生产方式和生活方式的具体体现。它内涵丰富、范围广泛、表现形式多种多样。主要包含在维吾尔族历史、维吾尔族遗迹、维吾尔族神话、维吾尔族文学、维吾尔族艺术、维吾尔族心理、维吾尔族习俗、维吾尔族饮食、维吾尔族建筑、维吾尔族居住等方面都有突出的表现。

**1. 维吾尔族民族哲学**

维吾尔族人的哲学思想属大众哲学和古典哲学等两个层次。大众哲学是民间世世代代口头流传下来的民间智慧精华；古典哲学是哲学家、作家、诗人和史学家的著作中所表现的社会思想精华。11 世纪的诗作《福乐智慧》中除诗歌见解及文学理念以外，也以不同的笔法表述了朴素辩证法、人的社会作用、知识、道德、语言美、社会关系、公正、人的职责和人权、发展社会观和建设、美好社会等观念。

**2. 维吾尔族民族文学**

诗歌始终是维吾尔文学的主要体裁，有时甚至是唯一的文字样式；可以说，有着悠久历史的维吾尔文学史几乎是一部诗歌史。在诗歌创作中，《乌古斯传》、高昌回鹘诗歌、《突厥语大词典》的诗歌、《福乐智慧》、《精意的宝库》、《五卷诗》、《爱与苦》、《爱情长诗集》占在重要的地位。在文学史上出现了许多优秀的长诗。其中，除《福乐智慧》外，有《照世镜》、《帕尔哈德与希琳》、《热碧娅与赛丁》等等。

**3. 维吾尔族民族医学**

高昌回鹘汗国时代医学也得到了发展。当时医学方面的成就在留存的不少药方中可见一斑；其中一部分药方被德国第三次吐鲁番考查队带至柏林。维吾尔人重视精神治疗和药物治疗，医疗经验颇为丰富。今天，维吾尔医学之所以被国家卫生部门批准为中国主要几种民族医学之一，就是因为具有几千年的历史和有实际的疗效。

**4. 维吾尔族民族语言文字**

维吾尔族人有自己的语言文字。他们的语言属于阿尔泰语系突厥语族；从回纥汗国时代已开始采用文字，历史上曾使用过突厥文、回鹘文、摩尼文、叙利亚文、藏文、阿拉伯文等文字，著有《摩延啜碑》、《九姓回鹘可汗碑》、《弥勒会见记》、《金光明经》、《突厥语大词典》、《福乐智慧》、《真理的入门》等文献。

**5. 维吾尔族饮食**

维吾尔族的祖先是骑马游牧民族，其人种和语言属于土耳其民族系统。9 世纪下半叶以后，维吾尔族经河西走廊迁徙到今天的新疆维吾尔自治区内。维吾尔族信仰伊斯兰教，其饮食文化也加入到伊斯兰教范围。日常饮食以谷物为主，以肉为辅。最具代表性的食品是烤羊肉串。主要食物有抓饭、拉面、纳仁、薄皮包子、馕、油馓子。

**6. 维吾尔族建筑**

维吾尔族建筑以伊斯兰建筑成就最大。维吾尔伊斯兰建筑主要包括礼拜寺和圣者陵墓，造型方式与别的民族建筑很不相同。礼拜寺布局自由，只要求礼拜殿必须坐西向东，信徒在西向礼拜殿后墙上的圣龛祈祷时，同时也朝向阿拉伯麦加的圣寺。圣者陵墓又称“玛札”，埋葬对伊斯兰做出贡献的宗教人士。

**7. 维吾尔族文化艺术**

维吾尔族也有属于自己独特的文化艺术，如故事集《阿凡提的故事》、舞蹈史诗《十二木卡姆》、维族舞蹈等闻名中外。维族传统舞蹈有：《顶碗舞》、《大鼓舞》、《铁环舞》、《普塔舞》等；维族民间舞蹈有：《赛乃姆》、《夏地亚纳》；民间乐器有“达甫(手鼓)、“都他尔”和“热瓦甫”等。《十二木卡姆》是维吾尔族文化的金钥匙，因此，“中国新疆维吾尔木卡姆艺术”被人们赞誉为“华夏瑰宝”、“丝路明珠”，并于 11 月 25 日被联合国教科文组织宣布为第三批“人类口头和非物质遗产代表作”。

**8. 维吾尔族服饰**

维吾尔族服饰花样较多，非常优美，富有特色。维吾尔族妇女喜用对比色彩，使红的更亮，绿的更翠。维吾尔族男性讲究黑白效果，这样粗犷奔放。维吾尔族是个爱花的民族，人们戴的是绣花帽，着的是绣花衣，穿的是绣花鞋，扎的是绣花巾，背的是绣花袋，衣着服饰无不与鲜花息息相关。服饰形式清晰，纹饰多样，色彩鲜艳，图案古朴，工艺精湛。

总的来说，维吾尔族的传统文化是现代教育中的优秀资源，对这些资源深入挖掘，并将其应用于教育教学之中，对于改变传统教学方式，贴近学生实际，突出民族地区特色，进而切实增强教学的实效性具有重要意义。

## 三、运用现代教育技术，实现保护、发展民族文化

现代教育技术的广泛应用是教育现代化的一个重要标志。现代信息技术的发展，电视、广播、互联网的逐渐普及，为民族文化的传播创造了条件。当地各级政府也逐渐开始注重现代传媒的应用，大力为民族文化的传播提供平台，创造有利条件。以新疆维吾尔自治区政府信息网为代表的政府机关网站，均在首页开设新疆地区特色相关的文化专栏，介绍本地的民族文化。

**1. 政府投入资金建设民族特色的现代化学校**

学校是传播文化知识的摇篮，一个民族文化的继承与发展要有学校做其坚实后盾。政府要投入大量资金建立民族特色学校，在学校教育中，要重视民族文化的宣传、继承、传递、保护以及发展工作。在国家大力推广义务教育的过程中，利用现代学校教育的传承方式，来传承和传播民族传统文化，一方面可以保证少数民族年轻人接受现代学校教育，学习科学知识，获得受教育权力；另一方面，学校教育传承，又使得传统民族文化走进学校课堂，成为一门课程。在学习过程中可以加强少数民族青年对本民族文化的认识。第二，通过考核，挑选能胜任双语教学且熟悉本民族文化的教师讲授课程，调动学习积极性，为民族学生以后的学习打好基础。第三，设立推动民族教育发展的研究机构，研究民族教育情况，鼓励学生学习各民族文化，选修本民族特色的课程。第四，重视校园文化建设，通过丰富校园文化使学校成为强有力的文化磁场教育人、感染人、凝聚人。

**2. 运用现代教育技术进行本土课程的开发与整合**

运用现代教育技术进行本土课程的开发与整合，现代教育技术应用于教育中，弥补了传统教育的不足，改进了传统的教育方式。例如，以计算机为核心的现代教学媒体(多媒体计算机、教室网络、校园网和互联网等)作为新型的教学媒体，对于教育、教学过程都具有很好的促进作用，可以为培养学生的创新精神和创新能力提供最理想的教学环境。在教育领域，与传统教学方式相比较，应用现代教育技术的新型教学方式有着其明显的优势。

例如：维吾尔《语文》教科书作为文化课程，民族优秀文化在该套教科书中得到了充分呈现。在民族历史发展过程中出现的伟大人物是一个民族精神的标志，民族优秀文化的代表。作为民族精神文明的一部分，民间文学以语言的通俗易懂、内容的趣味性、深刻的哲理性具有强大的教育功能，代表着一个民族的文化教育传统。而被选入的有关民族传统，风俗习惯，神圣的物品等等内容的课文又使教科书民族文化的内容更加充实，完整。努力实现现代教育技术与维吾尔《语文》课程的整合。在大中专院校的专业音乐教育中，积极探索本土音乐课程的开发与设置的方式。运用现代教育技术，有针对性的开发出具有新疆地方特色的音乐课程。在教材内容的编写上新疆民歌、木卡姆及维吾尔族音乐、其他少数民族音乐、最新通俗音乐都是选择的内容。

**3. 运用现代教育技术加强少数民族教师队伍建设**

教师是人类文化知识的传递者，更是人类灵魂的塑造者，对年轻一代思想品德形成起着关键作用。培养德智体全面发展的有社会主义觉悟有文化的劳动者，关键在教师。作为新时代的教师，必须要有与时俱进的师德观。要按照基础教育事业发展目标，合理确定师范院校培养规模和结构，初步形成以现有师范院校为主体，其他高等院校共同参与，培养、培训相衔接，体现终身教育思想的开放的教师教育体系。中等师范学校根据需要和可能或者升格为师范高等专科学校，培养专科学历小学和幼儿教师；或者并入高等师范学校，建立初等教育学院；也可以改为教师培训机构或其他中等学校；边远、贫困地区可根据地方实际，继续办好本地的中等师范学校。提高少数民族新师资的学历层次，全面提高教师队伍素质。

**4. 利用互联网，远程教育传播民族文化**

互联网是当前信息迅速传播的主要渠道。首先，它覆盖全球，但并不隶属于某一个国家，世界上任何国家和地区的人都可以使用因特网，具有最广泛的应用群；其次，它能突破时空和地域的限制，使不同国家、不同地区、不同民族的人互相交流，是传播文化的一个很好途径。新疆地域广阔，教学语言众多，积极发展现代远程教育意义重大。要切实加强民族中小学信息技术教育和基础设施投入，加快开设信息技术课普及步伐，积极利用好电化教学，强化计算机辅助教学以及多媒体教学方法；要积极筹建少数民族语言远程教育平台，创建教育信息资源中心，搞好教育“资源库”建设和软件开发，丰富少数民族语言和“双语”教学网上资源。加快建设县级远程教育教学中心、乡级教学收视点以及边远乡村小学 VCD 光盘教学等，实现优质教育资源的共享，缩短教育机会和教育效果的差距。借助于国家实施“西部教育科研网扩展工程”的契机，加快高校校园网建设，尽快完成高校计算机网络工程建设项目。

**5. 建立民族文化研究网站，建立本民族文化资源库**

网站是信息传播的载体，互联网上的所有的信息都可以通过网站相关链接的方式查取。现在民族文化研究网站比较少，资源短缺，因此，建立民族文化研究网站是利用万维网保护民族文化的第一步。网站要突出本民族文化，每个网站尽可能地包括所研究的本民族种类、生活习惯、教育方式、文化习俗、生产生活等。

**6. 建设民族特色数字图书馆 加强与其他高校等单位的联系**

在民族地区建设数字图书馆，在借鉴其他有效运行的数字图书馆建设的基础上应该建设一个具有民族特色的数据库，尽可能多地收集有关本民族的资源，将本民族的民间语言、民间口头文学、丰富多彩的民间服饰、极富特色的民间工艺和建筑以及体现民族道德规范的传统礼仪习俗等以音频、视频、图片等形式保存下来；同时，应与全国其他高校或科研机构的数字图书馆建立联系，争取做到资源共享，共同促进民族文化的继承和发展以及对本民族文化的研究。

**7. 运用现代教育技术，开展学校保护民族文化专题讲座**

培养学生正向主动选择针对不同年龄段的学生的保护民族文化教育，依据学生的特点、需要，紧密结合形势，运用现代教育技术手段，开设“保护及发展民族文化”的专题校会，举行“民俗文化”专题讲座，通过这些活动加强学生对民族文化的认识，加强学生学习其他民族的优秀文化的积极性，引导学生在正确的价值观指导下主动选择。构建了民族团结进步的和谐文化，有力地促进了民族文化的发展。

**8. 运用现代教育技术制作有关保护民族文化方面的专题片**

学校电教组和德育部门利用现代教育技术，要制作有关保护民族文化方面的专题片，通过学校内部电视网络组织学生观看，结合当地的一些受污染的现象，学生从中受到了深刻的教育，从而学生养成保护本民族文化，能提高学生学习本民族文化知识，学习、尊重他人文化等好习惯。这一方面为加强民族团结教育工作有了很大的作用。

总之，对优秀的民族文化，运用录音、录像、数字化、多媒体等现代科技手段，系统的记录并引入课堂，要培养本民族高质人才，并建立民族文化研究所及重视他们的工作。对于民族文化的保护、传承和发展，都将具有十分重要的意义，有利于建设社会主义和谐社会。

## 参 考 文 献

[1] 张文勋等著.民族文化学[M].北京:中国社会科学出版社,1998:15

[2] 钱逊.推陈出新:传统文化在现代的发展[M] 北京:清华大学出版社,1999:35-40

[3] 张剑平 主编,《现代教育技术——理论与应用》等教育出版社,2003 10-20

[4] 南国农 主编《信息化教育概论》高等教育出版社,2004 年 6 月第 1 版 23-30

[5] 王雪梅.传统文化在建构和谐社会的全息性价值[J] 职业时空,2007 ;33-38

[6] 莫吾力丹.《福乐智慧》之伦理思想对构建和谐社会的借鉴意义[J] 神州民俗,2008(1):76-81

[7] 陈威.浅析共生视角下民族文化发展的出路[J] 科教文汇(文史),2011 4 刊(中旬)

## 作 者 简 介

阿孜古丽·买买提,1984 年生,女,新疆,在读硕士,研究方向:教育技术学理论与远程教育 Email:azg999@126.com。

古丽娜·玉素甫,1974 年生,女,新疆,副教授,在读博士,研究方向:教育技术学理论与远程教育 Email:gulina31@126.com。

# 专题五

## 数字教育电视与教育信息传播研究

# 网络电视在教育教学中的应用研究

李梦杰

（华南师范大学教育信息技术学院，广东广州，510631）

**摘　要**：网络电视是在互联网与电视媒体相互融合的基础上产生的一种新型媒体，兼具互联网的交互性和视频资源的丰富性等特点，在教育领域有着广阔的应用前景，在促进教育信息化的进程中有着重要的作用。但目前教育领域对网络电视在教育教学中的应用的研究还没有引起足够的重视。论文旨在文献研究的基础上，对网络电视的概念以及在教育教学中的几种典型应用模式进行详细梳理，提高人们对于网络电视的认识，获得启发并为相应的实践做出准备。

**关键词**：网络电视；教育教学；应用策略

# The Application Study of IPTV in Education

**Abstract**: IPTV is a new type of media developed on the mutual confluence of Internet and television media, It has both the Internet interaction and the richness of video resources etc, and has a broad application prospect in the education field, plays an important role in promoting the process of education informatization. But the teaching application research of IPTV in the education the has not received enough attention in the present education field . This paper aims to study the literature on the basis of the concept of IPTV and the education in several typical application model for detailed carding, raise understanding of people for IPTV, and obtain the inspiration for the corresponding practice to make preparation.

**Keywords**: IPTV; education; application

教育信息化，要求在教育过程中较全面地运用以计算机、多媒体和网络通讯为基础的现代信息技术，促进教育改革，从而适应正在到来的信息化社会提出的新要求。而网络电视是在互联网与电视媒体相互融合的基础上产生的一种新型媒体，兼具互联网的交互性和视频信息的丰富性等特点，在教育领域有着广阔的应用前景，在促进教育信息化的进程中有着重要的作用。网络电视以其独特的优势和交互功能，为数字化学习环境的建设和远程教学提供了一种全新的学习平台，创造了一种全新的学习模式。

## 一、网络电视

电视发展了近一个世纪，对人类的生活产生了重要的影响。20世纪90年代，随着数字化电视的推进以及互联网技术的高速发展，诱发了电视发展史上革命性的转变，使电视从单向被动传播到双向交互传播转变，这就是网络电视(IPTV)。

在韩国釜山举行的国际电联IPTV标准化组(ITU-TFGIPTV)第二次会议上明确给出的标准定义是：IPTV是在IP网络上传送包含电视、视频、文本、图形和数据等，提供QoS/QoE、安全、交互性和可靠性的可管理的多媒体业务[1]。普遍的描述性定义是：网络电视是一种利用宽带或有线电视网，集多种技术于一体，通过IP协议,向用户传送视音频节目内容及多种交互式服务的一种业务。用户终端是非固定的,可以是个人电脑、电视或手机[2]。网络电视在教育教学中的应用就是在网络电视的基础上进行的师生双向互动的教育教学活动或者学习者自主化的学习。网络电视以其独特的优势和交互功能,为数字化学习环境的建设和远程教学提供了一种全新的学习平台,创造了一种全新的学习模式[3]。

## 二、网络电视的特点

网络电视除了具备网络电视的集成性、交互性、全球性、即时性、数字化、个性化等特点之外,在教育教学中进行应用时,还具有以下鲜明的特点:

### (一)教育教学的交互性

通过网络电视,师生可以直接或者间接进行对话与沟通,同时它也创造条件为教师与学生、学生与学生之间的进行学术交流以及情感交流,营造起良好的学习氛围。另外,交互电视教学信息的双向交互功能,为教学者与学习者进行人机交互创造了有利条件。

### (二)教育教学的开放性

网络电视能打破时空上的限制,在学习时间方面,学生可以根据自己的实际情况,选择合适的时间进行学习;在学习地点方面,学生只要有PC机、电视机、手机等终端,就可以利用网络电视选择合适的教学内容进行学习。在学习对象方面,对每一个学习者来说,更是可以突破时空的限制,无论地区如何国别如何,利用网络电视进行平等的学习。

### (三)教育教学的个性化

网络电视在教育应用的过程就是个体受教育个性化、个体化的过程。由于网络电视的交互性、开放性以及操作的简易性,那么学习个体就可以根据自己的需求积极主动地寻找自己需要的网络电视教育教学内容,充分享受网络电视带来的丰富学习资源,从而构建自身特有的知识体系和学习风格。

## 三、网络电视在教育教学中的应用

网络电视最早应用于教育教学中是在远程教育教学中。网络的交互性加上媒体的视音频功能促进了网络电视的广泛的发展。随着网络电视在教育教学中更广泛的应用,教育领域开始研究基于网络电视的各种教学模式。

### (一)实时网络视频家教系统模式

网络视频家教是指以互联网为平台,通过实时的网络视频进行异地辅导。实时网络视频家教系统的设计是从远程辅导教学的四方用户群视角出发的:以学生为中心,为学生营造一个实时、直观、便捷、优质的虚拟课堂;为教师服务,为教师提供易学、易用、有效、灵活的教辅平台,以满足实时教学辅导的需要;兼顾家长利益,让家长及时了解子女学习情况,建立教师与家长的联系钮带;方便公司管理,让公司能实时了解教师学生在线人数、课堂教学情况,提供用户账号管理、资源建设、名师推荐等管理功能。基于角色设计原则,实时网络视频家教系统分为教师端、学生端、家长端和管理员端,其系统功能框架如图1所示。

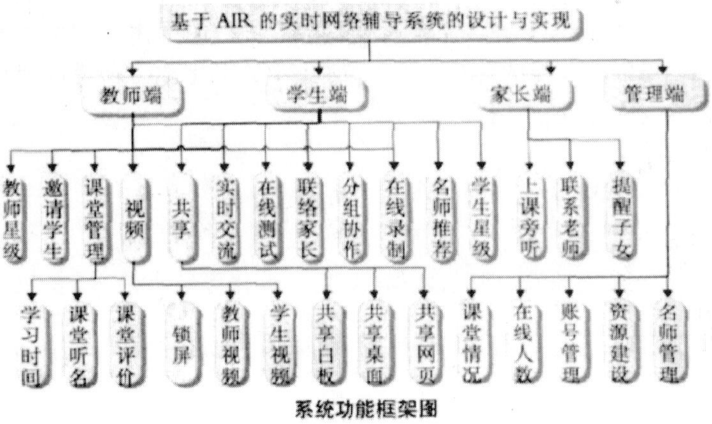


图 1　系统功能框架图

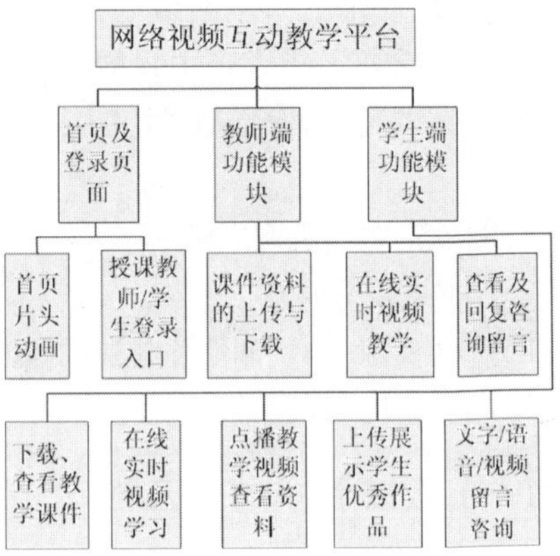


图 2　平台总体架构图

该系统的功能具有星级教师优先推送给学生，教师邀请学生，强大的课堂管理，学生视频与教师视频，共享白板、桌面、网页、文件，实时交流，在线测试，联络家长，分组协作，在线录制，名师推荐，学生星级等功能。本系统采用 Flex3，并整合 Cairgorm 开源框架开发 AIR(Adobe Integrated Runtime)富客户端系统，后台使用 Spring2.0、Hibernate3.2、Tomcat 等 J2EE 技术开发，流媒体服务器采用 Stratus、FMS，数据库采用 MYSQL，其目标是发挥 AIR 技术的丰富表现力，开发兼有 Web 和桌面应用程序优势的实时网络视频家教系统。该系统开发设计完成后已部署在服务器上进行了测试运行，总体效果良好。下载带宽大于 50KB/s 时，共享功能流畅、视频清晰[4]。

### （二）基于 FMS 的网络视频课堂教学模式

网络化课堂教学是在传统课堂教学和网络教学的基础上发展起来的一种新的课堂教学形式。基于网络的课堂教学是指建立在网络技术平台上，利用网络环境进行的教学。它是随着计算机技术和网络技术的发展而产生的一种新型教学方式，是未来课堂教学的发展方向。利用 FMS 技术而设计开发的网络视频互动教学平台主要由：教师端功能模块、学生端功能模块两大模块组成，如图 2 所示。

主讲老师在平台的登录页面以老师身份登录后，可以下载相关教学课件演示，等上课学生登录平台后，可以开启视频，进行远程视频教学，远程的上课学生可以通过网络收看主讲老师的教学视频，教学过程中主讲老师可以邀请在线学生进行视频交流对话，可以回答学生的提问。主讲老师可以在平台中管理教学课件，可以上传课程相关的其他视频及资料图片，可以查看和回复学生的文字、语音甚至视频咨询留言。

上课学生以学生身份登录本平台后，可接收主讲老师的教学视频，在教学过程中同远程的主讲老师视频提问、沟通、交流。如果当前主讲老师不在线，学生还可以给主讲老师发文字、语音甚至视频进行留言咨询。学生在平台上可以下载、查看课程的相关教学课件，可以点播课程其他教学视频及查看相关资料、图片，还可以上传自己的优秀作品，在平台上展示自己的作品。

该网络视频互动教学模式可突破传统教学在时间和空间上的限制，在 Internet 网上真实模拟课堂教学环境，方便教师和学生在网络上用文字、语音、视频进行实时沟通交流，真正的打造出了基于网络的互动教学课堂。另外，该平台对远距离的学习者来说进行基于网络的远程教学和培训，具有知识传播速度快、视听教学直观形象、信息容量大、覆盖面广和教学成本低廉等优点，能够产生较好的教学效果和社会影响[5]。

### （三）网络视频课程案例资源的应用模式

基于视频课程案例，通过提供基于专家点评手段的网络视频课程案例的新资源形式，结合教学视频案例的学习模式进行教师教育研究，旨在有效提高中小学特别是偏远地区中小学教师教学质量。视频课程案例学习的理论基础主要来自认识论、实践论和方法论。认识论主要指情境认知理论和认知弹性理论，视频课程案例反映的是一个教学情境的发生过程。实践理论主要指教学反思性实践理论，是基于视频课程案例进行学习的一种应用模式。方法论主要是运筹学和系统论，对教学情境构建和教学过程是一种综合演绎和环境分析的逻辑基础。

本研究结合教学实践过程和教师专业能力，将视频课程案例支持教师教学质量的应用过程归纳为四个阶段：课前备课、课堂教学、课后反思和专家点评。应用模式如图 3 所示：

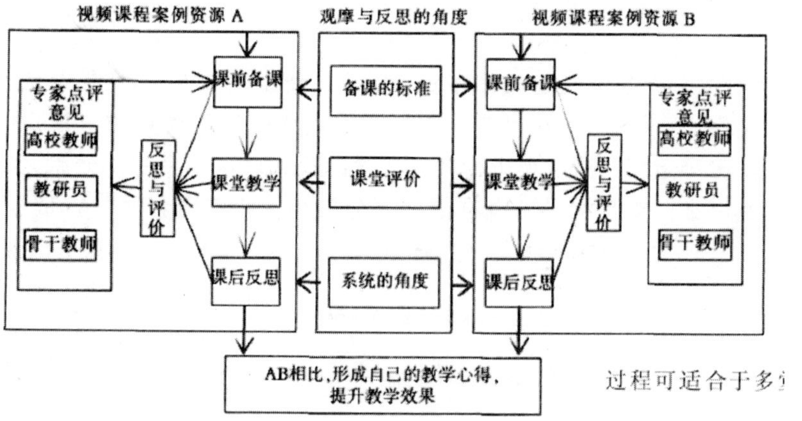


图 3　视频课程案例资源的应用模式

本研究紧密联合高校专家、教研员和优秀骨干教师，借助专家点评的视频课程案例的网络学习平台，指导和评价一线教师教学案例，这种基于视频课程案例资源的真实的教学环境，有助于提升一线教师教学能力和对该情境的有效迁移，同时，为在校师范生提供了一个基于网络的真实的课堂情境，观看专家的点评意见和课后反思等可以有效地缩短教学适应期[6]。

## （四）校园网络电视交互教学模式

在学校教育教学中，构建网络电视学习环境具有重要的意义，其教学交互模式如图 4 所示。在该模式中，教学节目可以由专门教育电视节目制作部门提供，也可由教师根据实际需要自制节目，学习者也可将自己创作的节目上传到服务器，以供社区成员共同分享与交流。学习者既是使用者，又是节目内容的提供者和建构者。借助网络优势，校园网络电视为学习者提供各种有针对性的节目内容和教学互动支持服务，整个传播过程在一个开放的环境中进行，学习者之间通过互联网（局域网）进行实时、非实时的互动与协作，增强了彼此的情感交流与思想沟通。

这个模式表明，在教学过程中，教师、学习者、管理者、教学节目内容和情境（校园 IPTV 学习社区），这些要素都以动态方式不断进行交互作用。在交互过程中，教师把他们关于教育理念、学习者潜能以及自身能力的信念和态度融入教学过程之中；每个学习者按照自身能力和学习愿望选择教学节目内容；校园网络电视的管理以及系统功效又对学习结果和教学过程产生影响。

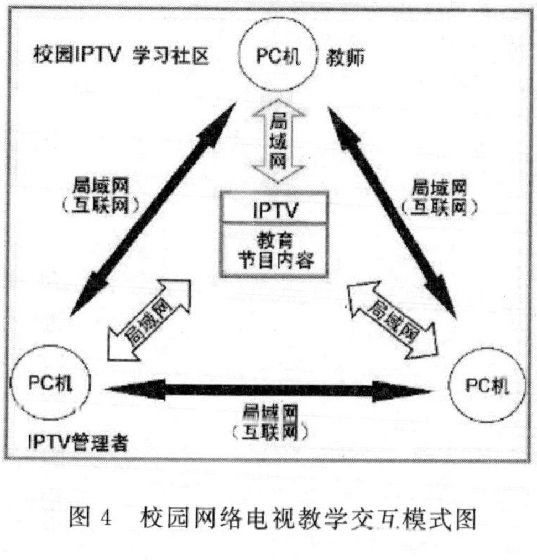


图 4　校园网络电视教学交互模式图

在学校教学中，利用校园局域网组建具有本校特色、符合学生个性发展的校园网络电视学习平台，具有重要的现实意义。本文通过构建基于校园网络电视的学习平台，为学习者提供了丰富的视频资源，创造了互动、开放的学习交流环境，取得了一定的教学效果[7]。

## 四、小结

网络电视应用于教育教学是在信息化教育环境下创造的新型教学方式，它能突破时空限制，具有多向、即时交流功能，能有效提高学习效率，值得推广应用。运用网络电视能极大的丰富我们的教育教学资源以及我们的教育教学方式，多种运用网络电视进行教育教学的模式已取得良好的效果，当然，网络电视目前仍还处于初步发展阶段，其潜在的交互优势还没有得到充分发挥。相信随着网络宽带、流媒体编解码技术的发展，网络电视能够在教育教学中发挥更大的作用和效果。

### 参考文献

[1] Kittoy. 国际电联明确 IPTV 定义中国影响其走向[DB/OL]. http://news.chinaitlab.com/ityw/530142.html，2006-11-10/2012-10-5.

[2][7] 安旺国. 校园网络电视的构建及其在高校教学中的应用[J]. 中国医学教育技术，2008(4)：324-327.

[3] 赵国庆. 网络电视系统教育应用研究[D]. 甘肃：西北师范大学，2006.15-16.

[4] 胡世清，周兵. 基于 AIR 的实时网络视频家教系统的设计与实现[J]. 中国电化教育，2011(2)：130-133.

[5] 黄华，章义来，张敏. 基于 FMS 的网络视频教学平台的研究与实现[J]. 福建电脑，2010(4)：125-119.

[6] 方海光，李雪梅，刘美凤. 网络视频课程案例支持偏远地区中小学教师教学的研究[J]. 中国电化教育，2010(4)：81-84.

### 作者简介

李梦杰，1987 年生，女，汉族，山东省滨州人，硕士研究生，研究方向：教育电视。

# 少儿频道与动漫创意产业融合发展研究现状述评*

车月琴，张彬
（华南师范大学教育信息技术学院，广东广州，510631）

**摘　要**：少儿频道是以少儿为目标受众的电视频道。从2001年广东南方少儿频道开办以来，截止2008年底，全国开办的专业少儿频道已达38个（少儿频道34个，动画频道4个），少儿频道的发展取得了一定的成果，同时也遇到定位不清晰、品牌影响力不大等问题。动漫创意产业也叫动漫产业，我国动漫产业曾经有过一段辉煌的历史，但现在的动漫产业的发展仍然存在品牌意识不强，产业链不完整等问题。通过文献研究法，内容分析法对当前国内外该领域的相关研究成果进行了较为深入的分析，概括出当前少儿频道和动漫创意产业的研究现状，并在分析相关研究主题的基础上提出把少儿频道和动漫创意产业融合发展的构想。
**关键词**：少儿频道；动漫创意产业；融合发展；现状

## Children's Channel And Cartoon Creative Industry Development of Fusion Research Status Review

**Abstract**: Children's channel is for children's target audience of TV channel. From 2001 guangdong southern children's channel since establishment, by the end of 2008, the national open professional children's channel has reached 38 (children's channel 34, animation channel 4), children's channel development has obtained certain achievements, but also meet position is not clear and brand influence is not big problems. Anime creative industry also called animation industry, China's animation industry had a long glorious history, but now the cartoon industry development still exist brand awareness is not strong, industry chain problems such as incomplete. Through content analysis the current domestic and international relevant research achievements of this field have carried on a more thorough analysis, sum up the children's channel and cartoon creative industry research present situation, and on the analysis of the related research subject is proposed on the basis of the children's channel and animation industry integration development ideas and discusses its fusion the development trend of development.
**Keywords**: children's channel; anime creative industry; fusion development; status

## 一、问题的提出

据2004年以前统计，我国18岁以下的少年儿童为3.6亿，约占全国总人口的29.6%，每天都有2.9亿儿童收看电视，占到总人数的73%，平均收看时间达1.43小时[1]。目前，我国少儿频道的发展建设仍然存在受众定位不清晰、自制节目缺乏专业化品质等问题[2]，解决这一系列的不足是发展我国少儿频道首先要解

* 资金项目：华南师范大学学生课外科研一般课题项目（项目编号：12JXGA03）。

决的问题。

动漫创意产业是21世纪的朝阳产业，在不断创造新娱乐形式的同时，还积极推动咨询科技和文化产业高速发展。2004年以来，国家广电总局和相关部委于年出台了《关于发展我国影视动画产业的若干意见》、《关于促进我国动画创作发展的具体措施》、《优秀国产动画片推荐播出办法》、《广电总局关于进一步规范电视动画片播出管理的通知》以及《"十二五"时期国家动漫产业发展规划》等一系列旨在推动国产动漫发展的政策。如何更好地促进少儿频道和动漫创意产业的发展，解决其在发展过程遇到的瓶颈问题，笔者认为可以把两者融合起来，相互促进，共同发展。

## 二、概念界定

### （一）少儿频道

少儿频道指以儿童为收视对象和表现主体，内容和形式都具有鲜明儿童特色的频道[3]。少儿频道的收视对象一般是4—14岁。本文所界定的少儿频道是指以儿童为收视对象，内容和形式都是具有儿童特色的电视节目或者频道，它不包括以成人角度制作的关于儿童题材的电视节目或频道。

### （二）动漫创意产业

动漫创意产业，也称动漫产业，动画产业，是指以"创意"为核心，以信息技术手段为依托，以动画、漫画、游戏等为表现形式，包含动漫游戏产品的开发、生产、出版、播出、演出和销售，以及与动漫形象有关的服装、玩具等衍生产品的生产和经营的产业。动漫产业属于数字内容产业以及文化产业，被称为"永远的朝阳产业"[4]。

### （三）动漫产业链

动漫产业链可以理解为：以特定的形象为核心，由此形象延伸出来的动漫作品、衍生产品以及与创造出与此形象相关的咨询、调查等服务行业所共同组成的循环的产业系统，在此循环中不断实现价值增值的过程[5]。

## 三、国内少儿频道的研究现状

### （一）文献检索和抽样归类

本研究通过CNKI（中国期刊全文数据库），以"少儿频道"、"儿童电视"为题名，共检索了2002—2012年国内电视频道领域核心期刊文献共266篇，文献检索截至时间为2012年9月1日。依据题目剔除不相关文献57篇，对剩下的209篇文献进行分析。依据文献调研及参照付俊学者博士论文《儿童电视与动漫产业融合发展的社会教育模式与策略研究》的分类方法，对209篇文献的内容分析类目如下。

表1　少儿频道研究分析类目表

| 研究类型 | | 研究类型 | |
|---|---|---|---|
| 频道发展的现状研究 | 以产业发展现状为对象的研究 | 频道发展个案研究 | 对成功频道发展或成功频道栏目的分析研究 |
| 频道运营和产业开发策略研究 | 针对频道运营和开发策略研究 | 产业发展基础性研究 | 以频道的受众特征、广告营销、衍生产品开发实践的研究 |
| 地方性儿童频道的产业发展研究 | 以地方少儿频道为对象的研究 | 产业发展的问题与对策研究 | 说明产业发展存在问题，并提出策略的研究 |

### （二）国内少儿频道研究的特征及趋势

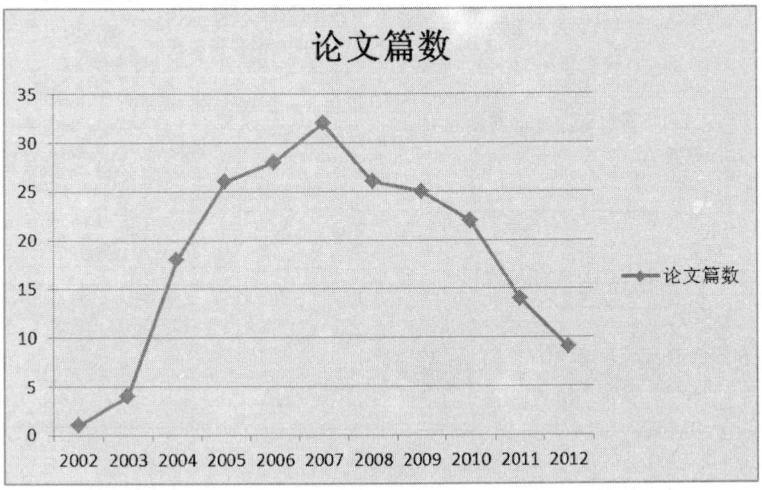


图 1　国内少儿频道研究的走势图

从走势来看，可以把少儿频道的发展分为两个阶段，2002－2007 年是快速发展阶段，2008－2012 呈现下降的趋势。2012 年的统计数据只到 2012 年 9 月 1 日，所以 2012 年数据不代表全年的数据。快速发展阶段得益于少儿频道的开播及国家政策的扶持。2001 年南方少儿频道成立，2003 年中央电视台少儿频道开播，2004 年广电总局下发《关于开办少儿频道的通知》，“要求中央电视台要进一步办好少儿频道，省（区、市）和副省级城市电视台要创造条件逐步开设少儿频道”。在政策的催化下，少儿频道在我国迅速发展起来。截止到 2008 年，经过二年的快速扩张，地方电视台少儿频道进入了一个瓶颈期，内容稀缺、节目需求量骤增和少儿节目生产供给量小的矛盾越来越突出，少儿节目资源和广告资源严重短缺的现象越来越严重，大多数少儿频道面临困境[6]。同时，下降趋势也说明对少儿频道的政策支持，社会关注度也在下降。

### （三）少儿频道发展研究类型

随着少儿频道数量的增多，相关研究也日趋繁荣，但同时也出现研究降温的趋势。目前对少儿频道的研究主要针对少儿频道的定位问题、地方少儿频道的本土化建设、成功少儿频道的经验、少儿频道的节目资源开发、少儿频道的运营和产业开发、少儿频道的专业化发展和品牌建设等问题展开。

学术期刊对少儿频道产业发展的研究主要集中在以下方面：

1. 频道发展的现状研究；2. 频道运营和产业开发策略研究；3. 产业发展的具体问题与对策研究；4. 频道发展个案研究；5. 有关产业发展的基础性研究；6. 地方性儿童频道的产业发展研究。

## 四、国内动漫创意产业发展现状

### （一）文献检索和抽样分类

2004 年广电部提出的文件《关于发展我国影视动画的若干意见》，使得动漫产业真正的被政府重视起来。2006 年国务院办公厅转发了广电总局等十部委的《关于推动我国动漫产业发展的若干意见》，我国动漫产业开始迅速发展起来，同时对动漫产业的研究也迅速增加。

通过对中国期刊网进行文献搜索，以“动漫创意产业”，“动漫产业”为关键词，共搜索到 2002—2011 年的相关文献 505 篇。对文献进行去错、去重，挑选与本研究相关度比较大的文献，最终得到文献 458 篇，我们对这些文献进行分类，整理，发现针对动漫产业的研究主要分为以下几个类目表。

表 2 动漫产业研究类目表[7]

| 研究类型 | | 研究类型 | |
|---|---|---|---|
| 产业的本体研究 | 以动漫产业链、动漫产业发展要素与相关理论问题研究 | 国内外成功经验借鉴研究 | 以国内外成功动漫产业个案为对象的研究 |
| 产业问题与对策的研究 | 以国内动漫产业存在的问题为对象的研究 | 国内地区产业发展的研究 | 以国内某一地区产业发展为对象和地区产业发展的研究 |
| 产业受众和市场调查的实证研究 | 以受众和市场为对象的调查、实证研究 | 动漫人才及培养研究 | 以动漫创意产业人才培养为对象的研究 |

## （二）国内动漫创意产业研究的特征及趋势

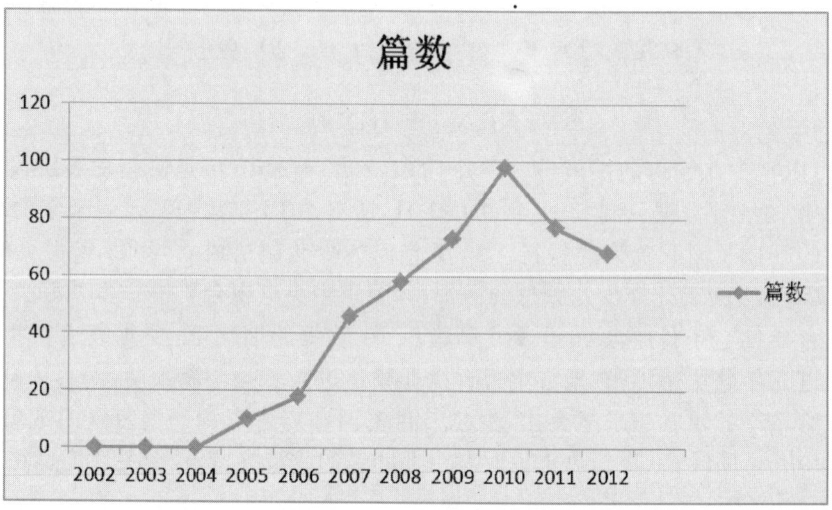


图 2 国内动漫产业文献研究走势图

通过图表我们看到 2004 年—2010 年动漫产业发展的研究是持续上升的，2011 年稍有回落，鉴于 2012 年的数据只统计到 2012 年 9 月 1 日的，所以 2012 年的数据并不具有代表性。

## （三）国内动漫产业研究类型

根据文献调研，国内动漫产业的研究主要分为以下几种类型。1、国内外成功经验借鉴的研究；2、国内动漫产业发展的问题与对策的研究；3、产业受众和市场调查的实证研究；4、动漫产业的本体研究；5、国内地区产业发展的研究；6、动漫人才及培养的研究。

# 五、国内少儿频道与动漫产业融合发展现状

## （一）融合发展理论层面的现状分析

2006 年，广电总局副局长胡占凡在《实施八大措施推进动画产业发展》的第三大措施“不断完善国产动画播映体系”中提出，“广电总局鼓励各级电视台特别是各级电视台上星频道、少儿频道、动画频道积极开办动画专栏和开辟动画播出时段”。黎明芳在《促进广州动漫产业发展的对策》中提出建议：打造以“播出平台”为核心的动漫产业链。2007 年，北京卡酷动漫卫视的成立以及它后续取得的成功证明了少儿频道与动漫创意产业融合发展的巨大前景。黄炳贺在《广东发展动漫创意产业的战略意义与战略选择》中也提出广东动漫创意产业的发展要创新理念，实现产业联盟。由此可见，播出平台是动漫创意产业发展的中间环节。

南方少儿频道副总监李任辉提出“深入参与动漫创意产业发展是实现少儿频道可持续发展的出路”的观点。

### （二）融合发展实践研究层面分析

徐蓓蓓在题为《栏目推动动画动画成就栏目——央视少儿频道＜动画梦工场＞栏目的品牌战略》一文中详细介绍和总结了央视少儿频道与动漫创意产业的互动模式；上海炫动卡通卫视董事长李世雷也提出“以播出平台为核心拉动动漫创意产业链”的产业发展思路。韩英在《中国动漫创意产业发展的对策分析》一文中将调整动画制播体制、改变畸形的播出渠道、提高动画片的播出费用、更好地服务中国动漫创意产业的发展作为促进中国动漫创意产业发展的重要对策。胡忠青则将专业播放平台的建设作为中国动漫创意产业崛起的重要策略提出。此外，李友志、徐群晖、章莉等学者也在相关的研究论文中提出了类似的观点。

## 六、国外少儿频道与动漫产业融合发展现状

国外少儿频道与动漫产业的发展比较成熟，动漫产业的发展形成各国特色的发展模式。国外对少儿频道的研究主要集中在美国的尼克洛迪恩电视频道，BBC少儿频道和迪斯尼频道等几个知名的少儿频道的节目开发和运营方面。

据统计，美国儿童节目80%的收入来自衍生品开发。“尼克罗迪恩”这一品牌每年的衍生产品开发收入就达到了10亿美元，以尼克命名的商品有主题公园、杂志、剧院、服装、视频游戏、书籍、贺卡等。日本电视卡通形象“皮卡丘”商品价值高达两万亿日元，为其开发衍生产品的公司有1100多家[8]。

对动漫产业的研究，国外的业界实践已进入相对有序和成熟的阶段，因此相关的研究则主要以典型个案的分析和动漫产业的整体发展考察为主。

少儿频道与动漫产业融合发展这一课题而言，在美、日、韩和欧洲等动漫产业相对发达的国家和地区，播出平台与动漫产业之间的合作和互动已进入一种相对有序和成熟的融合发展状态，甚至可以将这种融合理解为其少儿频道和动漫创意产业发达的必要条件之一。

美国的迪士尼公司是动漫产业与电视频道结合的典型成功案例。一般而言，迪斯尼公司在完成动画的前期创作后，整个动画片的版权就会被卖给电视网，由电视网完成进一步制作和周边产品的开发。电视播出平台已成为其庞大产业链条中不可或缺的一环。在日本，动漫产业是其第三大经济支柱。在日本为了发展其动漫产业，在发展的初期，日本创意产业甚至不惜把开发出来的动画片免费赠送给欧美发达国家和发展中国家的电视台使用。因此，从国外的经验来看，播出平台是国外动漫产业繁荣发展的一个重要条件，动漫产业已经和电视融合发展，形成了一个密切联系的关系。

## 七、国内外少儿频道与动漫产业发展现状总结

通过对少儿频道与动漫产业融合发展的研究，得出研究的现状总结如下：

第一，国外少儿频道与动漫产业的融合发展比较成熟，动漫产业的运营机制、产业链的发展都形成了一定的规模，成功的少儿频道典型案例如英国的BBC频道，美国的尼可洛迪恩频道及迪斯尼少儿频道，美国迪斯尼动漫公司、日本动画产业的主流投资模式—作品制作委员会模式[9]及韩国通过网络游戏发展动漫的模式可为我国少儿频道和动漫产业的融合发展提供借鉴参考之用。

第二，各国少儿频道与动漫产业融合发展的模式各有特点与优势，因此我国动漫产业和少儿频道的融合发展要立足于本国实际，从实际出发，构建符合我国实际情况的模式和发展策略。

第三，目前我国动漫产业和少儿频道的发展尚处于初期发展阶段，由于各种复杂因素，文献的研究内容多数停留在理论层面，深入的研究比较少。另外，虽然我国有一些企业在动漫创意产业和少儿频道融合发展进行了实践，但由于缺乏具体的理论指导，并没有形成一个成功的模式，所以仍需要继续探索出更适合我过，更具发展前景的策略和方法。

## 参考文献

[1] 张如城.我国少儿频道专业化定位的缺失[J].传媒观察,2006,(10):46-47.
[2] 钟之静.我国少儿电视节目的定位缺失与发展策略[J].传媒.2007,(06):67-68.
[3] 褶庆.儿童电视频道品牌发展战略研究[D].上海:复旦大学,2009:14-16.
[4] 王玉龙.我国动漫产业发展现状综述[J].上海商学院学报,2009,(03):21-23.
[5] 王利剑.英国CSC公司少儿频道差异化竞争策略剖析[J].电视研究,2012,(02):78-80.
[6] 李楷.对动漫产业链的再思考[J].中国电视,2007.(11):63-66.
[7] 崔文杰.动漫产业的盈利模式与政策选择——以大连市动漫产业为例[J].东北财经大学学报 2008.(02):33-37.
[8] 王彩平.境外少儿频道运营面面观[J].声屏世界,2006,03:(61-63).
[9] 尹良福.日本动画产业的主流投资模式—作品制作委员会模式及案例分析[J].2012,现代传播,(01):87-91.
[10] 钱康.探索地方电视台少儿频道发展之路[J].中国广播电视学刊,2008,(05):75-76.
[11] 付俊,李任辉.广州市优秀动漫企业特征分析[J].中小企业管理与科技,2010,(31):131-132.
[12] 寇强,夏光富,魏波.美日动漫产业链及其盈利模式研究[J].新闻爱好者,2010,(15):70-71.
[13] 胡忠青.全球视角下的中国动漫产业崛起策略[J].电影评介 2007,(08):03-05.
[14] 黎明芳.促进广州动漫产业发展的对策研究[J].企业经济,2007,(08):92-94.
[15] 黄炳贺.广东发展动漫产业的战略意义与战略选择[J].科技管理研究,2008,(02):21-23.
[16] 许蓓蓓.栏目推动动画成就栏目—央视少儿频道《动画梦工场》栏目的品牌战略[J].电视研究 2009,(07):48-49.
[17] James Stewart. Disney War[M].中信出版社,2006.
[18] 中野晴行.动漫创意产业论[M],国际文化出版公司,2007.
[19] Mabel L. Rice, Aletha C. Huston, Rosemarie Truglio. Words from "Sesame Street": Learning Vocabulary While Viewing[J]. 1990,(3):421-428.
[20] Kara Chan, Fanny Chan. Advertising to children in China: A study of children's TV media environment[J]. 2004,(04).
[21] Coulter, Natalie H. Nickelodeon Nation: The History, Politics and Economics of America's Only TV Channel for Kids[J]. 2006,(31):475-477.
[22] Sandra L. Calvert, Jennifer A. Kotler. The Children's Television Act: Can media policy make a difference[J]. Journal of Applied Developmental Psychology, 24(August 2003):375-380.
[23] Daniel R. Anderson. The Children's Television Act: A public policy that benefits children [J]. Journal of Applied Developmental Psychology, 24(August 2003):337-340.
[24] Elizabeth Pugzles Lorch, Victoria J. Castle. Preschool Children's Attention to Television: Visual Attention and Probe Response Times [J]. Journal of Experimental Child Psychology, 66(July 1997):111-127.
[25] Abdul Munasib, Samrat Bhattacharya. Is the 'Idiot's Box' raising idiocy? Early and middle childhood television watching and child cognitive outcome [J]. Economics of Education Review, 29(October 2010): 873-883.
[26] Sandra L Calvert, Jennifer A Kotler. Lessons from children's television: The impact of the Children's Television Act on children's learning[J]. Journal of Applied Developmental Psychology, 24(August 2003):275-335.
[27] Yuko Aoyama, Hiro Izushi. Hardware gimmick or cultural innovation? Technological, cultural, and social foundations of the Japanese video game industry[J]. Research Policy,32(March 2003):423-444.
[28] Shimamura Teru. Japan Animation: from Commercialism to Art[J]. Procedia-Social and Behavioral Sciences, 2(2010):7327-7332.
[29] Lin Chen. the animation industry chain of the United States and Japan's[J]. DiYi Report, 2008.11:70-71.
[30] Hong Jing, the development of cartoon industry of Japanese and its influence to the world [J]. Japanese Studies, 2006.04:133-144.
[31] Liangfu Yin. the mainstream investment mode of animation industry of Japanese: A case study[J]. Modern Communication Journal of Communication University of China), 2012.01:87-91.
[32] Glaser, B. &Strauss, A. The Discovery of Grounded Theory: Strategies for Qualitative Research[M]. Chicago: Aldine, 1967.(10):13-15.

## 作者简介

车月琴,1988年生,女,汉族,广东省高州人,硕士研究生,研究方向:教育电视。

# 我国教育传播研究的共词网络分析

陈瑜林
（华南师范大学教育信息技术学院，广东广州，510631）

**摘　要**：社会网络分析可以为学科、领域综述性研究提供了一个新的研究方法，通过构建我国教育传播研究的共词网络，并运用社会网络分析方法进行分析，可以从社会网络的视角了解我国教育传播研究在研究主题方面的现状和特点。研究结果揭示，我国教育传播研究的共词网络是一个低密度网络，研究主题之间的联系还比较松散，研究还不够成熟和深入；思想政治教育、传播模式、传播效果、教育技术和远程教育是我国教育传播的热门研究主题；共词网络存在29个1—派系，但规模都不大，没有形成强有力的核心研究领域，整个网络的所有高频词成员可划分为7个社群，网络具有核心——边缘结构。

**关键词**：教育传播；共词网络；社会网络分析；知识图谱

# The Co-word Analysis of Chinese Educational Communication Study

**Abstract**: The social network analysis method provided the summarized study of subjects and fields a new research method. With the social network analysis and co-word network, the status and characters of Chinese educational communication study could be found. The results revealed that the density of Chinese educational communication study's co-word network was low, the relationships of study themes were loose. Ideological and political education, communication mode, communication effect, educational technology and distance education were the hottest study themes in Chinese educational communication study. There were 39 cliques in the co-word network, but the scales of them were small. The network could be divided into 7 associations. And it also had a core/edge structure.

**Keywords**: educational communication; co-word network; social network analysis; mapping knowledge domain

## 一、研究背景

教育传播是我国教育技术学的重要研究领域之一，它是指"由教育者按照一定的目的要求，选定合适的信息内容，通过有效的媒体通道，把知识、技能、思想、观念等传送给特定的教育对象的一种活动，是教育者和受教育者之间的信息交流活动"[1]。纵观我国教育传播研究的发展，经历了萌芽、兴盛以及停滞的过程。近几年又有研究者致力于教育传播研究，取得了一些成果，如面对信息时代的新学习环境，不少研究者探索了信息时代教育传播的新内涵[2]，探讨了国外传播学各流派的学术思想及其对教育传播的启示[3][4]。总体来看，近10多年来我国教育传播"研究不是很活跃，但有一定的回暖增长趋势"[5]。本文力图通过对教育传播研究期刊论文进行梳理，力图从关键词共词网络的社会网络分析角度把握我国教育传播研究的现状，为相关研究提供有益参考。

## 二、研究方法和数据来源

本文主要依托CNKI数据库和社会网络分析方法开展研究。社会网络分析是研究社会关系的一种新兴的研究方法，它能够对社会网络中行为者之间的关系进行量化分析，以可视化的图形展示行为者之间的深层次关系及描述群体关系的结构[6]。首先，在CNKI数据库以“篇名+关键词”为检索项，以“教育传播”为检索词进行精确检索，共获得519篇检索记录及688频次的关键词；然后统计关键词词频，通过“合并意义相同的、集中意义相近的关、舍去太宽泛的关键词”[7]并在高频词中删除“教育传播”这个检索词的方法进行关键词数据清洗和整理，最终确定频次排前34位的关键词为高频词。接着两两统计高频词的共现次数，形成34×34共词矩阵，然后再运UCINET等软件对共词网络开展社会网络分析。

## 三、社会网络分析

### （一）网络整体属性

本文中网络的整体属性主要用密度和小世界效应来体现。密度用来反映整个网络的各成员间的联系紧密程度。密度越大，说明成员之间的联系越多，他们之间的关系越密切。通过软件计算可出，我国教育传播研究的共词网络密度为0.1979，标准差为0.5712，密度值非常低，说明在共词网络中，高频词之间的联系总体上是非常松散的，显现出的连接是“稀松连接”；这也反映出目前我国教育传播的研究主题还比较分散，各研究主题之间缺乏足够的学术联系，很多高频词之间没有共现关系，因而我国教育传播的研究还不是很成熟，研究的深度也还不够。小世界效应验证是用网络中每两个成员的平均距离来衡量，经软件计算得知，我国教育传播研究共词网络的平均距离值为2.578，而具有小世界效应的标准是“平均距离数值不超过10的网络就可以说具有小世界效应”[8]，因而虽然网络密度低，研究主题分散，但教育传播研究共词网络中的每两个关键词平均可经过不到3个关键词做中介即可发生联系，说明教育传播的各研究主题和研究内容之间还是有一定的间接学术联系的。

### （二）中心性分析

中心性是“关于行动者在社会网络中的中心性位置的测量概念，描述的是个人或组织在其所处的社会网络中的地位及其重要性[9]”，包括点度中心性、中间中心性和接近中心性三种。在共词网络中，点度中心表示某个关键词与其它关键词是否存在共现关系，“点度中心度越高，则反映其在网络中的地位越高，越有可能是主题研究中的热点”[10]；中间中心度表示共词网络中某个高频词影响其他高频词共现在同一篇论文中的能力大小，中间中心度高的高频词具有较大的影响力，对研究主题的联系起重要促进作用；而接近中心度是指某个高频词不受其他关键词的“控制”的能力，在UCINET中，高频词的相对接近中心度数值越大，表明该高频词越容易与其他高频词出现在某一篇论文中，与其他高频词的学术联系比较快捷、流畅。

表1是三种中心性居前5位的高频词列表，由表1可知，思想政治教育这个高频词的相对点度中心度最大，说明教育传播理论已经被比较深入和广泛地运用到思想政治教育中，使思想政治教育的教育传播学研究成为我国教育传播研究的热门研究主题；传播模式、传播效果、教育技术、远程教育的相对点度中心度也比较高，说明它们也是我国教育传播的热门研究。而在中介中心性方面，远程教育的相对中介中心性最高，说明远程教育在整个共词网络中具有最大影响力，对共词网络的形成起着非常重要的作用；传播效果、教育媒体、传播过程、网络教育的相对中介中心度也比较大，说明它们在共词网络中的影响力也比较大。在接近中心性方面，教育、远程教育、传播效果、教育信息、传播模式的相对接近中心度比较高，说明它们容易与其他高频词产生共现关系，与其他高频词的学术联系比较快捷、流畅。

表1　各中心性居前5位的高频词

| 序号 | 高频词 | 相对点度中心度 | 高频词 | 相对中介中心度 | 高频词 | 相对接近中心度 |
|---|---|---|---|---|---|---|
| 1 | 思想政治教育 | 12.121 | 远程教育 | 18.038 | 教育 | 51.563 |
| 2 | 传播模式 | 10.909 | 传播效果 | 17.771 | 远程教育 | 51.563 |
| 3 | 传播效果 | 7.879 | 教育媒体 | 16.179 | 传播效果 | 50.769 |
| 4 | 教育技术 | 7.879 | 传播过程 | 11.88 | 教育信息 | 49.254 |
| 5 | 远程教育 | 7.879 | 网络教育 | 11.823 | 传播模式 | 49.254 |

## (三)凝聚子群分析

凝聚子群是指在一个大的网络中同时又存在的子网络,小团体的存在能够加快成员之间资源的共享和合作层次的提高。[11]本文主要采用1—派系(1-clique)对共词网络进行分析。通过软件分析可知,我国教育传播研究共词网络存在29个1—派系,其中含有4个高频词成员的派系有4个,含3个高频词成员的派系25个,说明派系的规模都不大,没有形成强有力的核心研究领域;“传播模式”同时属于10个派系中,“教育技术”同时属于8个派系中,“教育”同时属于7个派系中,“远程教育”同时属于6个派系中,说明这4个高频词处于多个研究主题类团中,起着沟通不同研究领域的作用。

## (四)社群结构分析

凝聚子群反映的是整个网络中的某部分子网络状况,并不能表示整个网络所有成员的群体划分;而社群结构分析可以把所有成员根据成员间的紧密关系划分成多个社群,每个社群内部成员之间的联系都是比较紧密的。判断社群特性强弱的参数是社群模块度指标Q,一般Q值大于0.3,网络即具有较好的社群结构。通过UCINET软件进行社群结构分析,当Q值取最高值0.340时,共词网络可划分为7个社群,如图1所示。社群A包括“传播模式”、“传播效果”、“远程教育”等15个高频词,反映的是各学科教育的传播学研究。社群B包括“教育技术”等7个高频词成员,反映的是教育技术视角的教育传播研究。社群C有“学生”等7个高频词成员,反映的是师生教学交互中的传播学研究。其他4个社群规模都很小。

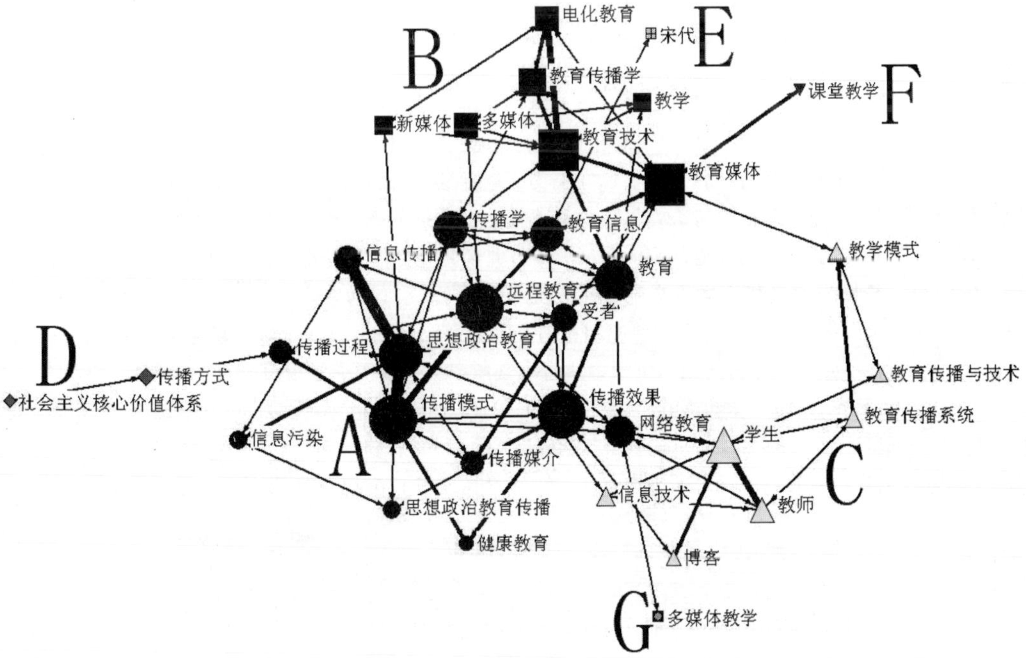


图1　我国教育传播研究高频词社群结构知识图谱

### (五)核心—边缘结构分析

核心一边缘模型是现实社会网络的一种简明关系视图,是量化核心度(coreness)的一个基础[12]。核心一边缘结构用"核心度"来衡量,核心度是对关键词在共词网络中处于什么位置(核心、半边缘、边缘)的一个量化认识,或者说核心度用一种简明的关系图式来表示不同关键词在网络中的不同位置。[13]通过共词网络核心度计算,可以得到高频词的核心度。在本文中,确定核心度大于0.15的高频词为核心高频词,核心度小于0.15但大于0.05的为半边缘高频词,核心度小于0.05的为边缘高频词。以此归类,传播模式、思想政治教育、信息传播、传播过程和远程教育这5个高频词是核心高频词,它们是我国教育传播的核心研究主题;传播效果、受者、教育信息、传播学、新媒体、信息污染、传播媒介和健康教育是半边缘高频词,它们是我国教育传播的主要研究主题;其他21个高频词则是边缘高频词,它们的研究关注度相对较低些。

## 四、小结

本文通过构建我国教育传播研究期刊论文关键词的共词网络,并运用社会网络分析方法进行网络密度、中心性分析、凝聚子群分析等研究,得出主要结论如下:

第一,我国教育传播研究的共词网络是一个低密度网络,虽具有小世界效应,但高频词之间的联系很松散,反映了我国教育传播的研究还不够成熟,研究深度也还不够深入;第二,从高频词的中心性来看,思想政治教育、传播模式、传播效果、教育技术和远程教育是我国教育传播的热门研究;远程教育、传播效果等高频词在网络中的影响力大;教育、远程教育等高频词在网络中与其他高频词的学术联系比较快捷、流畅;第三,共词网络存在29个1—派系,但规模都不大,没有形成强有力的核心研究领域;第四,共词网络具有社群结构,所有成员可以划分为7个社群;第五,共词网络存在核心——边缘结构,传播模式、思想政治教育、信息传播、传播过程和远程教育是我国教育传播的核心研究主题。

本文在研究过程中,也还存在一些不足,如数据资料仅限于学术期刊论文,数据的全面性还不够;关键词总词频不高,高频词的频次阈值也比较低,一定程度上影响高频词共词网络分析的质量;这些均需要后续研究予以解决。

### 参考文献

[1] 南国农,李运林.教育传播学(第2版)[M].北京:高等教育出版社,2005.6.
[2] 胡钦太,唐小旋.论信息时代教育传播研究的新内涵[J].电化教育研究,2011,(11):28-32.
[3] 王娟,孔亮.法兰克福学派的媒介批判理论对教育传播研究的启示[J].电化教育研究,2011,(7):30-34.
[4] 王妍莉.文化研究学派思想及对我国教育传播研究的启示[J].电化教育研究,2011,(6):44-47.
[5] 陈瑜林.2001-2010年我国教育传播研究文献分析[J].软件导刊(教育技术),2011,(6):87-89.
[6] 黄维,陈勇.中国教育经济学研究者合作网络的社会网络分析[J].现代大学教育,2010,(2):14-19.
[7][10] 魏瑞斌,王三珊.基于共词分析的国内Web2.0研究现状[J].情报探索,2011,(1):1-5.
[8] 张玥,朱庆华. Web 2·0环境下学术交流的社会网络分析———以博客为例[J].理论与探索,2009,(8):28-32.
[9] 刘军.整体网分析讲义——UCINET软件使用指南[M].上海:上海出版社,2009.97.
[11] 袁润,王慧.基于社会网络分析的图书馆学论文合著现象研究[J].图书馆情报研究,2010,(3):37-40.
[12] Youmin Xi and Fangcheng Tang. Multiplex Multi-core Pattern ofNetwork Organization: An Exploratory Study[J]. Computational&Mathematical Organization Theory,2004,10(2):179-195.
[13] 唐进.我国外语教学中的自主学习研究综述——以社会网络分析为视角[J]现代教育技术,2012,(1):64-69.

### 作者简介

陈瑜林,1980年生,男,广东省梅州市人,讲师,博士研究生,研究方向为教育传播、教育电视。

# 志愿者培训电视教材的开发策略研究

胡晓玲，潘国
（华南师范大学教育信息技术学院，广东广州，510631）

**摘　要**：志愿者培训类电视教材能提高志愿者的志愿服务知识、技能，提高志愿者的问题解决能力和志愿服务意识。本研究采用文献分析、个案研究、实验研究法，分析了志愿者培训电视教材的特性，分析构建了志愿者电视教材开发策略：分析培训需求，确定培训目标——立足电视教材优势，进行内容设计——综合分析，确定表达形式——根据教材内容，合理设计结构——技术包装，多样化的表现手法；并设计实施了实验研究，验证了此类电视教材的有效性。

**关键词**：志愿者培训；电视教材；开发策略

# Study on the Development Strategy of Television Materials for Volunteer Training

**Abstract**: Volunteer training on TV materials can increase the knowledge and skills of the volunteer service and improve the problem-solving ability and volunteer service awareness. This study adopts the methods of documentary analysis, case studies, experimental research, analyzes the characteristics of TV materials for volunteer training and constructs the development strategy: needs analysis to determine the training objectives —— based on TV's advantage to design the content —— determine the expression—— design reasonable structure—— use a variety of performance; this study designs carefully an experiment and carried out it, verified the effectiveness of this kind of TV materials.

**Keywords**: volunteer training; TV materials; development strategy

## 一、问题的提出

"服务他人，奉献社会"的志愿者精神和志愿活动为越来越多的人所认同，成为构建和谐社会的一个重要方面和一个重要途径[1]。同时，随着志愿者服务事业的迅速发展，对志愿者进行组织化、专业化和个性化的培训日益迫切，各种各样的培训方式也被引进到志愿者培训中。

电视教材以视觉形象和活动形象为主，视听结合，多维度传递信息内容，感染力强，容易激发学员的学习热情。随着科技的发展，电视教材呈现数字化、网络化的特点，突破时空限制，使学习更加灵活。因此，如何开发适应志愿者培训特点和需求的、高质量的电视教材，以最大程度发挥电视手段的优势服务于培训等问题受到广泛关注。基于此，本研究探讨志愿者培训电视教材的开发策略，以期为此类电视教材的开发提供理论和实践参考。

## 二、志愿者培训电视教材的特性

数字信息化时代，传统"大人头像"模式的电视教材已经无法满足现代大规模培训的需要。志愿者培训电视教材的开发更应注重教育性、科学性和互动性、艺术性的有机结合，加强实践性和互动性，才能使培训类电视教材获得新生命力。

**1. 实践性**

与一般意义上的培训相比，志愿者培训具有规模大、影响范围广、组织形式多样化、见效快等特点。因而，要求该类电视教材不仅必须具有严格的教育性、科学性，还应具备良好的实践性，从实际出发，理论联系实际，以保障整体质量，提高规模效益。

电视教材要充分发挥电视手段的优势，技术上既适应于大规模集中培训，又能适应自主学习。培训的内容要系统且分门别类，章节分布合理，时长适宜，适应各种岗位的需求。志愿服务质量关系到一个地区的形象，所以对志愿者的培训必须可操作性强，突出必要的示范实践环节，注重志愿者操作技能的提高、志愿服务精神的提升。

**2. 互动性**

从当前的志愿者情况来看，他们大多是热心公益、拥有一定社会经验的成年人，其中以在校大学生居多。他们具有学习目的明确、自学能力强、注重实践、学习时间分散等特点。因此，该类电视教材的设计必须强调“以人为本”，充分发挥现代数字电视手段的优势，增强互动性。

基于数字技术的电视教材采用双向信息传输技术，使学员可以安排实际需求获取各种网络服务，其互动性主要体现在人与人的互动和人与机器的互动。人与人的互动表现在主讲教师在讲课过程中设置情境、提出问题，引发学生的思考。人与机器的交互表现在学员可以进行视频点播、在线评价、资源共享等，其中学员可以按照自己的学习进度来控制学习的内容，如拖放播放条、停止、播放等；在线学习有利于学员进行形成性和总结行评价，帮助学员实时掌握学习进度；可以上传下载优秀资源，提供优秀学习网站的链接，实现资源共建共享。

## 三、志愿者培训电视教材的开发策略分析

**1. 需求分析**

大规模的培训需要耗费大量的人力、物力和财力，存在着一定的风险，如果没有进行需求分析，脱离实际的培训将达不到预期的目的，甚至适得其反。所以，在开发培训教材之前进行需求分析是有效实施培训的前提。

培训的需求可以从组织、工作和个人三个维度来进行分析。[2]从组织来说，要找出组织存在的问题，预测组织未来发展所需要的知识和技能，确定组织目标。从工作来说，就是要了解达到理想工作绩效所应具备的知识、技能和态度，包括一般工作分析和特殊工作分析。从个人来说，要对比分析学员个人的现状与组织、工作所要求的知识、技能之间的差距，了解学员的培训期望，从而来确定是否需要培训以及培训的内容。

**2. 学习者分析**

志愿者组成复杂，主要来源于高校大学生、市民、国际志愿者、专业志愿者等。他们大部分都属成人，因此对志愿者的培训属于成人教育范畴。作为面向志愿者通用培训的电视教材，既要考虑成人的学习特点，也要考虑通用培训电视教材传播的信息是否符合志愿者的认知结构和实际需求。对于志愿者来说，首先他们有一定的文化背景、认知能力水平、丰富的生活经验、较强的学习自觉性、适合自己的学习方法；他们来自社会各界，学习时间从整体上是分散的、不固定的。其次，他们自愿参加志愿者，具有学习目的明确、注重实践与问题解决等特点[3]。第三，他们的年龄、受教育程度、受社会因素影响程度、认知水平等都存在着较大的差异，其群体结构具有一定的复杂性。

因此，志愿者的通用培训应与实际联系起来，包含丰富的图解、案例和场景。在编制培训电视教材的过程中加强实践性环节，以吸引学习者注意力，提高志愿者解决实际问题的能力，达到培训预期的目标。

**3. 媒介分析**

（1）电视教材的优势

首先，电视教材根据培训需求，用图像与声音呈现教学内容，并且可以用电视录像技术进行记录、存储与重放。[4]采用各种特技手段可以将画面变小为大、变大为小、化快为慢、化慢为快、变远为近、变内为外、化繁为简、化难为易、化虚为实、化实为虚[4]，直观讲解重难点，有利于提高培训效果。

其次，电视教材可以实现存储再现，克服时空的局限性[4]。既适用于集中培训，又适合于基于专题学习网站的方式随时随地进行自主学习，有利于扩大培训规模，节约培训成本。

(2) 优化电视教材的整体结构

电视传播是一个系统整体，电视传播系统内部各要素之间又是互相关联、互相影响和互相制约的。传播者与媒介、内容之间，受众和媒介与内容之间，传播者和受众之间，当然还包括这些因素与之无法割裂的社会之间，各要素都会影响到整体的运作及其传播效果。[5]制作电视节目要从整体出发，发现各个要素之间的联系，充分发挥他们的相互作用，通过内在和外在因素的作用机制，用系统的思维予以组合，使培训效果达到最优化。

(3) 加强电视教材的互动机制

传统的电视教材存在自身的局限性，在呈现教学内容和用于教学活动的过程中具有单向性，缺乏师生互动。结合现代教学理念，借助先进的科学技术，对传统电视教材进行改进，加强电视教材的互动机制：(1)加强教材本身的互动性，采用提问、情境创设的方式引导学员主动参与，进行角色体验，增强趣味性；(2)多用生活案例，使志愿者在学习的过程中产生共鸣；(3)与其他媒体相结合使用，如开发专题学习网站，实现有效互动，包括讨论、答疑、反馈等。

## 四、志愿者培训电视教材的开发策略建构

**1. 分析培训需求，确定培训目标**

目前我国设有各级各类志愿服务组织，具体负责实施的各项工作，包括志愿者招募、选拔、培训、评估和管理等工作。[6]他们对志愿者培训具有明确的总体培训目标，即通过培训志愿者能够在各类志愿服务中提供优质服务，树立良好形象。志愿服务种类繁多，在开发此类电视教材时可以根据内容进行专题分块，根据工作要求和志愿者特点确定专题培训的目标、重难点等。

**2. 立足电视教材优势，进行内容设计**

近年来，我国志愿者培训内容呈现出多样化、综合化、系统化的特点。[7]这在一定程度上使志愿者培训电视教材在内容选择上具有更大的灵活性。

实际上，由于受电视画面语言局限性和制作成本的制约，并不是所有志愿者培训内容都适合于通过电视教材来呈现，惟有可视化、操作化、可模拟性强的内容才能充分发挥电视教材的优势。因此，电视教材内容的选择应注意其有效性。一般来说，培训的内容是为了实现培训目标要求学员必须掌握的知识、技能和行为规范的总和[8]，其设计可以从两方面入手：(1)从培训目标和学员需求出发，对现有的志愿者培训教材内容进行合理筛选，形成初步文稿；(2)对电视培训选题和文稿进行二次设计，对选题进行严格筛选、重组、充实和优化，兼顾内容的深广度，最终形成系列电视教材选题和文稿。

**3. 综合分析，确定表达形式**

电视教材的表达形式主要有以教师讲授为主的讲授型、以图像画面＋旁白解说为主的图解型、以情景剧、游戏、讨论等表演形式为主的戏剧型以及融合前三者特点的综合型。[4]这些表现形式尽管都在一定程度上满足了电视培训的需要，但并不是每一种表现形式都适用，如技能性的培训内容由于具有实践性、规范化等要求，比较适合于通过综合型、戏剧型或图解型，而不宜采用讲授型。

电视教材“表达形式”的选择是一个涉及到对教学内容、教学对象、教学组织形式以及节目制作成本等要素进行综合考虑的过程，如表1所示。面向志愿者培训的电视教材表达形式的选择应在综合分析培训内容、组织形式、学员组成、成本等因素的基础上进行整体把握，选择最适合的表达形式——讲授、图解、戏剧相结合的综合型电视教材。

**4. 根据教材内容，合理设计结构**

结构良好的电视教材能大幅度提高教学质量和教学效率，是衡量优质电视教材的重要标准。从电视教材结构的基本要素看，志愿者培训电视教材的结构设计主要包括开头、内容展开和结尾的设计。

表 1 电视教材表达形式适用范围[4]

| 表达形式 | 教学内容 | 教学对象 | 组织形式 | 制作成本 |
|---|---|---|---|---|
| 讲授型 | 内容多 | 大学生、成人 | 自主学习 | 低 |
| | 章节型、专题型 | | | |
| | 知识性、情感性 | | | |
| 图解型 | 内容少 | 中小学、大学生、成人 | 面授 | 高 |
| | 片段型 | | | |
| | 技能性、知识性 | | | |
| 戏剧型 | 内容少 | 幼儿、中小学生 | 面授 | 高 |
| | 专题型 | | | |
| | 技能性、情感性 | | | |
| 综合型 | 内容多 | 幼儿、中小学生、大学生、成人 | 面授<br>自主学习 | 中 |
| | 章节型、专题型 | | | |
| | 知识性、技能性、情感性 | | | |

开头的设计应从志愿者学习的特点出发，开门见山，点明主题、说明要求、引出问题以激发学员的学习动机。内容展开的设计对应于内容设计的需要，力图有效整合教学系统设计的思想和理念，诸如从现象到本质、从具体到抽象逐步展开内容，重组和优化教学内容，引入情节，融入活动等。在结尾对节目内容进行总结，或回应开头提出的问题，或提出一些启发性的问题，使学员进行更深层次的思考，让志愿者学会举一反三。

**5. 技术包装，多样化的表现手法**

镜头组接是电视教材呈现教学内容的主要方式，也是电视教材的表现手法。实践表明，创造性地运用各种镜头表现手法，如运用推、拉、摇、移、跟等表现事物的运动变化、特写镜头展示事物细节或演示技能规范等，不仅使画面富有变化，具有极佳的可视性，而且能呈现良好的节奏，保持志愿者的学习注意力。此外，合理运用图表、字幕、解说词、音乐、音响、动画等既能弥补电视培训中师生分离难以交互的不足，还能增强画面的表现力，更有效地传递信息。志愿者培训电视教材在该阶段对教学内容的表现手法应进行具体设计，如使用合适的图表以加深理解、使用口语化的解说词以引导注意力、添加字幕对重点内容进行强调、运用生活的动画呈现培训难点、使用真实的音响声效以增强画面的真实感等。

## 五、志愿者培训电视教材的应用效果实验研究

**1. 实验意义与目的**

本研究以体育赛事志愿者通用礼仪培训为例开展实验研究，验证讲授、图解、戏剧相结合的综合型电视教材的教学效果以及有利于志愿者的大规模培训。

**2. 实验内容与对象**

本研究根据志愿者培训电视教材的开发策略，制作开发了一批体育赛事志愿者通用培训电视教材。本实验采用其中礼仪培训专题为例，通过测试验证讲授、图解、戏剧相结合的综合型电视教材培训效果以及检验基于专题学习平台的自主学习有利于扩大培训规模。本次实验研究的对象是参加 2010 广州亚运会志愿者通用培训电视教材学习的高校学生志愿者，随机抽取 40 人。

**3. 实验假设**

在大规模志愿者培训中，应用基于讲授、图解、戏剧相结合的综合型电视教材有助于促进学员对志愿者服务知识、服务技能的掌握，提高学员的问题解决能力、志愿服务意识。

**4. 实验变量**

自变量：讲授、图解、戏剧相结合的综合型电视教材。

因变量：志愿者服务知识、技能掌握、问题解决能力、志愿服务意识。

干扰变量：学员个体差异；学员能力的自然成长；学员使用网络专题学习网站的熟练程度。

**5. 实验设计与实施**

设计:(1)开发体育赛事志愿者通用培训的综合型电视教材;(2)建构志愿者通用培训的专题学习平台;(3)组织实验对象在专题学习平台上开展自主学习活动;(4)验证电视教材的传播效果;(5)总结分析研究结果。

实施:第一阶段组织被试对象注册专题学习平台,自主学习讲授、图解、戏剧相结合的综合型电视教材,并告知被试对象测试时间。实验周期为一个课程单元教学时间。

第二阶段发放测试题。组织被试对象进行集中测试和调查,发放测试题和问卷。共发放测试题 40 份,回收 40 份,有效 40 份,回收率为 100%,有效率为 100%。

**6. 实验结果分析**

(1) 学习者总体水平与成绩分布特征分析

**表 2　描述性统计**

| | N | 极小值 | 极大值 | 均值 | 标准差 | 偏度 | | 峰度 | |
|---|---|---|---|---|---|---|---|---|---|
| | 统计量 | 统计量 | 统计量 | 统计量 | 统计量 | 统计量 | 标准误 | 统计量 | 标准误 |
| 成绩 | 40 | 86.67 | 100.00 | 90.8335 | 4.44745 | .606 | .374 | －.600 | .733 |
| 有效的 N(列表状态) | 40 | | | | | | | | |

在使用讲授、图解、戏剧相结合的综合型电视教材学习中,通过基于专题学习平台的电视教材自主学习的学生,测试均值为 90.8335,标准差为 4.75,偏度值为 0.606,峰度值为－0.60,在$\overline{X}-S$成绩分布图中处于第四象限(90.83,4.48),如图 1 所示,说明学习者得分的平均水平高,而且相对集中,培训效果良好。

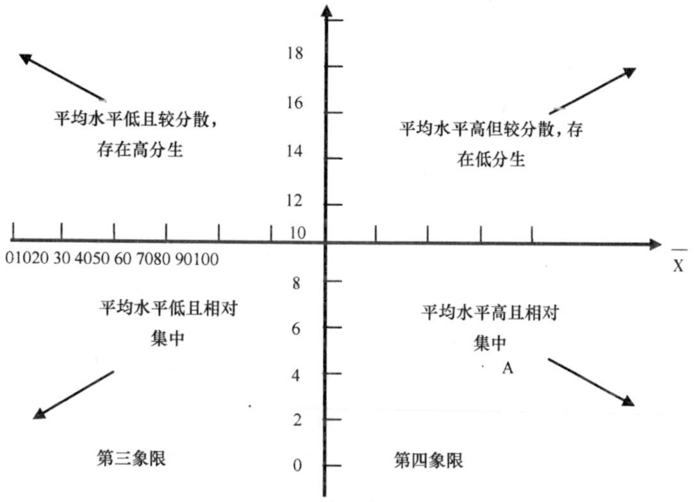


图 1　三组学习者$\overline{X}-S$成绩分布图

(2) 测验成绩综合达标程度统计分析

首先,对各测试题的得分进行统计分析,计算得出学生对该专题各层次内容的得分率,然后按分值将知识、技能、问题解决和服务意识的分值比例定为 1∶1∶1∶1,权重也定为 1∶1∶1∶1。经综合加权后(见表 3),被试的得分率为 0.91,达到了达标水平(见图 2)。可见,该教材能在一定层面上较好地达到预期培训目标。

**表 3　综合加权得分率**

| 实验组 | 知识类型 | 得分率 | 权重 $a_i$ | 总体目标系数 K | 综合加权得分 H | 综合加权得分率(达标度)T |
|---|---|---|---|---|---|---|
| 第三组 | 知识 | 79.38% | 1 | 4 | 3.65 | $T_3=0.91$ |
| | 技能 | 93.50% | 1 | | | |
| | 问题解决 | 98.33% | 1 | | | |
| | 服务意识 | 94.17% | 1 | | | |

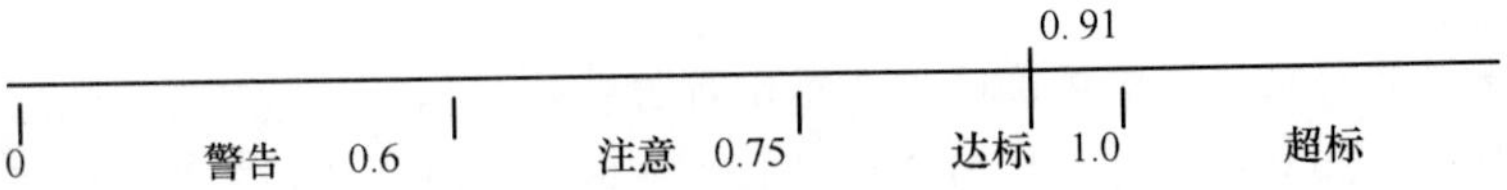


图 2　实验班达标度分布图

（3）志愿者在服务知识和技能的掌握、问题解决能力、服务意识方面的学习结果

**表 4　志愿者在服务知识和技能的掌握、问题解决能力、服务意识方面的测验结果**

| 内容 | 问题 | 得分人数 | 得分率 | 综合得分率 |
|---|---|---|---|---|
| 学习者对志愿者服务知识的掌握情况 | 1. 礼仪是公共生活、社会交往、人与人沟通所应该遵循的（　　）（单选题） | 39 | 97.5% | 79.38% |
| | 4. 在于外国朋友交往时，尤应尊重对方的（　　）。（单选题） | 38 | 95% | |
| | 5. 因初次见面不知对方女性年龄婚否时可称呼对方（　　）。（单选题） | 35 | 87.5% | |
| | 10. 在与别人对话时要做到谈吐大方，总的来说包括语言、语态、语气、语速几个方面。（　　）（判断题） | 15 | 37.5% | |
| 学习者对志愿者服务技能的掌握情况 | 3. 在引领客人时的手势：手掌打开，（　　）度角，四指并拢，身体稍稍向前倾。（单选题） | 38 | 95% | 93.5% |
| | 7. 当坐小车时，最尊贵的位置为（　　）。（单选题） | 39 | 97.5% | |
| | 9. 志愿者在引领客人上下楼梯时应（　　）。（单选题） | 33 | 82.5% | |
| | 11. 女士站立时应挺胸收腹，双手相握自然放于体前，两肩放平，双脚并拢或站四分之三步。（　　）（判断题） | 38 | 95% | |
| | 14. 乘坐大巴车时应请宾客坐在靠门边最方便进出的位置。（　　）（判断题） | 39 | 97.5% | |
| 学习者的问题解决能力 | 6. 初次与外国宾客见面行见面礼，一般可以行握手礼，但是遇到像日本、韩国这样的国家，则应行（　　）。（单选题） | 40 | 100% | 98% |
| | 13. 初次见面给外国朋友做自我介绍时，外国人对你的名字表示困惑时可以对外国朋友介绍下自己姓名的意思。（　　）（判断题） | 38 | 95% | |
| | 15. 志愿者要帮助外国宾客提行李物品时，若找到宾客的拒绝时应继续坚持帮对方提行李，以表示热情之情。（　　）（判断题） | 40 | 100% | |
| 学习者的志愿者服务意识 | 2. 志愿者在工作时应穿（　　）。（单选题） | 40 | 100% | 94% |
| | 8. 外国友人到来时，应及时提醒时差并告知对方当地（　　）。（单选题） | 38 | 95% | |
| | 12. 当迎接外国客人时，通常可说“欢迎您，一路辛苦了！”（　　）（判断题） | 35 | 87.5% | |

数据表明，利用讲授、图解、戏剧相结合的综合型电视教材进行学习有利于促进学习者对志愿者服务知识、技能的掌握，促进学习者对志愿者问题解决能力、志愿服务意识的提高。

## 六、研究结论

本研究探讨构建了志愿者培训电视教材的开发策略，如图 3 所示。

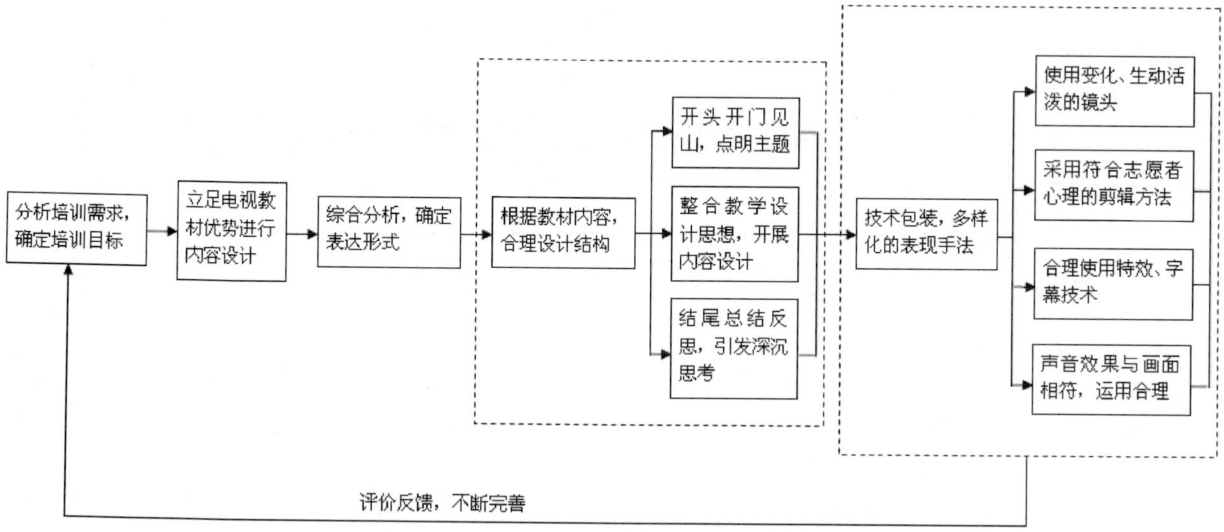


图 3　大型体育赛事志愿者培训电视教材设计开发策略

基于专题学习平台，利用讲授、图解、戏剧相结合的综合型电视教材进行学习能够取得良好的培训效果，达到预期培训目标，有利于促进学习者对志愿者服务知识、技能的掌握，促进学习者对志愿者问题解决能力、志愿服务意识的提高。

## 参考文献

[1] 孙慧民.《志愿服务与社会和谐——上海市志愿活动的现状和面临的挑战》载上海市慈善基金会上海市慈善事业发展研究中心编《志愿服务与义工建设》.上海：上海社会科学院出版社，2007：4.
[2] 张瑞高.基于胜任力的培训需求分析探讨[J].商场现代化，2007.
[3] 应方淦，高志敏.情境学习理论视野中的成人学习[J].开放教育研究，2007，(3)：10-13.
[4] 李运林，徐福荫. 电视教材编导与制作[M].北京：高等教育出版社，2004：12-19.
[5] 张晓峰.解构电视：电视传播学新论[M].中国广播电视出版社，2006：67.
[6] 肖强，罗公利.志愿服务研究综述[J].中国成人教育，2012：5-9.
[7] 孙葆丽.奥林匹克文化和教育多元化趋势[J].体育文化导刊，2003，(4)：24-26.
[8] 肖玉梅，现代成人教育管理学[M].北京-中国人民大学出版社，2006.

## 作者简介

胡晓玲，1984 年生，女，浙江省金华市人，助理实验师，硕士学位，研究方向为教育电视。

# 数字教育电视节目的交互导航模型设计研究*

华子荀，朱宇旻
（华南师范大学教育信息技术学院，广东广州，510631）

**摘　要**：随着信息技术的发展，电视这一主要的教学媒介实现了人与机器之间的信息互动，改变了以往单纯的线性学习方式，极大地提高了学习者的学习积极性。T-Learning 即基于现代数字电视的交互学习，虽然国内外对于 T-Learning 的研究不断增多，但是目前交互式数字电视存在只有技术支持而缺乏互动资源的尴尬局面。文章通过介绍数字教育电视的两种主要交互方式：单向、线性的交互方式和双向、非线性的交互方式，提出了数字教育电视资源的五项交互设计的原则，对数字教育电视节目受众即学习对象进行了分析，建构了数字教育电视节目的交互导航模型，提出了交互导航模型的实现设想。

**关键词**：数字教育电视节目；交互导航模型；交互模块；交互设计

# The Design Research of Interactive Navigation Model for Digital Educational TV Programs

**Abstract**: Along with the development of information technology, the teaching media of television has realized the information interaction between people and machine, changed the previous simple linear study way and greatly improve the learners' study enthusiasm. T-Learning is a learning ways that is based on modern digital television, although the research at home and abroad for T-Learning are increasing , but at present there is an awkward situation that the interactive digital television only has technical support and lack of interactive resources. This paper introduces two main interactions of digital education TV: one-way, linear interaction mode and two-way, nonlinear interaction mode, puts forward five interaction design principle for digital education TV resources, analyzes the digital education TV audience that is learning objects, to construct the interactive navigation model for the digital educational TV programs and then puts forward the thoughts that might be achieved the interactive navigation model.

**Keywords**: digital educational TV programs; interactive navigation model; interactive module; interaction design

## 一、交互式数字教育电视

基于计算机的数字化学习（E-Learning）推动了移动学习（M-Learning）和基于数字电视的交互学习（T-Learning）的发展，尤其是 T-Learning，它既是数字化电视交互系统，又是一种基于数字电视的交互性的学习方式，不同于以往教育电视线性、单向的信息传播方式，而是一种非线性、双向的信息传播方式；虽然研究者从不同的角度出发对 T-Learning 有不同的理解，但实际上 T-learning 在技术上需要依赖先进的数字电视技

* 基金项目：本文受华南师范大学研究生科研创新项目“数字教育电视节目交互导航模型设计创新研究”（项目编号：2012kyjj207）基金资助。

术[1]，它不能脱离数字电视本身。马池珠、徐福荫把数字电视(DTV)分为网络电视(IPTV)、手机电视(DVB-H)和移动电视(MTV)[2]，其中交互式数字教育电视主要是网络电视(IPTV)，又称交互网络电视，是以家用电视机为主要显示设备，集互联网、多媒体、通信等多种技术于一体，通过IP协议向家庭用户提供多种交互式媒体服务的业务[3]。交互式数字电视是数字电视广播技术和数字信息技术相结合的产物，集电视传播方式与信息技术于一身，使观众能以积极参与的方式观看和利用电视节目内容[4]。交互式数字教育电视资源包括数字教育电视节目、数字教育电视教材、数字教育电视案例等多种形式，针对以上资源的交互方式的设计，目前还没有非常深入的研究，其原因是交互式数字电视尚处于起步阶段，还没有达到真正的普及，但是交互式数字电视因为具有网络性、交互性、数字化等优点，未来必然成为学习者主要的学习媒介。

## 二、数字教育电视节目的交互方式

对于数字电视的交互方式，不同的学者有不同的归纳。黄慕雄通过对BBC的交互式数字教育电视节目的研究，总结归纳出了交互式数字教育电视节目的三种设计方式，即增强型电视组合包设计、时移性设计和综合型交互设计[5]，这种分类方式是从交互方式的角度出发，对数字教育电视资源的交互进行划分。Matej Zajc等人从电视的技术角度，将数字电视的交互方式分为iDTV(互动数字电视)、Set-top-box(机顶盒)、DVB(数字视频广播)、ELU(增强学习终端)[6]。而作者认为，数字教育电视资源的交互方式可以分为两类：

### 1. 线性、单向的交互方式

所谓线性、单向的交互方式，即电视资源遵循时间的顺序，在节目的某一时间点上设置交互点，用户可以通过遥控器进入交互点中的交互内容，一般这种节目的交互内容大多是介绍性的文字，通过一点的交互可以为用户提供更多的信息，但是这只是交互的初级阶段，没有完全实现人与电视的深层次互动，呈现的信息也十分有限，不能很好地调动学习者的注意力。

### 2. 非线性、双向的交互方式

所谓非线性、双向的交互方式，即电视资源的呈现并不遵循线性的时间顺序，而是遵循用户的选择，电视节目通过用户的选择推送出不同的内容，根据用户不同的选择，教育电视资源的学习内容有可能不一样，所以可以实现用户与电视的深层次互动，然而由于技术的限制，目前的交互电视还很难实现多层次的双向交互，只能实现双层次的交互。这方面的例子有F. Bellotti等人在iDTV的基础上，设计了一个ELU的程序，通过这个程序学习者可以进行互动，后台服务器根据学习者的选择判断对错，之后根据成绩推送不同的学习内容[7]。

## 三、数字教育电视节目的交互设计原则

数字教育电视归根结底依然是数字化的教学媒体，数字教育电视节目属于数字化的教学资源，所以在设计教育电视节目的交互流程的过程中，应始终遵循教学媒体编制的基本原则[8]，根据经验总结了以下五项原则：

### 1. 符合教学规律的原则

数字教育电视节目是为学习者开发和使用的一种学习资源，应首先遵循教育性的原则。编制的互动教育资源，对于向学习者传播互动信息，发展学习者的能力，应能起到良好的作用。首先，数字教育电视节目的设计过程应遵循教学设计的原理和方法，分析交互式教育电视节目的教学需求以及学习者的特征，进而确定教育电视节目的教学目标；其次，设计符合数字电视交互性的教学策略，选择合适的互动电视服务：计算机、网路机顶盒加普通电视、以电视机为主计算机为辅，设计适合交互的互动界面等；最后，应及时获取反馈信息，检查是否达到预期的教学目标[9]。

### 2. 符合人机交互的原则

交互式数字教育电视节目的设计关键依然在交互性上，所以电视节目的设计应符合交互媒体设计的一般原则。费茨定律(Fitts's Law)指出指点到目标点的移动速度(t)由指点与目标点的距离(D)和目标点的大小(S)决定；希克定律(Hick's Law)、泰斯勒复杂性守恒定律(Tesler's Law of the Conservation of Complexity)等人机交互设计当中应该遵守的基本原则。

**3. 符合 SCORM 标准的原则**

SCORM(Sharable Content Object Reference Model)即共享内容对象参考模型,是由美国国防部 ADL(Advanced Distributed Learning)组织所拟定的标准,对于数字内容教材的制作、内容开发提供了一套共通的规范[10]。SCORM 标准为数字内容的开发提供了一套基本目标如:可访问性(Accessibility)、适应性(Adaptability)、可承受性(Affordability)、持久性(Durability)、互操性(Interoperability)、重用性(Reusability)。这些目标对于交互式数字教育电视产品的开发、制作具有指导意义,使得数字教育电视能够适用于多个平台。

**4. 符合使用者习惯的原则**

任何形式的教学资源都是为使用者开发的,所以在设计、开发教学资源的同时,必须符合使用者使用这种教学媒体的习惯及行为。交互式数字教育电视是在数字电视的基础上发展起来的具有深度交互性的学习媒介,所以在开发数字教育交互资源的时候应该考虑学习者的交互习惯及交互行为,如考察学习者对于什么形式的交互内容比较感兴趣,交互的时间长度是否影响学习者关注度的下降以及在交互的过程中交互点的设计是否影响学习者的学习效果等。

**5. 符合完全适用的原则**

电视作为一种教学媒体比其他媒体具有声音、画面同步的优点,它可以形象地、直观地描述平面媒体等不能解释清楚的现象[11],加入互动性的教育电视也并没有改变这一特点,只是互动教育电视的互动性能够提高学习者的注意力和关注度,所以在设计、开发、制作数字教育电视资源的同时应该考虑教学内容是否适合使用电视这一媒体,而不应该把所有的知识点都制作成电视节目或电视教材的形式,这样也不利于表现数字教育电视互动性的特点。

## 四、数字教育电视节目的交互学习对象分析

瑞士著名发展心理学家皮亚杰提出认知发展阶段理论,提出儿童认知发展有前运算阶段、具体运算阶段、形式运算阶段。在交互设计的过程中可以根据学习者的认知发展阶段进行不同的设计:

前运算阶段(Preoperational Stage),这一阶段是儿童入学前与入学初的时期,儿童遇到问题会进行思考,但思维方式不符合逻辑,主要体现在知觉具有集中倾向性(Perceptual Centration),他将持续倾向关注一个方面,而且这一时期的儿童的集中倾向具有不可逆性(Irreversibility),即他一旦关注事物的一个方面,往往不容易把注意力从这一方面转移,所以这一阶段的儿童的思维特征可以说是具有自我中心主义(Egocentrism)。针对学习者的前运算阶段,在编制节目的时候尽量在形状和色彩上吸引儿童的注意力,而在数字教育电视节目的交互设计上不应设计过于复杂的交互结构,应运用线性、单向的交互方式。

具体运算阶段(Concrete Operational Stage),这一阶段的学习者相较于前运算阶段具有明显的逻辑性。但是这一阶段的学习者的思维能力具有局限性,在这一阶段的学习者其最显著的特点就是在学习的过程中对外部世界的认知具有灵活性和广泛性。根据具体运算阶段的学习者,设计的交互电视节目交互结构比前运算阶段更加复杂,但也必须是线性的、单向的交互排序方式,在交互内容上根据学习者具有较高的空间思维能力的特点应多设置提高空间想象力以及开放式的交互内容。

形式运算阶段(Formal Operational Stage),这一阶段的学习者的思维方式体现出较高的逻辑性,可以在逻辑上考虑现实的情境进行思维,运用符合等抽象的概念进行推理,解决问题的过程中纳入多个变量进行全局思考。学习者的思维方式及逻辑推理能力逐渐趋于成熟,所以在数字教育电视节目的设计中应设计形式多样的交互内容,交互的排序可以根据学习内容进行设计,同时在交互的方式上尽量多设置交互点以提高学习者的注意力。

**表 1 学习者认知能力分析表**

| | 年龄段 | 认知特点 | 逻辑性 | 交互内容 | 交互方式 | 交互排序 |
|---|---|---|---|---|---|---|
| 前运算阶段 Preoperational Stage | 2—7 岁 | 自我中心主义 | 不符合逻辑 | 单一类型 | 简单交互 | 线性排序 |
| 具体运算阶段 Concrete Operational Stage | 7—11 岁 | 学习的灵活性和广泛性 | 一般逻辑性 | 规定类型 | 复合交互 | 线性排序 |
| 形式运算阶段 Formal Operational Stage | 11 岁以上 | 考虑现实情境进行思维 | 趋于成熟 | 多种类型 | 复杂交互 | 非线性排序 |

## 五、交互导航模型设计

参照 F. Bellotti 等人的互动电视导航模型的设计思路[12]，根据交互设计的原则和交互学习对象的分析，可以进行数字教育电视节目交互导航模型的设计，在设计过程中首先进行交互模块的设计，如图 1 所示：

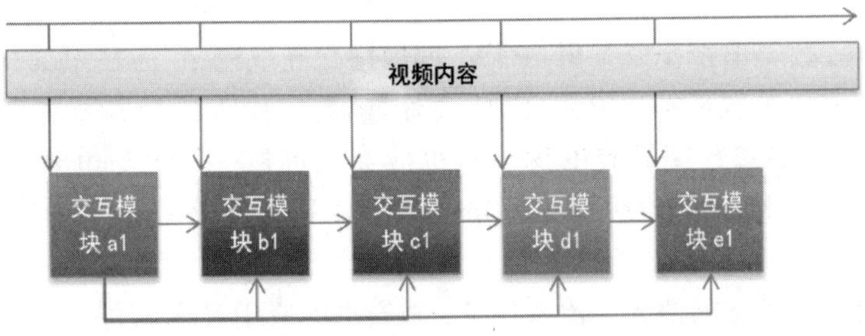


图 1　数字教育电视节目的交互导航模型

在线性的视频内容播放过程中插入交互模块，在出现交互模块的时间点，用户可以根据自己的选择进行交互，交互模块 a1、b1、c1、d1、e1 都是不同类型的交互模块，可以根据前面提到的学习对象的分析，提供难易程度不同的交互内容。

图 1 所示的交互方式比较简单，适用于前运算阶段和具体运算阶段学习对象，在交互过程中，用户可以根据自己的选择进入不同的模块选项，例如，基本的流程可以是从交互模块 a1 到交互模块 b1 最后到交互模块 e1，但是也可以从交互模块 a1 直接跳转到交互模块 e1，但是由于视频的播放顺序是线性的，所以播放和交互的顺序只能是一个方向，即交互模块 a1 可以跳转至以后的任何模块，但是从交互模块 b1 开始不能跳转回交互模块 a1。

图中出现的 5 个交互模块并非教育电视节目的全部交互模块，设计者要根据学习者的认知能力进行分析，从而调整交互模块的数量，交互模块不宜过少也不宜过多。

对于形式运算阶段的学习者，交互导航模型的设计应该比线性的交互模型更加复杂，可以提供的选择更加多样，如图 2 所示：

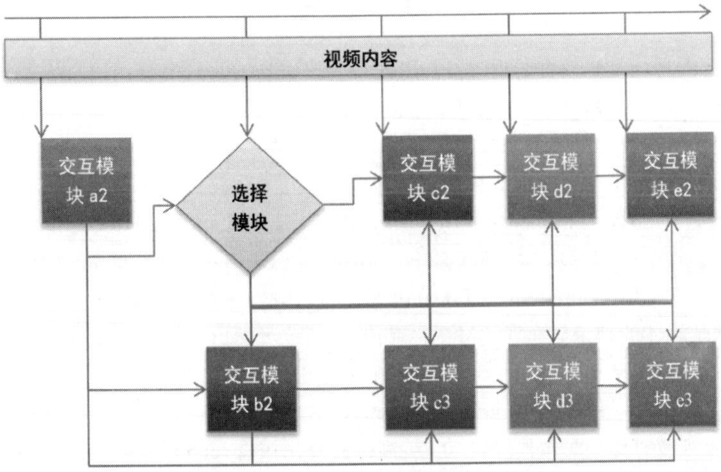


图 2　加入选择模块的交互导航模型

从图中可以发现，不仅交互的层级变多了，更增加了选择模块，选择模块的设计提高了学习者交互的自由度，让学习者可以根据个人的学习情况更加自主地进行选择。这里的交互层次并非只有 2 层，如从交互模块 a2 到交互模块 a3，设计者可以根据观看者的认知能力进行相应的变化，层次可以更多，但是设计者应该注意的问题是，每多加入一个交互层次，可供选择的交互内容线路就多了一倍，虽然给使用者提供了更加多的选择，但是无形中也增加了设计者的工作量。

所以 1—3 个交互层次对于数字教育电视节目的交互来说是比较合适的，而且在交互模块的数量上也应该相应地进行变化，提供不同的交互线路。例如，使用者可以直接从交互模块 a2 跳转到交互模块 b2 再回到交互模块 c3，这是一种比较普通的交互线路；还可以通过选择模块进行交互，通过选择模块使用者可以直接进行选择，让学习者的学习思路更加清晰。

## 六、交互导航模型的实现

硬件方面，目前交互式数字电视主要是指 IPTV，即网络交互电视，它的技术架构分为电视与计算机、电视加机顶盒、计算机加机顶盒等多种实现方式，除此之外，随着智能手机的普及和移动设备的更新换代，通过手机或者移动设备观看交互式数字教育电视节目也成为了可能。其中与电视、计算机相比移动设备如 ipad 在性能、便携度方面具有很大优势，所以通过 ipad 等移动平板电脑进行视频学习已经成为了一种新的学习方式。

软件方面，目前针对移动设备的两大主流系统 ios 和安卓的应用开发软件具有很好的交互性，可以实现交互导航模型的多层次交互，也能通过应用平台获取网络视频资源，可以说是数字教育电视节目交互设计的最佳选择。

## 七、结论

本研究通过数字教育电视节目的交互方式、交互原则、交互学习对象分析，建构了数字教育电视节目的交互导航模型，并提出了适用于播放交互式数字教育电视节目的应用系统和开发平台，数字教育电视节目的交互设计最核心的表现是在交互导航模型的设计，通过建构了这一交互模型，解决了数字教育电视节目如何实现更深层次的互动的问题，也为视频交互视频的开发提供了借鉴。而且不仅关注于人机交互过程中“机”，同时也关注“人”，通过分析交互学习对象的认知能力可以了解到处于不同年龄段、不同认知能力阶段的学习者，为他们设计的交互式数字教育电视节目应该是不同的，交互的层次和方式应该由浅入深、循序渐进，这样才符合人机交互的设计原则，解决了数字教育电视节目交互设计过程中使用者调查分析不足的问题。

### 参考文献

[1] 刘月圆. T-Learning 对现代远程教育的启示[J]. 黑龙江科技信息，2009，(12)：253，375.

[2] 马池珠，徐福荫. 信息时代电视传播的嬗变[J]. 电化教育研究，2006，(6)：7-14.

[3] 付道明，徐福荫. 数字电视技术新进展与校园数字交互教育电视系统的构建[J]. 中国电化教育，2007，(5)：96-100.

[4][5] 黄慕雄，向熠. 交互式数字教育电视节目的设计和应用[J]. 电化教育研究，2010，(2)，42-51.

[6] Matej Zajc, Kemal Alic, Irena Battelino, Jurij Tasic. Challenges of Interactive Digital Television for t-Learning.

[7][12] F. Bellotti，R. Berta，A. De Gloria，A. Ozolina. Investigating the added value of interactivity and serious gaming for educational TV. [J]. computers & Education. 2011，(57)，1137-1148.

[8] 李运林，徐福荫. 教学媒体的理论与实践. [M]. 北京：北京师范大学出版社，2008.

[9] 李克东. 新编现代教育技术基础. [M]. 上海：华东师范大学出版社，2005.

[10] Scorm. 百度百科[DB/OL]. http://baike. baidu. com/view/834676. htm

[11] 李运林，徐福荫. 电视教材编导与制作[M]. 北京：高等教育出版者，2008.

### 作者简介

华子荀，1987 年生，男，汉族，辽宁省朝阳市人，硕士研究生，研究方向：教育电视。

# 教学视频支持下的网络时代个性化学习探索*

李小刚[1]，靳素丽[2]
（1. 江苏师范大学教育研究院，江苏徐州，221116；2. 西华师范大学教育学院，四川南充，637000）

**摘　要**：近年来基于视频教学的研究和实践在国外已经有很大的进展，国内对此也开始日渐重视。在介绍教学视频内涵和起源发展的基础上，分析了网络环境下教学视频支持个性化学习的理论基础，探讨了翻转课堂教学模式、教学类视频网站以及国内外名校视频公开课三者的概况和促进学习者个性化学习发生的途径。特别对近来广受教育界关注的翻转课堂教学模式做了详细的分析，在借鉴国外教学实践案例的基础上，构建出了翻转课堂的教学实践模型，指出其在本土化实践过程中可能会面临的一些挑战并提出了一定的解决思路，以期为网络时代下的个性化学习提供一个新的视角。

**关键词**：教学视频；个性化学习；视频教学网站；视频公开课；翻转课堂

# The Investigation of Individual Study in the Internet Times of the Support From the Teaching Videos

**Abstract**: Recent years, researches and practices have been in a great improvement based on the Video teaching, and now, we are also paying an increasing attention to them. They have analyzed the basic theory of supporting individual studies from the teaching videos under the circumstances of Internet environment on the basis of introducing the meaning and derivation as well as the development of teaching videos, discussing the panorama of the model of The Flipped Classroom, of the websites about the teaching videos, of the Video open classes of some of the famous universities of both the domestic and the overseas. What is the most special is the detailed analysis of the model of The Flipped Classroom, which has obtained a lot of concerns of the educational circle these days. It has built the practical model of the teaching of The Flipped Classroom, pointing out that there may be some challenges during the period of the practice of the localization of it, as well as giving a certain of new solutions with the study of teaching cases from the overseas, and with the expectation of providing a new angle to the individual studies in the Internet times.

**Keywords**: video teaching; individual studies; video website; the flipped classroom; the video open classes

信息时代下，网络不仅极大的丰富和满足了我们在工作学习中对信息的需求，也不知不觉中改变着我们接受信息知识的方式：认知方式的视觉化。随着互联网开始从图文时代进入视频时代，这样的变化不仅影响着我们的日常生活，也在教育信息化的浪潮中改变着我们的学习。正如黎家厚教授所言"走出课堂，学习才真正开始"，越来越多的人已经习惯于在网络上寻找适合自己的视频资源学习知识技能。国内外的名

* 本文得到2012年度江苏师范大学研究生科研创新计划项目基金，项目批准号为2012YYB123。

校视频公开课和各类视频教学网站为个性化学习的发生提供了有力的资源支持，翻转课堂的教学模式在我国也正方兴未艾，可以预见，基于教学视频的学习将会成为未来数字化教育的一个重要组成部分。

## 一、教学视频的内涵、起源及发展

教学视频是指把要传授给学生的知识、技能等内容按照教学大纲的要求，经由教师或专业制作人员运用技术手段，整合图、文、声、像等各种信息，最终生成视频文件并发布供广大学习者学习使用的教学资源。按教学视频的内容通常可以分为学习资源型和教辅资源型，其中，学习资源型主要是指能够提供教师授课实况的视频资源，也是最常见的视频形式；教辅资源型是指在教学过程中为学习者提供学习辅助、背景知识拓展作用的视频资源。

在我国教育信息化的发展历程中，教学视频曾有一个被人们熟知的前身——教育电视。我国的教育电视起源于 20 世纪 80 年代，作为一种“花钱少、效率高、开放性强的教育方式而得到迅速推广普及”[1]，曾为我国的社会文化和科学文化的大规模传播起到很大的作用。然而由于其自身无可避免的来自电视媒介的局限性，如单向灌输式教学、无反馈、以媒介为中心和线性化课程设置等诸多不足，教育电视在传统的远距离教育领域已经优势渐失。近年来，计算机网络技术与数字视音频制作技术获得巨大的发展，教育电视面对网络化、数字化以及信息交互化的机遇和挑战，开始走上了与网络媒体融合发展的道路。[2] 教学视频由数字化技术生成并依托网络环境发布与传播，可以看作是 web2.0 时代的教育电视，成为了网络时代学习者开展个性化学习的一个重要组成部分。

## 二、教学视频应用于个性化学习的理论依据

个性化的学习旨在挖掘学习者自身的智慧和潜能，最大化的体现自我价值。教学视频为个性化学习提供了支持，它打破了统一起点、统一进度、统一内容的局限性，学习者有完全的自由度按自己的进度选择合适的学习资源开展学习。教学视频的合理运用，使个性化学习在信息化社会里已不再是理论上的乌托邦而是人们日常生活中的自由选择。[3]

### (一) 心理学视觉认知

用眼睛观看周围世界获取信息是人类的本能。早在 17 世纪，捷克教育家夸美纽斯在其直观教学论中就已科学认识到视觉器官对人类获取信息发挥着重要功能。教育心理学实验也表明，人们可以记住阅读的 10%，听到的 20%，看到的 30%，听和看到的 50%[4]。由此可以看出，视听在学习者获取信息习得知识的过程中占有非常重要的地位。从认知负荷理论的角度来说，合理呈现出的视音频刺激比单纯呈现语词效果要好。视听两条通道对信息分开处理，学习者可以获得直观形象的刺激，同时避免了认知过载的情况。[5]

### (二) 元认知理论的解析

20 世纪 70 年代弗拉维尔提出“元认知”理论，该理论认为，任何一个个体都有自己独特的认知风格与认知方式，这必然导致学习者个体形成独有的一种个性化学习方式和风格。个体在对自己认知的认知、体验与监控的基础上所选择或形成的学习方式，必然与自己的认知特点相吻合，其学习过程也必然能最大限度的发挥、挖掘出个体的综合潜能。[6] 基于视频的学习使得学习者对学习内容的选择和学习过程的操控获得了极大的自由度，对不同学习风格的个体提供了个性化的支持服务，体现出了关注个体、崇尚个性的价值观。

### (三) 微型学习和终身学习理论

微型学习是一种借助微型媒体终端开展的任何时间任何地点的学习，强调在有限时间内学习短小的、松散连接的信息单元，是当今社会人们在终身学习理念下按照自己的需要和兴趣学习知识的新途径。教学视频突破了单一媒体信息呈现的不足，融汇了图文声像等各类媒体之长，“微视频”的理念也使得教学视频

的时长缩短，重在集中解决单一问题。教学视频借助广泛普及的个人媒体终端，渗透到人们的生活学习当中，在帮助人们学习职业技能、积累通识文化、塑造个人价值等个性化的非正式学习中发挥重要作用。

## 三、教学视频促进个性化学习的实践与探索

### （一）翻转课堂：让视频重塑教育

#### 1. 翻转课堂的概况及特征

2011年萨尔曼·可汗在TED演讲中“用视频重塑教育”的报告引起全球教育者的关注。其基本理念是学习者课前观看教学视频，课堂上在教师的指导下进行讨论或者完成习题作业。由于这种教学模式与传统“课上学习、课后作业”的模式相反，所以也被形象的称为翻转课堂。学生在课前任意的反复观看或随时暂停操作视频，满足由于个体差异而造成的不同需求，课堂上学生与教师深入个别地讨论互动成为学习者知识内化的关键。

#### 2. 教学模式和效果

翻转课堂将传统课堂教学内容转移到课前，学生需要自主观看教学视频和完成预设的课前练习。课堂上则进行问题讨论和作业辅导的活动，在师生互动过程中知识的内化得以发生。整个教学模式就由课前和课中两个阶段组成，监控平台用来记录并为教师提供学生观看视频过程中的一些细节行为，如暂停重复观看的次数、对某一知识点是否已经完全掌握等。其模型可以简要的分为以下几个主要环节，如图1。

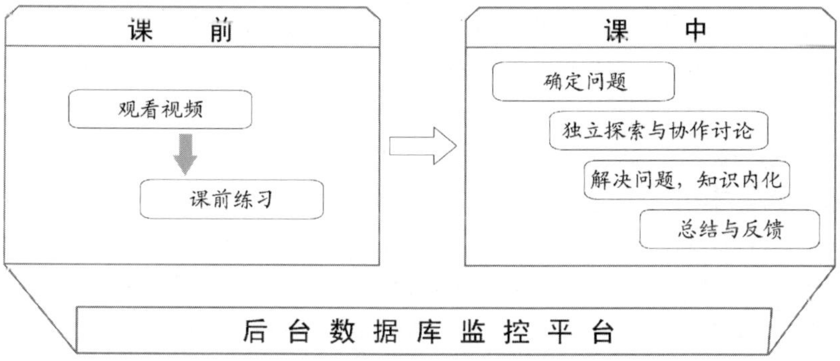


图1　翻转课堂教学模式图

目前，翻转课堂在美国很多学校受到了欢迎。据ClassroomWindowg发布的一项调查报告，67%的受访者表示考试成绩得到提高，80%认为学习态度得到改善，99%表示下一年将继续采用翻转课堂模式。[7]国内的翻转课堂实践正处于起步阶段，由于中西方文化不同，学习者的认知风格、学习观念、技术支持等也会存在一定差异，所以翻转课堂是否能在我国中小学课堂中获得成效还需要结合我国教育的实际情况进一步探索。

#### 3. 本土化实施过程中的挑战

（1）确保课堂讨论的真正发生

我国中小学的平均班容量达60人左右，在开展现场辅导和课堂讨论过程中应该合理安排分组，关注到每一个学生，必要时还需缩小班容量的大小。此外，国内学生长期接受灌输式教学，不善于主动提出问题和同伴协作交流。所以在实践过程中还要注意培养调动学生主动参与的积极性，做好课堂讨论活动才是抓住了翻转课堂的关键。

（2）关注视频制作的教育性与艺术性

教学视频质量的高下会很大程度上决定翻转课堂教学的成败。观看萨尔曼·可汗制作的视频便可发现，这些视频短小精悍，教学针对性强，屏幕中只有简洁的教学符号，画外音清晰扼要并且蕴含着适度的幽默，让学习者感觉就像同教师坐在一张桌子面前一起学习。在我们本土化实践当中，应该借鉴这类视频制

作思路，避免出现“头像搬家”、枯燥无味的教学视频。

(3) 对师生能力的新要求

翻转课堂实践中，教师要善于组织学生课堂互动交流，完成大量的答疑解惑工作而不是照本宣科。此外还要熟练掌握视频制作业务方面的技能；对学生而言，课前的视频学习并不是简单的预习，而是要按时按量主动完成课前学习任务，让深入的学习真正发生在课外。这要求学生在不影响日常休息的条件下对作息时间做到合理的安排。

(4) 教学评价方式的改变

翻转课堂模式下学习者课前自主观看视频，课中积极参与讨论，学习者对知识获取过程的参与度得到了加强，获得的知识也不是静态孤立的而是讨论后经过多元建构而获得的知识。所以在评价中应该注重过程性评价，通过建立电子学习档案，完整记录学生在学习过程中的各个细节，如个人时间管理能力、自主学习能力、协作探讨能力、交流表达能力等，将形成性评价和总结性评价结合起来，客观真实反映每一个学生的学习历程。

## (二) 基于视频网站的个性化学习实践

### 1. 教学视频网站概况及特征

随着 Web2.0 时代网络技术的不断发展，以“互动、分享、自由”为特征的视频分享网站已成为互联网世界的一只主力军。它不仅改变了人们的娱乐方式，也对网络教育产生了巨大的影响。综合性的视频网站纷纷开设教育频道，专业类的视频教学网站也不断涌出，为网络时代的个性化学习提供了优质的教育资源。这些视频主要由从事相关领域教学培训的专业老师或者是经验丰富的资深爱好者采用屏幕录制软件录制而成，学习者可以直观清晰地在本地计算机上获得来自教师的视听教学指导。

教学视频通常以 swf、flv、f4v 等网络流媒体格式分装发布，通过浏览器内置的 Flash 播放器播放，缩短了等待缓冲时间。视频教程的时长较短，一般控制在 10 分钟左右，讲授知识点也较为单一，每一讲都围绕一个或几个相关的核心知识点展开。

### 2. 典型的教学视频网站案例

我要自学网(www.51zxw.net)创建于 2007 年，是由一批来自电脑培训学校和高校的老师联手创立的视频类教学网站。该网站视频侧重于计算机技能学习，主要涵盖平面设计、影视动画、网页设计与编程、信息化办公、机械设计等七个主题，每个主题下面又分为若干个不同科目的教程，此外网站还提供了学习交流论坛、作品展示平台、课程素材及板书下载等学习辅助资源，可以为学习者提供一站式的学习服务。学习者注册并登录后可以自定步调，由浅入深，由点及面地学习自己兴趣领域的知识。这类教学视频内容具有较强的操作性和实践性，基本采用“观看视频＋演练＋交流”的模式，学习者在个性化自学过程中容易激发学习动机，获得自我成就感。

例如，学习者要学习网站设计的知识，传统的方式是学校在该学期开设相应课程，学生在课堂上听老师讲课，然后在课后查阅参考书籍并做一定练习。由于教学课时的限制，实际情况中与网站设计相关的很多知识未能安排在教学计划里。然而在教学视频网站的支撑下，学习者可以系统的观看由专业教师录制好的视频资料而不再受时间空间的约束。有的学习者在网站制作中有页面美工设计的需求，就会补充学习一些平面设计方面的知识如 Photoshop、Flash 等。有的学习者可能对交互式动态网页制作更感兴趣，就需要深入学习一些网页编程语言如 ASP、JSP 等内容。这些需求在现有课堂教学中难以满足，但借助教学视频网站，学习者完全可以自主选择科目按需学习，并且由原来教师控制下线性的学习过程转变为学习者根据自己的认知能力和节奏随意暂停、重复观看的学习过程，实现了人性化、个性化的教育学习理念。

目前国外类似的教学视频网站如可汗学院(www.khanacademy.org)，教学内容覆盖了数学、历史、物理、生物、化学等学科领域。国内也有涵盖从小学、初中、高中到大学及艺考、成考等教学内容的博视网(www.bosw.net)、专注 CG 数字艺术教学的火星视频教育网(http://www.vhxsd.com/)、优酷教育频道(http://edu.youku.com/)等，这些教学视频网站为个性化学习提供了有力的学习支持。

### （三）名校视频公开课支持下的个性化通识教育

**1. 网络视频公开课概况**

网络视频公开课是指依托开放共享的互联网络，通过视频媒体向高校学生以及社会公众传递大学教师的授课录像，实现优质教育资源共享的一种教育形式。自 2001 年美国麻省理工学院率先推出视频公开课以来，国外众多名校纷纷加入其中，掀起了网络视频公开课建设的热潮。这些视频公开课经过翻译添加中文字幕后也出现在了国内的各大视频网站，如网易公开课、新浪教育频道、优酷网等，受到了众多学习者的推崇。

我国在 2011 年 11 月 9 日正式发布了首批“中国大学视频公开课”，内容涉及文学艺术、哲学历史、经管法学、基础科学、工程技术、农林医学六大类，就课程性质来说，大部分属于提高学习者科学素养、人文素养、道德素养的通识类课程。截止到 2012 年 10 月 12 日已经发布到第五批，总课程数达到 105 门。学习者可以通过“爱课程”网或者网易公开课频道进行观看。

**2. 以优质视频承载个性化学习需求**

网络视频公开课的出现让优质的教育资源冲破了传统大学校园的围墙，受益者从小范围的学生扩展到了更大范围的学习者，“淘课族”也在大学校园内外也悄然产生。随着视频课程的不断上线、课程门类的不断增多，这些教育资源已经基于互联网络而形成一个庞大、开放的优质教育视频资源库。在校学生可以不再受本校本专业课程安排的局限，而是能够根据自己的兴趣选择，以视频的形式加入到国内相关领域知名教授的课堂中，甚至是跨越国界走入哈佛、斯坦福或麻省理工学院的课堂中开阔新的视野；对参加工作的成人学习者来说，种类繁多的传统文化类课程或科普知识类课程也可为个人职业发展提供一定的帮助，或者提升自身文化素养。视频公开课的开放共享及其超越时空局限、符合人性化教育理念的特点，为网络时代学习者的个性化学习提供了有力的资源支持，为学习型社会的构建也提供了新的思路。

## 四、总结

在当前教育信息化的背景下，全民教育、优质教育、个性化学习和终身学习已成为信息时代教育发展的重要特征。[8]随着以人为本教育理念的不断深入，基于网络的视频教学以其兼备视听教学的传统优势以及网络媒体的传播特征，已经成为了支持学习者个性化学习的重要手段。在未来的信息化教育实践中，教学视频资源的开发和应用还需要更加深入的研究，以此来开创网络时代个性化学习的新局面。

### 参 考 文 献

[1] 刘忠民．教育电视应对新兴媒体挑战的发展对策探索[J]．中国电化教育，2011，(3)：72-76.
[2] 陈清森，孙祯祥．网络教育视频：web2.0 时代的网上教育电视资源库[J]．现代教育技术，2009，(10)：103-106.
[3][6] 李广，姜英杰．个性化学习的理论建构与特征分析[J]．东北师大学报，2005，(3)：152-156.
[4] 李玉梅．谈视觉材料在教学中的应用[J]．电化教育研究，2010，(7)：111-112.
[5] 王文智．基于认知负荷理论的多媒体教学呈现原则探讨[J]远程教育杂志，2009，(2)：33-37.
[7] 调查：翻转课堂有什么价值[EB/OL]．http://www.ctocio.com/industry/edu/7207.html
[8] 教育部．教育信息化十年发展规划(2011－2020 年)[Z]北京，2012.

### 作 者 简 介

李小刚，1987 年生，男，汉族，山西省忻州市人，硕士研究生，研究方向为数字媒体技术与艺术。

# 基于“新媒体”轻博客的教育技术专业电视制作课程学习活动设计研究

赵冀
（上海外国语大学，上海，200083）

**摘　要：**在信息技术飞速发展和媒体技术迅速更新的今天，教育技术专业中处理信息和数字化感悟能力尤其重要。而电视教材制作作为教育技术专业的主干课程之一，对学生处理媒体技术的能力有着深刻的影响。同时，电视制作课程在环境资源等方面的限制也使得其存在一些问题。比如课时比较少、教学资源不足、因学生的基础不同而无法进行统一的教学指导等。信息技术更新换代迅速，在新媒体更新换代的大环境下，2012 年的地平线报告中，一如既往地强调了深化新媒体的作用，尤其是在教学中的应用。本文就是以新媒体“轻博客”为载体，为教育技术专业的电视制作课程设计学习活动。

**关键词：**新媒体；电视制作；教育技术；轻博客

# The Learning Activity Designing Survey of Digital TV Materials Production Course Based on the New Media-Light Blogging in Educational Technology

Zhao Ji
(The college of Media and Communication Shanghai International Studies University, Shanghai 200083)

**Abstract**: With the fast updating development of the information and media technology, Educational Technology has becoming more and more important based on this international environment. While Digital TV Materials Production course, as a core course in Educational Technology, does have the huge impact on students' ability of learning the advanced instructional ideas and dealing with media technology. But, there are still some limitations about the materials and environment during teaching process. Such as lacking of the necessary classes time, learning materials, and difficulties in personal coaching because of the difference previous learning basis among different students. Due to the international learning environment, which is updating quickly, Horizon Reports of 2012 emphasizes the significant use of the new media-Light blogging Based on the theories of the new media—Light blogging, this paper explored and designed the instructional design for Educational Technology.

**Keywords**: new media; digital TV materials production; educational technology; light blogging

# 一、深化新媒体的必要性

## (一)新媒体趋势必不可挡

网络社会环境中,新技术的迅猛发展使社会生活发生了前所未有的改变,作为离不开人的教育活动自然也在这场技术带来的变革之列中。所谓新媒体已经不可能再是任何一种特殊意义上的媒体形式,它在实质意义上已经演变成为了一组数字信息,一种实现了"所有人对所有人传播"的信息流,或者说是一种融合了人际传播和大众传播特点的信息传播方式[2]。新媒体联盟(New Media Consortium)则在新技术对教育影响方面上进行着积极地探索,该联盟是由全球近300个来自美国、加拿大、澳大利亚和欧洲、亚洲等国家和地区的高校、博物馆、学习中心、基金会等领先学习机构组成的非营利性研究机构,致力于促进信息技术在教育(尤其是高等教育)中的研究和运用。教学媒体的变化,不仅提高了教学信息的质和量,而且使得教学信息本身的组织结构、传播方式、加工处理、收授过程发生了变化[3]。

新媒体技术的诞生是人们将平面媒体信息获取的枯燥性、延迟性、非互动性等不足的方面加以整合,运用数字技术,无线技术,和互联网三方面改善了受众群体对于信息量冗杂以及信息质量残损的劣势,使得信息在保证量的基础上更加能使多个受众群体得到及时的沟通交流反馈,达到了市场,受众,市场反馈的良好循环模式。更大程度上的清除了信息的冗余。因此新媒体又可以定义为:互动式数字化复合媒体。

从近年来发布的地平线报告中可以看出,移动技术、教育游戏与悦趣化学习、社会网络、增强现实技术、语义网技术和开放课程是近年来对教育产生较大影响的技术群。其中社会网络、移动技术和教育游戏是当前和未来一段时间对教育产生重要影响的三类关键技术,而社交网络、移动设备和游戏是其中发展迅速的三个技术子群。

## (二)《2012年地平线报告》

2012年2月13日,《2012地平线报告》新鲜出炉,报告了未来三个不同时间阶段中,六项值得关注的新兴技术。(2012地平线报告:值得关注的六项技术)

未来一年甚至更短的时间内:

移动设备应用程序(Mobile Apps)

平板电脑应用(Tablet Computing)

未来2~3年:

基于游戏的学习(Game-based Learning)

学习分析(learning Analytics)

未来4~5年:

基于手势的计算(Gesture-based computing)

物联网(Internet of Things)

这已是新媒体联盟(New Media Consortium,NMC)自2004年以来连续第九年推出《地平线报告》,主要针对高等教育领域,提出未来一到五年中可能会被广泛应用,并对教育发展起到重要影响作用的六项技术。没有充分展示自己才能的个性很难在这个强调竞争的社会里立足,新媒体显性地或潜移默化地影响着当代大学生个性的形成与发展。

地平线报告从来都不是一种预测工具,更确切地说,它强调了我们关注的教学、学习和创造性研究等领域具有重大潜能的新兴技术。如今,这六项技术中的每一项,都已经成为全球很多大学以及创新性机构关注的焦点。

不管地平线报告中如何变更新媒体,笔者认为我们都要将这些新媒体应用到真的教学中去才算是物有所值。趋势不可抵挡,潮流也终将过去,只要真正的应用才达到了新媒体的价值。

## 二、"轻博客"暂露头角

轻博客(light blogging)的出现源自于微博客(micro blogging)及其丰富的应用程序。2006年,博客技术先驱blogger创始人埃文·威廉姆斯(Evan Williams)创建Twitter后,2007年初"轻博客"雏形初现。最初,轻博客只是微博的另外一种展示形式,相比微博展示更加简洁、便捷,展示方式更加丰富。除了使用微博的图文视频等富媒体rich media展示手段,轻博客还保留了"聊天对话展示"、链接、丰富的版式等博客固有的外在形式,甚至支持自定义CSS等附加形式。所谓的轻博客融合了微博传播和博客,它的出现模糊了二者之间的界线。

### (一)轻博客、博客、微博对比(见表1)

**表1**

| | 轻博客 | 博客 | 微博 |
|---|---|---|---|
| 内 容 | 文字、图片、视频、链接、音频等 | 全部支持 | 文字、图片、音频、链接、视频 |
| 关 系 | 单向关注 非公开非对等交流 | 无 | 单向关注 公开对等交流 |
| 展 示 | 突出富媒体 | 自定义 | 缩略富媒体 |
| 界 面 | 自定义 | 自定义 | 更换背景 |
| 用户群 | 精英、小众 | 全民,大众 | 偏低端,大众 |
| 时效性 | 较强 | 最弱 | 最强 |
| 复杂度 | 低 | 高 | 最低 |

### (二)轻博客的基本功能

**A 内容类:**

搬家:博客搬家,点点网支持

发布:可以通过文字、图片、链接、视频、音频、引用等形式发布,没有传统的日志、相册、状态等各种功能的细分,所有的内容都会按照时间顺序排列在你的页面中;

子博:为每一个账号,提供免费创建多个博客服务;支持投稿和多人共同经营;

**B 社交类:**

关注:相当月订阅,fellow,可关注博客,也可以关注某一标签;

表态:喜欢(like),热度的表现,是激励用户的主要方式;

转载:转载可添加理由;

回应:隐藏在页面细节里;

**C 其他类:**

个性化页面:为每一个博客提供免费的个性化页面,你可以使用现成的模板,也可以自己写css样式;

标签:标签的用法很多,最基本的就是添加到你的每篇博文中,最简单的标签就是兴趣的分类,标签可订阅;

免费二级域名:为每一个博客提供免费的二级域名,域名都可以随时更改。

### (三)轻博客的基本特点

**A 对内容的多媒体支持**

很长一段时间,微博只支持单次最大140字符的文字和链接,这是twitter得以迅速成长的因素之一,但另一方面也确实是一大不足(否则新版twitter不会着重强化多媒体内容)。轻博客不仅支持文字、图片、音频、视频,不限文字长度、不限图片数量,甚至支持html。

**B 基于内容的浏览**

"内容"比"关系"更加重要,由此产生的内容呈现逻辑与微博截然相反:通过follow人来获取内容的方式被弱化、通过 follow 标签来获取内容的方式被加强，以此不断进行发现、互动、再发现的良性循环。

微博的标签信息流隐藏在 timeline 的 tab 中，实际上只是关键字搜索结果的快捷链接，因此搜索结果中杂质较多、以时间排序导致优质内容难以过滤。现阶段，大学教育的一个重要目标就是要“努力提高大学生的学习能力、创新能力、实践能力、交流能力和社会适应能力”。所以怎样将轻博客培养大学生网络学习能力的潜力挖掘出来就至关重要。

**C 基于内容的互动**

轻博客认为“内容”比“关系”更加重要，由此产生的互动与微博迥然不同：follow 数不再是关键，核心是你发布的内容被多少人“like”（喜欢）了。“Like”和“reblog”是主要的交互方式。回复被隐藏在了内容的 detailed 页面内。以 like 为主的“热度”成为激励用户的主要方式，很大程度上避免了由 RT 引发的马太效应，让内容趋于多样化。

交互上只保留了 like、reblog 和对应的用户列表，回复被隐藏到了文章的 detailed 页面内，尽最大可能让用户对内容的消费焦点集中在“like”这个与内容相近的互动上：

**D 提供了几近专业媒体需要的内容生产功能**

轻博客的帐号与博客是一对多关系，即一个帐号可以建多个博客，还可以多人共同维护一个博客。tumblrh 和点点网支持并鼓励用户为他人的博客投稿、提供了多人共同维护博客的功能，提供了如批量对内容进行标签的增删改查，批量删除内容，批量修改发布时间，预览、预设内容发布时间、保存草稿、注明版权方、仅自己可见、独立标签栏、为内容设置网址、是否允许用户以照片进行回复等等。

## 三、基于轻博客的学习活动设计模式构建

### （一）学习活动设计模式的开发流程

笔者认为学习活动设计模式的开发流程应该包括模式提炼、产生草案、模式的教学应用和模式形成四个阶段。（见图 1）

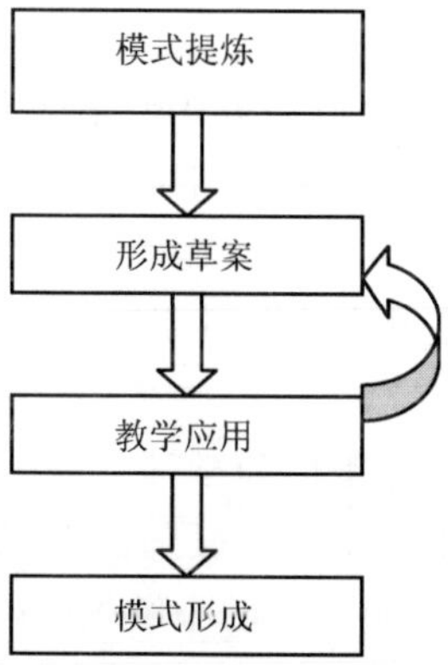


图 1

开发的第一个步骤是模式提炼，包括对已有的教学模式的分析以及对设计对象的分析，通过分析提取出学习活动设计模式的基本环节和要素；在确定活动的基本环节和要素后，初步形成模型的草案；将草案应用于实际的教学活动中，通过应用效果分析模式草案中存在的不足，对模式草案进行修改，然后再次进行教学应用，经过反复修改直至模型形成。

### （二）基于轻博客的学习活动设计模式的构建

迪克一凯瑞的系统教学设计模式的形成背景与迪克一凯瑞的系统教学设计模式的产生、发展是和美国的教育背景、文化背景密不可分的。笔者在这里引用其模式，将电视制作的教学模式与轻博客巧妙结合。（见图 2）

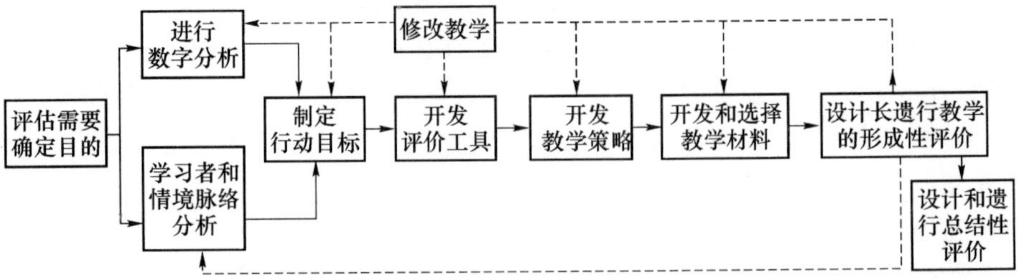


图 2 迪克一凯瑞模式

该模式是以教学理论为基础,运用系统方法设计而成的,它集中讨论了教学设计和发展的具体过程,教学设计步骤具体而详细。该教学设计模式包括九个环节和最后的信息反馈修改环节。

**1. 通过评估需要来确定目的**

该环节通过对教育需求、学生需求、现实中的学习问题、工作分析或者其他一些因素的评估和分析来确定教学的目的,包括在教学之后学生应该能够做什么。学习需要是学习者绩效现状与教育目标之间存在的差距。教育技术专业的学生对媒体技术的掌握尤其是新媒体的掌握是非常重要的,但是同时又要注意不能本末倒置,只重视技术技能的训练而忽略将技术应用于实践中去,所以我们在设置模式的时候要鼓励学生将生活中涉及到电视教材制作的小技能都上传到轻博客中,以便所有的学习成员都能够共享资源与心得。

**2. 进行教学分析**

确定教学目的后,设计者将逐步确定,当学习者执行教学目的时将能做什么。教学分析过程的最后一步是确定学习者学习的起点行为,即教学开始之前,学习者在知识、技能和态度方面的起点行为,以及这些起点行为之间的关系。

这点非常重要,因为在教育技术学生中,对于技术的掌握程度参差不齐,教师往往难以统一所有学习者的学习进度,在轻博客的帮助下,借助课下时间和网上交流平台,教师可以让学习者将每人的现有水平反应在轻博客上。通过观察学习者轻博客上对于信息、媒体技术的运用反应等判断其对新媒体的掌握,从而调整教学深浅以及教学进度。

**3. 分析学习者和情境脉络**

这个过程包含对学习情景线索及情景与学习任务内在联系的分析,以及学习情景的计划;也包含对学习者起点能力的分析确定等。与博客趋于表达的作用不同,与微博的社交、传播的功能也不尽相同,轻博客旨在为应用者提供更好的服务和体验。教师可以利用轻博客更加客户有好的特征设定一定的主题,让所有的学习者根据主题自己制定学习进度,体验不同的学习情境。

**4. 制订行动目标**

这些目标阐明了学习者的学习内容、学习条件和学习取得成功的标准。在主题确定之后,教师可以将视频制作优秀范例放在自己的轻博客上,在学习者与教师的互动中,让学习者从优秀案例中找到差距和突破口。然后学习者可以根据自己的现有水平制定自己小组的电视制作的标准。

**5. 开发评价的工具**

用评价工具来检查学习者达成目标的情况,对于教师这是一个至关重要的点。只有评价标准清晰明了,才能让学习者在学习过程中不断修正自己的学习路程。教师在自己的轻博客中可以将最后的评价标准展示出来,以供学习者比对。

**6. 开发教学策略**

根据上述环节,设计者就可以制定教学策略了。教学策略包括教学预备活动、内容的展示、练习和反馈、测试、总结活动。教学策略的制定主要依据当前的学习理论和关于学习研究的成果、用于传递教学媒体的特征、教学内容的性质和学习者的特点,据此可以开发或选择教学材料,或者制定出适用于交互教学的策略。

**7. 开发和选择教学材料**

在确定运用何种教学策略后,设计者需要考虑采用何种教学材料。繁琐呆板的老教材已经无法让年轻一代学习者认真去钻研了，教师可以在自己以前的教学经验中、以往学生优秀的作品中、现有学生基础不错的作品中找出共同点，然后让不同的小组分别负责为大家搜集优秀案例和资源，共同学习基本技术，分享简单明了的材料。

**8. 设计和进行形成性评价**

在这个环节中，形成性评价的方法一般有三种类型：一对一的评价、小群体评价和现场评价。每一类评价都为设计者提供了修改教学的信息。

**9. 修改教学**

根据形成性评价环节收集到的数据，来确定学习者无法达成既定目标的原因和教学中存在的问题。修改教学不仅仅意味着修改实际教学本身，还包括重新检查教学分析的有效性、对学习者特征和起点行为的假定的可行性、行为目标的陈述、评价工具的有效性、教学策略等，根据这些信息来更好地制定出适合教学的材料。

最后是设计和进行总结性评价。由于总结性评价并非由教学设计者来设计与执行，所以它是教学设计的一个环节。但这一步骤是评价教学的绝对价值和相对价值，通过它来确定教学是否有效的。以上可以看出，这一模式是基于一般教学过程的教学设计，也是一个以学生学习为中心的设计过程。以学生学习为中心应该区别于以学习者为中心，前者不一定是学习者作为教学活动的控制者，后者必定是学习者控制教—学活动。两者的共同点在于都要依据学习者学习的规律。这一模式特点包括：

第一，强调学生学习任务的分析以及起点能力的确立；

第二，教学设计是一个反复的过程，需要设计者不断进行分析、评估和修正，以期完成具体的教学任务，达到教学目标。

第三，安排教学活动，以优化每一教学事件，保证教学的整体效果。

## 四、总结

新媒体在电视教材制作的课程中能充分调动学习者的积极性，能让教师和学习者在更广的层面上有互动和交流，包括学习者之间的交流，也使得学习者能够及时有效地在时尚的轻博客上尽情抒发自己的学习心得。只有教师和学习者都真正融入这个环境才能使得这一新媒体真正有助于课程的学习。学习活动的设计可以根据不同的学习者和现实条件进行具体调整，笔者只是将这一思路进行了一定的规整，具体的学习活动设计还需要广大教育工作者以及教育技术专业的学生进行进一步的补充和研究。但是紧扣地平线报告的新媒体，抓紧轻博客这一载体，对教育技术专业的电视教材制作课程进行有效的整合和应用是非常有用的。

### 参考文献

[1] 杨状振. 中国新媒体理论研究发展报告[J]研所思考，2009，5.

[2] 董剑桥. 教学媒体的形态差异及其意义[J]]2003，(10)外语电话教学.

[3] 娄超. 新媒体环境下大学生思想政治教育的创新[J]2010，5 优秀硕士毕业论文.

[4] 教育部. 关于进一步深化本科教学改革全面提高教学质量的若干意见[R]教高【2007】2 号文件.

[5] 张祖忻. 教学设计-原理与应用[M]2011，6：27 高等教育出版社.

### 作者简介

赵冀，1988 年生，女，汉族，山西省太原人，教育技术学硕士研究生，研究方向：教育技术计算机辅助教学；跨文化培训。

# 基于PC平台电视教学片制作中字幕应用的研究

黄国清，杨同华
（江西农业大学职业师范学院，江西南昌，330045）

**摘　要：**电视教学片作为一种很好的教学媒体，可以利用PC平台完成其制作。文中首先介绍了电视教学片中字幕的种类及其功能，再介绍了利用天影字幕实现各种字幕的制作方法。充分发挥字幕在电视教学片中的作用，使电视教学片做到直观与抽象的统一。

**关键词：**电视教学片；PC平台；字幕；制作

# Study On PC-based Caption Making For TV Teaching Film

Huang Guoqing, YANG Tonghua
(Vocational Education School, JiangXi Agriculture Universityy, Nanchang, 330045)

**Abstract:** TV teaching film as a very good teaching media, We can use personal computer to make the TV teaching film. The article first introduced the category and function of caption using in the TV teaching film, then told how to make the kinds of caption by using Genius software. Make the caption play the role of TV teaching film, so the TV teaching film can to be the unity of visual and abstract teaching media.

**Keywords:** TV teaching film; PC-based; caption; make

## 一、引言

电视教学片由于其直观性和呈现教学信息量大的特点，深受广大教学工作者的喜爱，尤其在传授一些技能知识的时候，可以利用电视手法的教学片更是把其电视方面的特性展现的淋漓尽致，达到良好的教学效果。那么，在制作电视教学片时，不仅要注重电视的画面构图、照明、色彩，同时要注重另一种视觉语言——字幕。只有这样，直观性和抽象性才能在电视教学片中完美统一，所以，字幕运用的恰当与否，在很大程度上影响电视教学片的教学效果和学生抽象思维的培养。

如今，随着电子数码产品价格的下降和个人电脑的普及，在广大教师中拥有数码摄像机及个人电脑的人数比例越来越高。有了这些设备，教师个人制作电视教学片将变成可能，从而一改原来只有专业人士利用专业设备制作电视教学片的历史，让电视教学片成为低投入高效率的教学材料。本文将主要探讨基于PC平台制作电视教学片时字幕创建的方法。

## 二、电视教学片字幕的种类

由于字幕是电视教学片中用于抽象概括的重要表达形式，同时，兼有对图像的说明和人物对白呈现的功能。因此，在电视教学片中用到的字幕主要有以下几种。

**1. 标题**

电视教学片的标题有大标题和中、小标题几类。大标题亦称片名，是该专题节目的总名称；节目中的每一部分还用中、小标题予以标明。标题都是用字幕呈现在电视屏幕的中央部分。此时，字幕可以用相关内容的图像作为背景，也可以用空白镜头做背景。

标题出现在电视教学片的形象内容之前，是教材内容的高度抽象概括的体现。标题的名称要正确反映教学片的内容，同时，中、小标题也应该将该部分教材的内容抽象概括出为精简的文字，这样才能取得好的教学效果。

**2. 事物现象的说明**

字幕也可以用来对新事物和重要的现象进行注释说明。这事字幕出现在屏幕的下方或事物与现象的旁边。根据认知规律，要给学生未接触过的新事物或重要的现象进行抽象化命名，要把这一具体的事物现象与抽象的文字符号建立联系，形成概念。

**3. 重要的结论**

电视教学片在呈现一段形象内容后往往会抽象概括出一段重要的结论，这一结论也应用文字字幕的形式呈现在屏幕上。这些结论可以是段落性的也可以是总结性的。结论性的字幕往往用整个屏幕呈现，并且要有足够的停留时间。

**4. 人物对白字幕**

电视教学片中人物的对白或解说词，一般都是通过声音呈现，在制作电视教学片时一般习惯将这些声音用字幕同步呈现在屏幕的下方，可以对声音起到一个补充呈现的作用。这种字幕的要求和声音同步出现，声音消失字幕同时消失。

**4. 片尾滚动字幕**

电视教学片有时也会在结束时通过滚动字幕把该教学材料的制作人员呈现出来，这种滚动一般习惯向上或向左运动，比单纯直接呈现式更生动有趣。当然，这种滚动字幕也可以用于事物现象的说明，让需说明的文字按制作者设定速度呈现。

## 三、基于PC平台电视教学片字幕制作研究

**1. 利用非编软件自带的字幕工具制作**

在PC平台上，制作电视教学片一般运用的软件有友立公司的会声会影、Adobc公司的Premiere、Sony公司的Vegus等非编软件，这些软件对视频的剪辑都已经比较成熟，可以为电视教学片提供视频转场特效、视频特效等特技。同时，这些软件也提供字幕制作编辑工具，可以使用自带的字幕工具制作大部分字幕。

但利用这些软件自带的字幕工具制作的字幕的呈现效果不够丰富，比如对标题字幕利用扫光特效增强视觉效果就很难实现，另外，制作较复杂的字幕制作过程繁琐，如实现教学片中的人物对白，只能一句话保存一个字幕文件再在时间线对应位置把字幕文件添加进去。因此，这些软件自带的字幕工具的功能应进一步加强，才能在电视节目中得到更好的应用。

**2. 利用天影字幕制作电视教学片字幕**

(1) 天影字幕简介

天影字幕，可以创建各种图形、静态字幕、动态字幕、图表、滚屏、动画等。并且功能强大，手拍唱词、上滚左飞、底行游走、多通道播出、自定义复合特技等应有尽有，利用唱词制作工具可以轻松地为节目添加大量的人物对白、制作极具艺术效果的MTV唱词等。同时，天影字幕提供常见非编软件的插件，制作的字幕文件可供这些非编软件调用。

(2) 天影字幕制作电视教学片字幕的方法

在正确安装了天影字幕软件后，就可以利用这个软件来制作电视教学片的常见的各种字幕了。

① 标题字幕的创建

标题字幕的创建较为简单，启动了天影字幕软件后，在工具栏里选“T”工具，编辑区单击鼠标左键，输入作为标题字幕的文本。当选中文本时，可以对该文本设置其属性、动画、变形等效果。其中动画效果设置可以有划入、停留、划出几个阶段，见图1，所有这些设置后，将为标题字幕呈现增色不少。

② 人物对白字幕的创建

人物对白字幕也称为唱词，这种字幕主要配合节目中人物的声音语言同步出现。创建时，首先在天影字幕软件的菜单栏里单击“项目”菜单项，在出现的下拉菜单里选择“唱词”，在窗口右侧面板需要把人物的语言文字输入到文本输入框中，如图2，一句话占一行，当然，也可以把在记事本中编辑好的字幕打开导入，要呈现的文字全部排好后，单击所有文本创建图元图标“”，此时，可以在图3中设置唱词在页面底部呈现的行数以及对齐方式，剩下的工作就是进行唱词时序的实现了，单击图3中的唱词时序栏中的“编辑”按钮，底部界面将呈现如图4所示。

在图4中单击打开视音频文件“”，选择用来作为拍唱词字幕出现的参考视音频文件，在实际运用

时，一般选择已经编辑好的视频或音频文件。接下来，只要把这些文字呈现在对应的声音画面处，单击图4中的“播放”按钮，听到文字对应的声音出现时，单击键盘“ENTER”键，依次操作把所有文字贴上对应的声音出现处。需要注意的是，当画面声音在呈现了一句后，有较长时间的停顿的情况时，为了不让前一画面的字幕长时间出现在画面，应按键盘“SPACE”键清除该字幕。拍唱词结束可以单击键盘“ESC”键停止操作。

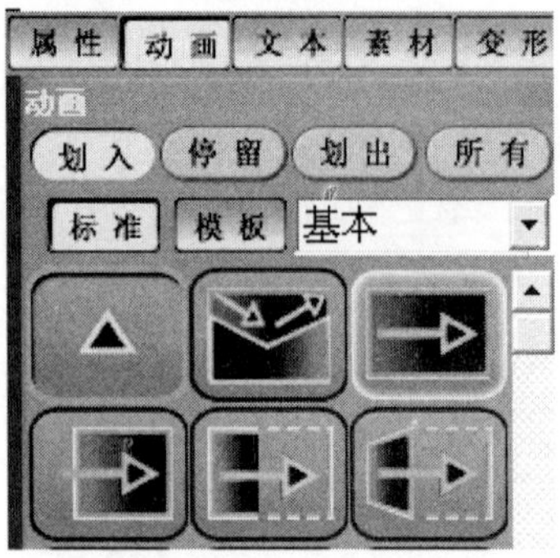


图1　字幕动画设置界面

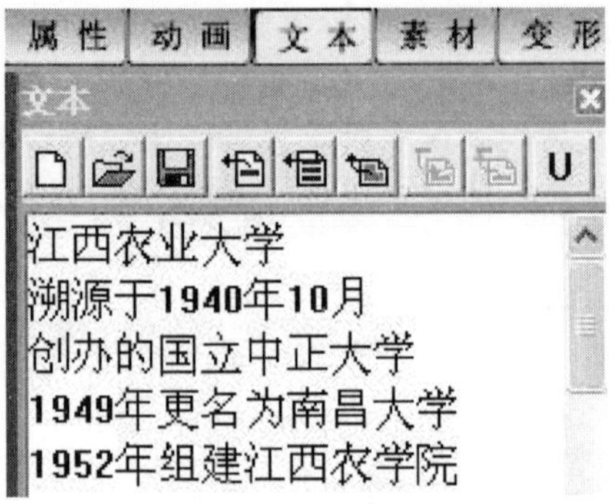


图2　字幕文本输入界面

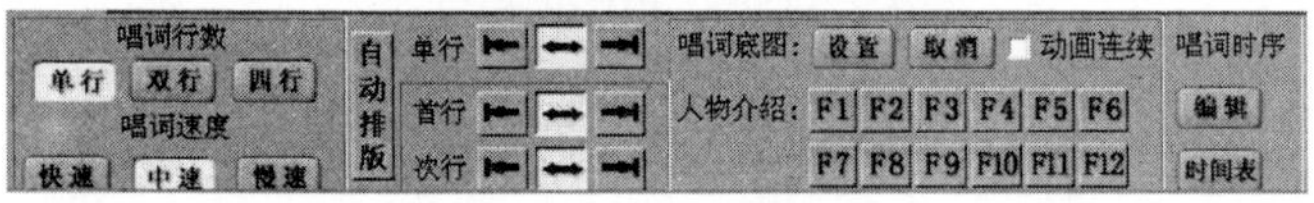


图3　唱词设置界面

图4　拍唱词界面

③ 滚动字幕的创建

滚动字幕可以作为电视教学片片尾的字幕，亦可作为事物现象的说明字幕。这里以字幕由下向上滚动为例进行应用。创建时，首先在“项目”菜单项选择“上滚”项，再在图2界面里把要滚动的文本处理好，单击所有文本创建图元图标，最后可以在图5中设置滚动字幕的各种属性。包括滚动方向、滚动速度等。如果需要最后一屏停留在画面中，则在“设置尾屏停止”处单击“尾屏停”即可。

天影字幕软件还有很多功能，随着对字幕制作的深入研究，可以利用该软件制作出视觉效果更好的字幕。利用天影字幕软件创建各类字幕最后都需要保存为对应的字幕文件，在非编软件里把这个文件导入即可编辑使用。

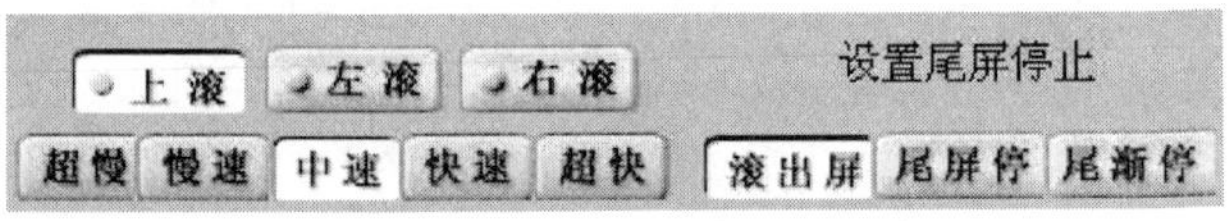


图5　滚动字幕设置界面

## 四、结语

电视教学片在教学上具有直观高效等教学特点，深受师生的喜爱，其制作过程已经不依赖专业的制作设备，利用个人电脑即可完成教学片的后期编辑工作，编辑过程中，当画面中呈现一些图像不易表达的教学信息，字幕就起到了补充的作用，同时，字幕的概括、引导等教学功能也是电视教学片中应提供的。在制作电视教学片时只有充分发挥字幕的功能，才能使制作出来的教学片做到直观与抽象的完美结合。

### 参考文献

[1] 李运林，徐福荫．电视教材编导与制作[M]．北京：高等教育出版社，2004：91-92．

[2] 杨同华，邱波．利用 Premiere 及字幕插件制作卡拉 ok 视频[J]．中国教育技术装备，2010(6)：62-63．

[3] 张国武．用 Photoshop 和 Premiere 制作字幕[J]．摄影与摄像，2009(5)：104-105．

### 作者简介

黄国清，1963年生，男，汉，江西省吉安市人，教授，研究方向：教育技术管理。

# 专题六

## 数字化学习技术与环境研究

# 基于 Blackboard 网络教学平台的系统整合及应用研究*

白丽媛，刘东，陈瑛
（北京联合大学信息网络中心，北京，100101）

**摘　要：**由高校教学实际需求出发，以 Blackboard 网络教学平台为核心，探讨系统整合方案。实现网络课程的快速登录及自动推送，实现教务数据的动态同步，平台嵌入各类教学资源，构建具有特色的集网络辅助教学、网络远程实时教学、课件录播等多功能一体的网络教学平台，形成一个完整的网络教学体系结构。论述了系统整合应用效果：实现了统一的网络教学服务，打造了数字化教学环境，体现了信息技术与教学的融合。通过系统整合，提高了网络教学平台的系统利用率以及资源共享水平；结合 Web2.0 技术，平台将更好地支持混合式学习，支持多种媒介的学习，将对教学起到重要的辅助支撑作用。

**关键词：**Blackboard 网络教学平台；系统整合；信息技术

# System Integration and Application Research Based on Blackboard Network Teaching Platform

**Abstract**: Taking Blackboard network teaching platform as the core, system integration program is explored because of the actual needs of university teaching. Realization of network courses quick login and automatic push, realization of the data dynamic synchronization, embedding of all kinds of teaching resources, the construction forms a complete network teaching architecture having the characteristic set of network aided teaching, network real time teaching, courseware recording and playing. The system integration and application effect is discussed: achieving unified network teaching service, building digital teaching environment, reflecting the integration of the information technology and the teaching. Through system integration, improve the network teaching platform system utilization and resource sharing levels; combined with the technology of Web2. 0, the platform will better support blended learning, support multi-media learning, will play an important supporting role.

**Keywords**: blackboard network teaching platform; system integration; information technology

信息化建设的深入发展，使得计算机应用技术逐渐应用到教学各个环节中，促进高校教育环境发生了巨大的变化。这种信息化环境，尤其是信息技术与教学深度融合的数字化支撑环境，将极大拓展教学的空间和时间，使随时随地的教与学成为可能，不仅延伸了课堂教学，而且教学的资源更丰富，教学方式更加多样化，交流互动更便捷，人与人之间的连接更紧密。网络教学平台是建设数字化教学支撑环境的核心，通过网络教学平台，实现教学资源的网络共享、实现师生在线交流与互动、实现知识的共建与创新，促进教学手段、教学方法的革新。

在众多的网络教学平台中，Blackboard 网络教学平台（简称 Bb 平台）已经在国内外许多高校中广泛使

* 本文受“北京联合大学网络学堂使用现状分析与评比策略研究”项目资助。

用，并受到青睐与好评。在实际使用过程中，如何在充分发挥Bb平台自身功能的同时，并以其为核心，对学校的其他系统进行有效的系统整合、扩展应用，是我们对Bb平台开展深入应用值得研究的问题。

## 一、Blackboard网络教学平台（简称Bb平台）

### （一）平台简介

Blackboard(http://www.blackboard.net)是当前应用最为广泛的基于Web的网络教学平台之一，是美国毕博公司开发的产品。该平台是可以支持百万级用户的超大规模、高稳定性的网络教学平台，为教学人员提供了强大而全面的授课、管理和交流工具。目前，全球有超过2800所大学、机构使用此平台，在国内拥有用户200多家，例如普林斯顿大学、哈佛大学，国内的北京大学、北京联合大学等。Bb平台以其先进的设计理念、技术架构及其丰富的功能，受到用户的好评。

### （二）主要功能

Bb平台以课程为中心，对教师和学生进行有序组织，实现教师对网络课程的建设，学生自主选择性地学习，同时参与讨论、作业、测试等活动。其主要功能包括：

1. 为教师提供网络课程建设及开展教学的环境：教师能够在平台中进行课程建设与发布，控制课程发布进度与范围；可自定义个性化课程设计风格；能够布置作业、开展测验与调查；可利用平台开展广泛的在线协作交流、答疑指导。

2. 为学生提供个性化学习环境：学生可以针对学习内容进行选择性地学习，不仅学习自己任课教师的课程，还可以选择其他教师的网络课程，共享优秀教学资源；支持协作学习：可以利用小组学习空间以及Wiki、Blog、日志等丰富的协作学习工具，开展相互学习、相互监督、共同进步。

3. 能够开展教学评价：具有成绩管理功能，能够对学生提交的作业、测验进行及时反馈与客观的评价打分，促进学生认识到学习中遇到的问题并努力提高；能够组织学生对教师的网络教学活动进行客观评价，给教务管理部门提供评价依据，并促进教师在以后的教学活动中提高教学质量。

4. 能够提供全面的教务管理：管理员进行教师与学生信息管理、课程管理、组织管理、通知发布等。

## 二、Bb平台系统整合研究

随着Bb平台使用范围的扩大和使用层次的提高，师生不断提出新的需求，学校需要开展各类平台整合的研究与实践，以Bb平台为核心，致力于平台的统一与资源的共享。

### （一）门户系统与Bb平台的整合

学校门户系统是高校重要的信息系统，聚合学校各类重要信息内容，实现各类系统的单点登录，是数字化校园的信息集中展示平台，也是校内重要业务系统的统一入口。通过门户系统与Bb平台的整合，主要实现：学生登陆学校门户系统之后，可以浏览教学计划，从教学计划的课程列表中，点击直接进入Bb平台相应的课程，不需要再次登录Bb平台，实现网络课程学习的快速登录。而且，根据课程情况，系统会自动推送相关课程列表，实现学生自主选择性学习，包括以下几种情况，以某学生在门户系统中点击教学计划的“高等教学”为例：

1. 如果该学生在Bb平台中已注册“高等教学”课程，那么，学生可以从门户系统的课程列表中直接进入Bb平台相应的课程，学习和浏览课程全部内容，参与课程讨论交流等互动；

2. 如果该学生在Bb平台中没有注册“高等数学”课程，Bb平台会将所有的“高等数学”课程列表列出，供学生自主选择进入相应课程学习，可以浏览对访客开放的课程内容；

3. 对于在教学计划中列出、但Bb平台中不存在的课程，学生只是从门户系统进入Bb平台，不进入任何课程。

## （二）以 Bb 平台为核心的系统整合

### 1. Bb 平台与数据中心教务数据的整合

学校的教学信息来源于教务系统，利用学校数据交换与共享机制，将数据动态取到数据中心，再由数据中心分发给 Bb 平台，如图 1 所示。Bb 平台依据教务数据中的开课情况（含课程代码、课程名称、开课院系等）和学生选课情况，实现批量开设课程，并实现自动同步师生与课程的注册关系。每学期教学任务确定后，教师登陆 Bb 平台就可以管理和建设自己的课程空间，同时学生可以进行相关课程的学习，保证了课程信息的准确性、一致性，为广大师生提供实时、灵活的数字化支撑环境。

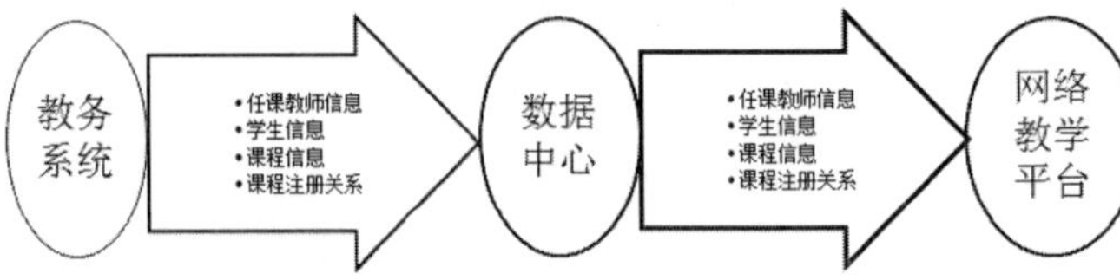


图 1　Bb 平台与数据中心教务数据的整合

### 2. Bb 平台与多媒体课件录播平台的整合

多媒体课件录播平台已在高校广泛使用，按照传统方法，需要将其录制好的视频文件刻成光盘，再手动上传至 Bb 平台，供学生点播学习使用。这种建设方式不仅操作繁琐、耗时耗力，而且由于资源要存储在 Bb 平台的后台课程资源目录中，给 Bb 平台增加部分运行压力。

解决方案：通过 Bb 平台与多媒体课件录播平台的整合，教师在学校的多媒体教室录制好课件之后，不需要手动上传课件，只需将加密后的课件资源链接加载到 Bb 平台中，资源仍然保存在录播平台中。学生可以在 Bb 平台中直接点播学习，不仅减少了教师、管理人员的工作量，为学生提供及时丰富的课件资源，而且提升了 Bb 平台的运行效率。

### 3. Bb 平台与远程直播教学平台的整合

远程直播教学适用于大规模授课或者异地授课，尤其适用于多校区办学的高校。北京联合大学在 Bb 平台中整合了远程直播教学平台，目前主要应用于公共选修课程，例如：学校于 2012 年开通课程《中国文化概论》、《中文通识写作》、《中国考古重大发现》、《人际交往心理学》等等，实现多门课程多校区的课程互选、学分互认，已在北四环校区、昌平校区、白家庄校区、双清路校区、外馆斜街校区等多个校区广泛开展，实现优质教学资源在多个校区之间的充分共享。在教学过程中，教师通过学生在 Bb 平台的网络课堂中点击次数、参与在线讨论情况、小组贡献、提交作业情况、网络测验结果等多方面设置权重，对学生的表现给出综合的、客观的考核评价。

### 4. Bb 平台与网络教学资源平台的整合

学校经过多年的发展与建设，开发或者购买了一些网络资源平台，如思想政治教育资源平台、雅信达英语学习资源平台、数学学习资源平台以及图书馆资源平台。将这些资源嵌入到 Bb 平台中，整合成为 Bb 平台的重要支撑环境，为师生提供统一的网络教学资源服务，不仅夯实了平台基础，而且通过对这些资源的有效组织和利用，提高资源的利用率与使用价值。

通过上述整合，实现 Bb 平台与各类相关教学平台功能、资源及数据的整合，而且这些整合不是简单的系统接口或者单点登陆，而是将各个平台的功能融合在一起，形成一体化建设，如图 2 所示，构建了具有特色的集网络辅助教学、网络远程实时教学、课件录播等多功能一体的网络教学平台，形成了一个完整的网络教学体系结构，对教学起到重要的平台辅助与支撑作用。

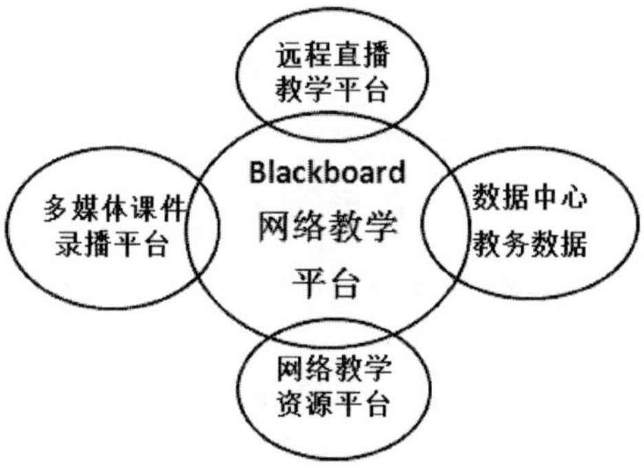


图 2　多功能一体的网络教学平台框架

## 三、系统整合应用实践

目前，北京联合大学网络教学平台通过系统整合，以其丰富的功能和优越的性能日益深入人心，已经全面应用于全校各个校区和学院。系统中共有课程 5000 余门，活跃课程 3338 门，用户近 3 万人，课件资源容量已达 1000GB，其中国家级精品课 4 门、北京市级精品课 17 门、校级精品课 78 门。该平台在构建数字化学习环境、促进学科专业结构的整合和优化、传承优秀资源等方面，正发挥着不可替代的作用，主要体现在以下几个方面：

### （一）以多校区办学的需求为导向，倾力打造数字化学习环境

在多校区办学模式下，存在对网络教学平台的强烈诉求，学校以网络教学平台为核心，集成了课件录播、远程直播教学功能，实现了公用资源的共享利用，构建了多功能一体的网络教学平台。该平台以教师为主导，以学生为主体，供学生自主选择性地、个性化学习，构建了数字化学习环境，大大地提高教学效率，解决了学校分散办学条件下的优质教学资源共享问题。

### （二）促进学科专业结构的整合和优化

网络教学平台整合了学校各学科最优秀的教学资源，充分利用网络教学优势，为多校区各个学科的教学创造了网络共享的条件和横向协作的网络学术环境，为整合和优化学科专业结构奠定了基础，推进了学校数字化校园建设的进程。

### （三）支持学校网络课程资源建设，传承经典教学资源

网络教学平台支持学校网络课程的建设和展示，是校级的大型课程资源库，实现教学资源的有效共享。通过网络教学平台，使学校的无形资产有形化，在网络教学平台的支持下，学校的优质课程资源得以保存和传承，教师的课程得以不断锤炼、日臻完善。

## 四、结束语

基于 Bb 平台的系统整合，体现了信息技术与教学的融合。《信息化十年发展规划（2011－2020 年）》的“发展任务”中指出“进一步加强基础设施和信息资源建设，重点推进信息技术与高等教育的深度融合，促进教育内容、教学手段和方法现代化，创新人才培养、科研组织和社会服务模式，推动文化传承创新，促进高等教育质量全面提高”。信息技术与教学融合的价值和意义已经得到了广泛的认同，教育要改革、人才培养模式要创新，信息技术与教学必将走向全面深度融合。

我们将在后续的研究中，将信息技术与教学过程进行全面的深度融合，利用多功能一体的网络教学平台，广泛开展课堂学习、远程学习、在线学习的混合式学习；支持手机、平板电脑等媒介进行移动学习，使得

学习跨越时空，无处不在；研究运用 Web2.0 的理念和相关技术，结合其“共建共享、协作交互”的理念，充分发挥学生的主体与教师的主导作用，建立多元的数字化教学支撑环境，实现优质教学资源的共建共享与共生。

## 参考文献


[1] 赵国栋，原帅. 混合式学习的学生满意度及影响因素研究_以北京大学教学网为例[J]. 中国远程教育，2010，(06)：32-38.

[2] 何克抗. 从 Blending Learning 看教育技术理论的新发展(上)[J]. 电化教育研究，2004 ，(03)：1-6.

[3] 郭锡全. 课程与信息技术整合的数字化支撑环境建设研究[A]. 高校教育技术应用的研究与实践[C]. 北京：北京邮电大学出版社，2011. 62-66.

[4] 余胜泉，何克抗. 网络教学平台的体系结构与功能[J]. 中国电化教育，2001，(8)：60-63.

[5] 南国农. 让信息技术有效地推进教学改革[J]. 中国电化教育，2007，(1)：5-8.

[6] 张豪锋，葛晨光等. 信息技术及其教育应用[M]. 北京：科学出版社，2008. 123-134.


## 作者简介

白丽媛，1978 年生，女，满族，辽宁省沈阳市人，高级工程师，硕士，主要研究方向为教育信息化、网络与计算机应用。

# 虚拟现实技术军事应用实验室建设研究

白梅，刘勐
（特种车辆研究所，北京，100072）

**摘　要**：虚拟现实技术在军事教育训练领域发挥着越来越重要的作用，建设虚拟现实技术军事应用实验室是进行虚拟现实技术军事应用研究的一个重要途径。通过分析虚拟现实技术军事应用实验室的建设目的、建设原则、建设内容，介绍了虚拟现实技术军事应用实验室的组成及功能，给出了两种立体投影显示系统建设方案，并提供了一个三通道虚拟现实技术军事应用实验室的建设实例。

**关键词**：虚拟现实技术；军事应用；实验室

# Research in the Building of Virtual Reality Technology Laboratory for Military Application

**Abstract**: With the development of virtual reality technology, the military technology researchers hammer at the research of applying virtual reality technology in the designing and development of military training system. An important way to development this research is to build virtual reality technology laboratory. This paper analyzed the principia and building content of virtual reality technology military application laboratory, introduced compose and function of this laboratory, gave two solutions of solid projection system, and illustrated a three channels virtual reality technology military application laboratory.

**Keywords**: virtual reality technology; military application; laboratory

## 一、引言

面对世界新军事变革的挑战，我军提出了军事训练由机械化条件下的军事训练向信息化条件下的军事训练转变的发展思路，其核心和最终目标是建设信息化军队、打赢信息化战争。为了加快我军信息化建设进程，提高我军打赢未来信息化战争的能力，必须积极创设信息化训练环境，不断提高信息化训练水平。

在军事训练信息化建设方面，我军已经做了许多工作，在利用网络多媒体等技术构建军事训练系统方面以及利用计算机网络进行对抗模拟演习方面取得了较大进展，但随着军事训练信息化水平的提高，军事参演人员对作战模型可视化、逼真战场环境以及战斗进程显示方面的要求越来越高。基于虚拟现实技术的军事应用系统能够模拟战场境况，为参演人员提供一个贴近实战的虚拟环境，虚拟现实技术军事应用系统应用于战例演示、作战模拟、合成训练、指挥决策模拟和战法研究实验方面，可增加参训人员的临场感，提高军事训练信息化水平，促进战斗力的提升。面对新军事变革的挑战，我军目前正在积极探索如何提高信息化军事训练的水平，以达到提升军事指挥人员的综合素质适应未来信息化战争需要的目的。在这种背景下，建设虚拟现实技术军事应用实验室，基于该实验室进行虚拟现实技术军事应用研究、研发军事应用系统是非常必要和迫切的。

## 二、实验室建设目标、原则及建设内容

**1. 建设目标**

虚拟现实技术军事应用实验室的建设目标是通过虚拟现实技术开发专业软件和虚拟现实系统显示专业硬件设备的配置，构建一个客观空间环境，使得军事技术人员能够开展虚拟现实技术军事应用研究，能够进行虚拟现实技术军事应用系统设计、开发、集成以及演示，达到高层次军事技术人员培养、虚拟现实技术军事应用研究、虚拟现实技术军事应用系统设计、开发、实验的目的。

**2. 建设原则**

(1) 前瞻性原则

实验室设计要充分考虑未来技术发展的需要，这不仅包括实验室所选用的各类软件开发平台的前瞻性，而且也包括操作系统、编程模式等具体开发技术的前瞻性。

(2) 实用性原则

使用先进的开发平台和软件，采用通用的文件格式、界面风格和操作规范，以实际使用需求为目的，提供完备的系统维护和检测手段，保证实验室的实用性原则。

(3) 经济性原则

建设实验室的目的是以尽可能低的费用获得尽可能完美和优质高效的应用服务，这就决定了实验室的建设必须遵循经济性原则，不仅要降低实验室本身建设的成本，而且要降低维护和运行的成本。

**3. 建设内容**

1. 构建一个功能强大、运行稳定、技术先进的虚拟现实技术军事应用研究、虚拟现实技术军事应用系统设计、开发、集成的平台；2. 构建一个军事技术研究人员学习虚拟现实新技术和开展虚拟现实实验研究的环境；3. 构建一个进行多种虚拟现实技术军事应用系统使用和立体演示的环境。

## 三、实验室的组成及功能

**1. 实验室的组成**

虚拟现实技术军事应用实验室由虚拟现实技术军事应用系统相关开发软件、立体投影显示系统、虚拟现实技术教学系统组成。虚拟现实技术军事应用系统相关开发软件提供虚拟现实技术军事应用系统设计、开发和集成的环境；立体投影显示系统提供虚拟现实技术军事应用系统的演示环境，便于系统测试和用户使用；虚拟现实技术教学系统为军事技术研发人员提供虚拟现实技术基本理论学习、虚拟现实技术软件学习、虚拟现实系统开发技术学习的环境。虚拟现实技术军事应用实验室的组成结构如下图1所示。

**2. 实验室的功能**

(1) 虚拟现实技术理论及应用的研究

通过该实验室的建设，为军事技术研发人员提供一个研究虚拟现实技术相关理论及应用的环境，提高研发人员业务水平，进而推动虚拟现实技术军事应用的不断发展。

(2) 虚拟现实技术军事应用系统的设计、开发和集成

本实验室配备虚拟现实技术开发软件以及硬件设备，军事技术研发人员可以在本实验室进行虚拟现实技术军事应用系统的需求分析、系统设计、开发、集成和测试。

(3) 虚拟现实技术军事应用系统的运行和立体演示

在军事技术研发人员开发完成虚拟现实技术军事应用系统后，本实验室可以支持系统的运行和立体演示，同时本实验室也可以对商业软件或其他单位开发的虚拟现实技术军事应用系统进行使用和立体演示。

## 四、实验室建设方案

虚拟现实技术军事应用实验室的建设主要分为两个部分，一部分是开发软件、硬件设备建设，通过开发软硬件设备的建设，提供学习、开发环境；一部分是立体投影系统的建设，通过建设立体投影系统，提供虚拟

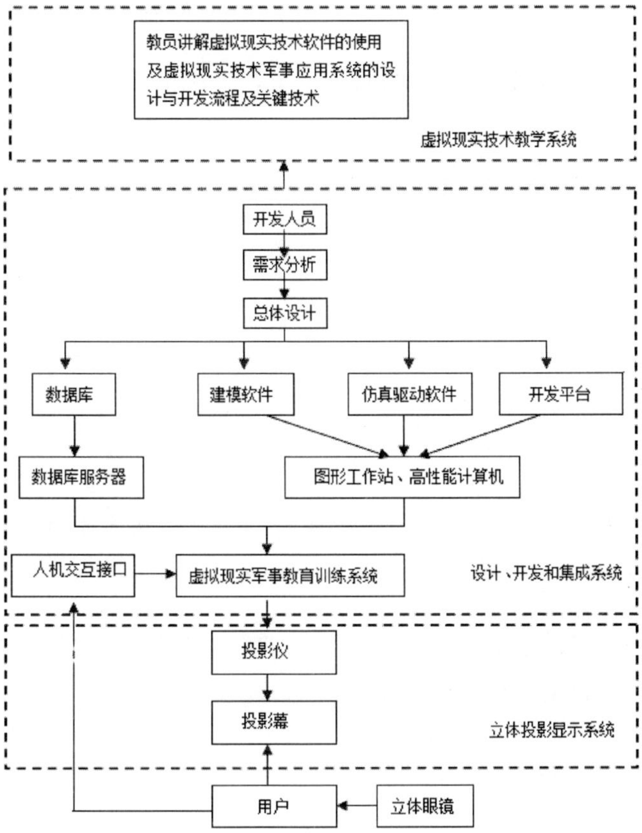


图 1　虚拟现实技术军事应用实验室组成结构

现实技术军事应用系统运行、演示的三维立体环境。

**1. 开发软件、硬件设备建设方案**

在虚拟现实技术军事应用实验室开发软件和设备硬件建设上，提供以下软硬件建设方案以供参考。

开发软件：建模软件：MultiGen Creator、3DSMax 等

仿真开发平台：Vega、Virtools、VRP-Platform 等

数据库：Oracle

开发平台：Microsot Visual Studio 2010

开发语言：C++

设备硬件：图形工作站：HP xw6400 workstation

数据库服务器：HP DL 980 系列

**2. 立体投影显示系统建设方案**

被动式立体成像技术是在输出左右立体图像的两台高亮度的 LCD 或 DLP 投影机前安装具有不同极化方向的偏振片，虚拟影像透过偏振镜片时会被偏振极化，经偏振极化后的立体像对被投射到具有高增益指数的金属投影幕布上并被反射回来，再穿过与偏振片极化方向相对应的偏振立体眼镜进入观看者的眼睛，这样观看者便产生很强的立体感，这是目前国内、国际上采用比较多的立体成像技术，也是一种具有极高性能价格比的立体成像方式，采用该技术实现立体成像，图像清晰，无闪烁、无头晕现象。

(1) 主要设备

被动式立体投影显示系统主要包含以下设备：

投影幕：根据空间情况采用一个无缝的宽幅金属正投屏幕。

投影机：利用两台投影机产生一个通道的图像信息。

投影吊架：双层结构，用于吊装投影机。

立体信号发生器：将一个输入的中间视角的立体 3D 信号转换成两个不同视角的被动 3D 输出信号。

偏振镜头：放置在投影机前，与立体眼镜和金属投影幕配合使用能形成三维立体图像。

偏振光立体眼镜：偏振光立体眼镜的左右镜片是两片正交的偏振滤光片，分别只能容许一个方向的偏振光通过。

立体音响系统：播放虚拟现实系统中的虚拟声音，包括立体音响、调音台、有线或无线麦克。

（2）立体投影显示系统特点

立体投影显示系统有以下三个特点：

一是通过虚拟现实军事应用系统的三维立体显示，增强军事应用系统的沉浸感和临场感；二是画面切换时整个大屏幕各通道精确同步，不影响使用效果；三是选用的投影机可提供长时间连续稳定运行。

（3）立体投影显示系统功能

通过立体投影显示系统，联在网络上的计算机的显示画面无需视频电缆就能够将画面投影到大屏幕上，形成三维立体图像效果，用户借助于三维立体眼镜，可以身临其境的开展军事教育训练。

（4）立体投影显示系统解决方案

① 单通道立体投影显示系统解决方案

单通道立体投影显示系统通过一个投影通道形成立体成像效果，该解决方案的描述如下：运用图形工作站产生相对于左右眼的三维立体图像，该图像输出到 AP 转换器，转换成两个被动三维立体输出信号，然后以单独的左、右眼信号输出到两台投影机，如低成本的 LCD/DLP 投影机，用户佩戴偏振立体眼镜观看，可以观看高质量的三维立体影像效果。

单通道三维立体成像解决方案使用两台投影机，一台投射左眼图像，另外一台投射右眼图像，将左右眼图像同时投射到屏幕上。投影机镜头前安装偏振光片，使投射的光线变成偏振光，而观众配带的立体眼镜的镜片也是偏振光片，并且左眼的偏振片与投射左眼图像的投影机的偏振光片的偏振方向是相同的，右眼的偏振片与投射右眼图像的投影机的偏振光片的偏振方向是相同的。这样左眼图像只能透过左眼镜片，而右眼图像也只能透过右眼镜片，从而使观众看到立体的图像。

单通道立体成像显示系统的设备造价大约为 13 万元人民币，价格适中，性能稳定，适合只用单通道立体成像效果就能满足虚拟现实技术军事应用系统设计、开发、运行需要的实验室。

② 多通道立体投影显示系统解决方案

多通道立体投影显示系统是指两个通道以上的立体投影显示系统，多通道立体投影显示系统能够为用户提供大视角的演示环境，能够增强虚拟现实技术军事应用系统的临场感、沉浸感，适合大型战场环境仿真、对抗演习仿真等大型虚拟现实军事应用系统的运行和演示，随着虚拟现实技术的成熟，多通道立体投影显示系统解决方案的成本造价较前几年已明显下降，越来越多的科研单位和院校在建设虚拟现实技术实验室的时候采用多通道立体投影显示系统解决方案。

以三通道三维立体成像解决方案为例，该解决方案的描述如下：本系统方案为三通道、120 度柱面投影幕、立体投影系统，采用 1 台高性能的 PC 图形工作站，6 台高亮度专业工程投影机，1 台 6 通道高端数字立体图像融合机，将 6 个十分精确的画面投影到柱面金属投影幕上，通过数字校正技术和边缘融合技术进行无缝拼接，三个通道的图像拼接为所需要的三维立体影像，超宽屏幕，超大视角，观看者佩戴偏振光立体眼镜进行观看，结合重低音立体环绕音响，让客户体验宏大的震撼效果。

三通道立体投影显示系统解决方案的示意图如图 2 所示，该解决方案的立体成像效果如图 3 所示

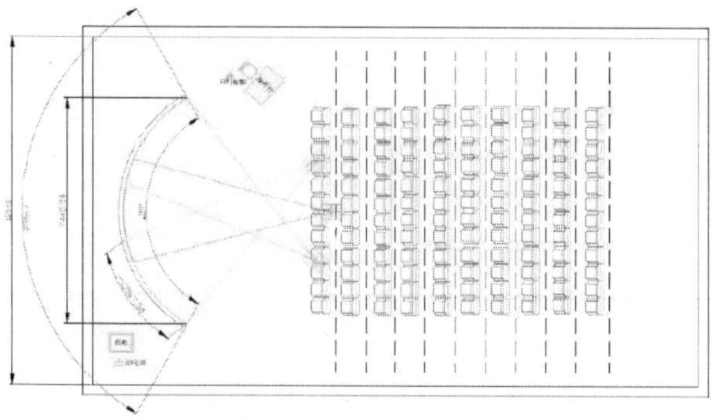

图 2　三通道立体投影显示系统解决方案

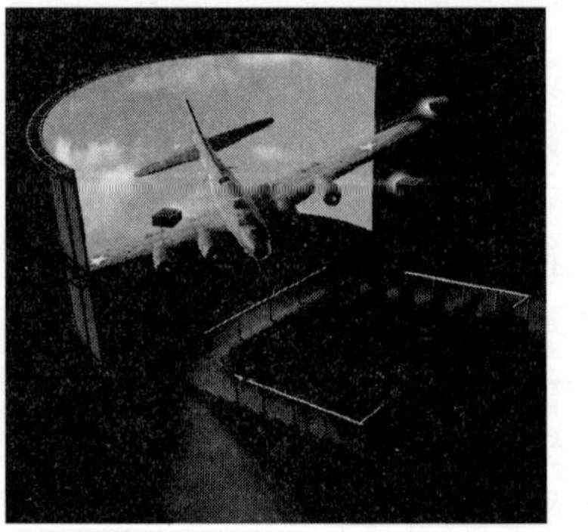

图 3　三通道立体投影显示系统显示效果

多通道三维立体成像方案的设备造价大约在50万元人民币左右，价格较高，适合大型视景仿真项目立体投影效果的实现。

③ 方案比较

对于以上给出的两个方案，从成像效果、经济性、技术成熟度、技术适用性等几个方面进行比较，三维立体成像效果的实现者可以根据项目研究的需要进行选择。

**表1　立体成像解决方案比较**

| 比较内容 | 单通道立体成像解决方案 | 多通道立体成像解决方案 |
|---|---|---|
| 成像效果 | 效果好 | 效果好，沉浸感强 |
| 经济性 | 设备价格适中 | 设备价格较高 |
| 技术成熟度 | 比较成熟 | 比较成熟 |
| 技术适用性 | 适用于单通道投影 | 单通道、多通道都适用 |

在实际建设虚拟现实技术军事应用实验室的过程中，建设人员可以根据实验室的规模、实验室的建设目的、建设经费等多种因素综合选择合适的立体成像解决方案。

## 五、实验室建设实例

我们要建设的虚拟现实技术军事应用实验室的面积为200多平方米，实验室由三通道立体投影显示系统、信号控制系统、信号传输和切换系统、音响扩声系统等组成，三通道立体投影显示系统采用6台工程投影机，每2台投影机组成一个通道，产生被动立体效果。相邻通道的投影机之间采用硬件边融合和非线性几何校正技术，组成一套无缝拼接的宽屏投影显示系统，产生一个高分辨率、视场连续、无缝、亮度与颜色一致的立体图像。实验室的总体布局如图4所示。

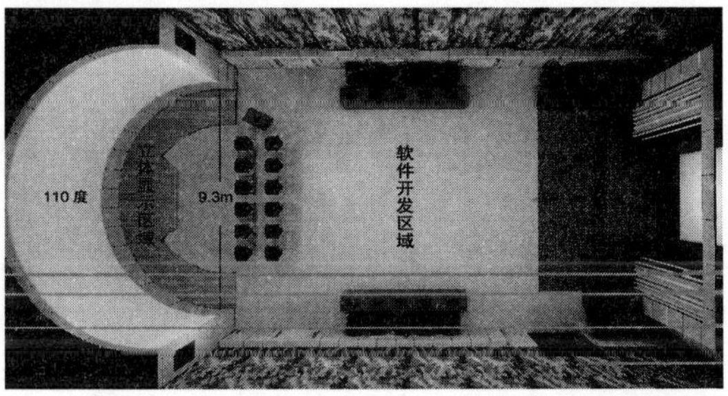


图4　虚拟现实技术军事应用实验室总体布局图

其中，立体显示区域采用三通道立体成像解决方案，构建了一个沉浸感强的三通道立体显示环境；软件开发区域配备了3DMax、VRP-Platform、Virtools、Vega等虚拟现实系统开发软件，构建了虚拟现实技术军事应用系统的设计、开发环境；信号采集区域配备了数码照相机、高清摄像机、灯光照明系统，构建了实物模型信息采集环境。

## 六、结论

信息化军事训练变革的核心是基于信息系统的战斗力生成，基于信息系统的战斗力生成的基础是信息系统的研制、开发和使用，虚拟现实技术军事应用系统也是一类信息系统，虚拟现实技术军事应用实验室的建设将为虚拟现实技术军事应用系统的设计、开发和使用提供物理环境和软件平台，将有效地保障基于信息系统的战斗力的生成。

### 参考文献

[1] 黄柯棣，刘宝宏，黄健等.作战仿真技术综述[C].全球化制造高级论坛暨21世纪仿真技术研讨会论文集，贵阳：世界图书出版公司，2004：57-66.

### 作者简介

白梅，1976年生，女，汉族，河北省邢台人，博士学位，研发方向：兵器发射。

# 数字化学习绩效研究概览:比较分析与述评*

付道明

(韩山师范学院教育系,广东潮州,521041)

**摘　要**:EIU和IBV的调查显示,数字化学习对整体国家竞争力的影响越来越大,未来数字化学习将成为一项重要的知识工具。教育技术研究领域对于数字化学习越来越关注,然而与此形成强烈反差的是,数字化学习绩效却不尽如人意,本研究以数字化学习绩效为切入点,使用文献研究法对国内外有关数字化学习绩效的研究进行了比较分析和述评。

**关键词**:数字化学习;绩效;比较分析;述评

# Perspectives of Performance of E-learning: A Comparative Analysis of Researches and Commentary

**Abstract**: The investigations from EIU and IBV show that e-learning is more and more important to the whole country's Competitiveness. In the future, e-learning will be one of the most important knowledge tools. But at the same time, the performances of e-learning are not so good. This paper mainly analysis and review the researches of performance of e-learning through using literature methodology.

**Keywords**: e-learning; performance; comparative analysis; commentary

## 一、研究背景

数字化学习对人类的意义深远。美国麻省理工学院媒体实验室创办人尼葛洛庞帝将数字化学习对人们的影响提高到决定人类生存的高度,认为"计算不再只和计算机有关,它决定我们的生活"[1],提倡"数字化生存"。有研究认为,数字化学习是实现信息技术与课程整合的核心,能够有效促进学习过程的改变与学习绩效的提高,成为建立学习型社会,构建终身教育体系的重要途径[2][3][4]。

世界著名市场调研机构"经济学人智库(Economist Intelligence Unit,简称EIU)"和IBM商业价值研究院(Institute for Business Value,简称IBV)认为[5][6]:世界上每一个角落都需要数字化学习。无论是为了降低训练成本、维持全球化训练的质量,还是为了国家面临危急时刻的应变措施、缩短数字鸿沟、丰富学习模式等,我们都能找到应用数字化学习最适当的理由。对政府来说,除了在政府机关内部应该示范性地应用数字化学习之外,如何在教育政策、产业政策上鼓励数字化学习发展的方向,养成新一代国民数字化学习的能力,将对整体国家竞争力的提高有重要意义。可以预见的是:未来数字化学习将成为一项重要的知识工具,数字化学习将可能使其他学习方式边缘化。

* 基金项目:2011年全国教育科学"十二五"规划教育部重点课题"泛在学习活动系统优化模型的理论建构与实践研究"(课题批准号DCA110189)。2011韩山师范学院团队科研项目"粤东地区区域教育信息化可持续发展研究"(课题批准号WT201102)。

由此可见，数字化学习的发展得到了产业界和学术界高度关注，而与此形成的现实反差却是数字化学习绩效的差强人意，本研究以数字化学习绩效为切入点，使用文献研究法对国内外有关数字化学习绩效的研究进行了比较分析和述评。

## 二、国外相关研究的比较与述评

### (一) Jane Webster 和 Peter Hackley 有关远程学习绩效及其影响因素的研究[7]

Jane Webster 和 Peter Hackley(1997)两位学者以管理传播、教育学以及信息系统相关研究成果为基础，提炼出了一个基于技术的远程学习绩效的概念模型，并将远程学习绩效进行了分类，在此基础上针对不同因素对远程学习绩效的影响进行了实证研究。

**1. 远程学习绩效**

Webster 和 Hackley 在 Wetze 等人有关教育电视与面对面学习绩效对比研究和远程学习研究的基础上，提出远程学习绩效应该体现在学生的参与情况、认知水平、技术自我效力、对待技术的态度、技术的有用性、对远程学习的态度以及远程学习的相对优势和劣势的认识等方面。

**2. 影响远程学习的因素**

Webster 和 Hackley 将影响远程学习绩效的因素归结为四类：技术因素、教师因素、课程因素和学生因素。在技术方面，两位学者认为技术的可靠性、质量和媒介的丰富度是影响学习绩效的关键因素；在教师因素方面，教师对待技术的态度、教学风格以及对技术的驾驭程度将直接影响学习绩效；课程方面，学生所处的物理距离将影响学习绩效；学生因素方面，与面对摄像机相比，学生在基于互联网的远程学习环境中更容易感觉舒适。

在分析这些影响因素时，两位学者分别建立了 9 个假设：

1. 远程学习使用技术的可靠性与学习绩效有必然的联系；2. 远程学习中使用的技术的质量与学习绩效有必然的联系；3a. 学生将感觉到远程学习中使用的技术将比传统的面对面教学的媒介要少；3b. 在近端的学生将比远端的学生感觉到技术使用更为丰富；3c. 学生在课程中使用全活动视频将比使用压缩视频的学生感觉到远程学习的技术手段更为丰富；3d. 学生学习绩效与其感受到的远程学习中技术使用的丰富度成正比；4. 教师对于远程学习中使用的技术的正面态度将影响学生学习绩效；5. 教师的更多的交互性的教学风格将影响学生的学习绩效；6. 教师更好的技术驾驭能力将对学生的学习绩效起到正面的影响；7. 学生越集中学习绩效就越好；8. 学生在远程学习中越感觉舒适学习绩效越好；9. 同班同学对于远程学习中技术的积极态度将影响学生的正面学习绩效。

**3. 研究过程与方法**

两位学者通过使用质和量的研究方法开展了试验研究，对北美 6 所大学 29 门远程学习课程进行了研究，涉及会计、化学、计算机科学工程学、数学、物理、政治学以及社会学等课程。他们设计了影响远程学习绩效的调查问卷以收集量化信息，同时在研究过程中通过观察收集质性材料。通过为期两个学期的试验研究，最后验证了提出的 9 个假设。

**4. 研究结论与讨论**

研究表明，四类影响远程学习的因素将至少对学生的参与情况、认知水平、技术自我效力、对待技术的态度、技术的有用性、对远程学习的态度以及远程学习的相对优势和劣势的认识等七个方面的三个产生影响。其中，感知的媒介丰富性对这七个方面均会产生影响。而且，教师对媒介丰富性的利用将直接影响学生的正面的学习绩效。

另外一些影响学习绩效的关键因素还包括学生学习中的舒适度、教师对于技术的驾驭度、技术的质量、教师的态度和教学风格等等。因此，在远程教育实践教学中，教师应让学生在学习过程感觉自然舒适，学会驾驭教学媒介，持积极的态度和使用交互性强的教学风格。

### （二）Michael J. Hannafin、Janette R. Hill 和 Susan M. Land 的研究

Hill 和 Hannafin(1997)通过文献分析，从学习者认知角度确定了影响网络学习的五个关键因素，即元认知知识、定位感、自我效能感、系统知识和先前的学科知识。元认知知识指的是一个人通晓自己认识过程的知识。元认知知识可以使学习者有效地反省、评价及直接认识各种活动，监督学习者自身的学习活动。定位感是指学习者对他在网络体系中位置的理解及对取得所需信息所必要的策略和活动的理解。自我效能感是指个人判断自己执行需要完成的活动的能力。系统知识指学习者已经拥有的一个特定的网络信息系统的知识或经验。先前的学科知识是指学习者在他探索的领域内现有的知识和经验。

两位学者采用问卷调查、出声思维、计算机日志分析、个别访谈等方法对 4 名学习者的网络搜索行为进行了细致的记录和研究，并据此展开了个案分析和跨案例对比分析。研究结果显示：空间定位感和自我效能感会影响学习策略的使用，而元认知技能有助于学习者自我监控和增强定位感，良好的系统知识对成功的网络学习具有重要作用[8][9]。2003 年，Hannafin 等再次对网络学习环境中的认知因素和设计因素进行了探讨，并提出了一个全面研究网络学习的框架，包括六大方面：学习者和学习因素、教师和教学因素、领域和任务因素、组织和安排因素、社区和交流因素、评价因素等[10]。

### （三）美国 Illinois 洲立大学 Scotted 教授的研究

Scott D. Johnson，Steven R. Aragon，Najmuddin Shaik et al(2000)[11]对在线和面对面两种学习环境中学习者满意度和学习绩效进行了比较研究。该研究认为，影响在线学习绩效的关键因素就是教师因素以及教师对学生的指导。学生在进行网上数字化学习时，其满意程度主要取决于教师的影响尤其是教师指导的质量、有效性等，而并不依赖于技术。这与 Jane Webster 和 Peter Hackley 等人有关教师因素的研究有相同之处。

Scott D. Johnson 和 Steven R. Aragon(2003)在其前期研究的基础上，进一步提出了一个网上在线学习的教学策略框架(如图 1 所示)[12]。两位学者认为为了迎接数字化学习的挑战，教学设计人员应该重新审视自己传统的教学设计观，采纳一种适合数字化学习的教与学的设计理念。这并不意味着我们要一味地摒弃行为主义学习理论而完全采纳社会建构主义学习理论，而应该综合运用各种学习理论。例如，高质量的数字化学习环境就应该由行为主义学习理论(如，采用正面的巩固和重复的方法)、认知主义学习理论(如利用多种感官、运用学习激励的方法呈现新知识、限制呈现的信息量以及将新知识与先前的知识进行联接等等)和社会建构主义学习理论(如鼓励群组互动、学生互评和个人反馈等)。Scott 等人主张，有活力的在线数字化学习环境应该包含以下这些原则和策略：(1)指出个体差异；(2)激励学生学习；(3)避免信息过载；(4)创设真实学习情境；(5)鼓励社会互动；(6)提供亲身实践活动；(7)鼓励学生反思。

两位学者在提出以上教学策略框架后，在《人力资源发展》网上课程中进行了实证研究，最后得出结论认为，学习是一个复杂事件，不能由某一种单一的学习理论所解释。因此，运用基于多种学习理论的教学策略模型，将创设一个高质量的数字化学习环境。

### （四）E. Vance Wilson 教授和 Andrew Tolmie 与 James Boyle 教授的研究

美国 Wisconsin-Eau Claire 大学的 E. Vance Wilson 教授和英国 Strathclyde 大学的 Andrew 和 James 分别从影响学习者数字化学习的内部和外部因素进行了研究。

E. Vance Wilson(2000)[13][14]从学习者个体特征出发，考察了学生的人数统计特征(包含年龄和性别等)、先前经验特征和学习者个性特征等三方面因素对于学习者数字化学习绩效的影响。E. Vance Wilson 的研究主要从学习者内部特征进行了探讨，最后得出结论：学生使用基于计算机交流(Computer-mediated Communication，CMC)的先前经验，有助于提高学生数字化学习绩效，因为具有较多先前经验的学习者能够熟练掌握并适应这种交流方式；学习成绩好的学生把 CMCS 交流看成是不同于传统环境的另一种交流工具，他们愿意在使用 CMCS 当中做出更多的努力和花更多的时间；成绩高的学生和女生比其他学生更多地更经常地使用 CMCS，表明他们对技术的适应程度较高；学生的个性因素与基于 CMCS 的交流出现了显

著的相关性，感知—思考型的学生对 CMCS 表现出了明显的兴趣和较高的满意程度，而直觉—感觉型的学生则在 CMCS 中面临失败的危险。

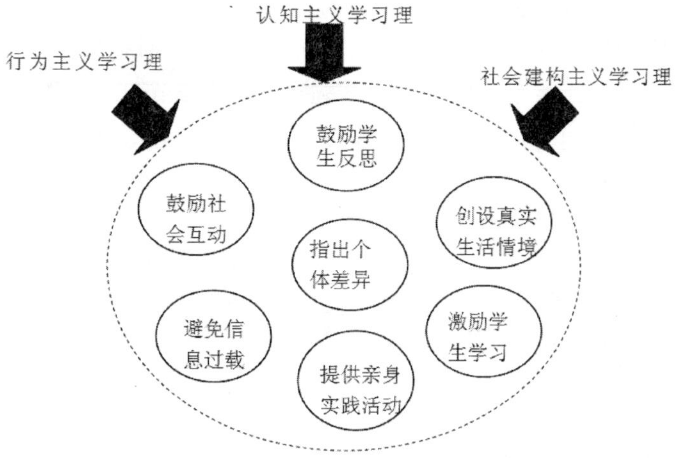


图 1 在线学习环境的教学策略框架

英国 Strathclyde 大学的 Andrew Tolmie 和 James Boyle[15] 从影响数字化学习者 CMCS 交流的外部因素入手，对大学中数字化学习者进行了个案研究，他们最后得出结论认为，影响数字化学习者 CMCS 交流的几个主要外部因素有：群体的大小、其他参与者的理解、学习者的经验、对任务的了解、任务的所有权、对系统的需求、系统的类型和以往具有使用 CMCS 的经验等。

### （五）Daniel Johnson，Peter Sutton 和 Josiah Poon 从信息传播角度的研究

澳大利亚昆士兰大学的 Daniel Johnson，Peter Sutton 和 Josiah Poon[16] 等人从信息传播的角度对技术环境中学生传播进行了研究。三位学者对该校 1999 年开始招生的新本科专业——信息环境专业使用 CMCS 的学生传播行为进行了观察，发现了许多预想之外的行为。他们进一步针对传播行为进行了调研，对学生如何评价传播手段、为什么使用这些手段、学生认为每一种传播方式的优点和缺点是什么等问题进行了考察。研究结果表明，面对面的传播（Face-to-face Communication）绩效比使用 E-mail、MOO、TT、IRC、Writ、Mob、Tele、WWW、INM 和 WCT 等 CMCS 传播方式更好，但是 CMCS 传播方式为学生提供了灵活多样的选择。

### （六）国外关于企业数字化学习绩效的研究

美国培训与发展协会（ASID）2007 年对 221 个组织机构的数字化学习调查报告显示：企业采用 E-learning 培训的时间比例由五年前的 11.4%上升至 30.28%，其中 2006 年完全在线学习的时间高达 25.2%（Werner，2007）[17]。美国培训与发展协会还预测，到 2010 年雇员人数超过 500 人的公司中 90%都将采用 E-learning 进行培训[18]。国际著名企业如 IBM、GE（通用汽车公司）、Verizon 通信公司等世界 500 强企业是较早采用数字化学习开展全球员工培训的，这些大企业对于数字化学习绩效往往都非常重视。

Luther Tai 博士采用个案研究的方法分别对 IBM、GE 和 Verizon 三家企业为什么要采用数字化学习开展员工培训、数字化学习是如何开展的、数字化学习是如何实现的以及企业对数字化学习绩效是如何进行验证的进行了考察（Luther Tai，2005）[19]。在对待 E-learning 培训绩效方面，IBM、GE 和 Verizon 都不约而同地采用了 Kirkpatrick 的绩效模型来检验数字化学习的绩效。他们着重对学习者反馈、技能掌握、技能应用、节约成本以及提高生产率等方面对绩效进行检验。Luther 最后得出结论认为，对 GE、IBM 和 Verizon 三家企业来说，数字化学习方式已经产生了显著的绩效，该培训方式不仅为企业节省了大量的时间和金钱，而且有效地提高了企业的生产和管理效率。尽管 GE、IBM 和 Verizon 各自有不同的数字化学习解决方案，但是有效的数字化学习策略、明确的企业数字化学习目标、完善的学习组织、强有力的领导、公司的支持、审慎的数字化学习应用、高质量的学习内容、便捷的学习访问以及良好的评价系统是这些企业培训取得成功

的共同之处。以上这些因素的成功整合是实现有效数字化学习的必要条件。

Donald Kirkpatrick 在研究企业数字化学习绩效时提出一个包含四个阶段的分析模型：第一阶段，针对学习者满意度的调查；第二阶段，学习评价与测量，即针对学习内容对学习者知识掌握情况进行测试；第三阶段，对学习者将知识运用到实践环节进行观察；第四阶段，对投资回报进行检验（Goldwasser，2001）。然而，Kirkpatrick 绩效分析模型关注学习事件本身及其绩效。由于数字化学习绩效可能体现在顾客界面上，IBM 公司在了解数字化学习绩效时采用了一种叫做 ACE 的绩效分析模型以测量外部顾客的满意度。ACE 分别代表的是责任心、环境和绩效。

Eli Munzer 提出检验数字化学习绩效的三个方面：文化认可（cultural acceptance）、财政影响（financial impact）和软测量（soft measurement）。文化认可反映了数字化学习在学习者中的一般认可情况，它体现在学习者的出席情况、学习者的类型以及学习者对数字化学习的受纳情况等方面。财政影响主要反映在数字化学习对于成本规避、营业收入以及生产效率上。软测量包含了知识技能的保持、员工工作士气和其他一些难以测量的品质（Munzer，internal document，2003）[20]。

## 三、国内相关研究

国内有关数字化学习绩效及其影响因素的研究始于对 Jane Webster 、Peter Hackley、Michael J. Hannafin、Janette R. Hill 和 Susan M. Land 等人研究成果的引入。

### （一）中国港澳台地区学者有关数字化学习绩效及其影响因素的研究

在中国港澳台地区，学者们比较早地开展了网络学习绩效及其影响因素的研究。

台湾的 Wu Cheng-Chih 和 Lee Greg C.（1999 年）[21] 利用 BBS 作为信息交流与传播的手段开展了教学研究，并认为影响学习者学习绩效的一个关键因素是信息传播需要仲裁者的引导和评价，而且应该允许学习者在网上讨论更广泛的题目。

台湾的梁佳玲（2001）[22] 以异步网络教学学员为调查对象，研究了影响网络学习成效的因素，最后得到结论认为（1）影响网络学习绩效的因素主要有：教材设计丰富性、课程互动策略、学员管理、学员信息素养、系统与网络质量；（2）各影响因素在年龄与地理位置上无显著差异，但教材设计丰富性及学员信息素养在性别上有显著差异，系统与网络质量在参与次数上有显著差异，课程互动策略在职业与上网时数上有显著差异；（3）评估指标之学员满意度在地理位置与上网时数上有显著差异，学习绩效在年龄、职业及上网时数上有显著差异，使用频率在年龄、职业、参与次数与上网时数上有显著差异，其余均无显著差异；（4）学员最常使用的网络教学系统功能为最新消息、课程讨论与群组讨论；（5）网络教学主要的问题及困难为网络的带宽及速度、网络质量的不稳定性与系统运作的稳定性。

杨奕农等（2002）[23] 采用定量研究和回顾分析的方法，探讨了影响网络学习成效的可能因素；薛雅明等（2006）以 Davis 的科技接受模型为基础，探讨了案例式网络学习中学习系统的质量、教学策略、学习者特性等因素与学习成效之间的关系[24]。另外，Xiaojing Liu 等（2006）[25] 从活动理论的视角对影响 MBA 网络教学的社会文化因素进行了案例研究，总结了影响网络教学成效的 7 个主要因素。

### （二）中国大陆地区学者的相关研究

王陆、冯红（2000）[26] 比较早地开始关注远程学习绩效及其影响因素。两位学者提出影响远程学习质量的观点：元认知知识是影响学习者应用学习策略的最主要因素；在基于网络的开放式学习环境中，学习者的定位感对学习质量有重大影响；自我效能感对学习者运用学习策略有影响；学习者的系统知识与先前主题知识相比，对学习策略的应用有更强的影响；学习者先前的主题知识对提高学习效率有影响。两位学者还进一步讨论了基于学习质量因素的 CAI 课件的设计特点，以提高远程教学/学习质量。2002 年，王陆教授领导的团队[27] 在建立首都师范大学虚拟学习社区的基础上，开展了远程学习绩效及其影响因素的教学实践研究。在收集分析数字化学习者各种特征以及对 CMCS 的使用情况的基础上，几位学者最后得出结论认为：

学习者的特征,包括学习风格、个性因素、学习成绩和性别都对基于CMCS的交流有显著影响。设计一个CMCS系统时,需要在如何发挥教师的主导作用,如何提高系统的智能性、敏感性和快速响应性等方面进行更加深入的研究。

胡凡刚(2002)[28]针对如何提高网络教学和学习的质量提出了相应的建议,最后总结认为四种心理因素从不同侧面与角度影响网络学习质量:网络元认知为网络学习提供策略保障,调控整个网络学习活动;网络定位感是网络学习的关键性因素,保障网络学习的系统位置定位与心理定位;自我效能感为网络学习提供动力支持;而网络系统知识及先行主题知识是影响网络学习质量的基础性因素。同时四种因素之间互相影响、互相作用,对整个网络学习活动发挥整合作用。

张建伟(2004)[29]等人分析了网络学习的特点、活动类型和影响因素。在Hill & Hannafin等人研究的基础上,两位学者概括了影响网络学习绩效的六种学习者因素:元认知水平与自我监控学习的能力;导航策略;学习动机,尤其是内在学习动机;自我效能感;信息素养;原有学科知识。刘儒德,江涛(2004)[30]分析了学习者的不同方面的特征对网络学习绩效的影响。

一些研究者尝试从更为宏观的角度对数字化学习绩效的影响因素进行分析和探讨。王昭君(2007)[31]提出网络学习成效评估指标——学习满意度、学习成绩;以及影响网络学习成效的四大关键要素——学生特性、网络课程特性、学习平台特性和教学互动。王昭君进而以2006年秋华东师范大学网络教育学院《经济学原理》课程的教学为研究个案,最后得到结论认为:网络课程特性——课程内容及其呈现方式、学习平台特性——学习平台认知有用性对学习满意度和学习成绩都有显著性影响;网络课程特性——课程弹性只对学习满意度有显著性影响;而其他影响因素对学习成效没有显著性影响。朱郑州等(2006)[32]提出影响网络学习质量的因素包括五大方面:学习者的心理因素、信息素养、教师的素质、学习环境和教学评价。汪琼(2007)[33]通过对网上教学活动的深入分析和实践总结,提出网上教学成功的四因素模型,即认识因素、技术因素、教学因素和环境因素。

### (三)国内有关企业数字化学习绩效的研究

随着E-learning在欧美企业中的兴起和发展,这种培训方式逐步扩展到亚洲地区,韩国、日本、新加坡的一些著名企业都开始采用E-learning方式进行企业内部培训。我国企业也是在这样的背景下开始使用E-learning培训方式,比较有代表性的是南方航空公司、TCL集团以及银行系统的数字化培训。与国外企业相比,我国企业开展数字化培训起步较晚。2006年6月,教育部高等教育司启动了“数字化学习港与终身学习社会的建设与示范”教学改革项目,项目选取TCL集团作为全国唯一的“数字化学习型企业”典型应用示范点,旨在探索“数字化学习型企业”的建设及其运行规律[34]。

## 四、总评

比较分析国内外近年来有关数字化学习绩效的相关研究成果我们可以发现,大部分研究都是从因素分析出发,提出影响数字化学习的因素,进而从微观层面即学习成效的角度进行研究,如Hill(1997)从学习者认知角度确定了影响网络学习的关键因素,并从微观层面进行了个案研究。国内的大部分研究都从引入这些研究入手,从学习心理的角度对数字化学习绩效进行了探讨。因此,这些研究就不可避免地陷入到单纯从学习者或学习因素来研究数字化学习绩效,从而忽略了“教”的影响。另一方面,大部分研究主要从主观分类入手,缺乏对数字化学习本质的认识,因而缺乏坚实的理论基础。

### 参考文献

[1] 尼葛洛庞帝.数字化生存[M].海南出版社,1997年版.
[2] 李克东.数字化学习(上)—信息技术与课程整合的核心[J].电化教育研究,2001,(8).
[3] 李克东.数字化学习(下)—信息技术与课程整合的核心[J].电化教育研究,2001,(9).
[4] 李兰.数字化学习在中学信息技术教育教学中的应用[J].中小学教学研究,2006,(4).
[5] 王佑镁.全球数字化学习准备度排名报告探析[J].比较教育研究,2007(10):84—88.

[6] Economist Intelligence Unit& Institute for Business Value. The 2006 e-readiness rankings[EB/OL] . http://graphics. eiu. com/files/ad_pdfs/2006Ereadiness_Ranking_WP. pdf. 2006-06-10.

[7] Jane Webster & Peter Hackley(1997). Teaching Effectiveness in Technology-mediated Distance Learning [J]. Academy of Management Journal, 1997(11):1282-1309.

[8] Hannafin, M. , Hill, J. , & Land, S. (1997). Student-Centered Learning and Interactive Multimedia: Status, Issues, and Implications. Contemporary Education, (2): 94-99.

[9] 张家华,张剑平. 网络学习四因素理论模型及其构建[R]. 2008 年全国教育技术学博士生论坛.

[10] Hannafin,M. J, Hill,J. R. , Oliver,K. , Glazer,E. , & Sharma,P. (2003). Cognitive and Learning Factors in Web-Based Distance Learning Environments. Handbook Of Distance Education. London:Lawrence Erlbaum Associates, Inc. , 245-257.

[11] Scott D. Johnson, Steven R. Aragon , Najmuddin Shaik et al. Comparative Analysis of Learner Satisfaction and Learning Outcomes in Online and Face-to-Face Learning Environments [J]. Interactive Learning Research. 2000, 11, (1),29-49.

[12] Scott D. Johnson, Steven R. Aragon. An Instructional Strategy Framework for Online Learning Environments [C]. New Dir Adult Contin Educ no100 Wint 2003: 31-43.

[13] E. Vance Wilson. Student Characteristics and Computer-mediated Communication[Z]. Computer &Education , 2000, 34, 67-76.

[14] 王陆,杨卉,刘维民. 学习者特征与基于 CMC 交流的相关性研究[J]. 电化教育研究,2002(1):25—28.

[15] Andrew Tolmie, James Boyle. Factors Influencing the Success of Computer Mediated Communication (CMC) Environments in University Teaching:a Review and Case Study[Z]. Computer &Education,2000,34,119-140.

[16] Daniel Johnson, Peter Sutton and Josiah Poon. Face-to-Face vs CMC: Student Communication in a Technologically Rich Learning Environment[DB/OL].

[17] 张京彬,余胜泉. E-learning 在中国企业发展趋势[J]. 中国远程教育(资讯版),2003,(24).

[18] [20] Luther Tai. Corporate e-learning How e-learning is created in three large corporations[D]. University of Pennsylvania, 2005.

## 作者简介

付道明,1977 年生,男,汉族,四川省绵竹市人,博士学位,研究方向:教育电视;学习科学与技术。

# 移动学习在高中生物联赛辅导中的应用

何少岳[1]，徐晓东[2]，李小青[2]
（1. 华南师范大学教育信息技术学院，广东广州，510631；2. 深圳大学师范学院，广东深圳，518060）

**摘 要：**针对珠海北师大附中生物科组开展生物联赛辅导时遇到的由于培训时间短、师生互动少、记忆性内容多等原因而导致的培训效果差这一问题，本文依据中学生学习心理和智力特征，设计开发了生物联赛辅导手机学习系统，并开展了基于手机的生物联赛辅导。研究表明，基于手机的生物联赛辅导产生了良好的效果，师生对于利用手机进行辅助性移动学习的全新模式也抱持着积极的态度。

**关键词：**移动学习；移动学习系统；生物联赛辅导

# Mobile Learning in High School Bio-league Guidance

**Abstract:** In the light of Biology Department in Affiliated Middle School of Beijing Normal University in Zhuhai, they encountered short of training time, less teacher-student interaction, less memory contents and other reasons when carried out Bio-league guidance. This article design and develop Bio-league guidance mobile phone learning system, and carry out the research base on middle school students' learning psychology and mental characteristics. Research shows that the mobile phone Bio-league guidance has produced excellent results, teachers and students hold positive attitude to this new patterns.

**Keywords:** mobile learning system; mobile learning system design; bio-league guidance

随着知识爆炸和社会竞争的日益加剧，终身教育已成为现代社会的需要。在这种需求背景下，伴随着移动设备的迅速普及和移动计算技术的快速发展，催生出移动学习这种被认为是未来学习不可或缺而又极富潜力的全新学习模式[1]。其中，手机这一移动方式在青少年群体中被广泛使用。截至 2012 年 6 月，我国手机网民规模达 5.38 亿[2]，绝大部分是初高中学生。

借由青少年手机网民的增加，手机内容提供商看准时机，将大量人力物力投入到游戏、软件等资源的开发上，鲜少关注青少年的学习问题。就目前而言，手机移动学习在教师、家长心目中的地位相当尴尬。利用手机开展学习，其方式遭到教师与家长的抵触，其效果遭到教师与家长的质疑，连手机这一工具都被视为洪水猛兽，深怕学生沉迷于其中不能自拔，耽误了学业。难道手机移动学习就真的无法成为学生有效的辅助学习方式吗？为此，本研究尝试在高中生物学科中开展手机移动学习，探索手机应用于中小学生日常学习、辅导的途径、方法和策略。研究结果表明，教师和学生对手机移动学习的认可度较高，也产生了较为正面的效果。可以说，手机移动学习在中小学应用中的具有相当的潜力。

## 一、面向中小学的移动学习研究综述

在教育研究领域，随着手机普及率的不断提高，利用手机进行移动学习的研究也越来越多。国外较为典型的面向中小学移动学习的研究案例有：美国加州大学伯克利分校人机交互研究室利用移动设备对美国的小学生进行的社会问卷调查实验；纽约 Cohoes 中学的 Dave Wasserman 在七、八年级开设的社会学课上，学生在装有 Classroom Wizard 应用软件的 Palm 手持电脑上进行移动辅助学习；新加坡 MobiSkoolz 项目使用学校已有的 Internet 平台和新增的移动设备来增强学习和教学环境，支持移动学习[3]。欧洲 Learning2Go 项目使用 PDA 进行移动学习实验，取得了良好的效果[4]。中国台湾中央大学的四年期卓越计划中利用 PDA 让小学生了解当地蝴蝶种类等自然科学知识[5]。

国内移动学习的研究力量主要集中于教育部门和大学机构，研究力量和范围局限性较大。到目前为止，绝大部分研究者的关注点集中在对移动学习技术的理论、对移动学习模式、移动学习系统的开发等方面，很少有面向青少年的移动学习应用方面的研究，也不存在针对高中生物联赛辅导的移动学习的研究。而对于移动学习系统的应用，绝大部分论文中都提到：由于受到环境的限制，设计开发的移动学习平台并没有经过实际应用和检验。

## 二、基于手机的高中生物联赛辅导的研究设计

### （一）背景资料

全国中学生生物联赛由全国竞赛委员会组织，参赛者为高一、高二年级学生。珠海市北京师范大学附属中学（以下简称“北师大附中”）每年都参与该项赛事。针对联赛需要，生物科组每星期进行一次集中的面授辅导。但由于培训时间短（每周 1.5 小时），知识点多，所以教师不得不采用“满堂灌”的方式，因此培训效果不佳。

此外，北师大附中实行寄宿制，家长为联系方便，均为小孩配备了手机，这就为开展基于手机的移动学习提供了必要条件。

### （二）研究设计

首先让参赛学生完成《中学生手机上网习惯情况调查》问卷，了解他们已有的手机使用情况，而后进行集中培训，让学生熟悉利用手机进行联赛辅导的各项事宜。紧接着，学生开始为期 30 天的基于手机的联赛辅导。期间，教师每天发布三道与联赛辅导相关的题目、答案以及相应解析，供学生在课余学习。最后发放《学生利用手机对生物进行移动学习的效果》调查问卷，同时对部分学生和参与研究的教师进行访谈，验证基于手机的联赛辅导的效果，及师生对于该辅导方式的看法。

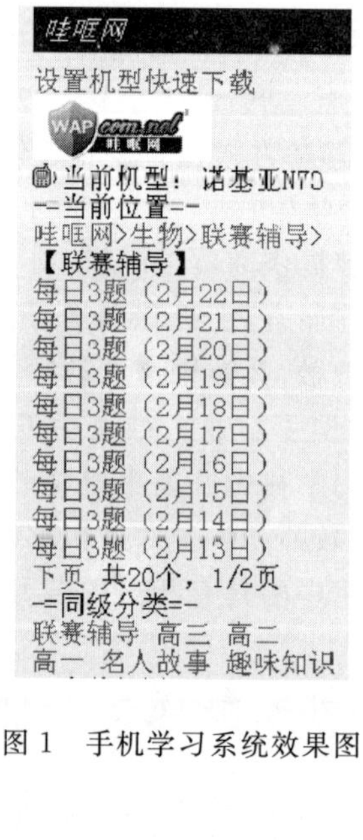


图 1　手机学习系统效果图

### （三）研究材料

研究的主要材料为生物联赛的各类知识点。此外，为了让学生增长课外知识，提高对生物的学习兴趣，

还选取了部分趣味生物知识作为学习内容。对于生物联赛各类知识点在手机上的呈现与组织，主要遵循了米勒提出的7±2小容量原则及 Masayasu Morita 等人提出的内容时间片段性原则，每天定期发布三道学习内容，并将学习时间控制在五分钟范围。

### （四）系统设计

通过对《中学生手机上网习惯情况调查》问卷进行统计，结果表明，学生的移动设备差异性较大，有的是小灵通，有的是普通手机，也有智能手机。综合考虑实际情况和移动学习系统的开发速度、难度和通用性等问题，本研究采用基于 WAP 的开发技术。手机端无需安装任何软件，能充分发挥服务器的高速运算和海量存储的能力，升级只需要在服务端进行，而且兼容性极强，能在所有支持 WAP 的移动设备上运行。最终效果图如图 1 所示。

## 三、研究讨论

### （一）学生开展基于手机的生物联赛移动学习的效果

本研究将《学生利用手机对生物进行移动学习的效果》问卷对 21 位参赛学生进行了调查。发放问卷 21 份，回收 21 份，有效率为 100%。通过对结果进行统计分析可知：

**1. 学生对移动学习系统的总体印象良好**

(1) 使用该系统的学生均表示，系统对联赛辅导学习具有一定帮助，其中，20%的学生表示学习帮助很大。

(2) 除一名学生表示希望能够继续增加更丰富的交互功能外，其余学生均表示系统在操作和导航方面较为人性化，符合自己的学习习惯。

(3) 参赛学生均表示，以后还愿意利用该手机移动学习系统进行相关学习。

**2. 学生对移动学习系统资源要求高**

(1) 在最受欢迎的栏目调查中，“生物领域最新资讯”、“生活中的趣味生物”与“考试相关的习题资源”，三者比例分别为 31%、31%和 29%。可见相较于“联赛辅导”栏目，学生更喜欢“趣味知识”栏目。

(2) 9 名学生认为，系统资源数量偏少，希望增加“贴近生活的生物知识”、“增加小贴士，提醒学习生物中的误区”、“增加国内外的生物知识”等内容，希望“加大更新量，加快更新速度”。这从侧面反映了这部分学生对于这样的联赛辅导具备较高的学习积极性和浓厚的学习兴趣。

**3. “手机上网速度慢”是影响学生选择手机进行生物学习积极性的重要原因**

学生认为“手机上网速度慢”是进行手机生物学习的最大影响因素；此外，系统内容的丰富程度、更新速度、趣味性和对手机操作的不熟练也对学生进行手机生物学习造成了一定的影响。

### （二）教师对基于手机的生物联赛移动学习的态度及看法

本研究编制了《生物联赛辅导手机学习系统用户访谈提纲》，对参与本次手机生物联赛辅导的教师进行了访谈：

在以往，那些教师认为手机是导致学生学习成绩下降的重要原因。通过此次的研究，他们认为系统并未对学生的学习带来负面影响；学生对生物联赛知识的掌握程度确实比传统的面授培训方式要好；操作简便、简洁且易用；系统具备基本的交互与评价功能，一定程度上缓解了面授时学生不敢提问的情况；系统能够方便快捷地统计并分析学生的登录与学习信息，教师能够轻松、及时地了解系统中各资源的学习情况，能迅速且有针对性地对学习资源作出调整；基于手机的移动学习，会比较适用于生物、英语等具有零散知识结构的学科。

### (三) 学生对手机学习的态度及行为倾向于积极一方

**1. 态度**

除1名学生外,其他学生均认为,利用手机开展学习前后,自己对生物的学习态度发生了积极的转变,学习的兴致更高了。

**2. 学习行为**

47%的学生一般是在家里进行手机学习,32%的学生在宿舍进行;31%的学生经常在睡前进行移动学习,26%和21%的学生是在“无聊时”和“回到宿舍时”进行移动学习。这表明,基于手机的移动学习,无法取代现有的课堂教学,学生虽然对移动学习持积极态度,但学生进行移动学习的情境主要还是停留在零散的、空暇的甚至是“无所事事”的时间段中。

从后台的统计数据来看,大部分学生并没有每天都进行移动学习,超过半数的学生每周登录1-2次,21%的学生需要在教师的督促下才登录学习。这说明移动学习对学习者的自觉性要求较高,学习者必须具备较高的学习自觉自律性,才能较好地适应这种自主学习方式

## 四、结论

对问卷和访谈数据的统计和分析可知,生物联赛辅导手机学习得到了学习者和教师的普遍认同,达到了他们预期的目标。作为一种新型的学习方式,学习者和教师更看重学习资源的科学性、丰富性和连续性,普遍认为学习资源是保证学生学习效果的最重要的因素。

此外,本研究发现,个别学生自从使用手机进行移动学习之后,对手机学习的方式变得相当感兴趣,有教师担忧这是否会在无形中削弱了传统课堂教育对该生产生的效果和影响。针对这个问题,本研究认为可从技术角度在移动学习系统中加入更小细粒度的监控机制,尽可能精确地追踪学习者的学习情况,辅导教师及时观察、加以判断,并适时做出引导,以最大化地降低由于对手机学习的偏爱而导致忽略课堂学习的现象。

### 参考文献

[1] 任友群,鲍贤清,王美,张海燕.规范与交叉:教育技术发展趋势分析——美国AERA2009年会述评.远程教育杂志[J],2009(5)

[2] 第30次中国互联网络发展状况统计报告[R].中国互联网络信息中心,2012

[3] 几个国外有影响的移动教育研究项目的比较.
http://industry.ccidnet.com/art/884/20060425/5210173.html

[4] Gwo Jong Yu. A conten-based Image Retrieval System for Outdoor Ecology Learning: a Firefly Watching System Advanced Information Networking and Applications[A]. 18th International Conference[C]. 2004. 112-115

[5] Li-Der Chou, Ching-Chao Lee, Ming-Yu Lee, Chun-Yen Chang. A Tour Guide System for Mobile Learning in Museums [A]. 2nd IEEE International Workshop on Wireless and Mobile Technologies in Education(WMTE' 04)

### 作者简介

何少岳,1982年生,男,汉族,广东省梅州市人,博士研究生,研究方向:移动学习。

# SNS社区与Claroline网络教学平台的整合研究*

林育曼
（韶关学院教育技术系，广东韶关，512005）

**摘　要**：现有网络课程的互动交流多数局限于某门课程，SNS社区与网络教学平台的整合有助于突破此局限。设计并建立了整合模型，分析了整合的方法，并进行了具体的应用，实现了SNS社区与Claroline网络教学平台的整合。

**关键词**：SNS；网络课程；Claroline；整合

# Research on Integration SNS Community with Claroline Network Teaching Platform

**Abstract**: The interaction of the existing network courses is largely confined to a particular course, SNS community could help to break this limitation. The design of integration model, analysis of the integration methods, and specific application to achieve the integration of the the SNS community with Claroline network teaching platform were discussed.

**Keywords**: SNS; network course; claroline; integration

## 一、引言

随着科技的不断发展进步，网络课程也从传统的资源为中心转向以活动为中心，由用户浏览学习内容为主，转为以用户为中心，用户主动参与学习，协作创作内容。现有网络课程师生、生生之间的交流主要通过blog、wiki、论坛、QQ等工具进行交流，而且这些交流也主要局限于选修某门课程的师生，这不但局限了人与人之间的互动，同时在一定程度上，知识的获取与转移被限制在学习组织的内部进行，知识不能通过与外部的交流和转移进行创新。现有的网络课程要如何突破这种局限呢？

SNS社区是遵守"六度关系理论"建立的网站，社区中的成员可根据相同话题、共同爱好、共同关注的热点、相同的研究专题进行聚合[1]。SNS社区提供了多种互动手段，例如，日志、评论、投票、私信等，这些不但有助于课堂教学的开展，同时也有助于形成跨课程、跨学科的多样化学习小组，从而突破现有网络课程知识交流的局限。

## 二、SNS社区与网络课程的整合

Claroline是由比利时鲁文大学于2001年开发出来的一款优秀的网络学习平台。其具有配置安装较为简单，运行速度快；课程设置、操作简洁，界面直观等特点[2]。利用Claroline创建课程后，一般包括课程简介、课程计划、课程公告、课程讲义、课程练习、学习路径、作业、学习讨论、学习小组、用户列表、聊天答疑、协作资源等功能模块。

* 本文系全国教育信息技术"十二五"规划2011年度项目（编号：116240228）"混合式P2P环境下信息整合研究及其在学习资源平台的应用"阶段性研究成果。

UCenter 具备 SNS 社区的基本运行模式，用户可以以个人身份参与其中，可以轻松构建一个以好友关系为核心的交流网络，可以记录自己生活中的点点滴滴，也可以方便快捷地发布日志，分享视频，更可以与好友一起分享信息讨论热点话题，轻松便捷地了解教育界的相关政策或最新动态[3]。

Claroline 和 UCenter 都是基于开源的 Linux＋Apache＋MySQL＋PHP 体系构建的，两者均为免费开放源码软件。这样，不仅可构建一个稳定、免费的系统，同时也为两者的整合提供了便利。

本系统以 Claroline 为基础，结合国内流行的 UCenter Home 开源 SNS 社区程序进行系统构建。教师或学员可以在 Claroline 系统里进行教学与学习，UCenter Home 为学习之余提供丰富的社交活动，其支持投票、活动、热闹、热点、表态、动态、群组、个人资料和个人主页、趋势统计等等功能，通过 UCenter Home 用户可以在本系统中分享自己的学习心得、学术研究，或发起对学术问题的投票调查统计，组织学术交流活动等。

**1. SNS 社区与网络课程整合模型**

传统网络课程的搭建仅仅利用 Claroline 进行课程管理，所有课程都是包括课程公告、课程简介、课程计划、作业、学习讨论、学习小组、用户列表、协作资源、练习、聊天答疑等功能模块，学习者个人的信息及其个性化的一面无法展示。借助通过 SNS 社区，学习者可根据不同的条件聚合，创建新的学习圈；借助 SNS 社区的互动性，可加强学习者之间的沟通交流和信息分享，更大程度的实现隐性知识与显性知识的交流转换。

本系统通过 UCenter 无缝整合 Claroline，实现一站式管理。用户除了可以通过 Claroline 网络教学平台进行学习外，同时无需重复登录、注册，直接进入 SNS 社区建立社会交流网络。SNS 社区与网络课程整合的系统模型如图 1 所示。SNS 社区通过 UCenter 与 Claroline 网络教学平台无缝连接，使 Claroline 教学平台具备了社会性网络服务，在为学生提供网络学习平台服务的同时，为学生提供个人主页、日志、相册等个性展示的服务功能，以及群组、话题、评论、分享、好友等相应的社交服务。

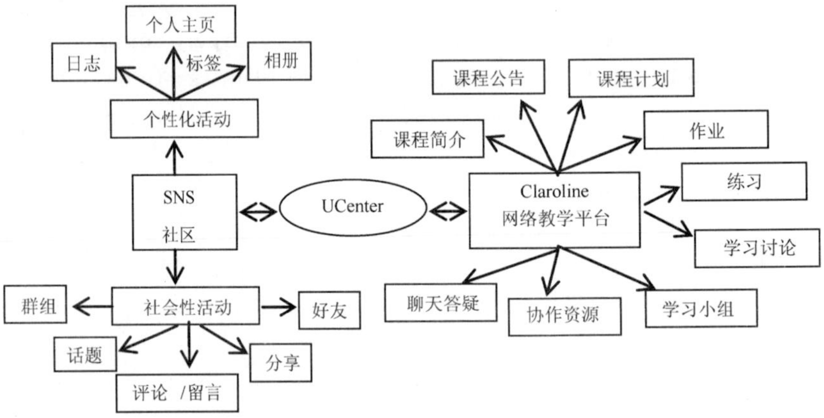


图 1　SNS 社区与网络课程整合模型

**2. SNS 社区与网络课程整合方法**

(1) 通过 UCenter 应用管理中心管理 Claroline 教学平台

UCenter 应用管理可以管理所有整合到一起的应用。为了实现应用的整合，本质上需要解决的问题是用户 Session 的问题[4]。通过分析 Claroline 与 UCenter Home 用户管理机制、登录机制以及与 UCenter 通信机制可知，UCenter 通信主要通过 api/uc. php 文件作为通讯接口，Claroline 与 UCenter Home 之间通信主要通过向 uc. php 发出操作信息，uc. php 接收验证后，就执行相应的通信操作，最后返回通讯结果。故修改相应的文件/claroline/api/uc. php 即可实现应用的整合。

以用户信息数据库的共享为例，(1)首先在 uc. php 文件中定义有关 API 通信的变量，(2)包含 config. php 和 client. php 两个文件，编写代码：include_once S_ROOT. '. /config. php';include_once S_ROOT. '. / uc_client/client. php'；(3)调用 dbconnect()函数链接数据库，具体代码如下：

```
function dbconnect() {
    if(mysql_connect(UC_DBHOST,UC_DBUSER,UC_DBPW)) {
      mysql_select_db(UC_DBNAME);
      @mysql_query('SET NAMES'.UC_DBCHARSET); }
    else { die('数据库链接出错，请检查数据库配置是否正确!'); }}
```

Claroline 与 UCenter Home 整合后，用户管理模块依然使各自程序自身的用户管理模块，整合后两程序可以相互通讯且共享资源。整合成功后，可在 UCenter 的应用管理中心看到“在线管理教学系统”通信成功，如图 2 所示。

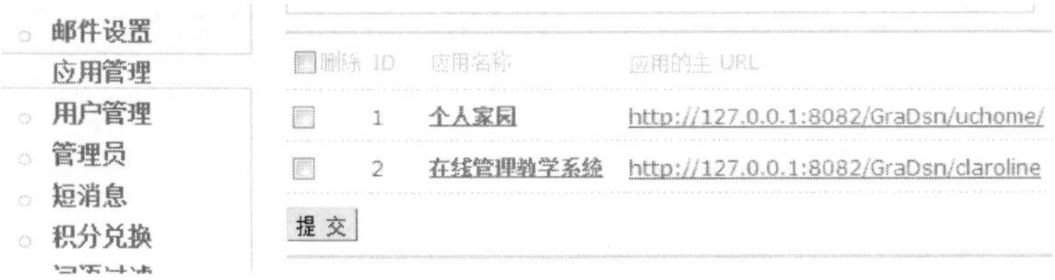


图 2　整合 Claroline 后的应用管理中心

(2) 用户界面风格的统一

由于 Claroline 和 UCenter 毕竟是两个不同的系统，各自的界面风格并不相同。而用户界面设计要求设计需以用户为中心，所有界面风格应该保持一致，统一用户体验。因此，为统一界面风格，故需对 Claroline 界面风格进行部分修改。Claroline 是通过样式表及模板进行界面风格的控制，故界面风格的修改主要是修改其样式表与模板的页面布局。Claroline 的样式表位于：claroline/web/css/classic/main. css，模板文件位于：claroline/inc/templates/。例如 Banner 的样式表修改，在 main. css 文件中找到 # platformBanner 并进行相应的修改，具体代码如下：

```
#platformBanner {
    margin: 0;
    padding: 0px 15px 0px 15px;
    color: #fff;
    background: url('img/header_bg.gif') repeat-x top left #c5d4e2;
    height:45px;
}
```

同时对相应的模板 banner. tpl. php 进行修改，具体代码如下：

```
<!-- Platform Banner -->
<div id="platformBanner">
    <div id="campusBannerLeft">
        <span id="siteName">
          ... ...
        </span>
        <? php include_dock('campusBannerLeft'); ? >
</div>
```

修改后即可实现如图 3 所示的效果。

图 3　整合后的用户界面

(3) 用户登录的整合

由于系统是 Claroline 与 UCenter Home 整合，本系统通过 UCenter Home 的用户管理中心的管理用户模块进行用户的统一管理。

Claroline 与 UCenter 登录整合的原理及步骤：

① 当某用户在 Claroline 或 UCenter 应用程序登录时，输入用户名，密码，验证其基本信息。登录页面 Login. php 文件会相应调用 uc_client 目录下的 clint. php 中的 uc_user_login 函数到 uc_center 验证该用户和密码，如正确，则写入 session，写入 cookies，并更新应用程序会员表中的登录 IP，登录时间。

② 登录完成即调用 uc_user_synlogin()函数通知 uc_center 用户登录成功。

③ uc_center 收到登录成功消息后,即调相应函数通知 UCenter 中的其他应用程序该用户登录的消息。

④ 其他应用程序即通过 uc 提供的 API 接口程序,对用户 Session 控制,基本上大部分用户模块的登录、管理用户的操作由 ucenter 控制,能够实现以 UCenter 为用户中心,各应用程序共享信息。

⑤ Session 建立成功登录后,即整合成功。

## 三、应用与总结

为突破当前网络课程中师生、生生交流的局限,笔者尝试将"管理信息系统(MIS)"这门课程的 Claroline 在线教学系统通过 UCenter 与 SNS 社区进行整合,整合后效果如图 4 所示。图中可见左边列表是课程的相关功能模块,通过顶端菜单栏中的"个人主页"项可以方便用户直接跳转到 SNS 社区。

图 4 SNS 社区与 Claroline 整合后效果图

用户通过"个人主页"进入 SNS 社区后的效果图如图 5 所示,左边列表是 SNS 社区的相应活动模块,通过顶端菜单栏中的"课廊"选项,用户也可以快速进入 Claroline 网络教学平台。

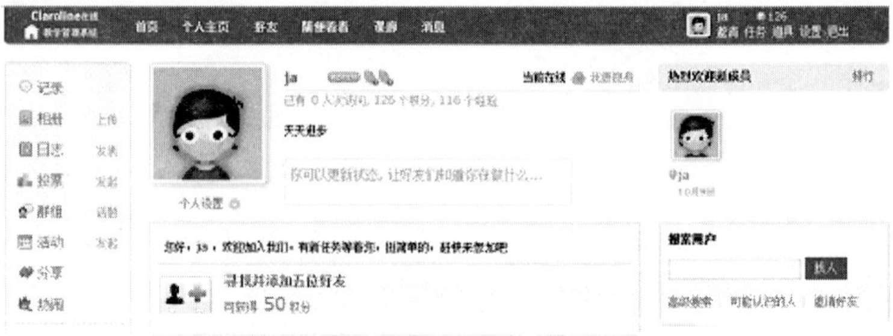

图 5 SNS 社区效果图

实践证明通过 UCenter,Claroline 网络教学平台与 SNS 社区实现了无缝连接,有助于突破网络课程互动交流的局限,建立跨学科、跨专业、跨课程的学习交流群组。

### 参考文献

[1] 扈志军,张凯,宋慧宁.基于 LAMP/Ucenter 构建校本 Web2.0 教育应用系统[J].计算机教育,2010,(21):118-122.

[2] 缪茜惠.Claroline 与 Moodle 网络学习平台的比较研究[J].中国医学教育技术,2010,(05):500-503.

[3] 沈忱,乔爱玲.SNS 社区在教师专业发展中的应用模式探究[J].中国远程教育,2012,(01):69-73. [4]claroline 与 Ucenter 整合[EB/OL].http://wuxc.ntzx.cn/cLUC/claroline_UC.html,2011-11-02.

### 作者简介

林育曼,1978 年生,女,广东潮安人,讲师,硕士,研究方向:网络教育。

# “数字布鲁姆”在网络非正式学习中情感领域的启示与应用*

沈忱，乔爱玲
（首都师范大学教育技术系，北京，100048）

**摘　要**：克拉斯沃尔和布卢姆等在1964年提出把情感领域目标分为五个亚领域，即接受（注意）、反应、价值评价、组织、由价值或价值复合体形成的性格化，从而开启了对教学目标更细致有效的分析。然而，随着教育信息化的发展，信息技术、无缝学习影响着我们原有的学习习惯，美国教育专家 Michael Fisher 在 2009 年首次提出了“数字布鲁姆”，按照认知领域“识记、理解、应用、分析、评价、创建”六个层次，将“可用于学习的 25 个工具”进行分类，旨在与教师和学生共享优秀、实用的信息化工具以促进学习。本文是以认知领域内的“数字布鲁姆”为依托，探索网络非正式学习环境下的情感领域中国版“数字布鲁姆”。

**关键词**：数字布鲁姆；非正式学习；情感领域

# The Implication and Application of “Digital Bloom Constructivism” For Informal Learning Under the Network Environment

**Abstract**: Claes Wall and Bloom's emotional objectives in the field is divided into five sub-areas, that is accepted (Note), the reaction, value assessment, the organization formed by a value or value complex, thus opening themore detailed and effective teaching-objective analysis. However, with the development of information technology in education, information technology, seamless learning affect our original study habits, education experts Michael Fisher was first proposed the “digital Bloom” in 2009, in accordance with the cognitive domain's memorization, understanding, application, analysis, evaluation, and create. This six-level classified the tools that can be used to. Practical information tools designed to be shared with teachers and students to promote learning. This article is based on cognitive domains within the digital Bloom as the basic theory, and to explore the Chinese version of The implication and application of “Digital Bloom Constructivism” for informal learning under the network environment.

**Keywords**: digital bloom constructivism; informal learning; affective domain

## 一、问题的提出

布鲁姆教育目标分类学一直是教育技术理论和实践的指导性原则。2001 年，L·W·安德森和 D·R·克拉斯沃尔将布鲁姆认知领域的教育目标分类修订成了“识记、理解、应用、分析、评价、创建”6 个层次 。随后，美国教育专家 Michael Fisher 根据这一目标分类首次提出了“数字布鲁姆”的概念，并提出了“可用于学

* 本文为教育部人文社会科学研究青年基金项目资助成果，项目名称“基于在线学习活动的农村教师教研模式设计与实践”（课题批准号：09YJC880073）。同时该论文是北京市优秀人才培养资助项目“应用现代教育技术提升高校青年教师教学实践能力的培养模式研究”成果之一（项目编号：2009F－11）。

习的25个工具"修改了原来的版本，形成了新的"数字布鲁姆"（如图1所示），旨在帮助孩子有效融入数字化学习环境，熟练掌握信息工具，以提升学习效率。我国的陈丹、祝智庭教授根据线上资料调查与比较研究法，构建了一中国版"数字布鲁姆"，即推荐本土开发的对应性、替代性网站或软件工具，以期为我国学习者提供便捷的技术资源（如图2所示）。但是笔者认为，布鲁姆所构建的认知领域学习目标分类多用于正规环境下的学习，即正规学习，而正规学习的内容重在累积的、已记录的和建设性的知识，这类知识是普适性的，学习的目的在于使科学或艺术得到发展。但是当今人们每天无意识地学习了许多细节的、情境化的知识，甚至连学习时间碎片化，学习场所无缝化，这就为非正式学习创设了更多的空间与可能。在非正式学习中，学习者自发的兴趣、主动性、毅力等这些情感类因素占据主导作用，所以结合信息化教育环境下的"中国版数字布鲁姆"，探究情感领域目标分类在非正式学习中的启示与应用，就显得尤为重要和迫切。

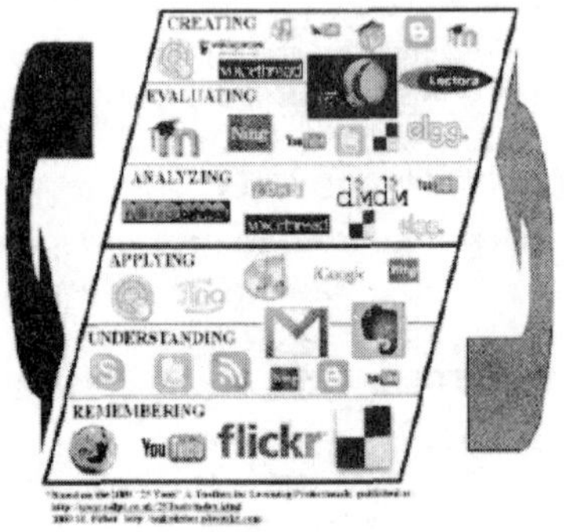


图1 数字布鲁姆2009新版

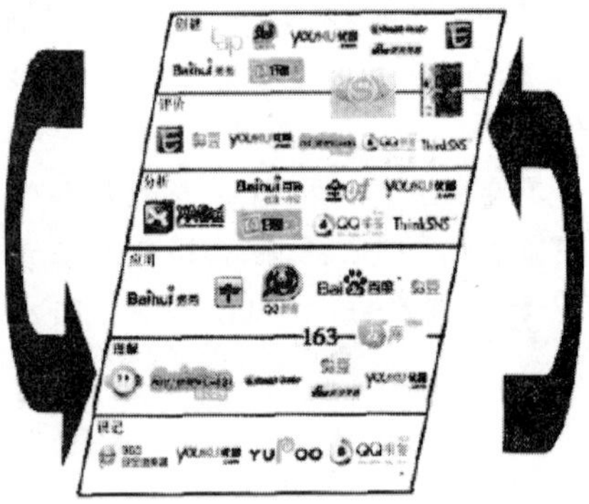


图2 2010年中国版"数字布鲁姆"

## 二、网络环境下的情感因素对非正式学习的影响

### （一）非正式学习

国内对非正式学习概念、理论的介绍和引入来自教育界的不同领域，主要借鉴了美国学者克罗斯和康纳等人关于e-Learning应用于企业培训的研究结果，将学习分为正式学习与非正式学习两种基本形式。他们认为，"正式学习"主要指在学校的学历教育和参加工作后的继续教育；而"非正式学习"指在非正式学习时间和场所发生的、通过非教学性质的社会交往来传递和渗透知识，由学习者自我发起、自我调控、自我负责的学习，主要指做中学、玩中学、游中学，如沙龙、读书、聚会、打球等 。从陈丹、祝智庭教授提出的"中国版数字布鲁姆"来看，如同电子媒体时代的广播、电视、电影呈现出各自迥异的媒介形态，网络媒体的具体应用也是千差万别，从引擎搜索到聊天工具，从信息获取到共享呈现，从知识管理到娱乐休闲，不同的信息化工具都体现了Web2.0时代的学习多元化。

### （二）非正式学习的特征

基于现代网络环境下的非正式学习，由于其自身碎片化、无缝化、终身化的特点，逐渐呈现出了以下几大特征：

1．终端设备的微型化。非正式学习不同于以往正式学习的系统化、完整性，它更多的依赖于学习者的碎片化时间和学习意愿而开展进行。随着泛在学习、无缝学习、终身学习在教育领域内的掀起，终端设备的微型化为这类学习提供了强有力的保证和技术支持。

2．内容的概念简短化。非正式学习由于发生方式、发生时间较为随机多样，且学习者需求不同、群体不同，所以更多的是将内容简短化、凝练化，以方便学习者短时学习、随机介入、快速掌握分享的需求。

3．媒介形态的草根化。随着现代教育技术的发展，可供学习的终端设备越来越多，而媒介形态也正趋向融合与互相进入，跨平台的信息分享与传递、草根化的手持媒介、全方位覆盖的无线网络都为非正式学习提供了发展空间与可行性操作。

4. 媒介底层技术和标准对微型内容的支持。非正式学习若想常态化、正式化、应用性的开展下午，就要考虑其标准、规范。

### （三）情感因素对非正式学习的影响

情感现象学家舍勒认为，情感引导着认识，情感决定了哪些对象能够进入认知的范围，决定了认知的下一步的发展方向。穆尔指出，学生在学习中会遇到三类问题：第一类为学生自身的问题——通常是因为成人学习风格而引起的，这些问题可能会干扰学生按照课程的期望和要求完成学习；第二类问题是由于管理系统的功能执行失误引起的；第三类问题即为情感问题 。

情感因素对于网络环境下的非正式学习起到至关重要的作用，因为这种非正式的学习正是由学习者单方面因素产生，具体影响可分为以下三个阶段：

**1. 激发、引起阶段。**

非正式学习具有多样化的学习组织形式、随机松散式的学习共同体和简短丰富的学习内容，这三大特点决定了非正式学习的发生必然由相关的兴趣及需求引起。

**2. 促进、维持阶段。**

为了保持学习的积极性和有效性，我们需要外界甚至是第三方的介入，而这第三方可以是助学老师、同学、爱好相投者、人工智能机器人等。通过与第三方的沟通、互动，学习情感中的动力、毅力、信念、意志、兴趣才能不断得到维持，从而促进非正式学习的保持与提高。

**3. 迁移、应用阶段。**

这一阶段主要是将网络环境下非正式学习所学到的内容进行融会贯通，应用到日常所需。学起来容易，用起来难，这就需要我们在掌控好自身情感因素的同时，充分整合利用现代信息技术手段去促进情感领域对学习的影响。这也是本文研究的意义所在。

## 三、“中国版数字布鲁姆”对布鲁姆情感领域目标分类的影响

### （一）“中国版数字布鲁姆”对布鲁姆情感领域目标分类的映射

2010年陈丹、祝智庭教授参照美国教育专家 Michael Fisher 在2009年首次提出了“数字布鲁姆”，提出了中国版“数字布鲁姆”。它同样包含了24个信息化实体工具，所有的工具简介如下表1所示。

而人的情感反应更多地表现为一种内部心理过程，具有一定的内隐性和抽象性，因而这个领域的学习目标相对难以编写。克拉斯伍、布鲁姆等制定的情感领域的教育目标分类于1964年发表，其分类依据是价值内化的程度。该领域的目标共分五级：

1. 接受或注意：是指学习者愿意注意某特定的现象或刺激，是低级的价值内化水平。在这个数字化时代，很多的信息我们需要通过数据挖掘系统主动去搜集、查询，从而信息。“中国版数字布鲁姆”中的360浏览器、百度引擎、新浪点点通、UUCall均可作为微媒介帮助用户去主动获取信息。

2. 反应：指学习者主动参与，积极反应，表示出较高的兴趣。学习的结果包括默认、愿意反应和满意的反应。“中国版数字布鲁姆”中的优酷网、臭豆网、新浪微博、随心微博、红蜻蜓抓图软件、超级捕快、QQ影音都从不同的方面，提升了学习者的学习兴趣。

3. 评价：指学习者用一定的价值标准对特定的现象、行为或事物进行评判。这一阶段的学习结果所涉及的行为表现出一致性和稳定性，与通常所说的“态度”和“欣赏”类似。“中国版数字布鲁姆”中的又拍网、新浪博客、好看薄都是分享赏析类的网站，有助于学习者去欣赏、鉴别他人的作品。

4. 组织：指学习者在遇到多种价值观念呈现的复杂情境时，将价值观组织成一个体系，对各种价值观加以比较，接受自己认为重要的价值观，形成个人的价值观体系。“中国版数字布鲁姆”中的网易邮箱、麦库网、QQ书签、百会网、易魔灯都是综合性的办公应用类软件或插件，不论学习者具有怎样的专业背景或是否处在学习状态，都会用到这些软件，而这种情感上的组织、分析能力更有助于学习者的非正式学习。

**表 1　中国版“数字布鲁姆”工具分类**

| 名称 | 简介 | 网址 | 属性 |
|---|---|---|---|
| 360浏览器 | 安全性能较高的网页浏览器 | http://se.360.cn | 免费使用 |
| 优酷网 | 视频清晰度高，用户较多的视频分享网站 | http://www.youku.com | 免费注册使用 |
| 又拍网 | 相片分享网站 | http://www.yupoo.com | 免费注册使用 |
| QQ书签 | 使用率较高的社会性书签网站 | http://shuqian.qq.com | 免费注册使用 |
| UUcall | 符合华人通话习惯的网络电话 | http://www.uucall.com | 免费注册使用，通话收费 |
| 随心微博 | 界面简洁、用户随心使用的微博客网站 | http://swisen.com | 免费注册使用 |
| 新浪点点通 | RSS信息聚合阅读器 | http://rss.sina.com.cn | 免费使用 |
| 臭豆网 | 根据兴趣建立社群的社交网站 | http://www.coudou.com | 免费注册使用 |
| 新浪博客 | 人气很旺的博客网站 | http://blog.sina.com.cn | 免费注册使用 |
| 网易邮 163 | 使用者很多的邮箱服务网站 | http://email.163.com | 免费注册使用 |
| 麦库 | 笔记记录和管理网站 | http://note.sdo.com | 免费注册使用 |
| 百会秀秀 | 在线幻灯片制作网站 | http://www.baihui.com/10116000.asp | 免费注册使用 |
| 红蜻蜓抓图精灵 | 屏幕抓图功能较强的截屏软件 | http://www.supersoft.com.cn/readsoft.asp?softid=36 | 免费使用 |
| QQ影音 | 功能比较全面的影音播放软件 | http://player.qq.com | 免费使用 |
| 百度 | 最大的中文搜索引擎 | http://www.baidu.com | 免费使用 |
| XMind | 思维导图工具 | http://www.xmind.net | 免费开源软件 |
| 好看簿 | 可以给图片配上解说的相片分享网站 | http://www.haokanbu.com | 免费注册使用 |
| 百会网 | 具有文字、幻灯片制作等多种功能的在线软件服务网站 | http://www.baihui.com/0.asp | 免费注册使用 |
| 全时网络会议 | 在线会议网站 | http://www.quanshi.com | 免费试用、付费使用 |
| ThinkSNS | 提供SNS构建开源代码 | http://www.thinksns.com | 免费开源软件 |
| 易魔灯 | Moodle国内研究网站 | http://www.emoodle.org | 免费使用 |
| 超级捕快 | 屏幕录像软件 | http://www.powersoft.com/cm | 免费试用、付费使用 |
| 课件大师 | 多媒体课件制作软件 | http://www.flagsoft.com.cn/kejian.html | 付费使用 |
| Tap网 | 提供自建网站功能的网站 | http://www.tap.cn/37ms/index/index | 免费注册使用 |

5. 价值与价值体系的性格化：是指学习者通过对价值观体系的组织，逐渐形成个人的品性。各种价值被置于一个内在和谐的构架之中。“中国版数字布鲁姆”中的 Xmind 思维导图、课件大师、ThinkSNS、全时网络会议、百会秀秀、Tap 网都是学习者根据性格自主创建型网站，不同的学习者的制作成果不同。这些网站通过不同的作品呈现形式，更好的展现学习者的学习风格、性格特征、工作个性和价值观倾向等。

综上所述，根据克拉斯伍、布鲁姆等制定的情感领域的教育目标分类，及我国学者陈丹、祝智庭教授所提出的“中国版数字布鲁姆”工具，笔者针对我国网络信息环境、非正式学习在终身学习中的开展实施，试提出“中国版数字布鲁姆”在情感领域的目标分类如下表 2：

**表 2　“中国版数字布鲁姆”在情感领域的目标分类**

| 目标分类 | 阐述 | 对应软件 |
|---|---|---|
| 一、接受或注意 | 指学习者愿意注意某特定的现象或刺激。是低级的价值内化水平 | 360 浏览器、百度引擎、新浪点点通、UUCall |
| 二、反应 | 指学习者主动参与，积极反应，表示出较高的兴趣。 | 优酷网、臭豆网、新浪微博、随心微博、红蜻蜓抓图软件、超级捕快、QQ 影音 |
| 三、评价 | 指学习者用一定的价值标准对特定的现象、行为或事物进行评判。 | 又拍网、新浪博客、好看薄 |
| 四、组织 | 指学习者将价值观组织成一个体系，对各种价值观加以比较，接受自己认为重要的价值观，形成个人的价值观体系。 | 网易邮箱、麦库网、QQ 书签、百会网、易魔灯 |
| 五、价值与价值体系的性格化 | 指学习者通过对价值观体系的组织，逐渐形成个人的品性。各种价值被置于一个内在和谐的构架之中，并形成一定的体系。 | Xmind 思维导图、课件大师、ThinkSNS、全时网络会议、百会秀秀、Tap 网 |

### （二）"中国版数字布鲁姆"在情感领域的案例分析

凯洛格公司(KeyLogic)是中国"一体化人才培养领先者"。通过系统化地培养人才，提升员工能力和组织能力，协助相关组织的领导人将战略转化为现实。在面对日常工作挑战时，KeyLogic员工都可凭借自身良好的专业素养应对自如，而面对企业自身员工的学习发展，该公司引入的全球顶尖在线课程资源，发起了为期20天的午茶分享会。现以此为例，分析阐述"中国版数字布鲁姆"在网络非正式学习中情感领域的应用。

**表3　"中国版数字布鲁姆"在凯洛格公司(KeyLogic)非正式学习案例中的需求分析**

| 案例开展步骤 | 具体内容 | 对应情感领域需求分析 |
|---|---|---|
| 第一步：招募学习者 | 公司培训部通过群发邮件向全公司招募学习参与者：参与者在2周内自学课程并与大家分享学习成果。 | 1. "非正式学习"采取自主报名，员工通过浏览器、接收公司邮件、微博等方式了解到学习信息。 |
| 第二步：项目启动 | 由发起人主办第一次午茶分享会，介绍活动目的和运作模式；示范演讲；确定参加人员名单及认领课程；预告下一次午茶分享会时间、课题及主讲人。 | 1. 活动初期，一定要明确学习目标和运作模式，确保学习者掌握必要的学习技能和资源，比如提供会议室、在线课程帐号、进行示范演讲、思维导图等数字化工具。 |
| 第三步：自主学习与分享 | 在学习者自主学习期间，发起人不定期了解进展情况，必要时提供帮助。 | 1. 虽然非正式学习由学习者自己主导，但是发起人或组织需要在过程中密切关注、引导并提供必要的支持与帮助。<br>2. 午茶分享的形式较为轻松开放，让学习者从情感上产生学习依赖感。 |
| 第四步：额外收获 | 除了分享在线课程外，很多参与者主动分享了主题外的其他知识与心得。比如有介绍高效的时间管理软件、先进的浏览器插件；还有参与者分享他个人收藏的与公司业务相关的网站。 | 1. 非正式学习由学习者自发完成，当环境氛围融洽的时候，学习者可通过信息共享工具、SNS社区交互平台等获得额外收获。 |
| 第五步：项目总结 | 活动结束后，发起人进行了点评，鼓励并感谢所有参与者，点名表扬表现突出者；不点名调侃了表现有待改进的人。并通过全民参与的选票方式选出最佳表现奖，公司给与一定的物质奖励。 | 1. 在非正式学习中，物质奖励是次要的，最重要的是精神激励。 |

## 四、总结

克拉斯伍、布鲁姆等人的情感领域内目标分类启示我们，情感或态度的教学是一个价值标准不断内化的过程。学生必须经历接受、反应和评价、组织等连续内化的过程，才能将它们转化为自己信奉的内在价值。然而，在网络环境下开展的非正式学习，由于学习时间碎片化、学习对象成人化、学习场地移动化、考核机制个性化，不同的信息工具在学习效果中起的作用和影响效果不同，锻炼的能力也大为不同。如何利用信息技术工具，更好的开展、促进、推广网络环境下的非正式学习，还需要教育技术人共同的努力、研究。

### 参考文献

[1] L. W. Anderson&D. R. Krathwohl. A taxonomy for learning, teaching, and assessing——a revision of Bloom's taxonomy of educational objectives[M]. New York, NY: Longman, 2001

[2] 陈丹，祝智庭. 数字布鲁姆中国版的建构[J]. 中国电化教育，2011，(01)：71-77.

[3] 余胜泉，毛芳. 非正式学习——e-Learning研究与实践新领域[J]. 电化教育研究，2005，(10)：18～23.

[4] 麦克穆尔谈"学生支持"[DB/OL]. http://www.nbedu.gov.cn/zwgk/article/show_article.asp? ArticleID=9654，2004-7-30.

[5] [美]D：R克拉斯沃尔、B. S. 布卢姆主编，施良方、张云高等译：((教育[J标分类学一一情感领域》，华东师大出版社，1959年5月，P5。

[6] 凯洛格公司(KeyLogic)官网-专业学习文章《踩住"非正式学习"的影子》http://www.keylogic.com.cn/fasttrack/article_view.aspx? id=98

### 作者简介

沈忱，1987年生，女，满族，河南省郑州市人，研究生在读，研究方向：信息技术教育。

# 基于增强现实的信息技术与数学课程整合的应用研究
## ——以复数学习为例

唐瑶

（北京师范大学教育学部，北京，100875）

**摘　要：**增强现实技术作为一门新兴技术，以其简便直观的互动方式支持学生的合作和探索学习的优势在教育领域特别是在数学教育领域崭露头角。本研究考虑增强现实在虚拟事物教学中具有的独特优势，选取高中数学复数作为切入点，在全面了解新课程标准对这部分内容要求的基础上进行了教案设计并且开发了支持学生探索合作学习的增强现实程序，最后选取了小样本学生进行试用和评价，旨在探索增强现实技术在数学信息技术与课程整合方面的可能。研究通过文献调研，采用访谈法以及开发研究法，经过前期调研、程序编写以及试用、反馈与修改三个阶段表明增强现实程序技术在信息技术与数学课程整合中具有较好的发展前景。

**关键词：**增强现实；复数；信息技术与数学课程整合

# Application of Integration of Information Technology and Mathematics Based on Augmented Reality
## ——Illustrated by the Case of Complex Number Learning

**Abstract**: Being an emerging technology, augmented reality becomes increasingly popular in the field of education (especially in the field of mathematics education) because of its simple and intuitive way of interaction in support of the students'groping and cooperative learning. Taken the unique advantages of augmented reality in teaching virtual things into consideration, this study takes complex number as the focus. On the basis of comprehensive understanding of requirements of complex number of the new curriculum standards, the author designs teaching plan on complex number and develops an augmented reality program to support students'groping and cooperative learning in this study. Then a small sample of students was selected for the trial and evaluation which can help confirm potential of augmented reality technology in the integration of information technology and curriculum. Based on some literature, this study applied the interview method and the development approach. After three stages, which are preliminary investigation, program development and feedback &revision, this study showed that augmented reality has a good prospect in information technology and mathematics curriculum integration.

**Keywords**: augmented reality; complex number; integration of information technology and curriculum

在《普通高中数学新课程标准(实验)》明确提出需注重信息技术与数学课程的整合。从历史发展来看，每一次技术的革新都为信息技术与课程整合提供了新的发展契机。近年来，增强现实技术发展势头大好，很多学者都在尝试将此技术引入教育领域，以期为整合提供新的发展机遇。

增强现实(Augmented Reality，简称 AR)是虚拟现实(Virtual Reality，简称 VR)技术的延伸。[1]理想的增强现实系统可以实现人与虚拟环境的无缝融合并使人通过最自然的操作与虚拟世界中的三维物体进行实时交互，使人们容易对人类不可抵达的真实世界或者存在于人们想象中的微观世界中的事物进行细致入微地观察，探索事物的本质和规律。利用增强现实技术构建新型互动方式支持学生的学习和探究活动有利于学生理解数学学科中的抽象知识。

## 一、信息技术与数学课程整合的现状

美国在1989年提出的《数学课程标准与应用评价》以及2000年制定的《学校数学的原则和标准》中均强调信息技术与数学教学过程相结合。现有的一些美国整合的案例[2][3]表明美国数学学科的整合具有注重数学的应用性和创新性以及师生和生生的有效交流等特点。

我国的信息化起步较晚，信息技术与数学课堂整合有几个层次[4]：作为数学教学演示工具、作为自主探究的工具、作为信息处理的工具、作为知识复习和学习评价工具以及作为培养数学思维的工具。近年来几何画板凭借其直观、动态性等特点超越了传统黑板的作用，为学生搭建了一个自主探索学习的空间，得到了广大师生的一致认可。

事实上，只要能够在一定程度上能够提高学生学习兴趣和效果、支持教师主导学生主体的新型教学结构的工具都可以在信息技术与数学学科整合中得到适当的使用。

## 二、增强现实在教育领域的发展现况

增强现实(Augmented Reality，简称AR)技术与虚拟现实技术几乎同时出现。James R Vallino(1998)在其博士论文[5]中提出：增强现实技术是将合成的感觉信息融合进用户对真实世界的感知中。增强现实系统将互动的现实世界和交互式计算机生成的世界融合，以这样的方式使得它们看起来是一个环境。与虚拟现实尽可能消除人们真实世界的感知相反，几乎所有的增强现实应用都尽可能提高人的表现和对世界的感知。

**1. 国外应用现状**

国外增强现实的研究关注诸如医学、娱乐、军事训练、工程设计、机器人及远程机器人学、制造维护和修理、消费设计等具体的领域中的应用。其中对于医疗领域的研究是其中最大的一个热点，教育中的应用也在不断发展。

Mark Billinghurst 等人在2001年设计了魔法书(MagicBook)[6]，用户可以看到叠加到真实场景中的虚拟场景。Liu 等人设计了九大行星②增强现实的教学实验系统[7]用于支持学习者的学习。Eva Hornecker 和 Andreas Dünser 在研究[8]中设计了为7岁孩子提供的基于增强现实的故事书，观察在这种技术支持下的孩子的交互行为。OriInbar 开发了一款基于 iPhone 应用的 AR 游戏[9]支持4到7岁的孩子随时随地学习拼写。另外，El Sayed 等人设计了一款增强现实学生卡片(ARSC)[10]，支持多种形式的教学活动。

在数学学科中，Kaufmann 的一系列研究[11][12]将 AR 应用于数学和几何教育中，支持学生直接在三维空间中进行感知和学习并与其他人进行互动合作，证实了此类方法的教育价值。Carlos Orozco 等人则利用 AR 技术设计系统[13]用于支持学生学习多元微积分的概念，学生的学习效率得到提高。Daisaku HAYASHI 等人设计了一个基于印有标记的立方体的系统，帮助学生感知3D物体并且提高他们画出物体投影的能力。另一个例子是韩国的 Hye Sun Lee 和 Jong Weon Lee 设计的一款利用增强现实改进传统的纸质的棋盘游戏[14]，帮助幼儿园和小学学生掌握数学中的加法相关知识。Daniel Spikol 和 Johan Eliasson 设计和实施了一个需要学生在室外通过移动设备进行建筑的实际探测结合室内利用增强现实技术进行建筑设计的项目[15]，支持学生完成合作、交流和探索几何概念的活动。

**2. 国内应用现状**

国内对增强现实的研究主要还集中于理论探讨和关键技术的突破上，在教育领域中的应用很少。徐媛提出增强现实在教育领域的应用主要有几种方式值得参考：立体书籍；操作技能培训；AR 教育游戏；残障人群学习。[16]

董子龙、章国锋等人提出了一个基于汉字标志的增强现实系统[17]，将汉字学习与计算机生成的可视化三维模型结合起来。

台湾地区苏俊钦的“扩增实境应用于中文注音符号学习之研究”[18]是目前国内极少数比较系统地研究教育领域中增强现实应用的研究之一，他将增强现实应用于儿童学习注音符号表明增强现实能提高儿童的学习效果。

**3. 增强现实现状评述**

综上所述，国外对于增强现实的教育应用已经有较多的探索，主要表现为增强现实应用于几何教学或者是

② 目前只有八大行星。冥王星曾被认为是大行星，但随着一颗比冥王星更大、更远的天体的发现，2006年8月24日召开的国际天文学联合会第26届大会将其定义为矮行星。

以教育游戏形式的形式呈现。Hannes Kaufmann 的一系列研究不断地改进增强现实系统用于更好地支持学生对于立体几何的学习，是很好的课堂教学成功案例。增强现实使得模型可以快速生成、操纵和旋转，能够在最贴近自然的交互形式下为学习者搭建一个自主探索的空间，这对于抽象内容的教学很有启发意义。

国内对于增强现实的研究主要还停留在技术解决阶段，对于其应用特别是在教育领域的应用的探索才刚刚开始。

## 三、信息技术与数学课程整合案例设计

增强现实技术对于虚拟物体有天然的表现力，研究选取高中数学抽象程度较高的复数知识点，将新课标要求结合增强现实技术的优势进行了整合的案例设计

由于文章篇幅所限，无法提供整个设计案例。现将教学流程简略描述如表 1 所示：

**表 1　复数教学策略**

| 教学顺序 | | 教学活动描述 | 教学组织形式 | 教学媒体选择 |
|---|---|---|---|---|
| 数数系的扩充 | • 解答题目，设置疑问<br>• 引导学生回顾数系扩充的过程 | 教师从“没有实数根”引入，引导学生回忆数系扩充的过程，为新概念引入做准备 | 集体授课 | 在 PPT 上呈现三个方程式<br>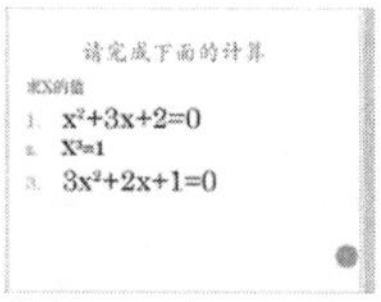<br><br>教师用语言引导学生回忆数系的每一次扩充是为了解决怎样的问题<br>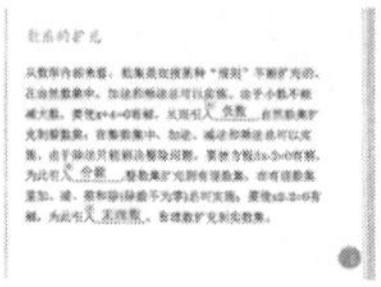 |
| 复复数及相关概念的提出 | • 引出虚数单位 i<br>• 复数及复数集 C<br>• 共轭复数<br>• 复数及复平面 | 板书演示 i 概念的提出，利用形象化的比喻使学生易于接受新的抽象概念<br>引出其他相关概念 | 集体授课 | 黑板，PPT<br>板书演示虚数单位 i 的提出；<br>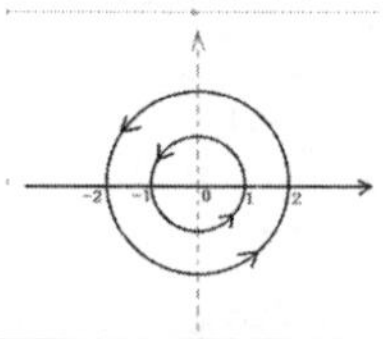 |
| 复复数的运算法则 | • 加法和减法<br>• 乘法和除法 | 学生猜想复数的运算法则，两人为小组交流，再用增强现实应用程序验证自己的猜想<br>教师总结 | 小组合作；集体授课 | 增强现实应用程序<br><br>黑板：教师做总结时使用 |
| 复复数的应用 | • 复数的应用 | 展示复数与数学之美，实现情感目标 | 集体授课 | 一组由复数的变换得到的非常漂亮的图片<br>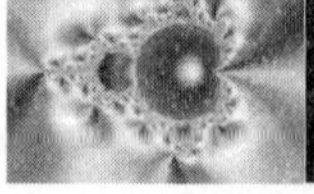  |

## 四、增强现实应用程序开发

增强现实技术在此教学案例中主要用于支持学生对复数的加法和乘法运算法则的探索。

程序的第一个功能是直观地展示两个复数相加或相乘的结果，提供辅助线，学生可以通过小组合作的形式进行使用。如图 1 (a)所示，标记 5 所在位置的点代表一个复数，(b)中为两个复数以及它们的和(5、6 标记代表两个复数，另外一个点是加法结果)，(c)中为两个复数以及它们的积(捕获 1 号标记则显示乘法并

隐藏加法结果)。

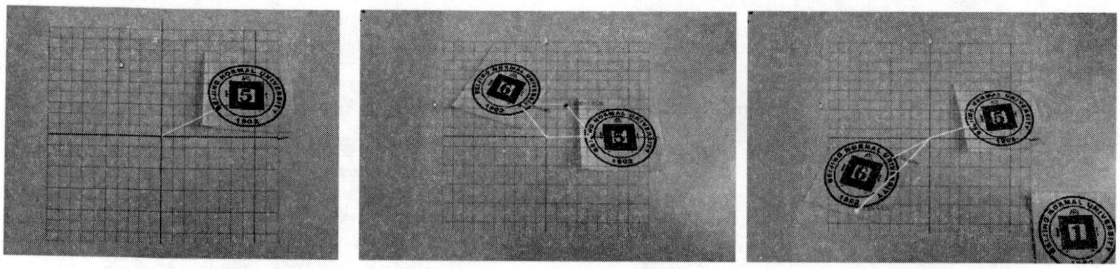

(a)　　(b)　　(c)

图 1　增强现实程序使用示意图

此外,程序通过监听键盘按键,支持将两个复数及其结果存储在一个 excel 文档中,(j 键表示存储当前的加法结果,c 表示存储当前的乘法结果)。这样学生能够通过比较 excel 中的数据更清楚地检验自己的假设是否正确。在学生合作过程中教师需要进行适当的引导,在操作过程中可以采用固定一个点(即复数)移动另一个然后观察结果有怎样的变化来实现。

## 五、试用案例及反思

本研究在中学选取了少数学生进行复数部分的案例教学,学生在引导下合作使用增强现实程序探索复数的运算法则。增强现实应用程序作为教学的辅助材料,配合教学活动来进行教学。

**1. 目标**

本环节旨在以复数为例探讨增强现实程序应用于教学的优缺点,在一定程度上反映增强现实技术应用与信息技术与数学学科整合的潜力。重点考察学生的学习结果以及对增强现实技术支持学习的感受和意见。

**2. 对象选择**

研究者在四川省成都市某高中随机选取了高一学生 6 人以及高三(复读班)学生 6 人。在高一学生小样本中试用教案和增强现实程序实际功能,借助复读班学生了解增强现实技术对于改变传统的复数讲授式教学的潜力以及学生对于这种新技术用于教学的主观感受。高一学生已经具备复数学习所需的基础知识——向量。

**3. 试用过程**

(1) 高一学生试用

对象:四川省成都市某中学高一学生 6 人(三组,每组 2 人),进行合作学习

时间:每组 30 分钟

步骤:按照设计好的教学设计步骤,先回顾数系的扩充过程,自然引出复数的概念和其他相关概念,之后学生使用增强现实应用程序进行复数运算法则的探索。

(2) 复读班学生试用

对象:四川省成都市四川省成都市某中学高三(复读班)学生 6 人

时间:30 分钟

步骤:首先了解学生对于复数部分的掌握程度以及过去教师讲授复数的方式。研究者再用类比的方式引入虚数单位 i,将复数和复平面进行充分的结合。最后介绍增强现实程序并让学生试用以了解他们对此程序支持初学者进行复数运算法则探索的意见。

图 2 高一学生学习复数

图 3 复读班学生试用增强现实程序

**4. 试用结果反思**

整体来说，通过观察学生的学习过程以及最后他们完成题目的程度，教学达到了预期的效果，高一年级学生掌握了要求的基本概念和复数的运算法则等知识。高一年级三个组中有两组在进行运算法则猜想时成功根据已有的知识基础进行了推测，然后在研究者的讲解和辅助下利用程序进行了验证，另外一个小组的乘法猜想和正确法则不一致，研究者待学生验证后为其讲解原理，利用多项式乘法的类比帮助学生理解，最后学生掌握了复数的运算法则。此外，学生在看完复数迭代的一组图片后均感慨没有想过数学能够产生如此美而神奇的图案，明显表现出一定的态度转变，这正是这部分环节设计的意图。

对于将增强现实应用程序用于支持学生的探索学习，学生大多反映需要教师先讲解程序的使用方法。由于该程序本身就是作为一种辅助和支持学生课堂学习的工具，因此教师的讲解和帮助是必不可少的一方面，可帮助学生正确地使用工具进行合作探究学习。

对于程序本身，学生表示存在的一个小问题是偶尔会存在闪烁的现象，这一方面是因为程序本身基于NyARToolKit包，它的稳定性会影响到程序的稳定性，另一方面摄像头捕获标记对于光线也有一定的要求。不过这种现象并不十分明显，在以后的研究中可以通过对程序进行改进优化来减少其影响。

## 六、结论和讨论

增强现实技术本身具有较强交互性，可用更形象的方式表现抽象的知识点。复数对于学生来讲是一个新的抽象概念，研究选定此知识点作为典型案例。增强现实展示的动态交互场景相比于传统的静态教学形式更能直观展示复数与复平面的关系且支持学生进行自主探索。

试用结果表明教学设计以及增强现实程序都能够达到预期的教学目标，高一学生对所要求的内容掌握程度较为理想，高三学生也反映该应用程序能够有助于支持学生学习复数运算法则。通过试用观察以及对学生和一线教师的访谈，发现增强现实技术在学生合作探究学习的支持具备一定潜力。但是在实际使用过程中也暴露出增强现实技术本身存在的一些有待改进的地方：依赖于摄像头捕获标记，因此对于光线的要求较高，在荧光灯下会出现小幅度的闪烁现象，这个问题的解决有赖于该技术的进一步发展。

研究仍存在一些不足之处。一方面是由于关注点主要集中于新技术在课堂应用，教学设计本身显得较为薄弱；其次是研究仅限于复数这部分的内容，对于数学学科的其他知识点的借鉴可能比较有限；再次是由于研究者的精力和选择高中的实际情况，没有进行课堂实际试用，参与试用的人数较少，因此结论难免存在一定的局限性。

在后续的研究中将关注增强现实技术的最新发展情况，将该技术应用到更多场景并设计较为严谨的实验以更多地关注增强现实应用于实际的课堂教学，以期得到更详实的实验数据以了解增强现实技术应用于信息技术与数学学科整合的效果。

### 参考文献

[1] R. AZUMA. A Survey of Augmented Reality[J]. Teleoperators and Virtual Environments, 1997, 6(4): 355-385.

[2] 贾立忠，李宁. 透过一个美国的案例看中国数学课程整合[J]. 现代中小学教育，2006，(8).

[3] 蒯红良.请来做百万富翁——美国信息技术与数学学科整合实例[J].网络科技时代,2004,(1).

[4] 陈虎.信息技术与中学数学课程整合的几点思考[J].西北成人教育学报,2010,(1).

[5] James R Vallino. Interactive Augmented Reality[D]. New York: University of Rochester,1998.

[6] Mark Billinghurst, Hirokazu Katob, IvanPoupyrev. The MagicBook: a transitional AR interface[J]. Computers & Graphics,2001,25(5):745 - 753.

[7] W. Liu,A. D. Cheok,C. L. Mei-Ling,et al. Mixed reality classroom: learning from entertainment:Proceedings of the 2nd international conference on Digital interactive media in entertainment and arts, 2007 [C]. Perth, Australia: ACM,2007.

[8] Eva Hornecker,Andreas Dünser. Of pages and paddles: Children's expectations and mistaken interactions with physical-digital tools[J]. Interacting with Computers 21,2009,21(1-2):95 - 107.

[9] Put A Spell: Augmented Reality Game from Ogmento. [EB/OL]. [2010-12-19]. http://thomaskcarpenter. com/2009/08/26/put-a-spell-argame-ogmento/.

[10] El Sayed, N. A. M. , Zayed, H. H. , Sharawy, M. I. ARSC: Augmented RealityStudent Card[J]. Computers & Education (2010), doi: 10. 1016/j. compedu. 2010. 10. 019.

[11] Hannes Kaufmann,Dieter Schmalstieg. Mathematics and geometry education with collaborative augmented reality[J]. Computers & Graphics,2003,27 (3): 339 - 345.

[12] Hannes Kaufmann,and Dieter Schmalstieg. Designing Immersive Virtual Reality for Geometry Education. IEEE Virtual Reality,Haptics Symposium and Symposium on 3D User Interface,2006[C]. Alexandria,Virginia,USA,2006.

[13] Carlos Orozco,Pedro Esteban,HelmuthTrefftz. Collaborative And Distributed Augmented Reality In Teaching Multi-Variate Calculus. Proceedings of the 5th IASTED international conference on Web-based education,2006[C]. Anaheim,USA,2006.

[14] Hye Sun Lee,Jong Weon Lee. Mathematical Education Game Based on Augmented Reality[J]. Edutainment 2008, LNCS 5093,pp. 442-450,2008.

[15] Danicl Spikol, and Johan Eliasson. Lessons from Designing Geometry Learning Activities that Combine Mobile and 3D Tools. The 6th IEEE International Conference on Wireless, Mobile, and Ubiquitous Technologies in Education, 2010[C]. Kaoshsiung,Tawain,2010.

[16] 徐媛,增强现实技术的教学应用研究[J],中国远程教育,2007,(10).

[17] 董子龙,章国锋,邵元龙,华炜.基于汉字标志的增强现实系统[J].中国图象图形学报,2009,(7).

[18] 苏俊钦.扩增实境应用于中文注音符号学习之研究[D].台湾:国立成功大学工业设计研究所,2004

## 作者简介

唐瑶,1989年生,女,汉族,四川省成都市人,硕士研究生,研究方向:泛在学习;移动资源设计开发;信息技术教育应用。

# 传统课堂教学、网络资源教学与网络同步视频互动教学组织形式比较研究

王星[1]，杨文正[2]
（1. 淮北师范大学信息学院，安徽淮北，235000；2. 华中师范大学信息与新闻传播学院，湖北武汉，430079）

**摘　要**：基于传统与网络教学组织形式发展现状以及存在问题，对于传统课堂教学、网络资源教学和网络同步视频互动三种代表性的教学组织形式进行比较研究：系统解构了三种教学组织形式教学结构，为进行比较研究提供依据；从理论上确定了环境因素、教师教学行为、学习者学习行为、师生互动和教学资源五个比较维度进行了深入比较研究；从实践上进行了实验模拟，主要从教师教学准备、教师教学过程、学生学习过程和教学资源使用状况四个维度进行了调查比较研究。最后，得出了三种教学组织形式表现为相对优势而不是绝对优势、网络资源教学组织形式更为适合辅助教学和促进终身学习、网络同步视频互动教学组织形式实现了传统教学虚拟真实化，代表了未来网络教学发展趋势的结论。

**关键词**：教学组织形式；网络教学；远程教育；教育技术

# The Comparative Study of Traditional Classroom Teaching, Network Resources Teaching and Network Synchronization Video Interactive Teaching Organization

**Abstract**: Based on the present development situation and the existing problems of the traditional and network teaching organization form, this paper makes comparative studies to the three representative teaching organization form of traditional classroom teaching, network teaching resources and network synchronization video interactive: this paper analyses the teaching structure of the three teaching organization form systemically, providing the basis for comparison; we carry out the deep comparison in theory through five dimensions, including environment factor, the teacher's teaching behavior, learner's learning behavior, the interaction between the teachers and students and teaching resources; we carry out the experimental simulation in practice through for dimensions, including teachers' teaching preparation, teachers' teaching process, students' learning process and the using conditions of teaching resources. Finally, We conclude three conclusions, including three kinds of teaching organization form expressing relative advantage rather than absolute advantage, the network resources teaching organization form being more suitable for auxiliary teaching and promoting lifelong learning and Network synchronization video interactive teaching organization form realizing the traditional teaching virtualization which represents the development trend of future network teaching.

**Keywords**: teaching organization form; network teaching; distance education; education technology

## 一、问题的提出

网络教学的迅速发展带来了资源的存储方式、教师的教学方式、学生的学习方式和师生交互方式的深

刻变革。网络教学组织形式的研究逐渐成为人们关注的焦点。以精品课程为代表的网络教育资源建设成效显著，逐渐形成了基于网络课程的网络资源教学组织形式。网络精品课程体系不断发展完善，从注重数量到注重质量、从关注资源建设到关注教与学(精品课程建设强调学习活动的组织、学习支持服务和学习者特征分析)[1]、从单学科建设到多学科融合建设，使得精品课程逐步成为一个整合的综合教与学环境；视频会议系统将时空分离的教与学重新融入到共同的虚拟空间中，形成了网络同步视频互动教学组织形式。视频会议系统具有适合网络教学的诸多优势：同步互动、多终端交互、多流合一并且操作简便。[2]视频会议系统应用于远程教学中产生了个体型、讨论型、授课型等多种成熟的网络教育类型。[3]不同教学组织形式既要彼此借鉴求得优化又要相互融合实现创新，进行系统的比较研究不可避免。然而，通过文献调查发现，不同教学组织形式在发展过程中仍然存在着注重单独发展、放大优势或不足、缺少准确定位等问题。针对网络教学组织形式发展现状和当前存在问题，本文试图对当前有代表性的三种教学组织形式，即传统课堂教学组织形式、基于网络课程的网络资源教学组织形式和基于视频会议系统的网络同步视频互动教学组织形式进行系统的比较研究，旨在明确三种教学组织形式各自的优势和不足，实现不同教学组织形式各自优化发展，促进不同教学组织形式相互融合实现创新发展，最终对于网络教学实践产生一定的指导作用。

## 二、三种教学组织形式理论比较研究

### (一) 三种教学组织形式结构分析

#### 1. 传统课堂教学组织形式结构分析

传统教学组织形式在不断发展变革过程中产生了多种形式，包括分组教学、小队教学、个别化学习等，但是传统的班级课堂授课形式仍然是当前主要的教学组织形式，信息化环境的介入又给班级授课形式注入了新的活力。如图1所示，传统课堂教学组织形式教学结构由四个部分组成，即环境因素、师生主体、信息媒体和资源。环境部分借鉴 David B. Zandvliet 和 Leon M. Straker 提出的教育虚拟社区环境概念模型包含的社会心理教学环境、物理教学环境和 IT(教学)环境，[4]划分为心理环境、物理环境、信息环境三个组成部分；师生主体指教师和学习者；媒体用在教学中主要是指承载教育信息的载体，本文统称为信息媒体，包括纸质类媒体、幻灯投影类媒体、课堂教学所用的计算机多媒体以及网络化软件工具；资源部分主要包括教师传授的教学资源，教师提供的学习资源以及学习者自主获取的学习资源。

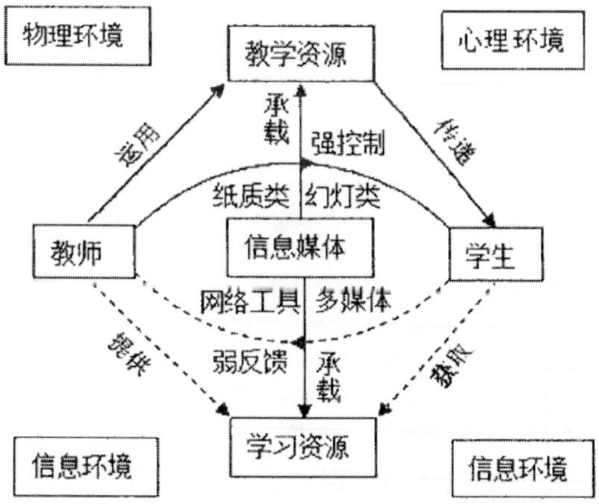


图1　传统课堂教学组织形式教学结构

#### 2. 网络资源教学组织形式结构分析

网络课程特别是精品课程建设和网络视频公开课建设稳步推进，使得基于网络资源的教学理念、方法和模式逐渐形成并发展起来。如图2所示，基于网络课程的网络资源教学组织形式教学结构同样包含四个组成部分，即环境因素、师生主体、信息媒体和资源。环境主要包括物理环境、心理环境和信息环境，正式或非正式的教学或学习环境已经由时空一致转变为时空分离；师生主体主要是教学者和异地学习者；信息媒体主要包括网络课程资源教学平台和各种网络化交流工具，信息媒体的功能由实时展示教学内容转变为储存教学资源和进行沟通交流；资源提供全面、系统，而且表现形式多样，学习资源体现出共建共享的特点，学习资源与教学资源都对学习者学习产生重要影响。如图 2 所示。

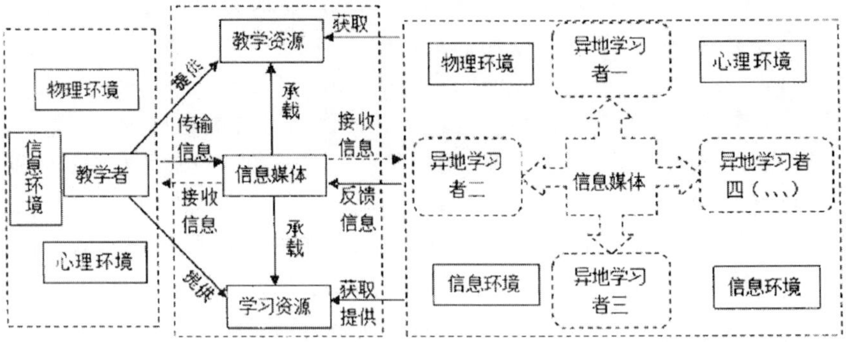


图 2　基于网络课程的网络资源教学组织形式教学结构

**3. 网络同步视频互动教学组织形式结构分析**

视频会议系统在网络教学中的应用发展了以资源为中心的远程教学形式。远程教育中的虚拟课堂形式更为接近真实课堂，极大地提高了教学效率[5]，师生双方交流更为具体，使得真正意义上的网络教学开始发展起来。如图 3 所示，基于视频会议系统的网络同步视频互动教学组织形式同样包含四个组成部分，即环境因素、师生主体、信息媒体和资源。环境部分中，视频会议系统双向视频互动的特点，在一定程度上形成了虚拟的网络教学环境；师生主体部分包括教学者、学习者，教学者即主讲教师、教学助理以及技术维护管理者等组成的教学团队，学习者由单一的异地学习者变为以群体为单位的异地学习终端；信息媒体主要指视频会议系统；资源与媒体相结合，资源的形态多样、可复制和静态的特点与交互媒体工具交互形式多样、动态性充分融合。基于视频会议系统开展的网络同步视频互动教学变革了异地信息传播模式，使得构建真正意义上的网络虚拟课堂成为可能。

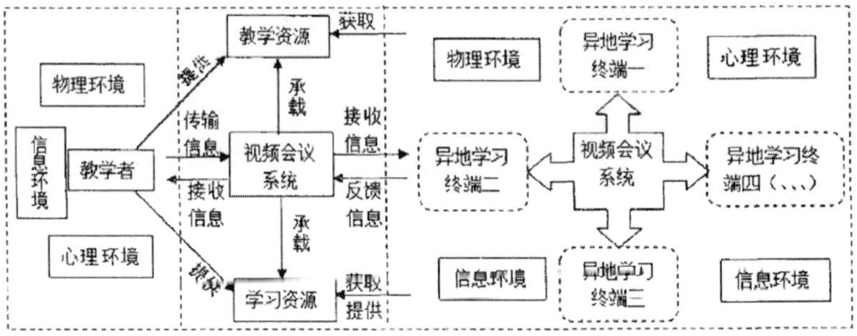


图 3　基于视频会议系统的网络同步视频互动教学组织形式的教学结构

## （二）三种教学组织形式理论比较分析

在比较研究过程中，科学的制定事物间比较的维度并进行客观详细的分析是比较研究的关键。比较维度需要具有代表性、共同性、可比性、可操作性和关联性。本文依据教学组织形式五个组成部分进行比较研究，即环境因素、学习者学习行为、教师教学行为、师生互动和教学资源。环境因素是教学组织形式的重要组成部分，是教学组织形式得以形成和展开的支撑要素，环境因素由物理环境、心理环境和信息环境组成；学习者的学习行为本质上就是与外界进行交互的过程，本文将根据操作行为、信息交换行为和学习目标行为三层次模型进行比较[6]；教学行为是教学组织过程中最具能动性的部分，结合有关研究者的研究成果[7][8][9]，将从教师角色行为、教学设计行为、教学准备行为、教学组织实施行为和教学评价行为五个方面进行比较研究；教学过程本质上就是以师生互动为核心的互动过程，本文将根据吴安艳等人[10]提出的师生互动变革模型，从互动主体、互动形式、互动性质、互动内容、互动方式、互动强度、互动受益面七个方面进行比较研究；教学资源是教师和学生进行教学活动的重要依据，在考察三种教学组织形式教学资源建设和使用状况的基础上，将比较因素划分为教学资源建设理念、教学资源建设主体、教学资源质量、教学资源使用方式和影响教学资源有效应用因素五个方面。因此，我们最终确定了理论比较的5个一级维度和27个二级维度，如表1所示：

**表1　三种教学组织形式理论比较分析**

| 比较维度 | 比较对象 | 传统课堂教学组织形式 | 网络资源教学组织形式 | 网络同步视频互动教学组织形式 |
|---|---|---|---|---|
| 环境因素 | 环境整体性 | 时空一致、融为一体 | 时空分离、相对独立 | 虚拟时空一致、融合度较高 |
| | 物理环境 | 基础性地位、师生共享 | 个体性特点、师生分离 | 群体性特点、师生虚拟共享 |
| | 信息环境 | 教师创建、优化教学 | 个体适应、支撑教与学 | 师生共建共享、支撑教与学 |
| | 心理环境 | 整体一致、师生共享 | 个体性特点、师生相异 | 群体性特点、师生共享 |
| 学习者学习行为 | 操作行为 | 纸质类为主、操作水平低 | 网络媒体为主、操作水平较高 | 网络媒体为主、操作水平高 |
| | 信息交换行为 | 与教师交互为主、交互集中高效 | 与资源交互为主、交互松散且效率较低 | 全方位交互、全面高效 |
| | 学习目标行为 | 转化集中高效、受到教师影响较大 | 转化效率较低、受到学习者自身影响较大 | 转化效率较大、受到环境组织影响较大 |
| 教师教学行为 | 教师角色行为 | 控制者、管理者、知识占有者与传授者 | 引导者、组织者、资源的提供者、协作者 | 引导者、组织者、资源的提供者、协作者 |
| | 教学设计行为 | 以教师为中心的教学设计 | 以学生、活动为中心的教学设计 | 以学生、活动为中心的教学设计 |
| | 教学准备行为 | 书写教案、准备课件 | 发布公告、提供资源、设计学习活动 | 发布公告、管理资源、设计教学过程 |
| | 教学组织实施行为 | 以教师、课堂、书本为中心，组织严密高效 | 以学生活动为中心，组织松散效率较低 | 以教学活动为中心，组织相对严密效率较高 |
| | 教学评价行为 | 以目标达成为主、注重甄别选拔 | 以目标达成、能力提高为主、注重多元评价 | 以目标达成、能力提高为主、注重多元评价 |
| 师生互动 | 互动主体 | 凸显教师主体作用 | 凸显学生主体作用 | 凸显教师主导-学生主体 |
| | 互动形式 | 面对面互动为主 | 基于通讯工具的非面对面互动为主 | 虚拟“面对面”互动为主 |
| | 互动性质 | 以同步互动为主 | 以异步互动为主，同步、异步结合 | 以同步互动为主，同步、异步结合 |
| | 互动内容 | 知识、情感结合；言语信息；肢体动作 | 以网络资源为主；文本、图片、视音频 | 以知识为主；言语、肢体动作、文本、图片、视音频 |
| | 互动方式 | 师生问与答的所有方式 | 以异步师生问答为主 | 以视频同步师生问答为主 |
| | 互动强度 | 信息交换、监控力度强 | 信息交换、监控力度弱 | 信息交换、监控力度较强 |
| | 互动受益面 | 受益面、影响范围小 | 受益面广、影响范围大 | 受益面广、影响范围大 |
| 教学资源 | 建设理念 | 围绕教学目标，教师提供 | 围绕课程，大而全构建 | 围绕教学目标，共建共享 |
| | 建设主体 | 学科教师最终选择提供 | 开发团队共同建设 | 师生共建共享 |
| | 教学资源质量 | 表现形式单一、容量有限 | 表现形式丰富、容量巨大 | 表现形式丰富、容量适当 |
| | 使用方式 | 以教师为主导使用 | 学生自主探究、协作使用 | 以教与学活动为中心使用 |
| | 影响有效应用因素 | 教学准备、教学设计、教学技能等教师为主因素 | 资源质量、平台性能、活动组织、个体信息素养等 | 资源质量、平台性能、活动组织、师生信息素养等 |

## 三、三种教学组织形式实验模拟与调查比较研究

### （一）三种教学组织形式实验模拟

理论的探讨并不一定在实践中切实可行，系统的比较同样需要实践的检验才可能深入其本质。但是因为现实条件制约，本文并没有设计专门实验研究，而是利用已经进行的多终端同步视频互动教学实验研究，对照此实验进行的三个教学过程分别模拟三种教学组织形式，对于授课师生进行调查分析。

教师进行传统课堂授课，完成课程教学任务。课程为硕士专业学位课《教育技术学理论发展研究》，有36个学时，占2个学分，授课对象为研究生一年级，教师主讲1/3，主讲教师具有多年丰富的教学经验，在讲授的同时充分与学生互动，运用启发性教学，充分体现出了传统课堂教学的优势，受到学生的好评，很好的完成了课程教学任务。

学生在教师指导下进行选题分组，展开以网络资源为中心的学习。这一环节的授课过程，师生以QQ为主要的交流平台，并根据不同小组的需要配备相应的教学助理，参与各个小组的学习。学生以学校网上图书馆、其他网络资源和书本等为资源来源，进行资源的搜集、整理和运用。利用QQ模拟基于网络课程的网络资源教学组织形式教学过程如图4所示。

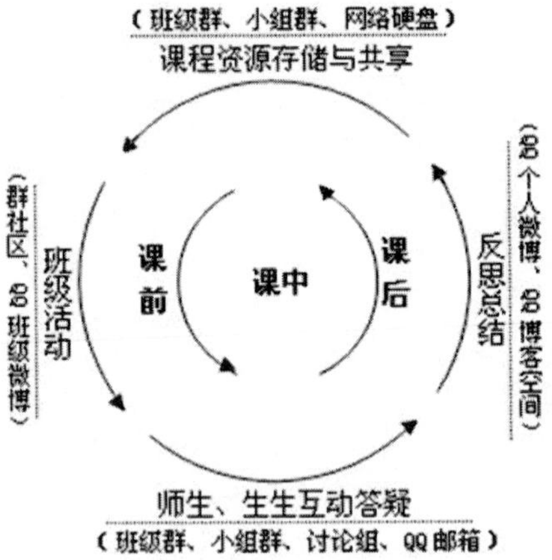


图4　利用QQ模拟网络资源教学组织形式教学过程

师生以QQ提供的异地多窗口同步视频互动功能为基础，开展多终端同步视频互动网络教学。利用QQ提供的双向、多终端视频功能模拟基于视频会议系统的多终端同步视频互动网络教学组织形式教学过程如图5所示，小组推选成员作为主讲教师将本组成果在教室的主讲终端向本地学生讲授，同时通过摄像头将形象传递到其他终端；异地学习者以不等人数分布于异地计算机实验室、教师办公室、多媒体教室等组成异地学习终端，同步接收主讲教师终端和其他异地学习终端的视频信息；师生实现异地的师讲生听、生讲师评和师生相互问答等基本教学形式；生生也可以进行双向同步视频互动交流讨论。

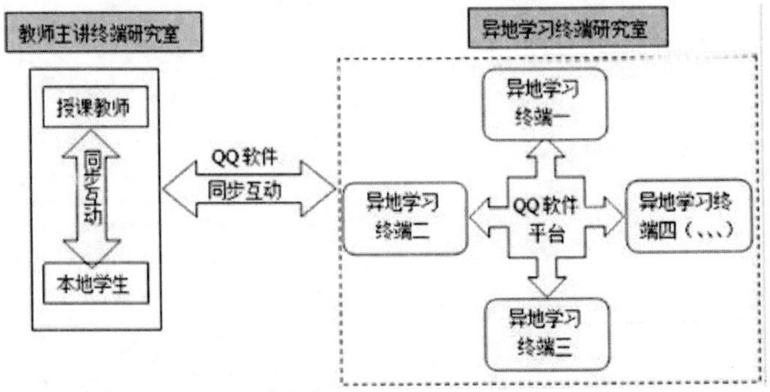


图5　利用QQ模拟网络同步视频互动教学组织形式教学过程

通过同一课程运用三种不同形式的授课方式完成课程目标，实现了对三种不同教学组织形式实施过程的模拟。通过以上分析三种教学组织形式模拟具有形式上和实践上高度一致性。在具体实施过程中授课教师进行了详细的教学过程设计和教学设计，将同步视频互动教学分为教师主讲、师生问答和教师点评三个环节，增加个实际教学的可控性。实验设计的两种网络教学组织形式在对于教与学的支持和实施方面甚至要优于实际实施的效果，实验在形式、实施和效果方面均可以模拟三种教学组织形式，实验的有效性满足分析的需求。

## （二）三种教学组织形式调查比较分析

根据三种教学组织形式特点，本文重点对传统课堂教学和同步视频互动教学进行调查比较，调查问卷主要从教师教学准备、教师教学过程、学生学习过程和教学资源使用状况等方面进行了调查和比较。发放问卷 59 份，回收 59 份，问卷回收率 100%，有效问卷 59 份，问卷有效率 100%。问卷部分问题设计采用里克特五点调查法，每个问题设置完全同意（5 分）、同意（4 分）、基本同意（3 分）、不同意（2 分）、完全不同意（1 分）五个级别。。

教师教学准备方面，同步视频互动教学比传统课堂教学需要花费更多的时间和精力。教师是否能够顺利的实施课堂授课、实施的效果如何与能否进行充分有效的教学准备密切相关。网络教学时空分离的状况使得教学准备内容、方法和复杂程度等方面都发生了变化。从表 2 调查可以看出，教师要花费更多的时间和精力进行教学准备，并且要根据教学需要熟练操作软硬件，单纯的依靠主讲教师完成变得非常困难，需要助理教师在内的保障人员的参与。

**表 2 网络同步视频互动教学与传统课堂教学教师教学准备比较**

| 比较内容 | 得分 |
| --- | --- |
| 同步视频互动教学比传统课堂教学准备时间增加 | 3.98 |
| 同步视频互动教学比传统课堂教学需要更加熟练的掌握教学硬件和软件的操作技巧 | 4.47 |
| 同步视频互动教学比传统课堂教学需要与学生更多的课前交流 | 3.75 |
| 同步视频互动教学比传统课堂教学需要准备的资源种类和数量增多 | 4.02 |
| 同步视频互动教学比传统课堂教学所做的教学设计更为复杂 | 3.61 |

教师教学过程方面，同步视频互动教学适应性较好，但是具体的教学过程效果仍然不容乐观。从表 3 教师教学适应性前四项可以看出，得分均在 3 分以上，表示教师表现出了较好的适应性，通过访谈了解学生学习过较多计算机知识，能够比较好的选择恰当的媒体形式表现教学内容、选择适当的教学模式和教学方法，软硬件操作的影响成为最主要的影响因素。

**表 3 网络同步视频互动教学中教师教学的适应性**

| 调查内容 | 得分 |
| --- | --- |
| 能够采用恰当的媒体表现形式（比如文本、语音、视频等）传达教学信息 | 3.54 |
| 所选择的教学内容与你所采用的教学模式适合程度 | 3.53 |
| 所选用的教学方法与教学内容适合程度 | 3.68 |
| 所选用的教学方法在教学过程中的适应性 | 3.05 |
| 操作的硬件与软件对于教学的影响程度 | 2.56 |

学生的学习过程方面，同步视频互动教学比传统课堂教学更有利于促进教与学互动，但是学生的学习适应性有待提高。同步视频互动教学通过网络平台开展教学，能够利用丰富的媒体表现形式，学生也可以通过丰富的资源支持开展有效的学习，这种教学方式本身也能调动学生的积极性与主动性，因此网络视频互动教学在调动学习兴趣和创造更加促进交流互动环境方面得分较高，达到了 3.32 和 3.56。但是在教学过程适应性方面，即适应教师授课节奏和掌握教学内容上得分相对较低。如表 5 所示：

**表 4　网络同步视频互动教学中学生在学习过程中的适应性**

| 调查内容 | 得分 |
|---|---|
| 对于同步视频互动教学教师的授课节奏能够与传统课堂教学同样适应 | 3.03 |
| 同步视频互动教学比传统课堂教学更容易调动学习兴趣 | 3.32 |
| 同步视频互动教学比传统课堂教学让你更愿意与同学进行交流和互动 | 3.56 |
| 同步视频互动教学授课过程中能够很好的掌握授课内容 | 3.02 |
| 同步视频互动教学过程中受到外界干扰的影响 | 3.58 |

教学资源使用状况方面,网络资源与同步视频互动教学都能较好的利用资源,但同步视频教学利用情况相对较好。从调查可以看出,两种网络教学方式中学生对于所提供资源的下载、使用和利用效率都较高,但是总体相比较而言,同步视频互动教学相对较好。通过访谈发现大多数同学认为由于整个教学实验过程准备比较充分,因此对于学习的积极性都很高,但是普遍认为同步视频互动教学精心加工了教学内容,对于辅助课程学习具有更大的针对性,而网络资源教学提供的资源虽然丰富但是针对性不强,往往不能很好的被使用。

## 四、三种教学组织形式比较研究结论

三种教学组织形式具有各自比较优势,表现为相对优势而不是绝对优势。传统教学组织形式的优势突出体现在师生面对面同步互动教学的教与学过程一体性,教师的教和学生的学能够充分展开又能够充分融合。网络资源教学组织形式重在资源建设,其突出的优势是提供给学习者足够丰富的资源。同步视频互动教学实现了教学过程的虚拟真实化,其突出的优势是跨越时空障碍,实现异地教学交互方式的变革;网络资源教学组织形式以资源建设为核心,更为适合辅助教学和促进终身学习。网络课程教学平台将课程进行网络化的教学设计,以一种学习者更容易接受的形式组织呈现,学习者可以通过自主学习学习新的内容,也可以及时复习已有知识,学习者成为学习资源的拥有者;网络同步视频互动教学组织形式实现了传统教学虚拟真实化,代表了未来网络教学的发展趋势。网络同步视频互动教学没有回避远程教学时空分离这一本质,而是积极寻求技术支持,探索跨越时空障碍重构远程教学组织的新型教学模式。网络同步视频互动教学在形式上实现了传统教学网络化,教师的教学行为、学生的学习行为和师生互动行为可以借助视频会议系统提供的功能基本实现,标志着网络教学进入到了向泛在教学转变的新阶段。

### 参考文献

[1] 谢幼如,张伟,姜淑杰.面向远程教育的精品课程特征分析[J].中国电化教育,2008,(10):60-63.
[2] 钱震,林男.视频会议系统在教育行业中的应用[J].中国电化教育,2010,(10):123-125.
[3] 裘伟延.基于会议电视的远程教育系统[J].中国有线电视,2002,(01):51-54.
[4] 张红艳,胡凡刚.基于教育虚拟社区的教学交往组织形式的探究[J].远程教育杂志,2008(01):43-47.
[5] 张丽娜.浅谈视频会议系统及其在教育中的应用[J].中国现代教育装备,2007(05):53-55.
[6] 郭巍.网络学习行为监控可视化系统的设计与实现[D].辽宁师范大学,2010.
[7] 刘繁华.网络教学中教师的教学行为研究[J].电化教育研究,2004(04):38-44.
[8] 郝念,徐兰兰.异地同步互动网络教学模式下教学行为研究[J].软件导刊·教育技术,2011(01):70-72.
[9] 刘小碧.课堂教学行为模拟训练软件的设计与开发[D].华中师范大学,2011.
[10] 吴安艳,熊才平,黄勃.网络通讯环境下的师生互动变革研究[J].远程教育杂志,2011,(03):60-65.

### 作者简介

王星,1986 年生,男,汉族,山东省泰安市人,硕士学位,研究方向:教育资源管理;教育信息化;信息技术与教育均衡发展。

# 我国虚拟学习社区研究现状及趋势分析*

王艳丽，付欣
（黄冈师范学院教育科学与技术学院，湖北黄冈，438000）

**摘　要**：本研究通过对国内发表在核心期刊上的有关虚拟学习社区的相关文献及硕博论文进行统计分析，从发文形式、年发文量、作者频率、研究类型和研究内容等方面分析得出目前我国虚拟社区的研究存在研究方法不丰富、研究对象涉及范围广而不深、研究内容比例相差较大的问题，提出适当的建议措施，并指出我国虚拟学习社区研究的发展趋势包括虚拟学习社区研究的多元化、虚拟学习社区交互方式仍为研究热点、三维虚拟学习社区及其应用将日益广泛和移动虚拟学习社区研究将会是一个新领域。

**关键词**：虚拟学习社区；研究现状；趋势；内容分析

# Research and Trend Analysis on Virtual Learning Community in China

**Abstract**: This paper made a statistical analysis on the literature published on the core journals and degree papers of master and doctor. Base on five aspects analysis on forms of papers, the number of papers in one year, frequency of authors, types and contents of researches, it found the current status of domestic virtual community: research methods not rich; study involving a wide range but not very deep; large difference between the proportion of research content, then gave some advices. And it also pointed out that the development trends of China's Virtual Learning Community, including that diversified virtual learning community research; new interaction mode is still the focus of virtual learning community; 3D virtual learning community will be widely used; Mobile Virtual Learning Community will be a new area.

**Keywords**: virtual learning community; the research status; trend; content analysis

虚拟学习社区是指在网络环境下、由各种不同类型学习者和助学者共同构成的一个交互的、协作的网络空间，其成员之间以网络为通讯工具，经常在学习过程中进行交流、沟通，以获取知识、共同完成一定的学习任务，并形成相互影响、相互促进的人际关系。[1]日新月异的信息技术深刻改变了人们的学习方式，虚拟学习社区作为一种新的教学和学习方式在教育领域逐渐普及，也成为我国教育技术领域持续关注的一个研究热点。本研究通过对国内有关虚拟学习社区的研究文献进行分析，把握我国目前虚拟学习社区的研究现状，并对其未来发展作出趋势展望，以让更多学者对我国虚拟学习社区研究有一个更详细的了解和认识。

* 基金项目：黄冈师范学院青年科研项目(2012018203)，湖北省教育厅人文社科研究项目(2012Y103,2012Q127)。

# 一、研究过程

## (一)研究方法

本研究采用文献计量、内容分析法、文本处理等技术,对国内核心期刊和硕博士论文库中有关虚拟学习社区的文献进行统计和梳理,从文献发表形式、年发文量、作者频率、研究类型和研究内容五个方面进行分析,从而对国内虚拟学习社区研究领域的现状有一个总体把握,并对其发展趋势形成基本认识。

## (二)研究样本的选择

本研究样本是国内发表在核心期刊上关于虚拟学习社区的相关论文以及硕博士论文,检索平台是中国知网,库源是中国学术期刊网络出版总库和中国硕博士学位论文全文数据库,检索项是篇名检索,由于虚拟学习社区目前在国内有多种叫法,样本为力求全面和精确,篇名分别采用虚拟学习社区、教育虚拟社区和网络学习社区三种常用名称,范围选择“核心期刊”,检索时间从2001年到2012年(截止2012年2月28日),删除无关内容和重合论文,最终得到关于虚拟学习社区的文章76篇。按照相同方法,分别在中国优秀硕博士学位论文数据库中得到关于虚拟学习社区的硕士论文77篇和博士论文7篇,综合得到总文献160篇。

# 二、研究结果与分析

## (一)虚拟学习社区文献发表形式统计分析

由图1可知,在160篇关于虚拟学习社区的文献中,核心期刊和硕士论文各占48%,二者比例相等,几乎各占一半,而相关的博士论文仅占4%。这说明对于虚拟学习社区,一般学者都有涉及,而作为系统和深入研究的博士论文却较少,这也反映出我们在研究虚拟学习社区时缺乏系统研究和深度。

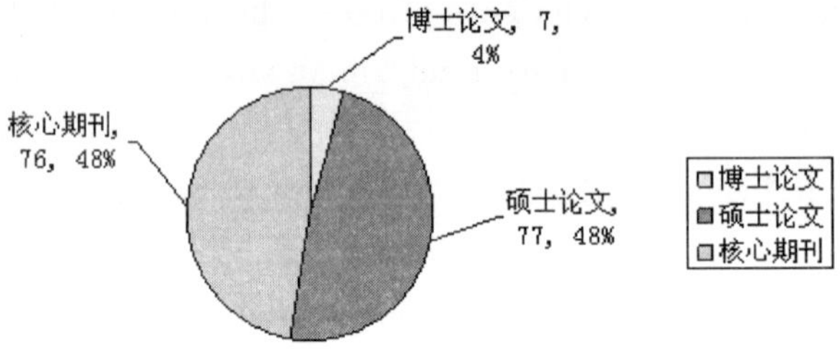


图1 虚拟学习社区文献发表形式统计图

## (二)虚拟学习社区总发文量按年份统计分析

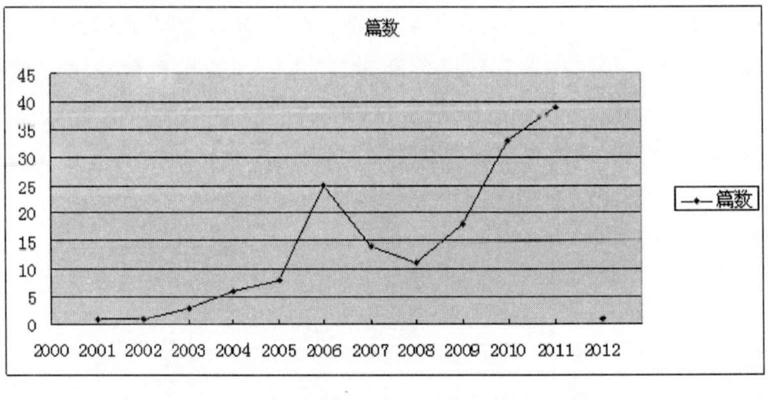


图2 虚拟学习社区总发文量按年份统计图

由图 2 可知，我国关于虚拟学习社区的文章发表最早在 2001 年，且仅有一篇，随着时间的增长，越来越的的学者关注和研究虚拟学习社区，从 2001 年至 2006 年持续上升，到 2006 年发表文献达到 25 篇，2006 年到 2008 年处于一个下降期，相关文献减少到 11 篇，人们开始重新审视虚拟学习社区研究，2008 年后又是一个持续上升期，并且每年的研究文献普遍多于 2006 年前，对虚拟学习社区的研究和应用开始普遍起来。

### （三）作者频率统计分析

十多年来，虚拟学习社区在教育技术领域日益受到人们的关注，越来越多的学者开始研究虚拟学习社区。表 1 是我国学者发表的关于虚拟学习社区文献的作者频率统计表。

**表 1　作者频率统计表**

| 文献作者 | 篇数 | 文献作者 | 篇数 | 文献作者 | 篇数 |
|---|---|---|---|---|---|
| 胡凡刚 | 13 | 殷丙山 | 2 | 马红亮 | 2 |
| 甘永成 | 6 | 王艳 | 2 | 李伟 | 2 |
| 王陆 | 5 | 谭敬德 | 2 | 李彤彤 | 2 |
| 梁银英 | 3 | 苏建华 | 2 | 尚建新 | 2 |
| 张新明 | 2 | | | | |

由表 1 可知，发表文章较多的学者分别是胡凡刚(13 篇)、甘永成(6 篇)、王陆(5 篇)、梁银英(3 篇)，其它作者依次是 2 篇和 1 篇文章。胡凡刚主要研究虚拟学习社区的交往、交互和情感归属等[2][3]。甘永成主要研究虚拟学习社区的知识构建。而王陆主要研究的是虚拟学习社区的社会网络关系[4]。而其余作者的研究涉及内容较分散，包括虚拟学习社区社会网络构建、虚拟学习社区动机机制、虚拟学习社区的教学设计、虚拟学习社区的社会学及互动结构、教师虚拟学习社区中的知识构建等内容。由此可见，只有少数学者针对虚拟学习社区的某一个或几个方面进行了系统研究，而其他大多数学者往往都是针对虚拟学习社区的某一个方面进行了一次性研究，并没有进行持续地深入研究。

### （四）研究类型统计分析

虚拟学习社区研究类型包括纯理论性研究和应用性研究。纯理论性研究主要包括虚拟学习社区定义、性质、理论基础等方面内容。应用性研究主要包括虚拟学习社区构建、设计开发以及社区作为平台在教学中应用等。

**表 2　研究类型统计表**

| 研究类型 | 篇数 | 百分比 |
|---|---|---|
| 纯理论性研究 | 49 | 30.6% |
| 应用性研究 | 111 | 69.4% |
| 合计 | 160 | 100% |

由表 2 可知，在 160 篇文献中，纯理论性研究的文章占总数的 30.6%，应用性研究文章占总数的 69.4%。由此可见，我国虚拟学习社区的研究主要偏向于应用性研究，这与虚拟学习社区的应用特性以及教育技术注重教育实践应用的特点相吻合。

### （五）研究内容统计分析

我国虚拟学习社区的研究内容可以分为理论综合研究、虚拟学习社区要素研究、虚拟学习社区设计开发研究、虚拟学习社区社会网络关系研究、教师发展研究、评价与反思研究六个维度，对研究样本按研究内容进行了分类分析，如表 3 所示。

表 3 研究内容分类统计表

| 研究内容 | 篇数 | 百分比 |
|---|---|---|
| 理论综合研究 | 11 | 6.9% |
| 虚拟学习社区要素研究 | 44 | 27.5% |
| 设计开发研究 | 55 | 34.4% |
| 虚拟学习社区社会网络关系研究 | 25 | 15.6% |
| 教师发展研究 | 13 | 8.1% |
| 评价反思研究 | 12 | 7.5% |
| 总计 | 160 | 100% |

由表 3 可知，我国虚拟学习社区主要偏重设计开发研究，占整个研究的 34.4%，其次是虚拟学习社区要素研究(27.5%)、虚拟学习社区社会网络关系研究(15.6%)，理论综合研究、教师发展研究、评价反思研究所占比例则较少。这说明设计开发研究是我国虚拟学习社区主要的研究方向，特别是由于网络技术和虚拟现实技术的快速发展，基于新型技术和媒体的虚拟学习社区，如三维虚拟虚拟学习社区的开发将会受到更多人的关注。

## 三、研究总结

### (一) 研究方法不够丰富

从整体来看，目前我国虚拟学习社区研究方法不够丰富，大多采用文献研究法，混合采用其他方法。例如温会宝在《基于个人知识管理的虚拟学习社区的设计与实现》一文中用到的研究方法是文献研究法、开发研究法、问卷调查法[5]；刘洪超在《虚拟学习社区归属感研究》中用的是文献研究法、调查法和比较研究法等[6]。而质的研究和国际流行的会话分析法在虚拟学习社区研究中很少采用。因此我国虚拟学习社区的研究要注重方法的多样性和先进性，注意采用应用广泛的和国际流行的研究方法加强虚拟学习社区的研究。另外，在关注社会学研究方法的同时，虚拟学习社区研究还需要关注技术科学的研究方法。

### (二) 研究对象涉及范围广而不深

由表 3 可知，我国虚拟学习社区研究的对象涉及范围非常广，涉及到虚拟学习社区基本定义、性质、理论基础、学习者特征、师生交互策略、学习动机、社区归属感、知识共享、社区构建、设计开发及应用、社会网络关系及构建、动机机制、学习者交互因素、评价方法制定、社区有效性反思等很多方面。但在研究过程中，只有少数学者如胡凡刚等一直在对我国虚拟学习社区进行长期深入的研究，而其他很多学者仅仅是有所涉猎，研究时间短，研究内容浅显。因此我们倡导各位研究者尽量专注自己的研究领域，聚焦某一个方面，进行长期、深入、细致的研究，只有这样，才能推动我国的虚拟学习社区研究取得更加丰硕的成果。

### (三) 研究内容比例相差较大

表 3 表明我国虚拟学习社区主要偏重研究设计开发这一块，如邓伟设计开发了移动虚拟学习社区[7]，对虚拟学习社区设计开发研究有助于我们采用先进的技术和方法来设计新型的虚拟学习社区，有助于教师的教学和学生的学习，使学生获得更好地学习体验，提高学习效率。其次虚拟学习社区要素研究、社会网络关系研究也较多，新型网络世界和移动技术的发展使得虚拟学习社区的社会网络关系更加复杂，这方面的研究也会越来越多。而虚拟学习社区的综合理论研究、以虚拟学习社区为平台进行教师培训以促进教师专业发展研究、对虚拟学习社区学习进行绩效评估和反思研究却涉及较少，但这些对于虚拟学习社区的发展和应用也十分重要。所以，我国虚拟学习社区各方面内容研究需要保持适当的研究比例，虚拟学习社区才会更加全面、迅速、有效地发展。

## 四、我国虚拟学习社区研究的发展趋势

随着网络技术、移动技术的发展以及虚拟学习社区在终身学习等方面所不可替代的优势，虚拟学习社区将会得到更大程度的发展，主要表现为以下几点趋势。

### （一）虚拟学习社区研究的多元化

虚拟学习社区研究在研究理论、研究人员、研究方法等几个方面将会更加多元化。社会学、教育学、现代信息技术等学科理论将会更多地引入到虚拟学习社区研究中来，更多的研究人员如中小学教师、社会培训人员以及其他领域的研究者参与到虚拟学习社区研究中来，更多的社会学研究方法将会运用到虚拟学习社区的研究中来，以规范虚拟学习社区的研究。

### （二）交互仍是虚拟学习社区研究关注的重点

目前，交互已经是虚拟学习社区研究的一个热点，但它不会随着时间的推移而“降温”。因为知识建构最终只有在学习者与同伴、教师、资源、概念之间的交互中完成。同时，随着新型 WEB 技术的发展，交互体验方式将更加丰富多样。今后，交互研究仍是虚拟学习社区的一个研究焦点，且在交互内涵、工具、手段、策略等方面都将会有新的更深入地发展。

### （三）三维虚拟学习社区将会得到广泛应用

目前常见的虚拟学习社区多是基于 B/S 架构的二维虚拟学习社区，但三维虚拟学习社区的发展和应用将会是一个趋势。在技术方面，网络技术和虚拟现实技术的快速发展，为三维虚拟学习社区开发提供了有效的技术支持。在教育应用方面，三维虚拟学习社区信息呈现方式多样化和立体化，使得虚拟学习对象和学习场景更具真实感、更富情境性。这种逼真的情境会更利于学习者知识发展，更易激发学习者的创造性和学习积极性。

### （四）移动虚拟学习社区研究将会是一个新领域

无线移动通信技术、移动终端设备的发展和普及为移动学习提供了技术支持。移动虚拟学习社区把学习者从学习时间和学习地点的局限中解放出来，同时又加强了学习者之间的交流协作，激发学习者的参与性、主动性和积极性，将极大地提高学习效果和效率。基于移动虚拟学习社区独特的优势，它将成为虚拟学习社区研究的新领域。

### 参考文献

[1] 卢志国，郑光辉. 论 Web2.0 环境下虚拟学习社区的构建[J]. 情报资料工作，2009(2):36-39
[2] 胡凡刚，张红艳，赵莎莎，齐香香. 教育虚拟社区交往的规律与原则[J]. 远程教育，2007(7):40-43
[3] 胡凡刚，李广艳. 影响教育虚拟社区归属感形成因素的实证分析[J]. 中国电化教育，2011(1):51-56
[4] 王陆. 虚拟学习社区的社会网络结构分析[D]. 西北师范大学，2009.
[5] 温会宝. 基于个人知识管理的虚拟学习社区的设计与实现[D]. 辽宁师范大学硕士学位论文，2010.
[6] 刘洪超. 虚拟学习社区归属感研究[D]. 陕西师范大学硕士学位论文，2009.
[7] 邓伟. 移动虚拟学习社区的设计与开发研究[D]. 西南大学硕士学位论文，2008.

### 作者简介

王艳丽，1982 年生，女，湖北襄阳人，讲师，硕士，研究方向为数字化学习技术。

# 基于 Android 平台的移动学习微课堂系统设计与开发

伍文燕，王洪江

（华南师范大学教育信息技术学院，广东广州，510631）

**摘　要**：移动微型学习是非正式学习领域中的又一个新热点，它融合了移动学习和微型学习的特点，是基于移动智能终端设备随时随地进行微型学习的过程，能更好地满足人们对终身学习、随时随地、短时间学习的需求。通过对移动微型学习的理论研究，并基于软件工程的思想，提出了微课堂系统的总体设计过程，包括设计原则、系统架构设计和系统功能设计，实现了基于 Android 系统平台的微课堂原型系统，并对系统进行了测试分析，结果显示本系统能实现基本的手机微课堂应用。

**关键词**：移动微型学习；Android；微课堂

# The Design and Development of Micro-class System Based on Android Platform In Mobile Learning

Wu Wenyan, Wang Hongjiang

(School of Educational Information Technology. South China Normal University, Guangzhou, 510631)

**Abstract**: Mobile-micro learning, a micro-learning process based on mobile intelligent terminal device, is one of the hot topics of informal learning, which combines the merits of mobile learning and micro learning and meets the demands of people's lifelong leaning, short-time learning anytime and anywhere. This thesis has introduced the overall design of the micro-class system, including the design discipline, architecture design and function design based on the theoretical research of mobile micro-learning and the idea of software engineering. It has developed a prototype system of micro-class based on the Android system and tested the developed system. The proposed Mobile-micro class system can be applied.

**Keywords**: mobile micro-learning; Android; micro-class

伴随着 ICT 技术的迅速发展，多元学习媒介和学习终端已经将人类的学习环境延伸到生活的各个角落。微型移动终端以其便携性、移动性和良好的通信能力等特点备受人们的关注，利用微型移动终端进行非正式学习，促进个人学习研究，这种移动学习方式是有效的，被越来越多的实践者证实[1]。而如何为用户提供一个适合短时间学习的方便快捷有效的移动微型学习实践平台，使用户能够在此平台上进行愉快的学习活动，实现移动学习环境下的协作学习至关重要。本文根据软件工程的思想以及对移动微型学习的研究现状、概念、特点的研究，提出了微课堂系统的设计理念，并介绍系统的开发过程。微课堂系统的成功开发与应用能满足人们对终身学习、随时随地、短时间学习的需求，以及为促进移动微型学习成为新的个人学习的有效方式具有重要的理论与实践意义。

## 一、研究现状

Arborea Istitute 在“M-Learning for Applied Science M-LAS”一文中提到，我们要让年轻人意识到，他

们可以利用每天都携带在身上的手机，在一个熟悉的环境里随时自由选择所要学习的知识[2]。可见，增强人们移动学习的意识显得越来越重要。目前，国内外有不少关于移动学习的研究项目，这些项目关注移动学习在学校、成人培训、工作场所、城市和农村等不同场所的应用。在国外移动学习的研究主要集中在欧洲和北美部分经济发达的地区，且从研究的目的可以将移动学习分为两类：一类是由提供商发起的，目的是将 m-Learing 应用于企业培训；另一类是由教育部门发起的，目的是借助新技术改善教育[3]。国内关于移动学习的研究起步较晚，相关项目也主要是由教育部负责的在几所名牌大学里面开展，如北京大学现代教育中心教育实验室承担了移动教育理论与实践的试点项目，上海电视大学实施的"移动校园" 计划、台湾"清华大学"手机课程[4]，2011 年 11 月 15 日国内知名录播厂商奥威亚科技 AVA 提出的"录播系统助力移动学习资源开发"[5]等。同时，2011 年 10 月 30 日中央商务区成为复旦大学 EMBA 移动教学基地[6]，可见，移动学习的研究越来越受到业界的重视。

然而，相对于移动学习，微型学习的研究正处于初级阶段，微型学习的研究在国内外开展的还不够频繁，虽然早在 2005 年，国际上已成立了专门的微型学习研讨机构，每年都有微型数字化学习的学术交流年会，但是相关理论与技术研究的文献资料还很匮乏，应用研究更是少之又少。由于移动学习和微型学习在本质上具有一些共同的特征和理念，本文所研究的基于移动智能终端设备的移动微型学习系统，主要是借鉴了当前一些移动学习的研究项目经验[7]。

## 二、移动微型学习概述

移动微型学习是属于非正式的学习过程，是利用便携式移动学习设备进行短期学习的行为[8]，结合了移动学习与微型学习的特点，主要包括两方面的内容，即学习内容的微型化和学习媒介的移动微型化。

学习内容的微型化(即微内容)是指采用短小扼要的摘要形式来描述宏大的内容，比如 e-Mail 的主题句、网页的标题、元数据描述、书目等，微内容之间既是相互独立的，又是互相连结的[9]，是"小片段、松散连接、一直处于动态重组中"的信息单元。而学习媒介的移动微型化是指采用各种数字化移动终端设备来实现随时随地实施非正式学习的过程。

移动微型学习所依托的微内容具有片段化、零碎化的特点，它所致力地正是学习者怎样利用微型媒介将片段化的知识进行联结，是处理比较小的学习单元且聚焦时间比较短的学习活动[10]。

基于国内外关于移动微型学习的研究，本文提出的微课堂是指微型学习中的学习环境，是呈现微内容、实现微课程教学的微型移动学习平台。目前，类似的"微课堂"学习平台包括网络微课堂和手机微课堂，比较知名的网络微课堂应用平台有网易微课堂、腾讯微课堂和海词微课堂，而关于手机微课堂应用平台的研究甚少，本研究中设计开发的微课堂系统属于手机微课堂，开发过程结合了无线网络技术、Android 移动平台开发技术等现代新技术，应用于呈现微小精湛的课程内容，能满足学生和老师的自主学习兴趣。

## 三、微课堂系统的总体设计

### (一) 设计原则

软件工程中提出，系统设计原则应符合：可靠性、健壮性、可修改性、容易理解、程序简便、可测试性、效率性、标准化、先进性和可扩展性原则[11]。同时，根据微型学习的特点进行综合分析与设计，林德纳等人提出微型学习的设计需要考虑以下几个重要的特点：简洁性、行为驱动、边缘、流程、参与点和开放性[12]。考虑到这些概念，并结合移动微型学习的特点分析，微课堂系统的设计应该更加注重人性化、个性化和社会化，为此提出微课堂系统的设计原则：

#### 1. 设计简单化和个性化

不管是界面设计，还是操作设计，复杂的东西都被人所鄙视了，而简单的东西越来越被人认可，微软"所见即所得"的理念，以及苹果公司高尚简约的风格都证明了简约化设计已成为主流。由于手机屏幕小的局限，系统设计更应精益求精、易于操作。要充分利用空间，保持样式一致，尽量不使用水平滚动条，尽量使用短小、精悍的语言。注意页面的导航层次，每个页面要进行导航的设计，用户可以进行随意的跳转、返回，而不至于迷茫。当然，系统更要突出自己的个性，使用户乐于应用此系统进行移动学习。

**2. 实现积累性和可管理性**

平台中微课程中心的知识点能够随着时间不断更新和积累，用户能够方便地查看最新的微内容，同时能随时发布微内容，微课程中心实现知识的管理，将用户新发布的微内容呈现在微课程平台中，用户可以收藏自己感兴趣的微课程，实现个人知识管理，以适应学习者非连续的注意状态。

**3. 具有知识共享的特点**

在此平台中，师生共同面对各种复杂的问题和挑战，共解知识之谜，共感人格魅力，共悟精神价值，共创学习型课堂和学习化社会，通过这样，用户的知识可以不断积累、更新，从而更能扩大个人的知识储量，提高个人学习能力。

**4. 注重友好人机交互**

从人机工程学的观点出发建立人机交互模型，并从人类心理学、行为学、人类健康学等综合考虑给出模型，使得设计模型融合用户模型，适应用户的特点，同时要考虑用户的期望。对使用者的操作提供友善的反馈信息，就是在操作过程中出现的错误，因误操作出现的问题提供正确的反馈。考虑到移动设备“小”的特点，学习平台的界面应尽量简单、整洁、直观、操作简便、使用户一目了然[13]。

**5. 创设自由快乐的学习体验**

学习者在微课堂系统中的学习活动是一种自主性的学习，并能与其他学习者进行在线交流讨论，无形中就某个感兴趣的主题形成协作学习小组，让学习者在微课堂系统的学习活动中体验到一种自由开放的愉悦感，充分体验快餐文化的美味，这是本系统最重要的设计原则。

## （二）系统架构设计

系统分为手机端和服务器端两大部分，并且通过无线网络将两大部分结合为有机整体。采用客户机/服务器(C/S)体系结构，从高到低依次为：表示层、网络层、业务逻辑层和数据库层。其中表示层位于客户端，网络层是基于移动互联网，业务逻辑层和数据库层位于服务器端。系统的体系结构图如 1 所示：

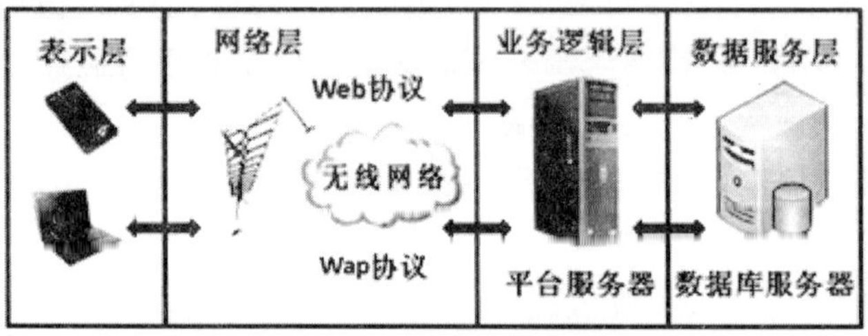


图 1　微课堂系统体系结构图

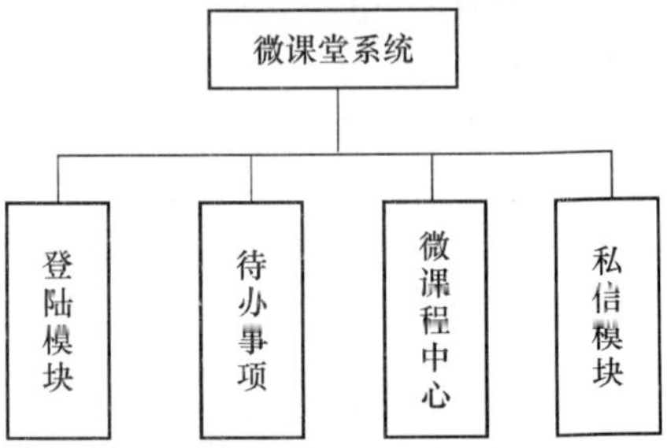


图 2　微课堂系统功能模块图

服务器端的应用程序支持 Android 的移动智能终端手机、平板电脑的访问。在客户端的部署上，智能手机必须基于 Android 系统，由 Android 应用程序运行，平板电脑可以直接由完善的 Webkit 浏览器运行，各模块的内容资源(文本、图片、视频等)完全由服务器端分发。服务器端程序由 Struts2＋Hibernate 框架设计，部署在 Apache tomcat 容器上运行，数据库采用 MySQL。服务器端程序完全遵循 MVC 模式开发，客户端请求的资源以 JSON 或流媒体格式分发[14]。

## （三）系统功能设计

基于系统需求分析和设计原则进行系统功能设计，本系统主要提供师生进行微课程学习活动时的在线学习和在线交互功能。将微课堂系统分成四个模块：登陆模块、待办事项模块、微课程中心模块和私信模块。系统的功能模块如图 2 所示。

各个模块单独存在，其中登陆模块需要创建本地数据库，记录当前登录用户的信息。待办事项模块、微课程中心模块以及私信模块需要在服务器中创建数据库，分别记录待办事项内容、微内容和私信内容。

在微课程中心模块，用户通过发布微内容，与其他用户分享知识，其他用户可以对微内容进行回复，从而实现在线交流讨论，交互不仅体现在教师与学生之间，也体现在学生与学生之间，学生与教学内容之间，通过交互过程，加深对知识的理解。由此，每个用户既是内容的浏览者，也是内容的制造者。同时，用户可以对自己感兴趣的微课程进行收藏，在"我的微课程"页面可以进行课程的管理。系统还提供待办事项和私信空间模块，待办事项模块可以用于教师发布通知，提醒学生未完成的学习任务；私信空间模块可以向某一用户发送私信，如向某一用户发送批评建议或者用于考试成绩公布等比较私密的事件。

## 四、微课堂系统的实现与测试

### （一）服务器端实现

服务器端采用 struts2＋hibernate 开源框架，结合 MySQL 数据库服务器，采用这个框架能实现最基本的 CURD 功能。对于数据库的连接与操作也提供了配置文件（hibernate. properties 或 hibernate. cfg. xml）和映射文件（*.hbm. xml），并通过 PO（Persistent Object，持久化对象）对数据表中的数据进行增、删、改、查等操作，使数据库的相关操作变得简单且高效。同时结合 JSON 插件，很轻易地把服务器端的信息以 JSON 格式发送到了手机端。

以微课程中心模块的实现为例。项目中对应课程表（_Courses）的操作，首先利用 MyEclipse 中的工具自动生成三个映射文件：对象关系映射文件 Courses. hbm. xml、持久化类文件 Courses. java、数据操作接口文件 CoursesDAO. java。Service 层引用 Dao 数据库操作，把 DAO 和 Action 层分离，在实现 Service 层时编写了两个文件，一个是 service 业务接口文件，另一个是实际的业务操作文件，放在 serviceimp 里面。Action 层调用 Service 层，接收客户端传递的请求数据，做适当的计算处理，并将结果返回给客户端。返回测试结果的页面显示 JSON 格式的字符串。

### （二）客户端实现

客户端项目开发采用 Eclipse 集成开发环境，选用 2.3.3 版本的 Android SDK，设置项目的包属性为 mi. course. app。客户端的功能实现包括两部分：界面 UI 实现和功能代码实现。界面 UI 实现，要用 PhotoShop 做出设计的效果图，然后在 Android 中用 XML 文件描述用户界面，资源文件独立保存在资源文件夹中。功能代码的实现较为复杂，在这里仅以实现获取微课程信息列表的功能为例，略作说明。首先，在页面 XML 描述文件中定义 ID 为 crlist 的 ListView 控件，关键在于如何获取微课程列表数据给这个 ListView 提供显示数据。ListView 中每一条子数据分别由用户姓名、微内容、发布时间这三部分组成，根据这三部分定义一个名为 Course. java 实体类，在 res/layout 目录下新建名为 decourse. xml 的 Layout 用来控制 ListView 子项的显示部件。接着，为列表控件定义一个数据 Adapter，自定义 ListView 的 Adapter 继承自 BaseAdapter。Adapter 从一个外部资源获取数据，它的主要任务是在布局中显示数据，并且监听 Button 事件，处理用户的选择，实现的关键代码如下：

```
    private List<Course> crList;
    //获取用户选择
  public View getView(int position, View convertView, ViewGroup parent) {
        convertView =
LayoutInflater.from(getApplicationContext()).inflate(R.layout.decourse, null);
             CourseHolder ch = new CourseHolder();
             ch.userName = (TextView) convertView.findViewById(R.id.userName);
           ch.crContent = (TextView) convertView.findViewById(R.id.crcontent);
```

```
            ch.crSendTime = (TextView) convertView.findViewById(R.id.crtime);
            Course cr = crList.get(position);
            if(cr! =null){
                convertView.setTag(cr.getCourseId());
                ch.userName.setText("" + cr.getUserName());
                ch.crSendTime.setText((CharSequence) cr.getCrSendTime());
                ch.crContent.setText(cr.getCrContent(),
TextView.BufferType.SPANNABLE); }
              return convertView;
        }
    }
```

最后，就是显示微课程信息列表，在 CoursesList 的 onCreate 方法中调用 loadList()方法。loadList()方法通过 HTTP 协议，在服务器端接口上获取返回的 JSON 数据，即为当前的微课程信息列表，客户端解析 JSON 格式的数据，然后显示到 ListView 中，这样即完成了微课程信息列表的获取。

### （三）测试分析

采用黑盒测试法，对软件的功能进行测试。测试时找出能测试到所有输出功能的输入值集合，对每一个模块进行测试分析。测试结果表明，服务器端和客户端功能都能正常运行。图 3-图 6 显示了 Android 仿真环境中客户端的测试结果截图。

图 3　功能列表页面

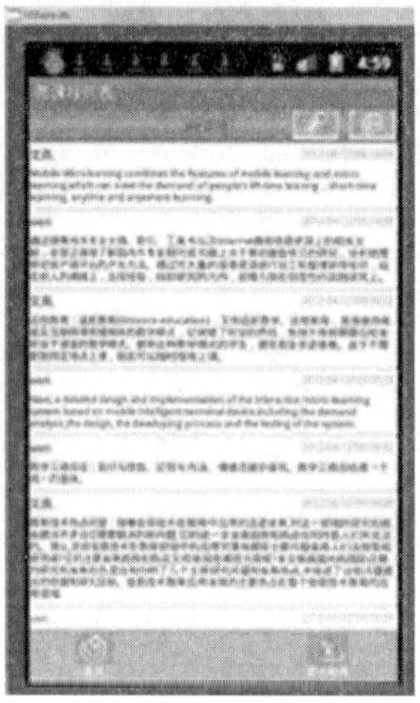

图 4　微课程列表页面

图 5　阅读微课程页面

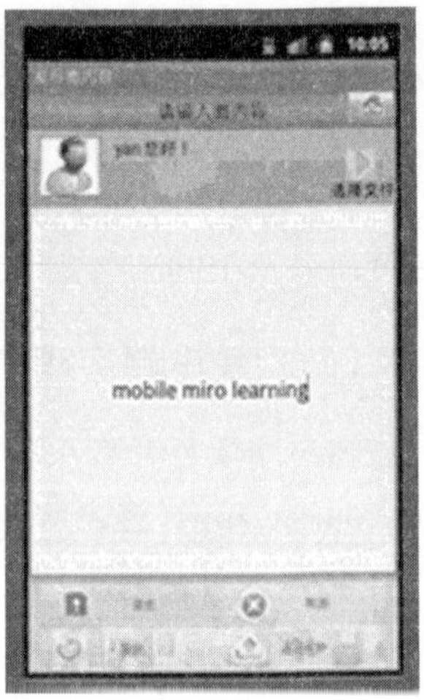


图 6　微内容编辑页面

## 五、总结

随着微型移动终端、无线网络技术和软件系统开发技术的发展，以及学习型社会对个人终身学习的需求，移动微型学习的研究和应用必将取得丰硕的成果。微课堂系统的实现从某种意义上开辟了移动学习的新领域，为全民的终身学习创造了实践平台。本文对移动微型学习的内涵和特点进行研究，提出微课堂系统的设计理念，并基于设计理念，设计满足学习者进行随时、随地、随需、短时间学习活动的移动微课堂学习平台，实现基于 Android 智能手机的微课堂原型系统。但由于涉及学科知识比较广泛，本文对这一领域的研究还相当有限，在以后的研究中将继续关注此领域的发展趋势，进行深入研究。

**参 考 文 献**

[1] 李娟，刘彪，王鑫鹏等. 基于微型移动终端的非正式学习研究. 现代教育技术[J]，2009(19,7)：87-90

[2] Carole Salis, Fabrizio Murgia, Andrea Mameli. M-learning for applied science M-LAS [J]. ACM, 2007(5): 1-4
[3] 叶成林，徐福荫，许骏. 移动学习研究综述[J]. 电化教育研究，2004(3): 12-19
[4] 傅健，杨雪. 国内移动学习理论研究与实践十年瞰览[J]. 电化教育研究，2009(7): 36-39
[5] yangguangtop. CNKI: AVA 录播系统助理移动学习资源开发[DB/OL]. http://www.e-chinaedu.cn/ReadNews.asp?NewsId=3929. (2011-11-14)
[6] 中国 MBA 网：中央商务区成为复旦大学 EMBA 移动教学基地[DB/OL]. http://www.mba.org.cn/a/EMBAjiaoyu/2011/1103/7533.html. (2011-11-03)
[7][10] 唐燕妮. 基于移动终端的微型学习系统设计与开发[D]. 上海：华东师范大学，2009
[8] Dejian Kovachev, Yiwei Cao, Ralf Klamma, Matthias Jarke. Learn-as-you-go: New Ways of Cloud-based Micro-learning for the Mobile Web[J]. Computer Science, 2011(7048): 51-61
[9] Dr. Arnaud Leene. MicroContent is Everywhere[J]. In Microlearning Leene, 2006
[11][13] 王庆育. 软件工程[M]. 北京：清华大学出版社，2004
[12] 祝智庭，张洁，顾小清. 微型学习——非正式学习的实用模式[J]. 中国电化教育，2008(2): 13
[14] 杨芮. Android 手机广告平台的设计与实现(D). 四川：西南交通大学，2011

## 作者简介

伍文燕，1989 年，女，汉族，广东省兴宁市人，硕士研究生，研究方向：教学设计。

# 《摄影基础》虚拟仿真教学软件的设计与开发

喻晓琛，刘一儒
（江西师范大学传播学院，江西南昌，330022）

**摘　要**：《摄影基础》课程具有极强的实践操作性，本文从分析当前摄影课程实践教学中所存在的问题入手，提出通过应用虚拟仿真技术设计开发一套教学软件，以提高摄影实践教学的有效性。

**关键词**：《摄影基础》课程；虚拟仿真；教学软件

# Design and Development of "The Photography Foundation" Teaching Software Based on Virtual Reality Technology

Yu Xiaochen Liu Yiru
(Jiangxi Normal University, Nanchang, 330022)

**Abstract**: "The photography foundation " has the character of practical operation. We analyse the current problem of the photography teaching, and apply virtual reality technology to design and develop the teaching software, in order to improve the validity of the photography teaching.

**Keywords**: the photography foundation; virtual reality; teaching software

《摄影基础》课程作为教育技术专业的专业基础课，具有极强的实践操作性，其课程目标在于，让学生通过摄影课程的学习了解照相机的结构，掌握镜头的特性，提升学生的美学素质。因此，《摄影基础》课程的专业基础性显而易见。而由于高校扩招带来的现实问题，普遍存在实验设备不足；传统授课方式不够直观；实验教学动手机会较少等问题。解决上述问题的最佳办法就是从教学手段入手，运用现代信息技术武装我们的课堂。而迅速崛起的现代教育技术把虚拟仿真技术引入到了现实的实践性的教学中，虚拟仿真技术在教学中的应用，使传统的教育模式产生了质的变化，也使得教与学的方式发生了革命性的变化[1]。

## 一、虚拟仿真的概述

### （一）虚拟仿真的定义[2]

虚拟仿真（Virtual Reality）意同虚拟现实，简称 VR 或称灵境技术，是指采用以计算机技术为核心的现代高科技生成逼真的视、听、触觉等一体化的虚拟环境，用户借助必要的设备以自然的方式与虚拟世界中的物体进行交互，相互影响，从而产生亲临真实环境的感受和体验。

### （二）虚拟仿真的特点[3]

虚拟仿真具有沉浸性、交互性、虚幻性和逼真性，使人们能沉浸其中，超越其上，出入自然，形成具有交互效能多维化的信息环境。

1. 沉浸性：虚拟仿真系统中，使用者可获得视觉、听觉、嗅觉、触觉、运动感觉等多种感知，从而获得身临其境的感受。理想的虚拟仿真系统应该具有能够给人所有感知信息的功能。

2. 交互性：虚拟仿真系统中，不仅环境能够作用于人，人也可以对环境进行控制，而且人是以近乎自然的行为（自身的语言、肢体的动作等）进行控制的，虚拟环境还能够对人的操作予以实时的反应。

3. 虚幻性：即系统中的环境是虚幻的，是由人利用计算机等工具模拟出来的。既可以模拟客观世界中以前存在过的或是现在真实存在的环境，也可模拟出客观世界中当前并不存在的但将来可能出现的环境，还可模拟客观世界中并不会存在的而仅仅属于人们幻想的环境。

4. 逼真性：虚拟仿真系统的逼真性表现在两个方面：一方面，虚拟环境给人的的各种感觉与所模拟的客观世界非常相像，一切感觉都是那么逼真，如同在真实世界一样；另一方面，当人以自然的行为作用于虚拟环境时，环境做出的反应也符合客观世界的有关规律。

## 二、《摄影基础》虚拟仿真教学软件的设计与开发

《摄影基础》虚拟仿真教学软件从 2006 年起历经四年的设计开发完善之路，2007 年该软件 2.0 版本荣获第十一届全国多媒体教学软件大赛高等教育组全国一等奖，2010 年最终完成定稿。我们在内容上划分为五个模块，分别是：章节导航模块、虚拟仿真模块、网络扩展模块、专家视频模块、使用帮助模块。下面我们分别进行详细的介绍：

### （一）章节导航模块

本模块主要针对课堂教学知识点，在设计上主要满足教师多媒体课堂教学需要、和学生课外自主学习需要，对课程知识点进行严格筛选，把《摄影基础》各个章节知识点结合课堂教学实际需要进行教学设计。做到内容准确、配图精确、画面效果美观，在此基础上我们还针对各个知识点运用程序编辑导航系统，形成完整、结构清晰的树状目录，方便教师、学生使用。具体如图 1 所示：

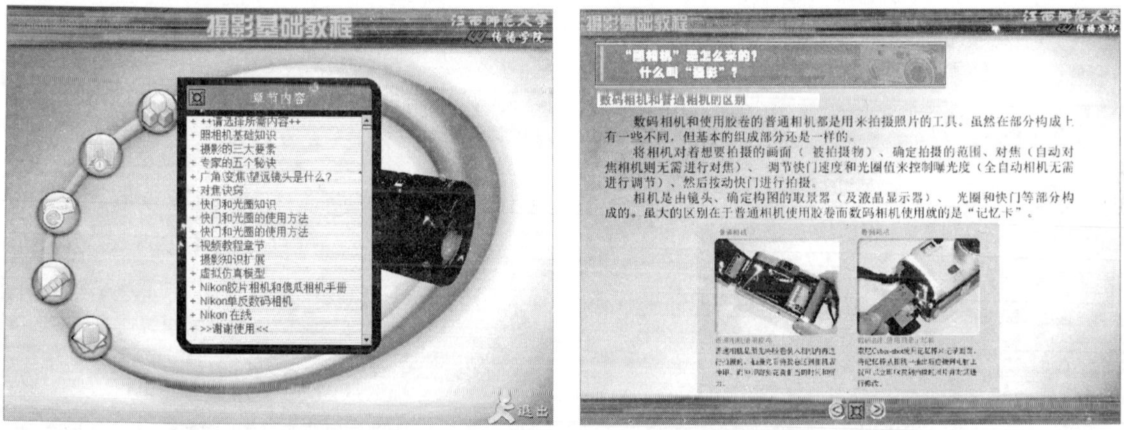


图 1　章节导航内容模块

### （二）虚拟仿真模块

该模块是本软件设计与制作的重点，内容选择上，我们对摄影中需要讲清楚的，并让学生理解与掌握的内容进行筛选，分别对标准镜头、变焦镜头、专业数码单反、老式照相机等进行 3D 模型制作，并在此基础上完成系列虚拟现实仿真设计。呈现的效果有镜头结构展示、变焦镜头展示、数码单反镜头装卸模拟操作、数码单反相机模拟拍摄、数码单反存储卡模拟装卸等。最终在这个模块中教师课堂教学丰富多彩，学生课外模拟操作充分，达到最终设计要求。具体如图 2、图 3、图 4、图 5、图 6 所示：

图 2　50mm 镜头虚拟仿真

图 3　70—210mm 变焦镜头虚拟仿真

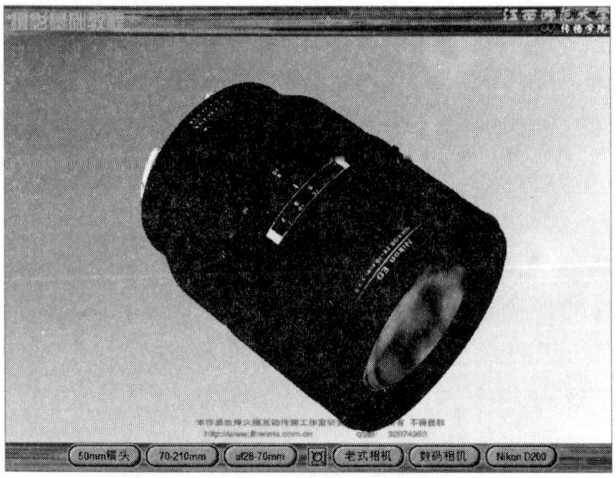


图 4　28—70mm 变焦镜头虚拟仿真

图 5　镜头拆卸虚拟仿真

图 6　数码相机操作虚拟仿真

## (三) 网络扩展模块

随着网络的普及，课堂教学在时间和空间上得到极大的拓展，本模块主要解决课堂教学网络环境的调用，可以让老师随时在教学的任何一个环节网络互联网，在此基础上我们结合摄影教学实际需求集成了我国较好的摄影学习网站和论坛，一方面起到推荐的作用，另一方面是引导学生课外使用本软件，能够访问课程教学所希望访问的内容。具体如图 7 所示：

图 7　网络扩展模块

### （四）专家视频模块

本模块也是出于拓展课堂教学的考虑，收集、节选大量视频教学资料，让课堂教学内容更加丰富和学生课外学习更加充实。此模块能够满足学生知识点的掌握，较好地帮助学生拓展学习、并且能够帮助那些知识点掌握不好的学生进行课外的复习。具体如图 8 所示：

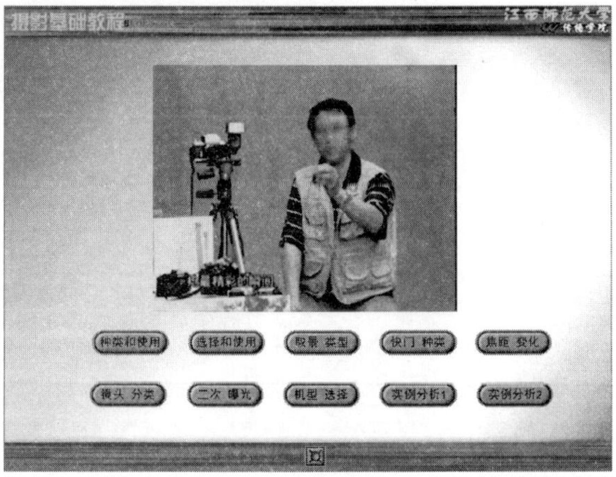


图 8　专家视频模块

### （五）使用帮助模块

本模块是软件设计的使用模块和版权声明模块。考虑到软件的使用必须满足各类用户的使用。

## 三、《摄影基础》虚拟仿真教学软件开发的关键技术

虚拟仿真技术当前存在许多不同的平台，选择平台上我们认为，结合具体需要合适就好。结合教学需要，我们认为该软件需要逼真的三维模型、实现基于万向的旋转浏览、基于拆卸交互、基于触摸的文字或者语音提示。综合上述考虑我们最终选择模型构建采用 3d max 技术，虚拟现实交互采用 cult3d 技术。

### （一）3d max

3d max 在多边形建模方面业界一致公认其强大。随着版本的升级，贴图、烘焙、渲染都到提升。对于本软件所要完成的模型制作完全可以胜任。考虑到与 cult3d 整合的问题（cult3d 输出插件只支持 3dmax8）我们尽可能的使用 3dmax8.0 版本。如果涉及到高版本 3dmax 版本可以采取输出 obj 或 3ds 文件等形式导入到 3dmax8.0.最终可以完成模型制作工作。

### (二) Cult3d

Cult3d 主要针对 web3d 展示而开发。它的特点在于操作简单，节点编辑，支持 java 等功能。在本软件开发中关键部分主要是交互方面结合必须虚拟操作实际需要合理设置处理三维物件关键轴。

## 四、结语

本软件针对当前摄影教学中存在的问题，应用 3d max 技术和 Cult3d 技术，结合当代教育理论设计开发而成。它不仅为当前摄影教学中客观存在的现实问题提供了可以操作的可行性方案，更对现有摄影课程教学软件进行了必要的补充，成为虚拟仿真技术在教学中的应用一个可以参考的案例。

### 参考文献

[1] 习晓远.仿真技术在实验教学中的作用和地位[J].实验室研究与探索.2002,(4):25 — 26.

[2] 陈鹏.虚拟仿真技术在服装工艺教学中的应用研究[D].湖南师范大学.2009.

[3] 虚拟仿真_SOSO 百科[EB/OL]. http://baike.soso.com/v12825711.htm.

### 作者简介

喻晓琛，1979 年生，女，汉族，江西省南昌市人，讲师，硕士学位，研究方向：虚拟现实技术的应用与教学工作；远程教育。

# 数字化学习对大学生情感发展影响的调查研究

崔向平

（西北师范大学教育技术学院，甘肃兰州，730070）

**摘　要**：古今中外的教育家为我们阐明一个观点——学习者积极的情感对学习和成长具有促进作用和重要影响。在教育信息化进程中，数字化学习逐渐成为主流学习方式。目前，研究者大多关注于数字化学习对学习者认知过程的影响，而关于其对学习者情感发展的影响却研究甚少。本研究采用问卷调查法和访谈法，对甘肃省高校的全日制本科生进行调查研究，旨在了解数字化学习对大学生情感发展的影响，分析数字化学习环境下大学生情感变化的成因及其规律，探讨利用数字化学习激发大学生积极情感的策略。

**关键词**：数字化学习；大学生；情感；影响

# The Investigation of the Effect of E-learning on College Students' Affective Development

Cui Xiang-ping

(School of Educational Technology, Northwest Normal University Lanzhou Gansu 730070)

**Abstract**: The learners willingness plays a positive role in learning and grow up. Many educators, home and abroad, provide sufficient arguments to this point. E-learning is the main learning approach in the information age. Current researches are focused on the college students' cognitive process under the effect of e-learning, but their affective development are neglected. This research selected all full-time junior college students from 6 universities in Gansu province as subjects, with the questionnaire method and interview method, aiming at analysing the reasons and patterns of college students' affective variation and exploring strategies of stimulating their affect under the effect of E-learning.

**Keywords**: e-learning; college students; affect; effect

## 一、研究动因

我国古代教育家、思想家孔子在《论语·雍也》中有一句名言："知之者不如好之者，好之者不如乐之者"。[1]南宋朱熹在《朱子语类》中写道"读书，放宽著心，道理自念出来；苦忧愁迫切，道理经无缘得出来"。[2]清末梁启超曾多次开展"趣味教育与教育趣味"方面的演讲。前苏联教育家苏霍姆林斯基在《帕夫雷什中学》一书中疾呼："我一千次确信：没有一条富有诗意的情感和审美的清泉，就不可能有学生智力的全面发展。"[3]美国哈佛大学教授丹尼尔·高曼通过科学论证得出结论：20%智商＋80%情商＝100%成功。[4]我国电化教育的开拓者和奠基人南国农先生在其主编的《信息化教育概论》著作中明确提出：情商是教育成功的关键因素，在教育教学上，只有从重视智商转到既重视智商，更重视情商上来，才能培养出信息时代所需要的人才[5]。可见，古今中外的教育家为我们阐明一个观点：学习者积极的情感对学习和成长具有促进作用和重要影响。

美国心理学家罗杰斯说:“现代教育的悲剧之一,就是认为惟有认知学习是重要的。”[6]在教育信息化进程中,数字化学习逐渐成为主流学习方式。目前,研究者大多关注于数字化学习对学生认知过程的影响,而关于其对学生情感发展的影响却研究甚少。[7]基于这一原因,笔者以心理测量学中关于个性、情感、情商测验的编制方法为依据,编写了“数字化学习对大学生情感发展影响的调查问卷”,对甘肃省高校的全日制本科生做了详细调研,期望了解数字化学习对大学生情感发展的影响,分析数字化学习环境下大学生情感变化的成因及其规律,探讨利用数字化学习激发大学生积极情感的策略。

## 二、调查的设计与实施

### (一)调查内容

调查内容主要包括:(1)大学生基本情况调查。主要包括学生性别、生源地、个人电脑拥有情况。(2)大学生数字化学习基本情况调查。主要包括大学生对数字化学习的了解程度、对数字化学习媒体的认识及使用情况的调查。(3)数字化学习对大学生情感方面影响的调查。主要包括对大学生情绪方面和价值观方面的影响。(4)数字化学习对大学生情感发展方面优势的调查。主要包括对大学生情绪、情商和情感发展方面优势的调查。

### (二)调查对象

本研究调查了甘肃省六所高校(兰州大学、西北师范大学、西北民族大学、甘肃农业大学、兰州理工大学和兰州交通大学)的全日制本科三年级学生。由于大三学生与大一、大二学生相比较,经历了学校中较多的教育教学活动,具有一定的独立判断能力,能够比较充分地反映数字化学习的情感体验。抽样过程中,笔者尽量考虑了被抽样学生专业分布的平衡,其中人文社科类占56.30%,理工科类占43.70%。

### (三)调查方法

本次研究主要以问卷调查和访谈为主。问卷在初步设计好后经过三位专家审核,然后笔者对问卷进行了多次预调查,随后由三位专家再次审核,根据专家意见剔除了不太合理的选题。最后确定本问卷具有较高的效度和信度,可以投入使用。对甘肃省高校的大学生采用分发问卷的调查形式,共发放问卷360份(每所高校60份),回收问卷341份,其中无效问卷为26份,有效问卷315份,问卷回收率(R)=94.72%,问卷有效率(K)=92.38%,随机抽取其中的300份作为调查结果的有效问卷进行统计分析。为了更深入的了解数字化学习对大学生情感发展的影响,笔者对甘肃省高校的部分三年级学生进行了访谈。在数据统计分析阶段,主要采用了SPSS17 for windows和Microsoft Office中的Excel软件进行数据的统计分析。

## 三、调查结果与分析

### (一)大学生基本情况

大学生基本情况调查结果如表1所示。

**表1 大学生基本情况调查结果**

| | 性别 | | 生源地 | | | | 是否拥有个人电脑 | |
|---|---|---|---|---|---|---|---|---|
| | 男 | 女 | 直辖市或省会级城市 | 地区级城市 | 县级城市 | 县级以下地区 | 拥有 | 没有(使用学校机房的电脑) |
| 人数 | 122 | 178 | 4 | 61 | 72 | 163 | 260 | 40 |
| 比例 | 40.70% | 59.30% | 1.30% | 20.30% | 24.00% | 54.40% | 86.70% | 13.30% |

参与调查的 300 名大学生中，男生占 40.70%，女生占 59.30%。其中 54.40%的大学生来自县级以下的农村地区，44.30%的大学生来自县级城市和地区级城市，86.70%的大学生拥有个人电脑。

从大学生基本情况调查的结果可以看出，女生明显多于男生，来自农村地区的大学生比例要高得多，绝大多数学生都拥有个人电脑，说明多媒体计算机及计算机网络已经成为大学生学习、生活不可缺少的工具和信息源。

## （二）大学生数字化学习的基本情况

大学生数字化学习的基本情况调查结果如图 1、图 2 和图 3 所示。

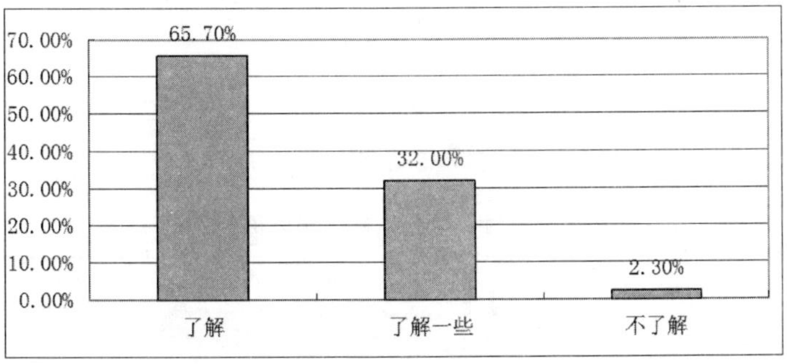


图 1　大学生对数字化学习的了解程度

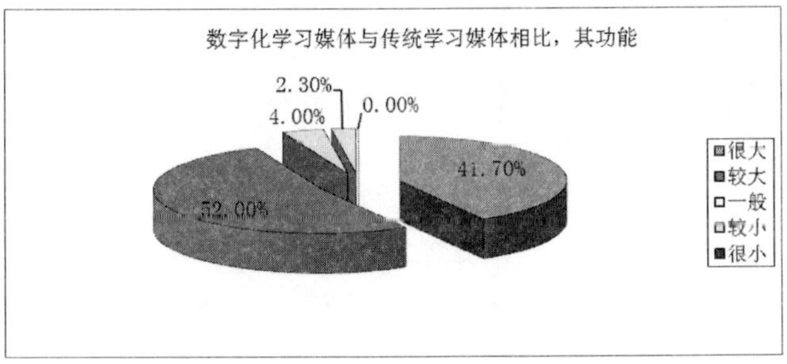


图 2　大学生对数字化学习媒体的认识

图 1 所示，有 65.70%的大学生了解数字化学习，32.00%的大学生对数字化学习了解一些，二者占到总人数的 97.70%，说明大学生对数字化学习都有一定的了解，这与当今大学生普遍拥有个人电脑、经常接触网络、通过网络获取信息的现状是相符的。如图 2 所示，有 93.70%的大学生认为数字化学习媒体与传统学习媒体相比功能较大，这表明数字化学习媒体已经被大学生所认可和接受。另外，如图 3 所示，有 23.00%的大学生平均每天上网学习 3 小时以上，平均每天上网学习 2-3 小时的大学生最多(50.70%)，值得关注的是没有上网学习的学生数是“0”，这说明大学生在日常的课堂学习之余，普遍进行数字化学习。

## （三）数字化学习对大学生情感方面的影响

数字化学习对大学生情感方面影响的调查结果如图 4 所示。

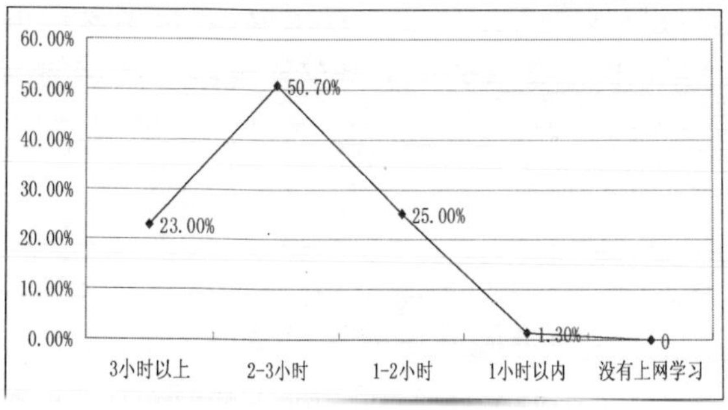


图 3　大学生平均每天上网学习时间的调查结果

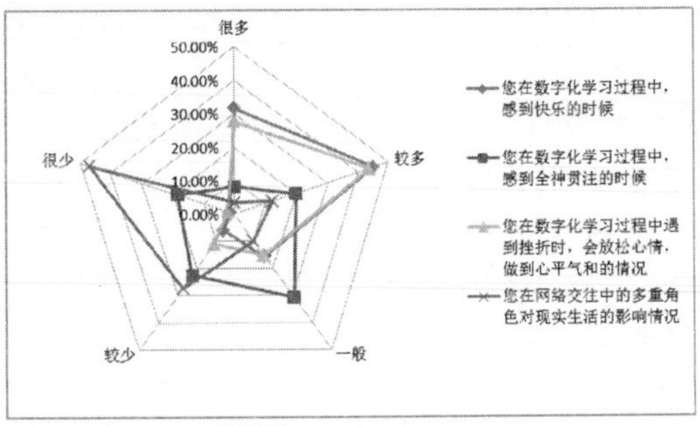


图 4　数字化学习对大学生情感方面影响的调查结果

通过图4可知，在数字化学习过程中感到快乐的大学生占大多数(76.70%)，但也有23.30%的大学生持相反意见，笔者通过与部分大学生访谈得知，这主要是由于面对浩如烟海的网络信息，他们会感到束手无策，从而影响了自己的情绪。在数字化学习过程中能做到全神贯注的大学生很少(28.00%)，这主要是由于学生面对的是一台没有感情的机器，缺乏教师的现场指导和与其他学生共同学习的气氛，所以很难做到全神贯注。在数字化学习过程中遇到挫折时能做到放松心情、心平气和的学生较多(71.40%)，笔者认为这符合青少年学生的年龄特点，这个年龄段的学生心理发展已基本趋于成熟。另外，有74.40%的大学生认为在网络交往中的多重角色很少会影响自己的现实生活，这说明大多数大学生已经形成较为成熟的人生观和价值观。

## (四) 数字化学习对大学生情感发展方面的优势

数字化学习对大学生情感发展方面优势的调查结果如表2所示。

**表2　数字化学习对大学生情感发展方面优势的调查结果**

| 项目 | | 很大 +2 | 较大 +1 | 一般 0 | 较小 −1 | 很小 −2 | 态度系数 $F_i$[8] |
|---|---|---|---|---|---|---|---|
| 情绪方面 | 虚拟情境的创设 | 9 | 43 | 131 | 92 | 25 | −0.135 |
| | 信息多，情感体验丰富 | 79 | 103 | 75 | 33 | 10 | 0.347 |
| | 信息反馈的及时性 | 65 | 102 | 71 | 56 | 6 | 0.273 |
| | 有针对性的评价方法 | 24 | 71 | 107 | 60 | 38 | −0.028 |
| | 学习支持服务体系 | 16 | 59 | 113 | 86 | 26 | −0.078 |
| 情商方面 | 妥善管理自己的情绪 | 75 | 113 | 71 | 35 | 6 | 0.360 |
| | 激发想象力和创造性 | 89 | 105 | 74 | 22 | 10 | 0.402 |
| | 增强自信心 | 54 | 87 | 102 | 45 | 12 | 0.210 |
| | 易觉察到别人的情绪 | 39 | 80 | 94 | 71 | 16 | 0.092 |
| | 促进人与人之间的交流 | 86 | 104 | 67 | 39 | 4 | 0.382 |
| | 增强人与人之间的信任 | 9 | 34 | 176 | 74 | 7 | −0.060 |
| 情感方面 | 培养学习兴趣 | 73 | 95 | 71 | 54 | 7 | 0.288 |
| | 激发学习动机 | 78 | 104 | 76 | 33 | 9 | 0.348 |
| | 满足求知欲 | 64 | 109 | 87 | 34 | 6 | 0.318 |
| | 培养爱国精神 | 81 | 107 | 75 | 29 | 8 | 0.373 |
| | 培养协作精神 | 106 | 130 | 47 | 17 | 0 | 0.542 |
| | 培养审美情感 | 73 | 105 | 78 | 33 | 11 | 0.327 |

### 1. 情绪方面

数字化学习对大学生情绪发展方面优势的调查结果如表2所示。参与调查的大学生普遍认为网络在创设虚拟情境——引发学习者的积极情绪状态方面的优势还没有得到发挥(态度系数为负)。有60.70%的大学生认为数字化学习媒体在信息多，情感体验丰富这方面有一定的优势，这与网络自身的特点和独特的优势是分不开的。在信息反馈的及时性方面，有超过一半的大学生(55.70%)认为数字化学习在这方面有较大优势，这是由于网络具有交互性特点，通过实时双向交互，可以缓解大学生的学习压力，并根据反馈信息及时调整自己的情绪状态和学习计划。大多数大学生(68.40%)认为在数字化学习过程中缺乏激发学习者积极情感的有针对性的评价方法(态度系数为负值)。在学习支持服务体系方面，态度系数为负，通过访谈得知，在数字化学习过程中缺乏引导和帮助，大学生常常会有迷茫和困惑的情绪状态。

### 2. 情商方面

数字化学习对大学生情商发展方面优势的调查结果如表2所示。有62.70%的大学生认为数字化学习在妥善管理自己的情绪方面有较大优势，这是由于网络为大学生学习情感方面的知识提供了渠道，有助于大学生认识自己的情绪并妥善管理自己的情绪。有64.70%的大学生认为数字化学习在激发想象力和创造性方面有较大优势。对于自信心的培养，有不到一半的大学生(47.00%)认为数字化学习在这方面有较大优势，通过查阅文献得知，增强自信心需要通过多种渠道，数字化学习只是其中的一个方面。数字化学习媒体在认识他人情绪方面优势不大，但也有39.70%的大学生认为数字化学习媒体在这方面有较大优势，通过访谈得知，他们更多的使用视频或一些表情符号来与对方交流，这些都有助于觉察到别人的情绪和增强自己的情绪体验。在促进人与人之间的交流方面，大部分大学生(63.40%)认为数字化学习媒体在这方面有较大优势，这与多媒体网络自身的特点和独特的优势是分不开的。网络在增强人与人之间的信任方面优势不大(态度系数为负)，这表明在数字化学习过程中，学生之间面对面的交流和直接的接触还是不可或缺的。

**3. 情感方面**

数字化学习对大学生情感发展方面优势的调查结果如表2所示。在培养学习兴趣和满足求知欲方面，有超过一半的大学生认为数字化学习在这方面有较大的优势，这与他们经常接触多媒体软件和计算机网络，进行数字化学习的实际情况相关。在激发学习动机方面，有60.70%的大学生认为数字化学习在这方面的优势较大，这是由于多媒体软件和计算机网络上教学内容的丰富性可以最大限度的满足大学生的求知欲和好奇心。在培养爱国精神方面，有62.70%的大学生认为数字化学习在这方面有较大优势，通过访谈得知，这与大学生在学习专业课的同时，也很重视接受爱国教育有关。在培养协作精神方面，有78.60%的大学生认为有较大优势，这是由于计算机网络自身特点和优势有利于协作学习的开展，使大学生在协作过程中提高自己的人际交往能力、探究能力和协作精神。在培养审美情感方面，有59.30%的大学生认为数字化学习在这方面有一定优势，这是由于数字化学习媒体呈现的丰富的学习资源可以增强大学生对自然美、科学美和艺术美的情感体验。

## 四、思考与建议

从以上数字化学习对大学生情感发展影响的调查结果分析得知，数字化学习对大学生情感发展方面的积极影响和优势主要有：(1)大学生在数字化学习过程中心情愉悦、情绪稳定；(2)信息多，大学生情感体验丰富，信息反馈及时；(3)有利于大学生认识自己的情绪并妥善管理自己的情绪；(4)在激发大学生想象力和创造性、促进人际交流方面有很大优势；(5)在对大学生理智感、道德感和美感的培养方面有很大优势。

同时，通过调查结果分析发现，数字化学习对大学生情感发展的负面影响和需要改进的方面主要有：(1)大学生在数字化学习过程中很难做到全神贯注；(2)网络课程中虚拟情境的创设不理想；(3)数字化学习过程中缺乏有针对性的评价方法；(4)学习支持服务体系不完善；(5)在增强人与人之间的信任方面优势不大。

针对数字化学习对大学生情感发展的负面影响和需要加强的环节，笔者通过与大学生访谈、与信息化教育专家交流及查阅文献等途径，梳理总结出以下几点改进建议，愿与同行和读者探讨，不当之处请予指正。

### (一) 加强数字化学习资源的情感设计，激发大学生情感参与

在数字化学习过程中，大学生主要通过文字、图片、动画或视频等数字化学习资源来学习。由于缺乏教师的面授指导和与其他学习者共同学习的现场气氛，大学生在数字化学习过程中很难做到全神贯注。因此，在进行数字化学习资源的设计时，要把情感符号设计进去，以图、文、声、像的多维方式呈现教学内容，极大地满足大学生视听感官的需求，激励大学生的学习兴趣和积极情感。另外，通过开发具有谈话风格的学习材料、以讲故事、自由交谈或角色扮演的方法，促进大学生对所学内容的意义建构[9]，让大学生获得良好的情感体验，以饱满的热情全身心地投入学习。

### (二) 利用虚拟现实技术，加强网络课程中虚拟情境的创设

据调查，虚拟现实技术在网络课程中还未普遍应用，其优势没有得到发挥。因此，信息化教育工作者应加强网络课程中虚拟情境的创设，利用虚拟现实技术沉浸性和交互性的特点引发大学生的积极情感、实现师生的情感交融和丰富大学生的情感体验。使学习由被动接受变为主动探索，由浏览观看变为综合实践，在不断增强的情感体验中陶冶大学生的情操。利用虚拟现实技术还可以实现在线教育游戏，给大学生提供一种虚拟的挑战情境，使大学生通过在虚拟情境中的合作与竞争来增强自信心、培养协作精神[10]。

### (三) 利用有针对性的评价方法，激发大学生的积极情感

数字化学习环境中的评价应该从情感维度着眼，使教学评价在对学生学习中的反应做出认知反馈的同

时还给予情感上的影响，以充分发挥教学评价在情感方面的积极作用，从而激发大学生的积极情感。[11]笔者参照传统课堂教学中基于情感维度的评价策略，结合数字化学习的特点，提出数字化学习环境下基于情感维度的评价策略：①评价以鼓励为主，使学生产生积极的情感体验；②建立针对不同学生的电子情感档案，[12]使学生产生被关注和被重视的情感体验，从而提高其自尊和自信水平；③通过学生之间的互评和自评，提高学生自我评价意识和自主意识，增强学习的兴趣和主动精神；④用象征性的刺激物（如积分兑奖）来强化学生的正确反应，以增强其积极情感体验的强度。

### （四）完善学习支持服务体系，使大学生处于积极的情感状态

学习支持服务体系的根本任务是为学生提供学习支持服务。[13]全面、及时、便捷的学习支持服务，有助于大学生积极情感的保持。因此，笔者认为应从以下三个方面巩固和完善学习支持服务体系：①为大学生提供及时的辅导、答疑和讨论等动态教学资源和信息；②为大学生提供学习导航、内容浏览、查询等方面的咨询服务；③在大学生数字化学习过程中适当增加教师角色的参与度，教师可以从目标的确定、学习资源的获取、搜索引擎的选择、减少大学生学习的困惑、培养和激发大学生的数字化学习动机等方面提供帮助，使大学生处于积极的情感状态。

### （五）把传统学习和数字化学习优势结合起来，增强大学生的自信心和对他人的信任感

南国农先生指出，信息时代，人们需要同时在三个世界采取多种方式进行学习：①经验世界，在做中学习；②语言文字世界，向书本学习；③虚拟现实世界，进行数字化学习。[14]数字化学习是信息时代的主流学习方式，但不是唯一的学习方式，应该实现三种学习方式的有机结合，真正做到传统学习和数字化学习优势互补，使大学生减少在数字化学习之外对网络的依赖心理，并通过在现实中与家人、老师、同学和朋友的情感交流，增强其自信心和对他人的信任感。

## 五、结语

伴随着数字化学习的广泛开展，数字化学习对大学生情感方面的积极影响和负面影响也将日益凸显。信息化教育工作者应充分利用数字化学习的优势，激发大学生的积极情感，并通过有效措施减轻或避免负面影响。并进一步为大学生创设良好的数字化学习环境、树立大学生正确的数字化学习理念、加大数字化学习资源的建设力度、积极开展数字化学习与大学生情感发展方面的研究，使数字化学习环境真正成为大学生学习的乐园。

### 参考文献


[1] 杨伯俊译注. 论语译注[M]. 北京：中华书局，2006(12). 68-69.

[2][3][6][11] 卢家楣. 以情优教理论与实证研究[M]. 上海：上海人民出版社，2002(12). 23,24,21,373-388.

[4][7] 叶海智. 信息技术与情感教育[M]. 北京：科学出版社，2007(1). 146,203,39.

[5] 南国农. 信息化教育概论[M]. 北京：高等教育出版社，2004(6). 11-12.

[8] 李克东. 教育技术学研究方法[M]. 北京：北京师范大学出版社，2003(3). 106.

[9] 孙月圣. 网络环境下的情感交流缺失与对策探讨[J]. 当代教育科学，2008(12). 47-48.

[10] 赵慧勤，孙波. 网络环境下基于虚拟现实技术的情感教学环境的构建[J]. 中国电化教育，2009(4). 101-104.

[12] 李娟，郭绍青. 网络教育中情感教育策略的研究[J]. 中国电化教育，2006(1). 57-59.

[13] 杨顺起，陈立男. 远程教育学习支持服务体系建设研究[J]. 远程教育杂志，2008(5)，69-71.

[14] 南国农. 教育传播学(第二版)[M]. 北京：高等教育出版社，2005(8). 14.


### 作者简介


崔向平，1978年生，女，汉族，甘肃白银人，副教授，在读博士，主要从事信息化教育理论及其应用研究。

# 专题七

## 数字技术支持的协作学习研究

# 微博平台的交互分析
## ——以《教育技术学研究方法》课程为例*

杜华
（安阳师范学院教育信息技术与传媒学院，河南安阳，455002）

**摘　要**：微博是一种新兴的基于用户关系的信息分享、传播和获取平台，可以应用在《教育技术学研究方法》课程的教学中，分析师生之间的交互问题。文章根据微博的特点，改进了教师博客在线学习交流内容分析框架，制定出微博交互分析框架，依托新浪微博平台开展研究。研究结果表明，微博延伸了教学的空间和时间，加强了教师和学生的联系和情感交流。

**关键词**：微博；交互

# Analysis of Interaction on the Microblog Platform
## ———The Case about《Research Method of Educational Technology》

**Abstract**: Micro-blog has become a new important knowledge sharing platform, which can be used in the analysis of interaction of teacher and students in the curriculum named *Research Method of Educational Technology*. This paper Puts forward some improvement of the analysis frame of interaction based on teachers' blog, and then draws up analysis frame of interaction based on micro-blog platform. The result shows that micro-blog may be extension of time and space and will reinforce conversation between teacher and classmates and will enhance affection among students.

**Keywords**: micro-blog; interaction

## 一、问题的提出

《教育技术学研究方法》课程是教育技术专业的核心主干课程之一，是一门为进行理论研究和进行科学认识活动提供途径、手段和工具的方法论学科，同时也是一门应用性、实践性很强的学科，对学生科研素养、实践能力的培养有着重要的影响。课程开设在大二下学期，笔者是这门课的主讲教师，课程选取了《教育技术学研究方法》（李克东著）作为教材，在教学中将研究方法的理论讲解与研究案例分析相结合，案例和资源主要来自于教育技术学科的硕博论文、期刊论文和著作。平时成绩的考核重点选取了选题、研究设计、文献调研、问卷设计、统计分析、撰写研究论文等几个模块，选题可以自定，也可以从教师的科研项目中找寻兴趣

* 本文系2012年度河南省教育厅科学技术研究重点项目“教师二次开发教育信息资源的理论建构与实践示范”（项目编号：12A630095）的系列研究成果之一。

点。通过与课题研究相结合的方式，一方面让学生体验科研过程，极大地激发了学习者的参与热情和学习积极性，另一方面学生的科研素养与实践能力得到提升。开展课题研究对没有经过任何训练的学生而言并非易事，协作式学习就很重要，从选题开始，学生可以自发或者由教师指定几人小组，在小组内部，小组之间以及教师和学生之间就各选题进行交流沟通，在讨论过程中帮助个人突破思维限制，在协作中形成开题报告，并最终形成科研成果。

这种教学方法取得了很大的成效，但仍存在一些问题，如师生之间交互不够、小组协作学习评价机制不完善等。笔者尝试将微博应用在《教育技术研究方法》课程教学中，分析师生之间的交互，这对提高学生的研究水平、促进学科的发展具有重要的意义。

## 二、微博

微博(Micro-Blog)是一种基于用户关系的信息分享、传播和获取平台。国内的微博是在效仿 Twitter 的基础上发展起来的，自 2007 年起，叽歪、饭否、做啥相继加入了微博阵容，且发展势头迅猛。真正推动微博大众化的是 2009 年 8 月开始公测的新浪微博，作为国内第一家门户网站推出的微博服务，除了所有微博网站提供的文本信息发布等基本功能外，还提供了微博短信提醒、微话题、微群、微访谈、微盘、微直播、微应用等特色功能。随后搜狐、网易、腾讯等其他门户网站也相继推出微博，进一步扩大了国内微博的用户群体。新技术、新媒体的出现必然在各学科领域引起一股应用研究的浪潮。微博因其独特的社会网络分众传播机制使其在网络社交、网络营销、新闻报道等方面受到人们的青睐，出现了微博直播、微博课堂、微博求职、政务微博等各领域的应用产物。微博等 Web 2.0 社会性软件的出现也促进了教育技术学者将其应用于课堂教学、网络非正式学习、虚拟学习社群以及教师专业化成长等方面的研究。微博既可以作为面向学生的一种基于片段式教学资源的教学工具，也可以作为与教育同行进行联络和学术交流的方式。目前国内对微博的教育应用研究尚处于起步阶段，研究的数量和深度都远远不够，缺乏实证性研究。其中有些是对微博本身以及国外教育应用情况的介绍[1]，或是对其在远程教育和移动学习中应用模式和策略的理论探讨[2]，还有将其应用于英语、C 语言等学科教学的初步实践[3][4]。笔者以"微博＋教育技术学研究方法"为关键词在中国期刊网为关键词检索了中国期刊全文数据库、中国优秀硕士学位论文全文数据库、中国博士学位论文全文数据库、中国重要会议论文全文数据库、中国重要报纸全文数据库，检索文献数为 0。

## 三、交互

交互(Interaction)，也称互动或双边活动，是一个内涵丰富而复杂的术语，目前还没有一个准确的定义。有学者认为"交互是某一特定环境下两个或两个以上的行动者之间相互作用的过程"[5]，还有学者从社会学的观点看，教学或学习会发生在学习者使用社会媒介和智力工具以获取认知发展的环境里，因此也称为社会交互[6]。从不同角度，对交互的分类有不同的理解，Moore(1989)将交互分为学习者与学习内容的交互、学习者与教师之间的交互、学习者与学习者之间的交互。Cookson&Chang(1995)按照交互的性质将交互分为教学交互与社会交互。Berge(1995)按照反馈时间的不同，将交互分为同步交互与异步交互。[7]

### (一) CMC 内容分析框架

以计算机为媒介的交流(Computer Mediated Communication，CMC)是虚拟学习社区中研究的热点之一，与其他交流形式相比，CMC 保存着交流讨论的文本，研究者常借助内容分析方法和相关技术来收集其中的信息以评价在线学习的交互深度和质量。CMC 内容分析框架已有十几种，其中经典的 Henri 的五维分析模型从参与性、社会性、交互性、认知水平、元认知技能五个方面分析在线学习讨论中的文本内容，从而研究学习者所达到的认知水平和参与程度[8]。Gunawardena 对 Henri 模型进行了改进，提出了基于建构主义理论的交互分析模型，由 5 个层次组成：信息分享层、深化认识层、意义协商层、新观点检验与修改层、应用新知识层。[9]该模型广泛运用于异步的在线学习环境交互分析。这两个模型是针对传统基于 BBS 的网络课程中师生交互的知识建构程度分析而制定的，因此对微博这种新一代社会性软件环境中的社会化学习交互的分析有很大局限性。

### （二）基于微博的在线学习交流内容分析框架

在博客环境下，博客群体的交互方式是博客作者之间、博客作者与访客之间、访客与访客之间的多重交互沟通，并在博客社群中形成互动循环，从而进行群体网络中深度学习的发生。网络社群的深度学习指学习者在理解学习的基础上能够批判性地学习新的思想和事实，并能够将其融入到原有的认知结构中，能在不同的思想间进行分析和联系，能将已有的知识迁移到新的情境中，进行决策和解决问题的学习。[10]与之相对的浅层学习是一种未能深入理解内容，缺乏主动思考，学习收获较少的学习。严亚利和黎加厚将教师博客的深度学习的表现总结为：一方面教师作为博客作者，发现、总结、评价教学现象，提出自己的主张或者进行深入地反思，从而发表高质量的博文；另一方面教师作为访客在阅读他人博文时，基于对文章内容的理解，抓住文章的主题思想，主动将博文信息或知识点与实际相联系，以回复或评论的方式提出迁移建议，与博文作者产生深度交互。李克东教授提出了博客社群中深度交流的标准，即访客与博主之间的回复循环要达到三次以上，才算有效交流。据此，严亚利和黎加厚还提出了依据回复层数来评价教师博客交互深度的分析框架，仅有访客针对博文的评论或留言为第一层，交互程度为浅度；访客评论或留言，博主回复其评论则达到了 2 次回复循环，即回复的回复，为第二层，交互程度为中度；在完成 2 次循环基础上，访客与博主继续相互回复评论，达到 3 次或以上，即回复的回复的回复，为第三层，交互程度为深度。并且，针对博客的交互特点和深度学习的特征，他们还设计了教师博客群体的交互深度的内容分析框架，并制定了编码方案[11]。

本研究在设计内容分析的编码方案时，综合考虑微博的特点和深度学习的特征，改进了教师博客社群交互程度的内容分析框架，设计了微博社群中交互深度的内容分析框架，并制定以下的编码方案，如下表所示。

表 1　基于微博的交互分析框架

| 类别 | 子类 | 说明 |
|---|---|---|
| 浅度互动 | 简单转发 S1 | 对微博内容进行转发，没有评论 |
| | 简单评论 S2 | 对微博内容只有少量文字简单评论，如“赞、同意”等 |
| | 观点再认 S3 | 从微博中摘录观点或事实性信息，表明自己态度 |
| 中度互动 | 基本陈述 M1 | 结合微博，陈述出自己的观点，给出个人比较简单的理由 |
| | 比较分享 M2 | 能够将个人看法与微博观点做简单比较，分享对主题或微博作者的感受、交流心得体会 |
| | 归纳整合 M3 | 结合微博主题总结个人看法，简要评论作者的观点 |
| 深度互动 | 分析质疑 D1 | 在总结观点的基础上反思微博的主题或他人评论，对其中细节提出疑问 |
| | 深度陈述 D2 | 深入反思微博的主题观点，并根据个人经验和所收集的信息给出详细的个人观点、认识或建议 |
| | 内化迁移 D3 | 运用批判性思维看待微博主题和其他观点，并迁移到实际情况中，与他人共同探讨问题解决的方法 |

## 四、研究设计

### （一）研究平台

本研究选取新浪微博为研究平台。新浪微博是新浪网于 2009 年 8 月推出的微博产品，是目前国内用户最多、应用功能最成熟的微博产品。新浪微博为用户提供了各种各样的交互支持系统和友好的界面，方便了用户的沟通交流，同时也为网络交互学习提供了一个很好的平台。微博集同步交流和异步交流于一体，将微博应用于网络的交互学习中，能够真正实现网络交互学习中以“教师为主导，学生为主体”的双主模式。微博强调学生学习的自主性和积极性，使得网络交互学习突破传统的“拘束”“单一”“乏味”的状态，转向“全新”“自由”“新颖”的状态。微博中，学员有自己独创、选择的空间和自由，可以在娱乐中学习，摆脱了传统的网络交互单一的学习模式。

**1. 资源共享工具**

微盘是一款网络硬盘，可以安装在电脑或者移动终端上，用于实现多终端的数据同步与备份，也可以通过登录 Web 网页版实现数据的上下载和分享。将微盘与微博账号绑定后，可将本地文件分享到微博，便于博友下载、分享和转发文件，提升微博关注度及粉丝量。微盘共享的信息内容可以包括文字、软件、声音、相片、录像、图表等。微盘相当于一个小小的 FTP，可以方便快捷地实现资源的合理利用和共享。教师可以利用微盘将学习任务、学习目标以及相关的教学资源和相关资料在授课前上传至微盘中，供学生下载使用，让学生提前了解和掌握学习内容，在学习中处于主动地位，有助于激发学生学习的兴趣。从而促进网络交互学习，提高网络学习效率和质量。

**2. 交流工具**

微群即微博的群组。微群为学生创造了更多的相互认识、相互交流和相互学习的机会。传统的教学将学生与学生，学生与教师之间的交流局限于学校范围内，真正沟通互动的机会很少。微群为学生与学生，学生与教师之间业余时间的交流和交往提供平台的同时，也为教师组织学生合作学习的研究性学习和协作学习提供了一个更好的空间。利用微群，教师可以将教学内容和群内容相结合，在微群中与学员一起讨论课堂教学中遗留的问题和不足，对部分学生的问题进行个别辅导和在线答疑，了解学生的学习进程和学习状态，以弥补传统的课堂教学的不足，提高教学质量和教学效率。培养学员的协作精神和与人协作、与人交往的能力，为今后的学习和工作打下良好的基础。

**3. 评价工具**

通过好友评价工具，教师和学生都可以很简单地查看到好友的全部评价，也可以对好友进行评价。在网络交互学习中，教师可以通过对好友评价工具的应用，组织学生课堂教学效果和实际教学情况展开调查，了解和掌握学生学习的实际需求，有利于今后该课程的进一步修正和改进。也可以组织学生对同学作业的完成情况或者本学期的表现情况在同学之间展开互评，并以此作为对学生进行过程性评价的参考和依据。

## （二）研究对象

本研究开始之前，主讲教师在新浪微博上创建本课程微群，研究对象即本课程的主讲教师及 2010 级教育技术专业的 64 名学生。

## （三）研究过程

在之前的教学中发现，由于课时的限制，某些教学内容无法深入展开，师生的交流也多限与课内。教师建立微群，让每个学生加入该群。教师在群公告中发布教学通知，将一些电子教学资源如把教学课件、教学参考书、作业要求、拓展阅读材料、优秀的作业等上传到微盘上，供学生下载。教学资源紧跟课堂进度。创建微活动实现师生之间交流，建立各种主题的板块，如教学建议板块用于学生针对教师的教学方法和过程提供反馈；问题讨论板块用于师生对学习中的问题进行讨论；成果展示板块用于学生发布分阶段研究成果，便于各小组开展互相评价和学习借鉴；教学体会板块用于教师发表教学体会，对教学进行反思等。

## （四）研究结果

**1. 微博类型统计**

本研究收集了“教育技术研究方法”微群中一个月的文本数据共 170 条，其中成员发布的微博 79 条，评论 91 条。成员发布的微博包括三种类型，即原创微博、转发微博、转发并评论的微博。各种类型微博文本的数量统计如图 20 所示。而属于成员之间进行交互的微博类型是评论、转发、转发三种，本研究主要对这三种类型的微博进行逐条的内容分析。图中可以看出文本数据中属于交互的微博文本共计 120 条，占 70.6%，这说明微群成员在微群中主要进行的活动是交流互动，原发微博得到的评论和转发的回应程度比较高。

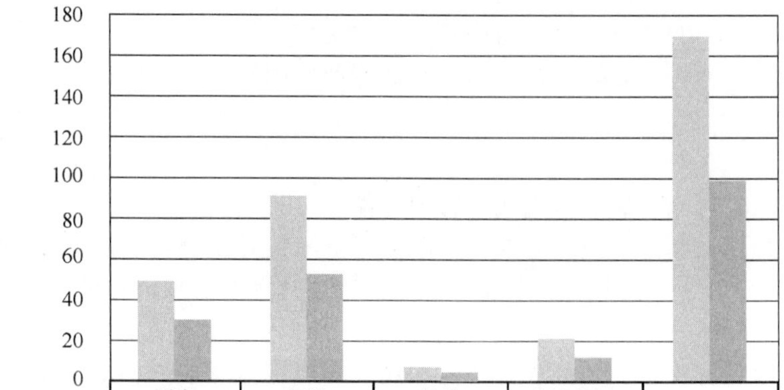


| | 原发 | 评论 | 转发 | 转发评论 | Total |
|---|---|---|---|---|---|
| 个数 | 50 | 91 | 7 | 22 | 170 |
| 百分比 | 29.4 | 53.5 | 4.1 | 12.9 | 100 |

图 1　微博类型统计

**2. 交互类型统计**

根据本文的微博内容分析框架的编码方案，对每条文本数据进行分析编码，统计的结果如图 21 所示。微群成员进行浅度交互的文本共 46 条，占 38.3%，其内容主要是表示阅读后的简短感受，如“有同感”、“是啊”、“深表赞同”；或是摘录作者微博中的词语，以表示自己感受和赞同最深的部分；还有部分进行转发而没有评论的简单转发。中度交互的文本共 58 条，占 48.3%，其中简单陈述所占的比例最高，即成员主要针对作者的微博简单提出自己的观点，而较少对微博原文进行比较或归纳。深度交互的文本共 16 条，占 13.3%，所占比例较低。并且微群成员进行深度交互时比较倾向于进行对教师微博原文进行反思，对其中的细节提出质疑分析，而对自己的观点进行详细的深度陈述和批判性思考较少。由上图还可看出属于各交互子类的文本由高到低依次是基本陈述(M1，30.0%)、简单评论(S2，20.0%)、观点再认(S3，12.5%)、比较分享(M2，10%)、归纳整合(M3，8.3%)、分析质疑(D1，6.7%)、简单转发(S1，5.8%)、深度陈述(D2，3.3%)和内化迁移(D3，3.3%)。

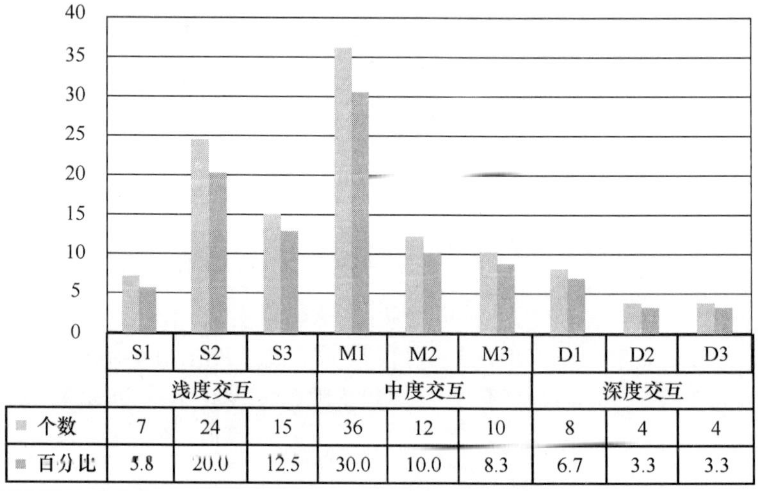


| | S1 | S2 | S3 | M1 | M2 | M3 | D1 | D2 | D3 |
|---|---|---|---|---|---|---|---|---|---|
| | 浅度交互 | | | 中度交互 | | | 深度交互 | | |
| 个数 | 7 | 24 | 15 | 36 | 12 | 10 | 8 | 4 | 4 |
| 百分比 | 5.8 | 20.0 | 12.5 | 30.0 | 10.0 | 8.3 | 6.7 | 3.3 | 3.3 |

图 2　交互类型统计

## 五、结论

本研究将微博应用在《教育技术研究方法》课程的教学中，延伸了教学的空间和时间，加强了教师和学生的联系和情感交流。交流中教师可以发现学生学习中存在的问题，给出合理的建议，也能够针对学生的意见发现自己的不足，不断改进，实现了师生共同成长。但研究发现，深度互动所占比例还较小，我们将在后续研究中继续深入探讨。

## 参考文献

[1] 冀鹏飞，江玲．基于 Twitter 的移动学习策略研究[J]．现代教育技术，2008，18(9)．

[2] 卢和琰．微博客在远程教育中的应用探讨[J]．电化教育研究．2010，(10)．

[3] 郝兆杰，孙仲娜．给大学英语教学围上"围脖"[J]．现代教育技术．2012，20 (6)．

[4] 郝兆杰．微博在"C 程序设计"教学中的应用研究[J]．中国电化教育．2011，(1)．

[5] Vrasideas，C．，&Melsaac，M. S. Factors Influencing Interaction in an Online Course. The American Joumal of Distance Edueation. 1999. 13(3). 22-36.

[6] Rogoff，B. Social Interaction as Apprenticeship in Thinking：Guided Participation in Spatial Planning. Resnick，L. et al. Perspectives on Soeially Shared Cognition. Washington，D. C. American Psychology Association，1990. 349-365.

[7] 王莹．教育技术微博社群研究[D]．北京：北京交通大学．2011．

[8] Henri F. Computer conferencing and content analysis. In A. R. Kaye(Ed). Collaborative Learning Through Computer Conferencing. Bedim springer-verlag. 1992. 115-136.

[9] Gunawardena，C．，Lowe，C．，&Anderson，T. Analysis of a global online debate and the development of all interaetion analysis model for examining the social construction of knowledge in computer conferencing. Joumal of Educational Computing Research. 1997. 17(4). 397-431.

[10] 何玲，黎加厚．促进学生深度学习[J]．计算机教与学．2005，(5)．29．

[11] 严亚利，黎加厚．教师在线交流与深度互动的能力评估研究——以海盐教师博客群体的互动深度分析为例[J]．远程教育杂志．2010，(2)：68-71．

## 作者简介

杜华，1981 年生，女，汉族，河南商丘人，硕士研究生，安阳师范学院教育信息技术与传媒学院讲师，主要从事教育技术应用研究。

# BB平台下基于概念图的小组协作学习模式研究

梁洁
（华南师范大学教育信息技术学院，广东广州，510631）

**摘　要：**概念图在教育中的应用越来越广泛，但在BB平台的小组协作学习中的应用则少之又少，为了研究如何在BB平台的小组协作学习中应用概念图，此研究从概念图和BB平台的功能分析、BB平台下小组协作学习模式的特性分析、基于概念图的小组协作学习模式的探讨以及概念图在BB平台的小组协作学习中的案例研究四个方面论述了概念图在BB平台的小组协作学习中的应用，同时也探讨了概念图在BB平台的小组协作学习中的应用模式。

**关键词：**概念图；BB平台；小组协作学习模式

# The Research of Collaborative Learning Mode Based on Concept Map With BB Platform

**Abstract**: The application of concept map in education is more and more widely, butthe application of thecollaborative learning based on BB platform is in lack. In order to research how to use concept map in the collaborative learning based on BB platform, this research analyzes the functions of concept map and BB platform ,and the characteristic of BB platform team collaborative learning mode. Then discuss about-collaborative learning pattern based on concept map and put the mode into the case study of cooperative learning. Through the four aspects, it not only discusses the application of collaborative learning based on concept map in BB platform, but also discusses the collaborative learning mode based on concept map in BB platform.

**Keywords**: concept map; blackboard platform; collaborative learning mode

## 一、问题的提出

高效合理的网络教学应用是提高教育教学质量的重中之重，逐步得到各高校的高度重视，已经成为各高校竞相开发应用的热点。BB平台具备丰富的教学工具，利于开展小组协作学习的教学，目前基于该平台的小组协作学习模式在国外的应用已有众多的成功案例，但在我国的应用尚处于初步探索阶段。很多教师尝试在BB平台上实施各式各样的小组协作学习模式，如基于案例的小组协作学习、基于任务的小组协作学习、基于问题的小组协作学习等等，也取得了一系列的研究成果，惟独概念图与BB平台结合的相关研究成果却少之又少。因此，如何在BB平台上实施基于概念图的小组协作学习模式是本研究关注的问题。

## 二、BB平台和概念图的功能分析

BB平台是以课程为核心，具有稳定的技术架构、一体化支撑能力、开发的整合技术特性以及数据共享畅通无阻的优势，拥有一套强大的核心功能的网络教学管理平台，利于实现所授课程的教学内容数字化、师生交流网络化、课堂管理智能化。在小组协作学习方面，它能全面跟踪协作过程，非常容易地展现小组的协作过程，提高学习的主动性，动态更新学习资源等，为小组协作学习提供了有力的支撑。

概念图(Concept Map)，是康乃尔大学的诺瓦克(J. D. Novak)博士根据奥苏贝尔(David P. Ausubel)的有意义学习理论提出的一种教学技术[5]。它是通过个人或合作建构知识而成的，能帮助学习者有意义地学习科学概念，而这种有意义学习是由概念图的两个特征所引发的：一是概念图帮助学习者意识到并控制任务的认知过程；二是概念图帮助学习者发展更加完善的概念框架[6]。因此，概念图可以为小组协作学习提供有效的平台。

## 三、BB平台下小组协作学习模式特性分析

### (一) 相关的研究现状

加拿大萨斯喀彻温省学计算机科学系的Kuma教授在对大量文献进行调查和研究的基础上，提出了协作学习的六个维度，即：协作交互作用的控制、协作学习的任务、协作学习环境设计、协作学习环境的角色、协作的范围、支持协作的教学方法，为解释协作习和开发协作学习系统提供了一种有力的系统平台；华中师范大学李继颖等在概述协作学习方式及其理论的基础上，结合互联网的特点，阐述了互联网是协作学习的有效环境，并从资源共享、交互工具以及协作空间三个方面探讨了构建基于Internet的协作学习环境的功能组成[1]；王雅菲在其毕业论文中，曾提出“基于BB网络教学平台的小组协作学习是指利用BB网络教学平台支持小组协作学习的一种教学模式。在该模式上，学生个体与团队合作是相辅相成的关系，不仅学生个体的潜能有助于团队合作的发展，而且团队合作激发学生个体思维的提高。BB网络教学平台将教师教授的某门课程的相关内容、课件、资料经过筛选和精心设计摆放在平台上供学生们学习，避免了学生在浩瀚的网络海洋里搜索课程内容。教师和学生之间、学生之间可以随时进行交流，呈现教学效果的最优化。”[2]

### (二) 研究启示

很多学者对该模式也提出了相关的定义，笔者对这些定义进行分析，发现基于BB平台的小组协作学习模式的定义并不完全相同，但万变不离其宗，其本质特征可概述为以下四点：

1. 形式特征：学生采用小组协作的形式，利用BB平台作为工具，进行学习；

2. 内容特征：在特定的任务下，学生通过充分利用教师精心设计和筛选，共享在BB平台上的学习资源，进行协同知识建构；

3. 归属特征：利用BB平台支持小组协作学习的一种教学模式；

4. 目标特征：通过协作和交流，提高小组和个人的学习成果，呈现教学效果的最优化。

因此，教师在BB平台上实施小组协作学习的教学，需要按照适当的分组策略，对学生进行分组，设计恰当的学习任务，驱动学生进行协作学习；及时给予指导，提高学生的学习主动性和积极性，提高协同知识建构的能力，达到教学效果最优化的目标。

## 四、基于概念图的小组协作学习模式探讨

### (一) 模式概述

概念图大多是以小组协作构建概念图的形式参与小组协作学习。在这个过程中，每个小组成员都要参与到概念图的绘制中来，都要形成自己对于任务的理解，然后各个小组再将组内成员的观点整合起来，集合成小组的共同成果。讨论时，每个学生都有机会表达自己的理解，解释自己的观点。协作构建概念图中成员间的互动可以帮助学生整理收集同一个问题的不同观点，有助于形成对概念的全面理解。在概念图的构

建过程中，学生必须说明他们的观点，解释他们的想法，或提出证据来辩护自己的立场，这三个过程将有助于提高学生的表达和理解能力[7][8]；国内学者聂黎生和王海峰提出"运用概念图开展网络协作学习，以分析学习需求为基础，解决学习问题为目的。用评价反馈检验学习效果，进而反思学习的过程并逐步改进完善，实现网络协作学习的良性循环。"他们也提出了该模式的教学环节：创设情境，确定主题——建立小组，明确分工——积极参与，协作探究——汇报成果，交流共享——教师点评，总结完善[4]。

### （二）模式探讨

从以上模式的研究分析得出，概念图在协作学习中的应用原则有：

1. 协作小组共同负责知识的建构。每个学习成员须贡献新观点、意见、问题或新资料等，促进并丰富讨论，做到集集体之所长，补个人之所缺，最终集合成组内和组间的共同成果。

2. 学习成员能自主完成知识建构。学习成员须自主发现、提出、探索、解决问题，精致化或拓展自己和他人的观点。

3. 组内和组间以及师生之间相互交流。学习成员在必要时获取教师的帮助，组内成员协作交流，完善知识建构，组建成员相互交流，获取他人的概念图，并比较各自的异同之处，全面理解知识。

4. 采用动态性评价方法。学习成员可通过撰写学习反思日志，监控和评价自己的学习进度；教师须重视学生学习过程的评价，做到公平公正。

根据这四个应用原则，笔者从众多的基于概念图的小组协作学习模式中，挑选了广州大学实验中心的杨玉宝提出的"概念图在协作知识建构中的应用模式"，如下图[3]。该模式是经过两轮的行动研究，经过归纳总结而得出的，它包括确定构图任务、个人知识建构、共享作品、协作知识建构、形成小组概念图、反思评价等过程。因此，该模式具有一定的参考价值，并具备可行性。

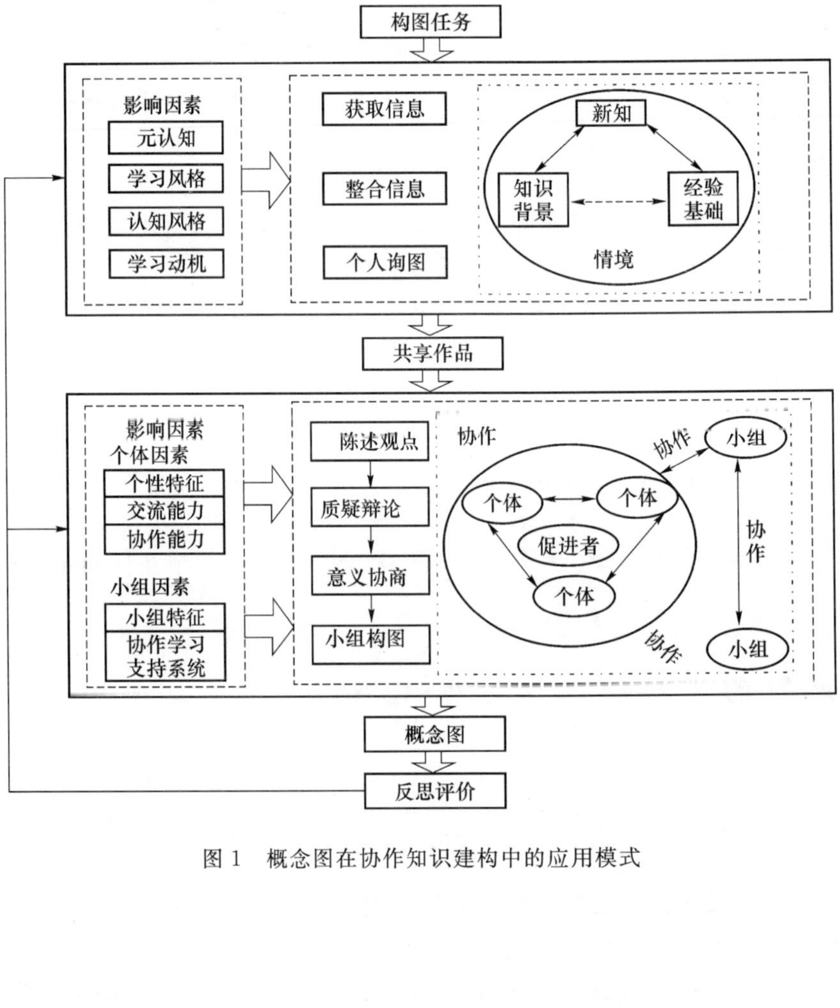


图 1　概念图在协作知识建构中的应用模式

# 五、BB 平台下基于概念图的小组协作学习案例研究

## (一) 研究对象的选择

本研究所选取的案例是 BB 平台上的网络课程《信息技术与课程整合》中的一小节“实施信息技术与课程整合的必备条件”的教学,该教学案例涉及的知识点多、面广，能为学生提供了横向联系、纵向深挖的空间。该课程的任课老师在小组协作学习教学方面有着相当丰富的经验,而学生是本科二年级的学生,对专业知识有了一定的了解,在本门课程学习之前,有过其它课程的小组协作学习经验,对 BB 平台和概念图有一定的了解。因此本研究选取的研究对象具有代表性和合理性。

## (二) 研究过程

本课程的教学在网络环境下进行,采用 Blackboard 在线教学和面对面课堂教学的形式。在本课程学习之前,学生已按照性别搭配,内向和外相搭配,学生成绩优劣搭配,尊重学生个人意愿的分组原则,分好了学习小组,每组 4-6 人。

**1. 教学过程**

(1) 确定构图任务

任课老师详细讲解了信息技术与课程整合的内涵和目标之后,从信息技术与课程整合的内涵和目标出发,引导学生进入思考关于实施信息技术与课程整合的必备条件,确定教学内容的主题,并在讨论板建立话题“实施信息技术与课程整合的必备条件—概念图”。

(2) 个人知识建构

首先,建立小组讨论区。学生在学习本节课之前就已经分好组,各组组长或组员开始在讨论板上建立小组讨论区,有的以小组名字及成员命名,有的以讨论的主题及小组成员命名,有的以小组名字及讨论主题命名。

接着,任务分工。各小组内部进行任务分工,各成员通过浏览 Blackboard 平台提供的参考资源,以及通过网上搜索信息,进行个人知识建构。

(3) 共享作品

小组成员在相应的讨论区进行讨论交流,每个成员表达各自的看法和意见,并把各自的作品共享在讨论区上。

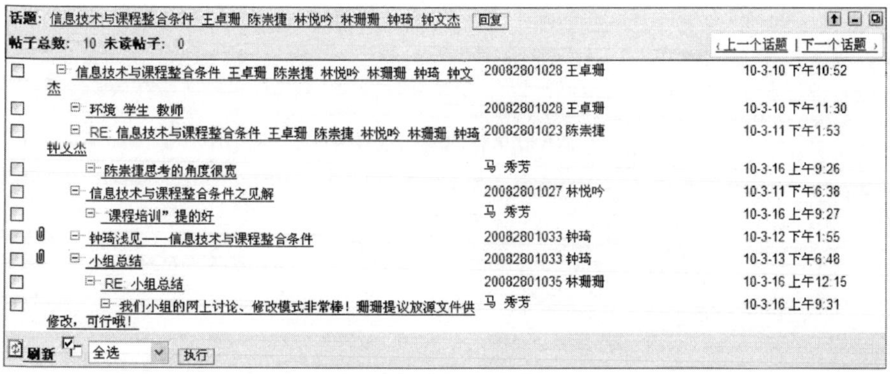


图 2　组内成员协作讨论

(4) 协作知识建构

讨论板上,在各小组进行协作学习的过程中,教师起辅导学生的作用,针对每个小组的讨论进行启发引导,使学生更加地完善此项学习任务.

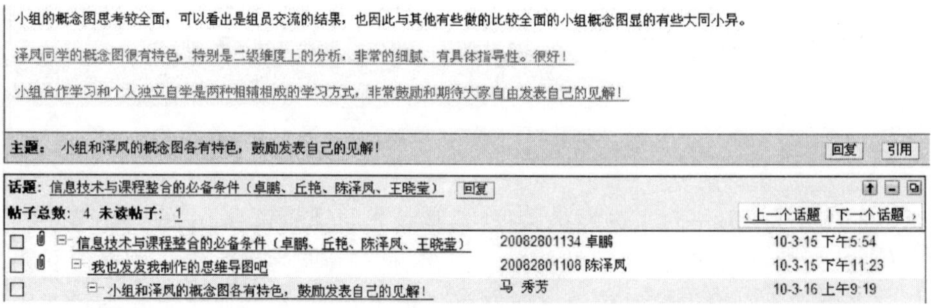


图 3 教师的指导

(5) 形成小组概念图

各小组根据各成员的意见和作品汇总，在资源区下载并在自己电脑上安装概念图软件，绘制概念图，最后上传小组协作学习成果，以下是本节课的部分优秀成果：

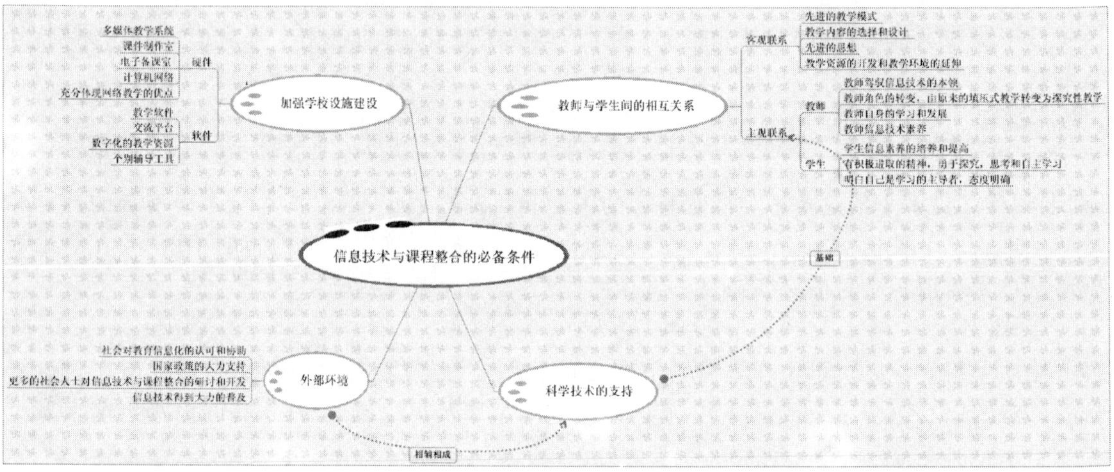


图 4 小组成果(一)

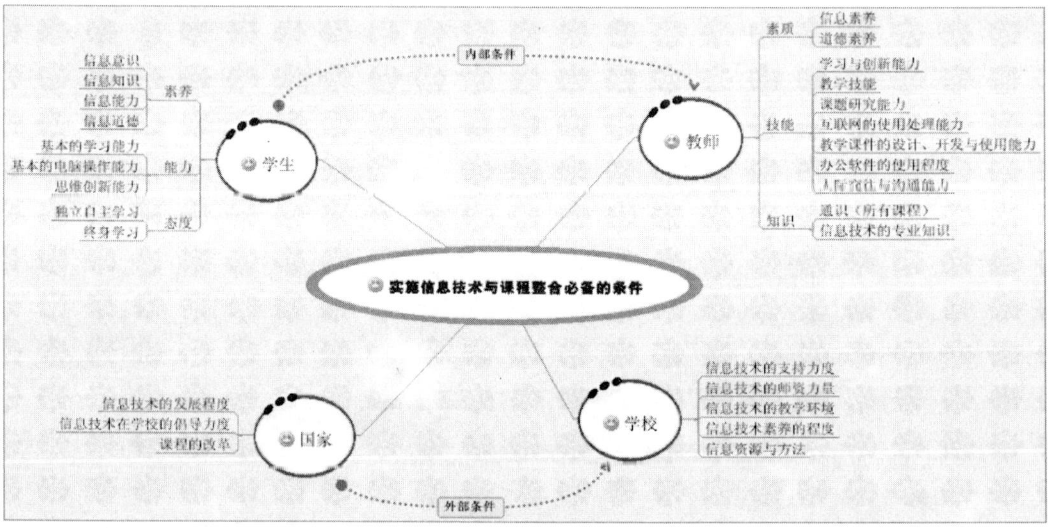


图 5 小组成果(二)

(6) 评价与反思

教师点评每个小组的学习成果，引导学生进行完善；各小组成员浏览其他小组成果，给予评价，汲取别人之精华，补自己之短。以下是教师针对上面小组优秀成果图 4 和图 5 的评价以及小组之间的互相评价：

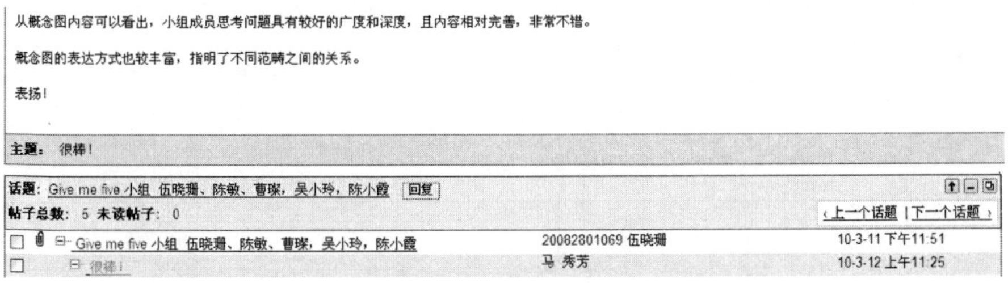


图 6　教师对小组成果的评价(一)

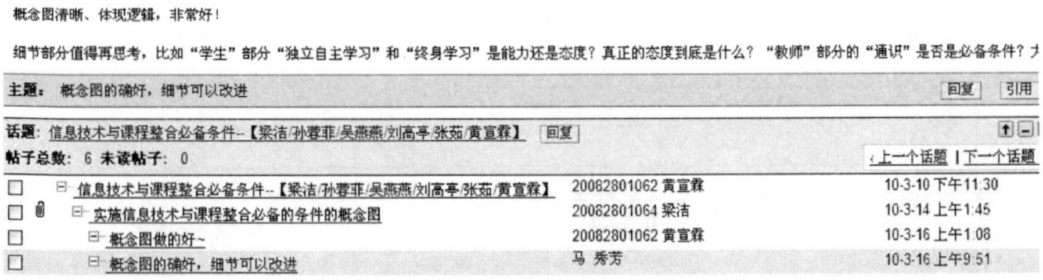


图 7　教师对小组成果的评价(二)

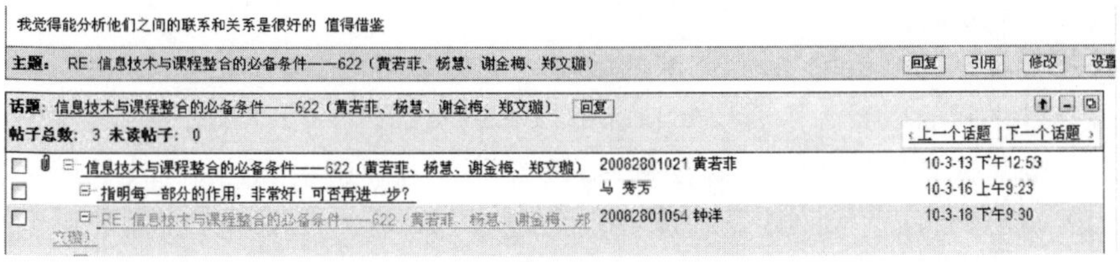


图 8　组间成果交流与评价

教师通过 Blackboard 平台的讨论板，在本节课的讨论话题下面，对本节课的小组协作学习过程以及成果进行总结评价，并给出相应的修改、完善意见；学生通过博客来反思学习以及共享学习收获：

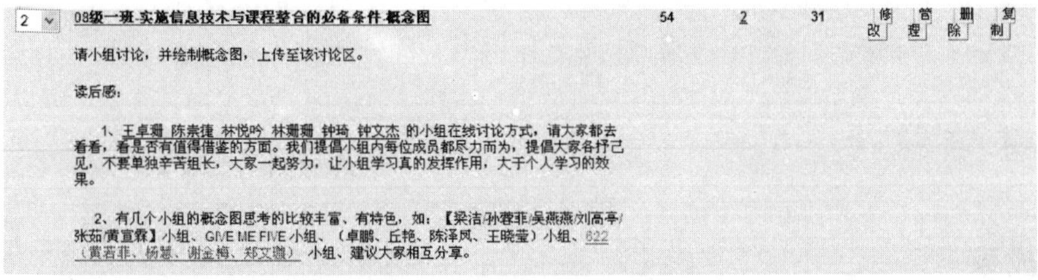


图 9　教师的总结与教学反思

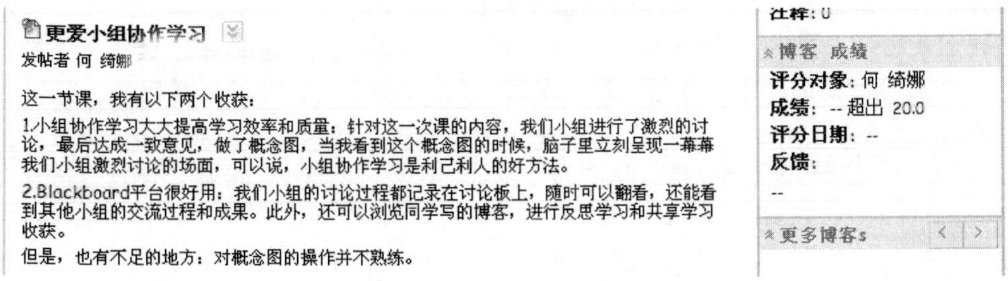


图 10　学生个人的学习体会与反思

**2. 教学评价**

(1) 教学流程分析

本节课首先由教师在 BB 平台上确定讨论主题，然后学生确定小组以及任务分工，接着组内协作交流，教师参与指导，最后，提交小组成果，组间相互评价以及教师反思教学，完成本节课的教学目标。如下呈现本节课的教学流程结构图：

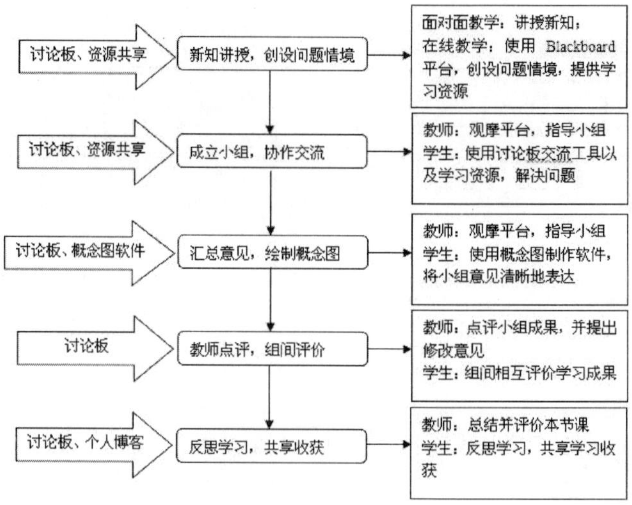


图 11　教学实施过程图

（2）教学模式及效果分析

从教学内容及教学目标的分析可知，本节课的教学内容以思考“实施信息技术与课程整合的必备条件”以及分析这些必备条件之间的联系为主要认知目标的课，理论性较强，因此属于较高级的认知目标，具有一定的难度。学生若仅仅是依据生活实践以及教材，是很难深入地理解的，在传统教学模式下也很难在一节课的时间内逐个细致讲解，而且学生的接受程度并不一定很好。在这节课中，教师采用了适当的两种教学策略：小组协作学习和概念图教学，恰到好处地解决了抽象的教学内容，完成认知目标。学生充分利用 BB 平台的小组协作学习工具以及功能，进行小组分工合作，协作交流，加深认知，激发学生思考，提高学习兴趣；加上概念图的辅助，全面理解、分析、记录关于实施信息技术与课程整合的必备条件，并通过概念图的“关系联”功能更深层次地理清这些必备条件之间的联系。此外，教师的指导以及小组之间的相互评价也是促进各小组协作学习交流，提高小组协作学习的能力，使学生更快更好地理解本节课的教学内容。从学生的学习反思日志可以看出，大部分的学生都能接受这种学习模式，甚至有相当一部分的学生喜欢这种学习方式。

## 六、研究成果与探讨

### （一）研究成果

本文结合 BB 平台和概念图的功能特性，根据 BB 平台下小组协作学习模式的特性，在 BB 平台上实施了广州大学实验中心的杨玉宝提出的“概念图在协作知识建构中的应用模式”，从学生的学习成果和学习反思以及教师的教学反思可以看出，教师乐意采用这种模式进行教学，学生接受甚至喜欢这种学习方式。因此，在 BB 平台上实施概念图的小组协作学习模式是可行的，并能取到良好的教学效果。

根据以上的研究过程，笔者得出 BB 平台下的基于概念图的小组协作学习模式图，如图 12 所示：

该模式采取“归纳—演绎”的思维形式，并借助并发挥 BB 平台的优势，能够有效地促进学生进行对话与合作，加速学生对知识的意义建构，共同建构知识。此外，通过制作和完善一个小组共同协商的概念图，能够促进小组成员达到对该主题知识结构的共同理解。虽然该模式的实施具有一定的优势，但也存在着一些不足：教师很难抓准恰当的时机提供合适的支架指导；学生需要同时使用 BB 平台与概念图工具，学习过程复杂；学生在选择合适的 BB 平台的小组协作学习工具需要花费较多时间等。

### （二）研究探讨

根据该模式的教学案例的分析，笔者提出以下三点实施建议：

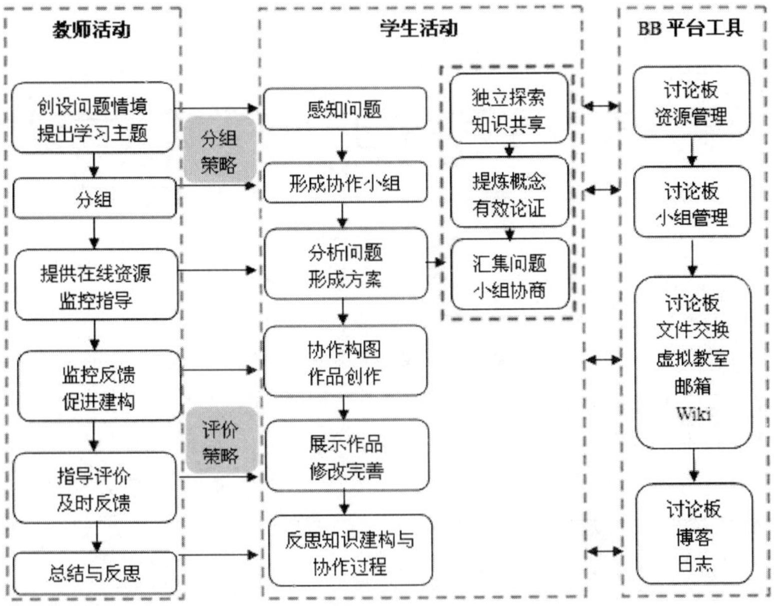


图 12　BB 平台下的基于概念图的小组协作学习模式图

1. 该模式比较适合针对概念性较强的内容实施教学，课前教师要对概念的内涵与外延要做很好的梳理；

2. 教师要及时指导学生整个协作交流和构建概念图的过程，正确处理好 BB 平台与概念图工具在教学过程的使用冲突；

3. 学生需具备一定的 BB 平台和概念图工具的操作能力。

## 七、结语

概念图作为一种新的学习策略，越来越广泛地被应用与各个教学领域，它的强大功能已受到越来越多学者和教师的重视，国外特别是欧美国家已将研究和推广概念图设为教育改革策略之一。相对于国外的热切程度，我国概念图的研究和应用还十分薄弱。本文只是借助并发挥 BB 平台的优势，进行基于概念图的小组协作学习模式的应用探究，其应用模式、评价方式等还有待进一步的探索。随着研究的深入，网络环境下的协作建构概念图等协作可视化方式必然会为教学改革实践提供一个崭新的思路。

### 参考文献

[1] 刘长玲. 高中《信息技术》课程协作学习教学模式研究[D]. 陕西师范大学，2011(5).

[2] 王雅菲. 基于 Blackboard 平台的协作学习应用研究[D]. 河北师范大学，2011(9).

[3] 杨玉宝. 概念图在协作知识建构中的应用过程研究[J]. 远程教育杂志，2006，73-75.

[4] 聂黎生和王海峰. 运用概念图开展网络协作学习的探究——以 CmapTools 为例[J]. 现代远距离教育，2007(4)：49-50.

[5] Novak. J. D. The Theory Underlying Concept Maps and How to constructthem[OB/OL]. http://cmap.coginst.uwf.edu/info/index.html.

[6] Novak, J. D., Gowin, D. B, and Johansen, G. T. The Use of Concept Mapping and Knowledge Vee Mapping with Junior High School Science Students[J]. Science Education, 1983,(5):625-645.

[7] Roth, W. M., &Roychoudhury, A. The Concept Map as a Tool for the Collaborative Construction of Knowledge: A Microanalysis of High School Physics Students[J]. Journal of Research in Science Teaching, 1993, (30): 503-534.

[8] Roth, W. M., &Roychoudhury, A. About Knowing and Learning Physic: The Perspectives of Four Students[J]. International Journal of Science Education, 1993, (15): 27-44.

### 作者简介

梁洁，1989 年生，女，汉族，广东省信宜市人，硕士研究生，研究方向：教育电视。

# 问题解决在线学习活动中的问题情境设计

马志强，陈明选
（江南大学人文学院，江苏无锡，214000）

**摘　要**：问题情境承载了基本的问题信息，是问题解决在线学习活动开展的前提条件。本研究分析了问题解决在线学习活动中，问题情境的基本特征。针对上述特征，研究提出由意义情境、支持情境和知识情境三方面组成的问题情境结构，并利用实证研究，验证了问题情境结构的有效性。实证研究的结论认为，问题情境结构能够增强学习者在线问题解决学习的效果，并提升学习者对学习活动的主观感知。最后，结合具体课程的设计经验，研究给出了对后续研究的展望。

**关键词**：问题解决；问题情境；在线协作学习；在线学习活动

# The Design of Problem Situations in Problem Solving Learning Activity

**Abstract**: Problem situations contain basic information in problem solving learning activity. This study analyzes basic characteristics of the problem situation. In response to these characteristics, the study proposed by problem situation structure which consist of meaning situation, supporting situation and knowledge context. Empirical researches verify the effectiveness of the structure of problem situations. Empirical studies concluded that the structure of problem situations can enhance the effect of problem solving and improve the learner's subjective perception of learning activities. At last, the study discusses the research works in the future.

**Keywords**: problem situations; problem solving; learning activity

## 一、引言

问题解决在线学习活动通常是围绕现实生活中一些结构不良的问题寻求解决方法的学习活动。它强调把学习设置到有意义的问题情境中，通过让学生以个人或小组协作的方式解决问题，使学习者提高解决问题的能力。（李松等，2010）由上述界定可知，问题情境是问题解决学习活动开展的前提条件。情境（situation）概念最早由美国社会学家托马斯等人提出，经过社会学、心理学领域的不断发展，成为一个内涵丰富的概念。从社会学心理学的视角分析，情境是与个体密切联系的社会环境。结合上述理解，从问题解决的角度下进行分析，情境可以理解为问题针对的知识领域或问题背景的描述，可以进一步表述为问题情境。问题情境的内涵可以理解为三个方面：首先，问题情境是结构不良问题表述的必备要素，它可以承载结构不良问题的信息及结构。其次，问题情境提供了真实问题解决的场景，并暗示了问题解决所需信息提取的线索，为问题解决活动提供了必要的信息来源。最后，问题情境是问题解决活动的主线，提取、分析、加工、转换问题情境的过程即是问题解决的过程。本研究试图首先剖析问题解决学习活动中问题情境的基本特征，在此基础上构建问题情境设计的基本结构，并通过实证研究验证设计结构的有效性。

## 二、问题解决在线学习活动中问题情境的特征

在问题情境的设计前，首先需要确定的是问题解决学习活动所针对的问题情境包含哪些特征？目前，对于问题特征的研究更多地聚焦于良构问题与劣构问题的差异。这两类问题的差异主要体现在问题的基本结构、问题解决的过程及解决问题所需的条件(Hong，2003)Jonassen对问题特征做了更为细致的描述。他认为结构、复杂性、抽象性是问题的主要特征。(Jonassen，2000)结构性特征可以将问题划分为良构问题与劣构问题。良构问题有一个定义完善的初始状态、一个目标状态(定义完善的解决方案特性)以及一系列固定的运算(已知的解决程序)。劣构问题主要特征是问题存在一部分不可知的成分；没有固定的问题解决方案或路径；很难将固定的概念、规则和原理组织起来形成问题解决方案；通常需要对问题进行个人的阐释，通过人际互动解决问题。问题的复杂性是指问题的构成部分、清晰程度和可靠程度，这些信息清晰还是隐含的呈现决定了问题的复杂性。抽象性(领域特征)是指问题被镶嵌在特定情境之中的，解决特定情境的问题需要特定的认知操作技能和方法，而非一般性的方法。劣构问题是依赖情境的，需要特定的认知操作技能和方法。良构问题则依赖于一般问题解决技能。

上述研究归纳了良构问题与劣构问题的主要特征。武法提教授认为在线学习环境下问题解决的学习活动应该属于非良构领域的学习(武法提，2006)。结合问题特征研究的成果进行分析，在问题解决学习活动中，问题情境应主要针对非良构的问题，其主要特征如下：

**表1　问题情境的特征**

| 问题情境特征 | 具体描述 |
|---|---|
| 结构 | 问题属于非良构问题，但劣构的程度不高 |
| 陈述 | 1. 问题的初始状态是模糊的、不清晰的，但问题的目标状态是清晰的。<br>2. 问题拥有丰富接近真实的情境。情境对问题的状态进行限制。<br>3. 问题可能存在多种解决方案，但通过对问题情境条件的分析，仅存在少数方案对问题解决有意义。 |
| 问题类型 | 主要包括案例分析、策略运用、诊断问题等 |
| 内涵 | 问题对学习者有真实的意义，且蕴含着问题领域知识和学科方法。 |
| 组成 | 1. 问题的言语信息：表现问题的故事背景、问题中的具体事物等信息。2. 问题的内部结构：问题的信息线索、问题所隐含的领域知识等。 |

问题情境的具体构成信息可以分为三个部分：一是问呈现真实问题发生的背景，如时间、空间、环境特征，主要负责创设真实的问题解决环境。二是提供问题解决应当考虑的限制性条件或线索，如问题解决的资源、条件限制、问题相关信息的来源等。三是提供学习者提取领域知识的相关线索。问题情境需要提供学科领域的背景、有助于问题解决相关知识线索等信息。

**表2　问题情境的构成**

| 问题情境的构成 | 组成 | 举例 |
|---|---|---|
| 问题背景 | 时间、地点、环境特征 | 丁丁是一名本省某县的专科毕业学生。他专科就读与本省的一所师范学院，学习数学教育专业。由于学历和所学专业的原因，他很难找到工作。 |
| 问题解决的限制条件 | 现实条件对问题解决的限制、问题解决所需信息提取的线索 | 丁丁的家庭经济情况不太好，家里为他上学借了一些债。 |
| 问题解决的线索 | 问题解决运用知识提取的线索 | 偶然的机会，他听说专科的同学有很多正在读取专升本。他考虑：自己能否通过专升本取得会计学的本科学位？ |

## 三、问题情境的设计结构与实证研究

（1）问题情境的设计结构

问题情境的设计结构包含三个部分：意义情境、支持情境和知识情境。这三部分是构建问题情境的必备要素。

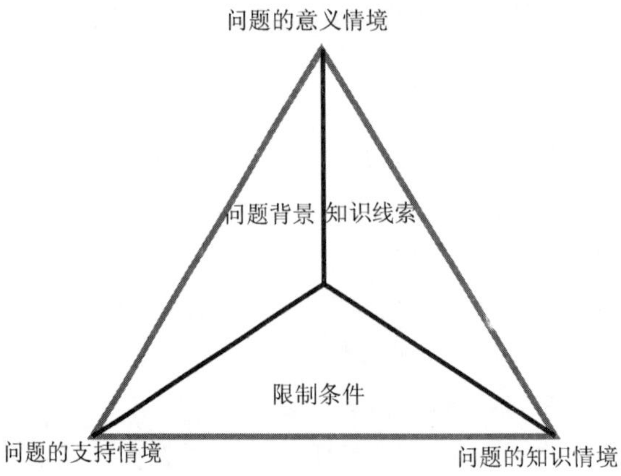


图 1　问题情境设计结构

问题的意义情境旨在提供问题发生的背景，提供问题描述的一些表层信息，可以引发学习者问题解决的动机。意义情境的创设是问题加工的基础。它提供了问题的起点状态，并明确了问题的知识背景。

问题的支持情境创设的目的是阐明问题的限制条件并提供问题解决的基本线索。问题解决学习活动针对真实情境下的非良构问题展开的。为了保证学习者按照既定路径，利用学科领域内的知识技能而非一般性的问题解决策略或技巧解决问题，学习活动设计必需通过支持情境来控制问题的结构、复杂度和抽象水平，使问题表述处于学习者可以理解的范围之内。首先，支持情境需要提供充分的信息控制问题的非良构程度。适度的信息可以消除问题的部分不确定成分，使学习者从背景中抽离出问题的起始状态信息，并逐步整理问题目标、规划问题解决路径。同时，支持情境可以通过信息，暗示问题可能的解决路径，限制问题可能的解决方案数量。支持情境还可以提供问题目标达成的判断标准，通过标准控制问题的解决方向和成果。通过上述手段，支持情境可以控制问题的劣构程度。其次，支持情境可以控制问题的复杂程度。本研究将活动情境所呈现的问题的复杂程度分解为三个属性：问题的构成成分、问题的清晰程度、问题呈现的信息。支持情境可以通过控制问题的构成成分、问题的清晰程度、问题所呈现信息的多少所呈现的信息量，来提高或降低问题的难度。如下图所示，问题难度的三维框架。最后，支持情境可以控制问题的抽象程度。支持情境可以通过对问题信息的描述来控制问题的抽象水平。

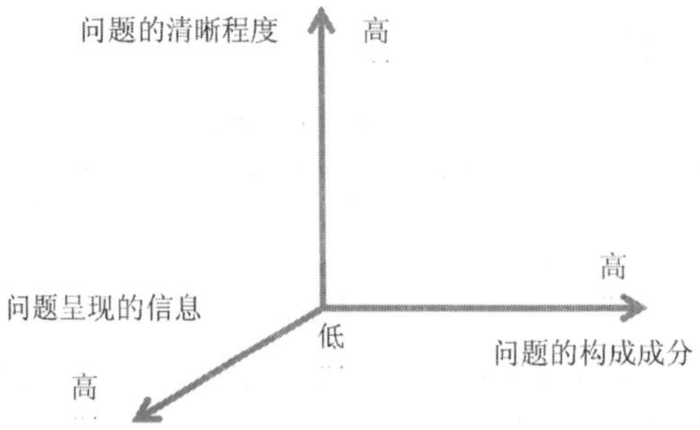


图 2　问题复杂复试的三维框架

知识情境是问题解决学习活动顺利展开的必备前提。知识情境主要为学习者提供问题解决所需知识的大致范围及检索的线索，帮助学习者利用领域知识构建问题空间，进而形成问题解决的方案。问题解决的活动过程可能涉及两方面技能，一方面是一般性问题解决的技能，如“方法—目标分析法”等。另一方面是针对某一专业领域的知识结构进行认知操作的技能。问题解决学习活动的目标是帮助学习者建立问题领域的知识结构并获取专业领域特定的认知操作技能。知识结构和认知操作技能需要在掌握丰富的领域知识的前提来获得。知识情境为学习者提供问题解决的知识范围和知识提取线索。学习者可以利用知识情境，通过认知加工，形成知识结构和认知操作技能，以此可以避免采用一般性的问题解决技能达成问题解决。

（2）问题情境设计结构的实证研究

**1. 研究对象**

为了验证情境设计结构的效果，本研究设计了实证研究部分。实证研究部分以西北师范大学教育技术学专业研究生的专业基础课程"现代教育技术"的研究生为研究的主要对象。全班总计 26 人，其中共有男生 10 人，占总人数的 38%。女生 16 人，占总人数的 62%。实证研究采用准实验的方法，鉴于参与学习活动的人数限制，将 26 名学习者分为 6 个小组，每组 4－5 人。其中 3 个小组为问题情境设计干预组，3 个组为控制组。研究对三个干预组分别采用经问题情境结构设计的学习活动，另外三个控制组仅提供未经过问题情境结构设计的学习活动。研究为期一个月。

**2. 研究准备**

准实验研究完全在真实的教学环境下进行。为了避免学习者的个体特征对研究结果的影响，在开展学习活动之前，首先测试学习者的个体特征。多位研究者认为，学习风格对在线学习效果有着密切关联。(Kreijns,2003)(Schellens,2007)由于本研究使用的学习活动为问题解决类型的学习活动，因此，学习者的一般问题解决能力也可能对研究结果产生影响。本研究选择学习者的学习风格及一般问题解决能力作为个体特征的控制变量。学习风格测量采用大学生的 ASSIST(the Approaches and Study Skills Inventory for students)量表进行测量 (Tait et al,2009)量表将学习风格分为三种类型：慎思型、策略型和外在型。由于本研究的样本量较少，根据研究假设，本研究将 3 类型的学习风格处理成两类即 1 类为慎思一策略型，包含学习风格测试中的第一类慎思型和第二类策略型学习风格的学习者。2 类为外在学习风格。问题解决量表最早由 Heppner 开发(Heppner,1982)，主要测试被试对问题解决能力的自我感知和评价水平。chan 将此量表翻译成中文。(chan,2003)为消除问题解决能力及学习风格变量对问题解决效果及感知学习效果的影响，本研究尽可能采用异质分组，保证每一组学习者在组内学习风格和一般问题解决能力两个变量尽可能异质。

**3. 研究变量及假设**

本研究选取学习风格和情境结构设计作为研究的自变量。学习风格作为问题解决学习活动个体层次的变量。情境结构设计作为小组层次的变量。因变量为学习者的成绩、感知学习效果和满意度。成绩由学习者在学习活动中的参与程度和提交最终作品给出。感知学习效果和满意度参考了 Richardson 等人的在线学习满意度量表，根据本研究的需求进行了微调。(Richardson,2003)本研究研究假设为：(1)实施问题解决在线学习活动后，1 类学习风格与 2 类学习风格的学习者在学习成绩、在线学习满意度和感知学习效果测量结果方面存在显著性差异，1 类学习风格的学习者在学习成绩、在线学习满意度和感知学习效果测量结果要高于 2 类学习者。(2)情境结构设计干预的小组与非情境结构干预组的学习者在学习成绩、在线学习满意度和感知学习效果测量结果之间存在显著性差异，前者分数高于后者。

**4. 情境结构作用的描述性统计分析**

表中显示了情境结构对学习者问题解决学习活动各项衡量指标的影响。从表中可见学习者总体学习成绩的平均值较高，为 82.5 分。情境结构干预的小组学习者在学习成绩的平均值方面高于未干预小组。

表中显示了总体学习者对学习活动的满意度为 3.52(满分为 5)，平均学习满意度高于 3。情境结构干预小组与非干预小组在学习满意度区间方面差别不大。但前者的满意度均值高于后者。表中显示总体学习者的感知学习效果较高为 3.67(满分为 5)，平均感知学习效果高于 3。情境结构干预小组感知学习满意度高于与非干预小组。

表 3　情境结构效果的描述性统计

| | | 总体 | 情境<br>结构化组 | 非情境<br>结构化组 |
|---|---|---|---|---|
| 学习<br>成绩 | 平均值 | 82.5 | 86.1 | 78.8 |
| | 标准差 | 6.042 | 5.06 | 4.63 |
| | 区间 | [70,95] | [80,95] | [70,85] |
| 学习<br>满意度 | 平均值 | 3.52 | 3.78 | 2.28 |
| | 标准差 | 0.623 | 0.597 | 0.561 |
| | 区间 | [2.26,4.81] | [2.58,4.81] | [2.27,4.49] |
| 感知<br>学习效果 | 平均值 | 3.67 | 4.05 | 3.40 |
| | 标准差 | 0.652 | 0.553 | 0.528 |
| | 区间 | [2,5] | [3,5] | [2,4] |

**5. 多元方差分析**

由于分组自变量和因变量均大于1，因此，需要运行一个多元方差分析(MANOVA)，用以检测情境结构和学习风格对学习成绩、学习满意度和感知学习效果的影响，及不同学习风格学习者在学习成绩、学习满意度和感知学习效果方面的差异。从下表可以分析知情境结构设计干预的小组学习者与控制组相比，成绩存在显著性差异，(P 值为 0.003<0.05)，感知学习效果存在显著性差异，(P 值为 0.002<0.05)。情境结构设计干预的小组学习者与控制组组相比，学习满意度之间存在显著性差异，(P 值为 0.045<0.05)，综上所述，情境结构设计对于参与问题解决在线学习活动的学习者，在学习成绩、感知学习效果、学习满意度方面均存在显著性差异，结合描述性统计分析，受问题情境设计干预的学习者在成绩及对学习活动的主观感知均高于非干预的学习者。因此可以判断问题情境结构设计对学习者问题解决在线学习效果有正向的促进作用。

在学习风格方面，学习风格不同的学习者在学习成绩方面存在显著性差异，但在感知学习效果和学习满意度方面不存在显著性差异，部分否定了研究假设。

表 4　情境结构设计的效果分析

Tests of Between-Subjects Effects

| S ... | Dependent Variable | Type III Sum of Squares | df | Mean Square | F | Sig. |
|---|---|---|---|---|---|---|
| Corrected Model | 感知学习效果 | 4.468a | 3 | 1.489 | 4.958 | .009 |
| | 学习满意度 | 1.975b | 3 | .658 | 1.832 | .171 |
| | 成绩 | 640.568c | 3 | 213.523 | 9.274 | .000 |
| | 感知学习效果 | 363.473 | 1 | 363.473 | 1.210E3 | .000 |
| | 学习满意度 | 328.364 | 1 | 328.364 | 913.669 | .000 |
| | 成绩 | 178846.726 | 1 | 178846.726 | 7.768E3 | .000 |
| 学习风格个 | 感知学习效果 | 8.242E-7 | 1 | 8.242E-7 | .000 | .999 |
| | 学习满意度 | .059 | 1 | .059 | .163 | .690 |
| | 成绩 | 392.880 | 1 | 392.880 | 17.063 | .000 |
| 情境结构化组 | 感知学习效果 | 3.778 | 1 | 3.778 | 12.575 | .002 |
| | 学习满意度 | 1.618 | 1 | 1.618 | 4.501 | .045 |
| | 成绩 | 262.111 | 1 | 262.111 | 11.384 | .003 |

**6. 实证研究总结**

通过上述分析，可知：问题情境结构设计干预的小组，在成绩、在线学习的满意度及感知学习效果三个方面，与控制组相比均存在显著性差异。干预的小组学习者对成绩及学习活动的感知明显高于控制组的学习者。上述数据证实，情境结构设计确实可以提高学习者在线学习的成绩和对学习活动的主观感知，即提高学习者在线学习的效果。

同时，情境结构设计干预对于不同学习风格的学习者而言，在成绩方面存在显著性差异，在感知学习效果和学习满意度方面则不存在显著性差异。上述结果显示设计对不同学习风格学习者而言，在学习成绩方面的影响有所不同，但对学习者主观感知的影响无显著性差异。通过后期分析，笔者认为研究样本数量、学习活动涉及内容、学习活动持续的时间等因素可能会影响研究结果。问题情境结构设计对不同学习风格学习者的影响效果还需要在更大范围内进行验证。

## 四、后续研究展望

本研究分析了问题解决在线学习活动中问题情境的基本特征、问题情境结构，并应用实证研究验证了问题情境结构的效果。后续研究应针对具体的知识领域，提出具体富有针对性的问题情境的设计策略。后续研究还应考虑开发问题情境的教学设计工具，以降低设计难度，帮助教师快速完成设计任务。

### 参考文献

[1] 李松，张进宝，徐琤. 在线学习活动设计研究[J]. 现代远程教育研究，2010，(4)：68-72.

[2] 武法提. 网络教育应用[M]. 北京：高等教育出版社，2006.

[3] Namsoo Shin Hong. The relationship between well-structured and ill-structured problem solving in multimedia simulation[D]. The Pennsylvania State University，1998.

[4] Jonassen D. H. Toward a design theory of problem solving[J]. Educational Technology：Research&Development，2000，(48)：63-65.

[5] Tait，H.，Entwistle，N. J.，McCune，V.. ASSIST：a reconceptualisation of the approaches to studying inventory [A]. In C. Rust (ed.) Improving students as learners[C]. Oxford：Oxford Brookes University，The Oxford Centre for Staff and Learning Development，1998.

[6] Kreijns，K.，Kirschner，P. A.，& Jochems，W. M. G.. Identifying the pitfalls for social interaction in computer-supported collaborative learning environments：A review of the research [J]. Computers in Human Behaviour，2003，19 (3)：335-353.

[7] Schellens，T.，van Keer，H.，Valcke，M.，De Wever. Learning in asynchronous discussion groups：a multilevel approach to study the influence of student，group and task characteristics[J]. Behaviour and Information Technology，2007，26(1) ：55-71.

[8] Heppner. P. P. The Development and Implications of a Personal Problem-Solving Inventory[J]. Journal of Counseling Psychology，1982，(29)：66-75.

[9] Chan. D. W. Dimensionality and correlates of problem solving：The use of the Problem Solving Inventory in the Chinese context[J]. Behaviour Research and Therapy，2001(39)：859-875.

[10] Richardson，C. J. &swan，K. Examining Social Presence In Online Courses In Relation To Students' Perceived Learning And Satisfaction[J]. Journal of Asynchronous Learning Networks，2003，7(1)：68-88.

### 作者简介

马志强，1983 年生，男，满族，内蒙古呼和浩特人，博士学位，副教授，研究方向：数字化学习。

# 基于协作学习的阅读标注系统应用研究

王振国，谢宾，宋淑君
（华南师范大学教育信息技术学院，广东广州，510631）

**摘　要**：随着因特网技术的迅速发展，在线学习越来越普及，学习者之间标注、笔记的交流则成为计算机和网络支持的协作学习的一种形式。当前协作学习的一个局限性是束缚了学习者个性化标注学习资料的能力，如何提供有效的个性化工具并借此分析学生的学习行为，如阅读标注系统，作为提高协作学习的一种方式值得深入研究。文章使用阅读标注系统开展实证研究及问卷调查的方法来验证其应用效果，研究表明该基于协作学习的阅读标注系统对提高学生在线阅读成绩，促进学生协作学习确实存在很大的帮助。在开发阅读标注系统时，需要考虑各学科的特点，阅读标注系统的标注共享与检索功能及标注管理机制在协作学习中起着重要的作用。

**关键词**：协作学习；个性化工具；阅读标注

# The Research of Reading Annotation System Based on Collaborative Learning

**Abstract**: With the development of the Internet and the popularization of online learning, the communication of the annotation and notes between learners are being to a new form of the computer and computer network-based collaborative learning. One current limitation of the collaborative learning is the constraint of learners' ability of annotating materials personalized. How to provide the effectively personalized tools, like reading annotation system, and use them to analyze learners' learning behaves as a way to improve collaborative learning is worth exploring. The paper used the reading annotation system to test its effect through promoting the empirical study and questionnaire survey. The study indicated that it is make a significant that using the collaborative learning-based reading annotation system to improve learners' online reading score and promote learners learning collaboratively. When developing the reading annotation system, developers need to think about the characteristics of the subjects and the effects of the reading annotation system annotation sharing & searching function and annotation management mechanism in collaborative learning.

**Keywords**: collaborative learning; personalized tool; reading annotation

## 一、前言

许多研究者指出了团队工作的重要性，把团队作为社交组织，把团队活动看作一个社交过程。计算机支持的协作学习可以往前追溯到 1996 年（Koschmann 1996），发展至今，则是为学习者提供由计算机和网络支持的协作学习环境，从而进行知识获取与共享。在阅读材料上做笔记、标注是传统学习活动的重要学习方式，标注可以加快阅读过程，同时也能提高阅读者对材料的理解程度（Marshall 1997）。很多研究项目都证实了标注系统的有效性并且证明了这些系统有潜力做到促进学习，但是很少有系统发展到支持具体的教学。目前基于网络的协作学习的瓶颈在于学生学习材料个性化和标注能力有限，为学生提供个性化工具并分析学生的学习行为吸引了研究者的目光。

## 二、研究问题的提出

在协作学习中，社会关系对知识的获得具有重要影响，并主张是人通过主动的学习，和环境之间进行交互，从而建构自己的知识。许多研究将标注归于协作学习范畴，协作学习（Co11aborative Learning）是一种通过小组或团队的形式组织学生进行学习的一种策略（李克东，赵建华 2002）。

**1. 标注理论研究现状**

有研究表明学习者做过笔记标注后，即便再也没有回顾复习，这些标注依然有效。带有共享机制的标注系统在学习成绩上的影响力更强一些（Su, Yang et al. 2010）。有标注的材料较没有标注的材料更容易复习，实验表明小组共同标注在测试中表现出更好的组织性和语言表达能力[1]。Davis 和 Huttenlocher 提出了 CoNote 系统，在一系列的电子文档中通过共享标注可以实现一组人们进行交流[2]。Marshall 将标注的类型分为清晰的（explicit）和模糊的（inexplicit）两种。清晰标注（如文本）比模糊标注（高亮、下划线、箭头、图解）传达更多的意思[3]。

一般而言，标注可以在注意、组织、检索、讨论四个方面帮助学习者，标注可以捕捉学习者的注意力，帮助他们集中注意力在标注的对象和主体上；另外标注也可以帮助学习者构建自己的知识和概念，进一步来说标注可以帮助学习者定义锚点，为后面的学习参考提供检索或者提示功能。

**2. 标注工具与系统研究现状**

基于文档的共享标注工具 EDUCOSM，这个系统的有用性在于可以在实际协作学习环境中凭经验进行评价（Nokelainen, Kurhila et al. 2003）。LeeTiernan and Grudin 提出了允许浏览者使用音频和视频进行创建和共享标注的异步多媒体标注的原型系统，发现小组练习可以促进参与和系统使用，并且能够促进标注系统的发展（LeeTiernan and Grudin 2001）。W3C 在通用开放资源定义框架的基础上提出一个基于网络的共享标注系统 Annotea，其通过共享标注、标签以及他们的结合加强了协作（Hwang, Wang et al. 2007）。用户使用基于网络的 Amaya 编辑器来浏览网页内容和在 Annotea 上做标注，由于维持链接关系的开支使得其只适合用于静态文档却不适合用于动态文档。Microsoft 发布的 OneNote 是一个个性化工具。用户可以选择笔、键盘或者声音输入标注，但是标注只能通过 Email 进行共享。CommonSpace 允许师生之间的交互，学生可以在文档上写标注，教师可以对标注进行评论，学生可以在教师评论的基础上进一步的修改，同时教师可以查看附着于本文档所有的批注和评论。但是，该系统是一个独立的软件产品，而非基于因特网的协作系统（Surman, Wershler-Henry et al. 2001）。

从以上种类繁多的标注工具、标注系统不难看出，阅读标注系统已经发展迅速并具有巨大潜在力，他们虽然具备一些特点如以测试为目的，注重标注类型多媒体化，注重标注的交互，注重标注管理，但是在支持协作学习方面的功能还不够强大，还存在一些问题和不足如标注的共享机制过于单一；不能针对同一份材料进行讨论；针对教学的学习模式不清晰；小组协作学习中小组规模的划分方法和策略、教师的参与度等问题没有得到很好的实现。通过对文献的研读与分析，笔者提出如下研究问题：

（1）基于协作学习的阅读标注系统是否有助于提高学生在线阅读成绩？

（2）开发在线阅读标注系统时应注意哪些方面？

（3）如何更好地使用阅读标注系统解决协作学习中知识共享问题？

## 三、研究过程

**1. 基于协作学习的阅读标注系统**

本文使用了导师研究团队自行研发的智慧学习导航系统中的阅读标注系统，学习者根据教师给出的问题用单线或双线标注教材中的内容；系统将学习者的标注结果与标准答案进行匹配，并对学习者的标注结果进行评分；学习者可以查看标注内容和标准答案，通过比较两者的差异从阅读中获得知识；教师可以查看班级学生阅读得分的整体情况，以及每个学生标注的内容。此外教师或课程组长可以在教材中插入多媒体资源，学生在阅读教材的过程中可以查看资源，增进对教材的理解；学习者在练习的过程中，可以随时回归教材。

学生能够对教材内容的重点、难点进行标注，在阅读过程中遇到问题时可以提问，即用问号加注释描述问题内容；查看同伴的标注内容，实现标注内容的共享如图 1 所示。

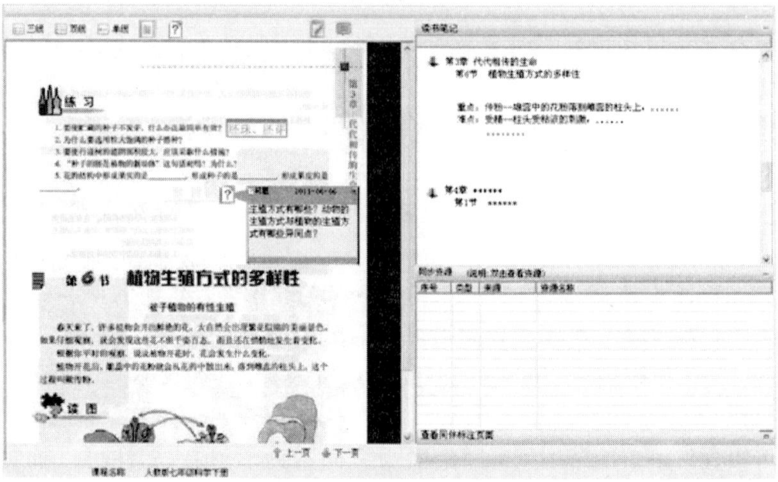

图 1　学生阅读教材页面

教师能够统计学生提出的问题，针对学生存在的问题添加资源、组织教学等；教师能够查看每个学生的读书笔记、页面详细的标注内容，并提供个性化辅导如图 2 所示。

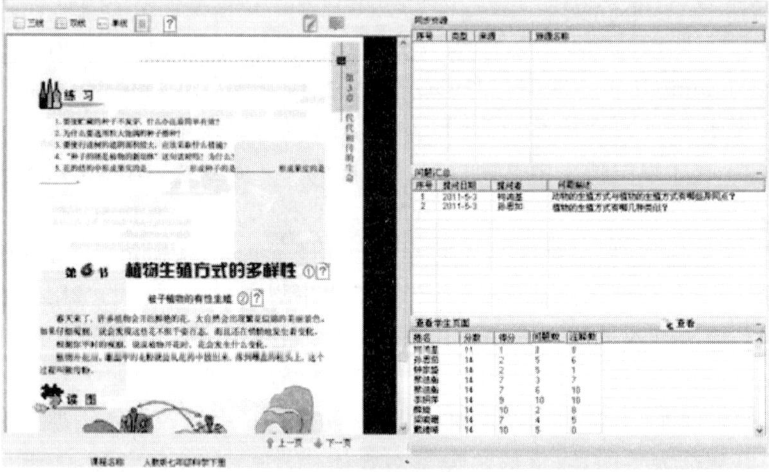

图 2　教师查看教材页面

**2. 准实验研究与问卷调查**

(1) 准实验研究

① 实验假设

假设一学习导航系统中阅读标注系统能够提高学习者的阅读成绩(实验组与对照组比较)

假设二阅读系统中标注的准确率(阅读成绩)与学习效果(测验成绩)正相关(实验组内部比较)

② 实验一

采用不相等实验组控制组前后测准实验设计验证假设一。实验对象为深圳某中学初一 1 班(54 人)和初一 8 班(50 人)的学生，将实验前的最近一次测验成绩作为前测，通过分析得出两个班学生的学习效果不存在显著差异。随机选取初一 8 班作为实验组，教师应用阅读标注系统开展教学；初一 1 班作为对照组，教师应用传统的方式组织教学。实验结束后，对实验组和对照组同时进行后测，通过分析后测的结果得出实验组的成绩明显好于对照组的成绩，即验证了假设一。

③ 实验二

对实验班每个学生的两次阅读成绩得分率进行累加求均值，将计算后的结果与后测成绩进行相关性分析，如果两者显著正相关，则表明阅读成绩越高学习效果越好，即验证了假设二。

(2) 问卷调查

通过李克特五级量表，调查学生使用阅读标注系统的情况，主要分四个维度：一是系统的有用性(usefulness)，即系统对改善学习是否有用；二是系统的易用性(ease of use)，即系统的操作是否简单易用；三是学习满意度，即学习者对使用阅读系统进行学习的满意程度(learning satisfaction)；四是未来使用的倾向(willingness for future use)。

通过李克特五级量表，调查不同学科教师对阅读的重视程度，以及教师希望阅读标注系统具备哪些功能。对阅读的重视程度可以体现在下列几点：教师对阅读的态度；教师如何开展阅读活动；如何检查阅读效果等。

**3. 实验数据处理分析**

(1) 准实验数据分析

① 实验前期处理

在准实验开始进行前，先分别对两个班级进行前测，对前测成绩进行统计，得出两班的平均分跟标准差差别都不是很大，在此基础上，对两班的前测成绩进行差异性检验，查 t 值表可知，$t(df)_{0.05}=t(102)_{0.05}=1.984$，而样本 $t=0.613<t(102)_{0.05}=1.984$，所以两班的前测成绩之间不存在显著性差异。同样，接受方差相等的假设，其中 $t=0.613$，双侧检验显著性 Sig$=0.541(\alpha=0.05)$表明两班的前测成绩之间不存在显著性差异，可以开展准实验研究。

② 实验后期处理

在经过 1 个月的学习之后，分别对两个班级进行后测，对获得成绩进行统计如表 1 所示，可以看出两个班级的后测成绩较前测成绩都有了较大的提高，其中实验班提高的幅度更大。在此基础上进行了两班前后测差异性检验如表 2 所示，对于 1 班，查 t 值表可知，$t(df)0.05= t(53)0.05\approx2.009$，而样本 $t=9.376> t(53)0.05\approx2.009$，所以 1 班前后测成绩之间存在显著性差异，对于 8 班，查 t 值表可知，$t(df)0.05= t(49)0.05\approx2.009$，而样本 $t=11.719> t(49)0.05\approx2.009$，所以 8 班前后测成绩之间存在显著性差异。同样，对于 $t=9.376$，双侧检验显著性 Sig$=0.000<0.01$，对于 $t=11.719$ 双侧检验显著性 Sig$=0.000<0.01$ 说明 1、8 班前后测成绩之间都存在显著性差异。分别对两班前后测相对增幅进行比较。

1 班前后测成绩相对增幅：

$$(80.48-66.28)/66.28=21.42\%$$

8 班前后测成绩相对增幅：

$$(86.56-68.04)/68.04=27.21\%$$

这个结果间接表明，阅读标注系统运用于教学中，对学生阅读成绩的提高相比于传统的教学方式更加得力。

**表 1　1 班跟 8 班前测、后测成绩统计表**

| 班级 | Mean | N | Std. Deviation | Std. Error Mean |
|---|---|---|---|---|
| 1　Pair 1 前测 | 66.28 | 54 | 13.628 | 1.854 |
| 后测 | 80.48 | 54 | 7.714 | 1.050 |
| 8　Pair 1 前测 | 68.04 | 50 | 15.670 | 2.216 |
| 后测 | 86.56 | 50 | 8.683 | 1.228 |

表 2　1 班跟 8 班前测、后测成绩差异性检验表

| 班级 | Mean | Std. Deviation | Std. Error Mean | Lower | Upper | t | df | Sig. (2-tailed) |
|---|---|---|---|---|---|---|---|---|
| 1　Pair 1 前测-后测 | −14.204 | 11.133 | 1.515 | −17.242 | −11.165 | −9.376 | 53 | .000 |
| 8　Pair 1 前测-后测 | −18.520 | 11.174 | 1.580 | −21.696 | −15.344 | −11.719 | 49 | .000 |

在此基础上，对 1、8 班的后测成绩进行统计分析，再对两班后测成绩进行差异性检验，查 t 值表可知，t(df)0.05＝ t(102)0.05≈1.984，而样本 t＝3.780＞ t(102)0.05≈1.984，所以实验班跟对照班后测成绩之间存在显著性差异，同样接受方差相等的假设，其中 t＝3.780，双侧检验显著性 Sig＝0.000＜0.01，表明两班的后测成绩之间存在显著性差异。以上数据处理分析验证了阅读标注系统确实能够提高学习者的阅读成绩，且比传统教学方法更加有效。

在以上的基础上，对实验班两次阅读成绩得分率跟后测成绩相关性进行分析如表 3 所示。由表 3“相关性”得，两次阅读的平均得分率“read_avg”与后测成绩“test2”具有显著的相关性（sig＝0.000＜0.01），且呈正相关，即阅读的得分率越高，测试成绩越高，此结论验证了假设二。

表 3　实验班(8 班)阅读成绩得分率跟后测成绩相关性分析表

| | | test2 | read avg |
|---|---|---|---|
| test2 | Person Correlation | 1 | .458 * * |
| | Sig. (2-tailed) | | .000 |
| | N | 54 | 54 |
| read avg | Person Correlation | .458 * * | 1 |
| | Sig. (2-tailed) | .000 | |
| | N | 54 | 54 |

* *. Correlation is significant at the 0.01 level (2-tailed).

（2）问卷数据分析

① 学生调查问卷数据处理分析

在后测实验结束后，对实验班学生进行问卷调查，调查学生对于该阅读标注系统的使用情况。在有用性方面，87％的学生认为标记类型有益于他们学习。82％的学生同意标记功能有利于他们提高学习效率。大多数学生喜欢使用这个阅读标注系统，并有在纸质书上标注的习惯。在易用性方面，大多数学生认为阅读系统容易使用，94％的学生认为该系统容易使用。在满足学习的需要方面，大多数学生认为阅读标注系统满足学习要求，91％的学生认为能提高学习效果，78％的学生认为能提高学习兴趣，20％的学生认为不确定，分析具体原因，了解到不同的学生有不同的学习层次需求，这在系统改善方面提出了新的要求。在系统的交互性方面，82％学生认为满意，18％的学生持不同观点，对学生进一步访谈，发现是学生具体的学习需求和系统本身存在问题。在希望继续使用方面，89％的学生希望以后能继续使用该阅读标注系统；在问题 11(我希望其他学科也使用阅读系统)中，出现了最低的分数，不同的学科对标注、笔记的要求不一样，所以 31％的学生给出了不确定的答案，说明阅读标注系统的研发，还是要针对学科的特点，不能一概而论。

总的来讲，大多数学生认为该阅读标注系统特点明确，打开方便，易于使用，容易实现协作学习，因而适合小组协作学习活动。

② 教师调查问卷数据处理分析

在以上实验的基础上，调查了不同学科教师对阅读的重视程度，以及教师希望阅读系统包含哪些功能。由于笔者能力、人际关系方面的问题，采用了问卷星的方式进行填写，其中参与问卷填写的教师教龄在 1 年以下的比例达 79％，说明这些教师的共同特点是年轻，信息素养比较高，接受新阅读系统的可能性比较高；关于教师对阅读的重视程度，认为阅读对本学科的学习非常重要的比例高达 89％；学生阅读前，教师提出明确的问题让学生阅读后回答，有这样习惯的教师比例占 89％，说明有问题导向的阅读系统是教师选用的主流；在阅读的过程中，教师会组织学生进行讨论交流的情况，78％的教师会组织，这说明阅读标注系统要实

现标注共享机制;关于理想的阅读标注系统应该具有的功能,大多数教师认为:(1)能够为阅读活动的开展提供支持;(2)为学生的阅读提供有针对性的问题;(3)提供在线标注功能,学生可以在电子教材上使用点、线、圈、问号等标记重难点;(4)对学生的阅读水平进行自动测评;(5)统计分析功能,了解学生整体的阅读情况;(6)查看每个学生的阅读情况;(7)组织学生进行讨论和交流。

## 四、结语

### 1. 研究结论

本研究结合一线教师的实际教学需求,以阅读标注和协作学习理论为基础,通过准实验研究和调查问卷的数据分析得出大多数学生对使用阅读标注系统具有很高的积极性。阅读标注系统能够提高学生的阅读成绩,学生在阅读中愿意使用阅读标注系统来进行阅读能够获得更好的阅读成绩。在开发阅读标注系统时,需要考虑各学科的特点,阅读标注系统的标注共享与检索功能及标注管理机制在协作学习中起着重要的作用。

### 2. 研究不足和后续研究

由于研究者本人能力与时间问题,还存在很多不足,未来将从如下方面开展进一步的研究:

① 尽管现有的阅读标注系统作为课堂教学的一个环节,能够基本满足课堂教学的需要,但是在标注的形式(标注符号)、对教材的注释、标注内容的共享检索、对标注内容的使用等方面的功能还不完善,需要进一步改进。

② 共建共享学科知识库,将教师、学生对教材内容(如概念及其定义)的标注,作为资源添加到学科知识电子词典中。

## 参考文献

[1] Aiken, E. G., G. S. Thomas, et al. Memory for a lecture: Effects of notes, lecture rate, and informational density[J]. Journal of Educational Psychology,1975,67(3):439

[2] Davis, J. R. and D. P. Huttenlocher. Shared annotation for cooperative learning[C]. CSCL '95 The first international conference on Computer support for collaborativelearning,1995

[3] Brereton, M. F., D. M. Cannon, et al. Collaboration in design teams: mediating design progress through social interaction. Analysing Design Activity[M],1996:319-341

[4] Carter, S., E. Churchill, et al. Digital graffiti: public annotation of multimedia content[C]. CHI 04 extended abstracts on Human factors in computing systems,2004:1207-1210

[5] Chung, S. J., C. Severance, et al. Design of support tools for knowledge building in a virtual university course[J]. Interactive Learning Environments,2003,11(1):41-57

[6] Cross, N., H. Christiaans, et al. Analysing design activity[M], Wiley. 1996

[7] Azouaou, F., W. Chen, et al. Semantic annotation tools for learningmaterial[J]. Citeseer,2004

[8] Wolfe, J. Annotation technologies: A software and research review[J]. Computers and Composition,2002,19(4):471-497

[9] Yang, S. J. H., J. Zhang, et al. A collaborative multimedia annotation tool for enhancing knowledge sharing in CSCL[J]. Interactive Learning Environments,2011,19(1):45-62

[10] Zurita, G. and M. Nussbaum. Computer supported collaborative learning using wirelessly interconnected handheld computers[J]. Computers & Education,2004,42(3):289-314

[11] 蒋红星. Web2.0 时代下的社会化批注[J]. 中国电化教育,2007,(09)

[12] 蒋红星. Internet 环境下社会化批注的教育应用[J]. 中国远程教育,2009,(06):69-74

## 作者简介

王振国,1987 年生,男,汉族,湖南省怀化市人,硕士研究生,研究方向:计算机网络与教育应用。

# Scratch 程序设计课培养小学生创作力的研究
## ——以《捉鼠游戏》一课为例

朱丽彬，金炳尧
（浙江师范大学教师教育学院，浙江金华，321004）

**摘 要：** 随着信息时代的到来，面对完全在信息化环境成长起来的学生，信息技术程序设计的教学面临着重大的挑战和变革。Scratch 是麻省理工学院针对 8 岁以上儿童设计开发的程序编写语言与环境，其理论基础是西蒙的建造主义。通过金华师范附属小学艾青小学的 Scratch 程序设计课的教学实践，以《捉鼠游戏》一课为例，从提问启动创新思维，体验突破创造困惑，修改开启创作之门，展示获得成功体验这四个方面培养小学生的创作力。从学生的作品中可以看到 Scratch 程序设计学习在提高学习者的创造思维和能力方面颇有效果，最后总结了 Scratch 课的教学实践经验，为当下的程序设计教学革新研究和实践创新提供一些参照和启示。

**关键词：** Scratch；程序设计课；创作力

# The Scratch Course in Cultivating Students Creativity Research
## ——"A Mouse Catch Game" as an Example

Zhu Libin
(Teachers Education College Zhe Jiang Normal University Jinhua 321004)

**Abstract:** With the advent of the Information age, Face the student who grow up in the information environment completely, Information Technology program design teaching is faced with great challenge and reform. Scratch is the Massachusetts Institute of Technology for children over 8 years of design and development of programming language and environment, its theoretical foundation is the Simon building theory. The teaching practice based on Affiliated Primary School of Jin Hua Normal school :Ai Qing Primary school 's Scratch program design course, "catch the mouse game" for instance, from the questions start innovation thinking, experience creating confusion, modified to open the door of creation, showing successful experience this four aspects of training students' creative power of small. From the student's work can be seen in the Scratch program design learning in improving learners' creative thinking and ability in terms of the effect, finally the teaching practice experience on Scratch, for the moment the program design teaching reform research and practice of innovation in order to provide some reference and enlightenment.

**Keywords:** Scratch; programming principle; creative ability

## 一、前言

随着人类步入信息时代，当今的学生的生活环境和生活方式使得他们的思维模式发生了巨大的改变，他们习惯于十分迅速地接受信息，他们喜欢同时处理多种任务，他们喜欢文本前呈现图表而不是相反，他们喜欢随机进入(象超文本)，他们喜欢获得即时的肯定和频繁的奖励，他们喜欢游戏而不是“严肃”的工作[1]。面对完全在信息化环境下成长起来的一代学生，我国高中的信息技术课程标准近十年未做过修订、义务教育阶段大部分地区没有信息技术课程标准，信息技术课程面临着重大的变革。程序设计是计算机教育固有的课程内容，是培养创造力的有效手段和途径，而传统的程序设计教学运用的教学语言需要注意的细节非常繁琐而且缺少视觉化。Scratch 图形化编程语言不同于以往教学中使用的 LOGO、VB、PASCAL 语言，以形象直观的积木指令代替了枯燥，易出错的复杂程序代码，有利于帮助学生表达自己的想法。我国的很多地区已经展开 Scratch 的试点教学，深得学生的喜爱。

## 二、Scratch 简介

Scratch 是 MIT(麻省理工学院)为八岁以上儿童设计开发的一套新的程序设计软件，通过 Scratch 语言儿童可以创造性地设计出属于自己的程序，这些程序包含动画、游戏和交互式故事等。Scratch 语言的设计理念是想象——编程——分享，目的不是为了培养少年程序员，而是孩子们可以通过 Scratch 表达自己，帮助他们发展学习技能，培养创造性思维，以及学习合作。Scratch 的主要特点有：和通常的专业级的程序设计语言一样，它也是可视化的，适用于儿童学习数学、逻辑及设计流程等；积木组合式程序设计方法；可以用拖曳、组合的方法取代打字，免除代码输入错误的困扰；可以制作出具有故事情节的动画或交互式游戏[2]。http://scratch.mit.edu 是 Scratch 的官方网站，在上面可以下载 Scratch 语言，也能够分享交流自己的作品，其他的学习网站还有 Scratch Ed，Learn Scratch 等等。

## 三、建造主义

建造主义是由西蒙(Seymour Papert)教授所提出的学习理论，它是 Papert 延续修正皮亚杰的建构主义而提出的，此理论特别强调学习者必须有意识地从事某项公开事物的建造。建造主义的基本理念是“做中学”，强调学习者要从事创作外在的或可与他人共享的作品。通过创建这项逐渐成形的作品，创作者可以指着实物的一部分回溯其过去的思考，并规划出未来的活动。此外，在设计的过程中，学习者除了规划之外，更可借实践动手操作去测试其设计过程中的创意。在学习者的作品发展过程中，他会不断地修改，甚至推翻原有的想法，而非只是执行公式化程序。Papert 的建造主义是涵盖皮亚杰的建构主义理论，再加上能够让学习者主动操作的事物(如 Logo 程序，或 LEGO 积木)。建造主义认为知识不是简单地由教师传达给学生们，而是学习者主动的心智建构，学习者不仅是去获取创意(Ideas)而且是去开发出自己的创意。因此，建造主义主张应该让学习者主动地参与一些外在作品的创作，同时让他们有机会表达自己的看法，及与他人分享想法，如此新的创意极有可能会被创造出来。在 Papert 看来，好的教育不是如何让老师教得更好，而是如何提供充分的空间和机会让学习者去构建自己的知识体系。就理论上来说，Scratch 是建造主义的体现，建造主义强调：在学习的过程中，学生应该通过建造外在、可分享的人造物与知识建立个人关系，电脑可说是个思考工具，提供学生与知识对话的场域[4]。

## 四、Scratch 程序设计课的教学——以《捉鼠游戏》为例

在金师附小——艾青小学的 Scratch 程序设计社团课上，教师引导学生创作了一些他们所喜爱的游戏作品，如迷宫，打砖块，植物大战僵尸，小猫画画，捉鼠游戏等等。《捉鼠游戏》这一课是建立在之前《猴子打

篮球》这一课的基础上展开教学的,内容是用 Scratch 创作猫捉老鼠的游戏。主要分成以下四个阶段指引学生感知,体验和创新,在编程的世界里培养学生的创作能力。

### (一)提问启动创新思维

在教学开始时,首先展示有趣的捉鼠游戏,让学生先玩会儿,探索游戏的基本规则,然后以"如果我是小小游戏设计师,我该如何设计这款游戏?"这一问题引入,让学生提出自己的修改意见(有的学生认为游戏的难度太低,有的则认为游戏里应该有让玩家迅速胜利的必杀技等等)。学生在了解自己的游戏需要的同时,有机会去表达自己的愿望,从被动的游戏消费者变成了主动的游戏的生产者。老师的提问引发了学生的"注意",有助于学生主动寻找解决问题的方案。

### (二)体验突破创造困惑

进入第二阶段,学生建立在已有的编程知识基础上开始动手实现捉鼠游戏,在可视化的程序设计环境里调试程序。在学生出现问题时教师引导学生观察和比较脚本,学生自己发现结论,掌握了知识点。儿童对未知世界是充满好奇的,他们就是在不断地"发现"中获得学习的"快乐体验",所以老师不能急于将知识点直接呈现。有时也可以将一个学生的问题抛给全班同学,大家集思广益共同解决问题,让学生体会到了群体智慧的力量。以下是两段课堂实录。

课堂实录片段 1:

生:老师,我的老鼠怎么像机器人?

师:很机械是吧,那我们来看看脚本分析一下为什么老鼠不那么自然。

生:好像是按照固定的轨迹游的。

师:我们可以看到,绝大多数同学是按照上节课猴子打篮球的脚本去编程的,那老鼠是动物,我们有什么办法让老鼠旋转不一样的角度呢?

生:随机数。

师:我们可以将一定的数值用随机数来替换一下,这样计算机来自由选择随机数来决定老鼠转弯的角度,并时不时变换一种姿态。

课堂实录片段 2:

生:老师,我的老鼠发疯了,他们像无头苍蝇一样乱撞,怎么回事?

师:谁能帮这位同学解释一下呢?

生:老鼠运动的速度太快了!

生:小鼠是不能倒着走!

师:我们同学的分析太对了,那我们就从这两个角度来解决问题。首先是速度的问题,谁能告诉我怎么变慢?

生:就是多循环几次,每次少走几步就好了!

师:很好!告诉老师,你是怎么发现的?

生:就是多试几次就好了!

师:对的,其实很多问题,包括我们在以后的学习和生活中遇到的困难,我们都是要自己多动手尝试的,而不是直接将问题抛给老师和家长,勤于动脑,问题就会迎刃而解的!

生:老师,我真厉害!

师:我们再来看一下,怎么要老鼠正着走?

生:老师,我知道!

师:好!你来给大家示范一下。

师:我们可以看到,这个同学很细心喽,发现了接口上的这三个小按钮是控制角色的旋转方向的。

生:老师,我也发现了!

师:看来我们同学不仅勤于思考还能够仔细观察,自我学习能力是很强的。

## （三）修改开启创作之门

在这一阶段，学生已经基本上达到老师给出的模板水平，但是很多同学并不满足自己的作品，老师鼓励学生发挥想象的空间，在原有的基础上进行创新。只见他们有时凝神静思寻找解决办法，时而翻看官网上的案例找寻灵感，有的时候则围坐高手一旁请教高招。

## （四）展示获得成功体验

这个阶段给学生搭建了交流展示的平台。有的同学利用外观命令里面的重像特效将自己的小老鼠变得透明，称其为隐形杀手；有的同学用广播功能在不同情况里令舞台的背景不断切换，称之为魔立方；有的同学安排了大猫吃掉老鼠的场景；有的同学则加入了"全部冰冻"和"全部秒杀"的必杀技（如图 1）；还有同学制作了太空打恐龙，跳出了老师的思维，玩起了他的"恐龙游戏"（如图 2）。毕加索曾说过，每个孩子都是一位艺术家，问题是如何让他们在成年后仍然保持艺术家的思路。换一种思路去实现自己的想法，这不正是创造！？这个阶段带给我们太多的惊喜，让我们惊讶于学生的创造力和无限的编程潜力。

图 1　学生作品

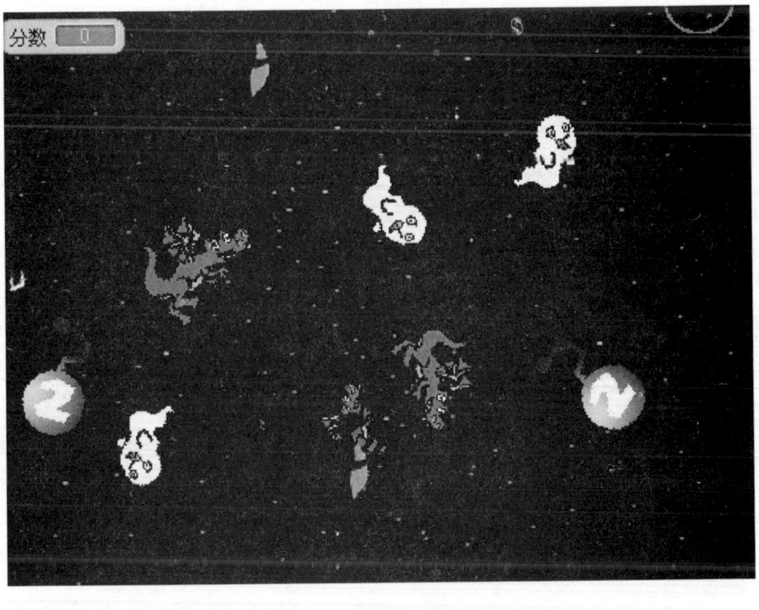


图 2　学生作品二

## 五、教学反思

**1. 玩的动力向创作动力的转化**

学生对于游戏的痴迷可以让他们乐于研发自己的游戏作品，变成游戏的主人，调动了学生的积极性。而我们要做的就是引导学生从被动的玩变成主动的学习，在这个过程中使得学生的逻辑思维能力和解决问题的能力以及创新思维能力都有所提高。

**2. 创作从感性向理性的转化**

逻辑是进行创造的重要工具，它尤其适用于创造过程中的实践阶段。但当你寻找琢磨各种想法的时候，过多的逻辑会使创造过程短路[5]。所以在想法的孵化阶段，学生用自己的感性的一面孕育思想的种子，而到了实践的过程则是理性的，没有人能够凭空造出"洛克王国"，这个阶段要引导学生亲自动手体验。针对很多青少年游戏成瘾的问题，教师需要合理引导学生从游戏中走出来，为此未来可以展开一些有意义的尝试，比如将小学科学里面的内容让小朋友们用 Scratch 软件来"研发"课件，用 Scratch 代替 PPT 来做报告，用来计算数学题，制作个人主页甚至是设计自己的应用软件。

**3. 老师教向学生创作的转化**

课堂中要有足够长的时间让孩子去品味，去探索编程王国，逐步形成孩子们自己的体会和经验。教师要给学生充分的时间去动手创作，给予学生创作空间，让他们在编程的世界里大展身手，所以课堂中的"留白"很重要，通过访谈和观察，学生更希望老师能把有大量的自主的时间留给他们。

**4. 虚拟世界走向现实生活**

计算机的世界是虚拟的，而生活是现实的，我们可以引导学生编写一些能直接应用到生活中的程序，在创作的过程中挖掘现实生活之美。

## 六、结束语

Scratch 编程语言是适应时代发展的产物，用它学习编程摆脱了程序设计复杂的语法和程序调用枯燥的格式，可视化的界面十分适合小学生学习，积木式的指令让其抽象程度大大减少，让程序设计变得十分有趣。在做中学的方式锻炼了学习者设计的思维和能力，对培养小学生的创新能力和合作能力有重要意义。国内的 Scratch 教育刚刚起步，在很多方面还有待进一步的改进和完善，广大教育工作者在积极的实践和探索的基础上推动 Scratch 程序设计课教学的发展。

### 参考文献

[1] Marc Prensky，胡智标，王凯。数字土著数字移民[J]。远程教育杂志，2009(2)：48-50

[2] 陈捷. Scratch 语言简介及应用[J]。电脑知识与技术，

[3] 王佑镁，李璐. 设计型学习———一种正在兴起的学习范式[J]。中国电化教育，2009(10)：12-16

[4] 许慧美. 从台湾推广经验省思 Scratch 的教育性[J]。中国信息技术教育，2012(10)：24-27

[5] 罗杰·冯·欧克. 在脑袋一侧猛敲一下：打开思维枷锁，提高创造力 [M]，北京：中信出版社，2003

### 作者简介

朱丽彬，1989 年生，女，汉族，山东省临沂市人，硕士研究生，研究方向：信息技术教育。

# 利用网络平台开展家校协同教育的国内外研究现状

韩薇
（华南师范大学教育信息技术学院，广东广州，510631）

**摘　要：**家校协同教育成为当今教育关注的问题，在信息飞速发展的时代，人们提出通过新方式开展家校协同教育。网络平台成为家长与学校沟通、协作的新桥梁。目前，对利用网络平台开展家校协同教育的研究日益受到关注。在此研究背景下，对利用网络平台进行家校协同教育的相关概念进行界定，并利用文献调研法，分析国内外利用网络平台开展家校协同教育的研究现状。验证利用网络平台交流、协作是家校协同教育的新方式。

**关键词：**家校协同教育；网络平台；研究现状

# The Study Status of Using Network Platform to Develop the Parent- teacher Collaboration Education

**Abstract**: Introduce the background about using network platform to develop the parent- teacher collaboration education. Define the relevant concepts. With the application of content analysis , to take implement about the practice of the parent- teacher collaboration education home and abroad, provide the support that using network platform is the new form to develop the parent- teacher collaboration education.

**Keywords**: parent- teacher collaboration education; network platform; study status

## 一、研究背景

**1. 家校协同教育成为当今教育愈受关注的话题**

教育，是人类社会亘古不变的话题。而在影响学生成长、学习的因素中，家庭教育和学校教育是两个很重要的因素。家庭和学校教育都有其优势和劣势。“儿童只有在这样条件下才能实现和谐的全面发展，就是两个‘教育者’：——学校和家庭，不仅要一致行动，要向儿童提出相同的要求，而且要志同道合，抱着一致的信念，始终从同样地原则出发，无论在教育的目的上，过程还是手段上，都不要发生分歧。”苏联教育家苏霍姆林斯基如是说。因此，让家庭和学校教育有机结合起来，进行有效协作，才能发挥教育的最大效力，促进学生的全面发展。家校协同教育所带来的优势无可比拟。家校协同教育已越来越引起大家的广泛关注。

**2. 利用网络平台进行交流与合作成为家校协同教育的新方式**

现代社会，家庭压力不断增大。家长的工作越来越忙，传统的家校协同教育方式，如家庭访问，家长开放日等方式已不能很好、灵活的满足家长的要求。因此，如何能灵活、实时地使家长与学校能交换、交流学生信息，调动家长配合学校进行教育的积极性，是家校协同教育中备受关注的问题。而在信息技术发展的当今社会，利用网络平台促进家校协同教育的 方式应运而生。

**3. 家校协同教育受到广泛关注，但利用网络平台促进教育效果研究较少，需要进一步探究**

20 世纪后期，世界各国政府为了解决社会现实问题，在推动社会的可持续发展过程中，把改造教育，构建大教育体系作为一项重要工作。大教育体系实质上就是全民的终身教育，它是以学习化社会为背景，以终身教育和终身学习为基础，以社会、家庭和学校三位一体化为模式的教育。[1]随着我国改革开放的深入，教育在当今社会所占据的地位越来越重要。而运用网络平台促进家校协同教育既符合当今教育发展的主题，亦遵循当今高速发展的信息世界的规律。

为进一步了解国内外对于利用网络平台开展家校协同教育的研究，本研究以“协同教育”，“家校协同”，“网络平台”，“家校合作”“home-school cooperation”，“technology” “parent involvement”等为组合关键词在CNKI(中国期刊全文数据库)、中文科技期刊数据库、springer 数据库中检索相关文献，共收集文献 606 篇，通过对样本进行筛选，结合相关理论、概念定义，提出与本研究相关度不大的文献。最后选取 222 篇作为本研究的样本，均为 2007－2011 年间发表。按照年份统计其数量发展情况如下图：

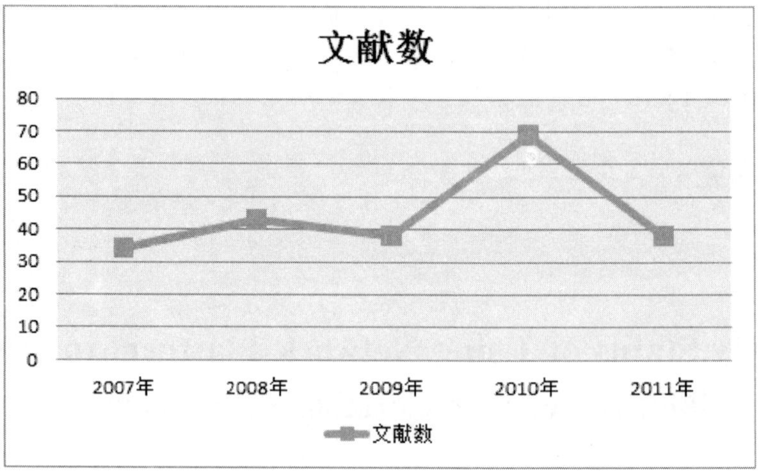


图 1　2007—2011 年 家校协同教育相关文献数量发展图

由上图可看出，国内外关于家校协同教育的研究状况总体呈上升趋势，但数量不多，2010 年相关文献上升幅度最为明显，2011 年出现了下滑现象。由此可见，“家校协同教育”已越来越受到关注，成为教育研究领域的话题。

另方面，本文并进一步根据研究主题“基于网络平台下的家校协作教育”，将收集到的文献样本进行如下分类：

**表 1　文献样本分类图**

| 年份 / 数目 / 研究主题 | 2007 | 2008 | 2009 | 2010 | 2011 | 比例 |
|---|---|---|---|---|---|---|
| 家校协同教育现状、综述 | 7 | 10 | 5 | 8 | 7 | 16.7% |
| 家校协同教育策略及方式 | 6 | 6 | 8 | 12 | 9 | 18.5% |
| 家校协同教育案例分析 | 7 | 10 | 12 | 22 | 10 | 27.5% |
| 基于一定目标的家校协同教育分析 | 5 | 9 | 7 | 17 | 5 | 19.4% |
| 家校协同教育存在问题及解决建议 | 7 | 6 | 6 | 6 | 5 | 13.5% |
| 基于网络平台的家校协同教育 | 2 | 1 | 2 | 4 | 2 | 4.4% |
| 合计 | 34 | 43 | 38 | 69 | 38 | |

由此，我们可以看出，从 2007－2011 年间，国内外对于家校协同教育的研究，有基于现状的分析以及基于相关案例，具体分析。并对存在的问题进行分析及建议。但是，这些文章在分析问题及寻找对策时，却局限于传统的家校协同教育方式，如家访等，忽略了如今高速发展的信息社会，信息技术的重要性。在上述文

献资料中,运用网络平台进行家校协同教育的研究十分之少。

## 二、概念界定

**1. 家校合作**

家校合作,目前尚未有一个涵义固定的概念,仍未形成确切的、被广泛接纳的定义。英语中表达家校合作的词最常见的 home- school cooperation(家校合作),与之相关的词还有 education intervention(教育介入)、parent- teacher collaboration(家长教师配合)、parent involvement(家长参与)等。[1]马忠虎认为,家校合作,实质上是联合了对学生最具影响的两个社会机构家庭和学校的力量,形成合力,强化教育作用。由以上定义可知,家校合作是家庭与学校的双向互动活动,以实现家长与教师双方面的相互沟通、配合,以形成强大的教育合力,保证孩子的健康成长。

**2. 协同教育**

李运林认为,在家庭教育系统、学校教育系统和社会教育系统中,某一系统那些独有的要素或信息进入另一系统与另一系统的要素相互联系与作用,产生协同效应,影响了该系统的教育功能,这种现象称为协同教育。本研究中的家校协同教育指的是家庭教育系统与学校教育系统在学生教育中进行的沟通与联系,是双向互动的活动。

**3. 网络平台**

网络平台是本研究中家校协同教育中,家庭与学校沟通的桥梁,网络平台指,实现即时信息交流功能,提供双向交流沟通的工具。

## 三、国内外研究现状

### (一) 国外研究现状

**1. 国外协同教育理论研究**

协同教育在国外的发展历史相较于国内比较悠久,积累了很多宝贵的经验。很多优秀的学者在这方面有很深见解。如前苏联教育家苏霍姆林斯基的、美国的戴维斯等。他们在其著作里,都有涉及家校协同教育这一先进教育理念。家长参与学校教育,是美国进三十年教育研究和学校改革不变的主题,但其序曲早在公立学校建立之初就已奏响。[1]20 世纪初,作为家长正式介入其孩子教育标志的机构"家长教师协会(PTA)诞生了。从而,家长与教师发挥双向交流、沟通作用,促进孩子的教育。

二战之后 PTA 开始被引入日本,在日本,PTA 得到发展的空间,在其后五十多年里,PTA 在促进青少年健康成长的因素中,担任了一个重要的角色,成为中小学教育中不可忽视的重要力量。为了扩大 PTA 的影响,使家校协作教育得到更多方面人士的关注,更好地促进青少年健康成长。许多日本 PTA 组织开办了属于自己的网站,使越来越多的人通过网络平台关注家校协同教育的发展。也为社会上关注教育的各方面人士提供了交流的平台。

**2. 国外家校协同教育经验及启示**

国外家校协同教育的成功开展给我国家校协同教育的实施提供了有利的启示:

① 家校合作制度化

1948 年,文部省开始推广 PTA,到 1950 年左右,全国有 98%的学校引入了这 项制度,1952 年又成立了日本 PTA 全国协议会。这项制度确立的初衷就是要 加强教师与家长的联系、提高对教育的重视程度、倡导全民共 同参与教育。[8]在我国,家庭和学校的联系有通过家长会或者家长委员会的方式进行学校与家庭的沟通。而家长会往往只是学校方面定时间聚集家长,由于时间、地点方面的局限,家长会并不能达到沟通的效果。这种形式只停留在单向的沟通,缺乏有效的双向沟通形式,没有形成相关制度,形成相应组织。成立家校合作的制度化,建立相应的组织,可以保证学校的教学工作在家长的监督下进行,即时与学校的沟通,行使家长权利,培养家长对孩子教育的责任感,加强学校与家庭两方面的沟通,对孩子的教育与健康成长有重要意义。

② 充分利用网络平台开展家校协同教育

随着信息技术的发展,网络的优势越来越明显,网络方便快捷,不受时间与空间的局限,可以使教育方式多样化,扩宽教育区域。我国已开展运用网络工具进行远程教育、网络教学等,而开发、利用网络平台开展家校协同教育,可以突破家长与教师沟通交流时间、地点上的局限,即时掌握孩子学校与生活中的信息,方便家长与学校的及时交流。充分利用网络平台开展家校协同教育,是当今教育的有效举措,网络平台是家校合作的新桥梁。

③ 使学校教育措施、制度透明化

日本一些学校进行的教学参观活动,可以随时允许任何人(不只限于家长,社区里的任何人都可以)来学校参观教学活动[4]。这样,可以使家长与学校紧密联系起来,建立家长对学校的信赖感。相较于国外,我国这种形式的活动太过于形式化,偏向于"表演"形式,往往是在教室的精心准备下才呈现在家长面前,这样的方式长此以往会使家长对学校产生一定的消极、厌恶情绪。使学校教学措施、制度的透明化,可增强家长对学校方面的信任,积极参加学校工作。

## (二)国内研究现状

**1. 国内协同教育理论研究**

我国传统教育理念,使家庭教育与学校教育泾渭分明。对于家校协同教育起步较晚,直到[1] 1988 年 10 月 20 日,北京市第九届人民代表大会常务委员会第五次会议通过了《北京市未成年人保护条例》,规定"学校应当与家庭相互配合,密切联系,共同对未成年人进行理想教育、品德教育、文化知识教育和遵纪守法教育",自此,越来越多人们开始了解到家校协同教育的重要性,研究成果逐步增多。但相关著作仍不多,主要有:马忠虎的《家校合作》(1999 年)、黄河清的《家校合作导论》(2008 年)等。

协同教育是具有时代特征的新的教育观念,主要指学校、家、社会等多方力量的主动协调、积极合作、形成合力 ,实施同步教育,共同培养'四有'新人。[2] 刘纯姣在《学校家庭协同教育构想》将协同教育定义为 :"协同教育是将协同学理论移植于教育领域,探索教育系统(学校教育、家庭教育、社会教育构成的教育系统)中的两个主要子系统及学校教育系统与家庭教育系统怎样发挥其各自的自组织能力,在一定条件下形成合作、协同、同步、互补的协同效应。"家校协同教育已引起我国教育界的广泛关注,是当前教育的主流,而如今家校协同教育方式多,形式多样,实施较好,范围较大,家长参与度愈高,积极性也越强。

**2. 出现了基于现代信息技术的家校协同教育通道**

① 博客

博客即网络日志,在家校协同教育中,家长、教师、学生可以构建网上博客社群,在博客上放表博文,就自己关注的问题、情感问题等发表看法。让社群里其他人了解看法,并展开讨论。亦可以对学校办学及教师教育方式、方法的等提出建议。通过博客的互动与交流,可以让教师、学生、家长三方更好更深入了解,缩小彼此间代沟。

② QQ、MSN 等即时通信软件

QQ、MSN 是一种即时通信工具,可以通过文字交流、语音通话、视频交流等。家长、教师可以通过这些工具进行即时交流、传送文件等。在家校协同教育过程中,可以通过建立 QQ 群等,方便班级,年级教师与教师之间,教师与家长之间的交流沟通,即时反应问题,交流合作,协同做好培养学生的工作。

③ BBS 论坛

BBS 属于异步通讯工具,家长及教师可以在建立特定板块,如班级板块、年级模块等,家长和教师可以通过在不同板块上发表观点与看法,通过回帖等交流沟通,开展家校协同教育,促进家校协同教育的展开。

**3. 国内利用网络平台开展家校协同教育现状**

目前,家校协同教育网络互动平台在很多地区或学校都有应用,出现了多种形式的网络平台,如"家校通"或者称之为"校讯通"等,"家校通"是典型的家校协同教育网络平台。它是为实现学校、家庭之间快捷、实时沟通而研发的先进教育网络互动平台。是集计算机技术、互联网技术、无线通讯技术等技术于一体的现代信息化管理系统,它为学校和家庭间提供了一种不受时间与空间限制的现代化的沟通工具。[9] 2002 年前后,"家校通"开始在国内少数发达地区试点,2004 年在全国各地逐渐普及。如今,市场上已经有数十种"家校通"平台,数以千计的中小学安装了"家校通"系统。随着网络技术的发展,家校协同教育平台功能日益强大，很好地解决了家校协同、沟通中的问题，打破时间、地点的局限，网络平台成为家校沟通的新桥梁。

## 四、总结

综上所述，近几年来，国内外的研究多关注对于家校协同教育方式、效果及其重要性的研究，并对存在的问题进行分析及建议。国内大多数研究着重于论述基于传统方式的家校协同教育，如家访、家长会、家长开放日等，但在这些家校合作的活动开展过程中，却呈现出越来越多的问题，如家长忙，以致时间、地点无法迁就等问题。如今，已有部分文献关注这方面问题，并提出构建家校协作网络平台解决这个问题。本文根据以上文献研究总结出，相较于传统家校协同教育方式，网络平台拥有一些无法比拟的优势：

（一）以教育效果为导向，家长可以通过网络便捷、全面的了解孩子在学校的情况，及时与教师沟通、协商解决问题的方法，增强家教的目的性。

（二）以网络平台为桥梁，可使家长与教师之间交流方式与时间、地点的灵活性，调动家长对学校工作的积极性，加强学校与家庭之间的合作；

（三）以教师、家长、学生三方为主体，强调交流与合作，重视家长的参与性，形成家庭与学校双方面为学生构建良好的学习环境。家校协同教育网络平台给家长、教师及学生构建了虚拟的交流、沟通环境。为三者提供平等、自由的交流、学习平台，实现学校教育和家庭教育优势互补的局面，促进三者的交流沟通。实现学生的全面和谐发展。

（四）资源的共享性，家校协同教育网络平台提供丰富形式的资源，图片、视频、动画等，平台使用者可根据自己兴趣爱好轻松、自由地浏览和学习所需资源。对学生知识丰富、家长素质提高、教师专业化发展都有重大影响。

利用网络平台开展家校协同教育，可以做即时、灵活的在线交流互动，互动的内容也可以更好的保存。交流的内容、深度可以得到加强，能有效地弥补传统家校协同教育形式的不足与弊端，同时也是对传统家校协同教育形式的补充，有利于促进家校协同教育的更好发展。利用网络平台是家校协同教育开展过程的新方式。

### 参考文献

[1] 马忠虎．家校合作[M]．北京：教育科学出版社，1999．

[2] 刘纯姣．学校家庭协同教育构想[J]，怀化师专学报．1996，(3)：328-330

[3] 宋玲瑶．家校合作的现状问题及对策研究—以江苏省宿迁市实验小学为例[J]．现代教育科学．小学教师．2011，(5)：49-50

[4] 杨桂梅．日本 PTA 的经验及启示[J]．日本问题研究．2004，(2)：39-41

[5] 刘繁华．家校协同教育通道的研究[J]中国电化教育．2009，(274)：16-19

[6] 黄立新．技术支持的协同教育研究述评[J]．电化教育研究．2008，(12)：20-23

[7] 黄立新，陈丽敏．在线直录的“家校 e 堂”平台构建[J]．电化教育研究．2011，(4)：69-74

[8] 杨卉，王陆，韩雪涛．基于网络的家校互动支持平台的设计与应用[J[电化教育研究．2007，(10)：47-50

[9] 焦建利，汪晓东．“家校通”为何炒着热吃着凉[J]中国教育网络．2006(5)：18-19

[10] 李耀麟，刘魁元，杨慧敏．基于协同教育理论的数字化校园构建研究[J]中国电化教育．2012，(1)：132-137

[11] 李运林．协同教育是未来教育的主流[J]电化教育研究．2007，(9)：26-27

[12] Fatma Ozmen, Cevdet Canpolat . The efficiency of school-parent associations (SPA) at schools [J] Procedia Social and Behavioral Sciences. 2010, (vol. 9): 1947-1954

### 作者简介

韩薇，1990 年生，女，汉族，海南省海口市人，在读硕士。

# 专题八

## 信息化教师专业发展研究

# 高校外语教师信息化科研平台及其培训模式的构建

陈毅萍，张才丽
（重庆大学外国语学院语言认知及语言运用基地，重庆，40044）

**摘　要**：文章首先定义高校外语教师信息化科研的内涵，阐述了构建支撑科研活动的平台设计和科研培训模式的必要性。然后根据重庆大学外语教师科研实践的现状和校内信息化科研硬件建设情况，尝试利用圈子平台的技术设计适用于外语教师进行信息化科研的网络协作平台；同时结合外语教师科研的自身特点和发展需要，针对校内科研培训的存在的问题，构建一套科学而系统的具有个性化特征的校本科研培训模式，目的是使本校教师的信息化科研能力在培训中得到持续而长久的发展。

**关键词**：信息化科研；平台；培训模式；构建

# The Building of E-research Platform and Training Mode for Foreign Language Teachers From University

**Abstract**: This article firstly defines E-research ability of foreign language teachers and expounds the necessity of building E-research platform and training mode. And then according to present situation of foreign language teachers' scientific research, campus hardware construction, the characteristics and requirements of foreign language discipline studies in Chongqing University, it attempts to design a Network research platform based on Circle Technology to be applied to the E-research process. Meanwhile, being aim at making teachers' information scientific research ability in continuous and long-term development, it has important significance to scientifically and systematically construct personalized school-based research training modes.

**Keywords**: E-research; platform design; training mode; build

随着教育信息化的不断深入和发展，各种支撑于教育科研的技术和手段在高校教师的科学研究活动中起着重要的作用，为教育研究活动提供了便利。正是这些技术为教师创造了信息化科研环境，使得研究手段、研究方法、研究群体的结构发生了质的变化。信息化科研区别于传统的科研实践，其核心是研究过程的数字化与信息化，而这种趋势向高校教师提出了新的挑战，特别是技术与科研的有机整合上向高校教师提出了新的难题。

## 一、高校外语教师信息化科研实践能力的内涵

信息化科研(E-research)[1]是指信息技术所“使能的”科学研究实践，信息技术的作用体现为：通过新一代基础设施提供可共享的高性能计算资源，通过海量的数据存储技术提供分布式数据库服务，以及在此基础上的协同研究的虚拟环境支持。教育信息化科研是信息技术、工具和方法在教育科学研究领域的应用体现，表现为高端信息技术对教育科研过程的支持、信息资源的共享与研究群体的共同协作。Terry Anderson

& Heather kanuka(2003)[2]将教师在E-research背景下进行的教育科研活动分为八项内容：利用网络开展问卷调查、以邮件和计算机为媒介进行结构式或开放式访谈、利用实时视频或音频会议组成焦点小组进行访谈、分析网络日志和追踪测量各种教育行为活动、基于网络的电话采访、利用网络工具分析记录社会行为的文本、分析在虚拟现实环境中的社会行为、利用网络进行在线评估。据此，根据现代外语学科研究的特征重组高校外语教师信息化科研实践能力的内涵，包括六个部分：信息情感意识与学术伦理道德、科研基本信息素养、科研信息获取与收集能力、信息处理与分析能力、信息化科研协作能力、科研成果撰写与推广能力。外语教师信息化科研内涵的界定为科研培训模式与平台的构建指明了方向。

## 二、构建高校外语教师信息化科研平台与培训模式的必要性

### （一）是信息化在教育科研领域深入发展的要求

教师是高校科研活动的主体，信息化科研需要具有从事科学研究能力的学者，也需要掌握网络信息技术的复合型人才[3]。信息技术在教师科研活动中的应用是高校教育信息化的重要组成部分，教师是这个科研信息化过程的核心因素，教师信息化科研能力的提升从根本上促进高校信息化科研水平的提高。

### （二）是外语学科领域的研究方向及手段逐步趋向信息化的要求

教育信息化背景下，外语学科的研究趋势发生着质的变化，研究对象从客体转向主体，支撑研究的理论从单学科走向多学科，研究方法从质化研究走向量化研究。[4]外语学科的研究方向及手段逐步趋向信息化，具体表现为高新的信息技术对各种外语研究背景变量的追踪、分析与控制；新的科研活动方式借助相应的技术手段和软件设施便于形成研究共同体；信息技术提供深层次的信息处理服务技术帮助外语教师对数据的分析与处理，为问题的发展趋势做出预测。因而，构建科学合理的网络协作研究平台是保证信息化科研顺利开展的重要外部条件。

### （三）是外语教师自身专业发展和信息化科研能力有待提升的必然要求

外语教师在将科研活动与信息技术整合的过程中，面临着操作科研技术工具、驾驭各种科研信息、科研资源共享与交流等难题与困惑。高校外语教师是教育科研信息化的一个重要群体，其科研实践能力直接影响着外语领域内科研水平和自身专业发展。因此如何培养高校教师的信息化科研能力，探索适合于提高我校外语教师信息化科研能力的培训模式有很大的必要性。

## 三、高校外语教师信息化科研平台的构建

### （一）我校信息化科研硬件建设的发展现状

重庆大学已经较为完善地为学校研究者建立了服务于其科学研究的知识服务系统，包括161种中外期刊数据资源库为研究者提供丰富的文献资源；在资源传递与共享方面，引进高校之间馆际互借系统，如：中国高等教育文献保障系统(CALIS)；在科研管理方面，建立了创新实验基地，以校科研成果的展示和管理为主，其中囊括了开放实验室、创新基金、专题培训、创新计划、访学交流、团队建设等十几个项目。

本校在辅助教师进行科研数据处理与分析的技术方面，建立了倾向工科研究领域的知识服务系统与科研平台，但在文科领域特别是有关外语学科研究上具有个性化特征的服务系统上还存在着很大的建设空间与缺陷，例如支撑外语教师开展教育科研活动的网络平台及各种网络信息技术工具有待创建和进一步的完善。

### （二）我校外语教师科研的需求特点

随着英语教育改革的深入，高校外语教育研究朝多层次多方向发展。在纵向上，很多外语教师的问题

研究点更多地转向对基础外语教育问题的关注;在横向上关注于信息技术等领域与语言的结合,且研究成果逐步需要研究者的相互协作来实现。鉴于外语教育科学研究的这个特点,建设囊括各类主题元素的科研共同体是有必要的,而构建教师信息化科研平台是组建共同体的前提之一。

### (三)高校外语教师信息化科研平台的构建

根据校内信息化科研资源的建设情况和外语教师科研需求特点,以教师科研共同体作为理论依据,以圈子技术为指导创建基于网络的外语教师科研协作平台。

**1. 构建平台的理论依据:教师科研共同体**

教师科研共同体作为一种"实践者共同体"(Community of Practice)[5],是由对某一领域具有共同关注和热情的人们组成的研究团体,成员之间通过交流和实践活动解决研究问题,促进专业发展[5]。学校管理部门为形成教师信息化科研共同体建立一个交流与共享的虚拟平台,为提升教师信息化科研实践能力提供便利条件。

**2. 构建平台的技术依据:圈子技术**

圈子作为一种新型的社交形态,在促进社会性网络关系方面发挥着凝聚和粘合的作用。在协作研究的起始阶段,往往会有一群人对某一话题产生共同的兴趣,聚在一起从而形成了某一兴趣圈子。[6]通过圈子,研究者建立起相互依赖和互信的协同研究关系,进而协同地开展数据的挖掘、模拟、分析与整合,合作完成研究项目。

**3. 基于圈子技术科研协作平台的功能模块设计**

基于圈子技术而构建的科研协作平台,其使用主体由高等学校校内校际外语教师、基础教育学校外语教师及研究人员、专家团队构成,以形成区域性教师科研共同体。其中校内校际外语教师是共同体的核心具有自我生成能力和自我管理能力,借助网络平台分享经验、资源共享、合作交流,从事实践中的问题研究;专家组可以是由能够引领外语学科研究领域的校内或校外资深专家组成,主要为教师研究提供研究疑难的解答,帮助教师提高研究的创新能力。其功能模块图如图1:

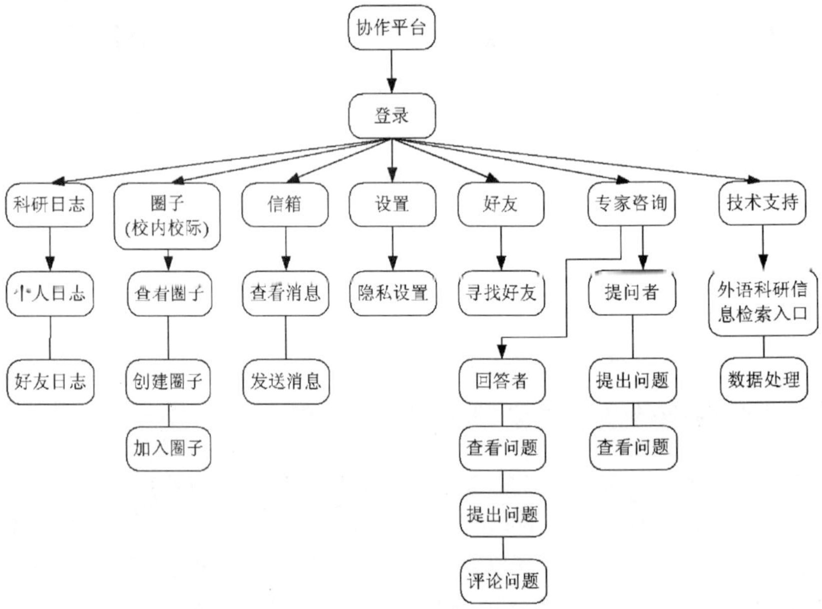


图1 基于圈子技术科研协作平台的功能模块

平台主要包括科研日志、校内校际圈子、信箱、设置、好友、专家咨询、技术支持等七个功能模块。教师在登录平台后,在科研日志模块中可以根据个人的意愿发表科研成果及科研心得体会,也可以浏览好友的日志并发表评论,以实现科研信息的共享;在校内校际圈子模块下,教师根据自身的需要选择和加入某个圈子,以便就某一科研课题进行交流与协作,从起到产生新观念、拓展新思路、相互争论、达成共识的作用;信箱和设置这两个模块的设计以保护教师个人隐私为目的;教师在好友这一模块中可以选择具有不同专业背景的好友进行信息交流、问题探讨，促进知识的获取与分享；专家咨询模块是平台建设的核心，教师通过向专家进行在线留言或提问来解决科研过程中所出现的技术问题和研究问题，而专家及时给以解答和指导促使科研顺利开展；技术支持模块包括外语科研信息检索入口和数据处理，主要体现为国内外知名外语科研文献检索口或其他文献数据库，和数据处理工具及其使用方法，如：SPSS 统计软件、S-T 分析软件、FIAS 互动分析系统、Ucinet 软件等。

该平台的优点是为不同教育层次不同教育空间的外语教师提供了一种平等、开放、合作、创新的科学研究氛围，教师在专家引领下根据个人需求自由形成合作研究共同体开展科研活动，集共同体中各主体的智慧与实践知识，校内校际外语教师使科研协作与知识共享得到真正的实现，进一步提升外语教师信息化科研合作与交流能力。

## 四、高校外语教师信息化科研实践能力培训模式的构建

### （一）我校外语教师科研培训的现状

**1. 当前本校外语教师科研培训的主要问题**

在培训内容设置上，注重理论与观念的讲解，缺少实际的上机实验和具体的操作指导，且培训内容主要偏于工科研究方面，很少兼顾社会科学研究领域的具体研究过程，特别是外语学科的研究过程。在培训效果的实现上，缺乏考核制度和激励机制，使得培训流于形式，不利于培训效果真正服务于教师科研，也不利于教师信息化科研能力的持续提升。在培训形式上主要以短期讲座为主，培训时间与学程分散，没有形成系统而完善的培训系统，从整体上影响了教师信息化科研能力提升的进程。

**2. 外语教师科研群体特征**

由于教育程度、科研经验、信息素养等因素的影响，不同教师在科研过程中体现出不同的群体特征，主要分为三类：第一类教师的科研资历较深，对课题具有较高的敏感性，能熟练的进行课题研究，但信息素养水平相对低下；而第二类教师具有一定的信息技术背景知识，能熟练操作各类科研数据工具与软件，但是缺乏开展科研实践活动的经验，不能很好完成课题研究；第三类是那些科研经验不足且信息素养较低的教师。教师科研群体特征决定了其科研培训的不同重点，这也说明了培养教师信息化科研能力的校本培训模式要针对不同需求和人群而进行构建。

### （二）外语教师信息化科研培训模式的探索

高校外语教师科研能力的培训模式尚处于探索与借鉴阶段。根据目前校内外语教师科研培训的问题以及今后科研培训的目标与方向，构建本校外语教师科研培训模式，可以按照 Kolb（1984）[7]经验学习模型：获得新的具体经验与知识—反思与观察经验— 形成抽象概念框架—试验新理论以解决实际问题为理念形成校内科研培训思路，以集中的“面对面” 培训模式为主线[8]，以借助基于圈子平台技术建立的网络平台进行科研协作的模式为补充，再辅以科研课题与培训一体化的模式促进培训的深入开展和完善校本科研培训模式。

**1. 集中组织的“面对面”培训模式。**

“面对面”的培训模式重点适用于第一类与第三类缺乏信息技术操作经验的教师。按照分阶段分层次的形式一定程度集中教师进行理论与技术的基础培训，地点选在网络多媒体教室，一人一机，这样可以使教师边学边操作，及时将理论知识转化为实践。针对本校外语教师科研信息素养普遍较低的问题，培训专家首先系统讲解外语科研理论知识以培养教师基本的科研素质，其次集中讲授关于提高教师的信息技术驾驭与操作能力的专业知识，例如 SPSS 统计软件的使用以及文献检索的科学方法与途径以帮助教师在个人的科研实践中能够科学有效地获取相关文献和处理数据资源。授课方式采用示范教学、案例教学、小组合作和任务驱动等。这种模式的优点是能更直接、更有针对性帮助教师解决各种网络技术操作困惑和科研难题，有效提高教师信息素养。

**2. 科研实践与培训一体化的模式。**

这种模式适用第二种与第三类缺乏具体的科研实践经验的教师，它将培训与研究相结合，以培训带动研究，在研究中实践培训内容，科研信息技术的应用终贯穿于研训过程。组织教师参与各种符合自身需要的课题研究，在“课题选择—培训准备—研训活动开展—培训效果评价”过程中接受相应的培训与指导，培养教师在研究实践中的信息能力和问题解决能力。其操作流程如图 2：

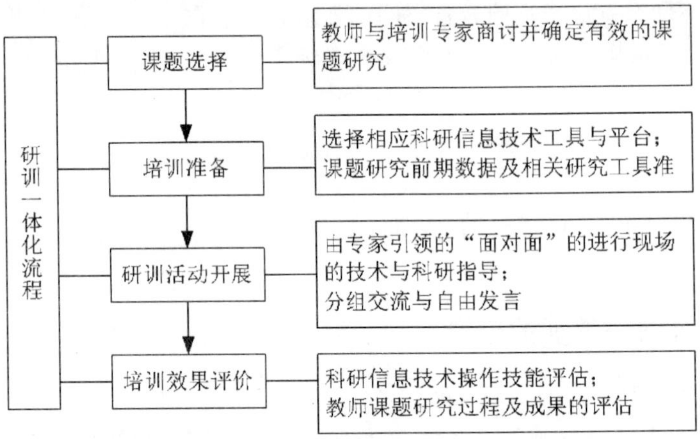


图 2 科研实践与培训一体化的模式的操作流程图

在研训一体化过程中，选择的课题要具有一定的研究价值，最好是省级以上的研究课题，具备普遍意义。在培训准备阶段，教师准备课题所需的科研数据与研究计划，确定所要使用的信息技术工具与平台。在研训活动开展阶段，教师在专家的指导下根据自身研究计划选择相应的科研信息数据库或检索入口进行外语科研信息文献检索，以及根据课题数据收集方式完成基于邮件与网页的问卷调查设计、基于网络进行的开放式访谈设计、网络日志分析和网络在线评估、定量与定性数据分析等科研信息收集与数据分析任务。培训效果评价阶段，重点关注外语教师将科研课题实践与信息技术整合的过程和着重指导科研实践的具体过程，注重评价他们应用科研信息技术工具的能力，并对其形成研究成果的学术价值进行评估。

该模式的优点是将教师的理论知识与科研实践有机结合，有效解决科研过程与理论脱节和科研实践与信息技术相分离的问题，促使教师的科学研究由经验型、学习型向研究型、专家型转变。

**3. 基于圈子平台的科研协作模式。**

这种模式是对前两种模式的补充，是教师在具备一定的科研与信息技术整合能力的基础上进行的也是发展教师科研合作能力与研究能力的延伸，适用于在通过培训后获得一定的信息技术能力与课题研究能力的以上三类教师。根据本校的实际情况，建立网络科研平台是实现教师科研协作最重要的外部条件之一。在正式的培训中可以选择图 1 中基于圈子技术设计的科研协作平台作为支撑工具，由专家和技术人员引领教师利用平台的交互功能进行校际之间（本校外语教师与基础教育学校外语教师）以及本校教师之间进行小组协作学习和研究，并针对教师的课题研究问题与技术操作困难给予答疑解惑与点评。

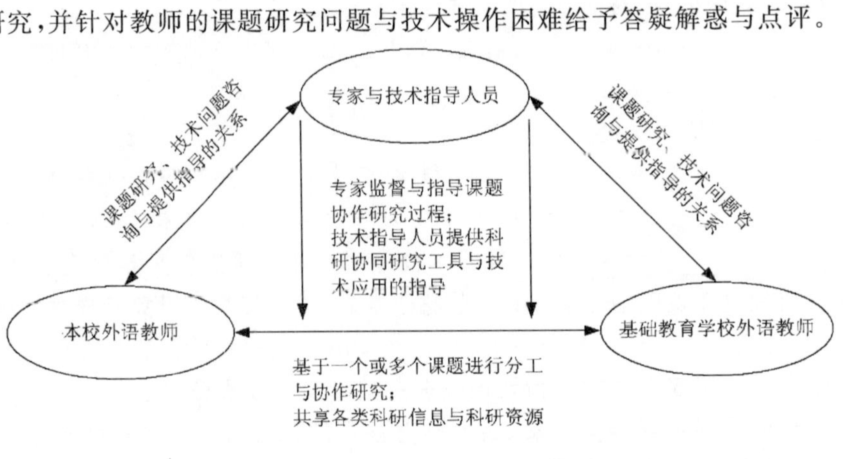


图 3 基于圈子平台的科研协作模式图

如图3所示,基于圈子平台的科研协作模式的特征是专家和技术人员、本校外语教师与基础教育学校外语教师等三大主体之间借助网络信息平台可以选择性地发生两两交互的关系,本校外语教师与专家技术人员之间和基础教育学校外语教师与专家技术人员之间都存在课题研究、技术问题咨询与提供指导的关系,而本校外语教师与基础教育学校外语教师之间可以以个体或群体的形式对一个或多个课题进行长短期的分工与协作研究,同时积极共享各类科研信息与科研资源,达到二者在课题研究上共同成长的目的。在该模式中,对教师研训效果提升起到核心作用的是专家与技术人员对教师之间进行协同研究过程的监督与指导,具备资深科研经历与研究素质的专家要随时记录与解决教师在协同研究中反映的问题,对教师的科研成果给予及时评价和反馈,采用抽查、调查证实等手段对课题的执行情况进行全面的检查,并就检查所存在的疑难问题同教师本人进行网上交流探讨,给出参考性建议和反馈。而技术人员对教师处理各种科研信息进行处理与分析的过程提供技术帮助,并为其就技术上问题给予答疑解惑。通过以网络平台为科研载体,各群体之间的交互影响作用,教师在协作研究中不仅提高了包括科研信息获取、分析和处理等信息素养能力以及对各类科研工具的应用能力,同时也不断提升了个人信息化科研的合作与交流能力。

这种模式在某种程度上突破了研训的时空限制和传统科研相对封闭的研究环境,对实现个性化学习、小组协作研究有很大的优越性,相对缓和了教师教学任务与研究在时间上的冲突与矛盾。

## 五、小结

构建基于圈子技术而设计的科研协作平台以及适用于不同教师群体的校本研训模式仅作为我校外语教师信息化科研初期建设的参考,目前还处于探索与尝试的过程,尚未用于实践过程。在今后的研究中,还需要按照平台功能模块图中所体现的理念将其转化为实体,并通过实际使用与运行对其进行效果测试,以确定它的预期效果和科学性;另外要进一步创新与探索本校外语教师信息化科研模式,结合本校外语教师的科研特点、科研水平及外部设施建设,针对当前培训问题、培训目标、培训内容及培训组织方式,探索出一套科学的适合于提高我校外语教师信息化科研能力的培训模式。

高校外语教师信息化科研平台及培训模式的构建为提升教师应用信息技术的能力和科研协作能力以及提高教师将信息技术与科研过程相整合的能力创造了充分的条件。高对该平台的建设和培训模式的探索是一个长期的实践过程,需要得到各种技术资源得支持以及各级部门和教师自身之间的相互协调与配合,这样教师科研培训才能有效的开展起来,其教育信息化科研能力才能得到长足的发展。

### 参考文献

[1] Sargent, M. An Australian e-Research strategy and implementation framework final report of the e-Research coordinating Committee [R]. Commonwealth of Australia, 2006.

[2] Anders on, T., & Kanuka, H.. E-Research: Methods, Strategies, and Issues[M]. Boston, USA: Allyn & Bacon publisher, 2003.

[3] 计 宏,赵渭泳 论高校科研信息化发展[J]. 技术与创新管理,2006,27(3):15-16.

[4] 高 霄 英语教师科研能力发展的调查与研究[J]. 教学与管理(理论版),2006(4):21-22.

[5] 李 雪,顾小清 教育科研信息化:网络教师共同体案例研究[J]. 中国电化教育,2008,9:25.

[6] 顾小清,郭秀霞,谢明颖,朱欧亚 教育科研信息化门户需求调查与功能设计[J]. 现代教育技术,2009,19(6):28-29.

[7] Kolb, D. A. Experiential learning: Experience as the source of learning and development[M]. USA: Prentice. Hall. 1984

[8] 周红春,信息化环境下高校教师教育技术能力培养[J]. 现代教育技术,2010,20(6)9-10.

### 作者简介

陈毅萍,1967年生,女,重庆人,教授,澳大利亚昆士兰大学教育学硕士,研究方向:计算机辅助外语教育教学;教学与管理等。

# 构建中学英语教师虚拟社区促进教师专业发展*

付丽萍

（山西大同大学教育科学与技术学院，山西大同，037009）

**摘　要：** 面对新课程改革的挑战，中学英语教师迫切需要提高自身的专业素养。文章在结合中学英语教师自身特点的基础上分析了构建面向教师专业发展的中学英语教师虚拟社区的作用，它不仅有利于中学英语教师专业的持续的发展，同时也有利于教师教学观念的转变和实施新课改所需新技能的掌握。并结合大同市中学英语教师专业发展的需求，着重从影响社区发展的关键因素——人的角度出发，分析了本虚拟社区的成员组成和来源，提出了基于各成员视角的构建策略，希望对大同市中学英语教师虚拟社区的构建起一定的指导作用，促进中学英语教师专业的可持续发展。

**关键词：** 中学英语教师；虚拟社区；教师专业发展；策略

# Construct the Virtual Community of Middle School English Teachers to Promote Teachers' Professional Development

**Abstract**: Face the new curriculum reform, the middle school English teachers need to promote their professional quality urgently. The paper analyzed the functions of constructing the virtual community which based on the middle school English teachers' characteristics. The virtual community is favorable to the sustainable development of their professional quality, the transition of teaching concept and the mastering of new technology. Then combining with the middle school English teachers' requirements of Datong city, from the people-oriented side, the paper analyzed the composing members of the virtual community, proposed the construction strategies. This will guide the construction of the virtual community of middle school English teachers in Datong city, and promote the sustainable development of their professional quality.

**Keywords**: middle school English teachers; virtual community; teachers' professional development; strategy

教育大计，教师为本，教师的专业素养是教育教学成败的关键。2010年我国颁布了《国家中长期教育改革和发展规划纲要（2010－2020年）》，教师专业发展成为了信息时代背景下教育改革的一项重要议题。新课改不仅为中学英语教师的专业发展提供了广阔的空间，也对教师提出了新的挑战。传统的"语法式"、"翻译式"英语教学方式和"死记硬背式"、"哑巴式"英语学习方式必须发生深刻改变，才能适应时代的发展和需要。随着信息和计算机技术的发展与普及，基于网络的虚拟社区成为了英语教师自我提高的一个重要环境。所以，如何运用好虚拟社区，更好的促进中学英语教师的专业发展成为我们值得探讨的一个问题。

* 本文系山西省教育科学"十二五"规划2011年度规划课题"教师培训中虚拟学习社区的应用研究"的研究成果（课题编号GH-11080）。

## 一、虚拟社区在中学英语教师专业发展中的作用

### （一）有利于中学英语教师专业的可持续发展

面对新课程改革的挑战，中学英语教师迫切需要通过各种途径更新教育观念，掌握新课程实施所需的新技能。但是，他们工作繁忙，很少能有整段的时间用来参加面授培训，即使有也很少能持续的学习下去。同时，每位教师的培训需求也不尽相同。而且，培训需求也在随着新课改的不断推进而发生变化，需要教师个体创造力和群体合作力的共同作用。

网络环境突破时空的限制，只要教师所处的环境配有一台电脑，连上因特网，教师就可以随时随地进入虚拟社区，共享其中丰富的学习资源，根据自己的需要选择学习内容，自定学习步调，进行自主学习。同时，还可与社区的专家、同行进行交流。虚拟社区成为了教师专业持续发展、终身学习的场所。

### （二）有利于中学英语教师观念的转变

社会建构主义认为，知识具有社会性，通过社会性相互作用，可以加速知识的意义建构。在这种社会建构中，认知冲突是由他人的不同观点引发的，而认知冲突的解决将会引起每一个个体内部知识的重构。也就是说，只有通过这种认知冲突，学习者才易于接受新的、正确的科学观念，实现观念的转变。

长期应试教育的教学模式，在大多数英语教师的头脑中根深蒂固，教学观念陈旧，教学方法保守，与新教材要求的新观念、新方法、新思路极不适应。许多教师对新大纲的听说读写能力要求和新教材的编写体系缺乏正确的认识。广大中学英语教师迫切需要转变观念。

在虚拟社区中，我们可以利用聊天室、讨论组等技术，创设良好的协同学习环境，促使教师们就某一问题展开讨论、反思，在认知冲突的发生过程中，使教师暴露并意识到自己的错误观念，在冲突的解决过程中转变教师的教育观念。

### （三）有利于中学英语教师掌握实施新课改所需的新技能

在这样一个信息网络时代，为了保证新课程的有效实施，将信息技术与教学活动有机结合的能力是必不可少的。同时，教师要想在教学中很好的应用新的教学模式，促进学生学习方式的转变，教师首先需要有相关的亲身体验。

教师在虚拟社区中进行学习，有利于他们建立起技术支持的学习经验，如基于网络的协作式学习、基于资源的自主学习等，这些经验可以让他们对技术支持的学习有深层次的亲身体验，同时也使他们自身的信息技术素养得到了提高。这些都有助于他们教学实践改革的顺利开展，有利于新观念和教学实践的有效结合。

## 二、中学英语教师虚拟社区的构建策略

就山西省大同市来看，市教育局开发了大同市教育信息网，网址是 http://www.dtedu.org/，该网站目前还未开发出支持教师专业发展的虚拟社区，所以，本文将以大同市为例，以大同市教育信息网为平台，构建中学英语教师虚拟社区。本虚拟社区的目标是为大同市中学英语教师的专业发展提供网络环境下的持续支持。

目前我国已经有一些致力于教师专业发展的较好的虚拟社区，但仍有很多社区在建设初期红红火火，过一段时间后就趋于安静逐渐销声匿迹。经过分析，多数原因是这些社区中的大部分，虽然在物质层面的设计与建设方面做得不错，却忽视了对社区发展更重要的一个关键因素——人，而一个成功的社区需要人的积极参与和维护才能持续发展下去。基于此，本文对虚拟社区的探讨将着重从人的角度出发，在明确本社区的组成成员的前提下，提出中学英语教师虚拟社区的构建策略。

## (一)社区成员的组成

一个完整的虚拟社区成员的组成应包括学习者、助学者和管理者。

据笔者了解,目前大同市大部分中学每周都会安排时间进行集体备课,给同校的同学科教师提供了学习交流的机会,他们更多的学习需求是希望与校外的同行进行交流,同时能得到相关专家的指导和帮助。所以本文试图构建的虚拟社区成员的学习者由大同市各中学的英语教师组成。以市为单位,方便了教师们进行不定期的见面交流,增强社区成员的真实感。

学习社区中另外一类重要的成员是助学者,主要由专家(英语学科专家和教育类专家)和经过训练的辅导者组成。专家可以邀请大同大学的相关专家,这样就可以在需要的时候方便的进行面对面的交流。辅导者可以是对新课改的理念和技能掌握较好的英语老师,也可以是经过专门训练的其他人员。

本社区成员的管理者,主要任务是要为社区成员提供一个安全可靠、和谐友好、开放稳定的学习平台。这个工作可以由市教育局的相关工作人员来完成。

## (二)从各成员的角度出发提出社区的构建策略

一个虚拟社区要想持续良好的生存下去,除了具有清晰的社区目标和明确的定位,有明确的社区规则和导航,有良好的物质支持等以外,更重要的是社区成员的交互和社区凝聚力。鉴于前三方面,国内的研究已有较多的成果,本文下面主要从社区成员的视角出发来探讨促进社区成员的交互,增强社区凝聚力的构建策略。

**1. 基于学习者视角的策略**

学习者与助学者、管理者相比,是虚拟社区内最重要的成员。而在这个虚拟的世界里,学习者的存在方式就是参与。

首先,本社区的学习者(即中学英语教师)要增强社区意识,认识到自己是社区的一员。社区成员要积极参与社区活动,发表自己的看法和见解(不是复制粘贴别人的),在数量达到的同时提高质量。

同时,我们要求本社区的学习者遵守社区规则,彼此之间要相互尊重、信任谅解,愿意帮助其他学习者。

此外,鼓励教师(通过制定一些相关的鼓励政策)和其他学习者一起分享自己的经验、观点,上传优秀的个人教案、共享优质资源等。

作为成人,中学英语教师有着强烈的自尊心,在一个新的环境中可能表现出焦虑、害怕失败,恐惧被同龄群体拒绝等,在学习的开始少部分人选择"潜水"也是可以理解的,但随着学习的深入,应鼓励他们积极地参与到这个社区的活动中。

**2. 基于助学者视角的策略**

虚拟社区中助学者(包括专家和经过训练的辅导者)的作用也非常重要,助学者的水平直接影响整个虚拟社区的学习效果,是虚拟社区良好运行的可靠保证。在基于网络的虚拟社区中,助学者不再像传统教育中的教师一样,他们不仅有传授知识的责任,在更多的时候,他们是学习者的帮手、朋友。

首先,助学者应通过各种渠道增加学习者的社区意识。在虚拟的环境中,教师不能很快的意识到自己是社区的一员。所以,在社区建设初期,应尽可能多的创设真实环境的交流,可以先举办几次社会性活动,让大家互相熟悉,为在虚拟环境中的学习打下基础。在虚拟环境中,助学者可以让每位学员写一份个人简介,通过邮件发送给全体成员。每个成员还可以在自己所发表的信息中加注自己的签名,把个人的照片作为头像。另外,助学者要尽可能创造一些合作学习的机会,如刚开始选择同校老师进行合作,慢慢发展到让他们自由选择合作者,鼓励他们在学习中互相交流、互相帮助,而不仅仅是和社区专家进行交流,使他们意识到团体学习的快乐,增强社区意识。

同时,助学者要努力提高对每位教师的指导质量,让教师们满意。在教师们学习的过程中,助学者要积极的引导他们自己去探索,要尽可能提出一些容易引起大家讨论的开放性问题,促进大家思想的碰撞。思想的碰撞将促进教师们知识的重构,有利于促进教学观念的转变。还要为他们提供丰富有效的持续更新的学习资源,如一些可模仿的课改教学案例。助学者对每位教师提出的问题要及时的予以解决并及时的进行反馈。这就对助学者的工作提出了要求。首先，助学者每天要有2—3小时左右的时间在线处理教师们的问题；其次，助学者要有正确的工作态度，要高质量的回答学习者的问题，不能敷衍了事。另外，虚拟社区内的成员总有一些不积极的学习者，针对这一部分人，助学者应该多用心观察他们，分析观察结果，然后对症下药，和这一部分学习者进行积极有效的沟通交流，让他们感觉到他人对他们的关心和重视，逐渐由社区的边缘人物转为核心人物。助学者的指导质量的提高将有助于教师对自己参与的虚拟社区满意度的提高，进而加强社区的凝聚力。

在这些过程中，助学者可以随时转换角色。在发布任务、提供资源、解答疑问、引导学习过程、对学习进行总结评价等的时候是助学者。在学习初期给社区成员示范如何参与学习、交流、合作，以及鼓励社区成员增加他们的认同感和归属感的时候可以使用角色扮演。

**3. 基于管理者视角的策略**

管理者的任务是为该社区的良好运行提供保障。

在社区形成的初始阶段，管理者要通过各种方式使社区成员了解社区的价值和意义，并制定明确的社区规则。对于许多教师而言，虚拟社区是一个较新的学习环境，社区管理者应解释清楚社区对教师个人发展的重要作用，使他们形成认识，信赖社区，并明确社区的规则。这个步骤可以由市教育局牵头，以各中学为单位，通过各学校相关负责人向下传达的方式进行，也可以在本市教育信息网首页上对此进行宣传。

管理者应努力消除学习者在技术上的障碍。据了解，目前，中学英语教师的信息技术水平仍有待提高，这也是构建本虚拟社区的目的之一。为了有效减少学习的障碍，在学习初期，社区管理者应清楚告知学习者社区的使用方法，并在社区中最突出的位置呈现出来。

管理者最好能给学习者提供虚拟的社会性交互的场所，如建立一个QQ群，在这里，学习者可以自由的聊生活、学习各方面的话题。在这个社会性交互的过程中，有利于促进学习者之间的相互了解，增进学习者的归属感，增强社区的凝聚力。

同时，由于中学老师工作繁忙，来自家庭和社会的事务也较多，为了使他们的学习持续的进行下去，管理者应该定期让教师对虚拟社区的情况进行反馈，这样既有利于社区的建设也有利于教师参与程度的提高。设计的问题可以包括：你是否喜欢这一周的学习？你和他人的交流是否顺畅？你的问题是否得到了及时的解答和帮助？你认为怎样能使学习更有效？

## 三、总结

虚拟社区的健康发展，需要社区各成员的共同努力。需要学习者的积极参与，助学者的高质量指导，管理者的强有力支持。本文从人的角度出发对中学英语教师虚拟社区的构建提出了一些策略，后续还有待在实践中不断摸索和总结。

### 参考文献

[1] 孟昭宽，杨丽娜．信息技术环境下的教师专业共同体构建研究[J]．中国电化教育，2012，(8)：74-77.
[2] 范双文．基于凝聚力的虚拟社区特征对社区绩效的影响[D]．浙江：浙江大学，2008年.
[3] 郑晓丽，项金华．面向教师专业发展的虚拟学习社区模型研究[J]．中国电化教育，2009，(3)：113-116.
[4] 胡勇，李宇峰．虚拟学习社区的内涵及其相关研究概述[J]．现代远程教育研究，2012，(3)：34-35.
[5] 马阳．虚拟学习社区中学习者的归属感与自主学习能力关系研究[J]．中国远程教育，2012，(6)：57-60.

### 作者简介

付丽萍，1982年生，女，汉族，山西省寿阳县人，讲师，硕士，研究方向：信息技术教育。

# 中外教育管理者教育技术标准的比较研究

匡慧姝，郭慧敏

（湖南科技学院信息技术与教育系，湖南永州，425100）

**摘　要：**教育技术是教育改革的突破口。各国在教育信息化发展过程中都非常重视教育管理者教育技术能力的提高，先后制定了符合本国国情的教育管理者教育技术标准。我国对教育管理者教育技术标准的研究也取得了初步的成果。这些标准之间既存有共性，又有差异。文章首先阐述了中外与教育管理者相关的教育技术标准，在对比分析我国与英、美教育管理者教育技术标准之间差异的基础上，得出了国外教育管理者教育技术标准对我国教育管理者未来发展的三点启示。

**关键词：**教育管理者；教育技术标准；比较研究

# Comparative Study on Educational Technology Standards for Administrators Between Domestic and Foreign

**Abstract**: Educational technology is the breakthrough of education reform. Along the development of educational information, all countries in the world, who attached great importance to improve their administrators' educational technology capability, Have purposely drafted educational technology standards for administrator based on their own background. So did China, who had also got elementary achievements in educational technology standards as well. There are both commonalties and differences across those standards. In this essay, firstly we elaborate the various educational technology standards among the world, then we compare their differences by specializing on China, the Great Britain and America, draw inspiration to our own development of administrators in future.

**Keywords**: education administrator; educational technology standards; comparative study

教育技术是教育改革的突破口。作为教育技术五大范畴之一的管理，为学习资源和学习过程的设计、开发、运用和评价有效地进行提供了坚实的保障。如何提高管理效率，让信息技术更好地发挥它在教育中的作用，是每位教育管理者都必须考虑的问题。教育管理者教育技术标准的制定旨在对教育管理者应具备的能力及素养做出明确的规定，只有达到了标准规定的要求，才能真正使教育管理行之有效。

国外对教育管理者的教育技术标准研究起步较早，理论研究及实践应用成果都较为丰硕。英国于1998年和2004年公布了《英国国家校长标准》，美国也于2002年和2009年先后推出了《面向教育管理者的教育技术标准》。我国内蒙古师范大学的尤殿龙、李龙(2004)在论文《教育管理者教育技术标准的研究——＜中国教育技术标准(CETS)研究＞项目阶段性成果之三》中提出了我国针对教育管理者的教育技术标准[1]。尽管我国对教育管理者教育技术标准的研究取得了初步的成果，但与发达国家相比，无论是理论研究还是实践应用方面，我国都还存在着较大的差距。因此，为了分析我国与发达国家教育管理者教育技术标准之间存在着哪些差异，也为了给我国教育管理者的未来发展提供借鉴与参考，有必要对中外教育管理者教育技术标准进行比较研究。

# 一、中外教育管理者的教育技术标准

教育信息化建设的日益深入，对教育管理者的管理技能提出了更高的要求，对教育管理者教育技术标准的探讨也一时成为了教育技术领域研究的热点。许多国家都已制定了符合本国国情的与教育管理者相关的教育技术标准。为了使研究可行，突出研究的重点，本文只选取了那些对本领域产生重大影响的，与教育管理者相关的教育技术标准。主要有美国的《面向教育管理者的教育技术标准(NETS·A－2009)》、英国2004年颁布的《国家校长标准》和我国尤殿龙、李龙的《中国教育技术标准(CETS)项目》的研究成果。

## (一) 美国的面向教育管理者的教育技术标准(NETS·A-2009)

美国国际教育技术协会(International Society for Technology in Education，简称ISTE)于2002年推出了面向教育管理者的教育技术标准(简称NETS·A-2002)。该标准从“领导能力与远见卓识”、“学习与教学”、“工作效率与专业实践”、“支持、管理与运作”、“评价与评估”以及“社会、法制与道德问题”6个维度31个绩效指标对管理者提出了相应的要求[2]。2009年，美国国际教育技术协会又推出了面向教育管理者的教育技术标准第二版[3](简称NETS·A-2009)。该标准将教育管理者应具备的能力从6个维度精简为5个维度，分别是“愿景领导力”、“数字化时代的学习文化”、“卓越的专业实践”、“系统化变革”和“数字化时代的公民素养”，共计21个绩效指标。

与NETS·A-2002相比，虽然NETS·A-2009的维度和绩效指标的数量有所减少，但各个维度及相应指标的蕴意却更为深刻，内容也更为广泛。正如我国学者秦炜炜所说，“NETS·A-2002与NETS·A-2009的维度中都强调达到一种‘充分运用技术整合教育’的愿景。后者对于教育管理者的要求不只是‘能做什么’，更多的是通过‘做什么’达到“何种目标”。NETS·A-2009不仅将管理者视为教育组织的领导者、管理者，更将管理者看作是一支引领数字化时代学习的重要力量”[4]。

## (二) 英国的国家校长标准

事实上，英国并没有提出正式称为“教育管理者的教育技术标准”。但针对校长这一重要的教育管理者，英国在1998年和2004年先后推出了校长的国家级标准，对校长的职责等各方面做了详细的规定。

英国于1998年首次颁布了《国家校长标准》(National Standards for Headteachers，NSH)。该标准从“领导的核心目的”、“领导的关健成果”、“专业知识和理解力”、“技能和品质”和“领导的主要领域”5个维度对校长的素质与行为提出了具体的要求[5]。在内容上，最新的《英国国家校长标准》(2004年)从“设计未来”、“领导教与学”、“自我发展和与他人合作”、“管理团体”、“保障职责”及“加强社区”6个关键领域(key area)对校长工作的内容作了具体的规定。对每一关键领域，又分别从知识、专业品质和具体行动这三个方面做了详细的阐述[6]。

## (三) 我国与教育管理者相关的教育技术标准

我国第一部相对完整的教育管理信息化方面的标准是教育部2002年颁布的《教育管理信息化标准》[7]。该标准对教育管理的具体内容的要求做了明文规定。它的颁布与实施间接地影响着我国教育管理者教育技术标准的研究。

内蒙古师范大学尤殿龙、李龙(2004)在《教育管理者教育技术标准的研究——＜中国教育技术标准(CETS)研究＞项目阶段性成果之三》一文中提出了我国教育管理者的教育技术标准。该标准从5个维度阐述了教育管理者教育技术能力的基本要求。这5个维度是“掌握相关的技术知识和技能”、“运用技术优化育人环境”、“运用技术支持教与学的活动”、“运用技术加强管理，提高工作效率”和“具有信息意识，遵守与技术相关的社会伦理道德、法律和法规”。该标准还兼顾了发达地区和不发达地区的区域差异，按照学校管理者、地区教育领导者和教育技术(电化教育)机构领导者三类不同的角色分别制定出相关的绩效指标[8]。

尤殿龙(2005)在其硕士论文《中小学校长教育技术素养标准的研究》中对国内外有关中小学校长教育

技术素养的文献进行分析后，从我国实际情况出发，提出了中小学校长教育技术素养标准的建议稿和相应的绩效指标，并就中小学校长教育技术素养的提高给出了培训建议[9]。

## 二、中外教育管理者教育技术标准的比较

由于经济发展水平和基本国情各不相同，各国制定的教育管理者教育技术标准的整体思想与侧重点就不可避免的存在着差异。为了更好地认识我国与国外该标准之间的差异，文章按照各标准颁布时间的先后顺序，从能力维度的角度，将英国的《国家校长标准》(2004年)、美国NETS·A-2009标准依次与我国尤殿龙、李龙在其《中国教育技术标准(CETS)项目研究成果》中提出的教育管理者的基本要求进行比较分析。

### (一) 中国CETS标准与英国国家校长标准(2004)的比较

尤殿龙、李龙在《教育管理者教育技术标准的研究——＜中国教育技术标准(CETS)研究＞项目阶段性成果之三》论文中按照学校管理者、地区教育领导者和教育技术(电化教育)机构领导者三类不同的角色分别制定出不同的绩效指标，而校长则属于学校管理者中地位最重要、作用最关键的一个角色。非常凑巧的是，这两个不同国家的标准都是在2004年发布的。通过我国CETS标准与英国国家校长标准(2004)的能力维度对比(见表1)，分析发现：

**表1 中国CETS标准与英国国家校长标准(2004)能力维度的比较**

| 标准 | 中国教育技术标准(CETS)之教育管理者的研究(尤殿龙 李龙) | 英国国家校长标准(2004) |
|---|---|---|
| 维度与指标项数 | 5类15项 | 6类18项 |
| 具体维度内容 | 掌握相关技术的知识和技能 | 设计未来 |
| | 运用技术优化育人环境 | 管理团体 |
| | 运用技术支持教与学的活动 | 领导教与学 |
| | 运用技术加强管理，提高工作效率 | 自我发展及与他人合作 |
| | 具有信息意识，遵守与技术相关的社会伦理道德、法律和法规 | 保障职责 |
| | | 加强社区 |

(1) 在教育管理者的具体职责或工作重点上，我国标准注重的是教育管理者运用技术"支持教与学的活动，加强管理、提高工作效率"的专业技能，英国标准则认为教育管理者"设计未来和管理团队"的能力更为重要。所以，英国标准将校长能否"对本校有正确的发展规划，能否管理团队、尽到保障职责"放在了重要的位置。由此可见，英国标准对校长的能力提出了更为全面的要求。

(2) 在英国校长标准的能力维度中，"自我发展及与他人合作"、"管理团体"与"加强社区"都明确要求了校长需要通过与他人的合作交流来达到管理的目的。在这方面，我国的教育技术标准(CETS)在教育管理者的基本要求中并没有涉及，只在各类角色的具体绩效指标中有一条明确地标识了"与他人交流合作"。看似一个词出现的频率，但细微之处见真章，与我国只关注教育管理者个人运用技术的能力相比，英国对人际关系和团队交流合作给予了更多的重视。

### (二) 中国CETS标准与美国NETS·A-2009标准的比较

将我国CETS标准与美国NETS·A-2009标准的能力维度进行对比(见表2)，分析发现：

**表2　中国CETS标准与美国NETS·A-2009标准能力维度的比较**

| 标准 | 中国教育技术标准(CETS)之教育管理者的研究(尤殿龙 李龙) | 美国NETS·A-2009标准 |
|---|---|---|
| 维度与指标项数 | 5类15项 | 5类21项 |
| 具体维度内容 | 掌握相关技术的知识和技能 | 愿景领导 |
| | 运用技术优化育人环境 | 数字化时代的学习文化 |
| | 运用技术支持教与学的活动 | 卓越的专业实践 |
| | 运用技术加强管理,提高工作效率 | 系统化变革 |
| | 具有信息意识,遵守与技术相关的社会伦理道德法律和法规 | 数字化时代的公民素养 |

(1) 在我国CETS标准对教育管理者基本要求的描述中,用得最多的词是"技术";而在美国的标准中,教育管理者的"愿景领导"摆在了第一位。美国在关注管理者的专业能力同时,更注重管理者个人全面领导能力的提升,这与英国要求校长具备全面能力的思路不谋而合。

(2) 在描述"学"与"教"的关系时,NETS·A-2009标准侧重于"学习"("数字化时代的学习文化"),CETS标准侧重于"教与学"("运用技术支持教与学的活动")。与我国保留了传统的"教与学"的关系相比,美国标准重新确立了"应当把学生的学习做为教学中心,一切为了学生的学习服务"这个基本思想,可见他们对学生学习自主性的高度重视。

(3) 在NETS·A-2009标准中,出现频率较高的词是"数字化"(数字化时代的学习文化,数字化时代的公民素养),我国标准中的高频词是"技术"。两者虽然意义相近,但"数字化"的内涵要比"技术"深刻得多,外延也要广阔得多。这喻示了数字化设备在美国教育中的广泛应用,明确了美国的信息技术及教育信息化发展程度要明显优于我国这个事实。

(4) NETS·A-2009标准中"系统化变革"比CETS标准中的"运用技术加强管理,提高工作效率"这一维度包含了更为广泛的内容。与我国"技术相关的社会伦理道德与法律规范"描述相比,美国标准中"数字化时代公民素养"的措词更为准确。这意味着它将"遵守与技术相关的社会伦理道德与法律规范"的范围扩大了,并将其提升到数字化时代每个公民应普遍具备的素养这个更高的层面来。

## 三、国外教育管理者教育技术标准对我国教育管理者的启示

通过上文与英美标准的对比分析发现,我国教育管理者教育技术标准研究的深度、广度及实践应用等方面还存在需努力的空间。当然,这与我国的经济发展水平制约了信息化发展程度有关,也与我国学者对该领域的研究起步较晚、后续研究动力不足不无关系。认识到这些差距并能借鉴国外教育技术标准的经验,对我国该标准未来的研究与发展有着重要作用。

### (一)我国在重视教育管理者的专业能力同时也应注重提高他们的个人素质。

教育管理者是能够对整个教育组织起强大凝聚和引领作用的关键角色。从我国与英美教育管理者教育技术标准的能力维度(见表1和表2)对比中不难发现,无论是英国还是美国,他们对教育管理者整体素质的要求都相对高于我国。他们不仅对教育管理者的专业能力有所规定,而且对教育管理者的个人素质也提出了更高、更为全面的要求。与我国CETS标准不同,英国《国家校长标准》(2004)将教育管理者"设计未来和管理团队"的能力摆在了第一位,美国NETS·A-2009标准也将教育管理者的愿景领导力放在了能力体系的首要位置。美国教育部门希望通过教育管理者的愿景领导力,实现利用广泛的技术整合来支持和促进组织的转型、创造卓越的教学效果的终极理想[10]。

由此可见,教育管理者不仅要具备教育技术领域相关的专业知识来支持、促进教与学,而且也必须掌握管理学方面的业务知识。只有同时具备这两方面的能力才能更好地提高管理的效率,实现教育最优化。因此,注重我国教育管理者专业能力与个人素质的全面培养,对提高我国教育管理者的管理水平,加快我国教育信息化进程有着非常重要的意义。

### （二）我国教育管理者应强化"以学生学习为中心"的理念。

在 NETS・A-2009 标准的能力维度中，美国用"学习"替代了它在 2002 版中的"教与学"，彰显了数字化时代"学生的学习"地位的重要性。在近年的研究中，我国学者也逐渐认识到，在教学中强化学生的学习主体性意识，能更好地激发学生的学习动机；以学生为中心设计教学，能让学生更乐于学习，并能获得更好的教学效果。

### （三）我国教育管理者应发挥出引领教育技术潮流的作用。

笔者在我国 CETS 标准与美国 NETS. A-2009 标准能力维度的对比中（见表 2）曾提到，NETS. A-2009 标准中两次出现了"数字化"。"数字化"时代的提出不仅意味着技术日新月异的发展已经不知不觉地渗入到教学、研究、管理等教育系统的各个领域，也暗示着学习方式、教学方法、管理形式在这个大时代背景中正在慢慢发生着变化。我国的教育信息化进程还处于快速发展的中级阶段，并开始进入"有意识地应用技术改进教学"的阶段[11]。这要求教育管理者能够审时度势，把握数字化时代教育发展的方向，引领教育技术潮流，为数字化时代教育的科学发展提供强有力的保证，以实现学校教育创新性发展的终极理想。

国际上还有许多与教育管理者相关的教育技术标准可供借鉴，标准之间可供比较的角度或内容还有很多。革命尚未成功，同志仍需努力。我国教育技术标准体系的研究还任重道远，期望有越来越多的学者能对这个问题进行深入探讨，并取得实质性的研究成果。

## 参考文献

[1][8] 尤殿龙，李龙. 教育管理者教育技术标准的研究——《中国教育技术标准（CETS）研究》项目阶段性成果之三[J]. 现代教育技术，2004，14(6)：7-12.

[2] International Society for Technology in Education. National Educational Technology Standards for Administrator. [EB/OL]. http://www. iste. org/Libraries/PDFs/NETS_for_Administrators_2002_EN. sflb. aspx.

[3] International Society for Technology in Education. National Educational Technology Standards for Administrator. [EB/OL]. http://www. iste. org/docs/pdfs/nets-a-standards. pdf? sfvrsn=2.

[4][10] 秦炜炜. 面向管理者的美国国家教育技术标准新旧版比较研究[J]. 开放教育研究，2010，16(3)：181-188.

[5] 董辉. 英国校长的国家标准[J]. 外国中小学教育，1998，(5)：37-40.

[6] 徐美娟，冀琳琳. 英国国家校长标准[J]. 外国中小学教育，2006，(4)：19-23.

[7] 教育部. 教育管理信息化标准[EB/OL]. http://wenku. baidu. com/view/8407b8d149649b6648d74786. html.

[9] 尤殿龙. 中小学校长教育技术素养标准的探索[D]. 呼和浩特：内蒙古师范大学，2005：19.

[11] 秦炜炜. 面向学生的美国国家教育技术标准新旧版对比研究[J]. 中国电化教育，2008，(3)：1-6.

## 作者简介

匡慧姝，1985 年生，女，汉族，江西省吉安市人，助教，硕士研究生，研究方向为教育技术复杂系统的评价研究。

# 知识管理视角下的中职教师专业发展平台的开发

王彩霞，刘光然
（天津职业技术师范大学，天津，300222）

**摘　要**：教师知识管理是教师专业发展的重要途径，教师专业发展平台作为一个技术平台将为教师专业发展提供有力的技术保障。职业教育作为教育板块之一，有其自身的特点。为了给中职教师专业发展提供更好的技术平台，在平台的构建中，从知识管理的视角来设计平台的主要功能模块，主要包括教学设计室、资料收藏室、视频展播室及交流研讨室等模块，来实现教师知识的获取、知识的存储、知识的分享、知识的创新。

**关键词**：知识管理；教师隐性知识；教师显性知识；教师专业发展平台

## Development of Platform about Vocational Teacher Professional Development in Knowledge Management Perspective

**Abstract**: Teachers' knowledge management was an important way for teacher professional development, Platform of Teacher Professional Development as a technology platform would provide strong technical support for teacher professional development. Vocational education which is the plates of educational had its own characteristics. In order to provide better technology platform for vocational teacher professional development, Main function modules of the platform was built in the perspective of Knowledge Management

**Keywords**: knowledge management; teacher's tacit knowledge; teacher's explicit knowledge; platform of teacher professional development

## 一、引言

每个时代都有主流，知识管理正是知识经济时代竞争的关键性策略，它汲取先前的经验与信息，汇集成知识库，成为企业经营的基础。[1]知识管理在企业中已经开展的非常有成效，并且有了很多成功的经验。教育领域蕴涵着丰富的知识资源，是一个典型的知识行业，教育知识管理的成功与否将成为衡量一个国家或地区教育现代化进程的重要标志，是21世纪教育的生命线。在教育领域，教师拥有最高的知识势能，是知识创新的重要来源，教师的知识管理是开展整个教育领域知识管理的突破口。

在职业教育的大力发展中，培养造就一批教育理念新，改革创新意识强，师德高尚，具有较高的教育教学水平和较强专业技术实践能力的“双师型”职教师资队伍已经成为中等职业院校教育的紧迫任务。中职教师的专业发展迫在眉睫，职教大计，教师为本。随着教育信息化和网络化的发展，中职教师的专业发展也需要依托网络平台，根据职业教育的特点及中职教师自身专业发展的需要，网络平台的设计与开发需要将先进的知识管理理念融入其中。

## 二、教师知识管理

### （一）教师知识分类

通过查阅大量文献对于教师知识的分类，国内外学者们也提出了各种不同的观点，考虑到教师知识具有很强的实践性和情景性等特点，在本研究中将教师知识主要分为两类，即教师的显性知识和教师的隐性知识：

**1. 教师的显性知识**

教师的显性知识是指教师通过教学相关的教科书、参考资料、期刊杂志、专利文献、视听媒体、教学网站库等方式获取的，能够清楚的表达和交流，也可以通过语言、书籍、文字、数据库等编码方式存贮和传播的知识。主要表现为教师的学科专业知识、教育学心理学的理论知识、教学法知识，教师教育法规知识、教师职业道德伦理学知识以及新的教育理念等。另外，教师的显性知识包括教师的个人藏书、著作、重要会议资料、工作计划、年底总结、各类文件、个人通讯录、邮件、收藏夹等。

**2. 教师的隐性知识**

教师的隐性知识是指那些深植于教师内部，蕴含在教师头脑中的价值、观念、情感、认知、教学组织管理能力、教学方法、教学技能、教学科研等经验性的知识。[2]对于教师的隐性知识主要包括：教师以隐性的控制方式对学生进行管理的技能与知识；教师教学技能与知识；教师在教育科研、学习新知方面的技能与知识；教师在指导学生学习与培养学生良好的道德素养方面的知识与能力。

### （二）教师知识管理

教师知识管理是一种新的知识管理理念和方法，主要特征包括：教师知识管理是教师对专业知识进行获取、组织、储存、转换、分享、应用与创造的连续过程；教师个人知识管理主要管理的是教师自身的隐性知识与显性知识，并促进隐性知识和显性知识的转换；教师个人知识管理主要目的是提升教学效能、知识创造与快速学习的能力，成为新经济时代的典型知识工作者；教师个人知识管理需要利用现代信息技术，借助一些工具来有效的进行知识管理。

在本研究中将教师个人知识管理界定为教师利用信息技术及知识管理的工具和平台等途径，通过建立一套有效的知识管理系统与制度，来获取、存储、分享、应用和创新教学所需的专业知识，促进隐性知识与显性知识不断相互转换，提升教学效能，促进专业更好的发展。如图 1 所示：

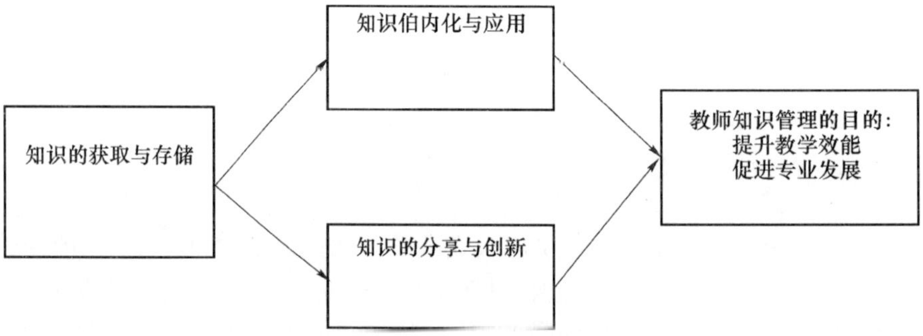


图 1　教师知识管理内涵

### （三）教师知识转换

在本研究中借鉴 Nonaka 和 Takeuchi 的知识螺旋转换理论及 Hedlund 知识转换理论。结合教师知识含义、特点和分类，教师知识转换的过程如图 2 所示：

根据上图所示，教师知识转换过程按照 SECI 模型的四个阶段，具体如下所述：

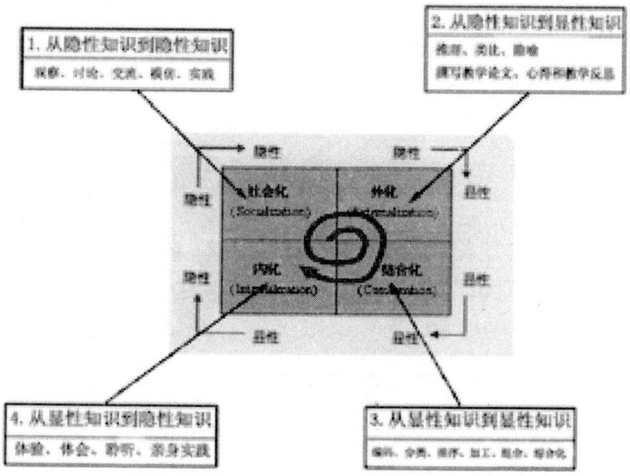


图 2　教师知识转换图

（1）教师知识的社会化

这一过程主要是教师之间的隐性知识与隐性知识之间的转化，由于隐性知识是零碎的，不易表述的，深藏在特定教学情景中的教学实践经验。转换可以通过师徒制，拜有经验的教师为师进行，也可直接观摩他人特别是优秀教师的课堂教学活动及同事之间通过教学研讨会、集体备课会等方式进行直接的经验分享等方式来实现。另外，还可以通过观看优秀教师的视频教学实现对教学活动的观摩。通过这种亲自观察他人的教学实践的活动可以建构观察者的知识，创造了一个让优秀教师的教学真知和智能使其它教师得以意会和共鸣的机会，从而实现了“隐性知识”到“隐性知识”转换过程。

（2）教师知识的外化

这一过程主要是将教师的隐性知识显性化，在教师的教学过程中，往往会产生一些灵感、思考、见解、感受，另外还有一些教学经验、心得，这些都属于教师的隐性知识，对于教师的教研活动和专业发展非常重要，这些隐性知识常常是转瞬即逝的，所以要通过撰写课后记，教学反思及研究论文等方式实现外化。教师知识外化的另外一个重要途径就是教师的教学设计过程，也就是一般所讲的“备课”的过程，教师通过分析教学内容，参考各种教学指导书及相关的资料，运用教学理念，系统地思考、设计出某门课程教学的方法与策略，最后撰写出教案，在这个过程中教师实现了自身的内隐理念与知识转换成了具体的教案，这是教师知识外化的一种重要表现形式。教师的隐性知识通过在头脑中进行加工、思考、去粗取精和编码使教师专业实践理论结构化、概念化以更明确而有系统的形式保留下来，与更多人分享，进行更广泛的流通，通过这些文字档案将教师建构的专业实践理论加以保存。实现了隐性知识到显性知识转化过程。

（3）教师知识的结合化

这一过程主要是教师的显性知识向显性知识转化的过程，教师在日常的教研活动中，通过各种方式，都拥有不同形式和内容的一些零碎的、积累的显性知识。比如教师外化后的教案、计划、方法、策略和科研论文等。将这些零散的显性知识定期的进行筛选、整理、分析、分类、重组、储存和加以组合等方式使之条理化，形成一定的知识结构或体系，并不断地对其进行更新和完善，以备日后教师所需时能及时地进行检索、使用、分享及更新，并提供给其它所需这方面知识的教师能随时进行共享。这样就可实现教师显性知识向显性知识的转化。

（4）教师知识的内化

这一过程主要是指教师的显性知识内化的过程，教师可以通过做中学等方法将显性知识转化为自身的隐性知识，进而创造并创新教师知识。教师在分享到优秀的教学模式、方案、策略、计划、方法等显性知识时，除了通过学习和思考将这些优秀教学经验和知识内化为自身的隐性知识，更需要通过课堂教学实践进行内化，在具体的教学情景中，灵活应用各种教学理论知识来解决教学中的问题，通过亲身的体会和体验之后，逐渐形成独特的个人教学风格，从而使显性知识的价值得到实际的体现。

教师知识转换的四个阶段是持续的、呈螺旋式的上升，一直处于动态的转化过程，通过这样的转换，增进了教师知识的流通性、分享性与累积性，使教师能够不断地丰富、完善个人的知识体系，在交流和分享中，不断地更新和创造知识，提高自身的专业水平。

## 三、依据教师知识管理的理念开发中职教师专业发展平台

依据以上所述的教师知识管理的理论，在中职教师专业发展平台的开发中将着重体现教师知识的获取、知识的存储、知识的分享、知识的创新。本平台主要功能模块有教学设计室、资料收藏室、视频展播室及交流研讨室。如图3所示。

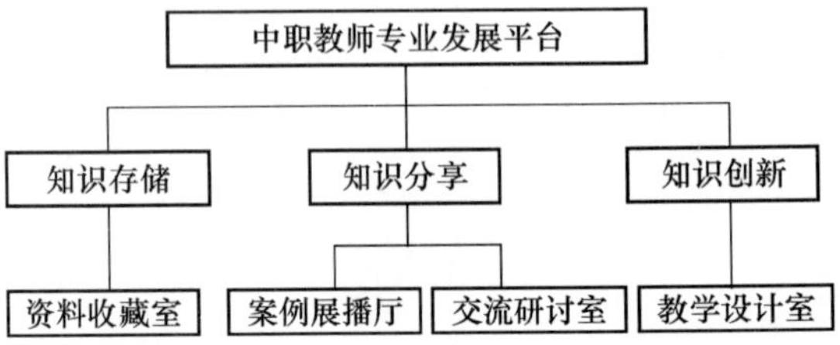


图3　中职教师专业发展平台功能模块图

### （一）资料收藏室

资料收藏室将主要实现将搜集的相关资料进行分类整理，达成知识存储的功能。在其模块中过客用户角色没有权限对该模块进行操作，教师用户角色登录后能看到资料室中的资料列表，可以在资料列表旁的搜索框输入关键词对资料进行检索操作，找到所需要的资料，然后通过点击下载将所需资料下载至教师本地计算机，也可通过收藏操作将所需的资料收藏至教学设计室模块。教师还能通过上传资料操作开始进行资料的上传，上传的资料需先进入资料审核库，等待资料的审核，只有通过审核的资料才能进入资料收藏室。

专家用户角色登录后将看到资料收藏室中的资料列表，可以对资料进行搜索和下载，但不可像教师角色那样将资料收藏至教学设计室。专家可以将资料直接上传至资料收藏室，无需审核。在该模块中教师和专家通过资料的上传，可以为资料收藏室动态的提供资料，使资料收藏室中的资料充满灵活性和时效性，能及时体现学科发展的前沿动态，为教师提供最新最有价值的使用资源。

### （二）案例展播厅

案例展播厅主要在线播放优秀教师的典型视频教学案例，为中职教师提供课程相关的优秀视频案例，通过观摩，可模仿优秀教师的教学实践知识，实现隐性知识向隐性知识的社会化过程。本模块过客用户角色没有权限进入，教师用户角色登录后，可根据教学需要，在线点播案例展播厅中的视频案例。这些优秀的视频案例由专家在专家用户界面上传，提供给中职教师，中职教师和专家教授不仅可以在这里观看视频案例，同时还可以针对案例的内容，进行在线研讨。

### （三）交流研讨室

交流研讨室模块主要创设　个知识分享交流的场所，教师之间，教师与专家之间都可进行相互的交流。该模块主要提供的交流工具有留言板、聊天室、论坛，可以实现同步和异步交流。过客和管理员的角色没有权限进入该模块，只有专家教授和中职教师的角色有权进入该模块。在留言板中，教师可以看到其他教师或专家给自己的留言，并能针对某个人的留言进行回复和给别人进行留言。在聊天室中可以组织专题研讨活动，可以同时在线进行讨论，聊天室可以实现聊天字体颜色和大小的设置，图像表情状态的选择，可以进行公开的发言，也能选择一个或多个聊天对象，进行私聊。在论坛中，主要探讨一些开放性的论题，教师可以随时登陆发表观点，提出疑问，也可根据帖子主题内容进行跟帖回复。

### （四）教学设计室

在资料收藏室中，教师根据自己的教学需要将一些资料收藏至教学设计室，并进行分类管理，教学设计室模块还为教师提供了一些进行教学设计的工具，更好的支持教师完成具体内容的教学设计。在该模块中，只有教师用户角色有权进入，每个教师的教学设计室都是私有的，教师相互之间看不到彼此的界面。

## 四、平台总体结构模块图及开发工具

### （一）平台总体结构模块图

平台采用三层结构：Web 浏览器、Web 服务器、数据库服务器。系统为用户提供智能代理（Agent）服务，用户通过浏览器向 Web 服务器发送请求，Web 服务器在接收到用户请求后与智能代理进行通信，智能代理从数据库中获取信息，然后传送到 Web 服务器并传递给系统用户。用户对系统其它程序的访问也是通过 Web 服务器进行。系统结构如图 4 所示。

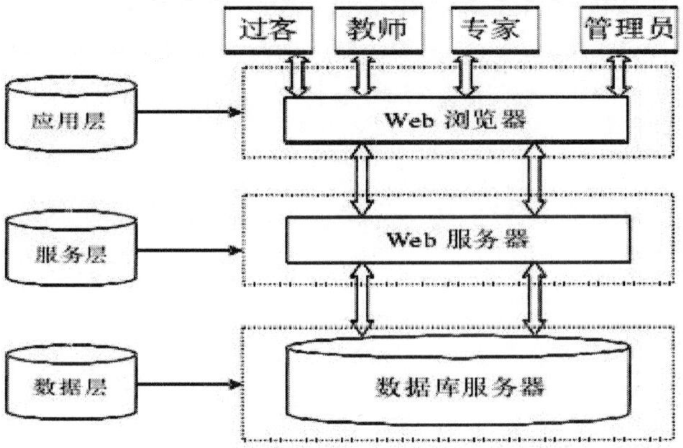


图 4　系统结构图

### （二）平台开发工具

基于 B/S 结构的网络环境的构建有多种技术解决方案，该平台主要采用 Windows＋ASP. net＋ SQL Server 2008 的技术方案。

ASP. NET 是一个已编译的、基于 . NET 的环境，可以用任何与 . NET 兼容的语言（包括 Visual Basic . NET、C＃ 和 JScript . NET. ）创作应用程序。另外，任何 ASP. NET 应用程序都可以使用整个 . NET Framework。开发人员可以方便地获得这些技术的优点，其中包括托管的公共语言运行库环境、类型安全、继承等等。ASP. NET 可以无缝地与 WYSIWYG HTML 编辑器和其他编程工具（包括 Microsoft Visual Studio . NET）一起工作。这不仅使得 Web 开发更加方便，而且还能提供这些工具必须提供的所有优点，包括开发人员可以用来将服务器控件拖放到 Web 页的 GUI 和完全集成的调试支持。

SQL Server 2008 是 Microsoft 公司推出的 SQL Server 数据库管理系统，该版本继承了以前版本的优点，另外还推出了许多新的特性和关键的改进。主要的特点包括：(1)可信任的，使得公司可以以很高的安全性、可靠性和可扩展性来运行他们最关键任务的应用程序。(2)高效的——使得公司可以降低开发和管理他们的数据基础设施的时间和成本。(3)智能的——提供了一个全面的平台，可以在你的用户需要的时候给他发送观察和信息。

## 五、结论

目前一些教师专业发展平台存在很多不足之处，通过查阅大量的文献资料及对中职教育深入的进行调研，根据职业教育的特点及中职院校教师专业发展的需要，利用知识管理的理念来完善平台的设计及实现思路，从知识获取、知识存储、知识分享和知识创新的角度在平台的构建中主要设计了资料储藏室、案例展播厅、交流研讨室和教学设计室等模块。在平台的开发中利用了最新的技术解决方案。平台的投入使用将为中职教师专业发展提供有力的支撑平台，将更好的促进教师实践性智慧知识的发展和积累，更有利于隐性知识向显性知识的转变，在实践性知识的不断积累过程中，拓展教师的看待教学问题的视角及思维方式，提高中职教师素质，进而达到提高中职课堂教学和实践教学的实效性。

## 参考文献


[1] 胡佳文.知识管理在新世纪赶流行？或是竞争策略[J].管理杂志，2000，(321)：108-110

[2] 赵金波.做好知识管理，让教师工作更高效[J]. 现代教育技术，2003，(5)：68-71

[3] 王晓蕾.论中职教师的职业发展[D].武汉：华中师范大学，2007

[4] 程宇.职教大计，教师为本教育部召开中等职业学校教师素质提高计划2010年度工作会议[J].职业技术教育，2010(15)

[5] 教育部、财政部.教职成[2006] 13号文件，教育部财政部关于实施中等职业学校教师素质提高计划的意见[EB/OL]. http://www.moe.gov.cn/publicfiles/business/htmlfiles/moe/moe_1463/201001/xxgk_79091.html.)

[6] 韩旭.基于网络的教师专业发展支持平台研究[D].北京：首都师范大学，2005

[7] 张兰芳.基于Web2.0的教师自主专业发展平台研究[D].上海：华东师范大学，2008

[8] 周速.网络环境下教师学习共同体对教师专业发展的支持[J].电化教育研究，2007(6)


## 作者简介

王彩霞，1979年生，女，汉族，甘肃人，讲师，硕士，研究方向：教育软件工程。

# 中小学教师在线学习行为的影响因素研究

吴甜甜，肖鑫雨
（华南师范大学教育信息技术学院，广东广州，510631）

**摘　要**：网络技术的发展和运用使得远程培训成为农村中小学教师专业发展的有效途径。然而远程培训的质量不仅取决于科学有效的管理，也取决于教师的在线学习行为。因此，了解农村中小学教师参与远程培训的在线学习行为现状及其影响因素对提高培训的质量至关重要。以活动理论等为指导建立行为维度框架、编制问卷，通过在线发放和收集收据，分析了教师的在线学习行为及影响因素之间的关系，发现在线学习者的生产，消费和交互行为之间存在显著相关，学习者自身及在线学习环境也存在相互作用和影响，并对其在线学习行为具有重要的决定作用，最后结合内外因素控制提出了建议和策略。

**关键词**：远程培训；在线学习行为；影响因素

# Research to Explore the Factors of Rural Teachers' Online Learning Behavior

**Abstract**: The development and application of network technology makes remote training to become an effective way for the rural teachers' professional development. However, the quality of remote training depends not only on scientific and effective management, but also on teachers' online learning behavior. Therefore, to explore the rural teachers' online learning behavior and its influencing factors is essential to improve the quality of distance training. Take the theory of activity as a framework to develop a questionnaire and, via online survey and data analysis, found that the behavior of production , consumption and interaction of online learners' was significant correlated, learners and online learning environments are also influenced each other, and finally decided the learners' behavior, at last , by combine the internal and external factors to give some suggestions and strategies.

**Keywords**: distance training; online learning behavior; influencing factors

"以农村教师为重点，提高中小学教师队伍整体素质"是《国家中长期教育改革和发展规划纲要》有关教师教育的重要精神。随着现代远程教育技术的迅速发展，远程培训作为农村教师专业发展的一种有效途径，是提高农村中小学教师整体素质的重要措施，对推进义务教育均衡发展、促进基础教育改革，提高教育质量具有重要意义。

培训究竟能否对教师的教育教学发挥作用，除了依赖于有效的管理机制，更取决于教师在远程培训的过程中是否有学习的发生，而远程学习的效果与远程学习者的在线学习行为直接相关。因此，对农村中小学教师这一特殊的远程学习群体的在线学习行为及其影响因素进行探讨对发挥远程培训效果具有重要的意义。

笔者有幸以辅导教师的身份参与了A高校网络教育学院组织实施的某"非学历教师能力提升培训"项目，与参加本次远程培训的农村中小学教师（以下简称学员）有了直接接触的机会，故选此平台的学员进行调查。

## 一、研究设计与实施

**1. 问卷编制的理论基础**

彭文辉(2006)认为,在线学习行为可分为:自解释学习目标,收集信息,加工整理信息,发布信息,交流信息和使用信息。庄科君(2008)在其硕士论文中,结合恩格斯托姆(Engestrom)有关活动系统的六要素与四个子系统的基础上提出来的三种学习行为:生产行为,消费行为,交互行为。该模型能较好的将上述具体外在表现纳入其框架内,也适合本平台的特点,笔者最终将因变量(学习行为)确定为:生产,消费,交互三类学习行为。

影响上述学习行为的因素又包含哪些方面呢? Wannasiri Bhuasiri(2012)对此进行了较为深入的研究,采用德尔菲法和层级分析法(AHP)得出了一个六维度23个小项的关键因素表(CSF)。此外,我国学者赵丕元(2002)认为,成功的网络学习不能仅仅依靠学生的自主,还有赖于学习环境,学习资源,学习支持服务,远程教育模式等多个方面。黄海林(2011)认为,网络学习者自身,网络环境因素都是影响在线学习的重要方面,并组建了网络学习相关因素模型。王书艳(2008)将所有影响因素概括为两类:学习者自身因素(内部因素),学习者以外的因素(外部因素),并分别提出了内外因素的各个不同方面。在综合前人研究的基础上,结合本人在平台担任辅导教师的实践经验,以及该培训平台的特色(短期非学历培训),因此,笔者最终采用了二分法,从内外因素两个方面出发,将自变量(影响因素)分为学员自身和平台环境两个方面。

**2. 问卷编制与发放**

在文献综述的基础上确定好因变量与自变量,再结合平台的特色,最终编制了本问卷,主要维度框架见表1。问卷共包括三个部分:人口统计信息、客观题、主观题。

**表1 问卷维度框架**

| 自变量 / 因变量 | 学员自身(内部) | | | | | 平台环境(外部) | |
|---|---|---|---|---|---|---|---|
| | 动机 | 先前经验 | 时间管理 | 自制力 | 自我效能感 | 资源 | 技术 |
| 消费行为 | 浏览他人日志,发言,使用资源库,检索,观看视频,浏览简报等 | | | | | | |
| 交互行为 | 评论,留言,相互鼓励,参与群组,参与讨论,参与投票等 | | | | | | |
| 生产行为 | 撰写日志,整理资料,发起投票,在线笔记,创建群组等 | | | | | | |

在正式调查前,笔者邀请了同时参与本次培训的7位辅导教师对问卷提出修改意见。本调查所针对的平台是A校"中小学教师远程培训网",调查对象是参加本次"提升能力"培训来自同省不同县乡的中小学教师。问卷依托问卷星,采取了网络问卷发放形式,共回收有效问卷87份。问卷的链接地址:http://www.sojump.com/jq/1188247.aspx。

## 二、数据分析与处理

**1. 人口统计基本信息分析**

本研究采用SPSS17.0进行数据处理。本次问卷分别从性别,年龄,从业时间,婚姻状况,学历,上网场所,任教学校,任教科目,工作编制等9个方面对调查对象的统计信息进行了收集。如下表2所示:

**表2 调查对象人口统计学特征**

| 人口统计学特征 | | 频率 | 百分比 |
|---|---|---|---|
| 性别 | 男性 | 27 | 31% |
| | 女性 | 60 | 69% |
| 年龄 | 23—30岁 | 36 | 44.8% |
| | 31—39岁 | 23 | 40.3% |
| | 40—50岁 | 25 | 14.9% |

续 表

| 人口统计学特征 | | 频率 | 百分比 |
|---|---|---|---|
| 教龄 | 0.5—5 年 | 21 | 24% |
| | 6—10 年 | 25 | 28.7% |
| | 10—15 年 | 16 | 18.4% |
| | 16—30 年 | 25 | 28.7% |
| 婚姻状况 | 未婚 | 26 | 28.7 |
| | 已婚暂无小孩 | 6 | 6.9% |
| | 已婚有小孩 | 55 | 64.4% |
| 学历 | 专科及以下 | 13 | 14.9% |
| | 本科 | 71 | 82.8% |
| | 硕士 | 3 | 2.3% |
| 上网场所 | 家里 | 51 | 58.6% |
| | 办公室 | 36 | 41.4% |
| | 其他地方 | 0 | 0% |
| 任教学校 | 小学 | 51 | 58.6% |
| | 中学 | 36 | 41.4% |
| 任教科目 | 文科 | 58 | 67% |
| | 理科 | 29 | 33% |
| 编制 | 有 | 82 | 94.3% |
| | 暂无 | 5 | 5.7% |

**2. 问卷信度检验**

经过 SPSS 信度检验，问卷的克伦巴赫系数 a＝0.929，如下表 3 所示，表明问卷具有较高的内部一致性。

**表 3　问卷信度**

| Cronbach's Alpha | 项数 |
|---|---|
| .929 | 43 |

**3. 人口统计特征对学习行为的影响**

问卷对性别，任教学校，上网地点，文理科等二分变量与三类学习行为的关系进行了独立样本 T 检验，输出结果均表明无显著性差异。对年龄，教龄，婚姻状况等多类别变量进行 ANOVA 检验，仍然无显著性差异，由此表明，问卷中涉及的 9 项基本信息对学员的在线学习行为均无显著性影响。

**4. 相关变量的分析**

（1）学员学习动机的描述性分析

在内部因素中学习动机的统计分布如下表 4 所示：

**表 4　学习动机分布情况**

| | | 响应 | | 个案百分比 |
|---|---|---|---|---|
| | | N | 百分比 | |
| 第一题[a] | 提高自己 | 72 | 45.9% | 82.8% |
| | 职称评定 | 39 | 24.8% | 44.8% |
| | 随大流 | 9 | 5.7% | 10.3% |
| | 上级要求 | 37 | 23.6% | 42.5% |
| 总计 | | 157 | 100.0% | 180.5% |

a. 值为 1 时制表的二分组。

由上表 4 可以看出，82.8%的学员认为参与本次培训的主要目的是“认识到自己在实践中得不足，要提升自己”；44.8%的学员认为是“为了职称评定”；10.3%的学员是因为看到其他老师参加了培训，自己也来参与；而 42.5%的学员是因为学校有要求，所以才来参与。

(2) 学员自身其它子因素层面之间的相关性分析

在学员内部因素方面，通过对各子因素进行和差相关分析，输出结果如下表 5 所示。

**表 5　相关性**

| | | 先前经验 | 个人偏好 | 自制力 | 时间管理 | 自我效能感 |
|---|---|---|---|---|---|---|
| 先前经验 | Pearson 相关性 | 1 | .208 | .329** | .187 | .339** |
| | 显著性(双侧) | | .053 | .002 | .082 | .001 |
| | 平方与叉积的和 | 68.897 | 10.793 | 20.966 | 10.586 | 18.448 |
| | 协方差 | .801 | .126 | .244 | .123 | .215 |
| | N | 87 | 87 | 87 | 87 | 87 |
| 个人偏好 | Pearson 相关性 | .208 | 1 | .200 | .310** | .258* |
| | 显著性(双侧) | .053 | | .063 | .003 | .016 |
| | 平方与叉积的和 | 10.793 | 38.920 | 9.598 | 13.172 | 10.563 |
| | 协方差 | .126 | .453 | .112 | .153 | .123 |
| | N | 87 | 87 | 87 | 87 | 87 |
| 自制力 | Pearson 相关性 | .329** | .200 | 1 | .533** | .492** |
| | 显著性(双侧) | .002 | .063 | | .000 | .000 |
| | 平方与叉积的和 | 20.966 | 9.598 | 58.989 | 27.862 | 24.816 |
| | 协方差 | .244 | .112 | .686 | .324 | .289 |
| | N | 87 | 87 | 87 | 87 | 87 |
| 时间管理 | Pearson 相关性 | .187 | .310** | .533** | 1 | .577** |
| | 显著性(双侧) | .082 | .003 | .000 | | .000 |
| | 平方与叉积的和 | 10.586 | 13.172 | 27.862 | 46.345 | 25.793 |
| | 协方差 | .123 | .153 | .324 | .539 | .300 |
| | N | 87 | 87 | 87 | 87 | 87 |
| 自我效能感 | Pearson 相关性 | .339** | .258* | .492** | .577** | 1 |
| | 显著性(双侧) | .001 | .016 | .000 | .000 | |
| | 平方与叉积的和 | 18.448 | 10.563 | 24.816 | 25.793 | 43.057 |
| | 协方差 | .215 | .123 | .289 | .300 | .501 |
| | N | 87 | 87 | 87 | 87 | 87 |

**. 在 .01 水平(双侧)上显著相关。

*. 在 0.05 水平(双侧)上显著相关。

由上表 5 可以看出，“先前经验”与“自制力”之间关系显著，其相关系数达到 0.329；“先前经验”与“自我效能感”两者之间的相关系数为 0.339，达到显著；“自我效能感”与其他三个因素均达到显著，这表明“自我效能感”在学员自身因素中处于比较核心的位置。

(3) 内外因素之间的相关性分析

**表 6 内外因素之间的相关性分析**

| | | 学员自身 | 平台环境 |
|---|---|---|---|
| 学员自身 | Pearson 相关性 | 1 | .514** |
| | 显著性(双侧) | | .000 |
| | 平方与叉积的和 | 633.264 | 496.828 |
| | 协方差 | 7.364 | 5.777 |
| | N | 87 | 87 |
| 平台环境 | Pearson 相关性 | .514** | 1 |
| | 显著性(双侧) | .000 | |
| | 平方与叉积的和 | 496.828 | 1478.069 |
| | 协方差 | 5.777 | 17.187 |
| | N | 87 | 87 |

**. 在 .01 水平(双侧)上显著相关。

从表 6 可以看出,内外因素之间存在着相关性,相关系数达 0.514,但并未超过 0.7,因此,可以将其作为自变量对因变量进行回归分析。

(4) 因变量之间的相互关系

因变量三种行为之间有何关系?笔者对三类行为进行了积差相关性检验。输出结果如表 7 所示:

**表 7 三类行为的积差相关系数矩阵**

| | | 生产行为 | 消费行为 | 交互行为 |
|---|---|---|---|---|
| 生产行为 | Pearson 相关性 | 1 | .741** | .745** |
| | 显著性(双侧) | | .000 | .000 |
| | 平方与叉积的和 | 2339.954 | 1329.126 | 1158.954 |
| | 协方差 | 27.209 | 15.455 | 13.476 |
| | N | 87 | 87 | 87 |
| 消费行为 | Pearson 相关性 | .741** | 1 | .729** |
| | 显著性(双侧) | .000 | | .000 |
| | 平方与叉积的和 | 1329.126 | 1373.402 | 868.126 |
| | 协方差 | 15.455 | 15.970 | 10.094 |
| | N | 87 | 87 | 87 |
| 交互行为 | Pearson 相关性 | .745** | .729** | 1 |
| | 显著性(双侧) | .000 | .000 | |
| | 平方与叉积的和 | 1158.954 | 868.126 | 1033.954 |
| | 协方差 | 13.476 | 10.094 | 12.023 |
| | N | 87 | 87 | 87 |

**. 在 .01 水平(双侧)上显著相关。

从上述阴影部分数据可以看出:三者之间两两都达到显著性正相关,其 Pearson 相关系数达到 0.729、0.741 和 0.745 较高。这表明,学员在平台上的三类学习行为是高度相关的,喜欢创造内容的学员浏览他人信息也较多,与他人的互动交流越频繁的也更喜欢创造内容。

(5) 回归分析

笔者采用了回归分析的方法对数据进行处理。以三类行为作为因变量,两类因素作为自变量,进行回归。分析结果如下表 8 所示:

**表8 内外部因素对生产行为的复回归分析摘要表**

| 模型 | 非标准化系数 | | 标准系数 | t | Sig. | 相关性 | | | 共线性统计量 | |
|---|---|---|---|---|---|---|---|---|---|---|
| | B | 标准 误差 | 试用版 | | | 零阶 | 偏 | 部分 | 容差 | VIF |
| 1（常量） | 3.449 | 4.011 | | .860 | .392 | | | | | |
| 学员自身 | .696 | .178 | .362 | 3.922 | .000 | .581 | .393 | .311 | .736 | 1.358 |
| 平台环境 | .537 | .116 | .427 | 4.621 | .000 | .613 | .450 | .366 | .736 | 1.358 |

$R=.687$　$R^2=.472$　调整后 $R^2=.460$　$F=37.586$

$R=.647$　$R^2=.405$　调整后 $R^2=.405$　$F=30.230$

$R=.719$　$R^2=.517$　调整后 $R^2=.505$　$F=44.882$

由上表8可以看出学员的自我认可度和对平台的认可度越高，其生产行为越积极。从表中系数得出未经标准化的回归方程为：生产行为＝0.696＊学员自身＋0.537＊平台环境＋3.449。同样方法，得出了内外因素对消费行为和交互行为的回归方程分别为：消费行为＝0.562＊学员自身＋0.349＊平台环境＋2.502；交互行为＝0.689＊学员自身＋0.228＊平台环境＋5.452（数据分析仅已生成行为为例，附消费行为和交互行为系数）。

（6）主观题分析

笔者对主观题的答案进行了内容分析，并根据关键词出现频率的高低进行了归类和排序，如表9所示：

**表9 主观题内容分析频率表**

| 影响因素 | 建议或期望 |
|---|---|
| ①教学工作任务繁重，时间少，进度紧，周期短，培训时期选择不合时宜 | A. 希望增加师生之间的互动 |
| ②平台视频缓冲过慢，系统不够稳定，易出错 | B. 希望视频课程中多增加一些与实践联系紧密，贴近现实的案例 |
| ③与授课教师和辅导教师互动少，困难 | C. 提供充足的在线学习时间 |
| ④视频过长，限时点击不够人性化 | D. 优化平台系统，使之更人性化 |

其中影响因素方面，②和④可归属于平台环境这一外部因素，而①从时间管理出发，虽然有培训组织方面的原因，但也涉及到学员个人的时间管理问题，③则直接表明师生互动较少，学习支持服务不到位。而建议和期望则与影响因素息息相关，B、D对应了希望调整外部因素即平台及资源问题，对应影响因素的②和④。A、C增加互动和延长培训时间又恰好与主观题1的①③对应。通过主观题的补充调查，进一步验证了问卷中内外因素的影响，并弥补了问卷客观题项的不足。

## 三、讨论与结论

本次调查分析的结果与笔者在担任辅导教师过程中对学员总体学习情况的感知基本相符。基于上述分析，提出以下建议：

**1. 统筹整体特征，兼顾个体经验**

在组织学员进行在线学习前，对其自我效能感进行预估，采取有效的方法进行提高，对学员的学习行为是非常有效的。比如，各地区的班级管理员组织开展平台操作培训课程，提供先前在线学习经验。事实证明，有在线学习经验的学员相比无经验者，其优势较为明显。对于内部因素的其它方面，学员之间也存在着差异现象，因此，建议辅导教师在培训过程中力所能及的兼顾个体经验的不同，适当的提供合理有效的远程学习方法和技术，从而提高学员的自制力，时间管理能力等。

**2. 打造优质学习平台，优化用户体验，激发学习行为**

勤于与辅导教师和其他人互动的学员，其空间反思日志也较多；视频观看次数较多，资源利用频率高的学员，也更愿意帮助社区中的其他学员，三类行为之间都是正向的相互促进关系。但是，从问卷收集的信息和学员们在平台上发布的疑难问题都可以看出，平台本身的缺陷极大的打击了学员的学习积极性，从而阻碍了更多在线学习行为的发生，也抑制了行为之间的相互促进。因此，在教师远程培训中，组织方应全力打造优秀的在线学习平台，为学员营造良好的在线学习环境，不断优化用户体验，使参训学员不为操作类问题所困扰，产生挫败感。

**3. 完善学习支持服务，短期培训更需关怀**

通过笔者对学员在线言论的观察，学员对社区组织氛围和归属感的需求是非常明显的，他们积极地访问授课教师和辅导教师的个人空间，踊跃发起和参与一些群体组织，投票等。并且，从主观题调查的结果可以看出，短期培训的学员更渴望与老师，与其他人的积极互动、交流和分享。因此，培训机构应重视学员的内部需求，提供有层次有组织的学习支持服务体系，给予学员情感支持，不断提高其归属感，从内部驱动学员积极参与培训。

## 四、结束语

农村教师远程培训是缩小城乡教师专业发展差距的有效措施。培训质量是教师培训的灵魂（韩俊，2011），在线学习行为又对培训质量产生直接的影响，因此关注参训学员的在线学习行为及其影响因素对提高教师培训质量是有价值的。本研究通过问卷调查分析，得出了内外因素对三类学习行为的回归模型，又通过对主观质性数据的内容分析，结合笔者在线辅导的真实体验，较好的验证了调查的一致性，弥补了量化数据收集的不足，从而发现了对学员学习行为影响的重要因素，并提出了一些建议，以期为农村中小学教师远程培训提供参考。

### 参考文献

[1]《国家中长期教育改革和发展规划纲要（2010－2020）》[EB/OL] http://www.gov.cn/jrzg/2010-07/29/content_1667143.htm.

[2] 李连峰.河北省农村中小学教师远程培训模式研究[D].保定.河北大学.2011.

[3] 林琳.农村中小学教师继续教育的问题及策略[J].成人教育.2011(10)：87-88.

[4] 唐永红，伍艺凭.农村中小学教师远程培训模式访谈调查设计[J].当代教育论坛（管理研究），2011(7)：54-56.

[5] 唐永红，郝绍华.农村中小学教师远程培训调查研究[J].中小学教师培训.2011(11)：7-10.

[6] 谭冬霞.农村中小学现代远程教育工程中的教师培训研究[D].武汉.华中师范大学.2008

[7] 韩骏.全面引领在大规模远程教师培训中的意义和实现[J].中国电化教育.2011(4)：67-70.

[8] 赵四鸿.西北地区农村教师培训模式与对策研究[D].西安.陕西师范大学.2011.

[9] 钟晓燕.西部农村中小学面向信息化的教师培训模式研究[D].重庆.西南大学.2007.

[10] 林万新.中小学教师教育技术培训效果的影响因素及对策研究[J].电化教育研究.2009(8)：56-58.

[11] 孔维宏.中小学教师远程培训的问题分析与对策研究[J].中国电化教育.2011(5)：65-68.

[12] 赵建华.基于网络论坛的 CSCL 活动过程分析[J].中国电化教育.2010(5)：6-15.

[13] 彭文辉，杨宗凯，黄克斌.网络学习行为分析及其模型研究[J].中国电化教育.2006(10)：31-34.

[14] 黄海林，王丽，杨雪.网络学习行为影响因素分析与模型构建[J].中国高等医学教育，2011(06)：12-13

[15] 赵丕元.影响学生远程学习行为因素的分析[J].中国远程教育.2002(08)：50-52 .

[16] 王书艳.基于网络学习行为分析的网络课程教学设计研究[D].济南.山东师范大学.2008.

[17] 庄科君.网络环境下自主学习行为的监控[D].西安.陕西师范大学.2008.

[18] Liaw, S., H. Huang and G. Chen, An activity-theoretical approach to investigate learners' factors toward e-learning systems[J]. Computers in Human Behavior, 2007. 23(4): p. 1906-192

[19] Bhuasiri, W., et al., Critical success factors for e-learning in developing countries: A comparative analysis between ICT experts and faculty[J]. Computers & Education, 2012. 58(2): p. 843-855.

[20] Liu, I., et al., Extending the TAM model to explore the factors that affect Intention to Use an Online Learning Community[J]. Computers & Education, 2010. 54(2): p. 600-610.

### 作者简介

吴甜甜，1987 年生，女，汉族，湖北省随州市人，硕士研究生，研究方向为远程教育。

# 山西省农村小学教师绩效与能力关系的调查研究

张晓红

（山西大同大学教育科学与技术学院，山西大同，037009）

**摘　要：**随着“中西部农村骨干教师培训项目”培训的进行，农村小学教师的绩效行为表现越来越受到关注。本研究以山西省农村小学教师为例，通过对能力与绩效的关系调查，发现能力对绩效有较强的预测作用，从而为今后的培训提供一定依据。

**关键词：**小学教师；绩效；能力

# A Correlative Study Between Performance and Capacity on the Primary Teachers in Rural Areas of Shanxi Province

Zhang Xiaohong

(School of Education Science and Technology, Shanxi Datong University, Datong Shanxi, 037009)

**Abstract**: With the Central and Western rural backbone teacher training project, it is more and more attention to the primary teachers' performance in Rural Areas. The Study was to investigate the relationship between performance and capacity of the primary teachers in Rural Areas of Shanxi Province, we discover that the capacity have stronger prediction function on performance, thus it could provide practical basis to training of the primary teachers.

**Keywords**: the primary teachers; performance; capacity

## 一、问题提出

从2010年起，山西省实施“中西部农村骨干教师培训项目”已经第三个年头了，通过农村中小学教师置换脱产研修、教师短期集中培训、教师远程培训等方式，教师教学能力提高已经初见成效。而对教师培训后效果的评估则要求落实到具体可量化的指标，即教师的具体绩效行为表现上，本研究以山西省农村小学教师为例，试图探讨培训后绩效与能力之间的关系，为今后的培训提供一定的可量化依据，从而提高培训的效度。

作为一个特殊的群体，农村小学教师相对于其他职业，具有一定的专业特长和较高的个人素质，受过系统的教育，具有强烈的自我实现的愿望和自主性要求，行为表现既包括一般行为能力也包括特殊专业能力。能力本文采用蒲德祥所定义：人的综合素质在现实行动中表现出来的、正确驾驭某种活动的实际本领、能量和熟练水平，是实现人的价值的一种有效方式，也是左右社会发展和人生命运的一种积极力量，它包括体力、智力、道德力、审美能力、实践操作能力等一般能力、从事该专业活动的特殊专业才能和为社会而奉献的创造能力，具体分为学习创新能力、适应能力、认知能力、自我管理能力、业务技术能力和信息处理能力六个方面，如表1。

**表1　教师能力的结构**

| 能力结构 | 行　为　表　现 |
| --- | --- |
| 学习创新能力 | 学科整合能力，新设备、新理念的接受程度 |
| 适应能力 | 因材施教，教学实践能力，科研能力 |
| 认知能力 | 教学设计能力，自我学习，培训进修完成情况 |
| 自我管理能力 | 衣着整齐，言行自律，组织纪律遵守，责任心表现 |
| 业务技术能力 | 教学基本功，课堂教学，校内外课堂教学管理 |
| 信息处理能力 | 校内外信息，“三网”信息在教学中的应用 |

对绩效的界定研究者倾向于在坎贝 Cambell 以及 Borman 和 Motowidlo 基础上将其定义为个体行为，即绩效是人们所作的同组织目标相关的、可观测的、具有可评价要素的行为、个体能够控制的人们实际做的行为，这些行为对个人或组织效率具有积极或者消极作用。本文采用贺剑锋的绩效四模型，即工作任务绩效、人际绩效、个体特质绩效、适应绩效 4 个维度。

工作任务绩效：基本教学任务，包括备课、上课、课后辅导环节的行为表现；

人际绩效：教师团队合作、协调能力和师生关系的行为表现；

个体特质绩效：不属于其工作职责规定的范围个人特点相关的行为，包括教师的个性特征、教学风格和教学艺术处理；

适应绩效：在工作要求和条件发生变化时，对新任务和新环境的适应性行为，包括教师的知识更新、教学环境变化的适应协调、新的管理方式和教学内容的变化。

## 二、调查过程

### （一）研究被试

本次研究采用的被试来自山西省中西东部分别共选取了农村 27 所学校，发放问卷 850 份，收回问卷 697 份，回收率 82%，其中有效问卷 605 份，有效率 86.8%。

### （二）测量工具

**1. 能力问卷**

能力问卷采用了蒲德祥编制的能力问卷，共有 33 个项目，其中学习创新能力 7 个项目、适应能力 6 个项目、认知能力 5 个项目、自我管理能力 5 个项目、业务技术能力 6 个项目和信息处理能力 4 个项目。该问卷的内部一致性 α 系数为 0.92，总方差解释率为 57.16%。本研究的所得的内部一致性 α 信为 0.954。

**2. 绩效问卷**

绩效问卷采用贺剑峰编制的《绩效行为分析问卷》，共有 16 个项目，其中工作任务绩效 6 个项目、人际绩效 3 个项目、个体特质绩效 3 个项目、适应绩效 4 个项目。该问卷的内部一致性 α 系数为 0.907，总方差解释率为 62.592%。本研究的所得的内部一致性 α 系数为 0.9006。

以上问卷均采用 5 点记分法，“1”表示完全不符，“2”表示不符合，“3”表示有时符合，“4”表示符合，“5”表示完全符合。

### （三）调查结果

本研究采用现场研究方法，通过问卷调查的方式来收集数据，用 SPSS10.0 统计软件进行数据处理，统计方法是相关分析及多元回归分析。

**1. 能力与绩效的相关分析**

**表 2　能力与绩效的相关分析**

| | 工作任务绩效 | 个体特质绩效 | 人际绩效 | 适应绩效 |
|---|---|---|---|---|
| 学习创新 | 0.738 * * | 0.493 * * | 0.605 * * | 0.648 * * |
| 适应能力 | 0.708 * * | 0.439 * * | 0.555 * * | 0.575 * * |
| 认知能力 | 0.673 * * | 0.462 * * | 0.557 * * | 0.575 * * |
| 自我管理 | 0.679 * * | 0.495 * * | 0.556 * * | 0.539 * * |
| 技术业务 | 0.721 * * | 0.461 * * | 0.552 * * | 0.557 * * |
| 信息处理 | 0.646 * * | 0.418 * * | 0.513 * * | 0.529 * * |

(注:本文所涉及的显著水平,* 表示在.05 水平上显著,* * 表示在.01 水平上显著,* * * 表示在.001 水平上显著,以下均同)

从表中可以看出农村小学教师的能力的各维度与绩效的各维度均呈显著正相关关系。

**2. 能力对绩效的回归分析**

以绩效为因变量,能力各维度为自变量多元回归分析,采取逐步回归的方法,如下表。

**表 3　能力预测绩效的多元回归摘要表**

| 选出的变量 | 多元相关系数 R | 决定系数 R2 | 校正的决定系数 R2 | F 值 | 标准化回归系数 β | Sig. |
|---|---|---|---|---|---|---|
| 学习创新 | .773 | .597 | .596 | 893.362 | .431 | .000 |
| 自我管理 | .811 | .659 | .657 | 580.448 | .217 | .000 |
| 技术业务 | .818 | .668 | .667 | 403.820 | .153 | .000 |
| 适应能力 | .820 | .672 | .670 | 307.439 | .108 | .000 |

从上表可以看出,在对绩效进行预测时,进入回归方程的依次是:学习创新,自我管理,技术业务,适应能力,多元相关系数为 0.820,其联合解释绩效的变异量为 67.2%。所建立的回归方程为:

绩效＝.431×学习创新＋.217×自我管理＋.153×技术业务＋.108×适应能力

## 三、结果分析

从对国培后山西省农村小学教师能力与绩效的相关调查结果表明,农村小学教师能力与绩效的相关较高,通过回归分析进一步发现,小学教师的学习创新能力、自我管理能力、业务技术能力、适应能力对绩效有很好的预测能力。作为以脑力劳动为主的教师,自身的能力水平高低直接影响其完成任务的水平高低,能力与绩效之间呈现较强的正相关。

### (一) 加强农村小学教师学习创新能力的培养

本研究中学习创新能力与绩效的关系显著性很强,农村小学教师自身的特点决定了他们不能直接只完成简单教学任务,更多的运用自己所学的知识、技能和经验因材施教,通过不断的学习,提出新方法、新构思,既要符合小学生的特点,又要在一定程度上适应农村的特点,从而更出色、更高效的完成任务。

### (二) 提高农村小学教师适应能力

面临新课改后的需求变化,小学教师角色必须快速自动的转换,在工作中发挥自己的专业特长互相取长补短,彼此之间增进合作,才能建立良好的工作和同事关系,发挥团队精神,必须以开放的心态对待工作中的一切问题,改变以往闭门造车,各司其职的封闭局面,相应学校也会给予教师更大的自由度。现在学校大多采用一种“目标结果导向”的模式,通过设置最终教学目标对其进行控制和约束,将任务目标的达成结果作为主要的考核依据。因此在教师的知识、技能和经验等存在一定差异的情况下，所要达到最后的目标对于个人来说，必须发挥集体的力量。

### （三）加大农村小学教师业务技术能力的培训力度

我们在实际的工作过程中对教师业务技术能力的培养必须给予高度重视，这是教师安生立命之本注重，对于农村小学教师个体来说尤其重要，面对于城市，农村外在环境相对闭塞，教师学历与信息技术能力偏低，提高包括语言能力、定量能力、推理能、空间能力等业务技术能力，内隐知识的获得和运用，需要我们特别关注，继续提高培训投资力度。

## 四、本研究的不足或有待改进深入研究的问题

本研究在大量调查的基础上，通过数据分析，获得了一些有意义的结论，在理论、方法和结论上都有所创新。但是，本研究也存在一些不足，需要今后进行大量研究进一步探讨。

本研究在理论构思的基础上编制的，由于没有同类问卷做效标效度，可能还有一些局限性；由于条件限制也没有进行重测内部一致性；在研究结果方面，能力单独预测结果没有显著提高，还值得进一步探讨。而如何建立有效的评估机制，受到许多方面原因的影响。本研究只考察了能力对绩效影响，对于其他影响因素的探讨是一个既有理论意义又有实践意义的课题，有待下一步研究。

### 参考文献

[1] 张虹．重庆市农村小学教师培训需求的调查研究[J]．基础教育，2011(05)．

[2] 朱晶．绩效技术视角下的中小学教师专业发展研究[D]．华东师范大学，2011(03)．

[3] 曾院珍．义务教育学校教师绩效考核体系的构建[J]．学理论，2012(16)．

[4] 蒲德祥．基于素质的知识型员工绩效研究[D]．贵州师范大学，2004(04)．

[5] 宁虹．教师能力标准理论模型[J]．教育研究，2010(11)．

### 作者简介

张晓红，1980 年生，女，河北怀安县人，讲师，硕士，研究方向为应用心理学与绩效技术。

# 着眼于绩效提高的中小学教师专业发展途径探究

朱晶，胡中亚

（湖北工程学院计算机学院，湖北孝感，432000）

**摘　要**：当人类步入21世纪的时候，中国的基础教育开始了新一轮的课程改革。随着新课程标准的试行和推广，我国中小学课程在教育理念、教育目标、教学内容、教学模式和教学手段等方面都进行看一系列深刻的变革。课程改革给教育界带来的重大挑战之一莫过于对"教师专业化"的要求，而教师专业发展则是实现教师专业化的途径，国内外关于教师专业发展的研究很多，但都很少关注教师绩效，该文即从提高绩效出发来探讨中小学教师专业发展的途径。

**关键词**：绩效；教师绩效；教师专业发展

# Discussion of Approaches Focus on Performance Improvement for Primary-middle School Teachers' Professional Dvelopment

Zhu Jing, Hu Zhongya

(Institute of Computer Science of Hubei Engineering University Xiaogan, 432000)

**Abstract**: with the development of the education, China has started a new round of basic educational curriculum reform. This reform involves many aspects, the main challenge is the requirements of the "teacher professionalization". Teacher professional development is one way to achieve professionalization. Although there are many studies on teacher professional development, they are less concerned about the performance of the teacher. So this article discusses approaches of teachers' professional development on the purpose of improving the performance of teacher.

**Keywords**: performance; teachers' performance; teacher professional development

现代需要高素质的人才，高素质人才的培养离不开高素质的教师，因此教师专业发展成为国际教育改革的趋势，成为热点研究问题，本文立足于教师专业发展的现状，试图找出提高教师绩效的专业发展途径。

## 一、教师专业发展概述

从现有的研究来看，研究者对"教师专业发展"这一概念尚未形成统一的定论，对这些观点进行整理后发现，学者们对教师专业发展的认识大体可以分为两类：第一类就是将教师专业发展看成为了教师这个职业能获得相应的专业地位，使教师能变成像律师、医生这样的专门人才，教师这个群体共同努力的专业发展过程；另外一类理解就是关注教师作为一个个体的专业发展，即教师个体在专业精神、专业知识以及技能等方面的提升过程。

对教师的专业发展进行研究，必须先了解教师的专业结构即教师作为一个特殊的职业应该发展什么这个问题。教师专业发展的结构是指教师的专业素质，即组成教师专业结构的各种不可或缺的要素，它们往往是本专业所特有的。各位学者对教师专业结构的理解也各不相同，在前人研究的基础上，作者认为应将教师专业结构分为专业理念、专业知识、专业能力和自我专业发展意识几个方面。专业理念即教师对教育、学生以及学习等的基本看法。专业知识一般分为普通文化知识、专业学科知识、一般教学法知识和学科教学法知识以及个人实践知识。专业能力则包括表达能力、组织教学能力、教学设计能力、运用现代教育技术能力、教学监控能力和交往能力。自我专业发展意识即教师自我专业发展的内在驱动力，能保证教师不断自觉地促进自己的专业成长。

## 二、教师绩效的概念

要对教师绩效进行界定，首先我们应对绩效这一概念有所认识。对绩效的定义，可从组织、团体和个体三个范围来进行定义。显然，教师绩效是从个体层面来对绩效进行考量的。从个体层面而言，学者对绩效的定义也尚未形成共识，有人认为绩效就是工作的结果，是个体工作成绩的体现，有人则认为绩效是行为，即绩效是行为本身，此行为限于与达到工作目标相关的行为，而且绩效应该与受系统因素影响的结果分开考察。笔者认为应从行为和结果两方面来定义绩效，赞同 Brumbrach(1988)给绩效所下定义："绩效指行为和结果。行为由从事工作的人表现出来，将工作任务付诸实施。(行为)不仅仅是结果的工具，行为本身也是结果，是为完成工作任务所付出的脑力和体力的结果，并且能与结果分开进行判断"。由此，教师绩效即包括教师工作行为和由工作行为得到的工作结果两方面综合反映的教师业绩。

## 三、中小学教师专业发展中存在的问题

为了了解中小学教师在专业发展中存在的问题，本文作者编制了问卷《中小学教师专业发展现状调查》，问卷由 34 个选择题组成，其中包括 30 个单选题，4 个多选题。问卷内容包括被试教师的基本情况(性别，年龄，教龄，学历，工作地点)、能力现状以及专业发展现状。此问卷主要在网上进行，网址为 http://www.sojump.com/jq/177205.aspx，笔者采用邀请的方式请被试教师帮助完成此次调查，除此方式外，也向一些特定学校的教师发放了纸质的问卷，笔者再将其录入网上。最后共回收有效问卷 183 份，其中城镇教师 104 人，占 56.83%，农村教师 79 人，占 43.17%。男性 103 人，占 56.28%，女性 80 人，占 43.72%。从中反应出以下问题。

### (一) 理论水平不高，科研能力不强

对于目前中小学教师的专业知识结构的调查结果显示，对于普通文化知识、专业学科知识以及个人实践知识多数教师的掌握情况都是"精通"或"良好"，而对于教学法知识及教育和课程理论知识的掌握情况则明显需要加强，有 50.28%的教师认为自己具备的教学法知识为"一般"或"欠缺"，53.01%的教师认为自己的教育和课程理论知识为"一般"和"欠缺"，如表 1 所示：

**表 1　被调查教师的专业知识掌握情况**

| 题目\选项 | 精通 | 熟练 | 一般 | 欠缺 |
|---|---|---|---|---|
| 普通文化知识 | 28(15.30%) | 140(76.50%) | 15(8.20%) | 0(0.00%) |
| 专业学科知识 | 63(34.43%) | 108(59.02%) | 12(6.56%) | 0(0.00%) |
| 教学法知识 | 14(7.65%) | 77(42.08%) | 88(48.09%) | 4(2.19%) |
| 教育和课程理论知识 | 12(6.56%) | 74(40.44%) | 91(49.73%) | 6(3.28%) |
| 个人实践知识 | 59(32.24%) | 88(48.09%) | 26(14.21%) | 10(5.46%) |

可能正因中小学教师理论水平不高，导致其科研能力也不强，从调查中发现未承担过研究课题的教师达到 71.58%。且在承担研究课题的教师中，其课题级别多为市级或以下，国家级仅占 19.23%。而发表著作论文的事实为被调查教师中未发表论文的教师占总人数的 54.10%，且在发表论文的教师中，发表论文篇

数多为 1-5 篇(75.00%),发表论文的级别主要是一般期刊(73.81%)。

### (二)运用现代教育技术能力缺乏

被调查教师的专业技能掌握情况如表 2 所示。从调查结果中可以看出,对于现代教育技术能力的运用,46.99%的教师“一般”或“欠缺”。

表 2　被调查教师的专业技能掌握情况

| 题目\选项 | 精通 | 熟练 | 一般 | 欠缺 |
| --- | --- | --- | --- | --- |
| 表达能力 | 45(24.59%) | 124(67.76%) | 13(7.10%) | 1(0.55%) |
| 组织教学能力 | 41(22.40%) | 125(68.31%) | 15(8.20%) | 2(1.09%) |
| 教学设计能力 | 23(12.57%) | 141(77.05%) | 17(9.29%) | 2(1.09%) |
| 运用现代教育技术能力 | 24(13.11%) | 73(39.89%) | 62(33.88%) | 24(13.11%) |
| 教学监控能力 | 17(9.29%) | 132(72.13%) | 31(16.94%) | 3(1.64%) |
| 交往能力 | 13(7.10%) | 129(70.49%) | 40(21.86%) | 1(0.55%) |

### (三)教师没有充分的时间和精力进行专业发展

对教师每周教学时间的调查结果显示,只有 13.66%的教师选择每周教学时间为 10 课时以内,余下的教师每周教学时间均在 10 课时以上,且每周 15 课时以上的教师占到 43.17%;对于教师每周批改作业的调查结果也显示除 38.80%的教师每周花 3—5 小时批改作业外,大多数教师每周批改作业的时间都在 5 小时以上,其中每周批改作业时间达 15 小时以上的教师居然占 13.67%。在如此繁重的教学任务下,教师自然没有充分的时间和精力进行专业发展。

### (四)专业发展意识淡薄

关于教师对自我发展意识的认识。调查显示,仅有 13.11%的教师表示“坚持每天或每周写”教学反思。大多数教师(65.57%)并没有写反思日记的习惯,表示“经常进行教学反思,但是很少写”。即大多数教师的“教学反思”仅仅是“浅尝则止”,并没有深入地进行反思的习惯。另外,就教师制定自我专业发展计划的意识和行动的调查显示,“有较明确和具体的发展计划”的教师只有 19.67%,39.34%的教师“有大致计划但是不明确”,36.61%的教师只是“有时会考虑,但是尚未形成计划”,甚至还有 4.37%的教师“从来没有考虑过”。

总体来讲,中小学教师的自我发展意识还不够强烈,有待加强。

### (五)专业发展流于形式,效果不显著

虽然现在在国家的号召下,各个学校也会组织一些教师专业发展活动,但问卷反映的情况并不乐观。很多学校由于资金缺乏,不会投入过多资金用于教师的专业发展,如此,教师专业发展资源有限,加之领导不重视,结果可想而知;有些学校即使投入资金进行发展,形式一般较为单一,多采用培训形式,在培训时,教师普遍反映培训内容偏理论,与实际教学实践联系不紧密,且培训教师素质参差不齐,这样教师从中得到的帮助也十分有限,更有甚者,有些教师将专业发展当成任务来执行,只求做完了事,根本不关心结果如何。

## 四、着眼于绩效提高的中小学教师专业发展途径

前文中已经述及的中小学教师在专业发展中存在的问题即是教师绩效中所欠缺的,在考虑具体发展途径时,应以改善绩效为目标,植根于具体教学情境,兼顾整体,从大局出发,选择为多数人接受,成本一效益比相对较高的途径,以下是作者提出的几点:

### (一)转变教师专业发展观念,增强自我专业发展意识

思想是行为的先导,只有想到才可能做到。同样,教师只有意识到需要进行专业发展才会动力十足的开展相应的发展活动,否则成效可能并不显著。

要增强自我专业发展意识,需要学校和教师个人共同努力。从现实出发,中小学教师尚未自觉进行专业发展,即使有也因能力不足而止步,此时学校有必要采用一些强制的约束方式。学校可在这些教师中选择比较有威望的骨干教师作为负责人,或者由有能力的教师自发组织,围绕负责人组成学习小组开展一些教师专业发展活动例如写教学反思、教育叙事等,当然必须将这些活动纳入考评或是出台相应激励措施以达到约束教师的作用,而且在开展这些活动时应有相应的细节说明,即应有相关评价标准让教师明了怎样才是较好地完成了任务,不允许其敷衍了事。在教师积极配合的基础上逐渐养成习惯,待教师有初步自觉后就会主动制定自我专业发展规划。这种规划再不是外界强加的,而是一种深刻的自省以及对于自己职业生涯的明确规划。教师应该慢慢学会更清楚地认识自己,"我有哪些优点,有哪些缺点,我希望未来自己能成为怎样的教师,我的课堂应该是怎样的,我应该从哪些途径来解决这些问题等等",这些都可以包括在规划中,而且在规划里既应有长期目标,也应有短期目标,因为短期目标的积累即是实现长期目标的过程。

### (二)形成利于教师专业发展的制度

对于前文中教师没有足够时间和精力进行专业发展这一问题,有两个解决方法,一个是教师从自身教学经验中求发展,从教中学,这在后面会具体述及。再者就是需要减轻教学负担,这需要相关部门的配合。要做到这一点,教育相关部门或是学校领导层要确立重视教师专业发展的理念,将促进教师的专业发展真正作为一种领导宗旨,并将此种思想具体化为相关制度,这样才能为教师专业的发展提供制度保障,有利于这项事业的长足发展。

### (三)构建开放、多元的教研组织

教师的专业发展就其性质而言是个体性的,但不可否认,教师总是在群体背景中获得专业成长的。那么构建一个实践共同体就能为教师的专业发展提供资源和情感支持。共同体拥有共享的知识库,这一知识库中包含了所有成员的被认同的经验智慧。因此,面对实际教学中存在的问题,教师在他所在的共同体相互交流,在解决问题的同时可以生成新的解决问题的方法,这也是一种新的资源。而在中小学中,最有可能结成的共同体即是由各科教师组成的教研组织。

因此学校可以教师的专业发展为出发点,充分利用校内外优秀教师资源,增设校外导师组织、学科代表组织以及青年教师专业发展小组等教师组织,并将其制度化,形成多元化、全方位的教研活动体系,更利于教师的专业成长。青年教师在学科教研组活动中可以得到学科代表、师傅以及校外导师的指导,在学校青年教师专业发展小组活动中他们又可得到来自校内优秀教师以及大学学者的帮助和指导。

### (四)教师参与课程开发与实践提高理论水平

一般来说,中小学教师较多关注要教什么,以及如何去教,对于为什么要教这些内容,为什么要采用这种教学方法,缺少关注的意识,对于课程开发更是缺少了解,因为他们认为这是专家的工作范围。

但其实教师有责任参与到课程建设的各个环节中。这是因为:首先,教师作为教学一线人员,他们更了解教学实践,对课程开发与实施拥有重要的发言权;其次,教师参与课改,发表自己的见解,分享课程决策与开发的权利,可以客服传统的自上而下的课程建设模式,一定程度上可以克服课程改革来自教师方面的阻力;再者,教师参与课程开发与实践,本身就是教师对课程建设各环节的学习和理解过程,利于教师更好地把握教材、实施教材和做出针对性的评价反馈,这是一个良性循环。

并且,一般来说,被选来参与课程开发的教师都应具备足够的课程理论知识,即在具体实施过程中,不是所有教师都能参与进来,那么有幸参加的教师肯定会以此为荣,为了更出色地完成任务不辜负领导的重视,这些教师定会认真学习相关理论知识,这在一定程度上可以完善教师的知识结构,也可成为改变中小学

教师理论水平不高这一现状的有效途径；对于那些未能参与课程开发的教师，学校可采取一定的激励措施，根据现实情况制定一个准入标准，让那些教师为能参与这项活动而努力，有学习的动力。另外，当教师仅是教授课程时，他更多关注的是其所教学科的知识，很难对课程有一个整体认识，而参加课程开发后，教师是全程参与设计、监控实施和反馈评价这些阶段，这对提高教师的学科教学能力无疑会起到很大的作用，且只要操作得当一定不会流于形式。

### (五) 将信息技术整合到学科教学中提高教育技术能力

对于提高教师教育技术能力的方法，笔者认为一定的培训必不可少，但培训时要讲究策略，不可空讲理论，也不能什么技术新就讲什么技术，而是要立足于教师的工作实际，落到实处，需要用到什么工具就有针对地讲那种工具。在培训的基础上学校应配备相应硬件设施，让教师将所学信息技术应用于具体学科教学中，成为教师备课、上课的好帮手，努力使信息技术与学科教学无缝重合，这无疑是提高教师教育技术能力的最好方法。当然，此处的教师不是所有的中小学教师，而是那些接受新知识较强的教师，主要是中青年教师，因为我们必须考虑实际，对那些年长的教师，若其实在无法掌握信息技术大可不强求增加其负担。

### (六) 完善教师评价制度，促进教师专业发展

教师评价具有多方面的功能。一方面，教师评价是用来评判教师在教育教学过程中的表现与成绩；另一方面，为教师提提供反馈，使其认识自身的工作表现，进而不断改进自己的教育教学，促进教师的专业发展。而目前我国教师评价指标体系本来就不甚健全，更何况在这样不健全的评价指标体系之下的实际操作指标更为单一，教师评价往往以教学评价为主，教学成绩又主要以学生的考试成绩为参考。自科举制度产生以来，我国一直在实行以应试为主要目的的教育活动。在我国中小学校，学生的学习成绩不仅作为衡量学生在学校的标准，也成为衡量一个教师成绩的最主要的标准，即使教师的其他各方面深受学生喜欢，但如果教学成绩落后于其他教师，实行的“末位淘汰制”教师评价制度足以使这位受到处罚，轻则罚钱，重则解除聘任。教师评价与学生成绩直接挂钩，其它评价标准则只是作为陪衬起着很小的作用。这样一来教师不得不调整自己原本较为理想的教育目标，往往会为迎合评价而改变工作策略来适应学校的管理与评价，导致其丧失创造性和思考能力，只关心与教学有关的活动，对其他活动则因被认为对提高学生成绩无效而采取消极敷衍态度，这也是教师专业发展活动一直以来流于形式的主要原因之一。由此，完善教师评价制度就成为促进教师专业发展的当务之急了。

## 参考文献

[1] 齐丹丹. 20世纪80年代以来美国教师专业化发展探究[D]. 长春：东北师范大学，2008

[2] 张一春. 论教育技术与教师专业发展[J]. 中国电化教育，2003(11)：5-9

[3] 顾小清. 面向信息化的教师专业发展研究[D]. 上海：华东师范大学，2004

[4] 顾小清，祝智庭. 教师专业发展的实现模式[J]. 中国电化教育，2005(3)：5

[5] 李静，曹劲松. 基于绩效技术的中小学教师现代教育技术培训[J]. 教育信息化，2004(7)：43-45

[6] 陈蓉，李兴保. 谈教育技术视野中的绩效技术[J]. 电化教育研究，2005(2)：14-17

## 作者简介

朱晶，1985年生，女，湖北孝感人，助教，硕士，主要研究方向为教育技术学理论。

# 初中信息技术教师国培 2 年后专业发展调查报告
## ——以某省 J 高校 2010 年 37 位国培学员为研究对象

贾健[1]，刘赣洪[2]

（1. 江西师范大学传播学院，江西南昌，330022；2. 渭南师范学院，陕西渭南，714000）

**摘　要：**本文采用问卷调查与深度访谈相结合的方法，对在某省 J 高校参加 2010 年国培计划的全部 37 位初中信息技术教师进行了为期 2 年的跟踪研究，选择国培前、国培半年后和国培 2 年后三个时期，分别从社会发展、专业发展和个人发展等三个维度，对他们的专业发展进行了解，研究发现：学员能够主动进行信息技术与课程整合、能在岗位上起到骨干（种子）作用、能够主动参与科研、合作意识更强等。但是随着时间的推移（2 年后），国培效果有所减弱，如果能够给予国培学员持续的、多种方式的支持，会更利于国培成果巩固。

**关键词：**国培计划；初中信息技术教师；教师专业发展

# The Survey on the Professional Development of IT Teachers in Junior School Two years after National Training
## ——37 National Training Students at Universities J in 2010 for Research

**Abstract:** Based on the method of the questionnaire and depth interview, this paper makes a two-year follow-up research on 37 junior high school IT teachers who have received the 2010 national training in J university. Respectively from the three dimensions of their social development, professional development and personal development, we choose three periods which are before national training, half year after national training and two years after national training to make a knowledge of their professional development. The research found that the students can actively combine the information technology and the curriculum, play a key role in their positions, participate in scientific research actively and have a stronger cooperation sense. But with the passage of time, and national training effect weakened, the national results will be consolidated if the students can be given lasting kinds of support.

**Keywords:** national training plan; IT teachers in junior school; teacher professional development

## 一、问题的提出

我国教育部、财政部从 2010 年起实施“中小学教师国家级培训计划”（简称国培计划）。这个计划是落实全国教育工作会议和教育规划纲要启动的第一个教育发展重大项目，是建设高素质专业化教师队伍的一项重大举措。袁贵仁部长指出，加强教师培训，是深入实施素质教育、全面提高教育质量的必然要求，也是广大中小学教师专业化成长的内在需求和愿望。自“国培计划”实施以来，受到广大农村教师的高度评价，但是在实施的过程中还是有一些问题，例如培训项目不能满足国培教师的需求等，产生这种现象的重要原因之一是培训者对教师主体的培训需求了解不充分。务求实效，确保培训项目顺利实施，培训效果落到实处，是“国培计划”承上启下的关键。所以参培者的现状如何，国培的实施结果如何，对教师的专业发展有何影响，以及培训的成果巩固情况如何，还有国培需要加强的培训项目有哪些，这些均是有关教育管理部门以及承担国培任务、关心教师培训的人希望了解的课题。

## 二、研究方法和研究对象

### （一）研究对象

本文调查研究的对象是来到某省J高校参加2010年进行国培计划的初中信息技术教师(后文称国培学员)。该国培班学员共有37名，分别来自该省当年国培覆盖的十个县的镇级农村中学。笔者承担了2010年的国培任务并且对37位学员进行了为期2年的跟踪研究，共进行了3次全面摸底调查，一次是2010年11月国培开始时候的基本情况摸底调查、半年后国培结束时的学习培训情况了解和2012年9月国培结束2年后的国培效果问卷调查。

### （二）研究方法

本文采用问卷调查与深度访谈相结合的研究方法。2010年11月问卷的设计依据国家教育部正式颁布的《中小学教师教育技术能力标准》中的中小学教学人员标准，主要是对国培学员的现状进行调查与分析研究，分别是从基本信息、对信息技术的使用程度、信息技术应用于教学的情况、自己对此国培的期望等这四个方面来设计问题的。

半年后，学习结束时，采用问卷与个别深度访谈相结合的方式，对学员的学习培训情况进行了了解，辅之以学员的学习反思日记，深入了解学员的学习收获与更多期望。

两年后的跟踪问卷更侧重于学员国培后的岗位专业发展的情况。参考了贝尔和吉厄沃提提出的教师发展专业的(professional) 、个人的(personal) 和社会的(social)发展等三个维度，题面从国培学员的意识和态度变化，国培学员的知识和技能变化、国培学员的发展前景等进行问题设计。

## 三、数据统计与分析

### （ ）国培学员的意识和态度变化

经过国培后，学员的动机过程、情感过程、知觉过程发生了改变，而这些过程的最终目的是，使学员的外在态度转化为一种内在意识形态的变化。意识的基础是个体具有了对自身本体认知、对自身认知能力的认可、对自身行使能力的认可的综合。意识一旦形成，培训的知识会被他们内化，从而对他们的专业发展提供更为坚实的基础。

为了解国培学员经过国培后在意识和态度方面发生的变化，问卷从国培学员对信息技术的使用程度、国培学员在课堂教学过程中应用信息技术的情况以及在教学中开展过信息技术与学科教学整合的应用实践的情况这三个方面来进行分析。

**1. 国培提高了学员的信息技术使用能力**

图1清晰地显示了国培学员在国培三个时期的变化，在国培半年后，81％的学员都能够非常熟练的使用信息技术，但是两年后，这个人数下滑到70.3％，但是从总体情况来看，国培学员的提高还是非常显著的，个别学员表示：教学中还是习惯用自己能够熟练操控的技术，有些学过的因为不用、少用而遗忘了。

**2. 国培使学员应用信息技术于教学的比例大大提高**

通过图2的对比，可以清晰的看到他们在课堂教学中应用信息技术的比例有大大的提高，在参培前，只

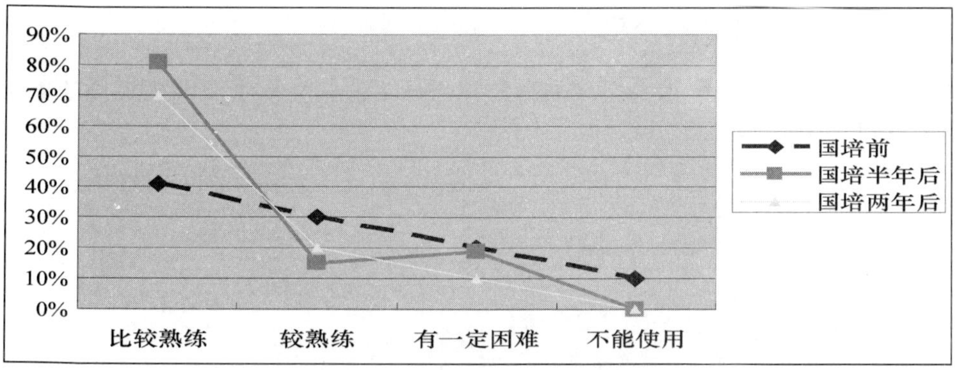


图 1 国培前后学员对信息技术的使用程度比例

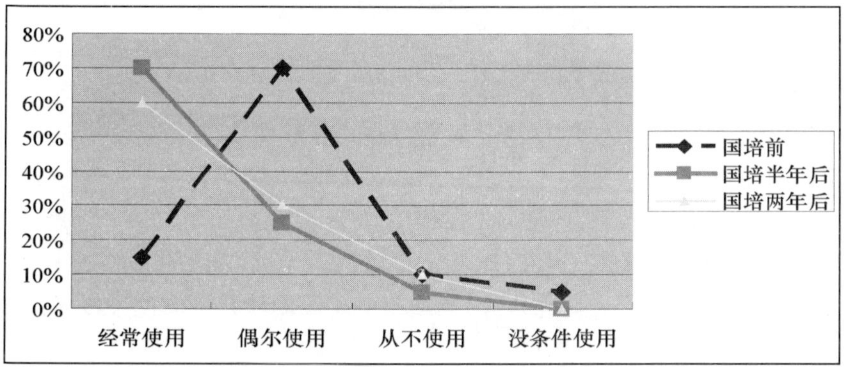


图 2 国培前后学员应用信息技术于教学的比例

有 16.2%的学员经常在课堂中应用信息技术，在参培半年后，有 70.3%的学员会经常使用、应用，在参培两年后，还有 59.4%的学员经常在课堂中应用信息技术。

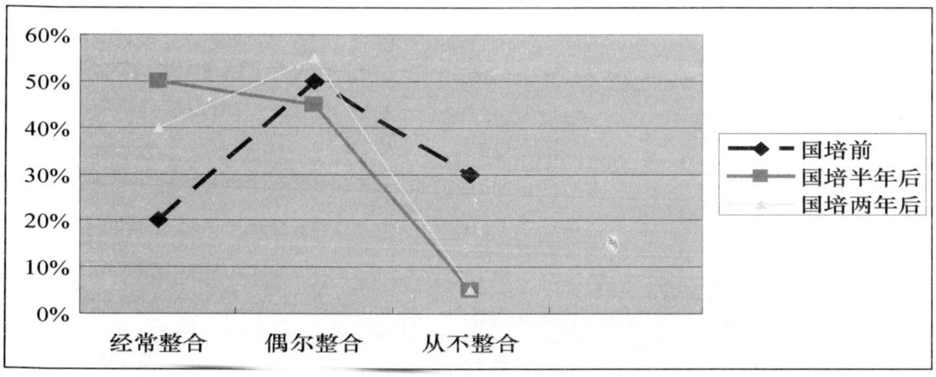


图 3 国培前后信息技术与课程整合的情况

**3. 国培增强了学员使用信息技术与课程整合的能力**

解读图 3，国培前，有 18.9%的学员经常进行整，国培两年后，有 40.5%的学员经常进行整合，国培两年后，有 40.5%的学员经常进行整合，有 54%的学员偶尔进行整合。这说明通过国培，很多学员在教学中对信息技术与课程整合有了更好的领悟。再对比国培半年后和国培两年后的数据时，可以看出在国培两年后学员的成绩有一定的下滑，这说明随着时间的推移，有的学员重新回归到自己原来的角色，丢掉了培训的部分学习成果。这从半年后对他们深度访谈中可以看出，有少部分学员的心态是无所谓，有的直接说：反正用了也没有得到什么好处云云。如何巩固国培成果，可能依赖的不能仅仅是学员的好奇心和热情。

综上，通过国培，学员对于信息技术的应用能力大大提高，从学员的表现可以看出，国培的培训结果是比较理想的，也是令人满意的。在后期的成果巩固中，学员们 59.4%到 70.3%都能够熟练的驾驭信息技术，那么他们后期的发展会更加令人期待。

## (二)国培学员的知识和技能变化

这方面的分析从两个角度入手,其一是他们目前使用最多的信息技术操作技能和知识,其二是他们想继续深造学习的知识和技能。

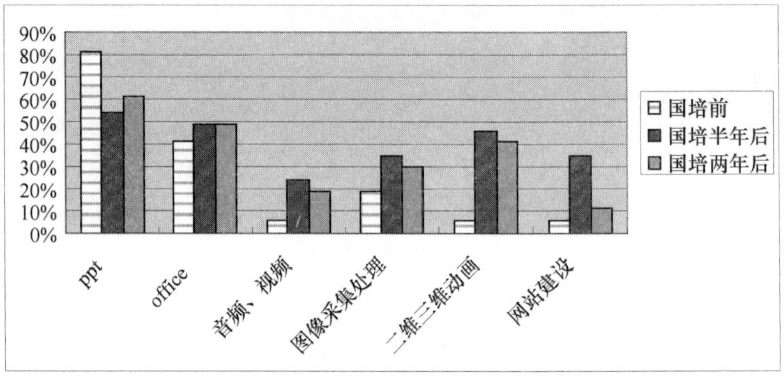


图 4 国培前后使用最多的技术

### 1. 国培后学员更擅长的技术

通过图 4 的对比,可以清晰的看到,国培前 70.3%的老师都习惯使用 ppt 来制作课件,office 也用的很多,在国培两年后,他们以前不常用的技术用的比例大大提高了,例如二维动画的制作,从国培前的 5.4%提高到 40.5%,来自 R 县的国培学员邹老师就认为,国培改变了我们对技术的使用习惯,这是一个很好的观念改造,通过技术的提高和进步,我们在专业发展方面也会如虎添翼。37 名学员中,只有 2 个计算机专业和一个教育技术学专业,其余学员都是其他专业,语文、数学、政治、音乐等各学科都有,从事信息技术教学的只有 8 人,其余来接受培训信息技术的学员,有些是因为看中"紧缺学科培训"的名称,有些是被学校视为将来可以改行来做信息技术教师的多。参加国培是他们提升自己的一个重要途径,由于接触时间短、研究少、学科发展快等客观原因,学员的发展受到了一定局限。因此技术操作能力还是重要的培训项目,建议相关承担国培项目的院校可以加强技术培训等。

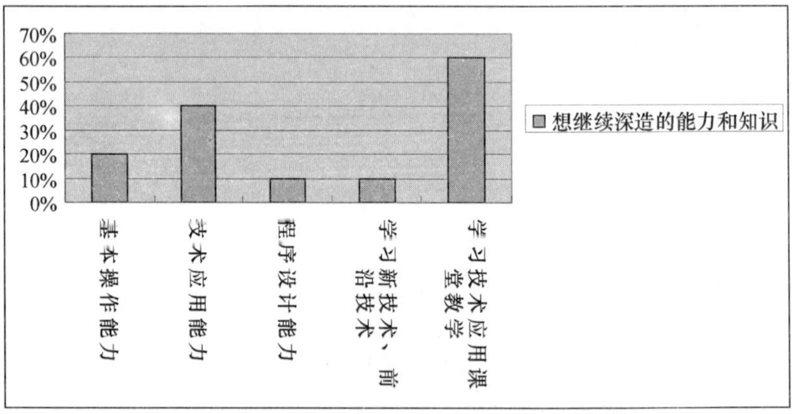


图 5 国培两年后参培者想继续深造的技能和知识

### 2. 国培后学员想继续学习的技能和知识

通过图 5,可以看到两年后,学员大部分想深造的知识和技能是学习技术应用于课堂教学的能力,只有参与教学,进行岗位参与,他们的专业发展才能完备。学员们所关注的焦点在于技术如何有效应用于课堂,对此,以后的国培应该有一些改进。在培训方式上,通过教师之间相互观摩、互相介绍经验等形式来进行,在培训思路上,进行结合实际教学问题的专家讲座与指导,结合教师自身的实际问题有针对性地进行专业指导。

通过图 4 和图 5 所显示的数据,可以得出结论,国培学员他们现有的操作技能都有大幅度的提升,并且他们对想继续深造学习的知识和技能都有很清楚的认识和了解，从而他们的专业发展会更加迅速，更加有效。在以后的培训中，承担国培任务的专家和学者可以根据他们的需求来调整以后国培需改进的项目。

### （三）国培学员后期的发展前景

教师专业化的进程不能仅仅局限于学校层面的或信息技术的武装，或是教师个体的或职业技能训练，这是远远不够的。教师的专业发展是教师健全人格和教师实践性智慧的成长过程。学员经过国培，他们除去技能的提高外，在别的方面是否还有变化，他们能否意识到自己的发展变化，国培对他们以后的发展会有何影响，这也是值得分析的问题。

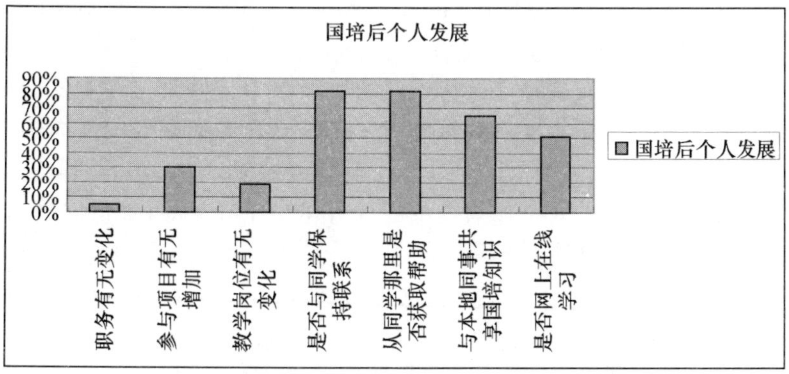


图 6　国培两年后个人发展前景

通过图 6 的结果分析，两年后，有两名老师通过参加国培，得到了学校的重视，提高了自己的职位，其中有一名老师参加国培后，回去被提升为教务处长。还有 11 名老师通过国培，获得了参与项目和科研的机会。再回到学校后，有 15 名教师从事信息技术课程的教学工作，成为信息技术课的教师。

国培学员每个人都和当时的同学及老师保持着联系，并且从同学和老师那里获得了更多的信息和帮助。这种具有合作精神的教师，能够以开放的心态接纳新生事物，具有强烈的互助合作精神，能够打破“专业个人主义”倾向，努力与同事、与专家进行广泛的合作。

参培的学员中 64.8%在回去之后，都会与本地的同事共享国培学习的知识和技能。参培的学员都是各学校派出的种子教师，有人将国培计划称为“十万种子撒向大江南北”，通过国培的实施，种子教师与试教教师及来自大学与政府的官员，专家彼此交流，协作，建立起多种的网络路径来支持教师的专业发展。

## 四、结论

通过对国培学员的调查研究，在国培学员的观念中，信息技术应用于教学的重要性很高。并且他们的个人发展也呈现良好的态势，还与同事和他人建立了很好的人际关系。国培在学员的专业发展上发挥了切实的作用。

第一，在专业发展维度上，通过国培，51.4%的学员都能够在把信息技术整合进课堂中，70.3%的学员在教学中都使用了信息技术，他们实际操作技能有了提升，这对他们的专业发展非常有利。

第二，在个人发展维度上，通过对他们发展前景的调查，可以看出有学员通过国培提高了自己的职务，有学员通过国培改变了自己的教学岗位，从实践中和思想上都成为了真正的信息技术教师；还有学员在国培后参与的项目与课题大大增加，可以看出每个学员个人的专业发展都有进步，并且都很清楚自己欠缺不足的方面，例如对技术的追求，对自身更高的要求等。

第三，在社会发展维度上，81%的学员在国培后与同学保持着联系，然后从同学那里获取了很大的帮助，在回到本地后与学校的同事共享国培学到的知识，起到了种子效应。

## 五、建议

国培的三大根本目的是发挥示范引领作用，培训种子教师；做到雪中送炭，突出以农村教师为重点；以及促进教师专业发展。通过调查，总体上可以说国培的效果是理想的，但具体到农村初中信息技术教师这一特定群体，笔者认为还需要从下述方面加强：

第一，培训需要有关部门的持续支持与服务。国培的连贯性与系统性怎么保持？现在是只培训一次，但是学员回到岗位后，会有更多更新的想法，在教学实践中也会遇到更新的问题，目前该班学员是采用社会性软件（QQ群）保持联系，经常互相学习与探讨，相较于这种完全依赖个人主动参与的方式，能否有更好的支持系统或者专业平台提供终生服务？

第二，培训需与学员的终生专业发展相结合。当前的培训在学员科研与专业发展的意识培训这两个方面还是略嫌不足，而且也缺乏扶持与有力度的政策倾斜，比如，是否能够有专门面向国培学员的科研项目计划，帮助学员真正做到生活体验教学，并及时将经验上升到理论层面。

第三，培训需与社会发展相结合。对合作与共享的认可还是比较欠缺，学员回到岗位以后，如何发挥种子作用，这值得社会和教育工作者关注。

2010年11月，来自十个县的37名乡镇农村信息技术教师，成为J省第一批信息技术紧缺学科的培训对象。国培2年后，2012年9月调查发现，这些学员全部能主动进行信息技术与课程整合，对技术的使用能形成了自己的爱好与习惯，尤其可喜的是，他们大部分能够自觉地巩固学习成果，还能将学习到的知识和能力运用到日常教学中去，虽然得到职务提升的人很少，可是投入到信息技术教学的人很多。当然，由于经济发展的不平衡性，以及地域发展的差异等现实的情况不同，还有可能会因为学科的不同，上述调查结果，在普适性上的确会有所不足，但不可忽视的是，J省信息技术学科国培的种子效应与骨干示范作用正在形成。

### 参考文献

[1] 刘利民.教育部副部长刘利民在“国培计划”总结交流工作会议上的讲话[DB/OL]. http://guopei. teacher. com. cn/DisplayInfo. aspx? ID=1156&subject=1&item=2. 2011-03-31/2012-4-5.

[2] 袁贵仁. 袁贵仁“国培计划”全面启动实施会议上的讲话[DB/OL]. http://www. edu. cn/zong_he_news_0100727_499998. shtml 465/20100727/t2. 2010-07-27/2012-05-01.

[3] 曾水兵.关于农村教师培训需求的调查——以中部某省“国培计划”参培学员为调查对象[J].中国教师.2012(6):55-58.

[4] 葛振江. 教育部教师工作司副司长葛振江在“国培计划”—义务教育骨干教师远程培训项目启动仪式上的讲话[DB/OL]. http://guopei. ncet. edu. cn/Articles/ArticleDetail-100173. html. 2012-03-26/2012-07-10.

[5] 彭聃龄.普通心理学.北京:北京师范大学出版社[M].2004(3):176.

[6] 李冬梅.信息技术教师需要什么样的“国培”中小学信息技术教育[J].2011(1):16-18.

[7] 闫淑欣.如何提高信息技术教师应用现代教育技术的能力[J].2011(2):31-32.

[8] 李军.终身教育视角下的教师教育体系[J].教师教育研究,2008(5):8-11.

[9] 郭德侠.在教师的“个人主义”文化与合作文化之间保持张力[J]. 教师教育研究.2008(5):40-44.

[10] 宋永刚.宋永刚副司长在“国培计划(2010)—中小学骨干教师研修项目”开班仪式上的讲话[DB/OL]. http://www. open. ha. cn/www/gpjhgg/20101230/n998814813. html. 2010/12/10/2012/05/10.

### 作者简介

贾健，1983年生，女，汉族，陕西省渭南人，硕士研究生，研究方向：教师专业发展，教学系统设计。

# 虚拟学习社区内容分析模型研究述评*

朱龙[1]，林锐丰[2]，林晓凡[1]

（1. 华南师范大学教育信息技术学院，广东广州，510631；

2. 广东技术师范学院机电学院，广东广州，510665）

**摘　要**：信息技术在教育领域的应用与发展，使得虚拟学习社区成为一种重要的学习组织形式，如何分析虚拟学习社区学习效果及知识建构过程成为当前研究热点。本研究在详细阐述、分析三大常用虚拟学习社区内容分析模型(Henri、Newman、GUNAWARDENA 模型)的基础上，以内容分析法为切入点，梳理了国内关于虚拟学习社区中深度学习、交流互动、知识建构等方面的研究，并在此基础上得到相关启示，以期为虚拟学习社群的分析提供借鉴。

**关键词**：虚拟学习社群；模型；内容分析；互动

# A Review of Research on Content Analysis Model in virtual Learning Community

Zhu Long[1], Lin ruifeng[2], &Lin xiaofan[1]

(1. School of Information Technology in Education, South China Normal University, Guangzhou, 510631;

2. School of electrical and Mechanical, GuangDong Polytechnic Normal university, Guangzhou, 510665)

**Abstract**: With the application and development of information technology used in education field, virtual learning community is becoming an important learning style. How to analyze the effect and process of virtual learning community becomes the research hotspots. In this paper, we introduce three commonly used content analysis model, namely: Henri Newman and Gunawardena Model. Then, in order to provide some references for the analysis of virtual community, we analysis domestic research on virtual learning community in depth study, communication interaction and knowledge construction and summarize some revelation.

**Keywords**: content analysis; virtual learning community; model

## 一、前言

信息通讯技术和互联网的迅速发展和广泛普及，突破了传统的时空概念，超越了区域性文化差异，把不同文化、种族的人们紧密地联系起来，向人们生活的各个层面渗透，以惊人的速度变革着我们的学习方式、工作方式、交往方式和生活方式。同时，现代远程教育借助互联网得到超常规的发展，满足了人们学习、工作和教育提升的现实需要。在线学习社区逐步成为学习者开展协作学习、知识建构和智慧发展的理想的学习环境[1]。

在线协作学习需要以计算机为媒介的交流(Computer mediated communication，CMC)。近年来，CMC

* 本研究为华南师范大学科研重点课题“面向虚拟学习社群的社会网络分析模型及案例研究”(课题编号:11JKKA07)研究成果之一。

已经成为教育研究的一个热点(Pena-Shaff & Nicholls，2004)。[2]与其他形式的交流相比，CMC能保存讨论的文本，可采用新的方法和技术收集信息以评价在线学习的质量[3]。

## 二、概念

### (一) 虚拟学习社区

“虚拟学习社区”概念译自“Virtual Learning Community”，也有学者译作“虚拟学习社群”。Kowch & Schwier认为虚拟学习社区(Virtual Learning Community)是一个有目的、集体参与知识转换和交流的团体[4]。在这个团体中学习者通过交互协作，实现信息交流和知识构建。Preece认为在线虚拟学习社区作为一种社会交互形式，最重要的特征包括：共同的学习目的(相同的爱好，需求及服务)，学习规范(礼节，协议，规章)，以及能实现和协调这些功能的计算机系统[5]。Coral Mitchell则认为虚拟学习社群是将具有共同愿景，共同理解力，共同目标的人汇聚在一起的团体，同时在这个团体中成员间具有联系紧密、交流频繁的特征[6]。网络虚拟学习社区是由来自不同学历水平和知识层次的学习者在网络环境下组成的一种学习群体，社区的成员自愿参与社区的各种学习活动，相互学习和交流经验，并愿意承担学习社区的责任和义务[7]。综上所述，虚拟学习社群的核心要素包括：共同的学习目的，共同愿景，自愿参与，协商交流，小组合作，知识分享。由此我们界定本研究中的虚拟学习社群，虚拟学习社群在网络环境下，是由一群具有共同学习目的，共同学习愿景的学习者，通过自愿参与的形式所组成的群体，在这个群体中学习者通过协商交流，小组合作等方式实现知识建构和完成学习任务。

### (二) 内容分析

顾名思义，内容分析法(Content Analysis)是一种对研究对象的内容进行深人分析，透过现象看本质的科学方法。美国传播学家伯纳德·贝雷尔森(Berelson)首先把它定义为一种客观地、系统地、定量地描述交流的明显内容的研究方法[8]。在近一百年的发展历程中，内容分析法已经被广泛运用到新闻传播、图书情报、政治军事、社会学、心理学等社会科学各领域中，取得了显著的成效。内容分析法主要包括三种类型：解读式内容分析法、实验式内容分析法以及计算机辅助式内容分析法。本研究所介绍的是计算机辅助式内容分析法。

## 三、虚拟学习社区内容分析模型

### (一) Henri内容分析模型[9]

Henri内容分析模型广泛应用于计算机支持的协作学习中，用以对学习过程中学习者讨论内容的分析。Henri模型关注的核心是讨论过程中的交互。Henri将交互分为三个过程：交流信息、对信息的首次反馈以及对首次反馈的再次思考。Henri内容分析模型如表1：

**表1 Henri内容分析模型**

| 一级类目 | 二级分类 |
|---|---|
| 参与性 | ①总体参与程度(讨论过程中发送信息总量与参与次数)；②学习过程中的积极参与度(教师与学生在参与过程中) |
| 社会性 | ①与讨论主题无关或者部分相关的内容 |
| 交互性 | ①交互性陈述；②显性交互；③隐性交互；④交互性信息分为：回复与评论(直接回复直接评论、间接回复、间接回复、独自陈述)；⑤非交互性陈述 |
| 认知水平 | ①问题描述(某个问题基本成分及关系)；②问题内涵阐述(体现个人观点，价值观)；③问题推理(通过归纳推理得出的解决方案)；④问题评价(对问题解决方案的评价判断)⑤问题解决策略(提出行动方案) |
| 元认知技能 | ①元认知(对于人或事及策略的描述性知识)；②元技能(与评价 规划 等相关的过程性知识) |

Lally 指出，Henri 内容分析模型的最大特点在于，在关注学习者在群体中的社交性活动及交互的基础上，该模型还关注在线学习者元认知过程。Henri 将对在线学习的内容分析划分为五个维度，其中社会性维度的划分过于宽泛，学习者之间的社会性交流是学习者进行交互和深度交流的基础。本研究认为社会性维度可分为两种，第一种是泛在性社交行为，即针对较大层面上学习者的社会性交互，而体现不出某种目的性的社交行为；第二种针对性的社交行为，例如经常性的对某一个人或者某一件事情的这种社交行为。从社会学的角度来讲，前一指标衡量的是学习者在学习群体中关系层面的广度，而后一指标则反映其社会关系的深度。但是 Henri 较多关注的是群体中单个个体的知识建构，而对于整体层面上的知识建构尚未给出详细的说明。

## （二）Newman 分析模型[10]

Newman 模型关注的是在线虚拟学习社区中的群体学习、深度学习以及批判性思考这三个方面。Newman 认为批判性思维、互动及深度学习之间具有紧密的联系，Newman 在 Henri 认知技能和 Garrison 批判性思维分类基础上将在线学习内容分析的维度扩展为十个维度：

表 2　Newman 内容分析模型

| 标示 | 涵义 | 属性 |
| --- | --- | --- |
| R+－ | 相关性 | 正相关性陈述和负相关性陈述 |
| I+－ | 重要性 | 重要问题和不重要问题 |
| O+－ | 外延知识 | ①依据个人经验对问题进行判断和依据书本；②使用外部材料；③使用先前经验；④课程相关问题引入；⑤接受外延知识；⑥引入外延知识；⑦固执己见 |
| N+－ | 创新性 | 1 关于问题的新信息和已有信息；2. 新的观点和错误引导；3.. 新解决方案和旧方案；4. 提出新观点和评价新观点；5. 学习者主动学习新东西和被动学习 |
| A+－： | 清晰性 | 1. 清晰的陈述和模糊的陈述；2. 通过讨论弄懂不清楚的内容和忽略问题 |
| L+－ | 关联性的见解 | 1. 找到事实观点和概念之间的关系；加工信息获取新的数据；2. 简单重复信息以及简单陈述别人观点 |
| J+－ | 辩解 | 1. 提供证据和案例；2. 判断方案或者决策的合理性；3. 评价方案的优点和缺点；4. 无关的或者模糊的问题或者例子；5. 没有解释和经过验证的判断与方案；6. 仅提供方案而没有进一步说明分析 |
| C+－ | 批判性评价 | 1. 对自己或他人观点做出评价；2. 未作批判性的接受或无理由的拒绝；3. 教师做出的批判性评价和直接接受； |
| P+－ | 可用性 | 1. 对应不同问题情境的解决方案；2. 对于新观点应用的讨论；3. 脱离问题情境讨论问题解决方法；4. 提不切实际的观点 |
| W+－ | 理解的广度 | 浅层次和深层次讨论 |

上述内容分析模型中，每一个维度都包含该项内容的正面和反面描述，例如相关性（用“R＋－”表示）这一维度中包括：正相关陈述（用 R＋表示）和负相关（用 R－表示）陈述。某一维度（X）在整个学习过程中的比率 X ratio＝（x＋ － x－）/（x＋ ＋ x－），通过计算可以得到上述描述的每种行为及属性在学习者学习过程中所占的比例。

该模型适用于在线和面对面学习的分析，但在实际的运用过程中也会产生一些问题。例如：在“外延知识”这一维度中，要求统计者具有相关课程或内容的知识，以便于分清什么是课程知识、什么是外延知识，这就在使用上对于评价者提出了一定的要求。同样在分析批判性思维时也存在困难，如果学习者一直都在肯定别人的看法，那么是否说明学习者批判性思维很弱。因此，在应用该模型进行内容分析时，应当在原有基础上结合具体情况进行适当的改进。

## （三）GUNAWARDENA 模型（CMC computer midated communication）[11]

GUNAWARDENA 模型试图探讨在计算机支持的协作学习环境下，学习者沟通协商的内涵以及群体知识建构的过程。GUNAWARDENA 社会性知识建构互动分析模型如表 3，该模型将互动作为分析协同知识建构的桥梁，通过对虚拟学习社区中互动的研究，来探讨知识建构的过程。该模型不仅可以用于分析在线会议中学习者知识的建构过程，而且还可以在建构主义学习情境、协同学习情境以及以学习者为中心的学习情境中，分析学习者共同知识建构过程及效果。

表 3　GUNAWARDENA 内容分析模型

| 阶段 | 行为描述 | 包含的行为 |
|---|---|---|
| 阶段 1 | 分享和对比信息 | A. 结论或观点的陈述 |
| | | B. 对于他人观点表示赞同 |
| | | C. 验证别人提出的案例 |
| | | D. 通过提问与回答弄清问题细节 |
| | | E. 定义、描述和验证问题 |
| 阶段 2 | 发掘观点陈述不一致的地方 | A. 识别陈述不一致意见 |
| | | B. 通过提问与回答弄清不同意见的原因 |
| | | C. 重述别人观点或者改进别人意见 |
| 阶段 3 | 群体协商进行知识的建构 | A. 通过争辩弄清问题内涵 |
| | | B. 确定讨论的重要性 |
| | | C. 确定达成意见的范围及冲突区域 |
| | | D. 确定能体现这种或者共同建构的陈述 |
| | | E. 整合或者修改的逻辑或比喻 |
| 阶段 4 | 验证与修改已形成的知识 | A. 对比所形成的知识与“已接收的事实” |
| | | B. 检验已存在的认知模式 |
| | | C. 验证个人经验 |
| | | D. 验证收集的数据 |
| | | E. 检验存在矛盾的地方 |
| 阶段 5 | 知识迁移与运用 | A. 总结 |
| | | B. 运用新知 |
| | | C. 陈述观点与想法 |

# 四、相关研究案例

## （一）虚拟学习社群的深度学习

王丽[12]等以苏州教育博客“教育叙事”里“精华日志”的评论内容为研究对象，采用内容分析法，在 Henri 的分析模型的基础上，将内容分析框架的维度划分为：情感相应、浅层学习及深层学习三个方面，通过分析发现教师通过 blog 进行深度学习，明确的主题内容是前提；解决教学实际问题是根本；良好的互动环境是基础；发布高质量的文章是要求。段金菊认为高阶思维是深度学习的核心，深度学习具有问题解决、整合学科信息和自我导向的特点，基于此，作者对 Moodle 平台上学习者发言讨论情况，以 jan herrington 和 ronoliver 的谈话分类框架及谈话分类表为依据，进行内容分析，作者发现良好的学习情境有利于高阶思维的发展

## （二）虚拟学习社群的互动分析

“李克东难题”中就海盐教师博客提出了两段式问题：一是为什么海盐教师博客具有丰富的博客文字，却缺少深度互动的思想碰撞？二是为什么海盐教师博客发表了近万篇博文，却不能够说出解决了哪些教学问题[13]。国内专家对该问题进行了一系列的研究，其中，华中师范大学李文昊，王继新，白文倩以海盐教师博客为例对博文的内容进行了分析，根据一定的指标将博文的内容分别归类到浅、中、深度的交互层次。同时，研究从社会网络的角度对“李克东难题”的出现进行了主、客观的原因分析，研究结果表明教师的个人习惯、小团体的形成、博文的内容以及博客本身的局限性是造成了教师间交互性、交互深度不够的原因。

微博社群中成员的交互文本不同于 BBS 论坛和博客社群中的特点。王莹[14]在黎加厚教授提出的"浅度交互"、"中度交互"及"深度交互"的基础上，改进内容分析模型，通过对教育技术微博群中近一年微博主所发表的微博评论进行分析。作者分析的方法包括社会网络分析法以及内容分析法，通过社会网络分析法分析得到博主之间的关系，可以看出该微博社群中各博主所形成的网络结构及网络特点，从而确定博主在网络中的互动角色；内容分析则进一步探讨形成这种现状的缘由。通过分析，作者发现博主间的深度交互处于一个较低的层次，而浅度交互与中度交互则占的比例较高。微博社群实现深层次的交互，应当充分运用微博的优势，进行合理的转发评论。

## 五、小结

纵观国内外相关研究，给我们的启示是：首先，从分析的对象来看：虚拟学习社区中内容分析主要涉及互动、个人及学习共同体知识建构等方面，分析的对象包括在线会议过程中的讨论内容；博客学习者之间的评论、文章；网络平台中学习者之间协作的过程记录。其次，从分析模型的深度和广度来看：相对来说，国外研究者分析的范围更广，分析角度更加细致。国内在这方面的分析仅仅停留在在别人的基础上改进的阶段，较少有研究者能够提出具有一定推广性的分析结构模型。第三，从与其它方法的结合来看：随着社会网络分析方法在教育中的应用越来越成熟，较多研究者将其引入到虚拟学习社群的分析中，探讨学习者在群体中所形成的网络结构和角色，同时结合内容分析法阐述形成的原因。而这两种方法的结合则是教育技术领域的一大研究热点。

### 参考文献


[1] 周黎明 & 邱均平. 基于网络的内容分析法[J]. 情报学报，2005，24(005)：594-599

[2] Campos，M . A constructivist method for the analysis of networked cognitive communication and the assessment of collaborative learning and knowledge-building[DB/OL]. Journal of Asynchronous Learning Network，8(2). Retrieved 03 /27 /2007 from http：//www. aln. org/publications/jaln/index. Asp，2004

[3] Gerbic，P. and E. Stacey . "A purposive approach to content analysis：Designing analytical frameworks." The Internet and higher education [J]，2005 8(1)：45-59.

[4] What are the conditions for and characteristics of effective online learning communities? [EB/OL] http://www.google.fr/url? sa=t&source=web&cd=1&ved=0CB0QFjAA&url=http%3A%2F%2Fpre2005. flexiblelearning. net. au% 2Fguides% 2Fcommunity100. doc&ei = 7JHDTYWHJoyyuAP03MGXAQ&usg = AFQjCNEvhF _ SlygVaureSipwOC-Axr1mjw，[2011-05-09]

[5] Wang，M.，C. Sierra，T. Folger. Building a dynamic online learning community among adult learners[J]. Educational Media International，2001，40(1)：p. 49-62.

[6] Mitchell，C.，L. Sackney. Building capacity for a learning community[J]. Canadian Journal of Educational Administration and Policy，2001，19(4).

[7] 齐剑鹏. 网络学习社区——在线国际远距离合作学习的一次新尝试[J]. 电化教育研究，2001(12)：44-48.

[8] 邱均平 & 邹菲 (2004). "关于内容分析法的研究." JOURNAL OF LIBRARY SCIENCE IN CHINA 30(2).

[9] De Wever，B. and T. Schellens，et al. Content analysis schemes to analyze transcripts of online asynchronous discussion groups：A review[J]. Computers & Education，2006，46(1)：6-28.

[10] Newman，D. R. A Content Analysis Method to Measure Critical Thinking in Face-to-Face and Computer Supported Group Learning[J]. Interpersonal Computing and Technology，1995，3(2)：56-77.

[11] Anderson，T. and C. N. Gunawardena，et al. Analysis Of A Global Online Debate And The Development Of An Interaction Analysis Model For Examining Social Construction Of Knowledge In Computer Conferencing. 1997

[12] 王丽 & 谈云兵. 基于博客的深度学习研究——以苏州教育博客为例[J]. DISTANCE EDUCATION，2009.

[13] 李文昊，王继新，白文倩. 从社会网络分析看海盐教师博客[J]. 中国电化教育，2010(07)：86-90.

[14] 王莹. 教育技术微博社群研究[D]，北京交通大学，2011.


### 作者简介


朱龙，1988 年生，汉族，湖北黄冈人，硕士研究生，研究方向：教育电视、信息化教育。

# 基于视频课例的教师实践社区的知识共享模型研究*

况姗芸，马秀芳，陈莉，张晓娜
（华南师范大学教育信息技术学院，广东广州，510631）

**摘　要**：教师的知识共享是教师知识管理的核心环节，是实现教师知识创新的重要前提。本文采用文献分析、案例研究以及访谈研究方法，通过分析教师实践社区的知识共享研究现状和分析海盐教师优视和深圳电化教育中的视频课例使用现状，发现问题。以野中郁次郎的SECI知识转化模型为理论基础，初步设计出基于视频课例的教师实践社区知识共享的模型。继而通过访谈相关研究者和一线教师，根据访谈意见，进而完善该模型。目的是为教师实践社区的知识共享提供理论模型参考，促进教师的专业发展和社区的可持续性发展。

**关键字**：视频课例；教师实践社区；知识共享；模型

# The Model of Knowledge-sharing For the Teachers' Practice in Community Which is Based on The Video Case

**Abstract**: With the development of Web 2.0 technology, which provides a good platform for knowledge management, knowledge sharing and knowledge innovation. Under this context, we established the teachers' practice in community and because of its strong interaction, freedom and open, teachers are able to break the constraints of time and space on the internet and communicate freely. The teachers' practice community has promoted knowledge sharing among teachers, schools and areas. Teachers' knowledge sharing is the core of teachers' knowledge management and an important prerequisite for teachers' knowledge innovation. By analyzing the researching situations and exploring the potential problems, this study aims to design a knowledge sharing model which is based on The Video Case for Teachers' practice in community. The final purpose is to offer theoretical models for the knowledge sharing of practice community and promote the professional development of teachers and the sustainable development of the community.

**Keywords**: video case; teachers' practice in community; knowledge sharing; model

## 一、研究问题的提出

在国家利用信息化进行教育改革的大背景下，为解决教师培训中工学矛盾突出、缺乏专家的持续引领等问题，教师如何利用实践社区进行知识共享从而促进教师专业化发展已成为教师进修的主流。利用其交互性强、自由开放等特点，使教师可以在网络中突破时间和空间的限制，大大地促进教师之间、学校之间、区域之间的知识共享。

* 本文是广东省教育科学规划课题“面向社区教育的微课程系统构建与应用研究”（课题号：2011TJK286）的系列研究成果之一。

文献分析表明关于社区的知识共享研究很多，且呈逐年攀升的趋势，主要集中研究社区中影响知识共享的因素，知识共享的机制和策略，知识共享的模型等，可见知识共享是目前的研究热点，但关于实践社区的知识共享研究多数是基于企业发展展开，针对教师专业发展的实践社区知识共享研究不多，以视频课例作为研究资源的研究更少。已有文献研究发现，教师实践社区的知识共享主要存在三大问题：(一)教师实践社区的知识难以有效提取和利用；(二)共享活动中存在"搭便车"的现象；(三)个人进行知识共享的主动性有待增强。

通过对浙江海盐教师博客中的海盐教师优视(http://www.hyyoushi.cn/)和深圳电化教育网络视频课例(http://www.szdj.edu.cn/SZDJ/ViedoIndex.jsp)的平台功能和使用现状进行分析，发现视频课例只是作为一种展示资源存在，社区网站技术支持不足，主要存在几个问题：教师实践社区的发展给教师的发展和成长带来方便，实践社区的知识共享活动水平会直接影响教师对社区的忠诚度和参与度，难以为共同学习者交流、分享等互动行为提供有效支撑，因而不利于实现教师实践社区的知识共享和创新。

## 二、关键概念界定

视频课例是基于一定的教学设计，借助于摄制和编辑技术，将课堂教学活动、教师的反思、专家同行和学生的评价等进行整合，提供给学习者进行学习。优质的课例视频记录了师生互动和教学过程，是一类十分鲜活生动的生成性课程资源，它可以为师生提供高质量的辅导观摩功能，课堂教学视频更是提升教师专业水平的一条有效途径。[2]

教师实践社区(Teacher's Practice In Community，简称 TOPIC)是由教师、专家及助学者所组成的非正式学习系统，是一种学习型组织，它通过聚焦教师的专业学习及同侪合作与反思性对话，分享教师们的教学改进形式、价值观、工具和职责等，为教师专业化发展提供社会的、规范的、持续不断的学习支持服务。[3]

知识共享(knowledge sharing)又称知识分享，是知识管理的核心。知识共享是指组织的员工或内外部团队在组织内部或跨组织之间，彼此通过各种渠道进行知识交换和讨论，其目的在于通过知识的交流，扩大知识的利用价值并产生知识的效应。[4]

依据上文对视频课例、教师实践社区以及知识共享等概念的界定，笔者认为：基于视频课例的教师实践社区知识共享是指，在由教师及助学者所组成的非正式学习系统中，以视频课例为教师活动的主要资源，在共同愿景和个人兴趣的驱动下，借助某学科或某些特定主题的视频课例的中介对象，通过专业学习及同伴互助与反思性对话等方式进行知识分享，旨在解决教学实际问题、实现知识共享与创新、提升教师专业技能等。

## 三、基于视频课例的教师实践社区知识共享模型构建的理论阐析

### (一) 基于视频课例的教师实践社区的知识共享影响因素

Meng-Hsiang Hsu & Teresa L(2007)提出虚拟社区中影响知识分享的因素为：信任、自我效能和结果预期。[5]刘丽群和宋咏梅(2007)采用 McClelland 的成就激励理论来解释社区成员参与虚拟社区知识的动机，实证检验了虚拟社区知识交流的动机：成就需求、权力需求、亲和需求；同时也得出虚拟社区成员的知识交流基础是成员相似性和团体认同感。[6]王贵和李兴保(2010)采取问卷调查研究法进行调研，得出虚拟社区的知识共享影响因素包括：信任度、人性化的信息技术、社区文化氛围、知识水平和效能。[7]

根据上述分析，总结得出基于视频课例的教师实践社区知识共享的影响因素的关系图(图 1)。

### (二) 知识转化模型

野中郁次郎(Ikujiro Nonaka)和竹内弘高(Hirotaka Takeuchi)于 1995 年在他们合作的《创新求胜》(《The Knowledge Creating Company》)一书中，针对日本企业中的知识管理架构而提出的独特见解，对知识创造和知识管理提出了一个新颖的认识——知识转化的 SECI 模型。[1]

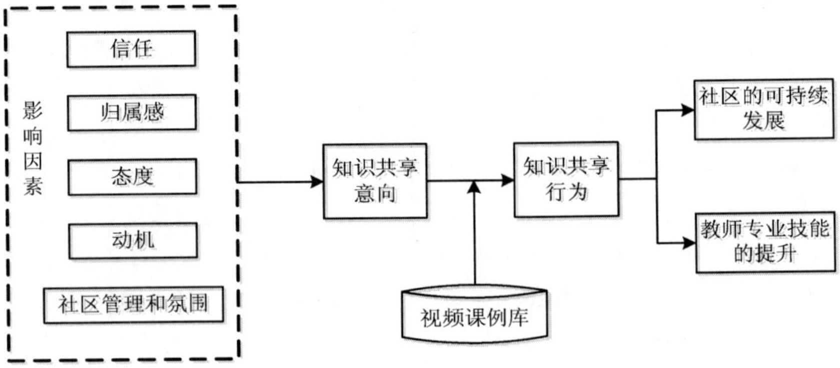


图1　基于视频课例的教师实践社区知识共享的影响因素的关系图

野中郁次郎提出，在企业创新活动的过程中隐性知识和显性知识二者之间互相作用、互相转化，知识转化的过程实际上就是知识共享和创造的过程。知识转化有四种基本模式——“S(Socialization)社会化(从隐性知识到隐性知识)”、“E(Externalization)外在化(从隐性知识到显性知识)”、“C(Combination)综合化(从显性知识到显性知识)”、“I(Internalization)内在化(从显性知识到隐性知识)”，即著名的SECI模型，如图2所示：

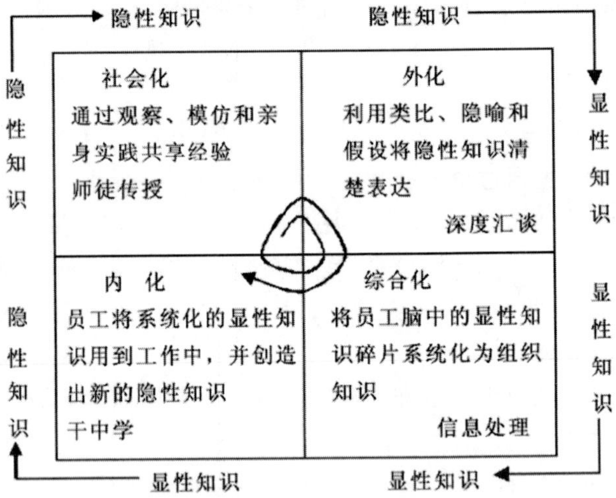


图2　SECI模型(NONAKA，TAKEUCHI，1995)

SECI模型对本研究的启示：基于视频课例的教师实践社区，是教师的实现显隐性知识共享的好平台。在本研究中可以借鉴知识社会化——外化——综合化——内化这一螺旋上升过程做为知识共享理论模型设计的指导方向，SECI模型对知识转化共享的每一个阶段资源、活动、工具、分工等方面的设计，都具有指导性意义。

## 四、基于视频课例的教师实践社区知识共享模型构建

根据野中郁次郎的SCEI模型的理论和上述的文献分析、案例分析，以促进教师的实践知识共享为目标，提出基于视频课例的教师实践社区知识共享应提出基于视频课例的教师实践社区知识共享的模型包括支持环境、知识共享活动和知识源模块。支持环境包括维持基于视频课例的教师实践社区进行知识共享的各种机制、制度，如：知识共享许可协议、社会激励制度、社区文化氛围、软硬件的技术支持。在基于视频课例的教师实践社区可以采取多种社区激励制度来刺激知识共享活动的开展和进行，例如：账号权限制度、虚拟阶级身份、虚拟金币、等级积分制度、公开表扬制度、物质奖励。社区文化的建设可从专家参与、鼓励教师共同体中核心领导人物组织活动、提高成员素质等方面进行，使教师在和谐的社区氛围里，促进知识的共享和流动。在教师实践社区里，知识源模块应包含个人知识库、团队知识库、社区知识库、社区外的知识库等，是教师实践共同体活动的基础。三个模块关系如图3，支持环境保护促进教师进行通过知识共享活动丰富

和发展知识源，促进教师专业发展。

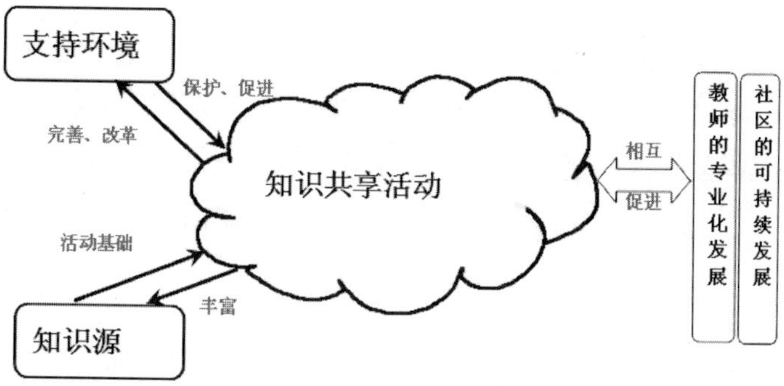


图 3　基于视频课例的教师实践社区知识共享模型组成要素及关系图

为更一步确定各要素的特点及要素间的关系，笔者围绕用户的使用经验、使用需求及建议等主题设计了 7 个访谈问题，选取了一批高校研究者和一线教师开展访谈。访谈问题为：

（一）您所教授年级和教龄。

（二）您使用教师实践社区有多长时间了，有什么使用经验？

（三）您认为一个基于视频课例的教师实践社区应该包括哪些基本模块？每个基本模块应该包含哪些具体内容？

（四）您认为知识源模块应该包含哪些具体内容？

（五）您认为支持环境模块应该包含哪些具体内容？

（六）您认为知识共享活动模块应该包含哪些具体内容？

（七）您对这个知识共享的模型的建议。

针对访谈结果，笔者进行了类目分析，编码主题见表 1，分析结果见表 2。

**表 1　访谈编码主题**

| 编码主题 | 代码 |
|---|---|
| 对知识共享模型支持环境模块的建议 | 1 |
| 对知识共享模型知识活动模块的建议 | 2 |
| 对知识共享模型知识源模块的建议 | 3 |
| 对知识共享模型的建议 | 4 |

**表 2　访谈内容分析结果**

| 主题 | 整理结果 |
|---|---|
| 知识共享模型 | 1. 明确教师、助学者和共同体之间的关系。<br>2. 知识共享活动过程中在教师实践社区使用什么样的工具或方式能使视频课例得到充分的应用。<br>3. 模型要将视频课例、教师实践社区与知识共享进行有意义的整合。<br>4. 基于视频课例的教师实践社区知识共享模型基本模块应阔视频课例资源库、交流讨论活动区、索引模块、过程模块等。 |
| 知识共享模型支持环境模块 | 支持模块应包括社区激励机制、软硬件支持。 |
| 知识共享模型知识活动模块 | 活动模块要支持视频课例和理论性、实践性知识上传与评价，要注重共同愿景、社交关系的建立，时常组织社区活动。 |
| 知识共享模型知识源模块 | 知识源包括个人知识库、小组知识库、主题知识库、社区内外部资源。 |

结合访谈结果和前述理论基础，基于视频课例的教师实践社区知识共享活动是多次循环、递进的知识转化过程。在该模型中知识的共享经历了一下四大过程：

### (一) 知识的社会化

知识的社会化主要是实现隐性知识向隐性知识的共享和转化。社区网站支持在线播放和在线对视频课例进行切片并下载的功能;教师可以使用网页记事本随时记录自己的想法,保存之后进行适当修改,可以作为一篇反思日志发表。这就是教师的个人知识传播给其他人的过程,通过观察、模仿、亲自实践等方式来传播知识,实现从一个人的内隐知识转化成另外一个人的内隐知识。基于视频课例的教师实践社区中知识共享社会化过程如图 4 所示:

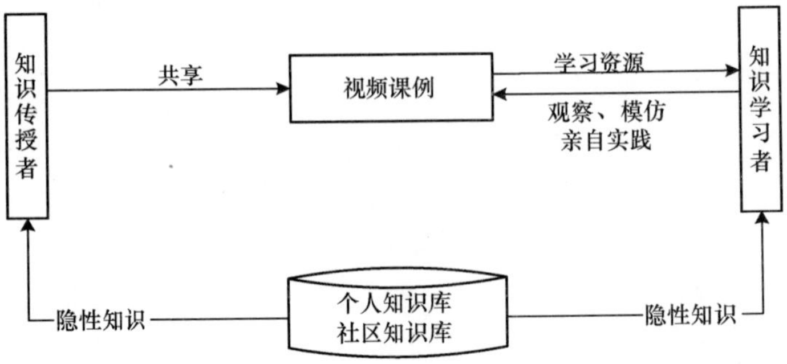


图 4　知识共享的社会化过程

基于视频课例的教师实践社区知识共享的社会化过程包括以下活动:

1. 观摩视频课例,进行知识的学习,教师从视频课例中学习到授课教师的隐形知识。通过观摩、研究学习,掌握视频课例里蕴含的教学方法或者是解决问题的方法,社会化成教师个人的隐性知识。

2. 在实践社区里寻找教师,一对一学习,进行交流和沟通等。

3. 助学者将视频课例里蕴含的隐性知识进行总结并分享给每一个教师。

4. 搜索并浏览阅读其他教师针对视频课例所写的反思和建议等。

5. 成员在其他实践社区习得知识,并在社区活动时潜移默化地影响着该实践社区的成员。

### (二) 知识的外化

知识的外化是指实现隐性知识与显性知识之间的转化和共享,在该过程中,包括教师对视频课例进行评价,教师可以通过使用评价支架进行评论。社区提供个人页面、微博、博客、web 版实时聊天等工具,为各位成员之间进行讨论和发表意见提供最快捷地路径。专家在这一过程中担当着引导者和促进者的角色。基于视频课例的教师实践社区中知识共享外化过程。如图 5 所示:

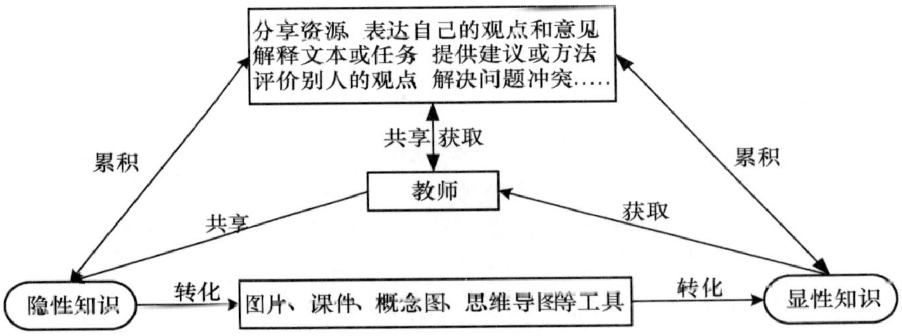


图 5　知识共享的外化过程

基于视频课例的教师实践社区知识共享的外化过程包括以下活动:

1. 教师个体的隐性知识向教师个体的显性知识转化,通过撰写自己的视频课例观后感,总结自己习得的知识和经验等,以思维导图、图表或者文字等形式发表在社区中的个人空间、微博里。

2. 社区里的核心成员或者专家针对视频课例中和社区里所存在的问题,通过视频会议或者 PPT 等形式直接将技能和方法分享给教师和团队。

3. 通过教师实践社区里的教师对话记录等累积,将知识外化。

## (三) 知识的综合化

知识的综合化是指实现显性知识向显性知识的转化与共享,在该过程中,教师对自己在社区活动课程中所学到到,所接触到的知识进行整理,并形成自己的知识成果。社区提供思维导图、网页记事本和博客等工具,为教师的知识整理提供最大的方便。在综合化的过程中,专家对社区中凌乱的、无序的知识进行整理,并形成一定的知识成果。通过授课或者知识专题等形式将这些知识传授给社区教师成员。基于视频课例的教师实践社区中知识共享综合化过程如图 6 所示:

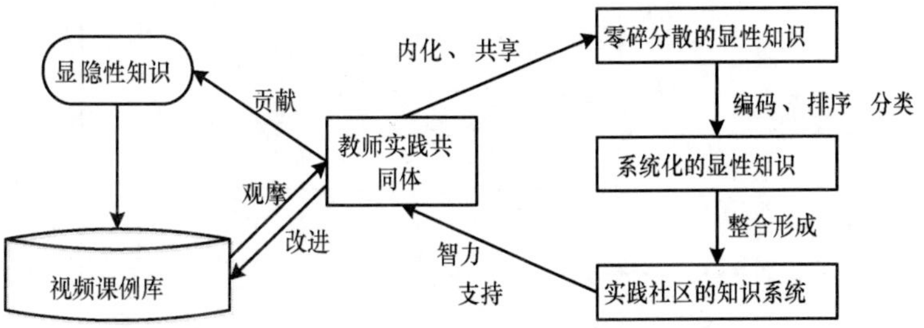


图 6 知识共享的综合化过程

基于视频课例的教师实践社区知识共享的综合过程包括以下活动:

1. 教师个体将其复杂的知识有序化,并共享给其他教师成员。

2. 社区中的权威专家组织活动,集体教授知识或者制作知识专题。

## (四) 知识的内化

知识的内化是指实现显性知识向隐性知识的转化和共享,在过程中,教师吸收了知识后,将知识应用于实践教学活动中,形成新的视频课例。教师可以通过"优秀视频课例征集"功能,上传并共享自己的视频课例,成为其他社区成员的视频课例学习资源。专家负责审核该视频课例是否符合要求,管理员负责发布。基于视频课例的教师实践社区中知识共享内化过程如图 7 所示:

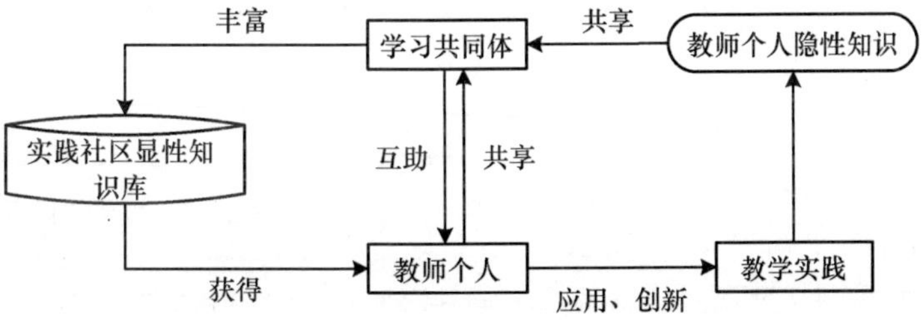


图 7 知识共享的内化过程

基于视频课例的教师实践社区知识共享的综合过程包括以下活动:

1. 教师个体通过观摩视频课例进行学习和与其他教师的交流与分享等活动,习得知识技能与方法,并将知识技能或者方法应用于自己的课堂教学中。

2. 社区里的核心成员或者专家总结归纳出社区的知识,传递给社区成员,并成为成员的观点。

通过知识的社会化、外化、综合化和内化四个过程,教师与教师之间、教师与助学者(专家、管理员等)之间形成知识共享共同体,在共同体中教师们使用各种工具进行相互学习、评价、反思、协商分享、互助、合作、组织活动等形式进行活动,最终促进教师的专业发展和社区的可持续发展。

综合前述研究,提出基于视频课例的教师实践社区知识共享模型如图 8 示。

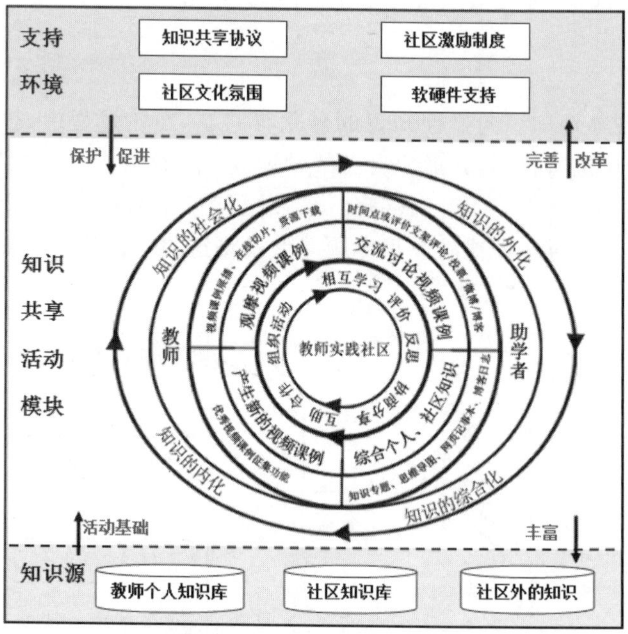


图 8　基于视频课例的教师实践社区知识共享模型

## 五、研究结论与后续研究

本研究通过文献分析、案例分析以及访谈等研究，在野中郁次郎的 SECI 知识转化模型指导下，设计出了基于视频课例的教师实践社区的知识共享模型。通过访谈发现该模型存在的问题并对其进行了修改和完善，最终构建出基于视频课例的教师实践社区知识共享模型，并对知识共享活动过程做了详细的说明。该模型可为教师在实践社区的知识共享提供一种可参考的理论模型；以及面向实践，缓解在基于视频课例的教师社区里知识共享所存在的问题，以促进教师的专业发展，后续研究将进一步利用模型设计基于视频课例的教师实践社区知识共享平台，研究其激励机制、运行模式及评价体系，在实践中发展和完善模型。

### 参 考 文 献

[1] Ikujiro Nonaka，Hirotaka Takeuchi. The Knowledge-creating Company[M]. Harvard Business School Press. 2008.
[2] 鲍建生，王洁，顾伶沅. 聚焦课堂. 课堂教学视频案例的研究与制作[M]. 上海：上海教育出版社，2005.
[3] 王陆. 教师在线实践社区的研究综述[A]. 中国电化教育. 2011(296)：30-42.
[4] 邱茜，张春悦，魏云刚等. 国外知识共享研究综述. 情报理论与实践. 2010(3)：120-124.
[5] Meng-Hsiang Hsu，Teresa L Ju，Chia-Hui Yen. Knowledge Sharing Behavior in Virtual Communities：The Relationship Be-tween Trust，Self-efficacy，and Outcome Expectations[J]. Human-Computer Studies，2007，65：153-169.
[6] 刘丽群，宋咏梅. 虚拟社区中知识交流的行为动机及影响因素研究[J]. 新闻与传播研究，2007，14(1)：43-51.
[7] 冯涛. 教师在线实践社区中的知识共享系统框架与共享策略[A]. 中国电化教育. 2012(305)：56-62.
[8] 王 贵，李兴保. 虚拟社区知识共享影响因素调研与分析[A]. 中国电化教育. 2010(279)：56-61.
[9] 鲍平平，彭文辉. 活动理论和虚拟学习社区学习[A]. 中国教育技术装备. 2007(6)：10-11.
[10] 李建年. 视频课例：含义、价值及操作[A]. 贵州教育学院学报(社会科学)，2005(3)：7-10.
[11] 王志林. 实践社区：实现教师个人知识共享的理想平台[A]. 外国中小学教育. 2008(12)：55-59.
[12] 石文典. 杨丽恒. 实践社区中隐性知识转化研究[A]. 心理科学. 2009(6)：1448-1451.
[13] 邱茜，张春悦，魏云刚等. 国外知识共享研究综述. 情报理论与实践. 2010(3)：120-124.
[14] 李保华. 基于视频案例的中小学教师网络研修平台构建研究[D]. 西南大学，2009 年.

### 作 者 简 介

况姗芸，1972 年生，女，江西吉安人，副教授，博士。研究方向：信息技术教育应用。

# 专题九

## 智慧校园建设与应用研究

# 校园网络流行语使用现状及教育价值探讨

陈莉，舒慧
（江西师范大学传播学院，江西南昌，330022）

**摘　要：**网络流行语是伴随网络的发展和普及，由网民在互联网上创造及传播，并在现实生活中广泛使用、流传，进而被多数人认可、接受并使用的交际语言。网络流行语已深入影响了中学生的生活和学习。调查表明，学生喜欢网络流行语最主要原因是因为其幽默，大部分中学生都接受并会在不同场合使用网络流行语；约一半学生能正确看待网络流行语，能意识到网络流行语具有“两面性”；但正确使用网络流行语还需引导。网络流行语对学生语言学习、思想道德带来冲击的同时也具有其独特的教育功能。要从学校、家庭、社会、学生个人等四个方面来引导学生正确使用网络流行语。

**关键词：**网络流行语；教育价值；对策

# Research on the Status of Network Catchwords Applying and Educational Value

**Abstract**: Network buzzwords is a language which be created and spread on the Internet, and be accepted and used widely in real life. The network buzzwords have affected the lives and learning of middle school students. The survey shows that the most important reason that the network buzzwords be favored by students is its humor; most students have accepted the network buzzwords and will use them; almost half students have right view of the network buzzwords and know network buzzwords have two sides; but how to use the network buzzwords correctly should be guided. The network buzzwords have brought the impact of students' language learning and moral, but they have their unique education function. We should do from school, family, social, individual to guide students use network buzzwords correctly.

**Keywords**: network catchwords; educational value; advice

信息时代互联网流行的同时，“囧”、“神马都是浮”、“我爸是李刚”等网络流行语也应运而生，很快入侵并风靡了校园，成为广大学生的习惯用语，给学生的学习和生活带来了深远的影响。2011 年 6 月，媒体误传沪高考禁止使用网络语言，引发了人们的思考和讨论。中学生对网络流行语的态度是什么？网络流行语对语文学习带来了怎样的冲击？教育者应该如何对待校园里的网络流行语？因此，对校园网络流行语使用现状的调查和教育价值的探讨十分必要。

## 一、网络流行语的界定

关于网络流行语的定义，至今仍未得到公认和统一，不少学者从不同的研究角度出发，对网络流行语做出了不同的解释[1][2]。笔者认为：网络流行语是伴随网络的发展和普及，由网民在互联网上创造及传播，并在现实生活中广泛使用、流传，进而被多数人认可、接受并使用的交际语言。网络流行语具有新奇性、便捷性、娱乐性和不规范性等特征。

笔者从教育价值的角度，将网络流行语分为三类：①对学生的思想道德产生影响的流行语，包括产生积极影响和产生消极影响的流行语。产生积极影响的流行语，是指能对学生产生一定的激励作用、促进学生向好的方向发展的网络流行语，如“不抛弃，不放弃”（电视连续剧《士兵突击》主角许三多的经典台词）激发学生对学习和生活要有坚持不懈的态度；而产生消极影响的流行语，是指一些影响学生道德建设的低俗的网络流行语，如“靠、鸟、TMD、NQS（你去死）”之类，这些脏话影响学生的心理健康，不利于学生道德的培养；②影响汉语规范的流行语。这类词语糅杂使用汉语、英语及方言等，偏离汉语言文字的规范，造成了语义的混乱，破坏了汉语的纯洁性，甚至还颠覆其本来意思。如“hold 住”（中英混用）、“额滴神啊”（陕西方言）、“杯具”（以错字、别字代替原词汇“悲剧”一词）、“囧”（本义为“光明”，后因其外观貌似失意的表情，便被赋予“郁闷、悲伤、无奈”之意）；③活跃课堂氛围的流行语。这类词语能调节学生的学习氛围，激发学生学习的主动性和积极性。如对学生进行提问“有没有人回答?”，当出现没人应答、死气沉沉的现象时，一句“这个可以有”（出自小品《不差钱》），可以激发学生回答问题的积极性。

本文通过问卷对网络流行语在中学生中的使用现状进行调查，并拟从网络流行语对中学生学习的冲击、网络流行语的教育功能、网络流行语使用应对策略三个方面探讨校园网络流行语的教育价值。

## 二、校园网络流行语使用现状调查

### （一）调查对象与方法

本调查主要采用问卷调查法对某中学的 100 名学生进行抽样调查。样本选取采用分层抽样与随机抽样相结合。采用自编问卷，由 15 道有关网络流行语的选择题组成。共发放问卷 100 份，回收 100 份，回收率 100%，其中有效问卷 98 份，有效率 98%。用 Excel2003 软件对问卷数据进行处理。

以访谈法作为补充，对部分教师和家长进行了访谈。

### （二）调查结果及分析

#### 1. 网络流行语在中学生的使用已十分普及

调查问卷中通过中学生对网络流行的了解程度、接受程度，网络流行语的使用频度、场合、使用对象等 5 个问题来了解中学生使用网络流行语的基本情况。

调查结果表明，网络流行语在中学生中已经相当普及，约有 87.76%的学生对网络流行非常了解或比较了解；同时大部分同学乐意接受网络流行语，这个比例占到 70.41%，仅有 7.14%的学生表示“不能接受”，表明大多数学生对于网络流行语并不排斥；42.86%的学生甚至将网络流行语运用到书面写作中去，可见网络流行语已经入侵到学生的学习中去，但学生更倾向于与同学、朋友、网友交流时使用网络流行语，与家人、老师则很少使用。

#### 2. 中学生对网络流行语的看法

调查问卷从网络流行语的优缺点、流行原因及发展前景等 5 个问题来了解中学生对网络流行语的态度。

调查结果表明，网络流行语受学生欢迎的最主要原因是学生认为网络流行语风趣幽默、娱乐大众，并且顺溜贴切、容易记住；50%的学生能意识到网络流行语的缺点，如网络流行语多贬义、脏话，影响社会风气以及破坏传统汉语语言文化和语言规范；有 32.65%的学生想要成为网络流行语的创造者，这反映出当代学生拥有一定的创新精神。可见，约一半学生能对网络流行语持一种公允的态度，并能对其优缺点进行客观的分析。

#### 3. 中学生对网络流行语教育影响的看法

调查结果表明：约一半学生（53.06%）希望老师在课堂中使用网络流行语，他们认为一定的网络流行语可以活跃课堂氛围，增进师生间的感情；大部分学生（80%）都认识到网络流行语会对语言学习有较大的影响，62.24%的学生坚持网络流行语不能运用到作文中去；同时，部分学生（46.94%）承认网络流行语会使其母语退化，写作能力降低，品味庸俗化；还有部分学生（39.80%）认为一些低俗的网络流行语会影响学生的道德建设。因此，网络流行语是一把双刃剑，学生正确使用网络流行语还需引导。

本次调查表明，网络流行语已经深入中学生的学习和生活中，它因其幽默的特点受到了广大学生的喜爱，约一半学生能对网络流行语持一种比较客观、公允的态度。可见当代中学生在对新事物接受能力越来越强的同时，判断力也在提高，能较为客观地对待网络流行语，但正确使用网络流行语还需要引导。

## 三、网络流行语对教育带来的冲击

### （一）网络流行语对语言学习的冲击

网络流行语因其幽默、便捷、易记、贴切的特性受到中学生的喜爱，它丰富了学生校园语言的内容，增加了对话交流的情趣，这些积极的影响值得肯定。但是，由于网络流行语的创造群体文化素质高低不同，加上网络的虚拟性，导致网络流行语的使用出现了很多负面问题，特别是给语文学习带来了强有力的冲击[3]。不少网络流行语是由数字、符号、拼音、汉字、英文等杂糅而形成的。这些词语的使用，极易产生混乱，给汉语文化的纯洁和规范带来极大的冲击。

中学生正处在一个成长塑造期，具有较强的从众心理和张扬意识，一味的追求时尚、新颖、方便，极易养成不规范运用语言文字的习惯，这样势必会造成社会语言运用的混乱，影响正常的言语交往。同时，因基本的语言基础与规范受到冲击，学生的阅读注意力、鉴赏力受到影响，中国传统语言文化的含蓄、严谨及洗练的表达会因此而大打折扣。正如一位学者指出的“网络语言的泛滥会影响人们对正规语言的使用。一旦年轻人有了长期使用网络语言的习惯，其正规语言的运用能力就会下降。这对语言的健康发展是不利的。[4]”

### （二）网络流行语对学生道德的冲击

网络流行语中存在很多低级、粗俗的词语，不利于学生思想道德素质的提高。“我靠”、“TMD（他妈的）”、“SB（傻逼）”等词语不但出现在网络上，现在还出现在了校园中，极大污染了校园文化，不利于学生健康成长。这类网络流行语本身较粗俗，它们的使用容易使学生产生厌恶、愤怒甚至憎恨等情绪，还会引起交往中的纠纷，会直接影响学生的思想道德建设。

### （三）网络流行语对写作的冲击

网络流行语在生活中已经成为了学生的常用语，有的学生甚至把它们当成书面语言，写进作文中去。网络流行语“入侵”学生作文，是该支持还是反对，成为老师和家长关心的热点。面对这个问题，修水职高毕业班的语文老师刘老师表示很苦恼，他说，网络流行语深受学生的喜爱，在一些学生的作文中，女孩子成了“恐龙”，男孩子成了“青蛙”，别人都是“菜鸟”，自己总是“大虾”。他们的作文总是带有一种调侃的意味，让人读来忍俊不禁。网络流行语写进作文是否合适，刘老师也不知道怎么评判，有些作文语言、结构很新颖，但是他却不知道是否应该给高分。他接受，高考阅卷老师能接受吗？而一位高二学生的家长则表示，自己的孩子在平时就喜欢说“神马”、“我勒个去”等网络词语，网络流行语在日常生活中说说还可以接受，应用到作文中还是应当禁止。

### （四）对教师带来的冲击

在对中学教师的访谈时一些老师表示，不知从什么时候开始校园中开始流行了“哇塞”“MM”“我靠”等一系列网络语，弄得老师不知所云。而今年“Hold住”“伤不起”“有木有”“坑爹”等一系列词语更是风靡整个校园。南昌二十中的杨老师表示，自己似乎已经“out”了，很多时候不明白学生们所要表达的意思，学生与教师之间渐渐有了代沟。作为新时期兼顾思想工作的教师来说，需要与时俱进，以全新的观念和广阔的视野来重新审视校园出现的网络流行语。

## 四、网络流行语的教育功能

### （一）网络流行语体现了学生的创造性

网络流行语本质上是对语言的一种创新，充满着一种求新求变、不断突破陈规的“创新”精神，而这正符合当代中学生尚奇好新的特征。中学生创造了他们自己的网络流行语。如“今天阅览室的人N多”（“N”是数学符号术语，表示不定数，学生用它来表示无限大、数量非常多的意思）；当被班主任叫去挨批的时候，一句“老师请我去喝茶”闪烁着机智的灵光；学生也喜欢对所学的诗词进行创新，“酒醉不知归路，误入校园深处。呕吐，呕吐，惊起鸳鸯无数”这句诗词便源于宋代女词人李清照的名句“沉醉不知归路，误入藕花深处。争渡，争渡，惊起一滩鸥鹭”，这种语言创新，给学生们的学习带来了趣味性。中学生们独创的网络流行语带有一股青春朝气，是富于情趣的、有幽默气息的、讲究技巧的、充满机智的语言，丰富了他们的校园话语空间。

### （二）网络流行语丰富了汉语语言

网络流行语在网络上风靡的同时，其中部分已经走出网络成为人们实现日常生活中使用频率极高的词汇，成为现代汉语体系中的新元素。语言是活的、变化的，一直处于发展中，那些充满活力的网络流行语如果经得起时间的考验，约定俗成后会渐渐进入基本词汇，成为语言核心部分中的一员。2007年8月，教育部和国家语言工作委员会联合发布《2006年中国语言生活状况报告》，对网络流行语等方面进行了分析，列出了171条汉语新词语选目，如“考霸”“秒杀”、“车奴”、“ 急婚族”等词汇。我们可以看出网络流行语确实影响了汉语的发展，但它更多的是丰富了汉语的表达，而不是“异化”了汉语。

### （三）网络流行语拉近师生距离、活跃课堂氛围

教学语言是教师开展课堂教学的有效载体，是教学内容准确表达的有力工具，是师生平等交往的互动平台。教师过于刻板规矩的语言会让学生们觉得教师高高在上、不容置疑，是拒人千里之外的“权威人士”。如果教师能在课堂教学中有意识地穿插一些网络流行语，不仅能让师生在情感上产生共鸣、进一步缓解学生心理的防范意识和排斥情绪，还能有助于营造一种愉悦的学习氛围，有助于学生积极主动地学习知识。当教师提问 “有没有人回答啊?”，若没有同学举手，课堂氛围陷入沉默尴尬时，教师适时地说“这个可以有”、“都隐身了？出来冒个泡!”等深受同学喜爱的网络流行语，相信一定可以使沉闷的课堂氛围变得活跃，使同学们被动消极地学习变得积极主动。

在学校，教师除了扮演知识教育者外，更多的扮演的是思想教育者。对学生进行教育时，如果教师了解部分校园网络流行语，将其渗透到所要讲授的理论内容，给学生们所关注的事件、现象更多的理论引导和解惑，将理论知识以学生们喜闻乐见的形式去讲解、传播，会比单纯的理论讲授更富于感染力，更能得到学生们的认可，更有利于营造良好的氛围，拉近与学生的距离，实现思想上的共鸣。

## 五、校园网络流行语使用的应对策略

那么在教育中应当如何对待网络流行语呢？是全盘否定，还是照单全收？教育工作者应保持一种“扬弃”的态度，要明白，真正属于校园的应该是“取其精华，去其糟粕”的网络流行语。

### （一）学校方面

网络流行语有利有弊，作为教育工作者，需要善于利用多种渠道，对网络流行语加以正确的引导和利用，大胆的接受新词语的同时，也要对某些带有攻击性、含有讽刺、挖苦意味等低级的、庸俗的词语加以摒弃和限制，使学生有健康的心理素质，促进年青一代在校园环境中得到全面的发展。老师应该有意识地培养学生去甄别一些网络流行语，如可以通过开展综合性实践活动，通过辩论赛，通过搜集网络流行语等活动，

让学生明白网络流行语应该有选择性地运用，活学活用。

### （二）家庭方面

身为孩子的父母，家长更注重的应当是引导和启发教育，多和子女沟通，了解子女的想法，以便正确引导子女的言行。比如和孩子共同上网，多上一些健康的、知识性的网站，共同感受网络流行语的魅力。亲情对教育的作用是巨大的，在某种程度上比老师的作用还要大，同时方式也更多。即使是禁止，也可以有多种委婉的方式，比如物质激励等。

### （三）社会方面

社会是最复杂的一个因素，现代社会急遽变化，新旧观念的冲击，影视媒体的传播，中西文化的碰撞，使社会上的一些不良风气盛行。对此，我们要从以下两方面进行改善：①优化网络环境，加强网络管理，营造良好的网络文化氛围。②健全网络法规，大力宣传倡导语言规范，对网络流行语的使用应严格遵照国家通用语言文字法的规定。

### （四）个人方面

作为学生，应该多参加社会实践等活动，增强其对事物的认识能力、分辨能力，提高筛选网络流行信息的能力；树立正确的人生观、道德观和价值观，坚持“不随意模仿，不盲目崇拜”的原则。在自我管理的同时，也要监督他人，确保其学习、生活环境的纯洁性，创造属于自己的“网络流行语”。

## 六、结语

网络流行语是广大中学生在网络上及生活中进行交际和发表言论的语言，是他们张扬个性和发挥创造力的产物，有着积极和消极两面性。作为教育工作者，应当紧跟时代，充分了解和认识网络流行语，客观而全面地看待网络语言，积极发挥网络流行语的教育功能，并引导学生正确使用网络流行语。

### 参考文献

[1] 汪磊. 网络流行语的“非网络化”浅议[J]. 语文建设. 2007(03).
[2] 孙崇飞，王恒兰. 网络流行语的产生理据认识分析[J]. 宜春学院学报，2010(07).
[3] 钟志奇，刘利. 网络流行语对大学生教育的影响及其对策探析[J]. 重庆交通大学学报，2008-12(6).
[4] 周明强. 语言文字规范的新领域与新对策[J]. 语言认知与语言应用探索，2010-07(1).
[5] 胡选萍，王琦，周芳. 网络流行语的教学功能探析[J]. 现代教育科学. 2011(5).
[6] 殷朝美. 网络流行语对现代汉语词汇的影响[J]. 语文学刊，2010(18).

### 作者简介

陈莉，1972年生，女，汉族，江西省南昌市人，博士学位，研究方向：信息化教学；网络传播。

# 让信息化教学走向农村

黄晓冬

（天津师范大学计算机与信息工程学院，天津，300387）

**摘　要：**这篇文章通过对城市和农村几所学校的信息化教学进行了调查研究，并通过数据进行了比较，得出了农村信息化教学水平还比较落后，人们对信息化教学的认识还不够深入，农村教师自身的专业技能还有待提高等等。根据农村现阶段的现状，文章提出了一些合理化建议，试图推动当前农村信息化教学水平，提高农村现代化教学进程，进而促进整个农村的现代化建设。在这些建议中，文章着重强调了要大力提高教师的师资力量，并提出了自己的见解；在对信息化教学的认识上，要摒弃传统的观点——信息化教学就是指信息技术课，并阐明了新的观点；最后针对农村孩子的一些特点，给出了一些特殊的网络课程教学设计。

**关键词：**农村；信息化教学；调查研究；建议

# The Information Teaching to Rural Areas

**Abstract**: By the research and the date comparison between the urban and rural school, this article get a result, that is the standard of teaching in rural information is still relatively backward. The person in rural is not know the information teaching in depth, the teacher's professional skills have to be improved, and so on. According to the current status in rural areas, the article puts forward some reasonable proposals, trying to promote the rural areas of information teaching level, to improve the teaching-learning process of the modernization of rural areas, thus contributing to the modernization of the entire rural. In these proposals, the article emphasize that it should impove the teachers' teaching ability; we must abandon the traditional view - Information Technology Division, and illustrates a new perspective ; finally, by the features of the rural children, this artile have given some special network teaching design.

**Keywords**: rural; the information teaching; research; perspective

随着教育技术科学的迅猛发展，我国在教育领域中对教育技术的应用得到了充分的发展，它不仅应用于学校教育，还应用于成人教育，企业培训，函授教育等各个领域。就在我们高兴的时候，我们农村的孩子却还没接触到这个名词。确实，这些年，我们城市的信息化水平已经很高了，很多孩子可以通过很多方式进行学习，不再是单一的学校课堂教学了，但是我们的农村却还是靠“一支粉笔一块黑板一张嘴教学”的教学模式。我们教育技术的定义就是运用现代化教学环境和资源来优化教学，然而我们农村孩子对这些现代的教学环境和资源却接触很少，因此在农村应用现代教育技术的话，那么孩子应该很感兴趣，这能激起孩子的学习兴趣和激情。所以我们更应该在农村实现信息化教学，关注农村孩子的未来。以下是我对农村信息化教学几个方面的研究

## 一、影响农村信息化教学滞后的分析和研究

以下是对我们家黄山市的一所农村学校和一所城市学校在信息化教学各个方面做的调查和分析。

## (一)对信息化教学的认识不够全面

**表1　城乡信息化教学认识对照表**

| 地区 | 对信息化教学的认识 | | | 对网络教学的认识 | | | 对多媒体教学的认识 | | |
|---|---|---|---|---|---|---|---|---|---|
| | 非常了解 | 基本认识 | 不了解 | 非常了解 | 基本了解 | 不了解 | 非常了解 | 基本了解 | 不了解 |
| 农村 | 4.1% | 63.4% | 32.5% | 5.2% | 54.3% | 40.5% | 15.3% | 62.2% | 22.5% |
| 城市 | 20.8% | 76.0% | 3.2% | 30.2% | 67.5% | 2.3% | 44.4% | 50.7% | 4.9% |

从此表可以看出,教师在对信息化教学基本上都有所了解,不论是农村,还是城市。但是从表中同样也反应出了一个问题,那就是在对信息化教学的认识程度上,城乡差距还是比较突出,城市的教师对信息化教学认识程度明显比农村的教师认识程度高。在调查过程中,就有些问题,我做了一些分析,农村教师普遍认为信息化教学就是指信息技术课,他们对信息技术与课程整合基本不了解,并基本不把它们运用与课堂上。在谈及网络课程其他的教学资源时,他们也很少知道。所以在观念上,他们对信息化教学存在片面的认识。

## (二)教师的师资力量薄弱

### 1. 信息化教学技能有所欠缺

**表2　城乡教师信息化教学能力差异**

| 地区 | Word 的操作能力 | | | Powerpoint 的操作能力 | | | 网业制作能力 | | |
|---|---|---|---|---|---|---|---|---|---|
| | 非常熟练 | 基本掌握 | 基本不会 | 非常熟练 | 基本掌握 | 基本不会 | 非常熟练 | 基本掌握 | 基本不会 |
| 农村 | 8.7% | 75.7% | 15.6% | 5.3% | 59.4% | 35.3% | 2.5% | 15.6% | 81.9% |
| 城市 | 63.5% | 35.3% | 1.2% | 45.3% | 46.6% | 8.1% | 12.6% | 45.1% | 42.3% |

此表反应出了我国城乡教师信息化教学能力的差异,我们从数据中可以看出,整体上,我国教师的队伍还是不错的,但是农村教师在计算机操作能力上比城市教师还是有一点差距的,特别是在 powerpoint 这项操作能力上差距很大。除此之外,我们农村教师对网络的理解还是有问题的,有些教师不会上网,这就直接影响了我们的信息化教学,所以在计算机应用能力上,还需加大农村教师的能力培养。

### 2. 农村教师不能很好的将现代化教学资源运用在课堂上。

**表3　城乡教师使用计算机辅助教学情况对比**

| 地区 | 经常使用计算机辅助教学所占比例 | 偶尔使用计算机辅助教学所占比例 | 基本不用计算机辅助教学所占比例 |
|---|---|---|---|
| 农村 | 8.7% | 15.7% | 75.6% |
| 城市 | 45.1% | 43.9% | 11% |

从这个数据上看,可以明显的反应出,城乡的信息化程度,在农村只有很少的一部分老师使用计算机辅助教学,而在城市在课堂上,基本都使用计算机辅助教学。这使得我们更应该关注农村的信息化,农村更需要大量投入信息化教育。

## (三)家庭环境与城市不统一

农村的孩子家庭环境和社会环境与城市的孩子都不一样,这也使得他们在教育方面影响很大,下面是对部分孩子家庭的调查。

**1. 没有良好的信息化学习的家庭环境**

**表4　城乡网络学习情况对照表**

| 地区 | 经常进行网络学习人数所占比例 | 偶尔进行网络学习人数所占比例 | 基本不使用网络学习人数所占比例 |
|---|---|---|---|
| 农村 | 5.6% | 22.1% | 72.3% |
| 城市 | 22.0% | 67.3% | 10.7% |

从这个调查中,我们能很明显的感受到城乡在信息化教育的差异,从农村来看,在网络上进行学习的孩子少之又少,家里联网的也是甚少,他们大多数家庭还没有能力支付买电脑,只有很少的家庭使用网络,并且在这甚少的家庭中,孩子进行网上学习的又是很少一部分。城市里孩子,家庭条件允许他们拥有网上学习的条件,基本上家家户户都用上了电脑了。没有信息化学习的环境,孩子只能从学校那里获得知识,学习方式单一,获得知识也是单一的。

**2. 农村孩子渴求这种信息化学习环境**

**表5　城乡孩子对网络学习的满意度对比**

| 地区 | 满意人数所占比例 | 不满意人数所占比例 | 不清楚人数所占比例 |
|---|---|---|---|
| 农村 | 55.8% | 13.9% | 30.3% |
| 城市 | 57.3% | 36.9% | 5.8% |

农村和城市对网络教学的满意度都还好,特别是农村很满意网络教学,觉得网络教学有助于孩子的进步,能激发孩子的兴趣,孩子学得很带劲,但是还有一部分人对网络教学了解甚少,使得这些孩子不会在网上学习,这就需要我们老师的指导了。但是城市对网络教学的满意度总体上没有农村高,这也给我们网络课程提出了一个新的挑战,说明我们的网络教学还存在着一些问题,比如网络教学的监督力度不够,使得自制力不足的孩子就迷失了方向。

**3. 城乡家庭成员结构及知识水平程度不同**

在一个城市家庭,一般有三口人,孩子有自己爸妈在身边,并且孩子的父母都是知识分子,对信息化学习有很多的了解,所以住在城市里的孩子在家里就能接受到很多的知识,不仅是从网络中学习到,也可以从父母那学到很多。而在农村,孩子大多是跟着自己爷爷奶奶,自己父母都出去打工了。而他们的爷爷奶奶大多都不识字,这样也导致农村孩子获得知识的来源很少,他们只能从学校那获得知识。而我们农村的学校的师资力量又相对城市比较薄弱,资源又比较短缺,这就需要孩子更要从网络中学习知识了,使得网络教学在农村需求更大,而孩子对网络学习的兴趣也更大。

### (四)社会投入不够,教学设施匮乏

一般来说,在农村,一所学校对信息化设备投入的力度远小于城市学校的投入。他们基本都是靠学校来投入一点,社会投入几乎为零,还有很多领导说,信息化教学只是形式,只要老师讲的好就行了,他们只拿考试成绩来衡量教学的质量,使得很多孩子的知识面太窄了。

除了资金上的投入不足,其次,投入比例也失调,他们只注重设备上的投入,而忽略了师资力量的投入,不知道给教师们做一些培训,使得很多学校的多媒体教室都不使用,造成了资源的浪费。

## 二、农村信息化校园建设

**1. 转变观点,从思想上重新认识信息化教育。**

任何新事物的发展都是一个漫长和曲折的过程,在这个过程中,首先我们要正确的认识它,信息化教学也是这样的。

不论是领导,还是教师,家长,以及我们的学生,我们要正确的认识信息化教学。社会每天都在变化和

发展，而这些变化讯息，在现代，大都是通过信息来传播的。从这个层面上，我们应该支持信息化建设。在教学方面，我们对信息化教学其实还存在着一个误区，那就是，很多领导老师认为，信息化教学，就是幻灯片教学，信息化教学就是信息技术课。其实，信息化教学不仅包括这些，它还包括将信息技术与课程整合，将现代的多媒体技术运用与教学，网络课程学习，远程教学等等。而我们信息化教学的目的是为了提高学生能力，是为了优化教学，让学生更多的将知识与实践结合起来学习。所以说呢，信息化教学不是一个简单的计算机教学。而我们农村更需要发展信息化教学，因为我们农村在这个方面还有所欠缺，并且将这个与传统教学结合起来，更能激起我们孩子的兴趣，在兴趣中学习，这能提高孩子的发现力和创造力。那么我们怎样提高人们对信息化教学认识呢？以下是我个人的建议。

我们可以在学校开展专题讲座，让大家从理论上认识信息化教学；其次，我们可以选择一组实验班，一个班级进行信息化教学，另一个进行传统教学，然后进行比较，我们得从多方面来比较这些孩子的发展情况，以社会和家庭以及学校的反应情况来感受一下两种教学方式的优劣，从实践中让人们真正的了解信息化教学。

**2. 大力提高教师队伍建设**

从上述的调查研究，我们可以发现农村信息化建设之所以落后，主要原因是我们的专业教师不够，我们教师自身的水平和认识还有待提高，要想培养好我们的孩子，除了我们的家庭教育和社会教育，在乡村最主要的还是我们的老师，这直接影响到我们农村整体的信息化水平。如何提高我们教师的信息化水平呢？在这里，我有几点建议。

第一，我们可以让农村教师和城市教师交换课程，让农村老师去城市学校上堂课，或者让农村老师和城市老师相互交流，相互学习，这样不仅可以加大城乡教师的互动，在教学方法和教学过程中互相学习，共同提高孩子的学习成绩；同时也可以加强城乡教师和学生的感情，减小城乡差距；更重要的是，在交流中，我们农村教师可以大大提高自己的计算机技能。第二，在校教育技术学生，研究生可以组织去农村，为农村教师进行专门的培训。这就可以减少农村学校的开支。当然，我们的目的是为了提高农村教师的信息化水平的。这样，我们在帮助农村教师的同时，我们自己也可以有次锻炼的机会，将所学知识投入到社会中去，还可以在实践中学到很多，在实践中发现我们教育技术专业存在的问题，以及发现新的研究方向。实践是检验真理的唯一标准。我们可以将我们的研究在实践中进行检验。

**3. 社会及学校要加大信息化教学的投入**

要搞好农村信息化教学，还得有大量资金的投入，来做保障。我们农村经济比较落后，在各方面发展都还不全面，这就需要有政府的大力关注了，政府可以做个专项资金投入到教育事业；其次，学校更应该大力在信息化教育中做出一定的支出，在信息化投入中，还得注重软硬兼顾，不仅要考虑到硬件设备的投入，也得加大教师的培训支出，做到最优比例。同时，我们鼓励社会各界人士关注农村教育事业，贡献一部分到教育事业中。我们还可以开展一些社会募捐活动来帮助我们农村的孩子。

**4. 教育技术研究人员开发出一些更适合农村信息化教学的软件和工具**

我们应该因材施教，根据每个孩子的特点来设计配套的课程。因为我们农村孩子跟城市里的孩子还是有很多差异的，环境上的差异也造成了他们性格上的差异，这就需要我们广大的研究开发者开发设计一些适合农村孩子的教程。比如在网络教学资源上，我们应该去关注农村孩子兴趣点和他们的一些特点来制定相应的课件，我们知道农村孩子的家长很多不在家，这就可以在教学中设定一个相应的监督机制，使得孩子有人监管。还有，农村孩子对一些现代化新事物接触很少，所以在网络教学中，我们就可以穿插一些现代化的知识进行学习，让孩子能了解更多的知识。

## 参考文献


[1] 杜威. 我们怎样思维、经验与教育[M]. 人民教育出版社

[2] 南国农. 电化教育学[M]. 高等教育出版社，1998

[3] 孙飞. 视频云计算在教育资源均衡化中应用的探讨[EB/OL]. http://www.etr.com.cn/2011/0519/2310/html. 2011-05-19


## 作者简介

黄晓冬，1986年生，女，汉族，安徽省黄山市人，在读硕士研究生，研究方向：教育信息系统管理与开发。

# 中小学生电子档案系统中素质评价指标与评语库的构建

王咸伟，刘欢欢，陈青云，郑少珍
（华南师范大学教育信息技术学院，广东广州，510631）

**摘　要**：本文简要介绍国内外学生综合素质评价的发展现状、OECD组织的PISA项目以及IEA组织的TIMSS项目等，分析了在当前中小学学生综合素质评价过程中存在的问题，并结合国内外相关研究现状和我们所承担的中小学学生成长电子档案支持系统项目，构建中小学学生综合素质评价指标体系。该评价指标体系包括三级指标，一级指标将包括6个指标元素，即道德思想素质、学业成就、身心健康、审美与表现、实践与创新、生涯规划，适用于学生从小学、初中到高中各学段的发展性评价，具有通用性好、伸缩性强等特点。本文还以该评价指标为依据构建相应的评语库，该评语库既能促进教师对学生的全面评价，又能减轻教师对学生的教学评价工作负担。文章最后提出了在中小学学生电子档案系统中，构建综合素质评价指标与评语库的重要意义。

**关键词**：中小学生；电子档案；综合素质评价；评语库

# The Construction of Integrated Quality Assessment Index and Comments Library in the E-File System in Primary and Secondary

**Abstract**: The paper briefly introduces the development status of the assessment of the overall quality of students at home and abroad, OECD organize the project of PISA and so on, IEA organize the project of TIMSS. Paper analysis the existing problems in the overall quality of the assessment process of the primary and secondary school. Electronic records in primary and secondary schools in the assessment system, combined with the research status at home and abroad and the project we undertake, to build a comprehensive quality assessment index system of primary and secondary school students. The assessment index system includes three indicators, level indicators includes six indicator elements, namely the moral and ideological quality, academic achievement, physical and mental health, aesthetics and performance, practice and innovation, and career planning. It can apply to students developing assessment from elementary school, junior high school to high school . It has the characteristic of versatility, scalability features. Integrated quality assessment based on primary and secondary school students build comments library, it promotes a comprehensive assessment to students, it also reduces the burden on the teachers. Finally, the paper introduces the importance of construction the integrated quality assessment and comments library's in e-file system in primary and secondary schools.

**Keywords**: primary and secondary school students; e-file; comprehensive quality assessment; comments library

《基础教育课程改革纲要(试行)》的课程评价部分，强调指出："建立促进学生全面发展的评价体系。评价不仅要关注学生的学业成绩，且要发现和发展学生多方面的潜能”[1]。实施素质教育是我国培养现代人才的重要战略举措。学生综合素质评价是一种全面呈现学生状态的评价，在循环往复的评价过程中，引导学生提高其综合素质。信息技术为我国教育信息化建设提供了良好的支撑技术，目前一些地区通过中小学生成长电子档案来对学生进行综合素质评价，为我国中小学生综合素质评价的发展插上了腾飞的翅膀。本文将结合我们所承担的项目——中小学学生成长电子档案支持系统[4]，构建中小学生综合素质评价指标体系，并根据指标体系构建评语库，以期为信息技术乃至普适技术环境下实现对学生的发展性评价提供评价标准和评语库。

## 一、综合素质评价国内外现状述评

### （一）国外中小学学生综合素质评价现状

这些年以来，国际上一些国家在中小学综合素质评价理论研究和实践摸索方面都取得了很大的进步。

加德纳的多元智能理论为建立综合素质评价提供重要的理论依据。国际上众多组织和项目致力于学生的各项素质评价，如经济合作与发展组织（OECD）主持了 PISA 项目，该项目的评价内容包括阅读、数学和科学素养[2]。国际教育成就评价协会（IEA）组织发起 TIMSS 项目，成为国际数学和科学评测趋势的缩写[3]。这些项目在学生综合素质方面，不仅强调学生要注重基本知识的获取，也强调学生将知识应用于实践的能力，问题解决能力，以及学生的创新性及批评性思维。各国在学生综合素质评价方面也各有千秋。美国在中学生阶段强调学生的生涯划规划，美国学校顾问协会（ASCA）为学校咨询项目建立了国家标准，即“ASCA 标准”[5]，把生涯发展与学业和个人、社会发展放在同等重要的位置上。在新加坡，学校教育评价通常被分为两类：持续性评价（CA）和阶段性评价（SA）[6]，持续性评价可采用课堂观察、沟通交流、学生作业作品、平时的测验、学生的实践等多种评价方式，对我国过程性评价实施具有启迪意义。新加坡教育部提出教育要培养和塑造终身学习者、思维创新者和有效交流者。日本基础教育课程新标准《学习指导要领》的核心目标是培养学生的创造力和生存能力。

国外许多开发商依据相关的学生成长评价理论，着手开发电子成长记录袋的制作工具来帮助学校、学习者。已有多家开发商着手开发电子档案制作工具，辅助学习者进行多媒体制作和电子档案制作。BlackBoard，WebCT，SCT Nuventive，Concord 和 McGraw-Hill 已经着手进行这方面的研发，并开发出相应的产品，如 Foliotek 系统。

### （二）国内中小学生综合素质评价现状

我国教育部“十二五”规划提出“将高中学业水平考试和综合素质评价有机纳入高等学校招生选拔工作”[7]，可以看出教育部将学生的综合素质纳入到学生升学选拔工作中。教育部颁布了《教育部关于积极推进中小学评价与考试制度改革的通知》[8]，提出要建立以促进学生发展为目标的评价体系，主张从道德品质、公民素养、学习能力、交流与合作能力、运动与健康六个方面展开对学生的综合素质评价。一些地方政府与高校、中小学合作，积极探索中小学生综合素质评价通用指标体系，并构建综合素质评价平台。

国内许多科研机构、学校以及企业公司在电子档案袋的应用领域进行了大量的尝试。如台湾淡江大学教育科技研究所开发了基于网络的学生电子作品管理系统；教育部初中生综合素质评价与高中招生制度改革项目组与北京泰盛德电子有限公司共同开发了初中生综合素质评价工具套件；深圳南山实验学校开发了中学生电子档案袋系统；佛山市顺德区新球中学开发的“新球初级中学学生网上综合素质评价系统”，用技术手段融入新的评价理念展开对学生的综合素质评价。

## 二、目前我国综合素质评价存在的问题

虽然我国中小学学生综合素质评价取得了一定的成果，然而，还存在一些问题：

### （一）综合素质评价结果与高校招生的软挂钩

目前各省市虽将综合素质评价结果与高校招生相结合，但综合素质评价结果只是作为高校招生的一个

参考依据，并没有真正作为高考招生录取的一个关键条件。

### （二）思想认识失衡

目前我国部分中小学校对学生的综合素质评价认识不足，评价方法比较单一，多采用传统的纸笔测验，过分强调评价的甄别和选拔功能，忽视激励与发展功能，过分重视学生知识与技能获得，忽视学生的过程与方法、情感态度与价值观的培养，过分关注对结果的评价，忽视了对过程的评价。

### （三）综合素质评价模型通用性、伸缩性差

目前，学生成长评价所涉及到的评价指标体系维度比较混乱，评价维度千差万别；评价大都是针对于某一学段进行的，缺少一个通用、可伸缩的中小学生成长综合素质评价指标体系。“重评价平台建设、轻评价标准构建、导致平台低水平建设、资源难以实现共享与交互操作”是当前我国对学生成长过程评价的最大弊端。

### （四）缺少基于评价标准构建的评语库

虽然目前各评价系统间或也提供一些相应的评语给用户，但是还未能建成评语库，形成通用的和可定制的评语库模板，难于满足学校、教师、学生、家长等各类用户的需求。

## 三、综合素质评价构建

“十二五”规划提出“到 2015 年基本建立科学的质量评价体系和有效的质量保障体系，青少年学生身心健康水平进一步提高，学习能力、实践能力、创新能力显著增强”[9]，这为建立我国中小学综合素质评价指标体系提供了政策依据。

本文作者在借鉴国内外评价指标体系的基础上，结合我国的基本国情及对佛山市顺德区实际研究结果[10]，构建“中小学学生综合素质评价指标体系”的基本结构模型，共包括两大部分，分别为通用评价指标元素和针对各个学段特点的分学段评价指标元素。评价指标体系分为三级评价指标，其中 6 个一级指标，包括道德思想素质、学业成就、身心健康、审美与表现、实践与创新、生涯规划，18 个二级指标。表 1 给出了不考虑权重项的评价指标体系的主要要素。

**表 1　中小学生综合素质评价指标**

| 一级指标 | 二级指标 | 三级指标 |
|---|---|---|
| 道德思想素质 | 国家、社会、集体与个人责任感 | 热爱祖国，热爱家乡。 |
| | | 关心社会和他人，愿意为他人和社会服务，积极参加社会、社区的公益活动。 |
| | 文明礼貌习惯 | 遵守校纪校规，尊敬师长，孝敬父母。 |
| | | 诚实守信，考试不作弊，不说谎话，公平公正。 |
| | | 举止文明，团结友爱，待人有礼貌，助人为乐。 |
| | | 热爱劳动，认真值日，积极参加班级、宿舍的大扫除活动。 |
| | | 爱护公物，爱护公共卫生，不随地吐痰，不乱扔废弃物。 |
| | 民主与法律素养 | 了解法律知识，遵纪守法。 |
| 学业成就 | 课程成绩 | 基础课程平时、期中、期末各科考试成绩。<br>具有学科特长，有学科竞赛成绩、获奖或作文发表情况。 |
| | 学习习惯与态度 | 遵守课堂纪律，课堂上不打闹，不随便说话。<br>课堂表现积极认真主动，积极思考，积极回答老师提出的问题。<br>独立、认真完成作业。 |
| | | 课堂考勤情况，按时上课，不迟到，不早退，有病有事不能上课要请假； |
| | 学习能力 | 珍惜时间，合理分配学习时间。<br>具有发现、解决问题的能力。<br>具有合作交流学习的能力。 |

续 表

| 一级指标 | 二级指标 | 三级指标 |
| --- | --- | --- |
| 身心健康 | 身体健康测试及体育活动中的表现 | 学生体制健康测试合格，精力充沛。 |
| | | 查看体育课表现与体育课成绩。 |
| | | 课间操表现进行考勤。 |
| | | 根据学生参加学校组织的各项体育活动的情况。 |
| | | 有体育特长，参加体育竞赛成绩、体育表演及获奖情况。 |
| | 生活卫生习惯 | 合理安排课余生活，坚持锻炼身体。 |
| | | 具有均衡的饮食习惯，不挑食。 |
| | | 讲究卫生，有良好的卫生习惯，生活有规律，按时作息。 |
| | 个人安全方面的技能 | 了解个人信息(如家庭号码、家庭地址、紧急联系方式)。 |
| | | 拒绝滥用药物、酗酒和吸烟。 |
| | | 了解在公共场合的安全常识(如交通安全、乘坐电梯等安全常识)，注意个人安全。 |
| | 心理健康与生活态度 | 学生心理素质测试合格。 |
| | | 明确自己的优缺点，正确认识自我，并客观评价自己。 |
| | | 接受失败和犯的错误，并从失败、错误中学习。 |
| | | 能控制自己的情绪，有自信心，保持积极乐观的心态，无过激行为。 |
| | | 欣赏、学习他人，发现他人的优点，不嫉妒。 |
| | | 意志坚强，在面对逆境与压力时，能用正确和适当的途径抒发情绪，激励自己。 |
| 审美与表现 | 审美情趣与习惯 | 衣着简单、朴素大方，个人仪表端庄。 |
| | | 举止文明，情趣健康，不看色情、凶杀、暴力的书刊，音像制品，健康上网。 |
| | | 热爱生活、自然、艺术、科学，不参加迷信活动。 |
| | | 理解对生命的尊重，尊重自己和他人的生命。 |
| | 音乐、美术课、文艺活动表现情况 | 查看学生音乐、美术课堂表现。 |
| | | 查看学生提交的美术作品，及学生音乐测试情况。 |
| | | 有文艺特长，参加文艺竞赛成绩、获奖情况。 |
| 实践与创新 | 参与实践的能力 | 运用已有知识和经验解决问题，并将知识应用到日常生活情景。 |
| | | 实验、口语、上机等学习环节的表现。 |
| | | 能参与并完成各类社会实践、兴趣小组、学校、班级组织的有意义活动。 |
| | | 动手能力强，有独立处理问题的能力。 |
| | 合作交流的能力 | 心胸宽阔，待人平等，宽以待人。 |
| | | 在交流中恰当将听、说和非言语动作相结合，有条理的与他人沟通交流。 |
| | | 在合作中，尊重不同的观点，善于听取他人意见，与他人互相交流与分享意见、经验和成果。 |
| | | 知道如何交朋友并与朋友保持关系。 |
| | | 关心体贴他人，能较好的解决冲突。 |
| | 理财能力 | 做到量入为出，不过分浪费，拒绝过度、超前消费行为。 |
| | 创新能力 | 具有发散思维，多角度思考问题，对问题有独特的构思。 |
| | | 在作文、模型、机器人制作等方面表现出丰富的想象力。 |
| | | 能运用所学知识进行探究、发明、创造活动。 |
| 生涯规划 | 升学与就业的权衡与准备 | 认识到自己的技能、兴趣和能力，并把它们与现实中的职业选择相联系。 |
| | 设定个人目标 | 订立自己人生中的各种目标，并能策划达到人生目标的计划。 |
| | | 在实施计划过程中，能自评目标实现情况，并能根据实际情况调整计划。 |
| | | 独立处事，先分析每件事的处理方法，然后做出恰当的决定。 |

## 四、评语库构建

评语库建立以激励学生为主要目标，评语库模板的构建以方便教师评价以及个性化定制为宗旨，根据上述学生综合素质评价体系的六个维度，对学生做出恰当评语。在中小学生成长电子档案系统中，教师可以从评语库中选择评语加工修改，添加个性化的评语，也可以直接利用评语库模板提供的评语或从模板中定制评语内容来对学生进行评价。由于篇幅有限，表2列举了针对每个二级评价指标体系的1-2条评语。

**表2　中小学学生综合素质评价评语库**

| 一级指标 | 二级指标 | 评语 |
|---|---|---|
| 道德思想素质 | 国家、社会、集体与个人责任感 | 你具有较强的集团荣誉感强。…… |
| | 文明礼貌习惯 | 你遵守校纪校规，是个有礼貌的孩子，见了老师你总会主动问好。…… |
| | 民主与法律素养 | 你非常正义，敢于同不公平的行为做斗争。…… |
| 学业成就 | 课程成绩<br>学习习惯与态度 | 你是非常出色的孩子，在学习上你谦虚好学刻苦努力，学习成绩名列前茅。……<br>相信你如果能常常阅读课外图书，会是个更优秀的学生，知识的海洋无边无际，尽情遨游吧。…… |
| | 学习能力 | 你一定要总结经验，扬长避短，认真探究适合自已的学习方法，提高效率，必有大的突破。…… |
| 身心健康 | 身体健康测试及体育活动中的表现 | 你是我们班的运动小健将，在这次的＊＊比赛中，看到你飞奔的身影，作为老师的我是多么高兴！…… |
| | 生活卫生习惯 | 希望你经常参加体育活动，锻炼好自己的身体。…… |
| | 个人安全方面的技能 | 上次你的夜不归宿行为，让父母和老师极为担心，出门在外一定要注意自己的安全。…… |
| | 心理健康与生活态度 | "只要功夫深，铁杵磨成针"你是个有毅力有恒心的人，对待什么事情都有着不达目的不罢休的韧劲和勇气。…… |
| 审美与表现 | 审美情趣与习惯 | 你的衣服上怎么还有邋遢城的地图，脸上还有邋遢市市民的印章呢？你是个聪明的人，快想想，应该怎么办呢？…… |
| | 音乐、美术课、文艺活动表现情况 | 你的歌声如百灵鸟般清脆悦耳，每次参加文艺演出，你的节目总能赢得热烈的掌声。…… |
| 实践与创新 | 参与实践的能力 | 积极参加社会实践活动。…… |
| | 合作与交流的能力 | 你似乎不善表达自己，老师希望你以后能更勇敢地表达自己的想法。…… |
| | 理财能力 | 你以后能管好自己的零用钱。…希望… |
| | 创新能力 | 肯动脑筋，会使你更加聪明。保持你的好奇心，这将是你创造的源泉。…… |
| 生涯规划 | 升学与就业的权衡与准备 | 你跟老师谈起过你的目标——做一名＊＊，千里之行，始于足下，努力向自己的目标前进；…… |
| | 设定个人目标 | 你需要选择，选择你的人生，老师尊重你的每一个选择，选择没有对错，错的只有你对待的态度。…… |
| 对学生的期望 | 望你记住："千里之行，始于足下"，只有脚踏实地，才能结出丰硕之果！<br>愿你振作起来，增强信心，永不厌倦、永远进取！…… | |

## 五、构建综合素质评价指标体系及评语库的重要意义

构建综合素质评价指标体系及评语库，首先可以促进学生全面发展，推进素质教育，同时改变教师的评价观念，提高教师的业务水平；其次，指标体系的建构，为相关的评价平台构建提供依据；另外，评语库建立可以极大的减轻教师负担，拓宽了教师对学生评价的思路。

## 参考文献

[1] 中华人民共和国教育部.基础教育课程改革纲要(试行)[EB/OL].
http://www.moe.edu.cn/publicfiles/business/htmlfiles/moe/moe_309/200412/4672.html.2001.6.8.
[2] 顾秀松,薛敏.PISA研究概述及其启示[J].科技信息,2011(3):92.
[3] 沈剑奇,杨建春.TIMSS和PISA中科学评测的启示[J].科教文汇,2011(6):95.
[4][10] 王咸伟,刘欢欢,陈青云,郑少珍.佛山市顺德区中小学学生成长电子档案支持系统需求调研报告[R].中小学学生成长电子档案支持系统项目组编(项目研究成果之一).2012年9月:1-41.
[5] Education Planner org. ASCA National Standards for Students [EB/OL].
http://www.educationplanner.org/counselors/asca-career-standards.shtml
[6] 王兄.TIMSS影射下的新加坡数学教育评价[J].外国中小学教育,2006(8):34-37.
[7][8] 中国教育.国家教育事业发展第十二个五年规划(全文) [EB/OL].
http://www.edu.cn/zong_he_870/20120723/t20120723_813704.shtml.2012.7.23.
[9] 教育部.教育部关于积极推进中小学评价与考试制度改革的通知[J].人民教育,2003(3):40-42.

## 作者简介

王咸伟,1965年生,男,汉族,海南省澄迈县人,副教授,硕士生导师,硕士学位(在读博士),研究方向:信息化教学系统开发;信息技术教育;认知神经科学与媒体学习等。

# 智慧校园引领教育技术发展与就业新方向*

马燕燕，胡中亚，万臣

（湖北工程学院计算机信息与科学学院，湖北孝感，432000）

**摘　要：**在物联网和云计算的时代里，部分学校已经迈上智慧校园的步伐。智慧校园是校园建设与发展的进步，是实现教育全面信息化的必经之路，是教育技术发展的一个重要方向。智慧校园在环境、资源和活动方面实现了全部的数字化与智能化，扩展了校园的时间和空间、提升了校园的效率、拓展了校园的功能，这些都是教育技术专业发展的目的和方向。智慧校园的发展定会带来新的行业，新的教育需求、人员需求。从智慧校园的实施过程和分类来看，智慧校园可以给教育技术毕业生带来信息就业方向和就业岗位，以此来提高教育信息化，实现双赢互利的教育发展新趋势。

**关键词：**智慧校园；就业；教育技术；物联网；教育信息化

# Intelligent Campus Guiding Educational Technology Development and New Employment Direction

**Abstract**: In the era on the Internet of things and cloud computing, some universities have been to the pace of intelligent campus. Intelligent campus is the progress on construction and development of campus, it's the Necessary way to realize education informationization, and it's an important direction on the development of educational technology. Intelligent campus achieves the full digital and intelligence on environment, resource and activity, expands the campus space and time, improves the efficiency of campus and increases the campus functions. These are all the purpose and direction of educational technology professional development. Developing of intelligent campus will bring new business, new educational needs, staff needs. From the campus of the implementation process and the classification, intelligent campus can bring graduates of educational technology new information employment direction and employment, in order to improve the education informatization, achieving win-win situation to mutual benefit education and developing new trend.

**Keywords**: intelligent campus; employment; education technology; internet of things; education informatization

校园发展经历了从传统校园到数字校园的历程，数字校园发展中逐渐出现了智慧校园。智慧校园的发展将会是校园的发展产生较大的变化和更新。

## 一、智慧校园发展现状

智慧校园是利用物联网、互联网、虚拟化、云计算等多种技术来改变教育范围内不同角色的交互方式，

* 基金项目：湖北省高等学校省级教学研究项目——教育技术学专业本科生就业现状、问题与对策研究。

这种交互并非单一和双向，而是多元化的交互，从而实现校园服务管理的智慧化和智能化。智慧校园是指一种以面向师生个性化服务为理念，能全面感知物理环境，识别学习者个体特征和学习情景，提供无缝互通的网络通信，有效支持教学过程分析、评价和智能决策的开放教育教学环境和便利舒适的生活环境（黄荣怀，2012）[1]。

智慧校园体现了物联网互通性、物物相连性和智能性的特点，通过物联网平台运用云计算的技术将海量信息进行整合产生新的信息，使之能够智能查找合适的用户从而给广大师生提供了智慧化的业务和服务模式。

## 二、智慧校园与教育技术的关系探讨

教育技术的宗旨就是让更多的更先进的技术能够更有力的促进的教育的发展的创新，使得教育的服务变得智慧化、智能化、整体化、跨越化。这与智慧校园的要求和理念是吻合的。从 AECT2004 定义出发，对智慧校园与教育技术的关系来进行剖析。

### （一）从目的看

教育技术具有双重目的：促进学习、改善绩效。智慧校园的建设与开发正是从促进学习为始发点，以多种先进的、熟知的技术开始，以改善绩效为重要目标和使用方式，采用 Ipad、Iphone、Android 等终端可以使用与连接的设备，使得教育变得更优化、管理方式变得简单化、评价模式变得高效化。促进学习和改善绩效的目的在智慧校园的环境下更进了一步，让教育技术的普及面变得更加灵活和广泛。

### （二）从范畴看

教育技术有三大范畴：创造、使用、管理。智慧校园对硬件、软件、资源进行改革、创造、升级等方式，目的皆在于更加合适的使用和方便高效的管理。2012 年 9 月份在中国西安举行主题为“物联网、云计算与智慧校园”的第三届全国数字校园建设与创新发展高峰论坛，特别强调教学新设备、新技术及其应用发展。论坛解读了智慧校园建设与对高校信息化水平及创新能力的影响，对我国教育信息化与数字校园建设运行情况进行了探讨，展望了高校教学信息化前沿展开讨论与交流，众多教育技术专业的前沿人士参与了论坛。

### （三）从研究对象看

教育技术有两大研究对象：过程和资源。智慧校园通过物联网实现学习资源和教学资源的有效整合，在实施的过程中不但节约了成本，将来也可以综合使用多个高校之间的信息系统，将可以共享的服务器资源进行统一整理，对学校的各类资源作统　的规划、分配和管理。智慧校园不仅仅是物与物之间的通信，更需要重视资源与应用的开发[6]。2011 年在广东佛山启动的“智慧校园”项目，用电子书包引领教育数字化。将录播系统与电子书包完美结合，同时有助于构建远程互动课堂系统，而且两者优势互补、相辅相成，优化了教学资源设计开发与应用[8]。

### （四）从主要特征看

教育技术的主要特征在于其技术性。技术发展是智慧校园建设的基础，在多种技术的支持下才能真正实现个性化服务的理念。北京师范大学教育技术学博士生导师黄荣怀教授提出，支撑智慧校园的关键技术有学习情景识别与环境感知技术、校园移动互联技术、社会网络技术、学习分析技术、数字资源的组织和共享技术等，这些都将直接影响到智慧校园的运行效率和质量[1]。因此技术性是教育技术的主要特征，也是智慧校园得以合理化实施的基本条件。

# 三、智慧校园引领教育技术发展与就业新方向

## （一）从智慧校园的实施过程来看

智慧校园对于校园来说是一个智慧共同体，可以依托专业人员通过智能业务平台和信息素养培训，通过一系列的技术促进智慧驱动，可以让校园内的教师、学生、管理人员以及校园外的家长即时使用智能的环境设施、感知智能信息存取和数据分析，这可以称之为智慧资源。智慧校园正是利用物联网、云计算等为校园的学习、教学、科研、管理提供的更加方便、多样、主动、灵活的服务模式。

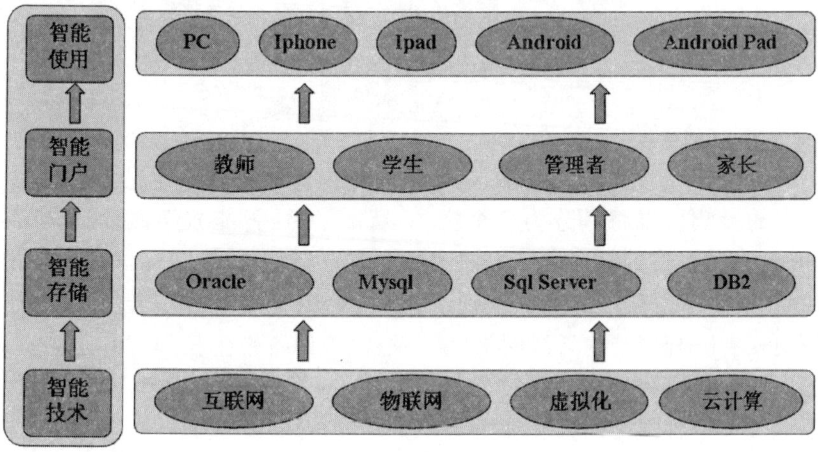


图 1　智慧校园实施流程图

智慧校园将基于计算机网络的信息服务融入学校的各个应用与服务领域，实现互联和协作，图 1 是智慧校园的实施流程图（如图 1），展示了从技术层到使用层智慧校园运行方向。下面从智能门户方面探讨智慧校园实施过程中，带给教育技术新的思考理念和发展方向。

**1. 教师**

智慧校园为广大师生提供全面智能感知环境和综合信息服务平台，让教师的教学资源能够瞬间传播到每个学生，学生也可以即时感知随时随地的资源更新与信息服务。

**2. 学生**

教育技术强调非正式学习，重视学生的个性化发展，智慧校园通过建设学生电子成长档案与个性成长空间，实现对学生成绩、实验、表现、社会实践活动、健康、心理变化等的信息化管理。每周、每月、每学期可以对学生进行定期的数据分析和智能建议，让学生能够加强自我认识与反思，同时保护了个人隐私。学生可使用智慧建议提出的多种解决方案与改善措施来改进思维方式、拓宽到专业外的其他方面。

**3. 管理者**

智慧校园使得学校可以对人员信息、物产信息、活动信息等进行数字化管理。教育技术将教育者、受教育者、教育媒体、教育信息作为教学传播的主要元素，智慧校园则更加全面地将校园内其它必要因素也融入进来，以电子学生证为载体，通过建设校园物联网，实现学校、教师、学生、之间的多元沟通，在学习、生活、管理等各方面实现了数字化、智能化管理与服务，推动了教育技术在智慧校园中进展。

**4. 家长**

教育技术的重要环节是完成一个系统后的反馈，智慧校园融入了这个步骤。智慧校园的特征之一是通过智能感知环境和综合信息服务平台。智慧校园将家长接入到整个校园系统中为学校与外部世界提供一个相互交流和相互感知的接口。

## (二) 从智慧校园的分类来看

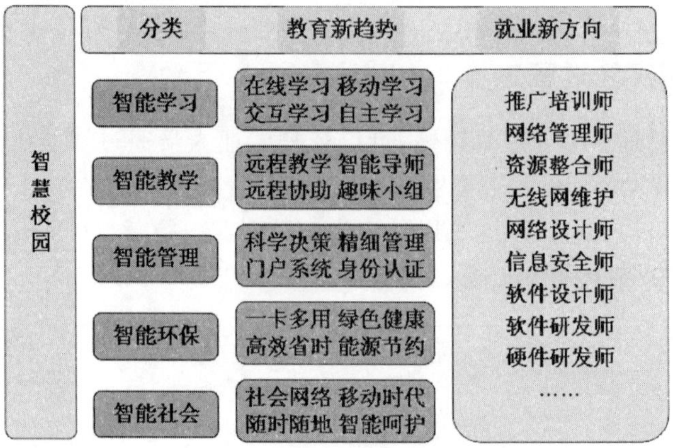


图 2 从智慧校园分类看新的就业方向

从智慧校园带来的影响可以将其分为 5 个模块:智能学习、智能教学,智能管理、智能环保,智能社会(如图 2)。每个模块都有其对应的教育发展方向和研究重点,目的是促进教学和学习的有效进行。教育技术的理念和宗旨可以辐射到智慧校园的每个角落。随着整个信息平台的功能增加,各个用户的自由度会逐渐放宽,数据的共享更便利。利用校内无线网络,可以把便携设备带到校园的各个角落,大量工作无须受地点局限,用户可以随时随地通过各类终端对校园进行管理、对数据进行处理。而所有数据的处理统一在信息平台上进行,可以同步实现各部门的共享和更新[2]。

由图 2 也可以看出每个模块对应的教育新趋势都会产生新的就业方向和就业岗位,这不仅是对教育技术发展的推进,更能对教育技术学专业学生的就业产生积极影响。

# 四、结语

智慧校园必将进一步推动着教育技术走上新的台阶,这对教育技术的发展既是机遇也是挑战,带给教育技术专业的毕业生也将是一次提升与考验的机会。总之,智慧校园带给教育技术的一定是积极的挑战,希望能够把握机遇,借助智慧校园的建设年代给专业一个全新的进展,希望毕业生能够尽快适应新的方向,让智慧校园之行稳步推进,让专业发展和就业更上台阶。

### 参考文献

[1] 黄荣怀,张进宝,胡永斌,杨俊锋. 智慧校园:数字校园发展的必然趋势[J]. 开放教育研究,2012, 18(4):12-16

[2] 吕倩. 基于云计算及物联网构建智慧校园[J]. 计算机科学,2011, 38(10A):18-22

[3] White paper: The Intelligent Campus(iCampus) End-to-end learning lifecycle of a knowledge ecosystem. Issue Number:Version 2.0,Issue Date:15th May 2010.

[4] 黄荣怀,杨俊锋,胡永斌. 从数字学习环境到智慧学习环境——学习环境的变革与趋势[J]. 开放教育研究,2012,18(1):12-24.

[5] 吴颖骏. 浙江大学:基丁"云"的智慧校园[J]. 中国教育网络,2010, (7):25-26

[6] 陈翠珠,黄宇星. 基于网络的智慧校园及其系统构建探究[J]. 福建教育学院学报,2012, (1):120-124

[7] 李卢一,郑燕林. 物联网在教育中的应用[J]. 现代教育技术,2010,20(2):8-10

[8] http://www.ceiea.com/html/201109/20110907104038y7gk.shtml 中国教育技术装备,佛山启动"智慧校园"项目 电子书包引领教育数字化,2012-8-10

### 作者简介

马燕燕,女,汉族,河南三门峡人,硕士,研究方向为:教育资源的设计与开发、新媒体资源开发。

# 电子书包在高中课堂应用前景的调查研究
## ——以佛山市南海区七所试点高中教师为例

黄继青，吴彩
（华南师范大学教育信息技术学院，广东广州，510631）

**摘　要**：为了促使智能教育在佛山市南海区高中课堂的广泛开展，佛山市南海区电教站与南海一中、石门中学狮山校区、南海华附、桂中小塘分校、大沥高中、南海九中和南海中学等七所高中共同开展了“南海区基于网络的个性化学习平台（电子书包）项目”课题。采用问卷调查法，收集相关数据，利用 SPSS 软件分析了佛山市南海区高中课堂教学现状、高中教师对电子书包的认识情况以及电子书包与学科相融合情况等相关信息，以期了解电子书包在高中课堂的应用前景。

**关键词**：电子书包；应用前景；调查研究

# The Research of the Application Prospect of Electronic Schoolbag in High School Classroom
## ——The respondents are the teachers in seven high school of NanHai in FoShan

**Abstract**: In order to promote Intelligent Education in high school of NanHai in FoShan, a project named “Based on the network personal learning platform (electronic schoolbag) project in NanHai” was held in seven pilot high school. We collect data through questionnaire survey, analyze with SPSS, aim to know the education state in NaiHai, the high school teachers' understanding of the electronic schoolbag, and the integration of electronic schoolbag with course, then we can know the application prospect of electronic schoolbag in high school classroom.

**Keywords**: electronic schoolbag; application prospect; research

## 一、研究背景

互联网时代，泛在学习、移动学习、个性化学习是学习技术创新发展的大趋势，根据《国家中长期教育改革和发展规划纲要（2010—2020年）》、《四化融合智慧佛山发展规划纲要（2010—2015）》和《关于加快佛山市智能教育工程建设工作意见》及《佛山市智能教育工程主要工作任务分解表》等有关“智能教育”文件指导精神，以南海区《国家教育体制改革试点项目》关于“推进基础教育高水平均衡发展”任务书、《佛山市南海区创建广东省教育综合改革示范区实施方案》以及《佛山市南海区教育事业发展“十二五”规划》等文件为依据，开展智能教育实践与探索工作。

该调查以教育部基础教育课程教材发展中心“十二五”重点项目为依托，以学校的课堂教学质量提升、师资队伍建设和教与学方式创新为目标，以学校现有的信息技术条件为基础，依托清华同方“知好乐教育云"所搭建的个性化网络服务平台，充分发挥虚拟课堂与现实课堂("双课堂")融合的优势，以基于网络的双课堂创新教学实践为突破口，通过资源共建共享、教师教学教研共同体构筑、师生共同体构筑等手段，来优化课程内容、转变教与学的方式，满足学生的个性化学习需求，促进南海教育高水平均衡发展。

因此，有必要对电子书包在佛山市南海区试点高中课堂上的应用前景开展调查研究，深入了解教师对电子书包的期望并提出建议，以期使电子书包能够真正融入高中课堂的个性化教学之中。

## 二、研究设计

调查对象为佛山市南海区七所试点高中(南海一中、石门中学狮山校区、南海华附、桂中小塘分校、大沥高中、南海九中、南海中学)的23名现任教师，涉及学科有英语、物理、化学、语文和数学。2011年10月，清华同方好知乐教育研究院针对佛山南海区七所试点学校、五门试点学科的教师开展了"基于网络的双课堂教学应用试点示范项目"培训，本研究的23名调查对象均参与了培训。

问卷设计过程如下：根据前期文献调研以及课堂观察初步设计问卷初稿，选取5个来自不同学科的教师进行试测，根据试测结果对问卷内容进行修订，修订后的调查问卷包括六个方面的内容，分别是个人基本信息、备课情况、教学方式与教学媒体选择、分层教学与作业评价、对电子书包的认识以及对电子书包的态度。

本研究调查问卷于2011年11月18日—2011年12月18日通过问卷星网站(http://www.sojump.com/jq/1096302.aspx)进行发放和回收，共发放30份问卷，回收23份问卷，回收率76.7%，其中有效问卷23份，有效率达100%。问卷回收率高于70%，本调查结果具备一定的可靠性。[1]

在调查的23名教师中，基本都是本科毕业生，主要来自南海一中，这是由于项目培训地点设在南海一中，表1显示，调查对象的学科分布趋于平均。

**表1 学科分布**

| 学科 | 语文 | 数学 | 英语 | 化学 | 物理 |
|---|---|---|---|---|---|
| 人数 | 6 | 4 | 4 | 3 | 6 |
| 百分比 | 26.10% | 17.40% | 17.40% | 13.00% | 26.10% |

表2显示，在教龄方面，调查对象的选择主要集中于"10—20年"和"1—3年"，比例分别是43.50%和30.40%，这表明，调查对象的教龄层次区分明显，因此，本研究首先将教龄进一步分层，以10年为界线，10年以下定义为青年教师，10年以上定义为中年教师，如表2所示。

**表2 教龄层次**

| 教龄层次 | 青年教师 | | 中年教师 | |
|---|---|---|---|---|
| 教龄年限 | 1—3年 | 3—10年 | 10—20年 | 20年以上 |
| 人数(百分比) | 7(30.40%) | 4(17.40%) | 10(43.50%) | 2(8.70%) |
| 百分比 | 47.80% | | 52.20% | |

## 三、调查数据分析

### 1. 备课情况

备课是重要的教学环节之一，是教师教案形成的主要阶段，教师在教案设计过程中应充分考虑学生学习水平的差异，满足学生的个性化需求，所以备好课是个性化教学的前提和重要保证。因此，有必要对教师的备课情况进行调查。

如表3所示，在备课资源选择方面，调查对象中有47.8%(接近一半)选择"网络教学资源"，有30.4%选择"区域性优质教学资源"。这说明教师备课资源的选取已经逐渐向电子化资源迈进，同时也表明佛山市高中教师能将区域性优质教学资源运用到自己的教学中，更好地突出地区的个性化发展。

**表 3　备课资源**

| | 书本、图书馆教学资源 | 网络教学资源 | 区域性优质教学资源 | 其它 |
|---|---|---|---|---|
| 百分比 | 17.4% | 47.8% | 30.4% | 4.3% |

在备课时间方面，我们了解到中年教师相对青年教师普遍需要花更多时间，这一方面反映了中年教师认真的备课态度，另一方面也反映出中年教师的信息素养相对较低，对于信息时代的新型教学工具掌握程度不如青年教师，从而需要花费更多的时间来备课。

在备课问题方面，如表 4 所示，有 65.2%的教师认为“教学任务重，备课时间难以保证”是备课过程中存在的主要问题，这说明教师利用电子书包进行备课仍需要一段适应期，同时也反映出当下教师教学任务重是一种普遍现象。因此，可以通过电子书包丰富的平台资源和个性化服务为教师减负。

有 39.1%的教师认为自己的信息检索能力不够，这反映出当互联网资源冲击传统教学资源时，对教师的信息检索能力提出了更高的要求。因此，在信息时代，我们急需注重教师的信息素养教育。

另外，大部分教师肯定自己的学科知识并认为学科教研组成员的积极性较高，这将成为学科与电子书包融合非常重要的推动力量。但同时也应意识到，仍有 21.7%的教师认为自己在个人学科专业知识上存在着一定的欠缺，这方面可以在后期的教师培训与学科教研组成员研讨交流中得到改善。

**表 4　备课问题(多选题)**

| | 个人学科专业知识欠缺 | 学科教研组成员积极性不高 | 信息检索能力不够 | 教学任务重，备课时间难以保证 | 其它 |
|---|---|---|---|---|---|
| 百分比 | 21.7% | 17.4% | 39.1% | 65.2% | 26.1% |

### 2. 教学方式与媒体选择

通过调查，我们了解到现有课堂教学方式中，讲授式仍然占据首要位置，大部分教师都是利用 PPT 进行教学的，部分教师还辅以 Flash 开展教学，而很少采用专题网站或者虚拟仿真实验，这是由于学校现有的教学环境大多都是多媒体课室和传统课室，网络课室及仿真实验室较少，无法开展专题网站教学和虚拟仿真实验。

但是，在对现有课堂互动程度的调查中，有超过半数(52.2%)的调查对象选择了“比较高”且有 4.3%的选择了“非常高”，如表 5 所示，通过计算，得分率＝0.28，因此学校课堂上的互动程度总体比较高。

**表 5　互动程度**

| | 非常高 | 比较高 | 一般 | 不是很高 | 完全不高 |
|---|---|---|---|---|---|
| 百分比 | 4.3% | 52.2% | 39.1% | 4.3% | 0% |
| 赋值 | 2 | 1 | 0 | −1 | −2 |
| 得分率 | [1＊2＋12＊1＋9＊0＋1＊(−1)＋0＊(−2)]/2＊23＝0.28 | | | | |

### 3. 分层教学与作业评价

(1) 教师布置作业情况

通过访谈，对于不同层次的学生，大部分教师在作业内容布置上不存在差别，基本采用统一的作业。尽管班级学生层次不同，但因材施教需要花费更多的精力和时间，且在传统教学方式下，实施难度更大。

(2) 学生完成作业情况分析

① 学生完成作业比例

从表 6 可以看出，在完成作业比例方面，分别有 60.9%和 13.0%的调查对象选择了“比较高”和“非常高”，通过计算，得分率＝0.41，这表明学生按时完成作业的比例高。通过卡方检验，计算出 sig＝0.484＞0.01，这表明不同学科的学生在作业完成比例上不存在显著差异。因此，教师可以可以尝试利用电子书包布置一些拓展性的题目供学有余力的学生学习。

表 6　学生作业完成情况

| | 非常高 | 比较高 | 一般 | 不是很高 | 完全不高 |
|---|---|---|---|---|---|
| 百分比 | 13.0% | 60.9 % | 21.7% | 4.3% | 0% |
| 赋值 | 2 | 1 | 0 | −1 | −2 |
| 得分率 | [3*2+14*1+5*0+1*(−1)+0*(−2)]/2*23=0.41 | | | | |
| Pearson Chi-Square | Sig=0.484 | | | | |

② 学生完成作业质量

表 7 显示，大部分学生完成作业的质量都集中于“一般”和“比较高”，分别达到 56.5%和 34.8%，通过计算，得分率=0.20，这表明，学生完成作业的质量一般。通过卡方检验，计算出 sig=0.692>0.01，这表明不同学科的学生在作业完成质量上不存在显著差异。因此，我们可以尝试利用电子书包的分层作业设计来提高学生完成作业的质量。

表 7　学生作业完成情况

| | 非常高 | 比较高 | 一般 | 不是很高 | 完全不高 |
|---|---|---|---|---|---|
| 百分比 | 4.3% | 34.8% | 56.5% | 4.3% | 0% |
| 赋值 | 2 | 1 | 0 | −1 | −2 |
| 得分率 | [1*2+8*1+13*0+1*(−1)+0*(−2)]/2*23=0.20 | | | | |
| Pearson Chi-Square | Sig=0.692 | | | | |

(3) 学生综合成绩评价方式

通过访谈，我们了解到参照测验分数仍然作为各个学科教师评价学生综合成绩最主要的方式，也有大部分教师通过“参考课堂纪律与表现”和“学生作业完成情况”来评价学生，但它们仅仅是辅助方式，占综合成绩的比例普遍很低。

**4. 对电子书包的认识**

(1) 对电子书包的认识程度

关于电子书包目前业内还没有统一的定义，祝智庭认为从硬件设备角度上讲，电子书包就是一种个人便携式学习终端；从电子书包教育教学的系统功能架构视角看，电子书包是学生的个人学习环境。他还提到个性化、移动性、按需服务是新一代电子书包的关键特性。[2]

高志丽认为电子书包是若干电子书按照科学的结构融合而成的教学资源包，包含学生学习需要的教材、教辅、工具书等。[3]而祝智庭从硬件装备领域的视角提出电子书包的定义，他认为电子书包是一种未来型的教育电子产品(大多体现为轻便型移动终端)，融合了数字阅读和上网通讯两大主要应用功能。[4]

根据以上的定义，我们收集了相关数据。如表 8 所示，其中有 87.0%的调查对象认为电子书包是“集掌上阅读、上网、网上自主学习为一体的学习平台”和 82.6%的调查对象认为电子书包是“集教材、教辅工具、教学案例资源于一体的学习设备”，也有相当一部分教师选择了“融合多学科教学内容的电子学习设备”，达到 65.2%。

表 8　对电子书包的理解(多选题)

| | 融合多学科教学内容的电子学习设备 | 集教材、教辅工具、教学案例资源于一体的学习设备 | 集掌上阅读、上网、网上自主学习为一体的学习平台 | 一台平板电脑 | 其它 |
|---|---|---|---|---|---|
| 百分比 | 65.2% | 82.6% | 87.0% | 17.4% | 4.3% |

(2) 电子书包及其平台的特点

通过调查，在硬件方面，大部分教师希望电子书包最应具备的特点是“操作界面友好”和“电池续航时间长”；在软件方面，“教学资源丰富”和“互动性强”是教师普遍提到的两个方面。

(3) 电子书包平台的教学资源分析

业内人士就意识到仅有一个终端设备是远远不够的，辽宁出版集团、北大方正等组成的“书包联盟”普遍认为：“电子书包”最终的竞争是内容的竞争，内容才是核心生产力。[5]

(1) 电子书包平台的教学资源丰富程度

通过试用现有电子书包学习平台，并访谈部分教师，我们得出现有的学习平台教学资源不够丰富。由于设备技术问题，大部分视频资源在电子书包上无法正常播放，导致教师无法正常利用其进行教学。

(2) 电子书包平台的教学资源内容分析

通过进一步调查，教师认为电子书包平台应当具备的教学资源是“师生互动资源”，和“优质案例资源”，比例都达到 91.3%，如表 9 所示，另外有相当一部分教师也希望电子书包平台能够具备“教材资源”和“地区个性化教学资源”，这表明，教师希望平台教学资源具备多样化的特征，在完善平台资源时应注重对学习交互的设计，侧重于优质案例的建设。

**表 9　电子书包平台的教学资源(多选题)**

| | 教材资源 | 优质案例资源 | 地区个性教学资源 | 师生互动资源 | 其它 |
|---|---|---|---|---|---|
| 百分比 | 87.0% | 91.3% | 82.6% | 91.3% | 4.3% |

**5. 对电子书包的态度**

在“教师是否愿意应用电子书包进行教学”上，多数教师对利用电子书包进行教学持中立态度，达到 39.1%，如表 10 所示，另有相当部分教师还是“比较愿意”利用电子书包进行教学。通过计算得分率大于 0，这表明教师基本愿意利用电子书包进行教学。

**表 10　应用电子书包进行教学**

| | 很愿意 | 比较愿意 | 一般 | 不是很愿意 | 完全不愿意 |
|---|---|---|---|---|---|
| 百分比 | 4.3% | 34.8% | 39.1% | 17.4% | 4.3% |
| 赋值 | 2 | 1 | 0 | −1 | −2 |
| 得分率 | [1 * 2+8 * 1+9 * 0+4 * (−1)+1 * (−2)]/2 * 23=0.09 | | | | |

在“对电子书包应用的期望”上，表 11 显示，对电子书包应用的期望主要集中于“一般”和“比较期望”，选择率分别为 39.1%和 34.8%，通过计算，得分率大于 0，由此可以推断出，大部分教师期望电子书包的应用前景比较看好。

**表 11　对电子书包应用的期望**

| | 很期望 | 比较期望 | 一般 | 不是很期望 | 完全不期望 |
|---|---|---|---|---|---|
| 百分比 | 0% | 34.8% | 39.1% | 17.4% | 4.3% |
| 赋值 | 2 | 1 | 0 | −1 | −2 |
| 得分率 | [0 * 2+8 * 1+10 * 0+4 * (−1)+1 * (−2)]/2 * 23=0.04 | | | | |

## 四、研究结论与建议

**1. 研究结论**

(1) 佛山市高中教学方式陈旧，个性化教学不明显

首先，教师的教学方式仍然以课堂讲授式为主，这与佛山市大部分学校的教学环境是传统课室或多媒体课室有很大关系。在多媒体课室中，PPT 几乎成为不可或缺的教学工具。

其次，佛山市高中教师的备课方式主要集体备课与独立备课相结合来完成教案的设计。调查显示，佛山市高中教师主要利用网络教学资源进行备课，能够将区域性优质教学资源运用到自己的教学中，更好的突出了地区的个性化发展。

最后，佛山市高中生基本能够按时按量完成作业，但是课堂上个性化教学不明显，不同层次学生的作业内容不存在差别。

（2）电子书包与学科融合时机越趋成熟

首先，教学任务重成为制约佛山市高中教师开展其他新型教学方式的重要因素，电子书包不仅可以为学生减负，教师也可以通过电子书包的平台资源和个性化服务为自己减负。

其次，佛山市教师认为电子书包是"集掌上阅读、上网、网上自主学习为一体的学习平台"，电子书包应当具备友好的操作界面且电池续航时间长，其平台的设计应主要考虑学习资源的丰富程度以及界面的交互性，才能满足教学的需求。这表明佛山市高中教师已基本了解电子书包的功能和特点，这有利于电子书包应用于课堂教学。

最后，佛山市大部分高中教师表示愿意利用电子书包进行教学，且期望电子书包的应用能够得到推广，这为电子书包与学科融合提供强大的精神动力。

**2. 建议**

（1）提高教师的信息素养

调查发现，有相当一部分教师认为自己的信息检索能力不够，这反映出了当互联网资源冲击传统教学资源时，对教师的信息检索能力也提出了更高的要求，但是仍有相当一部分教师对自己的信息检索能力不够自信。因此，我们急需加强教师的信息素养教育。

（2）发挥教师共同体的作用

调查表明，大部分教师肯定自己的学科知识并认为学科教研组成员的积极性较高，通过教研组的交流，不仅能使教师对自己学科专业知识有全面的掌握，还可以改善在备课过程中存在的问题。佛山市高中教师采取集体备课和独立备课相结合，集体备课有利于发挥教师共同体作用，促进教师互相解决备课问题并借鉴对方的备课经验，以便进一步完善自己的教学设计；而独立备课能使教师反思自己的教案，根据学生的而不同层次设计个性化的课堂。

（3）开展学生个性化学习

教师可以利用电子书包优化作业的呈现方式，为学有余力的学生提供拓展性练习，将电子书包连入网络，随时随地与学生进行交流讨论。通过了解，高中生的自制力不高，在使用电子书包开展个性化学习同时还应加强对学生使用权限的管理。

## 参考文献


[1] Ray. 调查问卷的发放与回收[EB/OL]. http://blog.sojump.com/post/e8b083e69fa5e997aee58db7e79a84e58f91e694bee4b88ee59b9ee694b6.aspx,2008-10-22/2012-1-3

[2] 黎加厚."电子书包"的遐想[J]. JOURNAL OF DISTANCE EDUCATION,2011,111.

[3] 高志丽. 电子书包将成为学习的主要工具[J]. 出版参考,2010,(3).

[4] 祝智庭，郁晓华. 电子书包系统及其功能建模. 电化教育研究,2011 (4),24-27 转 34.

[5] 石鹏峰. 持续推进"电子书包"的若干建议. 中小学信息技术教育,2011(2),17-19.


## 作者简介

黄继青，1989 年生，男，汉族，广东省揭阳市人，硕士研究生，研究方向：教育电视。

# 基于物联网的日常学习行为分析系统研究

肖兵，黄烟波
（中南大学现代教育技术中心，湖南长沙，410083）

**摘　要**：学生的学习和研究成果与日常学习行为存在密切联系，为了实现对学生日常学习行为的分析，找出学生个性化学习规律和实现校园管理的智能化。文章对物联网和日常学习行为的内涵进行了相关阐述，在物联网技术的基础上，结合数据库技术和网络技术设计了针对学生自主学习的日常学习行为分析系统，实现对学生日常学习行为数据进行记录和统计，筛选出有用信息并结合相关分析策略找出学生个性化学习规律，为教育分析和管理提供相关参考数据，同时为学生的研究性学习提供个性化指导和服务；文章并对物联网相关技术在日常学习行为系统中的应用和数据保密进行了探讨。

**关键词**：物联网；学习行为；行为分析

# Based on the Internet of Things of Daily Learning Behavi or Analysis System Research

**Abstract**: Students' learning and research achievements have close link with learning behavior, in order to analyze the student's daily learning behavior, find out the personalized learning rules and realize the campus management intelligent. The articles elaborate the connotation of the Internet of things and daily learning behavior, On the basis of things networking technology, combined with database technology and network technology, designed for stud-ents' autonomous learning daily learning behavior analysis system, it is to realize the students' daily learning beha-veior data records and statistics, screening of effective information and combining correlation analysis strategy to find personalized learning rule and providing relevant reference data for education analysis and management, at th-e same time, to provide personalized guidance and services for the students' research learning; Article on the Inter-net of things related technology in daily learning system and data security is discussed.

**Keywords**: the internet of things; learning behavior; behavior analysis

物联网的不断发展和相关技术的不断成熟，对校园建设和管理将产生深远影响。随着高校研究性学习的不断推进，高校对学生自主学习能力的要求不断提高，如何做好对学生学习主动性的考评和为学生提供个性化学习服务是高校教学管理的一个难题。日常学习行为分析系统利用物联网相关技术获取学生学习行为数据，整理挖掘出学生的个性化学习规律，为教育管理和学生考勤提供客观依据。

## 一、物联网与日常学习行为分析

### （一）物联网的概述

物联网(The Internet of Things)的概念是1999年美国Auto-ID中心在建立物品编码、RFID技术和互联网的基础上提出的，它至少包含三方面的含义：第一，物联网的核心和基础是互联网，互联网为物联网提供了运行环境；第二，物联网的手段是通过射频识别技术将物品虚拟化和数字化，实现其在互联网上传输；第三，物联网的目的是实现物品的互联通信，对物品进行数字化管理。物联网是一种非常复杂、形式多样的系统技术。根据信息生成、传输、处理和应用的原则，可以把物联网分成 4 层：感知识别层、网络构建层、管理服务层和综合应用层[1]。物联网各层之间既相对独立又联系紧密，在综合应用层以下，同一层次上的技术互为补充，适应不同的环境，不同层次提供各种技术的配置和组合，根据应用需求，构成完整的解决方案。

### (二) 日常学习行为分析

行为理论和行为科学认为，人类行为是人与环境之间双向交互的过程[2]。日常学习行为是指学习者与学校学习环境之间的交互获取知识的一个过程。日常学习行为分析是指在获得学生学习行为基本数据的情况下，对相关数据进行整理、统计、分析，从而发现并挖掘出学生在学习的过程中行为活动上所表现出来的规律，并将这些规律与某一种或几种学习策略等相结合进行分析，找出目前学习者学习活动中可能存在的问题，并为学生在学习过程中推荐资源、进行合理学习干预等提供依据[3]。日常学习行为分析内容包括学生基本信息、学习场所、学习时间、学习类型等。

## 二、日常学习行为分析系统总体设计

日常学习行为分析系统是通过对学生在学习过程中的学习场所、学习类型等一些行为进行跟踪记录，然后对这些数据进行处理分析，找出数据中隐含的、有用的信息。

### (一) 系统设计原则

基于物联网的日常学习行为分析系统的目的是在信息化时代利用现代技术手段更好为学生提供优质服务，同时提高教学管理效率，基于以上思路，系统设计应该遵循以下几点原则。

**1. 以学习者为中心**

校园中无论是教学还是后勤管理，其目的都是为学生获取知识提供支持和服务，日常学习行为分析系统通过分析学生行为，找出学生个性化学习规律，教学管理者根据每个学生的学习规律适时为学习者提供个性化服务。

**2. 开放性**

开放性不是意味任何人都可以登录到日常学习行为分析系统，而是系统必须留有 API 接口与学校选课系统和教务系统等应用服务衔接。

**3. 保密性**

日常学习行为分析系统中保存学生信息和学生学习行为数据，这些都涉及到学生的隐私，因此在系统登录过程中采取单点登录和统一身份认证方式，同时对一些重要数据进行及时备份和加密处理。

### (二) 系统总体设计

日常学习行为分析系统具有学生管理、日常考勤、行为监控等功能，主要分为五大模块：学生信息管理模块、日常考勤功能模块、行为监控功能模块、资源热度统计模块、服务推荐功能模块。系统的功能结构图如图 1 所示

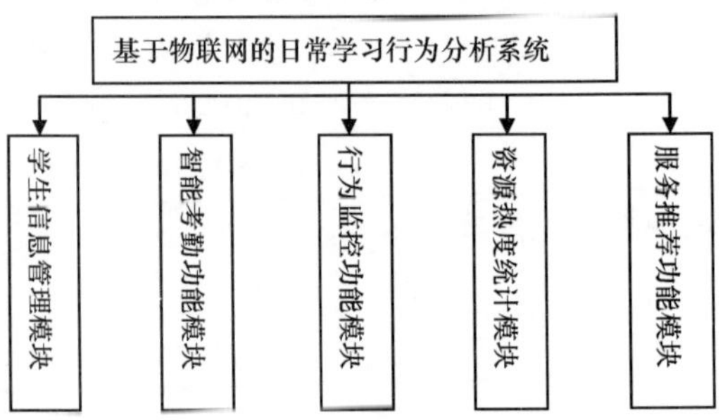


图 1　功能模块结构图

日常考勤功能模块将学生 RFID 校园卡在课堂登录记录和选课系统中学生选课信息进行比对，信息完全吻合表示学生是满勤，否则表示有缺勤，系统根据缺勤比例自动给出学生考勤分，有利于节省教师考勤时间和提高管理效率；行为监控功能模块是对学生在校学习过程中学习行为的监管，主要是观察在一学期内学生进出教室、自习室和图书馆的次数、持续时间等，通过将这些数据与学生的学业成绩和研究成果进行分析比对，找出学生学习行为之间的规律，并将分析结果以图表的形式显示出来，便于教学管理者和教师及时查看学生的学习情况。资源热度统计模块是根据学生进出学习场所数据，将按照场所的使用次数对学习场所进行排序，将排序结果以图表形式显示出来，便于教学管理者查看学习场所的使用率以及对学习场所进行配置提供客观依据；服务推荐功能模块对学习场所实时人数情况进行统计，然后根据学生的学习习惯将场所使用情况以短信的形式发送给学生，学生根据信息自主选择学习场所，同时系统会自动统计出学生一天当中持续学习时间，如果学习时间占一天总时间超过一定比例，系统将自动发送提示信息，提醒学生应该加强休息和锻炼。

## 三、日常学习行为分析系统智能考勤模块设计

学生考勤是日常教学中重要组成部分，传统考勤一般由科任老师负责，影响上课时间和效率，利用物联网的 RFID 技术进行考勤，有利于实时记录保存学生的出勤情况，提高教学效率。

### （一）智能考勤模块详细设计

智能考勤模块通过射频识别系统获取学生进出教室的地点、时间记录与学生选课系统信息进行比对分析，系统根据分析结果自动给出考勤分，学校教务系统可以通过日常学习行为分析系统 API 接口调用学生考勤分，教学管理人员和教师可以登录到系统查看学生的考勤情况和整个班级的考勤情况。智能考勤流程如图 2 所示：

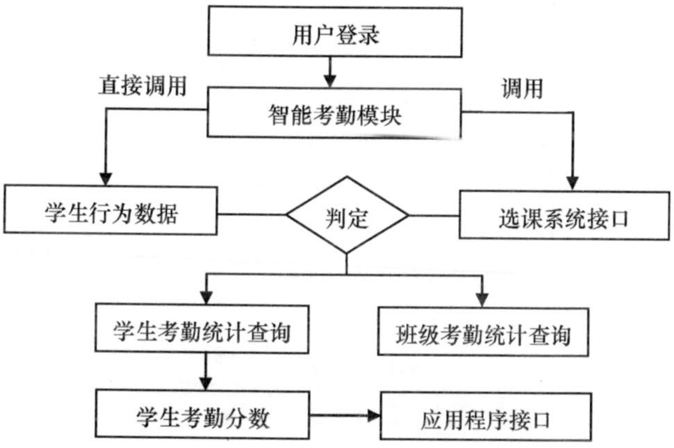


图 2　智能考勤流程图

### （二）行为数据的采集

日常学习行为分析的前提是获取学生行为数据，数字化校园时代学生学习行为数据采集困难，主要通过管理人员手工录入，在物联网环境中通过射频识别技术可以实现实时以非接触方式获取学生学习行为数据。

日常学习行为数据主要包括学生进出教室、图书馆、自习室的时间和持续时间，在这些场所安装 RFID 读写器，学生携带贴有 RFID 标签的校园卡，读写器通过射频无线信号读取校园卡信息通过校园无线网络将数据传递给 RFID 中间件，中间件对采集到的数据进行预处理并提供数据服务接口，日常学习行为分析系统通过应用程序接口获取服务数据对其进行统计分析和其他应用。日常学习行为采集流程如图 3 所示：

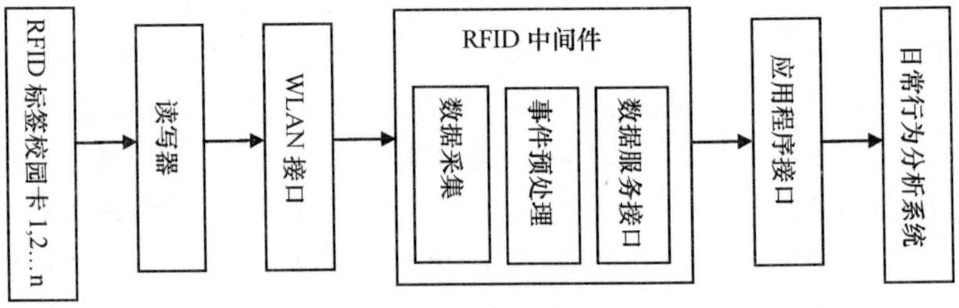


图3　日常学习行为采集流程

## （三）射频识别系统设计

射频识别系统由电子标签、读写器和计算机网络组成，电子标签具有唯一的电子编码，用于存储学生相关信息。校园卡采用EPC码64位数据结构存储学生信息，EPC码的结构包括版本号、域名管理、对象分类和序列号，版本号固定，其它分别对应学校名、专业＋姓名、学号；读写器通过天线与电子标签进行无线通信，实现对电子标签数据的读取，再将学生信息传递给后端计算机网络，读写器采用与电子标签相同的高频段，通过时分多路存储方式读取校园卡信息；射频识别系统中有多个读写器，每个读写器将获取到的信息通过无线局域网传递给RFID中间件。

## （四）RFID中间件设计

RFID中间件起到一个中介的作用，目的是对上层应用和底层硬件多样性进行屏蔽，对外提供统一的应用服务接口。RFID中间件具备三大功能：数据收集、事件预处理和服务提供。中间件通过统一数据接口采集校园卡电子标签学生信息；再对大量不确定、乱序、无意义和冗余数据进行预处理，通过数据服务接口将处理好的数据提供给日常行为分析系统。

## （五）防碰撞处理

学生进入学习场所有时会出现多个校园卡处于同一个读写器的作用范围，信息传输将产生冲突，导致信息读取失败，根据校园的实际需求在本方案使用帧时隙ALOHA算法来解决标签冲突。在FSA中，“帧”(Frame)是由读写器定义的一段时间长度，其中包含若干时隙。标签在每个帧内随机选择一个时隙发送数据，所有标签应答同步，即只能在时隙(Slot)开始点向读写器发送信息，每个标签发送的时隙是随机选择的。

读写器当前使用帧的长度为N，标签数为n，在一个时隙中存在r个标签的概率为：

$$B(r)=\binom{n}{r}\left(\frac{1}{N}\right)\left(1-\frac{1}{N}\right)^{n-1}$$

当r=1时，表示一个时隙只有一个标签，即成功读取的时隙。因此，在一个阅读周期中读取标签数的期望值为：

$$a_1^{Nn}=N-B(r)=N-n\left(\frac{1}{N}\right)\left(1-\frac{1}{N}\right)^{n-1}$$

其中，$a_1^{Nn}$表示只有一个标签占据一个时隙的时隙总数。其中帧长度为N，标签总数为n。系统效率为PN：$P_N=\frac{a_1^{Nn}}{N}$，根据推算，当标签数量与帧时隙数相同时，读写器的识读效率最高[4]。在实际开发与安装过程中，根据学习场所的人流量情况自主设定读写器的帧时隙数。

## （六）数据传输安全设计

信息安全是物联网建设过程中的重大课题，在日常学习行为分析系统中主要采用逻辑加密型RFID电子标签和数据传输过程中对信息进行加密方式对数据进行保密处理[5][6]。校园卡中RFID芯片采用逻辑加密电路及密钥算法，并实现一次写入不可更改的效果，这样学生信息将不再被篡改。学生信息和学生学习行为数据在网络传输前，对数据采用AES加密算法，确保数据网络传输过程中不被窃听。

## 四、总结

日常学习行为分析系统可以方便、快捷实现对学生日常学习行为的记录和统计，根据相关行为分析策略找出学习者的个性化学习规律，为教学统计和教学管理提供客观依据，但同时也面临着许多挑战。首先是学生隐私安全问题，物联网技术可以跟踪记录学生学习行为和习惯，信息资源及隐私如何保护是整个系统建设乃至整个智慧校园建设需要解决的一个问题；其次是成本投入问题，日常学习行为系统分析是建立在物联网的基础之上需要一个统一的基础设施平台，以及有线和无线校园网络覆盖，因此需要增加国家的教育投入，同时也可以考虑校企合作方式进行基础设施建设。

### 参考文献

[1] 刘云浩.物联网导论[M].北京：科学出版社，2011.6-9
[2] 彭文辉，杨宗凯，黄克斌.网络学习行为分析及其模型研究[J].中国电化教育，2006，(19)：31-35
[3] 马晓娟.基于 E-Learning 的用户学习行为分析及应用研究[D].华中师范大学，2011
[4] 于佳，肖丽萍.基于 ALOHA 算法的 RFID 防碰撞技术研究[J].电子技术，2009，(8)：43-45
[5] 赵云辉.浅析 RFID 电子标签的安全性能[J].中国自动识别技术，2009，(8)：46-48
[6] 卜晓燕，张根耀，郭协潮.基于 AES 算法实现对数据的加密[J].电子设计工程，2009，(3)：46-48

### 作者简介

肖兵，1989 年生，男，汉族，湖南省衡阳市人，硕士研究生，研究方向为网络资源开发。

# 基于云计算平台下我国高校教学资源的建构

许晟，杨同华

（江西农业大学职业师范学院，江西南昌，330045）

**摘　要**：本文介绍了现阶段云计算在高校教学资源方面的应用状况，阐述了云计算将对高校教学资源建设产生的影响，并通过对云计算基本原理及特点的介绍和如何利用，力图建构一个基于云计算平台的高校教学资源整合模型。

**关键词**：云计算；教学资源；建构

# Cloud Computing Impact on the Contemporary University Teaching Resources Construction

**Abstract**: This article describes the applications of cloud computing at this stage in the college teaching resources, described the impact of cloud computing will be the construction of university teaching resources, and through the introduction of the basic principles and characteristics of cloud computing and how to take advantage of, trying to construct a cloud-based platform for college teaching resource integration model.

**Keywords**: cloud computing; teaching resources; construct

随着互联网技术的迅猛发展，互联网利用率的不断普及，致使计算机的存储资源和能量消耗不断提高，硬件建设及维护成本也在不断的增加，而相应配套数据中心却日益匮乏，如何解决这些问题已成当务之急。为此，云计算应运而生。云计算是将计算和存储全部都集中到了网络之中，能够根据不同的需要获取相应的计算力存储空间和各种软件服务，把计算机的性能的重要性降低，却使得计算机的功能达到最大化。而正是这种对资源分配的方式恰恰是目前高校教学资源整合所需要的。本文将基于云计算平台，构建出一种资源共享的框架，运用在高校教学资源建设当中，改善高校教学资源的建设和维护成本，提高教学资源的利用率，避免相同资源的重复建设，促使信息和资源有效共享。

## 一、云计算的探析

### 1. 云计算的概念

要想搞清楚云计算的概念，首先必须了解“云”的概念。““云”的概念来源于计算机网络拓扑图，一般用一朵云来表示 Internet 网”[1]。其实“云”也是一种隐喻，是指建立在 Internet 系统上的一个平台，是实现数据存储和开展应用服务的中心。云的技术支持来源既包括了计算机的硬件也包括了计算机的软件，提供了大量的计算资源，例如，分布式计算软件、计算机集群、存储设备和网络基础设施等。“云”中的资源可以无限扩展，并且可以随时提取。

云计算正是基于“云”的基础上提出来的。“云计算是分布式处理、并行处理和网格计算的发展，是一种新兴的共享基础架构的方法，是透过网络将庞大的计算处理程序自动分拆成无数个较小的子程序，再交由多部服务器所组成的庞大系统经计算分析之后将处理结果回传给用户”[2]。云计算的核心是提供数据存储和网络服务，而这些都是在超大规模的分布式环境下进行的。

“在云计算中，用户只需要接入互联网，就可以通过个人电脑、个人数字助理（PDA）、3G 手机等终端设备，方便快捷地获取来自互联网的服务，而不必关心硬件更新或软件升级等问题，也不必关心数据存储或计算发生在哪朵“云”上”[3]。显然，云计算将改变传统以个人计算机为基础的生产模式，最终改变人们获取信息、分享内容和互相沟通的方式。

**2. 云计算的特征**

云计算之所以能快速的得到各个领域的关注，在于它本身的诸多优势，可以从两个大的方面来看，即云计算的内部特征和外部特征。

从云计算的内部特征，也可以说是云计算的技术特征来看，云计算具有高聚合性、高可靠性、虚拟化、通用性、可伸缩性等特征。从本质上来说，可以归结为三个最基本的特征：第一是在大规模廉价的服务器集群上架构基础设施；第二是通过应用程序与底层服务的相互协作进行开发，让资源的利用率最大限度的发挥出来；第三是利用多个廉价服务器之间的冗余，致使软件获得较高的可用性。由此看来，云计算技术不仅能够有效的扩展到大规模的集群上，而且能容忍节点错误，即使一部分节点发生异常也能够使程序继续正确运行。而从计算机的外部特征，也即从用户的角度来讲，云计算的特征包括：(1)数据存储的安全。(2)数据共享。(3)数据同步。(4)使用方便。(5)功能强大。最后，“云”还是一个巨大的资源池，用户可以根据不同的需求来订制相应的服务，而云计算平台则会根据用户的需求来合理的调配足够的资源、计算能力和服务。

**3. 云计算与教育的融合**

“云计算凭借它的优点和各项服务已经势不可挡地来到我们身边，随着它的发展和普及，教育机构、教育者和学习者的信息都将逐步迁移到“云”上，这对现阶段的教育发展及改革来说，无疑是一个很好的契机”[4]。

就教育领域而言，云计算的方便与廉价使得越来越多的学校和个人将自己的信息建立到“云”上，而这也促使人们要用具有前瞻性的眼光去思考教育信息化的发展策略，同时软硬件的建设不仅仅停留在够用就好的基础之上，还要提前着手探索“云计算”时代对教育资源建设、教学方式变化的影响，研究教育信息化的“云”机制，研究学校的网络中心、教育技术机构的重新定位。

## 二、高校现阶段教学资源构建的现状

**1. 教育资源分布不均**

现阶段我国高校普遍存在教育资源分布不均的现象，各地区的教育投入严重不平衡。如图 1 所示。同时各个大学之间也存在这样的问题，著名的大学有更多更好的资源，而大部分地方院校，由于资金来源有限，无法购买新的硬件设备，而旧的设备通常又老化了，最后导致硬件资源的严重不足。近年来，国家取消了重点学校制度，加大了对薄弱学校改造力度，坚持公共教育资源向农村、中西部地区、贫困地区、边疆地区、民族地区倾斜。但是，重点学校本身长期积累的名牌效应依然存在，人们形成的固有观念很难改变，这些学校依旧能够吸引大量的社会资源和优秀学生，加剧了教育资源分布的不均衡，甚至造成了同一区域内学校之间两极分化的局面。

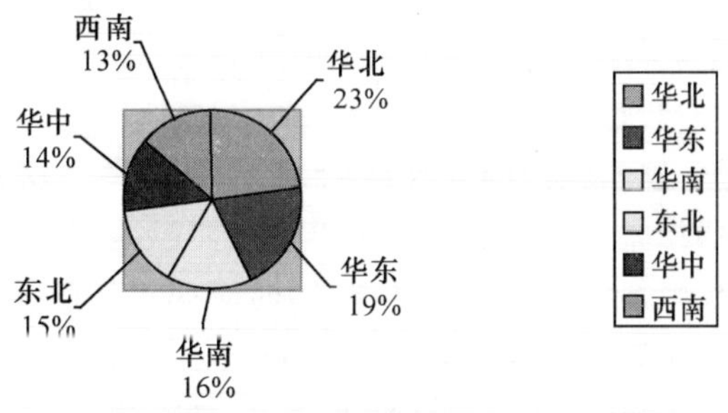


图 1

**2. 教学资源更新速度慢**

各种技术发展迅速，高校需要最新的实验室、计算机设备以及开设新课程，提高学生的各种技能，已适应新形势的发展，这给高校的发展带来很大的压力。目前，我国的很多高校实验室的设备都面临老化或者技术落后等问题，致使学生做实验是感觉力不从心，甚至是无法开展实验工作，导致很多实践性的学科往往只讲了理论而没有实践，最终这些学科慢慢的缺乏了竞争力。

**3. 教学资源重复建设、维护成本高**

很多高校都要建设相同的教学资源，比如数字图书馆，在一定程度上造成资源浪费。支撑高校网络运行的软硬件设备升级和维护成本较高。由于缺乏统一协调，各个高校各自开发，各自建设，低水平的重复建设，没有形成“资源共享”的机制，造成人力、财力投入的极大浪费。

### （四）教学资源共享程度低

计算机网络的广泛应用是高校间的教学资源在一定程度和一定范围内实现了整合。然而这种资源的共享程度还远远不够，特别是硬件资源仍然无法实现整合。资源共享已经成为理论研究的热点，但实际行动却不尽人意。究其原因主要是观念问题，主要表现在共享意识薄弱，缺乏全局观念和合作精神。受自我封闭、本位主义、重藏轻用等传统陈旧思想的束缚，个人、高校都各自为政，片面求大求全，造成低水平重复，对资源共享不积极、不热心。

## 三、云计算对高校教育资源的影响

根据高校教学资源现状，分析云计算的特点，可以发现它将会对高校教学资源产生巨大的影响。

**1. 云计算能大大节约信息化的资金投入**

“云计算在教育与学习领域的应用，不仅可以解决教育信息化基础建设、维护、升级等问题，而且可以通过硬件资源的虚拟化与按需调用，使资源充分利用起来，有效降低教育信息化资源建设与维护的成本”[5]。

目前的高校信息化建设的大部分成本是来自于软硬件的购置及对这些设备程序的日常维护等等，然而如果将信息化的建设处于云计算和云服务的基础之上，将会大大地降低成本。其一，有了云计算和云服务的支持，网络课程的建设可以建立在由云服务商提供的跨平台、资源丰富且运算能力强大的统一的信息平台之上；其二，在“云”中所有的服务由云端提供，服务器中的数据资源的安全由云服务商提高专业的团队进行管理，保证了服务器运行的稳定性以及数据资源的安全性，同时使用户从维护、升级等工作中脱离出来，大大地降低了管理的成本。

**2. 真正实现资源整合，建立统一的资源平台**

“云计算将为学习者在任何时间、任何地点学习提供有利的技术支持，带来更多方便的学习工具，提高学生的学习效率”[6]。

在云计算和云服务的基础上进行高校信息化建设，把现有的、分散的、自成一体的、本地化的网络信息平台组合起来，转化成为一个不依靠具体的网络运行环境、网络服务器系统和网络操作系统而以成千上万的云服务器为支持，拥有着海量的网络资源和极其强大的计算功能的统一的通用信息平台。现有的网络课程建设中存在的软硬件资源重复建设重复投入以及虚拟化教学设备运行能力的支持等问题，都会在建立云计算的平台后得到逐一解决。

**3. 云计算的应用能力能够保证高校师生的信息安全**

当代社会信息技术高速发展的同时也带来了其不好的一面，即互联网时代的病毒猖獗，因此数据存储的安全性越来越重要。特别是对于校园网内的计算机而言，一旦有一台机器中毒，那么将迅速传遍其它联入网内的机器，造成实验室的机器集体中毒的现象。对于学校而已购买杀毒软件的授权似乎是一个不错的决定，然而购买的高昂费用对高校却是一笔不小的开支，同时对病毒的防控效果也不是卓有成效的。“而在云计算环境下，云计算提供商拥有先进技术和专业团队来负责这些资源的安全维护工作，师生们只需要通过网络，就能访问自己的数据”[7]。学校在使用云计算服务后，本地机器上不用存储任何的数据，把数据存储在云端，就不用担心病毒侵入造成的损失和硬件损坏导致的数据丢失问题。与此同时，高校也不用再去购买数据库的服务器来满足日益增长的数据存储。综上所述，云计算不仅为高校在信息安全方面节省了大量开支，还能确保高校师生的信息安全。

## 四、基于云计算高校教学资源的建构

通过前面的介绍我们知道云计算可以节约我们在建设教学资源中的成本，真正地实现资源共享，形成一个统一的资源平台，那么促使我们必须在高校的教学资源中运用云计算技术，降低建设成本，提高资源建设的有效率。具体如何运用云计算技术，实现高校教学资源的构建呢？这里根据实际，构建了一个基于云计算平台的高校教学资源的结构图，如图 2 所示。

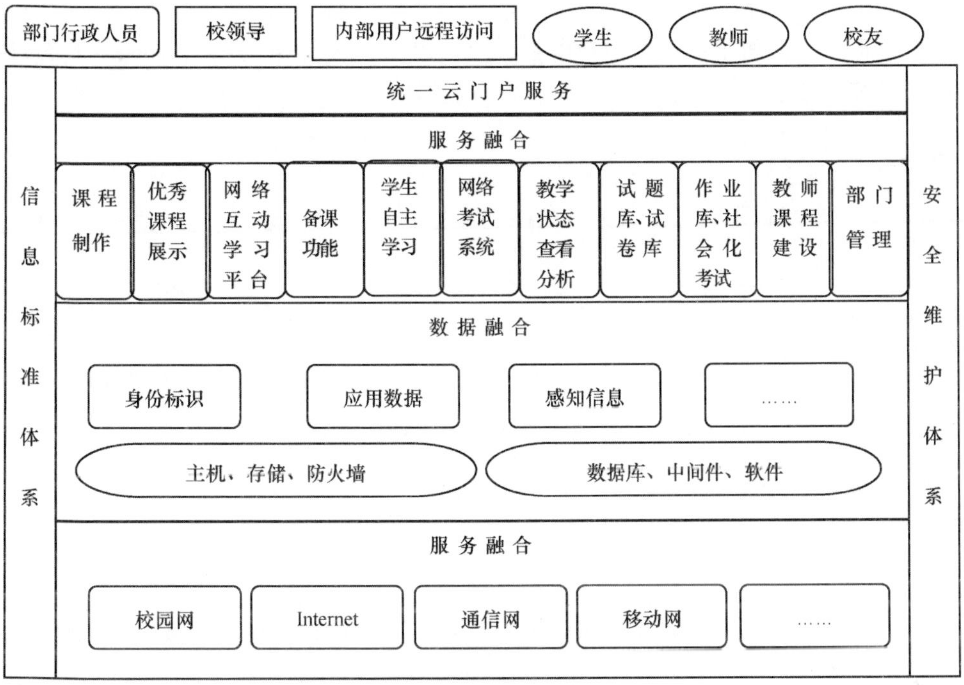


图 2

该结构图的主要目的是将高校教学活动中的各个对象、资源、网络，在云计算平台下融合起来，形成一个统一的整体，实现教学资源的效果最大化，提高教师教和学生学的效果。在该体系结构图中，教师、学生等等都能够通过云门户，在统一的信息标准体系和安全维护体系下，访问教学资源网中的各项服务。而且该结构图包含了教学活动中的各个对象，并且和多个网络融合，使得教学中的所有人都能参与进来，同时可以随时随地的进行。该结构图主要分为三部分：服务融合、数据融合、网络融合。

### （一）服务融合

在服务融合的这一层中包括了多个项目：课程制作、优秀课程展示、网络互动学习平台、备课功能、学生自主学习、网络考试系统、教学状态查看分析、试题库试卷库、作业库社会化考试、教师课程设置、部门管理。而这些项目都十分的具有针对性。

课程制作：主要是用于教师的服务。提供各种课程制作的模版，使各科的老师都能运用，降低老师的工作量，把老师从教学以外的工作中解脱出来。

优秀课程展示：为了给外部接入的人观看和共享。

网络互动教学平台：能够使教师和学生更好的互动，提高教学质量，同时还可以使学生和教师以为的人交流学习，扩展知识面，提高学生的学习兴趣。

备课功能：方便教师备课，省去了很多复杂的环节。

学生自主学习：设置多种学习资源，供学生自主学习，同时在学生遇到学习困难时，老师能及时的解答。

网络考试系统：能够使老师方便的组织考查学生的学习情况，及时调整教师的教学策略。

教学状态查看分析：方便校领导和各个部门的行政人员查看教师的教学情况，促使教师全身心的投入到教学工作中。

试题试卷库：提供各科的试题试卷资源，方便教师出题，同时减少了教师在出题时花费的时间。

作业库社会化考试：存储学生的作业，方便教师调阅，分析学生的学习状况，针对不同的学生设计教学方案。

教师课程建设：方便教师不断的完善自己所教的课程，同时学生和外部接入的人员也能给教师所教的课程提供建设性的意见，不断的完善该课程的资源。

部门管理：各个部门间通过这项功能联系起来，方便沟通和协调，减少了部门间合作的环节，节约了时间，提高了各个部门的工作效率。

总之，服务融合的层次把教学活动中的功能都包含进来了，最大化的实现了资源的整合，减少了许多不必要的环节，提高学校的教学效率和管理效率，使各大高校能把主要工作的重心专业到教学活动中。

### （二）数据融合

在数据融合层主要是存储了进行云服务时的一些数据，包括：身份标识、应用数据、主机存储防火墙、数据库、软件等。

### （三）网络融合

网络融合这个层次十分的重要，是云计算实现的基础。如果各个网络不能很好的融合，那么云计算也只是空谈而已。这一层包括了：校园网、Internet、通信网、移动网等网络。

## 五、结论

云计算是当前一个热门的研究领域。我们不但要从原理和方法上研究云计算，而且还应该从具体的实际应用开始，逐步拓宽。本文论述了云计算的原理和工作方法，阐述了现阶段我国高校教学资源建设所出现的问题，探讨了云计算对高校教学资源建设的影响，构建了一个基于云计算平台的高校教学资源的网络，提高高校教学资源建设和维护的成本和现有资源的利用率，避免相同资源的重复建设，使得教师和学生从教学以外的事情中解脱出来，把时间花在教学和学习上，着手在提高教学效率上。因此，我们今后应该把云计算具体运用在教学资源平台的构建中，真正地去实践、验证及改善整合的模型，使云计算在教育教学中真正地发挥作用，促进教学资源的最优化。

### 参考文献

[1] 白云娟，沈书生．云学习：云计算激发的学习理念[J]．中国电化教育，2011(8)．

[2] 杨艳艳，黄纯国，钟柏昌．基于云计算探析云学习[J]．现代教育技术，2010(9)．

[3] 王萍，张际平．云计算与网络学习[J]．现代教育技术，2008(11)

[4] 黄成云，左明章，荣先海．基于云计算的移动学习系统设计[J]．现代教育技术，2010(8)．

[5] 王毅，安红．云学习时代教师虚拟学习社区构建研究[J]．中国电化教育，2010(6)．

[6] 朱惠娟．云计算及其在网络学习环境构建中的应用初探[J]．中国电化教育，2009(2)．

[7] 王丽颖．浅析云计算对高校教学资源的影响[J]．内蒙古石油化工，2011(8)．

### 作者简介

许晟，1978年生，男，江西九江人，教育管理博士研究生，研究方向为计算机应用技术与教育技术。

# 基于 U-learning 的高校学习环境设计

杨同华，黄国清
（江西农业大学职业师范学院，江西南昌，330045）

**摘　要**：随着信息技术的发展，学习者的学习方式发生了变化，一种以学习者为中心、更为人性化的学习方式——U-learning 已进入人们的视野。为了使高校学习者可以随时、随地，以任何方式都可以进行学习，首先就必须对其学习环境进行构建。通过对 U-learning 的相关概念入手，对 U-learning 以及 U-learning 学习环境的定义、功能，提出基于 U-learning 高校学习环境设计的框架主要包括技术设施、学习资源载体、学习共同体等三个方面，并对其结构要素进行了说明。

**关键词**：U-learning；技术设施；学习资源；学习共同体

# Based on U-learning University Learning Environment Design

**Abstract**: With the development of information technology, learning way has changed, a learner-centered, more humane learning mode - U-learning is gradually into people's vision. In order to make the learners can learn at anytime, anywhere and in any way , first of all it is necessary to construct the learning environment. This paper first give the U-learning definition and U-learning learning environment definition, function. Then design the university learning environment based on U-learning, last describe the technical facilities, learning resources , learning community of the design framework.

**Keywords**: U-learning; technical facilities; learning resources; learning community

随着计算机技术、网络技术与通讯技术的发展，当前的教育也面临着前所未有的变革，这种变革必然引起教学方式，特别是学习方式的转变，U-learning 提倡的是一种处处时时都可以学习，在我们所参与的任何社会环境，接触的任何事物实体都将是我们学习的对象，使我们的学习变得无处不在，而创造智能化的环境让学生充分获取学习信息，无论是理念还是目标，U-learning 都为人们描绘了一幅令人神往的未来，也为教育信息化注入了崭新的内涵，因此也必将受到高校的重视。

## 一、U-learning 及 U-learning 学习环境

### （一）U-learning 含义

U-learning（泛在学习），顾名思义就是指无时无刻的沟通，无处不在的学习，是一种任何人可以在任何地方、任何时刻获取所需信息的学习方式。亦即利用信息技术提供学习者一个可以在任何地方、随时、使用手边可以取得的科技通讯工具来进行学习活动的学习。在 U-learning 学习环境中，学生根据各自的需要在不同的空间、以各种不同的方式进行学习。这就可以让学习者充分获取学习信息，这与让学生到图书馆或学校进行学习或通过网络获取学习信息有很大的差异，其目标就是让学习者随时随地、利用任何终端进行学习，实现更有效的以学生为中心的教育。

### (二) U-learning 学习环境

**1. U-learning 学习环境的界定**

普适计算技术将计算机融入到日常生活,形成一个“无时不在、无处不在而又不可见”的计算机环境,即U-learning 学习环境。U-learning 学习环境是一个整合的学习环境,各种教育机构、社区和家庭将会被有机地整合在一起。在这样的环境中,计算机不再局限于桌面,用户可以通过手持设备、可穿戴设备或其他常规、非常规计算机设备无障碍地享用计算能力。

**2. U-learning 学习环境的功能**

(1) U-learning 学习环境提供无缝的学习机会。任何人可以在任何时间使用开放环境中的任何计算机设备,学习者配备的移动设备可以使用无线通信技术与环境中的任何一台计算机连网,从而可以随时随地学习,获取想要的信息。

(2) U-learning 学习环境支持协作性学习。学习者在学习时,最关心的就是他的朋友或同学谁在线,如何与他们取得联系,如何寻找到真正需要的学习资料。在 U-learning 环境中每个学习者都是对等的,每个人都可以从同伴那里获取所需资料或为同伴提供资料,实现资源共享。其次,在 U-learning 环境中,学习者可以通过手持设备以文本或声音的方式创建注释提醒该做什么。最后,U-learning 环境中,学习者可以利用手持设备来方便地通过电子邮件、即时的信息服务等多种途径实时群组讨论进行协作学习。

(3) U-learning 学习环境提供多方位的交互。在 U-learning 环境中,学习者与设备之间的无缝交互,比如说学习者靠近并观察环境中的某个物体时,学习者所配备的设备就会将他所处的环境信息以及学习者所观察的物体的具体信息提供给学习者参考使用。

## 二、U-learning 高校学习环境的设计

### (一) U-learning 学习环境在高校的可行性及需求分析

当前,高校已建有较完备的校园通讯网络,很多高校除了拥有电子阅览室、计算机实验室、网络教学平台等。在一些信息化步伐较快的学校,校园里基本实现了移动网络覆盖,可以方便地利用笔记本、手机等终端联网。这些基础环境的完备为高校实现 U-learning 学习环境的构建提供了环境设施支持。

另外,据对笔者所在高校的大学生进行调查,大学生拥有笔记本、Ipad 的比例高达 80%,而拥有智能手机的学生则是逾 95%。大学生利用他们拥有的终端随时查找他们想要的信息、资料,但在这些网络数据海洋中要快捷找到有用的知识用于学习实在不是件易事,所以在利用这些终端过程中,用于学习的较少,更多是出于娱乐的需求。究其原因,高校对 U-learning 学习环境的构建还未形成是其中的一个原因。但有些高校现已开通手机版的教务系统、手机版的学习平台,势必为高校 U-learning 学习环境的形成起到重要的推动作用。

### (二) 设计定位

**1. 构建无处不在的学习资源空间**

泛在学习使人们可以在任何时间任何地点通过任何移动终端设备,随意获取当前所需要的学习资源。传统的集中式资源存储模式无论从资源存储量上还是从资源获取的快捷性上都无法满足泛在学习的要求,这就要求改变当前的资源存储模式为分布式网络存储。物理空间中存在无数多的资源存储结点,每个资源结点通过无处不在的泛在通讯网络建立链接,构建成一个无限大的资源智能网络空间。学习者可以轻松获取当前急需的学习资源,而无须关注资源来自哪个学习平台。需要说明的是,资源智能网络空间中的结点是彼此关联的,学习者还可以学习与请求资源相关联的其它学习资源。

**2. 满足个性化学习要求**

与传统的学习环境不同,泛在学习环境下的学习者是一个无限扩充的群体,每时每刻都会有新的学习

者产生而且同一学习者在不同的时间和地点又会有不同的需求，要想满足不同群体的个性化需求，海量丰富的学习资源是基本保障。然而，任何机构或组织都无力全部承担泛在学习环境下学习资源的建设任务。泛在学习对资源量的硬性要求使我们必须改变当前学习资源的建设模式，让学习者本身成为学习资源的建设者和使用者，发挥集体的智慧和力量，共享学习资源，最终形成一个可以无限扩展的资源生成链。对于每个学习者个体来说，其所需要的资源量是有限的，为了从无限的资源网络中挑选有限量的适合学习者计算设备浏览的内容给学习者，这就涉及到另一个问题，即资源的智能性和适应性。泛在学习环境下的学习资源相对于传统的素材资源，除了需要具有元数据描述功能外，在资源本身智能性的挖掘上也需要大大增强。一方面，资源要能够根据学习者所用设备的物理参数信息，自动推送适合格式、适合数量的学习资源，实现技术环境的自动适应；另一方面，资源要能够根据不同学习者的不同操作，进行不同的反应，实现个性特征的自动适应。

**3. 实现学习资源的动态生成**

传统的学习资源是静态的、结构封闭的资源，内容更新迟缓，学习者难以进行个性化编辑，学习过程中产生的大量生成性信息，大都随着学习进程的结束而消失。未来 U-learning 学习环境中的学习资源要能够实现动态生成和不断的进化发展，变静态封闭的资源结构为动态开放的资源结构，用户可以协同编辑资源内容，学习过程中产生的生成性信息也可以共享，实现信息资源的持续性链接，即学习者可以在任何时间、任何地点从任何智能资源空间中提取所需要的学习资源，保证学习过程链的延续。

## （三）设计方案

基于以上对 U-learning 学习环境的叙述，设计高校基于 U-learning 学习环境模型，如图 1 所示。主要包括技术设施、学习共同体、学习资源载体三部分。

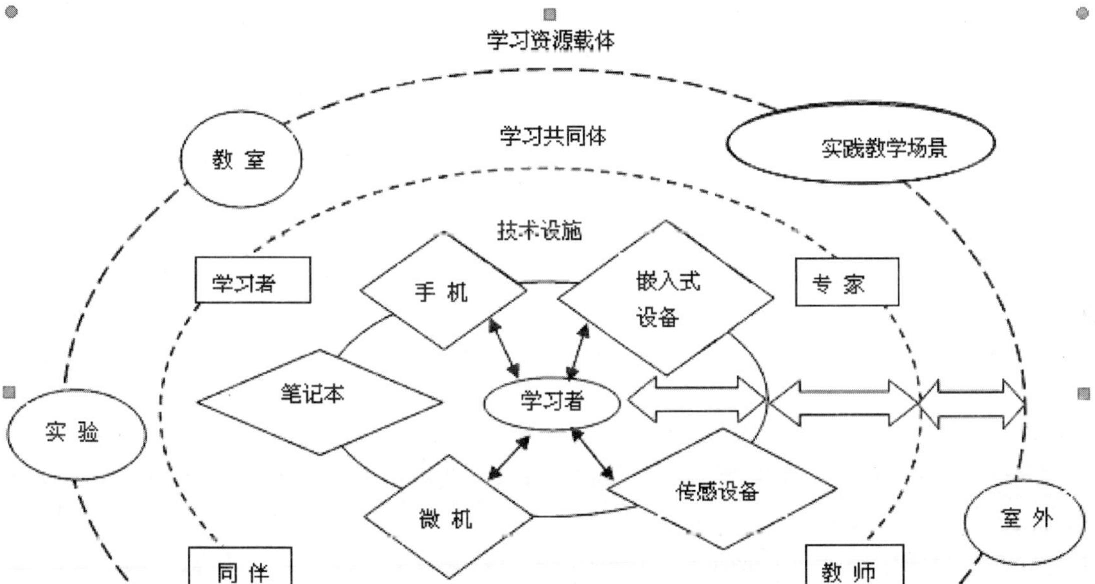


图 1　高校 U-learning 学习环境构建模型

**1. 技术设施**

由于 U-learning 是“以学习者为中心，以学习任务本身为焦点”的学习，因此学习者是主体，而客体就是信息空间和物理空间构建的智能空间，学习过程就是主体和客体的交互过程。为了有效地支撑 U-learning，需要构建一个使学习者随时随地使用任何终端进行学习的技术环境，该技术环境主要包括智能终端、泛在互联网络、软件支持系统，如图2所示。

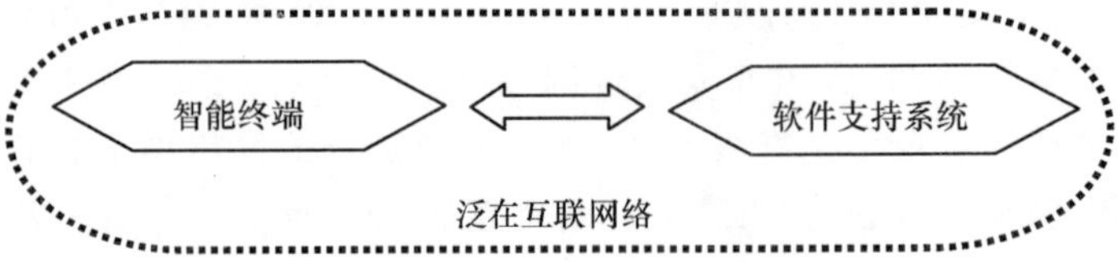


图2　高校U-learning学习环境技术模型

首先，要具备能够存储、感知、显示的智能终端。U-learning高校学习环境中，智能终端是那些便捷的或可穿戴的，为学习者提供各种信息并进行相应的处理的设备。比如，手机、笔记本电脑、嵌入式设备、传感器等，学习者可以将小型计算机和相关多种输入输出设备(头戴显示器、耳机、摄像头等)佩戴在人身上，当学习者注意一个事物时，计算机可以把与这个物体相关的信息显示在头戴显示器上或调用相关语音解说的信息，当学习者与别人对话时，计算机可以自动为学习者做记录等等，如此，各种终端设备的集合形成了学习终端，为学习者提供了无缝的学习机会，随时获得学习资源。

其次，还要有将所有终端连在一起的泛在互联网络。泛在网络环境中包括了无线网络、互联网、移动网等，这些网络综合在一起实现了互相融合，形成了一个无处不在的信息网络。

最后，还要有实现泛在学习的软件支持系统。该系统软件通过物理绑定、自发的互操作来实现。主要利用网络技术、传感器等为学习者提供个性化的服务。在构建软件支持系统时，要注意U-learning学习环境下学习者的学习是移动的，必须保证不影响学习者的使用和操作。

**2. 学习共同体**

学习共同体是U-learning活动中不可或缺的一部分。学校学习共同体主要是由学生和教师共同组成，以完成共同的学习任务为载体，以促进成员全面成长为目的，强调在学习过程中以相互作用式学习观作指导，通过人际沟通、交流和分享各种学习资源相互影响、相互促进的学习集体。高校U-learning学习共同体成员相互关系如图3所示。

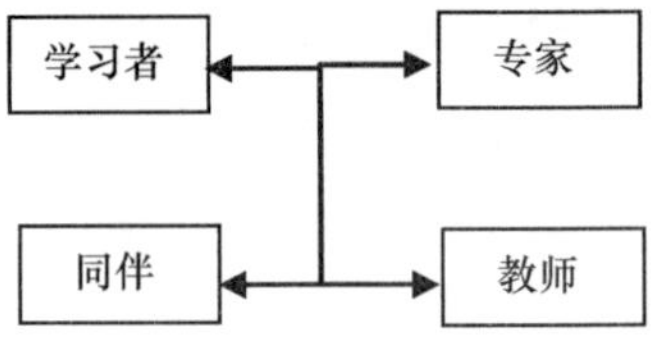


图3　高校U-learning学习共同体

对学习者和学习同伴，首先，在U-learning学习环境下要转变学生的学习理念。当学习场所、学习时间不再受到限制时，人们的学习活动更加多样。因此，学习者要知道学习行为不仅能发生在课堂上，还能够发生在电脑上、手机上，渗透到生活和工作的方方面面。其次，角色的转变。学习者不再是被动的、接收知识的客体，而是学习过程中的主体，U-learning学习环境中学习者的学习行为是自发的、主动的。最后，学习方式的转换。相比于之前的正式的、正规的学习方式，在U-learning学习环境下学习者的学习方式可以增加非正式的、非正规的，学习活动不仅限于课堂中教师与学生的传授过程，而是随时随地以任何方式都可以进行。

专家和教师必须秉承终身学习理念，以适应社会的挑战，随着信息技术的广泛应用和发展，知识经济时代的到来，未来的社会将是一个学习的社会。另外，教师必须学习新知识和利用网上的信息资源，完善自己的专业知识，调整自身的知识结构，转变自身的教育思想和观念，掌握现代信息技术思想理论，并且利用它为教育教学服务，以达到教育最优化的目的，同时，在学习者的信息需求下，教师应尽可能满足不同学习者的个性需求，而不是对学习者提出的疑问没有办法回答，在回答学习者的疑问的同时，还要学会灵活应用，将问题的解决方法教给学习者，使学习者在下次遇到类似问题时就不用再问教师，而是自已利用之前的方法解决，以此形成学习者自已学习，达到学习资源动态生成的目的。

**3. 学习资源载体**

要实现U-learning，学习资源就不必可少，因此需要构建一个互联的学习资源载体群，该载体群是物理空间和信息空间的有机融合后一种新的学习空间。在高校里，能够承载学习资源的场所有图书馆、教室、实验室、校园环境。那我们所要做得就是如何在这些载体上配置学习资源，学习资源是网络环境下学习活动开展的重要环节，同时学习资源建设的好坏是U-learning活动成败的关键，应该系统地、有规划地开发各类学习资源。

(1) 图书馆。图书馆众多馆藏书籍本身就是学习者学习的一个空间，就看如何利用。首先，我们可以布置图书馆的图书于原本的阅览室之外，比如说在走廊、楼梯的边上占用一点位置构建类似于橱窗的摆设，将不同类型的书本一样放一本在里面，这使得学习者在走过时可以看到图书，从而在不经意间看到自己感兴趣的书本时，可随手拿起来阅读，因此学习者走在图书馆不同的地点都可以有书可读。另外，高校的图书馆一般都会购买中国知网、万方等数据资源，这些数据资源的利用就要依赖于图书馆内电子阅览室的建设。首先要购进适应于高校学习者学习的所使用的多媒体设备。其次，要保证阅览室内的网络有足够的带宽，能保证学习者同时使用不出现拥堵的情况，学习者就可以通过多种途径获取学习信息，以此满足学习者个性需求。最后，可以利用图书馆内的自习室促进学习资源的动态生成，自习室的桌子可以摆设成由五六张组成的圆形形状，读者之间可以方便的探讨问题，在学习者进行问题探讨的过程中得到的结果就是动态生成的学习资源。

(2) 教室。相对于传统的教室，现今高校的建有多媒体教室，而U-learning学习环境下，可以将教室构建成能使远程学习者与现场教师及学生进行相互交流的无缝平台。主要从以下几个方面设计：增加一面学生板，用来显示远程学习者头像的大投影；媒体板，跟以前的黑板一样安装在教室的正面，用来向现场学生和远程学习者显示文档的大屏幕投影；配备激光笔，供教师教授过程定位使用，同步显示在媒体板上，供现场学生和远程学习者参考；智能导播，即一组不同角度的摄像头，录下教室上课的全过程再通过电脑可以将课堂的情景视频传输给远程学生。

(3) 实验室。传统的实验室是不同课程彼此分开、相对独立、各自承担相应课程的实验，缺乏信息的沟通，很难实现资源共享。U-learning学习环境下力求构建一个既有分工又能资源共享的实验室整体。运用信息技术强化现有的设备、环境等，还可将其连上网，因此可以便于教师上网获取教学材料、教师上课时直接从网上传输教学材料而无须携带其它的存储介质、学生实验时，教师可以将实验材料及要求直接发送到学生的工作站、最后学生可以直接上网交作业。

(4) 校园环境。学习者进行学习时，校园环境的布置也会影响学习者的学习效果。高校的校园学习环境可以通过不同层次进行构建。第一，可在适当的位置放置LED屏，流动显示一些教育新闻、军事新闻等方面的内容以满足学习者不同兴趣的需求。第二，在教学楼附近设置板报模块，相对于“原始”的用粉笔抄写上去的黑板报，只要直接将报纸上的有用信息剪下粘贴上去即可，但是随着信息技术的发展可以将版报设计成显示器，通过微机将信息显示到显示器版报上。第三，在校园不同的地方可以搭建小型的屋子，屋子里放置两三台联网触屏电脑，这样不管学习者走到哪想要学什么时，都会想到有这么个小房子可以查询信息。

## 参考文献

[1] 陈凯泉，张凯. 融合学习科学与普适计算：构建大学生泛在学习环境的路径选择[J]. 远程教育杂志，2011，5：50-57.
[2] 王民等. 面向终身学习的U-learning框架：城域的终身学习实践[J]. 中国电化教育，2010，284：30-35.
[3] 张洁，王以宁，张晶. 普适计算支持下的泛在学习环境设计[J]. 现代远距离教育，2009，5：9-11.
[4] 肖君等. 面向终身教育的U-learning技术环境的构建及应用[J]. 开放教育研究，2009，15(3)：89-93.
[5] 赵海兰. 支持泛在学习(U-learning)环境的关键技术分析[J]. 中国电化教育，2007，246：99-103.

## 作者简介

杨同华，1978年生，男，汉族，江西省丰城市人，讲师，博士研究生，研究方向：知识管理。

# 基于矩阵组织的高校信息化CIO体制建设研究*

陈仕品，程吉麟，靳素丽，袁村

（西华师范大学教育学院，四川南充，637000）

**摘　要**：信息化是信息时代推动高校变革与发展的有效途径。文章对我国高校信息化建设在管理体制方面存在的问题进行了深入分析，提出了基于矩阵组织的CIO体制架构，创新高校信息化管理体制，有利于实现以信息化促进大学变革与发展的终极目标。

**关键词**：高校信息化；CIO体制；矩阵组织；扁平化管理

# Based on the Matrix Organization of University Informatization Construction of CIO System Research

**Abstract**：Informationization is the effective ways to promote the reform and development of colleges and universities in the information age. In this paper，the informatization construction in colleges and universities in the problems existing in the management system to carry on the thorough analysis，is proposed based on matrix organization of CIO system structure，innovation of universities information management system，which is helpful to realize the informationization to promote the university reform and development of the ultimate goal.

**Keywords**：university informatization；CIO system；matrix organization；flat management

信息技术在我国高校改革与发展中所发挥的作用日益广泛和深入。《国家中长期教育改革与发展规划纲要（2010－2020年）》明确指出：信息技术对教育发展具有革命性影响，必须予以高度重视[1]。由信息技术带动的高等教育信息化在我国自20世纪末期便开始了跨越式建设发展，目前各高校在信息化基础设施建设方面已经具备了一定的规模。由于起步晚、时间短，在高等教育信息化快速发展的背后，各种体制、机制方面的深层矛盾逐渐凸现出来。例如师生日益增长的IT需求与信息化服务水平较低之间的矛盾；院系、部门之间各自为阵开展信息化建设，导致低水平重复建设，并且无法实现数据共享；大学内部缺乏统一的信息化建设发展战略等。这些问题反映出我国高校信息化建设的管理体制已经成为了制约我国高校信息化建设发展水平的一大瓶颈，必须加快推进高校的信息化管理体制改革。

## 一、传统管理体制制约着高校信息化建设

近几年来，我国高等教育信息化建设取得了较快发展。在校园网基础设施建设、信息系统建设方面都有了长足的进步。主要表现在所有高校都接入了互联网和教育科研网（CERNET），并且绝大部分高校都建成了自己的校园网，主干网络能够达到千兆甚至万兆，高等教育电子政务发展迅速，与信息技术相关的人才

＊ 基金项目：国家社科基金一般项目“高校信息化建设的机构、过程和机制研究”（12BGL097）成果之一。

培养长足发展，高等教育信息化水平已迈入推广普及的新阶段。但是管理水平不高、应用效果不好、互联互通程度较差的问题也同时显露了出来，体制不顺、机制不活的弊端成为当下高校信息化建设的主要障碍[2]。

### （一）缺乏有效的领导支持与决策，信息化建设方向不明确

高校信息化作为一项基础性全局性建设，以实现高校的教学、科研、管理、服务等活动的高效率和现代化从而达到提高教学质量、科研水平和管理水平为目的。当前各高校都已认识到信息化建设的重要性，但是以信息技术再造管理流程还是以信息技术的应用来适应高校的管理成为高校面临的困惑。有些高校虽然建立了信息化领导小组或是独立的信息化领导办公室，但往往由于缺乏相应的权力与资金支持而导致计划无法落实。有些高校则把教育信息化等同于管理信息化，忽略了以信息化促进教学这一核心，重管理、轻教学。有些高校在信息化建设的机构设置、人员编制上未落实到位，没有形成专业的信息化建设队伍。以上种种原因导致高校信息化建设定位模糊，发展到一定阶段后变的方向不明。

### （二）信息化管理缺位、体制不完善

高校的信息化管理体制能够改善高校运作方式、协调组织结构、再造业务流程、节省资金成本，提升高校在信息时代的核心竞争力。但目前有些高校的信息化管理工作是由“网络中心”或是“教育技术中心”的部门首长来担任负责，由于工作视野和职权的限制，并不能将信息化管理工作从战略性的高度来统筹规划、落实推进。有些高校则强调专业背景和学术含量的传统观念，使他们偏重于技术开发而疏于管理，未有统一的管理实施标准。有些高校依旧是传统的管理模式，由校级领导带领进行项目分析评估实施，有的职责部门（如 IT 指导委员会）没有设立固定的，有需要时只是临时组织，使得项目缺乏可信的统一的战略性指导。

### （三）缺乏 IT 全局战略规划，“信息孤岛”现象严重

目前一些高校建立项目依旧以传统的业务需求为驱动导向，只是为建而建，从局部考虑需求，缺乏整体战略规划和思考，使得信息化基础性建设不完善不协调。目前绝大部分高校开展了管理信息化，建立了教学管理、学生管理、人事管理、财务管理、办公自动化等电子校务系统，但大多由各分管业务部门分散建立，系统不集成、信息不共享，从而使得信息资源整合难度加大，信息安全无法得到保障。由此也增加了各信息部门的维护成本，使得高校信息化效益十分低下。由此可见，加强院系、校际间的合作交流，增强信息交流共享，不仅节约成本，对于优化整合、强化高校信息化机构队伍建设的质量和规模更具有战略性意义。

由于近年来我国高校在软硬件设施的投入逐步增大，接近甚至达到了国际高校的现代化建设发展规模。而对于高校如何推动各部门间信息共建共享，深化信息技术与大学业务的流程整合，改革大学管理模式，推动大学战略发展已成为我国大学信息化发展中必须要面对和解决的问题。美国大学信息化走在世界前列，以 CIO 制度整合校内各 IT 部门及各类信息化资源，领导全校信息化建设，提升信息化决策、管理的层次和水平，是美国大学以体制创新深化信息化建设的成功经验[3]。

## 二、推行 CIO 体制，实现高校信息化管理体制变革

### （一）“CIO 体制”及在高校的实行

首席信息官（Chief Information Officer，CIO）涉及分析和改造现有业务流程、明确和发展使用新工具的能力、重塑企业的有形基础设施与网络访问以及确定和利用企业的知识资源[4]。美国《CIO》杂志对 CIO 的定义是：CIO 是负责一个公司信息技术和系统所有领域的高级官员。他们通过指导对信息技术的利用来支持公司的目标。他们具备技术和业务过程两方面的知识，具有多功能的概念，常常是将组织的技术调配战略与业务战略紧密结合在一起的最佳人选[5]。

CIO 最先出现于美国的企业领域，之后迅速发展甚至一些政府机关也开始设立这一职位，并在其实践、

研究方面走在世界最前端。自1981起，美国的CIO职位已成为多数美国企业的高管职位，受此影响美国高校于20世纪80年代中期开始了CIO体制的实践探索。据统计到2008年为止，美国已约有42.3%的高校设立了CIO职位，全面主管校园信息化的工作，极大地推动了美国教育信息化建设，取得了巨大的成效。从政府到企业再到高校，CIO制度都在发挥着重要作用，尤其在企业和政府的巨大成功，为高校推行CIO体制提供了良好的范例。在我国，CIO起步较晚，大约在20世纪90年代才逐渐在各种会议和研究报告中使用这个名词。2003年的高等教育信息研讨会上，北京大学副校长林建华率先提出北大要设立CIO体制，从而揭开了我国高校CIO体制的实践大幕。

### (二) 推行CIO体制，提升高校核心竞争力

如今CIO在高校中不再仅仅代表一个职位，而是代表了一种管理机制。无论是MIT所倡导的“网络课程开放OCW项目”，还是密歇根大学所推出的“媒体联合体”，都大幅提升了大学的核心竞争能力。而我国高校的编制序列和校级领导职数中并没有CIO这一职位，信息管理工作一般是在主管副校长的领导下，由网络中心、计算机技术中心等职能部门来承担[6]。随着现代信息技术的不断革新，这种传统的管理体制早已不能适应高校信息化发展的需求。因此，推行适合中国大学的CIO体制势在必行。这就需要与我国高校的实际情况相结合，优化现存模式，明确界定各部门权责。借此我们提出了基于矩阵组织的CIO管理体制，如图1所示。该体制以业务发展为需求，采用矩阵组织结构来管理高校的信息化建设，从而有利于实现高校IT业务发展服务于高校教学、科研和管理的需要，支持高校的核心业务发展。

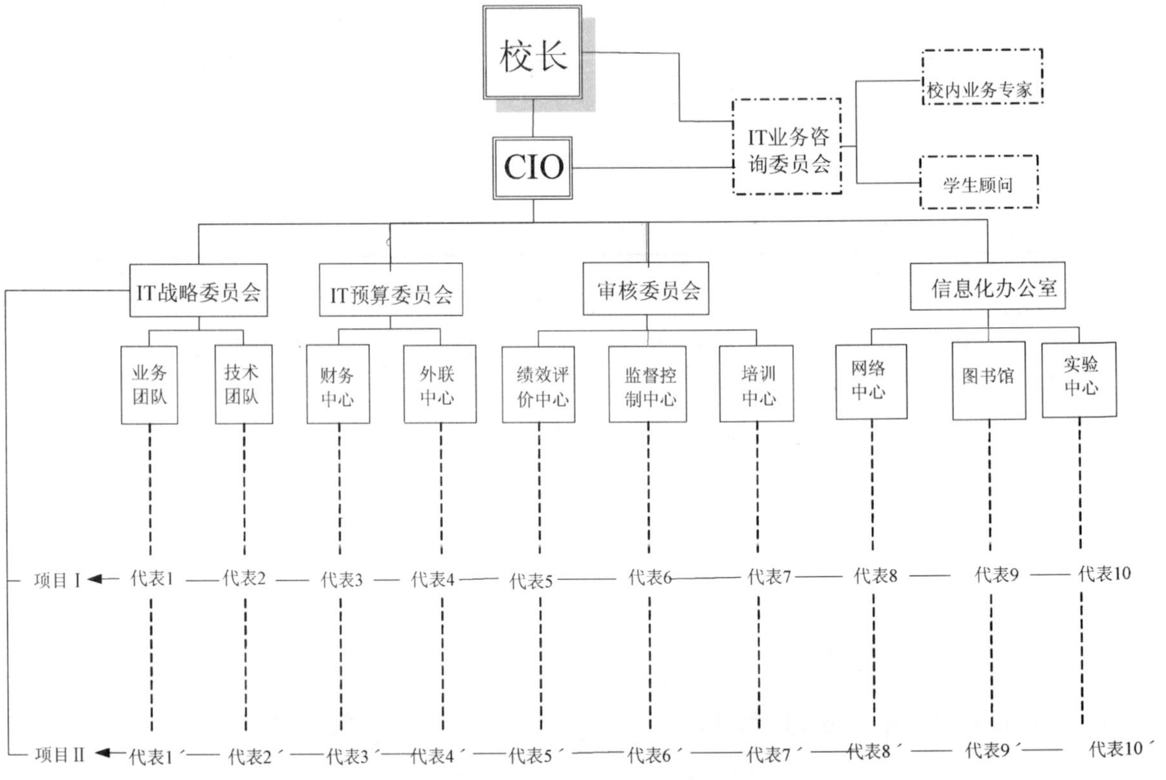


图1 矩阵式CIO管理体制

#### 1. CIO体制运行过程

CIO是决定高校信息化发展的重要决策者，是大学信息化建设的最高指挥官，要确保CIO能够参与大学高层的决策就要建立其在高校中的决策地位。在图1中，CIO采用Y式协调模式，即向校长汇报并参与高校组织管理层的决策，将决策传达给管理层并领导关联机构的信息化合作，同时又要协调与校外的一切信息化的合作环境，如其他高校的CIO、企业与政府管理者间的合作。IT业务咨询委员会是由校内业务专家及学生顾问组建，协助CIO制定决策，起到业务咨询的作用。当一个项目提出，咨询小组在第一时间召集相关领域的专家，参与到整个项目的规划与建设过程中，包括最后的试运行及调试。IT建设成员包括IT战

略委员会、IT预算委员会、审核委员会、信息化办公室，其中以IT战略委员会为核心分为业务团队和技术团队，实现业务与技术相融合。各委员会可以直接向CIO汇报，实现组织策略的扁平化管理，降低了行政管理密度，平衡业务职位并支持职位。

我们以某校的项目为例从提出到运行整个过程结合图1中的结构来分析整个项目运行的过程：一个项目的成立，首先是进行需求分析，由IT战略委员会业务团队根据业务需求与CIO商讨并提出项目规划；基于决策支持系统，IT战略委员会技术团队分析其业务中所需的技术，IT预算委员会进入市场考察进行财政预算及经费可行性的审核，同时IT战略委员会与预算委员会合作提出技术方案并论证该方案的可行性；如果该方案通过，预算委员会的财务中心来争取经费，审核委员会的绩效评价中心则要做出绩效评估来认证项目实施的可行性；认证通过，培训中心与技术团队便开始立项培训技术人员，同时外联中心开始招标，将技术服务外包，通过政府采购设备后投入使用；最后由信息化办公室来执行所有操作，同时监督控制中心与技术IT战略委员会共同进行调试，调试成功后由网络、实验中心和IT咨询委员会进行验收和整体的维护。整个过程中CIO需要随时与社会、企业、其他高等院校达成战略联盟，营造良好的协作竞争关系。

**2. 矩阵组织的提出**

矩阵组织，也称为矩阵式管理(Matrix Management)，在这种组织结构中，员工隶属于一个部门(通常是职能部门)，但同时也会接受其他任务安排，向项目负责人、客户单位、产品单位或区域单位管理者汇报工作。一个组织有时需要同时开发研究若干个项目，每个项目需要相关职能部门为之配备不同技术特长的人员。

整个立项到最后投入使用过程中，并不是每个过程都很明确的单由某一个部门负责。各个部门采用合作技术，即能够促进员工(可以是两位员工共同合作撰写一份文件)和组织(几家不同公司共同完成一项任务)间合作的各种信息和通信技术来合作完成每一阶段的项目操作。其中IT咨询委员会参与开始的需求分析和绩效评估；IT战略委员会的业务团队和监督控制中心要从始至终进行监督、审核；财务中心要将整个过程中所需要的费用进行详细总结和汇报。所以，整个过程中，每个部门并不是孤立的，都需要与其他部门进行密切合作整个运行才能顺利而有条不紊的进行下去，同时对信息化技术的掌握要求较高，信息的分享要求较高，周期不能过长，这些在传统的直线-职能制结构下是无法更好的得以实现的。因此，我们提出此结构模式。

**3. 矩阵组织的特点**

矩阵制组织结构由横向和纵向两种管理系统相互融合而形成的。目前这种模式普遍运用于各企业中，玛莎·斯图尔特(Martha Stewart)在自己的生活形态企业中实行的也是此种结构。在图1中，从纵向分析，每一列是由同一职能部门提供的专业人员构成，他们继续从原所在职能部门的命令与安排，接受原所在职能部门的指挥，当业务小组提出项目时，每个部门临时抽出各部门代表来投入整个项目的立项、运行中；从横向分析，每一行都是由项目小组成员组成的项目服务团队，这些成员是项目小组需要的各类人才，为项目攻关服务，接受项目小组的管理，这些代表在听从各个原始部门负责人安排的同时也要听从各个项目负责人的安排。这种结构的优点在于：通过项目开发与研究，将各个部门联系在一起，有助于部门之间相互合作，增强组织内部的横向联系；有利于发挥专业人员的技术专长，使员工享受到隶属于一个特定组织所能享受到的福利；可使平时涣散的各部门人员为一个特定项目迅速变得团结和增加工作效率；能够缩短项目周期，提高绩效；如果在同一时间有两个或多个项目提出，那么再从每个部门中抽离人员代表，来进行该项目的建设，各个项目间互不影响，并且有助于高效率的完成任务。

**4. 矩阵式组织结构的改进措施**

不同的组织结构适合不同的体制和项目运行，如要力求完善，就要不断改革和完善。在此结构中由于项目小组成员可能受双重领导，容易无所适从，并且组建小组具有临时性，稳定性差。因此为更好的实现CIO与各部门间的协调，建立组织机构扁平化，完成各部门间的良好协调及信息的有效传达，需要设立一个独立整合者的职位，即独立于各协调部门，负责委员会下属的几个部门间的协调工作，并随时将各部门的有效信息直接汇报给CIO。同时每个部门都有一个直线管理者，将上级的命令下达给下级。如此便更好的满足了纵向和横向间的协调，独立整合者的设立为CIO的协调工作及组织机构的扁平化起到了举足轻重的作用，并让每个部门都将更加快捷、方便的将信息传达给 CIO，从而使每个工作者的意愿都得到尊重，方能使他们更好的展示、实现自我，达到共同的期望和愿景。

此结构的创新之处在于项目的确立以业务发展需求为核心，根据业务需要将教学、科研、管理、社会服务等实现信息化，减少资源浪费。整个结构采用 IT 架构，将业务与技术融合，以业务团队为主体，以 IT 技术支持业务发展；咨询小组的设立有助于为 IT 战略的决策制定和规划提供建议；对于大多数项目存在的维护管理问题，审核委员会起到了审核、维护与监控的作用；独立整合者确保了 CIO 的协调管理工作，使信息传递更有效，反应更加快速；矩阵组织的提出打破传统的高耸的直线管理模式，简化决策制定的审批程序，满足了信息化建设中的新要求。

## 三、结束语

我国在高校信息化建设初期采用的是集权式的跨越式发展方式，并能取得明显效果，但是在当时的情形下必然的选择。现如今我国各高校的信息化建设已具规模，接近甚至达到了国外高校的建设水平，因此我们所面临的问题已由当时的信息化基础设施建设问题转变为如何高效地管理高校信息化建设，提供更优质的 IT 服务，支撑高校教学、科研和管理等核心业务发展的问题。《国家中长期教育改革和发展规划纲要(2010—2020)》将变革高等教育管理体制、推动中国现代大学制度建设列为教育改革重点[7]。由此可见，以体制创新深化信息化建设，推动高校在信息时代变革发展已成高校首要任务。

### 参考文献


[1][7] 教育部. 国家中长期教育改革和发展规划纲要(2010—2020 年)[EB/OL]. http://www.gov.cn/jrzg/2010-07/29/content_1667143.htm.

[2][6] 李雅琴. CIO:高校信息化建设亟待管理机制创新[J]. 现代教育科学，2010，(2).

[3] 梁林梅，刘永贵，桑新民. 高等教育信息化发展与研究论纲[J]. 现代教育技术，2012，(1).

[4] CIO-Chief Information Officer[EB/OL]. http://jobsearchtech.about.com/od/careersintechnology/a/CIO.htm.

[5] 与世界接轨，中国 CIO 的新角色[EB/OL]. http://it.sohu.com/20070827/n251808302.shtml.

[8] Matrix Management And Structure[EB/OL]. http://www.hroot.com/contents/222/145093.html.

[9] 叶聚丰，沈勤. 矩阵式结构理论及其在高校体制建设中的应用[J]. 大学教育研究，2008:(2). 7-8.

[10] 刘永贵，基于信息视角的高等教育信息化内涵探析[J]. 现代教育技术，2011，(4).

[11] 桑新民，教育信息化新阶段顶层设计与科学发展的战略思考[EB/OL]. http://www.edu.cn/html/info/2011/meeting/rc.shtml.

[12] 刘永贵，以 IT 治理推动大学信息化建设—以加利福尼亚大学伯克利分校为例[J]. 开放教育研究，2010，(1): 107-112.

[13] 刘永贵，赵建民. 中美大学信息化体制及影响因素比较研究[J]. 现代教育技术，2012，(2).

[14] 杨海芬，赵邦宏，陈林元. 基于沿海经济社会发展强省的高校扁平化管理[J]. 辽宁教育研究，2008，(10)

[15] 涂双滨. 浅谈地方本科高校行政管理扁平化的构建[J]. 宜春学院学报，2011，(11).

[16] Eric J. Brown, Jr., William A. Yarberry The Effective CIO: How to Achieve Outstanding Success through Strategic Alignment, Financial Management, and IT Governance. 2008, (12), http://ebookee.org/The-Effective-CIO-2009-_1002249.html.

[17] Adam Marks, Yacine Rezgui. IT Leadship in Highereducation: The CIO Candidate[J]. The IEEE Computer Society, May/June 2011.

[18] Mark R. Nelson. The CIO in Higher Education: Leadership, Competencies, Effectiveness[J]. EDUCAUSE Center for Applied Research, October 28, 2003.


### 作者简介


陈仕品，博士，西华师范大学教育学院副院长、副教授、硕士生导师，研究方向：高等教育信息化。

# The Influence of University Library on User Education Under Digital Environment*

Ding Jie
(University of Shanghai for science and technology library, Shanghai,200093)

**Abstract**: This article is modeled on user education of the University of Shanghai for Science and Technology, combined with the current development of user education, to clarify the prospects、content and methods of user education and to explore the significance of it in school library.

**Keywords**: digital environment; user education of library;literature resources; resources construction

## I. Introduction

Due to the impact of application of new technologies and the Internet, the embodiment of user education for traditional library is facing a great challenge: information literacy education has infiltrated every level of education of library users; librarians must change their ideas, and pay more attention on needs of readers, design a user-based, multi-level project for new library of user education.

The so-called user education, training library users, is one of the library reference services. The purpose of conducting user education is that: firstly, timely publicity library resources; secondly cultivate and improve literature search and the ability of readers of to use and promote the effective use of library literature; third, through interactive teaching timely feedback readers to demand information, engage in good collection of document resources construction. Today, the society to update knowledge quickly, how to gain valuable information on a broad array of publications and to promote the development of learning and scientific research ability, is an important issue in front of the majority of library staff and readers[1]. Conducting user education is not only the center content of library work, but also the urgent need of readers, it is extremely necessary.

## II. Status quo of user education

Traditional user education of library stressed that should set Library as the center, the common implementation includes: printed data of using the library manual, Introduction, guidelines; screenings of audio-visual materials; visiting library; application of wall charts, flow charts; questions and answers of Librarian; organized activity of exhibition, Library Week and other special events; lectures; group discussions, workshops; Launching competitions, games and other group activities; doing exercises; individual guidance; library user education and curriculum; formal users education of library courses and so on[1][2].

Now user education includes admission reader training, seminars, courses, teaching, online questions and other forms education. The main content involves use of foreign literature retrieval, collection of the

* Supported by Scientific Research Project of Shanghai Society for Library Science(Item number:HCSTX17).

Library MARC, use of featured Collection, database information retrieval, document delivery, novelty and intelligence consulting and so on. Literature retrieval teaching which is for college students of university library is an important form of library user education. According to the survey, many colleges and universities have carried out teaching of literature search, such as《retrieval and use of electronic resources》,《information retrieval and utilization》of Peking University,《Retrieval of Document and use of tool》of Tsinghua University,《scientific literature retrieval and Technology thesis writing》of University of Shanghai for Science and Technology and so on[3].

Course for Document Retrieval in a variety of teaching mode, has achieved good teaching results: Trinity pedagogy for "summed up the combination of textbooks, courseware and teaching website"; teaching mode for "Practice as centre"; retrieved case thinking ,analysis and discussion of "Case Study"; "interactive teaching" mode for the processes and steps of simulation database search[5].

## III. User education to carry out of library for University of Shanghai for

**1. Resources construction for our school library literature**

Construction of paper resources

In the core of construction and development of key disciplines under guidance of principles, library of our school has formed the engineering of social comprehensive collection system. Especially, the collections of disciplines as power engineering, optical engineering, medical devices, and publishing and printing engineering have certain characteristics. Since December 2010, the holdings of library in foreign periodicals bound volumes of 81,735, ordering more than 964 kinds of current Chinese periodicals, 57 kinds of foreign periodicals, 104 kinds of newspapers; collection of paper books nearly 1.2 million.

Construction of electronic resources

Collections of our school library of electronic resources are divided into 7 categories, including 47 databases. Library electronic resources are divided into 7 categories include: Chinese Periodicals Database, Foreign Periodicals Database, Dissertations, Conference papers, English and finance, standards and patents, E-Books. There has four Chinese Journal Database, nineteen foreign periodicals database, four dissertations, two conference papers database, six English and financial databases, four standards and patents database, eight electronic book databases.

In order to speed up the pace of construction for modern library, while maintaining the traditional characteristics, it should strengthen the construction of new office professional books and periodicals, to increase efforts to purchase library network construction and electronic resources year by year. In present, Chinese database in our school includes such sorts: "online lecture hall" of video database," Chinese Science and Technology Periodical Database" of VIP Information Co, Ltd. "digitized journal, dissertation database", "Conference Papers Database" "standard database" , "China Academic Journal", "APABI" etc. In addition, foreign language database in our school includes such sorts: Science Direct electronic journals of Elsevier, Compendex database ("EI Engineering Index") of Engineering Company, Springer Link full-text electronic journals of Springer scientific publishing company, "EBSCO Host database" of EBSCO Company, the journal of ASME database of the American Society of Mechanical Engineers, and "ProQuest full paper database "bought by domestic Group. In addition, school library itself has work up"My school Ph.D. Thesis full-text database".

**2. Content and manner of user education in school library**

(1) User education of traditional library and user education under network environment Combined

Organizational forms of traditional paper documents of Library collections and arranged in a certain order, determined that the contents of user education is mainly to introduce how to use the library and the principle of retrieval of paper documents with retrieval method, retrieval tools to the readers, while under network environment Library literature in the form of a large amount of network information, determines that the content of user education mainly gives readers access and use of information awareness, teaching them how to use network to improve the ability of users online information retrieval literature, enabling them timely to focus on convenient to use the terminal to find and use the information by themselves ,and to carry out self-service. This requires a combination of user education of the traditional library and user education under network environment.

(2) Carry out training for literature search of scientific papers and writing

In addition to start admission education to the newborns in our school, graduate students to carry out a literature search of scientific papers and writing training, for a total of 18 lessons, in order to improve the utilization of literature for graduate students, and to enhance thesis writing level of scientific and technological. In addition, the literature search training includes document delivery and interlibrary loan, patent and literature knowledge, professional reference database searches (Figure 1):

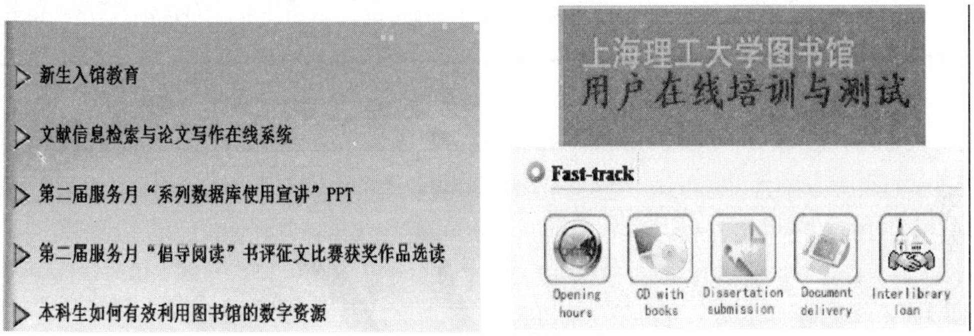


Figure 1

(3) Carry out personalized service

The service throughout all of user education for library, the key is to enhance the way of service. Document Information Retrieval Course opened for Library is the most important ways of user education which can train users to use the search system, search tools and train them to use computer for searching the database to retrieve network information resources. The essence of personalized service is targeted: contrary to different readers using different strategies, and provide different services. Our Library develop some tracking to readers of information needs of research, find out the needs of readers, do two-way communication with readers via e-mail, E-mail, BBS, electronic bulletin service. On the basis of type and characteristics of readers, to develop appropriate service program, through a wide range of services to meet needs of readers with different types of literature at all levels. Meanwhile, in the process of service to each college, according to the individual requirements of different types of readers, expand in the form of services.

# IV. Significance of User education

**1. Conducive to improve the utilization of database.**

For some common database, the utilization rate is still low, many excellent resources haven't yet understand and used by the reader on library. Through popularization of library digital resources, to enhance readers to use the efficiency of database and usage of library database, it is an important mission to carry out for active service, while to fully tap the potential of digital resources, do services for teaching and research. .

**2. Conducive to do evaluation well for collection**

Collection and evaluation of Library is a process in which collections need to meet demand for readers and collection of the physical state of literature collection while with Tibet conduct research and make the evaluation, is one of the basic content of collection development. Through reader survey and using a variety of literature circulation statistics, in line with collection we can meet demands of readers for evaluation. User education to facilitate to obtain qualitative evaluation carried out a reader survey, and to provide a reference for the Library building; help to increase literature liquidity, improve the flow of all kinds of resources utilization and do good collection performance evaluation literature collections for evaluation system; With teaching literature search platform, you can understand the needs of potential readers, to analyze the underlying causes of the low utilization of certain collections, while it is difficult to achieve in general circulation statistics[6].

**3. Beneficial to do a good job in purchases of electronic literature resources and construction of library literature resources**

User education can provide advice to purchases of electronic literature resources. For example, through the purchased electronic database, according to the urgent needs of readers for digital resources, appropriate expand to its retrospective of years; while at the same time access to a large amount of database, increase the number of concurrent users. Through haven't purchased database , based on school's professional specialty, it should be combined the advantages of professional with the needs of teachers and students to purchase specialty database or develop a series of features thematic databases, while digital resources need to cooperate closely with academic teaching and research.

User education can expand literature resources, in particular the use of foreign documents, electronic resources and features collections, timely feedback. It can provide a basis for formulation of policy and principle of selection for literature collection construction, budget for documents procurement funding and the allocation of funds. The evaluation of the electronic document library is a comprehensive evaluation, Before buying ownership and use of electronic document, do detection and assessment to the variety of, structure and its own academic value of the electronic document and other properties, it draw of the basic situation of electronic literature. Through electronic resources, make full use of the free trial period, and during aspects of the practice of user education, at the same time teachers and students do a comparative record and analysis on the performance of major database, it can timely find out problem in a manner, record Browse / downloads, and decide whether to buy, to make better use of the library limited funds of textbook [1][4]. In summary, user education is an important part of library services of the digital age, an effective way to improve library brand image and core competitiveness, a link between librarians and readers.

In short, the use of electronic database resources has increasingly become one of the key projects for the construction of university resources, in order to better take advantage of these resources, and better service for teachers and students, the library will continue to enhance user education with in-depth understanding of the needs of readers, to increase the resources of propaganda, and actively provide active service[8]. In addition, the Library intends to provide a solid backing for different needs of each college, selective acquisition of database, and to provide a personalized service of disciplines, with literature resources for faculty and students for research institutes urgent need.

**References**

[1] 游丽华. 图书馆用户教育[J]. 北京:中国社会科学出版社,2008.

[2] 王细荣. "四段式"大学图书馆用户教育设计模型初探[J]. 上海高校图书情报工作研究,2009(4).

[3] FJ ALLBRANT N. Planning a program of library user education. Journal of Librarians hip, 1977, 9(3): 2006.

[4] 习万球. 中美大学图书馆用户教育的发展研究. 图书馆论坛, 2005, 25( 3) .

[5] 葛敬民,刘文云, 李长玲. 谈文献检索课的" 三位一体"教学 [ J]. 大学图书馆学报, 2004( 4).

[6] LANCASTER FW. If You Want t o Evaluate Your Library (2nded). Champaign, IL: Graduate School of Library and Information Science, 1993: 220- 221.

[7] Zhu Li-hua. Discuss on the Library User Education in the Information Environment. 2010 International Conference on Internet Technology and Applications, 2010, Page(s): 1-3.

[8] Xu Mei-hua. User Information Literacy Education Based on the Library Website, 2010 International Conference on Internet Technology and Applications, 2010, Page(s): 1-3.

## 作 者 简 介

Ding Jie, Female, a Jiangxi Pingxiang native with Han Nationality (1985-), Master in Computer Application, University of Shanghai for science and technology Library, Shanghai, China.

# 马来西亚智慧学校质量标准分析及启示

卢双奇

(华南师范大学教育信息技术学院,广东广州,510631)

**摘　要**:马来西亚智慧学校是马来西亚教育信息化建设的一大重要举措。通过探讨马来西亚智慧学校项目的背景、智慧学校的定义、特征、组成要素,在此基础上分析马来西亚智慧学校质量标准(SSQS)的特色,该标准具有目标明确,可测量、易操作,具有导向性以及为制定教育政策提供参考等特点,但同时也存在有些指标表述较笼统等不足之处。马来西亚智慧学校质量标准为构建我国数字化学校标准提供了一些启示——构建数字化学校标准要有可依据的概念模型,明确的目标,要反映国家的教育政策,注重信息技术在教与学中的应用,标准要具有可操作性和导向性。期望能为构建我国数字化学校标准提供借鉴和参考。

**关键词**:马来西亚;智慧学校;智慧学校质量标准;数字化学校;数字化学校标准

# Analysis of Characteristics and Enlightenment of Malaysia Smart School Quality Standard

**Abstract**: The paper discusses the background, definition, features and elements of the Malaysia Smart School, and to analyze the features of Smart School Quality Standard (SSQS). The standard is characterized by clear aim, measurable, easy to operate and providing the reference to the education policy. But there are still some weakness of the standard, such as some index expression is too general, not detailed. We can learn from the Smart School Quality Standard that constructing digital school standards must be based on concept model, clear objectives, to reflect a nation's education policy, pay attention to the application of information technology in teaching and learning, and the standard should be operable and orientation.

**Keywords**: malaysia; smart school; smart school standard; digital school; digital school standard

## 一、马来西亚智慧学校概述

### (一) 马来西亚智慧学校项目

信息和知识是当今世界经济发展的原动力。自从1996年以来,马来西亚政府把教育摆在至关重要的位置,作为国家发展的主要手段。在1996年初,马来西亚教育部就智慧学校的概念及其对教育体系的影响展开了激烈讨论。1997年,智慧学校(Smart School )计划开始启动,并且成为多媒体超级走廊(简称MSC)七大旗舰应用之一,由多媒体发展公司(Multimedia Development Corporation,以前简称MDC,现在改为MDeC)管理。智慧学校计划是马来西亚教育发展的一个重大里程碑,是引领本国教育迈向现代化的重大举措。

马来西亚智慧学校项目是一个大范围的具有内在联系的创新项目，包括改进马来西亚的信息通信技术(ICT)基础设施，对学校管理者和教师转变管理方式进行培训，使用全国性的学校管理系统，整合软件，建立帮助台(help desk)设施等等。马来西亚智慧学校分为四个发展阶段，如下图所示：

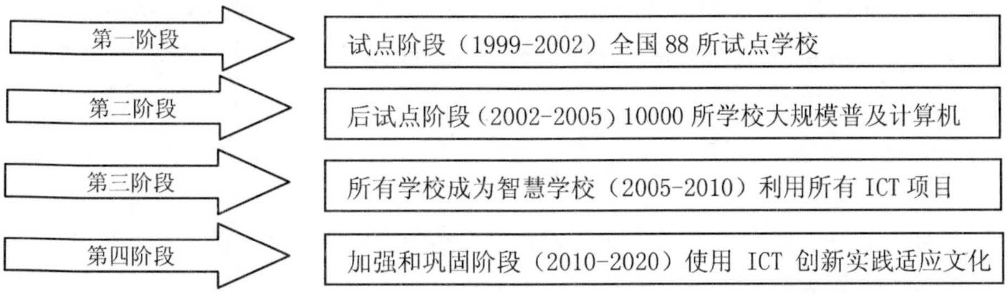


图1　马来西亚智慧学校发展阶段图

## （二）智慧学校的定义

马来西亚智慧学校概念蓝图草案(1997)把智慧学校定义为："智慧学校是在教与学实践、学校管理等方面进行系统改革后的学习场所，以使学生更好地适应现代化的信息时代。它是一所利用技术为主要手段的学校，在适当的人、技术、政策及过程的支持下，以更佳的途径来进行教育，使其有效地达到国家教育哲学的目标。智慧学校是不断发展的，如它的教师、教育资源、管理能力等，以便适应不断变化的情况。伴同必需的组织和专业人员的支持，它利用资讯以选择良好的工具来进行有效的训练。"

从以上定义可以看出，智慧学校主要以技术为支撑，在各种要素的支持下，促进更好的教与学，实现教育的目标。

## （三）智慧学校的特征

智慧学校主要有以下五个特征：教与学以学习者为中心，适合不用的学习风格；学生具有高水平的思考能力，自主制定课程的教学进度、自主学习、自我导向；教师和管理人员能够熟悉地运用ICT处理日常事务；善于创新和改革的教师能够使ICT成为优化教学和学习的催化剂；与各个机构的智慧合作伙伴关系。

## （四）智慧学校的组成要素

依据马来西亚智慧学校的概念蓝图草案(1997)，智慧学校的组成要素主要有以下几个方面：

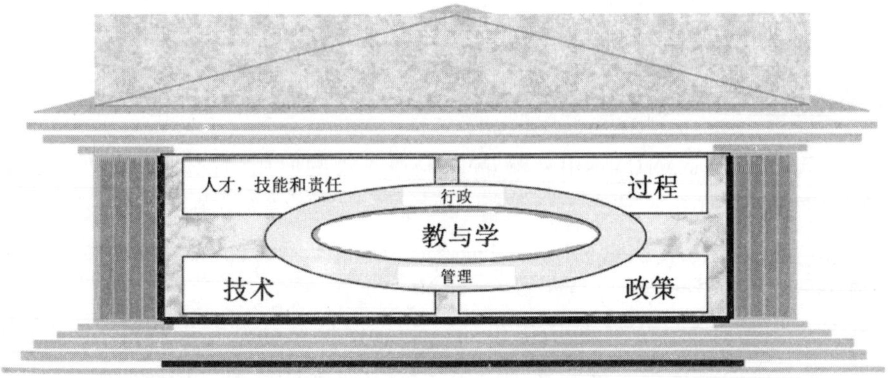


图2　智慧学校组成要素图

**1. 教与学**

在教与学的环境，主要包括四个方面：

课程：旨在帮助学生实现全面和均衡发展；

教法：允许学习策略的适当混合以确保学生掌握基本能力和促进全面发展；

评估：旨在为学生的进步、成绩和资质等方面给予反馈；

教学资源：通过结合优质的基于网络的、基于教师的以及基于课程的资源，以促进学习的挑战性和激励性。

**2. 行政与管理**

The nine primary functions of Smart School management shall efficiently and effectively manage the resources and processes required to support the teaching and learning functions 智慧学校管理的九个主要职能应有效地管理所需的资源和支持教学和学习过程，这九个职能分别是：学校管理、学生事务、教育资源、外部资源、资金、设施、人力资源、安全、技术。

**3. 人才、技能和责任**

智慧学校在实施过程中，需要配备有特定技能和必备知识基础的人员，以便有效地发挥他们的作用。这些人员包括校长、教师、教育部官员、支援人员以及家长。

**4. 技术**

智慧学校在教学与学习、管理、与外部团体沟通等会有规定的技术要求和技术解决方案。

**5. 过程**

智慧学校被视为一个系统。当为系统提供输入，智慧学校进程将产生预期的产出。

**6. 政策**

为确保智慧学校成功实施，及时改变现有的政策法规以及将制定新的政策法规。

## 二、马来西亚智慧学校质量标准分析

1999 年至 2002 年期间，是马来西亚智慧学校的试验阶段，其中有 88 所试点学校。然而在 2005 年开展的效果研究分析指出，教育部为学校建立的基础设施，很多学校都没有很好地进行管理和利用，包括计算机、应用程序等等。2006 年 4 月，国家 IC 委员会认可教育部的建议，让 MDeC 进行系统的改革，把智慧学校计划的 88 所试点学校发展为模范学校。包括实行优质的基于技术的教、学以及学校管理。

为了鼓励学校积极参与，MDeC 构建了基于星级的智慧学校质量标准（Smart School Qualification Standards，简称 SSQS），并于 2006 年 6 月由马来西亚教育部通过该标准。

### （一）智慧学校质量标准的目标

马来西亚智慧学校质量标准（SSQS）的目标是“促进 ICT 在学校中的应用；开发一个系统（或一套指标）来测量 ICT 在教育中的应用；为政策的制定或规划的改进提供参考；提高教育的标准；作为教育改革的催化剂；促进教师与学生的发展”。

### （二）智慧学校质量标准概况

智慧学校质量标准是一个监测工具，用来测量 ICT 在学校的应用情况。智慧学校质量标准共分为四个方面的内容，分别是“使用情况（40％）”、“人力资源（40％）”、“应用情况（10％）”以及“基础设施（10％）”。从它们各自所占的权重可以看出其在质量标准中的重要程度。“使用情况”是为了检测学校在管理、教与学活动等方面使用 ICT 的情况和程度。“人力资源”是指使用者把 ICT 整合到教、学以及管理等方面的能力。“应用情况”是指学校采用教育部或其他机构提供的各种应用程序的情况和程度。“基础设施”不仅检测学校的基础设施本身，而且还检测学校对这些基础设施的维护和支持情况。由于学校的基础设施大部分是由教育部提供，因此这部分内容在质量标准中所占的权重较少，仅为 10％。

智慧学校质量标准采用星级标准，共分为五个等级，分别为“基础”、“基础偏上”、“中等”、“先进”、“最高”，对应的星级是“一星”至“五星”。“基础（一星）”级别指学校有指标要求的最基本的设备条件；“基础偏上（二星）”级别指学校拥有所有指标要求的低水平的条件，且有少量的附加物，但还达不到中等级别；“中等（三星）”级别指学校拥有所有指标要求的中等水平的条件。“先进（四星）”级别指学校拥有符合大多数指标要求的良好或先进水平的条件；“最高（五星）”级别指学校拥有所有指标要求的先进水平的条件。

如果学校的检测结果连一颗星都达不到，说明该校不具备模范智慧学校的资格，并且要加快步伐进行改革和发展，争取达标。如果检测结果发现该校稳步发展，且在核心领域都取得较高的级别，那么该校将会成为模范智慧学校。

### （三）智慧学校质量标准的特色

随着ICT在教育系统中的广泛应用，开发出能够检测ICT在教育中的运用及其影响的绩效指标显得尤为重要。智慧学校质量标准中的指标展示了在教育中应该如何运用ICT，它不仅仅是作为一种基本的操作工具（如计算机的数量、网络的连通性等），而且是作为一种交流工具，以促进学生的"创造性、交互性、协作学习、批判性思考以及问题解决能力"。

马来西亚智慧学校质量标准是第一套由政府组织开发的全国性标准体系，该标准体系构建了ICT在学校中应用的核心指标，这些核心指标为学校划分等级提供了依据。智慧学校质量标准的制定不仅仅只是为学校划分等级，更重要的是为了促进教育的变革，培养学生21世纪的技能。马来西亚智慧学校质量标准具有以下特色：

**1. 有明确的建设目标**

马来西亚首先对智慧学校有一个明确的定义，智慧学校是什么，有什么样的特征，其组成要素包括哪些等等，都有非常详细的描述，对智慧学校的发展有清晰的规划。在智慧学校质量标准形成的过程中，建构了每项标准的概念模型，提供了相应的建设要求和建议，如对智慧学校的教师、校长、技术人员和家长等的角色和职责、所需的技能和知识、以及培训方面等都给出了详细的说明和对未来的期望。在此基础上，形成了智慧学校质量标准。

**2. 可测量、易操作**

智慧学校质量标准的每一项指标都非常具体，数据易收集，指标易计算，易理解、易使用，因此操作性很强。如"教师在教学中使用学习内容管理系统"这一指标，"基础"级别是小于或等于60分钟/月，"最高"级别是大于或等于241分钟/月。把教师在教学中使用学习内容管理系统的情况用时间加以量化，检测起来就比较简易、可操作了。

**3. 具有导向性**

智慧学校质量标准作为一个监测工具，它不仅仅是为了评估学校应用ICT的情况，更重要的是为学校的发展提供引导，具有导向性。学校通过检测了解自己目前达到的水平，并以此制定下一步的发展计划。

**4. 为制定教育政策提供参考**

智慧学校质量标准不仅仅是反映学校当前所达到的条件水平，其最终目的是促进教育的变革。因此教育政策的制定者和管理者可以把标准中的绩效指标考虑到教育政策中，以此促进教师与学生的发展。

### （四）智慧学校质量标准的不足

马来西亚智慧学校质量标准虽然有很多值得借鉴的地方，但也存在一些不足之处。譬如有些指标表述较笼统，如"教师的ICT能力水平"、"学生的ICT水平"等，标准中用"非常低"、"非常高"等这样的词语表述，没有统一的衡量标准，显得很不精确。另外，有些指标考察的目的不清晰，如"工作不超过24小时的计算机的比例"、"维修活动"等，这些指标与检测ICT在教育中的应用关系不大。

## 三、对我国制定数字化学校标准的启示

"数字化校园"这个概念首先是由美国克莱蒙特大学的凯尼斯·格林教授提出，他在1990年发起并主持的一项大型科研项目"信息化校园计划（the campus communicating project）"，可以认为是"数字化校园"概念的最早雏形。而让"数字化校园"概念明晰化和被普遍接受，则要归功于美国前副总统戈尔。他于1998年1月31日，在美国加利福尼亚科学中心发表了题为"数字地球——21世纪认识地球的方式（the digital earth：understanding our planet in the 21st century）"的报告。数字化概念很快被全世界普遍接受，并逐渐

引申出了数字化城市、数字化校园、数字化图书馆等各种概念[1]。在我国，数字化学校有几种相近的称谓，如数字化校园、信息化校园、电子校园等，国外有 E-School，Smart School 等说法。马来西亚提出的“智慧学校(Smart School)”实质上与“数字化学校”的概念类似。

在我国，“数字化学校”的称谓不但五花八门，而且其概念的表述也不一。近几年来，我国对数字化学校标准非常关注。在对数字化学习进行分析的基础上，各地教育主管部门提出了数字化学校的建设标准，并以此作为评估数字化学校的基本依据。重庆市针对中小学数字化校园提出了三种模式建设标准，即模式一(直通部署式)、模式二(分布式部署模式)和模式三(“多网合一”部署模式)。分别针对校园网络系统、学生计算机课室、多功能课室、班班通设备、校园闭路电视系统、校园广播系统、校园安全系统、校园业务应用系统、实验室数字化辅助设施等提出了建设标准与要求。辽宁省沈阳市中小学数字化校园建设标准包括基础设施体系、教学应用水平、管理应用水平、保重工作措施和学校特色发展五大类。山东临沂市、江苏连云港市和扬州市中小学数字化校园评估标准包括四类指标，即基础环境建设、教学应用水平、管理应用水平和保障工作措施。山东潍坊市中小学数字化学校建设标准包括领导与管理、环境与条件、应用与研究、成果与效益四大类指标。河北省承德市中小学数字化校园建设包括组织与管理、信息化环境建设、信息技术应用与研究、教育信息化技术能力建设四类指标。江苏南通市中小学数字化校园建设标准包括校园环境数字化、教学资源数字化、学校管理数字化、教学应用与研究数字化、信息技术能力建设五大类。汉中市数字化校园建设标准包括校园环境数字化、教学资源数字化、教育管理数字化、教学应用数字化和应用成果五大类指标。

纵观以上国内各地区数字化学校的标准，我们可以发现，每个地区的标准都各不相同，我国目前还没有形成统一的数字化学校标准。另外，国内的数字化学校标准大多是侧重于基础设施，对在教与学中的应用关注较少。通过借鉴马来西亚智慧学校的建设及其制定的质量标准，对我国制定数字化学校标准具有以下启示：

### (一) 构建数字化学校标准的概念模型

要制定我国数字化学校标准，首先必须对数字化学校有一个很清晰的认识。如数字化学校是什么，有什么特征，有哪些组成要素，数字化学校发展的支持模型，教师和学生需要具备什么样的素养等等。在此基础上，构建数字化学校标准的概念模型，以此作为标准制定的依据。

### (二) 构建数字化学校标准必须有明确的目标

数字化学校标准的制定是有目的的行为，它支配着数字化学校建设和发展的整个活动。数字化学校标准的制定目标不同，会有不同的评价内容和评价标准。因此，制定数字化学校标准之前，首先应该树立好目标，用目标指导标准的制定。

### (三) 数字化学校标准要反映国家教育政策

一方面，构建基础教育数字化学校标准要考虑国情，要与我国基础教育信息化建设的方针政策一致，要符合国家信息化评价标准。另一方面，构建基础教育数字化学校标准要充分考虑到我国经济发展的不平衡性，要与各地的教育发展基础相一致。

### (四) 数字化学校标准要注重信息技术在教与学中的应用

数字化学校的目的是要促进教育的变革，因此数字化学校标准不仅要检测基础设施的情况，更重要的是要关注和考察信息技术在教与学中的应用情况，对教师发展和学生发展所起到的作用。

### (五) 数字化学校标准要有可操作性

可操作性是标准体系的生命，理论上再全面、再精致的标准体系，若没有实用性等于形同虚设。在保证评价方法科学的基础上使计算方法简单明了，同时评估所需的各项数据要便于收集和统计分析。马来西亚智慧学校质量标准就有很强的可操作性，值得学习和借鉴。

### (六) 数字化学校标准要有导向性

学校数字化是一个过程,一些标准能反映学校某阶段的数字化水平,而以后的时期则处于钝化阶段。标准体系应适当地融入一定的时代特征和超前性,使标准体系建立在科学、可靠、可行的基础上,具备前瞻性和导向性。

## 四、结语

智慧学校计划是马来西亚实施教育信息化的一大重要举措。马来西亚智慧学校以培养信息时代所需人才和达到国家教育理想为目标,将教育信息化明确为智慧学校的建设,通过试点学校,培养优秀示范智慧学校,使其成为教育信息化的中坚力量。马来西亚的智慧学校建设标准可以称之为学校信息化建设标准,值得学习和借鉴。文章在分析马来西亚智慧学校及智慧学校质量标准的基础上,得出六点启示,期望能够为制定我国数字化学校标准提供一点参考。

### 参考文献

[1] 蒋笃运,张豪锋,王萍,蒋晓龙.教育信息化若干重大问题研究[M].科学出版社,2008.96-97.
[2] 覃祖军,韦国锋,纪清聪.富媒体数字化学校支撑体系研究[J].中国电化教育,2009,(5):100-104.
[3] 赵厚福,于连民,洪智凤.国际数字化学校标准纵览[J].电化教育研究,2009,(1):29-35.
[4] 林冬青.提高应用效益,构建服务体系——福建省推进教育信息化工作巡礼[J].中国教育信息化,2007,(9):4-6.
[5] 钟平.桂林市教育管理信息化建设工作展望[J].中国教育信息化,2008,(2):88-89.
[6] Smart School Qualification Standards [Z]. Copyright ? 2008 MDeC.
[7] Smart School Conceptual Blueprint [Z]. Copyright ? 1997 Government of Malaysia.

### 作者简介

卢双奇,1989 年生,女,汉族,广东省揭阳市人,硕士研究生,研究方向:学习科学与技术。

# 数字化校园研究热点和发展趋势研究

熊频[1]，刘志纯[2]

（1. 华南师范大学网络中心，广东广州，510631；2. 华南师范大学教育信息技术学院，广东广州，510631）

**摘　要：** 建设数字化校园是我国数字化建设（2003—2007 年教育振兴行动计划）的重要组成部分，数字化校园日益成为教育部门的重点建设项目。高校进行数字化校园建设对于高等教育实现现代化，促进高校跨越式发展具有十分深远的历史意义。本文运用科学知识图谱（Citespace）对 WOS 数据库、CNKI 数据库中近 5 年数字化校园的论文进行了热点和发展趋势的分析。由研究可知，各国家地区数字化校园研究的发展程度不尽相同，但主要都处在从技术层面过渡到应用发展层面的阶段。并形成了以实际需求导向、常规化为诉求、不断发展特色、探索新应用的发展趋势。

**关键词：** 数字化校园；研究热点；发展趋势；科学知识图谱

# Research Focus and Development Trend of Digital Campus

Xiong Pin[1], Liu Zhichun[2]

(1. Network Center , South China Normal University, Guangzhou 510631; 2. School of Education Information Technology, South China Normal University, Guangzhou, 510631)

**Abstract**: Being a significant part of digital country constructing in the action program of education booming from 2003 to 2007, digital campus is of more and more importance in education departments. By constructing campus digitalization, modernization of higher education and great leap for development of universities and colleges can be realized. By using Citespace, this research analyzed related papers within five years in WOS database and CNKI database, in order to figure out the research focus and development trend. What can be pointed out is that development of digital campus in different countries varies a lot, but mainly focuses on the transition from technology to applying and forms the trend of routinization, exploring new applying fields and guided by practical demand.

**Keywords**: digital campus; research focus; development trend; citespace

## 一、数字化校园概述

数字化校园的提法始于 1990 年由美国克莱蒙特大学教授凯尼斯.格林（Kenneth Green，1990）发起并主持的一项名为“信息化校园”（the Campus Computing Project）的大型科研项目。美国副总统戈尔于 1998 年 1 月在加利福尼亚科学中心开幕典礼上发表的题为“数字地球：认识二十一世纪我们所居住的星球（The Digital Earth: Understanding our planet in the 21st Century）”演说时，提出的一个与 GIS、网络、虚拟现实等高新技术密切相关的概念（Al Gore，1998）。全世界开始普遍接受数字化概念，引出“数字城市”，“数字校园”等各种概念。我国从 20 世纪 90 年代起，国内高校纷纷在校园内建设局域网，并开发出一批 MIS 系统用于日常管理。随着 CERNET 的建成和全面开通以及教育与信息化、发展现代远程教育等战略的实施，校园网络基础设施建设和网络多媒体教学应用逐渐成为数字化校园的建设主流。[1]即利用计算机技术、网络技术、通信技术对学校教学科研、管理和生活服务等有关的所有信息资源进行全面的数字化，并用科学规范的管理对这些信息资源进行整合和集成，以构成统一的用户管理、统一的资源管理和统一的权限控制，把学校建设成面向校园、面向社会的一个超越时空的虚拟大学。显然，数字化校园是基于校园网的概念发展而来的，但是数字化校园的概念比校园网的概念在内涵上却要丰富得多，数字化校园既有传统的硬件设施和网络系统的建设，同时为教学科研，管理、生活服务等各方面提供数字化服务。对比国内外文献，可以发现，国内研究主要仍停留在对数字化校园的理论基础搭建和技术支持的实现，而国外则更加注重计算机技术在支持服务系统中的应用。

## 二、研究方法

本研究采用基于词频分析工具 CiteSpace 的文献研究法，将定量研究与定性分析相结合对可视化图谱进行定性分析，深入诊释定量研究结果。CiteSpace 是一种模拟人类进行数据分析，帮助某些领域的判断、决策、预测的科学知识图谱工具。CiteSpace 由美国德克赛尔大学的信息科学与技术学院的陈超美博士开发。根据陈超美博士的学术研究，研究前沿可以看作是在某一时段内，以突现文献为知识基础的一组文献所探讨的科学问题或专题。研究前沿必须在分析突现词和突现文献的基础上，结合对施引文献的分析，进行综合判断和探测。CiteSpace 可以在识别突现词和突现文献的基础上，给出这些突现文献的施引文献聚类，这为我们准确快速地辨识和探测研究前沿提供了重要的分析工具[2]。CiteSpace 能够通过引文网络分析，找出学科领域演进的关键路径；找出学科领域演进的关键节点文献（知识拐点）；分析学科演化的潜在动力机制；预测学科或知识领域的研究前沿[3]。

本研究在具体运用 CiteSpace 开展文献分析时，采用了科学计量、信息可视化分析与统计分析等策略，包括引文分析、共被引分析、聚类分析等具体的技术手段。文献的被引情况在一定程度上反映了文献的影响程度和质量的高低，通过引文分析，结合信息可视化技术，找出高被引文献，也就是学科领域发展的关键节点文献，就可以探索学科演进的关键路径，揭示学科发展的背景，挖掘学科演进的动力。文献的共被引是指两篇文章的共被引频次越高，表明文章间关系越密切，就意味着两文献的学科背景越相似。借助信息可视化技术，可将期刊、文献、作者等分析对象之间的复杂关系通过共被引网络简化为较少的若干聚类群之间的关系，并通过科学知识图谱形象地表达出来，进而研究学科演进的结构和特点。聚类分析是对具有多项指标的数据进行分类的一种多元统计方法，用相似性尺度来衡量事物之间的亲疏程度，并以此来实现分类。根据层级聚类的原则，即相似性从大到小，依次将所有的研究对象进行聚类，使文献间的亲疏关系得以明晰化。

文中对 2007—2011 年各年关于"数字化校园"的文献进行词频分析，对数字化校园知识领域的关键词共现网络进行分析。结合对关键词共现网络图谱和高被引文献的施引文献共被引网络图谱的分析，可以探测学科知识领域的研究热点情况。

## 三、数字化校园发展热点分析

本研究以"数字化校园"、"数字校园"、"digital campus"、"campus computing"等为组合关键词，在 CNKI、万方数据库、CSSCI、Springer Online Journals、、Web of Science(SCI、SSCI 和 A&HCI)等学术数据库中进行标题检索，并绘制了近五年国内外"数字化校园"研究的趋势图（图 1）：从 2007 到 2011 年间，关于数字化校园的研究不断热化。从 2007 年的 412 篇论文，在两年间增加到了 2009 年的 600 篇论文，可谓发展十分迅猛。同时，进入 2009 年以后，相关研究发展相对平缓，较前几年相比，并未见较为明显的提升。

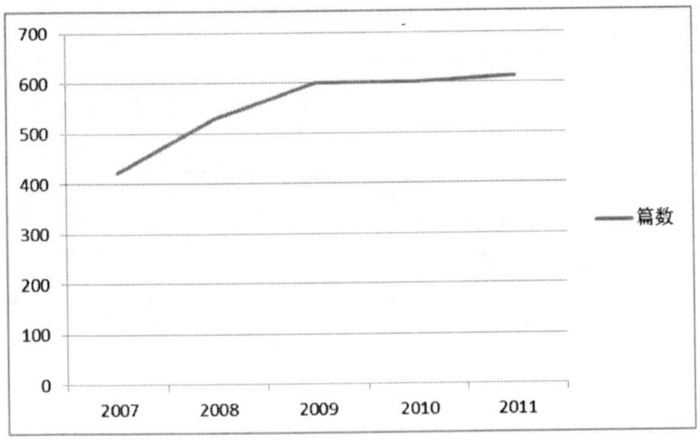


图 1　五年国内外“数字化校园”研究的趋势图

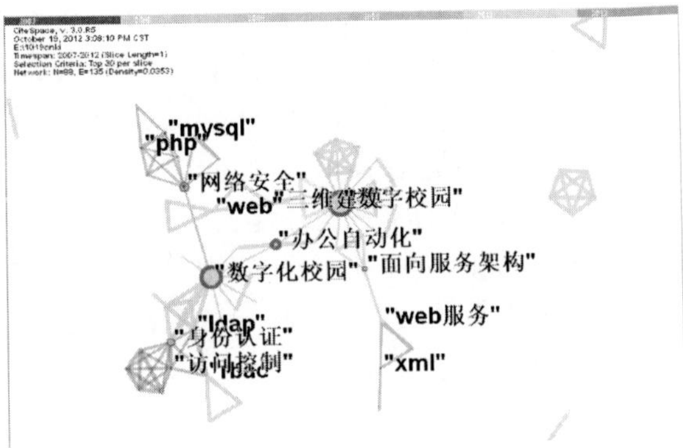


图 2　CNKI 文献关键词共现网络

本文选择 2007 年至 2012 年的数据作为研究对象，利用 CiteSpace 信息可视化应用软件，对中国中文期刊引文检索数据库中数字化校园关键词的文献数据进行计量分析，绘制了关键词共现网络图谱，对数字化校园研究的热点问题进行可视化，总结中国当前数字化校园研究的热点理论及其发展趋势。运行 CiteSpace 软件，得到如图 2 所示的网络图谱，中心高的词汇如表 1 所示[5]。

**表 1　CNKI 文献关键词共现表格**

| 中心度 | 关键词 | 首次出现年份 | 引频次数 |
|---|---|---|---|
| 1.45 | 数字化校园 | 2007 | 37 |
| 0.51 | 数字校园 | 2007 | 11 |
| 0.11 | 门户 | 2011 | 2 |
| 0.04 | 一卡通系统 | 2008 | 2 |
| 0.14 | Webgis | 2007 | 2 |
| 0.11 | J2ee | 2009 | 2 |
| 0.00 | 一卡通 | 2008 | 3 |
| 0.00 | 用户信息需求 | 2007 | 1 |
| 0.00 | 生态校园 | 2007 | 1 |
| 0.00 | 无线网络 | 2007 | 1 |
| 0.00 | 数据同步 | 2009 | 2 |
| 0.00 | 统一身份认证 | 2009 | 5 |

上表可见，首先，国内更多采用“数字化校园”的表达，部分采用“数字校园”的表达。其次，2008 年前，数字化校园的建设主要着重于对资源环境的建设：从无线网络的覆盖到基于 J2ee 和 Webgis 等的平台建设。主要着眼于通过一体化数字校园的顶层设计与规划，构建关联整合的信息系统和有机集成的支撑环境，为用户提供个性化的贴切服务[6]。同时，由于对概念的提出和设计，这一时期的论文主要旨在搭建数字化校园的基本框架，确定了数字化校园的基本理念和基本技术。到 2010 年，学者们引进了一部分新技术，同时，结合《国家中长期教育改革和发展规划纲要(2010－2020)年》中有关教育信息化的意见，数字化校园在逐步走向应用和融合阶段。重点在于加大优质教育资源的开发和利用，促进高等教育与网络教育信息技术之间的深度融合，并推动自成一体的数字化校园系统和广域性的数字化社会的对接[7]。

进一步的，作者对 WOS(Web of Knowledge)数据库中的文献进行整理。在 Citespace 中，将网络节点设置成“country”(国家)，然后生成可视化知识图谱，得到有关国家研究实力分布图。选取其中文献出现频次较高的国家整理如下(见表 2)。

表 2　国家共现表格

| 频次 | 中心度 | 首次出现年份 | 国家 |
|---|---|---|---|
| 98 | 0.00 | 2007 | 中华人民共和国 |
| 79 | 0.00 | 2007 | 美国 |
| 24 | 0.00 | 2007 | 中国台湾 |
| 10 | 0.00 | 2007 | 德国 |
| 9 | 0.00 | 2008 | 印度 |
| 8 | 0.00 | 2007 | 韩国 |
| 8 | 0.00 | 2007 | 日本 |
| 8 | 0.00 | 2007 | 英国 |
| 8 | 0.00 | 2007 | 加拿大 |

从中可以清晰地看出，在数字化校园的研究热点中，中国和美国占据较为明显的优势。其中中国针对数字化校园的研究甚至多于美国。而在中国台湾地区的文献也明显多于其他国家地区的文献。其他较为突出的国家包括德国、印度、韩国、日本等，主要集中在较为发达的国家。在理论和技术均不是位于世界前列的中国，反而在数字化校园的研究中独占鳌头。这一点，作者推测可能和对关键词的选择和翻译有关，美国等西方国家并没有明确的“digital campus”的概念，而是着重对计算(computing)、网格(grid)和网络(network)等的研究；同时，美国等西方国家数字化校园的结构已经基本建构完毕，开发也基本齐备，新晋的研究热点可能会相对减少，而在该方面研究正在逐渐起步的发展中国家和地区则成为研究热点，如中国、台湾、印度等地。

## 四、数字化校园发展研究的聚类分析

在对 WOS 数据库的抽取的论文进行分析后，对知识图谱突现点(Burst Terms)进行搜索。突现点是从标题、摘要或其他条目信息中抽取的在某一时期内频繁出现的单词或短语。而在核心论文构建的图谱中，只存在一个突现点，即数字化校园(Digital Campus)，而事实上在 WOS 数据库中搜索的时候，采用的关键词就是“digital campus”、“digitalized campus”和“campus computing”，故而，该突现点的出现是在预计之中的。可见在近五年中，数字化校园的研究仍处在多类研究同时多元化呈现的阶段。

表 3　WOS 论文数据突现点

| bursts | references | cluster # |
|---|---|---|
| 1.96 | digital campus, 2007, SO, V, P | 6 |

对论文形成的网络进行自动聚类，共出现了 13 个聚类(如图 3)，当用 sigma 指数来衡量这些聚类的时候，选取其中 sigma 指数最高的七个聚落(如表 4)。可以发现，除了数字化校园(Digital Campus)以外，其他都大多属于技术层面的关键词，如网格(Grid)、负载平衡(Load Balance)、数据挖掘(Data Mining)、网格计算(Grid Computing)、泛在计算(Ubiquitous Computing)等在近几年频繁出现。而这六个关键词从分布上来看主要集中在欧美地区。可见，对于数字化校园的研究，目前国际上的前沿主要是在新型计算模式的引领下，为校园数字化提供技术支持。同时，作为数字化校园中的一种承载形式——校园卡(Campus Card)，也有着较高的 sigma 指数，受到关注。

同时，sigma 值较小的聚类包括吞吐量、响应时间(Response Time)等，这些关键词有别于传统的数字化校园研究中对框架的构建和基本技术的应用，而逐步转移向网络的边界、平台的支持等方面发展。更多的关注点落在了如何更好地运作平台，而不是如何去搭建新平台。这和我们现实生活中数字化校园的建设已经初步成型，而需要不断完善和推进这一点是不谋而合的。相对于技术层面的研究，人文理论的研究在数字化校园中就少见很多，其中人事系统（Personnel System）为关键词的聚类虽然不大，但是明显独立于传统的数字化校园和数字校园为中心组成的网络之外，是一个新兴的研究热点。同时，在传统的以“数字校园”、“数字化校园”为中心构成的网络结构中，也看到了一些中心度不高的点，它们主要集中在安全、管理、维护、数据挖掘等方面。这些都是数字化校园研究中不可或缺的要点。网络的复杂性与数据的特殊性使得数据安全尤为重要。同时数据的管理和挖掘将有效地发掘和延伸数字校园的功用。

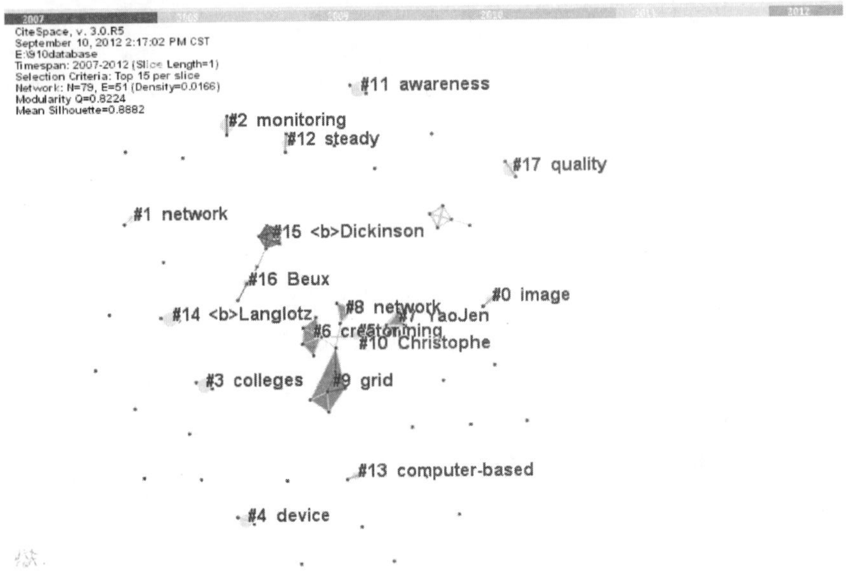


图 3　WOS 文献网络聚类

**表 4　部分聚类 sigma 值**

| sigma | references | cluster # |
|---|---|---|
| 1.14 | digital campus, 2007, SO, V, P | 6 |
| 1.00 | grid, 2007, SO, V, P | 9 |
| 1.00 | campus card, 2010, SO, V, P | 5 |
| 1.00 | load balance, 2007, SO, V, P | 9 |
| 1.00 | data mining, 2010, SO, V, P | 5 |
| 1.00 | grid computing, 2007, SO, V, P | 9 |
| 1.00 | ubiquitous computing, 2008, SO, V, P | 7 |
| 1.00 | security, 2009, SO, V, P | 8 |
| 1.00 | information technology, 2007, SO, V, P | 15 |
| 1.00 | blended learning, 2007, SO, V, P | 16 |

## 五、数字化校园发展研究的趋势分析

### 1. 实际需求为导向

随着数字化校园建设的不断推进，专家和学者开始越来越重视实际需求，而不是一味的追求高新技术等。在全国中小学数字化校园学术交流会（NCDS－K12）上，深圳南山实验学校从学校、家长、学生、教师和课程五大角色的需要出发，提出“数字文化引领学校内涵发展”的建设指导思想，进行数字资源、数字化平台、技术应用和移动学习探索四个层面的建设，创新教学模式，推动学校信息化的整体发展[4]。也就是说，数字化校园的建设不仅要从传统的技术层面考虑，更要全面贯彻落实以人为本的思想，将校园的需求放在第一位。

**2. 常规化为诉求**

国内外政府部门和高校对校园信息化工作近年来不断加大投入，更多的高校制定了信息化整体建设规划和财务预算，数字化校园建设作为一项长期的可持续发展的工作来做。建立系统建设和推广的长效机制，在公共服务平台的基础上进行应用拓展，服务教学、科研和管理，推进机制变革。

**3. 发展特色、探索新应用**

在数字化校园的建设中，需要着眼的一个重要部分就是特色化和新应用。最近兴起的许多新技术都可以和数字化校园良好的结合在一起，比如平板电脑、智能手机在移动学习的应用，电子书包资源对课堂的拓展，以及网格计算、分布式计算对数字化校园数据处理能力的提升。研究人员对数字化校园理论的建构已经基本完成，但是对于技术的实现和应用的拓展却仍在继续。只有不断融入新的技术和概念，才能有计划、有针对性的推进数字化校园的建设，也进一步提升整个教育事业的发展。

## 六、结语

本文应用信息可视化工具 CiteSpace，对核心学术期刊的文献数据进行分析，绘制了数字化校园的演进及其热点前沿的图谱，分析了数字化校园的演进过程及其热点前沿，在以上研究的基础上，分析总结了数字化校园研究的现状和趋势。在本文的研究中，一部分分析选用的是 WOS 数据库的数据，一部分选用的是 CNKI 数据库的数据，可能导致数据分析结果不够全面，是本文研究的一个不足之处。

### 参考文献

[1] 万立鹏，陈雅，郑建明. 中国高校数字化校园建设与思考[J]情报科学. 2004，22(3)

[2] 刘菁，董菁，韩骏. 基于科学知识图谱的国内移动学习演进与前沿热点分析[J]中国电化教育. 2012(2)

[3] 侯剑华. 工商管理学科演进与前沿热点的可视化分析[D]. 大连：大连理工大学，2009

[4] 董艳，李玉顺，王珏，吴澜. 中小学数字化校园建设现状及未来发展——全国中小学数字化校园学术交流会(NCDS—K12)综述[J]中国电化教育. 2011(7)

[5] 傅健，杨雪. 国内移动学习理论与实践十年瞰览[J]中国电化教育，2009(7)

[6] 蒋东兴，付小龙. 高校数字校园建设指南[M]北京：高等教育出版社，2008

[7] 朱毅凯. 交互式智库：高校数字化校园建设中的一种新型组织模式[J]中国电化教育，2012(2)

[8] 白书弟，王玉. 对数字化校园网络体系结构的研究[J]中国科技博览，2008(18)

[9] 孙小泉. 校园一卡通系统的方案设计与管理[J]实验室研究与探索，2004(3)

[10] 苏文生，基于数字化校园的校园一卡通构建[J]武汉理工大学学报，2005，27(1)

[11] 谢嘉宾，李淑娟. 以软件为核心的校园一卡通建设——复旦大学研究案例[J]中山大学学报，2009，48(zl)

[12] 李海霞. 数字校园中资源中心的研究与构建[J]中国电化教育，2005(1)

[13] 余胜泉. 教育资源管理的新发展[J]中国电化教育，2003(09)

[14] Diego James Navarro. Digital Bridges to Community College[J]Community College Journal，Howzver

[15] Lisa Schmidt, Cynthia Ghering, and Shawn Nicholson. Digital curation planning at Michigan State University[J] Michigan University Journal.

[16] Dickie Cox,. Littivcrsityof Atahania. Digital media production centers in 2 southeastern academic libraries[J]Media Review，2005-06

[17] Jean Marie Angelo. Digital signage Lighting the way[J]University Business Journal.

### 作者简介

熊频，1977 年生，女，硕士学位，实验师，研究方向：数字校园、教育信息化。

# 专题十

## 现代远程教育理论与实践研究

# Study on the Models of Mobile-learning Based on Smart Phone

Dai Renjun

(School of Computer Engineering, Jiangsu Teachers University of Technology, No. 1801 ZhongWu Road, ChangZhou City, Jiangsu Province, 213015)

**Abstract**: When we use smart phone to implement learning activities, we can consider it as M-Learning. According to the smart phone's roles and functions, M-Learning based on smart phone can be classified as real-time M-Learning and asynchronous M-Learning. The real-time M-Learning based on smart phone mainly applies to the school's compulsory and optional curricula. It allows teachers and learners to implement instructional activities under unified purpose and content at the same time. Its learning effectiveness and quality can be effectively controlled. While, the asynchronous M-Learning based on smart phone mainly applies to social and lifelong learning with no limitation of time and space. But the learner's motivation and learning effectiveness is difficult to control. Overall, for no matter what type of M-Learning, the stability of service platform, quality of service resource and clarity of objective and task are the key factors.

**Keywords**: m-learning; asynchronous; smart phone; real-time

## I Introduction

### 1. M-Learning

M-Learning is related to e-learning, ubiquitous learning and distance education. It has difference meanings in different periods by different experts. One definition of M-Learning is: Using portable computing devices (such as laptops, tablet PCs, PDAs, and smart phones) with wireless networks, allowing teaching and learning to extend to spaces beyond the traditional classroom. Within the classroom, mobile learning gives instructors and learners increased flexibility and new opportunities for interaction. Mobile technologies support learning experiences that are collaborative, accessible, and integrated with the world beyond the classroom [1]. The portable equipments using for M-learning are not limited to handheld computers, notebooks and mobile phones. As a learning form, M-learning focuses on the characteristics which include learner's mobility, interactivity between teachers and learners by portable equipments and technologies, and the diversity of learning materials running in the portable and mobile equipments.

### 2. Smart phone

"Mobile phone is evolving towards the dominant medium. It is becoming the natural interface through which people conduct their shopping, banking, booking of flights." [2]. Smart phones are primarily communication devices and offer several communication protocols such as GPRS, 3G or WIFI. This connectivity supports synchronous communication using voice-over-IP or instant-messaging as well as asynchronous communication via email, web forums, wikis, and virtual learning environments [3]. According to the statistic from the report of China Internet Network Centre (CNNIC) is that in china the rate of using phones for instant-message is 83. 1%, and the rate of using search engines is 62. 1% during the last one year until June 2012[4]. Now the US is the top buying country of M-Learning, followed by Japan, South Korea, the UK, and Taiwan. Combined, these five countries accounted for 69. 8% of the total 2010 global Mobile Learning market. The highest growth rates are in China, India, Indonesia, and Brazil. By the end of 2015, China will be the second largest buying country after the US [5].

The functions of smart phone which can implement M-learning are following:

- Read electronic-book
- Browser multimedia web-site pages
- Play video or audio file, call with camera video
- Sent message with video, audio, picture and other multimedia
- UMPC(Ultra-mobile Personal Computer)
- Receive the delivery broadcasting messages
- Access to internet by Wi-Fi or 3G
- Login to the remote computer and sharing data by Bluetooth

**3. Requirement of building new model of M-learning**

the original research on M-learning based on mobile-phone mostly stressed the characteristics of "anyone, anytime, anywhere, and any style". These characteristics are similar to the ubiquitous learning. Actually, the original M-learning was only a special learning form. The M-learning efficiency and quality is rarely issued, the organizational form and learner's interactive strategy is not studied deeply.

According to the report of the China News Network which was published on the 16th of February in 2011, there were many sounds of clicking camera phone except sounds of reading book in the Japanese university classroom. In addition to shooting PPT courseware instead of taking traditional notes, students use mobile phone to write research reports and homework. The report also mentioned that the students in Japan's Waseda University picked up their phones to present their points of view and then by gently click they sent the report information directly to the professor's mailbox after they completed the topics discussion offered by the professor in one open class [6].

Thus, with the continual development and innovation of smart phone technology, smart phones will have more useful and appealing functions which would be used by learner and teacher to present, exchange, record, submit, evaluate instructional materials and to build abundant multi-interaction, the mode and meaning of M-Learning based on smart phone would be enriched and developed constantly.

According to the smart phone's roles and functions in M-Learning activities, this paper introduces two models of the M-Learning based on smart phone, they are real-time M-Learning and asynchronous M-Learning.

## Ⅱ Model of real-time M-Learning

The mode of real-time M-Learning based on smart phone refers to the sum of the activities which are implemented by learners and teachers at the same time in the same or different locations utilizing some interactive media represented by smart phone. It has several features such as: the teaching and learning goal are unified, teacher and learner has unified content, teacher and learner are at the unified time.

It says that the learners are united by the same teaching objectives and organization activities at the same time. Although the learners may be in different locations, but they can communicate each other by use the smart phone. The communicating interaction is mainly in form of text, figure, audio and video. From items of the organization structure and the relation of teacher and learner, the real-time M-Learning based on smart phone is similar to the classroom instruction. So, the real-time M-Learning based on smart phone is highly fit to compulsory subject and elective subjects in schools.

**1. The basic elements**

The real-time M-Learning based on smart phone has some elements such as teachers, learners, mobile media, teaching objectives, the WAP service resources, the mobile internet.

**2. The basic process**

The process of real-time M-Learning based on smart phone is as shown in figure 1.

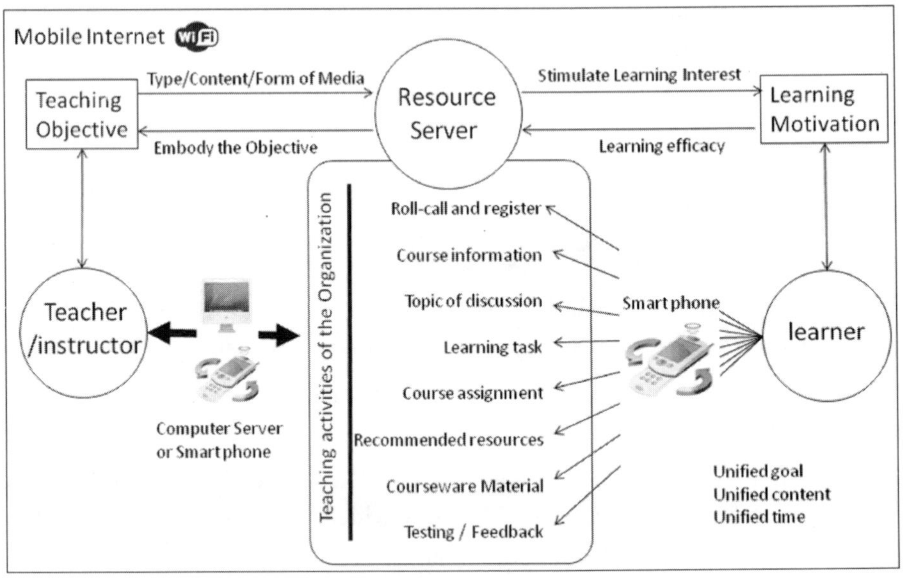


Figure 1  The mode of real-time M-Learning based on smart phone

In process of the real-time M-Learning based on smart phone (figure 1), teachers and learners are the main activity bodies. The teachers play a dominant and control role in the learning activities, while learners are the main participants.

(1) Tasks and roles of teacher

- Login the server platform using phone or computer
- Decomposed the learning objectives
- Make the e-learning resource based on WAP, monitor the situation of student participation
- Send learning task
- Share the courseware and learning resources, establish the discussing group
- Collect and organize the discussion of information
- Publish online tests and questionnaires
- Give timely feedback to stimulate students' motivation and interest
- Record learning portfolio.

(2) The tasks and role of learners include

- Use mobile phones to log and report study status
- Accept the learning tasks and grouping information, view curricula information
- Browse teacher's courseware and references
- Implement the self-organizing learning, discuss the topic in groups
- Accept online tests and questionnaires
- Get feedback from teacher or instructor
- Correct or resolve the learning problems under the teacher's guiding and submit the study

summary.

**3. key points of implementation**

(1) To stress teacher's control action

It can reflect the teachers' control role that teachers are the organizers and instructors in the process of real-time M-Learning based on smart phone although this learning form is learner-oriented. By the organization and guidance of teachers, students can be guided effectively in the respects of learning methods and learning content selection. Thus, the learners' confidence would be enhanced.

(2) To ensure simple contents and effective activities

As for learners are in different spatial, their initiative and enthusiasm is limited, the learning resources should be concise and simply navigated to avoid learners to lost their learning directions. So, in the process of resource design, teacher can divide the instructional contents into a large number of simple units to lower the study difficulty. While, when teacher implements the real time M-Learning, teacher could create some small topics to stimulate learners to participate in the activities of study and topic discussion actively.

(3) To adjust the sequence of instructional content and procedures

The instructional contents and resources may not be fit for the actual situations, teachers would adjust the learning sequence and add-or-subtract learning content timely in the instructional process according to learners' actual situation. At the same time, teacher could often investigate the learners' demand for learning resources in the instructional process. By analyzing the data raised from the learners' survey results, teacher can re-plan and adjust the teaching resources and teaching procedures. As a result, the learners should become participants in the learning resources building.

(4) To establish portfolio to make learners self-learn and self-develop

In the implementation process of real time M-Learning based on smart phone, the learner's learning situation is in a random state, the learning efficiency and effectiveness can't be expected. State of learning activities would be recorded. The state of learning activities and teachers' advises and instruction would be saved to specialized modules as learning portfolio in the server platform. At the other hands, by viewing their own learning portfolio data, the learner can acknowledge the problems in the learning process and improve learning manners under the guidance of teachers.

## Ⅲ Model of asynchronous M-Learning

The real-time M-Learning based on smart phone is usually applied to school's prescribed course including compulsory course and elective course. However, as for lifelong and social learning, there is no need or reason to require learners to learn at the same time. Especially some learners like social workers or office workers can only spend their spare time on learning. The lifelong or social learning, with loose organization form, is fitted to the model of asynchronous M-Learning based on smart phone.

Asynchronous M-Learning based on smart phone indicates that learners and teachers would implement the learning activities in special WAP-website by mobile or portable media represented by smart phone at anytime anywhere. As for this model of M-Learning, the learner can use mobile phone to log the WAP-website to complete learning task with no limitation of time and space. Due to the learner's learning process is not continuous, the learning attitude and motivation is lack. The best way of resolving is to design abundant and various server resources and record learning activities faithfully.

**1. The basic elements**

As for asynchronous M-Learning based on smart phone, it has such elements: teachers, learners, mobile media, WAP service resources, mobile internet.

**2. The basic process**

The process of asynchronous M-Learning based on smart phone is as figure 2.

As shown in figure 3, teachers and learners are the main bodies. In the process of asynchronous M-Learning based on smart phone, teachers are in charge of designing learning resources according the objectives, monitoring the learner's learning status and dealing with the learner's problems. How to stimulate learners' initiation and intrinsic motivation would be the breakthrough which can continue the learning activities.

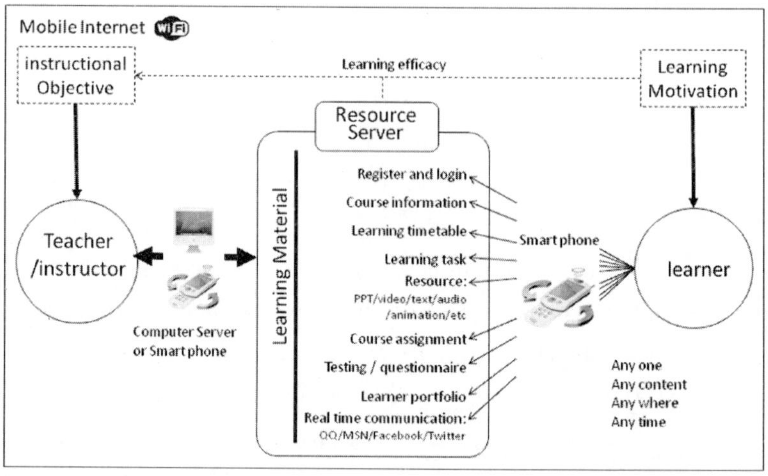


Figure 2 The mode of asynchronous M-Learning based on smart phone

(1) Tasks and roles of teachers:

- Use the phone or computer to access to services platform
- Decompose the learning objectives
- Make a systematic WAP-based e-learning resources with professional development workers
- Release the schedules for students
- Arrange the learning tasks regularly, check and supervise the learners' participation
- Answer the learners' questions in time, enrich and supple learning resources constantly
- Acknowledge the students' learning effectiveness through online tests and questionnaires
- Give feedback about the learning outcomes in time and stimulate learning motivation and interest
- Monitor students' learning process and record learner's document portfolio

(2) The tasks and role of the learner

- Use mobile phone to land platform
- View course information, learning schedule,
- View the learning process, select the modules
- Learning courseware, complete unit operation
- Establish the independent study group, and exchange study information
- Ask any problems and questions in learning
- Accept the tests and take part in questionnaires
- Submit the study summary

**3. key points of implementation**

(1) To design and develop useful resources

The learning resource is another important media except smart phone. So teacher should design and develop effective and completely learning resources with professional developers. In the learning process, teacher still inquires learner's points about the utilization of resources through the questionnaire. The learner should be encouraged to participate in the resources construction initiatively.

(2) To take measures to stimulate learner's motivations

Firstly, the system manager or teacher must ensure that learners can visit the service platform and get all the learning resources using the phone successfully. Otherwise, learner's motivation would be frustrated.

Secondly, the teaching content and strategies must be designed effectively. Teacher should make small steps for the courseware to minimize the learning fragment, reduce the learning difficulty and stimulate students' interest and motivation.

(3) To establishment standard evaluation mechanisms

In the process of asynchronous M-Learning based on smart phone, due to the characteristics of "anytime, anywhere, any content", the learning state is completely random, the motive and purpose of learning is difficult to be estimated and designed, evaluation mechanisms should be science and standardized. Portfolio evaluation method is the best way. Teacher can collect and record the data of landing numbers, learning times, degree of task completion, accuracy of the answer, the degree of participation of learning activities, test results and other data in the implementation process, then analysis and evaluation these data synthetically.

## Ⅳ Implementation strategy of the M-Learning based on smart phone

### 1. Favourable and stable service platform is the basis for M-Learning

A favourable and stable service platform is very important for M-Learning based on smart phone. That is, the appropriate tools must be installed on the phone and WAP service system should be provided in the resource server machine. The web network service providers should have a high-speed channel such as 3G technology and cloud computing technologies to support voice or video calls with multiplayer online and achieve the phone-based interpersonal communication more smoothly. Therefore, it should be possible to build face-to-face communication based on phone and thus enforce the humanistic characteristics of M-Learning.

### 2. The quality of service resource is the focus of Mobile-Learning

Service resources indicate all learning resources which are provided for learners in M-Learning. Mobile media, with phone as the representative, should provide service resources based on WAP page. Through the WAP pages, learner can login the system using his phone identity, browse curricula information, courseware, resource library, assignment, course test, study partners, survey and learning portfolio, and achieve the instant communication (through SMS, mail, QQ, MSN, Facebook, Twitter, etc.). For learners, these services resources are the main learning object, they should be browsed and viewed directly via mobile phone whatever in term of real-time or non real-time status. The characteristics of the completeness, systematic, navigation, entertainment can motivate and interest learners.

### 3. Prescribed objective and task is the key of the M-learning

Motivation is the psychological feature that arouses an organism to action toward a desired goal and elicits, controls, and sustains certain goal directed behaviors [7]. In the implementation process of M-Learning base on smart phone, learners perhaps lost their direction due to contacting distantly between teacher and learner, learners' motivation and enthusiasm is easy to be reduced. So prescribed objective and task is key issue to keep learners to take attention to learn and control them to complete the curricula.

# Ⅴ Conclusion

With the rapid development of the smart phone, the implications of M-Learning based on smart-phone are far-reaching, and the potential effect on education is profound [8]. In the process of M-Learning based on smart phone, teachers and students communicate each other via cell phone. Each function of the learning resources would be implemented and completed on the smart phone. Smart phones have become the most important media for M-learning activities. According to the communicating style between the teachers and students, M-Learning based on smart-phone can be divided into two models: real-time M-Learning and asynchronous M-Learning. The former model applies to the school's compulsory and optional curricula, its learning effectiveness and quality can be effectively controlled. While, the latter model applies to social and lifelong learning, its learning effectiveness and quality is difficult to control.

In the specific implementation process, duo to teachers and learners are in different space and time and the teacher-student contact is in a loose state, we can enhance the quality and efficiency of M-learning based on smart phone from the items of service platform, service resources, organization and so on thereby.

**References**

[1] EDUCAUSE. M-Learning and Mobility [EB/OL]. http://www. educause. edu/eli/programs/learningtechnologies. 2012.

[2] Nyiri K. Towards a Philosophy of M-Learning. IEEE International Workshop on Wireless and Mobile Techno-logies in Education [M]. Sweden. 2002.

[3] Mohamed Ally. Mobile Learning Transforming the Delivery of Education and Training [M]. Athabasca University Press. 2009:101..

[4] CNNIC. The 30th Internet report: mobile phone users application status[EB/OL]. http://tech. 163. com/12/0719/14/-86PILUKG-00094-MS8. html,2012-07-19.

[5] Sam S. Adkins. The Worldwide Market for Mobile Learning Products and Services: 2010-2015 Forecast and Anal -ysis [EB]. www. ambientinsight. com, 2011:5.

[6] Chinese news center. (2011)Chinese students in Japan have become "classrooms mobile phone us-ers" [EB/OL]. http:// www. chinanews. com/lxsh/2011/02-16/2848008. shtml. 2011-02-16.

[7] Wikipedia. Motivation[EB/OL]. doi: http://en. wikipedia. org/ wiki/Motivation. 2012.

[8]Joseph Rene Corbeil, Maria Elena, Valdes-Corbell. "Are You Ready for M-Learning?" ,EDUCAUSE Quarterly[J], 2007(2):57.

[9] 黄荣怀,Jyri Salomaa. 移动学习——理论? 现状? 趋势[M]. 北京:科学出版社, 2008.

[10] Robert B. Denhardt, Janet Vinzant Denhardt, Maria P. Aristigueta. Managing human behavior in Public and Non-profit organizations[M]. U. S. A SAGE Publications,2008:146-147.

[11] 熊志刚.移动学习及其资源设计研究[D].华东师范大学,2005.

[12] 伦墨华.移动学习的理论研究与应用设计[D].北京交通大学,2007.

[13] 傅健.我国移动学习现状及发展对策[D].吉林大学,2010.

[14] 王颖.基于智能手机的移动学习系统设计与开发[D].天津师范大学,2009.

**作 者 简 介**

戴仁俊,1972 年生,男,汉族,江苏省泰兴市人,硕士,研究方向:数字媒体技术。

# 高校网络课程定位的“五何”思考

郭富平，潘基鑫
（华北科技学院现代教育技术中心，北京，101601）

**摘 要**：网络课程是网络教育的基本载体，是高等教育和远程教育不可或缺的重要资源，也是高校实行教育教学改革和优先发展的重要突破口和制高点。如果我们不能厘清网络课程的定位问题，势必会影响网络课程功能的最优化，阻碍高校的可持续发展。因此，本文借鉴祝智庭教授提出的“五何提问法”——“由何、是何、为何、如何和若何”对高校网络课程的定位问题进行深层次地思考，希望能为高校网络课程建设提供决策和参考依据。

**关键词**：高校；网络课程；定位；思考

# On the “5W” of the Orientation of College Network Course

**Abstract**: The network curriculum, as the basic carrier of network education, is the indispensable important resource in higher education and distance education in colleges and universities, it is also the important breakthrough and commanding elevation in the implement of reform in education and teaching and giving priority to the development. If we can not clarify the issue about orientation of network course, it certainly will influence the optimization of the function of network curriculum, and hinder the sustainable development of colleges and universities. Therefore, this paper draws lessons from Professor Zhu Zhiting, who put forward “ five questions” — “from where, what, why, how and what if” , based on which the author of this paper ponders over the issue of orientation of the network course, and expects to provide decision-making and references to college network courses.

**Keywords**: college; network course; orientation; thinking

## 一、引言

《国家中长期教育改革和发展规划纲要(2010－2020年)》一文中强调要“加快教育信息基础设施建设，加强优质教育资源开发与应用，构建国家教育管理信息系统”。[1]其中开发网络课程，创新网络教学模式，开展高质量、高水平远程学历教育，加强网络教学资源体系建设是加快教育信息化进程的主要方面。高等院校是网络课程实施的最佳场所，因此推进高校网络课程已经成为高等学校课程建设的重要组成部分。然而，纵观目前高校网络课程的建设与应用现状，效果却不尽如人意。究其原因主要还是高校对网络课程的定位不准、认识不足、理解不透彻。例如“网络课程的产生与起源”，“什么是网络课程”，“网络课程到底为谁服务”，“网络课程的现状如何”，“理想的网络课程该怎样”等本原问题一直困惑着这个领域，也容易使界外人士产生误解。由此可见，对网络课程定位问题进行系统化梳理就显得迫在眉睫。

## 二、高校网络课程的"五何"思考

Mc Carthy在4MAT模式中曾采用四何问题分类法，祝智庭教授将"由何"概念引入到问题分类中，构成了"五何分类法"，即"由何、是何、为何、如何和若何"。"由何"指问题是从哪里来，重点探讨的是问题产生的背景；"是何"通常指事实性内容，主要是对真实问题的阐述；"为何"指事物之间的因果关系，并做出解释和推理；"如何"是针对目前现状提出的方法和途径；"若何"指随着条件变化而可能产生的不同结果。据此，笔者借鉴"五何提问法"对高校网络课程的定位问题进行思考。

**1. 网络课程的"由何"**

为了厘清网络课程的"由何"，必须对网络课程的发展轨迹和历史文化进行梳理。首先，要认识课程的内涵演变。课程源自拉丁语"currere"，意为"跑道"(race-course)，因此人们最早把"课程"理解为"学程"，指教师为不同学生设计的不同轨道，仅仅涉及学习内容的安排次序和规定。到了近代，随着"班级授课制"和"五段教学法"相继引入课堂，人们开始关注教学程序与设计，于是课程的含义从"学程"转化成"教程"。而随着现代教育理论和技术的发展应用，课程不仅成为教师的教程，也是学生的学程。其次，要追溯到教育领域发生的第四次革命。由于信息技术和系统科学方法、人类脑科学及心理学等被引入到教育领域，引发教育理念、方式、结构等重大变革，这就解构了传统课程的结构和功能要素，需要重构一个新的概念。再次，网络应用于教育领域，形成网络教育，与之相适应的硬件，软件和教育资源也逐渐受到人们的重视。而随着硬件、软件方面的优势逐渐弱化，教育资源的优势越来越重要，而网络课程就成为最终决定网络教育成败的关键。最后，在高等教育领域，早在18世纪大学通过远程学习的方式来获得学分，19世纪晚期函授课程正式开始，20世纪高等教育进入互联网平台。许多高等院校的潜在"客户"把教育服务视为可以从任何一个卖主那里购买的商品，尤其是对那些非传统式院校的学生来说，寄宿教育牵扯到许多非直接的成本在网上教育中都可以得到一定程度的避免。[2]高校网络课程就成为潜在"客户"心中的理想"超市"。随着课程历史轨迹的由来，教育领域第四次革命的发展，网络教育的产生和高校远程教育的兴起，网络课程便应运而生。因此，可以说网络课程经历了从无到有、从产生到不断完善到逐步更新的过程，是人类需求、技术发展和课程社会化的产物。

**2. 网络课程的"是何"**

"是何"问题涉及高校如何认知网络课程，如何理解网络课程，以及作为认识主体的人与作为认识客体的网络课程之间的关系。目前人们对网络课程的界定大致有四种取向[3]：1. 将网络课程视为传统课程研究体系的一个子集。这种取向主要从词汇的构成来分析，网络课程既有课程的本质，还包含网络的特征。网络作为支持课程教学的一个平台，并不改变网络课程的课程性质。当然网络课程不是网络和课程地简单相加，已不再只与网络和课程有关，而是已成为一个不可分割的新的整体，所有课程需要讨论的问题都将在网络环境下赋予崭新的意义。2. 将网络课程视为应用技术领域的子集，认为网络课程的核心实质是技术性的开发，是一种应用技术。这种取向主要是根据网络在网络课程中的作用和地位差异而产生，目前主要有以下三个方面：①借助网络的课程。这种方式将网络作为一种工具和手段，网络课程仅仅作为传统课堂面对面教学的辅助手段。②基于网络的课程。这种模式将网络作为一种学习环境，与传统教学混合使用，学习者可以在网络中学习，也可以离开网络的环境进行面对面的交流。③以网络为核心的课程。将网络作为一种生存方式，学习者可以沉浸在网络文化中自由地学习。3. 网络课程既不是传统课程的子集，也不是技术科学的子集，而是二者的交集。该取向体现出明显的整合特质，并因此网络课程成为独立的具有交叉性的研究领域。任何课程改革的理念都要建立在关于"时代特征"，"教育目的"，"儿童本性及学习机制"和"知识价值"等四个基本假设的基础上。[4]4. 网络课程是一种文化再造。以社会文化为视角，网络课程是由传统课程理论、信息技术与社会文化三者共同整合并确定的全新课程形式。课程是根本，网络是灵魂。网络不仅作为修饰辅助的作用——为课程服务，还应该把网络的文化特征赋予到课程之中，考虑教育课程的改革和信息传播方式的改变，并由此而产生的教育理念和实践的冲突。

每一种网络课程的界定都隐含着一定的哲学假设和价值取向，所以都有某种合理性，但同时也存在着某些局限性。例如李康认为"网络课程"与课程论所讨论的"课程"不属于同一层面的概念。课程论讨论的"课程"主要是在"经验"或"理论"的层面上，而教育技术学讨论的"网络课程"则是在某类具体的材料形态或表现形态上，故将其上升到课程论的层面是一种错位。[5]这些研究有助于我们理解为什么网络课程的本质及其定义会呈现出不同的形态。网络课程正逐渐从“专业词汇”走向“大众词汇”。根据谢弗勒界定的一般性定义来分析，宏观上网络课程是由网络资源和网络文化组成的网络社会，从而形成的网络生存空间；从中观上，网络课程的本质是在知识经验学习的基础上进行网络文化和网络生存体验的教育性经验；[6]从微观上分析，网络课程是教师和学生在网络环境中参与网络文化和实践活动所获得的教育经验和课程体验。

**3. 网络课程的“为何”**

网络课程的“为何”涉及网络课程与开设者和适用对象之间的关系，主要是解决网络课程的角色定位，功能定位和服务群定位等问题。因此，它主要是回答以下三个方面的问题：

（1）网络课程的角色定位

让专业的人做专业的事，企业管理的成功之道。尽管在某些学科和课程上，网络课程可以完全取代传统教学，而在那些实践性很强的专业，网络课程就只能成为一种辅助手段，一些实践性和操作性很强的知识就无法完全通过网络课程来实现。因此，在网络课程开发之前，教师应当进行充分的前期分析和相关准备。首先是选题，并不是所有课程和内容都适合进行网络教学，尤其是那些逻辑推理、抽象思维要求较高的内容；其次是教学资源准备，既要避免无米之炊的窘境，又要避免信息泛滥。再次，由于计算机技术的人工智能还不能完全替代教师的作用，在教学设计的过程中应当更多地进行换位思考，符合学生认知需要和规律。最后，制作出的网络课程是为了便利教师教，学生学，或者为了满足时空分离的远程教育，还是作为优质资源的精品课程以供分享。

（2）网络课程的服务群定位

服务什么人决定你是什么人。走两边，不走中间，不能全部兼顾所有的客户。尽管网络包罗万象，网络课程的开放度高，可以服务的对象众多，但网络课程并不是一把万能钥匙。一方面，由于学习者的层次千差万别，不可能设计和吸引众多不同层次，不同兴趣背景的学习者参与网络课程。一门网络课程不可能做到让每一个学习者都感到满意，所以在教学设计之时首先要对网络课程进行定位，要考虑到网络课程所面对的主要群体是谁，要充分考虑到这些群体对所学知识所具有的知识水平，社会背景、心理状况，以及学习者的学习风格和他们想要通过网络课程所达到的学习期望。通过分析要使网络课程的设计不仅能考虑到学习群体的共性还要考虑到学习者的个性。另一方面，还应该在网络课程中明确指出所需学习者对课程的了解程度及其他相关要求。因此，网络课程的面向的间接对象是教师，它延伸了教师的能力。而直接对象是学生，网络课程能够使学生在时空相对分离的环境里获得更好的教育机会。

（3）网络课程的功能定位

网络课程具备什么样的功能才适用于网络教学？任何人也不需要产品，他们只需要好处，结果和解决方案。受传统教学观念的影响，教师对网络课程的认识存在着偏差，认为网络课程只是传统课堂的“备胎”，甚至认为这不过是一项增加点击率的任务，对教学没有实际效果，这就使得高校对网络课程的定位产生错位，导致教师在网络课程的建设和教学上投入较少，教学内容的设置单纯重复课堂教学内容，教学资源得不到及时更新和充实，花费了大量人力物力建设的网络课程形同虚设。从网络课程产生的那一天起，网络课程就明确了自己的位置——让学习者能够不限时间、不限地点地自主学习，通过网络来达成教育之目的。因此，网络课程不仅是教师的“教件”，还是学生的“学件”，更是解决高校在信息技术环境中突发事件和棘手问题的一剂良药。

**4. 网络课程的“如何”**

按照金伯格等人的分类，网络课程分为三代。目前大多数高校处于能够异步双向交流的第二代，不少高校正朝着同步双向交流的第三代发展，只有极少数高校处于较原始的第一代，通过网页与学习者进行单向交流。传统网络课程的开发模式可以分为两种：一是选用已集成开发好的专业平台或者模板，在专业技术人员的参与和指导下开发。二是各学科老师自行设计开发的自制网络课程。由于前者缺乏教学设计，后者技术粗糙。因此目前正朝着两者相互融合的方向发展，即整个网络课程的一整套开发和制作过程都由专业教师来完成。此外，关于网络课程的学习模式的研究主要集中在两类：自主学习模式和协作学习模式。网络课程的教学具有不同的模式，这就对网络课程的教学内容提出了很高的多层次要求，单靠网络教材这个基本载体难以满足网络教学这种多层次要求。因此应在网络教材的基础上设计多样性的教学资源库来构成网络课程教学内容的完整体系以适应网络教学的需要。

梁林梅等人通过调查与分析部分高校网络课程的现状得出：现有网络课程无论从质量和数量上，都不能适应网络学习者的需求，在学习者的学习过程中，网络课程始终处于非主流的辅助地位。其中存在的问题有：其一，从整体上讲这些网络课程共同存在着重教学内容的呈现与讲解，轻学习环境与学习活动的设计。其二，相当一部分网络教学内容的讲解与呈现仍以大量的文字阅读为主，个别的仍存在着文字教材搬家的现象。其三，缺乏研究性学习的环节。其四，缺乏协作学习的设计，及组织与实施的指导和建议。[7]因此，可以看出高校网络课程在大好发展的情境下也暴露了不少问题，在解决高校资源缺乏的同时也给高校带来了新的问题与挑战。

**5. 网络课程的“若何”**

无论网络处于一种怎样的姿态来影响课程，一种方式和手段，学习环境，还是社会文化，既然它能够与课程相融合，形成网络课程，能够对教育教学产生影响，就必然会为高校所用。当然，网络课程作用的充分发挥，不仅跟我们目前高校网络课程的建设现状有关，而且最重要的是我们能够为网络课程做些什么。当前，国内高校普遍存在重视网络课程建设而轻视网络课程的教学应用与研究，轻视网络课程的后期维护与拓展的问题，绝大多数网络课程没有真正应用于教学，仅仅给学生提供学习资源，没有完全发挥网络课程的优势。教师开展网络教学的理念还没有更新，未能意识到教师在网络教学中的真正作用。网络课程的教学活动仅限于网络的使用，而未成达到对课程知识的理解。这些都是影响高校网络课程发展的瓶颈。教育部在《关于加强新世纪网络课程建设工程立项项目建设和管理的通知》中指出，“要充分利用教学支撑平台已提供的功能，实现与教学平台的挂接”。高校如何有效地发挥网络课程的优势，已经不是技术的问题，而是教学理念、学习方法和技术如何有效整合的问题。网络课程建设有利于优质教育资源的共享，是解决高等教育大众化背景下教学资源相对紧缺的最佳方案，也是学分制教学模式实施的有益补充。网络课程的产生并不是一个偶然的事件和过程，可以说网络课程是课程发展到一定阶段后逐渐分化出来的必然产物，网络课程必然伴随阶段性地质变向前发展，而在一个相对稳定的时期，各种矛盾之间相互包容和协调，存在于网络课程中，而随着量的积累必然逐渐过渡到网络课程的质态。网络课程最终会解决原有的高等教育模式已经远远跟不上时代发展，围墙式的大学教育根本无法满足人民群众日益增长的接受高等教育的问题。

## 三、结束语

21世纪的教育是一个“人脑＋电脑＋网络”的教育，尽管有围墙的大学还没有被没有围墙的大学所取代，但高校网络课程已经实现了对传统课程的超越与提升，它不仅是网络与课程的结合体，还是多种文化的联姻。本文试图对高校网络课程的定位问题——“由何”，“是何”，“为何”，“如何”，“若何”等进行思考。定位的基本原则不是创造，而是选择一种角度去澄清心中的想法，希望能为高校深层次理解网络课程起到抛砖引玉的作用。

### 参考文献

[1] 国家中长期教育改革和发展规划纲要工作小组办公室.国家中长期教育改革和发展规划纲要(2010－2020)[EB/OL].http://www.gov.cn/jrzg/2010-07/29/content_1667143.htm,2011-12-20.

[2] [美]艾伦·贾纳斯泽乌斯基，迈克尔·莫伦达主编，程东元等译.教育技术：定义与评析[M].北京：北京大学出版社，2010:58.

[3] 赵剑.网络课程研究[D].成都：西南大学，2007:29-31.

[4] 吴刚.网络时代的课程理念及课程改革[J].全球教育展望，2001(1):26-29.

[5] 李康.网络课程的含义及其教学设计的问题[J].中国远程教育，2006(9):46-49.

[6] 赵剑，靳玉乐.网络课程的文化本质及实施模式研究[J].中国教育学刊，2006(8):51-54.

[7] 梁林梅，焦建利.我国网络课程现状的调查分析与反思[J].开放教育研究，2002(6):13-16.

### 作者简介

郭富平，1965年生，男，汉族，河南鹤壁人，副教授，研究方向：网络与多媒体教育；教学媒体。

# 国内教育技术研究领域研究的现状及反思

唐瑛
（陕西师范大学新闻与传播学院，陕西西安，710062）

**摘　要**：本文以元分析方法入手，分析了近10年发表在教育技术核心刊物中专门探讨教育技术研究领域的文章。以产出数量、期刊来源分布、采用的研究方法、作者背景四个变量对样本文献进行了定量分析；然后从定义的探讨、新兴研究领域的介绍、研究者派系与热点术语、研究领域与研究方法、理论框架的构建等五个方面对样本文献做了定性分析，得出研究的现状和总体趋势。在对现状进行总结和反思的基础上，尝试提出了研究领域的架构模式，以期在原有领域研究的基础上有所深入，并有扩展和延伸。

**关键词**：教育技术；研究领域；现状；反思

# The Status and Reflection For the Research of Domestic Education Technology Research Field

**Abstract**: With meta-analysis method, this paper analyzes the articles on educational technology research field from the core journals in educational technology published in the last ten years. First this paper have a quantitative analysis thorough the publication number, the distribution of source journals, research method and the background of author; and then have a qualitative analysis from five aspects: Including the analysis of the definition, the introduction of emerging field, the researchers factions and hot terms, research field and research method, and the construction of the theoretical framework. Then draw a conclusion about the present situation and trend of the research. On the basis of summary and reflection, try to put forward a mode of Research field, In order to further the original research, and make the research field extended.

**Keywords**: educational technology; research field; status in quo; reflection

## 一、研究缘起

教育技术从20世纪初产生，发展至今已有百年的历史。但是迄今为止，关于它的研究对象、研究方法，尤其是对其研究领域仍没有一个统一的认识，近年来也没有创新性的进展。这不禁使人们产生一种疑问，教育技术学的研究领域到底是什么？是固有的还是随时间不断演变？教育技术学有无自己的理论体系，有没有独立的生存空间？这是很多学者所质疑但目前尚未得到解决的问题。

在此背景下我们极有必要对教育技术学的研究领域进行重新的梳理与分析，并对研究领域的一系列问题进行重新思考和界定。只有这项工作得以顺利进行，才利于对学科本质与核心问题的把握；才利于对学科理论的再认识，从而加深对专业的定位与反思，并为学科知识体系的构建和完善提供理论依据。以此人们才会清楚地知道教育技术学究竟涉及到怎样的研究领域，这门学科与其他学科到底有着怎样不同的研究对象、研究范畴,如何做着其它学科不可替代的工作。唯有此,才能实实在在地找到教育技术本身存在的价值。

## 二、研究方法与过程

### (一)样本的选取

笔者首先以关键词"教育技术学"并且包含"研究领域";分别匹配"模糊"和"精确"的方式在"CNKI中国学术期刊网络出版总库"中进行初次检索,分别得到11篇、3篇文章。同时改以关键词"教育技术"并且包含"研究领域"进行检索,则得到文章51篇、27篇。按照相关标准,本文剔除研究对象不精准、检索重复得到的、部分内容缺失的文章,最后在教育技术学的核心期刊《电化教育研究》《中国电化教育》《开放教育研究》《现代远程教育研究》《远程教育杂志》《现代教育技术》和教育学的一个核心刊物《教育研究》中确立了主题和内容定位都更为精确的有效文献共20篇,以此作为本文研究的样本。

### (二)研究方法及工具

本研究主要运用文献研究法和内容分析法,针对样本进行定量与定性相结合来展开分析与研究。首先利用文献分析,按照目标对文献进行查阅、分析、整理进而深入探索。同时将非定量的文献材料转化为定量的数据,通过层层推理把握其中的信息量,做出定性判断。文中出现的图表及数据的分析与生成均采用Microsoft Word 2007与Excel 2007软件工具完成。

### (三)研究单元与维度的确立

对教育技术研究领域目前研究现状的分析,主要从四个维度进行,形成编码体系如表1。

表1 文献元分析编码体系

| 元分析类目 | 元分析编码要素特征 |
|---|---|
| 发表时间 | 公历年份 |
| 期刊分布 | 电化教育研究-1;中国电化教育-2;开放教育研究-3;现代远程教育研究-4;教育研究-5;远程教育杂志-6;现代教育技术-7 |
| 作者背景 | 高校教学工作者-1;研究所科研人员-2;研发中心实验人员-3;广播电视大学的教育管理与评估者-4;对专家进行访谈的记者-5;在校硕士生-6;教育技术协会成员-7 |
| 研究方法 | 文献研究法-1;内容分析法-2;访谈法-3;调查研究法-4;文献计量法-5;评价研究法-6;社会网络分析法-7 |

## 三、对研究领域样本文献的定量分析

### (一)文章的年度数量分析

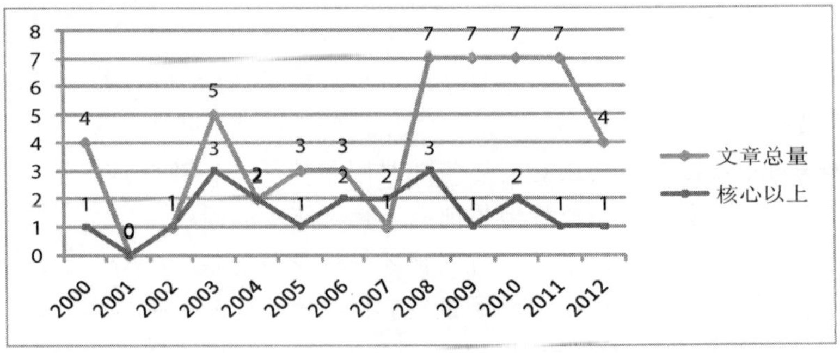


图1 年度数量分布图

如图 1，我们可直观的看到国内对教育技术研究领域进行研究的文献在时间分布上的总体趋势。总体来看，论文数量仍然极少。文章总量与核心刊物文章数量总体变化趋势基本一致，2000 年前分别有 4 篇和 1 篇文章，到 2001 年均无研究成果，2005 年则是研究的一个低潮期。到 2008 年文献的总量陡增，相比之前数量有大幅增长，且 2008 年之后基本保持在稳定状态，可见自这年起专家学者已更为关注该课题的研究。但同时发现，核心刊物上的文章数量自 2009 年起却在减少，这说明近年来深层次的研究进展缓慢。

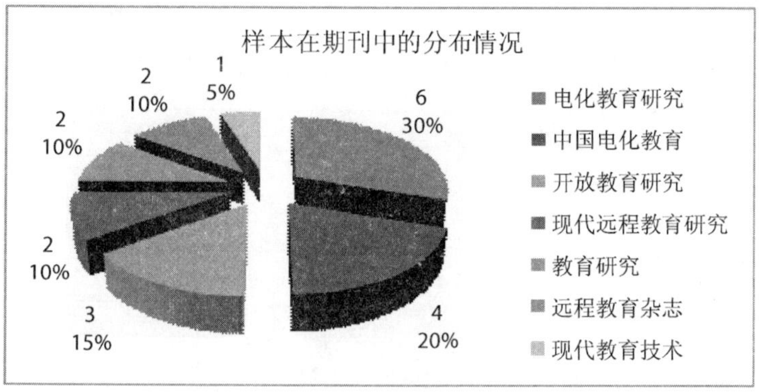


图 2　样本来源期刊分布图

## （二）样本来源期刊的分布

如图 2，在权威期刊《电化教育研究》中文献数量最多，占据 30%。这首先说明该项研究的出发点和立意宗旨是较高的。其次在《中国电化教育》、《开放教育研究》和《现代远程教育研究》中数量占据多数，这三本期刊注重创新性思辨和实践探索，说明研究主要集中在整体水平更高的期刊上。另外在《教育研究》、《远程教育杂志》中也有一定数量的文献，《现代教育技术》中数量显少。研究文献没有局限在本专业内，也同时分布在相关专业的核心刊物上。这说明相关领域的学者也意识到必须对教育技术的研究领域进行及时地明确和有效地定位。同时，由图 2 看出核心以上文章的数量仍很少，相比其他研究而言，这反映国内专门针对教育技术研究领域进行的研究还不够成熟。

## （三）作者背景分析

本文对样本文献的作者，包括第二、第三作者在内，进行了再度统计分析。

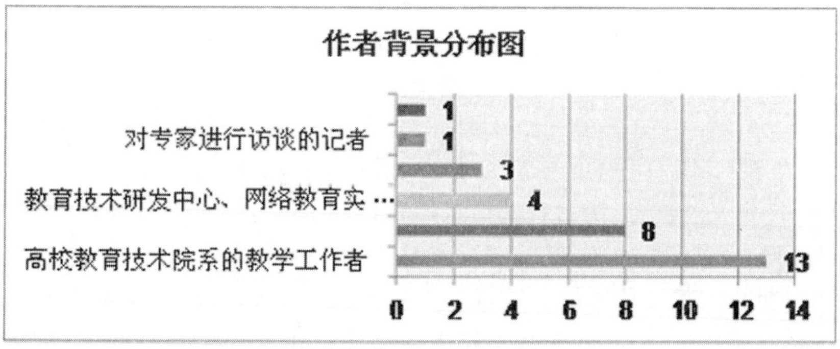


图 3　作者背景分布图

在 20 篇文献中共有作者 30 人，按已标明和笔者查询的结果，发现：对教育技术研究领域进行探索的专家学者，来自全国各地不同区域，他们除了是高等院校的教育工作者、科研人员、网络教学实践者，还有开放大学、广播电视大学的教学管理与评估者等。其中高校的教育教学工作者发表的文章最多，占到了 43%。其他相关学者包括硕士生，他们在工作与学习中不断地探索研究领域所涉及的内容及问题，也做出了一定的成绩。总体上，研究者呈形态多样化分布，他们有着相关学科的不同背景、或是同一学科不同方向的研究背景，说明该项研究已引起了多元对象的关注和研究兴趣，这有利于后续研究的进一步加强和深入。

### (四) 研究方法分析

笔者经过仔细研读、分析，发现样本文献中共用到 7 种研究方法，详情如下图。

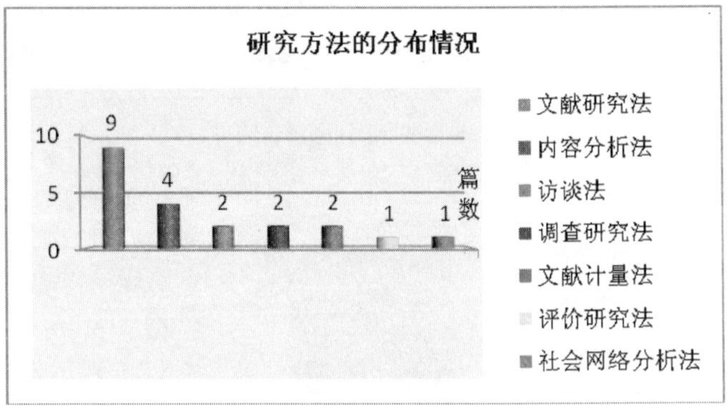


图 4　研究方法分布图

由图 4 来看，用于教育技术研究领域研究的方法虽不是单一的，但却略显单调。在样本文献中，用到最多的是文献研究法，基本达到了总数的一半 45%；次之是内容分析法。当然这是社会科学研究当中最为常用的两种方法。用到专家访谈法、调查研究法和评价研究法的文章也有一定数量。如：李龙教授（2005 年）按照“学生”、“教师”、“教育管理者”、“教育技术职业人员”，设计四套调查问卷，然后根据回收问卷的统计结果最终完成了中国教育技术标准的基本框架[1]。样本中有 1 篇同时用到了文献计量法和社会网络分析法。在《教育技术研究领域研究者派系分析与可视化研究》一文中，魏顺平等通过计算不同年段的各种指标，如合著指数、合著率、密度等来发现教育技术研究领域合作研究的变化，从侧面揭示教育技术研究领域的发展程度[2]。

## 四、对研究领域样本文献的定性分析

本文通过定量分析，得出了相关研究的总体现状，但无法清楚地了解学者们目前最关注的热点问题及未来研究的趋势。因此，本文从以下几方面对样本文献继续做以定性分析。

### (一) 对教育技术学定义的研究探讨

一个领域的定义研究是规范该领域实践与研究的基础工作，而最初对教育技术研究领域的把握也正是从其定义研究开始，专家学者们倾向于从已有的各种定义中挖掘出教育技术研究的对象，进而探究研究领域。

如：徐州师大王永生在《论教育技术的研究领域》一文中，根据 AECT1963—2005 定义，研究了历年定义中研究对象的变化，1963 定义：控制学习过程的信息——1972 定义：所有学习资源——1977 定义：与学习所有相关综合、有机的过程——1994 定义：促进学习有关的过程和资源——2005 定义：合适的技术性的过程和资源。在此基础上分析我国教育技术研究领域的发展方向，他认为：教育技术研究的重点由关注资源转换为研究与学习有关的过程与绩效，未来的教育技术会凸显其作为交叉学科的优势，在培训设计领域大放异彩。张海、王以宁（2003 年）等人则针对国内教育技术学研究的现状，提出了一个解释性定义：教育技术是改造技术使之适合教育用途需要的科学。这些技术包括理论（抽象形态的技术）、工具（物化形态的技术）、方法（功能形态的技术），主要的研究领域包括教育中的媒体、教与学的心理学和教育系统方法[3]。

### (二) 对教育技术学新兴研究领域的介绍

教育技术交叉学科的特性决定了其实践和研究主体的多元化和多样性，且随着多媒体和计算机网络技术的飞速发展，其研究的领域也会处在不断变化的状态。不同时期往往有新兴的研究对象和研究领域的不断衍生。

上个世纪末，移动学习的研究开始兴起，短短数年间便成为远程教育与数字化学习领域中一个热点。该研究涵盖了技术实施的可行性研究、软件和终端工具的研发、移动课程资源的开发、技术与协议或标准之间的兼容性研究等[4]。教育游戏作为一项新兴产业在我国得到飞速的发展。王庆，钮沭联等人（2012 年）通过分析国内十年教育游戏研究领域中的文献，概括了侧重点不同的六类研究，其中理论、设计方法和应用实践是教育游戏研究领域的重点[5]。脑科学与教育是倍受国际重视的新兴研究领域，国内教育技术领域也有大量的研究，其中呈现出一些特征，如：选择不同的切入点、探索脑科学与教育连接的有效模式、采用先进的研究工具和技术等[6]。除此之外，近年来出现的还有企业绩效培训、虚拟现实、人工智能、认知心理学、知识工程、云计算、智慧校园建设等一系列新兴的研究领域。

## （三）领域内研究者派系与热点术语分析

教育技术作为一门有争议的交叉性学科，多年来其研究领域的科研合作现状如何？领域研究群体的派系是如何构成与分布的？最热门的术语和最受关注的课题又有哪些？不少学者在这方面做出了探索和分析。魏顺平，傅骞（2008 年）研究发现：教育技术研究领域科研合作关系越来越密切，但还处于较低水平；合作类型主要为师生合作，跨校、跨区域的合作较少；随着团队扩大，整体合作关系渐渐疏远，开始形成小团体。同时有相当一部分学者关注和研究教育技术领域年度热点术语，期望从这一角度来把握研究者们最为关注的内容。如：魏顺平、袁松鹤（2010 年）研究了中国教育技术研究领域 2010 年度的热点术语，认为远程教育、教育信息化、农远工程、移动学习、教学设计、网络课程、教学模式、学习环境、e-learning、混合式学习、CSCL、Web2.0 等排名靠前的 20 个关键词[7]，直观反映出该年度的研究重点，代表着这一年研究领域的热点。

## （四）对研究领域与研究方法关系的探讨分析

教育技术学者共同体是一个具有各自研究对象和持不同方法论的复数群体的集合[8]，因此在该研究领域中不具有惟一的方法论。国内不少研究是将教育技术研究领域与研究方法作为同步或是类比进行展开的。

教育技术领域是否有独特的研究范式和方法？刘美凤教授认为：对某一领域研究方法独特性的诉求实质是对该领域研究问题或研究对象独特性的探索；不同研究领域有符合其独特研究对象的根本研究方法，具体的研究方法和手段是各个研究领域所共有的，它们可以服务于不同的研究目的和需要[9]。同时，有部分学者针对具体研究方法在教育技术研究领域中的应用做以研究。胡来林、安玉洁（2006 年）对此前十年国内教育技术学研究方法进行回顾，发现教育技术领域研究方法中定性与思辨占主导地位，占 86%的比例[10]。朱书强、刘明祥（2008 年）对实证研究法在国内教育技术学领域的应用进行分析，发现实证研究法逐步受到重视与使用，文章数量呈现逐年增长的趋势[11]，为促进研究的规范与完善，总体上都倡导在教育技术学领域广泛采用实证的研究方法。

## （五）关于研究领域理论框架模式的构建研究

关于教育技术的研究领域和范畴，目前国内虽没有一个固定的理论框架与模式形成，但是一批理论功底深厚，对改革怀有满腔热情的专家学者正积极活跃在该领域中，他们用不同的思维方式向人们呈现了其研究成果。

北京师范大学李芒（1998 年）从技术哲学的角度分析，认为教育技术实践领域由经验形态、实体形态、知识形态三大要素组成。刘美凤教授（2001 年）则指出教育技术的研究领域应包括：教育技术产品的制作和使用过程或活动；在制作和使用的过程中积累起来的教育技术知识；以及与不同技术相对应的教育或教学意志[12]。张建伟（2002 年）提出教育技术学研究领域的基本架构，他认为可分为两个层面，基础性探索包括教学设计研究、创新性技术研究和哲学文化研究；应用性探索包括 IT 整合于学校教育、绩效技术与企业培训、远程教育与远程培训三个相关的领域[13]。杨开城、李秀兰（2003 年）认为教育技术的研究领域包括教育工程学、教学设计与课程开发三个部分[14]。张海、王以宁（2003 年）对教育技术的研究领域进行了界定，认为它涵盖了教育中的媒体、教育系统方法、教与学心理学三大领域[15]。

## 五、对研究领域已有模式体系中存在的问题分析及建议

### (一)已有模式体系中存在的问题分析

以上研究发现,近年来对教育技术学研究领域的探索已从多方面开展,但在"繁荣"研究的背后,仍存在一定的问题。研究领域已有轮廓的结构及内容表征,基本符合人们对这门学科认知的需要,但在具体指导实践时还存在一些不可忽视的不足与缺陷,具体如下:

一方面,目前对研究领域进行建构的文章,除极个别有自己的特色,许多观点基本都大同小异。如多数对教育技术研究领域的划分都是从 AECT94 定义出发,认同和倾向于引用 94 定义的五个范畴。这样的划分看起来合情合理、无可厚非,但终究是立足于美国教育技术的根基产生,要将其对应于中国教育技术的实践应用和理论研究上,就显得十分牵强。并且这种划分与国内教育技术学专家和学者们开展的实际研究工作也是相脱节的。因而这样的划分对我国教育技术学研究领域的实践没有实质上的意义,只是一种形而上学的存在。

另一方面,目前已有研究领域的基本框架主要是基于当时的研究现状而提出的,而随着研究的深入和新兴领域的出现,则会逐渐显露出局限性。目前,关于教育技术学的研究对象和范畴,在很多研究中体现的不甚明了,甚至处于一种混乱的状态。包括一些相关名词的随意运用,互相混淆,往往使得读者不知所云。追究其根源,就是一部分现有概念对原有理论的盲目套用,对研究对象和内容的认识不清晰,导致学科结构形成的不稳定,最终已有理论在解决实际问题就显得软弱无力。因此随着时间的推移和学科发展,那些不能将新兴研究领域涵盖在内、不能适应新需求的理论模式,还须做进一步的更新和改动。

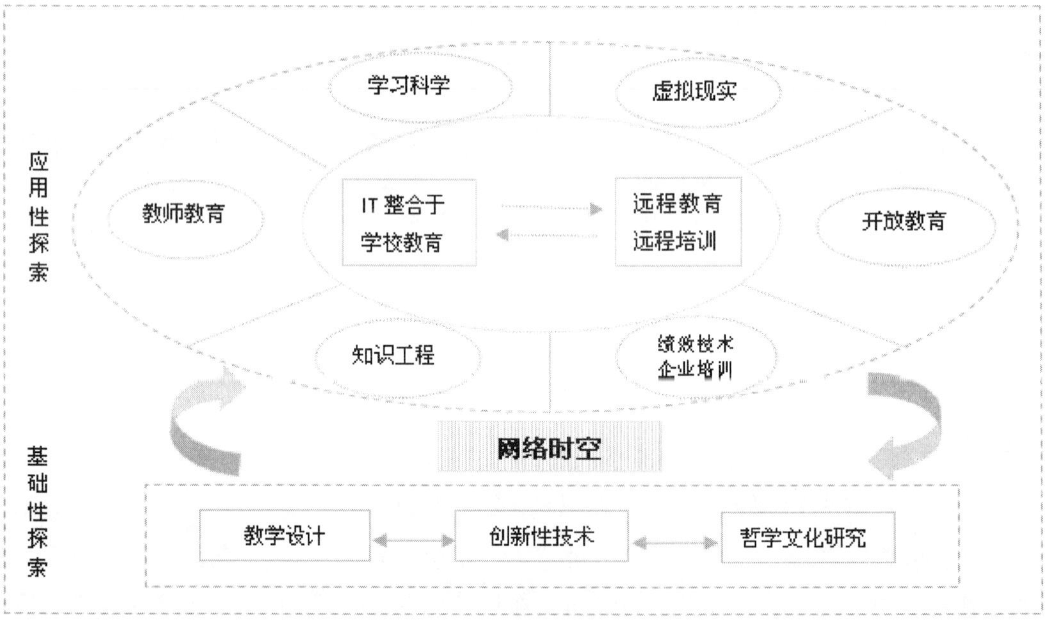


图 5　当前教育技术学研究领域的基本架构

### (二)对研究领域内容模式重构的建议

本文基于国内外相关研究的成果,依据张建伟教授划分研究领域的基本思想,构建了教育技术研究领域的基本理论框架。如图 5,该模型是以基础层面上具有普遍意义的成果作为铺垫,以新兴的网络环境作为时空背景,支撑着直接面向教育技术实践的各个应用领域。基础性探索包括三个子领域,是教育技术作为独立学科所做出的主要的创新和学术贡献。本文构建的模型认为 IT 整合于学校教育、远程教育和培训两

者是实践应用层面的核心，而绩效技术与企业培训并不能作为与之并列的一个全新独立的领域。同时新增加了开放教育、知识工程、教师教育、学习科学、虚拟现实，包括绩效技术与企业培训六个部分，它们是紧紧围绕两个核心而出现的分支领域。两个核心及六个要素集中体现了教育技术的独特应用价值。

该模型在一定程度对教育技术的外延进行了延伸，有利于扩展教育技术学研究的视野。当然这些子领域既是目前研究的热点和新兴领域，也是属于教育技术实践研究重要的组成部分，能客观反应教育技术学研究的现状。另外，该模型在原有系统中新增加了一个"网络时空"要素，因张建伟教授提出的架构是在2003年，随着当前互联网技术的迅速发展和数字化生活的普及，以及即将迈进的云计算时代，教育技术的研究也到了一个全新的时代，所有基础性层面和实践应用层面的探索也都是基于网络时空这样一个大环境和背景下进行的。

张建伟教授关于研究领域的划分，对后期相关的研究起到了很好的引领和推动作用。笔者也非常赞同张建伟教授提出的关于教育技术学研究领域的基本构架，因此本文只是在该基础上做了微小的更新和改动。对此模型的提出，一方面对自己就教育技术学研究领域理论的学习做以总结，对所学的知识进行一个系统的归纳。另一方面是陈述自己的一点见解，方便与热衷于该领域的学者做进一步的沟通和交流。同时，通过该项工作的开展也期望对后期探索教育技术学研究领域的学者们有一定的借鉴意义和参考价值。

## 参考文献

[1] 李龙，刘雍潜. 教育技术领域范畴与标准的研究评述[J]. 现代远程教育研究，2005，(3)：11～12.

[2] 魏顺平，傅骞，路秋丽. 教育技术研究领域研究者派系分析与可视化研究[J]. 开放教育研究，2008，(1)：79～81.

[3] [15] 张海，王以宁. 国内教育技术学研究的定义和领域[J]. 电化教育研究，2003，(3)：8.

[4] 刘建设，李青，刘金梅. 移动学习研究现状综述[J]. 电化教育研究，2007，(7)：22～25.

[5] 王庆，钮沭联，陈洪. 国内教育游戏研究发展综述[J]. 电化教育研究，2012，(1)：82～89.

[6] 周加仙. 脑科学与教育研究[J]. 全球教育展望，2007，(4)：53～55.

[7] 魏顺平，袁松鹤，孙鸿飞. 2010年度中国教育技术、远程教育研究领域热点术语[J]. 开放教育研究，2011，(2)：108～109.

[8] 徐晓东. 教育技术学的研究领域及其研究方法[J]. 电化教育研究，2003，(9)：10～11.

[9] 刘美凤. 关于教育技术及其学科的研究方法的几点认识[J]. 电化教育研究，2008，(12)：93～95.

[10] 胡来林，安玉洁. 近十年来我国教育技术学研究方法的回顾与反思[J]. 电化教育研究，2006(2)：15～17.

[11] 朱书强，刘明祥. 实证研究方法在教育技术学领域的应用情况分析[J]. 电化教育研究，2008，(8)：33

[12] 刘美凤. 技术·教育技术·教育技术学[J]. 比较教育研究，2001，(11)：9.

[13] 张建伟. 当代教育技术学研究

[14] 赵宏，杨开城，李秀兰. 关于教育技术学学科体系基本框架的思考[J]. 电化教育研究，2003，(4)：32～33.

## 作者简介

唐瑛，1987年生，女，汉族，陕西商洛人，硕士研究生，研究方向：现代远程教育基本理论。

# 国际终身学习能力调查文献综述

许玲，郑勤华
（北京师范大学教育技术学院，北京，100875）

**摘　要**：随着科学技术的迅猛发展，终身学习已成为知识经济时代对每个公民的必然要求，提高公民的终身学习能力已成为时代的诉求，各国对其重视程度日益提升。终身学习能力调查是了解公民终身学习能力现状的重要途径，是培养终身学习能力的重要依据，同时也是制定终身学习制度和政策的重要参考。本文采用文献研究的方法，选取了六项关注终身学习基本能力的国际典型调查，进行了比较和分析，综述国际终身学习能力调查的背景、调查对象、调查指标体系以及调查的过程和方法，并对各项调查结果进行分析，以期能够对我国进行终身学习能力调查提供借鉴和指导。

**关键词**：终身学习能力；指标体系；调查研究；对比分析

# Literature Review of Lifelong Learning Competency Survey

**Abstract**：With the development of technology，lifelong learning is becoming an inevitable requirement for citizens. Improving lifelong learning competency is also the requirement of the age. Each country pays much attention on the lifelong learning competency. Lifelong Learning Competency Survey (LLCS) is the key way to get information about lifelong learning，a basement to cultivate lifelong learning competency and the reference for the policy about lifelong learning. Six typical survey about lifelong learning competency were chose to do literature review，making a comparison and analysis about the research background、research objective、index、process、method and the results，in order to provide guidance on LLCS in China.

**Keywords**：lifelong learning competency；index system；survey research；comparative analyze

## 一、引言

终身学习是指每个社会成员为适应社会发展和实现个体发展的需要，贯穿于人的一生的，持续的学习过程。自1965年在联合国主持召开的成人教育促进国际会议上，保罗·朗格朗首次提出了“终身学习”的概念后，在联合国教科文组织及其他有关国际机构的大力提倡、推广和普及下，终身学习在世界范围内形成共识，作为一个极其重要的理念在全世界范围内传播。许多国家在制定本国的教育方针、政策或是构建国民教育体系的框架时，均以终身教育的理念为依据，以终身教育提出的各项基本原则为基点，并以实现这些原则为主要目标。

终身学习能力，顾名思义，即个体实现终身学习应该具备的能力。终身学习能力具体包含了哪些方面的能力，各国际组织结合政治、经济和社会发展，以及公民教育文化方面的特点，提出了更具体的界定。

## 二、终身学习能力界定

联合国教科文组织(UNESCO)最早于1996年提出了终身学习的关键能力,包括四个方面:学会追求知识、学会做事、学会与人相处和学会发展。2003年,在前四项能力的基础上又补充了学会改变,这成为终身学习的第五支柱。

经济合作发展组织(OECD)在1997年至2002年进行了《能力的界定与遴选:理论框架和概念基础》的大规模的跨国研究计划(DeSeCo框架),DeSeCo将关键能力定义为:"个人实现自我、终身发展、融入主流社会和充分就业所必需的知识、技能及态度之集合",包括三个方面的九项能力(如表1)。

欧盟在2005年提出了《终身学习能力:欧洲参考框架》,明确界定了关于终身学习的八项核心能力(如表1)。这八大能力并不是孤立的,而是相互交叉、相互关联和相互支持的,掌握学会学习的能力,就需要获得一些基本的技能,如读写、算术与信息技术能力等。

**表1　国际组织对终身学习能力的界定**

| 国家或组织 | 时间 | 内容 | 提出背景 |
|---|---|---|---|
| 联合国教科文组织(UNESCO) | 1996-2003年 | 1. 学会追求知识<br>2. 学会做事<br>3. 学会与人相处<br>4. 学会发展<br>5. 学会改变 | 应对人类未来持续面对的各种冲击与紧张状态,创造更美好的人类生活,进而建构更理想的社会 |
| 经济合作发展组织(OECD) | 1997-2002年 | 1. 使用工具沟通互动<br>2. 在社会异质群体中互动<br>3. 自主行动 | 知识经济时代需要建构新的素养,发展成功的生活与健全的社会 |
| 欧盟(European Union) | 2005年 | 1. 母语沟通能力<br>2. 外语沟通能力<br>3. 数学、科学与技术基本能力<br>4. 信息技术能力<br>5. 学会学习能力<br>6. 人际交往、跨文化交往能力以及公民素养<br>7. 创新能力<br>8. 文化感和表达能力 | 促进欧洲社会融合,应对知识社会的需求,建设全民终身学习的欧洲,促使欧洲成为最具竞争力的经济体 |

各国际组织对于终身学习能力的提出与自身职能及社会背景密切相关。联合国教科文组织和世界经济合作发展组织作为世界性合作组织,更强调人的社会性,实现终身学习需要具备的技能要能够满足个人自身发展和社会交往。欧盟目标是促进欧洲社会的融合,建设成为强大的欧洲共同体,对于国民终身学习能力除了科技时代要求国民具备的基本技能外,更强调跨外语沟通技能、人际交往和跨文化交往能力。

## 三、典型终身学习能力调查的对比分析

### (一)终身学习能力调查概述

通过文献整理发现,目前国际上对终身学习能力调查重点关注的能力不同,大致有以下几个维度:自我规划维度、学会学习维度、信息维度、社会维度、个人特质维度以及基础能力维度,本文选取了六项关注终身学习基本能力的国际典型调查,进行了比较和分析。

**表 2　典型终身学习能力调查概述**

| 调查名称 | 时间 | 背景和目的 | 调查对象 | 关注点 | 发起者 |
|---|---|---|---|---|---|
| 国际教育指标工程(INEC) | 1987-1996 年 | 建立一套有比较性、代表教育系统的关键特点的国际教育指标，为教育政策的制定者、消费者以及教育产业中的"第三方"在跨国教育比较中提供参考依据 | 成年人；<br>1987-1988 年 8 个国家；<br>1990-1991 年 17 个国家；<br>1992-1996 年 25 个国家； | 教育指标的建立 | 经济合作发展组织(OECD) |
| 培养未来成人素养和终身学习标准(EFF) | 1994 年 | 提供综合性的内容框架、定义的学习结果、获得这些结果的标准，来提高成年人教育质量，为终身学习做好准备 | 成年人；美国 34 个州，151 门成人教育课程 1500 位成人学习者； | 成人识字率和基本技能 | 美国(US) |
| 国际成人素养调查(IALS) | 1994-1998 年，每 2 年一次 | 使用专门开发的、可用于跨国比较的工具，评估不同国家人们识字能力的差别 | 16-65 岁的成年人；<br>1994 年 9 个国家；1996 年 14 个国家；1998 年 23 个国家； | 探究识字能力和受教育程度、资历之间、收入之间的关系 | 经济合作发展组织(OECD) |
| 国际学生评估计划(PISA) | 2000-2009 年，每 3 年一次 | 通过一套能够测量的教育指标，了解学生是否具备了未来生活所需的知识与技能，为终身学习奠定良好的基础 | 15 岁学生；<br>2000 年 43 个国家；2003 年 41 个国家；2006 年 57 个国家；2009 年 65 个国家； | 临近初中毕业的 15 岁学生的知识和能力 | 经济合作发展组织(OECD) |
| 成人素养与生活能力调查(ALL) | 2002-2006 年 | 制定全面信息计划，实现信息扫盲，提高成年人的知识和技能 | 16—65 岁成年人(*加拿大有超过 65 岁以上的)；<br>百慕大 、加拿大、意大利、挪威、瑞士和美国六个国家参与； | 识字率 | 经济合作发展组织(OECD) |
| *国际成人能力评量计划(PIAAC) | 2007-2010 年 | 探讨职场中能力供需，检视教育投入如何转换为成人的关键能力，从个人与群体的层次来评估其能力对社会与经济成果的影响 | 16-65 岁成年人；<br>27 个国家参与(24 个 OECD 的成员国和 3 个非成员国) | 测量个体参与社会和促进经济繁荣需要的技能 | 经济合作发展组织(OECD) |

*国际成人能力评量计划(PIAAC)：是 OECD 整合 IALS 和 ALL 两次大型国际成人素养调查的结果，并因时代情形变化及会员国的要求所设计的全新跨境的调查计划。

通过上述整理可知，以上几项调查主要由经济合作和发展组织发起、各个国家的不同机构合作运行，调查涉及面广，参与的国家数目较多且呈上升趋势。从调查目的中可以看出，每一个调查都受由社会文化和经济条件的影响，从不同角度指向公民终身学习能力。

调查目的主要有两方面，一是终身学习能力的提出与论证，二是公民终身学习能力现状的了解。由于对终身学习的理解和关注度不同，不同的国家和国际组织机构对终身学习能力进行的调查对象也不完全相同，大致分为成年人和未成年人两类，成年人是调查的主要对象，另一部分是未成年学生。

我们认为，成年人作为国家的主体，肩负着工作、家庭、社会各种压力，要实现全社会的终身学习，需要了解成年人的学习能力和状况。各个国家积极参与国际组织开展的终身学习能力的调查，表明对终身学习能力研究受到了各国的重视，终身教育将成为未来教育领域中一个重要的研究主题。

## （二）终身学习能力调查的内容、过程和方法

**表 3　各项调查的内容、过程和方法**

| 调查名称 | 调查内容 | 调查过程和方法 |
|---|---|---|
| 国际教育指标工程（INEC） | 第一阶段：建立教育结果的概念框架；<br>第二阶段：开发综合性分析框架，建立具体的标准和评价教育成果的指标；<br>第三阶段：建立组织框架，制定一系列国际教育指标； | OECD 的教育研究与创新中心负责管理整个项目；<br>调查阶段内容：(1)教育结果(2)教育与劳动力市场(3)学校的特点(4)教育态度和期望； |
| 培养未来成人素养和终身学习标准（EFF） | 1. 人口学信息；<br>2. 教育和培训背景；<br>3. 日常生活中如何使用技能；<br>4. 工作历史和社会交往； | 形成 1 个政策组、4 个顾问组、1 个技术组、152 个领域的发展合作伙伴、1 个专家审核小组和 3 个"角色验证"组监控负责全过程； |
| 国际成人素养调查（IALS） | 1. 阅读能力<br>①获取和获取文本信息；②整合和解释；③评估和反思；④推论的复杂程度<br>2. 写作能力<br>3. 量化能力<br>①数学概念：数字感知、空间、几何、代数②操作类型：整数、小数、百分数的加、减、乘、除基本运算③操作复杂度：单步运算到多步运算④问题清晰度 | 加拿大厅局、美国国家教育统计中心和美国 ETS 合作运行；<br>调查方法：问卷调查；<br>抽样方法：随机抽样；<br>题型：选择题、开放题；<br>量规：0-500 分五个等级(0-225，226-275，276-325，326-375，376-500)；<br>答题时间：至多 1 小时； |
| 国际学生评估计划（PISA） | 1. 阅读素养<br>①检索信息；②解释文本；③反思和评价<br>2. 数学素养<br>①空间和图形；②变化和关系；③数量；④不确定性<br>3. 科学素养<br>①识别科学问题；②科学的解释现象；③使用科学证据<br>4. 问题解决能力<br>综合解决问题事的分析、判断和决策能力 | 澳大利亚教育研究委员会、荷兰全国教育测量学会、美国教育测评服务机构及日本全国教育政策研究学会等合作运作；每次调查只将其中一项能力确定为主要的调查能力。2000 年主要关注阅读能力，2003 年是数学能力，2006 年是科学能力，2009 年是阅读能力；<br>调查方法：问卷调查(学生问卷和学校问卷)；<br>抽样方法：随机抽样；<br>题型：开放性题、多项选择题；<br>量规：0-500 分五个等级(0-225，226-275，276-325，326-375，376-500)；<br>答题时间：2 小时； |
| 成人素养与生活能力调查(ALL) | 1. 阅读能力<br>2. 写作能力<br>3. 算术能力<br>4. 问题解决能力 | 加拿大统计局、美国国家教育统计中心合作运行；<br>调查方法：问卷调查和访谈调查；<br>抽样方法：随机抽样；<br>题型：选择题、主观题；<br>量规：阅读能力、写作能力、算术能力的熟练水平 0-500 分五个等级(0-225，226-275，276-325，326-375，376-500)；<br>问题解决能力熟练程度 0-500 分四个等级(0-250，251-300，301-350，351-500)；<br>答题时间：无时间限制 |
| *国际成人能力评量计划(PIAAC) | 1. 识字能力<br>①介质(纸质、电子)；②形式(连续性、非连续性)；③类型(说明书、记叙文、说明文、议论文、条例、记录)<br>2. 数理能力<br>①数量和数字；②尺寸和形状；③数据和变化；④模式、关系和变化<br>3. 技术环境中解决问题能力<br>①认知维度：解决问题的认知结构和加工过程；②技术维度：解决问题设备、应用呈现和功能；③任务维度：问题本身<br>4. 阅读基本材料<br>①字母数字；②单词认读；③词义；④句子加工；⑤基本段落理解 | OECD 参与国委员会对该调查负责；<br>2008-2009 年是前期的准备工作，2010 年进行了调查试验，正式调查将在每个国家选择 5000 名 16-65 岁成年人；<br>调查方法：问卷调查(纸质问卷、电脑问卷)<br>抽样方法：随机抽样；<br>量规：0-500 分五个等级(0-225，226-275，276-325，326-375，376-500)；<br>答题时间：1.5-2 小时 |

通过整理可知,国际上对终身学习能力调查的能力项主要集中在阅读能力、数学能力和问题解决能力这三项中。调查多采用问卷调查和访谈相结合方式,问题项基本采用开放式的建构题目和客观的选择题相结合,问题项设置不多,答题时间为1—2小时,调查多采用随机抽样的方法,无明确的目标群体,调查通过分数进行等级的划分。

通过各项调查结果分析可知,完整的调查设计是成功的基础,政府的重视与支持是调查取得成功的重要保障。

### (三)终身学习能力调查结果

国际教育指标工程(INEC)在1996年完成,成果是建立了一个最新的数据库,包含了相关的教育统计和指标。

培养未来成人素养和重视学习标准(EFF)形成一系列用于教学、评估和提高成年人素养有效的合适的标准,指导成人教育课程的设计。

国际成人素养调查(IALS)的能力项中,读写能力差异最大,不同的国家及同一国家不同区域之间公民读写能力水平差异显著。成年人具备的读写能力处于较低水平,但公民普遍认为具备的读写能力已能胜任生活需要。需要指出的是,读写能力并不与受教育程度完全同步,在一些国家中,有许多受教育程度较低的人反而具备较高的读写能力。成人的阅读能力和工作环境相关,阅读能力的差异性受年龄阶段的影响,调查结果显示30—54岁是学习活动最活跃的年龄阶段。调查数据进一步论证了,参与学习的动机主要来自个人兴趣和工作、相关职业需求。

国际学生评估计划(PISA)调查中选用性别、家庭背景、学校组织和环境四个方面作为主要因素,对PISA测试结果进行解释。2000—2009年,学生的整体阅读水平无大幅度的增减。在全部调查的国家中,阅读能力女生普遍高于男生,绝大部分国家中,数学能力男生高于女生。

成人素养与生活能力调查(ALL)显示,1996—2006年成年人识字率逐步提高。在所有的国家中,年龄和技能水平之间关系是复杂的,年轻人的技能水平较高,而具备一定经验的年长者技能水平往往比年轻人低。性别是影响能力分配的重要因素,一般来说,男性算术能力和写作能力明显优于女性,而女性阅读能力明显优于男性。个体学习动机更多是来自个人兴趣而非工作和职业的需求。

国际成人能力评量计划(PIAAC)在测试和实施阶段,预计2013年公布调查结果。

综合以上调查结果,进一步论证了年龄、性别以及获得教育程度是影响终身学习能力的重要因素。需要指出的是,以上的调查大部分停留在结果的层次,是基于问卷的基本信息进行类别分析,以及参与的不同国别之间的比较分析,结论性的共识较少。

## 四、讨论和建议

目前我国还没有大规模的关于终身学习能力的调查,而终身学习能力的调查是一项基础性的工作。根据我国的国情,进行终身学习能力调查时可以重点考虑学会学习、问题解决能力、人际交往能力以及文化交往能力,学会学习中重点考察阅读能力、写作能力和运算能力。

终身教育体系包括学校教育和继续教育两大体系,不同的社会角色对个人的发展有重大影响,因此建议调查对象要依据职业,选择不同的人群。在进行关于终身学习能力的调查时宜多种方法结合起来。问卷需要包括基本信息方面和具体能力项两个方面,重视基本信息的细化和分层,年龄,一般建议以10岁为一个年龄段;关注工作相关的情况、接受培训和教育情况等。问卷调查样本选择依目标群体采用分层抽样的方法,调查实施需要尽量争取政府的支持和帮助。

通过本文的梳理和研究,希望能够为我国进行终身学习能力调查提供指导,也为我国建设学习型社会和推进终身学习研究提供重要依据。

### 参考文献

[1] Rychen,D. S. & Salganik. L. H. Key competencies: overall goals for competence development: an international and in-

terdisciplinary perspective.
[EB/OL]http://www. springerlink. com/index/m251k866122342. pdf.

[2] Stein, Sondra. Equipped for the future: A Reform Agenda for Adult Literacy and Lifelong Learning[J]. National Institute for Literacy. [EB/OL]http://www. eric. ed. gov/ERICWebPortal/recordDetail? accno=ED405464.

[3] European commission. European report on quality indicators of lifelong learning (PIAAC) [R] . Retrieved March 2, 2011.

[4] Dr Dejan Hozjan. Key competences for the development of lifelong learning in the European Union.
[EB/OL] http://www. eric. ed. gov/ERICWebPortal/search/detailmini. jsp? _nfpb = true& _ &ERICExtSearch_SearchValue_0=EJ864796&ERICExtSearch_SearchType_0=no&accno=EJ864796.

[5] European commission. Lifelong learning in Finland—The extent to which vocational education and training policy is nurturing lifelong learning in Finland. [EB/OL]http://www. eric. ed. gov/ERICWebPortal/search/detailmini. jsp? _nfpb= true& _ &ERICExtSearch _ SearchValue _ 0 = ED458447&ERICExtSearch _ SearchType _ 0 = no&accno =ED458447

[6] Irwin Kirsch. The international adult literacy survey (IALS): Understanding what was measured. [EB/OL]http://www. tandfonline. com/doi/abs/10. 1080/09695940123977

[7] Gail Spangenberg ,Sarah Watson. Equipped for the future- Tools & Standards For Building &Assessing Quality Adult Literacy Programs. [EB/OL] http://www. eric. ed. gov/ERICWebPortal/search/detailmini. jsp? _nfpb = true& _ &ERICExtSearch_SearchValue_0=ED478434&ERICExtSearch_SearchType_0=no&accno=ED478434

[8] Ralf St. Clair , Lyn Tett , Kathy Maclachlan. Scottish Survey of Adult Illiteracies 2009: Report of Findings. [EB/OL]http://www. scotland. gov. uk/Publications/2010/07/22091814/0.

[9] Learning a living-first results of the adult literacy and life skills survey. [EB/OL]http://www5. statcan. gc. ca/bsolc/olc-cel/olc-cel? catno=89-603-XWE&lang=eng

[10] NCES. The International Adult Literacy Survey: A Technical Report, National Centre for Educational Statistics, Washington, DC. 1997.

[11] Statistics Canada. The Adult Literacy and Life Skills Survey: Aspects of Design, Development and Validation, Ottawa. 2004.

[12] Statistics Canada. The Adult Literacy and Life Skills Survey: A Technical Report, 2005, Ottawa.

[13] 李广. 为生存而学习——PISA 评价思想价值取向研究[J]. 外国教育研究. 2005(7):41-44.

[14] 周琴. PISA2003 对学生学业成绩的测评、分析及其启示[J]. 上海教育科研. 2006(9):32-33.

[15] 尹雨. 为学习再阅读——经合组织国际学生评估项目(PISA)阅读能力评介[J]. 中学语文教学. 2005(5):15-16.

[16] 于丹丹. 国际学生评价项目[D]. 武汉:华中师范大学. 2009.

## 作 者 简 介

许玲,1987 年生,女,汉族,江苏省南京人,硕士研究生,研究方向为远程教育。

# 国外个性化终身学习项目介绍与启示
## ——以 MyPlan 项目为例

张方明，赵蔚，段红，陈卓
（东北师范大学，吉林长春，130117）

**摘　要：**终身学习者在个人特征、受教育经历和学习诉求等方面存在着明显的差异，如何照顾到终身学习者的不同个性化特征，满足其学习需求，为之提供最优化的学习支持服务，是在前期终身学习体系建设基础之上，未来我们应该重视和研究的问题。在 L4All 项目研究成果之上，MyPlan 对个性化终身学习进行进一步的研究，它由英国联合信息系统委员会数字化学习计划资助，旨在通过开发、应用和评价终身学习规划个性化定制的技术与工具来促进计划的进一步发展。文章对 MyPlan 项目研究背景和前期基础项目进行了简单的介绍，围绕项目的组织实施、研究成果进行了细致剖析，本文研究有助于了解国外终身学习研究的现状和发展趋势，为我国终身学习的发展和研究提供有益启示。

**关键词：**终身学习；个性化；MyPlan

# The Introduction and Inspiration of Foreign Personalized Lifelong Learning Project
## ——Take MyPlan Project for Example

Zhang Fangming, Zhao Wei, Duan Hong, Chen Zhuo
(Northeast Normal University, Jilin, Changchun, 130117)

**Abstract**: Lifelong learners have the obvious difference in individual characteristics, the education experience and learning demands, how to take care of the different personalized features of lifelong learners, meet the learning needs and provide the optimization of learning support services, is what we should pay attention to. Bsaed on the L4All Project, MyPlan Project makes further research. It is funded by the JISC Capital e-Learning programme and aims to contribute to the programme by developing, deploying and evaluating new techniques and tools that allow personlised planning of lifelong learning. The article introduces the background and pre-project foundation simply. Around the organization and implementation of the project and the research results it also carries out a detailed analysis. This study will help to understand the current situation and development trend of lifelong learning research abroad, and provide useful insights for the development of lifelong learning and research.

**Keywords**: lifelong learning; personalization; myPlan

## 一、前言

随着信息技术、社会经济的飞速发展，竞争不断加剧，对人的要求不断提高，人们原有的知识技能已无法满足工作和学习需要，在这种情况下，单一传统的学校教育已然无法满足社会和学习者自身发展的需求，教育变革势在必行。

十六大提出了“形成全民学习、终身学习的学习型社会，促进人的全面发展”的号召；十七大又明确提出“发展远程教育和继续教育，建设全民学习、终身学习的学习型社会”。2007 年公布的《国家教育事业发展“十一五”规划纲要》也明确提出，要尽快完善中国特色社会主义教育体系。2006 年，教育部启动了“数字化学习港与终身学习社会的建设与示范”教改项目，旨在构建以现代远程教育为基础的数字化环境下的终身学习体系；2007 年，科技部启动了“数字教育公共服务示范工程”[2]，各省市也纷纷构建自己的公共服务平台，向社会提供开放、优质的数字化资源，以满足学习者广泛多样的学习需求，比如中国终身学习网、上海终身学习网、长沙终身教育学习网等。

在构建终身学习的学习型社会进程中，我们已经取得了一定的进展和成绩，但与发达国家的发展水平相比，还存在着一定的差距，尤其是个性化终身学习相关研究方面还几乎处于真空阶段，十分有必要对他国相关研究经验进行总结和介绍，以为我国终身教育事业的发展提供有益的借鉴。

## 二、项目简介

MyPlan(Personalised Planning for Learning Throughout Life)项目由英国联合信息系统委员会的数字化学习项目资助，在 A. Poulovassilis 和 G. Magoulas 的管理、指导下，以伦敦伯克贝克学院为主导，与伦敦终身学习网(Linking London Lifelong Learning Network)、教育学院、哈克尼社区学院、大学招生服务中心等多家教育机构共同合作完成。项目于 2006 年 9 月 1 日开始实施，2008 年 11 月 30 日结束，历时 27 个月，主要围绕以下三个目标展开工作：

(1) 终身学习环境下，学习者模型和学习者本体模型的开发和评价。

(2) 对创建、检索与推荐学习路径的个性化功能进行开发、使用和评价。

(3) 开发一款旨在帮助学习者了解不同职业或教育选择对学习者所产生影响的游戏型应用程序，并将之与系统进行整合[3]。

## 三、项目评析

### (一) 实施背景

伦敦终身学习(The Lifelong Learning in London for All，简称 L4All)项目由英国联合信息系统委员会的分布式数字化试点中心资助，针对伦敦地区独立的终身学习者，尤其是年满 16 周岁且未接受过高等教育的学习者提供个性化服务。通过调查分析得出，造成这些学习者未能接受高等教育的原因主要有两个方面：一是，学习者不了解相关的教育信息；另一个是，他们认为这样的教育选择并不适合自己。

针对这两方面的原因，项目组与多家教育机构、高校合作，设计、开发了支持学习者记录并分享他们学习路径的系统，并为学习者提供一个门户网站，学习者可以从中获得相关的教育信息和优质的学习资源，记录自己的从业经历、掌握的技能、获得的证书、自身兴趣爱好和未来的学习目标等信息，生成并分享自己的学习路径，同时允许其对学习路径进行规划，并为学习者对学习的保持和反思提供支持。通过这一系列支持活动，在促进学习者间交流与协作的同时，进一步激发了学习兴趣；帮助其寻求潜在的学习路径(这些路径有可能是他们从未考虑过的)，并通过成功的案例，激发学习者自信心；最终促进学习者的职业发展和受教育程度的进一步提升。

评价结果表明学习者乐于使用该系统，但还存在两方面的问题需要我们的进一步研究：一是，学习路径和推荐功能的个性化；二是，进一步提升学习支持服务的质量，尤其是针对新的学习者[4]。

在 L4All 项目研究基础之上，针对其不足，MyPlan 项目将围绕三个既定目标展开进一步的工作。

## (二)组织实施

为保证项目的顺利进行,所有工作将由下面 6 个工作组共同完成:

工作组 1:负责项目管理、运作和宣传工作

工作组全权负责项目的管理、执行和研究成果宣传和推广工作。主要有以下几个方面:(1)每 2-3 周组织核心团队成员进行一次例会,主要是对项目的开展进行回顾和总结并制定下一阶段的研究计划;(2)对网站进行日常管理和维护;(3)对宣传工作的管理和执行进行协助;(4)组织咨询小组成员与各个工作组成员进行会晤,针对项目进行过程中出现的问题提出意见和建议并进行必要的指导。

工作组 2:负责用户模型和个性化用户建模本体的开发工作

为向学习者提供个性化服务,不同机构,网站纷纷构建自己所需学习者模型,然这些模型的设计开发并没有统一标准,这就造成了学习者模型间的互操作性较低。那如何实现不同系统、平台之间学习者信息的共享、互操作,以为学习者提供不间断的优质个性化服务呢?针对这样一个问题,MyPlan 项目提出了基于本体的学习者建模方法,旨在通过构建一个标准化的本体,实现不同学习者模型的跨平台融合。

工作组 2 就主要负责用户模型和个性化用户建模本体的开发工作,分两个阶段完成:阶段一,对 L4All 项目的学习者需求及项目评价进行分析的同时,对学习者高层次活动进行调查,通过上述调查分析的结果对终身学习领域相关概念和关系进行界定,开发第一版的用户模型和终身学习者建模本体。阶段二,在真实环境下由学习者对第一阶段开发的终身学习者建模本体进行验证,针对发现的问题和不足,进行修正、完善,形成最终的终身学习者建模本体[5]。

工作组 3:负责终身学习个性化规划功能的界定和说明工作

首先,将学习者与教育系统的交互过程拆分为学习动机(为什么要学习)、课程(将要学习什么样的知识和技能)、学习方式(以怎样的方式进行学习)、教学法(通过什么样的方式进行学习)、评价方式(以什么样的方式进行评价)、学到什么(学习过后可以学到什么知识)六个阶段,对各个阶段存在的个性化问题进行界定,技术所能起到的帮助作用进行思考,并对其可能起到的支持作用进行预设。

其次,通过对 L4All 和 MyPlan 项目中的个性化需求进行总结,判定其中哪些存在于上述六阶段之中,将需要在 MyPlan 项目中进行研究、开发和运用的个性化功能进行分类、说明。

在 MyPlan 项目中,研究的重点主要集中在除去评价方式之外的五个阶段,但会对系统与电子学档整合进行研究。除此之外,个性化功能做了 5 个方面的扩展:(1)从"与我相似的人"中,对时间线进行个性化的检索;(2)对接下来要学习的课程进行个性化推荐;(3)个性化定制;(4)学习者档案的自动更新;(5)记录并显示学习者对检索结果的评价等级。

最后,对现有 L4All 系统为支持新的个性化功能所需必要性拓展进行界定。包括学习者和课程元数据扩展,用户界面更新,服务扩展和修正几个方面[6]。

工作组 4:负责终身学习个性化规划功能的开发与应用工作

在前面所做研究基础之上,工作组 4 分两个阶段完成工作,阶段一:首先,对 L4All 系统的图形用户界面进行重新设计,使用 DHTM 与 JavaScript 技术开发的新模块代替之前的 Flash 旧模块,使之具有更强的灵活性。然后,对后台引擎进行必要地修改。其次,对学习者和时间线的检索方法进行修改,使之能够进行更加灵活、个性化的检索。新的检索方法使用了基于字符串相似性的比较标准,目前已经在 REDEEM 系统中用于教学活动序列的比较。再次,针对时间线个性化检索,课程个性化推荐和系统个性化定制三方面功能进行个性化搜索引擎的开发[7]。最后,对增强的 L4All 系统与 UCAS 整合的技术要求,方法、机制等进行探讨,并设计了相应的应用环境对整合效果进行验证。

第一阶段开发的个性化功能将交由工作组 5 进行评价,工作组 4 依据评价的反馈结果对个性化功能进行修正和完善,并形成最终版本。

工作组 5:负责评价工作

工作组主要针对项目所开发的个性化功能进行评价,大体分为两个阶段:

第一阶段:在 George Magoulas 和 Nicolas Van Labeke 的指导和帮助下,由伦敦伯克贝克学院的学生,

围绕以下三个方面展开活动:(1)系统可用性研究,主要围绕时间线的创建及其相关操作进行;(2)“与我相似的人”功能的使用研究,主要是学生运用不同的检索参数组合进行检索,对检索结果的有用性进行汇报;(3)活动完成后的学习者反馈研究。

评价结束之后,通过调查分析和观察研究,对系统出现的问题进行修正,对评价自身不合理之处进行调整。在此基础之上,由哈克尼学院的学生进行再一次的评价工作。通过连续两次的评价活动,对系统和评价过程中出现的问题进行总结、校正和完善,并在此基础之上进行第二阶段的评价工作[8]。

第二阶段:针对个性化功能“what next”进行,由伦敦伯克贝克学院和伦敦东北大学的学生先后完成,各工作组将依据评价的反馈信息对各自工作进行调整和完善。

工作组 6:负责游戏应用

该工作组的任务由来自考文垂大学严肃游戏研究所的 Sara de Freitas 教授负责,主要针对现有能够用于 MyPlan 项目的,可为终身学习者职业选择和教育决策提供支持的游戏型应用程序进行总结评价,最终确定一种较为适合的游戏型应用程序进行进一步的深入研究[9]。

### (三) 研究成果

围绕项目的三个既定目标,工作组设计、开发了能够支持终身学习个性化规划的技术和工具,下面将针对不同的目标,对具体的研究成果进行介绍:

1. 区别于异构学习者模型间的两两映射,项目使用终身学习者建模本体实现异构学习者模型的映射和融合,在实现信息交互与互操作的基础上,更好的适应了新的系统和学习者模型的加入,可扩展性好,且更加节省时间和成本。

终身学习者建模本体是由斯坦福大学开发的本体编辑和知识获取软件 Protégé 开发而成。选用这款软件的原因主要有以下几方面,首先:它比较符合技术规范要求;其次,它是开源、免费的,并被广泛应用;再次,它能提供友好的图形用户界面、具有良好的可扩展性。

2. 针对目标 2,工作组 4 做了以下几方面的工作:第一,对图形用户界面进行全新设计,新的界面如图 1[10]。左侧区域主要包括学习者档案、时间线和检索等功能模块;中间区域则是时间线和检索结果的显示区域。

相较而言,新界面更好的促进了学习者与时间线间的交互,如时间线的可视化比较;其次,时间线可视化参数基本上均可由学习者自行进行设定,更好地满足了学习者的个性化需求;另外,新界面为学习者(指具有一定权限的学习者)提供一个管理界面,使之能够进入到系统中受限或受密码保护的部分进行操作。

第二,为满足新功能的需求,对系统架构做出一定的调整,主要包括以下几个方面:(1)重新设计图形用户界面;(2)与外部 web 服务融合,与 LearnDirect 和 GoogleMap 应用程序接口整合;(3)对所有程序进行明确的划分,将其分为服务应用程序和界面应用程序两类;(4)对学习者模型、时间线模型和事件模型进行完善。

第三,在原 L4All 系统中,学习者和时间线的检索都是基于关键字的,这种检索方法在使用过程中存在一定缺陷:首先,检索范围受到局限,在进行时间线的检索时,结果仅反映关键词在事件中的出现频次,而未能考虑到整体时间线组成。其次,检索结果未能根据学习者的个性化的呈现要求进行显示。为解决这两个问题,MyPlan 项目改用字符串编码方法对时间线上的事件序列进行编码,然后依据字符串相似性指标对待判定的时间线进行相似性测量。

3. 项目进行过程中由于受到资金、时间等一些条件的限制,并未按照既定目标进行新的游戏型应用程序开发,而是对现有虚拟世界应用程序的支持作用进行了进一步的研究,通过组织学习者进行学习研讨,对其行为数据和调查问卷的数据分析,将研究过程中的成功之处、出现的关键问题、后续研究的改进方法等进行了总结,并对指导教师运用虚拟世界应用程进行学习者指导给出意见和建议[11]。

项目研究过程中所开发的所有功能和支持服务均符合英国联合信息系统委员会数字化学习框架和面向服务的架构,具有很好的可拓展性,也为相关和后续研究奠定了很好的基础。

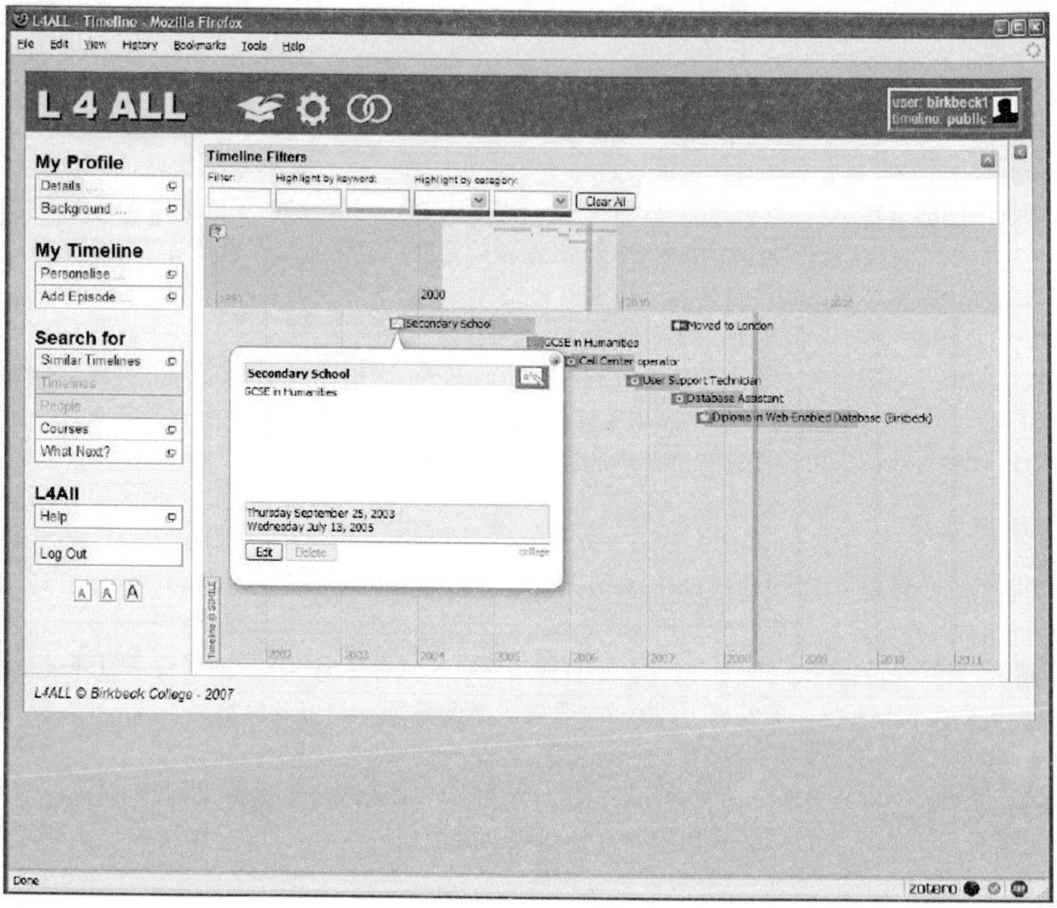


图1 L4All系统主界面

## 四、对我国终身教育发展的启示

本文针对英国终身学习项目MyPlan，对其整体研究思路、组织实施、研究内容与过程进行了细致的剖析，对我国终身学习个性化研究的开展具有重要的借鉴意义。本文主要有以下发现：

首先，我国面向个人终身学习的个性化研究与实践不足。在理论研究层面上，研究主要集中在个性化的资源推荐、信息服务、推荐系统、学习者模型、学习路径等方面，而面向个人终身学习个性化的文章，主要有《面向个人终身学习的数字化学习服务中学习者个性化需求研究》、《面向个人终身学习的数字化学习服务模式中用户模型的构建研究》、《终身学习个性化推荐系统中学习者个人能力发展研究》、《能力导向的终身学习个性化学习路径的构建研究》，研究相对较为单一薄弱，且并未系统化和实例化。在实践层面上，以数字化学习为支撑的终身学习建设取得了长足进步，包括开展远程教育试点工程，数字化学习港与终身学习社会的建设与示范项目，面向农民工"阳关工程"、"蓝色证书"培训项目等，虽然这些项目很大程度上提升了学习者的知识技能，但未能充分考虑学习者学习过程中不同阶段的个性化需求，而MyPlan项目从教育过程的6阶段出发，在前期所做学习者需求分析基础之上，准确把握项目所涉及的个性化功能，进行了设计、开发与评价，使对学习者的个性化支持服务广泛而全面；尤其是学习者可以根据自身经历创建时间线，搜索与之教育、从业经历相似的人，通过学习他人时间线或进行时间线的对比，帮助学习者对自身终身学习历程进行反思，为今后的学习规划提供有益的借鉴和指导意义。

其次，我国终身教育体系相对封闭。MyPlan是在L4All项目所开发系统基础之上，进一步将其与外部LearnDirect在线学习系统进行融合，并对与大学招生服务中心的融合进行了研究；所开发的学习者建模本体更是以促进不同系统之间学习者模型互操作，实现与已有系统的兼容为目的；而英国统一的学分互认制度，使得各类教育机构、教育形式之间的教育资源能够充分共享与利用，并形成开放的终身教育体系。我国虽已建有数千门精品课程、近百所网络教育学院开发了大量的网络教学资源、建设了一大批的开放教育资源，然在这些资源的大规模建设之下，是各类教育、培训资源得不到充分的利用，重复建设现象严重；而缺少统一成熟的学分互认制度更使得各类教育机构、教育形式之间的教育资源共享成为难题，造成学习者学习灵活性受限，积极性降低等问题，所有这些无一不是我国终身教育体系相对封闭的表现。

最后，关注学习者的连续性发展。终身学习不等于技能培训，它不仅仅是知识水平、个人素质的提升，更是人全面发展的过程，应贯穿于学习者学习、工作的各个阶段，促进不同阶段的衔接与过渡。从 MyPlan 项目的第三个目标可以看出，项目研究已经从简单的知识传授和技能培训向着关注学习者的连续性发展转变。学习者通过游戏型应用程序的角色模拟，对不同职业或教育选择所产生结果或影响有一个先行的感受，帮助其更好地进行教育选择和职业决策。通过这种方式的学习，还在一定程度上提高了学习者的参与积极性、促进了不同地域间学习者的交流沟通。

## 参 考 文 献


[1] 陈德人，张尧学. 数字化学习港：构建面向终身学习的学习型社会[M]. 杭州：浙江大学出版社，2009. 99－100.

[2] 平凡. 数字化学习港与终身教育[J]. 天津职业院校联合学报，2011，13(7)：31.

[3][4][9] A. Poulovassilis，G. Magoulas，N. Van Labeke . Final Report[R]. UK：2009.

[5] Hassan Baajour，George Magoulas. Preliminary report on ontology development for MyPlan [R]. UK：2008.

[6] Diana Laurillard，Alex Poulovassilis，George Magoulas，Sara de Freitas，George Papamarkos，Nicolas Van Labeke. MyPlan Personalisation Specification[R]. UK：2007

[7] Nicolas Van Labeke. D4. 1 - Report on the development of version 1 of the Personalisation Engine[R]. UK：2007.

[8] Nicolas Van Labeke. D5. 1 Preliminary Evaluation Report[R]. UK：2008.

[10] Nicolas Van Labeke. D4. 3- Report on the development of version 2 of the Personalisation Engine[R]. UK：2008.

[11] de Freitas，S. D6. 1 Report on the specification and development of the Game Application[R]. UK：2008.


## 作 者 简 介

张方明，1986 年生，女，河北任丘人，现系东北师范大学教育技术学硕士研究生，研究方向：现代远程教育。